헨리 밀러(1891~1980)

헨리 밀러가 어린 시절을 보낸 브루클린의 윌리엄스버그에 있는 집 1892~1900(1~9세)까지 살았다.

아버지·어머니, 누이동생 로레타와 함께한 가족사진

뉴욕시티 칼리지 1909년(18세)에 입학했으나 한 학기 만에 중퇴했다.

▲세 번째 아내 재니나 렙스카와 함께

◀두 번째 아내 준(무용수)

▼아나이스 닌 6개 국어를 구사하는 초현실주의 전위작가. 밀러의 애인이자 후원자. 저작으로 밀러와의 애정관계를 묘사한 《핸리와 준》(1986)이 있다.

▲네 번째 아내 이브 맥클루어와 함께

▶다섯 번째 아내 호키 도쿠다(재즈 피아니스트) 이때 밀러 76세, 호키 28세였다.

1931년 파리에서 밀러 1930년 파리에 정착, 전위작가 아나이스 닌과의 교류를 통해 무의식 세계와 초현실주의 본질을 자기 안에 소화시켜 새로운 소설을 창작하는 독자적인 방법을 만들어 낸다.

▲빌라 쇠라(파리) 밀러는 이곳에 살 때 《북회귀선》 (1934), 《남회귀선》 (1939) 등을 오벨리 스크 프레스사에 서 출판했다.

▶파리의 카페 뒤 돔

헨리 밀러의 집 1963년부터 죽을 때까지 이 집에 살았다. LA 퍼시픽 팰리세이즈

헨리 밀러 기념 도서관 밀러가 죽은 뒤 가장 친한 친구였던 에밀 화이트가 자신의 집에 밀러를 기념하는 도서관을 설립했다. 비영리 단체로 영화 상영, 패션쇼, 문학 워크숍 등 여러 종류의 공공 및 민간 행사를 한다. 캘리포니아 몬트레이 남쪽 빅서

〈어릿광대B〉 헨리 밀러. 1954. 부산시립미술관. 제일교포 수집가 하정웅 씨가 구입하여 기증했다. 밀러는 친구들 사이에서 '우스꽝스럽고 재미난 친구'로 받아들여질 만큼 사람들을 웃게 했지만 그 뒤에 감춰진 절망과 외로움은 죽음을 생각하는 어릿광대와도 같았다.

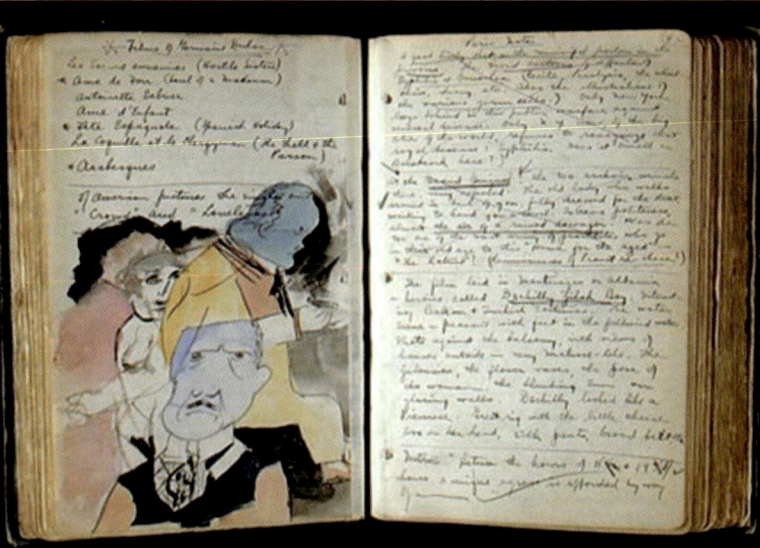

▲〈풍경〉 헨리 밀러. 수채화. 1957.

◀파리에서 밀러가 모든 아이디어와 메모, 회화를 기록하고 드로잉한 노트(1932~36)

〈아나이스 닌〉 헨리 밀러. 1963. 종이에 석판화. 부산시립미술관
밀러는 아나이스 닌의 도움으로 《북회귀선》을 출판했다. 그의 파리생활을 스케치한 형식으로 남녀의 파격적인 성적 일탈을 주제로 삼아 미국, 영국에서 출판금지당했으나 그 뒤 미국 1961년, 영국 63년에 출판되어 큰 호평을 받았다.

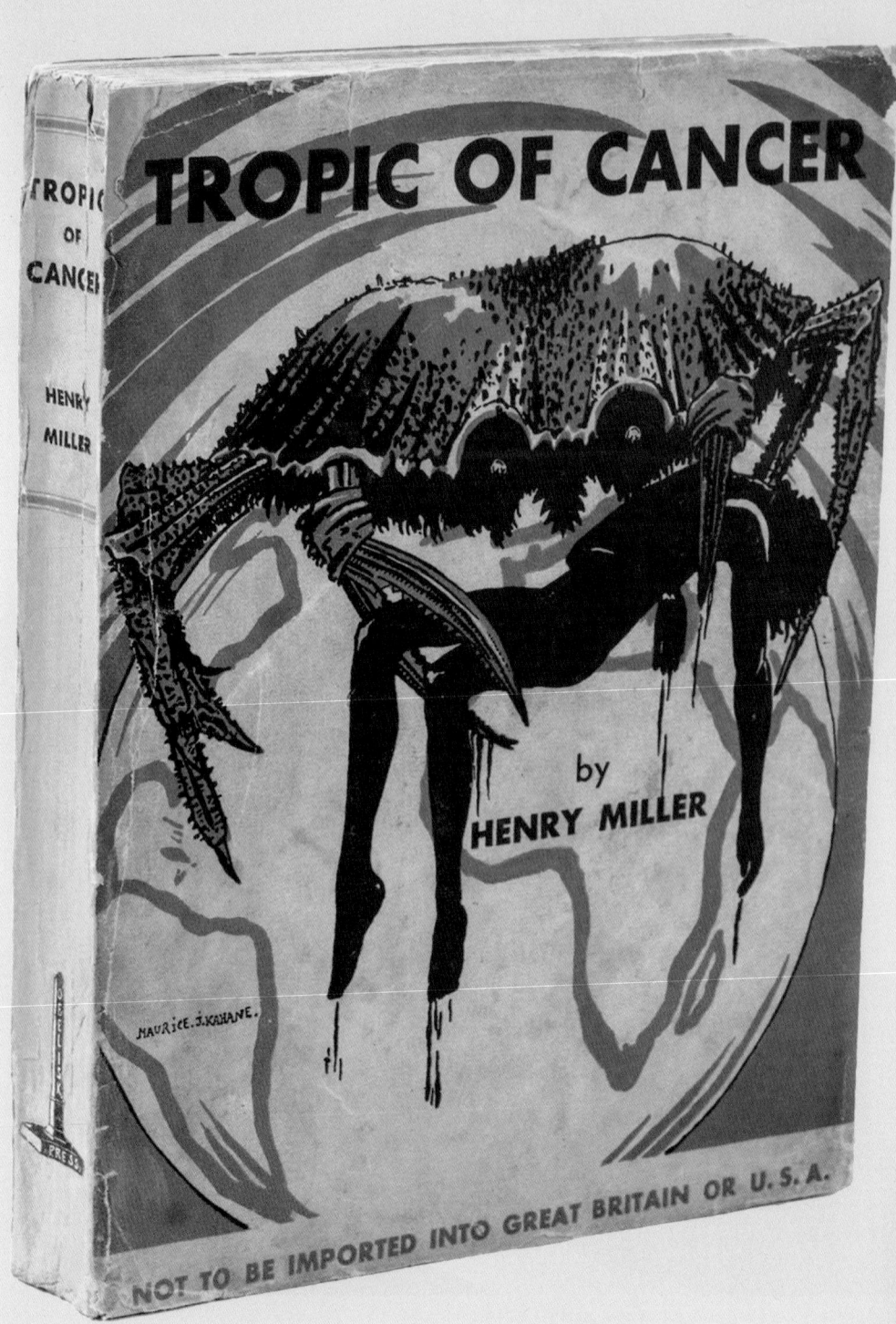

《북회귀선》(1934) 초판 표지   프랑스에서 출판

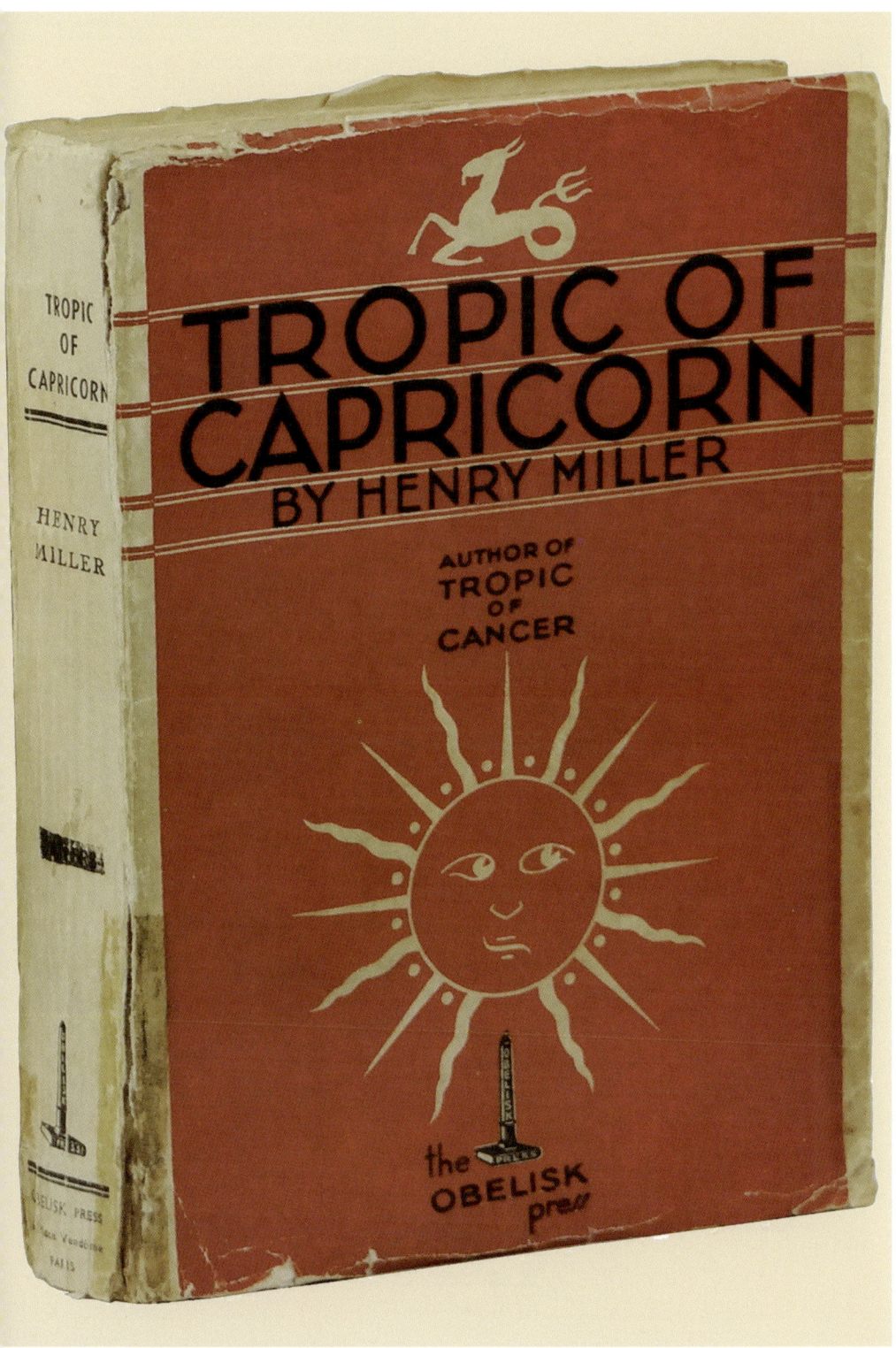

《남회귀선》(1939) 초판 표지 프랑스에서 출판

영화 〈북회귀선〉 조셉 스트릭 감독, 립 톤·제임스 T. 캘러헌·데이비드 바우어 주연. 1970.

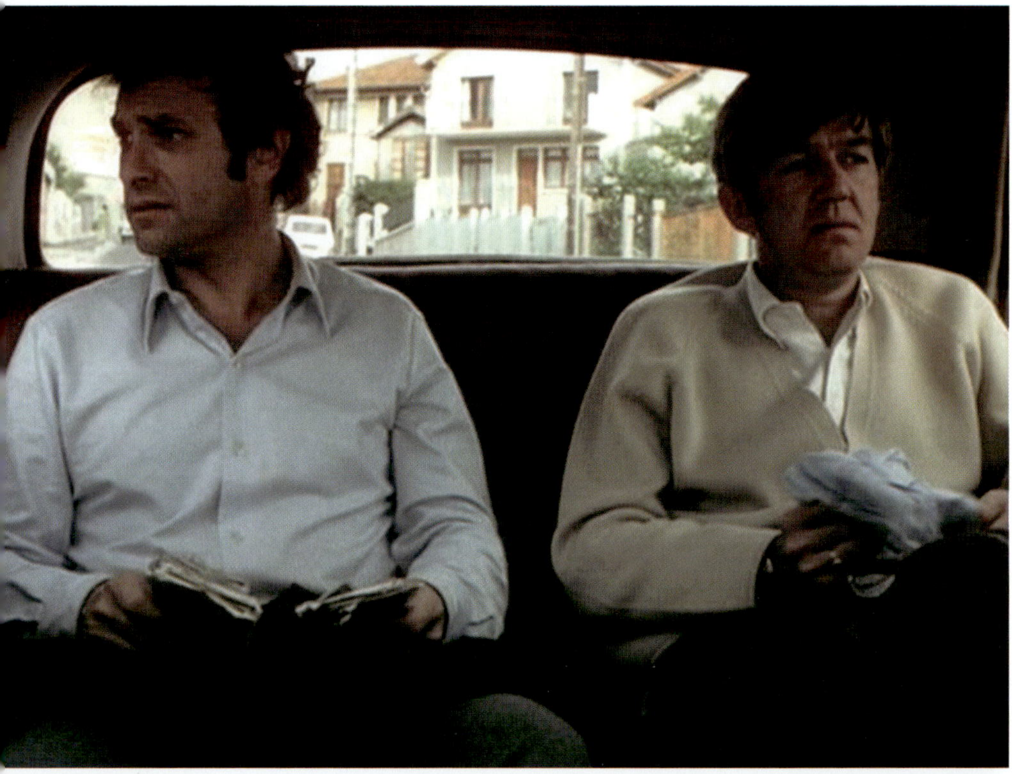

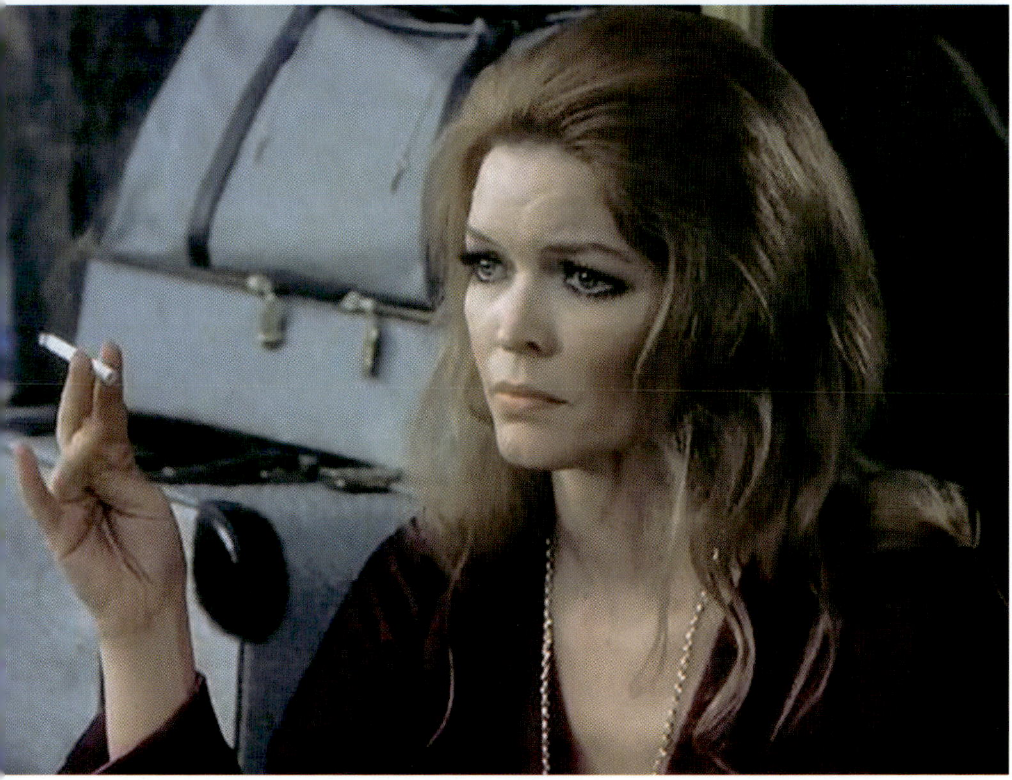

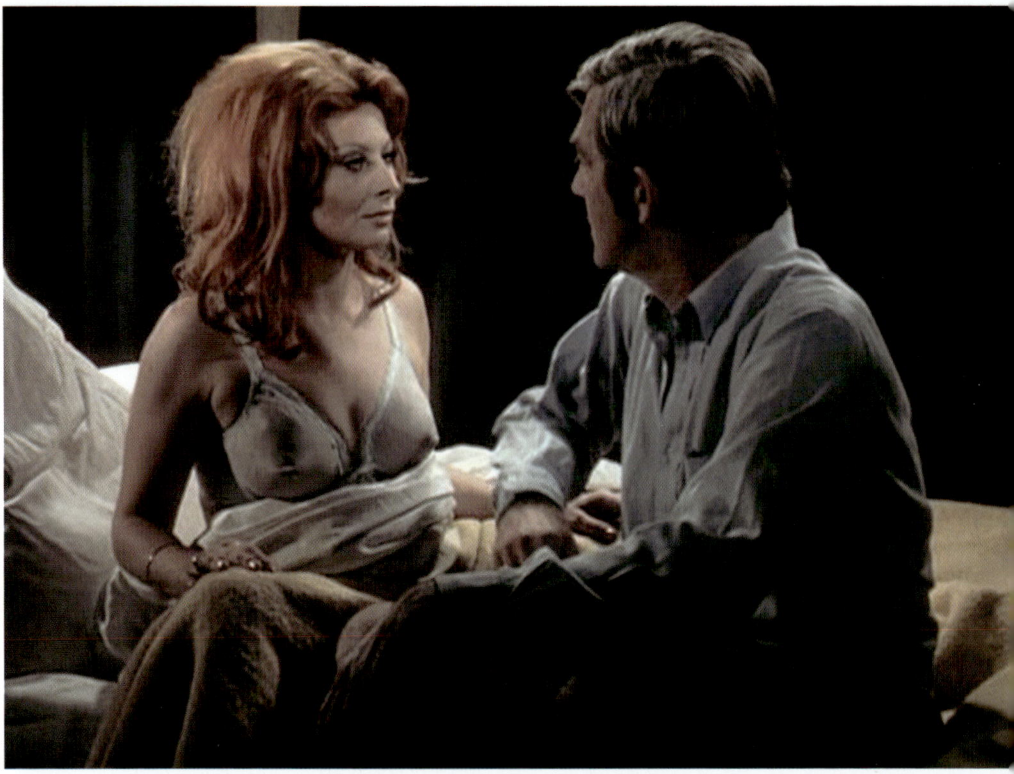

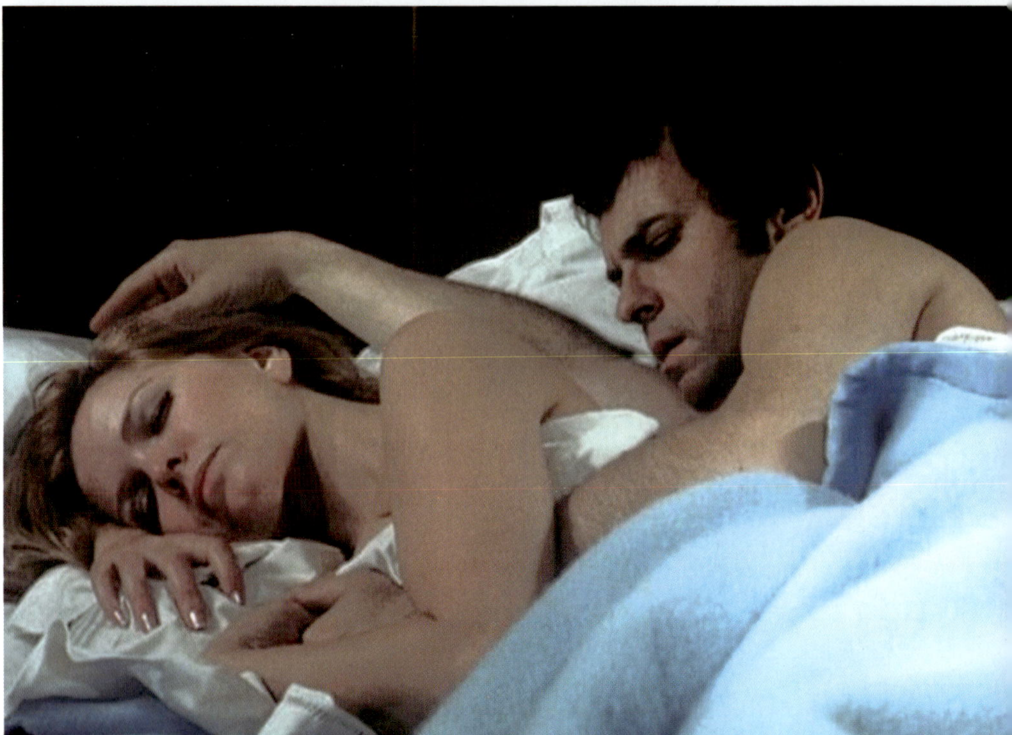

World Book 159
Henry Valentine Miller
TROPIC OF CANCER/TROPIC OF CAPRICORN
북회귀선/남회귀선
헨리 밀러/오정환 옮김

동서문화사

디자인 : 동서랑 미술팀

북회귀선/남회귀선
차례

북회귀선
머리글 … 11
북회귀선 … 15

남회귀선
남회귀선 … 309

헨리 밀러의 생애와 문학 … 641
헨리 밀러 연보 … 683

Tropic of Cancer
북회귀선

머리글

 근원적인 현실을 향한 우리의 욕심을 되찾을 수 있는—만약 그런 일이 가능하다면—그 힘을 지닌 소설이 여기 있다. 기조로 삼고 있는 것은 가혹함이며, 그 가혹함은 차고 넘칠 정도이다. 게다가 이 작품에는 가차 없는 조롱과 미친 듯한 명랑함, 격정, 흥분이 있다. 때로는 완전히 정신이 나간 것 같기도 하다. 쇠를 핥은 뒤에 느껴지는 공허한 맛 같은 적나라한 긴장 상태로 극단과 극단 사이를 끊임없이 왔다 갔다 하는 진폭이 있다. 그것은 낙천주의와 페미니즘을 초월한다. 작가는 우리에게 마지막 전율을 안겨주었다. 고뇌는 이제 은밀한 안식을 잃은 것이다.
 자기성찰에 마비되고, 섬세하고 교묘한 정신적 먹이에 막혀 버린 세계의 육체적 근원을 이렇듯 거칠게 폭로함으로써 피의 흐름에 정기를 불어넣는다. 이 격렬함과 음탕함은 온갖 생식 행위에 수반되는 신비나 고통의 표출과 마찬가지로 불순물을 남기지 않는다. 활기를 회복하는 경험의 가치, 지혜와 창조의 첫 번째 근원이 여기서 다시금 주장된다. 여기에는 완결되지 않은 사상과 행동의 어마어마한 영역이 남아 있다. 방심하면 비판적인 녀석들이 달려들 것 같은 뒤엉킨 실타래로 남아 있다. 일찍이 괴테는 《빌헬름 마이스터》에서 이렇게 말했다. "많은 사람들은 하나의 중심점을 추구한다. 그러나 그것은 쉽지 않은 데다 올바른 일도 아니다. 나는 우리 가까이에 있는 풍요롭고 복잡한 하나의 삶에 딱히 분명한 경향이 없어도 그것으로 충분하다고 생각한다. 이러한 삶은 결국 슬기로운 사람만이 누릴 수 있다."
 이 작품은 갖가지 사건의 순수한 방랑과 변화에 의해 작품의 주축 위에 고정되어 있다. 중심점이 없기 때문에 여기에는 의지에 관한 문제가 없으며, 따라서 영웅적 행위나 투쟁 같은 것도 없다. 그저 흘러가는 대로 따를 뿐이다.
 이러한 조잡한 극화(劇畫)는 기존 소설의 정밀한 인물화보다 한층 발랄하며 '살아'있다—현대의 개인은 중심이 없으며 '전체'의 환상을 전혀 만들어 내지 않기 때문이다. 이러한 사람들은 모두 우리를 허우적거리게 하는 가짜 문화적 진공과 결합되어 있으며, 그리하여 바라보는 데에만 엄청난 용기가 필요한 혼돈스러운 환각이 생겨난다.

원시인과 같은 정직함으로 나타나는 이러한 굴욕감과 패배감은 좌절, 절망, 불모가 아니라 갈망으로—더욱 생명적인 것을 추구하는 탐욕스러운 아귀 같은 갈망으로 끝난다. 시(詩)는 기교의 피복을 벗김으로써, '예술 이전의 수준'이랄 수 있는 곳까지 내려감으로써 발견된다. 붕괴의 여러 현상 가운데 숨어 있는 형식의 내구적 골격은 끊임없이 바뀌는 강렬한 감정의 육체로 다시 변형되어야 할 것으로 재현된다. 상처 자국—문화의 산부인과의사가 남긴 상처 자국의 불로 지져서 지워진다. 벌어진 상처를 멍하니 바라보며, 일그러진 상징주의적 기교에 편승하여 인류가 피하고자 했던 가혹한 심리적 현실을 추적함으로써 예술적 환상의 가능성을 재건하는 예술가가 여기에 있다. 여기에서 상징은 벌거벗은 채, 이 세련된 문화인에 의해 끈질긴 야만인 같은 소박함으로 부끄러움 없이 제시된다.

이 야만적인 서정(抒情)의 바탕이 되는 것은 결코 그릇된 원시주의가 아니다. 그것은 회고적 경향이 아니라 미개 영역으로의 전진이다. 이 책 같은 적나라한 작품을 고찰하면서 로렌스, 브르통, 조이스, 셀린 같은 저마다 다른 유형의 작품을 볼 때의 눈으로 바라보는 것도 옳지 않다. 그보다는 차라리 우리 세계에서 신성시되고 금기시되는 모든 것을 무의미하다고 여기는 파타고니아 거인(몸집이 큰 아메리카인디언)의 눈으로 이 작품을 바라보아야 할 것이다. 왜냐하면 작가를 지상의 정신적 땅끝까지 다녀오게 한 이 모험은, 스스로를 나타내지 않기 위해 공상 세계의 눈에 보이지 않는 무수한 감옥을 전전해야 하는 모든 예술가들의 역사와 다름없기 때문이다. 에어포켓(기류 때문에 비행기가 갑자기 강하하는 현상 및 장소), 녹미채의 황무지, 무너져 내리는 기념비, 썩어 문드러진 시체, 고주망태의 야단법석, 이 모든 것이 요란스러운 철퇴 소리 같은 문장으로 표현되어 우리 시대의 웅장하고 아름다운 벽화를 만든다.

만약 이 책에 활기를 잃은 사람들의 졸음을 깨울 청천벽력 같은 외침이 있다면 우리는 우리 스스로를 축복해야 한다. 왜냐하면 우리 세계의 게으른 잠을 깨울 수 있는 것이 아무것도 없다는 점이 우리의 비극이기 때문이다. 이 세계에는 격렬한 몽상이 없다. 정신을 맑게 하는 것이 없다. 각성이 없다. 자의식에서 생긴 마취약에 취해, 인생과 예술은 이제 우리의 손아귀에서 빠져나가 모습을 감추려 하고 있다. 우리는 시간과 함께 떠돌며 덧없는 그림자를 상대로 싸우고 있는 것이다. 우리에게는 수혈이 필요하다.

이 책이 우리에게 주는 것은 피와 살이다. 먹고 마시고 웃고 욕정과 정열을 품고 호기심을 갖는 것은 가장 위대하고 가장 은밀한 창조의 뿌리를 기르는 단순한 진실이다. 윗동아리는 잘려나갔다. 이 책은 우리 시대의 불모지에서 뿌리가 말라 생명이 다한 텅 빈 고목을 쓰러뜨리는 한 줄기 바람을 일으킨다. 이 책은 그 밑동으로 파고 들어가 뿌리 아래를 개간하고, 그 밑에 솟아오르는 샘을 만든다.

아나이스 닌

"이러한 소설들은 머지않아, 인간이 경험이라고 부르는 잡다한 것들로부터 참된 경험만을 선별하는 방법을 익히고 진실을 진실하게 기록하는 방법을 터득하기만 하면, 일기나 자서전 같은 숨 막히도록 재미있는 책에 점차 자리를 빼앗기게 될 것이다."

랠프 월도 에머슨

북회귀선

나는 빌라 보르게제에 살고 있다. 이곳에는 티끌 하나 없고, 의자들도 제자리에 가지런히 놓여 있다. 여기서 우리는 모두 고독하며, 생기가 없다.

어젯밤 보리스는 몸에 이가 들끓고 있는 것을 알아챘다. 나는 그의 겨드랑이 밑을 면도해 주어야 했다. 그러나 가려움은 사라지지 않았다. 이렇게 깨끗한 곳에 사는데 왜 이 같은 것이 득실거릴까. 그러나 그런 건 아무래도 괜찮다. 만일 이가 없었다면, 보리스와 내가 이토록 친해질 수 없었을지도 모르기 때문이다. 보리스는 겨우 자기 생각을 간추려 내게 이야기해 주었다. 그는 날씨를 알아맞히는 데 도사다. 이 지독한 날씨가 아직 더 계속되리라고 그는 말한다. 천재지변과 죽음과 절망이 더 이어질 것이다. 어디를 보아도 나아질 기미가 털끝만큼도 보이지 않는다. 시간의 악성 종양이 우리를 파먹어 들어가고 있다. 우리 주인공들은 모두 자살해 버렸거나, 지금 자살하고 있다.

그러고 보면 주인공은 '시간'이 아니라 '무시간(無時間)'인 셈이다. 우리는 서로 밀치락대며 죽음이라는 감옥을 향해 행진해 나아가야 하는 것이다. 달아날 곳은 어디에도 없다. 날씨는 바뀌지 않으리라.

파리에 와서 두 번째로 맞는 가을이다. 나는 아직도 짐작조차 못하고 있는 어떤 이유 때문에 이곳으로 쫓겨 온 것이다.

나는 돈이 없다. 재력(財力)도 없다. 희망도 없다. 나는 이 세상에서 가장 행복한 인간이다. 1년 전, 아니 반 년 전에는 자신을 예술가라고 생각하고 있었다. 지금 그런 것에는 신경을 쓰지 않는다—나는 존재할 뿐이다. 이전에 문학이었던 것들이 내게서 모조리 떨어져나가 버렸다. 책으로 엮을 것 따위는 이제 하나도 없다. 고마운 일이다.

그럼 이것은 무엇인가? 이건 소설이 아니다. 이것은 욕하고 비방하고 인격을 훼손하는 일이다. 이것은 일반적인 의미에서의 소설이 아니다. 그렇다, 이것은 길게 잡아 늘인 모욕이고, '예술'의 얼굴에 내뱉은 침 덩어리이며, 신(神)이나 인간 운명 시간 사랑 아름다움 따위를 모두 걷어차버리고 거절하는 일이다. 나는 여러분을 위해 노래하려 한다. 얼마쯤 가락이 어긋날지도 모르지만, 어쨌든 노래할 작정이다. 여러분이 푸념을 늘어놓을 때마다 나는 노래한다. 여러분의 추접스러운 시체 위에서 춤을 추겠다.

노래하려면 먼저 입을 벌려야 한다. 한 쌍의 허파와 약간의 음악 지식이 있어야 한다. 반드시 아코디언이나 기타 따위가 있어야 하는 것은 아니다. 중요한 것은 노래하고자 하는 '욕구'이다. 그러면 그것이 노래가 된다. 나는 노래하고 있다.

나는 너를 향해 노래하고 있는 거야, 타니아, 너를 향해. 할 수 있다면 좀더 능숙하고 좀더 아름다운 가락으로 노래하고 싶지만, 그러면 너는 틀림없이 내 노래를 들으려 하질 않겠지. 너는 다른 녀석들이 노래하는 것을 들었어. 하지만 흥이 깨져 버렸지. 녀석들의 노래는 너무 훌륭했거나, 아니면 너무 형편없던 거야.

오늘은 10월 이십 며칠쯤 된다. 나는 이미 날짜 따위는 잊은 지 오래다. 작년 11월 14일의 내 꿈은 어땠지—라고 여러분은 말하는가? 시간의 거리는 있지만 그것은 꿈과 꿈 사이의 거리이며, 꿈은 의식에 남아 있지 않다. 나를 둘러싸고 있는 세상은 사방에 시간의 오점을 남기며 소멸해가고 있다. 세상은 스스로를 파먹어 멸망시키는 암(癌)인 것이다……. 커다란 침묵이 모든 사물과 온갖 장소 위에 드리워질 때, 음악은 마침내 개선가를 올리리라고 나는 생각한다. 시간의 자궁 속으로 모든 것이 되돌아갈 때, 다시금 혼돈이 나타나리라. 혼돈이야말로, 그 위에 '진실'을 쓸 악보이다. 타니아여, 너는 나의 혼돈이다. 내가 노래하는 것도 그 때문이다. 시간의 껍질을 벗기는 것은 내가 아니다. 죽어가고 있는 세계인 것이다. 나는 너의 자궁 속에 글로 표현해야 할 진실을 차넣으면서, 이렇게 아직 살아 있다.

졸음. 연애의 생리학. 흥분하지 않았을 때에도 6피트의 페니스를 갖고 있는 고래. 박쥐—자유로이 움직이는 페니스. 페니스에 뼈가 있는 동물. 뼈가 있으니까 뻣뻣한 것이다. "다행히도" 하고 그루몽은 말한다. "이 뼈가 인간에게는 상실되어 있다." 다행히도? 그렇다, 다행한 일이다. 페니스를 뻣뻣하게 세우고 걸어다니는 인간을 상상해 보라. 캥거루는 두 갈래로 갈라진 페니스를 갖고 있다―하나는 평일용이고, 하나는 휴일용이다. 졸리다. 어느 여자가 편지를 써서, 내 책의 표제(標題)가 결정되었느냐고 물어왔다. 표제라고? 결정되었지―《아름다운 동성애자 여인들》이라는 것이다.

'너희의 기이한 행동 투성이인 생활!' 이는 보로프스키의 말이다. 내가 보로프스키와 점심을 먹은 건 수요일이었다. 젖이 더는 나오지 않는 암소 같은 그의 아내가 마련해 주는 것이다. 그녀는 지금 영어 공부를 하고 있다―그녀는 'filthy(추잡스럽다)'라는 단어를 즐겨 쓴다. 이만큼만 들어도 여러분은 보로프스키 부부와 같은 얼간이가 얼마나 골치 아픈 존재인가를 알 수 있을 것이다. 하지만 기다려 보라······.

보로프스키는 코듀로이 양복을 위아래로 맞춰 입고 아코디언을 켠다. 이러한 배합에는 아무도 저항할 수 없다. 그가 그다지 형편없지 않은 예술가라고 생각할 때에는 특히 그렇다. 폴란드 사람 같은 얼굴을 하고 있지만, 물론 그렇진 않다. 녀석은 유대인인 것이다―보로프스키라는 사나이는. 그의 아버지는 우표 수집가였다. 실제로 몽파르나스에 살고 있는 사람은 거의 모두 유대계이거나 그보다 훨씬 나쁜 반(半)유대계이다. 칼과 폴라가 있다. 크론슈타트와 보리스가 있다. 타니아와 실베스터가 있다. 그리고 몰도르프와 루실이 있다. 필모어를 제외하고 모두 유대인이다. 헨리 조던 오스왈드도 역시 유대인임을 알게 되었다. 루이스 니콜스도 유대인이다. 반 노든과 셰리 역시 유대계이다. 프랜시스 블레이크는 유대계거나 아니면 유대 여자이다. 타이터스도 유대인이다. 이렇게 보니 나는 유대인들에게 짓눌려 압사할 것 같다. 나는 이 책을 칼을 위해 쓰고 있는데, 칼의 아버지도 유대인이다. 이 책을 이해하는 데는 이러한 점들이 중요하다.

이들 가운데 가장 아름다운 유대인이 타니아이며, 그녀를 위해서라면 나도 유대인이 되고 싶을 정도이다. 왜 내가 유대인이 아니라는 건가? 나는 이미 유대인처럼 말하고 있고 유대인처럼 추악한데. 그뿐이랴, 나는 유대인보다 더 유대인을 미워하고 있다.

해질녘. 남빛 하늘, 거울 같은 강물, 젖은 것처럼 빛나는 나무들. 선로는 저쪽의 조레스 수로 속으로 빠져들어 가고 있다. 옆구리에 바니시칠을 한 긴

캐터필러가, 롤러코스터처럼 위로 솟구쳐 오른다. 이곳은 파리가 아니다. 이곳은 코니아일랜드가 아니다. 유럽과 중앙아메리카의 모든 도시들이 몽롱하게 뒤섞인 곳이다. 내려다보이는 철도 선로의 부지(敷地)와 거미줄처럼 얽힌 검은 선로들은, 철도 기사에 의해서가 아니라 지각 변동에 의해 설계된 것 같다. 마치 카메라로 흑백의 짙고 옅은 농담을 이용해 촬영한 극지 얼음의 으스스한 균열 같다.

음식은 내가 그 즐거움을 가장 크게 누리는 것 가운데 하나이다. 그러나 이 아름다운 빌라 보르게제에는, 예전에 음식이 있었던 자취조차 거의 없다. 때로는 아주 참담하다. 나는 노상 보리스에게 아침식사용 빵을 주문해 두도록 부탁하지만, 그는 언제나 잊어 버린다. 그는 아침을 먹으러 밖으로 나가는 모양이다. 돌아올 때에는 언제나 이 사이를 쑤시며, 긴 턱수염에 달걀 찌꺼기를 달고 온다. 그는 식당에서 내 생각은 하지도 않고 식사하는 것이다. 그리고 내게 그걸 자랑해 보이며, 지나치게 많이 먹는 것은 해롭다는 따위의 말을 한다.

나는 반 노든을 좋아하지만, 그가 자신에 대해 갖고 있는 생각에는 찬성하지 않는다. 이를테면 그가 자기를 철학자라든가 사상가라고 말하는 데는 동의하지 않는다. 녀석은 단순한 호색한일 뿐이다. 그러므로 녀석은 결코 작가가 되지 못하리라. 실베스터도, 아무리 그의 이름을 5만 촉광짜리 붉은 전등으로 광고한다 하더라도 결코 작가는 될 수 없을 것이다. 내 주위에서 현재 조금이라도 존경받을 만한 작가는 칼과 보리스뿐이다. 이 두 사람은 마치 신들린 것 같다. 몸 안에서 격렬한 불꽃이 타오르고 있다. 이 두 사람은 미치광이고 귀머거리이다. 고뇌하는 자들이다.

그런데 몰도르프로 말하면, 그 역시 독특한 방식으로 고뇌하고는 있지만 미치광이는 아니다. 몰도르프는 언어에 도취해 있다. 그 사나이에게는 동맥도 혈관도 없다. 심장도 없고 신장도 없다. 녀석은 수많은 서랍이 달려 있는 손가방이다. 그 서랍 속에는 흰 잉크나 갈색 잉크, 붉은 잉크, 푸른 잉크, 주홍색, 사프란색, 보라색, 적갈색, 살구색, 벽옥색(碧玉色), 오닉스색, 와인색, 청어색, 코로나색, 녹청색, 고르곤졸라(이탈리아의 고급 치즈)색 같은 다양한 색깔의 딱지가 가득 들어 있다.

나는 글을 쓰면서 거울에 비치는 내 모습을 볼 수 있도록, 옆방으로 타자기를 옮겼다.

타니아는 이레느를 닮았다. 그녀는 두툼한 장문의 편지를 받고 싶어한다. 하지만 또 한 명의 다른 타니아가 있다. 어디에나 꽃가루를 흩뿌리는 커다란 씨앗 같은 타니아가—아니면 약간 톨스토이식으로 말하면, 태아를 끄집어내는 마구간 장면. 타니아는 또 열병에 걸려 있다—비뇨기, 리베르테 카페, 보주 광장, 몽파르나스 대로의 화려한 넥타이, 어두운 목욕실, 포르투갈인 거리, 터키 담배, 아다지오 소나타 파세티크, 청각 확대기, 이야깃거리가 되는 강령회(降靈會), 구운 황토 같은 유방, 무거운 가터벨트, 지금 몇 시지, 알밤으로 가득 채워진 금으로 만든 꿩, 태피터(광택이 있는 견직물) 같은 손가락, 송진색으로 변해가는 습기 머금은 황혼의 흐릿한 빛, 말단비대증(머리나 가슴, 손발 등이 부풀어 오르는 만성병), 암과 섬망증(譫妄症), 따스한 베일, 포커 계산표, 핏빛 융단과 보드라운 넓적다리. 타니아는 누구에게나 들리도록 말한다.

"나는 그 사람을 좋아해!" 그리고 위스키를 마시고 얼굴이 새빨개져 있는 보리스 곁으로 가서 말한다. "여기 앉아요! 오, 보리스…… 나 못 견디겠어. 터져 버릴 것 같아."

밤에 보리스의 긴 턱수염이 베개에 가로놓여 있는 것을 보면, 나는 신경질적이 된다. 오, 타니아, 너의 따스한 그것은, 그 커다란 가터벨트, 그 부드럽고 포동포동한 넓적다리는 지금 어디에 있나? 길이가 6인치인 내 음경에는 뼈가 있다. 나는 너의 배를 아프게 죄어대고, 자궁을 뒤집어 놓은 뒤, 너의 실베스터에게 보내 주겠다. 너의 실베스터야! 그렇고말고. 녀석은 불을 일으킬 줄 알지만, 나는 여자의 육체를 불타오르게 만드는 방법을 알고 있다. 나는 네 몸 안에 뜨거운 쇠못을 박아 주겠다. 타니아여, 나는 너의 난소를 뜨겁게 불태워 주겠다. 너의 실베스터는 지금도 조금은 질투를 하나? 뭔가 알아챈 게 아닐까? 녀석은 내 커다란 음경의 뒷맛을 느끼고 있는 거야. 내가 입구를 조금 넓히고, 주름에 다림질을 해놓았으니까. 내가 한 뒤에는 종마(種馬)든 황소든 숫양이든 수오리든 세인트버나드(대형견의 일종)든, 너는 손쉽게 받아들일 수 있어. 두꺼비든 박쥐든 도마뱀이든 얼마든지 집어넣을 수 있어. 원한다면 아르페지오(꺾침 화음)로 똥을 쌀 수도 있고, 배꼽 위에 치터(평평한 공명통 위에 35~40개의 현이 쳐져 있는 현악기)의 현을 걸쳐놓을 수도 있어. 싫다고 할 때까지 마구 휘저으며 찔러줄까, 타니아.

 푸른 하늘이 솜 같은 구름을 깨끗이 날려 버리고, 가냘픈 나무들이 끝없이 이어져 있다. 검은 나뭇가지가 몽유병자 같은 몸짓을 하고 있다. 음울한 요괴 같은 나무들, 줄기는 담뱃재처럼 색이 바랬다. 너무나 유럽적인 고요함. 가게들은 문이 닫혀 있다. 여기저기 보이는 붉은 등불은 밀회를 하고 있다는 증거이다. 거리 정면은 무뚝뚝하여 사람이 다가갈 수 없는 표정을 하고 있고, 가로수들이 얼룩덜룩한 그림자를 던지고 있을 뿐, 아무런 변화도 없다. 오랑제리 거리를 지나가면서, 나는 또 하나의 파리를 떠올린다. 몸(서머싯 몸, 영국 작가·극작가. 1874~1965)의 파리, 고갱의 파리, 조지 무어(영국 시인·작가 1852~1933)의 파리를. 나는 이 양식에서 저 양식으로 곡예사처럼 날아올라 온 세계를 깜짝 놀라게 한 그 무서운 스페인 사람(피카소)을 생각한다. 슈펭글러(독일 철학자·역사가 1880~1936)와 그의 엄청난 선언을 생각하고, 과연 양식은, 위대한 양식은 소멸되어야 하는 것일까 고민한다. 나는 내 마음이 이러한 생각들로 가득 차 있다고 말했다.
 그러나 그것은 거짓말이다. 내가 이러한 관념을 가지고 놀도록 스스로의 마음에 허용한 것은 훨씬 나중의 일이다. 센 강을 건너고, 빛의 카니발을 통과한 다음의 일이다. 왜냐하면 이 순간—나는 잊힌 세계를 비춰 주는 이 센 강 물결의 기적에 압도당한 다정다감한 사나이라는 것밖에는—아무것도 생각할 수 없었기 때문이다. 기슭의 가로수들은 모두 이 탁한 거울 같은 수면 쪽으로 무겁게 기울어 있다. 바람이 일어 나무들이 바스락거리며 속삭일 때, 그것들은 몇 방울의 눈물을 흘리며, 굽이쳐 흐르는 강기슭에서 몸을 떨곤 하리라. 나는 그래서 숨이 막힌다. 그리고 이러한 내 기분의 끄트러기나마 전할 수 있는 상대는 아무도 없다.
 이레느의 곤란한 점은, 그녀가 그것 대신 손가방을 갖고 있다는 것이다. 그녀는 그 손가방 속에 밀어넣을 두툼한 편지를 원한다. 많은 편지를 뜬금없는 물건들과 함께 집어넣는 것이다. 그런데 로나는 그것을 갖고 있다. 그녀가 우리에게 아랫배의 음모(陰毛)를 보내 주었기 때문에 알고 있다. 로나—바깥에서의 쾌락에 열중하는 제멋대로 자란 당나귀. 어느 언덕 위에서나 그녀는 음탕한 짓을 한다—때로는 전화박스 안이나 공중변소 안에서도. 로나는 카롤 왕을 위해 침대를 사고, 왕의 머리글자가 박힌 면도용 컵을 샀다고 한다. 그녀는 토트넘 거리의 길 위에 드러누워 드레스를 걷어올리고 손가락을 사용한다. 양초—로마 양초와 문손잡이를 사용한다.

이 땅 위에는 로나를 만족시킬 만큼 큰 녀석이 없다……. 그러한 사나이는 한 명도 없다. 어느 놈이나 그녀의 속에 들어와 몸을 사리는 정도가 고작이다. 그녀는 뻗어나는 막대기를, 스스로 폭발하는 로켓을, 납(蠟)과 크레오소트로 만든 뜨겁게 끓어오르는 기름을 원한다. 로나는 만일 여러분이 허락한다면, 여러분의 그것을 잘라 영원히 자기 속에 넣어둘 것이다. 백만 명 중에 하나밖에 없는 여음(女陰 : 역자의 음부), 로나! 어떠한 리트머스 시험지로도 색깔을 분간할 수 없는 실험실용 여음. 이 로나라는 여자는 거짓말쟁이이기도 하다. 카롤 왕을 위해 침대를 샀다는 것은 거짓말이다. 위스키 병으로 그에게 왕관을 씌워 버린 것이다. 그녀의 혓바닥은 외설적인 말과 거짓 약속으로 가득 차 있다. 가엾은 카롤—녀석은 로나의 배 속에서 몸을 사리고 죽는 수밖에 없다. 그녀가 휴 한숨을 쉬면 그는 뻗어 버린다—죽은 대합처럼.

엉뚱한 것들을 잔뜩 집어넣는 아주 두툼한 편지. 끈이 달려 있지 않은 손가방. 열쇠가 없는 열쇠 구멍—로나는 독일인의 입과 프랑스인의 귀와 러시아인의 엉덩이를 갖고 있다. 국제적 여음. 깃발이 흔들리면 목구멍 속까지 새빨개진다. 쥘 페리 대로로 들어가 빌레트 다리로 나오는 격이다. 너는 너의 췌장을 분뇨차—물론 바퀴 2개가 달린 빨간 분뇨차이다—속에 떨어뜨려 버린다. 우르크 강과 마른 강이 합쳐지는 지점에서는 강물이 댐에 막혀서, 다리 아래가 거울과도 같다. 로나는 지금 거기에 누워 있다. 운하는 유리와 유리 조각들로 가득 차 있다. 미모사는 울고, 유리창 위에는 축축한 안개 같은 '방귀'가 있다. 백만 명 가운데 하나뿐인 여음, 로나! 온몸, 여음과 유리 엉덩이. 그 엉덩이 속에서 너는 중세의 역사를 읽을 수 있을 것이다.

몰도르프가 처음으로 보여 주는 것은 한 사내의 희화(戲畵)이다. 갑상선 비대증으로 툭 튀어나온 눈. 참팍(인도에서 신성시되는 나무. 향기로운 금빛 꽃이 핀다.) 꽃과 같은 입술. 완두콩 수프와 같은 목소리. 그리고 언제나 조끼 속에 작은 배(梨)를 하나 넣고 다닌다. 그를 어떻게 바라보든 언제나 똑같은 파노라마이다—코담배 갑, 상아 손잡이, 체스 말, 부채, 안경다리의 무늬. 그는 너무 오랫동안 끓었기 때문에, 이제는 형체가 흐물거린다. 비타민을 잃은 효모. 고무나무가 없는 꽃병.

9세기에는 여자가 두 번 태어났다. 르네상스 시대에도 그랬다. 몰도르프는 노란 배(腹)와 흰 배 밑에서의 위대한 번식을 통해 이 세상에 나왔다. 출애굽기보다 훨씬 이전에, 타타르인이 그의 핏속에 정액을 주입한 것이다.

몰도르프의 딜레마는 난쟁이의 그것이다. 돌출된 눈으로, 그는 어울리지 않게 커다란 스크린에 비친 자기 모습을 바라본다. 핀 대가리처럼 작은 머리와, 동시녹음이 된 그의 목소리가 그를 혼란에 빠뜨린다. 다른 사람에게는 작은 소리로 들리는데, 그에게는 고함치는 소리로 들리는 것이다.

몰도르프의 사고가 작용한다. 그의 사고는 배우가 재빨리 변장하며 많은 역을 연기하는 원형 극장이다. 자유자재의 얼굴, 몰도르프는 그러한 역들을 훌륭히 해낸다―어릿광대나 사기꾼, 곡예사, 목사, 바람둥이, 투기꾼 따위를. 원형극장이 너무 작다. 몰도르프는 거기에 다이너마이트를 설치한다. 관객은 마취당한다. 그는 관객에게 상처를 입힌다.

나는 몰도르프의 본성에 접근하려다 실패한 듯하다. 이는 신(神)의 본성에 접근하려는 것과 비슷하다. 왜냐하면 몰도르프는 신이기 때문이다―그는 신이 아닌 다른 존재였던 적이 없다. 내가 무의미하게 말을 늘어놓은 것 같다······.

내가 이전에 갖고 있던 몰도르프에 대한 의견을 지금은 포기하고 있다. 그밖에도 의견을 갖고 있었는데, 지금 그것을 수정하고 있는 중이다. 나는 그를 핀으로 고정시켰는데, 그로 말미암아 알게 된 것은, 내 손에 잡힌 게 똥파리가 아니라 잠자리였다는 것뿐이다. 몰도르프는 비천함으로 나를 불쾌하게 만드는가 하면, 섬세함으로 나를 열중하게 만든다. 그는 숨 쉴 틈도 없을 만큼 말이 많지만, 다음에는 또 요르단 강처럼 조용해진다.

몰도르프가 작은 손가락을 펴고 눈에 땀을 흘리며 어슬렁어슬렁 다가와서 내게 인사하는 것을 나는 바라본다. 나는 이 사나이가······ 아니, 이런 걸 적어 봐야 아무 소용도 없다.

"마치 뿜어져 나오는 물 위에서 춤추고 있는 달걀 같다." 몰도르프는 지팡이가 하나밖에 없다―싸구려 지팡이다. 주머니 속에는 세상살이의 괴로움에 대한 처방을 적은 종잇조각이 들어 있다. 지금은 그 병이 나아, 곧잘 그의 발을 닦아 주던 독일인 아가씨는 실연(失戀)했다. 이는 구자라트어 (인도 구자라트 지방의 언어) 사전을 어디에나 갖고 다니는 쓸모없는 인물과도 같다. '누구에게나 불가피

한'—이는 틀림없이 '불가결'을 뜻한다. 보로프스키 같으면, 이러한 것은 모두 이해할 수 없다고 생각할 것이다. 보로프스키는 일주일 동안 매일 지팡이를 새것으로 바꾸고, 부활절 용으로도 한 개를 마련하고 있다.

우리는 많은 공통점을 갖고 있으므로, 깨진 거울에 자신을 비춰보는 것과 별반 차이가 없다.

나는 내 원고를 뒤집어서 펼쳐본다. 어느 쪽에나 퇴고가 되어 있다. 어느 쪽이나 모두 '문학'이다. 좀 섬뜩한 느낌이 든다. 몸서리나게 몰도르프와 비슷한 것이다. 다만 나는 유대인이 아니며, 비(非)유대인에게는 또 다른 고뇌가 있다. 그들은 고뇌하면서 신경쇠약에 걸리지 않는다. 그리고 실베스터가 말하듯이, 신경쇠약에 걸린 적이 없는 사나이는 고뇌의 의미를 모르는 것이다.

나는 내가 어떻게 고뇌를 즐겼는가를 분명히 기억한다. 그것은 강아지와 함께 자는 것과 거의 비슷하다. 강아지는 이따금 발톱으로 할퀸다—그러면 정말로 섬뜩해지지만, 평소에는 전혀 두려움을 느끼지 않는다—언제든지 상대를 몰아내거나, 상대의 목을 자를 수 있다고 생각하는 것이다.

세상에는 야수와 함께 우리 안으로 들어가 갈기갈기 찢기고 싶은 욕망에 저항할 수 없는 인간이 있는 법이다. 그들은 권총이나 채찍조차 들지 않고 안으로 들어간다. 공포는 그 순간 대담성으로 바뀐다……. 유대인에게는 세상이 야수들로 가득 차 있는 우리와 다름없다. 출입문은 자물쇠로 잠겨 있고, 그는 채찍이나 권총도 지니지 않은 채 그 안에 있는 것이다. 그는 매우 용감하므로 구석의 똥 냄새도 맡지 않는다. 구경꾼들이 갈채를 보내지만 그에게는 들리지 않는다. 연극은 이 우리 안에서 진행된다고 그는 생각하고 있다. '이 우리 안이 세상'이라고 생각한다. 고립되어 아무 도움 없이 홀로 거기에 서 있으며, 출입문은 잠겨 있다—그는 사자들이 자기 말을 알아듣지 못하는 것을 알아챈다. 스피노자에 대한 지식이 있는 사자는 한 마리도 없다. 스피노자? 그렇다, 사자들은 그의 살덩이를 공격할 수도 없는 것이다.

"우리에게 고기를 다오." 사자는 으르렁거린다. 그는 화석이 된 것처럼 거기에 우뚝 서 있다. 그의 사상은 얼어붙고, 그의 세계관은 어디론가 손이 닿지 않는 곳으로 달아나 버린다. 사자 앞발의 일격을 맞고 그의 우주론은 분쇄된다.

사자들도 실망한다. 사자들은 피를, 뼈를, 지방을, 힘줄을 기대하고 있었던 것이다. 아무리 씹어도 언어는 치클(추잉껌의 원료)이며, 그것은 소화할 수 없다. 치클은 설탕이나 소화제, 소독제 따위를 뿌리는 재료에 지나지 않는다. 치클은 그것을 캐내는 사람들에 의해 얻어질 때는 전혀 문제가 되지 않는다. 그것을 캐내는 이들은 물속으로 가라앉은 대륙의 산을 넘어왔다. 그들은 그것과 함께 대수적(代數的) 언어를 가져왔다. 애리조나 사막에서, 그들은 가지처럼 윤기가 흐르는 북방 몽골인을 만났다.

지구의 회전의(回轉儀)가 경사진 지 얼마 안 되어—마침 멕시코만류가 일본해류와 분리되었을 무렵이다—그들은 대지의 중심에서 응회암을 발견했다. 그들은 이 지구의 수반(水盤) 자체를 그들의 언어로 수놓았다. 그들은 서로의 내장을 먹고, 삼림은 그들의 뼈와 두개골 위를, 그들의 응회 레이스 위를 뒤덮었다. 그들의 언어는 상실되었다. 지금도 그 유적이나 숫자로 뒤덮인 해골 화석이 사방에서 발견되고 있다.

이러한 이야기가 대체 너와 무슨 관계가 있나, 몰도르프? 네가 입에 올리는 말은 무정부이다. 그 말을 해다오, 몰도르프. 나는 그것을 기다리고 있다. 너와 내가 악수할 때에, 너와 내 땀을 따라 흐르는 강물을 아무도 모른다. 네가 말을 하려고 준비하는 동안 너의 입술이 살짝 벌어지고, 입 안에는 침이 고인다. 나는 아시아를 절반쯤 뛰어넘어 버렸다. 싸구려일망정 네 지팡이를 잡아채어 네 옆구리에 작은 구멍을 뚫는다면, 나는 대영박물관을 가득 채울 정도의 자료를 모을 수 있을 것이다. 우리는 5분 동안 서 있기만 해도 수십 세기를 삼켜 버리는 것이다. 너는 체이다. 내 무정부는 그 체를 통과하여 언어로 변한다. 그 언어 뒤에는 혼돈이 있다. 각각의 언어들은 끈이고 통나무 울타리지만, 이 그물을 만들 만한 통나무 울타리는 지금도 없고 앞으로도 결코 없을 것이다.

내가 없는 동안, 방 안에는 커튼이 드리워져 있었다. 커튼은 리졸액에 잠긴 티롤 지방에서 만든 식탁보처럼 보인다. 방이 강렬한 빛을 내뿜고 있다. 나는 멍하니 침대에 걸터앉아, 태어나기 전의 인간에 대해 생각한다. 갑자기 조종(弔鐘)이 울리기 시작한다. 이 세상 소리 같지 않은 언짢은 느낌의 음조이다. 마치 중앙아시아의 넓은 초원에 끌려간 것 같다. 어떤 종이 길게 울려퍼지는가 하면, 또 다른 종이 술에 잔뜩 취하여 흐느껴 우는 것처럼 울려 댄다. 겨우 조용해졌다―밤의 침묵을 아주 살짝 할퀼 뿐인 마지막 음색― 불꽃의 심지를 없앤 것처럼 연약하면서도 높은 소리가 한 번 울린다.

나는 내가 글로 쓰는 것을 한 행도 바꾸지 않는다는 무언의 계약을 나 자신과 맺었다. 나는 사상이나 행동을 완성시키는 일에는 흥미를 느끼지 않는다. 투르게네프의 완성과 도스토옙스키의 완성을 비교해 본다. (《영원한 남편》보다 더 완성된 작품이 있는가?) 그러고 보면, 똑같은 하나의 매개를 통하여 두 종류의 완성이 이루어진 셈이다. 하지만 반 고흐의 편지에는 이 둘을 초월한 완성이 있다. 그것은 예술을 이겨낸 개성의 개선가이다.

지금 내가 온 힘을 다해 집중하고 있는 것이 딱 한 가지 있다. 세상의 서적들에 생략되어 있는 모든 것을 기록하는 일이다. 내가 이해하고 있는 한, 우리 삶에 방향과 동기를 부여하고 있는 공기 속의 그러한 원소들을 아무도 이용하고 있지 않다. 살인자만이, 그것들이 인생에 부여하고 있는 것을 꽤 만족스레 인생으로부터 끌어내고 있는 듯하다. 시대는 폭력을 요구한다. 그러나 우리가 얻어내고 있는 것은 불충분한 폭발뿐이다. 혁명은 계획 단계에서 짓눌려 없어지거나, 아니면 너무 일찍 성공한다. 격정은 순식간에 고갈된다. 사람들은 다시금 '평소와 마찬가지로' 사상의 세계로 달아난다. 24시간 넘게 계속되는 일이 제기된 적은 한 번도 없다. 우리는 한 세대 동안에 백만 세대의 생애를 살펴보고 있는 것이다. 곤충학이나 심해생물 연구, 세포 활동 연구에서는, 우리는 그 이상의 일을……

전화가, 영원히 완성될 것 같지도 않은 나의 사색을 멈추게 한다. 누군가가 방을 얻으러 온 것이다…….

빌라 보르게제에서의 내 생활은 이제 끝장이 난 모양이다. 좋다, 나는 이 원고를 들고 어디로든 옮아가자. 어디로 가든 사건은 생긴다. 사건은 끊임없이 일어나고 있는 것이다. 내가 가는 곳에서는 어디서나 반드시 드라마가 벌어지는 모양이다. 사람들은 머릿니와 닮았다―그들은 내 피부 속으로 파고 들어가서 몸을 숨겨 버린다. 피가 날 때까지 긁어대지만 가려움이 사라질 기미는 보이지 않는다. 어딜 가든, 사람들은 자기 생활을 엉망으로 만들고 있다. 누구나 자신만의 비극을 갖고 있다. 지금, 그것은 핏속에 있다—불행, 권태, 비애, 자살. 주위의 공기는 재앙과 좌절과 헛수고로 진하게 물들어 있다. 긁고, 할퀴어대며—피부가 없어질 때까지 쥐어뜯는다. 하지만 그것이 내게 주는 효과는 놀랍다. 낙담하거나 우울해지는 대신에 나는 그것을 즐긴다. 나는 더, 더 많은 재앙을, 더 큰 재난을, 더욱 장렬한 실패를 달라고 큰 소리로 요구하고 있다. 나는 온 세상이 미쳐 버리면 좋겠다고 바란다. 모든 사람들이 몸을 쥐어뜯으며 죽어 버렸으면 하고 바란다.

나는 이 단편적인 기록조차 적고 있을 틈이 없을 만큼 어수선하고 격렬하게 살기를 강요당하고 있다. 전화를 한 뒤에 한 신사와 그의 아내가 찾아왔다. 나는 거래가 끝날 때까지 2층에 올라가 누워 있었다. 누워서 이번에는 어디로 옮아갈까를 생각하고 있었다. 남색한(男色漢) 녀석의 침대로 되돌아가 밤새도록 빵조각을 발로 걷어차며 몸을 뒤척이는 것은 딱 질색이다. 그 장난치기 좋아하는 사생아 녀석! 남색한보다 더 나쁜 게 있다면, 그것은 수전노이다. 겁이 많고, 언제나 부들부들 떨고 있는 지저분한 남색한. 언젠가는—아마도 3월 18일에, 아니 5월 25일에는 확실히—무일푼이 될 것이라며 노상 겁먹은 표정으로 살아가는 녀석이다.

우유와 설탕도 넣지 않은 커피. 버터를 바르지 않은 빵, 육수 없는 고기, 아니면 아예 고기가 없다. 온통 없는 것뿐이다. 불결하고 인색한 수전노 녀석! 한번은 화장대 서랍을 열어보다가, 양말 속에 감춰둔 돈을 발견한 적이 있다. 2천 프랑이 넘는 현금과, 아직 현금으로 바꾸지 않은 수표. 그것조차도 만일 내 베레모 속에 커피 찌꺼기를 집어넣거나, 바닥에 쓰레기를 마구 버리지 않는다면—콜드 크림 병이나 기름투성이 수건, 언제나 막혀 있는 개수대 따위는 말할 것도 없다—나는 그다지 신경을 쓰지 않았으리라. 정말이지 이 지저분한 사생아 녀석은—향수라도 뿌리고 있을 때 말고는—매우 언짢은 냄새가 난다.

녀석은 귀도 더럽고 눈도 더럽다. 엉덩이도 더럽다. 녀석은 관절염을 앓고 있고, 천식을 앓았고, 이가 득시글거리며 좀스럽고 이상 성격자이다. 녀석이 내게 아침이라도 제대로 대접해 준다면 나 역시 어떤 일이든 잊어줄 수 있었을 게다. 하지만 더러운 양말 속에 2천 프랑이나 감춰 두고 있으면서도, 깨끗한 셔츠도 입지 않고, 빵에 약간의 버터조차도 바르려 하지 않다니. 그러한 녀석은 단순한 남색한도 아니고, 단순한 수전노도 아니다―바로 저능아이다!

그런데 이러한 남색한 따위는 지금은 어떻든 상관없다. 나는 아래층에서 무슨 일이 벌어지고 있는가 귀를 기울인다. 아파트를 보러 온 이는 렌 씨 부부이다. 부부는 아파트의 방을 얻을 듯이 이야기하고 있다. 그러나 고맙게도, 단지 그러한 이야기를 하고 있을 뿐이다. 렌 부인은 칠칠치 못하게 소리 내어 웃고 있다―귀찮은 일이 벌어지는 건 이제부터다. 지금 렌 씨가 이야기를 하고 있다. 그의 목소리는 갈라지고 쥐어뜯는 듯한―징징 울리는 듯한―그리고 살과 뼈와 연골 사이에 쐐기를 박는 듯한 둔탁한 망치소리 같다.

보리스가 나를 소개하기 위해 아래층으로 부른다. 그는 전당포 지배인처럼 두 손을 비비고 있다. 그들은 렌 씨가 쓴 비절내종(飛節內腫 : 말 뒷다리의 비절에 발생하는 골혹)에 걸린 말(馬) 이야기에 대해 말하고 있다.

"그런데 나는 렌 씨가 화가인 줄 알았는데요?"

"맞아요." 보리스가 한쪽 눈을 깜박거리면서 말한다. "그러나 겨울 동안에는 소설을 써요. 좋은 것을…… 아주 훌륭한 소설을 말이에요."

나는 렌 씨의 입을 열어 보려고 기를 쓴다. 무슨 말을 하게 하자, 무엇이든 좋다. 경우에 따라서는 비절내종에 걸린 말 이야기라도 상관없다. 그러나 렌 씨는 통 이야기를 하지 못한다. 그가 글짓기와 친숙해지는 권태로운 몇 개월에 대해 이야기하려고 하면, 이내 무슨 말을 하는지 알 수 없게 되는 것이다. 단 한 마디 말을 종이에 적을 때까지, 이 사람은 몇 달이 걸린다고 한다. (겨울은 단 3개월뿐인데도 말이다!) 겨울철 몇 달 사이 이 사나이는 무슨 생각을 할까? 이런 사나이를 작가라고 생각하다니, 하느님 맙소사. 그런데 렌 부인의 말에 따르면, 그가 글을 쓰려고 자리에 앉으면 순식간에 영감이 샘처럼 솟아오른다고 한다.

이야기가 정처 없이 흘러간다. 렌 씨는 아무 말도 하지 않으므로, 그의 정신의 움직임을 따라가기는 어렵다. '그는 내키는 대로 생각한다'―렌 부인은 그것을 이렇게 표현한다. 렌 부인은 렌 씨의 일이라면 무엇이든 가장 호의적으로 해석하는 것이다. '그는 내키는 대로 생각한다'―보로프스키의 입버릇은 아니지만 이건 정말 멋있다. 아주 멋있다. 하지만 실은 그렇게 생각하는 본인이 비절내종에 걸린 말 말고는 아무것도 아니므로 매우 애처롭다.

보리스가 술을 사오라며 내게 돈을 건네준다. 술을 사러 가는 길에 나는 이미 취해 있다. 집에 돌아가면 내가 무슨 일을 할 것인지 알고 있다. 거리를 거닐면서 이미 그것은 시작되었다. 렌 부인의 칠칠치 못한 웃음소리처럼 위대한 연설이 내 안에서 울려나오기 시작한 것이다. 아까부터 그녀는 이미 약간 흥분하고 있었던 것 같다. 취하면 그녀는 아주 능숙한 '연설 청취자' 역할을 한다. 술집을 나오면서 나는 오줌 누는 소리를 듣는다. 모든 게 칠칠치 못하고, 내뿜는 것 같다. 렌 부인이 내 이야기를 들어 주면 좋으련만……

보리스는 또 손을 비비고 있다. 렌 씨는 여전히 말을 더듬거리면서 침을 튀기고 있다. 나는 양 다리 사이에 술병을 끼우고 병따개를 움직이고 있다. 렌 부인은 기다리기가 지겨운 듯이 입을 약간 벌리고 있다. 포도주가 나의 양 다리 사이에서 뿜어져 나오고, 햇빛이 창문을 통해 뿜어져 나오듯이 비쳐 들고, 내 혈관 속에서는 수많은 광기 어린 거품이 일시에 제멋대로 뿜어져 나온다. 머리에 떠오르는 것을 모조리 그들에게 지껄여 댄다. 내 속에 가득 채워져 있다가 렌 부인의 칠칠치 못한 웃음에 의해 느슨하게 풀어진 것을 남김없이 지껄여댄다. 가랑이 사이의 술병과 창문으로 쏟아져 들어오는 햇빛을 보고 있으면, 처음 파리에 도착했을 무렵의 그 멋진 비참한 날들을 다시금 경험하게 된다. 연회장에 나타난 유령처럼 거리를 어슬렁거리고, 가난에 시달리며 망연자실해 있던 그 무렵의 일을.

모든 일이 한꺼번에 되살아난다—고장난 변소, 내 신발을 닦아준 왕자, 주인의 외투 위에서 내가 잠을 잤던 스플랜디드 영화관, 창문의 격자, 숨을 쉴 수 없는 감각, 살이 찐 바퀴벌레, 이따금 술을 마시고 소란을 피운 일, 햇빛 속에서 죽어가고 있는 로즈 캐너크와 네이플. 허기진 배를 움켜쥐고 거리를 뛰어다니다 이따금 알지도 못하는 사람을 방문하였다—그중 한 사람이 마담 데롬이다. 대체 어쩌다 내가 마담 데롬의 집에 가게 되었는지, 지금은 이미 짐작도 가지 않는다. 그러나 나는 거기에 도착했다. 아무튼 집 안에 발을 들여 집사 앞을 지나고 흰 앞치마를 두른 하녀의 앞을 지나서, 코듀로이 바지에 단추가 하나도 달리지 않은 헌팅 재킷 차림으로 그 저택 안쪽으로 들어간 것이다. 지금도 나는 마담 데롬이 남자 같은 옷차림을 하고 앉아 있던 그 방의 휘황찬란한 정경을 다시 한 번 맛볼 수 있다.

어항 속 금붕어를, 고대 세계 지도를, 아름다운 장정의 책들을, 그리고 마담 데롬이 묵직한 손을 내 어깨에 걸치자 그녀의 짓누르는 듯한 동성애적 태도에 나는 약간 겁을 먹었지만, 그 손의 감촉을 한 번 더 맛볼 수 있다. 그러나 나에게 있어 더욱 즐거웠던 것은, 번화가인 생라자르 역으로 흘러드는 그 진한 스튜이다. 입구에 서 있는 창녀들과, 모든 탁자 위에 있는 탄산수, 그리고 하수도로 잔뜩 흘러내리고 있는 농밀한 정액. 5시부터 7시 사이에 혼잡 속에서 시달리면서 '하나의 다리', '하나의 아름다운 가슴'을 뒤쫓아 그 흐름과 함께 움직이고, 온갖 상념을 머릿속에서 소용돌이치게 하면서 그 흐름과 함께 움직여 가는 것만큼 즐거운 일은 없다.

그러한 날들을 보내며 느꼈던 기묘한 만족감. 사람과 만날 약속도 없고, 만찬에 초대받은 일도 없으며, 예정도 없고 돈도 없다. 단 한 명의 친구조차 없었던 황금시대, 매일 아침 아메리칸 익스프레스까지 어슬렁어슬렁 걸어가, 매일 아침 사무원으로부터 정해진 대답을 듣는다. 벼룩처럼 이따금 여기저기 뛰어다니고, 때로는 살금살금 때로는 뻔뻔스럽게 담배꽁초를 주워 모은다. 벤치에 걸터앉아 울화가 치미는 걸 억누르고, 튈르리 공원 안을 서성거리다가 벙어리 같은 조각상을 바라보며 발기한다. 그리고 밤에는 센강 기슭을 헤매고, 그 아름다움에 홀려 방황하고 또 방황한다.

강물 위로 나뭇가지를 드리우고 있는 나무들, 물 위에서 부서지는 그림자, 피 같은 다리의 등불 아래를 흘러가는 급류. 입구에서 졸고, 신문지 위에서 졸고, 빗속에서 조는 여자들. 사방에 곰팡내 나는 사원의 현관, 거지, 이와, 말라리아를 앓고 있는 추악한 노파가 있다. 골목에 술통처럼 쌓아올린 손수레, 시장의 과일 냄새, 채소와 푸른 아크등에 둘러싸인 낡은 교회당, 쓰레기가 가득 차 미끈거리는 하수도, 밤새도록 야단법석을 떤 끝에 악취와 기생충 속을 비틀거리면서 걸어가는 새틴 구두를 신은 여자들. 생 쉴피스 광장, 한밤중에는 쥐죽은 듯이 고요한 이곳에, 부서진 양산을 손에 들고 이상야릇한 베일을 뒤집어쓴 여자들이 밤마다 반드시 찾아왔다. 그리고 그 뼈대가 꺾여 덜렁거리는 양산을 받쳐 쓴 채 벤치에서 잠을 청했다. 옷은 색이 바래서 푸르스름하고, 손가락 뼈가 앙상하며, 몸에서는 쉰내 나는 악취가 뿜어져 나오고 있었다.

아침이 되면 내가 거기에 걸터앉아, 여기저기서 빵조각을 쪼아먹고 있는 거지 같은 비둘기들을 저주하면서 햇빛을 받으며 조용히 졸곤 했다. 생 쉴피스! 땅딸막한 종루, 문에 붙인 요란한 포스터, 본당에서 불타고 있는 양초, 제단에서 들려오는 벌이 윙윙대는 듯한 기도 소리, 솟아오르는 샘물에서 튀어오르는 물방울, 비둘기 울음소리, 마술을 부린 듯이 사라져 버리는 빵조각, 그리고 내 허기진 배 속에서는 둔한 소리만이 요란하게 울리고 있었다. 아나톨 프랑스가 그토록 사랑한 이 광장. 여기서 나는 매일매일 제르멘을 생각하고, 그녀가 살고 있는 바스티유 부근의 그 지저분한 거리를 생각하면서 벤치에 앉아 있었다. 그러면 제단 뒤에서 벌이 윙윙거리는 듯한 목소리가 들리고, 버스가 지나가고, 햇빛이 아스팔트에 곧게 바로 비치고, 그 아스팔트가 내 몸에 작용하여, 제르멘이 아스팔트 속으로, 그리고 파리는 이 크고 땅딸막한 종루 속으로 완전히 흡수되어 버리는 것이었다.

겨우 1년 전에, 보로프스키네 집에서 돌아오면서 모나와 내가 밤마다 함께 걸었던 곳이 보나파르트 거리였다. 그 무렵에는 생 쉴피스도 파리도, 나에게는 별로 의미가 없었다. 이야기하는 데에도 싫증을 느꼈고, 사람의 얼굴을 마주하면 진저리가 났다. 사원이나 광장, 동물원 등도 식상했다. 붉은 침실에서 책을 집어들어 보아도 등나무 의자에 앉아 있는 느낌이 언짢았다. 아침부터 밤까지 자신의 엉덩이 위에 앉아 있는 데 싫증이 나고, 붉은 벽지에 싫증이 나고, 재미도 없는 것을 재갈재갈 지껄여대는 사람들을 만나는 일에도 싫증이 났다. 붉은 침실과, 언제나 열어젖혀 있는 트렁크. 그녀의 옷가지들이 사방에 난잡하게 흐트러져 있었다.

나의 실내화와 지팡이, 손도 대지 않은 공책, 차갑게 죽어 있는 원고 따위가 놓여 있는 붉은 침실. 파리! 파리란 카페 셀렉트와 돔과 벼룩시장과 아메리칸 익스프레스를 뜻했다. 파리! 그것은 보로프스키의 지팡이와 보로프스키의 모자와 보로프스키의 수채화와 보로프스키의 선사시대 물고기, 그리고 선사시대적인 시시한 익살을 뜻했다. 그 1928년 파리에서의 단 하룻밤, 미국으로 떠나기 전날 밤만이 내 기억 속에 또렷이 남아 있다. 색다른 밤이었다. 내가 그 술집에 있는 여자들과 닥치는 대로 춤을 추었기 때문에 보로프스키는 기분이 언짢아져, 내게 약간 불쾌감을 느끼고 있었다.

그러나 내일 아침에 우리는 출발한다! 손에 잡히는 어느 암탉에게나 내가 일일이 들려준 것은 이 말이었다—"우리는 내일 아침에 떠납니다." 마노(瑪瑙) 색깔의 눈동자를 갖고 있는 금발 여자에게 내가 들려준 것도 이 말이었다. 그리고 내가 그렇게 말하고 있는 동안에, 그녀는 내 손을 잡아 가랑이 사이에 끼우고 죄어댔다. 변소에서 나는 지독하게 발기한 채로 변기 앞에 섰다. 날개가 달린 납 막대처럼, 그것은 가볍기도 하고 동시에 무거운 느낌도 들었다. 그런 모양으로 내가 거기에 서 있자, 암탉 두 마리가 달려왔다—미국 여자들이다. 나는 그것을 쥔 채 정중하게 인사했다. 여자들은 내게 윙크를 보내고 지나갔다.

바지 단추를 채우며 대기실로 나오자, 한 여자가 변소에서 나올 일행을 기다리고 있는 게 보였다. 음악이 아직 계속되고 있으므로 모나가 부르러 올지도 모르고, 보로프스키가 그 금빛 손잡이가 달린 지팡이를 짚고 찾아올지도 모른다고 생각했지만, 나는 이미 그녀의 팔에 안겨 있었다. 그녀가 나를 붙잡아 버렸으므로 누가 오든 무슨 일이 일어나든 이제 어쩔 수 없었다.

우리는 비틀거리며 변소 안으로 들어갔다. 그녀를 세워놓고 벽에 바짝 밀어붙였지만 잘 안 되었다. 이번에는 변기 시트에 웅크리고 앉아 해보았지만 역시 잘 안 된다. 어떤 식으로 해보아도 안 되는 것이었다. 그동안 그녀는 계속 내 것을 붙잡고 마치 물에 빠진 사람처럼 그것에 매달려 있었지만 아무 것도 하지 못했다. 우리는 너무 흥분하고, 너무 초조해했던 것이다.

음악은 아직 계속되고 있었다. 그래서 우리는 왈츠 스텝을 밟으며 변소에서 대기실로 나왔다. 그리고 그 방에서 춤추는 사이에 나는 그녀의 아름다운 가운에 세게 사정을 해 버려, 그녀를 몹시 화나게 만들었다. 휘청거리며 탁자로 돌아오자, 보로프스키의 붉은 얼굴과 모나의 화난 눈이 기다리고 있었다. 보로프스키가 "내일은 다 함께 브뤼셀로 가자"고 했고, 모두들 찬성했다. 호텔로 돌아와서 나는 침대와 세면기, 양복, 가운, 실내화, 손도 대지 않은 공책, 차갑게 죽어 있는 원고 위에…… 사방에 잔뜩 토했다.

몇 달 뒤 같은 호텔의 같은 방. 우리는 자전거가 잔뜩 놓여 있는 안뜰을 바라보고 있었다. 맞은편 지붕 밑의 작은 다락방에서는 아니꼬운 멋쟁이 젊은이가 온종일 축음기를 틀어놓고 그에 맞추어 큰 목소리로 멋진 노래를 부르고 있었다. 지금 '우리'라고 말했지만, 이 표현은 약간 경솔했던 것 같다. 실은 모나가 꽤 오래전부터 다른 데에 가 있었으며, 마침 그날 생라자르 역에서 그녀와 만나기로 되어 있었다. 해질녘까지 역 울타리에 얼굴을 들이대고 서 있었지만 모나의 모습은 보이지 않았다. 그래서 몇 번이고 전보를 다시 읽어보았지만 아무 소용도 없었다.

나는 카르티에로 돌아가, 언제나처럼 배불리 식사를 했다. 그리고 잠시 뒤에 돔 앞을 어슬렁거리며 지나가는데, 뜻밖에도 지친 듯한 창백한 얼굴과 불타오르는 듯한 눈과, 내가 언제나 사랑해 마지않았던 작은 비로드 슈트가 눈에 들어왔다―그 안쪽에는 언제나 따스한 유방, 대리석과도 같은 다리, 차갑게 긴장된 근육이 있기 때문에 내가 사랑해 마지않았던 슈트이다. 그녀는 얼굴들의 바닷속에서 떠올라 나를 포옹했다. 정열적으로 포옹하며―수많은 눈과 코, 손가락, 다리, 술병, 창문, 지갑, 커피잔 등이 우리를 노려보고 있는 가운데, 우리는 서로의 팔 속에서 황홀해져 있었다. 내가 그녀 옆에 걸터앉자, 그녀가 이야기하기 시작했다―우르르 넘쳐나오는 말의 홍수이다. 히스테리와 도착증과 문둥병의 광폭한 소모성의 징후. 나는 한 마디도 듣지 않았다. 그녀는 아름답고, 내가 그녀를 사랑하고, 그리고 지금 나는 행복해서 죽어도 좋다고 생각하고 있었기 때문이다.

우리는 위젠을 찾으면서 샤토 거리를 거닐고 있었다. 기차가 지나가는 것을 바라보면서, 대체 그녀가 어디로 가 버렸는가를 생각하고 언제나 고통스러움을 느꼈던 철교 위를 걷는다. 다리를 건너가는 우리에게는 모든 것이 온화하고 매혹적이었다. 연기가 우리의 다리 사이에서 피어오르고, 선로가 삐걱거리며, 신호기는 우리의 핏속에 있다. 나는 그녀의 몸이 기대어 오는 것을 느꼈다―지금은 모든 게 내 것임을 느꼈다―그래서 나는 따스한 비로드 슈트 위를 문지르던 것을 그만두었다. 주위에 있는 모든 것들이 부서져 흩어졌다. 따스한 비로드 속의 따스한 육체가 나를 원하며 몸부림치고 있었다……

아까와 같은 방으로 되돌아왔다. 위젠 덕분에, 나는 큰맘 먹고 50프랑을 쓴 것이다. 나는 안뜰을 바라보았지만, 축음기 소리는 이미 멎어 있었다. 트렁크는 열어젖혀진 채로 있고, 그녀의 옷가지 등이 전처럼 사방에 흐트러져 있었다. 그녀는 옷을 입은 채로 침대에 드러누웠다. 한 번, 두 번, 세 번, 네 번…… 나는 그녀가 미쳐 버리지나 않을까 하고 걱정이 되었다……. 침대 안에서, 모포 속에서 다시금 그녀의 몸을 만질 수 있다니 얼마나 고마운 일인가! 그런데 이게 언제까지 계속될까? 이번엔 오래갈까? 이미 나는 오래갈 것 같지 않다는 예감을 갖고 있었다.

그녀는 열에 들뜬 것처럼, 마치 내일이 없는 것처럼 내게 말을 걸어왔다. "조용히 해요, 모나! 잠자코 내 얼굴을 바라봐……. 아무 말도 하지 말고!" 드디어 그녀는 깊이 잠들었다. 나는 그녀 밑에서 팔을 빼내고 눈을 감았다. 그녀의 몸은 여기, 내 옆에 있다……. 내일 아침까지는 확실히 여기에 있으리라……. 눈도 뜰 수 없을 만큼 눈보라가 몰아치는 가운데 항구에서 여행을 떠난 때는 2월이었다.

마지막으로 모나를 본 것은, 창문 안에서 손을 흔들며 내게 작별의 신호를 보내고 있는 모습이었다. 모자를 눈 위까지 깊숙이 눌러쓰고 턱을 옷깃에 파묻고, 거리 맞은편에 서 있던 사나이. 나를 지켜보고 있는 태아. 담배를 입에 문 태아. 창가에서 작별인사로 손을 흔들고 있는 모나. 하얗게 가라앉은 얼굴, 어지럽게 드리워진 머리카락. 지금은 차분한 침실에서 그녀는 허파를 통해 규칙적으로 호흡하면서, 가랑이 사이에서 아직 정액 냄새를 풍기고 있다. 따스한 고양이 같은 냄새이다.

나는 모나의 머리카락을 입에 물고 눈을 감고 있었다. 우리는 서로 상대의 입에 따스한 숨결을 몰아 주었다. 바짝 다가붙었다. 미국은 여기서 3천 마일이나 떨어져 있다. 나는 이제 미국 따위는 쳐다보고 싶지도 않다. 이처럼 내게 호흡을 통하게 하고, 머리카락을 입에 물게 해 주는 그녀와 함께 침대에 누워 있다는 것이—내게는 기적 같았다. 이제 아침까지는 아무 일도 일어나지 않으리라…….

나는 깊은 잠에서 깨어나 모나를 바라보았다. 창백한 빛이 스며들고 있었다. 그녀의 아름답게 흐트러진 머리카락을 지켜보았다. 무엇이 목에 엉겨붙는 느낌이 들어, 한 번 더 가까이서 모나를 보았다. 그렇다. 그녀의 머리칼이 살아 있는 것이다! 나는 이불을 젖혔다—그리고 머리카락을 더 많이 끌어내었다. 머리카락이 베개 위로 펼쳐졌다.

날이 밝은 지 얼마 안 된 시각이었다. 우리는 서둘러 짐을 꾸려서 몰래 호텔을 빠져나왔다. 카페는 아직 문이 닫혀 있었다. 우리는 걸었다. 걸어가면서 몸을 긁어댔다. 희부옇게 날이 밝아왔다. 살굿빛 연어색 하늘의 줄무늬, 껍데기를 빠져나오는 달팽이. 파리! 파리! 여기서는 모든 일이 일어난다.

무너져 내리기 시작한 낡은 벽과 변기 속을 흐르는 유쾌한 물소리. 바에서 콧수염을 핥고 있는 사나이들. 소리를 내며 끌려 올라가는 셔터, 하수도를 흐르는 물소리. '아메르 피콩'이라 쓰인 커다란 주홍 글씨. 지그재그. 어느 길로 갈까? 왜, 어디로, 무엇하러?

모나는 배고픈 데다 얇은 옷을 입고 있다. 야회복 용의 숄과 향수병, 야만인 같은 귀고리, 팔찌, 탈모제 따위 말고는 아무것도 갖고 있지 않았다. 우리는 메인 거리의 당구장에 앉아서 뜨거운 커피를 주문했다. 변소는 아직 청소가 되어 있지 않았다. 다른 호텔에 갈 수 있는 시간까지 잠시 여기에 앉아 있어야 하리라. 그동안 우리는 서로 상대의 머릿속에서 빈대를 집어냈다. 속이 탄다. 모나는 짜증을 내고 있다. 목욕을 해야 한다. 이래야 한다. 저래야 한다. 해야 한다, 해야 한다, 해야 하는 것 투성이다…….

"돈이 얼마나 남아 있어요?"

돈? 그렇다, 그걸 완전히 잊고 있었다.

합중국 호텔. 엘리베이터. 우리는 대낮부터 침대로 들어갔다. 일어나니 이미 어두워져 있었다. 가장 먼저 해야 할 일은, 미국에 전보를 칠 만큼의 돈을 구하는 일이었다. 축축하고 기다란 여송연을 입에 물고 있는 그 태아에게 치는 전보이다. 그동안에는 라스파유 대로에서 지내고 있는 스페인 여자에게 가자―그녀는 언제나 친절하게 따뜻한 식사를 대접해 준다. 아침까지는 무슨 일이 일어날 것이다. 적어도 우리는 함께 침대에 들어갔다. 이제 빈대는 없었다. 장마가 시작되고 있었다. 시트에는 얼룩 하나 없었다…….

빌라 보르게제에서 지금 나의 새로운 생활이 시작되려 하고 있다. 아직 열 시밖에 되지 않았지만 우리는 아침을 먹고 산책하러 나와 있다. 지금 우리는 엘자라는 여자와 함께 지내고 있다. '4, 5일 동안은 조용히 지내자'고 보리스가 주의를 준다.

그 하루가 멋지게 시작된다. 맑게 갠 하늘, 상쾌한 바람, 새로이 페인트를 칠한 집들. 우체국으로 가면서 보리스와 나는 소설 이야기를 한다. 《마지막 책》—이러한 제목의 책을 익명으로 엮어내기로 했다.

새로운 날들이 시작되고 있다. 이를 느낀 것은, 오늘 아침에 13세기의 포도주 없는 가정 식사 같은 뒤프렌의 반짝반짝 빛나는 캔버스 앞에 섰을 때였다. 살집이 좋고 팽팽하며, 윤이 흐르는 장미색 육체의 파동을 지닌 멋진 나체이다. 2차 성징 전부와 약간의 1차 성징. 새벽녘의 촉촉함이 깃든 노래하는 육체이다. 정물조차도 여기서는 정지해 있지 않으며, 죽어 있지 않다. 식탁은 올린 음식 때문에 짜부라져 있으며, 너무 무거워 액자 밖으로 비어져 나와 있다. 13세기의 식사—지은이가 잘 기억하고 있는 정글의 기분이 능란하게 표출되어 있다. 영양(羚羊)과 얼룩말 가족들이 종려나무 잎을 물어뜯고 있다.

그리고 지금, 우리에게는 엘자가 있다. 그녀는 오늘 아침에, 우리가 침대에 있을 동안 우리를 위해 연주해 주었다. '4, 5일 동안은 조용히' 있자고? ……좋다! 엘자가 하녀이고, 내가 손님이며, 보리스는 주인이다. 새로운 드라마가 시작된 것이다. 나는 이 글을 쓰면서 혼자 웃고 있다. 녀석은 이제부터 무슨 일이 일어날지 알고 있는 것이다. 그 살쾡이 같은 보리스 녀석은. 그 사나이도 사건 냄새 맡을 수 있는 코를 갖고 있다. 조용히 있자구?

보리스는 겁을 먹고 있다. 언제 어느 때에 그의 아내가 무대에 등장할지 알지 못하기 때문이다. 그녀는 몸무게는 180파운드가 훨씬 넘으리라—그의 아내의 몸무게이다. 그런데 보리스는 한 손으로 잡을 수 있을 만큼 홀쭉하다. 사태가 어떠한지, 이로써 짐작할 수 있을 것이다. 그는 밤에 돌아오는 길에 그것을 내게 설명하려고 한다.

그 이야기가 너무 비극적이고 우스꽝스러웠기 때문에, 나는 이따금 걸음을 멈추고 그의 얼굴을 바라보며 웃지 않을 수 없다. "왜 자네는 그렇게 웃나?" 그는 점잖게 말하지만, 이내 프록코트를 몇 겹이나 껴입어도 온전한 사나이로 보일 리 없다고 갑자기 알아챈 절망적인 얼간이 녀석처럼, 그 흐느껴 우는 듯한 신경질적인 어조로 이야기를 시작하는 것이다.

보리스는 차라리 이름을 바꾸고 달아나고 싶다고 말한다. "나를 혼자 있게 해 주기만 하면, 그 암소에게 무엇이든 다 줄 텐데." 그는 울음 섞인 목소리로 말했다. 하지만 아파트는 빌려 주기로 했고, 계약서의 서명도 다 끝나 있었다. 그 밖의 사소한 일들에는 그의 프록코트가 도움이 될 것이다. 그런데 그녀의 그 몸무게가 문제이다—실은 보리스를 괴롭히는 것도 그 점이다. 만일 우리가 밖에서 돌아와 느닷없이 그녀가 현관 입구에 서 있는 걸 보았다면 보리스는 기절할 것이 틀림없다—요컨대 이 역시 그가 얼마나 아내를 존경하고 있는가를 말해 주는 것이다!

그러한 까닭에, 우리는 당분간 엘자와 마음을 맞춰가야만 한다. 엘자는 단지 우리에게 아침 식사를 만들어 주고—찾아온 손님에게 아파트를 보여 주는 일을 할 뿐이다.

하지만 이미 엘자는 몰래 나를 소모시켜 가고 있다. 그 독일인의 피. 그 우울한 노래. 오늘 아침에 아래층으로 내려가면서 나는 신선한 커피 냄새를 맡으며 독일어로 나지막하게 콧노래를 부르고 있었다. "그것은 정말 아름답도다……." 아침 식사를 위한 것이 그것이다. 그리고 잠시 뒤에, 그 영국인 젊은이가 계단 위에서 바흐를 부르기 시작했다. "저 사람은 여자를 원하고 있어요." 엘자는 말한다. 하지만 엘자에게도 원하는 게 있다. 나는 알 수 있다. 보리스에게는 아무 말도 하지 않지만, 오늘 아침에 그가 이를 닦고 있을 때 엘자는 나에게 베를린 이야기를 하며, 뒤에서 보면 아주 매력적인 여자인데 뒤돌아보니 매독에 걸려 있더라는 따위의 이야기를 열심히 들려 주고 있었다.

엘자가 어쩐지 욕심이 나는 듯이 나를 바라보는 느낌이 든다. 아침 식사 때부터 미루어온 무언가가 있는 모양이다. 오후에 우리는 서재에서 각자 돌아앉아 글을 쓰고 있었다. 그녀는 이탈리아에 있는 연인에게 보낼 편지를 썼다. 내 타자기는 고장이 나서 쓸 수 없었다. 보리스는 아파트를 세놓자마자 이내 언제든 이사를 갈 수 있도록 싸구려 하숙집을 구하러 나가고 없었다. 따라서 엘자와 시시덕거리는 수밖에 도리가 없었다. 그녀도 그것을 바라고 있었다.

그래도 나는 엘자가 조금 가엾다는 느낌이 들었다. 그녀는 아직 연인에게 편지를 한 줄밖에 쓰지 않은 것이다—그녀 위로 몸을 구부렸을 때, 나는 곁눈질하며 그것을 흘긋 보았다. 하지만 어쩔 수 없다. 우울하고 감상적인, 그 저주받은 독일 음악이 내 가슴속으로 파고들어와 있다. 이때 그녀의 콩알만 한 작은 눈은 몹시 뜨거우면서도 슬퍼보였다.

끝난 뒤, 나는 뭔가 나를 위해 연주해달라고 부탁했다. 엘자는 깨진 냄비 같은, 혹은 해골이 부딪치는 듯한 소리를 내지만 아무튼 음악가이다. 그녀는 연주를 하면서 울었다. 나는 그녀를 나무라지 않았다. 어딜 가나 마찬가지예요, 하고 엘자가 말했다. 어딜 가나 남자가 생기고, 얼마 뒤에 버려지고, 아이를 떼고, 새 일자리를 찾고, 또 다른 사내가 생기지만, 모두 나를 이용하기 위해서 상대해줄 뿐이에요. 나를 위해 슈만을 연주해 준 뒤에, 엘자는 이런 이야기를 한 것이다—슈만, 그 푸념만 늘어놓는 센티멘털한 독일인 사생아 녀석! 어쨌든 나는 엘자가 몹시 불쌍하다고 생각했지만 전혀 상관하지 않았다. 그녀처럼 음악을 할 수 있는 암탉은, 거대한 도구를 가진 잠깐 스쳐가는 사나이에게 호락호락 몸을 내주는 무분별한 짓을 해서는 안 되는 것이다. 하지만 그 슈만 녀석이 다시금 내 핏속으로 파고든다.

엘자는 아직 코를 훌쩍거리고 있었지만, 내 마음은 이미 훨씬 먼 곳에 있었다. 나는 타니아를 떠올렸다. 한창 하고 있을 때 손톱을 세워 아다지오로 할퀴는 타니아를. 나는 지나가고 묻혀 버린 온갖 일들을 돌이키고 있었다. 독일군이 벨기에를 침공했지만 우리는 아직 중립국 침략에 관심을 가질 만큼 무일푼이지는 않았던 무렵의 그린포인트에서의 그 여름날 오후를 떠올린다. 그 무렵의 우리는 아직 순진했다. 그래서 시인의 이야기에 귀를 기울이거나, 해질녘에 지나간 영혼을 불러내기 위해 식탁을 에워싸고 있었던 것이다.

그날은 오후부터 밤까지 온종일 독일 음악으로 완전히 채워졌고 주위에 있는 사람도 모두 독일인이어서, 독일에 있는 것보다 더 독일 같았다. 우리에게는 슈만과 후고 볼프(19세기 오스트리아의 작곡가), 그리고 소금에 절인 양배추와 퀴멜주(酒)와 삶은 감자 따위가 나누어졌다. 황혼 무렵에 우리는 커튼이 드리워진 방에서 커다란 식탁을 에워싸고 앉아 있고, 갈색 머리의 약간 바보스러운 여자가 예수 그리스도를 불러낸다며 식탁을 쾅쾅 두드리고 있었다. 우리는 식탁 아래에서 서로 손을 잡고 있었는데, 옆자리의 귀부인은 내 바지의 단추를 끼우는 곳에 두 손가락을 집어넣고 있었다. 그리고 마침내 우리는 누군가가 지루한 노래를 부르고 있는 틈을 타서 피아노 아래쪽의 바닥에 엎드렸다. 공기가 무거워서 그녀는 숨쉬기가 괴로운 듯했다. 페달이 어색하게 제멋대로 위아래로 움직였는데, 그 움직임은 마치 27년이나 걸려서 그동안의 분량을 완벽하게 구축한 똥으로 만든 탑과도 같은 것으로, 미치광이 짓처럼 어리석고 쓸모없는 것이었다. 여자를 내 위로 끌어올렸다. 그러자 내 귀의 공명판(共鳴板)이 울리기 시작했다.

방 안이 어둡고, 융단은 엎질러진 퀴멜주 때문에 끈적끈적했다. 갑자기 마치 날이 밝은 듯한 느낌이 들었다—마치 물이 얼음 위를 상쾌하게 흐르고, 피어오르는 안개 때문에 얼음이 창백해지며, 빙하가 에메랄드색을 띤 바다 속으로 가라앉고, 영양과 금빛 농어와 바다소가 이리저리 돌아다니고, 재방어가 북극권의 기슭으로 뛰어오르며……

엘자는 지금 내 무릎 위에 앉아 있다. 엘자의 눈은 배꼽처럼 작다. 나는 그녀의 커다란 입을 바라보고, 촉촉하게 반짝이는 그 입술을 내 입술로 덮어버린다. 그녀는 낮게 콧노래를 흥얼거리고 있다……. 그것은 정말 아름답도다……. 아, 엘자, 너는 아직 그것이 나에게 무엇을 의미하는지를 알지 못한다—너의 그 〈제킹겐의 나팔수〉가. 독일 합창단, 슈바벤 음악당, 체육협회…… 좌로! 우로! ……좌로! 우로! ……그리고 엉덩이에 채찍을 가한다…….

아, 독일인—녀석들은 합승 자동차처럼 우리를 채어간다. 그리고 소화불량이 되게 만든다. 하룻밤 사이에 사체 수용소와 구제 병원, 동물원, 황도십이궁, 철학의 지옥, 인식론의 동굴, 프로이트나 슈테켈(빈의 정신분석학자, 프로이트의 제자)의 깊은 의미를 한꺼번에 살펴보며 돌아다닐 수 있는 게 아니다……. 회전목마를 타고 있으면 어디에도 갈 수가 없다. 그런데 독일인과 함께라면, 하룻밤 사이에 베가(1503~1536, 스페인의 시인)로부터 로페 드 베가(1562~1635, 스페인의 희곡작가)까지 한달음에 달려 나갔다가, 파르지팔(바그너의 가극. 순진무구한 바보라는 뜻)처럼 바보가 되어 돌아올 수 있다.

아까도 말했듯이, 그날은 황홀하게 시작되었다. 몇 주일 동안이나 알아채지 못하고 있던 파리를 다시금 몸으로 느끼게 된 것은 겨우 오늘 아침의 일이다. 아마도 그 소설이 내 안에서 자라기 시작한 때문이리라. 어딜 가든 나는 그것을 갖고 다닌다. 커다란 배를 끌어안고, 나는 거리를 걸어간다. 길을 가로지를 때에는 순경이 시중을 들어준다. 부인들은 일어나서 내게 자리를 양보해 준다. 아무도 나를 난폭하게 밀치거나 하지 않는다. 나는 임신하고 있는 것이다. 나는 세상의 중압에 항거하며 커다란 배를 내밀고 서투르게 아장아장 걸어간다.

오늘 아침에 우체국으로 가는 도중에, 우리 소설의 마지막 출판 허가가 내려졌다. 우리—보리스와 나—는 문학에서 새로운 우주관을 펼쳐 나간 것이다. 그러므로 이 작품—《마지막 책》—은 새로운 성서(聖書)가 될 터였다. 뭔가 하고 싶은 말이 있는 사람은, 모두 이 책 속에서 그 말을 하리라—익명으로. 우리는 시대를 고갈시키리라. 우리 이후로는 한 권의 책도 찾아볼 수 없으리라—적어도 한 세대 동안은. 지금까지 우리는 본능 말고는 아무런 안내자도 없이 어둠을 헤치며 전진해 왔다. 이제 우리는 힘찬 생명의 흐름을 담을 수 있는 그릇을 갖게 되었다. 그것은 집어던지면 온 세상이 날아가 버릴 만큼 강력한 폭탄이 될 것이다.

우리는 이 책 속에, 내일의 작가들에게 그들의 이야기 줄거리를, 그들의 드라마를, 그들의 시(詩)를, 그들의 신화를, 그들의 과학을 안겨 주기에 충분한 내용을 담을 것이다. 세상은 앞으로 1천 년 동안 이것을 먹고 살아갈 수 있으리라. 이 책은, '도깨비의 얼굴'로써—곧 거짓 위협으로써—사람을 속인다는 의미에서 거대한 것이다. 그것을 생각하면, 우리는 거의 짓눌려 버릴 것 같은 느낌이 든다.

백 년 동안 또는 그보다 더 오랫동안, 세계는—'우리의' 세계는—죽어가고 있었다. 그리고 지난 백여 년 동안, 천지(天地)의 똥구멍에 폭탄을 장치하여 이를 산산조각낼 정도의 미치광이는 한 사람도 없었다. 세계는 썩어가고 있다. 뿔뿔이 흩어져서 죽어가고 있다. 하지만 이 세상에는 결정적인 일격이 필요하다. 산산조각이 나도록 날려 버릴 필요가 있는 것이다.

우리 가운데 어느 누구도 완전한 사람은 없다. 그러나 그래도 우리는 우리 내부에, 여러 대륙과 대륙 사이의 바다와 하늘을 나는 새를 지니고 있다. 우리는 그것을 글로 옮기고자 하는 것이다—이미 죽었지만 아직 매장되지는 않은 이 세계의 진화를. 우리는 시간의 표면을 헤엄치고 있다. 다른 자들은 모두 물에 빠져 버렸거나, 빠지고 있거나, 앞으로 빠질 것이다. 이 책은 방대한 것이 되리라.

거기에는 몇 개의 대양과도 같은 공간이 있을 것이다. 그 속에서 돌아다니고, 헤엄치고, 노래하고, 춤추고, 기어오르고, 목욕하고, 재주넘기를 하고, 울부짖고, 능욕하고, 살인을 하는 공간이. 하나의 대사원, 진정한 대사원—이를 건설하는 데 스스로의 정체성을 잃은 모든 사람들이 협력할 것이다. 거기서는 죽은 자를 위한 미사가 이루어지리라. 기도가, 참회가, 찬미가, 회한과 요설이, 일종의 살인적인 무관심이 거기에 있을 것이다. 장미꽃이 내다보이는 창문과, 괴물 석상과, 미사 복사(식이 원활하게 거행되도록 보조하는 사람) 상여꾼이 거기에 있을 것이다. 복도에서 말을 달릴 수도 있고, 벽에 머리를 부딪칠 수도 있다—그래도 벽은 움푹 파이지 않을 것이다. 좋아하는 나라 말로 기도를 올려도 좋고, 밖에서 몸을 웅크리고 잠이 들어도 상관없다. 이 사원은 적어도 1천 년은 견딜 것이다. 그리고 재건할 수는 없으리라. 왜냐하면 건축가는 죽어 버리고, 건축 양식도 사라져 버릴 테니까.

우리는 그림엽서를 만들게 하고, 관광단을 조직할 것이다. 사원 주위에 도시를 만들고, 자유로운 자치체를 만들 것이다. 천재는 필요치 않다—천재는 이미 죽어 버렸다. 우리에게는 강인한 일꾼이 필요하다. 유령 따위와는 인연을 끊고 자진하여 살(肉)을 뒤집어쓸 인간이 필요한 것이다.

기분 좋은 박자로 그날은 지나간다. 나는 타니아 방의 발코니 위에 서 있다. 아래층의 응접실에서는 드라마가 펼쳐지고 있다. 극작가는 병을 앓고 있다. 위에서 내려다보니, 그의 머리는 이전보다 더 울퉁불퉁하고 머리칼은 지푸라기 따위처럼 엉성하다. 그의 사상도 지푸라기 따위처럼 엉성하다. 녀석의 아내도 아직 촉촉한 기운은 있지만 역시 지푸라기이다.

나는 발코니 위에서 보리스가 오기를 기다리고 있다. 내 마지막 문제—아침 식사—는 어디론가 가 버렸다. 나는 무엇이든 간단히 끝낸다. 새로운 문제가 생기면 더럽혀진 빨랫감과 함께 배낭에 밀어넣고 돌아다닌다. 나는 가진 돈을 다 써 버렸다. 돈이 무슨 필요가 있는가? 나는 글을 쓰는 기계이다. 이미 마지막 나사가 조여졌다. 문장이 흘러나올 뿐이다. 나와 기계 사이에는 털끝만큼의 거리도 없다. 나는 기계이다……

어떠한 새 드라마가 펼쳐질지, 그와는 아직 아무런 이야기도 하지 않지만 나는 짐작이 간다. 그들은 나를 쫓아내려 하는 것이다. 그러나 나는 저녁을 얻어먹으려고, 녀석들이 예상한 시간보다 조금 빨리 이곳에 와 있다. 어디에 앉아 무엇을 하겠다고, 나는 이미 그들에게 알려두었다. 나는 방해가 되지 않느냐고 정중하게 말해 보지만, 내 진짜 기분은—그들도 잘 알고 있지만—'너희는 나를 방해할 작정이냐'는 느낌이다. 아니, 행복한 바퀴벌레 같은 부부여, 너희는 나를 방해하고 있지 않아. 나를 '부양해' 주고 있는 거야. 너희는 거기서 바싹 붙어 앉아 있지만, 나는 너희 사이에 깊은 심연이 가로놓여 있는 것을 알아. 너희 사이의 가까운 거리란, 유성 사이의 가까운 거리와 마찬가지야. 내가 너희 사이에 있는 공간이지. 만일 내가 물러나면, 너희 사이에 떠다니는 공간은 없어져 버리리라.

타니아는 심술궂은 기분이 되어 있다—나는 알 수 있다. 그녀는 내가 그녀 이외의 무엇에 의해 충족되었음을 원망하고 있다. 내가 얼마만큼 흥분하고 있는지 헤아려본 뒤 자기의 가치가 모두 없어졌음을 알고 있는 것이다. 오늘 밤 내가 그녀를 수태시키기 위해 온 것이 아니라는 것도 알고 있다. 그녀를 파괴하는 무엇인가가 내 안에서 싹을 틔운 것도 알고 있다. 그녀는 늦게 깨닫는 편이지만, 지금 그것을 깨닫고 있는 것이다…….

실베스터는 만족스러운 표정이다. 그는 오늘 밤, 저녁 식탁에서 타니아를 껴안을 것이다. 지금도 그는 내 원고를 읽으면서, 내 에고(자아)에 불을 붙이고, 내 자아와 타니아의 자아를 충돌시키려고 준비하고 있다.

오늘 밤의 모임은 색다른 모임이 될 것이다. 지금 무대장치를 하고 있는 참이다. 유리잔이 부딪치는 소리가 들린다. 포도주는 이미 나와 있다. 열심히 술잔을 비우다 보면, 병중인 실베스터도 병을 잊을 것이다.

우리가 크론슈타트의 방에서 이 계획을 세운 것은 바로 어젯밤이었다. 그때 결정한 것은, 여자들은 반드시 괴로워해야 하고, 무대 뒤에는 더 많은 두려움과 광포 불행 고뇌 비탄 비참 따위가 스며 있어야 한다는 점이었다.

우리 같은 인간을 파리에 기어들게 한 것은, 결코 우연한 일이 아니다. 파리는 바로 인공적인 무대이다. 구경꾼들이 투쟁의 모든 장면을 슬쩍 훔쳐볼 수 있도록 만들어진 회전무대이다. 파리 스스로는 결코 어떠한 드라마도 시작하지 않지만, 드라마는 곳곳에서 펼쳐진다. 파리는 단지 자궁으로부터 살아 있는 태아를 끄집어내어 인공 보육기 속으로 옮기는 산부인과 기계에 지나지 않는다. 파리는 인공 출산의 요람이다. 이 요람 속에서 흔들리면서, 사람들의 꿈은 어느 결에 자신의 토지로 돌아가는 것이다. 베를린으로, 뉴욕으로, 시카고로, 빈으로, 민스크로 사람들의 꿈은 돌아간다. 빈은 결코 파리에서의 빈보다 빈답지 않다. 모든 것이 숭배의 경지에 오른다. 그 갓난아기들이 요람을 떠나면, 또 새로운 갓난아이가 그리로 들어간다. 졸라와 발자크, 단테, 스트린드베리 등, 이전에 어떤 일을 이룩한 인물이 살았던 이 벽에서 우리는 그 주인공의 자취를 읽을 수 있다. 모두들 한때는 여기서 살지만, 아무도 여기서는 죽지 않았다…….

아래층에서 부부가 이야기를 하고 있다. 그들의 말은 상징적이다. '바르작거리며 다툰다'는 말이 이야기 속에 섞여 있다. 병든 극작가인 실베스터가 말하고 있다. "나는 지금 《선언》을 읽고 있어요." 그러자 타니아가 말한다— "누구의 선언?" 그렇다, 타니아, 나는 들었다. 나는 지금 여기서 네 이야기를 적고 있는데, 너는 그것을 분명히 알아챈 것이다. 네가 하는 말을 적을 테니까 더 이야기해 다오. 내가 식사를 하기 시작하면 더 적을 수는 없을 테니까. ……갑자기 타니아가 말한다.

"이 집에는 훌륭한 홀이 없군요." 아니, 이건 대체 무슨 소리인가, 만일 이 말에 의미가 있다면.

부부는 지금 그림을 장식하고 있다. 이 역시 나에게 보란 듯이 하는 짓이다. 보라고—그들은 이렇게 말하고 싶은 것이다. 자신들은 이 집에서 즐겁게 결혼 생활을 지내고 있다, 가정을 매력적인 곳으로 만들고 있다고. 우리도 그림에 관해서는 너희 의견에 찬성한다. 이윽고 타니아가 또 말한다. "눈은 정말 많이 속아요!" 아, 타니아, 너는 멋진 소리를 하는구나! 더 계속하렴, 이 소극(笑劇)을 더 계속해 다오. 나는 네가 약속해준 저녁 식사를 기다리며 여기에 있지만, 이 희극은 정말 기막히게 재미있다.

이번에는 실베스터가 나선다. 그는 보로프스키의 수채화 가운데 하나를 설명하려고 진을 뺀다. "이리로 와봐요, 알겠어요? 한 명은 기타를 치고 있소. 또 한 명은 무릎 위의 젊은 여자를 껴안고 있지." 그렇다, 실베스터. 옳은 말이야. 기타를 안고 있는 보로프스키야! 무릎 위에 안긴 여자들이야! 다만 그가 무릎 위에 올려놓고 있는 게 무엇이며, 기타를 치고 있는 이가 정말로 남자인지는 아무도 분명히 알 수 없을 뿐이다…….

이제 곧 몰도르프가 네 발로 달려올 것이고, 보리스도 그 쓸쓸해 보이는 미소를 지으며 올 것이다. 저녁 식사 때는 금빛 꿩과 앙주배(梨)와 짧고 굵은 여송연이 나올 것이다. 그리고 크론슈타트는 최신 뉴스를 들으면, 5분간쯤은 조금 진지해지고 얼마간 기운을 내서 인생을 살아갈 것이다. 하지만 그 뒤에는 또 그의 이데올로기의 부식토 속에 얌전히 틀어박히고, 또 하나의 시(詩)가 생겨날 것이다. 혓바닥이 없는 커다란 쇠북(鐘) 같은 시가.

한 시간쯤 시간을 허비해야 했다. 또 한 손님이 아파트를 보러 왔기 때문이다. 위층에서는 그 영국인 녀석이 바흐 연습을 하고 있다. 이제는 누가 아파트를 보러 오면 위층으로 달려올라가 피아노 연주를 잠시 멈춰 달라고 피아니스트에게 부탁해야만 했다.

엘자가 청과물 가게에 전화를 걸고 있다. 배관공이 변기 위에 새 좌대를 설치하고 있다. 현관 벨이 울릴 때마다 보리스는 침착성을 잃는다. 흥분하여 컵을 떨어뜨린다. 그는 납죽 엎드린다. 프록코트를 질질 끌며 바닥 위를 기어다니고 있다. 살짝 그랑 기뇰(살인이나 폭동 따위를 다룬 단막극)을 닮았다—푸줏간 주인의 딸에게 개인교습을 하려고 오는 굶주린 시인이다. 전화벨이 울릴 때마다 시인은 군침을 흘린다. 말라르메는 '등심 스테이크'처럼 들리고, 빅토르 위고는 '송아지 간'처럼 들린다. 엘자가 보리스를 위해 맛있는 점심 식사를 주문하고 있는 참이다—"국물이 많은 고급 돼지 갈빗살을 보내줘요." 그녀는 말한다. 대리석 위에 분홍빛 햄이 산더미처럼 차갑게 가로놓여 있는 게 보인다. 흰 지방에 둘러싸인 훌륭한 햄이다.

겨우 4, 5분 전에 아침을 먹었는데도 무척 배가 고프다—나는 점심을 걸러야 한다. 내가 점심 식사를 하는 날은 수요일뿐이다. 그것도 보로프스키 덕분이다. 엘자는 아직 전화를 걸고 있다—베이컨 주문을 잊은 것이다.

"네, 질 좋은 작은 베이컨 조각 말이에요. 네, 기름기가 적은 부분을요." … …원, 또 주문을 하나! 췌장을 가져와요, 굴과 대합도 가져와요! 그러고 있는 동안에 튀긴 간 소시지도 가져와요! 나는 한꺼번에 로페 드 베가의 극시(劇詩) 1,500편을 모두 읽어 버린 적이 있다.

아파트를 보러 온 여자는 미인이다. 물론 미국인이다. 나는 그녀에게 등을 돌리고 창가에 서서, 참새가 새로운 똥을 쪼아대는 것을 바라보고 있었다. 비가 조금 내리고 있다. 빗방울은 굵다. 새는 날개가 젖으면 날 수 없는 게 아닐까 하고 나는 옛날에 생각했다. 이러한 돈 많은 숙녀들이 파리에 와서, 모두들 일할 고급스러운 방을 찾아내는 것이 놀랍다.

약간의 재능과 두둑한 지갑. 비가 내린다 해도, 그녀들에게는 새로 맞춘 비웃을 자랑해 보일 다시없는 기회일 뿐이다. 식사 따위는 문제가 아니다. 때로는 거리를 헤매기에 바빠 점심을 먹을 틈조차 없다. 그러한 때에는 평화의 카페나 리츠 바에서 샌드위치나 비스킷 몇 조각으로 때운다. "좋은 가문의 아가씨만 들어오세요."―이는 퓌뷔 드 샤반의 낡은 작업실에 쓰여 있는 문구이다. 지난번에 우연히 그곳을 지나갔다. 그림도구 상자를 어깨에 둘러 멘 유복해 보이는 미국 여자들. 약간의 재능과 두둑한 지갑.

참새가 포장도로 위를 정신없이 날아다니고 있다. 멈춰 서서 면밀히 살펴보려면 대단한 노력이 필요하다. 즉 어디에나 먹을 것이 떨어져 있는 것이다―하수도 속에도. 아름다운 여자는 화장실에 대해 묻고 있다. 화장실? 내가 안내해 줄까, 벨벳을 걸친 영양(羚羊)들! 화장실 말인가? 이리로 와요, 부인. 제발 불구가 된 부상병들을 위해 잡아둔 번호가 매겨진 곳을 빠뜨리지 말고 보도록.

보리스는 손을 비비고 있다―녀석은 지금 이 거래의 끝마무리를 짓고 있는 것이다. 안뜰에서 개가 짖고 있다. 늑대처럼 짖고 있다. 위층에서는 멜베르네스 부인이 가구를 이리저리 움직이고 있다. 할 일이 아무것도 없어 아침부터 밤까지 지루해하고 있는 것이다. 만일 빵부스러기만 한 쓰레기라도 발견하면, 그녀는 온 집 안을 청소할 것이다. 식탁 위에는 청포도 한 송이와 포도주 한 병이 놓여 있다―특급 포도주, 10도.

"네." 보리스가 말한다. "세면대를 만들어 드릴 수도 있어요. 잠깐 이리로 와보세요. 네, 여기가 화장실입니다. 2층에도 물론 한 개 더 있어요. 네, 한

달에 1천 프랑입니다. 위트릴로(프랑스화가)는 별로 좋아하시지 않습니까. 아뇨, 이게 그겁니다. 새로운 세척기가 필요하겠죠. 우선 급히 필요한 건 그것뿐이에요……."

그녀는 이제 곧 돌아갈 것이다. 이번에는 보리스 녀석이 나를 소개하려고도 하지 않는다. 빌어먹을 녀석! 돈이 있는 여자에게는 나를 소개하는 것을 꼭 잊어 버린다. 이제 몇 분만 지나면 나는 다시 자리에 앉아 타자를 칠 수가 있다. 왠지 오늘은 더는 타자를 치고 싶지 않다. 기운이 빠져나가고 있다. 그녀는 한 시간쯤 뒤에 또 찾아와, 내 엉덩이 밑에 있는 의자를 빼앗아 갈지도 모른다. 30분 뒤에는 어디에 앉아 있을지도 모르는 판에, 어떻게 글을 쓸 수 있겠는가.

이 돈 많은 계집이 이 집에 세들기로 결정하면, 나는 잠잘 곳조차 없어진다. 이처럼 막다른 판에 몰리면 어느 쪽이 더 곤란한지—잠잘 곳이 없는 것과 일할 곳이 없는 것 중에—쉽게 판단하기가 어렵다. 잠은 대체로 어디서나 잘 수 있지만, 일을 하려면 장소가 있어야 한다. 설령 그 일이 평생의 걸작을 만드는 작업이 아니라도 말이다. 비록 소설이 엉성하더라도, 걸터앉을 의자 한 개와 얼마간 혼자 있을 수 있는 장소가 필요하다. 저러한 돈 많은 여자는 이러한 것을 한 번도 생각해본 적이 없을 것이다. 저 계집들이 보드라운 엉덩이를 내려놓으려고 생각하면, 거기에는 반드시 의자 한 개가 있는 것이다…….

간밤에 우리는 실베스터와 그의 '신(神)'이 난로 앞에 나란히 앉아 있는 것을 내버려두고 돌아왔다. 실베스터는 파자마를 입고 있었고, 몰도르프는 입에 여송연을 물고 있었다. 실베스터는 오렌지 껍질을 벗기고 있었다. 그는 그 껍질을 소파 덮개 위에 내려놓았다. 몰도르프는 실베스터에게 바짝 다가앉았다. 한 번 더 그 기막힌 《천국의 문(門)》이라는 패러디(parody)를 읽어달라고 그는 부탁했다. 우리—보리스와 나—는 밖으로 나가고 싶었다. 이 병실 분위기를 견딜 수 없을 만큼 쾌활해져 있었던 것이다. 타니아도 우리와 함께 나가려 했다. 그녀가 쾌활한 이유는 여기서 달아날 생각을 하고 있었기 때문이다. 보리스가 쾌활한 이유는 몰도르프 속에 있는 '신(神)'이 죽었기 때문이다. 내가 쾌활한 이유는 그것이 이제부터 우리가 펼칠 연기이기 때문이다.
 몰도르프의 목소리는 경건했다. "실베스터, 자네가 잠들 때까지 여기 있어도 괜찮겠나?" 그는 오늘까지 엿새 동안 계속 실베스터 곁에 달라붙어 있으면서 약을 사러 가거나, 타니아의 심부름을 하거나, 위로하거나, 비위를 맞추거나, 보리스나 그의 불량배 친구 같은 악당들을 현관에서 몰아내곤 했다. 몰도르프는 밤에 자고 있는 동안에 자신의 우상이 불구자가 되어 버린 것을 알아챈 야만인 같다. 지금 그는 우상의 발밑에 무릎을 꿇고 앉아 빵나무 열매와 기름을 바치며, 종잡을 수 없는 기도를 올리고 있다. 그의 목소리는 기름처럼 매끄럽게 흘러나온다. 그의 손발은 이미 마비되어 있다.
 몰도르프는 타니아에게, 마치 그녀가 맹세를 어긴 무녀라도 되는 것처럼 말을 한다.
 "당신은 좀더 품위를 유지해야 해요. 실베스터는 당신의 신(神)이에요." 그리고 실베스터가 2층에서 괴로워하고 있는 사이에(그는 가슴을 약간 앓고 있었다) 사제와 무녀는 배가 터지게 음식을 먹어 버리는 것이었다.
 "당신은 스스로를 더럽히고 있어요." 몰도르프가 말한다. 입술에서 고기 국물이 흘러내리고 있다. 그는 음식을 먹는 일과 고뇌하는 일을 동시에 할 수 있는 것이다. 위험한 자들을 몰아내는 짬이 나면, 그는 통통하고 작은 손을 뻗쳐 타니아의 머리를 쓰다듬는다.
 "나는 당신에게 반했어. 당신은 나의 파니 같아."
 다른 의미에서도, 그날은 몰도르프에게는 유쾌한 날이다. 미국에서 편지가 도착한 것이다. 모는 어느 학과나 성적이 모두 A라고 한다. 머레이는 자전거 타는 연습을 하고 있다. 축음기의 수리가 끝났다. 몰도르프의 얼굴 표정을 보면, 편지에 성적표나 자전거 이야기 말고도 뭔가 쓰여 있음을 이내 알 수 있다. 분명히 그렇다고 단언할 수 있는 까닭은, 오늘 오후에 몰도르프가 325프랑짜리 보석을 파니에게 사 주었기 때문이다. 게다가 그는 스무 장이나 되는 편지를 그녀에게 보냈다. 사환은 몰도르프에게 잇따라 편지지를 가져가고, 만년필에 잉크를 넣어 주고, 커피와 여송연을 갖다 주고, 땀을 흘리면 부채질을 해 주고, 상 위의 빵부스러기를 닦아내고, 여송연의 불이 꺼지면 붙여 주고, 우표를 사러 가고, 춤추고, 한쪽 발 끝으로 서서 빙글빙글 돌고, 경례를 하는 등…… 녹초가 되어 등뼈가 휘어질 만큼 일을 한 것이다. 그리고 팁을 듬뿍 받았다. 고급 쿠바 시가보다 크고 두꺼운 팁을. 몰도르프는 그 일을 일기에 적었을 것이다. 그것도 파니를 위해서.

팔찌와 귀고리 모두 그가 사용한 금액만큼의 의미는 있었다. 파니를 위해 사용하는 편이 제르멘이나 오데트 같은 싸구려 매춘부에게 낭비하기보다는 훨씬 낫다. 몰도르프가 타니아에게 그렇게 말했으니까, 그것은 사실이다. 그는 자기 트렁크를 타니아에게 보여 주었다. 선물이 가득 담겨 있었다—파니를 위해, 모와 머레이를 위해 마련한 것이다.

"나의 파니만큼 지적인 여자는 이 세상에 없을 거야. 나는 그녀의 결점을 열심히 찾아보았지만—하나도 없어요. 그녀는 완벽해. 파니가 할 수 있는 일을 당신들에게 이야기해 줄까. 그녀는 야바위꾼처럼 브리지(카드놀이의 한 가지)를 해요. 그녀는 시온운동에 관심을 갖고 있어. 시험삼아 낡은 모자 하나를 그녀에게 건네주고 어떻게 꾸미는지 지켜봐요. 여기를 살짝 구부리고, 여기에 리본을 하나 다는 거야. 그러면 보라구, 아주 멋진 모자가 되었잖아! 완전한 행복이 무엇인지 당신들은 알고 있나? 모와 머레이가 잠이 든 뒤에, 파니 곁에 앉아 라디오를 듣는 일이야. 그녀는 정말 편안한 모습으로 앉아 있어. 나는 그저 그녀를 바라보는 것만으로, 내 모든 고투와 상심의 대가를 얻는 거야. 그녀는 라디오를 듣고 있어도 정말 머리가 좋아. 당신들의 악취가 풍기는 몽파르나스와 베이 리주에서 파니와 함께 식사를 한 뒤의 저녁때를 생각해 보면 도저히 비교가 안 된다고. 식사라든가 어린애라든가 부드러운 전등 불빛 같은 간단한 것이라도, 파니가 거기에 앉아서, 조금 지쳐 있지만 쾌활하고 만족스러운 모습으로 식사를 하고 있으면…… 우리는 몇 시간이고 한 마디도 하지 않고 그냥 앉아 있어. 이것이 행복이라는 거야! 오늘 파니가 내게 편지를 보내왔어—지루한 주식 보고서 같은 편지하고는 다르다구. 그녀는 정성스레, 우리의 어린 머레이도 알 수 있는 쉬운 말로 편지를 쓰지. 무슨 일에나 세밀하게 신경을 쓰거든, 파니라는 여자는 말이야. 아이들 교육은 계속해야 하는데, 비용을 마련할 일이 걱정이라고 씌어 있어. 어린 머레이를 학교에 보내는 데는 1천 달러가 들어요. 모는 당연히 장학금을 받을 거예요. 하지만 어린 머레이, 그 어린 천재 머레이의 교육비는 어떻게 마련하죠? 나는 파니에게 보내는 편지에 걱정하지 말라고 일러두었어. 머레이를 학교에 보내라고 했지. 1천 달러쯤 더 들어도 문제없어. 나는 올해에는 이전보다 돈을 더 많이 벌어들일 작정이야. 어린 머레이를 위해 벌어들이는 거야—그 아이는 천재니까, 머레이는 말이야."
　나는 파니가 트렁크를 열 때 옆에 있고 싶다고 생각했다.
　"봐요, 파니, 이것은 내가 부다페스트에서 늙은 유대인에게서 산 거야…… 이건 불가리아 사람들이 입는 거지—순모라구…… 이것은 무슨 무슨 공작의 것이었는데—아니, 그건 감으면 안 돼, 햇볕에 쬐어야지…… 난 말이야, 오페라를 보러 갈 때 당신이 이걸 입어 주면 좋겠어, 파니…… 아까 보여준 그 빗을 달고 이걸 입어 봐요…… 그리고 이것은 말이야 파니, 타니아가 날 위해 골라 준 거야…… 그녀는 당신과 약간 닮았어……."
　그리고 파니는 그 석판화의 풍경처럼 소파에 걸터앉아 한쪽 팔로는 모를, 다른 팔로는 머레이, 꼬마 천재 머레이를 끌어당기고 있다. 그녀의 굵은 다리는 너무 짧아서 바닥에 닿지 않는다. 그녀의 눈은 과망간산염처럼 탁한 빛을 띠고 있다. 잘 익은 붉은 양배추 같은 유방. 그녀가 앞으로 몸을 구부리면 유방이 스르륵 물결친다.
　하지만 파니의 유감스러운 점은 싱싱함이 사라졌다는 것이다. 그녀는 수명이 다한 예비전지처럼 거기에 앉아 있다. 파니의 얼굴은 초점을 어긋나 있다—이를 되돌리려면 약간의 정기—액즙을 급격히 주입할 필요가 있다. 몰도르프는 살찐 두꺼비처럼 그녀 앞을 뛰어다니고 있다. 근육이 떨린다. 그는 앞으로 푹 꼬꾸라진다. 몰도르프는 가까스로 엎드린 자세로 돌아온다. 파니는 뭉툭한 발끝으로 그를 가볍게 쿡쿡 찌른다. 몰도르프의 눈이 조금 더 휘둥그레진다.
　"한 번 더 발로 차줘, 파니, 기분 좋은데!"
　이번에는 좀 강하게 찌른다. 몰도르프의 엉덩이에 움푹한 자국이 생긴다. 그는 융단 위에 얼굴을 대고 있다. 턱 밑에 늘어진 살이 양탄자에 닿아 움직이고 있다. 그는 약간 기운을 차리고, 우당탕거리며 가구들 사이를 뛰어다닌다.
　"파니, 당신은 멋져!"
　몰도르프는 지금 파니의 어깨 위에 앉아 있다. 그는 그녀의 귀 언저리를 깨문다. 귓불 끄트머리 살을 아프지 않을 만큼. 하지만 파니는 여전히 죽은 것 같다—언제까지나 예비전지이며, 물기가 없는 것이다. 몰도르프는 파니의 무릎 위로 기어내려가, 치통이라도 앓는 사람처럼 몸을 떨며 드러눕는다. 몸이 화끈거려 괴로운 모양이다. 그의 배가 인조 가죽으로 만들어진 구두처럼 번들번들 빛난다. 한 쌍의 멋진 조끼 단추가 눈구멍 속에 있다. "내 눈의 단추를 풀어줘요, 파니, 당신을 더 잘 볼 수 있게!" 파니는 몰도르프를 침대로 옮겨, 눈 위에 뜨거운 밀랍을 몇 방울 떨어뜨린다. 그녀는 그의 배꼽 주위에 뭔가 동그란 것을 내려놓고, 똥구멍에 체온계를 집어넣는다. 파니가 몰도르프를 거기에 놓아두자, 그는 또 몸을 떤다. 갑자기 몰도르프는 작아지고 움츠러들어서 완전히 보이지 않게 된다. 파니는 사방에서 그를 찾아내려고 애를 쓴다. 자기 창자 속까지 살펴본다. 무엇인가가 그녀를 간질이고 있다—어디서 그러는지는 분명히 알 수 없다. 침대에는 두꺼비와 조끼 단추밖에 없다.

"파니, 당신 어디 있어?" 무엇인가가 그녀를 간질이고 있다—어디가 간지러운지는 알 수 없다. 단추가 침대 밑으로 굴러떨어진다. 두꺼비가 벽을 기어오르고 있다. 간질인다. 간질인다.

"파니, 내 눈에서 밀랍을 벗겨줘! 나는 당신을 보고 싶어!" 하지만 파니는 웃고 있다. 몸을 비틀면서 웃고 있다.

무엇인가가 그녀의 몸 속에 있는 것이다. 간질인다. 간질인다. 그것을 찾아내지 못하면 웃다가 죽어 버릴 것 같다.

"파니, 트렁크 속에 예쁜 물건들이 가득 들어 있어. 파니, 들려요?"

파니는 웃고 있다. 살찐 지렁이처럼 웃고 있다. 웃어대는 바람에 배가 부풀어오른다. 다리가 창백해진다.

"오, 어쩌면 좋아, 모리스, 뭔가가 나를 간질이고 있어요……. 나 못 견디겠어요!"

일요일! 보리스가 점심을 준비하고 있었기 때문에, 단지 그 이유만으로 정오보다 조금 이른 때에 빌라 보르게제를 나왔다. 섬세함을 잃지 않기 위해 나온 것이다. 내가 허기진 배를 움켜쥐고 화실에 앉아 있는 모습을 바라보는 것이, 보리스에게는 견딜 수 없는 고통이기 때문이다. 왜 보리스가 나에게 함께 식사를 하자고 권하지 않는지 나는 알 수 없다. 그는 그만한 여유가 없다고 말하지만 그것은 변명이 되지 않는다. 아무튼 나는 그 점에 대해서는 신경이 날카롭다. 만일 나를 눈앞에 두고 혼자 식사하는 일이 괴롭다면, 그의 식사를 내게 나누어 주는 일은 더욱 괴로울 것이다. 보리스의 비밀스러운 일에 관여하는 것은 내가 할 일이 아니다.

크론슈타트의 집에 들렀더니, 여기서도 식사를 하고 있다. 병아리와 현미. 이미 먹고 왔다는 표정을 지었지만, 실은 아기가 손에 들고 있는 닭고기를 잡아채고 싶을 정도였다. 이는 거짓으로 사양을 하는 게 아니다―일종의 심술이라고 나는 생각한다. 이들 부부는 두 번이나 함께 먹자고 권해 주었다. 천만에! 천만에! 나는 식후의 커피 한 잔도 마시지 않았다. 나는 신경이 예민한 것이다. 나는! 나올 때, 나는 아기의 접시에 남아 있는 닭뼈에 아쉬운 눈길을 보냈다―뼈에는 아직 살이 남아 있었다.

정처없이 어슬렁거린다. 아름다운 날이다―적어도 지금까지는. 뷔시 거리는 떠들썩하다. 인간들이 들끓고 있다. 술집들은 문을 환하게 열어젖히고 있고, 보도에는 자전거들이 줄을 지어 늘어서 있다. 고기와 채소 시장은 성황을 이루고 있다. 모두들 신문지로 싼 물품들을 껴안고 있다. 상쾌한 가톨릭의 일요일이다―적어도 아침나절은.

대낮이다. 나는 허기진 배를 껴안고 음식 냄새가 피어오르는 구불구불한 이 골목길 모퉁이에 서 있다. 정면에 루이지안 호텔이 있다. 이전에는 뷔시 거리의 악동들과 친숙했던 음산하고 낡은 호텔이다. 호텔과 음식―그리고 나는 뒤틀리는 창자를 껴안고 문둥이처럼 돌아다니고 있다.

언제나 일요일 아침이면 이 거리에는 열렬함이 있다. 아마도 이스트 사이드나 차암 광장 주변을 제외하고는 어디서도 볼 수 없는 풍경이리라. 레쇼데 거리는 사람들로 들끓고 있다. 길거리는 구불구불 구부러져 있고, 굽이질 때마다 새로운 활기로 가득 찬 군중이 있다. 채소를 껴안은 사람들의 긴 행렬이, 불꽃이 활발하게 일 듯한 식욕을 흩뿌리면서 구부러진 길을 따라간다. 음식, 음식—음식밖에는 아무것도 없다. 현기증이 날 것 같다.

퓌르스텐베르 광장을 지나간다. 대낮에 바라보면 모습이 전혀 다르다. 지난번 밤에 지나갔을 때에는 오가는 사람도 없고 으스스하여 유령이 나올 것 같았다. 광장 한복판에 아직 꽃이 피지 않은 검은 나무가 네 그루 있다. 바닥에 돌이 깔려 있는 지적인 나무이다. T.S. 엘리엇의 시와 비슷하다. 만일 마리 로랭상이 그녀의 동성애 연인들을 집 밖으로 끌어낼 수 있다면, 여기야말로 그녀들이 친밀하게 어울릴 수 있는 곳일 것이다. 여기는 참으로 레즈비언적이다. 보리스의 심장처럼 거칠고, 혼혈 상태이고, 메말라 있다.

생제르맹 교회 옆에 있는 작은 정원에, 떼어낸 괴물 석상 몇 개가 놓여 있다. 무서운 기세로 앞으로 불거져 나와 있는 괴물들. 벤치에도 괴물들이 있다—노인, 백치, 불구자, 간질환자 등. 모두들 얌전히 웅크리고 앉아, 식사 시간을 알리는 종소리가 울리기를 기다리고 있다. 맞은편 자크 화랑에는 어느 저능한 녀석이 우주를 그린 그림이 나와 있다—'평면 위에' 그려진 화가의 우주! 괴상하고 잡동사니뿐인 우주이다. 그런데 가장 왼쪽 구석에는 닻이 하나 그려져 있다—그리고 식사 시간을 알리는 종소리. 찬양하라, 오, 찬양하라, 우주여!

아직 방황하고 있다. 오후도 반이 지났다. 배가 꼬르륵거린다. 비가 내리기 시작했다. 노트르담이 무덤처럼 수면 위에 솟아올라 있다. 레이스 무늬가 그려진 건물 앞쪽에서 괴물 석상들이 잔뜩 목을 내밀고 있다. 마치 편집증환자의 마음속에 있는 고정관념처럼 매달려 있다. 노란 구레나룻을 기른 노인이 내게 다가온다. 손에는 야보르스키의 쓸모없는 물건을 조금 들고 있다. 고개를 젖히고 내게로 걸어올 때 빗물이 그의 얼굴에 튀어올라, 얼굴이 금빛 모래에서 진흙으로 변했다. 라울 뒤피의 수채화를 쇼윈도에 장식한 책방. 장미밭에 다리를 파묻고 서 있는 하녀들의 모습을 그린 그림이다. 호안 미로의 철학에 대한 논문. '철학'이야, 주의해!

그 창가에—《토막난 사나이》가 있다! 제1장 가족의 눈에 비친 어느 사나이. 제2장 정부(情婦)의 눈에 비친 어느 사나이. 제3장—제3장은 없다. 내일 또 와서 제3장과 제4장을 보아야 한다. 이 쇼윈도의 장식장이가 매일 새로운 페이지를 젖히는 것이다.

《토막난 사나이》…… 이러한 표제를 생각해내지 못한 데 대해 내가 얼마나 화를 내고 있는지 당신은 짐작도 할 수 없을 것이다! "정부의 눈에 비친 어느 사나이……의 눈에 비친 어느 사나이……."—? 이 저자는 어디에 있지? 대체 그는 누구인가? 나는 녀석에게 달려들어 덥석 껴안고 싶다. 이러한 표제를—〈머리가 돌아 버린 수탉〉이라든가, 그 밖에 내가 지어낸 한심한 표제 따위가 아니라—이러한 표제를 생각해낼 두뇌가 내게 있었더라면. 할 수 없다, 집오리라도 껴안고 있어야지! 역시 나는 그를 축복한다. 그의 멋진 표제가 성공하기를 빈다. 당신에게 도움이 된 '잘린 것'이 여기에 있다—당신이 다음 작품을 만드는 데 도움이 되길 바란다!

언제든 전화를 걸어요. 나는 빌라 보르게제에 있으니까. 우리는 모두 죽었거나, 죽어가고 있거나, 앞으로 죽을 것이다. 좋은 표제를 원한다. 고기를 원한다. 얇게 잘린 고기를, 많이—육즙이 많은 연한 고기, 고급 허릿살 스테이크, 소나 돼지의 간, 불알, 췌장. 나는 언젠가 42번가와 브로드웨이의 교차점에 서서, 이 표제를 생각해내고 머리에 떠오르는 모든 것을 적어둘 작정이다—캐비어, 빗방울, 윤활유, 이탈리아 실국수, 간 소시지—그것을 엷게 자른 것. 그리고 나는 모두 적은 다음에, 왜 급히 집으로 돌아가 갓난아기를 토막내어 버렸는가—그 이유를 아무에게도 말하지 않을 것이다. '당신에게 감사하다는 표시이다. 잘리고 토막이 나 버렸으니까, 신사여!'

어떻게 한 사나이가 온종일 허기진 배를 껴안고 헤매며 돌아다닐 수 있고, 더욱이 이따금 발기까지 할 수 있느냐 하는 문제는, '영혼의 해부학자'들에 의해 손쉽게 설명되는 비밀이다. 일요일 오후에 가게들의 셔터가 내려지고, 무산 계급이 벙어리처럼 무감각한 모습으로 거리를 점령하고 있을 때, 오직 세로로 절개된 커다란 하감성(下疳性) 음경(陰莖)을 떠올리게 하는 길거리가 있다. 그리고 바로 이 널따란 도로들—이를테면 생드니 거리라든지 포부르 사원 등—이야말로, 옛날의 유니언 광장 지역이나 바워리의 위쪽 지역에서, 사람들이 쇼윈도에 매독 같은 성병 때문에 망가진 육체의 여러 기관을 납세공품으로 만들어 전시해둔 싸구려 구경거리에 마음이 끌렸던 것처럼, 견딜 수 없을 만큼 큰 매력을 갖고 우리의 마음을 끌어당기는 것이다. 이 도시는 몸이 병마에 침식된 거대한 유기체처럼, 이 아름다운 길거리들을 드러내놓고 있는 것이다. 다만 그곳들은 고름이 완전히 씻겨 내려갔기 때문에 불쾌감이 조금 덜할 뿐이다.

콩바 광장 부근의 노르티에 시에서, 나는 이 오물을 듬뿍 들이마시려고 몇 분 동안 걸음을 멈춘다. 이곳은 직사각형의 빈터로, 파리의 낡은 동맥의 옆면을 에워싸고 있는 낮은 뒷골목을 들여다보면 흔히 눈에 띄는 그러한 곳이다. 빈터 한가운데에 썩어 문드러진 건물이 한 덩어리 있다. 이 건물들은 완전히 썩어 문드러져서 마치 창자와 창자가 서로 껴안고 있는 듯한 모습을 하고 있다. 땅바닥은 울퉁불퉁하고, 돌계단은 진흙투성이가 되어 번들거리고 있다. 불쏘시개나 마른 쓰레기 따위가 한데 뒤엉킨 일종의 인간쓰레기 처리장이다.

해가 서둘러 서쪽으로 기울려는 참이다. 주변의 색깔이 죽어간다. 보라색에서 말라붙은 핏빛으로, 진주색에서 진한 갈색으로, 차가운 시체 같은 회색에서 비둘기 똥 같은 색으로 변해간다. 일그러진 자세의 괴물들이 곳곳의 창가에 서서 올빼미처럼 눈을 깜박이고 있다. 창백한 얼굴을 하고 손발이 뼈와 가죽뿐인 아이들이 날카로운 소리를 지른다. 집게 자국이 남아 있는 연약한 아이들. 고약한 냄새가 벽에서 스며나온다. 곰팡이가 핀 지푸라기 이불 냄새. 유럽의―중세의 기괴하고 괴물 같은―B 몰(mol : 단음계를 의미함) 교향악. 도로 맞은편에서는 시네 콩바가, 이 부근의 고상한 관객들에게 '메트로폴리스'를 제공하고 있다.

여기를 떠나면서, 내 마음은 2, 3일 전에 읽은 어느 책으로 돌아간다.

'이 도시는 도살장이었다. 도살자가 마구 살육하고 약탈자가 옷을 벗긴 시체들이 거리에 산더미처럼 쌓여 있었다. 주변 들판에서 늑대들이 그 시체를 먹으려고 숨어들었다. 흑사병과 그 밖의 악성 전염병이 늑대들의 동료가 되려고 침투해 왔다. 그 속을 영국군이 행진하여 왔다. 그동안에 모든 묘지에서는 묘비 주위에서 해골춤이 난무하고 있었다……'

어리석은 왕 샤를 시대의 파리이다! 아름다운 책이다! 기분을 상쾌하게 하고, 입맛을 돋우는 책이다. 나는 지금도 여전히 그것에 매혹되어 있다. 르네상스 시대의 예술 보호자와 선구자들에 대해서는 잘 알지 못하지만, '아름다운 빵가게 아줌마'라 불린 마담 핌페르넬이나 금은 세공사인 주안 크라포트 등은 지금도 이따금 내 마음에 떠오른다. 로댕—그 '방황하는 유대인'인 사악한 천재도 잊을 수 없다. 그는 '흑백 혼혈아인 세실리에게 홀딱 빠져서 배신당할 때까지' 극악무도한 짓을 계속했다. 탕플 광장에 앉아 장 카포쉬가 이끄는 말 도축업자들의 행위에 대해 생각하던 나는, 어리석은 왕 샤를의 참혹한 운명을 오랫동안 애처로운 마음으로 생각하고 있었다. 생폴 호텔의 복도를 헤매고 있던 어리석은 사람, 더럽기 짝이 없는 누더기를 걸치고 궤양과 기생충 따위에 몸을 침식당하며, 옴에 걸린 개처럼 사람들이 집어 던지는 뼈를 갉아먹고 있던 샤를. 리옹 거리에서, 나는 이전에 그가 관리하고 있던 낡은 동물원 자리의 돌을 찾아보았다. 불쌍한 바보, 그의 유일한 소일거리는 '신분이 비천한 자들과 함께' 카드놀이를 하는 것이었다. 그 밖에는 오데트 드 샹디베르가 곁에 있었을 뿐이었다.

처음으로 내가 제르멘을 만난 날은 오늘과 같은 일요일이었다. 나는 아내가 미국에서 전신환(電信換)으로 열심히 보내 주는 100프랑 정도의 돈이 생겨 주머니가 든든했으므로, 보마르셰 대로를 어슬렁거리고 있었다. 거리에는 이미 봄 기운이 돌았고, 맨홀에서도 독기어린 죄악적인 봄의 징후가 뿜어져 올라왔다. 이 부근의 문둥병을 앓는 듯한 거리 모습에 마음이 끌려, 나는 밤마다 이곳에 나타나곤 했다. 해질녘의 희미한 햇빛이 사라지고 매춘부들이 언제나 서 있는 자리에 하나둘씩 모습을 나타낼 때면, 이 거리들은 서서히 그 사악한 호화로움을 드러냈다. 특히 내가 기억하는 곳은 파스퇴르 바그너 거리이다. 졸고 있는 도마뱀처럼 가로수길 그늘에 숨어 있는 아믈로 거리의 모퉁이이다.

여기에, 말하자면 병 모가지에 해당하는 곳에 언제나 한 무리의 '독수리'들이 진을 치고 있었다. 독수리들은 소리를 지르고 더러운 날개를 푸드덕거리면서 날카로운 발톱을 뻗어 남자를 처마 밑으로 끌어들였다. 볼일이 끝나면 남자에게 바지 단추를 채울 틈도 주지 않을 만큼 쾌활하고 욕심 많은 악마들이다. 한길에서 떨어진 작은 방, 대개 창문이 없는 방으로 남자를 데리고 가서 치마를 걷어올리고 침대 끝에 걸터앉아 재빨리 검사를 시키고, 페니스에 침을 발라 적당히 처리해준다. 한 명이 씻고 있는 동안에 이미 다른 한 명은 방문께에서 그녀의 먹잇감을 움켜쥐고 서서, 세척이 끝나기를 태평스런 표정으로 바라보고 있다.

제르멘은 이들과는 다르다. 겉보기에는 별로 달라보이지 않는다. 매일 오후, 또는 저녁때에 엘르팡 카페에서 만나는 다른 매춘부들과 특별히 구별되는 점은 없다. 앞에서도 말한 것처럼 그날은 봄이었고, 아내가 없는 돈을 그러모아 전신환으로 보내준 수십 프랑이 내 주머니에서 짤랑거리고 있었다. 바스티유에 도착하기 전에는, 이 독수리 가운데 한 명에게 끌려가리라는 막연한 예감 같은 것이 있었다. 대로를 슬슬 거닐면서, 나는 그녀가 매춘부 특유의 발발거리는 별난 걸음걸이로 이쪽으로 다가오는 것을 알아챘다. 닳아 빠진 구두 뒤축과 싸구려 보석, 립스틱만이 두드러져 보이는 그녀들 특유의 창백한 표정. 흥정을 하는 데는 시간이 걸리지 않았다. 우리는 엘르팡이라는 작은 담배 가게의 안쪽 방에서 급히 흥정을 했다.

몇 분 뒤에 우리는 아믈로 거리의 5프랑짜리 방에 들어가 있었다. 커튼이 드리워져 있고, 이불은 개어놓은 그대로 있었다. 제르멘은 결코 일을 서둘지 않았다. 그녀는 국부세척기 위에 웅크리고 앉아 비누칠을 하면서, 유쾌한 듯이 내게 온갖 이야기를 했다. 제르멘은 내가 입고 있는 니커보커(무릎 아래서 졸라매어 입는 느슨한 짧은 바지)를 마음에 들어 했다. 아주 멋있어요! 그녀는 말했다. 이전에는 멋있었지만, 지금은 엉덩이 쪽이 닳아 버린 상태이다. 다행히 윗옷이 엉덩이를 가리고 있었다.

이윽고 제르멘은 일어서서 수건으로 닦으면서 또 즐거운 듯이 이야기를 하다가, 갑자기 수건을 바닥에 떨어뜨리고는 조심스레 내게로 다가와, 사랑스러워 죽겠다는 듯이 자기의 그곳을 문지르기 시작했다. 두 손으로 어루만지고 애무하고 가볍게 두드렸다. 그때 그녀의 수다와 내 코끝에 그 장미 꽃봉오리를 들이대는 동작 따위가 잊을 수 없는 기억으로 남아 있다. 제르멘은 그것이 막대한 돈을 치르고 손에 넣은 각별하고 진귀한 물건, 그 가치가 시간이 갈수록 더 커져서 지금은 그녀 자신에게 있어 세계에서 가장 귀중한 존재가 되어 버린 물건이라도 되는 것처럼, 그것에 대해 이야기했다. 제르멘의 말은 그것에 일종의 특별한 향기가 스며들게 했다. 그것은 이미 단순한 그녀 혼자만의 신체 기관이 아니라, 보물이고, 마술적인 힘을 지닌 보배이며, 신

(神)이 내려준 선물이었다―그녀가 그것을 매일 돈 몇 푼으로 바꾼다고 해도 그 값어치는 조금도 줄어들지 않는다.

제르멘이 양다리를 크게 벌리고 침대에 몸을 던졌을 때, 그녀는 그것을 두 손으로 감싸고 잠깐 어루만지면서 갈라지고 쉰 목소리로, 이건 뛰어나요, 아름다운 보물이에요, 귀여운 보물이에요, 하고 계속 중얼거렸다. 그리고 실제로 그것은 '좋았다', 그녀의 보물은! 그 일요일 오후의 독기를 품은 봄의 숨결과 함께 모든 것이 다시금 잘 풀려나가기 시작했다. 호텔을 나오면서 나는 한낮의 강렬한 햇빛 속에서 한 번 더 그녀를 바라보고, 그녀가 어떤 매춘부인가를 분명히 알게 되었다―금니, 모자에 꽂은 제라늄, 닳아빠진 구두 뒤축 등…….

제르멘이 내게 저녁 식사와 담배를 사 주고 택시를 태워달라고 졸랐지만, 나는 털끝만큼도 언짢은 기분이 들지 않았다. 사실 내 쪽에서 그렇게 하도록 만든 것이었다. 그녀가 너무 좋아서, 저녁을 먹은 뒤에 다시 호텔로 돌아가서 한 번 더 했을 정도였다. 이번에는 '사랑하기 때문'이었다. 그리고 한 번 더 그녀는 그 커다란 수풀 속에 꽃을 피우고 마법을 사용했다. 그것은 내게도 하나의 독립된 존재가 되어가고 있었다―제르멘이 있고, 그녀의 장미 숲이 있다. 나는 그 둘을 따로따로 좋아하게 되었고, 둘을 함께 좋아하게 되었다.

앞에서 말한 것처럼, 그녀는 달랐다, 제르멘이라는 여자는. 나중에 그녀가 내 진짜 처지를 알게 되었을 때, 그녀는 나를 정말 잘 대우해 주었다―나를 위해 지갑을 열어 술을 사 주고, 대신 계산을 해 주고, 내 물품을 전당 잡히고, 친구들에게 나를 소개해 주었다. 내게 돈을 빌려 주지 않은 점을 사과하기도 했다. 그 점에 대해서는 그녀의 정부(情夫)가 누구인가를 알게 된 뒤로는 나도 충분히 잘 이해했다. 밤마다 나는 보마르셰 대로를 거닐다가 그녀들의 집회소인 그 작은 담배 가게로 가서, 그녀가 훌쩍 들어와 귀중한 몇 분을 나에게 할애해 주기를 기다렸다.

얼마 뒤에 내가 클로드에 관한 글을 쓰게 되었을 때, 내가 염두에 두고 있던 사람은 클로드가 아니라 제르멘이었다……. '그녀와 침대를 같이한 많은 남자들. 하지만 지금은 나뿐이다. 그리고 거룻배는 나아간다. 돛대도 배의 몸체도…… 저주스러운 삶의 커다란 흐름이, 나를 통하고, 그녀를 통해, 나보다 앞서거나 내 뒤에 오는 모든 사내들을 통해 흘러간다. 꽃과 새와 햇빛이 그 속으로 흘러들고, 그 향기는 나를 숨막히게 하며, 나를 죽어 없어지게 한다.' 이는 제르멘의 이야기이다! 나는 클로드를 열심히 숭배하고 있었지만―한때는 그녀를 사랑하고 있다고 생각했을 정도였지만―제르멘과 같지는 않았다. 클로드에게는 영혼과 양심이 있었다. 세련된 면도 있었다. 그게 다른 것이다―매춘부로서는.

클로드는 언제나 슬픈 느낌을 준다. 물론 그녀가 일부러 그러는 건 아니었지만, 운명이 그녀를 멸망시키려고 작정한 물결 속에 또 한 명의 손님을 추가했을 뿐이라는 인상을 상대에게 안겨준다. 일부러 그러는 게 아니라고 말한 까닭은, 클로드는 절대로 그러한 상상을 고의로 남자 마음에 불러일으키는 여자가 아니기 때문이다. 그녀는 그러한 짓을 하기에는 너무 신경이 날카롭고 예민하다. 요컨대 클로드는 보통의 평범한 예의범절과 지성을 갖춘 선량한 한낱 프랑스 아가씨에 지나지 않는다. 어느 순간에 인생이 이 아가씨를 교묘히 속여 버린 것이다. 그녀는 하루하루의 경험이 안겨 주는 충격을 견뎌낼 수 있을 만큼 야무지지 못했다.

루이 필립(1874~1909년 프랑스 소설가)의 다음과 같은 무서운 말은 클로드를 위한 것이다―'그리고 마침내 어느 날 밤, 모든 일의 종말이 다가온다. 너무나 많은 아가리가 우리를 물어뜯어서, 우리에게는 이미 견뎌낼 힘이 없다. 그리고 우리의 살은 그 모든 입에 뜯겨나간 것처럼, 우리 몸에 덜렁거리며 매달려 있다―그러한 밤이……' 이와는 반대로, 제르멘은 '요람' 속에서부터 창녀였다. 그녀는 위가 아프다든가 구두가 닳아 버렸다든가 하는 사소하고 표면적인 일 때문에 괴로워하는 것 말고는, 완전히 자신의 역할에 만족하고 실제로 그것을 즐기고 있다. 어떠한 것도 제르멘의 영혼 속으로 파고들지 않는다. 어떠한 일에도 가책을 느끼지 않는다. 권태! 제르멘이 느끼는 가장 언짢은 감정은 기껏해야 권태로움 정도이다. 틀림없이, 우리가 말하는 '흡족했던' 나날은 있었을 것이다.

그러나 그 이상의 일은 없었다! 대부분의 경우, 제르멘은 대개 그것을 즐기고 있었다―혹은 즐기고 있다는 착각에 빠져 있었다. 물론 누구와 함께 잤느냐―누구와 만족했느냐에 따라 차이는 있다. 그러나 중요한 것은 '남자'이다. 남자! 제르멘이 간절히 원하는 것은 그것이었다. 그녀를 간질이고,

그녀를 황홀하게 몸부림치도록 만들 수 있는 존재, 그녀의 장미 숲을 양손으로 잡고 기쁜 듯이 자랑스레 뽐내며, 결합된 느낌, 생명의 느낌을 맛보면서 비빌 수 있는 것을 가랑이 사이에 갖고 있는 남자. 자신의 양손으로 잡을 수 있는 아래쪽 부분―그것만이 제르멘이 인생을 경험하는 유일한 장소인 것이다.

제르멘은 머리 꼭대기부터 발끝까지 창녀였다. 선량한 마음속 깊은 곳까지 창녀였다. 창녀로서 그녀의 마음은 실은 선량하지 않고, 방종하고 무관심하며 약간만 감동을 받는 여린 마음이고, 속에 고정된 받침대라곤 하나도 없는 마음이며, 본체로부터 순간적으로 떨어져 나올 수 있는 허약한 창녀의 마음이었다. 스스로 만들어낸 세계가 아무리 비천하고 속박을 받을지라도, 제르멘은 그 세계 속에서 나무랄 데 없이 행동했다. 그리고 그것 자체가 강장제와 같은 것이었다. 나와 친밀해진 뒤로, 그녀의 동료들은 내가 제르멘에게 반했다며 내게 시비를 걸었다(그녀들로서는 거의 생각할 수도 없는 관계인 것이다). 그때 나는 말해 주었다. "그래요! 분명히 나는 제르멘에게 반했어! 그뿐만이 아냐, 나는 그녀에게 충실하고 싶어." 물론 이것은 거짓말이다. 왜냐하면 내가 거미에게 반할 수 없는 것처럼, 제르멘에게 반한다는 것은 생각할 수도 없는 일이었기 때문이다.

또한 내가 충실했다면 그것은 제르멘에 대해서가 아니라, 그녀가 가랑이 사이에 갖고 다니는 그 더부룩한 숲에 대해서인 것이다. 나는 다른 여자를 보면 언제나 곧 제르멘을, 그녀가 내 기억 속에 남겨놓은 결코 지울 수 없는 그 불타는 듯한 숲을 생각했다. 그 작은 담배 가게의 테라스에 앉아, 제르멘이 열심히 '장사'하는 모습을 관찰하고, 그녀가 내게 보여준 것과 똑같은 떨떠름한 표정을 지어 보이거나 똑같은 거짓말을 하면서 다른 사내들과 흥정하는 모습을 관찰하는 것이 나는 즐거웠다. "그녀는 장사를 하고 있는 거야!"―이것이 내 감상이었으며, 나는 제르멘의 거래를 인정하면서 바라보고 있었다.

나중에 나는 클로드와 관계를 가진 뒤부터, 밤마다 그녀가 늘 앉던 코듀로이 소파에 그 둥글고 작은 엉덩이를 대고 편안히 앉아 있는 것을 보면, 그녀에 대한 일종의 표현하기 어려운 저항감을 느꼈다. 창녀에게는 귀부인처럼 저런 곳에 앉아 누군가가 다가오기를 겁쟁이처럼 기다리면서 얌전히 초콜릿 음료 따위를 마시고 있을 권리가 없을 것이다. 나는 그러한 생각이 들었다.

제르멘은 바지런하다. 남자가 다가오기를 기다리지 않았다—스스로 밖에 나가서 남자를 붙잡는 것이다. 나는 해져서 구멍이 난 제르멘의 스타킹과 닳아빠진 구두를 잘 기억하고 있다. 그녀가 바에서 거칠고 용감하고 도전적인 태도로 독한 술을 들이켜고는 또다시 나간 것도 잘 기억하고 있다. 정말 바지런한 여자다! 술내 나는 제르멘의 숨결은 별로 유쾌한 느낌을 주지 않았을지도 모른다. 커피와 코냑, 식전주, 페르노(팔각이라는 향신료로 만든 술의 상표) 및 그 밖에 그녀가 짬이 나는 대로 마시는 갖가지 술들이 뒤섞인 냄새—이것들은 모두 제르멘의 몸을 따스하게 덥히는 동시에 기력과 용기를 불러일으키기 위한 것이었는데, 그 불기운이 그녀의 육체를 관통하여, 그녀의 가랑이 사이, 모든 여자들이 불태워야 할 곳에서 불타오르고, 남자에게 다리 밑의 대지(大地)를 다시금 느끼게 만드는 그 접지 회로를 완성시킨 것이다.

제르멘이 다리를 벌리고 드러누워 신음을 낼 때, 설령 그녀가 어느 남자하고나 반드시 그런 식으로 신음을 낸다 할지라도, 그것은 전적으로 바람직한 일이었다. 그것은 적절한 감정의 표출이었다. 제르멘은 얼빠진 표정으로 천장을 바라보거나 벽에 붙어 있는 빈대를 세지 않았다. 언제나 '장사'를 하고 있다는 생각을 잊지 않았고, 남자가 여자 위에 올라탔을 때에 듣고 싶어하는 이야기를 했다.

그런데 클로드는, 남자와 함께 이불 속에 들어갔을 때에도 언제나 일종의 섬세함을 지니고 있었다. 그 섬세함 때문에 나는 화가 나는 것이다. 섬세한 창녀 따위를 누가 원하겠는가. 클로드는 국부세척기 위에 올라탈 때, 저쪽으로 고개를 돌려 달라고 남자에게 부탁하곤 한다. 잘못된 행동이다! 남자는 욕정에 불타고 있을 때에는 무엇이든 보고 싶어한다. 여자들이 오줌을 누는 것조차 보고 싶은 것이다. 여자에게도 어엿한 '생각'이 있음을 알게 되는 게 참으로 좋은 일이긴 하지만, 차가운 시체나 다름없는 창녀의 입에서 흘러나오는 문학 이야기는 침대 위에서는 최악이리라. 제르멘의 생각이 옳다. 그녀는 무지하고 육욕적이다. 그녀는 온 마음과 영혼을 장사에 집중시키고 있다. 제르멘은 몸 전체가 그대로 창녀이다! —이것이 그녀의 장점이다!

추위에 꽁꽁 언 토끼처럼 부활절이 다가왔다—하지만 침대 속은 참으로 따스하다. 오늘도 날씨가 좋아, 해질녘의 샹젤리제 일대는 검은 눈동자를 지닌 열락의 화원의 미녀들 때문에, 숨이 막힐 듯한 터키의 후궁과도 같다. 나뭇잎은 무성하고 신록은 너무도 푸르고 풍성하여, 마치 아직 이슬에 젖어서 빛나고 있는 것처럼 보일 정도이다. 루브르 궁전에서 에투알까지의 신록은 피아노 소곡과도 같다. 닷새 동안 나는 타자기에 손도 대지 않았고, 책도 전혀 읽지 않았다. 또한 아메리칸 익스프레스를 찾아가는 일 말고는 머릿속에 아무런 생각도 떠오르지 않았다.

아메리칸 익스프레스에는 오늘 아침 9시에 문을 열고 있을 때에 한 번 가고, 1시에 또 갔다. 아무 소식도 없었다. 4시 반이 되어, 마지막 1분 전에 쳐들어가려고 마음먹고 호텔을 뛰쳐나왔다. 모퉁이를 돌자마자 월터 패치가 스쳐 지나갔다. 그는 나를 알아채지 못했고, 나도 딱히 할 말이 없어서 그를 붙잡지 않았다. 나중에 튈르리 공원에서 쉬고 있을 때에 그의 모습이 마음에 되살아났다. 그는 몸을 조금 웅크린 자세로 풀이 죽어 있고, 얼굴에 조용하고 조심스러운 미소를 띠고 있었다. 부드럽게 에나멜을 칠한 듯한 하늘을 쳐다보면서—하늘 색깔은 아주 연했고, 오늘은 무거운 비구름도 일지 않았으며, 오래된 질그릇 조각처럼 미소 짓고 있었다—나는 생각했다. 네 권의 두꺼운 《미술의 역사》를 번역한 그 사나이는 그 내리뜬 눈으로 이 축복해 마땅한 우주를 파악할 때, 마음에 무엇을 떠올릴까?

샹젤리제를 걸어가자 상념이 땀처럼 흘러나왔다. 나는 걸어가면서 내 말을 받아 적을 비서를 고용할 수 있을 만큼 부자가 되어야겠다고 생각했다. 나의 가장 빼어난 사상은, 언제나 타자기와 떨어져 있을 때에 마구 솟구쳐 오르니까.

샹젤리제를 걸어가면서 나의 아주 훌륭한 '건강'을 생각했다. 내가 '건강'

이라고 말하는 것은, 실은 낙천주의를 의미한다. 고치기 어려울 만큼 낙천적인 것이다! 나는 아직 19세기에 한쪽 발을 밀어넣고 있다. 나는 대다수의 미국인처럼 얼마쯤 뒤떨어져 있다. 칼은 이 낙천주의를 혐오한다. "내가 식사 이야기를 하기만 하면" 그는 말한다.

"매번 너는 기쁜 듯이 빙글빙글 웃는다!" 확실히 그렇다. 식사하는 것을─'다음 식사'를─생각만 해도 나는 다시 젊어진다.

식사! 이는 어떤 일이 진행되는 것을 뜻한다─몇 시간 동안 충실히 일하는 것을. 경우에 따라서는 하나의 창조를 의미한다. 이를 부정하지는 않을 것이다. 내게는 '건강'이 있다. 훌륭하고 억세며 동물적인 건강이. 나와 미래 사이에 가로놓인 유일한 것이 식사이다. '다음 식사'이다.

칼은 요즘 상태가 좋지 않은 듯하다. 마음의 평정을 잃고 있다. 신경이 헛돌고 있다. 그가 아프다는 게 거짓은 아니라고 생각하지만, 딱하다는 느낌도 들지 않는다. 느껴지지 않는 것이다. 실은 가소롭다는 기분이다. 따라서 그는 당연히 분개하고 있다. 모든 게 그에게 상처를 입힌다─내 웃음과 내 굶주림, 내 집요함, 내 태평스러움, 내 모든 것이. 그는 어느 날 이가 득실거리는 이 유럽에서는 더 견뎌낼 재간이 없다며 바위에라도 부딪쳐 머리통을 깨고 싶다고 생각하는가 하면, 다음 날에는 애리조나에 가자고 말한다. "거기선 손님을 제대로 대우하니까." "가봐!" 나는 말한다. "무엇이든 하고 싶은 대로 하라고. 그러나 자네의 우울한 한숨으로 나의 건강한 눈을 흐리게 만들지는 말게."

그런데 문제는 그것이다! 유럽에서는 사람들이 아무것도 하지 않는 것에 익숙해져 버린다. 의젓하게 앉아서 온종일 푸념을 늘어놓는다. 오욕에 물드는 것이다. 썩어 버리는 것이다.

본질적으로 칼은 속물이다. 자기 혼자만의 조발성(早發性) 치매(정신분열증) 왕국에서 살고 있는 귀족주의적이고 쩨쩨한 녀석이다. "나는 파리가 싫다!"고 그는 우는소리를 한다. "아침부터 밤까지 카드놀이만 하고 있는 얼간이 녀석들…… 녀석들을 보라고! 그리고 이 글을 쓰는 직업! 말과 말을 늘어놓은들 무슨 소용이 있나. 글을 쓰지 않고 작가가 될 수는 없을까. 내가 소설을 한 권 썼다고 한들 그것으로 무엇을 증명할 수 있나! 아무튼 우리는 소설을 써가지고 어쩌겠다는 거야? 소설은 지금까지 남아돌 만큼 많이 나와 있는데……."
　어리석은 짓이다. 그러나 나도 그러한 경지를 대충 거쳐 왔다—이미 수년 전의 일이다. 나의 우울한 청춘을 졸업한 것이다. 이제 나는 내 등 뒤에 있는 것이나 내 앞쪽에 있는 것들을 거들떠보지도 않는다. 나는 건강하다. 손댈 수 없을 만큼 건강하다. 슬픔도 없고 후회도 없다. 과거도 없고 미래도 없다. 내게는 현재만으로 충분하다. 그날, 그날. 오늘! 아름다운 오늘!
　칼은 일주일에 한 번 외출한다. 그날의 그는, 그러한 것을 상상할 수 있다면 일주일의 다른 어느 날보다도 더욱 비참하다. 음식을 경멸한다고 말하고는 있지만, 외출하는 날에 그가 쾌락을 누리는 유일한 방법은 성대한 음식을 주문하는 일인 듯하다. 아마도 그는 나를 위해 그러는 것이리라—나는 알지 못하고, 물어보지도 않았다. 만일 칼이 스스로 그의 악덕 목록에 순교라는 항목을 추가하고 싶어한다면, 그렇게 하도록 해 주자—나는 OK다. 어쨌든 지난주 화요일에 성대한 식사를 하느라 돈을 낭비한 다음, 칼은 나를 돔으로 끌고 갔다. 그곳은 내가 외출하는 날에 몹시 가기 싫어하는 장소 가운데 하나이다. 하지만 여기서는 인간이 유순해질 뿐만 아니라—무기력해지기도 하는 것이다.
　돔의 술집에 말로가 서 있었다—곤드레만드레 취해 있다. 지난 닷새 사이에, 그는 이른바 전환점에 접어들고 있는 것이다. 쉴 새 없이 술을 마시고, 밤이나 낮이나 계속 술집에서 술집으로 전전하다가, 마지막으로 아메리칸 병원에서 쓰러져 버린다는 뜻이다. 말로의 여위어 뼈가 앙상한 얼굴은, 한 쌍의 죽은 대합이 파묻혀 있는 두 개의 깊은 눈구멍을 터놓은 두개골 말고는 아무것도 아니다. 말로의 등에는 톱밥이 잔뜩 묻어 있다—방금 변소에서 잠깐 졸고 온 것이다. 윗옷 주머니에는 잡지의 다음 호 교정쇄가 들어 있다. 아무래도 그는 그 교정쇄를 갖고 인쇄소로 가는 길에, 누군가에게 꾀어 술을 마시러 온 모양이다.
　그 이야기를 말로는 한 달 전 일처럼 말한다. 교정쇄를 꺼내어 상 위에 펼친다. 커피 얼룩과 말라붙은 침이 잔뜩 묻어 있다. 그는 그리스어로 쓴 자작시를 낭독하려고 하지만 교정쇄를 판독할 수가 없다. 그래서 그는 프랑스어로 일장 연설을 하려고 마음먹는다. 그러나 지배인이 연설을 못하게 한다. 말로는 흥이 깨진다. 프랑스어로 사환도 알아들을 수 있도록 지껄이는 것이 그의 야심 가운데 하나인 것이다. 그는 고대 프랑스어의 대가이다. 초현실주의 예술가의 작품을 말로는 멋들어지게 번역을 해내고 있는 것이다. 그러나 "여기서 나가라고, 이 머저리 녀석아!" 따위의 간단한 말은—그의 능력으로는 이해할 길이 없다.

말로의 프랑스 말은 아무도 알아들을 수 없다. 창녀조차도 알아들을 수 없다. 몸이 안 좋을 때에는 그의 영어조차도 이해하기가 쉽지 않다. 마치 고칠 길이 없는 말더듬이처럼 거품을 물거나 침을 뱉곤 한다……. 말로의 말에는 단락도 없고 '연속'도 없다. "네가 지불하라고!"—가까스로 그가 또렷이 할 수 있었던 말은 이 한 마디뿐이다.

아무리 곤드레만드레 취해도, 어떤 뛰어난 자기 보호본능이 반드시 말로에게 연극을 해야 할 때를 가르쳐준다. 마신 술값을 치르기가 조금이라도 어려워지면, 그는 반드시 대담한 재주를 벌이는 것이다. 흔히는, 장님이 되어 가는 체를 한다. 칼은 이제는 그의 속임수를 낱낱이 알고 있다. 따라서 말로가 갑자기 관자놀이를 두 손으로 두드리며 연극을 시작하면, 칼은 그의 엉덩이를 걷어차며 말한다.

"이봐, 집어치워! 내게 그따위 짓은 하지 말라고!"

나로서는 그것이 교활한 복수의 일부인지 아닌지 알 수 없다. 그러나 어쨌든 말로는 칼에게 현금으로 빚을 갚고 있다. 아주 비밀이라는 듯이 우리에게 다가와, 술집에서 술집으로 떠돌아다니는 동안에 주워들은 뜬소문을, 그는 까마귀 울음소리 같은 쉰 목소리로 이야기하는 것이다. 칼이 깜짝 놀라 고개를 든다. 얼굴이 새파랗게 질려 있다.

말로는 줄거리를 더러 바꿔가며 같은 이야기를 되풀이한다. 그때마다 칼의 얼굴에서 핏기가 조금씩 사라진다. "그런 일은 있을 수 없어!" 드디어 칼이 울분을 터뜨린다. "있을 수 있어!" 말로가 말한다. "자네는 쫓겨날 거야……. 내가 분명히 들었어." 칼은 절망에 빠진 눈동자를 내게로 돌린다. "저 녀석이 나를 다른 데로 몰아내려 하는 건가?" 칼은 작은 목소리로 내 귓가에 속삭인다. 그리고 목소리를 높여 말한다. "그럼 나는 어떡하지? 다른 일자리를 구할 수 있을 턱이 없잖아. 지금 이 일자리를 얻는 데도 나는 1년이나 걸렸다고."

말로는 이 말을 들으려고 기다리고 있었던 모양이다. 드디어 그는 자신보다 더 어려운 인간을 발견한 것이다. "정말 살기 힘든 세상이야!" 말로는 말한다. 뼈가 앙상한 머리가 차가운 전깃불에 번쩍인다.

돔을 나오다가 딸꾹질을 하면서 말로는 샌프란시스코로 돌아가게 되었다고 설명했다. 지금은 칼의 불안을 마음으로부터 동정하고 있는 것처럼 보였다. 말로는 자기가 여기에 없는 동안 칼과 내가 잡지 일을 이어받으면 어떻겠느냐고 말했다. "자네라면 믿을 수 있어. 칼." 그는 말한다. 그리고 갑자기 발작을 일으켰다. 이번에는 진짜다. 말로는 휘청거리며 도랑 속으로 넘어질 것 같았다. 우리는 에드가 키네 대로에서 그를 술집으로 끌고 가 자리에 앉혔다. 이번엔 정말로 발작을 일으킨 것이다—눈앞이 아찔해질 정도의 두통 때문에 비명을 지르고 신음하며, 쇠몽둥이로 얻어맞은 짐승처럼 앞뒤 좌우로 몸을 흔들어대고 있었다. 우리는 페르네 브랑카를 두어 잔 말로의 입에 부어 주고, 긴 의자 위에 눕힌 다음 목도리로 눈을 덮어 주었다. 그는 신음하면서 누워 있었다. 조금 있으니 코 고는 소리가 들려왔다.

"녀석의 제안을 어떡할까?" 칼이 말한다. "받아들이는 게 좋을까? 녀석은 돌아오면 1천 프랑을 내게 주겠다는 거야. 주지 않으리라는 것은 알고 있지만, 어떡할까?" 칼은 긴 의자에 아무렇게나 뻗어 있는 말로를 바라보고, 그의 눈에 덮인 목도리를 젖혀보더니 다시 덮어 주었다. 갑자기 짓궂은 쓴웃음이 칼의 얼굴에 떠올랐다. "이봐, 조." 그는 나를 옆으로 손짓하여 부르면서 말한다. "녀석의 제안을 받아들이세. 녀석의 엉성한 잡지를 떠맡아 녀석에게 딱 어울리도록 만들어 주세."

"그게 무슨 뜻이지?"

"다른 기고가들을 모두 쫓아내고, 우리 글만 싣는 거야—그게 좋아."

"음, 하지만 어떤 글을 쓰지?"

"무엇이든 좋아……. 이 녀석은 그래도 어쩔 도리가 없지. 녀석에게 어울리도록 잔뜩 골려 주자. 1호만 내고 잡지는 그대로 폐간하는 거야. 조, 한판 벌여 보겠나?"

능글맞게 낄낄거리면서 우리는 말로를 일으켜 세워 칼의 방으로 던져 넣었다. 불을 켜보니 한 여자가 침대 속에서 칼을 기다리고 있었다. "이 여자를 잊고 있었군." 칼은 말했다. 우리는 여자를 돌려보내고, 말로를 침대에 밀어 넣었다. 1분쯤 지나자 방문을 두드리는 소리가 들렸다. 반 노든이다.

그는 잔뜩 흥분해 있었다. 의치(義齒)를 잃어 버렸어—네그르 댄스홀에서 잃어 버린 모양이라고 반 노든은 말한다. 어쨌든 우리는 넷이서 침대로 들어갔다. 말로는 훈제한 생선 같은 지독한 냄새를 풍겼다.

아침에 말로와 반 노든은 의치를 찾으러 나갔다. 말로는 훌쩍거리며 울고 있었다. 없어진 게 자기 이빨인 줄 알았던 것이다.

극작가의 집에서 먹는 나의 마지막 저녁이다. 이들 부부는 최근 새로운 피아노, 음악회용인 그랜드 피아노를 빌렸다. 나는 꽃집에서 고무나무를 껴안고 나오는 실베스터와 마주쳤다. 그는 여송연을 사러 갈 테니 그동안에 내게 고무나무를 집까지 날라 달라고 부탁한다. 나는 스스로 고심해서 계획한 이런 공짜 식사를 잇달아 포기해야 하는 모양이다. 남편이나 아내가, 내게 차례차례 반감을 갖게 된다. 고무나무를 안고 걸어가면서, 나는 이러한 생각이 처음으로 떠올랐던 몇 달 전 어느 날 밤의 일을 생각했다.

그때 나는 쿠폴 부근의 긴 의자에 걸터앉아, 돔의 사환에게 전당 잡혀 달라고 부탁한 적이 있는 결혼반지를 만지작거리고 있었다. 그가 6프랑밖에 쳐 주지 않아서 나는 화를 내고 있었다. 그러나 지금은 시장기가 더 중요해졌다.

모나와 헤어진 뒤로 나는 이 반지를 새끼손가락에 끼고 있었다. 마치 내 몸의 일부분 같았으므로 팔려는 생각은 한 번도 들지 않았다. 화이트 골드에 오렌지 꽃무늬를 입힌 흔해빠진 물건이다. 이전에는 1달러 50센트 또는 그 이상을 호가하던 것이다. 3년 동안 우린 결혼반지 없이 지내고 있었다. 그러던 어느 날 부두로 모나를 마중 나가는 길에 문득 메이든 렌의 보석상 쇼윈도 앞을 지나치는데, 창가에 온통 결혼반지만 진열되어 있었다. 부두로 나갔지만 모나의 모습은 보이지 않았다. 나는 배에서 마지막 손님이 내려올 때까지 기다려 보았지만 모나는 없었다. 마지막으로 선객 명부를 보여달라고 부탁했다. 그녀의 이름은 실려 있지 않았다. 나는 결혼반지를 새끼손가락에 끼웠다. 그 뒤로 쭉 끼고 있었다.

한번은 대중목욕탕에 두고 온 적이 있지만 그때는 되찾았다. 오렌지꽃 무늬 하나가 벗겨져 나갔다. 아무튼 내가 고개를 숙이고 벤치에 앉아 반지를 만지작거리고 있으면 갑자기 누군가가 내 등을 두드린다. 쉽게 말하면, 이리하여 나는 한 끼의 식사와 몇 프랑 정도의 돈을 손에 넣은 것이다. 그리하여 번개처럼 내 머리에 번뜩인 생각은, 만일 누군가에게 식사 한 끼를 부탁할 용기만 갖고 있다면 아무도 그것을 거절하지 않는다는 것이다.

나는 곧 카페로 가서 10여 통의 편지를 썼다. "일주일에 한 번씩 당신과 함께 저녁을 먹고 싶습니다. 무슨 요일이 가장 편한지 알려 주세요." 마치 마술을 부린 듯이 잘 풀렸다. 나는 식사를 대접받았을 뿐만 아니라…… 융숭한 술 대접까지 받았다. 밤마다 나는 술에 잔뜩 취해 집으로 돌아갔다. 이 '일주일에 한 번씩' 선심을 쓰는 이들도 내게 충분한 대우를 해 주진 않았다. 다른 날에는 내가 어떻게 지내고 있는가를 그들은 알려고도 하지 않았다. 이따금 사려 깊은 이들은 담배나 교통비를 주었다. 그들은 모두 일주일에 한 번만 나를 만나면 된다는 것을 알고 안심한 것이 분명했다. 그리고 그들은 내가 "이제 그만 사양하겠다"고 말했을 때 더욱 안심했다. 아무도 왜냐고는 결코 묻지 않았다. 그들은 내게 축하한다고 말하고, 그걸로 끝이었다. 그 이유는 내가 보다 나은 후원자를 찾아냈기 때문인 경우가 많았다. 나는 거북한 이들을 제외시킬 수 있었던 것이다. 하지만 그들은 그 사실을 결코 알아채지 못했다.

마침내 나는 한결같고 견고한 프로그램—정해진 스케줄—을 가질 수 있었다. 화요일에는 이런 식사를 하고, 금요일에는 저런 식사를 하는 식이었다. 매번 크론슈타트가 샴페인과 집에서 만든 애플파이를 내게 마련해 주리라는 것을 알고 있었다. 칼은 나를 밖으로 데리고 나가 매번 다른 요릿집으로 안내하고는 진귀한 포도주를 주문하고, 식사가 끝나면 극장이나 메드라노 서커스에 데려가곤 했다. 내 시주(施主)들은 서로에 대한 호기심을 품고 있었다. 그들은 내게 당신은 누구를 가장 좋아하며, 어느 식당의 요리가 가장 맛있냐는 따위의 질문을 했다. 나는 내가 크론슈타트네 집을 가장 좋아했다고 생각하는데, 그것은 그가 식사할 때마다 먹은 것 낱낱의 비용을 벽에다 초크로 계산하기 때문이다. 이를 보고 나는 크론슈타트에게 얼마만큼의 빚을 지고 있는가를 알 수 있는 것이다. 내 양심이 편해지기 위해서는 아니다. 왜냐하면 나는 크론슈타트에게 빚을 갚을 생각이 없고, 그 역시 되받을 수 있으리라는 환상은 갖고 있지 않았기 때문이다.

내 흥미를 끈 것은 그 끝자리 수이다. 크론슈타트는 언제나 마지막 1상팀

(centime : 프랑스·스위스의 화폐 단위. 100분의 1프랑)까지 계산하는 것이다. 만일 내가 정확히 빚을 갚으려고 한다면, 1수(sou : 프랑스의 화폐 단위. 1수는 5상팀)짜리 동전을 여러 개로 나누어야 하리라. 그의 아내는 훌륭한 요리사로, 크론슈타트가 계산하는 상팀 따위는 거들떠보지도 않았다. 그녀는 내게서 탄산지로 만든 복사본을 받음으로써 그 값을 대신한다. 정말이다! 만일 내가 그녀에게 줄 새로운 복사본을 준비하지 않고 모습을 나타내면 그녀는 몹시 실망하는 것이다. 그러면 나는 이튿날 뤽상부르 공원으로 그녀를 데리고 가서 두세 시간쯤 함께 놀아 주어야 했다. 그녀는 헝가리어와 프랑스어밖에 할 줄 모르므로, 이러한 노동은 나를 녹초로 만들었다. 요컨대 그들, 내 시주들은 기묘한 자들뿐이었다……

타니아네 집 발코니에서 나는 음식이 차려져 있는 것을 내려다보았다. 몰도르프가 그의 우상의 옆자리에 앉아 있었다. 그는 난로에 발을 쬐고 있었다. 그의 촉촉한 눈가에는 감사해하는 추악하고 괴이한 표정이 깃들어 있었다. 타니아는 평소처럼 아다지오로 느릿하게 이야기하고 있었다. 아다지오는 매우 명석하게 이야기했다. 더는 사랑의 말은 속삭이지 않았다! 나는 또다시 분수로 가서, 거북이가 녹색 액체를 배설하는 것을 바라보았다. 실베스터가 애정으로 한껏 가득 찬 가슴을 안고 브로드웨이에서 돌아온 지 얼마 안 된 때였다. 밤새도록 나는 산책로 옆의 벤치에 누워 있었는데, 그동안 이 둥근 분수에서는 따뜻한 거북이의 오줌이 불보라가 되어 날리고, 노기를 띤 남근신(男根神)처럼 딱딱해진 말(馬)들은 결코 대지에 발을 대지 않은 채 광분하고 있었다.

밤새도록 나는 타니아가 머리를 빗고 있는 어두운 방의 라일락꽃 냄새를 맡았다. 그녀가 실베스터를 만나러 갔을 때에 내가 사 주었던 라일락꽃이다. 그가 애정이 넘치는 표정으로 돌아왔다고 타니아는 말했다. 그리고 라일락은 그녀의 머리칼과 그녀의 입, 그녀의 겨드랑이 밑에서 흐느껴 울 뿐이었다. 방 안은 애정과 거북이 오줌과 따스한 라일락으로 가득 차 있고, 말(馬)들은 광분해 있었다.

이튿날 아침, 유리창에 지저분한 이빨과 이똥이 비쳤다. 산책로로 나가는 작은 문은 닫혀 있었다. 사람들은 일하러 나가고, 셔터가 올라가는 소리가 요란하게 울렸다. 연못 맞은편의 책방에는 차드 호(중앙아프리카 의 호수)에 관한 책과 화려한 자황색의 도마뱀 박제가 있었다. 내가 타니아에게 보낸 편지—술에 잔뜩 취해 몽당연필로 쓴 것도 있고, 미치광이처럼 숯으로 갈겨 쓴 것, 벤치에서 벤치로 옮겨다니며 짤막하게 갈겨 쓴 것도 있다—와 울화통, 식탁의 냅킨, 과일 아이스크림—이것들은 모조리 그들의 것이 될 것이다. 그리고 실베스터는 언젠가는 나에게 아첨하는 말을 하리라. 그는 여송연의 재를 털면서 말할 것이다. "당신은 글을 정말 잘 쓰는군. 가만, 당신은 초현실주의자 아니오?" 메마르고 경박한 목소리, 이똥이 잔뜩 낀 이빨, 복강신경얼기의 독주곡, 광기의 G.

고무나무가 있는 위층의 발코니, 그리고 아래에서는 아직도 아다지오가 계속되고 있다. 피아노의 건반은 흑과 백으로 되어 있다. 지금은 흑, 다음은 백, 그리고 백과 흑. 너는 나를 위해 무슨 곡을 칠 수 있는가를 알고 싶은 거로군. 좋아, 너의 그 커다란 손가락으로 무슨 곡이든 쳐다오. 그것이 네가 할 줄 아는 유일한 것이니까. 아다지오를 치는 게 좋겠어. 쳐. 친 다음에는 너의 그 커다란 손가락을 잘라 버리라구.

아아, 저 아다지오! 나는 왜 타니아가 언제나 저것을 치고 싶어하는지 알 수가 없다.

타니아는 낡은 피아노로는 만족하지 않았다. 그녀는 그랜드 피아노를 빌려야 했다—아다지오를 위해서! 건반을 누르는 타니아의 커다란 손가락과 내 옆에 있는 바보 같은 고무나무를 보면, 나는 한겨울에 옷을 벗어던지고 벌거숭이인 채로 나뭇가지에 올라 앉아, 청어도 얼어붙어 있는 바닷속으로 나무 열매를 집어던진 북쪽 나라의 그 미치광이가 된 느낌이 든다. 이 동작에는 뭔가 짜증이 나게 만드는 게 있다. 뭔가 우울해질 수 없는 것, 용암에 쓰인 문자 같은 것, 납과 우유를 뒤섞은 색깔과 같은 것이 있다. 그러자 실베스터가 경매인처럼 고개를 갸웃거리며 말한다.

"오늘 당신이 연습하던 또 다른 곡을 쳐봐요." 턱시도를 입고 고급 여송연을 피우며 아내에게 피아노를 치게 하다니, 참 좋은 신분이다. 말할 수 없이 태평스럽다. 정말 평온한 풍경이다.

막간에는 누구나 담배를 피우러 나가서 신선한 공기를 들이마신다. 타니아의 손가락은 부드럽다. 유달리 부드럽다. 그녀는 납결 염색^(밀랍을 녹여 무늬를 그리고 물들인 뒤 밀랍을 제거하는 염색법)도 제작한다. 그런데 불가리아의 여송연을 한 개비 피우겠나? 이봐요, '새가슴' 부인, 내가 가장 좋아하는 악장이 무엇이었지? 스케르초^(빠른 3박자의 해학곡)예요!

아아, 그래, 스케르초야! 훌륭해, 스케르초는! 발데마르 폰 슈이센아인츠그 백작이 말한다. 차갑고 눈곱이 낀 눈. 숨 쉴 때마다 풍기는 이상한 악취. 화려한 양말. 그리고 완두콩 수프는 어때. 마음에 들면 만들어 줘요. 집에서는 금요일 밤마다 반드시 완두콩 수프를 먹거든. 붉은 포도주를 조금 맛보겠나? 붉은 포도주는 고기와 함께 먹으면 좋아. 메마른 목소리. 여송연을 피우겠나? 그래, 나는 내 일이 마음에 들긴 하지만 훌륭한 것이라고는 조금도 생각하지 않아. 이번 각본에는 우주의 다원론적인 견해를 도입할 작정이야. 칼슘 등불이 켜진 회전하는 북이야. 오닐은 이미 죽어 버렸어. 이봐, 자네, 좀더 활발히 페달에서 발을 떼야 한다고 생각하는데. 음, 그 부분은 아주 좋아, 훌륭해, 자네는 그렇게 생각하지 않나. 그래, 등장인물은 모두 바지 속에 마이크를 집어넣고 걸어다니지. 배경은 아시아야. 분위기를 다루기가 좋으니까. 작은 배(梨)를 하나 먹어 봐요. 자네를 위해 특별히 사둔 거야……

식사하는 내내, 이러한 수다가 계속된다. 마치 할례를 받은 그의 '물건'을 꺼내어 우리에게 오줌을 뿌려대고 있는 듯한, 꼭 그러한 느낌이다. 타니아는 흥분하여 폭발하기 직전이다. 가슴 가득히 애정을 안고 돌아온 이후로 이 독백이 쭉 계속되고 있는 것이다. 옷을 벗는 동안에도 이야기를 하고 있다고 타니아는 내게 말한다―마치 방광에 구멍이 난 것처럼 뜨끈한 오줌이 끊임없이 흘러나온다. 이 '파열된 방광'과 함께 타니아가 침대에 들어가는 모습을 생각하면, 나는 화가 난다.

브로드웨이 취향의 싸구려 각본을 들고 있는 초라한 늙은이 녀석이 내가 사랑하는 여자에게 오줌을 뿜어대고 있다고 생각하니 화가 나는 것이다. 붉은 포도주니, 회전하는 북이니, 완두콩 수프니 하고 지껄여 대다니, 정말 뻔뻔스러운 녀석이야! 내가 녀석을 위해 피워놓은 난로 옆에 드러누워 오줌을 싸는 것 말고는 아무 일도 안 하다니! 이 얼간이 녀석아, 네놈은 무릎을 꿇고 내게 고맙다고 말해야 한다. 지금 너는 집 안에 한 여자를 갖고 있단 말이다. 그것을 알지 못하겠나? 그녀가 파열되어 가는 것이 보이지 않는가? 너는 그 잘록한 아데노이드(편도선이 증식하는 병)로써 나에게 말하고 있다.

"그런데 말이야, 내 생각을 말하면…… 두 가지 견해가 있어요……." 너의 두 가지 견해 따위는 거지 발싸개나 같아! 너의 다원우주나 아시아풍 음향 따위도 거지 발싸개야! 붉은 포도주도 배도 나는 필요 없어…… 그녀를 보내라…… 그녀는 내 것이다! 너는 연못가에 앉아 내게 라일락꽃 향기라도 보내다오! 눈에 낀 눈곱을 닦아…… 그리고 그 야비한 아다지오 따위는 플란넬 바지 속에 넣어둬…… 또 다른 작은 악장도…… 그 밖에 네가 그 허약한 방광을 가지고 하는 동작 따위도 모조리! 너는 아주 안심이 되는 것처럼, 의미가 있는 것처럼 내게 웃어 보인다. 나는 너를 교묘하게 구슬리고 있는 거야. 그걸 알지 못하겠나. 내가 너의 실없는 소리를 귀 기울여 듣고 있는 사이에, 그녀는 손을 내게 맡기고 있단 말이다.

하지만 네게는 그것이 보이지 않는다. 너는 내가 괴로움을 즐기고 있다고 여긴다―그게 내 역할이라고 너는 말한다. 좋다. 그녀에게 물어보라! 내가 얼마나 괴로워하고 있는지 그녀가 이야기해 줄 것이다. "당신은 암과 섬망증을 앓고 있어요." 그녀는 며칠 전에도 내게 전화를 걸어 말했었다. 지금 그녀도 그 병에 걸려 있다. 암과 섬망증. 그리고 머지않아 너는 부스럼 딱지를 쥐어뜯게 되리라. 알겠나, 그녀의 혈관이 파열되어 가고 있는 것이다. 그리고 네가 지껄이는 말은 톱밥투성이다. 아무리 오줌을 많이 싸도, 너는 그 구멍을 막을 수가 없다. 렌 씨는 뭐라고 말했지? '말〔언어〕은 고독합니다.' 나는 어제저녁에 식탁보 위에 네 앞으로 짧은 메모를 적어 두었는데―너는 그것을 팔꿈치로 가려 버렸다.

실베스터는 마치 타니아가 불결한 악취를 풍기는 성자(聖者)의 유해라도 되는 것처럼 그녀 주위에 울타리를 친다. 만일 그에게 "그녀를 채어 가라!"고 말할 수 있을 만큼의 용기가 있다면 아마도 기적이 일어나리라. "그녀를 채어가라!"고 한 마디만 하면 모든 일이 잘 풀리리라고 나는 단언한다. 더욱이 아마도 나는 타니아를 빼앗지 않을 것이다―녀석에게는 이러한 생각이 전혀 머리에 떠오르지 않는 것일까? 혹은 그녀를 잠시 빼앗았다가 돌려줄 것이다. '진보'한 그녀를. 하지만 타니아 주위에 울타리를 쳐 버리면 그럴 수가 없다. 인간 주위에는 울타리를 칠 수 없다. 그러한 것은 이제는 쓸모가 없다……

비참한 늙은이인 너는, 내가 그녀에게 해롭다고 생각한다. 내가 그녀를 타락시키고, 그녀의 신성함을 더럽힌다고 생각한다. 더럽혀진 여자가 얼마나 달콤한가를, 정액의 변화가 얼마나 여자를 환하게 꽃피우는가를 너는 모른다! 가슴 가득한 애정만으로 충분하다고 너는 생각하고 있다. 아마도 올바른 여자에게는 그렇겠지만, 너는 이미 심장을 갖고 있지 않다…… 너는 커다랗고 속이 텅 빈 방광 말고는 아무것도 아니다. 너는 이빨을 드러내고 신음을 비축하고 있다. 파수 보는 개처럼 그녀를 뒤쫓아 다니며 어디서나 오줌을 눈다. 그녀는 너를 파수 보는 개라고는 생각하지 않았다…… 시인이라고 생각했던 것이다. 본디 시인이었어요, 그녀는 말했다.

그래, 지금의 너는 무엇이냐? 용기를 내, 실베스터. 용기를 내라고! 바지 속의 마이크를 끄집어 내라고. 뒷다리를 들어올리는 짓은 그만둬. 아무데나 오줌을 뿌려대지 마. 용기를 내라고 내가 말하는 이유는, 그녀가 이미 너를 버렸기 때문이다. 그녀는 이미 더럽혀졌다. 그러니까 울타리를 없애도 마찬가지이다. 이 커피는 탄산 같은 맛이 나지 않아? 내게 친절한 듯이 물어도 소용없다. 나는 하나도 무섭지 않다. 커피 속에 쥐약이든 유리 가루든 무엇이든 집어넣어 보라. 오줌을 뜨겁게 끓이고, 그 속에 육두구라도 조금 넣어 보란 말이다……

지난 몇 주 동안의 내 생활은 공산주의적인 생활이었다. 나는 스스로를 타인과 공유해야 했다. 주로 몇몇 미치광이 같은 러시아인과 술에 잔뜩 취한 네덜란드인, 그리고 올가라는 이름의 몸집이 큰 불가리아 여자와…… 러시아인들 가운데 주요한 인간은 위젠과 아나톨이다.

올가가 관상(管狀) 기관을 태워, 지나치게 많이 나가던 몸무게를 얼마간 빼고 병원에서 나온 것이 불과 며칠 전의 일이다. 그런데 그녀는 심한 고통을 겪은 사람처럼 보이지 않는다. 올가의 몸무게는 낙타 등 모양을 한 기관차 정도는 될 것이다. 땀을 뻘뻘 흘리고, 입냄새를 풍기며, 가구 속에 채우는 톱밥 같은 서커스용 가발을 아직도 쓰고 있다. 턱에 커다란 혹이 두 개 달려 있고, 거기에 짤막한 털이 잔뜩 자라고 있다. 게다가 콧수염까지 기르고 있다.

퇴원한 이튿날부터 올가는 다시 구두를 만들기 시작했다. 아침 6시에 그녀는 자기 의자에 걸터앉는다. 그리고 하루에 두 켤레의 구두를 만들어낸다. 위젠은 올가가 거추장스럽다고 불평을 하지만, 실은 올가가 위젠 부부를 하루 두 켤레의 구두로 부양하고 있는 것이다. 만일 올가가 일을 하지 않으면 먹을 것이 떨어진다. 그래서 모두들 올가를 제 시간에 재우고 일을 계속할 수 있도록 충분한 음식을 마련해 주는 등 무척 신경을 쓰고 있는 것이다.
 식사는 언제나 수프로 시작된다. 양파 수프든 토마토 수프든 채소 수프든, 무슨 수프든 간에 수프 맛은 언제나 똑같다. 대체로 누더기를 삶은 듯한 맛이 난다―살짝 시고, 곰팡내가 나고, 쇠붙이 냄새가 난다. 나는 위젠이 식사를 한 뒤에 변기 속에 그것을 감추는 것을 알고 있다. 다음 식사 때까지 그것은 거기서 썩어간다. 버터도 변기 속에 숨긴다. 사흘 뒤에 그것은 죽은 사람의 커다란 발가락 맛이 난다.
 썩은 버터를 굽는 냄새는 별로 식욕을 돋우지 않는다. 특히 요리를 하는 곳에 최소한의 환기 장치도 없을 때는 더욱 그렇다. 방문을 열기가 무섭게 나는 환자가 된다. 그러나 위젠은 내 발소리를 들으면 대개 곧바로 덧문을 열어젖힌다. 더러는 햇빛을 받지 않도록 어망처럼 말아놓은 침대 깔개를 펼치곤 한다. 가엾은 위젠! 그는 얼마 되지 않는 가구와 때묻은 깔개, 물이 담겨 있는 지저분한 세면기 등을 둘러보며 말한다. "나는 노예야!" 매일 그는 이렇게 말한다. 한 번이 아니다, 열 번도 넘게 말한다. 그리고 벽에 걸린 기타를 집어 들고 노래한다.
 그런데 썩은 버터 냄새에 대해서는…… 그것과 관련된 좋은 연상도 있다. 이 썩은 버터 생각을 하면 나는 내가 고색창연하고 작은 뒤뜰, 지독한 악취가 풍기는 을씨년스러운 뒤뜰에 서 있는 광경이 떠오른다. 덧문 틈새로 기묘한 것들이 나를 엿보고 있다…… 숄을 걸친 노파와 난쟁이, 쥐새끼 같은 얼굴의 뚜쟁이, 등이 굽은 유대인, 여공, 턱수염을 기른 백치 등. 이들은 물을 길으러, 또는 오물통을 씻기 위해 뒤뜰로 비틀거리며 나온다.
 어느 날 위젠이 통 속의 구정물을 버려 달라고 내게 부탁했다. 나는 그것을 갖고 마당 구석으로 갔다. 땅바닥에 구덩이가 있고, 더러운 종이가 구멍 둘레에 떨어져 있었다. 작은 구덩이는 배설물―영어로 말하면 shit(똥)―으로 차서 미끈미끈했다. 물통을 기울이자, 부글거리는 지저분한 소리가 나면서 내용물이 튀어올랐다. 돌아와 보니 수프가 나와 있었다. 밥을 먹는 동안 나는 내 칫솔을 생각했다―그것은 너무 낡아서 솔이 잇새에 끼는 것이다.
 식탁에 앉을 때에는, 나는 언제나 창문 가까운 곳에 자리를 잡았다. 방 안쪽에 앉기가 두려운 것이다―거기는 침대와 너무 가깝고, 침대에는 벌레가 우글거리고 있기 때문이다. 쥐색 깔개 위로 눈을 돌리면 핏자국이 보이지만 나는 그쪽을 보지 않기 위해, 사람들이 오물통을 씻고 있는 뒤뜰을 바라보고 있었다.

식사는 음악 없이 결코 끝나지 않는다. 치즈가 나올 무렵에는 이미 위젠이 벌떡 일어나 침대 뒤쪽에 걸려 있는 기타를 집어 든다. 언제나 똑같은 노래다. 열대여섯 가지의 연주 목록을 갖고 있다고 그는 말하지만, 나는 세 가지 이상을 들어본 적이 없다. 그의 단골 노래는 〈아름다운 사랑의 시〉이다. 이 노래에는 '번민'과 '슬픔'이라는 말이 많이 나온다.

오후에 우리는 서늘하고 어두운 영화관으로 간다. 위젠은 바닥에 놓여 있는 커다란 피아노 앞에 앉고, 나는 맨 앞에 있는 벤치에 걸터앉는다. 영화관 안은 텅 비어 있다. 그러나 위젠은 온 유럽의 임금님들을 청중으로 삼고 있는 것처럼 노래한다. 정원 쪽의 문이 열려 있으므로 젖은 나뭇잎 냄새가 풍겨오고, 빗소리가 위젠의 번민이며 슬픔과 뒤섞여 버린다. 한밤중에 관객이 영화관 안을 땀과 더러운 숨결로 가득 채우면, 나는 그 뒤에 다시 이곳으로 와서 벤치에 누워 잠을 청한다. 담배 연기 속에서 일렁이고 있는 출구의 등불이, 석면 커튼 밑의 구석으로 희미한 불빛을 흘려보내고 있다. 나는 밤마다 인공눈알을 통해 내 눈을 감는다…….

한쪽밖에 없는 유리눈알을 끼고 뒤뜰에 서 있다. 세계가 절반밖에 감지되지 않는다. 젖은 돌에는 이끼가 끼고, 돌 틈새에 검은 두꺼비가 있다. 커다란 문이 움막 입구를 막고 있다. 미끄러워 보이는 계단에는 박쥐 똥이 쌓여 있다. 문은 부풀어오르고 뒤틀려서 경첩이 떨어져 나갈 것 같았지만, 판자에는 조금도 벗겨지지 않은 에나멜 글자가 씌어 있다—'반드시 문을 닫을 것.' 왜 문을 닫는가? 나는 이해할 수 없다. 한 번 더 간판을 바라보았지만, 그것은 떨어져나가 있다. 그 자리에 색유리가 한 장 끼워져 있다. 나는 의안을 빼서, 침을 조금 뱉은 다음에 손수건으로 닦는다.

한 여자가 아주 큰 조각품이 놓여 있는 책상 위의 태좌(台座)에 앉아 있다. 목 언저리에 뱀을 한 마리 감고 있다. 방 안에 책과 색유리로 만들어진 어항 속에서 헤엄치고 있는 진기한 물고기들이 나란히 놓여 있다. 벽에는 지도와 해도(海圖)가 걸려 있다. 흑사병이 돌기 전의 파리 지도, 고대 세계 지도, 크노소스와 카르타고, 바닷물에 잠기기 전과 후의 카르타고 지도 등. 방의 한쪽 구석에 철제 침대가 보이고, 그 위에 시체가 하나 가로놓여 있다.

여자는 깨나른한 듯이 일어서서 침대 위에서 시체를 치우더니, 방심한 듯이 창밖으로 내던진다. 그리고 거대한 조각품이 놓여 있는 책상으로 돌아와, 어항 속의 금붕어를 한 마리 잡아 삼켜 버린다. 방이 천천히 빙빙 돌기 시작하고, 대륙이 하나씩 바닷속으로 굴러떨어진다.

남아 있는 것은 여자뿐이지만, 그녀의 몸은 한 덩어리의 '지리(地理)'이다. 나는 창밖으로 몸을 내민다―에펠탑은 거품이 이는 샴페인이다. 전체가 숫자로 만들어졌고, 검은 레이스로 된 상복을 걸치고 있다. 하수도가 요란한 소리를 내고 있다. 사방에 보이는 것이라곤 지붕뿐이며, 혐오스러운 간사한 기하학적 재주에 의해 배치되어 있다.

나는 탄약통처럼 세상으로부터 튕겨져 나와 있다. 짙은 안개가 끼고, 대지(大地)는 얼어붙은 기름기로 더럽혀져 있다. 나는 이 도시가 뜨뜻미지근한 육체에서 갓 끄집어낸 심장처럼 고동치는 것을 느낄 수 있다. 내가 묵는 호텔 창문은 썩어 문드러졌으며, 불타는 약품에서 풍기는 냄새와 같이 진하고 코를 찌르는 악취를 풍기고 있다.

센 강을 들여다보면 진흙과 황폐한 모습이 보인다. 가로등은 물 속에서 허우적거리고, 남자와 여자는 숨이 막혀 죽을 듯하고, 다리는 집들에 둘러싸여 있다. 집들은 사랑의 도살장이다. 한 사나이가 아코디언을 끈으로 배에 묶고, 벽에 기대어 있다. 그의 손은 손목 언저리부터 잘려나가고 없지만, 아코디언은 잘려나간 손목 사이에서 뱀처럼 꿈틀거리며 연방 움직이고 있다. 우주가 움츠러든다. 겨우 한 구역 정도의 길이로 줄어들었으며, 별도 없고 나무도 없고 하천도 없다. 여기에 살던 사람들은 죽었다. 그들은 다른 사람들이 그들의 꿈속에서 걸터앉을 의자가 된다. 거리 한복판에 수레바퀴가 하나 있다. 그 수레바퀴의 바퀴통에 교수대가 설치되어 있다. 이미 죽은 사람들은 필사적으로 그 교수대에 기어오르고 있다. 그러나 수레바퀴는 너무 빨리 돈다……

나는 온전한 정신을 되찾기 위해 뭔가가 필요했다. 어젯밤에 나는 그것을 발견했다―파피니이다. 나에게는 그가 국수주의자인가, 변변치 않은 기독교 신자인가, 아니면 근시안적인 현학가(街學家)인가는 문제가 되지 않는다. 하나의 실패로서 보아도 그는 멋있다…….

파피니가 읽은 책―더욱이 열여덟 살 때에―은 호머나 단테, 괴테뿐만이 아니다. 아리스토텔레스와 플라톤, 에픽테토스뿐만이 아니다. 라블레나 세르반테스, 스위프트뿐만이 아니다. 월트 휘트먼, 에드거 앨런 포, 보들레르, 비용, 카르두치, 만초니, 로페 드 베가뿐만이 아니다. 니체, 쇼펜하우어, 칸트, 헤겔, 다윈, 스펜서, 헉슬리뿐만이 아니다—그뿐만 아니라, 그 사이에 쓸데없는 자질구레한 책들까지 읽었다. 이는 18쪽에 씌어 있다. 232쪽에 이르면 마침내 파피니는 쓰러져 참회를 한다. 나는 아무것도 모른다고, 그는 스스로 깨닫는다. 나는 표제를 알고 있다. 나는 서지(書誌)를 편찬했다. 나는 비평적인 에세이를 썼다…… 나는 적대시당하고 모욕을 당했다…… 나는 5분이든 닷새든 이야기할 수 있다. 하지만 그 다음에 나는 기진맥진하여 녹초가 되어 버렸다.

이 뒤를 이어—'누구나 나를 만나고 싶어한다. 누구나 나와 이야기를 하고 싶다고 강요한다. 사람들은 나를 괴롭히고, 또 내가 무엇을 하고 있느냐고 물음으로 남을 괴롭힌다. 그는 어떻게 지내고 있는가? 그는 건강을 완전히 회복했는가? 그는 지금도 시골로 산책을 나가는가? 그가 일을 하고 있는가? 그가 저술을 마쳤는가? 그는 곧 다음 책을 펴내는 일에 착수하는가?'

'어느 깡마른 원숭이 같은 독일인이 자기 작품을 내가 번역해 주기를 바라고 있다. 짐승 같은 눈을 한 러시아 아가씨가 자기를 위해 내 생활에 대한 글을 쓰라고 한다. 미국의 한 부인은 나의 최근 소식을 듣고 싶어한다. 미국의 한 신사는 나를 만찬에 데려가려고 승용차를 보내온다—긴히 들려줄 비밀 이야기가 있다면서. 10년 전에 학교 다닐 때의 친구였던 사나이가, 내가 원고를 쓰자마자 모두 읽어달라고 한다. 화가 친구는 약속한 시각에 내가 그를 위해 포즈를 취해 주리라고 기대하고 있다. 어느 신문 기자는 내 지금 주소를 알고 싶어한다. 알고 지내는 어느 신비주의자는 내 영혼의 상태에 대해 묻는다. 훨씬 더 현실적인 한 사나이는 내 주머니 사정을 궁금해한다. 클럽 회장은 내가 소년들을 위해 연설할 의향이 있는지 없는지를 걱정한다! 심령학적 경향이 있는 어느 숙녀는 내가 되도록 자주 그녀의 집에 차를 마시러 오기를 바란다. 그녀는 예수 그리스도에 대한 내 의견을 듣고 싶어하고, 또—내가 그 새로운 영매(靈媒)를 어떻게 생각하는가를……'

'위대한 신이여! 나는 어떤 존재가 되었는가? 너희는 무슨 권리로 내 생활을 소란하게 만들고, 내 시간을 훔치고, 내 영혼을 탐색하고, 내 사상을 흡수하며, 나를 너희 친구나 비밀스러운 고백 상대, 정보국 따위로 만드는가? 나를 무엇이라고 생각하는가? 나는 매일 밤 너희의 얼빠진 얼굴 앞에서 지적인 희극을 연출하도록 요구당하는 고용된 연예인인가? 나는 너희 같은 게으름뱅이 앞에서 기어다니고, 너희 발밑에 내가 하는 일과 알고 있는 일을 모두 진열해 보이기 위해 고용되어 임금을 받는 노예인가? 나는 매음굴의 첫 번째 손님으로 온 말쑥한 신사의 요구에 따라, 치마를 걷어올리고 속치마를 벗는 창녀인가?'

'나는 영웅적인 삶을 살며, 내가 바라보는 세상을 좀더 참을 수 있을 만한 곳으로 만들려는 인간이다. 만일 일시적인 나약함과 이완 또는 필요성 때문에, 내가 축적한 증기—언어화를 거치면서 약간 냉각된 '뜨거운 울분'의 일부—를 뿜어낸다면, 또한 정열적인 꿈이 심상에 에워싸여 결박된다면⋯⋯ 그때는 그것을 취하거나 버리도록 하라⋯⋯ 하지만 나를 방해하지는 마라!'

'나는 자유인이다—그러므로 나는 내 자유를 원한다. 나는 고독을 원한다. 혼자서 조용히 나의 치욕과 절망에 대해 사색하기를 원한다. 나는 함께하는 이 없이, 대화하는 일 없이 햇볕을 받으며 거리를 걸어가기를 원한다. 스스로를 마주하고 내 마음의 음악만을 길동무 삼아. 너희는 나에게 무엇을 바라는가? 나는 뭔가 하고 싶은 말이 있으면 그것을 인쇄해 둔다. 나는 뭔가 건네주고 싶은 게 있으면 그것을 준다. 너희의 탐욕스러운 호기심은 내 속을 뒤집어놓을 뿐이다! 너희의 아첨하는 말은 내게 굴욕감을 준다. 너희의 차(茶)는 내게는 독약이 된다! 나는 누구에게도 빚을 지지 않았다. 나는 신에 대해서만 책임을 진다—만일 신이 존재한다면!'

파피니가 고독해지고 싶은 욕구를 말할 때, 사소한 것이지만 나는 무엇인가를 간과하고 있다는 생각이 든다. 인간이 가난하고 실의에 빠져 있으면 고독해지기란 어려운 일이 아니다. 예술가는 언제나 고독하다—만일 그가 진짜 예술가라면. 아니, 예술가가 원하는 것이 바로 고독인 것이다.

예술가, 나는 나 자신을 이렇게 부른다. 그러니까 그렇게 되면 좋은 것이다. 오늘 오후에는 정말 상쾌한 선잠을 잤다. 마치 척추 사이에 벨벳이라도 집어넣은 기분이다. 사흘 정도는 갈 듯한 상념을 낳았다. 힘을 잔뜩 축적하고 있지만, 아무 데도 사용하지 않는다. 잠시 산책하기로 한다. 거리에서 생각이 바뀐다. 영화를 보러 가기로 한다. 영화를 보러 갈 수 없다—몇 수 모자란다. 그래서 산책한다. 영화관 앞을 지날 때마다 그림 광고판을 보고, 요금표를 들여다본다. 이 아편굴 같은 영화관은 정말 싸다. 그래도 나는 2, 3수가 모자란다. 시간이 이렇게 늦지만 않았어도 집으로 되돌아가 빈 병이라도 주고 돈을 마련할 텐데.

아멜리 거리까지 왔을 때에는 영화 생각을 완전히 잊고 있었다. 아멜리 거리는 내가 좋아하는 거리 가운데 하나이다. 다행히도 시 당국이 포장하기를 잊은 곳이다. 커다란 돌멩이가 길바닥에 잔뜩 깔려 있다. 기다랗고 좁은 한 구역뿐인 곳이다. 프레티 호텔이 여기에 있다. 아멜리 거리에는 작은 교회당도 있다. 공화국 대통령과 그의 가족들을 위해 특별히 만들어진 것처럼 보인다. 때로는 검소하고 작은 교회당을 구경하는 것도 괜찮다. 파리에는 거창하게 꾸며놓은 대사원이 너무 많다.

알렉산더 3세 다리. 다리 부근의 널따란 빈터, 음산한 벌거숭이 길이 철구조물에 의해 수학적으로 고정되어 있다. 불구가 된 부상병들의 음울한 기운이 반구형지붕으로부터 솟아올라 광장 옆의 도로로 넘쳐나오고 있다. 시(詩)의 시체를 안치해 둔 곳. 사람들은 지금 그를, 그 위대한 전사를, 유럽의 마지막 큰 인물을, 그들이 지금 바라는 곳에 안치해 두었다. 그는 화강암 침대에서 깊이 잠들어 있다. 그의 공포는 무덤 속에서는 몸을 뒤척이지 않는다. 문은 견고하게 닫혀 있다. 덮개가 단단히 덮여 있다. 잠들라, 나폴레옹이여! 그들이 원한 것은 그대의 사상이 아니었다―그대의 유해일 뿐이었다!

강물은 여전히 불어나고 있고, 흙탕물이며 빛의 얼룩을 띠고 있다. 이 어둡고 빠르게 흘러가는 강물을 볼 때 내 속에서 솟아오르는 게 무엇인지는 알 수 없지만, 어떤 커다란 흥분이 나를 끌어올리며, 결코 이 땅을 떠나지 않으리라는 마음속 깊은 희망을 긍정하게 만든다. 나는 며칠 전 아침에 아메리칸 익스프레스로 가면서 이 길을 지나간 것을 떠올린다. 그때 나는 편지나 수표, 전보 따위가 하나도 도착해 있지 않으리라는 것을 미리 알고 있었다. 라파예트 백화점 쪽에서 온 짐수레가 다리를 건너간다.

비가 멎자 비누 모양의 구름을 뚫고 나온 태양이, 빗물에 젖어 반짝이는 지붕의 기와에 차가운 빛을 뿌리고 있다. 나는 지금, 그 짐수레를 끄는 사나이가 몸을 내밀고 강 상류 쪽인 파시 방면을 바라보던 것을 생각한다.

매우 건강하고 단순하고 긍정적인 눈빛이었으며, 마치 "아아, 봄이 오는구나!" 하고 혼잣말하는 듯했다. 신은 알고 있다—파리에 봄이 오면 이 세상의 가장 비천한 생물조차도 천국에 살고 있는 듯한 기분이 들 것임을.

 하지만 그뿐만이 아니었다—이 정경에 눈길을 보낸 그의 친근감. 그것은 '그의' 파리였다. 이처럼 파리를 느끼기 위해서는 부자일 필요가 없다. 시민일 필요조차도 없다. 파리에는 가난한 사람이 너무 많다—이전에 이 땅 위에서 가장 뽐내며 걸어다니던 가장 더러운 많은 거지들…… 난 그렇게 생각한다. 하지만 그들은 마치 고향에라도 있는 듯한 착각을 일으킨다. 파리 사람들과 다른 대도시 시민들을 구별하는 것은 바로 이러한 점이다.

 뉴욕을 생각하면 매우 다른 느낌을 받는다. 뉴욕은 부자들에게도 자신이 별 볼 일 없는 존재라는 느낌을 갖게 만든다. 뉴욕은 차갑고, 휘황하며, 심술궂다. 건물이 지배하고 있는 것이다. 거기서는 이루고 있는 활동에 대한 일종의 원자적(原子的)인 착란이 생긴다. 정신없이 발걸음을 재촉하면 재촉할수록 더욱더 기운을 잃는다. 끊임없이 들끓고 있지만, 그것은 시험관 속에서 일어나는 일과 같다. 아무도 이것이 어떻게 된 일인가를 알지 못한다. 아무도 이 에너지를 지휘하지 않는다. 방대하고, 괴이하면서도 위대하다. 손을 쓸 도리가 없다. 거대한 창조적 박력, 하지만 철저한 불균형.

 내가 태어나 자란 이 도시, 휘트먼이 노래한 이 맨해튼 거리를 생각하면, 뜨겁고 맹목적인 분노가 치밀어 오른다. 뉴욕! 그 흰 감옥! 구더기가 들끓는 보도, 빵가게 앞에 줄지어 늘어선 사람들, 궁전 같은 아편굴, 거기에 있는 유대인, 문둥이, 암살단 그리고 무엇보다도 그 권태로움, 단조로운 얼굴, 거리, 다리, 집, 마천루, 식사, 포스터, 직업, 범죄, 그리고 연애—도시 전체가 허무의 동굴 위에 세워져 있는 것이다. 무의미하다. 절대적으로 무의미하다. 그리고 42번가! 세계의 정점—그들은 이렇게 부른다. 그러면 세계의 바닥은 어디인가? 당신은 손을 내밀고 거리를 걸어다닐 수 있다. 하지만 사람들은 당신의 모자에 쇠 찌꺼기를 집어던지리라. 부자든 가난뱅이든 간에 사람들은 목뼈가 부러질 만큼 고개를 젖히고 아름다운 흰 감옥을 올려다보면서 걸어가고 있다. 그들은 눈먼 거위처럼 거리를 걷는다. 탐조등이 그들의 공허한 얼굴에 황홀한 얼룩을 그린다.

'인생이란 그 사람이 온종일 생각하고 있는 바로 그것이다.' 에머슨은 말했다. 만일 그렇다면 내 인생은 커다란 창자일 뿐, 이 밖에는 아무것도 아니다. 나는 종일 먹을 것만 생각하고 있을 뿐 아니라, 밤에도 음식에 관한 꿈을 꾼다.

하지만 나는 미국으로 돌려보내 달라고 부탁하지는 않는다. 다시금 부부가 맞벌이를 하며 허덕거리는 생활을 하고 싶진 않다. 차라리 나는 유럽의 빈민이 되는 쪽을 택한다. 신은 알고 있다, 나는 충분히 가난하다. 내게는 단지 한 사나이라는 것밖에는 남아 있지 않다. 지난주에는 생계 문제가 대충 해결되었다고 생각했다. 내 힘으로 살 수 있을 듯했다. 우연히 한 러시아인과 마주쳤다—이름은 세르주라고 한다. 그는 쉬렌에 살고 있는데, 거기에는 망명한 이민자나 영락한 예술가들의 식민지가 있다. 혁명 전의 세르주는 근위대 대위였다. 신을 신은 키가 6피트 3인치나 되며, 물고기처럼 보드카를 마신다. 그의 아버지는 제독 비슷한 신분으로, 포툠킨 전함을 탔었다고 한다.

나는 조금 이상한 상황 속에서 세르주와 만났다. 음식 냄새를 찾아, 어느 날 정오 무렵에 나는 폴리 베르제르 음악홀 근처에 서 있는 자신을 발견했다—그 뒤쪽 막다른 곳에 철문이 있는 좁은 골목길에 서 있었던 것이다. 나는 아무 무용수나 우연히 스쳐 지나갔으면 하는 막연한 기대감을 안고, 분장실 입구 주변에서 우물거리고 있었다. 그러자 덮개 없는 트럭 한 대가 보도 옆에 멈춰 섰다. 양손을 주머니에 집어넣고 서 있는 나를 보자, 운전사는—이 사람이 세르주이다—내게 철제 통을 끌어 내리는 일을 거들어줄 수 없겠냐고 말했다. 내가 미국인이고 빈털터리임을 알게 되자 그는 눈물이 날 만큼 기뻐했다. 이야기를 들어보니 그는 이전부터 영어 교사를 찾고 있었다는 것이다.

나는 극장 안으로 살충제 통을 굴려보내는 일을 거들어 주고, 무용수들이 주변을 폴짝거리며 뛰어다니는 것을 실컷 구경했다. 이 사건은 나에게는 기묘한 관계로 발전해갔다—빈집, 날개 속에서 춤추고 있는 톱밥 인형, 살균제 통, 전함 포툠킨—특히 세르주의 훌륭한 인품. 그는 몸집이 크고 얌전한 사나이로서, 머리끝에서 발끝까지 두말할 나위 없는 남자지만, 여자의 마음을 갖고 있었다.

  근처의 카페—예술가들의 카페—에서 그는 곧장 내게 숙식을 제공하겠다고 말했다. 복도 바닥에 짚을 넣어서 만든 요를 깔아 주겠다는 것이다. 영어 교습의 사례로는 매일 식사를 제공하겠다고 했다. 러시아식의 양 많은 식사를. 그리고 만일 어떤 이유로 식사가 나오지 않을 경우에는 5프랑을 내겠다고 했다. 나는 아주 잘됐다고 생각했다—기가 막힌다. 단 한 가지 문제는 어떻게 쉬렌에서부터 아메리칸 익스프레스까지 매일 다니냐는 것이다.

  세르주는 당장 시작하자고 재촉한다—저녁때에 쉬렌까지 타고 올 전차 값을 주겠다고 말했다. 나는 저녁을 먹기 조금 전에, 세르주에게 영어를 가르쳐 주기 위해 휴대용 배낭을 둘러메고 도착했다. 몇몇 손님이 이미 와 있었다—그들은 언제나 모여서 식사를 하며, 아무나 끼어들곤 하는 모양이다.

  8명이 식탁을 둘러싸고 앉았고, 개도 세 마리 끼어 있다. 개들이 먼저 먹었다. 개들은 오트밀을 먹었다. 그리고 사람이 먹기 시작했다. 우리도 오트밀을 먹었다—오르되브르(수프 전에 나오는 가벼운 요리)인 셈이다. "우리 집에서는" 세르주가 눈을 반짝이면서 말한다. "이것은 개가 먹는 거요, 이 오트밀 말이오. 이제부터는 신사들 차례요. 자, 들어요." 오트밀 다음에는 버섯 수프와 채소가 나오고, 그 다음에는 베이컨 오믈렛, 과일, 붉은 포도주, 보드카, 커피, 담배가 이어졌다. 러시아 요리는 나쁘지 않다. 모두들 입에 음식을 잔뜩 집어넣으면서 이야기를 했다. 식사가 끝나가자 세르주의 아내—그녀는 방종한 아르메니아 여자인데—가 소파에 털썩 주저앉아 사탕을 깨물어 먹었다. 굵은 손가락으로 깡통 속을 더듬어 작은 알맹이를 끄집어내어 속에 즙이 있는지 씹어보고는, 바닥에 앉아 있는 개에게 던져 주는 것이다.

  식사가 끝나자 손님들은 앞다투어 나가 버렸다. 마치 흑사병을 두려워하는 것처럼, 성급하게 뛰쳐나가는 것이다. 세르주와 나는 개들과 함께 거기에 남았다—아내는 소파 위에서 잠들어 버렸다. 세르주는 아랑곳하지 않고 개에게 음식 찌꺼기를 그러모아 주었다.

"개들은 아주 좋아해요." 세르주는 말했다. "개에게는 이게 훌륭한 진수성찬이죠. 그 강아지에겐 벌레가 있어요…… 아직 많이 어려요." 그는 몸을 웅크리고, 개의 앞발 사이에 있는 흰 벌레를 살펴보았다. 그리고 그 벌레를 영어로 설명하려 했지만, 그러기엔 어휘가 모자랐다. 결국 그는 사전을 펼쳤다. "오오" 세르주는 흥분하여 나를 바라보면서 말했다. "tap-worms(촌충)이오!" 나의 반응은 분명히 시원찮았다. 세르주는 당황했다. 그는 더 자세히 살펴보기 위해 손과 무릎을 바닥에 댔다. 한 마리를 집어 들어 식탁 위의 과일 옆에 내려놓았다. "음, 별로 크지 않은걸." 그가 불만스러운 듯이 말한다. "다음에는 벌레에 관해 가르쳐 줘요. 당신은 좋은 선생이오. 당신한테서 배우면 능숙해질 거요."

복도 바닥에서 짚을 넣어 만든 요를 깔고 잠을 자려니까, 살균제 냄새 때문에 속이 메슥거린다. 지독하게 매운 냄새가 모든 털구멍으로 침입하는 것 같다. 음식들이 차례로 머리에 떠오른다—오트밀, 버섯, 베이컨, 구운 사과. 작은 촌충이 과일 옆에 놓여 있는 게 보이고, 개의 질병을 설명하기 위해 세르주가 식탁보에 그려 보인 온갖 벌레들이 보인다. 폴리 베르제르 음악홀의 텅 빈 관람석이 보이고 그 틈새란 틈새에 빈대와 이, 벼룩이 있는 것이 보인다. 사람들이 미치광이처럼 몸을 긁고, 피가 날 때까지 긁어대는 게 보인다. 벌레들이 불개미 떼처럼 사방을 기어다니며 온갖 것을 남김없이 먹어 치우는 게 보인다. 코러스걸이 얇은 의상을 벗어 버리고 알몸으로 통로를 지나가는 게 보인다. 관람석에 있던 관객들도 옷을 벗어 버리고 원숭이처럼 저마다 몸을 긁어대는 게 보인다.

나는 마음을 가라앉혀 본다. 결국 여기가 내가 발견한 집이며, 식사가 매일 나를 기다려 주는 곳이다. 게다가 세르주는 좋은 사람이다. 그 점은 의심할 여지가 없다. 그러나 나는 잠을 이룰 수가 없다. 시체 안치소에서 잠을 자는 것이나 마찬가지이다. 짚을 넣어서 만든 요에는 시체 방부제가 뿌려져 있다. 이것은 벼룩과 이와 빈대와 촌충의 시체 안치소이다. 이래서는 내가 견딜 수 없다. 견디고 싶지 않다! 어쨌든 나는 인간이다. 이가 아니다.

이튿날 아침에 나는 트럭에 짐을 싣기 위해 세르주를 기다렸다. 파리로 데려다 달라고 부탁했다. 여기를 떠나는 것을 그에게 알리고 싶지는 않았다.

몇 가지 소지품이 들어 있는 휴대용 배낭은 두고 가기로 했다. 페레르 광장에 도착하자 뛰어내렸다. 여기서 내린 특별한 이유는 없었다. 무슨 일에도 특별한 이유는 없다. 나는 자유다―그것이 중요한 점이다……

참새처럼 가볍게 나는 거리를 돌아다닌다. 마치 감옥에서 풀려난 것 같다. 나는 세계를 새로운 눈으로 바라본다. 모든 일이 매우 흥미롭다. 아무리 하찮은 일일지라도. 포부르 푸아소니에르 거리에 있는 어느 체육시설 창문 앞에서 나는 멈춰 선다. 남성의 '앞과 뒤'의 표본 사진이 걸려 있다. 모두 프랑스인이다. 안경을 끼거나 턱수염만을 기른 나체 사진도 있다. 왜 이들이 아령이나 평행봉 따위에 열중하는지 이해할 수 없다. 프랑스인은 샤를뤼 남작처럼 좀더 배가 나와야 할 것이다. 턱수염을 기르거나 안경을 끼는 것은 상관없지만, 벌거숭이인 채로 사진을 찍을 것까지는 없다. 프랑스인이라면, 번쩍이는 가죽장화를 신고 양복 저고리의 윗주머니 밖으로 흰 손수건을 4분의 3인치쯤 드러나 보이게 하고 있어야 한다. 되도록이면 양복 옷깃의 단춧구멍에 붉은 리본도 꽂아야 한다. 잠을 잘 때는 파자마를 입어야 한다.

해질녘에 클리시 광장 쪽으로 가서, 밤마다 고몽 궁전 반대쪽에 서 있는 의족을 단 창녀 앞을 지나갔다. 어느 날 가까이서 보니, 그녀는 열여덟 살이 넘은 것 같지도 않았다. 아마도 단골손님을 기다리고 있는가 보다. 자정이 지나면, 그녀는 검은 옷을 입고 그 자리에 뿌리 내린 것처럼 서 있다. 그녀 뒤쪽에는 지옥처럼 등불이 타오르고 있는 작은 골목이 있다. 지금 대수롭지 않게 지나치며 바라보니, 그녀는 말뚝에 매여 있는 거위를 떠올리게 했다. 간이 안 좋은 거위, 그래서 세상에 푸아그라(강제로 사료를 먹여 비대해진 간을 재료로 만든 요리)라는 게 존재하는 것이다. 그 의족과 함께 침대에 들어가면 틀림없이 기묘한 느낌이 들 것이다. 온갖 상상을 하겠지―불쏘시개라든가 그 밖의 여러 가지를. 하지만 오이를 거꾸로 먹어도 제 멋이다!

부인들의 거리를 내려오면서 나는 페코버와 마주쳤다. 이 사람도 '종이' 위에서 벌어먹고 사는 불쌍한 사나이 가운데 하나이다. 그는 밤에 서너 시간밖에 잠을 잘 수 없다고 불평을 한다―치과에서 일하기 때문에 아침 8시에 일어나야 하는 것이다. 그 일을 하는 것은 돈 때문이 아니라고 그는 설명한다―의치를 해 놓고 싶기 때문이다. "졸려 꾸벅거리면서 교정쇄를 읽으려니 괴롭다"고 그는 말한다. "마누라는 내 일이 편한 줄 알아요. 당신이 일자리를 잃으면 우리는 어떡하느냐는 소리나 하죠." 하지만 페코버는 일에는 통 관심이 없다. 그의 일은 그에게 돈을 사용하는 것조차 허용하지 않는다.

페코버는 담배꽁초를 모아두었다가 파이프에 꽂아 피워야 한다. 윗옷은 여기저기 해진 데를 핀으로 고정시켜 놓았다. 그의 입에서는 악취가 풍기며, 손에서는 땀이 난다. 그리고 밤에는 세 시간밖에 잠을 자지 못한다. "사람이 할 짓이 아니다"라고 그는 말한다. "그리고 나를 고용한 사람은, 내가 쌍반점 하나만 빠뜨려도 덮어놓고 야단을 칩니다." 아내 얘기가 나오자 그는 이렇게 덧붙였다. "내 마누라는 감사하는 마음을 전혀 갖지 않아요, 털어놓고 이야기하자면 말이에요!"

헤어질 때에 나는 페코버를 졸라 겨우 1프랑 50상팀을 얻어냈다. 50상팀을 더 뜯으려 했지만 그건 무리였다. 아무튼 이제 커피 한 잔과 크루아상(초승달 모양의 빵) 값은 마련되었다. 생라자르 역 부근에 싸구려 바가 있다.

운수가 좋은 날은 좋은 일이 덩달아 일어나는 법이다. 나는 화장실에서 음악회 입장권을 발견했다. 깃털처럼 가벼운 마음으로 나는 신바람이 나서 가보홀로 나갔다. 안내인은 내가 모르는 체하고 팁을 한 푼도 주지 않자 몹시 낙담했다. 내 옆을 지나갈 때마다 그는 내가 갑자기 팁 줄 생각을 떠올리기를 기대하는지, 의미심장하게 내 얼굴을 바라보았다.

훌륭한 옷차림을 한 사람들과 자리를 같이하는 게 오랜만이어서 나는 좀 당황했다. 나의 코는 또 포름알데히드 냄새를 맡았다. 아마도 세르주가 여기에도 배달하고 있는가 보다. 하지만 고맙게도, 몸을 긁고 있는 사람은 눈에 띄지 않는다. 은은한 향수 냄새…… 정말 은은하게 풍겨온다. 음악이 시작되기 전부터 사람들의 얼굴에는 지루한 듯한 표정이 엿보인다. 스스로 부과한 고문(拷問)의 예의바른 형식—음악회. 지휘자가 작은 막대를 흔들 때 순간적으로 정신을 집중하는 긴장된 경련이 일어나지만, 이내 전체적으로 분위기가 느슨해지며, 오케스트라로부터 발산되는 착실하고 방해받는 일 없는 '가랑비'에 의해 온화하고 식물적인 안식이 찾아온다.

내 마음은 이상하게 민감하다. 마치 두개골 속에 수없이 많은 거울이 설치되어 있는 것 같다. 너무 긴장하여 신경이 잔뜩 곤두서 있다. 음악은 백만 개의 분수 위에서 춤추는 유리알과도 같다. 나는 이토록 허기진 상태로 음악회에 와본 적이 없다. 어떤 소리든 나는 빠뜨리지 않고 다 듣고 있다—작은 바늘 한 개가 떨어지는 소리마저도. 마치 나는 몸에 실 한 오라기도 걸치지 않았으며, 털구멍 하나하나가 창문이고, 그 창문들을 모두 열어젖혀서 햇빛이 배 속으로 쏟아져 들어오는 듯한 느낌이었다. 그 빛이 내 갈비뼈의 둥근 천장 아래서 굴절되고, 갈비뼈는 음향이 메아리치는 공허한 본당을 덮고 있음을 나는 잘 알 수 있다.

이러한 상태가 얼마나 계속될지 나는 짐작이 가지 않는다. 나는 시간과 공간의 감각을 모조리 잃어버린다. 영원할 것처럼 여겨지는 게 끝난 뒤에, 내 속에 커다란 호수가 있다고 느낄 만큼 냉담한 정적에 의해 보완된 반(半)의식 상태가 잠깐 계속된다. 그것은 젤리처럼 서늘하고 찬연한 빛깔로 채색된 호수이며, 지금 이 호수 위에 거대한 나선형을 그리며 수많은 새 떼가, 날씬하고 기다란 다리와 화려한 깃털을 지닌 멋진 철새 무리가 나타난다. 새들이 잇따라 거울처럼 차갑고 고요한 호수면으로부터 날아올라 내 쇄골 아래를 지나서 흰 바닷속으로 사라져 버린다. 이윽고 천천히, 아주 천천히, 흰 차양이 달린 모자를 쓴 늙은 여인이 내 몸 주위를 걷는 것처럼 천천히 털구멍 창문이 닫히며, 내 내장은 저마다 제자리로 돌아간다. 갑자기 등불이 환하게 타오르면서, 하얀 칸막이 좌석에 앉은 터키인 장교 같아 보였던 사나이가, 실은 머리에 꽃병을 이고 있는 여자였음을 알아챈다.

사람들이 웅성거리고, 기침을 참고 있던 이들이 일제히 마음껏 기침을 한다. 발을 질질 끌거나 자리를 옮기는 소리, 목적도 없이 몸을 움직이거나, 프로그램을 펼치고 읽어보는 체하다가 바닥에 떨어뜨리고는 발로 의자 밑을 더듬거리는 등 사람들은 끊임없이 소란스러운 소리를 낸다. 그리고 아무리 쓸모없는 움직임이라도, 자기가 대체 무엇을 생각하고 있는지를 스스로에게 묻고 싶은 마음을 방해해 주기만 하면, 그 움직임에 감사하는 것이다―그들은 지금 자신들이 무엇을 생각하고 있는가를 알면 머리가 돌아 버릴 게 틀림없다. 강렬한 전등 불빛 속에서, 그들은 공허하게 서로의 얼굴을 바라본다. 서로 바라보는 그 시선 속에서 무언가 기묘한 긴장감이 어려 있다. 그리고 지휘자가 또다시 막대를 흔들면 사람들은 다시금 경직 상태로 되돌아간다―무의식적으로 몸을 긁거나, 아니면 갑자기 어느 쇼윈도에 진열되어 있던 스카프나 모자 따위를 떠올린다. 그들은 그 진열장을 구석구석까지 깜짝 놀랄 만큼 선명하게 생각해 내지만, 그것이 어디에 있었는가는 또렷이 기억해낼 수 없다.

이러한 점이 그들의 마음을 불안하게 하고, 침착성을 잃게 만들며, 졸음을 쫓아내 버린다. 그래서 지금 그들은 새삼스레 주의력을 집중시켜 음악에 귀를 기울인다. 왜냐하면 그들의 졸음이 달아나 버려서, 아무리 훌륭한 음악이라도, 그 쇼윈도와 거기에 진열되어 있던 스카프나 모자 따위를 의식하지 않도록 만들어 주지는 않기 때문이다.

그리고 이 강렬한 주의력은 다른 데로 전달된다. 오케스트라마저 감전된 것처럼 묘하게 민감해진다. 두 번째 곡이 팽이처럼 폭발한다―박자가 너무 빨라서, 갑자기 음악이 끝나고 전등이 켜지면 청중 가운데는 당근처럼 좌석에 꽂힌 채로 있는 사람도 있다. 턱이 경련을 일으키듯이 움직이며, 만일 별안간 그들의 귀에 대고 "브람스, 베토벤, 멘델레예프, 헤르체고비나" 하고 외치면, 아마도 그들은 아무 생각 없이 대답할 것이다―4, 857, 289.

드뷔시의 곡까지 진행된 무렵에는 분위기가 아주 혼탁해졌다. 나는 자신이, 내가 만일 여자였다면 성교할 때 어떤 기분이 들까, 쾌감은 여자 쪽이 더 민감할까…… 따위의 생각을 하고 있음을 알아챈다. 살에 무엇이 꽂히는 것을 상상해 본다. 그러나 어렴풋한 고통밖에 연상되지 않는다. 나는 주의력을 집중시키려 하지만 음악은 미끄럽게 빠져나가 잡히지 않는다. 나는 꽃병 한 개가 천천히 빙빙 돌면서, 그 무늬가 공간으로 흩어져 가는 것밖에 생각할 수 없다. 마지막에는 돌고 있는 빛만 남아서, 왜 빛이 빙빙 도는가 하고 나는 자문한다.

옆자리의 사나이는 깊이 잠들어 있다. 불룩 나온 아랫배나 뾰족한 콧수염으로 보아 이 사나이는 중개인 모양이다. 이러한 모습의 사나이를 나는 좋아한다. 특히 그 커다란 아랫배와 이 배를 만들기 위해 처넣은 모든 것이 좋다. 이 사나이는 왜 이렇게 잠을 잘 잘까? 음악이 듣고 싶으면, 이 사나이는 언제든 입장권 요금쯤은 마련할 수 있을 것이다. 내가 보기에는, 좋은 옷차림을 한 사람들일수록 잠을 잘 자는 듯하다. 부자는 태평스런 양심을 갖고 있다. 가난한 사람은 겨우 2, 3초만 꾸벅거리며 졸아도 몹시 후회한다. 작곡자에게 죄를 지은 듯한 망상에 사로잡힌다.

스페인 곡이 연주되자 장내에 긴장감이 감돈다. 모두들 의자에 반듯한 자세로 앉아 있다―북소리가 그들의 잠을 깨운 것이다. 북이 울리기 시작하자, 나는 그 소리가 영원히 울려 퍼질 것만 같았다. 사람들이 관람석에서 굴러떨어지거나 모자를 집어 던지곤 하는 광경을 볼 수 있으리라고 생각했다. 그 곡에는 뭔가 영웅적인 데가 있으며, 그—라벨은 마음만 먹으면 우리를 광기로 몰아갈 수 있었을지도 모른다. 하지만 그것은 라벨이 아니다. 갑자기 뚝 그쳐 버렸다. 마치 어릿광대가 한창 익살을 부리다가 자기가 모닝코트를 입고 있는 것을 생각해 낸 것처럼. 그는 스스로를 억누른 것이다. 나의 빈약한 의견을 말하자면, 이는 엄청난 실패이다. 예술은 갈 데까지 감으로써 성립한다. 만일 북소리로 시작한다면, 마지막에는 다이너마이트나 고성능 폭탄으로 끝나야 한다. 라벨은 형식을 위해, 사람들이 잠들기 전에 소화시켜야 할 채소를 위해 무언가를 희생시킨 것이다.

내 생각은 널리 퍼져간다. 북소리가 그친 뒤로 음악이 내게서 멀어져간다. 장내 사람들은 모두 질서 정연히 앉아 있다. 출구 등불 밑에서 한 베르테르가 절망에 잠겨 있다. 두 손으로 턱을 괴고 몸을 움츠린 채 눈물을 글썽이고 있다. 문 근처에는 커다란 망토를 두른 스페인 사람이 테두리가 넓은 모자를 손에 들고 서 있다. 마치 로댕의 '발자크' 같은 모습이다. 목 윗부분은 버펄로 빌(미국 서부 개척사의 전설적 인물)을 연상시킨다. 내 맞은편 건너쪽 관람석 맨 앞줄에 가랑이를 크게 벌리고 앉아 있는 여자가, 목이 빠진 것처럼 고개를 뒤로 잔뜩 젖히고 있다. 빨간 모자를 쓴 여자는 난간에 기대어 졸고 있다—만일 기관지에서 피가 솟아나오기라도 하면 멋있을 텐데! 만일 안에 입은 빳빳하게 풀을 먹인 셔츠 위로 별안간 피를 한 양동이나 쏟아낸다면, 저 천한 얼간이들이 셔츠 가슴께에 피를 묻히고 집으로 돌아가는 광경을 상상해 보라.

졸음이 으뜸음이 되었다. 이미 아무도 듣고 있지 않다. 생각하거나 들을 수 없다. 아무리 음악 자체가 꿈에 지나지 않는다 하더라도, 꿈꾸기란 불가능하다. 흰 장갑을 낀 여자는 무릎 위에 백조 한 마리를 껴안고 있다—전설에 따르면, 레다(제우스가 백조 모습을 하고 그녀와 사랑을 나누었음)는 쌍둥이를 낳았다. 모든 사람은 누구나 무엇인가를 낳고 있다—위층에 있는 동성애자 여자는 얘기가 다르지만 말이다. 그녀는 고개를 젖히고 목을 크게 벌리고 있다. 그녀는 민감 자체이다. 라듐 교향곡으로부터 작열하는 불꽃 세례 때문에 신경이 곤두서 있다. 주피터가 그녀의 귀를 관통하고 있다. 캘리포니아에서 온 단신(短信), 커다란 지느러미를 가진 고래, 잔지바르, 스페인 궁전. '과달키비르 강을 따라가면 천 개의 회교 사원이 몽롱하게 떠오른다.' 빙산 속 깊은 곳…… 라일락꽃 향기가 피어오르는 나날. 백마를 매어두는 말뚝이 두 개 있는 머니 스트리트, 괴물 석상…… 야보르스키의 말도 안 되는 생각을 지닌 사나이…… 강물의 등불…… 그…….

미국에서 나는 인도인 친구들을 많이 갖고 있었다. 어떤 이는 착한 사람이었고, 어떤 이는 나쁜 사람이었다. 어떤 이는 그 어느 쪽도 아니었다. 우연히 나는 다행히도 그들을 도울 수 있는 입장이 되었다. 나는 그들을 위해 일자리를 마련해 주고, 숨겨주고, 필요하면 먹을거리 걱정까지 해 주었다. 그들은 진심으로 고마워했다. 너무 고마워하는 바람에, 실은 내 생활은 그들의 정성어린 마음 때문에 비참해졌다. 두 명의 인도인은, 성인(聖人)이란 어떤 존재인가를 내가 알고 있다면 그들이 바로 성인이었다. 어느 날 아침, 목이 일자형으로 베인 상태로 발견된 굽테라는 이름의 사나이는 특히 그랬다. 어느 날 아침, 그는 그리니치빌리지(미국 맨해튼 남부에 있는 예술가 거주지역)에 있는 작은 하숙집의 침대 속에서 알몸인 채로 플루트를 옆에 놓아둔 채, 지금 말한 것처럼 한일자로 베인 목에서 피를 내뿜으며 죽어 있는 모습으로 발견되었다. 피살되었는지 자살했는지 끝까지 알 수 없었다. 그러나 그 점은 어떻든 상관없다…….

나는 나를 마지막으로 나난타티의 집으로 데리고 갔던 일련의 사정을 돌이키고 있는 것이다. 며칠 전에 셀 거리의 초라한 호텔 방에 누워 있을 때까지, 나난타티의 일을 까맣게 잊고 있었다는 사실이 정말 이상하다. 나는 그 방의 철제 침대 위에 누워, 내 존재가 완전히 사라져 버렸다는 생각을 하고 있었다. 정말 기막히게 무능하고, 기막히게 무력하다―그 순간, 그 말이 튀어나온 것이다. 노넨티티(NONENTITY!)―이것이 바로 우리가 뉴욕에서 그를 부르던 이름이었다―노넨티티, 있지만 없는 것이나 마찬가지인 존재. 미스터 '노넨티티(무용지물).'

나는 지금 그가 뉴욕에 있을 때에 자랑하던 호화로운 호텔의 옆방 바닥 위에 누워 있다. 나난타티는 '착한 사마리아인'을 연기하고 있다. 그가 거친 모포 두 장―말의 털로 만들어진 모포인데―을 내게 주었기 때문에, 나는 먼지투성이 바닥 위에서 그 모포를 뒤집어쓰고 있었다. 온종일 쓸모없는 일들이 기다리고 있다—만일 내가 집 안에 틀어박혀 있을 만큼 어리석은 인간이었다면 말이다. 오전에는 그가 점심에 먹을 채소를 준비하라고 나를 거칠게 깨운다. 양파, 마늘, 누에콩 등. 그의 친구 케피가, 그가 만든 식사 따위는 먹지 말라고 내게 충고한다—그가 만든 식사는 맛이 없다고 한다. 그러나 맛이 있든 없든 어떻다는 말인가? 식사! 문제는 그게 식사라는 점이다. 얼마 안 되는 식사를 얻기 위해 나는 기꺼이 부러진 빗자루로 그의 융단을 쓸고, 그의 옷을 빨고, 그가 식사를 끝내면 곧바로 바닥에 떨어진 빵조각 따위를 쓸어낸다. 나난타티는 내가 온 뒤로 완전히 깨끗해졌다. 이제는 어디든 한 군데도 남기지 않고 먼지를 털어내야만 했다. 의자도 일정한 형태로 가지런히 정돈되어 있어야 한다. 괘종시계는 땡땡 울려야 하며, 변소에는 물이 제대로 나와야 한다……

만일 그러한 종류의 인간이 있다면, 녀석이 바로 편집광 같은 인도인이다! 그리고 강낭콩처럼 인색하다. 녀석의 무서운 손아귀에서 벗어나면 껄껄거리며 녀석을 한바탕 비웃어 주겠지만, 지금은 매여 있는 몸이다. 신분(카스트)이 없는 인간, 곧 불가촉천민인 것이다……

만일 내가 밤중에 무심코 돌아와 말 털로 짠 모포를 뒤집어쓰고 누워 있으면, 녀석이 나를 바라보며 말한다. "아니, 자네 아직도 살아 있었나. 죽은 줄 알았는데." 그리고 지금 내가 무일푼임을 알고 있는 주제에, 매일처럼 이웃에 싼 방이 나왔다는 따위의 이야기를 하는 것이다. "나는 아직 방을 얻을 처지가 못 되네. 자네도 알고 있을 텐데." 나는 말한다. 그러면 그는 중국인처럼 눈을 가늘게 뜨고 시치미를 떼면서 대답한다. "오, 그렇지, 자네에게 돈이 없다는 걸 잊고 있었네. 아무래도 나는 건망증이 심한가 봐, 앙드레…… 그러나 전신환이 오면…… 모나가 돈을 보내 주면 나와 함께 방을 얻으러 갈 수 있잖아, 그렇지?" 그리고 뒤이어, 얼마든지 여기에 머물러 있으라고 권하는 것이다—"6개월이든…… 7개월이든, 앙드레…… 자네는 내게 무척 잘해 주니까."

나난타티는 미국에서 내가 아무 일도 해 주지 않은 인도인 가운데 한 명이다. 그는 내게, 파리의 라파예트 거리에 있는 호화로운 방을 빌려쓰고 있고, 뭄바이에 별장과 다르질링(인도의도시)에 산장을 갖고 있는 부유한 진주 상인이라고 자신을 소개했다. 나는 처음 보았을 때부터 그가 조금 모자라는 녀석임을 알았지만, 모자라는 인간은 때로는 재산을 만드는 천재일 수 있는 것이다. 나는 그가 뉴욕에서 호텔 숙박료로 커다란 진주 2개를 지배인에게 주고 떠났다는 이야기를 알지 못했던 것이다.

그 땅딸보 오리는 이전에 흑단 지팡이를 짚으며 뉴욕의 호텔 휴게실을 활보하고, 보이들을 혹사시키며, 방문객의 점심 식사를 주문하고, 짐꾼을 자기 방에 불러 극장표를 사오게 하며, 택시를 온종일 전세 내곤 했는데—주머니에 돈이라곤 한 푼도 없으면서 이러한 일을 해낸 것을, 지금 생각하면 나는 유쾌해 견딜 수 없다. 단지 목에 걸친 큼직한 진주 목걸이를 갖고 있었을 뿐이며, 시간이 지남에 따라 이를 한 알씩 현금으로 바꿔간 것이다. 그리고 그가 언제나 내 등을 두드리며, 인도 청년들에게 친절히 대해 준다고 고마워할 때의 얼간이 같은 모습이 생각난다—"모두 영리한 사람들뿐이야, 앙드레…… 정말 현명해!" 그리고 이름이 뭐라고 하는 어느 착한 신이 내 친절에 보답해줄 것이 틀림없다고 덧붙였다. 그 현명한 인도 청년들에게, 5달러 지폐 한 장을 나난타티에게서 빌리면 어떻겠는가 하고 내가 떠보았을 때, 그들이 언제나 낄낄거리며 웃고 있던 이유도 이로써 설명이 되는 셈이다.

어느 착한 신이 지금 이렇게 선행의 보상을 내게 안겨 주고 있다니 실로 유쾌하다. 나는 지금 이 뚱뚱한 오리의 노예일 뿐이다. 나는 아침부터 밤까지 그에게 혹사당하고 있다. 나는 이 집에서 자네를 필요로 하고 있어—나난타티는 나를 마주 보고 이렇게 말한다. 그는 변소에 들어가면 큰 소리로 외친다—"앙드레, 주전자에 물을 가득 담아가지고 오라고. 몸을 닦아야 하니까." 이 나난타티라는 녀석은 휴지를 사용할 줄 모르는 것이다. 휴지를 사용하는 일이, 틀림없이 녀석의 종교에 위배되는 모양이다. 그렇다, 녀석은 주전자의 물과 수건을 가져오라고 명령하는 것이다. 이 뚱뚱보 오리 선생은 꽤 우아하다. 이따금 내가 장미 이파리를 띄운 차를 마시고 있을 때면 옆으로 다가와, 코앞에서 요란하게 방귀를 뀌곤 한다. 절대 "실례했다"고 말하지 않는다. 녀석의 구자라트어 사전에는 이 말이 없는 모양이다.

내가 나난타티의 아파트에 처음 온 날, 그는 마침 목욕재계를 하고 있는 중이었다. 즉 더러운 대야 위에 우뚝 서서, 목 뒤로 뒤틀린 팔을 돌리고 있었다. 대야 옆에는 물을 가는 데 사용하는 커다란 놋쇠 그릇이 놓여 있었다. 나난타티는 이 의식을 하는 동안 잠자코 있어 달라고 요구했다. 나는 명령한

대로 잠자코 거기에 걸터앉아, 그가 노래하고 기도를 하며 이따금 대야 속에 침을 뱉는 것을 구경하고 있었다. 뉴욕에서 그가 자랑하던 멋진 방, 두 개가 하나로 이어진 방이 바로 이 방이었군! 라파예트 거리! 뉴욕에 있던 때에는 굉장히 멋있는 거리인 줄 알았다. 나는 그 거리에 백만장자나 진주 상인밖에 살지 않는다고 생각했다.

라파예트 거리라고 하면, 대서양 반대쪽에서는 아주 훌륭한 거리인 것처럼 들린다. 여기에 있으면, 5번가와 다름이 없음을 알게 된다. 이 멋진 거리에 얼마나 지독한 물웅덩이가 있는지 아무도 상상할 수 없을 것이다. 아무튼 이렇게 해서 나는 마침내 라파예트 거리의 호화로운 아파트에 들어와 앉아 있는 것이다. 그리고 이 팔이 뒤틀린 미치광이 오리는 지금 목욕 의식을 올리고 있다. 내가 앉아 있는 의자는 부서졌으며 침대도 엉망이고, 벽지는 낡아빠져 너덜거리고, 침대 밑에는 열어젖힌 여행 가방 속에 더러운 세탁물이 잔뜩 담겨 있다. 내가 앉아 있는 곳에서 아래쪽의 비참한 안마당이 내려다보이는데, 거기서는 라파예트 거리의 귀족들이 느긋하게 주저앉아 점토 파이프로 담배를 피우고 있다. 그가 축사를 외고 있는 동안, 나는 다르질링에 있다는 산장은 과연 어떤 모양을 하고 있을까 하고 생각했다. 축사와 기도는 끝없이 계속된다.

나난타티의 설명에 따르면, 그는 일정한 규칙에 따라 몸을 씻을 의무가 있다고 한다―그의 종교가 그것을 요구한다는 것이다. 하지만 일요일에는 주석으로 만들어진 목욕통에 들어가 목욕을 한다―'위대한 존재'인 하느님이 눈을 깜박이며 이를 기꺼이 받아들인다고 나난타티는 말한다. 옷을 입고 나면 이번에는 찬장 앞으로 가서, 밑에서 세 번째 장에 안치된 작은 우상 앞에 무릎을 꿇고 중얼중얼 기도를 올린다. 이처럼 매일 기도를 올리기만 하면, 재앙이 물러가고 안온하게 지낼 수 있다고 한다. 위에서 말한 그 착한 신은 절대로 유순한 하인을 잊어버리는 일이 없다고 한다. 그리고 나난타티는 그 뒤틀린 팔을 내게 보여 주며, 이는 분명히 자신이 노래와 춤을 바치는 제사를 소홀히 한 날에 교통사고를 당해 다친 것이라고 설명한다. 그 팔은 망가진 컴퍼스처럼 보인다. 그것은 이미 팔이 아니라, 막대기를 붙인 마디뼈에 지나지 않는다. 팔을 치료한 뒤로, 그의 겨드랑이 밑에는 한 쌍의 부풀어오른 선(腺)이 발달했다―개의 고환처럼 둥글고 작은 선이다. 자신의 불행을 개탄하고 있는 동안에, 문득 그는 의사로부터 좀더 영양이 풍부한 식사를 하도록 권유받은 것을 생각해낸다.

나난타티는 별안간 나에게 그 자리에서, 생선과 고기가 많이 들어간 식단을 만들어 달라고 부탁한다. "굴은 어때, 앙드레—이 가엾은 형제를 위해." 그러나 이건 모두 나에게 거드름을 피우기 위한 것이다. 그는 굴을—고기와 생선도 살 생각이 전혀 없다. 적어도 내가 여기 있는 동안은. 당분간 우리는 콩과 쌀, 그가 다락방에 저장해 둔 마른 식품 따위만을 먹게 될 것이다. 그가 지난주에 사들인 버터도 결코 낭비하는 일이 없다. 그가 버터를 구울 때의 악취는 정말 견디기 어렵다. 처음에 나는 나난타티가 버터를 굽기 시작하면 달아나고 싶었었다. 그러나 지금은 그런 대로 견뎌내고 있다. 아마도 나난타티는 내가 먹은 것을 토해내도 싱글대며 기뻐할 것이다. 요컨대 그것은 바짝 말라비틀어진 빵과 곰팡이가 핀 치즈, 그리고 쉰 우유와 부패한 버터를 사용하여 그가 직접 만드는 작은 튀김 과자 따위와 함께 찬장 속에 보관하는 것이다.

지난 5년 동안 나난타티는 손가락 하나 까딱하지 않았기 때문에 돈이라곤 한 푼도 벌어들이지 못한 모양이다. 장사가 완전히 실패하고 만 것이다. 그는 나에게 인도양의 진주 이야기를 한다—평생 먹고 살 수 있을 만큼 둥글고 큰 진주가 있다고 한다. 아라비아인이 우리의 장사를 망쳐 놓는다고 그는 말한다.

하지만 이렇게 말하면서도 나난타티는 매일 주요한 신들에게 기도를 올리며, 그 덕분에 재앙을 막고 무사한 나날을 보내고 있는 것이다. 이 신에게 그는 무척 환심을 사고 있는 모양이며, 이 신에게 아첨하여 몇 수의 돈을 후무리는 방법을 터득하고 있는 모양이다. 이는 순수하게 상업적인 관계이다. 그 찬장 앞에서 횡설수설 늘어놓는 대가로, 겨드랑이 밑의 부풀어오른 고환은 물론이고 매일 먹는 콩과 마늘 따위를 배급받고 있는 것이다. 결국은 모든 일이 잘 되리라고 나난타티는 믿고 있다. 진주는 언젠가 또다시 팔려나갈 것이다. 지금부터 5년 뒤가 될지 20년 뒤가 될지는 알 수 없지만—주신(主神)인 부마룸의 마음이 움직일 때에.

"그리고 장사가 잘 되면, 이봐, 앙드레, 편지를 써 준 사례로 자네에게 10퍼센트를 주겠네. 하지만 먼저, 인도에서 돈을 빌릴 수 있을지의 여부를 확인하는 편지를 써 주어야겠어. 회답이 오려면 6개월은 걸릴 거야, 아니면 7개월…… 인도 선박은 더디니까." 이 오리 친구는 시간관념이 전혀 없다. 잠을 잘 잤느냐고 물으면 그는 이렇게 말할 것이다—"아, 잘 자고말고, 앙드레…… 나는 때로는 사흘 동안 92시간이나 잠을 잔다고."

나난타티는 대개 아침에는 기운이 없어 아무 일도 하지 못한다. 그 팔! 가엾게도 망가진 컴퍼스처럼 보이는 팔! 나는 그가 목 뒤쪽에서 그 팔을 돌려대고 있는 것을 보면, 과연 본디 위치로 다시 가져올 수 있을까 걱정스러울 때가 있다. 만일 그 작은 배(腹)가 없었다면, 나는 그를 보고 메드라노 서커스의 곡예사를 떠올렸을 것이다. 나난타티에게 필요한 것은 한쪽 다리를 부러뜨리는 일뿐이다. 내가 바닥을 쓸고 있는 것을 보면—먼지가 구름처럼 이는 것을 보면, 그는 난쟁이처럼 목을 울려 댄다. "좋아! 아주 좋아! 앙드레! 그럼 이번에는 내가 이삭을 조금 주워볼까."

이는 내가 미처 쓸어 내지 못한 쓰레기가 조금 남아 있다는 뜻이다. 비꼬는 말이 되지만, 나를 정중하게 대우하는 그의 방법인 것이다.

오후에는 언제나 진주 장사를 하는 친구 두세 명이 훌쩍 나난타티를 찾아온다. 그들은 모두 유순한 암토끼 같은 눈을 하고, 아주 조용하고 끈질긴 어조로 이야기한다. 탁자를 에워싸고 요란하게 후루룩거리며 향기로운 차를 마신다. 그러면 나난타티는 깜짝상자(뚜껑을 열면 무엇이 튀어나와 깜짝 놀라게 하는 장난감 상자)의 인형처럼 깡충깡충 뛰거나, 바닥의 빵부스러기를 가리키며 부드러운 목소리로 "미안하지만 앙드레, 저걸 주워 주지 않겠나" 하고 말하곤 한다. 손님이 오면 그는 미끄러지듯이 찬장으로 달려가, 구운 지 일주일쯤 지났을 곰팡내가 나고 나무쪽 같은 맛이 나는 말라비틀어진 빵조각을 꺼낸다. 작은 조각 하나라도 버리는 일이 없다. 만일 빵 맛이 너무 시면 나난타티는 그것을 아래층의, 그의 말에 따르면 매우 친절하게 대해 주는 여자 수위에게로 가져간다. 그의 말로는, 이 여자 수위는 곰팡이가 슨 빵을 주면 아주 기뻐한다고 한다—그것으로 빵 푸딩을 만든다고 한다.

어느 날 친구인 아나톨이 나를 만나러 왔다. 나난타티는 기뻐했다. 차를 마시고 가라고 아나톨에게 자꾸 권했다. 그 튀김 과자와 곰팡내 나는 빵을 먹고 가라고 한사코 강요하는 것이다. "매일 들러요." 그는 말한다. "그리고 내게 러시아어를 가르쳐 줘요. 아름다운 말이야, 러시아어는…… 나는 러시아 말을 사용하고 싶어요. 그걸 뭐라고 하더라, 앙드레—보르시(러시아식 수프)인가? 좀 적어 주지 않겠나, 앙드레……." 그러면 나는 그것을 타이프로 쳐야 한다. 동시에 이렇게 하면 그가 나의 기량도 알 수 있을 것이다. 나난타티는 다친 팔을 치료한 뒤에 타자기를 샀다. 의사가 좋은 운동이 된다고 권한 것이다. 그런데 그는 얼마 지나자 타자기에 싫증이 났다. 그것이 영문 타자기였기 때문이다.

아나톨이 만돌린을 켠다는 이야기를 듣자 나난타티는 말했다. "잘 됐군! 이봐요, 꼭 매일 찾아와서 내게 음악을 가르쳐 줘요. 사업이 잘 풀리면 곧바로 만돌린을 사겠어요. 내 팔을 위해서도 좋다고요." 이튿날 그는 여자 수위로부터 축음기를 빌렸다. "앙드레, 내게 춤을 가르쳐 주지 않겠나. 배가 나오고 있다고." 나는 언젠가 나난타티가 티본스테이크를 사 주리라고 기대하고 있으므로, 그때는 그에게 이렇게 말해 주려고 생각하고 있다―"미스터 노넨티티(무용지물), 나를 위해 이것을 씹어 주지 않겠소, 나는 이가 튼튼하지 않으니까!"

방금 말한 것처럼, 내가 온 뒤로 나난타티는 잔소리가 아주 많아졌다. "어제 자네는 세 가지 잘못을 저질렀어, 앙드레." 그는 말한다. "첫째, 자네는 변소 문을 닫는 일을 잊어 버렸어. 그래서 밤새도록 문이 덜컹거렸지. 둘째, 자네는 부엌 창문은 열어젖힌 채로 내버려 두었어. 아침에 보니 창문에 금이 갔더군. 그리고 자네는 우유병을 밖에 내놓는 걸 잊어 버렸어! 제발 잠들기 전에 반드시 우유병을 밖에 내놓으라고. 그리고 아침에는 반드시 빵을 방에 들여놓고."

매일 그의 친구인 케피가, 인도에서 누가 찾아오지 않았는지 알아보려고 온다. 그는 나난타티가 방에서 나가는 것을 확인하고는, 찬장으로 달려가 유리병에 감춰둔 빵을 먹어치운다. 맛 없다고 하면서도 마치 쥐처럼 먹어치우는 것이다. 케피는 기생충이다. 가장 가난한 자기 나라 사람의 피부도 가리지 않고 달라붙어 피를 빨아먹는 인간 '진드기'와 같은 녀석이다. 케피의 입장에서 보면, 자기 나라 사람은 모두 나보브(귀족)인 것이다. 필터가 달리지 않는 마닐라 담배 한 개비나 술 한 잔 마실 푼돈을 마련하기 위해, 그는 아무 인도인의 엉덩이에서나 피를 빨아댈 것이다. 다만 인도인의 엉덩이다. 혼동해서는 안 된다. 영국인의 엉덩이가 아니다.

케피는 온 파리의 창녀 집 번지수와 그 값을 훤히 꿰고 있다. 10프랑짜리 싸구려 창녀 집에서도 그는 약간의 수수료를 받는다. 또 케피는 어디든 당신이 가고자 하는 곳으로 이어지는 가장 가까운 지름길을 알고 있다. 그는 먼저 택시로 갈 것이냐고 당신에게 물을 것이다. 당신이 아니라고 대답하면 그는 버스를 타도록 권할 것이다. 그래도 요금이 비싸다고 하면, 전차나 지하철을 이용하도록 권할 것이다. 아니면 걸어가서 1프랑이나 2프랑을 절약하는 편이 낫지 않으냐고 말할 것이다. 그리고 반드시 도중에 담배 가게가 하나 있으니까, 제발 나에게 여송연을 한 개비 사달라고 말할 것이다.

케피는 재미있는 데도 있다. 매일 반드시 여자를 한 차례 껴안는 일 말고는 절대로 아무런 야심도 없는 인간이기 때문이다. 한 푼이라도 돈이 손에 들어오면—으레 푼돈이기 마련이지만—댄스홀에서 탕진해 버린다. 뭄바이에 아내 하나와 자식이 8명 있지만 그러한 점은 조금도 아랑곳하지 않고, 그의 유혹에 넘어올 만큼 어리석고 선량한 여종업원에게 결혼을 신청한다. 케피는 콩도르세 거리에 있는 월세 60프랑짜리 방을 세 내어 쓰고 있다. 그 방의 벽지는 모두 그가 직접 바른 것이다. 그는 그 점을 무척 자랑으로 여기고 있다. 케피는 만년필에 가장 잘 어울린다며 보라색 잉크를 사용한다. 스스로 구두를 닦고, 스스로 바지를 다리고, 스스로 빨래를 한다. 작은 여송연 한 개비, 또는 상대에 따라 필터가 달리지 않은 담배 한 개비를 얻어 피우려고 온 파리를 모시고 따라다닌다.

만일 당신이 지나가다가 셔츠 한 장이나 색깔 단추 한 개라도 눈여겨보면, 케피의 눈이 반짝인다. "여기서 사면 안 됩니다." 그가 말할 것이다. "이 가게는 비싸요. 내가 더 값이 싼 가게를 가르쳐 드리죠." 그리고 당신이 생각할 틈도 주지 않고 그는 똑같은 넥타이와 셔츠, 색깔 단추를 파는 다른 가게의 진열창 앞으로 당신을 끌고 갈 것이다—어쩌면 그곳은 똑같은 가게일지도 모른다! 하지만 당신은 어디가 다른지 알 수 없다. 당신이 무엇을 사고 싶다고 말하면, 케피의 영혼은 활기를 띤다. 그는 당신에게 질문을 잔뜩 퍼부으며 여기저기 끌고 다닌다. 당신은 아무래도 목이 말라 무엇을 마시고 싶다고 말하지 않을 수 없다. 그러면 그 순간 당신은 다시금 어느 담배 가게

—어쩌면 똑같은 담배 가게일 수도 있다—앞에 서 있는 자신을 발견하고 깜짝 놀랄 것이다.

그리고 케피는 또 그 매끄러운 목소리로 말하는 것이다. "미안하지만 내게 담배 한 개비만 사 주시지 않겠어요." 당신이 무슨 일을 하든, 뭐라고 말하든 간에—설령 저쪽 길모퉁이를 돌자고 하더라도—케피는 당신이 돈을 아껴 쓰도록 만들 것이다. 케피는 당신에게 가장 가까운 길과, 가장 값이 싼 가게, 가장 양이 많은 요리 등을 가르쳐 준다. 그러나 이는 당신이 무엇을 하든 반드시 어느 담배 가게 앞을 지나가기 때문이고, 또 혁명이 발발하든 파업이 일어나든 계엄령이 선포되든 간에, 케피는 음악이 시작될 무렵에는 물랭루주나 올랭피아나 앙주 루즈에 가 있어야만 하기 때문이다.

며칠 전에 케피는 읽으라며 책을 한 권 갖다 주었다. 어느 성인(聖人)과 어느 인도 신문 발행인 사이에 일어난 유명한 소송 사건에 관한 책이다. 그 신문은 성인이 추잡한 생활을 하고 있다며 공공연히 공격을 퍼붓고, 나아가 성인이 나쁜 병에 걸려 있다고까지 한 모양이다. 케피는 그 병이 프랑스 매독이 틀림없다고 말했지만, 나난타티는 일본의 임질이라고 단언했다. 나난타티에게 이야기가 옮아가면 무슨 일이든 다소 거창해지는 것이다.

아무튼 나난타티는 명랑하게 말한다. "앙드레, 미안하지만 그 책에 뭐라고 쓰여 있는지 가르쳐 주지 않겠나. 나는 책을 읽을 수 없어—손이 아파오거든." 그리고 나를 격려할 양으로 말한다—"이건 성교에 관해 아주 잘 쓴 책이야, 앙드레. 케피가 자네를 위해 가져온 거야. 그 친구는 여자들과 어울리는 일밖에 생각하지 않는 녀석이거든. 아무튼 매우 다양한 아가씨들과 자고 다니지.—마치 크리슈나신(神)처럼 말이야. 우리는 그러한 것은 믿지 않지만 말이야, 앙드레……"

그리고 얼마 뒤에 나난타티는 나를 위층의 다락방으로 안내했다. 거기에는 인도에서 온, 삼베나 폭죽종이로 포장한 깡통 같은 잡동사니들이 놓여 있었다. "나는 이곳으로 아가씨를 끌어들이지." 그는 말했다. 그리고 조금 슬픈 듯이 덧붙였다. "나는 그 방면은 서툴다네, 앙드레. 이제는 아가씨를 억지로 정복하지는 않아. 껴안아 주고, 이야기를 할 뿐이야. 지금은 이야기만 하는 것을 좋아하게 되었지." 더 들을 필요는 없다. 다친 팔 이야기를 할 것이 틀림없기 때문이다. 어깨 쪽의 이음매가 빠져서 팔을 침대 가에 늘어뜨린 채 자는 그의 모습이 눈에 선하다. 그러나 놀랍게도, 나난타티는 이렇게 말을 이었다. "나는 여자하고 자는 게 서툴다고, 앙드레. 원래 서툴러. 내 형은 능숙했지! 하루 세 번은 했어, 매일 말이야! 그리고 케피도. 그 녀석도 능숙해—마치 크리슈나신 같아."

'여자와 자는' 일이 지금 나난타티의 머리에서 떠나지 않고 있다. 그는 그가 매일 열어젖힌 찬장 앞에서 무릎을 꿇고 기도를 올리는 아래층의 작은 방으로 되돌아와, 그의 주머니에 아직 돈이 있고 아내와 아이들이 이곳에 있던 무렵의 일을 들려 주었다. 휴일에는 아내를 만국 회관으로 데리고 가서 방을 빌려 숙박하곤 했다. 모든 방이 저마다 다른 양식으로 되어 있었다. 아내는 그 점이 아주 마음에 들었다. "여자하고 자기에는 아주 멋진 집이야, 앙드레. 그곳의 방들을 나는 다 알고 있는데 말이야······."

나와 나난타티가 거실로 삼고 있는 작은 방의 벽에는 사진이 한 면 가득 붙어 있다. 나난타티의 가족 관계가 모조리 표시되어 있는 것이다. 마치 인도 제국의 단면도와 같다. 이 거대한 나무 모양의 계보에 속하는 사람들은 거의 모두가 '마른 잎'인 모양이다. 여자들은 허약하고 겁을 먹은 듯이 눈을 동그랗게 뜨고 있다. 남자들은 예리하고 지적인 얼굴을 하고 있어서 교양이 있는 침팬지와 닮았다. 전부 90명쯤 되는데, 그 사진이 모두 거기에 있다. 흰 소와 쇠똥, 여윈 다리, 구식 안경 따위도 거기에 있다. 배경에는 메마른 땅이나 부서져가는 박공(博供) 양식의 건물, 팔이 구부러진 우상(偶像), 인간 모양을 한 지네 같은 것이 이따금 언뜻 드러나 보인다.

이 화랑은 매우 공상적이고 조화롭지 못한 데가 있어, 이를 보는 사람은 아무래도 히말라야로부터 세일론(스리랑카) 끄트머리까지 이어져 있는 수많은 사원들, 짓눌릴 것처럼 아름답고 동시에 괴물처럼 기이하고 혼란스러운 건축의 거대한 형상들을 떠올리게 된다. 그 형상의 변화무쌍한 복잡성으로부터 발효되어 끓어오르는 생식력이 인도 자체의 토양마저 황폐화시켜 버렸다고 생각하게 만드는 그러한 종류의 기이함이며, 괴물적인 공포이다. 사원 앞에 무리지어 있는, 벌집을 쑤신 것처럼 웅성거리는 군중의 모습을 보고 있으면, 30세기 넘게 계속된 성적 포옹 속에 그들의 신비로운 흐름을 수용해 버린 이 피부가 검은 잘생긴 민족의 생활력에 누구나 압도당해 버리리라.

이 사진 속에서 찌르는 듯한 시선으로 바라보고 있는 나약한 남녀는, 이

나라에서 피를 섞고 융합된 여러 민족의 영웅적인 신화가 영원히 국민의 영혼과 뒤얽혀 있도록 만들기 위해, 인도 구석구석의 석탑과 벽화마다 그들의 모습을 새겨 넣은 그 번식력 왕성한 대중의, 여위어서 피골이 상접한 유령처럼 보인다. 그 돌들에 새겨진 아득한 몽상의 단편이나, 인간의 정액이 응고되어 만들어진 듯한 보석으로 장식된 이 거대하고 둔중한 건축물을 한 번 보기만 해도, 나는 저마다 다른 조상을 가진 5억 민중에게, 그들의 동경(憧憬)의 가장 포착하기 어려운 표현을 이처럼 형상화한 그 자유분방한 공상의 아찔한 웅대함에 압도당한다.

지금 나난타티가 아이를 낳은 뒤에 죽은 누이동생 이야기를 장황하게 늘어놓는 것을 듣고 있자니, 나는 뭐라고 설명하기 어려운 이상한 감정에 휩싸인다. 그녀의 모습도 벽에 걸려 있다. 가냘파 보이는 열두세 살짜리 소녀가, 겁에 질린 표정으로 늙은 남편의 팔에 매달려 있는 것이다. 열 살 때에 그녀는, 그때까지 이미 아내 다섯을 장사 지낸 이 늙은 호색한의 아내가 되었다. 그리고 아이를 일곱 낳았다. 그녀가 죽은 뒤에까지 살아남은 자식은 한 명뿐이다. 그녀는 일가붙이의 진주를 지키기 위해 이 늙은 고릴라에게 주어진 것이다. 저세상으로 갈 때—라고 나난타티는 말했다—그녀는 의사에게 속삭였다.

"나는 남편하고 하기가 싫어졌어요⋯⋯ 이제 하고 싶지 않아요, 선생님." 이 이야기를 내게 들려주면서, 나난타티는 기운 빠진 팔로 엄숙하게 머리를 긁었다.

"성교는 좋지 않아, 앙드레." 그는 말한다. "나는 자네가 언제나 행복해질 수 있는 말을 가르쳐 주겠네. 이 말을 매일 되풀이해 외는 거야. 몇 번이든⋯⋯ 백만 번이라도 외는 거야. 이는 모든 말 가운데 으뜸가는 말이야, 앙드레⋯⋯ 자아, 말해 봐⋯⋯ 우우마하루무마!"

"우우마라부⋯⋯."

"틀려, 앙드레⋯⋯ 이렇게 해봐⋯⋯ 우우마하루무마!"

"우우마마붐바⋯⋯."

"틀렸어, 앙드레⋯⋯ 이렇게⋯⋯."

⋯⋯이 어두컴컴한 불빛, 엉성한 인쇄, 너덜너덜해진 표지, 고르지 못한 페이지, 둔한 손가락, 폭스 트롯(사교춤의 한 가지)을 추는 벼룩, 늦잠꾸러기 이(虱),

이 사내의 혓바닥 위의 거품, 그의 눈에 고인 눈물, 결후 (結喉 : 목의 중간에 있는 방패 연골의 돌기), 컵에 담긴 음료, 손바닥의 가려움증, 바람의 울음소리, 숨결에 섞인 슬픔, 신경쇠약의 안개, 양심의 경련, 고조되는 노여움, 똥구멍으로부터의 분출, 식도(食道)의 불, '꼬리'의 간지러움, 녀석의 다락방의 쥐, 그 소음과 귀지 —아무튼 행진곡 하나를 몰래 외는 데 한 달이나 걸린 것을 보면, 그는 일주일에 단어 한 개 이상은 반드시 외려고 굳게 결심하고 있었던 것이다.

만일 운명이 간섭하지 않았다면 나는 언제까지나 나난타티의 손아귀에서 벗어나지 못했으리라고 생각한다. 어느 날 밤에—행운은 대개 그런 식으로 찾아오는 법이다—케피가 나에게 그의 손님 한 명을 창녀 집까지 안내해 달라고 부탁했다. 젊은 그 사내는 인도에서 온 지 얼마 안 되었고, 돈도 별로 많이 갖고 있지 않았다. 간디를 따르는 사람으로, 예의 소금 문제로 바다를 향해 역사적인 행진(영국이 인도에 소금세를 징수하자 이에 반발한 비폭력 저항운동)을 벌인 몇 안 되는 동료 가운데 한 명이다. 절제·금욕을 서약한 사람치고는 매우 명랑한 간디의 사도라고 해야 할 것이다. 분명히 그는 오랫동안 여자는 거들떠보지도 않은 듯하다. 나로서는 그를 라페리에르 거리까지 안내하는 게 고작이었다. 혀를 축 늘어뜨린 개와도 같은 사나이다. 게다가 정말 거만하고 세상 물정에 어두운 애송이다! 그는 코듀로이 양복에 베레모를 쓰고 등나무 지팡이를 짚고 원저타이(스카프식 타이)를 맨 모습으로 나타난 것이다. 만년필 2개와 코닥 카메라 1개, 그리고 멋진 속옷 몇 장을 이미 사 가지고 있었다. 그가 사용한 돈은 뭄바이의 상인들로부터 받아온 돈이다. 상인들은 간디의 복음을 선전하기 위해 그를 영국에 파견한 것이다.

미스 해밀턴의 가게에 들어서자마자 그는 냉정함을 잃고 말았다. 별안간 벌거숭이 여자들에게 둘러싸여 있음을 알아채자, 그는 깜짝 놀라 나를 바라보았다. "한 명을 골라요." 나는 말했다. "당신 마음에 드는 여자를 사면 돼요." 그는 너무나 당황하여 여자들을 똑바로 바라보지도 못했다. "당신이 대신 골라 주시겠어요?" 새빨개진 얼굴로 그는 내게 속삭였다.

나는 냉정히 여자들을 둘러보고, 깃털로 가득 찬 것처럼 통통하게 살이 찐 젊은 창녀를 골라냈다. 우리는 대기실에 앉아서 술이 나오기를 기다렸다. 마담이 왜 당신은 여자를 사지 않느냐고 내게 묻는다. "그래요, 당신도 한 명

골라요." 젊은 인도인이 말했다. "나는 저 여자와 단둘이 있고 싶지 않아요." 그래서 또 여자들이 불려왔다. 나는 내 상대를 골랐다. 우울해 보이는 눈에, 여위어 빠지고 키가 큰 여자이다. 그 대기실에 네 명만 남게 되었다. 조금 있으니, 나의 젊은 간디가 몸통을 기울이며 내 귀에 대고 뭐라고 속삭였다. "좋아요, 이 여자가 좋으면 그렇게 해요." 나는 그에게 말하고, 좀 망설이면서 그리고 꽤 부끄러워하면서 두 여자에게 교대로 번갈아 들어와 달라고 부탁했다. 나는 이내 실수를 저질렀다고 깨달았지만 그때는 이미 내 어린 친구가 신명나게 육욕에 몸을 맡긴 터라, 빨리 위층으로 올라가 일을 치르지 않고는 배길 수가 없었다.

우리는 방문을 통해 오갈 수 있는 이웃한 두 방을 잡았다. 내 젊은 친구는, 내가 보기에는 그 통렬한 굶주림을 충족시킨 뒤에, 한 번 더 여자를 갈아들이고 싶어진 모양이다. 아무튼 여자들이 준비를 하기 위해 방을 나가기가 무섭게 그가 방문을 두드리는 소리가 들렸다. "화장실은 어딥니까?" 그가 묻는다. 대수로운 일이 아니라고 생각하고, 나는 세척기에다 일을 보라고 권했다. 여자들이 수건을 들고 되돌아왔다. 옆방에서 그가 낄낄대며 웃는 소리가 들렸다.

내가 바지를 입고 있는데, 갑자기 옆방이 소란스러워졌다. 여자가 그에게 이 돼지 같은 녀석아, 더러운 돼지새끼야 하고 욕을 퍼붓고 있었다. 그가 무슨 짓을 했기에 이러한 소동이 벌어졌는지, 나로선 상상도 할 수가 없었다. 바지에 한쪽 다리를 집어넣은 채 나는 열심히 귀를 기울였다. 그는 영어로 여자에게 설명하려 하고 있었다. 목소리가 점점 높아지더니, 드디어 비명을 지르는 것처럼 들렸다.

방문이 홱 열리며, 마담이 내 방으로 뛰어 들어왔다. 얼굴이 붉은 순무처럼 새빨개져서는 팔을 마구 휘둘렀다. "당신은 참 지독한 짓을 하는군요." 마담이 날카로운 목소리로 외쳤다. "저런 자를 우리 집에 데리고 오다니. 저 녀석은 야만인이에요…… 돼지새끼예요…… 저 사나이는!" 내 젊은 친구는 그녀 뒤쪽의 방문께에 우뚝 서 있었다. 완전히 풀이 죽은 표정이다. "무슨 짓을 한 거요?" 나는 물어보았다.

"저 녀석이 무슨 짓을 했느냐고요?" 마담이 고래고래 악을 썼다. "보여 주죠…… 이리로 와 보세요!" 그리고 내 팔을 잡고 옆방으로 질질 끌고 갔다. "저것 봐요! 저거요!" 그녀는 세척기를 가리키며 소리를 질렀다.

"갑시다. 나갑시다." 인도 청년은 말한다.

"잠깐 기다려요. 누구 마음대로 나간다는 거죠?"

마담은 세척기 옆에 서서 기세등등하게 씩씩거리며 침을 뱉어댔다. 여자들도 손에 수건을 든 채 꼿꼿이 서 있다. 우리 다섯 사람은 거기에 우뚝 서서 세척기를 바라보았다. 물 속에 굵직하고 누런 덩어리 두 개가 둥둥 떠 있었다. 마담이 몸을 웅크려 그 위에 수건을 덮었다. "지독해요! 지독해!" 그녀는 푸념을 늘어놓았다. "이런 일은 처음이에요. 돼지예요, 정말로! 더러운 돼지새끼예요!"

인도 청년은 원망스러운 눈으로 나를 바라보았다.

"한 마디만 주의해 주셨으면 좋았는데!" 그는 말한다. "아래로 흘러내려 가지 않을 줄은 몰랐어요. 변소가 어디냐고 물었더니, 저걸 사용하라고 당신이 말하는 바람에." 그는 금방이라도 울음을 터뜨릴 것 같았다.

마침내 마담이 나를 한쪽으로 데리고 갔다. 겨우 기분이 조금 가라앉은 모양이다. 결국 그것은 실수이다. 아마도 이 손님들은 아래층으로 내려가 기꺼이 다시 술을 주문해 줄 것이다—여자들에게도 한턱 내겠지. 이 일은 여자들을 깜짝 놀라게 만든 사건이다. 아무리 그녀들이라도 이러한 일에는 익숙하지 않기 때문이다. 당신들은 훌륭한 신사이고 매우 다정하니까, 접대하러 나온 사람을 잊지는 않으시리라고 생각해요—접대하러 나온 여자치고는 별로 예쁘지 않군—이 얼간이 같은 창녀는. 이 지저분하고 어리석은 계집은. 마담은 어깨를 흔들며 윙크한다. 유감스러운 사건이에요. 하지만 나쁜 뜻이 있었던 것은 아니잖아요. 잠깐 여기서 기다리고 계시면, 곧 하녀에게 마실 것을 날라다 드리도록 하겠어요. 샴페인은 어때요? 좋으시죠?

"나는 나가고 싶어요." 인도 청년이 쭈뼛거리며 말한다.

"그 일로 너무 신경을 쓰지 말아 주세요." 마담이 말한다. "이미 끝난 일이잖아요. 실수는 흔히 있는 일인 걸요. 다음에는 화장실이 어디냐고 물어 주세요." 그녀는 화장실 이야기를 계속했다—층마다 하나씩 있는 모양이다. 그리고 목욕실까지 있다.

"우리 집에는 영국 손님들이 많이 오십니다." 그녀는 말한다. "모두 신사분들이세요. 이분은 인도 분이시죠. 매력적인 사람들이에요, 인도 분들은.

아주 총명하고 선량한 분들뿐이죠."

거리로 나오자 그 매력적인 젊은 신사는 금방 울음을 터뜨릴 것 같았다. 지금은 코듀로이 양복과 등나무 지팡이와 만년필을 산 것까지 후회하고 있었다. 그는 그가 실천한 여덟 가지 맹세와 맛있는 음식을 먹지 않는 일 등에 대해 이야기했다. 단디로 행진했을 때(소금행진)는 아이스크림 한 접시를 먹는 것조차도 금지되어 있었다고 한다. 간디의 물레 이야기며, 간디주의(主義)를 따르는 작은 단체가 얼마나 스승의 헌신적인 노력을 본받고 있는가를 이야기했다. 그가 스승과 나란히 길을 걸어가며 말을 주고받았을 때의 상황을 자랑스레 이야기했다. 덕분에 나는 12사도 가운데 한 사람 앞에 나와 있는 듯한 착각에 빠졌다.

그 뒤로 며칠 동안 우리는 자주 어울렸다. 신문 기자와의 인터뷰 계획을 짜거나, 파리에 거주하고 있는 인도인 상대로 강연 준비를 하곤 했다. 이 등뼈가 없는 악마들이 얼마나 서로를 짓누르려 하는가를 보면 기가 막힐 뿐이다. 이러한 실제적인 일에 있어서는 얼마나 야무지지 못한지, 역시 놀라울 뿐이다. 질투, 음모, 쩨쩨하고 더러우며 비뚤어진 근성. 힌두 사람 열 명이 모이면 인도의 온 종파나 분파, 민족, 언어, 종교, 정치의 대립이 한자리에 모인 셈이다. 간디 앞에서는 잠시나마 그들도 기적 같은 단결을 맛보고 있지만, 간디가 떠나가면 순식간에 단합된 모습이 무너지며, 인도인의 특징이라 할 수 있는 그 알력과 혼돈 속으로 완전히 빠져들고 마는 것이다.

그 젊은 인도의 신사는 물론 낙천주의자이다. 그는 미국에 가본 적이 있으며 미국인의 신통찮은 이상주의에 물들어 있었다. 어디에나 널려 있는 목욕통, 모든 물건이 10센트인 가게의 잡동사니들, 잡담, 능률, 기계, 높은 임금, 무료 도서관 따위에 물들어 버린 것이다. 그의 이상은 인도를 미국화하는 것이다. 그는 간디의 후퇴적 마니아(mania)에 조금도 만족하지 않았다. 마치 그는 YMCA 회원처럼 '전진하라'고 외치는 것이다. 그의 미국 강의를 듣고 있으면, 숙명의 방향을 돌려놓는 기적을 간디에게 기대하는 게 얼마나 어리석은 일인가를 알 수 있다. 인도의 적은 영국이 아니라 미국이다. 그리고 인도의 적은, 이 시대 정신이다. 이미 물러설 수 없는 상황이다. 온 세계에 독을 퍼뜨리고 있는 이 바이러스의 증식을 누구도 저지할 수 없을 것이다. 미국이야말로 바로 이 숙명의 화신이다. 미국은 온 세계를 지옥의 구렁텅이로 빠뜨릴 것이다.

　그는 미국인이 매우 속기 쉬운 국민이라고 생각하고 있다. 미국에서 그를 구제한 맹신적인 사람들에 대해 그는 이야기하였다—퀘이커 교도, 유니테리언 교도, 접신론자, 새로운 사상가, 재림파(派) 등에 대해. 이 영리한 청년은 어디로 배를 저어가야 할 것인가를 알고 있었다. 어디쯤에서 눈에 눈물을 글썽여야 하는가, 그때를 정확히 알고 있었다. 어떻게 모금에 응할 것인가, 목사 부인에게는 어떻게 호소할 것인가, 어머니와 딸을 동시에 설득하려면 어떻게 해야 좋은가 따위를 모두 정확히 알고 있었다. 그의 얼굴을 보면 사람들은 그를 성인(聖人)이라고 생각할 것이다. 확실히 그는 성인이다—현대적인 성인. 애정, 동포, 목욕통, 위생, 능률 등을 똑같은 입으로 이야기할 수 있는 미국 물이 든 성인이다.

　그는 파리에서의 마지막 밤을 '섹스'로 보내기도 했다. 그날은 종일 예정된 계획으로 꽉 세워져 있었다—회의, 전신(電信), 인터뷰, 신문의 사진 촬영, 인도에 충실한 사람들과의 송별회, 그들에게 주는 충고 따위. 만찬 때에 그는 고민을 해결하려고 결심한 모양이다. 식사와 함께 샴페인을 주문하고 종업원을 향해 손가락을 소리 나게 튕겼다. 대체로 이 사나이는 촌스러운 농부처럼 행동한다. 사실이 그렇지만 말이다. 그리고 지금까지는 고급 지역에서만 즐겼으니 더 싸구려인 데로 안내하라고 내게 말했다. 아주 싸구려인 데로 가서 한꺼번에 두세 여자를 상대하고 싶다는 것이다.

　나는 그를 데리고 샤펠 대로로 가면서, 지갑을 조심하라고 그에게 주의를 주었다. 오베르빌리에의 모퉁이를 돌아 싸구려 창녀 집으로 들어갔다. 들어가자마자 우리는 몇 명의 여자들과 뒹굴었다. 얼마 동안 그는 한 벌거벗은 여자를 껴안고 춤을 추었다. 턱에 주름이 잡힌 금발 여자이다. 그녀의 엉덩이가 온 방 안에 걸려 있는 거울에 비치는 것을, 나는 열 몇 번이나 보았다—그의 앙상하고 검은 손가락이 끈질기게 여자에게 달라붙었다. 식탁에는 맥주 컵들이 잔뜩 놓여 있었다. 자동 피아노 소리가 숨을 헐떡이면서 울려대고 있다. 할 일 없는 여자들은 가죽 소파에 얌전히 걸터앉아 태평스레 몸을 긁고 있다. 마치 침팬지 가족 같다. 주위에는 어떤 억눌린 폭력의 낌새가 가득 차 있었다. 억압된 포악한 공기가. 마치 뭔가 아주 미세하며, 미리 준비되어 있지도 않고 전혀 예상도 못한 매우 작은 어느 부분이 보완되기를 기다리느라 폭발이 지연되고 있는 느낌이었다.

　마침내 어떤 행사에 사람들을 참석시켜 놓고 전혀 모르는 체하는 듯한 거의 방심한 상태 속에서, 결여되어 있던 미세한 부분이 유리창에 낀 서리처럼 몽롱하면서도 강력하게 응고되어 괴이한 수정 형태를 드러내기 시작했다. 그리고 매우 기괴하고 자유분방하며 환상적인 도안처럼 보이지만 실은 아주 엄격한 법칙을 따르고 있는 이 서리의 무늬처럼, 내 속에서 형상화되기 시작한 이 감각 역시 저항할 수 없는 법칙에 복종하고 있는 듯했다. 나의 온 존재가, 일찍이 경험한 적도 없는 주위의 명령에 따르고 있는 것이다. 내가 나라고 부를 수 있는 것은 수축·응고되어, 말초신경을 조절하는 것이 고작인 진부하기 짝이 없는 평범한 육체의 한계로부터 점차 위축되어가는 듯했다.

　내 상처 부위의 핵(核)이 견고해지면 견고해질수록, 나를 죄어 대고 있던 현실, 그리고 지금 가까이 접촉할 수 있는 존재로 나타난 현실은 더욱 감미롭고 제멋대로 움직인다. 내가 더욱 금속적이 됨에 따라 내 눈앞의 광경도 팽창한다. 단 하나의 이질 분자, 그것도 현미경으로나 볼 수 있는 미세한 분자의 도입이 모든 것을 분쇄해 버리기 직전인 지금, 긴장 상태가 더없이 훌륭하게 몸을 조이고 있었다. 몇분의 1초 동안의, 간질병 환자만이 알 수 있다는 그 완전한 투명 상태를 나는 경험했다.

　그 순간 나는 완전히 시공(時空)의 환각을 잃었다. 세계는 축이 없는 자오선을 따라 일제히 그 드라마를 펼쳐나갔다. 살짝 손을 대기만 해도 발사되는 이 촉발 방아쇠와 같은 영원 속에서, 모든 것이 정당화되는 절대적인 정당성을 느꼈다. 나는 이 혼란스러운 분쇄와 파괴 뒤에 남겨진 내 안에서 투쟁이 벌어지고 있음을 느꼈다. 나는 시끄러운 비명 소리로 내일 모습을 나타내기 위해 여기서 들끓고 있는 죄악을 느꼈다. 절굿공이와 절구로 스스로를 파멸시키는 비참함을 느꼈다. 불결한 손수건 속에 물방울처럼 떨어지는 길고도 권태로운 비참함이다. 시간의 자오선 위에는, 부정(不正)이라곤 하나도 없다. 거기에는 오직 진실과 드라마의 환영을 만들어내는 운동의 시(詩)가 있을 뿐이다. 어떤 순간에 어디서든 절대자와 대결할 수가 있다면, 석가와 예수와 같은 사람들을 신성한 존재로 보이게 하는 그 위대한 동정심은 차갑게 식어 버리리라. 두려운 것은, 인간이 분뇨더미 속에서 장미를 창조해온 일이 아니라, 온갖 이유로 장미를 원하지 않을 수 없다는 점이다.

어떤 이유, 그리고 다른 여러 가지 이유 때문에 인간은 기적을 추구한다. 그것을 손에 넣기 위해 그는 핏속으로 들어간다. 그는 온갖 관념으로 스스로를 속인다. 자기 인생에서 단 1초 동안이라도 현실의 꺼림칙함에서 눈을 돌릴 수 있다면, 그는 덧없는 그림자에라도 기꺼이 매달릴 것이다. 그는 무슨 일이든 참고 견딘다—치욕, 빈곤, 전쟁, 죄악, 권태—날이 밝으면 어떤 일이, 기적이, 인생을 견뎌 낼 수 있게 만드는 기적이 일어나리라고 믿으면서—. 더욱이 그동안 마음속에서는 언제나 계량기가 돌아가고 있다. 그 안으로 손을 뻗어 잡을 수도 없고, 계량기를 끌 수도 없다. 줄곧 누군가가 생명의 빵을 먹고 포도주를 마시고 있다. 움막에 숨어 있는 더럽고 살찐 '바퀴벌레' 녀석이 배터지게 먹고 있는 것이다.

그런데도 한편, 등불이 환히 비추고 있는 거리 저쪽에서는 망령 같은 군중이 허기져 있고, 그들의 피는 물처럼 연하다. 더욱이 끝없는 고통과 비참으로부터 기적은 하나도 나타나지 않는다. 미미한 구원의 흔적조차 찾을 수 없다. 다만 관념이, 살육을 함으로써 살이 찌는 창백하고 말라비틀어진 관념이 있을 뿐이다. 쓸개즙처럼 분비되는 관념, 사체를 절개할 때에 튀어나오는 돼지 내장 같은 관념이 있을 뿐이다.

그리고 나는 사람들이 영원히 갈망하는 이러한 기적이, 이 충실한 간디의 제자가 세척기 속에 싼 그 두 개의 커다란 똥덩이에 지나지 않음을 알게 되었을 때, 대체 기적이란 무엇인가를 생각한다. 만일 우리 최후의 날에 향연이 준비되고 징소리가 울려 퍼질 때, 이때 뜻밖에도 아무런 경고도 없이 식탁에 오른 것이 은쟁반 하나이고, 그 위에 두 개의 커다란 똥덩이가—그 이상도 이하도 아님을 장님도 알 수 있는 똥덩이가 놓여 있다면 어떨까? 나는 믿는다, 이것이야말로 인간이 추구해 온 으뜸 가는 기적이라고. 그야말로 기적 같은 일이 아닌가. 왜냐하면 이제까지 몽상조차 할 수 없었던 일이기 때문이다. 이것이야말로 가장 자유분방한 꿈 이상의 기적이다. 왜냐하면 그 가능성 정도는 상상한 사람이 있다 하더라도, 거기까지 상상한 사람은 하나도 없고 또 앞으로도 있을 것 같지 않기 때문이다.

아무튼 어떤 일도 기대해서는 안 된다는 인식이 내게는 좋은 효과가 있었다. 몇 주일 몇 달 몇 해 동안, 아니 실제로 오늘날까지 평생, 나는 무슨 일이 일어나기를, 내 삶을 확 바꿔 줄 만한 사건이 바깥에서 일어나기를 기대해 왔다. 그런데 지금 갑자기 모든 일의 절대적인 절망에 눈뜸으로써 나는 겨우 구제받은 느낌이 들었다. 어깨를 짓누르던 거대한 짐이 사라진 느낌이었다. 새벽녘에 나는 방값 정도인 몇 프랑을 졸라서 얻어내고는 인도 청년과 헤어졌다. 몽파르나스를 향해 걸어가면서, 나는 물결치는 대로 몸을 맡기자, 어떤 모습으로 나타나든 간에 절대로 운명에 저항하지 않으리라고 다짐했다.

오늘날까지 내 신변에 일어난 일들 가운데 나를 파괴할 만한 것은 하나도 없었다. 내 환영밖에 아무것도 파괴하지 않았다. 나는 상처를 입지 않았다. 세상은 상처 입지 않았다. 내일 당장 혁명이나 전염병이나 지진이 일어날지도 모른다. 바로 내일, 동정과 구원, 성실을 추구할 수 있는 인간이 단 한 명도 남지 않을지도 모른다. 이미 커다란 재앙이 모습을 나타내고 있는 듯이 보인다. 지금 이 순간만큼, 내가 진정으로 고독한 때는 없으리라. 이제는 아무것에도 매달리지 않으리라고 나는 결심했다. 어떤 일도 기대하지 않으리라.

앞으로 나는 동물로서, 맹수로서, 부랑자로서, 약탈자로서 살아가자. 설령 선전 포고를 해올지라도, 그것은 내가 나가야 할 운명이다. 나는 총검을 들고 내찔러 주리라. 칼자루까지 들어가도록 푹 찔러 주리라. 강간이 그날의 명령이라면 얼마든지 강간하리라. 아주 맹렬하게. 지금 이 순간, 이 조용한 새날의 새벽에, 지상은 죄악과 고뇌 때문에 눈앞이 아찔해지지 않는가? 인간 본성의 단 한 가지도 변화시킬 수 없는가? 역사의 끊임없는 진행에 의해 본질적으로 토대부터 개조되지 않았는가? 이른바 인간 본성의 보다 나은 부분에 의해 인간은 배반당해 온 것이다. 그뿐이다. 정신적 존재의 극한까지 오면, 인간은 다시금 야만인처럼 벌거벗겨진 자기를 발견한다.

인간이 신(神)을 발견할 때, 말하자면 그는 깨끗이 쥐어뜯긴 것이다. 해골만 남은 것이다. 한 번 더 살을 얻기 위해 그는 인생 속으로 파고들어가야 한다. 언어는 살이 되어야 한다. 이리하여 영혼은 갈망한다. 어떤 쓰레기든 내 눈에 띄면, 나는 뛰어가서 그것을 걸신들린 사람처럼 먹는다. 살아가는 게 으뜸가는 것이라면, 설령 식인종이 될지라도 나는 살아갈 것이다. 지금까지 나는 내 귀중한 가죽을 보존하려고 애써 왔다. 뼈를 덮고 있는 약간의 살을 보존하려고 노력하여 왔다.

그러나 이제 지쳤다. 나는 인내의 극한에 도달해 버린 것이다. 벽에 부딪친다. 이제 한 발짝도 물러설 수 없다. 역사가 진행되는 한 나는 죽어 있다. 만일 저 너머에 무엇이 있다면 나는 단호히 물리쳐야 한다.

나는 신을 발견했다. 그러나 그것으로는 모자라다. 나는 단지 정신적으로 죽어 있을 뿐이다. 육체적으로 살아 있는 것이다. 도덕적으로는 자유롭다.

내가 지금 작별하고 온 세계는 우리에 갇힌 야수—구경거리로서의 야수—의 세계이다. 이제 새로운 세계가 열리고 있다. 날카로운 발톱을 지닌 여윈 정신이 배회하는 정글의 세계이다. 내가 하이에나라면, 여위어 피골이 상접하고 굶주린 하이에나이다. 나를 살찌우기 위해 나는 앞으로 나아간다.

1시 반에 나는 약속한 대로 반 노든을 방문했다. '만일 내가 대답하지 않으면 아직 누구하고, 아마 내 조지아 여자의 엉덩이라도 껴안고 자고 있는 줄 알아달라'고 그는 내게 주의를 준 적이 있다.

아무튼 반 노든은 따스한 침대 속에서 자고 있었다. 언제나처럼 피로하여 녹초가 되어 있는 모양이다. 그는 자신에게 욕을 퍼붓고 자기 직업과 인생을 저주하면서 잠에서 깨어난다. 진정으로 싫증을 느끼고 낙담하여, 하룻밤이 지났는데도 아직 자신이 죽지 않았다며 이를 분하게 여기면서 잠에서 깨어나는 것이다.

나는 창가에 걸터앉아 반 노든이 힘을 내도록 열심히 기운을 북돋아 주는데, 이는 꽤 까다로운 일이다. 이러쿵저러쿵 그를 어르고 달래며 일으켜 주어야 하기 때문이다. 언제나 아침이 되면—그에게 있어 아침이란 어디에 있든 오후 1시부터 5시 사이이다—그는 몽상에 빠진다. 대개 옛날 일들을 몽상한다. 그의 '여자 엉덩이'에 관한 것이다. 여자들의 살갗 감촉은 어떠했는가, 아슬아슬한 순간에 여자들이 그에게 뭐라고 말했는가, 여자들을 어디에 눕혔는가 따위를 그는 열심히 생각해 내려 한다. 그리고 침대에 누운 채 쓴웃음을 짓고 지긋지긋해하면서 기묘하고 권태로운 표정으로, 그의 혐오감이 말로는 나타낼 수 없을 만큼 지독했다는 인상을 전달하려는 듯이 손가락 끝을 움직인다.

침대 위쪽에 세척용 주머니가 드리워져 있다. 이는 반 노든이 비상시에 대비하여 마련해 둔 것이다—즉 그가 수색견처럼 집요하게 뒤따라 다니는 '처녀'를 위해서이다. 그는 이 신화 같은 여자들을 데리고 잔 뒤에도 그녀들을 처녀라고 부른다. 이름은 결코 부르지 않는다. '내 처녀'라고 한다. '내 조지아 여자'라고 하는 것처럼. 반 노든은 화장실에 가면서 말한다. "내 조지아 여자가 찾아오거든 기다리라고 해. 내가 기다리라고 말했다고 말이야. 원한다면 그녀를 자네 것으로 만들어도 좋아. 나는 그녀에겐 질렸어."

반 노든은 하늘을 흘긋 곁눈질하고 깊은 한숨을 쉰다. 비가 내리면 이렇게 말한다. "제기랄, 지긋지긋한 날씨야. 병에 걸리겠어." 환하게 햇빛이 쏟아지고 있으면 이렇게 말한다. "제기랄, 저 거지 같은 해 때문에 눈이 멀겠어!" 면도를 하려고 하자 깨끗한 수건이 하나도 없음을 알아챈다. "제기랄, 이 호텔의 얼간이 녀석은 지독하게 인색하군. 매일 깨끗한 수건 한 장도 내놓을 줄 모른다고!" 그는 무슨 일을 하든, 어딜 가든 간에 일이 잘 풀리지 않는다. 지긋지긋한 나라거나 지긋지긋한 일들이고, 또 지긋지긋한 여자에게 감쪽같이 속아 넘어가곤 하는 것이다.

"내 이빨이 모조리 썩어가고 있어." 반 노든은 이를 닦으면서 말한다. "이 호텔에서 식사라고 내놓은 그 지독한 빵 덕분이야." 그는 입을 크게 벌리고, 아랫입술을 밑으로 잡아당긴다. "보라고, 이렇다니까. 어제는 여섯 개나 뽑았어. 곧 또 의치를 해 넣어야 한다고. 살아가기 위해 일하면 이 모양이야. 내가 아무 일도 하지 않고 빈둥거리던 때에는 이빨도 눈도 반짝반짝 빛나고 깨끗했지. 그런데 지금의 나를 봐! 이래도 아직 여자가 생기는 게 신기할 정도야, 이봐, 내 소망은 돈 많은 여자를 발견하는 거야—그 난쟁이 똥자루만 한 '고환' 녀석 칼처럼 말이야. 녀석이 여자한테서 받은 편지를 자네에게 보여주던가. 그 여자가 누군지 알고 있나. 그 땅딸보 녀석이 내게는 여자 이름을 끝내 알려 주지 않았어…… 내가 빼앗을까 봐 걱정스러운 거야." 그는 또다시 입안을 가시고, 이를 뺀 자국을 한참 동안 들여다본다. "자네는 운이 좋아." 그가 부러운 듯이 말한다. "적어도 자네에게는 친구가 있으니까. 나는 하나도 없어. 있다면 그 아니꼬운 '고환' 녀석뿐인데, 놈은 자기의 부자 애인을 뽐내며 나를 미치게 만든다고."

반 노든은 갑자기 생각난 듯이 말한다.

"이봐, 자네는 노마라는 여자를 아나? 온종일 돔 부근을 헤매고 있는 여자야. 이상한 여자더군. 어제 그녀를 이리로 데려와서 엉덩이를 간질여 주었지. 그런데 좀처럼 다리를 벌리지 않는 거야. 침대로 끌어들여…… 팬티를 벗기는 데까지는 갔는데 말이야…… 그러자 갑자기 싫어지더군. 그처럼 발버둥을 쳐 시간이 걸리는 아이는 이제 성가시다고. 그럴 가치가 없어. 여자들이 하든 하지 않든 간에—그 아이들과 버둥거리며 시간을 낭비하는 건 어리석은 짓이야. 그따위 쩨쩨한 창녀를 상대로 쿵쾅거릴 바에야, 가게 앞의 테라스에 금방 뜨거워지는 여자들이 얼마든지 있단 말이지. 정말이야. 모두들 안아 달라고 이리로 찾아온다고. 그러면서도 그걸 큰 죄라도 짓는 일처럼 여기고 있어…… 가엾은 바보들이야! 서부 지역에서 오는 학교 여교사들 가운데는 정말로 처녀가 있어…… 정말이야! 온종일 변소에 웅크리고 앉아 그것만을 생각하는 치들이지. 그런 여자들을 설득하는 일은 그다지 수고롭지 않아. 하고 싶어 못 견디는 여자들인걸. 지난번에 나는 유부녀를 데리고 잤는데, 그 여자는 반 년 동안 한 번도 하지 않았다고 털어놓더군. 그런 걸 생각이나 할 수 있나. 거 참, 대단한 정도가 아냐…… 뜯겨나가는 줄 알았어. 처음부터 끝까지 미치광이처럼 계속 신음하는 거야. 그런데 그 계집이 무엇을 원하고 있었는 줄 알아? 이리로 이사를 오고 싶다는 거야. 그리고 생각해 봐, '날 사랑해요?' 하고 묻는 거야. 나는 그치의 이름조차 알지 못하는데 말이야. 대체로 나는 여자들의 이름 따위는 몰라…… 알고 싶지도 않고. 남편 있는 여자들 따위! 내가 이리로 데리고 오는 유부녀들을 보면 자네는 틀림없이 환멸을 느낄 거야. 이치들은 처녀보다 더 지독해. 유부녀들은 말이야, 남자가 안아주기를 기다리지 않아―자기들이 먼저 조르지. 그리고 끝난 다음에 사랑이니 연애니 지껄이는 거야. 분명히 말하지만, 나는 정말 여자가 싫어졌어!"

반 노든은 다시 창밖을 바라본다. 비가 죽죽 내리고 있다. 지난 닷새 동안 계속 이 모양으로 비가 내리고 있는 것이다.

"돔에 가겠나, 조?"

나는 반 노든을 조라고 부른다. 그가 나를 조라고 부르기 때문이다. 칼이 함께 있으면 그 역시 조이다. 누구나 조라고 불린다. 그게 더 편하기 때문이다. 게다가 이렇게 부르면 상대를 진지하게 생각하지 않아도 되므로 기분이 좋다. 아무튼 조는 돔에 가고 싶어하지 않는다―거기에는 빚이 너무 많이 쌓여 있기 때문이다. 그는 쿠폴로 가자고 한다. 가기 전에 한 구역쯤 거닐며 산책하고 싶다고 한다.

"비가 내리고 있어, 조."

"알고 있어, 상관 없네. 나는 건강을 위해 산책할 필요가 있어. 내 배 속의 더러운 것을 모조리 씻어내야 한다고." 그가 이렇게 말하자, 나는 온 세계가 그의 배 속에 몽뚱그려져서 썩고 있는 듯한 인상을 받는다.
 반 노든은 옷을 입으면서 다시금 반쯤 조는 상태로 되돌아간다. 한쪽 팔을 웃옷 소매에 집어넣고 서서 얼빠진 사람처럼 모자를 머리에 얹고는, 소리를 내어 몽상한다—리비에라에 관한 것, 태양에 관한 것, 평생 게으름을 피우며 살아가는 것 따위에 대하여.
 "내 평생 소망은 오직" 그는 말한다.
 "많은 책을 읽는 것, 많은 꿈을 꾸는 것, 많은 여자를 갖는 것이지." 명상을 하듯이 이렇게 말하면서, 더할 나위 없이 부드럽고 소름 끼치도록 음험한 미소를 지으며 나를 바라본다. "이런 미소를 좋아하나?" 반 노든이 말한다. 그리고 맥이 빠진 것처럼 덧붙인다. "제기랄, 이런 미소를 지을 수 있는 돈 많은 암탉을 발견할 수만 있다면 좋으련만!"
 "돈 많은 암탉만이 지금의 나를 구할 수 있어." 반 노든은 녹초가 된 표정으로 말한다.
 "온종일 새로운 여자의 엉덩이만 쫓아다니고 있기가 진절머리난다고. 기계적으로 되어 버렸거든. 곤혹스럽게도, 자네도 아는 것처럼, 나는 연애라는 걸 할 수 없단 말이야. 너무 자기중심적이기 때문이지. 여자는 단지 내게 꿈꿀 힘을 빌려 줄 뿐이야. 그게 다야. 그건 술이나 아편 따위와 마찬가지로 악덕이야. 나는 매일 새로운 여자를 손에 넣지 않고는 못 견뎌. 여자를 구하지 못하면, 나는 반쯤 미쳐 버려. 너무 강한 거야. 이따금 나는 스스로가 섬뜩하게 느껴져. '물건'을 너무 빨리 끄집어 내—그러면서도 그게 실제로는 거의 무의미하지……. 나는 완전히 기계적으로 하고 있을 뿐이야. 때로는 여자의 입장을 전혀 생각하지 않을 때도 있어. 그래도 여자가 나를 바라보고 있는 걸 알아채면 퍼뜩 정신이 들어 다시 제대로 하기 시작하지. 아무튼 내가 무슨 일을 하고 있는지 깨닫기도 전에 이미 나는 여자를 방 안에 끌어들인 상태지. 여자에게 뭐라고 말했는지 기억도 나지 않아. 어느 틈엔지 여자를 방에 끌어들여 그녀의 엉덩이를 두드리고 있는 거야. 그리고 무엇을 하고 있는지 알아채기 전에, 이미 끝나 있어. 마치 꿈꾸는 것 같아…… 무슨 말인지 알겠나?"
 반 노든은 프랑스 여자는 별로 좋아하지 않는다. 프랑스 여자는 입맛에 맞지 않는 것이다. "그치들은 돈을 원하거나 결혼을 하고 싶어하지. 프랑스 여자들은 본질적으로 다 창녀야. 나는 오히려 처녀를 상대하는 편이 낫더군." 그는 말한다. "처녀는 어느 정도 환상을 안겨 주니까. 적어도 투지를 일깨워 주지."

테라스를 흘긋 둘러보면, 반 노든이 껴안고 잔 적이 있는 창녀가 언제나 반드시 한 명은 있다. 술집 스탠드 앞에 서서 그는 나에게 한 사람 한 사람 가리켜 보이며 그녀들을 분석한다. 그들의 좋은 점과 나쁜 점을 설명한다. "저 아이들은 모두 불감증이야." 반 노든은 말한다. 그리고 이내 발정하는 감미롭고 물기 많은 처녀들을 생각하며 두 손을 비비적거린다.

반 노든은 황홀경에 잠겨 있다가 갑자기 정신을 차리고 흥분하여 내 팔을 잡으면서, 마침 자리에 앉으려 하는 몸집이 커다란 한 여자를 가리킨다.

"내 덴마크 여자가 있군." 그는 낮은 목소리로 말한다.

"저 엉덩이를 보라고. 정말 덴마크 같잖아. 저 여자는 그걸 무척 좋아해! 금방 나에게 조르거든. 이리로 와 봐…… 옆에서 저 여자를 보라고. 저 엉덩이 좀 봐. 어때, 엄청나게 크지? 저 여자가 내 위에 올라타면, 내 양팔로 껴안아도 손이 닿지 않을 정도야. 저 엉덩이는 온 세계를 제압할 거야. 마치 내가 그 속에서 기어다니는 작은 벌레 같은 느낌이 들게 만든다고. 왜 저 여자에게 빠져 버리는지 나도 알 수가 없어—아마 저 엉덩이 때문일 거야. 아무리 봐도 잘 어울리지 않는 것 같은데도 말이야. 하지만 그 주름은 정말 멋있어! 저런 엉덩이는 잊히지 않아. 이건 사실이야…… 엄연한 사실이야! 다른 여자들 것은 싫증이 나거나 순간적인 환상을 안겨 주는 정도가 고작이지. 하지만 저 여자는—아무튼 저 엉덩이를 갖고 있으니까! —그리고 그 밖에도 여러 가지가 있어. 아무도 저 여자를 말살할 수는 없네…… 마치 위에 기념비를 태우고 침대에 들어가는 격이니까."

덴마크 여자의 전기(電氣)가 반 노든에게 전달된 모양이다. 그 활발하지 못하고 둔해 보이는 표정은 이미 사라지고 없었다. 눈빛이 날카롭게 번득이고 있다. 한 가지 일이 다른 어떤 일을 연상시킨 것이다. 그는 지겨운 호텔에서 나오고 싶어했다. 소란스러워 견딜 수 없었기 때문이다. 생각을 집중하기 위해, 그도 책을 쓰고 싶은 것이다. 하지만 지긋지긋한 근무 때문에 그러지 못하고 있다.

"그래서 못 쓴다고, 그 거지 같은 근무 때문에! 나는 몽파르나스에 대해서 쓰려는 게 아냐…… 내 인생, 내 사상을 글로 나타내고 싶은 거야. 내 배 속에서 더러운 것을, 우물을 치듯이 쳐내고 싶은 거야…… 이봐, 저쪽에 있는 저 여자를 보라고. 오래전에 저 여자와 한 적이 있어. 저 여자는 언제나 시장 근처에 떡 버티고 앉아 있어. 이상한 암탉이야. 침대 끄트머리에 드러누워 옷을 걷어올리지. 그런 식으로 해 본 적 있나? 나쁘지 않아. 통 나를 재촉하지도 않지. 내가 꾸물거리고 있으면, 똑바로 드러누워 제 모자를 가지고 놀고 있을 뿐이야. 그리고 내가 해 버리면, 아주 지루했던 것처럼 이렇게 말하거든—이제 끝났어요? 하고 난 뒤에도 얼마나 천연덕스러운데. 물론 했다고 해서 무슨 변화가 일어나는 건 아니지만 말이야. 그런 건 나도 잘 알지만…… 그래도 저 여자의 쌀쌀한 태도는…… 나는 그게 마음에 들었어…… 그게 매력이야. 알겠나? 저 여자가 몸을 닦을 때에는 노래를 부른다고. 호텔을 나와서도 여전히 노래를 부르고 있지. 잘 가라는 인사도 하지 않아! 모자를 흔들며 콧노래 같은 걸 부르면서 떠나가지. 그런 창녀가 있나? 그런데 껴안을 때의 기분은 좋아. 내 처녀보다도 좋았던 것 같아. 해도 엉겨붙지 않는 여자를 죄어붙일 때는 어쩐지 타락의 향기가 풍기는 것 같아. 겨우 피가 끓어오르는군…….”

그리고 반 노든은 잠깐 생각에 잠긴다.

“만일 저 여자에게 감정이라는 게 있다면, 그게 어떤 것일지 상상할 수 있겠나?”

“이봐.” 그는 말한다. “내일 오후에 같이 클럽에 가지 않겠나…… 댄스파티가 있거든.”

“내일은 안 돼, 조. 칼을 도와주기로 이미 약속했어.”

“이봐, 그따위 녀석은 잊어버리라고! 자네가 꼭 해 줘야 할 일이 있어. 바로 이런 건데…….”—그는 다시금 양손을 비비적거린다.

“실은 점찍어 둔 여자가 있어…… 내가 밤에 비번일 때에는 그 여자와 함께 지내기로 약속했지. 그런데 나는 그녀에게는 아직 그다지 적극적이지 않거든. 게다가 그녀에게는 어머니가 있어…… 화가 나부랭이인가 본데, 딸이 나와 만날 때마다 언짢은 기색을 보여. 실은 어머니가 질투하는 게 아닌가 싶은데 말이야. 그러니까 만일 내가 어머니와 먼저 자 주면 그다지 신경을 쓰지 않을 것 같거든. 무슨 말인지 알겠지…… 아무튼 그녀의 어머니와 잔다고 해서 자네가 우려하지는 않으리라고 생각하지만⋯⋯ 어머니도 별로 나쁘진 않아⋯⋯ 딸과 먼저 만나지 않았다면 어머니에게 눈독을 들였을지도 몰라. 딸은 아주 귀엽고 앳되고 신선해. 무슨 말인지 알겠지? 딸은 깨끗한 냄새를 풍기고⋯⋯."

"잠깐 기다려, 조. 자네는 누군가 다른 여자를 찾아내는 편이 나았을 것 같은데."

"이봐, 그런 식으로 생각하지 말라고. 자네 기분은 알아. 자네에게 도와달라고 부탁하는 것도 나의 작은 호의라고. 그 늙은 암탉을 어떻게 몰아내야 할지 나로선 알 수가 없어. 처음에는 잔뜩 술에 취해 주정을 부려줄까 했지만─그러면 딸이 싫어할 거란 말이야. 그치들은 감상적이니까. 미네소타인가 어딘가에서 왔어. 어쨌든 내일 나한테 들러 깨워주지 않겠나. 그러지 않으면 나는 늦잠을 잘 테니까. 그리고 방을 구하는 일을 거들어 주면 좋겠네. 자네도 알다시피, 나는 그 방면으로는 전혀 쓸모가 없으니까. 이 근처에서 조용한 방을 구해 주면 좋겠어. 이 부근이 아니면 곤란해⋯⋯ 여기선 내가 신용이 있으니까. 알겠나, 나를 위해 내 부탁을 들어 주겠다고 약속해 주게. 이따금 식사 정도는 사겠어. 아무튼 들러 주게. 그처럼 얼간이 같은 여자들과 이야기를 하다 보면 내 머리가 이상해진다고. 나는 자네하고 해블록 엘리스에 대해 토론하고 싶어. 제기랄, 나는 그 책을 이미 3주일 전에 빌려왔지만 아직도 읽지 못하고 있네. 자네는 요즘 좀 풀이 죽어 있는 것 같구먼. 믿어지지 않겠지만, 나는 아직 한 번도 루브르 미술관에 가본 적이 없어─코미디 프랑세즈(국립극장)에도 말이야. 거기는 가 볼 만한가? 하기야 얼마 동안 쓸모없는 생각에서 벗어나게는 해 주겠지. 자네는 온종일 뭐하고 지내나? 지루하지 않은가? 여자하고 자는 문제는 어떻게 해결하나? 이봐, 이리로 와! 아직 달아나면 안 돼⋯⋯ 난 쓸쓸하다고. 뭐 좋은 일 없을까─이런 상태가 1년이나 더 계속되면 나는 머리가 돌아버릴 거야. 난 이 진절머리나는 나라에서 달아나야 해. 여기엔 내게 도움이 되는 것이라곤 하나도 없어. 지금은 미국도 이가 득시글거리는 상태지만, 그래도 옛날이랑 똑같아⋯⋯ 여기에 있으면 이상해진다고⋯⋯ 여기에 온종일 엉덩이를 붙이고 있는 헛똑똑이들은 모두 자신들이 하는 일을 자랑하고 있지만, 하나같이 코를 쳐들 수 없을 만큼 고약한 악취만도 못한 놈들뿐이야. 모두 낙오자라고─그러니까 이 먼

파리까지 건너온 거지. 이봐, 조, 자네는 고향이 그립지 않나? 자네는 별난 사람이야…… 여기에 있는 걸 더 좋아하는 것 같아. 여기에 뭐가 있단 말인가? …… 얘기나 들어보고 싶군. 아아, 어떻게든 자신에 대해 생각하는 걸 그만둘 수 있으면 좋으련만. 내 속은 완전히 뒤틀려 있어…… 속에 혹이라도 생긴 것 같아…… 아, 내가 자네를 넌더리나게 만들고 있다는 건 알아. 하지만 누구에게 지껄이지 않고는 못 견디겠어. 위층에 있는 저런 녀석들에게는 말할 수 없어…… 저 쓸모없는 치들이 어떤 녀석들인지는 자네도 알겠지…… 녀석들은 모두 제 이름으로 된 기사를 쓰는 일에만 열중하고 있어. 그리고 그 애송이 칼 말인데, 녀석은 지독하게 이기적인 놈이야. 나는 자기중심적이긴 해도 이기적이진 않다고. 이것은 구별해야 하네. 나는 신경병 환자인지도 몰라. 자신에 대해 생각하는 일을 멈추지 못하지. 그렇다고 해서 나 자신을 대단한 인간이라고 생각하는 건 아냐…… 단지 다른 일을 생각할 수 없을 뿐이지. 그뿐이라고. 다소나마 나를 구원해줄 여자와 연애를 할 수 있으면 좋겠는데. 그러나 내게 흥미를 갖는 여자는 보이지 않고…… 나는 엉망진창이 되어 버렸어. 이는 자네도 알 수 있겠지. 모르겠나? 어떻게 하면 좋겠나? 자네가 내 입장이라면 어떻게 하겠나? 아, 이제 더는 자네를 붙잡지 않겠네. 아무튼 내일은 꼭 깨워 달라고—1시 반에 말이야—알겠지? 내 구두를 닦아 준다면 특별히 한턱 내겠어. 그리고 자네에게 깨끗한 셔츠가 있으면 좀 가져오지 않겠나? 엉망이야, 그 직장에서 뼈 빠지게 일하는데도, 산뜻한 셔츠 한 장 살 수 없으니. 우리를 마치 흑인노예 다루듯 혹사시키고 있어. 아, 제기랄! 나는 산책이나 하러 가야겠어…… 배 속의 오물을 씻어 내야지. 잊지말라고, 내일이야!"

 6개월 혹은 그보다 더 오랫동안, 돈 많은 여자 이레느와의 편지 왕래가 계속되었다. 요즘 나는 이 사건을 마지막 단계까지 몰고 가려고 매일 칼에게 보고해 왔다. 그 까닭은, 이레느가 관련되어 있는 한 사태가 끝도 없이 느릿느릿 진행될 가능성이 있기 때문이다. 마지막 며칠 동안에는 엄청나게 많은 편지를 주고받았다. 우리가 보낸 마지막 편지는 거의 40장에 이르고, 3개 국어로 쓰여 있었다. 그것은, 즉 마지막 편지는 온갖 것이 뒤섞인 잡문집이었다—낡은 소설에서 가장 열악한 부분, 신문의 일요 부록에서 오려낸 조각, 로나와 타니아에게 보낸 해묵은 편지의 재탕, 라블레나 페트로니우스의 글을 발췌하여 서투르게 번역한 문장 따위. 요컨대 우리는 스스로를 소모하고 고갈시켜 버린 것이다.

마침내 이레느는 그녀의 껍데기로부터 빠져나올 결심을 했다. 드디어 그녀의 호텔에서 밀회를 약속하는 편지가 도착한 것이다. 칼은 바지 위에 오줌을 싸 버렸다. 모르는 여성에게 편지를 쓰는 일과, 그 여성을 찾아가 껴안고 자는 일은 전혀 다른 문제이다. 다급해지면 그는 몸을 부들부들 떨기 시작한다. 내가 대역을 맡아야 하는 게 아닐까 하고 걱정이 되었을 정도이다.

이레느의 호텔 앞에서 택시를 내리자 칼은 사시나무 떨듯 떨고 있었다. 그래서 우선 그를 한 구역쯤 걷게 했다. 칼은 이미 페르노 술을 두 잔이나 들이켰지만 아무런 효과가 없었다. 호텔 겉모습 자체가 그의 마음을 짓누르기에 충분했다. 호화로움을 과시하며 꽤나 으리으리하게 꾸며진 호텔로서, 널찍하고 사람도 별로 눈에 띄지 않는 로비에서는 영국 부인들이 한 시간이나 꼼짝도 하지 않고 눌러앉아서, 그가 달아나는지의 여부를 확인하려고 지켜보고 있었다.

포터가 칼이 온 것을 알리기 위해 전화를 걸고 있는 동안 나는 옆에 서 있었다. 이레느는 있었다. 그가 오기를 기다리고 있었다. 칼은 엘리베이터를 타면서 내게 절망적인 마지막 눈길을 던졌다. 개 목에 밧줄을 감을 때에 볼 수 있는, 그 말없이 호소하는 눈빛이었다. 회전문을 빠져나오면서, 나는 반노든의 일을 생각했다······.

나는 하숙집으로 돌아와, 전화가 걸려오기를 기다렸다. 칼이 쓸 수 있는 시간은 한 시간뿐이었다. 일하러 나가기 전에, 결과를 내게 알려주겠다고 약속한 것이다. 나는 실제 상황을 상상해 보려고 했지만 짐작이 가지 않았다. 이레느의 편지는 우리 것보다 훌륭하고 진지했다. 이는 틀림없다. 지금쯤은 이미 그들도 서로의 속셈을 알았을 것이다. 칼은 또 바지 위로 오줌을 싸고 있을까.

전화가 걸려왔다. 칼의 쉰 듯한 목소리가, 겁을 먹은 듯하면서도 동시에 들떠서 쾌활하게 떠들고 있는 것처럼 들렸다. 그는 자기 대신 사무실에 나가 달라고 내게 부탁했다.

"그리고 그 녀석에게 뭐라고 말해 주지 않겠나? 내가 죽어가고 있다고 하든지…… "

"이봐, 칼, 무슨 소린지 모르겠는데…… "

"여보세요, 당신이 헨리 밀러 씨예요?"

여자 목소리. 이레느다. 그녀가 내게 여보세요 하고 말하고 있다. 이레느의 전화 목소리는 아름다웠다…… 정말 예쁘다. 순간적으로 나는 완전히 혼란에 빠졌다. 뭐라고 해야 할지 알 수 없었다. 나는 이렇게 말하고 싶었던 것이다. "이봐요, 이레느, 당신은 아름다워요……정말 멋있다고 생각해요."

아무리 어리석게 들릴지라도, 단 하나인 진실을 이레느에게 말하고 싶었다. 그녀의 목소리를 들은 지금, 모든 것이 달라졌기 때문이다. 그러나 그럴 듯한 생각이 떠오르기 전에 다시 칼의 목소리가 들려왔다. 그는 묘하게 쉰 듯한 목소리로 말했다. "그녀는 자네를 좋아한다고, 조. 내가 자네 이야기를 다 들려주었어……."

사무실에서 나는 반 노든이 교정 보는 일을 거들어 주어야 했다. 쉬는 시간에, 반 노든은 나를 곁으로 불러 피로하고 언짢아 죽겠다는 표정으로 말했다. "그 땅꼬마 녀석이 죽어가고 있다고? 그래, 대체 무슨 일인지 사실대로 말해 주게?"

"그 돈 많은 여자를 만나러 갔을 거야." 나는 침착하게 대답했다.

"뭐라고? 그럼 녀석이 여자를 찾아간 거야?" 반 노든이 멍한 표정으로 말한다. "이봐, 그 여자는 어디에 살고 있나? 이름이 뭐지?"

나는 아무것도 모르는 체했다.

"아." 그는 말한다. "자네는 좋은 친구 아닌가. 왜 나를 그 음모에 끼워주지 않지?"

반 노든을 달래기 위해, 결국 나는 자세히 알게 되면 모두 얘기해 주겠다고 약속했다. 나는 칼과 만날 때까지 기다릴 수 없을 정도였다.

이튿날 정오 무렵에 나는 칼의 방문을 두드렸다. 그는 이미 일어나 면도를 하려고 수염에 비누거품을 잔뜩 바르고 있었다. 칼의 표정에서는 아무것도 읽을 수 없었다. 그가 사실 그대로를 내게 이야기할 작정인지 아닌지조차도 알 수 없었다. 활짝 열린 창문으로 햇빛이 비쳐들고, 참새가 지저귀고 있었다. 그런데 어찌 된 셈인지, 이유는 알 수 없지만, 방 안이 이전보다 더 을

씨년스러워 보였다. 바닥에는 비누거품이 흩어져 있고, 수건걸이에는 한 번도 빨지 않은 더러운 수건 두 장이 걸려 있었다.

그런데 웬일인지, 칼에게는 조금도 달라진 데가 없었다. 그 점이 무엇보다도 나를 당혹스럽게 했다. 오늘 아침에는 세상이 좋게든 나쁘게든 아주 많이 바뀌어 있어야 할 것이다. 뿌리부터 달라져 있어야 할 것이다. 그런데 칼은, 거기에 서서 얼굴에 비누칠을 하고 있고, 달라진 점이라곤 한 군데도 찾아볼 수 없었다.

"앉게…… 그 침대에 앉아." 칼은 말한다. "모두 얘기해 줄 테니…… 기다리게…… 잠깐만 기다려 줘." 그는 다시금 얼굴에 비누를 칠하고 면도했다. 그는 물 때문에 불평을 하였다…… 아직 더운물이 안 나오는 것이다.

"이봐, 칼, 마음 졸이게 하지 말게. 나중에 애먹여도 되잖아. 자, 가르쳐 줘, 딱 한 가지만…… 좋았나, 나빴나?"

칼은 브러시를 손에 든 채 돌아보며 묘한 미소를 지어 보였다.

"기다려…… 이제부터 모두 이야기해 줄 테니까."

"그럼, 실패한 건가?"

"아니." 그는 말했다. "실패한 건 아니지만, 그렇다고 성공하지도 않았어…… 그런데 자네는 사무실에 나가 내가 부탁한 대로 했나. 사무실에는 뭐라고 말했어?"

칼에게서 이야기를 이끌어내려 해도 소용없음을 알게 되었다. 준비가 다 되면 이야기를 하겠지. 그 이전에는 안 될 것 같다. 나는 침대에 드러누워 조개처럼 입을 다물어 버렸다. 그는 계속 수염을 깎았다.

갑자기, 아무런 전제도 없이 칼은 입을 열었다―처음에는 맥락도 없다가 이윽고 점차 분명하고 강한 어조로, 결연하게. 얘기를 꺼내기는 쉽지 않은 일이지만, 그는 모두 털어놓으려고 마음을 먹은 모양이다. 마치 양심에서 무엇인가를 끄집어내는 것처럼 보였다. 심지어 나에게, 그가 엘리베이터를 탔을 때의 그 눈길을 떠올리게 했다. 잠시 망설이는 것처럼, 그때와 똑같은 표정을 지어 보였다. 마치 모든 일이 그 마지막 순간에 포함되어 있음을 암시하는 것처럼, 또한 만일 그가 사태를 완전히 바꿀 만한 힘을 갖고 있었다면 엘리베이터 밖으로 한 발짝도 나가지 않았을 것이 틀림없다고 생각하게 만들려는 것처럼.

칼이 찾아갔을 때 이레느는 실내복 차림이었다. 화장대에는 샴페인 병이 담긴 그릇이 놓여 있었다. 실내는 꽤 어둡고, 그녀의 목소리는 아름다웠다. 칼은 나에게 그 방의 모습을 자세히 이야기해 주었다. 샴페인 이야기, 웨이터가 그 병을 땄을 때의 일, 병을 따자 큰 소리가 났다는 것, 이레느가 그를 맞기 위해 다가왔을 때 실내복 옷자락이 스치는 소리가 들렸다는 이야기 따위—칼은 내가 듣고 싶어하는 내용 말고는 모두 이야기해 주었다.

칼이 이레느를 찾아간 것은 8시 무렵이었다. 8시 반이 되자, 그는 사무실 일이 마음에 걸려 초조해졌다. "내가 자네에게 전화를 건 게 9시쯤이었지, 안 그런가?" 그는 말한다.

"그래, 그 무렵이었어."

"나는 초조해하고 있었어. 무슨 말인지 알겠나……."

"잘 알지. 그리고 어떻게 됐나……."

칼의 말을 곧이들어도 될지, 나로선 판단이 서지 않았다. 아무튼 우리가 엉터리 같은 편지를 보낸 뒤였으니까. 칼이 하는 말을 제대로 듣고 있었는지도 알 수 없다. 왜냐하면 그의 말이, 마치 공상처럼 들렸기 때문이다. 그런데도 이 친구가 어떤 인물인가를 알고 있는 만큼, 진실같이 들리는 것이었다. 그때 나는 그 전화 목소리를 생각해 냈다. 두려움과 들뜬 기분이 묘하게 뒤섞인 그 목소리를. 그런데 지금 그는 왜 더욱 쾌활하지 않은가? 칼은 연방 미소를 띠고 있었다. 잔뜩 피를 빨아 먹은 주홍색의 귀여운 빈대 같은 미소를.

"9시였지." 그는 한 번 더 말했다. "내가 자네에게 전화 걸었을 때 말이야, 그렇지?"

나는 시큰둥하게 고개를 끄덕였다. 틀림없이 9시였다. 칼은 지금에서야 그때 시계를 꺼내어 본 것을 생각해 내고, 9시였음을 분명히 알게 되었다. 어쨌든 그가 다시 시계를 들여다보았을 때에는 이미 10시였던 것이다. 10시에 이레느는 양손으로 급소를 누르고 소파에 누워 있었다. 이런 식으로 칼은 이야기를 해나갔다—조금씩 천천히. 11시에 결론을 내렸다. 그들은 보르네오로 사랑의 도피를 하기로 결정한 것이다.

남편 따위는 어찌되든 상관없다! 어차피 이레느는 남편을 조금도 사랑하지 않았다. 만일 남편이 늙고 정열이 없지만 않았다면, 그녀는 처음부터 편지를 보내지 않았을 것이다. "그리고 그녀가 말하는 거야. '하지만 내게 싫증나지 않으리라는 것을 어떻게 알 수 있죠?'"

이 말을 듣고, 나는 엉겁결에 웃음을 터뜨렸다. 너무 바보 같은 소리여서 웃음을 터뜨리지 않을 수 없었다.

"그래, 자네는 뭐라고 말했나?"

"뭐라고 했을 것 같아? 나는 말했지, 당신에게 싫증을 느끼는 남자가 어디 있겠소, 하고 말이야."

그리고 무슨 일이 있었는지를 칼은 설명했다. 그는 몸을 웅크려 이레느의 유방에 입을 맞추었다. 열렬히 키스한 다음, 그녀의 코르셋인지 뭔지 속으로 유방을 돌려주었다. 그 다음에는 또 샴페인을 마셨다.

한밤중에 웨이터가 맥주와 샌드위치―캐비어를 곁들인 샌드위치를 갖고 왔다. 그동안 줄곧 그는 금방이라도 오줌을 쌀 것 같아 혼났다고 한다. 한번은 아주 못 견딜 것 같았지만, 차차 괜찮아졌다. 그의 방광은 터지기 직전이었던 것이다. 하지만 칼은―이 땅딸보에 빈틈이 없는 '고환' 녀석은―상황이 품위 있는 행동을 요구하고 있다고 생각했던 것이다.

1시 반에 이레느는 마차를 불러 숲을 드라이브하자고 말했다. 칼의 머릿속에는 한 가지 생각밖에 없었다…… 어떻게 오줌을 눌 것인가. "나는 당신을 사랑하고 있어요…… 당신을 그리워하고 있어요." 그는 말했다.

"당신이 가자는 곳이면 어디든 가겠어요―이스탄불이든 싱가포르든 호놀룰루든. 그러나 지금은 돌아가야 해요…… 시간도 늦었고."

칼은 이러한 이야기를 그의 더럽고 작은 방에서 들려주었다. 햇빛이 환하게 비쳐들고, 새들은 미치광이처럼 지저귀고 있었다. 이레느가 아름다운지 어떤지 나는 아직 알지 못했다. 칼 자신도 알지 못했다―오히려 이 얼간이 같은 녀석은 이레느가 아름답지 않다고 생각하고 있는 모양이다. 실내가 어둡고, 또 샴페인 때문에 그의 신경이 무뎌져 있었던 것이다.

"그럴더라도 미인인지 아닌지 정도는 알고 있어야지―이 이야기가 처음부터 엉터리로 꾸며낸 게 아니라면 말이야."

"잠깐 기다려 봐." 칼은 말한다. "기다려…… 생각해 보게. 아니, 미인은 아니었어. 지금 분명해졌어. 이마에 흰머리가 한 줄기 드리워져 있었어…… 생각이 나는군. 하지만 그런 건 대수로운 일도 아니야―거의 잊어버렸을 정도니까. 그래, 그녀의 팔이 아주 가늘었어—너무 가늘어서 금방이라도 부러질 것 같았지."

칼은 이리저리 거닐다가 갑자기 딱 멈춰섰다. "하다못해 그 여자가 10년만 더 젊었어도 좋았는데!" 그는 큰 소리로 말했다. "10년만 젊었으면 그 흰머리도 신경이 쓰이지 않았을 거야…… 그 부러질 듯한 팔도 말이야. 그러나 아무래도 나이가 너무 많아. 안 그런가? 여자도 그 나이가 되면 한 해 한 해가 중요하니까. 내년에는 한 살만 더 나이를 먹는 게 아닐 거라고—10년쯤은 더 늙어 보일 거야. 그리고 1년이 더 지나면, 20년은 더 늙어 보이겠지. 그런데 나는 되레 더 젊어지는 것처럼 보일 테니까—적어도 앞으로 5년 정도는……."

"그래, 결말은 어떻게 된 거야?" 나는 칼의 말을 가로막았다.

"그뿐이야…… 결말 같은 건 없었네. 나는 화요일 5시쯤에 이레느와 만나기로 약속했어. 그런데 그게 좀 문제라고. 무슨 말인지 알겠나. 그 여자의 얼굴에는 주름이 있거든. 밝은 낮에 보면 그게 더 지독하게 드러나 보일 거란 말이야. 그 여자는 화요일에는 내가 해 주기를 바라고 있어. 낮 동안의 정사를…… 자네라면 그런 여자는 상대하지 않겠지, 특히 그런 호텔에서는 말이야. 차라리 나는 비번인 날 밤에 하고 싶어…… 그런데 화요일 밤은 비번이 아니라고. 그뿐만이 아냐. 그 사이에 편지를 보내겠다고 약속을 했어. 이제 와서 새삼스레 뭐라고 편지를 쓰나? 할 말도 없는데…… 제기랄! 그 여자가 딱 10년만 젊었어도, 자네는 내가 이레느와 함께 떠나야 한다고 생각하나? ……보르네오든 어디든 그녀가 가고 싶어하는 데로 말이야. 그런 돈 많은 여자를 상대하면 나도 애를 먹지 않을까? 나는 총을 쏠 줄 모른다고. 나는 총 같은 그런 종류는 다 무서워. 게다가 그녀는 밤낮없이 졸라댈 테고…… 온종일 사냥과 그것만 하고 있어야 한다면…… 나는 못 견딜 거야!"

"자네가 생각하는 것처럼 그렇게 나쁜 일은 아닐지도 몰라. 넥타이라도 사줄 테고……."

"자네도 우리와 함께 가 주겠지? 나는 자네 이야기도 다 했어……."

"내가 가난뱅이라고 말했나? 필요한 것이 많다고 이야기했어?"

"다 얘기했네. 제기랄, 이레느가 그나마 대여섯 살만 젊었어도 나무랄 데가 없는데 말이야. 그녀는 이윽고 마흔 살이라고 하더군. 이는 곧 쉰 살이나 예순 살이라는 얘기야. 마치 제 어머니하고 하는 거나 마찬가지야…… 그런 짓은 할 수 없어…… 그녀하고는 불가능해."

"그렇더라도, 이레느에게도 조금이나마 매력이 있을 게 아닌가…… 자네는 그녀의 유방에 키스했다고 말했잖아."

"유방에 키스하는 거야 대수로운 일도 아니잖아. 게다가 방 안이 어두웠으니까, 아까도 말한 것처럼."

칼이 바지를 입으려 하자 단추가 하나 떨어져 나갔다.

"이것 보라고. 망가져 버렸어. 지긋지긋한 옷이야. 이걸 나는 이미 7년 동안이나 입어 왔다고…… 게다가 양복값을 한 푼도 지급하지 않았지. 한때는 고급 양복이었는데 지금은 악취를 내뿜고 있어. 그 여자는 내게 옷도 사 주겠지. 내가 가장 좋아할 만한 것은 무엇이든 사 주겠지. 그러나 그런 건 싫다네. 여자에게 돈을 쓰게 하기는 싫어. 나는 지금까지 한 번도 그런 적이 없다고. 그것은 자네가 생각할 만한 일이야. 차라리 혼자 지내는 편이 낫지. 제기랄, 여기는 좋은 방이야. 안 그런가? 어디가 마음에 안 드나? 이레느 방보다 훨씬 좋아 보이는데, 안 그래? 그녀가 묵고 있는 고급 호텔 따위를 나는 좋아하지 않아. 그런 호텔은 성미에 안 맞. 이레느에게도 그렇게 말했지. 그랬더니, 자기는 어디서 지내든 상관없다는 거야…… 내가 그러기를 바란다면 그 호텔에서 나와, 나랑 함께 지내겠다는 거야. 이레느가 커다란 여행가방과 모자 상자, 언제나 끌고 다니는 쓸모없는 잡동사니 따위를 모두 챙겨서 이리로 이사 오는 광경을 상상할 수 있겠나? 그녀는 터무니없이 많은 물건들을 갖고 있어…… 너무 많아, 옷이든 술병이든 모든 게 말이야. 마치 병원 같아, 그녀의 방은. 손가락에 작은 상처라도 입으면 그야말로 야단법석을 떤다고. 그리고 마사지를 해야 한다, 머리털을 구불구불하게 말아야 한다, 이걸 먹으면 안 된다, 저걸 먹으면 안 된다. 이봐, 조, 이레느가 조금만 더 젊었으면 더할 나위 없이 좋은데 말이야. 젊은 여자 같으면 무엇이든 너그럽게 봐줄 수 있어. 젊은 여자는 머리가 좋을 필요가 없으니까. 오히려 뇌가 없는 편이 낫다고. 그런데 나이가 많은 여자는, 설령 그 여자가 매우 훌륭하고 온 세계에서 가장 매력이 있는 부인이라 할지라도 하나도 다를 게 없어. 젊은 여자와 어울리는 건 하나의 투자지만, 할머니와 어울리는 건 지독한 낭비라고. 할머니가 할 수 있는 일이라곤 기껏해야 여러 가지를 사 주는 일 정도지. 그러나 아무리 그래도, 그 팔에 살이 올라 통통해질 리도 없고 다리 가랑이에 물기가 많아질 리도 없어. 그래도 그녀는 나쁘지 않아. 이레느는 말이야. 사실 자네 같으면 그녀가 마음에 들 거라고 생각해. 자네라면 또 얘기가 다르지. 자네 같으면 그녀와 자 줄 필요도 없으니 말이야. 자네라면 어떻게든 견디며 좋아하게 될 수 있어. 그 드레스나 술병이나 온갖 잡동사니들을 좋아하진 않더라도 너그러이 봐 줄 수는 있을 거야. 이레느는 상대가 자네라면 싫증을 느끼게 만들지 않을 거야. 단언할 수 있어. 흥미를 느끼게 될지도 몰라. 그런데 아무튼 이미 시들어 버렸으니…… 유방은 그런 대로 괜찮지만—그 팔 만큼은! 나는 곧 자네를 데리고 가겠다고 이레느에게 약속했네. 자네 이야기를 꽤 많이 들려 주었어…… 무슨 이야기를 해야 좋을지 몰랐거든. 자네라면 그 여자를 좋아할지도 몰라. 특히 드레스를 입고 있을 때의 그녀를 말이야. 나는 알 수 없지만……."

"가만, 그녀가 부자라고 했지? 나는 좋아하게 될 거야! 아무리 나이가 많아도 상관없어. 마귀할멈만 아니면……."

"마귀할멈일 턱이 있나! 무슨 소리를 하는 거야. 그녀는 매력적이라고. 그건 틀림없어. 이야기도 잘하고, 얼굴도 예쁘고…… 다만 그 팔이……."

"좋아, 그뿐이라면 내가 상대가 되어 주겠네—자네가 이레느와 자고 싶지 않다면 말이야. 그녀에게 그렇게 말을 전해줘. 하지만 잘하라고. 그러한 여자를 상대할 때는 일을 천천히 진행해야 하니까. 나를 데리고 가서 자연스레 일을 진행하는 거야. 먼저 나를 막 깎아내리는 거야. 질투하고 있는 것처럼 행동하라고…… 제기랄, 상황에 따라서는 우리 둘이서 함께 그녀와 자도 되지 않나…… 그리고 다 같이 곳곳을 돌아다니며 밥을 먹고…… 드라이브를 하고, 사냥을 하러 가는 거야, 멋진 옷을 입고. 만일 이레느가 보르네오에 가고 싶어하면 함께 따라가자고. 나도 총 다룰 줄은 모르지만 그런 건 어떻든 상관없어. 그녀 역시 그런 일에는 신경을 쓰지 않는다고. 이레느는 단지 함께 자 주기를 바랄 뿐이야. 다른 건 없어. 자네는 아까부터 계속 그녀의 팔 얘기만 하는데, 온종일 팔만 쳐다보고 있을 필요가 어디 있겠나, 안 그래? 이 이불을 좀 보게! 저 거울도! 이걸 집이라 할 수 있겠나? 계속 까다로운 소리만 늘어놓으면서, 평생 이(虱)나 다름없는 생활이나 할 텐가? 자네는 제 힘으로 방세도 못 내고…… 딱히 일자리조차 없잖은가. 이걸 삶이라고 할 수 있나? 나는 이레느가 일흔 살이라도 상관없어—이런 생활보다는 낫다고……."

"아, 조, 나 대신 그녀와 자 줘……그러면 모든 게 다 잘 풀릴 거야. 나도 가끔은 자 주겠네…… 비번인 날 밤에 말이야. 난 이미 나흘 동안이나 똥이 안 나온다고. 무엇인가가 내게 달라붙은 채 떨어지지 않아. 포도송이처럼……."

"꽉 막혀 버려서 그래. 틀림없어."

"머리칼도 자꾸 빠지고…… 치과에도 가 봐야 한다고. 마치 나 자신이 허물어져가는 듯한 느낌이야. 나는 자네를 정말 재미있는 사나이라고 그녀에게 이야기해 두었네…… 자네는 나 대신 여러 가지 일을 해 주겠지. 뭐라고? 자네는 너무 허약하지는 않겠지? 보르네오에 가면 나는 더는 치질에 걸리지도 않을 거야. 어쩌면 다른 병에 걸릴지도 몰라…… 더 지독한 병에…… 열병이나 콜레라 따위 말이야. 제기랄, 똥구멍에 포도송이가 꽉 들어차고, 바지 단추는 떨어져 나가고, 신문사 일로 평생을 갉아먹기보다야, 그런 그럴 듯한 병에 걸려 죽는 편이 낫다고. 딱 일주일이라도 좋으니 부자가 된다면 소원이 없겠지. 그리고 그럴 듯한 병—뭐든 목숨이 위험한 병에 걸려 병원에 입원하는 거야. 병실을 꽃으로 장식하고, 간호사들이 침대 주위를 오가고…… 문병 전보가 쉴 새 없이 날아들고. 부자면 잘 돌보아 준다고. 간호사들이 몸을 솜으로 닦아주고 머리도 빗어주지. 제기랄, 정말 그렇다고. 어쩌면 나는 운이 좋아서 죽지 않을지도 몰라. 평생 불구인 채로 지내야 할지도 몰라…… 손발이 말을 안 들어 휠체어를 타야 할지도 모르지. 그래도 나를 돌봐 줄 거야…… 더는 돈을 갖고 있지 않더라도. 폐인이 되면—진짜 폐인 말이야—세상이 굶어 죽게 놔두지 않는다고. 다리 뻗고 누울 깨끗한 침대를 주고…… 수건도 매일 바꿔 주지. 이런 식으로, 아무도 비참한 처지에 빠지도록 두지 않는다고. 직업을 갖고 있는 경우는 특히 그렇지. 세상 사람들은 직업을 갖고 있으면 당연히 행복하리라고 생각하거든. 자네는 어느 쪽을 택하겠나—평생 불구자로 지내겠나, 직업을 가지겠나…… 아니면 돈 많은 여자와 결혼할 텐가? 자네라면 차라리 돈 많은 여자와 결혼하기를 원하겠지—나는 알 수 있어. 자네 머릿속에는 언제나 먹는 생각밖에 들어 있지 않으니까. 그런데 자네가 이레느와 결혼했는데 더는 발기가 안 되면—이는 흔히 있는 일이지—그때는 어떡하겠나? 자네는 이레느가 인정을 베푸는 덕에 살아가게 돼. 마치 애완동물처럼 그녀가 먹여 주고 재워 주어야 한다고. 자네는 이에 만족하겠나, 어때? 아니면 그런 것은 생각해 보지도 않나? 나는 온갖 경우를 생각해 본다고. 내가 고를 만한 양복도 생각하고 가 보고 싶은 곳도 생각하지만, 그 밖의 일도 생각한다고. 그건 중대한 일이야. 발기하지 못하면 멋있는 넥타이나 좋은 양복이 무슨 소용이 있는가. 자네는 이레느를 배반할 수도 없어—그녀가 언제나 자네 뒤에 달라붙어 있으니까. 아니, 가장 좋은 건 이레느와 결혼하자마자 병에 걸리는 거야. 그러나 매독만큼은 걸리면 안 돼. 콜레라나 말라리아 같은 것. 그리고 우연히 기적적으로 목숨만은 건지고 나머지 삶을 불구로 지내게 된다면, 그녀를 쑤셔 줄 걱정을 하지 않아도 되고, 방세를 내지 못해 애먹는 일도 없을 거야. 아마도 이레느는 자네에게 온갖 종류의 손잡이와 부속물이 딸려 있고 고무 타이어가 달린 멋진 휠체어를 사 주겠지. 자네는 양손만은 자유로이 움직일 수 있을지도 몰라—글을 쓸 수 있을 정도로 말이야. 아니면 글을 쓰기 위해 비서를 고용해도 되겠지. 그래—작가에게 그게 가장 좋은 해결책이야. 인간에게 팔다리가 무슨 소용이 있나? 글을 쓰는 데 손발은 필요치 않아. 생활의 보장…… 안정…… 비호(庇護)만 있으면 된다고. 휠체어를 타고 울레줄레 지나가는 그 귀환 전사들—그들이 작가가 아닌 게 유감천만이야. 싸움터에 나가 다리만 불구가 된다는 것을 미리 알 수 있다면—그것이 확실하다면, 내일이라도 전쟁을 시작하자고 나는 말하고 싶어. 나는 훈장을 욕하려는 게 아냐—훈장을 달고 싶은 녀석은 달면 돼. 내가 원하는 것은 훌륭한 휠체어와 하루 세 끼 식사, 그뿐이야. 그러면 나는 녀석들에게 뭔가 읽을 만한 것을 넘겨줄 거야, 그 얼간이 녀석들에게 말이야!"

이튿날 1시 반에 나는 반 노든을 방문했다. 그날은 그가 비번인 날—이라기보다는 밤이었다. 그가 나에게, 오늘 이사를 하니까 거들어 달라고 칼을 통해 부탁해온 것이다.

나는 이상할 만큼 우울해하는 반 노든을 발견했다. 밤새도록 한잠도 못 잤다고 그는 말했다. 뭔가가 뇌리에서 떠나지 않는 것이다. 그를 파먹어 들어가는 무엇이. 머지않아 그것이 무엇인지를 알게 되었다. 반 노든은 그것을 털어놓으려고 내가 도착하기를 초조히 기다리고 있었던 것이다.

"그 녀석은" 그는 말을 꺼냈다―칼 이야기이다. "그 녀석은 예술가야. 세세한 데까지 묘사하더군. 아주 상세히 얘기해 주었어. 그래서 나는 그게 터무니없는 엉터리임을 알게 되었지⋯⋯ 그런데 그걸 내 머릿속에서 몰아낼 수가 없어. 내 머리가 어떻게 작용하는가는 자네도 알지?"

반 노든은 이야기를 멈추고, 칼이 내게 모두 이야기했느냐고 물었다. 그는 칼이 나와 자기에게 전혀 다른 이야기를 했다고 믿어 의심치 않았다. 일부러 자기를 괴롭히기 위해 꾸며낸 이야기 정도로만 생각하는 것 같았다. 그에게 달라붙어 있는 것은, 칼이 그의 머릿속에 남겨두고 간 '이미지'라는 것이다. 설령 이야기가 모두 거짓말이더라도 이미지는 현실적이다. 게다가 실제로 부자인 여자가 등장하고, 칼이 그 여자를 방문한 것도 사실이다. 이는 부정할 수 없다. 실제로 어떤 일이 있었는가는 부차적인 문제이다. 당연히 칼은 그 여자와 육체적으로 관계했다고 반 노든은 생각하고 있다. 그러나 그를 자포자기 상태로 몰아넣는 것은, 칼이 들려준 이야기가 정말로 있을 법하다는 생각이다.

"정말 그 녀석다워." 반 노든은 말했다. "녀석은 여섯 번인가 일곱 번 그 여자와 했다는 거야. 과연 대단해. 그런 일에는 나는 그다지 신경 쓰지 않지만, 그래도 그녀가 자동차를 불러 숲으로 그를 데리고 가서, 둘이서 남편의 모피 외투를 모포 대신 사용했다는 이야기는 너무 지나치다는 느낌이 들어. 운전사가 정중하게 기다리고 있었다는 이야기는 자네도 들었겠지⋯⋯ 이봐, 그걸 하는 동안 엔진 소리가 어떻게 울려대고 있었다는 것까지 녀석이 자네에게 이야기했나? 제기랄, 정말 교묘히 꾸며낸 거야. 이런 식으로 아주 세밀한 데까지 생각하다니, 정말 그 녀석다워⋯⋯ 이렇게 세밀한 상황까지 설명하는 건 그것이 심리적으로 진실인 것처럼 보이도록 만드는 하나의 수단이라고⋯⋯ 이야기를 들은 사람은 한참이 지나도 그것을 머릿속에서 몰아낼 수가 없어. 녀석은 그것을 아주 거침없이 자연스레 이야기하는 거야⋯⋯ 녀석이 미리 꾸며서 생각해온 것일까, 아니면 이야기가 그런 식으로 무의식중에 솟아난 것일까? 녀석이 그처럼 약삭빠르고 빈틈없는 거짓말쟁이이다 보니, 녀석의 허점을 잡기가 어려워⋯⋯ 마치 녀석이 자네에게 편지를 쓰고 있는 것이나 마찬가지야. 그 녀석이 밤새도록 만들어내는 '불꽃' 같은 거지. 어떻게 그런 편지를 쓸 수 있는지, 나는 이해할 수 없어…… 그 숨은 심리를 파악할 수가 없다고…… 일종의 자위(自慰) 행위가 아닐까…… 자네는 어떻게 생각하나?"

내가 의견을 말할 틈도 없이, 또는 그가 보고 있는 앞에서 웃음을 터뜨리기 전에, 반 노든은 독백을 계속했다.

"알겠나, 녀석이 자네에게 죄다 이야기했으리라고 생각하지만…… 달빛이 비치는 발코니에 서서 그녀와 키스했을 때의 상황을 이야기하던가? 이런 이야기를 두 번이나 되풀이하면 진부하게 들릴 테지만, 녀석은 정말 생생하게 묘사하더군…… 그 땅딸보 녀석이 발코니에 서서 여자를 안고 있는 모습이 눈에 보이는 것 같아. 그리고 녀석은 여자에게 또 다른 편지를 쓰지. 옥상 위에서 작열하는 폭죽 이야기 따위를…… 모두 프랑스 작가들의 글을 도용한 엉터리라고. 그 녀석은 독창적인 이야기를 한 번도 입에 올린 적이 없어. 나는 그 점을 발견했어. 자네도 실마리가 될 만한 것을 찾아낼 필요가 있다구…… 녀석이 요즘 무엇을 읽고 있는지 알아내야 해…… 어려운 일이지만. 아무튼 녀석이 꽤나 비밀주의를 지키고 있으니까. 만일 자네가 거기에 녀석과 함께 갔다는 걸 몰랐다면, 나는 그 여자의 존재를 믿지 않았을 거야. 그러한 사나이는 자기 자신에게 편지를 쓰는 일쯤은 아무렇지 않게 해내니까. 게다가 녀석은 운이 좋아…… 그렇게 난쟁이인 데다 허약하고 아주 로맨틱한 풍모를 하고 있으니까 이따금 여자들이 맥없이 항복해 버리는 거야…… 자기도 모르게 그의 말에 넘어가거든…… 녀석이 가엾어 보이는 모양이지. 그리고 여자들 가운데는 꽃화분을 선물로 받기를 좋아하는 치가 있어요…… 그걸 받으면 자신이 대단한 사람인 듯한 기분이 드는 모양이지…… 그런데 그 여자는 인텔리 부인이라고 녀석이 말하던데. 자네는 알고 있겠지…… 그녀의 편지를 보았으니까. 그런 부류의 여자가 그에게서 무엇을 발견했을 것 같아? 그녀가 녀석의 편지를 보고 맥없이 넘어간 건 짐작이 간다고…… 하지만 그녀가 녀석을 만났을 때, 어떤 느낌이 들었을지 상상할 수 있겠나? 이야기가 논점에서 빗나갔군. 내가 말하려는 것은, 녀석이 이야기한 그 방법이야. 그치가 말을 얼마나 잘 꾸며대는지는 자네도 알지…… 어쨌든 발코니에서의 장면이 끝난 다음에―녀석은 이를 마치 오르되브르(전채)처럼 설명하더군—두 사람은 실내로 들어갔다는 거야. 그리고 녀석은 그녀의 속옷 단추를 풀었어. 뭘 웃고 있나? 녀석이 내게 아무렇게나 지껄인 건가?"

"아냐! 자네가 이야기한 그대로야, 그가 들려준 건. 그리고……?"

"그리고"—여기서 반 노든은 무심결에 혼자 싱글싱글 웃었다.

"그리고 그녀가 양다리를 들고 의자에 걸터앉은 모양을 녀석이 이야기했어…… 몸에 실오라기 하나 걸치지 않고…… 그는 바닥에 앉아 그녀를 올려다보았지. 그녀가 무척 아름다워 보였대…… 마티스의 그림 같았다고…… 자네에게는 그렇게 말하지 않았나? ……가만있게…… 녀석이 한 말을 그대로 떠올려야겠어. 여기서 녀석은 오달리스크(마티스가 즐겨 그린 제정시대 터키 후궁의 궁녀)에 관한 재치 있는 문구를 사용했는데…… 아무튼 오달리스크라는 게 뭐였지? 녀석은 그것을 프랑스어로 말했어. 그래서 그 외설스러움을 생각해낼 수 없는 거야…… 하지만 멋있게 들렸어. 녀석이 사용할 만한 말로 들리더군. 그러니까 아마도 그녀는 그것이 녀석의 독창적인 말이라고 생각했을 게 틀림없어…… 그녀는 녀석을 시인이라고 생각했는지도 모르지. 하지만 그런 건 어떻든 상관없어…… 녀석의 상상력은 어느 정도 너그러이 봐주겠어. 그 다음에 일어난 일이 나를 돌게 만든다고. 밤새도록 나는 녀석이 내 머릿속에 남겨두고 간 이미지를 만지작거리며 괴로워했네. 머리에서 몰아낼 수가 없는 거야. 내게는 무서울 만큼 현실적으로 들린다고. 그러니까 만일 진짜 있었던 일이 아니라면 녀석을 목졸라 죽이겠어. 인간에게는 그러한 것을 만들어 낼 권리가 없다고 보네. 그렇지 않으면 그 인간은 병들어 있는 거야…… 내가 말하고자 하는 건 다음 순간 얘기야. 무릎을 꿇고, 가느다란 두 손가락으로 작은 꽃을 벌렸다……고 녀석은 말하더군. 자네도 기억하겠지만, 그녀는 의자에 걸터앉아 의자 팔걸이에 다리를 걸치고 있었다지 뭔가. 그러자 문득 녀석의 머리에 영감이 번뜩였다는 거야. 더욱이 이것은 이미 녀석이 두 번이나 한 뒤에 간단하게 마티스론(論)을 벌인 다음의 일이야. 소리가 났다는군. 점액 같은 작은 소리가. 제기랄, 밤새도록 그 소리가 내 귀에서 떠나지 않았다고! 이어서 녀석이 말하는 거야…… 마치 그것만으로는 아직 내게 충분치 않다는 것처럼—그리고 녀석은 그녀 속에 얼굴을 파묻었어. 녀석이 그러자, 아아, 제기랄, 그녀가 글쎄 다리를 그대로 죄어 대더라는 거야. 그래서 나는 두 손 들고 말았어! 상상해 보라고! 그처럼 아름답고 품위 있는 여자가 '녀석의 목'에 양다리를 죄어붙인 거야! 이 정경에는 뭔가 독기 서린 데가 있는 것 같지 않나? 아주 그럴듯하게 들릴 만큼 공상적이야. 녀석이 샴페인 이야기나, 숲으로 드라이브한 이야기나, 고작 발코니에서의 장면 등을 이야기했을 뿐이라면, 나는 그러한 것을 머리에서 몰아낼 수 있었을 거야. 그런데 이건 너무나도 믿기지 않으니, 도리어 거짓말처럼 들리지 않는 거야. 나는 녀석이 어떤 책에서 그러한 것을 읽었으리라고는 믿지 않아. 다소나마 그것이 진실이 아니라면, 그러한 것을 어떻게 녀석이 생각해 낼 수 있었을지 짐작도 가질 않네. 그런 땅꼬마 녀석에게도 여러 가지 사정이 있겠지. 어쩌면 녀석은 그녀와 자지 않았고, 그녀는 녀석이 시시덕거리는 대로 내버려 두었을지도 모르지⋯⋯ 상대가 그처럼 돈 많은 여자라면 그녀가 무엇을 원하는지, 우리로선 통 짐작할 수가 없어⋯⋯."

반 노든이 겨우 침대에서 내려와 수염을 깎기 시작했을 때는, 이미 오후 해도 많이 기울어 있었다. 나는 겨우 그의 생각을 다른 일로, 주로 이사하는 일 쪽으로 돌리는 데 성공했다. 이사 준비가 끝났는지 살펴보기 위해 하녀가 들어왔다—정오까지는 방을 내주기로 되어 있었던 것이다. 반 노든은 마침 바짓가랑이에 다리를 집어넣으려 하던 참이었다. 그가 변명도 하지 않고 고개를 돌리지도 않는 것을 보고, 나는 좀 어이가 없었다. 바지 단추를 잠그면서 넉살좋게 우뚝 서서 하녀에게 볼일을 말하고 있는 그를 바라보다가, 나는 낄낄 웃기 시작했다.

"이런 하녀 따위에게 신경 쓰지 말게." 반 노든은 아주 경멸하는 눈길로 그녀를 바라보며 말했다. "이건 거대한 암퇘지에 지나지 않아. 괜찮으면 엉덩이라도 꼬집어줘. 아무 말도 않을 거야."

그리고 하녀에게 영어로 말했다. "이봐, 암캐야, 이리로 와서 이걸 만져봐!"

그러자 나는 참지 못하고 웃음을 터뜨리고 말았다. 발작적인 웃음이다. 웃음은 그것이 무슨 뜻인지 알지 못하는 하녀에게도 옮아갔다. 하녀는 벽에 죽 걸려 있는 그림이나 사진들—대부분이 반 노든 자신의 것인데—을 하나씩 떼어 냈다. "이봐." 반 노든은 엄지손가락을 휘두르며 말했다. "이리로 오라구! 내 추억의 실마리가 될 만한 게 여기 있군."—벽에서 사진을 한 장 떼내면서 그는 말을 계속했다—"내가 나가면, 이걸로 네 궁둥이를 닦아도 상관없어." 그리고 그는 나를 돌아다보며 말했다. "이 여자는 벙어리 같아. 내가 프랑스어로 말해도, 통 알아듣는 체도 하지 않네." 하녀는 입을 딱 벌리고 그 자리에 서 있었다. 틀림없이 그를 미치광이라고 생각하는 것 같다.

"이봐, 그래, 너 말이야! 이렇게……." 이렇게 말하며 반 노든은 사진을, 자기의 사진을 손에 들고 제 궁둥이를 닦는 시늉을 해보였다. "이렇게 말이야! 알겠나? 자네가 그녀를 위해 그림을 그려 줘야겠군." 그가 말하자, 나는 죽어도 싫다는 뜻으로 아랫입술을 내밀어 보였다.

하녀가 그의 물건들을 커다란 가방 속에 던져넣고 있는 것을, 그는 어쩔 수 없이 지켜보고 있었다. "자, 이것도 넣어줘." 반 노든은 칫솔과 세척용 주머니를 하녀에게 건네주었다. 그의 소지품 절반쯤이 바닥 위에 널려 있었다. 가방이 꽉 차서, 그림과 책과 반쯤 비어 있는 병 따위를 넣을 자리가 없었다.

"잠깐 앉게." 반 노든이 말했다. "시간은 충분해. 이것을 옮길 궁리를 해야겠어. 자네가 와 주지 않았다면, 나는 여기서 한 발짝도 나가지 않았을 걸세. 알다시피 나는 의지할 데라곤 없는 놈이니까. 전구를 잊지 말고 챙기라고 주의해 줘…… 모두 내 거니까. 저 휴지통도 내 거야. 돼지 같은 생활을 하면 된다고 생각하지, 이곳의 협잡꾼 녀석들은 말이야."

하녀는 끈을 가지러 아래층으로 내려갔다…….

"이제 보라고…… 이치들은 겨우 3수밖에 안 되는 끈값을 내게서 받아 내려 할 거야. 이곳 녀석들은 바지 단추 하나 다는 데도 반드시 돈을 받거든. 남의 것을 슬쩍 훔치는 이(虱)처럼 더러운 놈들이야!"

반 노든은 난로 선반에서 칼바도스 브랜디 병을 꺼내고는, 다른 병들도 꺼내라고 내게 손짓을 했다.

"이런 걸 새 집으로 가져가기도 그러니, 지금 모두 마셔 버리세. 하지만 하녀에게는 한 잔도 권하지 말게. 그 사생아에게는 휴지 한 조각도 남겨 두고 가지 않겠어. 나가기 전에 여기를 엉망으로 만들어 줘야지. 이봐…… 자네도 괜찮으면 이 바닥에 오줌을 누라고. 사무실 책상 서랍에 있는 돈을 빼돌릴 수 있으면 좋겠는데."

반 노든은 견딜 수 없을 만큼 자기에게 그리고 모든 것들에 혐오감을 느끼고, 그 감정을 어디에다 배출해야 좋을지 알지 못했다. 병을 손에 들고 침대 옆으로 다가가서 이불을 젖히고 요 위에 칼바도스를 흩뿌렸다. 그래도 성에 차지 않아 요를 구두 뒤축으로 짓밟았다. 불행히도 그의 구두 뒤축에는 진흙이 묻어 있지 않았다. 결국 시트를 잡아당겨서 구두를 닦았다.

"이렇게 해 두면 녀석들도 좀 수고를 하겠지." 반 노든은 원한이 뼈에 사무치는 표정으로 중얼거렸다. 그리고 술을 쭉 들이켜 입안 가득 머금고는, 고개를 젖혔다가 거울을 향해 뿜어냈다. "이 빌어먹을 놈들아! 내가 나가면 청소나 하라고." 그는 혼자 뭐라고 중얼거리면서 방 안을 거닐었다. 바닥에 떨어져 있는 자신의 해진 양말짝이 눈에 띄자, 집어들어 갈기갈기 찢어 버렸다. 그림도 그를 화나게 만드는 것이었다. 그것을 집어들었다―그의 친구이며 동성애자인 여자가 그려준 그의 초상화이다. 그것을 발로 짓밟았다.

"이 암캐! 뻔뻔스럽게도 이 여자가 내게 무엇을 부탁했는지 아나? 그녀는 내게, 내가 볼일을 다 본 여자를 자기에게 보내달라고 부탁했다고. 그녀를 칭찬하는 글을 신문에 실어 주었지만 1수도 보내지 않더군. 미네소타에서 온 여자를 주선해 주겠다고 내가 약속하지 않았으면 이 그림도 주지 않았을 걸세. 그녀는 그 여자에게 미쳐 있었어…… 마치 발정난 개처럼 언제나 우리를 귀찮게 따라다녔지…… 도저히 이 암캐를 따돌릴 수가 없었어! 덕분에 나는 인생이 정말 지겨워졌지. 금방이라도 그녀가 들이닥치지 않을까 겁이 나서, 여자를 이리로 불러들이기가 두려울 정도였어. 나는 도둑처럼 몰래 방으로 들어와 잽싸게 방문을 잠그곤 했지…… 그녀와 그 조지아 여자―이치들이 나를 미치게 만들어. 한 명은 언제나 암내를 풍기고 있고, 또 한 명은 언제나 굶주려 있다고. 나는 굶주려 있는 여자하고 하기가 제일 싫어. 마치 먹이를 그치의 배 속에 집어넣었다가 빼내는 것과 마찬가지잖아…… 제기랄. 그래서 생각이 났는데…… 내 그 푸른 연고를 어디에 두었더라. 그건 중요한 거야. 그런 걸 사용한 적이 있나? 가루약보다 더 지독해. 그것도 어디서 손에 넣었는지 기억이 안 나. 지난주에는 마구 여자들을 불러들였기 때문에 낱낱이 기억이 안 나. 재미있었지. 모두들 아주 신선한 냄새가 풍겨서 말이야. 그게 어떤 것인지 자네는 알겠지……."

하녀가 반 노든의 짐을 길가에 내놓았다. 주인이 언짢은 표정으로 바라보고 있었다. 짐들을 모조리 택시에 싣고 나니 한 사람밖에 탈 자리가 없었다. 차가 움직이자, 반 노든은 재빨리 신문지를 한 장 꺼내어 주전자와 냄비 따위를 쌌다. 새로 얻은 방에서는 취사가 일절 금지되어 있었다. 목적지에 도착할 무렵에는 짐들이 모두 흐트러져 있었다. 차가 도착한 때에 부인이 입구에서 고개를 내밀지 않았다면, 우리도 그다지 난처하지는 않았을 것이다.

"어머나!" 그녀는 외쳤다. "도대체 이게 다 뭐예요? 어쩔 작정이죠?"

반 노든은 너무 놀라서 "그건 내 거예요…… 내 겁니다, 부인"이라는 말밖에는 아무 생각도 떠오르지 않는 모양이었다. 이윽고 그는 나를 돌아보며 몹시 밉살스럽다는 듯이 중얼거렸다.

"이 암탉 좀 봐! 이 여자의 얼굴을 봤나? 일부러 나한테 무섭게 보이려고 하고 있다고."

호텔은 지저분한 골목 안쪽에 자리잡고 있고, 현대풍 감옥 같은 직사각형 꼴을 이루고 있었다. 사무실은 널찍하고 타일을 박은 벽이 빛을 환하게 반사하고 있는데도 아주 음울해 보였다. 창문에는 새장이 걸려 있었다. 작은 에나멜 팻말들이 곳곳에 걸려 있고, 진부한 문구로, 이런 일을 하면 안 됩니다, 그 점을 잊지 말아 주세요, 하고 손님들에게 호소하고 있었다.

사무실은 얼룩 하나 없이 깨끗하지만, 초라하고 곰팡내가 풍기고 을씨년스러웠다. 천을 씌운 의자가 철사로 연결되어 있었다. 그게 기분 나쁘게도 전기 의자를 떠올리게 했다. 반 노든이 쓸 방은 5층이었다. 계단을 올라가면서 반 노든은, 이전에 여기서 모파상이 살았다고 내게 가르쳐 주었다. 그러면서도 복도에서 이상한 냄새가 난다고 주의를 주었다. 5층에는 유리창이 몇 갠가 빠져 있었다. 우리는 잠깐 멈춰 서서 안마당 쪽에 세들어 사는 사람들을 바라보았다.

저녁 식사 때가 가까웠으므로, 사람들은 정직하게 먹고 살기 위한 벌이를 하고 있다는 증거인 그 피로하고 무기력한 표정으로 휘청거리면서 자기 방으로 돌아가는 참이었다. 창문들은 대부분 활짝 열려 있었다. 누추한 방들은, 수많은 입들이 하품을 하고 있는 것처럼 보였다. 방에 살고 있는 이들도 하품을 하거나 몸을 긁어대고 있었다. 그들은 나른한 듯이, 얼핏 보면 별다른 목적도 없이 돌아다니고 있었다. 말 그대로 미치광이들이라 할 수 있으리라.

복도를 돌아서 57호실로 가고 있으려니까, 앞쪽에서 별안간 방문이 열리더니 흐트러진 머리에 광기 어린 눈매를 한 무서운 노파가 얼굴을 내밀었다.

흠칫 놀라, 우리는 멈춰섰다. 거의 1분 가까이 우리는 움직일 힘을 잃고, 눈치 빠른 행동을 할 만한 힘마저 잃고 그 자리에 우뚝 서 있었다. 노파 뒤쪽으로 부엌 식탁이 보이고, 그 위에 갓난아기가 알몸으로 누워 있었다. 고작해야 털을 모조리 뽑힌 영계만 한 어린애이다. 노파는 옆의 구정물 통을 겨우 집어들고 앞으로 걸어 나왔다. 우리는 그녀가 지나가도록 한쪽으로 물러섰다. 방문이 닫히자 갓난아기가 날카롭게 울어댔다. 이 방이 55호실이고, 55호와 56호 사이에 변소가 있으며, 노파는 거기에 오물을 쏟아내고 있었다.

계단을 오르면서부터 반 노든은 입을 꽉 다물고 있었다. 그러나 그의 표정이 모든 것을 말하고 있었다. 그가 57호 방문을 열자, 순간적으로 나는 발광할 것 같은 감각을 맛보았다. 얇고 성근 녹색 천을 뒤집어쓴 채 45도 각도로 기울어진 거대한 거울이, 책으로 가득 찬 유모차 위쪽, 입구의 맞은편에 걸려 있는 것이다. 반 노든은 히죽 웃어 보이지도 않고, 태연히 유모차로 다가가 한 권을 집어들어 펼쳐보았다. 마치 공공도서관에 들어가 아무 생각 없이 가장 가까운 서가로 다가가서 책을 펼쳐볼 때처럼. 그와 동시에 한쪽 구석에 내팽개쳐져 있는 한 쌍의 핸들이 눈에 들어오지 않았다면, 나는 그것도 그다지 이상하다고 느끼지 않았을 것이다. 핸들은 몇 해 동안이나 거기서 선잠을 자고 있었던 것처럼, 아주 편안하고 만족스러워 보였다.

그러자 갑자기, 마치 우리가 이 방 안에 지금과 똑같은 자세로 끝없이 긴 시간 동안 서 있었던 것 같다는 생각이 들었다. 그 자세로, 두 번 다시 벗어날 수 없는 꿈속으로—조금이라도 몸을 움직이면, 눈을 한 번 깜박이기만 해도 산산이 부서져 버리는 꿈속으로 빠져드는 것처럼. 그런데 그보다 더욱 기묘한 것은, 바로 얼마 전 밤에 실제로 꾼 꿈의 기억이 별안간 떠오른 점이었다. 그 꿈속에서 나는, 지금 핸들 옆에 서 있는 모습과 똑같은 자세로 모퉁이에 서 있는 반 노든을 보았던 것이다. 다만 꿈속에서는 핸들 대신 양다리를 모으고 몸을 웅크리고 있는 한 여자가 있었다. 그는 그 여자를 내려다보며, 뭔가 강렬한 욕망을 품을 때 나타나는 그 민첩하고 탐욕스런 표정을 짓고 서 있었다.

이 장면이 연출되고 있는 길거리는 부옇고—단지 두 벽으로 만들어진 모퉁이만이 선명히 드러나 보였다. 그리고 거기에 엎드려 있는 여자의 모습도.

반 노든이 동물 같은 그 특유의 날랜 동작으로, 주위에서 무슨 일이 일어나고 있든 신경도 쓰지 않고, 나는 하고 싶은 일만을 하겠다고 결심하고 여자에게 도전하러 가는 모습이 보였다. 그의 눈은 이렇게 말하는 듯했다.
"나를 죽이겠으면 나중에 죽여도 돼. 그러나 지금은 이걸 집어넣게 해 줘, 부탁이야." 반 노든은 여자 쪽으로 몸을 웅크렸다. 두 사람의 머리가 벽에 부딪쳤다. 그는 아주 단단히 발기하여, 좀처럼 잘 되지 않았다. 갑자기 그는, 어떻게 불러들일지를 잘 알고 있는 그 싫증이 난 듯한 모습으로 일어나, 옷매무새를 바로잡았다. 떠나려 했을 때, 문득 자신의 페니스가 길에 떨어져 있는 걸 알아챘다. 그것은 잘린 빗자루만 한 크기였다. 반 노든은 태연히 그것을 집어들어, 겨드랑이에 끼었다. 그가 떠나갈 때 나는 두 개의 커다란 공, 튤립 알뿌리만 한 공이 그 빗자루에 매달려 있는 걸 알아챘다. 그가 혼잣말을 중얼거리는 소리가 들렸다.
"화분…… 화분."
웨이터가 숨을 헐떡이고 땀을 흘리며 달려왔다. 반 노든은 의아스러운 표정으로 그를 바라보았다. 이번에는 부인이 달려왔다. 그의 손에서 책을 잡아채어 유모차 안에 집어넣고는 한 마디도 하지 않고 유모차를 밀며 복도로 나갔다.
"여긴 마치 정신병원 같군." 반 노든은 난처한 듯이 미소 지으며 말했다. 아주 나약하고 뭐라고 표현할 수 없는 미소였다. 우리는 일그러진 거울이 걸려 있는 기다란 복도 끝에 서 있는 느낌이 들었다. 그리고 반 노든은 그을어서 거무스름해진 랜턴처럼 그 곤혹스러움을 휘두르면서, 복도를 왔다 갔다 하고 있었다.
그러자 여기저기서 방문이 열리더니, 손이 그를 잡아당기고 발이 그를 밀어내곤 하는 것이었다. 그가 헤매며 멀리 가면 갈수록, 곤혹스러움이 더욱 사무쳤다. 밤에 포장도로가 젖어 미끄러울 때면 자전거를 타는 사람이 랜턴을 입에 무는 것처럼, 반 노든은 그 곤혹스러움을 안고 있었다. 지저분하고 더러운 방들 속으로, 그는 들어갔다 나왔다 하고 있었다. 의자에 걸터앉으면 의자가 부서져 버리고, 가방을 열면 안에는 칫솔 한 개밖에 들어 있지 않았다. 방마다 거울이 있고, 그는 그 앞에 조심스럽게 멈춰 서서 화를 삭이며 이를 악물었다. 계속 악물고 있기 때문에, 또 낮게 신음하고 중얼거리며 불평을 하고 욕을 퍼붓기 때문에 턱이 빠져 축 늘어져 버렸다. 수염을 만지자, 턱이 바닥으로 떨어져 버렸다. 지독한 자기혐오에 사로잡혀 그 턱을 짓밟고, 커다란 신 뒤축으로 산산조각이 나도록 짓이겼다.

그동안에 짐이 옮겨졌다. 그리고 모든 게 아까보다 더욱 미치광이 짓처럼 보이기 시작했다—운동기구를 침대에 매달고 운동을 시작하자 더욱 그랬다. "나는 여기가 좋아." 웨이터에게 미소 지으면서 반 노든은 말했다. 그는 윗옷과 조끼를 벗어 버렸다. 웨이터는 어리둥절한 태도로 그를 지켜보고 있었다. 한 손에는 가방을, 다른 손에는 세척용 주머니를 들고 있었다. 나는 녹색 천이 드리워진 거울을 바라보며, 곁방에 서 있었다. 실용적인 것이라곤 하나도 없어 보였다. 곁방 자체가 아무 쓸모도 없으며, 마치 헛간에 커다란 현관이 붙어 있는 격이었다.

코미디 프랑세즈나 팔레루아얄 극장에 들어갔을 때의 느낌과 다를 바가 없다. 그곳은 골동품과 덫의, 두 팔이 달린 반신상과 왁스 칠을 한 바닥의, 화려한 촛대와 갑주를 걸친 무사의, 눈이 없는 조각상의, 그리고 유리상자 속 연애편지의 세계였다. 뭔가가 진행되고 있었다. 그러나 그것은 아무런 의미도 없었다. 가방에 넣을 자리가 없어서 반쯤 남은 칼바도스 술을 마셔 버리는 것과 비슷했다.

아까도 말했듯이, 계단을 올라가면서 반 노든은 이전에 모파상이 여기서 살았던 적이 있다고 말했다. 이 우연의 일치가 그에게 어떤 감명을 안겨 준 듯하다. 모파상이 명성을 얻게 된 그 으스스한 작품들을 낳은 곳이 바로 이 방이었다고, 그는 믿고 싶은 모양이다. "녀석들은 돼지처럼 살고 있었어. 그 쓸모없는 얼간이 녀석들은 말이야." 그는 말했다.

우리는 끈과 철사 따위로 고정시킨 한 쌍의 낡은 안락의자에 걸터앉아 있었다—앞에는 둥근 탁자가 놓여 있었다. 침대는 우리 오른쪽에 있었는데, 발을 올려놓을 수 있을 만큼 아주 가까이 있었다. 장롱이 뒤쪽 한쪽 구석에 놓여 있었다. 이 역시 손을 뻗으면 닿을 만큼 가까운 거리에 있었다. 반 노든은 더러운 빨래를 탁자 위에 내놓았다. 우리는 그 더러운 양말과 셔츠들 속에 발을 파묻고, 아주 만족스레 담배를 피웠다.

주위의 지저분한 모양이, 반 노든에게 마력을 준 모양이다. 그는 만족하고 있었다. 내가 전등을 켜려고 일어서자, 밥을 먹으러 가기 전에 카드놀이를 하자고 말했다. 그래서 우리는 창가에 걸터앉았다.

바닥에는 더러운 빨랫감이 어지러이 흐트러져 있고, 운동기구가 샹들리에에 매달려 있었다. 우리는 둘이서 하는 피나클 놀이를 두세 번 했다. 반 노든은 파이프를 치우고, 코담배를 아랫입술 안쪽에 가득 밀어넣었다. 이따금 창밖으로 침을 탁 뱉었다. 갈색을 띤 건강한 타액이다. 그것이 아래의 포장도로에 떨어지는 소리가 들렸다. 지금 그는 아주 만족하고 있는 듯했다.

"미국에 있을 때에는" 반 노든은 말했다. "이런 데서 살게 되리라고는 꿈에도 생각지 못했을 거야. 내가 떠돌이 생활을 하던 때조차 여기보다 나은 데서 잤다고. 그런데 여기서는 이게 당연한 일인 모양이야—자네가 애독하는 작품과 닮았어. 만일 저쪽으로 돌아가면 나는 이러한 생활은 깨끗이 잊어버릴 거야. 악몽을 잊어버리는 것처럼 말이야. 나는 아마도 미국을 떠나던 때와 똑같은 생활을 다시 시작하겠지…… 돌아간다면 말이야. 이따금 나는 옛날 꿈을 꾸곤 해. 그게 어찌나 선명한지, 지금 내가 어디에 있는가를 확인하려고 무심코 몸을 흔들어 보곤 한다고. 옆에 여자가 있을 때는 더 그래. 여자에게는 무엇보다도 내 마음을 분리시키는 힘이 있으니까. 내가 여자에게 바라는 건 그것뿐이야—나 자신을 잊는 일이지. 이따금 공상 속에 깊이 빠져들어서 여자의 이름도, 어디서 데리고 왔는지도 떠올릴 수 없을 때가 있어. 이상한 일이지. 아침에 눈을 떴을 때 옆에 발랄하고 따스한 육체가 있는 건 기분 좋은 일이야. 기분이 산뜻해져. 정신적인 무엇인가 있지…… 여자가 사랑이니 뭐니 하는 쓸모없는 말을 늘어놓기 전까지는 말이야. 여자들은 왜 그렇게 하나같이 사랑타령만 할까? 자네는 아나? 여자들이란 껴안고 기분 좋게 해주는 것만으로는 모자라는 모양이야…… 사람의 영혼까지 원한다구……."

그런데 반 노든의 독백 속에 곧잘 등장하는 이 영혼이라는 말이, 처음에는 나에게 이상한 효과를 안겨 주었다. 그의 입에서 영혼이라는 말이 튀어나오면 나는 언제나 발작적으로 흥분했다. 어쩐지 그것이 위조지폐처럼 생각되었다. 그 말이 대개는 그의 입가에 흘러내리는 갈색 침과 함께 튀어나오기 때문에 더욱 그랬다. 내가 언제나 그의 코앞에서 마구 웃어 대므로, 이 말이 튀어나오면 반 노든은 내가 킬킬 웃어 댈 때까지 입을 다물고 기다렸다. 그리고 아무 일도 없었던 것처럼 시치미를 떼고 다시 독백을 계속하며, 그 말을 더욱 자주 사용하는 것이었다.

그때마다 더욱 사랑스러운 듯이 힘을 주어 말했다. 여자들이 붙잡으려 한 것은 그라는 영혼이라는 점을, 반 노든은 내게 분명히 말했다. 그것을 몇 번이고 되풀이해 설명했다. 하지만 되풀이할 때마다 마치 그 강박관념에 사로잡힌 편집증환자처럼, 다시 영혼으로 되돌아가는 것이었다.

어떤 뜻에서, 반 노든은 미치광이다. 나는 그렇게 확신한다. 그의 단 하나뿐인 두려움은 고독하게 남겨지는 것이다. 이 두려움이 너무 뿌리 깊고 집요하기 때문에, 그는 여자 위에 올라타 있을 때나, 삽입하고 있을 때조차 스스로 만들어낸 이 감옥에서 벗어날 수 없는 것이다.

"나는 온갖 것을 시도해 봐." 그는 설명한다. "때로는 수를 세어 보기도 하고, 철학 문제를 생각하기도 한다고. 하지만 잘 안 돼. 마치 나라는 인간이 둘이고, 그 가운데 한 명이 계속 나를 감시하고 있는 것 같아. 나는 자신에게 참을 수 없이 화가 나서, 자신을 죽여 버리고 싶어진다고…… 어떤 면에서는 오르가슴에 이를 때마다 그것을 되풀이하고 있다고 할 수 있지. 순간적으로 나는 자기를 망각해. 그때는 또 한 명의 나도 없어…… 아무것도 없어…… 여자조차 존재하지 않아. 영성체를 할 때 같아. 성실하다는 의미야. 그 뒤 잠깐 아름답게 반짝이는 정신적 빛에 감싸여 있지…… 어쩌면 그 상태가 끝없이 계속될지도 몰라—그건 아무도 알 수 없지만 말이야. 만일 옆에 여자가 있고, 관수기가 있고, 물이 흐르고 있다는 사실만 없다면 말이야…… 이런 쓸모없는 일들이 모두 더는 배겨낼 수 없을 정도로 나를 의식하게 하고, 절망스럽도록 고독하게 만든다고. 그러한 순간적인 해방감을 맛보고 있는 동안, 사랑이니 연애니 하는 잠꼬대 같은 소리에 귀를 기울여야 하다니…… 그것이 이따금 나를 미치광이처럼 만들어 버린다고…… 대뜸 여자를 걷어차 버리고 싶어지거든…… 실제로 가끔 걷어차기도 해. 하지만 여자는 그 정도로 물러나지 않아. 사실 여자는 그걸 좋아한다고. 여자를 무시하면 할수록 여자는 뒤를 쫓아오거든. 여자에게는 뭔가 고집스러운 데가 있어…… 여자들은 모두 마음속으로는 마조히스트라고."

"그러면 자네가 여자에게서 구하는 것은 뭔가?" 나는 묻는다.

반 노든은 양손을 만지작거리기 시작한다. 아랫입술이 축 늘어진다. 완전히 좌절한 표정이다. 이따금 더듬거리면서 짤막한 말을 하는 경우도 있지만,

그때는 그 말 뒤에 어쩔 수 없는 무능함이 숨어 있다는 자각이 따라붙어 있다.

"나는 나 자신을 여자에게 모조리 넘겨 줄 수 있으면 좋겠다고 생각해." 그는 말한다. "나 자신으로부터 나라는 것을 여자가 끌어내어 주기를 바라고 있지. 그런데 그러려면 여자가 나보다 뛰어나야 한다고. 사상을 갖고 있어야 해. 단지 여자라는 사실만으로는 안 된다고. 내게는 그러한 여자가 필요해. 그런 여자 없이는 살아갈 수 없어. 어떤가, 그러한 여자를 찾아 주지 않겠나? 찾기만 한다면, 내 일자리를 자네에게 넘겨주겠네. 그렇게만 되면 내 신상에 무슨 일이 일어나든 상관없어. 일자리도 친구도 책 따위도 필요없어. 이 땅에서 나 자신보다 더 중요한 게 있다는 것을, 여자가 내게 믿도록 해 주기만 하면, 그것으로 충분해. 제기랄, 나는 내가 미워! 하지만 그 보잘것없는 여자들은 더 밉다고—어느 여자든 아무 쓸모도 없으니까."

"내가 스스로를 사랑하고 있다고 자네는 생각하지." 반 노든은 이야기를 계속한다. "그렇다면 자네는 나라는 사람을 거의 알지 못하는 거야. 나는 나 자신을 대단한 인물이라고 생각해…… 내게 뭔가가 없다면, 이따위 문제는 생각하지도 않았을 걸세. 그러나 나를 엉망으로 만들고 있는 것은, 나 자신을 분명히 표현할 수 없다는 점이야. 사람들은 나를, 여자 엉덩이만 쫓아다니는 호색한이라고 생각하지. 이야말로 녀석들이 얼마나 천박한가를 말해 주는 증거야—그 이른바 지식인이라는 녀석들 말이야. 그치들은 온종일 카페 테라스에 앉아서 심리적 되새김질이나 하고 있지…… 흠, 이건 나쁘지 않은데—이 심리적 되새김질이라는 말은 적어 두게. 다음 주 칼럼을 쓸 때에 사용할 테니…… 그런데 자네는 슈테켈(빈의 정신분석학자, 프로이트의 제자. 1858~1940)을 읽어 봤나? 조금은 읽어 볼 만하던가? 내게는 단순한 증상의 기록 정도로밖에는 생각되지 않더군……나도 분석의(分析醫)를 찾아가야 할 정도로 신경이 곤두섰으면 좋겠는데…… 물론 훌륭한 분석의여야 하지만 말이야. 자네의 친구 보리스처럼 턱수염을 길게 기르고 프록코트를 걸친 인색한 변호사 같은 녀석을 만나는 건 딱 질색이야. 자네는 그런 녀석들을 잘도 참아내더군. 지긋지긋하지 않은가? 자네는 누구하고나 이야기를 하더군. 자네는 까다로운 이야기를 하지 않으니까. 자네 태도가 옳을지도 몰라. 나도 무턱대고 남의 흠을 들추어내지 않았으면 좋겠는데. 하지만 돔 주위를 헤매는 그 지저분하고 인색한 유대인들 말이야, 녀석들을 보면 나는 신물이 난다고. 녀석들이 하는 말은 교과서와 다를 게 없어. 매일 자네와 이야기할 수 있다면, 나는 이 가슴속에서 많은 생각을 끌어낼 수 있을 거야. 자네는 이야기를 들어 주는 데 능숙하니까. 자네가 나에 대해 이러쿵저러쿵 말하지 않고 참고 있다는 건 알아. 게다가 자네는 발전시킬 만한 이론을 하나도 갖고 있지 않지. 아마 나중에, 자네가 갖고 있는 그 공책에 이를 적으리라고 생각하지만 말이야. 알겠나. 나에 대해 자네가 뭐라고 말하든 상관없지만, 호색한이라고 말하지는 말아 주게—너무 단순해. 머지않아 나는 나 자신과 내 생각에 관한 책을 쓸 거야. 단순한 내성적·분석적인 작품이 아니라…… 나 스스로를 수술대 위에 올려놓고, 내장을 송두리째 드러내어 폭로할 작정이야…… 온갖 불결한 것을. 지금까지 그런 일을 한 사람은 아무도 없을 거야—대체 자네는 무엇이 우스운가. 유치하게 들리나?"

내가 웃는 까닭은, 그가 언젠가 집필할 작정이라는 이 책 이야기가 나오면, 사태가 반드시 이상하게 어색한 양상을 띠어가기 때문이다. 반 노든은 단지 '내 책'이라고밖에 말하지 않지만, 그 순간 세계가 반 노든 상점이라는 개인적 차원으로 수축하는 것이다. 그 작품은 반드시 독창적이고 반드시 완벽해야 했다. 그 밖에도 여러 가지 사정이 있는데, 그 때문에 그는 선뜻 펜을 들지 못하는 것이다.

어느 한 가지 관념을 생각해 내면, 반 노든에 대해 철저히 의문을 갖기 시작하는 것이다. 도스토옙스키나 함순(노르웨이 소설가)이나 다른 누군가가 이미 사용했음을 그는 생각해 낸다. "나는 그들의 작품보다 더 나은 걸작을 쓰고자 하는 게 아니라, 그들과 다른 것을 쓰려는 거야." 그는 설명한다. 그래서 작품을 쓰지 않고, 다른 작가들의 작품들을 모조리 독파하여, 자신이 그들의 사유재산을 짓밟는 일이 없도록 확실히 해 두려는 것이다.

게다가 많이 읽으면 읽을수록 반 노든은 경멸적이 된다. 어느 작가에게도 만족하지 않는다. 그가 자기에게 설정한 고도의 완벽에까지 도달한 작가는 한 사람도 없다. 그래서 자신은 아직 작품을 한 토막도 쓰지 않았다는 점은 까맣게 잊고, 그 작가들을 위에서 내려다보는 거만한 어조로 평가하는 것이다. 마치 자기가 지은 작품이 수십 권쯤 있고 또 많은 사람들이 그것을 잘 알고 있기 때문에, 새삼스레 작품성을 말할 필요도 없다는 듯한 어조이다.

이와 관련하여 반 노든은 분명히 거짓말을 한 적은 한 번도 없다. 그럼에도 자신의 개인적인 철학이나 비평, 불만 따위를 털어놓기 위해 그가 억지로 붙들고 있는 사람들은, 당연히 그의 종잡을 수 없는 말 뒷면에는 구체적인 작품이 존재한다고 생각해 버린다. 자작시를 읽어 준다는 핑계로, 혹은 더 그럴 듯하게 지혜를 얻고 싶다는 따위의 달콤한 말을 하면서 반 노든이 방 안으로 들이는 젊고 어리석은 처녀들이 특히 그렇다. 죄악감이나 자의식 따위는 전혀 느끼지 않으며, 그는 몇 줄 갈겨쓴 지저분한 종이 한 장을 그녀들에게 건네준다—신작의 구상이라고 설명한다—그리고 심각한 듯한 표정으로 그녀들에게 솔직한 의견을 들려 달라고 요구하는 것이다.

대개 여자들은 비평이라고 할 것도 없이, 그 시의 완전한 무의미성에 아연한다.

그러면 반 노든은 그 기회를 놓칠세라, 도도히 자기의 예술관을 펼쳐간다. 예술관이라고 해도, 그것이 생각나는 대로 그 자리에서 꾸며낸 것임은 말할 것도 없다. 그가 이 역할의 전문가가 되어 버린 지금은, 에즈라 파운드의 시(詩)에서 침대로의 이동이, 한 음계에서 다른 음계로 바뀌는 조바꿈과 마찬가지로 아주 간단하고 자연스럽게 이루어지고 있다.

실제로 그게 이루어지지 않으면 불협화음처럼 되어 버리는 것이다. 그런데 그러한 일이 이따금 일어난다. 그가 '봉'이라고 부르는 그 얼간이 같은 여자들에게 실패를 저지르는 경우이다. 물론 그는 성격적으로 그렇긴 하지만, 이러한 종류의 치명적인 판단 실수를 굳이 입 밖에 내지 않는다. 하지만 자기가 나서서 이러한 실패를 털어놓기 시작하면, 무엇 하나 감추지 않는다. 실제로 그는 자신의 서투른 솜씨를 장황하게 늘어놓는 데에서 짓궂은 쾌감을 느끼고 있는지도 모른다.

이를테면 그럭저럭 10년 동안이나 반 노든이 자기 것으로 만들려고 애써 온 한 여자가 있다—처음에는 미국에서, 마지막에는 이 파리에서. 그가 성실하고 친밀한 관계를 유지하고 있는 유일한 이성이다. 그들은 서로 좋아할 뿐만 아니라, 서로 이해하고 있는 듯하다. 처음에는 만일 반 노든이 이 여자를 정말로 붙잡을 수만 있다면 그의 문제도 해결될 것이라고 나는 생각했다. 잘 결합될 수 있는 모든 요소가 갖추어져 있었던 것이다—오직 근본적인 요소를 제외하고는.

베시는 베시대로, 그 못지않게 독특했다. 남자에게 몸을 허락하는 일 따위는 식후 디저트 정도로밖에 생각하지 않았다. 대개 그녀는 자기가 상대를 고르고 먼저 가서 프러포즈했다. 못생기지는 않았지만 미인도 아니었다. 늘씬한 몸매였다. 베시의 가장 큰 매력은 그것이었다―그리고 그녀는 그것을 좋아한다고 모두들 말했다.

두 사람은 무척 사이가 좋으며, 때로는 베시의 호기심을 만족시키기 위해 (그와 동시에 거친 면을 보임으로써 그녀를 흥분시키려는 헛된 희망 때문에) 반 노든은 밀회를 하는 동안 그녀를 벽장 속에 숨겨 두곤 했다.

그것이 끝나면 베시는 숨어 있던 곳에서 나와 아무렇지도 않은 태도로, 즉 '기술' 말고는 전혀 흥미가 없다는 듯한 표정으로, 그를 상대로 담론하는 것이다. 기술이란 그녀가 애용하는 말의 하나이다. 적어도 그러한 담론에서 내가 흥미롭게 경청할 특권을 누린 말 가운데 하나이다.

"내 기술이 어디가 서툴단 말이야?" 반 노든은 말한다. 그러면 베시는 언제나 이렇게 대답한다. "당신은 너무 서툴러요. 나를 기쁘게 해 주려면 좀더 섬세해져야 해요."

방금 말한 것처럼 두 사람 사이에는 아주 완전한 이해가 이루어져 있었으므로, 내가 1시 반에 반 노든을 찾아갈 때면 베시가 침대에 걸터앉아 있는 모습을 자주 보곤 했다. 이불이 젖혀져 있고, 반 노든이 문질러 달라며 그녀를 유혹하고 있다…… "잠깐만 가볍게 어루만져 줘." 그는 언제나 말한다. "그러면 나는 일어날 용기가 생긴다고." 아니면 페니스를 입김으로 불어 달라고 재촉할 때도 있다. 해주지 않으면, 그는 자신의 페니스를 쥐고 식사 시간을 알리는 종처럼 흔들어 댄다. 그리고 두 사람은 배꼽이 빠져라 웃어 댄다.

"나는 이제 이 여자하고는 절대로 안 해." 반 노든은 말한다. "나를 조금도 존경하지 않아. 내가 이 여자를 믿고 스스로 비밀을 털어놓은 결과가 이거라고." 그리고 느닷없이 그는 덧붙인다. "어제 자네한테 보여준 그 금발여자 말이야, 그녀를 자네는 어떻게 생각해?" 물론 베시를 향해 하는 말이다. 그러면 베시는 그를 비웃으며, 당신에겐 취향이란 게 없군요, 하고 단정해 버린다.

"흥, 그런 말은 내게는 효과가 없어." 반 노든은 언제나 말한다. 그리고 시시덕거리며 말한다—이미 수천 번은 더 말했을 것이다. 왜냐하면 이 말은 두 사람 사이의 상투적인 농담으로 굳어 있었기 때문이다—"이봐, 베시, 빨리 한 번 하는 거 어때? 아주 짧게…… 싫은가?" 이 농담이 언제나처럼 지나가면 그는 똑같은 어조로 덧붙인다. "그럼 이 남자하고는 어때? 왜 당신은 이 남자와는 자지 않지?"

베시의 특이한 점은, 그녀가 자신을 단순한 성교 상대로 여기지 않으며 남들에게도 그렇게 여기게끔 한다는 점이다. 그녀는 마치 멋있는 새로운 단어라도 되는 것처럼 정열에 대해 이야기한다. 그리고 모든 일에, 성교처럼 보잘것없는 일에까지 정열적이다. 거기에 정신을 집중하지 않고는 못 배기는 것이다.

"나도 때로는 정열적이라고." 반 노든은 말한다.

"허, 당신이." 베시가 말한다. "당신은 닳아빠진 호색가일 뿐이에요. 정열의 의미도 알지 못해요. 당신은 발기하면 정열적으로 되었다고 생각하고 있다구요."

"하긴 그건 정열이 아닐지도 몰라…… 그러나 정열적으로 되면 발기하지 않을 수 없어. 이건 진리야. 안 그래?"

베시에 대한 이러한 일들, 그리고 반 노든이 밤이나 낮이나 방으로 불러들이는 다른 여자들 일이 레스토랑으로 걸어가는 내 머리를 점령한다. 나는 그의 독백에 대해서는 아주 교묘하게 스스로를 조절한다. 그래서 나 자신의 환상을 멈추는 일 없이, 요구하면 그의 목소리가 사라지자마자 어떤 의견이든 자동적으로 말할 수 있는 것이다. 말하자면 이중창이다. 더욱이 내가 노래할 차례를 알려 주는 신호에만 대비하여 주의 깊게 귀를 기울이는 이중창 같은 것이다.

반 노든이 비번인 밤이어서 그와 함께 있어 주기로 약속했기 때문에, 나는 이미 그의 질문에 대답하느라 머리가 멍해져 있었다. 저녁 해가 채 저물기도 전에 기운이 완전히 빠져 버린 것을 스스로 느낄 수 있었다. 운이 좋으면, 요컨대 뭐라고 핑계를 대어 그에게서 몇 프랑 뜯어 낼 수만 있으면, 그가 변소에 가자마자 도망가 버리겠는데. 그러나 반 노든은 내가 도망가는 버릇을 알고 있으므로, 창피를 당하는 대신 지갑을 단단히 지킴으로써 그러한 가능성을 경계했다.

내가 담배를 사올 테니 돈을 달라고 하면, 그는 함께 사러 가겠다고 고집을 부린다. 1초도 혼자 있지 않으려고 조심하는 것이다. 그가 여자를 채어 오는 데 성공했을 때에도, 그는 혼자 있기를 두려워한다. 할 수만 있다면, 여자와의 행위 중에도 나를 방 안에 앉혀 두고 싶을 것이다. 면도를 할 때에도 옆에 있어 달라고 내게 부탁하고 싶을 것이다.

반 노든은 근무를 하지 않는 날 밤에는 대개 돈을 마련하여 주머니에 적어도 50프랑은 갖고 있었다. 그리고 상황이 허용하는 한, 가망이 있어 보이는 사람을 만나면 반드시 말을 걸어본다.

"아아." 반 노든은 말한다. "20프랑만 주지 않겠나…… 필요해서 그래." 그러면서 그는 당황해서 어쩔 줄 모르는 체하는 수법을 쓴다. 거절하면, 그는 훨씬 더 뻔뻔스러워진다. "그래, 그래도 하다못해 술 한 잔쯤은 사줄 수 있겠지?" 술을 얻어먹으면, 그는 다시 정중하게 말한다—"그럼 5프랑만 주게…… 2프랑도 좋아……" 이렇게 해서 언제나 몇 프랑씩 쌓아가는 것이다.

쿠폴에서 우리는 신문사에서 일하는 주정뱅이 친구와 마주쳤다. 위층에서 일하는 이들 가운데 한 명이다. 방금 회사에서 사고가 있었다고 그는 우리에게 알려 주었다. 교정을 보는 사내가 엘리베이터 아래로 떨어졌는데 중상을 입어 살아날 가망이 없다는 것이다.

처음에 반 노든은 깜짝 놀란다. 심각한 표정을 짓는다. 그러나 그 사람이 영국인인 페코버임을 알자, 안심한 표정이 된다. "가엾은 녀석이군." 그가 말한다. "그 사나이는 살아 있기보다는 죽는 편이 더 행복해. 그치도 얼마 전에 의치를 해 넣었는데……."

의치 얘기가 나오자, 위층 사나이는 마음이 뒤흔들려 눈물을 글썽였다. 그는 울먹이면서 그 사건에 얽힌 이야기를 했다. 그는 그 일 때문에 마음이 어지러웠다. 그 참사보다도 이 사소한 사건이 더 속상한 것이다. 페코버는 엘리베이터 아래로 떨어졌을 때, 사람들이 구조하러 달려오기 전에 의식을 되찾은 모양이었다. 양다리와 갈비뼈가 부러졌는데도, 가까스로 몸을 일으켜 엉금엉금 기면서 의치를 찾느라 손으로 사방을 더듬었다. 구급차 안에서도 헛소리를 하며, 잃어버린 의치를 찾아야 한다고 외쳤다. 이 일화는 가엾은 이야기지만, 동시에 우스꽝스럽기도 했다.

위층 사나이는 이 이야기를 하면서 웃어야 좋을지 울어야 좋을지 알 수 없는 모양이었다. 정말로 미묘한 순간이었다. 왜냐하면 이런 술주정뱅이를 상대하다가 자칫 서투르게 대응했다가는 머리를 병으로 얻어맞을 위험이 있기 때문이다. 이 사나이는 페코버와 특별히 친했던 것은 아니다—실은 교정부에는 별로 발을 들인 적이 없었다. 아래층 사람들과의 사이에는 눈에 보이지 않는 벽이 있었던 것이다.

그런데 지금 그는 페코버가 죽은 데 감동하여 동료 정신을 나타내고 싶은 것이다. 되도록이면 자신이 착실한 인간임을 보이기 위해 울고 싶었던 것이다. 그런데 페코버를 잘 알고 있을 뿐만 아니라 그가 대단한 가치도 없는 인간이었다는 점까지 알고 있는 조와 나는, 비록 겨우 두세 방울뿐인 눈물이라도 아무튼 이 술주정뱅이가 감상적으로 나오는 데에는 좀 난처해졌다. 그에게 사실대로 말해 주고 싶어도, 상대가 이런 사내다 보니 무심코 정직하게 말할 수가 없었다. 화환을 사들고 장례식에 가서 갸륵하다는 표정을 짓고 있어야 하리라.

또한 그가 쓸 아주 잘 쓴 사망 기사를 칭찬해 주어야 하리라. 그는 몇 달이나 그 기사를 들고 돌아다니며, 이 사태에 맞닥뜨려 그가 취한 조치를 자화자찬하리라. 우리, 조와 나는 오랫동안 한마디도 하지 않았지만 그러한 것을 느끼고 있었다. 우리는 거기에 가만히 서서 조용한 경멸을 느끼며 그의 말을 듣고 있었다. 달아날 수 있는 기회가 생기자마자 우리는 재빨리 그 자리를 떠났다. 그곳 바에서 술잔 위로 고개를 숙이고 엉엉 우는 그를 남겨두고.

주정뱅이에게 보이지 않을 지점까지 달려와 우리는 요란하게 웃어 댔다. 의치라니! 그 가엾은 녀석에 대해 우리가 뭐라고 지껄여 대든, 또한 그에 대해 아무리 좋게 말하든 간에, 이야기는 반드시 의치 쪽으로 되돌아왔다. 세상에는 죽음마저 우스꽝스레 느껴질 만큼 우스꽝스런 인물로 여겨지는 인간이 있는 법이다. 죽는 모습이 끔찍하면 끔찍할수록 그들은 우스꽝스럽게 보인다. 죽는 순간에 조금이나마 엄숙한 느낌을 주려 해도 소용없다—그들의 죽음에서 조금이나마 비극적인 면을 찾아내려면 거짓말쟁이가 되거나 위선자가 되어야 한다.

게다가 지금은 체면을 차릴 필요가 없으므로 우리는 그 사건을 실컷 비웃어 줄 수 있었다. 밤새도록 우리는 웃었다. 그리고 위층 녀석들에 대한 경멸과 혐오의 말을 퍼부었다. 페코버는 좋은 인간이며 그의 죽음은 가슴 아픈 비극이라고 억지로 생각하려 하는 얼간이 녀석들. 온갖 우스운 기억이 머리에 떠올랐다―페코버는 곧잘 세미콜론을 빠뜨렸고, 그 때문에 녀석들은 그에게 마구 욕을 퍼부었다. 녀석들은 그 하잘것없는 세미콜론이나, 언제나 바보짓만 하는 사소한 점을 웃음거리로 삼아 그의 인생을 비참하게 만든 것이다.

한번은 술냄새를 풍기며 출근했다는 이유로 페코버를 해고하려 한 적도 있다. 회사 사람들은 그가 언제나 청승맞은 모습을 하고 있고, 습진과 비듬 투성이라는 이유로 그를 경멸했다. 그들에게 페코버는 한낱 머저리에 지나지 않았다. 그런데 그가 죽자 그치들은 한달음에 달려와서 커다란 화환을 사다 놓고, 사망 광고란에 굵은 활자로 그의 이름을 실어 주는 것이다. 조금이라도 자기들을 명예롭게 만들 거리가 있으면, 그리고 할 수만 있다면, 그치들은 페코버를 큰 인물로까지 추어올렸을 것이다. 그러나 페코버에게는 불행한 일이지만, 그에게는 꾸며 낼 만한 거리가 하나도 없었다. 말 그대로 아무것도 없었다. 그가 죽었다는 사실조차도, 그의 이름에 무엇 하나 덧붙일 수 없었다.

"그래도 좋은 면이 딱 한 가지 있네." 조는 말했다. "녀석의 일자리를 자네가 맡을 수 있잖아. 그리고 자네에게 운이 따르면, 엘리베이터 구멍으로 떨어져 자네도 목뼈를 부러뜨리게 될지도 몰라. 그러면 우리는 자네에게 멋있는 화환을 사줄 거야. 약속하지."

새벽녘까지 우리는 돔의 테라스에 앉아 있었다. 우리는 이미 불쌍한 페코버 따위는 까맣게 잊고 있었다. 네그르 무도장에서 조금 흥분하여, 조의 머리는 어느 틈에 그의 영원한 관심사인 여자 생각 쪽으로 되돌아가 있었다. 비번인 날 밤이 그럭저럭 끝나가는 이 시각이면 그의 불안감은 최고조에 이른다. 반 노든은 초저녁에 스쳐 지나간 여자들과, 그가 싫증을 느끼지만 않는다면 오직 그만의 정부가 되어 달라고 부탁할 수 있었을 몇몇 여자들을 생각한다. 그는 으레 그 조지아 여자를 생각한다―그녀는 요즘 그를 쫓아다니며 자신을 돌보아 달라고, 일자리를 찾을 때까지만이라도 좋다고 부탁하고 있었던 것이다.

"이따금 밥을 먹여주는 건 상관없지만 말이야," 반 노든은 말한다. "그러나 그녀만을 특정한 상대로서 떠맡을 수는 없어…… 그녀 때문에 다른 여자들과의 즐거움이 망가져 버리니까."

반 노든이 무엇보다도 넌더리 내는 것은, 그녀가 살집이 전혀 없다는 점이다. "마치 해골을 껴안고 자는 것 같다고." 그는 말한다. "지난번 밤에 그녀를 데리고 잤어—너무 가엾어서 말이야—그런데 그 정신 나간 게 무슨 짓을 저질렀는지 아나? 거기를 깨끗이 면도해 버렸더군…… 음모가 하나도 없어! 거기를 면도해 버린 여자하고 자본 적이 있나? 기분 나쁘다고. 그리고 우스꽝스러워. 정말 미치광이 같아. 전혀 그것 같이 보이질 않아. 죽은 대합 같더라고."

반 노든은 호기심이 생겨, 침대에서 내려와 손전등을 찾았을 때의 상황을 설명해 주었다. "벌리고 있으라 하고 손전등으로 그걸 비춰 보았다고. 그때 내 모습을 자네가 봤어야 해…… 희극이 따로 없었지. 나는 그녀가 있다는 걸 완전히 잊어버릴 만큼 그것에 열중해 버렸어. 지금까지 그토록 진지하게 여자의 그 부분을 들여다본 적은 없어. 그런데 보면 볼수록 그것에 대한 흥미가 사라져 버리더군. 결국 거기에는 아무것도 없다는 걸 알게 되었을 뿐이야. 특히 면도를 한 경우에는 말이야. 그것을 신비로워 보이게 하는 건 음모라고. 조각상을 보고 냉정하게 있을 수 있는 건 그 때문이야. 나는 딱 한 번 정말로 음부가 있는 조각상을 본 적이 있어—로댕의 작품이야. 자네도 언제 한 번 보라고…… 그 조각상 여자는 양다리를 크게 벌리고 있어…… 머리는 없었던 것 같아. 평범한 음부일 뿐이라고 자네는 말할지도 몰라. 하지만, 제기랄, 그걸 보니 섬뜩하더군. 사실—여자는 다 거기서 거기야. 옷을 입고 있는 여자를 보면 온갖 상상을 하지. 개성이 있다고 누구나 생각하지만, 당연히 그런 건 있지도 않아. 다리 사이에 째진 데가 있을 뿐이라고. 거기에 남자들은 모두 미치지—그런데 아무도 그것을 자세히 들여다보지 않아. 그게 거기에 있다는 걸 알고, 단지 그 속에 '총대'를 찔러 넣으려는 생각뿐이야. 마치 페니스가 대신 생각해 주는 격이지. 그런 건 환상이야! 무(無)를 향해 열을 올리고 있는 거라고…… 풀로 뒤덮인, 또는 풀이 없는 째진 곳에 미쳐 있는 거야. 내가 그것을 들여다보는 게 그토록 좋았던 것도, 그것이 절대로 무의미하기 때문이야. 10분 동안, 아니면 더 오랫동안 차분히 그것을 살펴봤어야 했다고 생각해. 그러한 태도, 냉정한 태도로 그것을 보고 있으면 이상한 생각이 떠오른다고. 성을 신비롭다고 생각하지만, 그게 무(無)라는 걸 발견하는 셈이야—그냥 공백일 뿐이야. 그 속에서 하모니카나 달력을 발견하면 재미있겠지. 그런데 거기에는 아무것도 없어…… 전혀 아무것도 없어. 구역질난다고. 나는 머리가 돌아 버릴 것 같았어…… 알겠나, 그 다음에 내가 어떻게 했는지 알겠어? 재빨리 한탕 끝내고는 등을 홱 돌렸어. 정말이야. 나는 책을 집어들고 읽었지. 책에서는, 아무리 쓸모없는 책이라도 무엇인가를 얻을 수 있어…… 하지만 음부는, 그저 시간 낭비에 지나지 않아……."

반 노든이 이 이야기의 결론을 내릴 무렵, 우연히 한 매춘부가 우리를 주목했다. 그러자 그는 불쑥 말했다. "저 여자와 자 주면 어떤가? 별로 비싸지 않아…… 우리 같으면 둘을 동시에 떠맡을 거야." 그리고 대답도 듣기 전에 비틀거리면서 일어나 여자 쪽으로 다가갔다. 곧 되돌아왔다. "결정됐어." 그는 말한다. "그 맥주병을 따 버려. 저 여자는 배가 고프다고. 이런 시각에는 어쩔 수 없지…… 우리 둘 합쳐 15프랑만 내면 된다는군. 내 방으로 가세…… 그래야 싸게 먹힌다고."

호텔로 가는 도중에 여자가 사시나무 떨듯 해서 우리는 걸음을 멈추고 그녀에게 커피를 사 주어야 했다. 그녀는 유순한 성격의 여자이며, 겉모습도 그다지 나쁘지 않았다. 분명히 반 노든을 알고 있고, 그에게서 15프랑 말고는 아무것도 기대할 수 없다는 것도 알고 있었다.

"자네는 한 푼도 갖고 있지 않지?" 반 노든은 숨을 죽이고, 내게 작은 목소리로 말했다. 나는 주머니에 1상팀도 갖고 있지 않으므로, 이상한 질문을 다 한다고 생각하고 있는데, 드디어 그가 웃기 시작했다.

"잘 듣게, 우리는 파산 상태야. 방에 들어가서 쓸데없는 인정미를 발휘할 건 없어. 이치는 자네에게 따로 얼마 더 달라고 조를 속셈이니까—나는 이 여자를 알고 있어! 내가 부탁하면 이 여자는 10프랑에 해 준다고. 이치들을 기어오르게 만들면 이로울 게 없어……."

"짓궂군요, 저분은." 그녀는 그가 영어로 말한 낱말들을 단편적으로 추측하여, 울적한 어조로 내게 말했다.

"아냐, 짓궂지 않아. 아주 상냥해."

그녀는 웃으면서 고개를 저었다. "나는 잘 알고 있어요, 어떤 사람인지." 그러고는 그녀는 병원에서의 일과 밀린 방세 이야기, 시골에 있는 갓난아기 이야기 등 애처로운 사연을 풀어 놓았다. 하지만 그녀는 과장하지는 않았다. 우리가 귀를 막고 있는 것을 알고 있었기 때문이다.

그러나 그녀의 가슴속에는 비참함이 돌덩이처럼 자리잡고 있어서 다른 것을 생각할 여유가 조금도 없었던 모양이다. 우리의 동정심에 매달리려는 것은 아니었다—가슴속의 무거운 돌을 다른 곳으로 옮기려 하고 있을 뿐이다. 나는 왠지 이 여자가 좋아졌다. 제발 이 여자가 병을 갖고 있지 않기를……

방에 들어가자 그녀는 기계적으로 준비를 했다. "빵은 한 조각도 없나요?" 세척기 위에 쭈그리고 앉아서 물었다. 반 노든은 웃음으로 대답했다. "이봐, 한 잔 마셔." 그는 그녀에게 술병을 흔들어 보였다. 그녀는 마실 것은 아무것도 원하지 않았다. 벌써부터 위가 아프다고 투덜거렸.

"이게 이 여자가 언제나 쓰는 수법이야." 반 노든은 말했다. "괜히 걸려들어 동정하지 말라고. 여전하군, 이 계집은. 무슨 다른 얘기라도 하면 좋겠는데…… 쫄쫄 굶은 여자를 안을 때, 대체 어떻게 하면 정욕을 조금이라도 더 타오르게 할 수 있을까."

정말 그렇다. 우리는 모두 전혀 욕망을 느끼지 않았다. 여자 쪽 역시, 이 여자가 정욕의 불꽃을 드러내 보이기를 기대하는 것은 다이아몬드 목걸이를 낳기를 기대하는 것이나 마찬가지이다. 그러나 15프랑이 걸려 있다. 그러니까 어떻게든 해야 한다. 전쟁과 마찬가지이다. 전쟁 상태에 빠져든 순간부터는 아무도 평화 말고는 생각하지 않으며, 그것을 극복하는 일만 생각한다. 그런 주제에 무기를 버리고, "이제 충분하다…… 나는 두 손 들었다"고 말할 용기는 아무도 갖고 있지 않다. 그렇다, 15프랑은 어디엔가 존재하지만 이미 아무도 수선을 피우지 않고, 어떻게든 마지막에 그것을 손에 넣으려 하는 자도 없다. 15프랑이 사물의 주요한 목적처럼 되어 버려 제 마음의 목소리에 귀를 기울이기보다는, 또는 주요한 목적을 향해 나아가기보다는, 오히려 그 장소의 기세에 눌려 살육에 살육을 거듭하는 것이다. 그리고 사람은 겁쟁이가 되면 될수록 용감한 행동을 하는 법이다. 이리하여 마침내 버틸 기운이 다 떨어지면, 갑자기 포문이 일제히 침묵하고, 들것을 든 이들이 손발을 잃었거나 피를 흘리고 있는 용사들을 옮기고 그들의 가슴에 훈장을 다는 것이다. 이리하여 사람은 남은 삶 동안 15프랑을 생각하며 지내는 것이다. 눈이나 가슴이나 다리는 없지만, 나머지 한평생, 모두들 잊고 있는 15프랑을 몽상하는 위안이 남아 있는 셈이다.

전쟁 상태와 완전히 똑같다—나는 머릿속의 그 생각을 떨쳐낼 수가 없었다. 내 속에서 정욕을 불타오르게 하려고 쓴 그녀의 수법이, 내게 생각하도록 만드는 것이다—만일 내가 이런 식으로 올가미에 걸려 전선으로 끌려갈 만큼 바보 천치였다면 얼마나 비참한 군대가 되었을까. 나는 아수라장에서 달아나려고 모든 것을, 명예를 비롯한 모든 것을 깡그리 내던져 버릴 것이다. 이는 스스로도 알고 있다. 나는 조금도 욕망을 느끼지 않았다. 달리 어쩔 도리도 없었다.

그러나 여자의 머릿속에는 오직 15프랑 생각뿐이다. 그러므로 내게 싸우려는 욕구가 없으면, 여자는 어떻게든 나를 싸우게 만들려고 애쓸 것이다. 그러나 남자에게 싸울 마음이 조금도 없다면, 남자의 몸에 그 의욕을 주입할 수 없을 것이다. 남자들 가운데는 아무리 죽인다고 위협을 해도, 도저히 용사가 될 수 없는 녀석이 있는 법이다.

우리는 너무 많은 것을 알고 있는지도 모른다. 현재의 순간을 살지 않고, 조금 앞이나 뒤에서 살아가는 인간이 있는 법이다. 나는 계속 평화의 조건만을 생각하고 있었다. 이처럼 까다로운 생각을 불러일으킨 것이 바로 그 15프랑임을 나는 잊을 수가 없었다. 15프랑! 내게 15프랑이 무슨 의미가 있는가. 특히 그것이 내 15프랑도 아닌 경우에.

오히려 반 노든이 더 정상적인 태도를 유지하고 있는 듯했다. 지금은 15프랑 따위 전혀 신경을 쓰지 않는 모양이다. 그를 부추기고 있는 것은 이 상황 자체이다. 요컨대 기운이 왕성함을 보여주지 않고는 못 배기는 것이다—그의 남성성이 잠자코 틀어박혀 있지 않은 것이다. 15프랑은 우리가 성공하든 성공하지 못하든 이미 손에서 떠나가 있다. 이 밖에도 참여하고 있는 게 있다—남성성뿐만 아니라, 의지이다. 다시금 참호 속에 남자와 비슷해지는 듯하다. 그 남자는 왜 자신이 살아남아야 하는지, 더는 그 이유를 알지 못한다. 왜냐하면 지금 달아나도 나중에 붙잡힐 것이기 때문이다. 더욱이 그는 전과 다름없이 살아간다. 그리고 설령 바퀴벌레만큼의 영혼밖에 없고 스스로도 그렇게밖에 생각하지 않더라도, 총이나 단검 또는 날카로운 손톱발톱이라도 달아 주면, 그는 언제까지나 살육을 계속할 것이다. 발걸음을 멈추고 왜 이런 짓을 하는지 스스로 물어보기는커녕 백만 명의 인간을 살육할 것이다.

반 노든이 여자 위에 올라타고 있는 것을 보고 있으면, 톱니바퀴의 톱니가 어긋나 있는 기계를 바라보는 느낌이 든다. 하는 대로 내버려두면 그들은 이런 식으로 영원히 계속해 갈 수 있을 것이다. 돌렸다가, 미끄러졌다가 하면서…… 아무리 시간이 흘러도 아무 일도 일어나지 않을 것이다─손으로 모터의 전류를 끊기 전에는. 그 모습은 염소 두 마리가 아무런 정욕의 불꽃도 일으키지 않으면서 교미하는 것처럼 보인다. 15프랑 말고는 아무런 이유도 없다. 그저 주물럭거리고 호기심을 채운다는 비인간적인 감정 말고는, 내 감정의 마지막 한 조각마저 씻어내 버린다.

여자는 침대 가장자리에 누워 있었다. 반 노든을 사티로스(그리스 신화에 나오는 반인반마 혹은 반인반양(羊)의 모습을 한 숲의 신으로, 굉장히 색(色)을 좋아한다고 한다)처럼 두 다리를 바닥에 단단히 대고, 그녀 위에 올라타고 있었다. 나는 그의 뒤쪽 의자에 걸터앉아, 냉정하고 과학적이며 덤덤한 기분으로 두 사람의 동작을 지켜보았다. 그게 영원히 계속된다 해도 내게는 아무 의미가 없었다. 신문을 토해내는─의미없는 표제를 실은 수백만, 수백억, 수조 부의 신문을 토해내는─그 미치광이 같은 기계를 바라보는 것과 마찬가지였다. 기계 쪽이 미치광이처럼 보이지만, 아직 신문을 만들어내는 인간이나 사건 따위보다야 멀쩡하며, 보고 있어도 재미있었다.

반 노든과 여자에 대한 내 흥미는 '허무'였다. 만일 내가, 이렇게 의자에 앉아 지금 온 세계에서 이루어지고 있는 행위 하나하나를 바라볼 수 있다면, 내 흥미는 허무보다도 못할 것이다. 나로서는 이러한 현상과, 비바람이나 화산 폭발 따위를 구별할 수가 없을 것이다. 정욕의 불꽃이 일지 않는 만큼, 이 행위에서 아무런 인간적 의의도 찾을 수 없었다. 기계를 바라보는 쪽이 더 나았다. 이 두 사람은 톱니바퀴의 톱니가 어그러진 기계와 같았다. 누군가 바로잡아줄 필요가 있었다. 기계 기술자가 필요했다.

나는 반 노든의 뒤쪽에서 무릎을 꿇고 그 기계를 더 세밀히 살펴보았다. 여자는 머리를 한쪽으로 돌리고, 내게 절망적인 눈길을 보냈다. "안 돼요."

그녀가 말했다. "글렀어요." 이 말을 듣고 반 노든은 더 힘을 주었다. 꼭 늙어빠진 숫염소 같다. 단념하느니 제 것을 부러뜨리는 쪽이 낫다고 생각할 만큼 그는 완고한 녀석이다. 내가 그의 엉덩이를 간질이자, 그는 화를 냈다.

"조, 제발 포기하게! 가엾게도, 자네는 이 여자를 죽여 버릴 거야."

"내버려 둬." 그는 신음하듯 말했다. "조금만 더 하면 어떻게든 될 것 같아."

반 노든이 이렇게 말하며 결심하는 모습을 보자, 갑자기 내 머릿속에서 그 꿈의 기억이 되살아났다. 다만 그가 떠나면서 태연히 살짝 겨드랑이에 끼었던 그 빗자루만은, 지금은 영원히 사라져 버린 것 같았다. 그것은 꿈의 계속처럼 보였다―똑같은 반 노든이지만, 주요한 목적은 더는 찾을 수 없었다. 그는 싸움터에서 돌아온 용사와도 같았다. 꿈의 현실 밖에서 살아가는 불쌍한 불구자이다. 그가 앉으면 반드시 의자가 부서져 버린다. 어느 방문으로 들어가든 언제나 방 안은 텅 비어 있다. 먹거나 삼키는 건 모두 역겨운 맛이 날 뿐이다.

모든 게 이전과 조금도 다르지 않다. 요소는 변화하지 않았다. 꿈은 현실과 하나도 다를 게 없다. 시간과 시간 사이에 그는 잠에 빠지고, 눈을 떴을 때에는 이미 육체를 도난당했다. 그는 신문을 매일 수백만, 수억 부씩 토해 내는 기계와 같다. 첫 페이지에 대참사, 폭동, 살인, 폭발, 충돌 등의 기사가 실려 있지만, 그는 아무것도 느끼지 못한다. 만일 누군가가 스위치를 끄지 않으면, 죽음이 무엇인가를 그는 끝내 알지 못할 것이다. 자신의 고유한 육체를 도둑맞으면 죽을 수도 없는 것이다.

여자를 몰아붙이며 언제까지나 숫염소처럼 해낼 수는 있다. 참호에 숨어 있다가 폭격을 당해 산산조각이 나 버릴 수도 있다. 하지만 누군가가 끼어들지 않으면, 무슨 짓을 하든 그 정열의 불꽃을 창조할 수는 없는 것이다. 톱니바퀴의 어긋난 톱니를 바로잡으려면, 누군가가 기계 속에 손을 집어넣어 일단 그것을 뜯어내야 한다. 보수도 바라지 않고, 15프랑에는 관심도 두지 않으며, 누군가가 그 일을 해내야 하는 것이다. 훈장 때문에 등이 꼽추처럼 구부러질 만큼 얄팍한 가슴을 가진 누군가가. 그리고 누군가가 허기진 여자에게 음식을 먹여 주어야 한다. 다시금 그것을 토해낼지도 모른다는 두려움을 품지 않고, 그렇지 않으면 이 구경거리는 영원히 계속될 것이다. 이 악전

고투에서 벗어날 길은 없다…….

꼬박 일주일 동안 얼간이 상사 녀석의 비위를 맞춘 끝에—파리에서는 그렇게 해야만 한다—나는 가까스로 페코버가 일하던 자리에 앉게 되었다. 그는 가엾게도 엘리베이터 밑으로 떨어진 뒤 몇 시간 만에 완전히 죽어 버렸다. 그리고 내가 예상한 대로, 녀석들은 그에게 엄숙한 미사와 커다란 화환을 바치고 성대한 장례식을 치러 주었다. 정말 완벽하다. 장례식이 끝나자 위층 녀석들은 술집에 가 파티를 열었다. 페코버가 파티에서 조금도 제 몫을 차지하지 못한 게 유감스럽다—위층 녀석들과 합석하여, 그의 이름이 쉴 새 없이 이들의 입에 오르는 것을 들었다면, 그도 아마 고맙게 생각했을 것이다.

처음에는 굳이 푸념을 늘어놓을 정도의 일도 아니었다. 마치 남은 평생을 자위하며 보내도 상관없는 정신병원에 있는 것과 같았다. 세상을 코밑에 바짝 갖다 대고 온갖 재앙에 구두점을 찍기만 하면 되었다. 위층에 있는 날쌘 녀석이 마음대로 조종할 수 없는 것은 하나도 없었다. 어떤 환희도, 어떤 비참도 깨닫지 않을 수는 없었다. 그들은 인생의 엄연한 사실—현실 속에서 살고 있는 것이다. 늪과도 같은 현실이다. 그들은 법석을 떠는 것 말고는 할 일도 없는 개구리와 다름없었다. 법석을 떨면 떨수록 인생은 현실적이 되었다. 변호사, 승려, 의사, 정치가, 언론인—이러한 녀석들은 세계의 고동에 손을 대고 있는 돌팔이 의사다. 끊임없는 재앙 분위기는 경이로웠다. 마치 청우계(晴雨計)가 아무런 변화 없이 항상 깃발을 반만 내걸고 있는 것과 같았다.

오늘날 천국의 관념이 어떻게 인간의 의식을 사로잡고 있는가, 모든 받침대가 천국의 토대에서 무너져 버렸을 때조차도 어떻게 그 관념이 기초를 다지고 있는 것인지를 깨닫게 된다. 모든 것이 어수선하게 버려져 있는 이 늪 한구석에 또 다른 세계가 틀림없이 있을 것이다. 그것이, 곧 사람들이 꿈꾸는 그 천국이 어떤 곳인지는 상상하기 어려우나, 분명히 개구리의 천국일 것이다. 독기, 거품, 수련, 고인 물. 아무런 방해도 받지 않고 온종일 수련 잎에 앉아 울고 있는 개구리. 아마도 그런 것이리라고 나는 상상한다.

—내가 교정하는 그러한 참사들이 이상하게도 나에게 치료 효과를 주었다. 완전한 면역 상태, 마법에 걸린 존재, 맹독을 가진 바실루스(막대 모양으로 생긴 분열균)

한가운데에 있는 생명의 절대 보장을 상상해 보라. 그 어떤 것도 내 마음을 움직이지 못했다. 지진도, 폭발도, 폭동도, 기근도, 충돌도, 전쟁도, 혁명도. 나는 모든 질병, 재앙, 비애, 비참에 대한 예방 접종을 받고 있었다. 그것이야말로 안전하고도 견고한 인생의 극점이다. 좁다란 구석에 앉아 있는 내 손을 통해, 매일같이 발생하는 온 세계의 모든 독이 지나갔다. 손가락에 조차 독이 묻지 않았다. 나는 완전히 면역된 것이다. 실험실에 있는 사람들보다도 안전했다. 여기에는 악취가 전혀 없고, 오직 불에 달군 납 냄새가 날 뿐이다. 세계가 파멸해도 전혀 개의치 않고—여전히 나는 여기서 콤마나 세미콜론을 찍고 있을 것이다. 더구나 잔업수당까지 받을 때도 있다. 큰 사건이 터지면 아무래도 최종 특별판을 만들어야 하기 때문이다. 세계가 폭발하고 최종판이 인쇄에 들어가면 교정원은 조용히 콤마, 세미콜론, 붙임표, 별표, 작은 괄호, 큰 괄호, 마침표, 감탄부호들을 모두 모아 편집장 자리 위쪽에 있는 작은 상자에 넣는다. 이처럼 모든 것이 규정되어 있는 것이다……

동료 중에는 내가 왜 이렇게 만족하는지 아는 사람이 아무도 없는 듯하다. 그들은 늘 불평만 늘어놓았다. 그들은 야심을 가졌고, 자부심과 울분을 보이고 싶은 것이다. 훌륭한 교정원은 야심도 없거니와 자부심도 울분도 없다. 훌륭한 교정원은 어느 정도 전능한 신과 비슷하다. 그는 이 세상에 있지만 세속적이지는 않다. 그는 일요일을 위해 존재한다. 일요일은 그가 비번인 날이다. 일요일이 되면 제단에서 내려와 충실한 녀석들에게 궁둥이를 보인다. 그는 일주일에 한 번, 세상 사람들의 개인적인 슬픔과 비참에 귀를 기울인다. 그것만으로도 충분히 일주일의 나머지 기간을 버틸 수 있다. 그 나머지 기간 동안 그는 얼어붙은 겨울 늪과 같은 상태이다. 절대자, 전혀 하자가 없는 절대자이다. 다만 끝없이 넓고 큰 허공에 그를 구별하기 위해 예방주사 흔적만이 남아 있을 뿐이다.

교정원의 가장 큰 재난은 직업을 잃을지도 모르는 위협이다. 쉬는 시간에 우리 등골을 오싹하게 만드는 질문은 이것이다. 만일에 직업을 잃게 되면 자네는 어떻게 할 것인가? 말똥을 치우는 일을 하는 마구간 사람들은, 혹시나 온 세상에서 말이 모두 사라지지는 않을까 두려워한다. 평생 말똥 청소나 하는 것은 지겨운 일이라고 그에게 말하는 것만큼 어리석은 일은 없다. 생활이 거기에 매달려 있고 그의 행복도 그 속에 있다면, 인간은 똥도 사랑할 수 있는 것이다.

 가령 내가 아직도 자부심과 명예심과 야심 같은 것을 가지고 있는 남자라 하더라도, 지금은 굴욕의 밑바닥처럼 생각되는 이 생활까지, 환자가 기꺼이 죽음을 맞이하듯 나는 환영한다. 그것은 죽음과 마찬가지로 부정적 현실이다—고통도 죽음의 공포도 없는 천국의 일종이다. 이 바닥 세상에서 중대하고도 유일한 것은 철자법과 구두점뿐이다. 철자만 틀리지 않는다면 어떤 종류의 참사도 문제가 되지 않는다. 이브닝 가운의 최신 유행 모양, 새로운 군함, 질병, 고성능 폭탄, 천문학상의 발견, 은행의 예금 인출 소동, 열차 사고, 주식 시세, 1백 배의 할증금, 사형 집행, 강도, 암살, 그 밖에 어떤 것이든 모두 마찬가지다. 교정원의 눈을 벗어나는 것은 아무것도 없다. 그의 방탄 조끼를 관통하는 것은 더욱 없다.

 스키어 부인(예전의 미스 에스테브)이 인도인 아가 미르에게, 그의 시술이 아주 만족스럽다는 편지를 보냈다. '나는 6월 6일에 결혼했습니다. 감사합니다. 우리는 매우 행복합니다. 당신의 힘으로 영원히 행복하기를 바라고 있습니다. 전신환으로 사례금을…… 보내드립니다.' 인도인 아가 미르는 당신의 운세를 점치고, 당신의 생각을 신비적인 방법으로 꼭 맞춥니다. 어떤 고민이나 걱정도 모두 해결해 드립니다, 등등. 파리 맥마몽 거리 20번지로 찾아오거나 편지를 주십시오.

 그는 당신의 생각을 경이적인 방법으로 모두 알아맞힌다! 거기에는 가장 사소한 생각부터 가장 파렴치한 생각까지 예외가 없다고 나는 해석한다. 그는 어지간히 한가한 모양이다, 이 아가 미르라는 사나이는. 그렇지 않으면 전신환으로 돈을 보내는 사람한테만 생각을 집중할 수 있는 것인가? 같은 신문에서 나는 '우주는 급속히 팽창하고 있으며, 마침내 폭발할 것이다'라는 제목을 보았다. 그 밑에 쪼개지는 듯한 두통 사진이 있다. 또한 테클라라는 사람이 진주에 대해 담화를 한 기사가 있었다. 굴은 양쪽 다 진주를 만들어 낸다고, 그는 한 사람 한 사람에게 설득하고 있었다.

 양쪽, 즉 '천연'인 동양 진주와 '양식' 진주이다. 같은 날 트리어 대성당에서는 독일인이 그리스도의 윗옷을 전시하고 있었다. 42년만에 비로소 방부제 속에서 꺼낸 것이라고 한다. 바지와 조끼에 대해서는 아무런 언급도 없었다. 역시 같은 날, 잘츠부르크에서는—사실인지는 모르나—인간의 위에서 새앙쥐 두 마리가 태어났다. 다리를 꼬고 있는 어느 유명한 여배우의 사진이 실려 있었다. 하이드 공원에서 쉬고 있는 사진이었다. 또 그 밑에는 어느 저명한 화가의 말이 있었다. '쿨리지 부인은 매력과 개성이 넘치는 분이므로, 비록 남편이 대통령이 아니었어도 미국의 유명인사 12명 가운데 포함되었을 것입니다.'

빈에 사는 위말 씨의 회견기록에서 나는 다음과 같은 말을 읽었다. "마지막으로……." 위말 씨는 말한다. "말씀드리겠는데, 완벽한 바느질과 몸에 잘 맞는다는 것만으로는 충분치 않습니다. 훌륭한 옷이라는 증거는 입어 보아야 압니다. 윗옷은 몸의 굴곡과 맞아떨어져야 하며, 걸을 때나 앉을 때도 그 선이 무너지면 안 됩니다." 그리고 탄광—영국 탄광—에 폭발 사고가 생기면 반드시 국왕과 왕비가 곧바로 위문 전보를 친다는 점에 주목하기 바란다. 또 그 두 분은 언제나 큰 경주에는 꼭 참석하신다. 전날의 원고에 따르면 분명히 경마대회가 열린 날이었던 것 같은데, '호우가 쏟아져 두 폐하께서 크게 놀라셨다'는 것이다. 그러나 더욱 딱한 것은 다음과 같은 기사였다. '이탈리아에서는 교회에 대한 박해가 없다고 주장한다. 그런데도 교회의 아주 미묘한 부분에 대해 박해가 이루어지고 있다. 그것은 교황에 대해서가 아니라, 교황의 마음과 눈에 대한 것이다'는 것이다.

나는 온 세계를 두루 다녀 보고, 결국 이곳이 가장 편하고 유쾌한 곳임을 알게 되었다. 믿을 수 없을 정도다. 미국에 있을 때 담력과 배짱을 기르기 위해 사람들이 여러 가지 일을 해 주었지만, 나와 같은 기질의 남자에게 가장 딱 알맞은 자리가 잘못된 철자법을 찾아내는 일이란 것을 어떻게 예언할 수 있었을까? 바다 건너에 있는 사람들은 언젠가 합중국의 대통령이 되는 것밖에 생각하지 않는다. 잠재적으로는 모든 사람이 다 대통령이 될 그릇인 것이다. 그러나 여기서는 다르다. 여기서는 모든 인간이 잠재적으로는 아무것도 갖고 있지 못하다. 만일에 무언가가 된다면 그것은 우연한 일이다. 기적이다. 태어난 고향마을을 떠날 기회도 천에 하나밖에 없다. 포탄으로 다리가 날아가거나 눈알이 튀어나올 기회도 천에 하나밖에 없다. 기적이 일어나 장군이나 제독이 되지 않는 한.

그러나 모두에게 기회가 없기 때문에, 희망이 거의 없기 때문에 이곳 파리에서는 인생이 즐거운 것이다. 한결같이 어제도 없거니와 내일도 없다. 청우계는 결코 움직이지 않는다. 깃발은 항상 조기(弔旗)이다. 당신은 팔에 검은 상장(喪章)을 달고 있다. 단춧구멍에 작은 리본을 꽂고 있다. 그리고 운 좋게 돈이 넉넉하다면 가벼운 목발, 가능하다면 알루미늄으로 된 목발을 한 벌 사는 것이 좋다. 그것이라면 식전주를 한 잔 하고, 동물원의 동물을 구경하고, 끊임없이 썩은 고기를 찾아 한길을 오가는 대머리독수리들을 희롱하는 데에도 방해가 되지 않는다.

때는 지나간다. 만일 당신이 외국인이고 또 당신의 신문이 착실하다면, 당신은 병에 감염될 두려움 없이 병독의 감염에 몸을 내맡길 수 있다. 되도록 교정 관련 직업을 갖는 게 좋다. 이처럼 모든 것이 규정되어 있다. 이 말의 뜻은, 만일 당신이 종종 새벽 3시에 집으로 돌아갈 때 자전거를 탄 순경의 제지를 받는다면, 그 녀석을 향해 손가락을 딱 소리 나게 울려 보이면 된다는 것이다. 아침에 시장이 열려 있으면, 한 개에 50상팀의 돈으로 벨기에 달걀을 살 수 있다.

교정원은 대개 정오나, 그보다 좀더 늦게까지 일어나지 않는 것이 보통이다. 영화관 근처에 있는 호텔을 구하면 편리하다. 왜냐하면 늦잠을 자는 버릇이 있더라도 낮 공연 시간이 되면 개장을 알리는 종소리가 깨워 줄 것이기 때문이다. 영화관 근처에서 호텔을 구하지 못했다면 묘지 근처도 좋다. 똑같은 효과가 있기 때문이다. 무엇보다도 절망해서는 안 된다. 결코 절망하면 안 된다.

내가 매일 밤 칼과 반 노든에게 진저리나도록 설교하는 내용이 바로 이것이다. 희망이 없는 세상, 그러나 절망스럽지 않다. 말하자면 내가 새로운 종교로 개종한 것과 같고, 9일 동안 빠짐없이 밤마다 위안의 성모에게 성경을 외고 예배를 드리는 것과도 같다. 가령 내가 신문 편집국장이나 미국 대통령이 되었다고 해서 어떤 이득이 있는지 상상도 할 수 없다. 나는 막다른 골목에 들어와 있고, 그곳은 조용하고 편하다. 원고를 한 장 손에 들고 주위의 음악에 귀를 기울인다. 졸린 듯한 나직한 목소리, 식자기의 금속성 음향. 마치 수많은 은제 수갑이 착취자의 손에서 빠져나가는 것과 같다. 때때로 쥐가 발밑을 지나가기도 하고, 진딧물이 가느다란 다리로 민첩하게 벽에서 기어 내려오기도 한다. 하루 일과가 조용하고도 정중하게 코끝으로 미끄러져 간다. 이따금 작은 허영의 존재를 나타내는 옆줄이 그어진다. 그 행렬은 묘지

문으로 들어서는 상여처럼 조용히 지나간다. 복사 책상 밑에 있는 종이는 아주 두꺼워, 융단처럼 푹신하다. 반 노든의 책상 밑은 갈색 땀으로 더러워져 있다. 11시가 되면 강낭콩 장수가 찾아온다. 머리가 살짝 돈 미국인으로서, 그 역시 자기 인생의 운명에 만족하고 있다.

때로는 모나에게서 다음 배로 도착한다는 전보가 오기도 한다. 그런 상태가 이미 아홉 달째 계속되고 있지만, 도착하는 배의 승객 명부에서 그녀의 이름을 본 적은 한 번도 없고, 사환이 은쟁반에 편지를 얹어서 가져오는 일도 없었다. 나는 이미 아무 기대도 갖고 있지 않다. 만일 모나가 도착한다면 아래층에서 나를 발견할 수 있을 것이다. 화장실 바로 옆이다. 그녀는 비위생적이라고 말할 것이다. 유럽에 대해 미국 여성이 가장 먼저 지적하는 것은 그런 점이다—비위생적이라는 것. 그녀들은 근대식 수도 시설이 없는 천국이란 생각할 수도 없는 것이다. 빈대라도 찾아내면 얼른 상공회의소에 편지를 보내려 한다.

내가 여기서 만족하고 있다는 것을 어떻게 모나에게 설명할 수 있겠는가? 그녀는 내가 타락했다고 말할 것이다. 그녀가 어떻게 나올지는 처음부터 끝까지 다 알고 있다. 정원이 딸린 작업실을 찾으러 다닐 것이다—당연히 욕실도 있어야 한다. 모나는 로맨틱하게 가난하기를 원한다. 나는 그녀를 알고 있다. 그러나 이번에는 그녀를 위한 준비도 되어 있다.

그래도 해가 뜨면, 낯익은 길을 걸으면서 미칠 듯이 모나를 생각하는 나날을 보낸다. 잔인한 만족감이기는 하나, 때로는 다른 생활 방식을 생각하면서, 젊고 발랄한 여자가 곁에 있으면 생활이 어떻게 달라질지 상상해 보곤 한다. 문제는, 모나가 어떻게 생겼으며 안았을 때 어떤 느낌이었는지 내가 분명히 기억하지 못한다는 것이다. 과거의 모든 것이 바닷속으로 가라앉은 것 같다. 여러 가지 기억은 있으나 이미지가 선명하지 않다. 왠지 모르게 생기가 없고 산만하여, 마치 늪지에 빠져 세월만 보낸 미라처럼 되어 있는 것이다.

뉴욕에서의 생활을 애써 돌이켜 보면, 푸른 녹이 슨 조각난 단편들이 악몽처럼 조금 되살아난다. 마치 내 본질적 존재가 어딘가에서, 스스로도 명확히 알 수 없는 곳에서 끝나 버린 것 같다는 생각이 든다. 나는 이미 미국인도 아니거니와 뉴욕 시민도 아니다. 유럽인이거나 파리의 시민은 더더구나 아니다. 국가에 대한 충성심도 없고 책임도 없다. 증오도, 걱정도, 편견도, 정열도 없다. 찬성하지도 않거니와 반대하지도 않는다. 나는 중립이다.

우리 셋이 밤길을 걸어 집으로 돌아올 때 혐오스런 첫 발작이 끝나면, 인생에서 조금도 활발한 역할을 갖지 못한 인간만이 누릴 수 있는 열광을 가지고, 온갖 세상사를 얘기하는 일이 종종 있었다. 침대에 누워 가끔 이상하게 생각하곤 하는 것은, 이와 같은 열광도 단순한 심심풀이, 회사에서 몽파르나스로 걷는 45분 동안의 심심풀이에 지나지 않는다는 것이었다. 여러 가지를 개선할 수 있는 매우 훌륭하고도 실행성이 있는 생각을 하는 경우도 있으나, 그것을 행동으로 옮길 수단이 없었다.

더욱 이상한 것은, 관념과 생활 사이에 연관이 없기 때문에 우리는 그것에 아무런 분개와 불쾌도 느끼지 않는다는 것이었다. 우리는 지나치게 순종적으로 길들여져서, 가령 내일은 거꾸로 서서 걸으라는 명령을 받아도 전혀 항의하지 못하고 시키는 대로 따를 것이다. 물론 신문이 평소처럼 발행된다는 조건 아래. 그리고 급여가 꼬박꼬박 나온다는 조건 아래. 그 밖에는 아무것도 문제 되지 않았다. 아무것도. 우리는 동양인처럼 되어가고 있다. 쿨리(중국·인도의 하층 노동자)로 전락했다. 매일 쌀 한 줌에 입을 다무는 화이트칼라 쿨리이다. 미국인에게 고유한 두개골 특징은—지난번에 어느 책에서 읽었는데—후두부에 봉합뼈(두개 봉합선에 있는 작은 뼈), 즉 잉카뼈가 있는 것이라고 한다. 이 뼈의 존재는—이라고 그 권위자는 계속해서 쓰고 있다—보통은 태아일 때만 나타나는, 후두부를 가로지르는 봉합이 언제까지나 계속 남아 있는 데에서 유래한다. 그러므로 이것은 발육 불량의 증거이자, 열등 인종이란 증거이다. "미국인 두개골의 평균 용적은" 그는 말을 잇는다. "백인보다 밑돌고, 흑인에 비해 웃돈다. 남녀 모두 오늘날 파리인은 1,448세제곱센티미터의 두개골 용적을 가졌고, 흑인은 1,344세제곱센티미터, 아메리카 인디언은 1,375세제곱센티미터이다."

나는 미국인이지 아메리카 인디언이 아니기 때문에, 이런 사실에서 어떤 것도 추론하지 않는다. 그러나 사물을 이런 식으로, 곧 뼈나 잉카뼈 등으로 설명하는 것은 영리한 방법이다. 단지 인도인 두개골의 예에서 1,920세제곱센티미터라는, 다른 어떤 인종도 능가할 수 없는 비정상적인 두개골 용적이 나왔다고 해도 그의 학설은 전혀 흔들리지 않는다. 내가 만족스럽게 여기는 것은, 파리 사람은 남녀 모두 평범한 두개 용적을 가지고 있다는 점이다. 그들의 경우, 후두부를 가로지르는 봉합은 그다지 견고하지 않은 것 같다. 그들은 식전주를 즐기는 법을 알고 있고, 집에 페인트가 칠해져 있지 않아도 신경을 쓰지 않는다. 두개 지수(指數)를 볼 때 그들의 두개골에는 아무 이상이 없다. 그들의 생활을 이토록 완벽하게 만든 기술에 대해서는 다른 설명이 필요할 것이다.

한길 건너에 있는 폴 씨의 술집에는 신문사 친구들을 위해 구석 자리가 마련되어 있었다. 우리는 그곳에서 외상으로 밥을 먹을 수 있다. 바닥에는 톱밥이 깔려 있고, 계절에 상관없이 파리가 윙윙거리는 유쾌한 방이다. 신문사 친구들을 위한 방이라고는 하지만, 그것은 우리가 남의 눈을 피해 밥을 먹는다는 뜻이 아니다. 반대로, 폴 씨 술집의 단골 가운데에서도 가장 실질적인 요소인 매춘부나 뚜쟁이들과 어울릴 특권을 가지고 있다는 말이다. 이것이 위층에 사는 녀석들에게는 더할 수 없이 알맞은 일이다.

왜냐하면 그들은 언제나 여자 꽁무니만 쫓아다니고 있기 때문이다. 프랑스 여자를 정부로 가진 녀석도 때로는 스위치를 바꾸어 보는 게 나쁘지 않은 것이다. 한 번만 하는 것은 중요하지 않다. 이따금 마치 유행병이 회사를 휩쓴 것 같은데, 그것은 어쩌면 그들이 모두 같은 여자와 잤다는 사실로 설명이 될지도 모른다. 어쨌든 그들이, 비록 경기가 안 좋다고는 하나 비교적 화려한 생활을 하는 뚜쟁이 옆에 앉을 때 얼마나 비참해 보이는가를 관찰하는 일은 아주 흥미롭다.

지금 내가 생각하고 있는 사람은, 자전거로 아바스 통신을 배달하는 키가 큰 금발 사나이다. 그는 언제나 땀을 뻘뻘 흘리고 있으며 얼굴은 언제나 먼지투성이이고 언제나 식사 시간에 조금 늦게 나타난다. 거드름을 떨면서 훌쩍 들어와서는 두 손가락으로 모두에게 인사하고 나서, 화장실과 조리실 사이에 있는 설거지대로 곧장 걸어간다. 그는 얼굴을 씻고 재빨리 먹을 것을 둘러본다. 두꺼운 식탁 위에 맛있어 보이는 스테이크가 있으면 그것을 집어 들어 냄새를 맡는다. 또는 큰 단지에 있는 수프를 국자로 퍼내어 맛을 본다. 마치 코를 땅에 대고 다니는 뛰어난 사냥개 같다. 예비 동작을 끝내고 소변을 보고 와서 세차게 코를 풀고는 태연히 매춘부한테로 다가가, 엉덩이를 찰싹 때리고 난 뒤 요란한 소리를 내며 키스를 한다.

이 매춘부가 지저분한 모습을 하고 있는 것을 나는 한 번도 본 일이 없다―심지어 밤 장사를 끝낸 새벽 3시에도 막 터키탕에서 나온 듯한 모습을 하고 있다. 이같이 건강한 동물을 바라보고 있으면 유쾌해진다. 그들의 휴식, 애정, 식욕을 마주하는 것은 유쾌한 일이다. 나는 지금 저녁 식사에 대해서 이야기하고 있다. 그녀가 장사하러 나가기 전에 먹는 가벼운 식사에 대해서.

잠시 뒤 그녀는 몸집이 거대한 금발 동물과 어쩔 수 없이 헤어져, 어느 한 길에서 그녀의 소화제를 찾아야 할 것이다. 장사가 성가시고 피곤하더라도 그녀는 결코 그런 내색을 하지 않는다. 그 거대한 사나이가 굶주린 이리처럼 다가오면, 그녀는 팔을 벌려 끌어안고 미친 듯이 키스를 해 준다―그의 눈, 코, 뺨, 머리, 목덜미에. ……공공연하게 할 수만 있다면 엉덩이에도 키스했을 것이다. 그녀는 이 사나이를 좋아하고 있다. 나는 그것을 분명히 알 수 있다. 그녀는 결코 돈의 노예가 아니다. 식사하는 동안 줄곧 경련을 일으키듯 웃고 있다. 그녀는 이 세상에서 근심이라곤 없어 보인다. 때때로 사랑의 표시로 그의 뺨을 찰싹 때린다. 교정원들을 깜짝 놀라게 할 정도의 따귀를.

두 사람은 자신들에 대한 것, 입 안 가득히 쑤셔 넣고 있는 음식 말고는 아무것도 보이지 않는 것 같다. 그만큼 완전한 만족, 조화, 상호 이해를 갖고 있는 것이다. 이것이 두 사람을 지켜보고 있는 반 노든을 미치게 만든다. 특히 여자가 사나이의 바지 속으로 손을 집어넣어 애무하고, 그에 반응하여 그가 여자의 젖꼭지를 만지작거릴 때에는.

이 밖에도 언제나 같은 시각에 나타나는 남녀 한 쌍이 있다. 그들의 태도는 마치 부부와 같다. 사람들 앞에서 말다툼을 하고 비밀스러운 수치를 드러낸다. 자기들과 남들 모두에게 불쾌한 일을 한 뒤 협박, 저주, 비난, 책임 전가를 한다. 그러고는 이것을 보상하기 위해 마치 연인 사이라도 되는 듯이 달콤한 말을 속삭인다. 사나이는 그녀를 뤼시엔이라고 부른다. 그녀는 짙은 백금발에 잔인하고 음흉한 얼굴을 하고 있다. 아랫입술이 두툼하며, 신경질을 내기 시작하면 그 두툼한 입술을 세게 깨문다. 그리고 빛바랜 푸른 도자기를 연상시키는 싸늘한 유리구슬 같은 눈을 가지고 있는데, 그 눈으로 사나이를 노려보면 그는 땀을 흘린다.

뤼시엔은 콘도르처럼 상대를 잡아먹을 듯한 표정으로 말싸움을 하지만, 그래도 호인인 듯싶었다. 그녀의 지갑에는 언제나 돈이 가득 들어 있다. 그것을 조심스럽게 꺼내어 지급한다. 그러나 이것은 그의 나쁜 습관을 부추기기 위해서가 아니다. 그는 성격이 약한 것이다. 물론 뤼시엔의 장광설을 그대로 받아들인다면 말이지만. 그는 여자가 오기를 기다리면서 하룻밤에 50프랑을 쓴다. 여종업원이 그의 주문을 받으러 와도 전혀 식욕이 없다. "어머, 배가 고프지 않군요!" 뤼시엔이 트집을 잡는다. "흥, 포부르 몽마르트르에서 나를 기다린다는 핑계로 잘 즐겼나보군요. 내가 당신을 위해 노예처럼 일하고 있는 동안에 말이에요. 어디 갔었는지 솔직하게 말해 봐요."

이처럼 뤼시엔이 열을 올리고 노기를 띠면 그는 눈을 들어 흘끔흘끔 여자를 쳐다보다가, 침묵이야말로 가장 좋은 방법이라는 듯이 고개를 푹 숙이고 냅킨을 만지작거린다. 그러나 여자는 모든 것을 알고 있다. 더구나 남자가 죄를 느끼고 있고 확신하는 만큼, 물론 속으로는 언짢은 기분이 들지 않는 그 몸짓에도 마구 화가 치솟는 것이다. "말해 봐요, 어서." 뤼시엔이 새된 소리를 지른다. 그러면 그는 잔뜩 겁을 먹은 작은 소리로, 너무 배가 고파서 샌드위치와 맥주 한 잔으로 허기를 달래기 위해 도저히 거기 가지 않을 수 없었다고 띄엄띄엄 변명을 한다. 그래서 식욕이 없는 거야—라고 그는 슬픈 목소리로 말하는데, 하기야 지금은 음식 따위가 조금도 그의 마음을 달래 주지 못하는 것이 확실하다. "하지만" 그는 또다시 이해시키기 위해 입을 연다—"나는 그동안 열심히 당신을 기다리고 있었어." 그는 재빨리 덧붙였다.

"거짓말!" 뤼시엔이 소리 지른다. "거짓말! 아아, 그러나 다행히 나 역시 거짓말쟁이예요…… 재치 있는 거짓말쟁이예요. 당신의 시시한 거짓말에는 신물이 나요. 어째서 당신은 좀더 그럴듯한 거짓말을 하지 못하죠?"

그는 또다시 고개를 숙이고, 멍하게 빵 부스러기를 모아 입으로 가져간다. 그러면 여자가 그의 손을 철썩 때린다. "그따위 짓은 그만두세요. 당신한테는 정말 정나미가 떨어져요. 당신은 바보예요. 거짓말쟁이! 잠깐 기다려요! 좀더 할 말이 있으니까. 나도 거짓말쟁이예요. 하지만 바보는 아니에요."

그러나 조금 지나면 그들은 꼭 붙어앉아 서로 손을 잡고 있다. 여자가 달콤한 목소리로 조용히 속삭인다. "아아, 토끼처럼 귀여운 사람, 이제 당신과는 헤어질 수 없어요. 어서 키스해 줘요! 오늘 밤은 어떻게 하겠어요? 사실대로 말해 주세요, 내 귀여운 사람…… 미안해요, 괜스레 신경질을 부려서 말이에요." 그는 머뭇머뭇 뤼시엔에게 키스한다. 길다란 분홍색 귀를 가진 토끼처럼, 양배추를 씹듯 그녀의 입술을 가볍게 빤다. 동시에 그는 둥근 눈을 빛내면서 의자 옆에 열린 채로 놓여 있는 그녀의 지갑을 애무하듯이 바라본다. 지금은 교묘한 말로 그녀를 속이고 달아날 기회를 노리고 있을 뿐이다. 여자에게서 벗어나 포부르 몽마르트르 거리의 어느 조용한 카페로 가고 싶어 온몸이 근질거리는 것이다.

나는 토끼처럼 동그랗고 겁먹은 눈을 가진 이 죄 없는 작은 악마를 알고 있다. 또한 포부르 몽마르트르가 얼마나 지독한 거리인지도 알고 있다. 놋쇠 표찰에 고무 제품, 가로등이 밤새도록 깜빡거리고, 섹스가 하수돗물처럼 이 거리에 흐르고 있다. 라파예트 거리에서 한길까지 걸으면 태형을 받는 것과도 같다. 여자들이 따라붙어 떨어지지 않는다. 여자들이 개미처럼 속으로 파고든다. 속이고 어르고 치켜세우고 조르고 울며 달려든다. 이것을 독일어, 영어, 스페인어로 지껄이는 것이다. 찢어진 가슴팍과 닳아서 떨어져 나간 신발을 보이거나 한다. 이 촉수를 뿌리쳐 버린 뒤에도 오랫동안 세숫물 냄새가 코에 남아 있다―그것은 단스라는 향수 냄새인데, 그 효과는 20센티 거리밖에 퍼지지 않는다.

한길과 라파예트 거리 사이의 그 짧은 거리에서 우리는 한 생애를 배설하며 지낼 수도 있을 것이다. 술집마다 활기가 넘치고 맥박이 고동치며 주사위가 쌓여 있다. 노름판 주인이 독수리처럼 높은 의자에 앉아 있다. 그들이 만지는 돈에는 인간 냄새가 배어 있다. 프랑스 은행에는 여기서 유통되는 살인상금(殺人賞金)에 해당되는 것이 없다. 인간의 땀으로 번쩍번쩍 빛나고 들불처럼 이 손에서 저 손으로 건너가다가 나중에 심한 악취를 남기는 돈이다. 밤중에 신음하지 않고 땀도 흘리지 않으며, 입에 저주의 말이나 기도의 말을 담지 않고 포부르 몽마르트르 거리를 빠져나갈 수 있는 사나이가 있다면, 그러한 사람은 고환을 갖고 있지 않은 것이다. 만일에 가지고 있다면 떼어 버려야 한다.

이 마음 약한 토끼가 뤼시엔을 기다리며 매일 밤 50프랑을 쓴다면? 배가 고파서 샌드위치와 맥주 한 잔을 산다면, 다가오는 다른 매춘부와 이야기라도 나눈다고 가정한다면? 그렇다면 틀림없이 그는 밤마다 거듭되는 그 행위에 녹초가 되어 버릴 것이다. 그것은 사나이를 무겁게 짓누르고 고통을 주며, 마침내 죽음으로 몰아넣지 않을까?

뚜쟁이 따위는 인간도 아니라고 생각하지 말기 바란다. 뚜쟁이 역시 남모를 슬픔과 고통을 갖고 있다는 것을 잊어서는 안 된다. 아마도 그는 매일 밤 흰 개 두 마리와 같이 길가에 서서, 개들이 오줌 누는 모습을 바라보는 것을 가장 좋아할 것이다. 아마도 그는, 문을 열면 거기에 〈파리 수아르〉지를 읽고 있는 그녀가 있고, 너무 졸려서 눈이 반쯤 감겨 있는 모습을 보는 걸 좋아할 것이다. 아마도 그가 뤼시엔 위에 몸을 굽혀 다른 남자의 냄새를 맡는 일은 별로 즐거운 일이 아니지 않을까? 그 보랏빛 멍이 든 입술을 맛보기보다는, 주머니에 단돈 3프랑밖에 없다고 해도 길모퉁이에서 오줌을 누는 흰 개 두 마리와 함께 있는 쪽이 더 좋지 않을까? 뤼시엔이 그를 꼭 죄어댈 때, 그만이 도달할 수 있는 방법을 아는 그 정욕의 소포를 조일 때, 틀림없이 그는 사자와 같은 기세로 그것을 주입하고 그녀의 두 다리 사이에서 진군하는 연대를 분쇄하고자 고투할 것이다. 뤼시엔의 몸을 껴안고 새로운 자세를 취할 때, 아마도 이것은 그에게 있어서는 정욕이나 호기심 같은 것이 아니라 어둠 속에서의 고투, 성문으로 세차게 몰려드는 군대에 대항해 고군분투하는 싸움일 것이다. 이 군대는 뤼시엔을 위에서 누르고 짓밟으며, 더구나 루돌프 발렌티노 같은 사람조차도 고칠 수 없을 만큼 탐욕스러운 뒷맛을 그녀에게 남길 것이다.

뤼시엔과 같은 여자에게 퍼붓는 저주의 말을 들으면, 그녀는 쌀쌀하고 돈만 밝힌다거나, 너무 기계적이라거나 지나치게 서두른다거나 그 밖에 여러 가지 이유에서 그녀가 굴욕을 당하고 경멸당하는 말을 들으면, 나는 마음속으로 중얼거린다. 이봐, 거기 버티고 있어라. 너무 서두르지 마라! 너는 행렬에서 한참 뒤처져 있다는 사실을 잊지 마라. 모든 부대가 그녀를 에워싸고 공격해 오지 않았는가. 그녀는 도둑맞고 약탈당하지 않았는가. 나는 혼잣말을 한다. 이봐, 내 말을 잘 들어라. 그녀의 정부가 포부르 몽마르트르에서 흥청거리는 것을 안다고 해서 여자에게 줄 50프랑을 아까워하지 마라. 그것은 여자의 돈이고 기둥서방이다.

그것이 살인상금이다. 그것을 보충할 돈이 프랑스 은행에 없다고 해도, 그것은 앞으로도 결코 유통이 끊어지지 않을 돈이다.

이와 같이 나는 내 작은 방구석에서 아바스 통신을 교묘히 비틀거나, 시카고와 런던 및 몬트리올에서 들어오는 통신을 해석하거나 하면서 이따금 생각에 잠기곤 한다. 고무와 실크 시장, 위니펙의 곡물 시세 사이에 포부르 몽마르트르의 야단법석이 종종 스며나온다.

속박이 느슨해져서 해면(海綿) 상태가 되고 중추부가 팽창하여 휘발성인 것이 흥분할 때, 곡물 시장이 열려서 사러 온 사람들이 떠들어 대기 시작할 때, 온갖 무서운 참사, 광고, 스포츠 기사, 유행난, 배의 입항, 여행담, 촌평의 제목에 구두점이 찍히고 대조되고 정정되고 못 박히고 수갑에 묶일 때, 제1면을 망치로 때리는 소리를 듣고, 개구리가 술에 취한 폭죽처럼 이리 튀고 저리 튀는 것을 볼 때, 나는 뤼시엔이 날개를 펴고 한길을 흐느적거리며 걷는 모습을 생각한다. 완만한 교통의 물결에 발이 묶인 거대한 은빛 독수리, 하얀 듯한 장밋빛 복부에 강인한 혹이 있는 안데스 산맥의 정상에서 온 괴상한 새. 가끔 나는 혼자 집으로 돌아온다. 그리고 어두운 거리를 빠져나와 뤼시엔의 뒤를 밟는다. 루브르의 안뜰을 가로지르고 데자르 다리를 건너 아케이드를 빠져나온다. 졸음, 마약중독자의 창백한 얼굴, 룩셈부르크의 불고기, 서로 뒤얽힌 나뭇가지, 코 고는 소리와 신음, 녹색 슬레이트 지붕, 시끄러운 악기 소리, 별의 뾰족한 끄트머리, 금박, 흑옥(黑玉), 뤼시엔이 날개 끝으로 스치고 지나가는 푸르고 흰 무늬의 차양.

전기를 띤 듯한 여명의 창백한 빛 너머로 빈대 껍질이 파랗게 짓눌려 보인다. 몽파르나스 기슭에 수련이 꺾여 시들어 있다. 썰물이 되자, 몇몇 매독에 걸린 인어가 쓰레기에 섞여 육지 위에 남겨져 있다. 돔은 태풍에 휘말린 사격장같이 보인다. 모든 것이 서서히 하수도로 되돌아간다. 한 시간쯤 구토물을 치우고 있는 동안은 죽음과 같은 정적이 감돈다. 별안간 나무들이 비명을 질러댄다. 한길 끝에서 끝까지 온통 미치광이 같은 노랫소리가 울려 퍼진다. 그것은 거래의 마지막을 알리는 신호다. 모든 희망이 모조리 사라져 버렸다. 마지막 오줌을 쏟아낼 순간이 온 것이다. 여명이 문둥병 환자처럼 스며들려 하고 있다.

야근을 할 때 조심할 것 가운데 하나는 자기 일정을 망치지 않도록 하는 일이다. 새들이 지저귀기 전에 잠자리에 들지 못하면 수면이 아무 의미가 없다. 오늘 아침에는 별로 할 일도 없었기 때문에 나는 식물원으로 갔다. 차풀테펙(멕시코에 있는 공원)에서 온 화려한 펠리컨, 얼빠진 눈으로 사람을 바라보는 얼룩무늬 날개를 가진 공작. 갑자기 비가 내리기 시작했다.

몽파르나스로 돌아오는 버스 안에서 건너편에 앉아 있는 키 작은 프랑스 여자가 내 주의를 끌었다. 마치 당장에라도 주둥이로 자기 깃털을 다듬기라도 하려는 듯이 몸을 꼿꼿이 세우고 앉아 있다. 화려한 깃털이 더러워질까 두려워하듯 의자 끄트머리에 엉덩이를 걸치고 있다. 별안간 몸을 털고 일어나 그 엉덩이에서 길고 윤기 있는 깃털의 얼룩무늬 날개를 편다면 자못 화려할 것이라고 생각했다.

식사를 하러 들어간 라베뉘 카페에 배가 불룩한 여자가 있었다. 그녀는 그 큰 배로써 내 주의를 끌려고 했다. 아마도 나를 그녀 방으로 데려가 한두 시간 함께 지내고 싶은 모양이었다. 임신한 여자한테서 유혹을 받은 것은 이번이 처음이었다. 한번 시도해 보자는 생각에서 그 유혹에 응했다. 아기가 태어나면 유아원에 보내고 다시 장사를 할 거라고 그녀는 말했다. 차차 흥이 깨지는 것을 알고 그녀는 내 손을 잡아 자기 배로 가져갔다. 배 속에서 꿈틀거리는 것이 느껴졌다. 이것이 내 식욕을 앗아가고 말았다.

성적 식품의 다양성이라는 점에서 나는 파리와 비견되는 곳을 아직 본 적이 없다. 여자가 앞니를 잃거나 한 눈 또는 한쪽 다리를 잃으면 곧 타락하게 된다. 미국에서는 여자가 손을 잃으면 그녀는 굶어 죽을 수밖에 없다. 그러나 여기서는 사정이 다르다. 이가 빠졌다거나 코가 문드러져 떨어졌다거나, 자궁이 내려앉았다거나 다른 여자의 약점을 드러내는 불운한 일이 파리에서는 남자의 감퇴된 식욕을 부추기는 향신료와 자극제가 되는 모양이다.

나는 대도시에 있기 마련인 그 세계에 대해 이야기하고 있다. 기계를 위해 마지막 한 방울의 진까지 짜내고 있는 남자와 여자—현대적 진보의 순교자—의 세계. 살을 붙이기가 매우 어렵다고 화가들이 생각하는 것이야말로 이 해골과 옷깃 단추의 집합인 것이다.

오후 늦게, 나는 세즈 거리에 있는 화랑에서 마티스(*프랑스 표현주의 화가, 1869~1954*)의 남녀들에게 둘러싸인 자신을 발견했다. 그리고 겨우 나도 이제는 인간다운 세계의 주변에 들어와 있다는 생각이 들었다. 현란하게 불타는 벽이 있는 큰 홀 입구에서 나는 잠깐 멈춰서서, 일상생활의 잿빛 세계가 무너져 내리고, 인생의 색채가 노래와 시가 되어 분출될 때 경험하는 충격으로부터 겨우 몸을 가누었다. 나는 나 자신을 잃어버릴 정도로 자연스럽고 완벽한 세계에 들어와 있었다. 그리고 어떤 장소, 어떤 위치, 어떤 자세에서도 초점이 맞는, 그야말로 생명의 중추부에 잠겨 있는 감각을 맛보았다. 싹트는 숲 깊숙이 몰입하여 발베크(프루스트《잃어버린 시간을 찾아서》에 나오는 가공의 도시)의 그 호화로운 세계의 식당에 앉아 자신을 잊으면서도, 나는 비로소 시각과 촉각을 가로막는 부적을 통해 스스로 존재를 나타내는 내면 정적의 깊은 의미를 파악했다.

 마티스가 창조한 그 세계의 입구에 서서, 프루스트(프랑스 소설가. 1871~1922)와 같은 사람들만이 소리와 감각의 연금술을 알고, 인생의 부정적 현실을 예술의 본질적인 의미 깊은 윤곽에 옮길 수 있도록 인생 묘사를 변형시킨 그 계시의 힘을 나는 다시금 경험했다. 광선을 자기 가슴속에 비추게 할 수 있는 인간만이, 마음속에 있는 것을 번역할 수 있다. 이제 나는 선명하게 떠올린다. 육중한 샹들리에에서 쏟아져 나오는 번뜩이는 빛줄기가 마구 흩어져 피를 세차게 쏟아내고, 창밖의 탁한 황금빛 위에 단조롭게 부딪치는 물마루에 반점을 뿌려 놓는 광경을. 바닷가에서는 돛대와 굴뚝이 교차하고, 연기에 그을린 그림자처럼 알베르틴(《잃어버린 시간을 찾아서》의 여주인공)의 모습이 밀물 사이로 미끄러지며 원형질적 세계의 신비로운 중추와 프리즘 속으로 녹아들어, 그녀의 그림자를 죽음의 꿈과 죽음의 앞잡이와 연결시킨다. 하루가 끝남과 동시에 지상에서 피어오르는 안개처럼 고통이 커지고 비애가 움츠러들어 끝없는 바다와 하늘의 전망을 잘라낸다. 두 자루의 양초와도 같은 손이 침대에 털썩 놓이고, 새파란 정맥을 따라 조개껍데기의 속삭임이 그 탄생의 전설을 되풀이한다.

 마티스의 모든 시에는 죽음의 종료를 거부한 인간 육체에 대한 한 분자의 역사가 있다. 머리끝에서 발끝까지 고깃덩어리 전체는 호흡의 기적을 나타낸다. 마치 내면적인 눈이 보다 큰 진실을 동경하여, 육체의 모든 구멍을 사물을 볼 수 있는 굶주린 입으로 개조하기라도 한 듯이. 인간이 어떤 환상을 품건 거기에는 항해 냄새와 소리가 있다. 출렁거리는 파도와 부서지는 물거품의 싸늘함을 느끼지 않고는 인간이 가진 꿈의 한 구석도 바라볼 수 없다.

 마티스는 타륜(舵輪) 앞에 서서 푸른 눈동자로 시간의 포트폴리오를 바라본다. 그는 얼마나 오랫동안 먼 구석구석에 비스듬한 눈길을 보내지 않았던 것일까? 그는 눈앞의 광대한 곳을 내려다보고 모든 것을 살펴 왔다—태평양 밑으로 함몰한 대산맥을, 양피지에 기록된 민족 분열의 역사를, 피리 소리를 내는 해변의 붕괴를, 소라껍데기처럼 굽은 피아노를, 빛의 온갖 협화음을 내는 화관을, 출판물 밑에서 몸부림치는 카멜레온을, 티끌의 바다에서 숨이 끊어지는 후궁을, 고통을 감추며 채층에서 불꽃처럼 분출하는 음악을, 대지를 열매 맺는 홀씨와 고통의 알을 토해 내는 배꼽을……

　마티스는 찬란한 현자이고 춤추는 관객이다. 붓 하나로, 도저히 반박할 수 없는 인생의 여러 사실로써 인간의 몸을 묶고 있는 추악한 교수대를 없애 버린다. 만일 오늘날 천재가 있다고 하면, 그가 바로 그러하다. 그는 인체의 어디를 분해해야 하는가를 알고 있고, 피의 흐름과 속삭임을 검출하기 위해 조화를 이룬 선(線)을 희생하는 용기를 가지고 있으며, 자기 안에서 분석한 광선을 사용하여 그것을 색채의 건반에 흘러넘치게 한다. 마티스는 인생의 세부, 혼돈, 조롱의 배후에 있는 눈에 보이지 않는 형태를 간파한다. 자기가 발견한 것을 공간의 형이상학적 색채 속에 널리 알린다. 공식적인 탐구도 없거니와 관념의 처형도 없고, 창조하는 것 말고는 강요도 없다. 세계가 붕괴되어 가는 때에조차 그 핵심에 머무는 이가 한 사람 있다. 그는 분해 과정이 빨라질수록 점점 더 단단하게 둘러붙고 닻을 내리며 원심적으로 된다.

　세계는 점점 더 곤충학자의 꿈과 비슷해진다. 지구는 그 궤도 밖에서 회전하고 축이 이동하며 북방에서 거대한 칼날의 퍼런빛을 띤 눈보라가 되어 휘몰아친다. 새로운 빙하시대에 들어서고 있는 것이다. 가로지르는 봉합선은 닫히고 있으며, 태아의 세계는 곡물 지대 곳곳에서 시든 유두돌기(乳頭突起)처럼 되어 빈사 상태에 빠져 있다. 삼각주는 천천히 말라가고 있으며, 하천 바닥은 유리처럼 매끄럽다. 새로운 새벽, 야금술의 시대가 밝아오고 있다. 이윽고 대지는 빛나는 황금색 무쇠 소나기로 금속음을 낼 것이다. 온도계가 내려감에 따라 세계의 모양이 희미해진다. 또한 삼투 현상도 있고 군데군데 관절도 있다. 그러나 표면에서는 모든 혈관이 팽창하고 빛은 굴절하며 햇빛은 파열된 직장(直腸)처럼 출혈한다.

　이 망가진 차바퀴의 바퀴통에 마티스가 있다. 더구나 그는 차바퀴를 구성하고 있는 모든 것이 분해될 때까지 회전을 멈추지 않는다. 이미 그는 지구의 아주 넓은 범위에 걸쳐 페르시아, 인도, 머나먼 중국까지 회전해 왔다. 쿠르디스탄 지방(터키 북부지역), 발루치스탄 지방(이란 남동부 지역), 팀북투(사하라 사막 남단의 도시), 소말릴란드(아프리카 동부의 삼각형 반도), 앙코르, 티에라델푸에고(남미 남쪽 끝에 있는 섬 무리) 등으로부터 자석처럼 현미경으로나 볼 수 있는 미립자를 자신에게 끌어 붙여 왔다. 마티스는 오달리스크를 공작석과 벽옥으로 수놓고, 그 육체를 무수한 눈, 고래 정액에 절인 향기로운 눈으로 감쌌다. 산들바람이 부는 곳에는 어디에나 운모처럼 싸늘한 유방이 있고, 흰 비둘기가 날아 내려와 히말라야 산맥 얼음같이 푸른 정맥 속에서 발정한다.

　과학자들이 현실 세계를 감싸온 벽지는 지금 갈가리 찢어져 떨어지고 있다. 그들이 생명을 소재로 하여 만든 거대한 매음굴에는 아무런 장식도 필요 없다. 그것은 적당히 배수구의 역할을 하는 것만이 본질이다. 미국에서 무도회를 통해 우리를 사로잡은 아름다움, 고양이 같은 아름다움은 끝이 났다. 새로운 현실의 깊이를 재기 위해서는 먼저 하수도 뚜껑을 열고, 예술의 배설물을 공급하는 탄저병에 걸린 배수관—이것이 비뇨 생식기 계통을 구성하고 있다—을 절개해야 한다. 현대의 냄새는 과망간산염과 포름알데히드이다. 하수구는 목 졸라 죽인 태아로 가득 차 있다.

　마티스의 세계는 마치 고풍스러운 침실처럼 아름답다. 눈에 띄는 볼베어링도 없거니와 보일러판도 없고 피스톤도 없으며 멍키스패너도 없다. 포도주와 간통의 목가적 시대에 숲으로 신나게 가는 것과 조금도 다름없는 고풍스러운 세계이다. 약동하는 생활력을 가진 이 싱싱한 여자들 사이로 돌아다니는 것은 나에게 위안이 되고, 기분을 아주 새롭게 해준다. 그녀들의 배경은 광선 자체처럼 안정되고 충실하다. 나는 마들렌 대로를 걷다가 매춘부 곁을 지나칠 때 이것을 마음에 사무치게 느낀다. 이때는 그녀들을 흘끗 쳐다보기만 해도 나는 몸이 떨린다. 그녀들이 이국적이기 때문일까? 아니면 영양상태가 좋기 때문일까? 그렇지 않다. 그것은 마들렌 대로에서 미녀를 보는 일이 드물기 때문이다. 그러나 마티스에게는, 그 화필의 탐구에는 아주 포착하기 어려운 동경을 결정화시키기 위해, 오직 그것만을 위해 여성의 존재를 요구하는 세계의 흐느끼는 듯한 섬광이 있다. 화장실 밖에서—거기에는 담배 종이, 럼주, 곡예, 경마 등의 광고가 있고 두툼한 나뭇잎 틈으로 육중한 벽과 지붕이 바라보인다—몸을 파는 여자를 만난다는 것은, 알지 못하는 세계의 경계선이 끝나는 데에서 시작되는 하나의 경험이다.

　나는 가끔 저녁 때 묘지 울타리를 돌며, 나무에 묶여 있고 머리털이 수액에 젖어 마구 뒤엉킨 망령과도 같은 마티스의 오달리스크를 맞닥뜨리곤 한다. 몇 피트 떨어진 곳에는 끝없는 영겁의 시간이 데려간 보들레르의 고개숙이고, 미라처럼 헝겊으로 몸을 감은 영혼이 누워 있다. 이미 트림도 하지 못하는 전 세계의 망령이다. 카페의 컴컴한 구석에는 두 손을 꼭 쥐고 허리에 뚜렷한 반점이 있는 남녀가 있다. 그 곁에는 웨이터가 윗옷에 동전을 가득 넣고 서서, 아내에게 꼬치꼬치 따지려고 쉬는 시간이 오기를 참을성 있게 기다리고 있다. 세계가 무너져 내리려 하는 때에도 마티스의 것인 파리는 밝기만 하고, 헐떡거리는 오르가슴을 맛보며 와들와들 떨고 있다. 공기에까지 코를 찌르는 정액 냄새가 가득하고, 나무들은 머리칼처럼 뒤얽혀 있다. 그 비틀거리는 차축에 기대어 차바퀴가 착실하게 언덕을 내려간다. 브레이크는 없다. 볼베어링도 없다. 타이어 또한 없다. 차바퀴는 조각조각 부서진다. 그러나 회전에는 변화가 없다.

날씨가 좋은 탓인지, 어느 날 몇 달 동안이나 만나지 못했던 보리스한테서 편지가 왔다. 특이한 내용이다. 나는 그 편지의 의미를 완전히 아는 체할 생각은 없다. '우리 사이에서 일어난 일은—어쨌거나 나로서는—자네가 나에게 상처를 입히고 내 인생을 손상시켰으며, 곧 내가 아직 살아 있다는 단 한 가지 점에서 나에게 상처를 준 것이다. 바로 내 죽음이다. 나는 감정의 끊임없는 움직임에 따라 지금 또 하나의 세례를 거쳤다. 나는 다시 살아났다. 살아 있다. 다른 사람들처럼, 이미 추억에 의해서가 아니라 살아 있다.'

편지는 이런 투로 시작되었다. 인사말도 없거니와 날짜도 주소도 없다. 공책에서 찢어낸 패션지에 가늘고 정성들인 글씨체로 쓰여 있다. '그것이 이유다. 자네가 나를 좋아하건 좋아하지 않건—오히려 자네는 마음속으로 나를 몹시 싫어할 것이라고 생각하네—자네가 나한테 바싹 다가와 있는 이유다. 나는 자네 때문에 내가 어떻게 죽었는지 알았다. 나는 지금 또다시 죽어가는 나를 보고 있다. 나는 죽어가고 있다. 거기에는 어떤 의미가 있다. 단지 죽었다는 것이 아니다. 아마도 그것이, 왜 내가 자네와 만나기를 그렇게 무서워하는지에 대한 이유일 것이다. 하지만 자네는 그저 나한테 장난을 걸었을 뿐이겠지. 그래서 죽은 것이다. 요즘에는 일이 무척 빨리 일어나니까.'

나는 이 편지를 묘비 옆에 서서 한 자 한 자 되풀이해서 읽었다. 이와 같은 삶과 죽음, 재빠르게 일어나고 있는 사물에 대한 장광설이 어쩐지 나에게는 정신 나간 소리로 들렸다. 일어나고 있는 사건이라는 것이, 내 눈에는 신문 첫 장을 늘 장식하는 평범한 재난 말고는 전혀 보이지 않았다.

보리스는 지난 반년 동안 작고 값싼 하숙에서 홀로 살았다—아마도 크론슈타트와 정신 감응이라도 하고 있었을 것이다. 그는 전선 후퇴, 철수한 부채꼴 전선 등에 대해서도 적고 있었다. 마치 그가 참호 속으로 들어가 본부에 보고서를 보내는 듯한 투였다. 아마도 그가 이 공문서를 집필하려고 앉았을 때는 프록코트를 차려입고 있었을 것이다. 그리고 손님이 아파트를 빌리려 왔을 때 하는 버릇처럼, 몇 차례 손을 비벼댔을 것이다.

'내가 자네가 자살하기를 바라는 이유는……,' 보리스는 다시 계속한다. 나는 그만 웃음을 터뜨리고 말았다. 그는 언제나 빌라 보르게제, 곧 크론슈타트의 집에서는—말하자면 갑판만 한 넓이가 있는 곳이라면 어디서나—프록코트 뒷주머니에 한쪽 손을 넣고 다녔는데, 이러한 모습으로 그는 죽느니 사느니 하는 헛소리를 마음 내키는 대로 지껄였을 것이다.

나는 편지에 쓰여 있는 단 한 마디도 전혀 이해하지 못했다고 고백하지 않을 수 없다. 그러나 겉보기만은 훌륭하고 또 나는 이방인이므로, 이 두개골 장식품 같은 상태에는 흥미를 느꼈다. 때때로 보리스는 우둔한 머리에 흘러드는 관념의 파도에 피곤을 느끼고 긴 의자에 길게 드러눕곤 했다. 그의 두 다리는 플라톤과 스피노자의 책이 꽂혀 있는 책장에 스치듯이 닿았다—어째서 내가 그 책들을 읽지 않는지 보리스는 이해하지 못했다. 그가 이에 대해 자못 재미있다는 듯이 이야기해 주긴 했지만, 무슨 말을 하는지 나로서는 전혀 알 수 없다.

때때로 나는 몰래 책으로 눈길을 보내어, 보리스가 말하는 격렬한 관념과 대조하고자 했다—그러나 그가 말하는 관념과 책과의 관련은 매우 희박했다. 그 사람, 즉 보리스라는 사나이는 단둘이 있을 때는 아주 독자적인 언어를 사용했다. 그런데 크론슈타트가 하는 말을 가만히 듣고 있으면, 아무래도 보리스는 그 훌륭한 관념을 표절한 것이 아닌가 하는 생각이 든다. 그들이 말하는 것은 마치 고등 수학 같다. 두 사람의 말에는 피와 살이 전혀 없었다. 그것은 어쩐지 기분 나쁘고 으스스하며 엽기적일 정도로 추상적이다. 그들의 이야기가 죽을 때도 어느 정도 구체성을 띠었다.

요컨대 고기를 써는 칼이나 도끼에는 자루가 있어야 한다는 것이다. 나는 이러한 이야기를 아주 즐겼다. 그때 나는 태어나서 처음으로 죽음을 매력적이라고 느꼈다—핏기 없는 고뇌를 품은 추상적인 죽음을. 이따금 그들은 아직도 살아 있다면서 나에게 인사를 했다. 그것도 내가 당황하지 않을 수 없는 방법으로. 덕택에 나는 내가 19세기에 살고 있다는 느낌을 받았다. 어떤 종류의 격세유전적 유물, 낭만적인 단편, 영적인 직립원인의 발기물과 같은.

특히 보리스는 나를 겁주면서 짜릿한 전율을 맛보는 모양이다. 그는 자기 뜻대로 죽을 수 있도록 하기 위해 나를 살려 두고 싶어했다. 그가 나를 괴롭히려면, 거리에 있는 무수한 사람들이 단지 죽은 소에 지나지 않다고 생각하는 것으로 충분하다. 그러나 이 편지는…… 깜빡하고 이 편지를 잊을 뻔했다……

'그날 밤 크론슈타트의 집에서 몰도르프가 신이 되었을 때 내가 자네의 자살을 바란 이유는, 그때 내가 바로 자네 곁에 있었기 때문이다. 아마도 앞으로는 그토록 가까이 다가서는 일이 없을 것이다. 나는 겁을 먹었다. 무척 겁을 먹었던 것이다. 언젠가 자네가 나에게 돌아와 내 손에 기대어 죽는 것이 아닌가 하고. 나는 단지 자네에 대한 내 관념만을 가지고 세상과 동떨어지게 될 것이다. 더구나 그것을 떠받쳐 주는 것은 없다. 그렇게 되면 나는 결코 자네를 용서하지 않을 것이다.'

아마 여러분도 이런 말을 하고 있는 보리스의 모습이 선명하게 떠오를 것이다. 나 자신은, 나에 대한 그의 관념이 무엇인지 분명히 알지 못한다. 한 가지 분명한 점은, 나는 단순한 순수관념, 음식이 없어도 생명을 유지하는 하나의 관념이라는 것이다. 보리스는 음식 문제는 별로 중요하게 보지 않았다. 그는 나를 여러 가지 관념으로 부양하고자 애썼다. 모든 것이 관념이었다.

이와 마찬가지로 아파트를 세 줄 희망이 있을 때는, 화장실과 새 수세식 변기 설치를 보리스는 결코 잊지 않았다. 어쨌든 나는 그의 신세를 지면서 죽을 생각은 없었다. '자네는 마지막 죽는 순간까지 나를 위해 살아야만 한다'라고 그는 썼다. '이것이 자네에 대한 내 관념을 유지할 수 있는 유일한 방법이다. 알다시피, 자네는 아주 생명적인 어떤 것을 나에게 결부시켰다. 그러므로 앞으로 나는 자네를 뿌리칠 수 없을 것이다. 또한 나는 그것을 바라지도 않는다. 매일 매일 더욱 씩씩하게 살아가기를 바란다. 지금 나는 죽어 있으니까. 다른 사람에게 자네 이야기를 할 때 내가 좀 부끄럽게 여기는 것도 그런 이유 때문이다. 남에 대해서 매우 친밀하게 이야기한다는 것은 어려운 일이다.'

보리스가 나를 몹시 만나고 싶어하는 것은 아닐까, 아니면 내가 지금 무엇을 하고 있는지 알고 싶은 게 아닐까 하고 여러분은 생각할지도 모른다—그러나 그렇지 않다. 이와 같이 사는 것과 죽는 것에 대한 이야기 말고는 구체적인 내용이나 개인적인 사정에 대해서 그는 한 줄도 쓰지 않았다. 참호에서 보낸 이 짧은 보고에는, 모든 사람에게 아직 전쟁이 계속되고 있음을 알리는 독가스 냄새 말고는 아무것도 없다.

때때로 나는 자문한다. 내가 머리에 이상이 있는 녀석들―신경쇠약증, 신경과민증, 정신분열증에 걸린 녀석들, 특히 유대인들을 끌어들이는 것은 어째서일까?

건강한 이방인들에게는, 시큼한 흑빵을 볼 때처럼 유대인의 마음을 흥분시키는 무언가가 있는 게 틀림없다. 가령 보리스와 크론슈타트의 말에 따르면 스스로 신이 되었다고 하는 몰도르프가 있다. 그는―그 독사 같은 녀석은―나를 몹시 싫어했지만, 그러면서도 나와 멀리 떨어져 있을 수가 없었다. 몰도르프는 나를 모독하기 위해 규칙적으로 찾아왔다―이것이 그에게는 강장제와도 같은 것이었다. 처음에는 나에게 너그러운 태도를 보였다. 요컨대 그는 나에게 대가를 치르고 이야기를 듣게 했던 것이다. 나는 크게 공명하는 투를 보이지 않았으나, 식사나 돈이 걸려 있을 때에는 조용히 침묵을 지키는 방법을 알고 있었다.

그러나 얼마 뒤 몰도르프가 심한 마조히스트라는 것을 알게 되자, 종종 그의 눈앞에서 웃음을 터뜨리지 않을 수 없었다. 이것이 그에게는 채찍과 같은 역할을 했다. 새로운 힘을 가해 비통과 고민을 분출시키는 것이다. 만일 그가 타니아를 변호하는 일이 자기 의무임을 알고 있지 못했다면, 우리 사이에는 모든 일이 순조로웠을 것이다. 그러나 타니아는 유대인이다. 이것이 도덕적인 문제를 불러 일으켰다. 몰도르프는 내가 클로드 양에게 달라붙기를 원했다. 사실 나는 그녀에게 참다운 사랑을 느끼고 있었다. 몰도르프는 때때로 나에게 그녀와 잘 수 있도록 돈을 주었다. 내가 형편없는 바람둥이라는 것을 알기 전까지는.

지금 타니아에 대해 이야기하는 것은 그녀가 마침 러시아에서 돌아왔기 때문이다―바로 며칠 전이다. 실베스터는 어떤 직업을 갖기 위해 뒤에 남았다. 그는 문학을 완전히 포기했다. 지금은 새로운 유토피아에 헌신하고 있다. 타니아는 나와 같이 저쪽에―할 수 있다면 크림 반도에 가서 새로운 생활을 시작하기를 바라고 있었다.

앞서 우리는 칼의 방에서 조촐한 술자리를 마련하고 그 가능성에 대해 상의했다. 나는 거기서 살아가기 위해서 어떤 일을 할 수 있는지 알고 싶었다—예를 들어 교정원과 같은 일자리가 있는지 없는지. 거기 가서 무슨 일을 할 것인지 걱정할 필요는 없다고 타니아가 말했다—내가 성실하고 열의만 가지고 있다면, 모두가 나를 위해 일자리를 마련해 줄 것이라고 했다. 나는 관심이 많다는 표정을 지으려 했으나, 슬픈 얼굴밖에 할 수 없었다. 러시아에서는 슬픈 낯을 보이는 것을 싫어한다.

명랑하고 열광적이며 쾌활하고 낙천적이기를 바란다. 이 점이 내게는 미국과 아주 흡사하게 느껴졌다. 나는 태어날 때부터 그런 열정을 지니지 못했다. 물론 타니아에게는 말하지 않았으나, 속으로는 제발 나를 그냥 내버려 두기를 바랐다.

나는 그 작은 방으로 돌아가, 전쟁이 터질 때까지 거기에 있고 싶었다. 그러나 러시아에 대한 그 달콤한 이야기는 어느 정도 내 마음을 들뜨게 만들었다. 타니아는 그 일에 완전히 흥분하여, 덕택에 우리는 술을 여섯 병이나 마시고 말았다. 칼은 바퀴벌레처럼 뛰어다녔다. 그의 내면에는 러시아 사상에 열중한 유대인이 있었던 것이다. 칼은 우리를 러시아로 보내는 일밖에는 눈에 보이지 않았다—지금 당장. "꼭 붙들게!" 그는 말했다. "손해 볼 것은 하나도 없어!" 그는 빠를수록 좋다는 듯이 자기가 중간 역할을 해 주겠다고 했다.

타니아는 이야기가 끝나기를 바라면서도 러시아에 대한 생각이 머릿속에 뿌리를 내려, 기회를 보아 오줌을 누러 가는 것으로 내 주의를 중단시켰다. 이 때문에 나는 좀 화가 나고 초조한 생각이 들었다. 어쨌든 우리는 먹을 것을 생각하고, 일을 하러 나가야만 했다. 그래서 묘지 바로 앞에 있는 에드가르 키네 대로에서 택시를 타고 달렸다. 오픈카를 타고 파리 시가를 달리기에는 둘도 없는 시각이었다. 게다가 우리 배 속에서 술이 출렁거리고 있었기 때문에 다른 때보다 더 신명이 났다.

칼은 우리 맞은편에 있는 보조 의자에 앉아 있었다. 얼굴이 딸기처럼 새빨갰다. 딱하고 시시한 이 녀석은 유럽 저쪽에서 보낼 화려하고 새로운 생활을 생각하니 신이 나는 모양이었다. 동시에 칼은 적지 않은 비애도 느끼고 있었다—나는 그것을 알 수 있었다. 사실 그는 나보다도 더 파리를 떠나고 싶지가 않은 것이다. 파리는 나보다도 그에게 더욱 친절하지 않았다. 그 점은 누구에게나 다 마찬가지일지도 모르나, 여기서 갖은 고생을 하며 겨우 그것을 견딜 수 있게 되면, 파리는 사람의 마음을 꼭 사로잡아 버리는 것이다. 놓치느니 차라리 죽는 편이 낫다고 여기는 사랑에 빠진 여자처럼, 파리가 여러분의 고환을 꽉 붙잡아 버리는 것이다. 칼의 눈에는 파리가 그렇게 비쳤다. 나는 그것을 알 수 있었다. 그는 센강을 건널 때 얼간이처럼 입을 크게 벌리고 싱글벙글 웃으면서 주변의 건물과 조각들을 바라보고 있었다. 마치 꿈속에서 그것들을 바라보는 것처럼. 내게도 그것은 꿈만 같았다. 한 손을 타니아의 옷 속에 집어넣고 힘껏 그녀의 유방을 주무르면서, 다리 아래 흐르는 물과 배와 노트르담 그림자를 그림엽서인 양 바라보았다. 그리고 술에 취한 듯한 기분으로, 인간은 어떻게 하면 흥분하는가를 생각했다.

그러나 나는 여전히 교활했다. 내 주위의 소용돌이를 러시아나 천국과도, 지상의 그 어떤 것과도 결코 바꾸지 않으리라고 생각했다. 기분 좋은 오후라고 나는 생각하고 있었다. 얼마 뒤 우리는 음식을 배 속에 채워 넣을 것이다. 특별한 요리로 주문할 수 있는 음식을. 고급 포도주가 러시아에 대한 생각을 걷어내 줄 것이다. 정력이 넘쳐흐르고 모든 것을 지닌 타니아와 같은 여자와 함께 있으면, 녀석은 무슨 일이 벌어지든 눈도 꿈쩍하지 않았다. 할 수 있는 데까지 한번 해 보라지.

녀석은 택시 안이건 어디건 상관없이 당신의 속옷을 끌러 내릴 것이다. 교통이 복잡한 거리를 빠져나가는 것은 기분좋은 일이었다. 우리 얼굴은 온통 입술 자국 투성이였다. 술이 배 속에서 하수도 같은 소리를 내고 있었다. 특히 라피트 거리로 들어섰을 때는 굉장했다. 이 거리 끝에는 작은 교회를 세울 만한 너비가 있고, 사크레쾨르대성당이 자리잡고 있었다. 이국적인 건물이 한데 모인 듯하여 얼근한 기분을 도려내 준다. 더구나 사람의 신경을 자극하지 않는 액체의 꿈속에서, 절망적으로 헤엄치게 하는 깨끗한 프랑스적 관념을 과거 속에서 분명하게 각성시켜 준다.

다시 모습을 나타낸 타니아, 안정된 직업, 러시아에 대한 환상적인 이야기, 밤중의 귀가, 한여름의 파리—이쯤 되면 인생이 어느 정도 흥분으로 고개를 드는 것 같다. 보리스가 보낸 편지가 아니꼽게 여겨진 것도 그러한 이유 때문일 테지. 거의 매일처럼 나는 5시에 타니아를 만나, 그녀가 포트 와인이라 부르는 술을 마셨다. 나는 그녀가 이끄는 대로, 지금까지 한 번도 가 본 적 없는 곳으로 갔다. 샹젤리제 뒷골목에 있는 유쾌한 술집에서는 재즈 음악과 나직이 속삭이는 젊은 여자들의 목소리가 마호가니 건물 속으로 곧 장 스며들어 가는 것 같았다. 화장실에 가도 그 끈적한 곡조가 뒤따라와서 환기통을 통해 화장실에 풍겨, 인생을 부드러운 무지갯빛 비눗방울같이 만 들어 주었다. 실베스터가 없어서 해방감을 느끼기 때문인지는 알 수 없으나, 분명히 타니아는 천사처럼 행동하려 애쓰고 있었다.

"당신은 내가 떠나기 얼마 전에 나를 벌레처럼 다루었죠?" 어느 날 타니 아가 나에게 말했다. "어째서 그랬죠? 내가 당신에게 몹쓸 짓을 한 것도 아 닌데. 안 그래요?" 우리는 부드러운 빛과 공간에서 스며나오는 그 크림 같은 마호가니 음악 때문에 감상적으로 되어 있었다. 출근해야 할 시간이었으나, 우리는 여전히 식사를 끝내지 않았다. 엽궐련 꽁초가 우리 앞에서 굴러다니 고 있었다—6프랑, 54, 7프랑, 52—나는 무의식적으로 그것을 세는 동시에 어쩌면 나는 바텐더가 되고 싶었던 게 아니었을까 생각했다.

타니아가 나한테 이야기를 하고 있을 때—러시아니 미래니 연애니 하는 시시한 이야기를 하고 있을 때는 곧잘 그랬다. 전혀 상관없는 일을—구두를 닦는다거나 화장실 청소부가 된다거나 하는 생각을 하는 것이었다. 왜냐하 면 그녀가 나를 끌고 오는 이러한 술집이 몹시 아늑하다는 생각이 드는 한 편, 나도 얼마 뒤에는 돌처럼 몸이 굳고 늙어서 허리가 휘리라는 것이 마음 속에 떠오르지 않았기 때문일 것이다…… 아니, 나는 언제나 생각하고 있었 다. 아무리 앞날을 조심스럽게 내다본다고 해도 역시 이런 환경에 처할 것이 고, 이와 똑같은 곡조가 내 머릿속에서 연주를 계속할 것이며, 술잔이 부딪 칠 것이다. 그리고 아래층 화장실에서조차도, 인생에서 술기운을 없애 버리 는 1야드 너비에, 한결같이 모양 좋은 궁둥이들이 향수 흔적을 남길 것이다.

이상한 이야기지만, 타니아를 따라 이런 보잘것없는 술집을 돌아다녀도 나는 전혀 타락하지 않았다. 그녀와 헤어지기가 정말 싫었던 것이다. 나는 언제나 타니아를 회사 근처에 있는 교회 현관까지 데리고 가 어둠속에서 마 지막 포옹을 했다. 그러면 그녀가 속삭인다. "나는 어떻게 해야 좋죠?" 타 니아는 낮이나 밤이나 함께 잘 수 있도록 내게 일을 그만두게 하고 싶었던 것이다. 우리가 같이 있을 수만 있다면, 그녀는 러시아 같은 곳은 아무래도 상관없었다.
 그러나 나는 타니아와 헤어지는 순간 머리가 냉정해졌다. 그것은 다른 종류의 음악으로서 별로 끙끙거리지는 않았으나, 문을 열고 들어갈 때 귀에 들어오는 것처럼 쾌적한 것이었다. 또한 그것은 종류가 다른 향기였다. 1야드 너비가 아니라 어디에나 있는 것, 이를테면 기계에서 나는 것 같은 땀과 인도 박하에 절은 냄새였다. 내가 언제나 저지르듯, 배 속 가득 채워서 들어가 갑자기 낮은 곳으로 뚝뚝 떨어뜨리는 똥과도 비슷했다. 대개 나는 화장실에 가장 빠른 길로 갔다―그렇게 해야 오히려 기분이 말짱해지는 것이다. 거기 들어가면 조금 서늘했다. 아니면 흐르는 물소리 때문에 시원하게 느끼는 것인지도 모른다. 요컨대 화장실은 언제나 차디찬 세척기이다. 사실이 그렇다. 안으로 들어가기 전에 줄지어 서서 옷을 벗고 있는 프랑스 사람들 앞을 지나쳐야 했다. 웩! 이 악마놈들은 구리다! 그들도 이것으로 충분히 보상받았을 것이다. 그러나 거기 있는 녀석들 가운데는 긴 내복 차림을 한 자도 있고 수염을 기른 자도 있었으나, 대부분은 혈관 속의 납 때문에 창백하고 말라빠진 쥐새끼들이었다.
 화장실 안에서는 그들의 한가한 생각을 알아볼 수 있었다. 벽에는 온통 그림과 형용구가 새겨져 있었다. 대부분 쉽게 알아볼 수 있는 외설적인 낙서이며, 유쾌하고 공감이 가는 것이 많았다. 어떤 부분에 새겨 넣기 위해서는 틀림없이 사다리가 필요했을 테지만, 심리적인 관점으로만 보아도 그럴 만한 가치가 있을 것이다. 때때로 나는 변기에 앉아서 샹젤리제의 그 아름다운 공중변소에 드나드는 멋진 여성들에게 화장실이 어떤 인상을 줄 것인가를 생각하곤 한다. 그녀들은 옷을 높이 추켜올릴 것인가, 여기서 엉덩이를 어떻게 여기고 있는지 그녀들은 알고 있을까, 하는 것들을 생각한다. 틀림없이 그녀들의 세계는 망사와 벨벳이다―아니면 그녀들이 곁을 스치며 지나갈 때 풍기는 냄새로 그렇게 믿게 되는 것이다. 그중에는 훌륭하지 못한 숙녀도 반드시 있을 것이다. 단지 자기네 장사를 선전하기 위해 왔다 갔다 하는 사람도 있을 것이다. 그녀들을 혼자 있게 내버려 둔다면, 저마다 자기 방에서 큰 소리로 떠들도록 내버려 둔다면, 아마 그 입에서도 기묘한 소리가 튀어나올 것이다. 왜냐하면 그 세계에서는―어느 세계나 마찬가지이지만―벌어지고 있는 대부분의 일이 더럽고 불결한 것에 지나지 않기 때문이다. 쓰레기를 버리는 양철통처럼 더럽다. 단지 그녀들은 다행스럽게도 양철통 위로 뚜껑을 닫을 수 있을 뿐이다.

앞서도 말했듯이 타니아와 보내는 오후는 나에게 전혀 나쁜 영향을 끼치지 않았다. 때로는 너무 배불리 먹어서 손가락을 목구멍에 집어넣어야 할 때도 있었다—왜냐하면 하고 싶은 생각이 전혀 없을 때 교정을 보기란 매우 힘든 일이기 때문이다. 니체의 철학을 요약하는 것보다도, 빠진 구두점을 찾아내는 일이 더 많은 집중력을 요구한다. 때때로 술에 취해서 머리가 맑을 때가 있지만, 교정원에게는 맑은 머리가 필요치 않다. 날짜, 분수, 쌍반점—이것이 중요한 것이다. 생각이 불타오르고 있을 때는 그러한 것을 더듬어 나가기가 가장 어렵다.

이따금 나는 큰 실수를 하곤 한다. 그러므로 만일 내가 상사의 엉덩이에 키스하는 기술을 갖지 못했다면 벌써 목이 달아났을 것이다. 틀림없다. 어느 날 위층의 훌륭한 상사로부터 편지를 받은 일조차 있다. 녀석은 아주 높은 곳에 있기 때문에 아직 한 번도 만나지 못한 사나이다. 보통을 웃도는 내 지능을 야유하는 문구를 두서너 마디 늘어놓으면서, 너는 네 지위에 걸맞게 분수를 지켜라, 그렇지 않으면 보복이 따를 것이라고 제법 분명하게 암시를 주었던 것이다. 정직하게 말해서 녀석은 나를 겁나게 만들었다.

그 뒤로 나는 대화할 때 다음절 낱말을 결코 사용하지 않았다. 실제로 나는 하룻밤 내내 내 금지품을 열어 보인 일이 거의 없었다. 나는 될 수 있는 모자란 사람인 척했다. 이것이 우리에 대해서 그들이 바라는 바였다. 때때로 나는 상사에게 아첨하기 위해 녀석한테 찾아가서, 이 말은 도대체 무슨 뜻입니까 하고 정중하게 묻기도 했다. 녀석은 그것이 마음에 든 모양이었다. 말하자면 그는 사전이나 시간표 같은 녀석이었다. 녀석은 쉬는 시간에 아무리 맥주를 들이켜도—자기가 사장이라는 이유로 혼자 멋대로 쉬는 시간을 갖곤 한다—날짜나 행선지에 차질을 빚는 일은 절대로 없었다. 녀석은 마치 이 일을 위해 세상에 태어난 사람 같다. 다만 한 가지 유감스러운 점은 내가 너무 박식하다는 사실이었다. 아무리 조심해도, 이따금 알지 못하는 사이에 내 실력이 튀어나오곤 한다. 어쩌다가 책을 옆구리에 끼고 출근했을 때, 그것이 수준 높은 책이면 녀석은 기분이 몹시 상한다. 그러나 나는 일부러 그의 비위를 긁는 일은 절대로 하지 않았다. 스스로 내 목에 올가미를 매기에는 이 직업이 너무 마음에 들기 때문이었다. 그러나 조금도 공통점이 없는 사람과 이야기하기란 참으로 어려운 일이다. 비록 단음절로만 이야기한다고 해도 끝까지 자신을 감출 수는 없다.

사장 녀석은 여러 가지 것을 무서울 만큼 잘 알고 있었다. 나는 그의 과장스러운 이야기에는 전혀 관심이 없었다. 그러나 남들은 어떻게 설명할지 몰라도, 그는 나를 몽상에서 끌어내어 나에게 날짜와 역사 사건을 가득 채워 주기를 좋아했다. 생각건대 그것은 나에 대한 그의 복수였을 것이다.

그 결과 나는 가벼운 신경쇠약에 걸렸다. 바깥 기운을 쐬기만 하면 엉망이 되는 것이다. 화제가 무엇인가는 문제가 되지 않았다. 새벽에 몽파르나스로 돌아올 때면, 옆으로 밀려난 내 몽상을 얼른 꺼내기 위해, 나는 지체 없이 소화기 호스를 들이대고 그것을 진압해야만 했다. 나는 아무도 모르는 것에 대해 이야기하는 것을 가장 좋아했다. 나는 가벼운 정신 이상인 반향언어증_(상대의 말을 그대로 따라 말하는 증세)에 걸려 있었던 것이다. 반향언어증—분명히 그런 이름이었다고 생각한다. 하룻밤 동안 교정을 본 모든 단편이 내 혀끝에서 춤을 추었다.

달마티아—나는 아름다운 보석을 뿌려놓은 듯한 휴양지 광고의 교정을 보고 있었다. 그렇다, 달마티아. 당신은 기차를 탄다. 아침이 되면 털구멍에서 땀이 뿜어져 나오고 포도가 터질 듯이 영글어 있다. 달마티아에 대해서라면 나는 넓은 산책로부터 마자랭 추기경의 저택까지 낱낱이 이야기할 수 있었다. 마음만 내킨다면 더 많은 것을 이야기할 수 있었다. 한데 이것이 지도상의 어디에 있는지조차 나는 모른다. 알고 싶지도 않았다.

그러나 마음은 납덩이처럼 무겁고, 옷에는 땀과 인도 박하 냄새가 배어 있었다. 압착기를 통과하는 팔찌의 금속성 소리, 또 맥주를 마시면서 나를 을러대는 허황된 이야기까지 듣고 난 새벽 3시가 되면 지리, 의상, 연설, 건축 같은 사소한 이야기는 아무런 의미도 없었다. 달마티아는, 그와 같은 강렬한 상태가 사라지고, 황홀할 정도로 조용하고 공허하기 때문에 이유 없이 울고 싶을 정도인 루브르의 안뜰이 신비롭고 우스꽝스럽게 보이는 밤의 그 시각에 속하는 세계인 것이다. 신문의 1면이나 2층에서 주사위를 굴리는 녀석들과는 전적으로 다르다. 싸늘한 칼날로 도려내듯 내 신경을 자극하는 달마티아의 단편으로 인해, 나는 아주 기묘한 항해 감각을 맛볼 수가 있었다.

그러나 더욱 이상한 것은, 지구 구석구석을 여행했는데도 미국만은 도무지 기억에 남아 있지 않다는 사실이다. 그것은 파묻힌 대륙보다도 더 깊이 파묻혀 있었다. 파묻힌 대륙에서는 어떤 신비적인 매력을 느끼지만, 미국에서는 아무것도 느낄 수 없기 때문이다. 전혀 느끼는 바가 없다. 때때로 모나 생각이 나는 것은 사실이다. 일정한 시간과 공간의 기류 속에 있는 인물로서가 아니라, 마치 과거를 말살한 거대한 구름 같은 것에 휩쓸려서 외따로 떨어진 존재로서 말이다.

나는 아주 오랜 기간에 걸쳐 모나에 대해 생각하는 것을 스스로 허용하지 않았다. 만일 그것을 허용했다면 나는 다리에서 뛰어내렸을 것이다. 이상한 일이 아닐 수 없다. 모나가 없는 지금 생활을 즐기고 있음에도, 단 1분이라도 그녀를 생각하면 그 만족감이 뼛속까지 인정사정없이 찔러대어 또다시 고통스러운 과거의 도랑으로 빠져드는 것이다.

7년 동안 나는 낮이나 밤이나 단 한 가지 일만 생각하면서 움직여 왔다—모나에 대한 것. 내가 그녀를 대하는 것처럼 신을 대하는 기독교인이 있다면, 오늘날 우리는 모두 예수 그리스도가 되었을 것이다. 밤낮없이 나는 모나를 생각했다—그녀를 비웃고 있을 때조차도. 지금은 가끔 가다 내가 모든 것으로부터 완전히 해방되었다는 생각이 들 때면, 아마도 거리 모퉁이에 있을 것이 분명한 듬성듬성한 나무와 벤치가, 하나의 작은 광장이, 인기척 없는 장소가 갑자기 희미하게 떠오르곤 한다. 거기서 우리는 선 채로 일을 치렀다. 거기서 우리는 서로 미친 듯이 고통스러운 질투 장면을 연출한 것이다. 언제나 사람이 없는 곳에서 했다.

예컨대 레스트라파드 광장 같은 곳이나, 회교사원에서 떨어진 그 지저분하고 음산한 거리나, 밤 10시가 되면 쥐 죽은 듯이 고요해져 살인이나 자살을 생각하게 되고 무슨 인간극(人間劇)의 흔적이라도 자아낼 듯한 브르퇴유 거리의 열려 있는 납골당 근처에서. 그녀는 가 버렸다. 아마도 영원히 가 버렸을 것이다. 이런 생각을 하면 어마어마한 공허가 입을 쩍 벌리고 있고, 나는 그 깊고 캄캄한 공간으로 자꾸만 떨어져 내려가는 것을 느낀다. 이것은 눈물보다도 처치하기가 어려웠다. 후회와 고통과 슬픔보다도 심각했다. 그것은 사탄이 뛰어든 심연이다. 기어올라갈 길은 없었다. 한 줄기 빛도 비치지 않고 사람 목소리도 들리지 않고, 손길조차 닿지 않는다.

밤거리를 걸으면서, 나는 모나가 내 곁에 있을 날이 다시 올 것인가를 몇

천 번이나 생각했다. 나는 언제나 갈망하는 눈길을 건물이나 조각상에 던지곤 했다. 너무나 열망하고 너무나 필사적으로 바라보았기 때문에, 지금은 내 생각이 그 건물이나 조각상의 일부가 되었을 정도다. 거기에는 내 고민이 배어 있을 것이 틀림없다. 또한 나는, 지금 내 꿈과 갈망이 깊이 새겨져 있는 이 음침하고 초라한 거리를 둘이서 걸었을 때, 모나가 어느 것에도 마음을 빼앗기지 않고 아무 감동도 느끼지 않았다는 점을 생각하지 않을 수 없다. 그녀에게는 이 거리가 다른 거리와 조금도 다를 것이 없었다. 아니면 다른 거리보다 좀더 더러운 곳이라고 생각했을 뿐, 그 이상은 아무것도 아니었다.

 어느 길모퉁이에서 내가 걸음을 멈추고 머리핀을 주워 준 일을 그녀는 기억하지 못할 것이다. 그리고 내가 쭈그리고 앉아 구두끈을 매어 주면서 이곳에 전에도 왔던 적이 있다고 말한 것도, 또 이곳만은 비록 사원이 파괴되고 라틴 문명 전체가 영원히 말살되더라도 끝까지 남아 있을 것이라고 말한 것도 그녀는 기억하지 못하리라.

 어느 날 밤 야릇한 고민과 울적한 심정을 안고 로몽 거리를 걷고 있을 때 별안간 어떤 일이 처절할 정도로 뚜렷하게 떠올랐다. 그것이 패배와 절망의 기분으로 수없이 이 거리를 걸었을 때의 생각이었는지, 아니면 둘이 뤼시앵헬 광장에 서 있을 때 모나가 문득 흘린 이야기의 기억인지 나는 알 수 없다. "어째서 나에게 그 파리를 보여주지 않죠?" 그녀는 말했다. "당신이 편지에 쓴 그 파리를 말이에요." 지금 내가 알 수 있는 것은 딱 한 가지이다. 즉 그 말을 떠올렸을 때, 내가 알게 된 그 파리를 모나에게는 도저히 말해 줄 수 없다는 것을 불현듯 깨달은 것이다. 명확하지 않은 몇 구역으로 나뉜 파리, 나의 고독과 모나를 원하는 내 갈망 때문에만 실재하는 파리를. 그토록 파리는 거대하다! 다시 한 번 파리를 답사하려면 평생이 걸릴 것이다. 이러한 파리를 알 수 있는 열쇠를 가진 사람은 나뿐인데, 아무리 좋게 생각해도 파리는 여행하기에 적합한 곳이 아니다. 파리와 같은 도시는 그 속에서 직접 생활해 보아야 한다. 날마다 무수한 고민을 겪어보아야 한다. 파리와 같은 도시는 암덩이처럼 우리 안에서 생겨나고 서서히 자라, 마침내 우리를 먹어 버린다.

 나는 이러한 회상으로 어지러워진 머리를 감싸고 무프타르 거리를 걸으면서, 과거 속에서―모나가 페이지를 넘겨 달라고 부탁을 하는데도, 표지가 너무 두꺼워서 그때는 도저히 넘기지 못했던 그 안내서 속에서 또 다른 이상한 것을 생각해냈다. 이렇다 할 이유도 없이—왜냐하면 그때 나의 사고는, 현재 유유히 걷고 있는 이 신성한 경내를 소유한 살라뱅에 대한 일로 가득 차 있었기 때문이다—아무 이유도 없이 어느 날의 기억이 되살아났다. 그것은 평소 지나치면서 보는 간판에 자극을 받아 충동적으로 하숙집인 팡시옹 오르필라에 들어가, 스트린드베리(스웨덴의 극작가이자 소설가. 1849~1912)가 살았던 방을 보여 달라고 했던 날이었다. 그때까지만 해도 무엇 하나 무서운 일이 나에게는 일어나지 않았다. 하기야 그 무렵에 이미 나는 세속적인 소유물을 모두 잃어버렸었고, 주린 배를 움켜쥐고 경찰을 피해 거리를 헤매는 것이 어떤 것인지는 알고 있었지만 그때까지만 해도 파리에는 친구가 아무도 없었다. 그러나 걷잡을 수 없을 정도로 풀이 죽어 있지도 않았다. 왜냐하면 이 세상 어디를 헤매건, 내가 가장 찾아내기 쉬운 것이 바로 친구였기 때문이다. 실제로 아주 두려운 상황은 나에게 전혀 일어나지 않았다.

사람은 친구가 없어도 살아갈 수 있다. 연애를 하지 않아도, 꼭 있어야 한다는 돈이 없어도 살아나갈 수 있는 것처럼. 사람은 파리에서 살아갈 수 있다—이 사실을 나는 발견한 것이다!—오직 비애와 고뇌만을 먹고 살더라도 말이다. 괴로운 영양분이다—아마도 누군가에게는 가장 좋은 것일 테지만. 어쨌거나 나는 아직 진퇴양난에 빠지지는 않았다. 다만 비참에 안주하고 있었을 뿐이다. 나에게는 남의 생활을 들여다 볼 만한, 또한 두 장의 책표지 사이에 끼여 있을 때는 감미로울 정도로 멀고, 지은이가 분명치 않다고 여겨지는 로맨스의 잔해를(그것이 아무리 병적이라 해도) 희롱할 만한 시간과 감상이 있었다. 그 하숙집을 나서면서, 나는 내가 입가에 찬웃음을 짓고 있는 것을 깨달았다. 마치 스스로에게 이렇게 말하기라도 하는 듯이. "아직 팡시옹 오르필라는 내가 있을 곳이 아니다."

그 뒤로, 파리의 모든 미치광이가 이른 저녁에 발견하는 것이 무엇인가를 알았다—고통받는 사람들을 위해 마련된 지옥은 없다는 것을.

지금 생각하면, 어째서 모나가 그토록 열심히 스트린드베리를 읽었는지 그 이유를 조금은 알 것 같다. 감미로운 한 구절을 읽고 나서 눈에 기쁨의 눈물을 담고 고개를 드는 그녀 모습이 보인다. 그녀는 나에게 말한다. "당신은 그 사람과 똑같은 미치광이예요…… 당신은 벌 받기를 바라고 있어요!"

모나가 자신에게 어울리는 마조히스트를 발견할 때, 사디스트에게는 그것이 아주 큰 기쁨이 될 것이다. 분명히 그렇다! 말하자면 모나가 자기 몸을 물어뜯는 것은 자기 이빨을 날카롭게 하기 위해서인 것이다.

내가 모나를 처음 알게 되었을 무렵, 그 여자는 스트린드베리에게 푹 빠져 있었다. 그가 탐닉한 강렬한 광상(狂想)의 카니발, 남녀의 영원한 투쟁, 북국의 썩은 머저리에게 사랑받은 거미와도 같은 잔인성, 이것이 우리를 끌어당긴 것이다. 우리는 같이 죽음의 춤을 추면서 하나가 되었고, 나는 곧 소용돌이에 휘말려 들어갔다. 다시 표면으로 떠올랐을 때에는 세상을 도무지 알 수 없게 되었다. 자신이 산산조각이 났다는 것을 깨달았을 때 음악은 이미 끝나 있었다. 카니발은 끝났다. 그리고 나는 살점이 말끔히 떨어져 나갔던 것이다……

그날 오후 나는 팡시옹 오르필라를 나와 도서관으로 갔다. 거기서 갠지스 강에서의 목욕을 끝내고 12궁(宮)에 대해 심사숙고한 뒤 스트린드베리가 그토록 가차없이 묘사한 그 지옥의 의미를 살펴보기 시작했다. 생각을 거듭함에 따라 점점 분명해졌다—그 순례의 비밀, 시인이 이 지구 표면을 따라 달린 탈주, 또한 마치 그가 잃어버린 연극을 재연할 숙명을 짊어진 것처럼 씩씩하게 지구 심장부에까지 내려간 것, 고래 배 속에서의 끔찍한 어둠의 체류, 자신을 해방시키고 과거로부터 완전히 탈출하기 위한 피나는 투쟁, 이국 해안에 솟아오른 빛나면서도 피투성이인 태양신에 대한 것들이. 어째서 스트린드베리와 다른 사람들(단테, 라블레, 반 고흐 등)이 파리를 순례했는지 이제는 조금도 신기하지 않았다. 고뇌에 찬 사람들, 환상에 사로잡힌 사람들, 위대한 사랑의 미치광이들을 어째서 파리가 끌어들였는지를 나는 잘 알 수 있다. 어째서 여기서는 차바퀴의 바퀴통에서도, 끝없이 공상적이고 말도 안 되는 이론에서도 전혀 이상한 점을 발견할 수 없는지 나는 잘 알고 있다. 여기서 사람은 다시 한 번 스트린드베리의 청춘을 되새긴다.

그리고 수수께끼는 새로운 뜻을 띠게 된다. 흰 머리카락 한 올에도 하나의 의미가 있다. 사람은 자기가 미치광이라는 것을 알면서 길을 걷는다. 왜냐하면 그 싸늘하고 무관심한 얼굴들은 자기 들러리의 얼굴임이 너무나 명백하기 때문이다. 여기서는 모든 경계선이 사라지고 세상은 미친 도살장이 된다. 사실 세계란 그런 것이다. 천편일률적인 일은 끝없는 저편으로 뻗어가고 승강구 문은 꽉 닫힌다. 논리는 방종으로 흐르고 피비린내 나는 정육점 칼이 번뜩인다. 공기는 싸늘하고 탁하다. 언어는 묵시적이 된다. 출구를 나타내는 표시는 어디에도 없다. 죽음 말고는 어떤 일도 일어나지 않는다. 막다른 골목, 그 끄트머리는 교수대이다.

영원한 도시 파리! 로마보다도 영원하고 니네베(^{티그리스 강가에 있던 고대}_{아시리아 왕국의 수도})보다도 화려하다. 그야말로 세계의 배꼽이다. 그곳으로 사람들은 눈먼 얼간이처럼 네 발로 기어서 돌아간다. 그리고 마지막에는 바다 한가운데서 떠도는 병마개처럼, 사람들은 이 도시에 정착하지도 못하고 희망도 없이, 옆으로 지나가는 콜럼버스를 깨닫지도 못하고 바다 거품과 해초 속에서 떠돈다. 이 문명의 요람은 세계의 썩은 하수구다. 악취를 내뿜는 자궁이 살과 뼈와 피의 꾸러미를 감추는 납골당이다.

거리는 내 피난처다. 그곳으로 피난하기 전까지는 아무도 거리의 마력을 알지 못한다. 미풍이 불 때마다 이곳으로 흘러드는 하나의 지푸라기가 될 때까지는. 어느 겨울날 거리를 누비며 걸어간다. 팔려나온 개를 보고는 애처로운 눈물을 흘린다. 한길 건너에는 '토끼 무덤 호텔'을 자칭하는 초라한 집이 묘지처럼 유쾌하게 서 있다. 그것이 사람을 웃긴다. 죽도록 웃게 만든다. 곳곳에 토끼, 개, 이, 황제, 대신, 전당포 주인, 말 도축업자 등을 위한 호텔이 있다는 것을 깨닫기 전까지는. 또 거의 한 집 건너마다 '미래의 호텔'이 있다. 그것이 사람들을 더욱 신경질적으로 만든다. 수없이 많은 미래의 호텔! 과거분사인 호텔은 없다. 가정법의 호텔도 없고 접속법의 호텔도 없다. 모든 것이 고색창연하고 우중충하며 환락으로 흥분해 있다. 잇몸염증처럼 미래로 인해 부어올라 있다.

나는 미래의 이 음탕한 습진에 취해 비올레 광장 쪽으로 비틀거리면서 걷는다. 색깔은 모두 연보라색이거나 쥐색이다. 입구가 아주 낮기 때문에 난쟁이나 작은 도깨비밖에 들어갈 수 없다. 졸라(^{프랑스의 자연주의}_{소설가, 1840~1902})의 무감각한 해골 위쪽에서 굴뚝이 순수한 코크스(^{석탄으로}_{만든 연료}) 연기를 토해내고 있다. 한편 샌드위치의 마돈나, 길가에 웅크리고 있는 그 아름답고 살찐 두꺼비는 양배추와 같은 귀로 가스 탱크의 부글거리는 소리를 듣고 있다.

어째서 나는 별안간 테르모필레 협곡에 대한 이야기를 하는 것일까? 그날 한 여자가 도살장의 묵시적 언어로 그녀의 애완견에게 말을 걸고 그 자그마한 암캐가—그 늙은 할망구 같은 것이—무슨 말인지 이해했기 때문이다. 그것이 얼마나 나를 괴롭혔던지! 브랑동 거리에서 파는, 그 슬피 우는 똥개들을 보는 것보다도 더 나를 괴롭혔다. 왜냐하면 나를 이토록 연민의 정에 빠뜨린 것은 개가 아니라 거대한 철책, 나와 내 정당한 생활을 가로막는 그 붉게 녹슨 날카로운 철책이었기 때문이다. 나는 페리쇼 거리라 불리는 보쥐라르 도살장(말도살장) 근처의 아늑한 오솔길에서 점점이 핏자국이 나 있는 것을 발견했다. 마치 발광한 스트린드베리가 광시옹 오르필라의 보도에서 불길한 표시, 나쁜 징조를 발견한 것처럼. 나는 과거에서 떨어져 나와 눈앞에서 흔들거리며, 참으로 처참한 징조로 나를 비웃는 과거의 단편이 너저분하게 흩어져 있는 피투성이와 먼지투성이의 길을 한없이 헤맸다.

나는 내 피가 떨어지는 것을 보았다. 먼지투성이인 길은 처음부터, 내가 상상할 수 있는 과거의 머나먼 시절부터 그 피로 더럽혀져 있었다. 사람들은 더럽고 작은 미라처럼 이 세상에 내던져졌다. 길은 피에 젖어 축축하고 미끄럽다. 더욱이 어째서 그래야만 하는지 아무도 모른다. 사람들은 모두 자기 길을 가고 있다. 지상은 감미로운 것으로 썩고 있는데도, 과일을 딸 겨를이 없다. 행렬은 출구 표시가 있는 곳으로 꾸역꾸역 밀려든다. 이윽고 큰 혼잡이 일어나고, 모두들 식은땀을 흘리며 달아나려 한다. 그러므로 약한 자와 도움을 받지 못한 자는 진흙 속에 밟혀 버린다. 그들의 절규는 들리지도 않는다.

내 인간 세계는 소멸했다. 나는 이 세계에서 완전히 고독하다. 친구를 갖는 대신 나는 거리를 가졌다. 거리는 나에게 인간의 비참, 갈망, 후회, 실패, 헛된 노력 등이 섞인 그 슬프고도 아픈 언어로 말을 걸어왔다. 나는 모나가 병에 걸려 굶어 죽어가고 있다는 소식을 듣고 난 어느 날 밤, 브로카 거리를 따라 이어진 육교 밑을 지나면서 느닷없이 떠올렸다. 이 내려앉은 거리의 더러운 어둠 속에서, 아마도 미래의 어떤 징조 때문에 겁을 먹었을 모나가 나한테 매달려 떨리는 목소리로, 절대로 자기를 버리지 말아 달라, 무슨 일이 있어도 결코 자기를 버려서는 안 된다고 애원한 곳이 바로 여기였다는 것을. 그로부터 불과 며칠 뒤에 나는 생 라자르 역 플랫폼에 서서 떠나가는 열차, 그녀를 싣고 떠나는 열차를 배웅했던 것이다.

모나는 뉴욕에서 헤어졌을 때와 똑같이 차창 밖으로 몸을 내밀고 있었다. 그 얼굴에는 그때와 다름없이 슬프고 얼어붙은 듯한 미소가 어려 있었다. 마지막 눈빛은 많은 이야기를 하고 싶어 했지만 얼빠진 미소 때문에 일그러진 가면밖에 되지 않았다. 고작 며칠 전에 그녀는 필사적으로 나한테 매달렸다. 그때 무언가가 일어났었다. 지금까지도 확실치 않은 어떤 일이. 이리하여 모나는 자기 뜻에 따라 기차에 올라 또다시 그 슬프고도 불길한 미소, 나를 안타깝게 만드는 미소, 부당하고 부자연한 미소, 내가 진정으로 받아들이지 않는 미소를 띠고 나를 바라보고 있었다.

그런데도 지금 육교 그늘에 서서 모나를 찾아 손을 내밀고 있는 것은 바로 나다. 나는 필사적으로 모나를 붙들고 늘어진다. 그러면 내 입가에 그녀와 똑같은 이해할 수 없는 미소가, 너무 슬퍼서 짓밟아 버린 가면이 생긴다. 나는 지금 여기 서서 멍청히 웃고 있다. 내 기도가 아무리 열렬하건, 내 갈망이 아무리 필사적이건, 우리 두 사람 사이에는 큰 바다가 놓여 있다. 앞으로도 모나는 거기 머물면서 굶주릴 것이다. 나는 이곳에서 이 거리 저 거리를 헤맬 것이다. 뜨거운 눈물이 뺨을 따라 흘러내린다.

거리에는 이와 같은 잔혹함이 뿌리 깊이 배어 있다. 그것이 주위 벽에서 이쪽을 바라보며 우리를 두려움에 떨게 한다. 이럴 때는 뭐라 말할 수 없는 공포에 별안간 감염된다. 느닷없이 우리 영혼은 을씨년스러운 공포에 사로잡힌다. 가로등이 소름끼칠 정도로 구부러져 보이는 것도 이 때문이다. 가로등이 우리를 유인하여 와락 움켜쥐고 목 졸라 죽이는 것도 공포가 그렇게 시키는 것이다. 집들이 비밀스런 범죄 파수꾼처럼 보이고, 창문이 무수한 것을 비추어내는 눈구멍같이 보이는 것도 그 탓이다.

문득 머리 위에 '사탄 통행 금지'라고 쓰인 것을 보고 내가 도망치는 것도 그와 비슷한 일이다. 그것은 거리를 지나는 사람들 얼굴에도 쓰여 있다. 회교사원 입구에 '매주 월요일, 목요일—결핵. 매주 수요일, 금요일—매독'이라고 표시된 것을 바라볼 때 나를 전율케 만드는 것도 그것이다. 모든 지하철역마다 '매독으로부터 몸을 지킵시다'라며 흰 이를 드러내고 인사하는 해골이 있다. 벽이 있는 모든 곳에는 암의 접근을 유도하는 아름다운 독을 품은 게를 그린 포스터가 붙어 있다. 어디에 가건, 무엇을 만지건 거기에는 암과 매독이 있는 것이다. 그것은 하늘에도 쓰여 있다. 불길한 징조인 양 펄럭이고 있다. 그것은 우리 영혼 속으로 파고들었고, 이제 우리는 그저 달처럼 죽어 있는 존재일 뿐이다.

내가 앉아 있는 의자를 그들이 다시 빼앗은 것은 7월 4일이었다고 기억한다. 한 마디 예고도 없었다. 바다 건너에서 온 잘난 사람 하나가 경비를 절약하기로 결정한 것이다. 교정원과 별 볼 일 없는 가엾은 타자수 인원을 줄이면, 그의 왕복 여비와 그가 리츠에 갖고 있는 호화 주택 비용을 댈 수 있기 때문이다. 식자공들에게 진 많지 않은 빚을 갚고, 신용을 유지하기 위해 길 건너에 있는 술집에 마음만의 사례를 하고 나자, 내 마지막 급료는 거의 바닥이 났다. 호텔 주인에게 방을 비우겠다고 말해야 했지만 그 이유는 알리지 않았다. 그는 고작 2백 프랑의 돈 때문에 언제나 마음을 졸이고 있었기 때문이다.

"실업자가 되면 너는 어떻게 할 생각이냐?" 이것이 언제나 내 귓전에서 울리던 문구였다. 드디어 그때가 왔다. 제기랄! 다시 거리를 헤매고 다니거나 벤치에 앉아 시간을 보낼 수밖에 없다. 이 무렵에는 나도 몽파르나스에서 제법 얼굴이 알려져 있었다. 당분간은 아직 신문사에서 일하는 사람 행세를 할 수 있다. 그러면 아침이나 저녁을 얻어먹기가 조금은 쉬울 것이다. 계절이 여름이라 관광객들로 북적인다. 나는 열심히 그들에게 기대려고 했다. 너는 어떻게 할 생각이냐……? 어쨌거나 굶어 죽기는 싫다. 그것이 첫째 문제다. 모든 일을 다 그만두고 오로지 먹는 데만 정력을 집중하면 굶어 죽지는 않을 테지. 한두 주 정도는 여전히 폴 씨 가게에 가서 매일 밤 배불리 먹을 수 있다. 그는 내가 실직한 것을 알 리 없다. 먹는 일, 그것이 첫째다. 나머지는 신의 뜻에 맡기자…….

당연한 일이지만, 나는 조금이라도 돈이 될 만한 것을 찾아 혈안이 되었다. 새로운 친구를 닥치는 대로 만들어 나갔다―지금까지 내가 조심스럽게 피해 온 시시한 녀석들, 끔찍한 술주정뱅이들, 잔푼돈을 가진 예술가들, 구겐하임 상을 받은 녀석들이다. 하루에 12시간씩 카페 테라스에 앉아 있으면 친구를 사귀기란 일도 아니다. 몽파르나스의 모든 주당들과도 알게 된다. 녀석들은 내가 아무것도 내놓을 것이 없어도 이야기를 들어줄 귀만 가지고 있으면 머릿니처럼 달려드는 것이다.

내가 실직하자 칼과 반 노든은 엉뚱한 소리를 해댔다. "만약 자네 아내가 지금 찾아온다면 어떻게 하겠나?" 어떻게 하기는 무엇을 어떻게 한단 말인가. 입이 하나에서 둘로 늘어날 뿐이다. 비참을 나누어 가질 상대가 생기는 것이다. 하지만 그녀가 예전의 미모를 잃지만 않았다면, 나는 혼자 있는 것보다 두 겹의 멍에를 지는 편이 오히려 나을 것이다. 세상은 결코 미인을 굶기지 않는다. 타니아가 도움을 주리라고는 기대할 수 없다. 그녀는 실베스터에게 돈을 보내고 있기 때문이다. 어쩌면 타니아 그녀 방에서 같이 살 수 있을지도 모른다고 처음에는 생각했으나, 그녀는 자기 몸이 위험해지는 것을 두려워했고 또 자기 사장에게 봉사해야만 했다.

빈털터리가 되었을 때 가장 먼저 찾게 되는 것은 유대인이다. 나는 거의 동시에 유대인을 셋이나 알게 되었다. 인정 있는 녀석들이다. 그 가운데 하나는 은퇴한 모피 상인으로, 끊임없이 자기 이름을 신문에 내고 싶어했다. 그는 나에게, 뉴욕의 유대계 신문에 그의 이름으로 논설을 연재하는 것이 어떠냐고 제안했다. 나는 유대인 명사를 찾아내기 위해 돔과 쿠폴 부근을 헤매어야 했다. 처음 발견한 사나이는 유명한 수학자였다.

그는 영어를 한 마디도 하지 못했다. 나는 그가 종이 냅킨에 써준 도해(圖解)를 기초로 충격 이론에 대한 글을 써야 했다. 천체 운행을 설명하는 동시에 아인슈타인 이론을 뒤엎어야 했다.

모두 25프랑의 돈을 위해서였다. 신문에 실린 내 글을 보았을 때, 그것을 읽을 마음은 없었지만 그래도 역시 인상 깊었다. 더더구나 거기에는 모피 상인의 이름이 쓰여 있었으므로.

그 무렵 나는 이름을 수없이 바꾸어가며 글을 썼다. 브르바르 에드가 키네 대로에 큰 사창굴이 새로 문을 열었을 때 나는 선전 팸플릿을 써주고 약간의 사례를 받았다. 샴페인 한 병과 이집트풍 방에서 창녀의 무료 접대를 받았던 것이다. 그리고 손님을 데리고 오면, 옛날 케피가 그랬듯이 중개료를 받기로 했다. 그날 밤 반 노든을 데리고 갔다. 녀석은 2층에서 즐김으로써 나에게 푼돈을 만지게 해줄 생각이었다. 그런데 마담은 그가 신문기자임을 알자 절대로 돈을 받으려 하지 않았다. 그리하여 이번에도 샴페인 한 병과 창녀의 무료 접대로 끝났다.

나는 거기에서 아무 벌이도 하지 못했다. 사실을 말하면 반 노든에게 글을 대신 써 주어야 했던 것이다. 왜냐하면, 그를 이런 곳에 데려오지 않고는 주제를 이해시킬 방법을 생각할 수 없었기 때문이다. 이런 일을 계속함으로써 나는 적당한 대접을 받고 있었다.

이보다 더 끔찍한 일은 귀먹고 말 못하는 심리학자를 위해 논문을 대신 써 주는 일이었다. 불구 아동 보호에 대한 논문이었다. 내 머리는 질병, 보조기, 작업대, 신선한 공기 등의 학설로 가득 찼다. 그것을 써 주는 데는 여섯 달쯤 걸렸다. 게다가 어이없게도 논문의 교정까지 봐야 했다. 생각만 해도 불쾌한 일이다. 그 논문은 프랑스어로 썼다.

내가 평생 듣지도 보지도 못한 프랑스어였다. 하지만 나는 그 덕택에 매일 아침 맛있는 식사를 할 수 있었다. 오렌지 주스, 오트밀, 우유, 커피, 때로는 식단에 변화를 주어 햄과 달걀로 미국식 아침 식사도 할 수 있었다. 록어웨이 해변, 이스트 사이드 등 비참한 곳에 사는 불구 어린이 덕분이었는데, 이때가 파리에서 살면서 내가 아침다운 아침을 먹을 수 있었던 유일한 시절이었다.

어느 날 나는 한 사진작가와 알게 되었다. 그는 뮌헨에 있는 어느 변태의 부탁을 받고 파리의 추잡한 것들을 사진에 담고 있었다. 그는 내가 자기를 위해 팬티를 벗거나 그 밖에 여러 가지 동작을 취해 줄 수 있는지 알고 싶어했다. 나는 그 말라빠진 난쟁이들, 호텔 사환이나 편지 심부름꾼 같은 모습을 한 녀석들, 이따금 작은 책방에 진열된 외설적인 그림엽서를 들여다보는 사나이들, 뤼 거리나 다른 파리의 불결한 지구에 살고 있는 그 정체를 알 수 없는 괴물 같은 녀석들을 머리에 떠올렸다. 이들 선택받은 자들 속에 섞여 내 육체를 광고한다는 생각은 별로 유쾌하지 않았다. 그러나 사진작가는 그것이 어디까지나 개인적 수집용이라고 보증했고, 더구나 뮌헨에 보내는 것이라고 하는 바람에 나는 그만 승낙하고 말았다. 인간은 자신이 태어난 고장에 있지 않으면 기분이 해이해진다. 더구나 빵을 살 수 있다는 훌륭한 동기가 있을 때에는. 곰곰이 생각해 보면, 나는 뉴욕에 있을 때조차도 별로 도덕적인 사람이 아니었다. 거기서는 자포자기한 나머지, 내가 살던 곳과 가까운 한길에서 구걸을 해야만 했던 밤이 몇 번이나 있었다.

우리는 관광객들에게 잘 알려진 명소에는 가지 않고, 좀더 가라앉은 분위기가 도는 작은 매음굴 같은 데로 갔다. 거기에 가서 오후의 일을 시작하기 전에 트럼프를 했다. 그 사진작가는 아주 재미있는 친구였다. 파리를 구석구석까지 알고 있었고, 특히 뒷골목을 훤히 꿰고 있었다. 그는 종종 나에게 괴테에 대해 이야기하고 호펜슈타펜(12~13세기의 독일·시칠리아 왕가) 시대를 논했으며, 흑사병이 창궐하던 시대의 유대인 학살에 대해 말했다. 흥미진진한 화제였다. 그리고 막연하기는 하나 그가 지금 하고 있는 일과 언제나 관련되어 있었다.

그는 시나리오도 구상하고 있었다. 깜짝 놀랄 만한 구상이었으나, 아무도 그것을 실행에 옮길 용기는 없는 것 같았다. 진열장의 문처럼 양쪽으로 갈라져 있는 말을 보면, 그는 언제나 그 모습에 자극받아 단테와 레오나르도 다 빈치와 렘브란트를 논한다.

빌레트의 도살장에서 택시에 뛰어올라 나를 태우고는 단걸음에 트로카데로 미술관으로 달려가서, 전부터 그의 마음을 사로잡았던 해골과 미라를 가리켜 보이는 것이다.

우리는 제5, 제13, 제19, 제20의 각 구역을 철저히 탐험했다. 우리가 즐겨 쉬는 장소는 애수 어린 소박한 곳, 국민 광장, 푀플리에 광장, 콩트르카르프 광장, 폴 베를렌 광장 등이었다. 그 대부분은 이미 나에게는 낯익은 곳이지만 그의 둘째가라면 서러울 능숙한 말솜씨 덕분에 아주 새로운 곳으로 느껴졌다. 만일에 지금 샤토 데랑티에 거리를, 제13구역에서 풍겨나오는 병원 침대의 고약한 냄새를 맡으면서 빈들빈들 걷기라도 한다면, 내 코는 기뻐서 벌름거릴 것이다. 왜냐하면 거기에는 탁한 오줌과 포름알데히드의 냄새와 함께, 흑사병이 건설한 유럽의 납골당 앞을 지나는 우리의 공상 여행 냄새가 섞여 있기 때문이다.

그를 통해 나는 크뤼거라는 신령(神靈) 사상을 가진 사나이를 알게 되었다. 그는 조각가이자 화가였다. 크뤼거는 여러 가지 이유에서 나를 좋아했다. 그의 '비교(秘敎)' 관념에 내가 기꺼이 귀를 기울인다는 것을 들킨 뒤로, 나는 그 사나이로부터 벗어날 수 없었다. 세상에는 '비교'라는 말이 신성한 이코르(그리스 신화에 등장한다. 신들의 몸속에 혈액처럼 흐르는 액체)와 같은 작용을 하는 사람이 있는 듯하다. 《마의 산》(토마스 만의 소설)에 나오는 페퍼코른에게 있어서의 '안정'처럼.

크뤼거는 미쳐 버린 성인(聖人) 가운데 한 명이고 마조히스트이며, 꼼꼼, 정직, 자각을 스스로의 법칙으로 삼고 있는 항문형(肛門型) 인간이었다. 근무가 없는 날에는 남의 이를 부러뜨리고도 마음의 가책을 느끼지 않는 성인이다. 크뤼거는 내가 다음 단계, 그의 말을 빌리면 '보다 높은 단계'에 올라갈 수 있을 만큼 성숙했다고 생각한 모양이다. 나는 다른 사람과 같은 수준으로 먹고 마실 수 있는 조건이라면, 언제든지 그가 지정하는 그 어떤 단계에라도 올라갈 생각이었다. '영혼의 수명', '육체의 인과관계', '할단(割斷)', 우파니샤드, 플로티노스, 크리슈나무르티, '영혼의 회교적 숙명의 피복(被覆)' '열반의 자각', 그 밖에 흑사병이 토해내는 독기처럼 동양에서 분출된 헛소리로 크뤼거는 나를 괴롭혔다. 때로는 환각상태에 빠져서 자기 전생의 화신(化身)은 적어도 그러했으리라고 상상하는 것에 대해 이야기했다. 꿈에 대해서도 말했는데, 내가 이해하는 바에 따르면 그것은 아주 무미건조하고 산문적이며, 한 프로이트 학자의 주의를 끌 만한 가치도 없는 것이었다. 그러나 그에게는 그 꿈이 심오하고 위대한 비교(秘敎)적 경이를 간직하고 있으며, 나도 그를 도와 그 꿈을 해석해야 했다. 요컨대 그는 닳아빠진 상의를 뒤집듯이 자신을 뒤집었던 것이다.

차차 크뤼거의 믿음을 얻을수록, 나는 그의 심장으로 파고들었다. 마지막에는 그가 나를 쫓아와, 몇 프랑을 나한테 주겠다는 말까지 하게 되었다. 크뤼거는 보다 높은 단계로 올라가는 과도기에서 살아남기 위해 나를 옆에 붙잡아 두고 싶었던 것이다. 나는 나무에 매달려 익어 가는 배처럼 행동했다. 때로는 본디의 잠꾸러기 상태로 돌아가, 좀더 지상적인 영양분이 필요하다고 고백하기도 했다―스핑크스 구경이라거나, 육체적 욕구가 지나치게 많이 쌓였을 때, 그가 가끔 참배하는 생아폴린 거리에 가고 싶거나 할 때는.

그는 화가로서 내세울 것이 없었다. 조각가로서는 더욱 그러했다. 살림을 잘 꾸려 나갔다. 그를 위해 덧붙이자면, 게다가 절약가였다. 무엇 하나 낭비하지 않았다. 가령 고기를 싼 종이 한 장도 그냥 버리지 않았다. 매주 금요일 밤에는 예술가 친구들을 위해 작업실을 개방했다. 그럴 때는 언제나 술이 있고 맛있는 샌드위치가 나왔다. 어쩌다가 먹다 남긴 것이라도 있으면, 나는 이튿날 그것을 먹으러 갔다.

불리에 무도장 뒤에 내가 늘 들르곤 하는 작업실이 또 하나 있다―마크 스위프트의 작업실이다. 이 통렬한 아일랜드인은 천재는 아니지만 기묘한 인물이었다. 그는 유대인 여자를 모델로 썼으며, 이 여자와는 몇 년째 동거하고 있다. 그러나 지금은 싫증이 나서 어떻게든 쫓아낼 구실을 찾고 있었다. 그런데 여자가 가지고 온 지참금을 모두 써 버렸기 때문에, 그것을 물어주지 않고는 여자를 몰아낼 방법이 없었다. 가장 좋은 방법은 그녀를 학대하여, 이런 수모를 참느니 차라리 굶어 죽는 게 낫다는 생각을 갖게 하는 것이었다.

그녀—마크 스위프트의 정부는 아주 예쁜 여자였다. 굳이 약점을 말하자면 몸매가 점점 무너지고 있다는 것과, 더는 스위프트를 뒷받침할 금전적 능력이 없다는 것이었다. 그녀 역시 화가였다. 그녀를 아는 사람들은 그녀가 마크 스위프트보다 훨씬 더 재능이 뛰어나다고 말한다. 그가 아무리 그녀의 인생을 비참하게 만들어도 그녀는 성의를 다했다. 스위프트가 뛰어난 화가가 아니라는 말은 아무에게도 하지 않았다. 그가 이토록 썩어 버린 것도 진짜 그가 천재이기 때문이라고 그녀는 말했다. 아무도 벽에 그녀의 그림이 걸려 있는 것은 본 적이 없다—스위프트의 그림뿐이었다. 그녀의 작품은 부엌 한구석에 처박혀 있었다. 한번은 마침 내가 그 자리에 있을 때, 누군가가 그녀의 작품을 보자고 했다. 결과는 비참했다. "이 인물을 보게." 스위프트는 발끝으로 그녀의 그림 하나를 가리켰다. "저기 입구에 서 있는 남자는 금세라도 한번 하려는 태세야. 녀석은 머리가 돌았기 때문에 집으로 돌아가는 길도 찾지 못할 거야…… 다음에는 저 누드를 보게…… 음부를 그리려고 한 것까지는 좋아. 그녀가 무슨 생각을 했었는진 모르지만 저 부분을 너무 크게 그리다가 붓이 미끄러져 버려서 그 뒤로 손을 댈 수 없게 되었지."

스위프트는 누드란 자고로 이래야 한다는 것을 보여주기 위해 자기가 최근에 완성한 대작을 꺼내보였다. 작품은 그녀를 그린 것이었다. 죄의식에 의해 영감을 받은 훌륭한 복수의 작품이었다. 미치광이의 작품—짓궂고 사랑스러우며 적대감이 깃든 훌륭한 작품이다. 열쇠 구멍을 통해 몰래 그녀를 들여다보는 듯한 느낌이 들었다. 다시 말하면 멍하니 코를 파거나 엉덩이를 긁고 있을 때의 그녀를 포착한 느낌이 드는 작품이었다. 그녀는 창이 없어서 통풍도 되지 않는 큰 방 한구석에 있는 말털 소파에 앉아 있었는데, 그 긴 의자는 솔방울샘의 전엽(前葉)으로 대치해도 상관없었을 것이다. 등 뒤에는 발코니로 이어지는 번개 모양의 계단이 있었다. 담즙과 같은 녹색 융단이 깔려 있는데, 그러한 녹색은 방귀처럼 분출된 우주에서만 만들어질 수 있을 것이다. 가장 눈에 띄는 것은 그녀의 엉덩이였다. 좌우 균형이 맞지 않고 부스럼딱지 투성이다. 그녀는 소파에서 궁둥이를 조금 쳐들고 있는 것 같다. 마치 방귀라도 한 방 크게 뀌려는 듯이. 얼굴은 이상화되어 있다. 정답고 처녀다우며, 기침약같이 순수하다. 그러나 가슴은 하수도 가스로 크게 부풀어 있다. 마치 달거리의 바다에서 헤엄치고 있는 것 같다. 천사의 탁한 시럽과 같은 표정을 짓고 있는 확대된 태아다.

그럼에도 불구하고 사람들은 스위프트를 좋아하지 않을 수 없었다. 그는 좌절하지 않는 노력가이고, 그림을 그리는 것 말고는 머릿속에 아무것도 없는 사나이였다. 그리고 들고양이처럼 교활하다. 나에게 필모어와의 우정을 쌓아보라고 부추긴 것은 다름 아닌 그였다. 필모어는 크뤼거와 스위프트를 중심으로 한 작은 무리에 끼어든 외교관 청년이다.

"그 친구더러 자네를 도우라고 하겠어." 스위프트는 말했다. "그 녀석은 돈을 어디에 써야 하는지 모르거든."

자기가 가진 것을 자신만을 위해 쓰거나 자기 돈으로 철저히 즐기거나 하면 세상 녀석들은 이렇게들 말한다. '저 사나이는 돈을 쓸 줄 모른다.' 그러나 나는, 자신을 위해 쓰는 것보다 더 훌륭한 돈의 용도가 있다고는 생각지 않는다. 따라서 그런 사람을 인색하다거나 씀씀이가 헤프다고 함부로 말할 수는 없다. 그들은 돈을 유통시키는 것이다—이 점이 중요하다. 필모어는 자신이 프랑스에 언제까지나 머물 수는 없다는 것을 알고 있었다. 그래서 실컷 즐기고자 마음먹은 것이다. 사람이 어떤 친구들 속에 섞여 마음껏 즐기려 하는 경우, 나처럼 시간이 남아 도는 사람에게 다가가는 것은 아주 당연한 일이다. 모두가 필모어를 따분한 사나이라고 한다. 나 역시 그렇게 생각한다.

그러나 굶주림을 해결할 수만 있다면 따분함보다 더한 일도 참을 수 있다. 요컨대 필모어는 쉬지 않고 지껄여댄다. 대부분은 자기 자신에 대해서, 아니면 그가 노예처럼 숭배하는 작가들—아나톨 프랑스나 조셉 콘래드 같은 사람—에 대한 것이었다. 하지만 필모어는 내 밤을 독특한 방법으로 즐겁게 해주었다. 그는 춤을 좋아했다. 술을 즐겼다. 여자를 좋아했다. 바이런과 빅토르 위고를 좋아한다는 점은 관대하게 용서하자. 왜냐하면 그는 대학을 나온 지 아직 2, 3년밖에 지나지 않았기 때문이다. 그러한 취미를 바로잡으려면 앞으로 많은 시간이 걸릴 것이다. 필모어가 지닌 것 가운데 내가 특히 마음에 드는 것은 모험 감각이다.

우리가 서로를 더 잘 알고 더욱 친밀하게 된 것은, 내가 크뤼거와 지낸 짧은 동안에 일어난 이상한 사건 때문이다. 그 일은 콜린스가 도착한 직후에 일어났다. 콜린스는 필모어가 미국에서 건너오는 도중에 알게 된 선원이다. 우리 세 사람은 저녁을 먹으러 가기 전에 어김없이 로통드의 테라스에서 만났다. 콜린스는 기분을 내고, 나중에 포도주와 맥주를 폭음할 수 있도록 기틀을 다지기 위해 언제나 페르노를 마셨다. 콜린스가 파리에 머무는 동안 우리는 왕후(王侯) 같은 생활을 즐겼다. 닭고기와 고급 포도주, 그리고 이름도 들어 보지 못한 디저트를 먹었다. 이와 같은 식이요법이 한 달이나 계속되었더라면, 나는 바덴바덴이나 비쉬, 엑스레뱅(세 곳 모두 온천 휴양지)에 가는 수밖에 없었을 것이다. 그동안 크뤼거는 나를 그의 작업실에 묵게 해 주었지만, 나는 새벽 3시 이전에 돌아온 적이 한 번도 없고, 오전 중에 나를 침대에서 내쫓을 수도 없었기 때문에 귀찮은 존재가 되어 가고 있었다. 크뤼거가 노골적으로 비난한 적은 결코 없었지만, 그 태도로 보아 내가 게으른 애물단지가 되고 있다는 것을 확실히 알 수 있었다.

어느 날 나는 병에 걸렸다. 분에 넘치는 음식이 효과를 내기 시작한 것이다. 무슨 병이었는지는 아직도 알 수 없으나, 어쨌든 자리에서 일어날 수가 없었다. 기력이 완전히 빠지고, 더불어 내가 가지고 있던 모든 것이 빠져나가고 말았다. 크뤼거는 나를 간호해야 했다. 영양분이 있는 음식을 만들어 줘야 했고, 여러 가지를 돌보아주어야 했다. 그에게는 하나의 시련이었다. 더구나 작업실에서 전시회를 열어서, 그가 원조를 기대하고 있는 어느 부호에게 개인적으로 그림을 보여주려 할 때였으므로 더더구나 그랬다. 내가 앓아누운 침대는 작업실에 있었다. 달리 내가 있을 방이 없기 때문이다.

전시회를 열기로 한 날 아침 크뤼거는 몹시 불쾌한 얼굴을 하고 일어났다. 만일 내가 혼자 일어날 수 있었다면, 그는 내 턱에 주먹을 한 방 먹이고 방에서 내쫓았을 것이다. 그러나 나는 초췌해져 있었고, 새끼 고양이처럼 약했다. 크뤼거는 손님이 오면 나를 부엌에 집어넣겠다는 결심을 굳히고 침대에서 일어나라며 나를 설득했다. 나는 그가 모처럼 잡은 기회를 내가 망치고 있다는 것을 깨달았다. 눈앞에 목숨이 간당간당한 사람이 있는데, 정신을 집중하여 그림이나 조각을 감상할 수 있는 사람이 어디 있겠는가? 솔직히 말하면, 크뤼거는 내가 죽어가고 있는 줄 알았던 것이다. 나 역시 그렇게 생각하고 있었다. 그래서 그가 구급차를 불러 미국 병원에 보내 주겠다고 했을 때도, 나는 도저히 그렇게 해 달라는 말이 나오지 않았다.

나는 여기서, 이 작업실에서 편히 죽고 싶었다. 좀더 좋은 죽을 자리로 옮기기 위해 일어나라는 재촉은 받고 싶지 않았다. 어차피 죽을 바에야 어디서 죽건 상관이 없었다.

내가 이런 식으로 이야기하자 크뤼거는 당황한 빛을 감추지 못했다. 손님이 도착했을 때 작업실에 송장이 있으면 환자가 있는 것보다 더 곤란하다. 그렇게 되면 비록 실낱 같은 기대이기는 하지만 그의 소망이 완전히 빗나가 버린다. 물론 크뤼거가 이런 말을 하지는 않았으나, 동요하는 그의 모습을 보고 짐작할 수 있었다. 그래서 나는 더욱 완고해졌다. 구급차를 부르는 것을 거절했다. 의사를 부르는 것도 거절했다. 모든 것을 다 거절한 것이다.

마침내 크뤼거는 몹시 화를 냈다. 내가 완강히 거부하는데도 그는 나에게 옷을 입혔다. 나는 너무 쇠약해져 있었으므로 저항할 수 없었다. 가냘픈 목소리로 욕을 퍼붓는 것이 고작이었다. "이 개 같은 자식!" 날씨는 따뜻했으나 나는 개처럼 부들부들 떨었다—크뤼거는 옷을 다 입히자 외투를 걸쳐 주고 방 밖의 전화 있는 데로 갔다. "나는 가지 않겠어! 절대로 못 가!" 나는 계속 버텼지만 그는 내 눈앞에서 탕 문을 닫았다. 그러고는 2, 3분 뒤에 다시 돌아와, 한 마디도 하지 않고 작업실 안을 정신없이 서성거렸다. 마지막으로 마음의 준비를 하고 있는 것이다. 머지않아 문을 두드리는 소리가 들렸다. 필모어였다. 그는 내게 콜린스가 아래층에서 기다린다고 말했다.

필모어와 크뤼거는 내 겨드랑이 밑에 팔을 넣고 나를 일으켜 세웠다. 그리고 엘리베이터로 데려갔다. 크뤼거의 태도는 누그러져 있었다. "다 자네를 위해서야." 그는 말했다.

"그리고 나를 위해서이기도 하네. 지난 몇 년 동안 내가 얼마나 고통스런 투쟁을 해 왔는지는 자네도 잘 알지 않나. 내 생각도 좀 해주게." 크뤼거는 거의 울상이 되어 있었다.

비참하고 답답한 심정이었지만, 나는 그 말을 듣자 하마터면 미소를 지을 뻔했다. 크뤼거는 나보다도 나이가 아주 많았다. 아무리 3류 화가라도 그 역시 쉴 자격은 있는 것이다—적어도 일생에 한 번쯤은.

"나는 반대하는 게 아니야." 내가 중얼거렸다. "자네 사정은 잘 알고 있네."

"내가 언제나 자네에게 호의를 가지고 대했다는 것을 잘 알지?" 크뤼거가 대꾸했다. "상태가 좋아지면 다시 돌아와도 돼…… 있고 싶은 만큼 여기 있어도 좋아."

"응, 알고 있네…… 나는 아직 고꾸라질 생각은 없어." 나는 겨우겨우 밖으로 나왔다.

어찌 된 셈인지 콜린스를 보자 다시 기력이 살아났다. 싱싱하고 건강하며 쾌활할 뿐만 아니라 너그러운 사람이 있다고 하면, 콜린스야말로 그러한 인간이다. 그는 마치 나를 인형처럼 안아서 자동차 좌석에 뉘었다—다정스럽게. 크뤼거가 그런 태도를 보인 직후라, 나는 콜린스의 친절에 눈물이 날 것 같았다.

호텔에 도착하자—콜린스가 묵고 있는 호텔이다—주인과 한바탕 실랑이가 벌어졌다. 그동안 나는 사무실 소파에 누워 있었다. 콜린스가 주인에게 아무 걱정할 것 없다…… 몸이 좀 쇠약해져 있을 뿐이다…… 이삼일 지나면 회복될 것이라고 설명하는 소리가 들리고, 주인 손에 빳빳한 지폐를 쥐어 주는 것이 보였다. 그러고는 가뿐하게 몸을 돌려 나한테 왔다.

"자, 정신을 차리게. 자네가 송장이 되기 직전이라는 것을 주인이 알면 곤란해." 콜린스는 거칠게 나를 일으켜세우고 한 팔로 부축하면서 엘리베이터로 끌고 갔다.

주인에게 내가 송장이 되기 직전이라는 것을 보여주면 안 된다! 확실히 남에게 폐를 끼치면서 죽기는 싫다. 자기 가족 품 안에서 남모르게 죽어야 한다. 콜린스의 말은 용기를 북돋아 주었다. 나는 그 말을 서툰 농담으로 받아들였다. 그들은 나를 방으로 데려가 문을 꼭 닫고 옷을 벗긴 뒤 이불 속에 넣어 주었다. "지금은 죽을 때가 아니야. 그런 건 개나 줘 버려!" 콜린스가 따뜻이 격려해 주었다. "자네는 나를 난처하게 만들 셈인가……? 대관절 꼴이 이게 뭔가? 정신 차리게! 하루 이틀 지나면 고급 비프스테이크를 먹을 수 있어. 자네는 스스로 병을 키우고 있는 거야. 매독 약을 가져올 때까지 좀 기다리게. 자네는 그 때문에 애간장을 태우고 있는 거야……"

그리고 나서 콜린스는 머리털이 빠지고 이가 덜그럭거리는 상태에서 양쯔 강을 여행했을 때의 이야기를 재미있게 해주었다. 나는 쇠약할 대로 쇠약해져 있었으나, 그가 말하는 신기한 이야기에 귀를 기울이자 이상할 만큼 마음이 차분하게 가라앉았다. 콜린스의 이야기는 완전히 나를 잊게 해주었다. 그는—이 사나이는 묘하게 뻔뻔스러운 면이 있었다. 아마도 나를 위해 일부러 과장해서 말하기도 했겠지만, 그때는 비판적인 생각이 들지 않았다. 나는 온몸을 눈과 귀로 삼아 콜린스의 말을 들었다. 누렇고 탁한 양쯔 강 하구가 보이고, 한커우[漢口]에서는 강을 거슬러 올라가는 배의 등불이 보였다. 누런 바다가 보이고, 용이 토해 내는 유황불로 불타는 여울이 보였으며, 산골짜기를 쏜살같이 달려 내려가는 작은 거룻배가 보였다. 얼마나 멋진 이야기인가!

배에서 버리는 쓰레기를 주우려고 언제나 배 주위에 무리지어 있는 쿨리(중국·인도의 하층노동자)들. 죽음의 침상에서 일어나 한커우의 등불에 마지막 눈길을 보내는 톰 슬래터리. 어두운 방 한구석에 누워 혈관에 마약을 주사하는 아름다운 혼혈인. 푸른 옷에 노란 얼굴뿐인 단조로움. 기근에 허덕이고 질병에 유린당하면서 쥐와 개와 나무뿌리로 연명하는 사람들. 땅 위의 풀을 뜯어먹고 자기 자식을 잡아먹으면서 살아가는 수백만의 사람들. 이 사나이의 육체가 전에는 썩어 문드러진 고깃덩어리였으며, 문둥병 환자처럼 남에게 혐오감을 주었다는 것은 상상도 할 수 없는 일이었다. 목소리는 아주 부드럽고 조용했다. 마치 그의 영혼이 지금까지 견디어 온 모든 고통으로 인해 정화된 것 같았다. 손을 내밀어 술잔을 들 때, 콜린스의 얼굴은 더욱 부드러워지고 그의 말은 참으로 나를 부드럽게 어루만지는 듯했다. 더구나 이 동안 중국은 운명처럼 우리 머리를 덮어누르고 있었다. 멸망해 가는 중국, 거대한 공룡처럼 무너져 내려 티끌이 되면서도, 마지막까지 고색창연한 전설의 영광과 매혹과 신비와 잔인함을 잃지 않는 중국.

나는 콜린스의 이야기에 더는 귀를 기울일 수 없었다. 어느 틈에 내 생각은 처음으로 폭죽을 한 봉지나 샀던 독립기념일로 돌아가 있었다. 폭죽과 함께 나는 쉽게 터지는 화약도 샀다. 불을 붙이면 새빨갛게 빛나는 화약, 냄새가 며칠이나 손끝에 남아 이국적인 몽상으로 이끄는 화약이다. 독립기념일에는 검정과 금빛 무늬가 찍혀 있는 화려한 빨간 종이가 한길에 잔뜩 뿌려지고, 곳곳에서 기묘하고 작은 불꽃이 터져 올랐다. 그 꾸러미가 수없이 많으며, 모두 인간의 뇌와 같은 색깔의 가늘고 납작한 실로 서로 연결되어 있었다. 온종일 폭죽과 화약 냄새가 나고, 빨간 포장지에 싼 금가루가 손가락에 달라붙어 떨어지지 않았다.

사람들은 중국에 대해 생각하지 않았으나, 나는 항상 그것이 손끝에 묻어 있고 코를 근질거리게 했다. 훨씬 나중에 가서, 폭죽 냄새가 어떠했는지조차 잊었을 무렵 어느 날 갑자기 금가루로 코가 막힌 듯하여 눈을 뜨고, 화약이 터진 뒤의 코를 찌르는 듯한 냄새에서, 빨갛고 화려한 포장지에서 본 적도 없는 국민과 국토에 대한 향수를 느꼈다. 본 적은 없지만 그것은 핏속에서, 신기하게도 핏속에서 시간과 공간 감각처럼 존재하고 있었던 것이다.

파악할 길 없는 영원한 가치, 나이가 들어감에 따라 점점 그 가치로 마음이 기울며, 그것을 사고로써 포착하려 했으나 제대로 붙잡을 수 없었다. 왜냐하면 중국에는 예지와 신비가 감추어져 있기 때문에 그것을 두 손으로 잡거나 사고로써 파악하는 일은 전혀 불가능한 것이다. 따라서 흔들어 떨어뜨리거나, 손가락에 묻힌 채 서서히 핏속으로 스며들도록 두는 수밖에 없다.

그로부터 몇 주일이 지나, 나는 르아브르에 돌아가 있던 콜린스로부터 꼭 와 달라는 초대를 받았다. 그리하여 어느 날 아침, 나는 필모어와 함께 주말을 그곳에서 보내기 위해 채비를 하고 기차에 올랐다. 파리로 건너온 뒤로 내가 그곳을 떠난 것은 그때가 처음이었다. 기차가 해안을 향해 달리는 동안 우리는 고급 포도주를 마시며 즐겼다. 콜린스는 우리가 만날 술집의 주소를 가르쳐 주었다. '지미의 주점'이라는 술집인데, 르아브르 사람은 누구나 알고 있는 곳이라고 했다.

우리는 정거장에서 덮개 없는 사륜마차를 타고 그곳을 향해 경쾌하게 달렸다. 아직 포도주가 병에 반쯤 남아 있었지만 마차 안에서 모조리 마셔 버렸다. 르아브르의 거리는 밝고 명랑하며 강한 바다 냄새가 풍겨와서, 뉴욕에 대한 향수를 불러일으킬 정도였다. 곳곳에 돛과 선체가 고개를 내밀고 있었다. 작고 화사한 배의 깃발, 사방으로 트인 널찍한 광장, 시골에서만 볼 수 있는 천장이 높은 카페. 나는 곧 이 고장이 마음에 들었다. 르아브르는 두 팔을 벌리고 우리를 환영해 주었다.

술집 근처에 이르렀을 때 콜린스가 숨을 헐떡거리며 걸어오는 모습이 보였다. 분명히 정거장으로 가는 듯했는데, 언제나 그렇듯 좀 늦은 것이다. 필모어는 당장 페르노 술을 마시자고 했다. 우리는 서로 얼싸안고 호탕하게 웃으면서 군침을 흘렸다. 이미 햇빛과 바닷바람에 취해 있었던 것이다. 콜린스는 페르노부터 마시자는 말에는 선뜻 대답하지 않았다. 임질약을 먹고 있기 때문이라고 그는 털어놓았다. 그러나 임질 기운이 있을 뿐 대단한 것은 아니라고 덧붙였다. 그는 주머니에 손을 넣어 약병을 꺼내 보였다—내 기억이 틀리지 않다면 그것은 '베네치안'이라는 약이다. 선원들이 쓰는 임질약이다.

지미의 주점에 가기 전에 가볍게 식사라도 하자며 어느 레스토랑으로 들어갔다. 연기에 그은 굵직한 들보가 있고, 음식을 올려놓을 때 식탁에서 삐걱삐걱 소리가 나는 큰 술집이었다. 우리는 콜린스가 추천하는 포도주를 잔뜩 마셨다. 그런 뒤 테라스로 자리를 옮겨 커피와 리큐어 술을 마셨다. 콜린스는 샤를뤼스 남작 이야기를 했다. 자기 마음에 드는 사나이라고 한다. 약 1년 전부터 르아브르에 머물고 있는데, 밀주를 만들어 팔던 시절에 번 돈으로 살고 있다고 한다. 그의 도락은 아주 간단했다—음식, 술, 여자, 책이다. 그리고 전용 목욕탕...... 그는 이것을 고집하고 있는 듯했다.

지미의 주점에 도착한 뒤에도 우리는 계속 샤를뤼스 남작 이야기를 했다. 오후 늦은 시간이어서 가게가 점점 붐볐다. 지미는 마침 가게에 있었는데, 얼굴이 홍당무처럼 빨갰다. 곁에 그의 아내가 있었다. 눈이 반짝반짝 빛나는 쾌활하고 아름다운 프랑스 여성이었다. 우리는 어느 식탁에서나 크게 환영을 받았다. 여기서도 페르노를 마셨다. 축음기에서 음악이 흘러나오고 사람들은 영어, 프랑스어, 네덜란드어, 노르웨이어, 스페인어로 지껄여댔다. 지미 부부는 둘 다 혈기가 왕성하고 쾌활했다. 그들은 서로 어깨를 끌어안고 마음에서 우러난 키스를 하고 술잔을 높이 들면서 명랑하게 수다를 떨었다. 마치 입고 있는 옷을 모두 벗어 던지고 전투 무용이라도 추고 싶은 기분이었다.

술집 여자들이 파리 떼처럼 몰려들었다. 콜린스의 친구라면, 우리도 모두 부자라는 뜻이었다. 다 해진 양복을 입고 온 것은 전혀 흠이 되지 않았다.

영국인의 복장은 모두 그런 것이다. 나는 단 한 푼도 갖고 있지 않았으나, 귀한 손님이므로 그런 것은 문제가 되지 않았다. 그런데도 내 두 팔에 매달려 무언가 주문하기를 바라고 있는 두 창녀에게는 적잖이 곤혹을 느꼈다. 제기랄, 우선 저지르고 보자. 나는 배짱이 생겼다. 이 술집에는 어떤 술이 있으며 어느 술을 주문하면 계산이 많이 나오는지, 이미 그런 것은 눈에 들어오지 않았다. 비록 무일푼이지만 나는 신사가 되어야 했다.

이베트—지미 아내의 이름이다—는 우리에게 이상하리만큼 친절하고 호의적이었다. 우리를 위해 잔치를 베풀 준비까지 하고 있었다. 그때까지는 아직 시간이 남아 있었으므로, 지금은 지나치게 마셔서는 안 되었다—그녀는 자기가 만든 식사를 맛보게 하고 싶었던 것이다.

축음기가 미친 듯이 울려대고, 필모어는 백인과 흑인 혼혈 여자를 상대로 춤을 추었다. 여자는 몸에 꼭 달라붙는 우단 옷을 입고 있었는데, 이것이 그녀의 매력을 충분히 빛내 주었다. 콜린스가 다가와서 내 옆에 있는 여자에 대해 두서너 마디 귀띔을 해 주었다. "마담이 이 여자를 식사에 초대해도 좋다고 했네." 그가 말했다. "자네가 이 여자를 붙잡아두고 싶다면 말일세." 이 여자는 창녀 출신으로 교외에 아름다운 집을 가지고 있다, 지금은 어느 선장의 정부지만 선장은 지금 부재중이므로 아무 염려 없다는 것이 그의 설명이었다.

"자네가 이 여자한테 마음이 있다면 그녀 집에서 묵을 수도 있네." 콜린스는 덧붙였다.

그것만으로 나는 충분했다. 나는 곧 마르셀 쪽으로 몸을 돌려 그녀의 엉덩이를 간질여댔다. 우리는 술집 한구석에 서서 춤을 추는 체하며 서로 몸을 맹렬하게 부딪쳤다. 지미는 왕방울 같은 눈으로 윙크를 보내며 마음껏 즐겨도 좋다는 듯이 머리를 끄덕였다. 색정적인 여자였다—마르셀이란 계집은. 동시에 유쾌하기도 했다. 이윽고 그녀가 다른 여자들을 쫓아 버린 것을 깨달았다. 우리는 허리를 부둥켜안고 오랫동안 친밀한 이야기를 나누었으나, 운수 사납게도 식사 준비가 되었다는 말에 정담이 끊어지고 말았다.

식탁에 앉은 사람은 20명쯤 되었다. 마르셀과 나는 지미 부부의 맞은편 구석에 자리잡았다. 식사는 샴페인 터뜨리는 소리와 함께 시작되었고, 술이 거나해짐에 따라 왁자지껄 떠드는 소리에 귀가 아플 지경이었다.

식사하는 동안 나와 마르셀은 식탁 밑에서 손으로 농탕을 치고 있었다. 일어서서 한마디 할 차례가 되었을 때는 냅킨으로 앞을 가려야만 했다. 그것은 괴로운 일이었으나, 동시에 기분이 매우 좋았다. 마르셀이 계속 내 사타구니를 간질이고 있었기 때문에 나는 빨리 말을 끝내야만 했다.

만찬은 이럭저럭 한밤중까지 계속되었다. 나는 벼랑 위에 있는 아름다운 집에서 마르셀과 함께 누울 때만을 고대하고 있었다. 그러나 뜻대로 되지 않았다. 콜린스가 우리를 소개하며 다닐 계획을 세웠기 때문에, 거절할 수가 없었던 것이다.

"그 여자에 대해서는 걱정하지 말게." 그는 말했다. "이곳을 떠나기 전에 얼마든지 재미를 볼 수 있을 테니까. 우리가 돌아올 때까지 여기서 기다리라고 하게."

마르셀은 좀 시무룩했다. 그러나 내가 앞으로 4, 5일은 더 여기 있을 것이라고 하자 갑자기 얼굴이 환해졌다. 밖에 나갔더니 필모어가 심각한 얼굴로 우리 팔을 붙잡으면서 할 말이 있다고 했다. 얼굴이 새파랗게 질린 것으로 미루어 걱정거리가 있는 듯했다.

"도대체 무슨 일인가?" 콜린스가 쾌활하게 물었다. "어서 말해 보게."

필모어는 바로 입을 열지 못했다. 헛기침을 몇 번 하고 망설이다가 겨우 입을 열었다. "조금 전에 화장실에 다녀왔는데, 그때 무언가를 깨달았어……."

"그렇다면 자네는 그것에 걸린 거야……." 콜린스가 단정하듯 말했다. 그리고 자기 베네치안 병을 꺼내 들고 "의사한테 가면 안 돼" 하고 증오스럽게 덧붙였다. "녀석들은 죽을 때까지 네 피를 빨아들일 테니까. 욕심으로 똘똘 뭉친 똥덩이 녀석들이야. 술을 끊어도 안 돼. 그런다고 낫는 게 아니야. 그보다는 이것을 하루 두 번씩 마시도록 하게…… 마시기 전에 잘 흔들어서 말이야. 끙끙 앓는 게 가장 해로워, 알겠나? 자, 어서 가세. 돌아와서 세척기와 과망간산염을 주겠네."

이리하여 우리는 어둠속을 걸어갔다. 음악과 절규와 주정 소리가 뒤범벅이 된 물가를 향해서. 가는 도중에 콜린스는 조용한 목소리로 갖가지 이야기를 했다. 그가 사랑에 빠진 소년에 대한 것, 소년의 부모가 그것을 알았을 때 불벼락을 맞고 겨우 궁지에서 빠져나왔다는 이야기를 했다. 그러다가 갑자기 화제를 바꾸어 샤를뤼스 남작 이야기를 하고, 강을 거슬러 올라갔다가 행방불명이 된 쿠르츠에 대해 말했다. 그의 단골 이야깃거리이다. 나는 언제나 콜린스가 이처럼 문학적 배경을 가지고 행동하는 태도가 마음에 들었다. 그것은 마치 롤스로이스 자가용에서 결코 내리려 하지 않는 백만장자와도 같다. 콜린스에게는 현실과 관념 사이에 중간 영역이 없는 것이다. 그는 볼테르 부두의 매음굴에 들어가 긴 의자에 몸을 던지고는, 종을 울려 여자와 술을 주문하고 나서도 쿠르츠와 함께 강을 거슬러 올라가던 이야기를 계속했다. 여자들이 그의 옆에 있는 침대에 엉덩이를 털퍼덕 붙이고 앉아 키스로 입을 막음으로써 겨우 기나긴 이야기를 끝냈다.

그러고는 마치 이제야 비로소 자기가 어디 있는지 알았다는 듯이 주인 노파를 돌아보면서 우리 두 사람을 소개했다. 이곳을 보기 위해 일부러 파리에서 내려온 사람들이라고 나발을 불었다. 방에는 여자가 여섯 명쯤 있었다. 모두가 홀딱 벗고 있었고, 또 모두가 아름다워 보였다고 하지 않을 수 없다.

여자들은 우리 세 사람이 노파와 이야기하고 있는 동안 새처럼 재잘거리고 있었다. 이윽고 노파는 천천히 즐기라는 말을 하고 나가 버렸다. 나는 그 늙은 마담에게 마음이 끌렸다. 친절하고 사랑스러우며 대범한 면이 있어서 어머니 같았기 때문이다. 그리고 몸매가 아주 좋았다! 그녀가 조금만 더 젊었다면 나는 결혼하자고 했을 것이다. 이른바 '악덕의 소굴'에 들어와 있다고는 도저히 생각할 수 없었다.

어쨌든 우리는 그곳에 한 시간쯤 있었다. 이 집의 특권을 누릴 수 있는 상태인 사람은 나뿐이었으므로, 콜린스와 필모어는 아래층에 남아 여자들을 상대로 시시닥거리고 있었다. 내려가 보니 두 사람은 침대에 누워 있고, 여자들은 침대를 중심으로 둘러앉아 제법 천사 같은 목소리로 〈피카르디의 장미〉를 합창하고 있었다. 그곳을 나올 때 우리는 감상적일 정도로 우울해져 있었다―특히 필모어가 그랬다. 콜린스는 앞장서서 어느 음침한 집으로 안내해 주었다. 그곳에는 상륙허가를 받은 술취한 수병들이 들끓고 있었다. 거기서 우리는 의자에 걸터앉아, 한창 동성애 소동이 진행 중인 광경을 즐겼다.

그 집에서 나와 홍등가를 빠져나가야 했는데, 거기에는 더욱 많은 뚜쟁이 노파들이 있었다. 그녀들은 목에 숄을 감고, 입구 층계에 걸터앉아 부채를 흔들면서 유쾌하게 손님을 불러들이고 있었다. 그녀들은 모두 손자를 달래는 듯한 선량한 얼굴을 가진, 정감 넘치는 노파들이었다. 수병들 한 떼가 비틀거리면서 걸어와 화려한 집 안으로 꾸역꾸역 들어갔다. 어디에나 섹스가 넘치고 있었다. 그것은 이 도시 밑에서 버팀 기둥을 씻어낸 간조(干潮)였다.

우리는 모든 것이 탁해진 항구 가장자리를 따라서 걸었다. 거기에 있는 모든 배—트롤선, 요트, 스쿠너, 거룻배가 맹렬한 폭풍 때문에 해안으로 떠밀려 올라온 듯한 인상이었다.

48시간 동안에 너무나 많은 일이 있었기 때문에 마치 르아브르에 한 달 넘게 머문 듯한 느낌이 들었다. 우리는 필모어가 출근해야 하므로 월요일 아침 일찍 출발할 예정이었다. 그래서 우리는 임질에 걸렸건 무엇에 걸렸건, 일요일을 술과 연회로 보냈다. 그날 오후 콜린스는 아이다호 주에 있는 자기 목장으로 돌아가겠다는 뜻을 밝혔다. 이미 8년이나 고향을 떠나 있었기 때문에, 다시 동양으로 항해를 떠나기 전에 고향 산천을 한번 둘러보고 싶다는 것이었다. 그때 우리는 창녀 집에서 여자가 나타나기를 기다리고 있었다. 콜린스가 그 여자에게 코카인을 주기로 약속했던 것이다. 그는 이제 르아브르에는 넌더리가 난다면서, 너무 많은 독수리에게 뜯겨 목도 제대로 돌아가지 않는다고 했다.

게다가 지미의 아내가 콜린스에게 반하여 질투를 하면서 그를 들볶는다는 것이다. 소란은 하루가 멀다하고 벌어졌다. 우리가 도착한 뒤에는 얌전히 참고 있으나, 그것이 오래 가지 않을 것이라고 콜린스는 단언했다. 특히 그녀는 술에 취하면, 이따금 술집에 들르는 러시아 처녀에게 질투를 한다. 곤란한 일이 아닐 수 없다. 그리고 콜린스는 첫날 우리에게 이야기한 그 소년에게 대책이 없을 만큼 반해 버렸던 것이다. "그 남자아이를 생각하면 가슴이 찢어질 것만 같아." 그는 말했다. "그 아이는 정말이지 숨쉴 수 없을 정도로 아름다워! 더구나 아주 잔혹해!" 이 말에는 우리도 웃지 않을 수 없었다. 어쩐지 어리석은 소리로 들렸던 것이다. 그러나 콜린스는 진지했다.

일요일 한밤중에 필모어와 나는 방으로 돌아갔다. 술집에서 우리에게 2층에 있는 방 하나를 내어 준 것이다. 그날 밤은 무척이나 덥고 바람 한 점 불지 않았다. 열어 놓은 창문을 통해 아래층의 왁자그르한 소리와 축음기 소리가 들려왔다. 갑자기 폭풍이 불어왔다―정기적으로 내리는 소나기였다. 우레 소리와 유리창을 때리는 빗소리에 섞여, 아래층에서 또 다른 폭풍이 몰아치는 소리가 우리 귀에까지 들렸다. 그것은 지독하게 절박하면서도 기분 나쁜 소리였다. 여자들이 마구 비명을 지르는가 하면 병이 깨지고 식탁이 뒤엎어지는 소리가 났다. 그리고 인간 몸뚱어리가 마루에 부딪칠 때의 그 귀에 익은, 토할 것 같은 둔탁한 소리가 들려왔다.

6시쯤 콜린스가 머리를 문에 부딪쳤다. 얼굴은 온통 반창고 투성이고 한쪽 팔이 부러져 있었다. 그는 히죽히죽 웃고 있었다.

"자네들에게 말한 그대로였어." 그는 말했다. "드디어 그녀가 어젯밤에 폭발했어. 그 소동은 자네들도 들었겠지?"

우리는 얼른 옷을 입고 지미에게 작별인사를 하기 위해 아래층으로 내려갔다. 가게 안은 참담했다. 똑바로 서 있는 병은 하나도 없고, 망가지지 않은 의자도 찾아볼 수 없었다. 거울과 장식장은 산산이 부서져 있었다. 지미는 자기가 마실 계란술을 만들고 있었다.

정거장으로 가는 길에 우리는 콜린스로부터 자세한 이야기를 들었다. 우리가 2층으로 올라간 뒤 그 러시아 아가씨가 나타났다. 이베트는 다짜고짜 그녀에게 욕설을 퍼부었다. 두 여자는 서로 머리끄덩이를 잡고 뒤엉켜 싸웠다. 그때 한 덩치 큰 스웨덴인이 끼어들어서 러시아 아가씨의 뺨에 따귀를 올려붙였다―정신을 차리게 하기 위해서였다. 이것이 화약에 불을 지른 셈이 되었다. 콜린스는 그 덩치 큰 사나이에게 따지고 들며, 도대체 무슨 권리로 이런 사사로운 싸움에 끼어드는지 이유를 말하라고 몰아붙였다. 그러나 대답 대신 턱으로 주먹이 날아왔다. 술집 반대편까지 나가 떨어질 만큼 엄청난 일격이었다.

"꼴 좋군!"

이베트는 새된 소리를 지르며, 이 틈을 타서 러시아 아가씨에게 병을 쳐들었다. 그 순간 맹렬한 천둥 번개가 쳤다. 잠깐 동안 큰 소동이 벌어졌다. 여자들은 모조리 흥분하여, 이 기회에 평소 가지고 있던 분통을 터뜨렸다. 고급 술집에서 벌어지는 싸움과는 전혀 달랐다. 칼로 등을 찌르거나 식탁 밑에 쓰러져 있는 사람을 병으로 내리치는 것쯤은 아무것도 아니었다. 딱하게도 이 스웨덴 사나이는 여러 사람을 적으로 돌리고 말았다. 술집에 있던 모든 사람이 그를 증오했다. 특히 그의 동료 선원들이 그러했다. 그들은 이 사나이가 당하는 것을 보고 싶어했다. 이에 그들은 문을 닫아 걸고 식탁을 한쪽에 치워 두 사람이 마음껏 날뛸 수 있도록 카운터 앞에 얼마쯤 공간을 만들었다. 여기서 그들은 스웨덴 사내를 둘러싸고 속이 풀릴 때까지 두들겨 팬 것이다.

소동이 끝났을 때는 이 덩치 큰 사나이를 병원으로 옮겨야 했다. 콜린스는 오히려 운이 좋았다고 할 수 있다―한쪽 손목이 부러지고 손가락 관절 두 개가 빠졌으며, 코피가 나고 한쪽 눈두덩에 멍이 든 정도로 끝났던 것이다. 그의 표현을 빌리면 한두 군데 찰과상을 입은 정도였다. 그러나 만일에 스웨덴 사내와 같은 배의 선원이었다면 콜린스는 녀석을 죽여 버릴 작정이었다. 이 정도는 아무것도 아니야. 그는 우리에게 이렇게 단언했다.

그런데 소동은 이것으로 끝난 게 아니었다. 그 일이 있은 뒤 이베트는 다른 술집에 가서 술을 퍼마시지 않을 수 없었다. 수모를 당한 이상 끝장을 낼 생각이었다. 그래서 그녀는 택시를 타고 바다가 내려다보이는 벼랑으로 가자고 운전사에게 말했다. 자살을 결심한 것이다. 이것이 그녀가 하려던 행동이었다. 그런데 몹시 취해 있었기 때문에 차에서 굴러떨어지고 말았다. 이베트는 울면서 남이 말리기도 전에 입고 있던 옷을 하나씩 벗어 던졌다. 운전사는 반나체가 된 그녀를 집으로 데려왔다. 지미는 그 모습을 보고 화가 나서, 면도칼을 가는 가죽으로 그녀가 오줌을 지릴 정도로 꽁꽁 묶어 버렸다. 그런데 이것이 이베트의 마음에 들었다. 그녀는 그런 여자였다.

"좀더 세게 묶어 주세요."

이베트는 두 손으로 지미의 다리를 붙들고 무릎을 꿇으면서 애걸했다. 그러나 지미에게는 이 정도로 충분했다.

"이 더러운 암퇘지 같으니라고!" 하면서 발로 이베트의 배를 꽉 눌렀다. 그 바람에 그녀는 방귀를 뀌었다―말하자면 그녀의 성적 난센스이기도 하다.

우리는 일찍 출발했다. 이 도시는 아침 햇살 속에서 전혀 다른 모습을 보이고 있었다. 열차가 움직이기를 기다리면서 우리는 마지막으로 아이다호에 대해서 이야기했다. 우리 세 사람은 모두 미국인이다. 출신지는 서로 달랐으나 공통된 어떤 것을 가지고 있었다―많은 공통점을 가졌다고 해야 할 것이다. 헤어질 때 대부분의 미국인이 그렇듯이, 우리도 감상에 젖어 있었다. 암소, 양, 남자가 남자로 있을 수 있는 그 광대한 토지, 그 밖의 하찮은 일에 대해서까지 우리는 미련을 두고 있었다. 만일에 이것이 기차가 아니라 배였다면, 우리는 곧장 갑판으로 달려나가 그 모든 것에 작별을 고했을 것이다. 그런데 나중에 알았지만, 콜린스는 끝내 미국을 다시 볼 수 없었다.

그리고 필모어는…… 그렇다, 필모어 또한 스스로 죗값을 치러야만 했다. 그때는 우리 가운데 그 누구도 상상 못했던 방법으로. 항상 미국을, 말하자면 마음이 약해졌을 때 들여다보는 그림엽서처럼 마음속 깊숙이 간직해 두는 게 가장 좋은 방법이다. 그것이 언제나 저쪽에서 나를 기다리고 있다, 조금도 변하거나 망가지지 않았다는 생각을 가슴에 품고 말이다. 암소와 양이 있는 크고 애국적이고 광대한 공간. 착한 마음을 가진 사람이 눈에 띄는 모든 것에—남자와 여자와 짐승에게도—거칠게 말을 건다. 그와 같은 미국은 실제로 존재하지 않는다. 그것은 어떤 추상적인 관념에 붙인 이름인 것이다……

파리는 매춘부와도 같다. 멀리서 보면 남자의 영혼을 녹여 버릴 것 같고, 그녀를 두 팔로 끌어안고 싶어서 견딜 수 없을 지경이다. 그러나 5분 뒤에는 공허를 맛보고 자기혐오에 빠진다. 속았다는 생각이 든다.

나는 주머니에 두둑이 돈을 넣고 파리로 돌아왔다—2, 3백 프랑이나 되는 돈이다. 내가 열차에 오르려 할 때 콜린스가 주머니에 찔러넣어 주었던 것이다. 이 정도면 방값을 치르고, 적어도 일주일 동안은 충분히 맛있는 식사를 할 수 있다. 지난 몇 년 동안 이런 큰돈을 손에 쥐었던 적은 한 번도 없었다. 나는 마치 새로운 생활이 눈앞에 펼쳐지기라도 한 듯이 신이 났다. 이 돈을 소중히 아껴두고 싶은 마음도 들었다. 그래서 샤토 거리에 있는 빵집 위의 싸구려 호텔을 알아보았다. 방브 거리 바로 앞에 있으며, 앞서 위젠이 나에게 가르쳐 주었던 곳이다. 몇 야드 앞에는 몽파르나스 철도가 지나는 철교가 있다. 나에게는 낯익은 지역이다.

이곳이라면 한 달에 1백 프랑으로 방을 빌릴 수 있을 것이다. 아무 시설도 없고, 창문조차 없는 방을. 얼마 동안 잠만 잘 것이므로 당연히 빌려야 했지만, 그 방으로 가려면 어느 장님의 방을 지나야 한다는 문제가 있었다. 매일 밤 그 사나이의 잠꼬대를 들으며 지나가야 한다고 생각하니 몹시 우울해졌다. 그래서 다른 곳을 찾기로 결심했다. 묘지 바로 뒤에 있는 셀스 거리에 가 보았다. 거기서 안뜰을 둘러싸고 발코니가 있는, 마치 쥐덫처럼 생긴 건물을 바라보았다. 발코니 밑으로 새장이 잔뜩 매달려 있었다. 유쾌한 광경이어야 하건만, 내 눈에는 왠지 모르게 병원 요양실같이 보였다. 거기 살고 있는 사람들도 유머 감각이라고는 전혀 없을 것 같았다. 나는 밤이 될 때까지 좀더 여러 곳을 찾아다니며, 조용한 뒷골목에 있는, 되도록이면 조금이라도 아늑한 방을 구하자고 결심했다.

저녁 먹을 시간이 되었으므로 나는 식사에 15프랑을 썼다. 계획했던 예산의 거의 두 배였다. 아까운 생각이 들었다. 비가 부슬부슬 내렸으나 커피를 마시러 가게에 들어가려던 생각도 포기하고 말았다. 그래, 좀더 걸어다니다가 적당한 시간이 되면 얌전히 잠자리에 들어야지. 가지고 있는 돈을 마음껏 쓰지 못하니 마음이 벌써 침울해졌다. 여태 이렇게까지 절약한 일은 한 번도 없었다. 내 성격에 맞지 않는 일이다.

드디어 비가 억수로 퍼부어 내렸다. 나는 안도했다. 어디건 들어가 쉴 수 있는 구실이 생긴 것이다. 잠자리에 들기에는 아직 이른 시간이었다. 빠른 걸음으로 라스파유 대로를 향해 걸어갔다. 이때 갑자기 한 여자가 다가와서 나를 불러세웠다. 몇 시인지 가르쳐 달라는 것이었다. 나는 시계가 없다고 대답했다. 그러자 여자가 큰 소리로 말했다. "어머, 영어를 할 줄 아는군요. 정말 우연이에요." 나는 고개를 끄덕였다. 빗줄기는 점점 더 거세졌다. "친절하신 선생님, 선생님은 틀림없이 나를 카페에 데려가 줄 테지요? 이렇게 비가 퍼붓는데도 나는 돈이 없어서 어디에 들어가 있을 수도 없어요. 친절하신 선생님. 댁은 매우 착한 분인 것 같아요. 얼굴에 그렇게 쓰여 있어요…… 댁이 영국사람이란 것을 나는 금세 알아챘어요." 그녀는 이렇게 말하면서 나에게 미소를 던졌다. 기묘하고 반쯤 미친 듯한 미소였다. "아마도 선생님이라면 나에게 도움을 줄 수 있을 거예요. 나는 이 세상에 오직 혼자뿐이에요 …… 돈이 한 푼도 없다는 것은 정말 무서운 일이에요……"

이 '친절하신 선생님'이나 '착한 분'이라는 말에 나는 그만 히스테리 발작을 일으킬 뻔했다. 불쌍하다는 생각은 들었지만, 그래도 웃음을 터뜨리지 않을 수 없었다. 나는 웃었다. 그녀의 눈앞에서 웃었다. 그러자 여자도 따라 웃었다. 기분 나쁘고 짜랑짜랑하며 박자도 맞지 않는 전혀 뜻밖의 웃음소리였다. 나는 여자의 팔을 붙들고 가장 가까운 카페로 갔다. 여자는 술집에 들어가서도 계속 웃고 있었다. 그러고는 또다시 '나의 친절하고 착한 선생님'을 꺼냈다. "틀림없이 선생님은 내가 거짓말을 한다고 생각하시겠지요. 하지만 나는 순수한 처녀예요…… 양갓집 규수예요. 하지만."—여기서 그녀는 다시 창백하고 가련한 미소를 나에게 던졌다. "하지만 나는 머물 곳이 없을 정도로 불행해요." 그 말에 나는 다시 웃음을 터뜨렸다. 웃지 않을 수가 없었다—여자가 내뱉는 처량한 신세 타령, 기묘한 악센트, 머리에 쓰고 있는 꼴사나운 모자, 미치광이 같은 미소……

"이봐." 나는 물었다. "아가씨는 도대체 어느 나라 사람인가?"

"나는 영국 사람이에요." 그녀가 대답했다. "태어난 곳은 폴란드지만 아버지는 아일랜드 사람이에요."

"그래서 영국 사람이란 말인가?"

"그래요." 여자는 이렇게 대답하면서 수줍은 듯이 해죽 웃었다.

"나를 데려갈 만한 아담하고 좋은 호텔을 알고 있나?" 나는 이렇게 말하기는 했으나 여자와 같이 갈 생각은 전혀 없었다. 단지 그녀가 본론으로 들어가지 않아도 되도록 하려고 했을 뿐이었다.

"어머나!" 그녀는 마치 내가 크게 착각을 하고 있다는 투로 말했다. "정말이지 나는 그럴 생각은 없어요. 나는 그런 여자가 아니에요. 나를 놀리는 것이군요. 그래요, 댁은 매우 친절한 사람이니까요…… 무척 정이 많은 얼굴을 하고 있으니까요. 상대가 프랑스 남자였다면, 댁한테 했던 것처럼 말을 걸 용기는 나지 않았을 거예요. 프랑스 남자들은 곧바로 언짢은 소리를 내뱉거든요……."

그녀는 이런 투로 한동안 계속 떠들어댔다. 나는 이 여자와 헤어지고 싶었다. 그러나 여자는 혼자 있기를 싫어했다. 무서워하고 있었다―이렇다 할 신분 증명서를 갖고 있지 않기 때문인 듯했다. 나는 이 여자를 그녀의 호텔까지 데려다 줄 만큼 친절하지 못한 것일까? 호텔 주인에게 잔소리를 듣지 않도록 이 여자에게 15프랑이나 20프랑쯤 '빌려 줄' 수도 있지 않을까? 나는 그녀가 묵고 있다는 호텔까지 따라가서 손에 50프랑을 쥐어 주었다. 영리한 건지 아니면 무척 순진해서 그런지는 모르겠으나―어느 쪽인지 모를 경우가 곧잘 있다―어쨌든 그녀는 돈을 거슬러 주기 위해 잠시 술집에 다녀올 테니 그때까지 기다려 달라고 했다. 나는 그런 수고는 하지 말라고 했다. 그러자 여자는 충동적으로 내 손을 잡고 자기 입술로 가져갔다. 나는 깜짝 놀랐다. 무언가 내가 가지고 있는 터무니없는 것을 여자에게 송두리째 주어 버린 기분이 들었다.

그것이, 그 정신 나간 듯한 몸짓이 나를 감동시켰다. 이와 같은 새로운 전율을 맛볼 수 있다면, 때로는 부자가 되는 것도 나쁘지 않다고 생각했다. 그러면서도 나는 이성을 잃진 않았다. 50프랑! 비 내리는 날 하룻밤에 낭비한 금액으로는 이미 충분하다. 내가 떠나려 하자, 그녀는 쓰는 방법도 모르는 이상야릇하게 생긴 작은 모자를 나에게 흔들어 보였다. 마치 우리가 옛날부터 알고 지내던 학교 친구라도 된다는 듯이. 나는 어리석고 경솔했다는 생각이 들었다. "나의 친절하신 선생님, 다정한 분…… 착한 얼굴을 가진 분…… 댁은 정이 무척 많으세요." 그녀의 말에 나는 성자라도 된 기분이었다.

마음이 몹시 들뜨면 쉽게 잠이 오지 않는 법이다. 뜻하지 않았던 선량함의 폭발에 걸맞은 일을 하지 않고는 못 배기는 것이다.

나는 '정글' 앞을 지나면서 잠깐 무도장을 들여다보았다. 등을 온통 드러낸 여자들, 진주 목걸이가 목을 조이고 있는—그렇게 보이는—여자들이 나를 향해 아름다운 궁둥이를 흔들어대고 있었다. 나는 곧장 가서 샴페인 한 병을 주문했다. 음악이 그치자 금발 미인 하나가—노르웨이 사람처럼 보였다—내 바로 옆에 있는 의자에 와서 앉았다. 가게 안은 밖에서 볼 때와는 달리 그다지 붐비지도 않고 화려하지도 않았다. 손님이라고는 겨우 대여섯 명밖에 되지 않았다—그 대여섯 명이 한꺼번에 춤을 추고 있었던 것이 분명하다. 나는 용기가 사라지기 전에 샴페인을 다시 한 병 주문했다.

금발 미인과 춤을 추려고 일어섰을 때 플로어에는 우리밖에 없었다. 다른 때 같으면 주눅이 들었겠지만, 샴페인과 찰싹 달라붙은 여자의 몸과 어두컴컴한 조명과 수백 프랑이 주머니에 있다는 확실한 안도감이 나에게 용기를 북돋아주어서…… 우리는 두 번이나 춤을 추었다. 일종의 시범적인 춤이었다.

그러는 사이에 우리는 이야기에 빠져들었다. 갑자기 그녀가 울었다—이것이 사건의 발단이었다. 나는 여자가 술에 너무 취한 탓이라고 생각하고 관심 없는 체했다. 그리고 한편으로는 멋지게 걸려들 녀석이 없나 주위를 둘러보았다. 그러나 이미 홀에는 아무도 없었다.

상대의 덫에 걸려들었을 때는 도망치는 게 상책이다—그것도 얼른. 도망치지 않으면 크게 다친다. 그런데 아주 이상한 이야기지만, 나를 붙들어 두고 있는 것은 오늘의 이 기분을 아무것도 아닌 것으로 돌리고 싶지 않다는 마음이었다. 인간은 언제나 하찮은 일 때문에 뻔히 보면서도 점점 더 깊은 재앙에 빠져들기 마련이다.

여자가 운 이유는 금세 알 수 있었다. 그녀는 조금 전에 자기 아기를 묻고 온 것이었다. 여자는 노르웨이 사람이 아니었다. 프랑스 사람이며, 게다가 조산사였다. 뺨에 눈물이 흐르고 있기는 했지만 예쁘장한 조산사였다. 술이라도 한 잔 마시면 마음이 진정되지 않겠느냐고 내가 말했다. 그러자 여자는 얼른 위스키를 주문하여 눈 깜짝할 사이에 잔을 비웠다. "한 잔 더 하겠나?" 나는 친절하게 권했다. 여자는 마시고 싶다고 말했다. 그녀는 상심해서 풀이 딱 죽어 있었다. 카멜 담배도 한 갑 필요하다고 했다. "아니, 잠깐만요, 그보다는 팔말 담배가 좋겠어요." 무엇이건 마음대로 주문해도 된다. 하지만 제발 울지는 마라, 여자가 울면 소름이 끼치니까. 나는 마음속으로 중얼거렸다. 나는 한 번 더 춤을 추려고 그녀의 팔을 거칠게 붙들어 일으켰다. 춤을 추면 여자는 딴 사람이 되었다. 나는 잘 모르지만, 아마도 슬픔이란 인간을 색정적으로 만드는 모양이다. 나는 여기서 나가자고 귀띔을 했다. "어디로?" 여자가 뜨거운 목소리로 말했다. "아니, 아무 데라도 좋아요. 조용하게 이야기를 나눌 수 있는 곳이라면 어디든 상관없어요."

나는 화장실에 가서 지니고 있는 돈을 세어 보았다. 1백 프랑짜리 지폐는 바지 속주머니에 감추고, 50프랑 지폐 한 장과 잔돈은 바지 주머니에 넣었다. 그리고 확실하게 결판을 낼 작정으로 다시 그녀한테로 돌아갔다.

이야기는 쉽게 이루어졌다. 왜냐하면 여자가 먼저 그 이야기를 꺼냈기 때문이다. 그녀는 돈에 쪼들리고 있었다. 아기를 잃었을 뿐 아니라 어머니를 부양해야 했다. 더구나 그 어머니는 중병에 걸려 병원비와 약값 및 여러 가지로 돈이 필요했다. 물론 나는 그녀의 말을 하나도 믿지 않았다.

"나는 오늘 밤 묵을 호텔을 구해야 해. 그러니 함께 가서 하룻밤 같이 자지 않겠어?" 나는 말했다. 그렇게 하는 것이 돈이 적게 들 것이라고 생각했기 때문이었다.

그러나 여자는 거절했다. 무슨 일이 있어도 집에 돌아가야 한다고 버티며—자기는 아파트를 가지고 있고, 어머니 간호도 해야 한다고 말했다. 나는 차라리 그녀의 집에 가서 자면 더 절약이 될 것 같았다. 좋아, 그러면 당신 집에 가기로 하지, 하고 나는 말했다. 그러나 나중에 이러쿵저러쿵 여러 말이 나오지 않도록 미리 그녀에게 내 의사를 알려 두는 것이 좋을 듯했다. 주머니에 얼마쯤 돈을 가지고 있다는 말을 했을 때, 나는 그녀가 당장에라도 기절하는 게 아닌가 생각했다. "어머나, 그런!" 그녀는 몹시 기분이 상한 모양이었다. 큰 소동이 일어날 것이라고 나는 생각했다…… 그러나 태연한 체하고 조용히 말했다. "좋아, 그렇다면 헤어질 수밖에 없군. 아마 내가 잘못 생각했던 모양이야."

"사실 나도 그렇게 말하고 싶은 마음은 굴뚝 같아요!" 그녀는 소리 질렀다. 그러나 그와 동시에 내 옷소매를 붙들었다. "내 말을 들어 봐요…… 화는 내지 말고요." 이 말을 듣고 나는 자신을 되찾았다. 조금 더 넉넉하게 지불하겠다는 약속을 하면 만사가 오케이인 것이다. "알았어." 나는 성가시다는 듯이 말했다. "당신 말대로 하겠어. 그러면 되지?"

"그럼, 아까는 거짓말을 했군요?" 여자가 말했다.

"음, 그랬어." 나는 히죽 웃었다. "어떻게 나오나 보려고 거짓말을 해 본 것뿐이야……."

내가 미처 모자도 쓰기 전에 여자는 택시를 불렀다. 클리시 대로라고 주소를 말하는 소리가 들렸다. 이거 호텔비보다 비싸지겠는걸, 나는 속으로 생각했다. 어쨌든 좋다, 아직 시간은 있으니까…… 보면 알게 될 것이다. 무엇이 계기가 되었는지는 지금도 알 수 없지만, 이내 그녀는 앙리 보르도(프랑스 소설가, 1870~1963)에 대해 열심히 이야기했다(나는 그 뒤로 지금까지 앙리 보르도를 알고 있는 창녀를 만난 적이 없다). 그런데 이 여자는 정말 앙리 보르도의 영향을 받고 있었다. 그녀의 말은 아름다웠다. 너무나 우아하고 총명했기 때문에 얼마를 더 얹어 주어야겠다고 생각했을 정도였다. 나에게는 여자가 이렇게 말하는 것처럼 들렸다―"이미 시간이 없다고 여겨질 때는……." 어쨌거나 그런 식으로 들린 것이다. 그때에 나는, 이 구절이 1백 프랑의 가치가 있다고 생각했다. 이것이 그녀 자신의 말인지 앙리 보르도의 말인지는 알 수 없었다. 어느 쪽이든 상관없다. 이것이야말로 몽파르나스 언덕을 지나갈 때는 더할 수 없이 알맞은 대사이다. "안녕하세요, 어머니?" 나는 마음속으로 말했다. "따님과 내가 간호해 드리죠―더는 시간이 없다고 여겨질 때는 말이죠."

그녀는 나에게 조산사 면허증을 보여 줄 작정이었다. 나는 그 일을 떠올렸다.

여자는 문을 닫자 곧 안절부절못하고 허둥댔다. 두 손을 비벼대는가 하면 사라 베르나르(유명한 프랑스 여배우, 1844~1923) 흉내를 내며 옷마저 벗으려 했다. 그러면서 나에게 어서 옷을 벗어라, 이렇게 해라, 저렇게 해라 하면서 재촉하는 것이었다. 드디어 그녀가 벌거벗고 슈미즈를 손에 든 채 이리저리 고개를 기웃거리며 잠옷을 찾을 때, 나는 겨우 그녀를 붙들고 꼭 끌어안았다. 얼마 뒤에 놓아주자 그녀는 고통스런 표정을 지었다. "아, 큰일났어요! 아래층에 가서 어머니의 상태를 살펴봐야 해요." 그녀가 소리쳤다. "원한다면 욕실을 사용해도 좋아요. 저쪽에 있어요. 나도 곧 돌아오겠어요." 문 입구에서 나는 다시 한 번 그녀를 껴안았다.

나는 속옷을 입고 있었고 무섭게 발기한 상태였다. 어쨌든 그녀의 고통과 흥분과 비탄과 연극은 오로지 나의 욕정을 부추길 뿐이었다. 아마도 그녀는 정부를 달래기 위해 아래층에 내려갔을 것이다. 당장에라도 엄청난 일이 벌어질 것 같았다. 조간신문에서 곧잘 읽곤 하는 극적인 사건이. 나는 얼른 방안을 둘러보았다. 방이 둘이고 욕실이 있었으며, 가구도 그리 나쁘지 않았다. 어느 정도 정취가 감돌기까지 했다. 벽에는 그녀의 면허증이 걸려 있었다—흔히 보는 '1급' 면허였다. 화장대 위에 아이 사진이 있었다. 머리털이 예쁜 여자아이였다. 나는 목욕을 하려고 더운 물을 틀었다가, 이내 마음을 바꾸었다. 무슨 일이 일어나면 나는 욕조에서 발견될 것이다—그 생각을 하자 언짢은 기분이 들었다. 시간이 지날수록 점점 더 불안한 마음이 생겨 방안을 서성거렸다.

그녀가 돌아왔을 때는 아까보다 더 안절부절못하고 있었다. "금세 돌아가실 것만 같아요…… 당장에라도!" 그녀는 슬픈 목소리로 되풀이했다. 순간 나는 이 집에서 나가려고 했다. 아래층에서 그녀의 어머니가 죽어가고 있는데, 어떻게 여자의 배에 올라탈 수 있겠는가? 나는 반쯤은 동정심에서, 나머지 반은 여기까지 온 목적을 달성하기 위해서 그녀를 두 팔로 끌어안았다. 그러자 여자는 말하기가 정말 난처하다는 듯이, 내가 약속했던 돈을 달라고 했다. '엄마'를 위해서라고 한다. 제기랄! 그러나 나는 몇 프랑의 돈 때문에 그녀와 다투고 싶지 않았다. 옷을 벗어 놓은 의자가 있는 데로 가서, 그녀에게 등을 돌린 채 조심스럽게 바지 주머니에서 1백 프랑짜리 지폐 한 장을 꺼냈다. 그리고 더더욱 신중을 기하기 위해, 이제부터 일이 벌어질 침대 옆에 바지를 놓았다. 이 정도 돈으로는 충분하지 않을 테지만, 그래도 한 푼이 아쉬운 그녀로서는 마다할 수 없을 것이다.

여자는 돈을 보자 무서운 기세로 잠옷을 벗어 던지고 침대 속으로 뛰어들어갔다. 내가 끌어안자 그녀는 얼른 손을 뻗쳐 전등 스위치를 껐다. 여자는 정열적으로 나에게 안기면서, 모든 프랑스 여자가 침대에서 늘 그러듯이 신음했다. 이러한 그녀의 행동이 나를 무섭게 흥분시켰다. 전등을 끄고 여자와 침대에 눕기는 처음이었다…… 이 때문에 모든 것이 자못 정말같이 느껴졌다. 그러나 수상쩍지 않은 것은 아니었다. 그래서 적당히 자세를 바꾸자마자 곧바로 손을 내밀어 아직도 바지가 의자 위에 있는지 확인해 보았다.

나는 이렇게 둘이서 천천히 하룻밤을 보낼 수 있으리라 생각했다. 침대는 아주 포근했다. 일반적인 호텔 것보다도 더 푹신했다—시트도 깨끗했다. 이것은 진작부터 알고 있었다. 그녀가 이토록 맹렬하게 날뛰지만 않는다면! 한데 그녀는 마치 한 달이나 남자하고 자지 않은 여자처럼 행동했다. 나는 마음껏 놀고 싶었다. 1백 프랑의 밑천을 들인 만큼 충분히 즐기고 싶었다. 그런데 여자는 미친 듯이 온갖 속된 말을 다 내뱉었다. 어둠 속에서 그것이 점점 더 흥분을 북돋았다. 나는 맹렬하게 싸울 작정이었지만, 쉬지 않고 미쳐 날뛰는 상대에게는 그것이 불가능했다. 이윽고 여자는 알아들을 수 없는 헛소리를 하면서 몸을 뒤틀었다.

벌새가 우는 소리가 들렸다. 이것으로 내 1백 프랑은 자취를 감췄다. 까맣게 잊고 있던 50프랑도 사라져 버렸다. 다시 전등이 켜졌다. 여자는 들어올 때와 똑같은 기세로 침대에서 내려가, 마치 암퇘지처럼 툴툴거리면서 뭐라고 중얼거렸다. 나는 그동안 벌렁 드러누워 담배를 피우면서 원망스러운 듯 내 바지를 바라보고 있었다. 바지는 쭈글쭈글해져 있었다. 여자는 잠옷을 걸치고 나에게 다가와, 여전히 안절부절못하는 태도로 편히 쉬고 있으라는 말을 했다.

"나는 아래층에 내려가 어머니가 어떤지 보고 오겠어요. 곧 돌아오기는 하겠지만, 주무시고 계셔도 좋아요." 15분쯤 지나자 나는 다시 불안해졌다. 안쪽 방으로 가서 책상 위에 있는 편지 한 통을 읽었다. 특별한 것은 아니었다—단순한 연애편지였다. 나는 욕실로 가서 선반에 있는 병을 모조리 살펴보았다.

그녀는 여자가 아름다운 냄새를 풍기는 데 필요한 것을 모두 갖추고 있었다. 나는 그녀가 다시 돌아와 나머지 50프랑어치의 일을 해주지 않을까 하는 희망을 아직 갖고 있었다. 그러나 시간이 지나도 그녀는 나타나지 않았다. 나는 당황했다. 역시 아래층에 다 죽어가는 사람이 있는 모양이다. 망연해진 나는 스스로를 지켜야겠다는 마음에 얼른 옷을 하나씩 주워 입었다.

　허리띠를 매고 있을 때 그녀가 1백 프랑짜리 지폐를 지갑에 넣던 일이 느닷없이 머리에 떠올랐다. 그때 여자는 흥분해서 얼떨결에 옷장 위에 있는 선반에 지갑을 올려놓았던 것이다. 그녀의 몸짓도 생각났다. 발끝으로 서서 겨우 선반에 지갑을 올려놓았었다. 나는 얼른 손으로 선반을 더듬어 보았다. 지갑은 여전히 거기 있었다. 얼른 열어 보니 내 1백 프랑짜리 지폐가 들어 있었다. 나는 지갑을 있던 자리에 돌려놓고 서둘러 윗도리를 입은 뒤, 신발을 신고 계단 층계참으로 나와 귀를 기울였다. 아무 소리도 들리지 않았다. 그녀가 어디로 갔는지는 신만이 알 것이다.

　재빨리 나는 다시 방으로 돌아와 선반에서 그녀의 지갑을 꺼냈다. 그리고 1백 프랑짜리 지폐와 동전까지 주머니에 넣었다. 그런 뒤 조용히 문을 닫고 까치발로 계단을 내려와 밖으로 나서자마자 되도록 빠른 걸음으로 걸었다.

　나는 부동 카페에 들러 식사를 했다. 창녀들이 요리 접시에 코를 박고 잠들어 있는 뚱뚱한 사나이를 둘러싸고 떠들어대고 있었다. 사나이는 깊이 잠들어 있었다. 사실 코까지 드르렁 드르렁 골고 있었다. 그러면서도 입만은 기계적으로 놀리고 있었다. 가게는 아주 소란스러웠다. "여러분, 이제 시작하십시오!" 누군가가 신호를 했다. 그러자 일제히 나이프와 포크가 부딪치는 소리가 들렸다. 사나이는 잠깐 눈을 뜨고 멍한 얼굴로 두리번거리다가 다시 고개를 푹 숙였다. 나는 그 1백 프랑짜리 지폐를 조심스럽게 바지 안주머니에 넣고 잔돈으로 계산했다. 주위는 점점 더 소란해져, 나는 아까 그 여자의 면허증에 '1급'이란 글자가 씌어 있었는지조차 기억나지 않았다. 그것에 신경이 쓰였다. 그 어머니 따위는 아무래도 좋았다. 지금쯤 죽었으면 차라리 나을 것이다. 그녀가 한 말이 사실이라고 해도 어쩐지 남의 일 같았다. 너무나 이야기의 앞뒤가 맞아떨어져 믿을 수가 없었다. 좀더, 좀더! 그리고 한편에서는 '친절한 분'이라거나 '댁은 착한 얼굴을 하고 있어요'라는 헛소리를 하는 바보가 있다! 바로 옆에까지 갔던 그 호텔에 정말로 그 여자가 방을 가지고 있었는지도 의심스럽다.

여름이 거의 끝나갈 무렵, 필모어가 같이 살자고 나를 불렀다. 그는 뒤플레 광장에서 조금 떨어진, 기병대 막사가 내려다보이는 곳에 작업실이 딸린 아파트를 빌려 살고 있었다. 르아브르 여행을 다녀온 뒤에도 우리는 종종 만나고 있었다. 만일에 필모어가 없었다면 지금쯤 나는 어떻게 되었을지 알 수 없다—아마도 죽었을 것이다.

"사실은 더 일찍 자네를 찾아가려 했어." 그가 말했다. "재키라는 시시한 여자만 없었더라면. 어떻게 하면 그녀와 연을 끊을 수 있을지 몰랐거든."

나는 나도 모르게 웃고 말았다. 필모어는 언제나 이런 식이다. 집 없는 여자를 끌어들이는 재주를 가지고 있는 것이다. 어쨌든 재키는 스스로 떨어져 나간 모양이었다. 장마철이 가까워지고 있었다. 사람을 우울하게 만드는 기름기와 안개와 비로 얼룩진 길고 음침한 계절이다. 겨울이면 저주하고 싶어지는 파리! 영혼 속으로 파고드는 기후. 그것은 인간을 라브라도르 해안처럼 황량하게 만든다. 난방 장치라고는 작업실에 있는 작은 난로 하나뿐이라는 사실을 나는 얼마간 불안한 기분으로 인정했다. 그러나 작업실에서 바라보는 경치는 일품이었다.

아침이 되면 늘 필모어가 나를 흔들어 깨우고는 머리맡에 10프랑짜리 지폐 한 장을 놓아두었다. 그가 나가면 나는 곧 깊은 잠에 빠져들었다. 정오가 될 때까지 일어나지 않는 날도 많았다. 작품을 완성하는 것 말고는 꼭 해야 하는 일도 없었다. 더구나 이 일마저도 별로 마음에 내키지 않았다. 어차피 이 작품을 받아 줄 곳이 아무 데도 없으리라는 것을 진작부터 확신하고 있었기 때문이다. 그런데도 필모어는 이 작품을 높이 평가하고 있었다. 그가 저녁에 병을 옆구리에 끼고 돌아와 가장 먼저 하는 것은, 책상 앞으로 와서 내가 몇 장이나 글을 썼는지 살피는 일이었다. 처음에는 그의 성의가 고마웠다. 그러나 나중에 내가 한 장도 쓰지 못했을 때는, 마치 수도꼭지에서 쏟아지는 물처럼 마구 써 나갔기를 기대하고 원고를 넘겨 보는 그를 대하기가 참을 수 없이 불편했다. 한 장도 보여 줄 것이 없는 날에는, 그가 재워 주곤 하는 여자와 똑같은 마음이 들었다. 그가 곧잘 이야기하는 재키 생각이 난다—"그녀가 때때로 나의 객기를 풀어 주었더라면 더할 나위 없었을 텐데." 만일 내가 여자였다면 기꺼이 필모어를 받아들였을 것이다. 그러는 편이 그가 기대하는 원고를 쓰기보다 훨씬 더 쉬울 테니까.

그러나 필모어는 나를 편안하게 해주려고 애썼다. 언제나 먹을 것과 술은 넉넉했고, 때로는 같이 춤을 추러 가자고 권하기도 했다. 그는 도데사 거리에 있는 흑인 무도장에 단골로 다니고 있었다. 거기에는 흑백 혼혈 미인이 한 명 있는데, 그녀는 자주 우리와 같이 집으로 왔다.

필모어가 유일하게 섭섭해 하는 것은 술을 좋아하는 프랑스 여자가 없다는 점이었다. 프랑스 여자들은 그를 만족시키기에는 모두 역부족이었다. 필모어는 여자를 작업실에 데리고 와서 한판 벌이기 전에 여자와 진탕 마시기를 좋아했다. 또 여자에게 자기가 예술가라고 믿게 하기를 좋아했다. 그에게 작업실을 빌려준 남자는 화가이므로, 여자들에게 예술가라는 인상을 주기란 그리 어려운 일이 아니었다. 벽장에서 꺼내온 그림들을 죽 늘어놓고, 미완성인 작품 하나를 눈에 띄도록 이젤에 세워 놓으면 된다.

그런데 공교롭게도 그 작품들은 모두 초현실파 그림이었기 때문에 작품들이 주는 인상은 별로 명확하지 않았다. 그림에 관한 한 창녀도 문지기도 장관도 모두 취미상으로는 큰 차이가 없는 모양이다. 마크 스위프트가 내 초상을 제작하기 위해 규칙적으로 찾아오게 되자, 이것이 필모어에게 큰 도움이 되었다. 필모어는 스위프트를 매우 높이 평가하고 있었다. 그는 보기 드문 천재라는 것이다. 그가 다루는 것은 죄다 난폭한 면이 있었다. 그러나 인물이건 정물이건 스위프트가 그린 것은, 그것이 무엇인지 분명하게 알 수 있었다.

스위프트의 요구로 나는 턱수염을 길렀다. 그의 말에 따르면, 내 얼굴에는 턱수염이 반드시 있어야 한다는 것이었다. 나는 에펠탑을 배경으로 창가에 앉아 있어야 했다. 왜냐하면 그가 그림 배경에 반드시 에펠탑을 넣으려 했기 때문이다. 그 무렵에는 크뤼거도 종종 들르곤 했다. 그는 스위프트가 그림에 대해 아무것도 모른다고 주장했다. 균형이 잡혀 있지 않은 것을 보면 그는 몹시 화를 냈다. 크뤼거는 자연 법칙과 암묵적인 의미를 믿고 있었던 것이다. 스위프트는 자연 같은 것에 대해서는 콧방귀도 뀌지 않고, 오직 자기 머릿속에 있는 것을 그리고자 했다. 어쨌든 지금은 스위프트가 그린 내 초상화가 이젤에 걸려 있다. 균형은 엉망이지만, 그것이 인간 얼굴이고 수염을 기른 사람이라는 것은 장관이라도 알 수 있을 것이다. 사실 문지기 여자 등은 이 그림에 큰 흥미를 보였다. 실물과 너무 닮았다고 생각한 것이다. 그리고 배경에 에펠탑을 넣은 착상도 마음에 드는 듯했다.

이리하여 나는 한 달쯤 거기서 편히 지낼 수 있었다. 근처 분위기도 내 마음에 꼭 들었다. 특히 곳곳에 넘쳐 흐르고 있는 꼴사나움, 슬픔이 절절하게 느껴지는 밤이 마음에 들었다. 해질녘이면 참을 수 없을 정도로 마음이 끌리는 조용하고 옹색한 이곳은, 어둠이 서서히 깔릴 때가 가장 음울하고 을씨년스러운 분위기를 띤다. 군대 막사를 둘러싼 높은 담이 있는데, 언제나 그 그늘에서 남녀 쌍쌍이 격렬하게 포옹한다—비가 내리는 날에도. 어두컴컴한 가로등 밑에서, 막사 담장에 기대어 두 연인이 꼭 부둥켜안고 있는 모습은 그야말로 처절했다. 마치 아슬아슬한 한계까지 쉴 틈 없이 쫓기는 것 같았다. 담 안에서 벌어지는 일도 내 마음을 무겁게 만들었다.

비가 오는 날이면 나는 창가에 서서, 눈앞에서 벌어지는 정경을 내다본다. 그것은 마치 어느 다른 별에서 일어나는 일처럼 여겨졌다. 나는 뭐가 뭔지 알 수 없었다. 모든 것이 시간표에 따라 이루어지고 있는 듯했으나, 아마도 그 시간표는 틀림없이 미치광이가 만든 것이리라. 인간이 진흙 속에서 뛰어다니고 있었다. 나팔이 울리고 말이 돌격했다. 이 모든 것이 사방을 둘러싼 담장 안에서 이루어지고 있다. 모의전이었다. 많은 병정들은 사람을 죽이는 방법이라거나 구두를 닦는 일, 말을 빗질해 주는 방법을 배우는 일에 조금도 흥미를 느끼지 않는 것 같았다. 모든 일이 그야말로 우습기 그지없지만, 그래도 이것은 계획된 일의 일부일 뿐이다. 그들은 아무 일도 하지 않을 때에 더욱 익살스럽게 보였다. 몸을 벅벅 긁고, 주머니에 두 손을 찔러 넣고 어정어정 걷는다. 하늘을 쳐다본다. 장교가 지나가면 얼른 발뒤축을 모으고 경례한다. 그곳은 정신병원 같았다. 말들까지도 천치로 보였다. 때로는 대포를 끌어내어 대열을 이루고 거리를 행진한다. 그러면 구경꾼들은 멍하니 입을 벌리고 씩씩한 군대에 찬사를 보낸다. 하지만 내 눈에는 늘 퇴각하는 군대로

만 보였다. 왠지 모르게 초라하고 더러우며 맥이 없어 보였다. 군복도 몸에 비해 헐렁하고, 두드러지던 개개인의 민첩성도 행진할 때만은 찾아볼 수 없었다.

그러나 햇빛이 나면 모습이 돌변한다. 그들의 눈에는 희망의 빛이 감돌고 걸음걸이가 씩씩해지며 어느 정도 열의가 보인다. 온갖 것이 윤기 있는 색채를 띠고 프랑스 사람 특유의 수다가 터져나온다. 그들은 한쪽 구석에 있는 군매점에서 술에 대해 명랑하게 잡담을 나눈다. 장교들은 더욱 인간답게, 프랑스인답게 보인다. 태양이 얼굴을 내밀면 온 파리가 점점 아름답게 보인다. 그리고 차양을 친 술집 앞 인도에 탁자가 마련되고, 술잔에는 갖가지 빛깔의 술이 채워진다. 이리하여 사람들이 정말 인간답게 보이는 것이다. 사실상 인간적이다. 태양이 빛날 때는 가장 인간적인 사람들이다! 가장 지적이고, 가장 게으르며, 가장 속 편한 이들이다! 이러한 사람들을 병영에 집어넣고 억지로 훈련을 시키며 졸병이다, 상사다, 대령이다, 또 무엇이다, 하며 계급을 붙이는 것은 죄악이다.

앞서도 말했듯이 모든 일이 평온무사하게 지나갔다. 때때로 칼이 우리를 위해 일거리를 가지고 찾아왔다. 그가 직접 하기에는 죽어도 싫은 여행 기사를 쓰는 일이다. 한 편 쓰는 데 50프랑밖에 되지 않으나, 나로서는 그 일이 쉬웠다. 지난 신문을 찾아 낡은 기사를 적당히 베끼기만 하면 되었기 때문이다. 그런 기사는 변소에 쭈그리고 앉아 있을 때나 대기실에서 시간을 죽일 때밖에는 읽지 않는다. 요컨대 형용사를 멋지게 구사하기만 하면 되는 것이다. 그 밖에는 날짜와 통계만 주의하면 끝이다. 중요한 기사일 때는 부장이 자기 이름으로 발표한다. 이 사나이는 외국어 하나도 제대로 구사하지 못하지만, 요령을 부리는 재주만은 타고났다. 어떤 구절이 멋지게 묘사되었다고 생각할 때는 그는 이렇게 말하곤 했다. "이 대목은 내가 쓰려고 생각한 그대로 되어 있군. 아주 훌륭해. 자네가 쓰는 책에 이 대목을 인용해도 좋네. 내 허락하지." 그 멋진 구절이라는 것이 사실은 백과사전이나 낡은 여행 안내서에서 베낀 것임은 말할 나위도 없다. 그 가운데 몇 가지는 칼이 자기 책에서 쓰고 있다. 이것은 초현실파만이 할 수 있는 일이다.

어느 날 저녁의 일이었다. 내가 산책에서 돌아와 보니 한 여자가 침대에서 뛰어나왔다. "당신은 작가였군요." 느닷없이 이렇게 말하고는, 자기 인상을 확인하려는 듯이 내 턱수염을 바라보았다. "대단한 턱수염이에요!" 여자가 말했다. "내가 보기에 당신들은 머리가 조금 돈 것 같아요." 필모어는 담요를 손에 들고 그녀를 쫓아다니고 있었다.

"이 여자는 공작부인이야"라고 하면서, 진귀한 캐비아라도 먹은 듯이 입을 다시고 있었다. 두 사람 모두 외출할 차림을 하고 있었다. 침구를 가지고 그들이 무슨 일을 하고 있었는지 나는 상상도 할 수 없었다. 그러나 얼른, 필모어 녀석이 세탁물 꾸러미를 보여주기 위해 이 여자를 침실로 끌어들였을 것이라는 생각이 떠올랐다. 새로운 여자를 발견하기만 하면 녀석은 늘 이런 수법을 썼다. 특히 프랑스 여자인 경우에는. 세탁물 꾸러미 위에는 '서푼 돈도 없고 샤티(야회복 같은 것을 입을 때 진짜 와이셔츠 대용으로 앞만을 진짜처럼 보이게 만든 것) 한 장도 없다'라는 글귀가 수놓여 있다. 그리고 어찌 된 셈인지 필모어는 자기를 찾아오는 여자들에게 그 표어를 설명하지 않고는 못 배기는 일종의 강박관념을 가지고 있었다. 그런데 이 여자는 프랑스인이 아니었다—그가 곧바로 말해 주었다. 그녀는 러시아인이었다—더구나 공작부인인 것이다.

필모어는 새 장난감을 갖게 된 어린애처럼 흥분해 있었다. "그녀는 5개 국어를 할 수 있어!" 틀림없이 그는 이 재능에 푹 빠진 모양이었다.

"아니에요, 4개국어예요!" 그녀는 얼른 바로잡았다.

"그래? 4개국어라도 상관없어…… 아무튼 대단한 여자야." 공작부인은 흥분해 있었다—끊임없이 허벅지를 벅벅 긁거나 코를 비벼댔다. "어째서 이 양반은 이런 시간에 자려고 하는지 모르겠어요." 그녀는 느닷없이 나에게 말했다. "그렇게 함으로써 나를 소유하려는 것일까요? 이 양반은 덩치만 큰 어린애예요. 부끄러워 못 견딜 일을 태연히 하는 거예요. 내가 이 양반을 어느 러시아 음식점에 데려갔더니, 마치 흑인처럼 춤을 추지 뭐예요." 그녀는 궁둥이를 흔들면서 흉내를 내어 보였다. "그리고 마구 떠들어대는 거예요. 쓸데없이 큰 소리로 입에 담지 못할 말을." 그녀는 그림과 책을 훑어보면서 방 안을 왔다갔다 했다. 턱은 계속 꼿꼿이 세우고 있었지만, 그러면서 자꾸 몸을 긁었다. 때때로 군함처럼 몸을 홱 돌리고 기관총 같은 욕설을 퍼부었다. 필모어는 한 손에 술병을, 다른 손에 술잔을 들고 끊임없이 그녀의 꽁무니를 쫓아다녔다. "그러지 마세요. 어쩌자고 그렇게 나만 졸졸 따라다니는 거예요?" 그녀는 소리질렀다.

"이것밖에 마실 것이 없나요? 샴페인 한 병도 살 수 없어요? 나는 샴페인만 마셔요. 나는 신경이 날카로워져 있어요. 흥분해 있다구요!"

필모어가 내 귓전에 몇 마디 속삭였다. "그녀는 배우야…… 영화 스타지. 어떤 남자에게 버림받아 저렇듯 안달을 하고 있는 거야…… 나는 이제부터 그녀를 취하게 만들……."

"그럼, 나는 나가 있겠네……." 내가 말을 꺼내자마자 공작부인은 소리를 질러 이야기를 중단시켰다.

"당신들은 뭘 그렇게 소곤거리는 거죠?" 그녀는 발을 구르면서 외쳤다. "그게 실례라는 것을 모르세요? 그리고 당신만 해도 그래요. 나를 밖으로 데리고 나갈 줄 알았어요. 나는 오늘 밤 취하지 않고는 못 배기겠어요. 아까도 그렇게 말했잖아요?"

"알았어, 알았다니까." 필모어가 대답했다. "곧 나가도록 하지. 여기서 간단히 한 잔 하고."

"당신은 돼지예요!" 그녀가 큰 소리로 외쳤다. "그래도 역시 좋은 사람이에요. 다만 시끄러울 뿐이죠." 그녀는 나를 돌아보았다. "믿어도 될까요, 이 양반이 이상한 행동을 하지 않으리란 것을? 나는 오늘 밤 취해야만 해요. 하지만 이 양반에게 수치스런 일을 당하고 싶지는 않아요. 나는 나중에 다시 이리로 돌아올지도 몰라요. 당신과 이야기를 나누고 싶어요. 당신이 이 양반보다 똑똑할 것 같으니까요."

둘이 나갈 때 공작부인은 나에게 정중하게 악수를 청하면서, 가까운 시일 내에 저녁식사를 하러 오겠다는 약속을 했다―"술에 취하지 않았을 때 말이에요." 그녀는 말했다.

"좋소이다!" 내가 말했다. "올 때 또 다른 공작부인을 데리고 오세요―아니면 백작부인이라도 말이죠. 우리는 언제나 토요일에 이불보를 가니까요."

새벽 3시쯤에 필모어는 비틀거리면서 돌아왔다―혼자서. 원양 정기선처럼 흔들리고 장님처럼 등나무 지팡이로 시끄러운 소리를 내면서. 기우뚱거리면서 험한 항로를 지나온 것이다…….

"나는 곧장 잠자리에 들겠어." 필모어는 내 곁을 지나면서 말했다. "자세한 이야기는 내일 하도록 하지." 그는 자기 방으로 들어가 이불을 뒤집어썼다. 그가 으르렁대는 소리가 들렸다―"망할 것! 못된 계집 같으니라고!" 그는 곧바로 다시 나왔다. 모자를 쓰고 금이 간 지팡이를 손에 들고. "어쩐지 그럴 것 같았어. 내 생각이 맞았지. 그녀는 미치광이야!"

필모어는 잠깐 부엌에 들어가 뒤적거리더니 양주 술병을 들고 작업실로 돌아왔다. 나는 자리에서 일어나 그와 술잔을 나누었다.

필모어가 단편적으로 늘어놓은 이야기를 종합한 결과, 사건은 샹젤리제 거리에서 시작된 모양이었다. 그는 집에 돌아오는 길에 한 잔 하기 위해 그곳에 들렀다. 그 시간이면 언제나 그렇듯 독수리들이 테라스에 모여든다. 이 독수리들은 창가에 자리잡고 앉아서 접시를 산더미처럼 쌓아 놓고 있었다. 공작부인이 혼자 술을 즐기고 있을 때 마침 필모어가 그 앞을 지나다가 여자와 눈이 마주쳤다. "나는 취했어요." 그녀는 킬킬 웃으면서 말했다. "여기 앉지 않겠어요?" 그러고는 마치 아주 당연하다는 듯이, 연인인 영화감독 이야기를 늘어놓았다. 즉 그가 어떻게 그녀를 내쳤는지, 그리고 어떻게 그녀가 센 강에 몸을 던졌는지를 이야기했다.

그곳이 어느 다리였는가는 이미 생각이 나지 않고, 강에서 구출되었을 때 주변에 사람들이 잔뜩 모여 있었던 것만이 기억에 남아 있었다. 게다가 어느 다리에서 뛰어내리건 그녀로서는 아무 상관없었다―한데 필모어는 어째서 이런 것을 물었을까? 이에 대해 그녀는 다만 신경질적으로 웃기만 했다. 별안간 그녀는 자리를 뜨고 싶었다―춤을 추고 싶었던 것이다. 필모어가 망설이는 것을 보자 여자는 자기 핸드백에서 1백 프랑짜리 지폐를 꺼냈다. 그런데 곧이어 그 정도 돈으로는 부족하다고 생각한 모양이었다. "당신은 돈을 조금도 갖고 있지 않나요?" 그녀가 말했다. "없어. 주머니는 비었지만, 집에 가면 수표가 있지." 이리하여 필모어는 수표를 가지러 여자와 함께 쏜살같이 집으로 달려왔다. 말할 것도 없이, 그가 이런 수법으로 그녀를 집에 끌어들여 그 '서푼 돈도 없고 샤티 한 장도 없다'는 설명을 하려는 순간, 내가 돌아왔던 것이다.

돌아오는 길에 그들은 가볍게 요기를 하려고 푸아송 도르에 들렀다. 그녀는 식사를 하면서 보드카를 몇 잔 마셨다. 이 부근은 그녀의 구역으로서, 사람들은 모두 그녀의 손에 키스하며 공작부인, 공작부인 하고 불렀다. 그녀는 취하기는 했으나 그래도 체면만은 유지하고 있었다.

"그렇게 궁둥이를 내저으면 안 돼요." 두 사람이 춤을 출 때 그녀는 계속 말을 했다.

여자를 데리고 작업실로 돌아와, 여기서 하룻밤을 함께 보내려는 것이 필모어의 속셈이었다. 그러나 여자는 제법 영리하여 그의 수법에 호락호락 넘어가지 않았다. 이에 그는 여자의 변덕을 이기지 못하고 '축제'는 다음 기회로 미루기로 했다. 한편으로는 또 다른 공작부인을 발견하여 두 여자 모두 데려올 꿍꿍이를 품고 있었다. 따라서 그는 필요하다면 여자를 위해 2, 3백 프랑 정도는 쓸 작정이었다. 매일같이 공작부인을 만날 수는 없기 때문이다.

이번에는 필모어가 먼저 여자를 끌고 다른 가게로 갔다. 그녀의 말대로 이곳에서는 그녀 얼굴이 더욱 알려져 있었으므로, 수표를 현금으로 바꾸는 데 아무 어려움이 없었다. 거기 있는 사람들은 모두 야회복을 입고 있었다. 웨이터의 안내에 따라 식탁으로 가는 동안, 그녀는 앞서보다 더 정중한 인사와 뜨거운 키스를 손에 받았다.

그녀는 춤을 추다 말고 갑자기 눈물을 흘리며 플로어에서 내려왔다. "왜 그래?" 필모어가 물었다. "이번에도 내가 무슨 실수를 했어?" 그러면서 그는 무의식적으로 손을 궁둥이로 가져갔다. 여전히 궁둥이를 너무 흔든 것이 아니었나 확인하듯이. "아니에요." 그녀가 말했다. "당신은 아무 잘못 없어요, 정말이에요. 당신은 좋은 사람이에요." 그녀는 다시 필모어의 손을 잡고 플로어로 나가 부지런히 춤을 추었다. "도대체 무슨 일이야?" 그가 속삭였다. "아무것도 아니에요." 그녀는 같은 말을 되풀이했다.

"어떤 사람을 보았어요, 그것뿐이에요." 그러고는 느닷없이 화를 냈다— "어쩌자고 나를 이토록 취하게 만들었죠? 취하면 내가 반쯤 미친다는 걸 모르세요?"

"수표는 가지고 있겠죠?" 그녀가 말했다. "우리는 여기서 나가야 해요." 그녀는 웨이터를 불러 뭐라 러시아어로 이야기했다. "수표는 틀림없는 것이겠죠?" 웨이터가 사라지자 그녀가 물었다. 그리고 충동적으로 말했다. "아래층 휴대품 보관소에서 기다려요, 나는 어떤 사람에게 전화를 해야 해요."

웨이터에게 거스름돈을 받은 필모어는 느긋하게 계단을 내려가 휴대품 보관소에서 그녀가 오기를 기다렸다. 콧노래도 부르고 휘파람을 불며 왔다갔다 하면서, 앞으로 맛보게 될 진수성찬에 대한 기대로 부풀어 있었다. 5분이 지나고 10분이 지났다. 그래도 조용히 휘파람을 불고 있었다.

20분이 지나도 여전히 공작부인이 모습을 보이지 않자, 그제야 수상하다는 생각이 들었다. 이때 휴대품 보관소 담당자가, 그녀는 벌써 나갔다고 말했다. 필모어는 밖으로 뛰어나갔다. 양복차림의 흑인 한 사람이 서서 히죽히죽 웃고 있었다. 그녀가 어디로 갔는지 아느냐? 흑인이 빙그레 웃으며 대답했다. "쿠폴이라는 말을 들었죠. 그것밖에는 모릅니다."

필모어는 쿠폴의 1층에서 칵테일을 앞에 놓고 있는 그녀를 발견했다. 꿈이라도 꾸는 듯이 멍한 표정을 띠고 있었다. 필모어의 모습을 보자 여자가 미소 지었다. "이건 너무 심하지 않은가?" 그가 말했다. "거짓말을 하고 도망치다니. 내가 싫거든 진작 그렇다고 말하면 되잖아?"

이 말에 여자는 버럭 화를 내며 과장스럽게 한바탕 욕설을 퍼붓더니, 나중에는 우는 소리를 냈다. "나는 미쳤어요." 그녀가 빠른 말로 이야기했다. "당신도 미친 사람이에요. 당신은 나와 자려고 하고, 나는 당신과 자기가 싫고." 그러고는 자기 연인, 아까 무도장에서 보았다는 영화 감독 이야기를 마구 지껄였다. 그녀가 무도장에서 도망친 것도 그런 이유에서였다. 매일 밤 술을 마시고 취하는 것도, 센 강에 몸을 던진 것도 같은 이유 때문이었다. 그녀는 자기가 얼마나 미쳐 있는가를 이런 식으로 설명하다가 별안간 한 가지 생각을 떠올렸다. "브릭탑의 술집으로 가요!" 거기에는 여자가 알고 있는 사람이 있다…… 그 사나이는 언젠가 여자에게 일자리를 약속한 일이 있다. 여자는 그 사나이가 힘이 되어 줄 것이라 믿고 있었다.

"거기는 비싸지 않아?" 필모어는 조심스럽게 물었다.

엄청나게 비싼 곳이다. 그녀는 이 사실을 곧바로 인정했다. "하지만 거기 데려가 준다면 당신 집에 같이 가겠어요. 약속해요." 거기 가면 적어도 5, 6백 프랑은 쓰게 될 것이라고 그녀는 정직하게 말했다. "그렇지만 나도 그 정도 가치는 있는 여자예요! 내가 어떤 여자인지 당신은 몰라요. 파리 전체를 뒤져도 나 같은 여자는 없어요……."

"그건 네 생각일 뿐이야!" 필모어의 양키 기질이 폭발했다. "나한테는 그렇게 보이지 않아. 너한테는 서푼어치 가치도 없어. 영락한 미치광이 암컷일 뿐이야. 솔직히 말하면, 어느 가난한 프랑스 여자에게 50프랑을 주는 편이 나아. 적어도 프랑스 여자라면 뭔가 보답을 해줄 테니까." 필모어가 프랑스 여자를 들먹이자 여자는 분개했다. "그따위 여자 이야기는 내 앞에서 꺼내지 마세요! 프랑스 여자는 질색이에요! 머리는 텅 비고…… 얼굴도 못생긴 데다…… 모든 일을 돈으로만 해결하려 하니까요. 두 번 다시 그런 소리는 하지 마세요!"

그녀는 다시 조용해졌다. 그리고 이번에는 방법을 달리했다. "응, 여보." 콧소리로 말했다. "알몸일 때의 내가 어떤지 모르죠? 아주 멋져요!" 그러면서 두 손으로 자기 유방을 눌렀다.

그러나 필모어에게는 효과가 없었다. "너는 암캐야!" 그는 싸늘하게 내뱉었다. "너에게 2, 3백 프랑쯤 쓰는 것은 문제 없지만, 너는 미치광이야. 세수도 한 적이 없겠지? 네가 숨을 내쉴 때마다 썩은 냄새가 나. 네가 귀족 딸이든 뭐든, 나한테는 아무 상관도 없어…… 툭 튀어나온 네 궁둥이가 러시아적 변형이라도, 나는 조금도 달갑지 않아. 길거리에 나가 그 궁둥이를 흔들며 돈이나 벌도록 해. 너 같은 것은 프랑스 여자보다도 못해. 형편없어, 너 따위한테는 한 푼도 쓰고 싶지 않아. 너는 미국에나 가야 해…… 거기는 너 같은 거머리가 피를 빨아먹기에 딱 좋은 곳이지……

이런 악담에도 그녀는 전혀 화를 내지 않았다. "아무래도 당신은 내가 무서운 모양이로군요."

"무섭다고? 네가 무섭다고?"

"당신은 마치 버릇없는 어린아이 같아요. 예의도 아무것도 모르니까요. 내가 어떤 여자인지 안다면 그런 말은 하지 못할 거예요…… 어째서 착한 아이가 되려 하지 않죠? 오늘 밤 나를 데려가기 싫다면 그래도 좋아요. 나는 내일 5시에서 7시 사이에 롱 푸앵에 있겠어요. 나는 당신이 무척 마음에 들어요."

"무엇하러 일부러 롱 푸앵까지 가겠어? 내일 밤만이 아니라 다른 날에도, 두 번 다시 얼굴도 보고 싶지 않아…… 영원히. 너한테는 이제 신물이 나. 나는 이제부터 귀여운 프랑스 아가씨나 찾으러 가겠어. 너 같은 것은 지옥에나 가 버려!"

여자는 필모어를 바라보면서 쓸쓸히 웃었다. "무슨 말인지 알겠어요. 하지만 기다려 주세요! 나를 품고 잘 때까지 기다려 주세요! 내가 얼마나 멋진 몸을 가지고 있는지 당신은 아직 몰라요. 프랑스 여자는 섹스 기교가 대단할 거라고 생각하죠? ……천만의 말씀이에요. 조금만 기다려 주세요! 곧 내가 당신을 열중하게 만들 테니까요. 나는 당신이 좋아요. 단지 당신이 아직 야만스러운 것뿐이에요. 정말 어린아이 같아요. 말이 좀 많고요……"

"너는 미친 여자야." 필모어가 말했다. "비록 네가 이 지구상에 남은 마지막 여자라 해도 나는 상대하지 않겠어. 집에 가서 세수나 해." 그는 계산도 하지 않고 그 집을 나왔다.

그런데 며칠이 지나자 이 공작부인이 스스로 찾아들어 왔다. 여자는 진짜 공작부인이었다. 그 점을 우리는 꽤 확신할 수 있었다. 그런데 그녀는 임질에 걸려 있었다. 어쨌든 파리에서는 인생이 지루하지 않았다. 필모어는 기관지염에 걸리고, 여자는 앞서 말했듯이 임질에 걸려 있었으며, 나는 치질에 걸렸다. 길 건너에 있는 러시아인 식료품점에서 빈 술병을 여섯 병이나 바꾸었지만 내 목구멍으로는 한 방울도 넘어가지 않았다. 고기도 안 된다, 술도 안 된다, 들새 고기도 안 된다, 여자도 안 된다. 오로지 과일과 파라핀유와 아르니카 추출물과 아드레날린 연고뿐이었다. 술집의 의자에도 앉기가 거북했다. 지금도 나는 공작부인의 얼굴을 바라보면서 파샤(장군)처럼 뻣뻣이 서 있기만 했다. 파샤! 이 말에서 그녀의 이름인 마챠가 생각났다. 나에게는 그 이름이 귀족다워 보이지 않았다. 《산송장》(톨스토이의 소설)이 떠올랐다.

처음에 나는 세 식구가 살면 골치 아픈 일이 벌어지지 않을까 걱정했으나 전혀 그렇지 않았다. 처음 마챠가 식구로 끼어들었을 때, 나는 이 생활도 이제 끝이 났다고 여겼다. 또다시 다른 데서 잘 곳을 찾아야 한다고 생각했다. 그러나 필모어는, 마챠가 자립할 수 있을 때까지만 여기 있게 하겠다고 나에게 곧바로 설명했다. 그녀 같은 여자에게 이런 말이 어떤 의미를 갖는지 나로서는 알 수 없었다. 내가 볼 때 마챠는 지금까지도 어엿하게 혼자 힘으로 헤쳐왔기 때문이다. 그녀는 러시아 혁명에 쫓겨 이곳에 왔다고 한다. 그러나 혁명이 아니라도 다른 일로 쫓겨왔을 것이라고 나는 생각했다. 마챠는 제법 이름난 배우인 듯한 인상을 풍기기는 했으나, 우리는 그녀가 무슨 말을 하건 개의치 않았다. 시간만 낭비하는 셈이기 때문이다.

필모어는 마챠를 재미있어 했다. 그는 아침에 출근하면서 그녀 머리맡에 10프랑, 내 머리맡에 10프랑씩 놓고 나갔다. 밤이면 셋이서 아래층에 있는 러시아 음식점으로 내려갔다. 근처에는 러시아 사람이 많이 살고 있었기 때문에, 마챠는 어느 틈에 외상을 틀 수 있는 상점을 발견했다. 하루 10프랑의 돈은 마챠에게는 턱없이 부족했다. 당장 캐비아가 먹고 싶다느니 샴페인이 마시고 싶다느니 한다. 그리고 연예계에서 직업을 구하기 위해 옷도 새로 맞출 필요가 있었다. 지금은 아무 일도 하지 않고 빈들거리기만 하다 보니 몸에 점점 지방이 붙고 있었다.

오늘 아침에 나는 깜짝 놀랐다. 세수를 하고 나서 그만 실수로 마챠의 수건을 써 버린 것이다. 그녀한테 자기 수건을 제자리에 걸어 놓으라고 당부를 해도 소용이 없었다. 그래서 한바탕 욕을 해주었더니, 그 대답이 걸작이었다.

"어머, 그런 일로 나한테 장님이라고 한다면, 나는 벌써 장님이 되었을 거예요."

그 밖에도 화장실 문제가 있었다. 이것만은 다 같이 사용하는 수밖에 없었다. 나는 아버지 같은 태도로 변기 사용에 대해 주의를 주었다. 그러자 "뭘 그따위 일을 가지고 그러세요?" 하고 대꾸하는 것이었다. "당신이 그렇게 두려워한다면 나는 카페에 가서 일을 보겠어요." 그럴 필요까지는 없다고 내가 달랬다. 다만 다른 사람들처럼 평범하게 조심하기만 하면 된다고 했다. "쳇, 그렇다면 앉지 않겠어요…… 서서 일을 보겠어요."

이 여자는 무슨 일이든 정상이 아니었다. 우선 달거리를 핑계 삼아 해야할 일을 하려 들지 않았다. 그것이 여드레나 계속되었다. 우리는 마챠가 거짓말을 한다고 생각했다. 그러나 그렇지 않았다. 거짓말이 아니었다. 어느 날 내가 집 안을 정리하고 있으려니, 침대 밑에서 탈지면 뭉치가 나왔다. 피가 묻어 거뭇거뭇했다. 이 여자는 무엇이건 침대 밑에 쑤셔 넣어두는 것이다. 귤 껍질, 탈지면, 코르크 병마개, 빈 병, 가위, 사용한 콘돔, 책, 베개…… 그리고 잘 때 말고는 침대를 정리하지도 않았다.

대개는 이불 위에서 뒹굴면서 러시아 신문을 읽었다. "이것 보세요." 마챠가 나한테 말한다. "이 신문이 없다면 나는 절대로 침대에서 일어나지 않을 거예요. 틀림없어요." 그것은 사실이었다. 러시아어 신문 말고는 아무것도 없는 것이다. 휴지 한 조각도 없다—러시아어 신문뿐이다. 그것으로 밑을 닦는 것이다.

어쨌든 마챠는 특이한 체질을 가지고 있다. 달거리가 끝난 뒤에도 적당히 늘어져 있기 때문에 옆구리에 살이 붙는데도 일을 하려 하지 않는다. 여자밖에 좋아하지 않는 체하고 있었다. 남자를 상대하려면 먼저 적절한 자극을 받아야만 하는 것이다. 수간을 하는 매음굴에 데려다 달라고 우리에게 조르기까지 한다. 레다와 백조(그리스 신화에 나오는 스파르타 왕비. 백조로 변한 제우스에게 속아 그와 사랑을 나눈다)라면 더욱 좋겠다고 했다. 백조가 날개를 펴면 그녀는 이상하게 흥분한다는 것이었다.

어느 날 밤 우리는 마챠를 시험해 보기 위해 그녀가 원하는 매음굴에 데려갔다. 그런데 마담에게 이야기도 꺼내기 전에 옆 탁자에 있던 영국인 주정뱅이가 우리에게 말을 걸어왔다. 이 사나이는 이미 두 번이나 2층에 올라가 재미를 보았으면서도 다시 일을 치르려고 했다. 그러면서 주머니에 20프랑밖에 가지고 있지 않고 프랑스어는 한 마디도 하지 못하니, 자기가 점찍은 여자와 흥정하는 일을 도와 달라고 우리에게 부탁했다. 그가 원하는 여자는 흑인이었다. 마르티니크 섬에서 온 정력적인 창녀로 표범처럼 아름다운 여자였다. 마음씨도 착할 것 같았다. 필모어는 영국인이 가진 돈으로 일을 성사시키기 위해, 영국인과의 일이 끝난 바로 뒤에 자기가 그녀와 자겠다는 약속까지 해야 했다.

자초지종을 바라보고 있던 공작부인은 그만 참을 수가 없었다. 모욕을 당했다고 느낀 것이다. 필모어가 말했다. "하지만 자극이 필요하다고 했잖아? ―내가 여자와 하는 걸 보면 되지 않겠어?" 그런 것은 보고 싶지 않다, 차라리 수오리를 보고 있는 편이 낫겠다고 마챠는 말했다. "농담은 그만둬." 필모어가 말했다. "나는 언제나 수오리만큼 일을 잘 치르지. 아니, 그보다 더 멋질지도 몰라." 그러나 마챠는 끝까지 말을 듣지 않았다. 결국 필모어는 그녀를 달래기 위해 여자 하나를 더 불러 그녀와 농탕을 치게 할 수밖에 없었다. 이것으로 겨우 소동은 가라앉았다…… 필모어가 흑인 여자와 돌아왔을 때, 그녀의 눈은 마치 타 버린 재 같았다. 흑인 여자를 바라보는 필모어의 눈길로 보아, 나는 흑인 여자가 어떤 이상한 짓을 한 게 틀림없다고 생각했다. 덕분에 나까지 욕망을 느꼈다.

필모어는 이러한 내 기분을 눈치챈 것이 분명하다. 밤새도록 가만히 앉아서 보기만 한다는 것은 고문이나 마찬가지라는 것을 알았던 모양이다. 그는 주머니에서 1백 프랑짜리 지폐를 꺼내 내 앞으로 던지면서 말했다. "우리들 가운데 가장 그것이 필요한 사람은 자네인 것 같군. 자, 이것을 가져. 그리고 원하는 여자를 마음대로 고르게." 왜 그런지 나는 필모어의 이러한 태도가 지금까지 받았던 어떤 호의보다도 친밀하게 느껴졌다. 나는 고맙게 그 돈을 받아 들고, 얼른 흑인 여자에게 나하고 다시 한번 자자는 손짓을 했다. 그러자 공작부인이 길길이 날뛰었다. 여기에는 그 흑인 여자 말고 당신들을 만족시킬 여자가 하나도 없는지 분명히 말해보라는 것이었다. 나는 서슴없이 그렇다고 대답했다. 사실이 그러했다—이 흑인 여자는 하렘의 여왕이었다. 이 여자를 보기만 해도 흥분된다. 그녀의 눈동자는 정액 속에서 헤엄치는 것 같았다. 그녀에게 쏟아지는 온갖 요구에 취해 있었다. 그녀는 이미 똑바로 걸을 수도 없는 것 같았다—적어도 나에게는 그렇게 보였다. 그녀를 따라 가파른 계단을 올라가면서, 나는 여자의 다리 사이로 손을 들이밀고 싶은 유혹에 저항할 수 없었다. 이런 짓을 하면서 계단을 올라가자, 그녀는 즐거운 듯이 미소를 띠고 돌아보며 간지럽다는 듯이 엉덩이를 비틀어 보였다. 즐거운 하룻밤이었다. 모두가 즐거운 하룻밤이었다. 모두가 다 즐거워 보였다. 마챠까지도 기분이 좋은 듯했다.

이튿날 밤, 마챠가 샴페인과 캐비아로 식사를 마치고 또다시 한참 동안 신세 타령을 한 차례 하고 나자, 필모어는 곧 여자에게 덤벼들었다. 그에게도 이제야 고생한 보람이 있는 것처럼 보였다. 이번에는 마챠도 저항하지 않았다. 벌렁 드러누워 한참 동안 그를 안달나게 하고 나서 드디어 일이 벌어질 단계에 이르자, 그녀는 태연한 어투로 임질에 걸렸다고 고백했다. 필모어는 통나무 막대처럼 마챠에게서 굴러떨어졌다. 그가 부엌으로 가서 특수한 경우에 사용하는 검은색 비누를 찾는 소리가 들렸다. 얼마 뒤 필모어는 수건으로 손을 닦으면서 내 곁에 와서 말했다—"세상에, 이럴 수가 있나? 공작부인이라는 여자가 임질에 걸려 있다니!" 그는 크게 충격을 받은 모양이었다. 한편 공작부인은 사과를 깨물면서 러시아 신문을 갖다 달라고 했다. 그녀에게 임질 따위는 아무것도 아니었다.

"세상에는 이런 것보다 더 심한 것도 있어요." 마챠는 저쪽의 자기 침대에 누운 채 열려 있는 문틈으로 우리에게 말했다. 그제야 필모어도 그것이 농담이라는 것을 알고, 양주 술병을 따면서 나하고 이야기를 나누었다.

이 정도 일로는 단념하지 않겠다고 필모어는 말했다. 물론 조심은 해야겠지만…… 전에도 임질에 걸린 적이 있었지…… 르아브르에서였어. 어째서 그렇게 됐는지는 이제 기억나지 않지만. 술에 취하면 그는 종종 깨끗이 씻는 것을 잊곤 하는 모양이다. 임질은 그다지 두려워할 것이 못 되지만, 나중에 어떻게 악화될지 모른다. 전립선 마사지만은 질색이라고 필모어는 말했다. 뒷맛이 개운치 않다는 것이었다. 그가 처음 임질에 걸린 것은 대학생 때였다고 한다. 여자한테 옮았는지 그가 옮겼는지는 알 수 없다.

대학에서는 엉터리 같은 말이 나돌기 때문에 남의 이야기는 믿을 것이 못 된다. 너무나도 무지한 것이다…… 교수들조차도 무지했다. 어떤 교수는 스스로 고환을 떼어 버렸다는 소문까지 났을 정도다…….

어쨌든 필모어는 다음날 밤 콘돔을 써서 모험을 해보자고 결심했다. 콘돔이 찢어지지만 않는다면 큰 위험은 없다. 그는 길이가 다른 것을 종류별로 사 놓고 있었다―이것이라면 절대로 안전하다고 나에게 장담했다. 그러나 이것 역시 잘 되지 않았다. 마챠에게는 지나치게 컸던 것이다. "제기랄, 나는 전혀 비정상적으로 크지 않은데 말이야." 필모어가 투덜거렸다. "나는 아무래도 받아들일 수 없어. 아무튼 어떤 녀석이 일을 치렀으니 임질에 걸린 게 아니겠어?"

그 뒤에도 여러 가지 방법을 강구해 보았으나 모두 실패했다. 결국 필모어는 단념하고 말았다. 그래서 지금은 남매처럼 자면서 근친상간을 꿈꾸고 있는 것이다. 마챠는 예의 사색적인 태도로 말했다. "러시아에서는 남자가 손가락 하나 건드리지 않고 여자와 자는 경우가 많아요. 몇 주일이 지나도 그 일에 대해서는 전혀 생각하지 않아요. 하지만 결국 마지막에 가서는 어쩔 수 없죠! 일단 남자가 여자를 건드리고 나면…… 그 뒤에는 고통의 연속이에요!"

이제는 온갖 노력을 다 기울여 마챠의 물건을 바로잡아야 한다는 결론이 내려졌다. 필모어는 그녀의 임질을 고쳐 주면 작은 것이 크게 벌려지지 않을까 생각했다. 아주 이상한 생각이었다. 그는 세척 주머니, 과망간산염 한 자루, 회전세척기 및 그 밖에도 온갖 것을 사들였다. 모두 알리그르 광장 근처에 사는 수상쩍은 헝가리 의사가 시키는 대로 산 것들이었다. 필모어의 상사가 16세 된 어린 여자를 한 번 건드린 일이 있는데, 아마도 그 여자가 상사를 헝가리 의사에게 소개한 듯하다. 그 뒤 상사는 연성하감에 걸렸다. 그래서 또다시 헝가리 의사의 병원 문을 두드리게 되었다. 파리에서는 이런 식으로 절친한 친구를 사귀게 된다—말하자면 비뇨기과적인 우정이다.

어쨌든 우리의 엄중한 감시 아래 마챠는 치료를 시작했다. 그런데 하루는 난처한 일이 생겼다. 그녀가 좌약을 삽입했는데, 거기에 달려 있는 실을 도저히 찾을 수 없었던 것이다. "큰일났어요!" 그녀는 아우성을 쳤다. "그 실이 어디 갔는지 모르겠어요. 도와주세요! 실이 없어졌어요."

"침대 밑을 찾아봤어?" 필모어가 물었다.

겨우 조용해졌는가 싶었는데 그것도 얼마 가지 않았다. "큰일났어요! 다시 피가 나와요. 달거리가 끝났는데 아직 피가 나와요. 분명 당신이 사온 싸구려 샴페인 때문이야. 정말 너무해요. 당신은 나를 출혈과다로 죽일 작정인가요?" 마챠는 잠옷을 걸치고 다리 사이에 수건을 끼우고는 평소와 다름없이 거드름을 피우며 나왔다. "내 인생은 언제나 이렇다니까요." 그녀가 말했다. "나는 신경쇠약에 걸렸어요. 낮에는 마냥 뛰어다니고, 밤이 되면 여전히 술에 취하고 말이에요. 파리에 왔을 때만 해도 나는 순진한 처녀였어요. 비용과 보들레르밖에는 읽지 않았어요. 하지만 그 무렵에는 은행에 스위스 프랑으로 30만이나 있었으니까 마음껏 인생을 즐길 생각이었어요. 러시아에서는 늘 잔소리만 듣고 살아왔거든요. 그리고 그때에는 지금보다 훨씬 더 예뻤기 때문에 남자들이 모두 내 앞에 무릎을 꿇었죠."

마챠는 허리띠 언저리에 늘어져 있는 살을 치켜올렸다. "내가 파리에 왔을 때도 배가 이랬다고 생각하면 곤란해요…… 이렇게 된 것은 내가 매일 마시고 있는 독 때문이에요…… 그 무서운 식전주 때문이에요. 프랑스인들이 정신없이 마시는 그것 말이에요…… 그 무렵 나는 어느 영화 감독과 알게 되었어요. 그는 나에게 자기 영화에 꼭 출연해 달라고 했지요. 아가씨처럼 멋진 여자는 온 세계를 다 찾아다녀도 나타나지 않을 거라면서, 매일같이 자기와 함께 자 달라고 설득하는 거예요. 내가 어리석었죠. 그래서 어느 날 밤, 마침내 그에게 허락하고 말았어요. 나는 위대한 배우가 되고 싶었고, 그가 못된 병을 가지고 있으리라고는 꿈에도 생각지 못했으니까요. 결국 나는 임질에 걸렸어요…… 그러니 이번에는 내가 그에게 병을 옮겨 주고 싶어요. 내가 센 강에 뛰어든 것도 다 그 사람 탓이에요……"

왜 웃는 거예요? 내가 강에 뛰어내린 게 거짓인 줄 아세요? 그렇다면 신문을 보여 주겠어요…… 모든 신문에 내 사진이 났었으니까. 언젠가 러시아 신문을 보여 주겠어요…… 나를 칭찬하는 글도 있다고요…… 하지만 나한테는 무엇보다도 새옷이 꼭 필요해요. 이런 누추한 옷으로는 남자를 사귈 수 없지 않겠어요? 게다가 나는 아직 양장점에 1만 2천 프랑이나 빚을 지고 있어요……."

이어서 마챠는 자기가 받기로 되어 있는 상속 재산에 대해 장황한 설명을 늘어놓았다. 젊은 프랑스 변호사가—그는 아주 옹졸한 사나이 같았으나—그녀의 재산을 찾아 주려고 애쓰고 있다는 것이다. 그리고 가끔 그녀에게 1백 프랑씩 주었다고 한다. "프랑스인은 다 그렇지만 그도 역시 인색한 인간이었어요." 마챠가 말했다. "내가 미인이기 때문에 그는 나한테서 눈을 떼지 못했어요. 늘 매달리곤 했죠. 나는 그가 졸라대는 것이 귀찮아서 어느 날 밤에 좋다고 했어요. 단지 그의 입을 다물게 하고 싶었고, 또 가끔 주는 1백 프랑이 아쉬웠기 때문이었죠." 그녀는 잠시 말을 끊고 카랑카랑하게 웃었다.

"그런데" 마챠는 이야기를 계속했다. "너무나 우스운 일이라서 뭐라 말해야 좋을지 모르겠군요. 그 사람은 혼쭐이 난 거예요. 어느 날 나한테 전화를 걸어, '지금 당장 만나야겠어…… 아주 중대한 일이야'라고 하는 거예요. 그를 만났더니 의사의 진단서를 보여주지 뭐예요…… 임질에 걸렸다는 진단서였어요! 나는 그의 눈앞에서 큰 소리로 웃었어요. 내가 그때 임질에 걸렸는지 아닌지 알 리가 없지 않았겠어요? '당신이 조르기에 허락한 것뿐이에요'라고 대꾸했더니 아무 말도 못 하더군요. 인생이란 그런 거예요…… 무엇이든 의심하려 하면 안 돼요. 그러면 모든 일이 순식간에 엉망이 되고 말아요. 그런데 이 남자는 형편없는 바보였어요. 밉다는 생각도 들지 않는지 여전히 나한테 반해 있었어요. 그러면서 나에게 몸조심을 하라고 애원했어요. 밤새도록 몽파르나스 거리를 헤매면서 술에 취해 사내들과 어울리는 짓만은 하지 말라면서. 자기는 미칠 정도로 나한테 반했다는 말도 하고요. 나와 결혼하고 싶어했지만, 이 일이 가족한테 알려져 그는 결국 인도네시아로 가 버렸어요……."

여기서 그녀는 화제를 바꾸어, 동성애인과의 사건을 태연스럽게 이야기했다. "아주 재미있었어요. 어느 날 밤 그 여자가 나를 길에서 주웠어요. 나는 그 무렵 '페티쉬'에서 매일같이 술에 절어 있었죠. 그 여자는 나를 이 가게 저 가게 끌고 다니면서 밤새도록 식탁 밑으로 나를 애무했어요. 드디어 나도 참을 수 없게 되고 말았죠. 그러자 이 여자는 나를 자기 아파트로 데려가, 2백 프랑을 주면서 나를 빨아 주겠다는 거예요. 나는 그렇게 하라고 했죠. 그리고 여자는 나더러 같이 살자고 했지만, 나는 매일 밤 그런 일을 당하기는 싫었어요…… 그 짓은 사람을 더욱 피곤하게 만들거든요. 게다가 나는 사실 예전만큼 동성애를 좋아하지 않았어요. 역시 남자와 자는 것이 좋아요. 몹시 흥분하면 스스로를 억제할 수 없게 되거든요. 하지만 그렇게 하면 피를 흘려요. 그건 내 건강에 아주 안 좋아요. 나는 빈혈 증세가 있거든요."

추운 계절이 다가오자 공작부인은 자취를 감추었다. 더는 작은 난로 하나만으로 작업실에서 지낼 수 없게 되었다. 침실은 냉장고와 다름이 없었고 부엌도 크게 차이가 없었다. 실제로 따뜻한 곳은 난로 주위의 아주 제한된 부분에 지나지 않았다. 그러자 마챠는 거세한 조각가를 손에 넣었다. 이 사나이에 대해서 그녀는 나가기 전에 미리 말해 주었다. 2, 3일 뒤에 마챠는 다시 우리한테로 오겠다고 했으나 필모어가 허락하지 않았다. 조각가가 밤새도록 키스만 하는 바람에 잠을 잘 수가 없다고 투덜거렸다. 더구나 그녀가 밑물을 할 온수도 없는 것 같았다. 하지만 결국 마챠는 체념했다. "다시는 그 촛대 같은 남자와 같이 자지 않겠어요." 그녀가 말했다. "그 촛대와 같이 있으면…… 신경이 곤두서요. 당신이 요정이 되어 주기만 하면 나는 기꺼이 당신한테 돌아오겠지만 할 수 없죠……."

마챠가 사라지자 우리의 밤은 완전히 달라졌다. 난로 옆에 진을 치고 앉아 뜨거운 계란술을 마시면서 미국에서 살던 시절을 회상했다. 우리의 말투는, 두 번 다시 고국 땅을 밟을 수 없음을 예측하고 있는 것 같았다. 필모어는 뉴욕 지도를 벽에 붙여 놓고 있었다. 우리는 밤새도록 뉴욕과 파리의 죄악론을 피력했다. 그럴 때마다 우리의 토론에는 반드시 휘트먼이 등장했다.

미국이 그 짧은 역사를 통해 배출한 사람 가운데 유일하게 고립된 인물이 바로 휘트먼이다. 휘트먼 속에 모든 미국의 광경, 그 과거와 미래, 탄생과 종말이 모두 부각되고 있다. 그는 미국에서 가치 있는 모든 것을 표현하고 있는 것이다. 휘트먼이야말로 '육체와 영혼의 시인'이었다. 처음이자 마지막 시인이다. 현재로서는 거의 해독 불가능한 소박한 상형문자로 새겨진 기념비가 바로 휘트먼이다. 그 상형문자를 읽을 수 있는 열쇠는 하나도 없다. 지금 그의 이름을 거론하는 것이 이상할 정도이다.

유럽 언어에는 휘트먼 불멸의 것으로 만든 정신을 나타낼 수 있는 말이 없다. 유럽은 예술로 포화상태가 되어 있고, 그 땅은 말라비틀어진 뼈로 가득하며, 박물관은 약탈한 재화로 꽉 차서 터질 듯하다. 그러나 유럽이 아직 한번도 갖지 못한 것은 자유롭고도 건전한 정신, '인간'이라고 부를 수 있는 바로 그것이다. 괴테는 그 일보 직전까지 다가갔다. 그러나 휘트먼과 비교하면, 괴테는 속을 채워 넣은 셔츠일 뿐이다. 괴테는 존경할 만한 시민이고 현학자이며 지루한 남자이자 보편적 정신이었으나, 거기에는 독일의 상표, 즉 쌍두 독수리 각인이 새겨져 있었다. 괴테의 맑고 부드러우며 유유자적한 태도는 독일 부르주아 계급의 졸음에 겨운 치매 상태에 지나지 않는다. 괴테는 무언가의 종말이고 휘트먼은 시작이다.

이런 논의를 한 뒤, 나는 가끔 옷을 입고 산책을 나간다. 스웨터를 입고 그 위에 필모어의 외투를 걸친다. 불쾌하고 음산한 추위다. 그 추위를 견뎌내기 위해서는 강한 의지가 필요하다. 미국은 극단적인 나라라고 불린다. 온도계는 지금까지 본 적도 없는 추위를 기록한다. 그러나 파리의 추위는 미국으로서는 알 수 없는 추위이다. 심리적인 것이기 때문이다.

외면적인 추위인 동시에 내면적인 추위이다. 여기서는 절대로 얼음이 얼지 않지만 녹는 일도 없다. 사람들은 자기 비밀을 높은 울타리와 빗장과 철문과 절규와 독설과 칠칠치 못한 문지기 등으로 방비하듯이, 매서운 추위와 더위로부터 자신을 보호하는 방법을 터득한 것이다. 그들은 자기를 열심히 방어해 왔다. 방어야말로 그들의 표어이다. 방어와 보장. 이것도 그들이 안락에 빠져 썩어가기 위한 것이다. 음산한 겨울밤에는 파리의 위도를 알기 위해 지도를 펼칠 필요가 없다. 그곳은 북방의 도시요, 두개골과 뼈로 메워진 늪 위에 튀어나온 전초기지이다. 한길을 따라 전기에 의한 싸늘한 가짜 열기가 줄지어 있다. 자외선 아래의 투바비앵(Tout Va Bien : 모든 것이 순조롭다)은 뒤퐁 체인 카페의 손님들을 마치 탄저병에 걸린 해부용 시체처럼 보이게 한다. 투바비앵! 이것이야말로 밤새도록 자외선이 쏟아지는 곳에서 왔다갔다 하는 고독한 거지들에게 영양을 공급하는 표어다. 등불이 있는 곳에는 반드시 어느 정도의 열이 있다.

사람들은 독한 술과 김이 모락모락 나는 블랙 커피를 앞에 놓은 살찌고 안전한 녀석을 지켜보면서 온기를 얻는다. 보도 등불이 있는 곳에서는 사람들이 서로 밀치고 당기면서, 그 더러운 속옷과 썩은 내가 나는 입에서 동물적인 온기를 내뿜는다. 아마도 8구역이나 10구역 사이에 화려한 듯한 분위기가 있을 것이다. 그러나 이윽고 암흑 속으로 빠져든다. 마치 수프 냄비 속에서 얼어붙은 기름덩이처럼 기분 나쁘고 고약한 암흑이다. 몇 구역이나 이어져 있는, 톱날처럼 들쭉날쭉한 연립 주택. 창문은 모두 닫혀 있다. 모든 가게마다 문을 닫고 자물쇠를 걸어 놓았다. 한 줄기 따스한 빛도 없이 길게 이어져 있는 돌로 된 감옥이다. 어느 집이나 안에는 개와 고양이와 카나리아가 있다. 진딧물과 빈대까지도 엄중하게 감금되어 있다. 투바비앵. 돈 한 푼 없더라도, 낡은 신문지나 몇 장 깔고 대성당 돌계단 위에서 잠들면 된다. 모든 문이 모두 꼭 닫혀 있어서 틈새로 바람 한 점 드나들지 않는다.

지하철 입구에서 잠자면 더욱 좋다. 거기에 가면 친구도 생긴다. 비 내리는 밤의 그들을 보라. 마치 정다운 사이처럼 꼭 부둥켜안고 잔다—남자도 여자도 아이도 다 같이 섞여서 잔다. 다리가 없어도 걷는 독벌레와 침을 막기 위해 신문지로 가리고 있다. 다리 밑이나 시장 창고에 있는 그들을 보라. 보석처럼 맑게 빛나는 채소류에 비해 그들은 얼마나 더러워 보이는지 모른다. 고깃덩이가 되어 갈고리에 걸려 있는, 도살된 소와 말과 양조차도 그들에 비하면 우리의 관심을 더 끈다. 우리는 그것을 내일 먹게 될지도 모르고, 내장도 어딘가에 쓰일 것이다. 그런데 빗속에서 자고 있는 이 더러운 거지들은 무슨 쓸모가 있는가? 우리에게 무슨 이익이 되는가? 녀석들은 우리를 5분쯤 슬프게 만든다. 단지 그것뿐이다.

아아, 정말이지, 예수가 태어난 지 2천 년이 지난 오늘, 빗속을 걸으면서 떠올린 밤의 사상이 이런 것이라니. 적어도 지금은 새가 오히려 먹이를 충분히 얻고 있다. 개나 고양이도 그렇다. 나는 문지기 여자의 방 창 옆을 지나면서 그녀의 얼음처럼 싸늘한 눈길을 온몸으로 느낄 때마다, 이 세상 새들을 모조리 비틀어 죽이고 싶다는 미칠 듯한 욕망에 사로잡힌다. 아무리 얼어붙은 마음이라도 그 속에 한두 방울의 자비는 있을 것이다—하다 못해 새한테 먹이를 줄 정도의 자비는.

그러나 나는 여전히 관념과 삶 사이에 어떤 차이가 있는지 확실히 밝힐 수 없다. 이 두 가지를 밝은 덮개로 감싸려고 해도 영원히 위치가 맞지 않는 것이다. 아무리 해도 잘 되지 않는다. 관념은 행동과 결부되어야만 한다.

만일에 관념 속에 성(性)도 없고 생명력도 없다면 행동은 존재하지 않는다.

관념은 사고의 진공 상태에서 독자적으로 존재할 수 없는 것이다. 관념은 삶과 결부되어 있다―간장의 관념, 신장의 관념, 조직 사이의 관념 등. 만약에 오로지 관념 때문이었다면, 코페르니쿠스는 오늘날 존재하는 대우주를 때려부술 수밖에 없었을 것이고, 콜럼버스는 조해(藻海, 서인도 제도 북동부 바다를 말함. 해면에 해조류가 많이 떠 있기 때문에 이런 이름이 생겼다.)에서 침몰했을 것이다. 관념의 미학은 꽃 화분을 만들어내고, 사람들은 그 화분을 창가에 놓는다. 그러나 햇빛과 비가 없다면, 화분을 창가에 놓은들 무슨 소용이 있으랴.

필모어의 머리는 황금에 대한 관념으로 가득 차 있었다. 이것을 그는 황금의 '신화'라 불렀다. 나는 '신화'를 좋아하므로, 그 황금에 대한 관념이 마음에 들었다. 그러나 황금의 노예는 아니다. 나는 어째서 우리가 화분을, 더구나 때로는 황금 화분을 만드는지 그 이유를 알 수 없었다. 필모어의 이야기에 따르면, 프랑스는 그들의 황금을 지하 깊숙이, 물이 스며들지 않는 방에 감추어 놓고 있다고 한다. 그리고 이 지하실과 통로 사이를 오가는 작은 기관차가 있다는 것이다. 나는 그 생각이 몹시 마음에 들었다. 깊고 조금도 흐트러지지 않는 정적, 그 정적 속에서 황금이 섭씨 17.4도의 온도로 조용히 쉬고 있다. 한 부대가 46일 37시간을 근무해도 프랑스 은행의 지하실에 있는 황금을 모두 계산할 수 없다고 필모어는 말한다. 이 밖에도 금니, 팔찌, 결혼반지 등을 공급하기 위한 금이 따로 보존되어 있다고 한다. 게다가 80일을 버틸 수 있는 식량이 비축되어 있고, 쌓아 올린 금괴 윗부분에는 호수가 있어 고성능 폭탄에도 견딜 수 있다고 한다. 황금은 점점 더 보이지 않는 것으로 신화화되기 때문에, 앞으로도 소비되는 일은 없을 것이라고 필모어는 말한다. 정말 대단하다! 우리가 관념이나 의복이나 도덕 등에서 금본위제도를 그만둘 때 이 세상이 어떻게 될 것인가? 나는 그것을 생각한다. 연애의 금본위제도!

오늘날에 이르기까지 나 자신과 협력하고 있는 내 관념은 금본위제도로부터 탈피하는 일이었다. 요컨대 내 관념은 관념의 성층권에서, 곧 망상의 발작에서 정서의 부활을 표현하고 인간 행위를 묘사하는 일이었다. 소크라테스 이전의 존재인, 반은 산양(山羊)이고 반은 타이탄인 인간을 묘사하는 일이었다. 다시 말하면 십자가에 못 박힌 추상적인 관념 위에서가 아니라 옴팔로스(아폴론 신전에 안치된 둥근 돌로서, 지구의 중심임을 표시한 것이다.)의 기초 위에 세계를 수립하는 것이었다. 여러분은 여기저기에 장치된 조각, 아무도 손대지 않은 오아시스, 세르반테스가 보지 못한 풍차, 언덕 위를 흐르는 하천, 세로로 대여섯 개의 유방이 달려 있는 여자의 반신상과 맞닥뜨려왔는지도 모른다. (스트린드베리는 고갱에게 보낸 편지에서 이렇게 말했다. "아직까지 식물학자가 발견하지 못한 수목을, 퀴비에(19세기의 프랑스 동물학자)가 상상조차 하지 못했던 동물을, 그리고 당신만이 창조할 수 있었던 인간을 나는 보았다.")

렘브란트는 그의 액면가격이 오르자 금괴와 고기만두와 휴대용 침대를 가지고 지하에 들어갔다. 황금은 지하의 사고(思考)에 속하는 언어이다. 그것은 꿈과 신화를 가지고 있다. 우리는 연금술로 되돌아가고 있다. 팽창하는 신화를 낳은, 그 거짓된 알렉산드리아의 예지로 복귀하고 있다. 참된 예지는 학문의 수전노들이 지하 창고에 숨겨두었다. 그들이 자석을 가지고 허공을 맴돌 시대가 가까워지고 있다. 한 덩어리의 광석을 찾아내기 위해, 우리는 모든 장비를 갖추고 1만 피트나 올라가야만 할 것이다—되도록이면 한대지방에서. 그리고 지구의 내장과 지옥과 정신 감응에 의한 통신을 확립해야 할 것이다. 이제 클론다이크(캐나다 유콘 강에 있는 사금 산지)는 필요치 않다. 산출량을 자랑하는 황금 광맥도 필요없다. 노래와 춤을 조금만 배우면 된다. 황도대(黃道帶)를 읽어내고 내장을 연구하는 것으로 충분하다.

지구의 주머니 속에 숨어 있는 모든 황금을 다시 채굴하기만 하면 된다. 이들 모든 상징을 다시 한번 인간의 내장에서 끄집어내야 한다. 하지만 그러기 위해서는 먼저 도구가 완성되어 있어야 한다. 우선 더욱 우수한 항공기를 발명해야 하고, 어디서 소리가 들려오는지 식별할 필요가 있다. 엉덩이에서 폭발음이 들린다는 이유만으로 기뻐해서는 안 된다. 다음으로, 성층권의 한랭한 부분에 익숙해지고, 하늘에서 냉혈한 물고기가 되어야 한다. 신을 공경하는 마음 따위는 필요치 않다. 경건, 동경, 후회, 히스테리도 쓸모없다. 그리고 무엇보다도—필립 다츠가 말했듯이 "낙담은 절대로 불가!"하다.

이것은 트리니테 광장에서 한 주정뱅이로부터 주입받은 밝은 사상이다. 어느 토요일 오후, 나는 '아직 발화(發火)하지 않은' 책을 가지고 있었다. 모든 사물이 신성한 점액성 액체 속에서 헤엄치고 있었다. 술은 내 입 안에서 약초와 같은 쓴맛을 남기고, 우리의 위대한 서구문명의 찌꺼기는 성자의 발톱처럼 썩고 있었다. 여자들이 우리 곁을 지나갔다—몇십, 몇백의 여자들이—모두 내 눈앞에서 궁둥이를 흔들며 지나갔다. 종이 울리고, 버스가 보도로 올라와 서로 부딪쳤다. 웨이터가 더러운 걸레로 식탁을 훔치고, 손님은 히죽히죽 웃으면서 여종업원을 희롱하고 있었다. 내 얼굴의 몽롱한 표정. 거나하게 취해 예민한 감각이 마비되어, 옆을 스치고 지나가는 여자들의 궁둥이를 물어뜯을 것만 같은 표정이었다. 건너편 종루에서는 한 꼽추가 황금망치로 종을 치고 있었다. 그러자 비둘기들이 깜짝 놀라 비명을 질렀다. 나는 책을 펼쳤다—니체가 '이것이야말로 독일 최고의 책'이라고 평한 책이다—거기에는 이렇게 씌어 있었다.

'인간은 점점 더 영리해져 빈틈이 없어질 것이다. 그러나 좋아지지는 않고 행복해지지 않으며, 행동이 씩씩해지지도 않는다—적어도 몇 세대 동안은 마침내 신이 인간에게서 기쁨을 찾지 못하고, 새로운 천지 창조를 위해 만물을 해방시킬 때가 오리라고 나는 예견한다.

모든 것은 이 목적을 위해 계획되었으며, 이 혁신 시대의 발생을 위한 먼 미래의 시각이 이미 정해져 있다고 나는 확신한다. 하지만 그때가 오려면 오랜 시간이 지나야 할 터이니, 우리는 아직도 몇천 년의 긴 세월에 걸쳐, 이 그리운 옛 땅에서 즐거운 생활을 보내게 될 것이다.'

이 얼마나 멋진가! 적어도 백 년 전에, 이 세상이 날아가 버릴 것이라는 환상을 가진 사나이가 있었던 것이다. 우리의 서구 세계가! 잠깐 동안 비바람을 막아 주는 데 불과한 그들의 감옥 한구석에서 남녀가 안절부절 못하고 서성거리는 것을 보고 있으면, 나는 이 허약한 육체 속에 당당히 잠재해 있는 드라마의 가능성에 소름이 돋는다. 잿빛 벽 안에서는 인간의 불꽃이 타고 있지만, 그것은 결코 큰 불이 되지 못한다. 이들 남녀나 망령, 인형의 망령은 어떤 눈에 보이지 않는 실에 뒤엉켜 있는가 하고 나는 자문한다. 그들은 얼핏 보기에 자유롭게 행동하고 있다. 그러나 그들이 갈 곳은 아무 데도 없다. 단 하나의 왕국 안에서만 그들은 자유롭고, 그 속에서만 뜻대로 움직인다—그러나 아직 날아오르는 방법을 모르고 있다. 지금으로서는 날아오르는 꿈도 꾸지 못하고 있는 것이다. 단 한 사람도 이 땅 위로 날아오를 만큼 가볍고 쾌활하게 태어나지 못한 것이다. 한때는 강력한 날개를 퍼덕이던 독수리도 힘없이 지상으로 추락하고 말았다. 그들은 그 날갯짓과 신음으로 우리를 현혹했다. 그대 미래의 독수리여, 이 땅에 머물러라! 천계(天界)는 이미 탐험이 끝났고, 거기에는 아무것도 없었다. 지하에 누워 있는 것 또한 공허와, 사람 뼈와 망령뿐이다. 이 땅 위에 머물면서 다시 몇천 년을 헤매거라!

지금은 새벽 3시다. 우리 방에는 닳고 닳은 두 여자가 마룻바닥에서 공중제비를 하고 있다. 필모어는 벌거벗은 채 술잔을 들고 왔다갔다 하고 있었다. 그의 배는 북처럼 팽팽하고 불룩했다. 오후 3시부터 마신 페르노 술, 샴페인, 코냑, 앙주 등이 뒤섞여 그의 뱃속에서 하수도처럼 부글부글 소리를 내고 있었다. 여자들은 오르골 연주라도 듣듯이 그의 배에 귀를 가져갔다. 단추걸이로 녀석의 입을 벌리고 동전이라도 던져 넣어라. 하수도가 부글부글 소리를 내면, 내 귀에는 박쥐가 날아가는 소리가 들리고, 꿈이 인위적인 기교 속으로 미끄러져 들어간다.

여자들이 벌거벗었다. 우리는 여자들의 궁둥이를 찌르는 것이 없도록 마룻바닥을 살피고 다녔다. 여자들은 아직 하이힐을 신고 있었다. 한데 궁둥이가 문제다! 궁둥이에는 긁힌 상처가 있었으며, 사포로 문질러 반질반질해져 있었다. 당구공이나 문둥병 환자의 머리처럼 딱딱하며 반짝반짝 빛났다. 벽에는 모나의 초상화가 걸려 있었다. 그녀는 녹색 잉크로 쓰인 크라코우(폴란드의 남부 도시)와 나란히 북동쪽을 향하고 있었다. 왼쪽에 빨간 연필로 동그라미를 친 도르도뉴(프랑스 중부의 도(道))의 지도가 있다. 느닷없이 내 눈앞에, 반들반들하게 닦인 당구공 속에 털이 잔뜩 난 시커먼 균열이 나타났다. 두 다리가 가위처럼 나를 끼우고 있다. 그 시커멓고 봉합되지 않은 상처를 보자, 내 머릿속의 깊은 도랑이 빼끔 입을 벌렸다. 지금까지 애를 쓰며, 또는 생각 없이 멍하게 수집하고 분류하고 기록하고 정리하여 봉해 두었던 모든 심상과 기억이, 보도의 틈새기에서 기어나오는 개미떼처럼 어수선하게 튀어나왔다. 세계가 회전을 멈추고 시간이 정지했다. 내 꿈을 묶어 놓은 띠가 마구 잘려 나가고, 내장이 조발성치매(정신분열증)처럼 무섭게 튀어나왔다. 나를 절대자와 대결하게 하는 배설이다.

내 눈에는 또다시 아무렇게나 팔다리를 벌리고 뒹구는 피카소의 여자들이 보였다. 그녀들의 유방에는 거미가 수없이 붙어 있고, 그 전설은 미궁 속 깊숙한 곳에 간직되어 있었다. 그리고 더러운 이불 위에 영원히 잠들어 있는 몰리 블룸. 세면실 문 위에 빨간 분필이 세워져 있고, 마돈나는 비애가 섞인 소리를 지르고 있었다. 몹시 날카로운 웃음소리가 터져나왔다. 방에서는 저

작근(咀嚼筋)이 경련을 일으켰다. 그리고 새까맣던 육체가 인광(燐光)을 뿜었다. 거칠고 요란하고 억제할 수 없는 웃음소리. 그 균열마저도 나를 보며 웃고 있었다. 짙은 털 그늘에서 웃고 있는 것이다. 반들반들하게 닦인 당구공 표면을 주름투성이로 만드는 웃음이다. 혈관 속에 덫을 가진 위대한 매춘부, 그리고 사나이의 어머니. 모든 매춘부의 어머니. 짝수의 무덤 속에서 우리를 궁굴리는 거미. 한없이 탐욕스런 녀석. 내 껍질을 벗겨낼 정도의 웃음을 가진 악마! 나는 그 함몰된 분화구를 들여다보았다. 세계는 흔적도 없이 사라져 버리고, 종소리가 들려왔다. 스타니슬라스 궁전의 두 수녀. 그녀들의 옷 속에서 풍기는 썩은 버터 냄새. 비가 온다는 이유로 끝내 인쇄되지 못한 선언서. 정형외과의 목적을 더욱 밀어주기 위해 벌어지는 전쟁. 이름 없는 용사의 무덤을 장식하기 위해 온 세계를 누비는 영국 왕세자. 종루에서 튀어나온 박쥐. 잃어버린 목적. 온갖 아우성. 저주받은 자의 참호에서 라디오를 통해 들려오는 신음. 시커멓고 봉합되지 않은 상처, 그 불결한 마의 소굴, 새카만 군중이 아우성치는 도회의 요람, 관념의 음악이 싸늘한 비겟덩이 속에서 허우적거리는 도회, 숨통이 막힌 유토피아―마술사가 바로 여기서 태어난다. 아름다움과 추함, 빛과 혼돈 사이에서 갈라진 존재, 옆과 아래를 바라볼 때는 악마 그 자체이고, 위를 쳐다볼 때는 거룩한 천사이며, 날개를 가진 달팽이인 마술사.

그 균열을 들여다보면 방정식 기호가 눈에 띈다. 균형이 잡힌 세계, 제로까지 줄어들어 남는 것이 전혀 없는 세계. 반 노든이 위에서 손전등을 휘두른 그 제로가 아니다. 조숙한 나머지 어린 나이에 환멸을 깨달은 사나이의 공허한 간격이 아니라, 아라비아 숫자의 영이고, 수학적 세계가 끝없이 튀어나오는 기호이며, 별을 헤아리는 받침점이다. 빛이 몽상하고, 기계는 공기나 가벼운 팔다리나 그것들을 만들어내는 폭약보다도 가볍다. 그 균열 속에 나는 온몸을 눈 있는 데까지 끼워 넣고 싶다. 그리고 그 미친 듯한 야금학적 눈을 맹렬히 진동시키고 싶다. 눈이 진동하면 내 귀에는 또다시 도스토옙스키의 말이 들린다. 무섭도록 치밀한 관찰, 미치광이 같은 자기성찰, 비참한 가락을 지닌 그 언어가 잇달아 책장에서 굴러떨어지는 소리가 들리는 것이다. 때로는 경쾌하고 재미있는 감동을 주고, 때로는 오르간 곡조처럼 부풀어 올라, 마침내 가슴은 찢어지고 눈이 멀며 나중에는 타는 듯한 광선밖에는 아무엇도 남지 않는다. 눈부신 광채, 그것은 별의 수태 정자(受胎精子)를 싣고 사라진다. 예술 이야기는 대량학살 속에 뿌리를 뻗고 있다.

후벼 파인 매춘부의 음부를 들여다보면, 나는 내 배 밑에 있는 온 세계를 느낀다. 비틀거리며 무너져 내리고 있는 세계, 더는 쓸모없으며 문둥병 환자의 머리처럼 반들거리는 세계. 이 세계에 대해 생각하고 있는 것을 모조리 털어놓을 수 있는 사나이가 있다면, 그에게는 자기가 서 있을 1제곱피트의 땅도 남지 않을 것이다. 사나이가 출현하면 세계는 그에게 덤벼들어 등뼈를 부러뜨린다. 어느 시대에나 지나치게 많은 기둥이 선 채로 썩어가고 있으며, 인간이 번영하기에는 곪아 버린 인간성이 너무 많은 것이다. 상부 구조는 거짓이고, 토대는 부들부들 떠는 거대한 불안이다. 만약 세기(世紀)가 바뀔 때 굶주림으로 인해 필사적인 표정이 눈에 어려 있는 사나이가 나타난다면—새로운 인종을 창조하기 위해 세계를 뒤엎는 사나이가 출현한다면, 그가 세계에 베푸는 사랑은 분노로 변하고, 그는 채찍이 될 것이다. 만일 우리가 폭발하는 시기, 상처가 화끈거리고 신음 눈물 저주를 자아내는 시기를 맞닥뜨리면, 그것이 등을 위로 향한 사나이한테서 비롯된 것임을 알라. 그에게 남아 있는 유일한 방어 수단은 언어이며, 그의 언어는 언제나 거짓말을 하는 세계의 압도적 중량보다도 강력하다. 개성의 기적을 억누르기 위해 겁쟁이들이 발명하는 고문 도구보다도 강력한 것이다. 만일 인간에게 자기 마음속에 있는 모든 것을 번역하여, 진정으로 자기가 경험한 것, 거짓 없는 자신의 진실을 기록할 만한 용기가 있다면, 그때야말로 세계는 산산이 부서질 것이라고 나는 생각한다. 그리고 흔적도 없이 날아가 버려, 어떠한 신이나 우연이나 의지도, 파편을, 원자를, 이 세계를 구성해 온 파괴될 수 없는 원소를 원래대로 긁어모을 수는 없을 것이다.

탐욕스러운 마지막 영혼, 환희의 뜻을 아는 마지막 사나이가 출현한 이래 4백 년 동안, 예술과 사상과 행동에서 끊임없이 인간의 소멸이 거듭되어 왔다. 세계는 방귀에 날아가 버리고, 지금은 맥없는 방귀조차 남아 있지 않다. 필사적이고 굶주린 눈빛을 가진 이 가운데 누가 현재의 정부, 법률, 주의, 이상, 관념, 토템, 터부에 조금이나마 존경을 보낼 수 있으랴. 만일 '균열'이나 '구멍'이라 일컬어지는 것의 수수께끼를 해독하는 일이 무엇을 뜻하는지 알고 있는 이가 있다면, '외설'이란 딱지가 붙은 현상에 대해서 조금이라도

북회귀선 243

신비를 느끼는 이가 있다면, 이 세계는 조각조각 분열되고 말 것이다. 그것은 외설적인 공포이고, 이 정신 나간 문명을 분화구 보듯이 바라보는 무미건조하고 불결한 견해이다. 그것은 창조적 정신과 민족의 어머니가 사타구니에 가지고 있는 허무, 입을 크게 벌린 심연이다.

필사적인 굶주린 정신이 출현하여 모르모트에게 비명을 지르게 하는 것은, 그가 성교의 전류가 흐르는 철사를 놓을 장소를 알고 있기 때문이다. 또한 싸늘하고 딱딱한 껍질 밑에 추잡한 균열, 결코 아물지 않는 상처가 숨어 있다는 것을 알기 때문이다. 그는 전류가 흐르는 철사를 두 다리 사이에 제대로 삽입한다. 그는 배 밑을 때리고 배 속을 휘젓는다. 고무장갑을 낄 필요는 없다. 냉정하고 지적으로 처리할 수 있는 것은 모두 껍질에 있으며, 창조에 열중하는 사나이는 항상 밑으로 숨어들어 벌어진 상처에, 곪아 터진 외설적인 공포 속으로 파고든다. 그는 발전기를 좀더 부드러운 부분에 연결한다. 피와 고름이 스며나오기만 하면 성공이다. 마르고 밀어서 열린 분화구는 외설이다. 그러나 무엇보다도 외설적인 것은 타성이다. 피비린내나는 저주보다도 신을 모독하는 것은 바로 마비이다. 입을 벌린 상처밖에 남아 있지 않다면 두꺼비와 박쥐와 난쟁이밖에 낳지 못하지만, 그래도 기운차게 분출될 것이다.

모든 것은 정점에 달하건 달하지 못하건 1초 안에 집약된다. 대지는 건강하고 유쾌하며 건조한 고지가 아니라, 바다의 세찬 파도처럼 부풀어오르고, 물결치는 벨벳같이 부드러운 몸통을 지니고, 꼴사납게 팔다리를 벌린 여성이다. 그녀는 땀과 고통의 화관(花冠) 밑에서 몸부림친다. 벌거벗고, 성교를 하고, 별들의 제비꽃빛 광선에 감싸인 구름 속에서 뒹군다. 풍만한 가슴에서 하얗게 빛나는 허벅지에 이르기까지, 그녀의 모든 것이 거친 정열 속에서 불탄다. 그녀는 발작적인 격정으로 몸통을 조이는 거대한 아우성을 지르며 사계절과 세월 속에서 꿈틀거린다. 격정은 허공에 매달린 거미줄을 흔든다. 그녀는 활화산같이 타오르며 그 중심축의 궤도 위에서 조용해진다. 때때로 그녀는 암사슴을 닮았다. 덫에 걸려, 요란한 꽹과리 소리와 개 짖는 소리에 심장을 떨며 기다리는 암사슴이다.

사랑, 증오, 절망, 연민, 분노, 혐오—유성(遊星)의 간음 한가운데에 있는 이것들은 도대체 무엇인가? 밤이 타오르는 태양의 황홀감을 무수히 제공할 때 전쟁, 질병, 잔혹, 공포란 도대체 무엇인가? 우리가 잠을 자며 씹는 이 실체 없는 것이 독니의 나선(螺旋)과 성운(星雲)의 기억이 아니라면 도대체 무엇이란 말인가?

그녀, 모나는 쾌감이 절정에 달해 발작을 일으킬 때 늘 나에게 말한다. "당신은 놀라운 사람이에요." 그리고 그녀는 여기서 내가 소멸하도록 내맡겨 두지만—내 다리 밑에 무서운 공허의 낭떠러지를 남기지만, 그러면 내 영혼 깊숙이 숨어 있던 언어가 튀어나와 내 밑에 있는 망령들을 밝게 비추는 것이다. 나는 군중 속에서 길을 잃은 사람이다. 타오르는 불빛은 군중을 현혹하고, 무(無)는 주위에 있는 모든 것을 웃음거리로 전락시킨다. 유황으로 불붙어 내 옆을 지나가는 남녀, 칼슙 제복을 입고 지옥의 문을 여는 문지기들, 목발을 짚고 걷는 명성(名聲)은, 마천루 때문에 작아지고 기계 이빨을 가진 입에 갈가리 씹힌다. 나는 높은 건물 사이를 빠져나가 서늘한 강가를 향해 걸어가면서, 해골의 늑골 사이에서 로켓과 같은 등불이 뿜어져 올라가는 것을 본다. 만일에 내가 정말 모나의 말처럼 위대하고 놀라운 인간이라면, 나의 이 노예와도 같은 백치는 무엇을 뜻하는가? 나는 육체와 정신을 가진 사나이다. 나는 강철 지하실의 보호를 받지 않고 심장을 가지고 있다. 나는 환희의 순간을 몇 번 경험했다. 나는 작열하는 불꽃을 쏘아올리며 노래했다. 적도(赤道)에 대해 노래했다. 빨간 깃털이 달린 그녀의 다리를 노래하고, 시야에서 멀어지는 새를 노래했다. 그러나 아무도 들어주지 않았다. 태평양 너머로 쏜 총알은, 지구가 둥글고 비둘기가 거꾸로 날기 때문에 우주 속으로 떨어져 버렸다.

나는 식탁 건너에서 나를 바라보는 모나의 눈빛이 슬픔으로 바뀌는 것을 보았다. 슬픔은 그녀의 등뼈에 코를 밀어붙이고 녹아들어 깊숙이 퍼져나간다. 연민으로 산란해진 골수는 액체로 바뀌어 버린다. 모나는 사해(死海)에 뜬 시체처럼 가볍다. 그녀의 손끝은 고민 때문에 피를 흘리고, 그 피는 침으로 바뀐다. 축축한 새벽과 함께 조종(弔鐘)이 울린다. 종소리는 끊임없이 내 신경섬유에 전해지고, 종의 혓바닥은 내 심장 속에서 춤을 추며 쇳덩어리 같은 악의를 품고 울려퍼진다. 조종이 이런 식으로 들리는 것도 이상한 일이지만, 그보다 더 이상한 것은 모나의 몸이 부풀어올라 밤으로 변하고, 그녀가 내뱉는 망상의 말이 이불을 물어찢은 일이다. 나는 적도 밑에서 신음하고, 녹색 입을 가진 하이에나의 불쾌한 웃음소리를 들으며, 비단처럼 반드르르한 꼬리를 가진 독수리와 노새와 반점이 있는 표범을 본다. 모두 에덴 동산에 남겨진 것들이다.

이윽고 모나의 슬픔은 초대형 전함의 뱃머리처럼 굵어지고, 그녀의 배수량은 내 귀에 홍수가 되어 흐른다. 역청과 사파이어는 유쾌한 신경의 들판을 가로질러 흐르고, 잔상이 겹치며, 뱃전은 물에 잠긴다. 포대(砲臺)가 사자의 발소리처럼 조용하게 방향을 바꾸는 소리를 듣고, 그것이 구역질을 하면서 침을 흘리는 것을 보았다. 창공이 기울고 별은 모두 검은색으로 변한다. 새카만 바다는 피를 내뿜고, 음침한 별은 새로 부풀어오른 육체의 두꺼운 살점을 낳는다. 머리 위에서는 새가 춤추고, 환각에 빠진 하늘에서는 막자사발과 막자, 안대로 가려진 정의의 눈과 저울이 떨어진다. 여기서 말하는 모든 것은 죽은 안구(眼球)와 평행하게 상상의 발로써 걸어간 것이다. 모든 것은 몽롱한 눈구멍을 통해 본 것들이다. 무(無)에서 무한대의 기호가 생기고, 끝없이 올라가는 나선 밑으로 입을 벌린 구멍이 서서히 가라앉는다. 육지와 물은 수(數)를 결합시키고, 살로 쓴 시는 강철과 화강암보다도 단단하다. 대지는 무한한 밤 속으로 미지의 창조를 목표 삼아 빙글 돌아간다……

오늘 나는 깊은 잠에서 깨어, 입술로는 기쁨의 저주를, 혀로는 뜻을 알 수 없는 저주를 기도처럼 되풀이했다—"페 드 퀴 부들레(Fay de que vouldras)! ……페 드 퀴 부들레!" 하고 싶은 것은 무엇이든지 하라. 그것이 기쁨을 낳는다면. 무엇이든 하라. 그것이 즐거움을 낳는다면. 이렇게 혼자서 중얼거리자, 수많은 사람이 내 머리로 뛰어들었다. 이미지다. 쾌활한 녀석, 무서운 녀석, 정신이 나간 녀석, 이리와 산양, 거미, 게, 날개를 펼친 매독, 언제나 자물쇠를 잠그고 또 언제나 묘지처럼 열리도록 되어 있는 자궁 입구. 육욕, 죄, 신성. 내가 사랑하는 녀석들의 생명, 내가 사랑하는 녀석들의 실패. 녀석들이 남기고 간 말, 녀석들이 끝까지 이야기하지 않은 말. 녀석들의 등 뒤로 질질 끌고간 선, 악, 슬픔, 불일치, 원한, 녀석들이 벌인 투쟁. 그러나 무엇보다도 환희다!

옛 우상들에 관한 여러 가지 일이 내 눈에서 눈물이 흐르게 한다. 방해, 무질서, 폭력, 그 가운데 특히 그들이 불러일으킨 증오. 그들의 기형, 그들이 스스로 택한 기괴한 형태, 그들 작품에 나타난 자만심, 지루함, 그들이 빠져 있는 혼돈과 혼란, 그들이 주위에 마구 쌓아올린 장애물—이러한 것을 생각할 때 나는 흥분을 억누를 수 없다. 그들은 모두 자기가 배설한 똥오줌에 파묻혀 있다. 모두들 너무 치밀하게 만들어진 인간들이다. 사실이다. 무심결에 "지나칠 만큼 정교하게 만들어진 인간을 만나게 해 다오. 그러면 너를 위인과 만나게 해 주겠다"는 말이 튀어나올 정도다. '지나치게 정교하다'는 것이 내가 말하고자 하는 요점이다. 그것은 고통스런 투쟁의 증거다. 몸뚱이의 모든 조직을 동원하여 매달려 있는 고통스러운 투쟁이다. 서로 받아들일 수 없는 정신의 징후와 상황 자체이다. 자신을 완전히 표현하고 있는 사람을 만나도, 나는 그를 위대하게 여기지 않고 매력도 느끼지 않는다고 말할 것이다…… 나는 스스로 만족할 만한 특질을 갖지 못한 것을 안타깝게 생각한다.

예술가가 암암리에 자신을 규정하는 임무는 기존의 가치를 뒤엎는 일이다. 자기 주위의 혼돈을 그의 독자적인 질서로 만드는 일이다. 감정을 내뿜어 죽은 것을 소생시킬 수 있도록 고민의 씨를 뿌리고 그것을 발효시키는 일이다. 그러한 임무를 깊이 생각해 보면, 나는 위대하면서도 불완전한 예술가 쪽으로 기꺼이 달려갈 수 있다. 그들의 혼란이 나에게 영양분을 준다. 그들이 내뱉는 말이 내게는 하늘에서 쏟아지는 묘한 소리로 들린다. 나는 계속 중단되는 페이지 속에서 쓸데없는 것의 침입, 말하자면 비겁자, 거짓말쟁이, 도둑, 야만인, 비방자 등의 더러운 발자취가 말살되는 것을 본다. 서정적으로 부어오른 목구멍 근육 속에서, 인간이 포기한 걸음을 다시 걷기 위해 치르는 것이 분명한 비틀거리는 노력을 보는 것이다. 일상의 번거로움과 방해의 이면에서, 쇠약하고 무기력해진 사람들의 값싸고 눈부신 악의의 이면에 평생토록 고생만 하다가 끝나는 힘의 상징이 존재해 있는 것을 본다. 질서를 창조하는 사람, 의지를 깊이 간직하고 있기에 고민과 불안의 씨앗을 뿌리는 사람—이러한 사람은 틀림없이 몇 번이나 화형이나 교수형을 당할 것이다. 그처럼 숭고한 행위 뒤에는 모든 어리석음의 그늘이 잠재해 있다—그는 단지 숭고할 뿐만이 아니라 엉망진창인 것이다.

일찍이 나는 인간적인 것이야말로 사람이 가질 수 있는 최고의 목표라고 생각했다. 그러나 지금은 그것이 나를 파멸시킨다는 뜻임을 알고 있다. 오늘날 나는 내가 비인간적이라고 자랑스럽게 말할 수 있다. 나는 인간도 정부도 따르지 않고, 신조나 주의 같은 것과는 전혀 관계가 없다. 덜커덩거리는 인간성의 기구(機構)와는 조금도 관계가 없다—나는 대지에 속해 있는 것이다! 베개를 베고 누우면, 관자놀이에 뿔이 돋는 것을 느낀다. 주위로부터 칭찬을 받은 내 조상 모두가 침대를 에워싸고 춤추고 있는 것이 보인다. 나를 위로하고 계란을 던지고, 그 뱀 혓바닥으로 나를 후려치고 비웃으며, 그 교활한 머리로 나에게 추파를 보내고 있다. 나는 비인간적이다! 나는 착란, 환상에 사로잡힌 의기양양한 웃음을 띠고 말한다. 악어 비가 내리더라도 나는 계속 그 말을 할 작정이다. 내 말 뒤편에는 비웃고 추파를 보내며 교활한 머리를 가진 녀석들이 있다. 어떤 것은 먼 옛날에 이미 죽어서 히죽히죽 웃고 있다. 어떤 것은 마치 입벌림장애에 걸린 듯이 이빨을 드러내고 웃고 있다. 어떤 것은 씁쓸한 미소로 비웃고 있다. 영원히 계속되는 것을 이미 경험하고 그 결과를 체험한 비웃음이다. 가장 선명하게 보이는 것은 나에게 이를 드러내고 웃는 나 자신의 두개골이다. 바람이 부는 대로 춤추고 있는 해골, 썩은 혀끝에서 말을 내뱉고 있는 뱀, 배설물로 더러워지고 황홀감으로 부풀어오른 페이지가 보인다.

    나는 내 점액, 배설물, 광기, 황홀경을 육체의 지하실에 흐르는 위대한 순환에 합류시킨다. 초대받지 못하고 환영받지도 못하는 이 모든 취객의 구토물은, 언제나 끊임없이, 민족의 역사를 내포하는 무진장한 혈관으로 흘러들 것이다. 인류와 더불어 또 하나의 종족이 존재한다. 비인간적 인종, 예술가라는 것이다. 그들은 미지의 충격에 고무되어 생명 없는 인간성의 형태를 취하고, 그것이 흡수하는 열과 효모에 의해 이 음습한 덩어리를 빵으로 바꾸고, 빵을 술로 바꾸며, 술을 노래로 바꾼다. 죽은 혼합물과 무기력한 광물 찌꺼기로부터 그들은 악에 물든 노래를 낳는다. 이 특이한 개성적인 인종은 우주를 파헤치고 모든 것을 뒤엎는다. 그 발은 언제나 피와 눈물 속에 담그고 있고, 손으로는 항상 공허하게 피안을 더듬으면서 붙잡을 수 없는 신을 추구한다. 그들은 자신의 급소를 물어뜯는 괴물을 달래기 위해, 닥치는 대로 무엇이든 잘라 버린다. 그들이 영원히 도달할 수 없는 것을 이해하고 파악하고자 머리털을 쥐어뜯을 때, 나는 그들을 이해한다. 그들이 발광한 야수처럼 울부짖고 내달리며 뿔로 찌를 때, 나는 그들이 옳고 그것밖에는 나아갈 길이 없다는 것을 이해한다. 이 종족에 속하는 자는 알 수 없는 말을 내뱉으며 높은 곳에 서서, 자신의 내장을 끄집어내어 보여야 한다. 그것은 전적으로 정당하다. 왜냐하면 그들은 그렇게 해야만 하기 때문이다! 그리고 이 놀라운 광경에 무언가 부족한 것이 있다면—전율, 공포, 광기, 황홀, 오염이 부족하다면, 그것은 예술이 아니다. 그 밖의 것은 모두 가짜이다. 그 밖의 것은 모두 인간적이다. 그 밖의 것은 죄다 생물과 무생물에 속한다.

가령 스타브로긴(도스토옙스키〈악령〉의 주인공)에 대해 생각해 본다. 그러면 나는 어떤 신성한 괴물이 높은 곳에 서서 자신의 내장을 꺼내 우리한테 던져 주는 광경을 떠올린다. 귀신 들린 광기 속에서 대지가 뒤흔들린다. 그것은 가공된 개인에게 닥치는 재앙이 아니라, 인류 대부분이 매몰되고 영원히 말살되는 천재지변이다. 스타브로긴은 도스토옙스키이고, 도스토옙스키는 인간을 마비시키거나 정점으로 끌어올리는 모든 모순의 총체이다. 그에게 지나치게 낮아서 들어가지 못하는 세계란 없고, 너무나 높기 때문에 올라가기 무서운 곳도 없었다. 그는 심연에서 별에 이르는 모든 영역을 거쳐 왔다. 신비의 핵심에 몸을 담그고, 그 불빛으로 어둠의 깊이와 넓이를 확실하게 우리에게 비춰준 인물을 두 번 다시 만날 수 없다는 것은 참으로 유감스럽다.

지금 나는 내 혈통을 알고 있다. 나는 내 천궁도나 가계도(家系圖)와 상의할 필요가 없다. 별이나 내 핏속에 나타나 있는 것에 대해 나는 아무것도 모른다. 알고 있는 것은 내가 종족의 신화 속 조상으로부터 생겨났다는 것뿐이다. 신성한 술병을 입으로 가져가는 사나이, 시장에 꿇어앉은 범죄자, 시체는 모두 악취를 풍긴다는 사실을 알아내고 기뻐하는 티 없는 인간, 번개를 손에 넣고 춤추는 미치광이, 몰래 세상을 들여다보려고 옷자락을 걷어올리는 탁발수사, 세계를 발견하려고 온 도서관을 헤집고 다니는 편집광—이와 같은 모든 것이 내 속에 녹아 있는 것이다. 그 모든 것이 나를 혼란스럽게 하고 의식을 혼탁하게 만든다. 만약 내가 비인간적이라면, 그 까닭은 내 세계가 인간적인 한계를 넘어섰기 때문이다. 또한 인간적인 것이 조리(條理)의 한계에 갇히고 도덕과 규범에 제한되었으며, 부패한 것과 사상에 의해 정의된, 가련하고 통탄스럽고 비참한 것으로 보이기 때문이다. 나는 포도즙을 목구멍으로 부어 넣는다. 그리고 그 속에서 예지를 발견한다. 그러나 나의 지혜는 포도로 인해 생긴 것이 아니다. 나의 광기가 포도주로 말미암은 것은 더더구나 아니다……

나는 굶주림과 추위 때문에 생명을 잃는 저 높고 건조한 산맥을 멀리 둘러서 가고 싶다. 인간도 동물도 식물도 존재하지 않는 절대적인 시간과 공간, '초시간적' 역사라는 것을 말이다. 거기서는 고독 때문에, 그리고 각 나라의 말이 단순한 언어에 지나지 않기 때문에 사람이 미쳐가고, 모든 것이 시대와 맞지 않으며 조정되지 않는다. 나는 남자와 여자의 세계를 원한다. 이야기를 하지 않는 나무들(사실 이 세상에는 말이 너무 많다!)의 세계. 온갖 곳으로 우리를 데리고 가는 강의 세계. 전설의 강이 아니라 다른 남자와 여자들, 건물과 종교와 식물과 동물들과 만나게 해 주는 강—배를 띄우고, 사람이 빠져 죽는 강이다. 전설과 신화와 책과 과거의 티끌 속에서 허우적거리는 것이 아니라, 시간과 공간과 역사에 빠지는 강, 그러한 강을 나는 원한다. 셰익스피어나 단테처럼 큰 바다가 되는 강, 과거의 공허 속에서도 마르지 않는 강을 나는 원한다. 그렇다, 바다를 원한다! 우리는 좀더 많은 바다를 가져야 한다. 과거를 말살하는 새로운 바다를. 새로운 지질, 새로운 지형, 기괴하고도 가공할 대륙을 창조하는 바다를. 파괴하는 동시에 보존하는 바다를. 항해하고 새로운 발견을 꿈꾸며 새 수평선을 향해 나아갈 수 있는 바다를. 더욱 많은 바다를, 더욱 많은 격변, 더욱 많은 전쟁을, 더욱 많은 희생을 가져야 한다. 두 다리 사이에 발전기를 지닌 남녀의 세계를, 순수한 분노의 세계, 정열의 세계, 행동의 세계, 드라마의 세계, 꿈의 세계, 광기의 세계, 쾌감의 절정을 자아내고 메마른 방귀 따위는 뀌지 않는 세계를 가져야 할 것이다. 오늘날이야말로 과거의 어느 때보다도 더욱—비록 그와 같은 위대한 책장이 단 한 쪽밖에 없다고 하더라도—그러한 책이 필요하다고 나는 믿는다. 우리는 단편을, 파편을, 발톱을, 다소나마 광석을 함유하고 있는 것을, 다소나마 육체와 영혼을 부활시킬 수 있는 것을 찾아 나서야 한다.

어쩌면 우리의 운명은 정해져 있어서, 그 누구도 자기 자신에 대해 희망을 가질 수 없을지도 모른다. 그러나 그렇다고 하더라도 마지막 고민을, 피를 얼어붙게 하는 성난 외침을, 반항의 비명을, 투쟁의 절규를 터뜨려야 할 것이 아닌가! 한탄하지 말라! 비가와 만가를 멀리하라! 전기, 역사, 도서관, 박물관을 추방하라! 시체는 죽은 자에게 먹여라! 살아 있는 우리는 분화구 옆에서 춤을 추자. 마지막 죽음의 무도를! 그러나 춤은 춤인 것이다!

"우리는 흘러가는 모든 것을 사랑한다"고 우리 시대의 위대한 맹인인 밀턴이 말했다. 나는 오늘 아침 피비린내나는 환희를 부르짖으며 눈을 떴을 때 그에 대한 것을 생각했다. 밀턴의 강과 나무, 그가 모색한 밤 세계의 모든 것을 생각하고 있었다. 그렇다, 하고 나는 자신에게 말했다. 나 또한 흘러가는 것을 사랑한다. 강, 하수도, 용암, 정액, 피, 쓸개즙, 언어, 문장을. 양수가 복막을 찢고 흐를 때를 사랑한다. 고통스러울 정도로 담석이 쌓인 신장을 사랑한다. 문드러진 곳을 지나 흐르는 소변을 사랑한다. 끝없이 번지는 임질을 사랑한다. 신경질적인 말을 사랑한다. 이질처럼 전파하고, 병든 여러 영혼의 모습을 그려내는 글을 사랑한다. 아마존 강이나 오리노코 강과 같이 큰 강을 사랑한다. 거기서는 모라바진과 같은 미치광이가 지붕 없는 배를 타고 꿈과 전설을 가르며 흘러내려가 막다른 하구에서 익사한다. 나는 흘러가는 모든 것을 사랑한다. 수태하지 못한 정자를 씻어내는 달거리 피조차도 사랑한다. 나는 흐르는 듯한 초서체 글씨를 사랑한다. 비록 그것이 성직자의 것이건 비교(秘敎)의 것이건, 비틀어져 있건 끝없이 변화하건, 한쪽에 치우쳐 있건 말건. 나는 이리저리 떠도는 모든 것을 사랑한다. 시간을 품고 성장하는 것, 결코 끝나지 않는 출발점으로 우리를 되돌리는 것을 사랑한다. 예언자의 부조리. 희열이라는 이름의 외설. 편집증 환자의 예지. 도움도 되지 않는 기도를 되풀이하는 사제. 매춘부의 불결한 언어. 하수도에 흐르는 거품. 유방에서 나오는 젖. 자궁에서 흐르는 씁쓰레한 꿀. 녹고 섞이고 분해되는 온갖 액체. 흐르는 동안에 정화되어 본디의 의미를 잃고 죽음과 소멸을 향해 위대하게 순환하는 똥. 위대한 근친상간의 소망은 흘러간다. 시간과 함께 흐르며 피안의 위대한 상(像)을 현세와 융합시키는 것이다. 그것은 언어 때문에 폐쇄되고 사상 때문에 마비된 어리석고도 자살적인 소망이다.

크리스마스 날 새벽이 밝아올 무렵, 우리는 도데사 거리에서 전기 회사에 다니는 흑인 여자 둘을 데리고 집으로 돌아왔다. 난롯불이 꺼져 있는데다가, 모두들 너무 지쳐 있었기 때문에 옷을 입은 채 그대로 침대에 누웠다. 밤새도록 표범처럼 날뛰던 내 상대자는, 내가 기어오르려 했을 때는 이미 정신없이 곯아떨어져 있었다. 나는 마치 물에 빠진 사람이나 질식한 사람을 타고 앉아 인공호흡을 하듯이 얼마 동안 그녀 위에 올라타고 있다가, 결국은 단념하고 같이 깊은 잠에 빠져들었다.

나는 휴가 내내 아침부터 밤까지 샴페인에 젖어 있었다―제일 싸고 가장 맛이 있다는 샴페인이었다. 나는 해가 바뀌면 디종으로 떠나야 했다. 그 고장에서 영어 교환교수라는 하찮은 직업을 제공해 주었기 때문이다. 자매 공화국끼리의 이해 촉진을 위해 프랑스·미국 친선협정의 일환으로 생긴 자리였다. 필모어는 앞으로의 전망에 대해 나보다도 더 기뻐했다―그로서는 그럴 만한 이유가 있었다. 그러나 내 입장에서 보면, 단지 연옥의 고통이 한곳에서 다른 곳으로 옮아가는 것일 뿐이었다. 내 앞에 미래 따위는 있지 않았고, 그 직책에는 급료조차 없다. 프랑스·미국 친선의 복음을 전파하는 특권을 누리는 것만으로도 분에 넘치는 행운인 셈이었다. 그러니까 이것은 부잣집 아들이나 하는 일이었다.

출발 전날 밤 우리는 아주 유쾌하게 지냈다. 새벽 무렵 눈이 내렸다. 파리에서의 마지막 추억을 만들기 위해, 우리는 이 거리 저 거리를 걸었다. 생도미니크 거리를 벗어나자 느닷없이 작은 광장과 생클로틸드 교회가 나왔다. 사람들이 미사를 올리러 가고 있었다. 필모어는 아직도 머릿속이 부연 상태였기 때문에, 자기도 미사에 가겠다고 했다.

"놀리러 가는 거야!" 그가 말했다. 나는 왠지 모르게 불안했다.

첫째로, 나는 아직 한 번도 미사에 참석한 일이 없었다. 둘째로 옷이 초라하고 마음도 내키지 않았다. 필모어 역시 차림새가 말이 아니었다. 나보다 더 지독했다. 차양이 구깃구깃하게 접힌 헐렁한 모자를 뒤로 젖혀 쓰고, 외투에는 마지막으로 들렀던 술집의 톱밥을 아직까지 잔뜩 묻히고 있었다. 그래도 우리는 서슴없이 교회로 갔다. 기껏해야 쫓겨나기밖에 더하겠는가.

나는 눈앞에 벌어진 광경에 멍하니 숨을 죽이고, 나도 모르게 불안을 잊었다. 잠시 뒤 겨우 어스름한 빛에 눈이 익숙해졌다. 나는 필모어 뒤에서 그의 옷소매를 붙잡고 비틀거리면서 걸었다. 음산한, 이 세상의 것으로 생각되지 않는 불길한 소리가 내 귓전을 때렸다. 얼빠진 듯한, 길게 꼬리를 끄는 소리가 싸늘한 돌바닥에서 솟아나는 것이었다. 이곳은 마치 발을 끌면서 드나드는 조문객들로 가득 찬 거대하고도 음울한 묘지 같았다. 말하자면 저승의 대기실인 것이다. 화씨 55도나 60도 정도의 기온이었다. 지하에서 들려오는 그 분명치 않은 상엿소리 말고는 아무 음악도 없었다―몇천 개나 되는 양배추가 어둠 속에서 애도하며 흐느껴 우는 것과 흡사했다. 흰 수의를 입은 사람들이, 도취 상태에서 두 손을 내밀고 뜻모를 말을 내뱉으며 구걸하는 거지처럼 절망하고 상심한 표정으로 생각에 잠겨 있었다.

이런 것이 세상에 존재한다는 사실은 알고 있었다. 그러나 이와 동시에 도살장과 시체 공개장과 해부실이 있다는 것도 누구나 다 알고 있다. 인간은 본능적으로 그러한 곳을 피한다. 나는 길거리에서 손에 작은 기도서를 들고 열심히 기도문을 외는 신부와 곧잘 마주쳤다. "바보 같은 녀석." 나는 언제나 그를 비웃으며 혼자 중얼거렸다. 거리에서는 다양한 미치광이들을 만나곤 하지만, 신부만큼 웃긴 것이 없다. 우리는 그런 것을 2천 년 동안이나 보아 왔기 때문에, 그 어리석음에 대해 완전히 무감각해진 것이다. 그런데 느닷없이 그 신부의 영역 한가운데로 들어가, 신부가 자명종 역할을 하는 작은 세계를 바라보자, 전과는 전혀 다른 느낌을 갖게 되었다.

순간적으로 이 모든 어리석은 행동과 입가의 경련이 의미를 갖기 시작하는 듯했다. 무슨 일이 벌어지고 있는 것이다. 어떤 무언극이. 그것이 나를 완전히 망연자실하게 만들지는 않았다. 하지만 나에게 주문을 걸어 옭아매고 말았다. 이와 같이 어두컴컴한 묘지에서는, 세계 어디를 막론하고 이런 믿기 어려운 광경이 벌어지는 것이다―여기와 비슷한 온도와 몽롱한 불빛, 이와 유사한 중얼거림과 길게 꼬리를 끄는 목소리가 있는 것이다. 어디를 가

건 그리스도 교단에서는 약속된 일정한 시각에 검은 옷을 입은 사람들이 제단 앞으로 기어간다. 거기는 신부가 한 손에 작은 책을, 다른 손에는 자그마한 종 또는 분무기를 들고 사람들을 향해—비록 이해할 수 있다고 해도 이미 아무런 의미도 갖지 못하는 언어로—뭐라 중얼거린다. 대개는 그들을 축복하는 것이다. 나라를 축복하고, 군주를 축복하고, 무기와 군함과 탄약과 수류탄을 축복한다. 하느님을 섬기는 천사와도 같은 복장을 한 소년들이 제단의 신부를 둘러싸고 알토와 소프라노로 노래한다. 철없는 양들이다. 대부분은 평발이고, 장화에 대해 근시안적인 눈을 가진 신부들처럼 모두 치마를 입었으며, 중성이다. 그야말로 남녀의 경계가 없는 중성적인 목소리다. J. 단조 음계에 맞춘 운동선수의 성교다.

 희미한 불빛 속에서, 나는 갖은 노력을 다해 이만큼 파악했다. 황홀해지는 동시에 지각이 마비되어 가고 있었다. 문명사회 곳곳에서—하고 나는 마음으로 생각했다—세계 어느 곳에서나 말이다. 그야말로 기적과 같다. 비가 내리건 날씨가 좋건, 우박이 떨어지건 눈이 오건, 우뢰, 번개, 전쟁, 기근, 전염병—그 어떤 경우에도 전혀 변함이 없는 것이다.

 언제나 비슷한 정도의 온도, 마찬가지로 뜻을 알 수 없는 중얼거림, 똑같이 레이스 장식이 달린 신발, 소프라노와 알토로 노래하는 신의 어린 천사들. 그리고 출구 가까이에는 돈을 넣는 자동 기계가 있다—천국의 역할을 대신하고 있는 것이다. 그래서 신의 축복이 국왕, 국가, 군함, 고성능 폭탄, 전차, 비행기 등에 비처럼 쏟아지는 것이리라. 그러므로 노동자가 그 두 팔에 힘을, 말과 소와 양을 도살할 수 있는 힘을, 쇠에 구멍을 뚫는 힘을, 남의 바지에 단추를 다는 힘을, 홍당무와 재봉틀과 자동차를 팔 수 있는 힘을, 해충을 없애는 힘을, 마구간을 청소하고 쓰레기통을 비우고 공중 변소를 청소하는 힘을, 신문기사에 제목을 다는 힘을, 지하철의 차표를 개찰하는 힘을 갖는 것이리라. 힘…… 완력을 말이다. 약간의 완력을 지니기 위해 이와 같이 입술을 깨물고, 속임수를 쓰는 것이다!

 밤새워 논 뒤에는 반드시 맑아지는 머리로, 우리는 이곳저곳 전전하다가 뜻밖에도 그 광경을 보고 말았다. 외투 깃을 세우고 한 번도 성호를 긋지 않는 무리, 유들유들한 얼굴로 비평 비슷한 말 말고는 한 마디도 하지 않고 어슬렁거리는 우리의 모습은 제법 남의 눈에 띄었을 것이다. 그러나 필모어가 제단 앞으로 걸어가 의식을 방해하지만 않았다면 아무 일도 없었을 것이다. 그는 나가는 문을 찾고 있었던 것이다. 그리고 지성소(至聖所)를 바로 옆에서 구경할 수 있는 곳에도 갈 수 있으리라고 생각했던 모양이다.

우리가 아무렇지 않게 지나쳐서 출구라 여겨지는 곳으로 갔을 때—거기서는 한 줄기 빛이 새어들고 있었다—느닷없이 한 신부가 어둠 속에서 나타나 우리를 가로막았다. 그는 어디로 가는가, 무엇을 하는가 하고 따져 물었다. 우리는 아주 공손하게 출구를 찾는 중이라고 대답했다. 영어로 '에그지트(exit)'라 말했다. 왜냐하면, 갑자기 프랑스어로 출구라는 말이 생각나지 않았기 때문이다. 그러자 신부는 아무 말도 않고 우리의 팔을 꽉 붙들고는 문을 열고—그것은 옆문이었다—떼밀어 버렸다. 순간 우리는 눈이 멀 듯한 대낮의 밝은 빛 속에 굴러떨어졌다. 너무나 갑작스럽고 예기치 못한 일이었기 때문에, 보도에 나자빠진 우리는 어안이 벙벙했다. 눈을 껌뻑거리면서 몇 걸음 걷다가 본능적으로 뒤를 돌아보니, 신부는 여전히 돌층계 위에 서서 유령처럼 창백한 얼굴에 악마와 같은 음산한 표정을 짓고 있었다. 아마도 그는 마음속에서 지옥의 고통과도 같은 아픔을 맛보았을 것이다.

나중에 가서 그 일을 돌이켜보니, 그를 원망할 마음이 나지 않았다. 하지만 그때는, 긴 치마를 입고 두개골에 야릇한 모자를 쓴 신부의 모습이 하도 우스꽝스러워 웃음을 터뜨리지 않을 수 없었다. 필모어도 크게 웃었다. 꼬박 1분이나 그 자리에 서서, 이 가엾은 남색가(男色家)를 비웃었다. 신부는 크게 당황하여 어쩔 줄을 몰랐다. 그러다 별안간 돌층계를 뛰어내려와 우리에게 주먹을 휘둘렀다. 교회 밖으로 나오자 녀석은 무서운 기세로 쫓아왔다. 그때에는 나도 방어 본능이 발동하여 행동으로 옮기고 있었다. 필모어의 외투자락을 잡고 뛰었다. 그런데 필모어는 바보같이 외쳤다. "싫어, 싫어! 나는 뛰지 않겠어!" "꾸물거릴 때가 아니야!" 내가 소리 질렀다. "무사하려면 여기서 도망쳐야 해. 녀석은 완전히 머리가 돌았어!" 이리하여 우리는 다리 힘이 풀릴 때까지 미친 듯이 도망쳤다.

디종으로 가는 동안에도 나는 그 사건이 우스워 견딜 수 없었다. 그리고 어느 틈에 나는 플로리다에 잠깐 머물 때 일어났던, 이와 비슷한 재미있는 사건을 떠올렸다. 불황이 격심했던 때로서, 다른 몇천 명에 이르는 사람들과 마찬가지로 나도 완전히 손을 들고 있었다. 스스로를 구하려다가, 나는 어느 친구와 함께 병 모가지와 같은 토지에 갇히고 말았다. 우리는 잭슨빌에서 약 6주일 동안 고립되어 있었는데, 이 도시는 사실상 포위 공격을 당하는 꼴이었다. 이 세상의 모든 부랑자들과, 지금까지 전혀 부랑자가 아니었던 많은 사람들이 잭슨빌로 흘러들어 왔던 것이다. YMCA, 구세군, 소방서, 경찰서, 호텔, 하숙 등이 모두 콩나물 시루처럼 되었다. 말 그대로 만원이어서, 곳곳에 '만원'이라는 딱지가 나붙어 있었다. 잭슨빌의 주민들은 몹시 경직되었다. 내 눈에는 그들이 갑옷으로 무장한 것처럼 비쳤다. 그래서 또다시 먹을 것을 걱정해야 했다. 먹을 것과 등을 붙일 장소가 필요했다. 먹을 것은 남부에서 기차에 실려 왔다―오렌지와 포도 및 그 밖의 온갖 과일이. 우리는 늘 화물 창고 근처에서 서성거리며 썩은 과일을 찾아다녔다―그러나 그마저도 거의 없었다.

어느 날 밤 나는 절망적인 기분으로 친구인 조를 꾀어서, 예배를 보고 있는 유대교 회당으로 갔다. 그곳은 혁신파 신도들이 모이는 회당이었다. 랍비(유대교의 성직자)는 인상이 좋았다. 음악도 감동스러웠다. 유대인의 폐부를 찌르는 듯한 영탄조의 찬송가였다. 예배가 끝난 뒤 나는 곧장 랍비의 서재로 찾아가 면회를 청했다. 그는 매우 친절하게 나를 맞이해 주었다―내가 볼일을 말하기 전에는. 그리고 곧 겁에 질렸다. 나는 단지 친구인 조와 나 자신을 구원해 달라고 손을 내밀었을 뿐이었는데. 그러나 랍비의 눈에는, 내가 회당을 볼링 경기장으로 쓰게 빌려 달라고 강요한 것처럼 비친 것 같았다. 그는 이야기를 끝내기 위해, 내가 유대인인지 아닌지를 단도직입적으로 물었다. 유대인이 아니라고 대답하자 그는 몹시 화를 냈다. 유대인도 아닌데 어째서 유대인 성직자에게 도움을 청하러 왔느냐고 물었다. 나는 솔직히 대답했다. 예전부터 나는 비유대 교도보다도 유대인을 더 믿고 있다고. 그것이 내 특이한 결함이라는 투로 머뭇거리며 대답했다. 그것은 사실이었다. 그러나 랍비는 조금도 기뻐하는 눈치가 아니었다. 그는 어림없는 소리 말라면서 딱 잘라 거절했다. 나를 쫓아낼 생각에서 구세군 관계자 앞으로 편지를 써주었다. "당신이 찾아갈 데는 여기입니다." 이 말을 내뱉고는 다른 신도에게로 고개를 돌렸다.

구세군 역시 우리 같은 사람에게 줄 것은 아무것도 가지고 있지 않았다. 만일 우리가 25센트짜리 동전 하나라도 가지고 있었다면, 마루에 깔 담요한 장쯤은 빌릴 수 있었을 것이다. 그러나 우리 주머니에는 단돈 10센트도 없었다. 우리는 공원으로 가서 벤치에 길게 드러누웠다. 비가 내리고 있었으므로 신문지를 덮었다. 30분도 채 누워 있지 않았는데, 순경이 와서 경고 한 마디 없이 다짜고짜 궁둥이를 걷어찼다. 우리는 비틀거리며 일어섰다. 어떻게 보면 춤을 추고 있는 것 같기도 했다. 춤을 추고 싶은 생각은 조금도 없었지만, 나는 바보 같은 녀석에게 걷어차였기 때문에 그를 저주할 만큼 아프지는 않았다. 다만 몹시 비참한 기분이 들고 자포자기에 빠져, 폭탄으로 시청을 날려 버리고 싶었을 뿐이다.

　이튿날 아침 우리는 놈들의 푸대접에 보복하기 위해 아침 일찍부터 가톨릭 사제의 집 현관으로 쳐들어갔다. 이번에는 조더러 말을 하라고 했다. 그는 아일랜드 계통 사람으로 그곳 사투리를 조금 쓰고 있었다. 그리고 매우 아름다운 푸른 눈동자를 가지고 있어서, 마음만 먹으면 상대를 구워삶을 수도 있었다. 검정 옷을 입은 수녀가 문을 열어 주었지만 안으로 들어오라는 말은 하지 않았다. 현관에서 기다리고 있으려니, 수녀가 안으로 들어가 신부를 불렀다. 머지않아 신부가 모습을 나타냈다. 착해 보이는 신부였지만, 기관차처럼 담배 연기를 뿜어내고 있었다. 이른 아침부터 나 같은 사람을 깨우다니 도대체 무슨 일이냐고 신부가 물었다. 먹을 것과 잠잘 곳을 주십시오, 하고 우리는 순진하게 대답했다. 신부는 우리를 보고 어디서 왔느냐고 물었다. 뉴욕입니다. 뉴욕이라고? 그렇다면 되도록 빨리 돌아가도록 하시오, 젊은이들. 이 말만 하고 나서 신부는, 뻔뻔스럽고 피둥피둥하게 살찐 순무 같은 얼굴을 한 이 녀석은 우리 눈앞에서 탕 하고 문을 닫았다.

　한 시간쯤 뒤, 술에 취한 배처럼 비틀거리며 길을 걷다가 다시 그 신부를 만났다. 뻔뻔스럽고 순무같이 생긴 녀석이 리무진 자동차로 한길을 빠져나가지만 않았다면 빌어먹을 원수를 갚았을 텐데. 녀석은 시커먼 연기를 우리 얼굴에 내뿜으며 사라져 갔다. 마치 "이거나 먹어라!"라고 말하듯이. 호화로운 리무진 뒤에는 예비 타이어가 두 개나 달려 있었고, 신부는 큼직한 여송연을 물고 핸들을 쥐고 있었다. 여송연은 독하고 향기가 짙은 고급 쿠바산이 틀림없다. 누구에게도 건방지게 보일 자세로 앉아 있었다. 녀석이 치마를 입었는지는 보이지 않았다. 눈에 들어오는 것은 녀석의 턱밑으로 늘어진 살덩어리뿐이었다—그리고 50센트나 하는 향기롭고 굵은 여송연.

디종으로 가는 도중, 나는 그 지난날의 회상에 푹 젖어 있었다. 빵 한 조각을 구걸했다고 해서 구더기만도 못한 대우를 받은 그 굴욕적인 순간에, 이런 말을 했으면 좋았을 텐데, 이런 행동을 했으면 좋았을 텐데 하고, 실제로는 말하지도 행동하지도 못했던 것을 여러모로 생각하고 있었다. 나는 완고할 정도로 고지식한 성질이기 때문에, 아직도 그 옛날의 굴욕과 마음의 상처에 속을 앓고 있었다. 공원에서 순경에게 걷어차인 일—그 정도는 아무것도 아니지 않은가, 춤 연습이나 마찬가지 아닌가 하고 남들은 말할지 모르나—이 아직도 아픔으로 남아 있는 것이다. 나는 미국 곳곳을 방랑하고, 캐나다와 멕시코에도 갔었다. 어딜 가든 모두 비슷한 경험을 했다. 빵이 필요하면 한 줄로 늘어서서 마구(馬具)를 차고 죄수 행진(한 줄로 서서 한 손을 상대 오른쪽 어깨에 올려놓고 하는 행진)을 해야 했다. 지구는 가는 곳마다 잿빛 사막이고, 강철과 시멘트의 융단이 깔려 있다. 생산하라! 더 많은 너트, 더 많은 철조망, 더 많은 개의 비스킷, 더 많은 잔디 깎는 기계, 더 많은 볼베어링, 더 많은 고성능 폭탄, 더 많은 전차, 더 많은 독가스, 더 많은 비누, 더 많은 칫솔, 더 많은 신문, 더 많은 교육, 더 많은 교회, 더 많은 도서관, 더 많은 박물관을. 전진하라! 시간이 절박하다. 태아는 자궁 경관에서 밀려 나오고 있지만 쉽게 나오게 해줄 타액은 한 방울도 없다. 마르고 목이 조이는 분만이다. 비명도 울음소리도 없다. 세상에 행복 있으라! 직장에서 발사되는 21발의 예포. "집 안에서건 밖에서건 나는 내가 쓰고 싶은 대로 모자를 쓴다"고 월트는 말했다. 그러나 이것은 아직 자기 머리에 맞는 모자를 구할 수 있을 때의 얘기다. 시간은 흘러가고 있다. 지금은 머리에 맞는 모자를 구하려면 전기의자로 걸어가야 한다. 그러면 놈들은 당신한테 두개골 모자를 줄 것이다. 잘 맞느냐고? 걱정 말라! 꼭 맞을 것이다.

당신은 프랑스 같은 외국에 있어야 한다. 그리고 삶과 죽음의 두 반구(半球)를 가르는 자오선을 걸으면서, 앞에 수없이 많은 통로가 입을 벌리고 있다는 사실을 알아야 한다. 전기의 육체! 민주적 영혼! 만조(滿潮)! 신의 성모! 이런 시시한 것에 대관절 무슨 의미가 있는가? 대지는 타들어가고 균열이 생기고 있다. 남녀가 악취를 풍기는 시체 위에 남무하는 독수리처럼 모여들어 번창하고, 다시 뿔뿔이 흩어져서 날아간다. 독수리는 무거운 돌처럼 구름에서 떨어진다. 독수리의 발톱과 부리, 바로 그것이 우리들이다! 썩은 고기를 찾아내는 코를 가진 거대한 내장 기관. 전진하라! 전진하라! 연민은 필요 없다. 동정도 불필요하다. 사랑도 용서도 쓸데없다. 한 푼도 구걸하지 마라! 아무것도 주지 마라! 군함, 독가스, 고성능 폭탄을 더욱 많이 만들어라! 임질균을 더 만들어라! 연쇄상구균을 더 만들어라! 폭격기를 더 늘려라! 그러한 것을 아주 많이 늘려야 한다—마지막에는 그 저주스런 제품 하나하나가 산산이 날아가 버리는 것이다. 지구와 함께!

 기차에서 내리자마자 나는 어이없는 실수를 했다는 사실을 깨달았다. 고등학교는 역에서 꽤 멀리 떨어져 있었다. 어둠이 일찍 깔리는 겨울 저녁 무렵, 나는 한길을 길잡이 삼아 목적지를 향해 걸었다. 눈이 조금씩 내리고 있었다. 나무들은 서리를 맞아 반짝반짝 빛나고 있었다. 음침한 대기실처럼 보이는 크고 텅 빈 카페 두 군데를 지났다. 조용하고 공허한 우울—이것이 내가 받은 인상이었다. 화물열차와 큰 통과 작은 통과 기묘한 모양을 한 가마솥에서 겨자색 똥이 쏟아져 나오는 절망적인 시골마을이었다.

 처음에 고등학교를 흘끗 보기만 해도 나는 소름이 끼쳤다. 도무지 결심이 서지 않아, 입구에 서서 들어갈지 말지 마음속으로 망설였다. 그러나 돌아갈 차표를 살 돈이 없었기 때문에, 그런 망설임은 아무 의미가 없었다. 퍼뜩 필모어한테 전보를 칠까 하는 생각도 들었지만, 무슨 핑계를 대야 할지 생각이 나지 않았다. 눈을 질끈 감고 들어가는 수밖에 없었다.

 마침 교장은 자리에 없다—오늘은 나오지 않는 날이라고 한다. 키 작은 꼽추가 나오더니 교감실까지 안내하겠다고 했다. 나는 그와 조금 사이를 두고 따라가면서, 절룩거리며 걷는 그 기괴한 모습에 마음을 빼앗겼다. 이 사나이는 작은 괴물이다—유럽의 어느 성당에서나 찾아볼 수 있는 괴물이다.

 교감실은 넓고 살풍경했다. 내가 딱딱한 의자에 앉아 기다리고 있는 동안, 꼽추는 교감을 찾으러 달려나갔다. 나는 문득 반가운 생각이 들었다. 그 방의 분위기가 미국에 있는 어느 자선시설에 대한 기억을 선명하게 되살려 주었기 때문이다. 나는 거기서 말재주가 좋은 녀석한테 엄중한 문초를 받기 위해 자주 차례를 기다리곤 했다.

 문이 벌컥 열리더니, 교감이 거드름을 피우면서 성큼성큼 들어왔다. 나는 겨우 웃음을 참았다. 그는 보리스가 입던 것과 똑같은 프록코트를 입었고, 이마에는 머리카락이 흘러내려와 있었는데, 스메르쟈코프 (도스토옙스키의 《카라마조프 형제들》에 나오는 사생아인 막내아들)

나 하고 있을 법한 고수머리를 납작하게 붙이고 있었다. 거들먹거리고 성마른, 들고양이와 같은 눈이었다. 환영 인사 같은 거추장스러운 일은 전혀 하지 않았다. 교감은 다짜고짜 학생의 이름, 수업 시간, 학급 등이 적힌 서류를 꺼냈다. 소심해 보일 정도로 일처리가 꼼꼼했다. 그는 내 몫으로 배당된 석탄과 장작 양을 말해 주고 나서, 수업 시간이 아니면 자유롭게 행동해도 좋다고 했다. 이 마지막 말이 내가 처음으로 들은 친절한 문구였다. 단단히 다짐을 하는 듯한 투였기 때문에 나는 곧 프랑스에 대한 찬사를 늘어놓았다—육·해군, 교육 제도, 술집, 그 밖의 여러 가지 사업을 치켜세웠다.

이런 바보 같은 일이 끝나자 교감은 작은 방울을 흔들었다. 그러자 아까 그 꼽추가 다시 나타나 나를 회계 사무실로 안내했다. 이곳은 분위기가 조금 달랐다. 온갖 전표와 고무도장이 너저분하게 널려 있는 화물역과 비슷했다. 창백한 얼굴의 사무원들이 끝이 갈라진 펜으로 커다란 장부에 무언가 적어 넣고 있다. 내 몫의 석탄과 장작을 받은 나는 꼽추와 함께 손수레를 밀어 기숙사로 향했다. 나는 사감들과 같은 건물의 2층에 있는 방을 쓰게 되어 있었다. 사태는 점점 더 우스꽝스러운 양상을 띠었다. 다음에는 어떤 일이 일어날지 상상도 할 수 없었다. 가래침을 뱉을 통까지도 받을지 모른다. 전체적으로 마치 원정 준비라도 하는 듯한 느낌이었다. 빠진 것은 배낭과 소총—그리고 탄환뿐이었다.

배정받은 방은 제법 넓고, 작은 난로가 놓여 있었다. 스토브에는 철제 침대 바로 위에서 구부러진 양철 굴뚝이 달려 있었다. 석탄과 장작을 담을 큰 상자가 문 옆에 놓여 있었다. 창문으로는 돌로 지은 작은 집들이 널려 있는 쓸쓸한 거리가 내다보였다. 그 거리에는 구멍가게와 빵집과 구둣방과 정육점이 있었다—주인들은 한결같이 무식해 보이는 시골뜨기들이었다. 나는 벌거숭이가 된 산으로 눈길을 돌렸다. 기차가 덜커덩거리며 달려가는 모습이 보였다. 기관차의 기적이 음산하고 날카로운 비명을 질렀다.

꼽추가 난로에 불을 피우고 나서 식사는 어떻게 할 생각이냐고 물었다. 아직 저녁을 먹기에는 좀 이른 시간이었다. 나는 외투를 입은 채 침대로 들어가 이불을 덮었다. 방 한구석에는 거의 망가지다시피 한 침실용 탁자가 있고, 그 안에는 요강이 들어 있었다. 나는 탁상에 자명종을 놓고, 바늘이 움직이는 모습을 물끄러미 바라보았다. 밀폐된 이 방에까지 한길의 창백한 불빛이 희미하게 스며들었다. 나는 난로 굴뚝과 철사로 묶여 있는 이음매를 멍하니 쳐다보면서, 덜컥거리며 한길을 달리는 트럭 소리에 귀를 기울였다. 석탄 상자가 있다니 거짓말 같았다. 나는 지금까지 한 번도 석탄 상자가 있는 방을 사용해 본 적이 없었던 것이다. 태어나서 지금까지 한 번도 난방이 된 방에서 지낸 적도 없거니와 아이들을 가르친 일도 없었다. 그리고 한 번도 무보수로 일한 적이 없었다. 나는 자유를 느끼는 동시에 속박을 느꼈다―선거 때 형편없는 이들만이 입후보했는데도 훌륭한 사람에게 표를 던지라는 호소를 듣는 기분과도 비슷했다. 나는 고용당한 사나이, 만물상, 사냥꾼, 부랑자, 노예선의 노예, 사이비 학자, 이, 구더기가 된 느낌이 들었다. 자유롭기는 하나 손발에 족쇄가 채워져 있는 것이다. 무료 식권을 가진 서민이지만, 움직일 체력도 없거니와 목소리조차 나오지 않는다. 뱃전에 달라붙은 해파리와 같은 느낌이다. 무엇보다도 배가 고팠다. 시곗바늘은 천천히 움직이고 있었다. 자명종이 울릴 때까지는 아직 십 분 더 기다려야 한다.

실내의 그늘이 점점 짙어진다. 무서울 정도로 고요했다. 이 긴박한 정적이 내 신경을 날카롭게 조인다. 작은 눈송이가 창가에 쌓여갔다. 멀리서 기관차가 날카로운 비명을 질렀다. 그러나 또다시 죽음과도 같은 정적이 돌아왔다. 난로는 아까부터 활활 타오르고 있으나 전혀 열기를 느낄 수 없었다. 꾸물거리다가 식사를 놓치는 게 아닌가 하는 불안한 생각이 들었다. 그러면 밤새도록 주린 배를 움켜쥐고 자야 한다. 나는 당황했다.

징 소리가 채 끝나기도 전에 나는 침대에서 뛰어내려 문을 닫고 아래층으로 갔다. 그러나 안뜰로 나갔을 때 나는 길을 잃고 말았다. 안뜰이 여럿 있고, 여기저기로 이어진 층계가 잇따라 나타났기 때문이다. 나는 건물 사이를 왔다 갔다 하면서 미친 듯이 식당을 찾았다. 어디로 가는지는 모르나, 소년들이 긴 행렬을 지어 행진하는 옆을 지나갔다. 그들은 사슬에 묶인 죄수들처럼 걸어가고 있었고, 맨 앞에는 노예 왕초가 있었다. 맨 끝에서 나는 정력적인 얼굴을 가진 사나이를 보았다. 중산모자를 쓴 그가 내 쪽으로 걸어왔다. 나는 그 사람에게 식당으로 가는 길을 물었다. 공교롭게도 그는 교장선생이었다. 그는 나를 만나서 기쁜 모양이었다. 다짜고짜 여기가 마음에 드느냐, 자기가 도와줄 일은 없느냐고 물었다. 아무런 불편도 없습니다, 하고 나는 대답했다. 하지만 조금 춥군요. 나는 조심스럽게 덧붙여 보았다. 그러자 교장선생은, 늘 이런 날씨가 계속되는 것은 아니라면서 나를 안심시켰다. 때때로 서리가 내리거나 눈이 흩날리고, 날씨가 끄무레한 날도 있다며 장황하게 이야기를 늘어놓았다. 그러면서 내 팔을 잡고 식당으로 안내했다. 아주 예의 바르고 꼼꼼한 사람이라고 나는 생각했다. 그뿐만 아니라 나중에는 이 사람과 마음이 통하여, 어쩌면 몹시 추운 날이면 그가 나를 자기 방으로 초대하여 계란술을 대접해 줄지도 모른다는 공상까지 했다.

식당 입구에 도착할 때까지의 얼마 안 되는 사이에, 나는 온갖 우호적인 일을 공상했다. 공상이 1분 동안 1마일의 속도로 달리고 있을 때, 식당 입구에 도착한 교장선생은 갑자기 내 손을 잡아 악수하고 모자를 벗어 작별인사를 했다. 나는 몹시 당황했다. 나도 모자를 살짝 들었다 놓았다. 당연한 일이 아니냐고 나는 곧바로 이해했다. 교사나 경리와 스쳐 지나가더라도 모자는 벗어야 한다. 때로는 하루에 같은 사람과 열 번도 더 만나게 될지도 모른다. 그럴 경우에도 마찬가지다. 비록 내 모자가 다 닳아빠진 고물이라고 해도 인사는 해야 한다. 그것이 예의가 아닌가.

어쨌거나 나는 식당을 찾아냈다. 이스트 사이드의 진료소처럼 벽이 타일로 되어 있었다. 알전구가 덩그렇게 달려 있고 식탁은 대리석이었다. 대형 난로와 거기에 연결된 연통도 있었다. 저녁 식사는 아직 나오지 않았다. 한 절름발이 사나이가 접시와 나이프, 포크, 포도주병 따위를 들고 부지런히 왔다갔다 하고 있었다. 한쪽 구석에서는 몇몇 젊은이가 유쾌하게 이야기를 나누고 있었다. 나는 그들에게 다가가 자기 소개를 했다.

그들은 무척 정중하게 나를 맞아 주었다. 지나치게 공손할 정도였다. 나는 그 이유를 도저히 알 수 없었다. 이윽고 식당이 사람들로 가득 찼다. 나는 그들과 차례차례 인사를 나누었다. 이어서 그들은 나를 중심으로 둥글게 둘러서서 술잔을 채우고 노래했다.

    한번은 갑자기 '모가지'가
    궁둥이 생각이 났네
    교수대 위에 바람이 쌩쌩 일고
    '모가지'는 건들건들
    깡총깡총 뛰듯이 몰아넣건만

제기랄, 성이 차야 말이지

작은 것을 상대하면
제기랄, 껍질이 벗겨지고
큰 것을 상대하면
흰 이슬이 어디로 튀는지
찌르고 돌리기도 귀찮네
제기랄, 성이 차야 말이지

노래가 끝나는 동시에 꼽추가 저녁 식사를 알렸다.

이곳 사람들은 아주 재미있는 녀석들이었다. 크로아라는 녀석은 돼지 같은 대식가인데, 식탁에 앉을 때는 언제나 방귀를 뀌었다. 연달아 13발이나 터뜨린다고 한다. 그는 기록 보유자였다. 또 공작님이라 불리는 녀석이 있었다. 운동선수로서 저녁에 시내에 나갈 때는 의기양양하게 턱시도를 입었다. 그는 여자처럼 얼굴이 예쁘게 생겼고, 술은 한 방울도 입에 대지 않았으며, 머리를 써야 하는 책은 절대로 읽지 않았다. 공작님 곁에는 남프랑스에서 온 땅꼬마 폴이 앉는데, 이 사나이는 언제나 여자와 하는 것밖에는 생각하지 않았다. 그리고 매일같이 입버릇처럼 이렇게 말한다. "이제 나도 목요일부터는 여자 이야기를 하지 않겠어." 이 사나이와 공작은 서로 뜻이 맞는 사이였다.

그리고 파슬로라는 녀석이 있었다. 그는 정말 만만치 않은 녀석이었다. 의학 공부를 하고 있는데, 사방에 빚투성이였고, 언제나 롱사르(프랑스 시인, 1524~85)와 비용과 라블레에 대해 논했다. 내 건너편에는 '게으름쟁이' 씨가 앉곤 하는데, 그는 사감들의 지도자이자 선동자이기도 했다. 1그램이라도 모자라지 않는지 조사하기 위해 고기를 늘 저울에 달아야 한다고 단호하게 주장하곤 했다. 그는 병동의 작은 방 하나를 차지하고 있었다. 그의 맞수는 경리인데, 경리는 모두에게 미움을 사고 있었기 때문에, 서로 사이가 나쁘다는 것이 게으름쟁이의 명성에 조금도 금이 가지는 않았다. 게으름쟁이는 고심참담 씨와 절친했다. 그는 독수리 같은 옆얼굴을 가진 꼬장꼬장한 사람으로서, 극도로 절약하면서 돈놀이를 하고 있었다. 알브레히트 뒤러(독일의 화가, 판화가·미술 이론가, 1471~1528)의 조각과 비슷했다―중세 독일 기사의 신전을 구성하는 완강, 음울, 편협, 비굴, 불행, 불운, 내성(內省)과 같은 특징을 가진 악마의 모든 소질을 혼합하여 가진 사나이로서 틀림없는 유대인이었다. 어쨌든 그는 내가 부임한 지 얼마 지나지 않아 교통사고로 죽고 말았고, 그 덕택에 나는 23프랑이란 돈을 영원히 갚지 않아도 되었다. 내 옆에 앉던 르노를 뺀 다른 녀석들은 이제는 모두 내 기억에서 사라지고 없다. 그들은 이 세상을 기계 기술자, 건축가, 치과의사, 약제사, 교사 등이 꾸려 나가고 있다고 믿는 밥맛 없는 인간의 범주에 속해 있었다. 그들은 나중에 가서 자기 신발의 흙을 털게 될 멍청이들과 조금도 다르지 않았다. 모든 의미에서 제로이며, 훌륭한, 또는 가련한 시민의 핵심을 이루는 무(無)와 같은 녀석들이었다. 그들은 걸신들린 듯이 처먹고 다음 요리가 나오면 제일 먼저 차지하려고 날뛰는 녀석들이었다. 밤에는 돼지처럼 자고, 불만 한 마디 내뱉지 않았다. 명랑하지는 않지만, 그렇다고 우울하지도 않았다. 단테가 지옥의 문에 넘겨준 무관심한 인간의 동료인 것이다. 마치 부스럼 딱지와 같다.

나는 기숙사에서 근무가 없을 때는 저녁을 먹고 곧 시내로 나가는 습관이 붙었다. 시내 중심에는 카페가 있었다—크고 쓸쓸한 건물로서, 반쯤 조는 듯한 디종의 상인들이 여기 모여 트럼프를 치거나 음악을 들었다. 카페 안은 훈훈했다. 이 도시에서 내세울 것이 있다면 고작 이 정도였다. 의자도 제법 폭신했고, 언제나 매춘부가 몇 명씩 드나들면서 맥주나 커피를 얻어 마시기 위해 남자 옆에 바짝 붙어 앉아서 수다를 떨었다. 음악도 말이 아니었다. 그것이 음악이라니 어이가 없을 정도다. 겨울밤의 디종처럼 답답한 곳에서는 프랑스 관현악단 소리만큼 시끄럽고 신경을 긁어대는 것도 없다. 특히 가련한 여자 관현악단의 소리는. 모든 것이 아무렇게나 마구 소리를 내어, 무미건조한 수학 같은 리듬을 만든다. 그야말로 치약의 위생적 밀도이다. 시간당 몇십 프랑에 허덕이며 긁어대는 연주—그리고 맨 마지막에는 악마가 마무리를 짓는다. 바로 우울이다! 마치 늙은 유클리드가 물구나무서기를 하고 청산가리를 들이킨 것과 같다. 관념의 영역이 이성에 의해 남김없이 철저히 탐구되었기 때문에, 음악이 될 여지가 전혀 남아 있지 않았다. 남아 있다고 해도 단지 아코디언의 공허한 널판뿐이었으며, 거기서 바람이 들어와 에테르를 갈가리 찢어 놓는 것이다. 그러나 이 전초 지점 같은 곳과 관련시켜 음악을 논하는 것은, 무덤 속에 들어가 샴페인을 꿈꾸는 것과 같다. 나로서는 음악 같은 것은 아무래도 좋았다. 여자에 대해서도 생각하지 않았다. 그 정도로 모든 것이 음산하고 싸늘하며 삭막한 잿빛이었다. 첫날 밤 나는 집으로 돌아오다가, 카페 문에 《가르강튀아》에서 인용한 문구가 새겨져 있는 것을 발견했다. 카페 안은 시체 공개장과 비슷했지만, 그렇더라도 '한 걸음 나아간' 것이다!

시간은 남아돌 정도였으나 돈이 한 푼도 없었다. 하루 2, 3시간의 회화 수업이 전부였던 것이다. 그 가련한 녀석들에게 영어를 가르친들 무슨 소용이 있겠는가? 그들이 여간 불쌍하지 않았다. 오전에는 《존 질핀의 말타기》(윌리엄 쿠퍼가 쓴 영국 동화)를 열심히 하고, 오후에는 사어(死語) 연습을 했다. 나는 앞서 버질(베르길리우스의 영어 이름)을 읽거나 《헤르만과 도로테아》(괴테의 서사시)와 같은 뜻도 모를 시시한 것을 읽으면서 무익하게 보낸 유쾌한 시절을 떠올렸다. 그 미치광이 같은 짓! 학문, 텅 빈 빵 바구니! 나는 《파우스트》를 거꾸로 욀 수 있는 칼에 대해 생각했다. 칼은 작품을 쓸 때마다 반드시 그의 영원불멸한 괴테를 들먹거리며, 진저리 날 정도로 칭찬하는 것이다. 하지만 그는 돈 많은 여자에게 달라붙어서 갈아입을 내의 한 벌 얻어낼 재간조차 없는 녀석인 것이다. 식량을 기다리는 행렬과 참호(塹壕)로 끝나는 지난날의 이와 같은 연애에는 어쩐지 외설적인 데가 있다. 환자가 장거리포와 초대형 전함과 고성능 대포에 성수를 뿌리도록 내버려두는 이 같은 정신착란적 소란에는 어딘가 외설적인 데가 있다. 고전을 뱃속 가득 채워 놓고 있는 이는 너 나 할 것 없이 인류의 적이다.

나는 프랑스·미국의 친선이란 복음을 전하기 위해 여기에 왔다―닥치는 대로 약탈을 하고, 유례없는 고통과 비참을 야기시켜 놓고는 영원한 평화 수립을 꿈꾸고 있는 사자(死者)의 심부름꾼으로 온 것이다. 제기랄! 모두들 내가 무슨 말을 하리라고 기대하고 있겠지. 《풀잎》에 대해서일까? 관세 장벽에 대해서일까? 〈독립 선언서〉에 대해서일까? 최근의 폭력배 단속에 대해서일까? 무엇에 대해 이야기할 것인지 그것만이라도 알고 싶을 것이다. 좋다, 그렇다면 가르쳐 주겠다―나는 지금까지 그런 것에 대해서는 한 마디도 언급하지 않았다. 나는 곧바로 연애 생리학이란 수업으로 술잔치를 벌였다. 코끼리는 어떻게 정욕을 충족시키는가―이것이 내 강의였다. 이 소문이 마른 들판의 불길처럼 화르륵 번져나갔다. 이틀째 강의 때부터 빈자리가 하나도 남지 않았다. 첫 영어수업이 끝난 뒤 학생들은 강의실 밖에 서서 나를 기다렸다. 우리는 무척 친밀한 사이가 되었다. 그들은 전혀 상식에 벗어나는 일이 아니라는 듯이 다양한 질문을 했다. 나는 학생들에게 계속 질문을 하도록 유도했다. 좀더 심한 질문을 하도록 부추겼다. 무엇이건 질문하라! —이것이 내 표어였다. 나는 자유로운 정신을 가진 나라의 대사로서 파견된 것이다. 나는 열과 성의와 창조를 위해 여기 온 것이다. "어떤 의미에서는" 하고 어느 유명한 천문학자는 말한다. "물질계는 풍문으로 들은 이야기처럼 사라지고, 환상처럼 무(無)로 소멸된다고 생각한다." 이것이 학문이라는 이름의 텅 빈 방 바구니 밑에 깔린 일반적 감정인 듯하다. 그러나 나는 그것을 믿지 않는다. 그런 얼빠진 녀석들이 우리 목구멍에 부어넣은 한심한 것은 믿지 않는다.

다음 수업 시간이 될 때까지 읽을 만한 책이 없을 때는 기숙사로 돌아가서 사감들과 잡담을 했다. 그들은 유쾌할 정도로 지금 벌어지고 있는 일에 대해서는 무지했다—특히 예술계에 대해서는 학생들 못지않게 무지했다. 나는 출구가 없는 작은 정신병원에 들어와 있는 기분이었다.

때로는 학생들이 아치 밑에서 서성거리다가, 더러운 컵에 쑤셔넣을 커다란 빵덩어리를 들고 행진하는 모습을 바라보았다. 나는 계속 굶주리고 있었다. 왜냐하면, 잠자리가 겨우 따뜻해져 가는 새벽의 뜬금없는 시간에 아침을 먹으러 간다는 것은 불가능한 일이었기 때문이다. 멀건 커피가 든 큰 주발, 하얀 빵 덩어리. 그러나 빵에 바를 버터는 없었다. 점심은 강낭콩이나 완두콩. 여기에 식욕을 돋우는 시늉을 하기 위해 작은 고깃덩어리가 던져져 있었다. 죄수나 바위를 뚫는 인부가 먹는 음식이다. 더구나 포도주도 형편없었는데, 물을 타서 양만 불린 것이었다. 열량은 있으나 요리는 없었다. 모든 것은 경리 담당자의 책임이다. 모두들 그렇게 말하고 있었다. 나는 그것을 믿지 않았다. 우리의 목숨을 붙여두기 위해서 그에게 급료를 주고 있는 것이다. 경리 담당자는 우리가 치질이나 화농균에 걸려 있는지에 대해서는 묻지 않았다. 우리가 예민한 혀를 가지고 있는지, 이리의 위를 가지고 있는지도 묻지 않았다. 하지만 묻지 않는 게 당연하지 않은가. 그는 몇십 그램의 한 끼로 몇백 킬로와트의 에너지를 일으키기 위해 고용된 것이다. 모든 것이 마력(馬力)이란 말로 표현되었다. 모든 것이 세밀하게 장부에 기입되었다. 창백한 얼굴을 한 사무원들은 아침부터 밤까지 장부에 써넣기만 한다. 지출과 이득, 장부 중앙에는 빨간 줄이 그어져 있었다.

나는 거의 언제나 주린 배를 움켜쥐고 안뜰에서 서성거렸다. 살짝 정신이 나간 것 같았다. 가련한 샤를 왕과 같다—다만 나에게는 같이 농탕을 칠 오데트 샹디베르가 없을 뿐이다. 나는 종종 학생들로부터 담배를 얻어 피우는 처지였고, 쉬는 시간이면 가끔 그들과 같이 마른 빵을 조금 씹었다. 난로를 계속 피워댔기 때문에, 내 몫으로 받은 장작은 이미 바닥이 나 버렸다. 서기한테 장작을 조금 얻기 위해서는 온갖 잔소리를 다 들어야 했다. 끝내는 아라비아인처럼 거리에 나가 장작을 주워야 했다. 디종 거리에서 주울 수 있는 장작은 아주 조금밖에 되지 않았다. 그런데 조금 무리를 해서 멀리 나선 덕택으로 이상한 구역에 들어서게 되었다. 분명치는 않으나 필리페르 파피용—고인이 된 음악가인 듯하다—이라는 사람의 이름을 딴 좁은 거리였다. 거기에는 창녀촌이 있었다. 그 부근은 언제나 왁자지껄했다. 음식 냄새가 나고 빨래 냄새가 났다. 때때로 나는 가엾은 머저리들이 그 안에서 어슬렁거리는 모습을 볼 수 있었다. 그들은 내가 백화점을 가로지를 때 부딪치는 이 도시 중심부에 사는 사람들보다도 부유한 것 같았다. 나는 몸을 녹이기 위해 종종 백화점 안을 가로질러가곤 했다. 다른 사람도 같은 이유에서 그랬을 것이다. 커피나 한 잔 얻어 마실 기회를 찾고 있었던 것이다. 모두가 춥고 고독하며, 머리가 좀 돈 것 같았다. 파르스름한 어둠이 서서히 깔리는 무렵이면 거리 전체가 모두 미친 듯이 보였다. 매주 목요일에는 한길을 아무리 왔다 갔다 해도 한가로운 녀석은 한 명도 만날 수 없었다. 6, 7만—아마도 그보다 더 많을 것이다—명의 인간이 털내의를 입은 채, 아무 데도 가지 않고 아무 일도 하지 않으면서 화물차 몇 대분의 똥을 싸지르고 있는 것이다. 여자 관현악단이 〈유쾌한 미망인〉을 공연하고 있었다. 큰 호텔의 은제 식기류. 돌과 나무가 조금씩 썩어가고 있는 공작 저택. 서리를 맞고 비명을 지르는 나무들. 끊임없이 들리는 둔탁한 나막신 소리. 괴테의 죽음인지 탄생인지를 기념하는 대학축제(일반적으로 죽음을 기념할 때 기념제를 연다). 어느 쪽이든 모두 바보스러운 짓이다. 모두들 등을 펴고 하품을 하고 있다.

한길에서 안뜰로 들어서면, 나는 언제나 끝없는 허무감에 사로잡힌다. 안팎이 모두 춥고 공허했다. 앙금과도 같은 쓸쓸함. 책과 학문의 안개가 거리를 뒤덮고 있었다. 과거의 잔재를 태우면서. 안뜰을 둘러싸고 교실이 늘어서 있었다. 북국의 삼림 속에서 볼 수 있는 통나무로 된 집이다. 그 안에서 학자선생들이 온갖 악덕을 퍼뜨리고 있다. 칠판에는 쓸데없는 헛소리가 쓰여 있다. 미래의 공화국 시민들은 평생 그런 것을 잊고 지낼 것이다. 때때로 차고 옆의 큰 응접실에서 학부형들을 맞아들였다. 그 방에는 몰리에르, 라신, 코르네유, 볼테르와 같은 지난날 영웅들의 흉상이 장식되어 있었다. 밀랍으로 세공된 불후의 존재가 추가될 때마다 각료들이 침을 튀기며 논평하는 허수아비들(비용이나 라블레나 랭보의 흉상은 하나도 없다). 어쨌든 학부형들과, 젊은이의 정신을 단련시키기 위해 국가가 고용한 꼭두각시들은 이 근엄한 밀실에서 회합한다. 정신을 더욱 매력적으로 다듬기 위해 언제나 이와 같이 단련법을 택하고, 그 정원을 가꾸는 것이다. 때로는 소년들도 온다—장차 이 도시의 꽃밭을 장식하기 위해 어린이 방에서 옮겨져 올 작은 해바라기들. 소년들 중에는 찢어진 슈미즈로 쉽게 더러워지는 고무나무도 있다. 그들 모두는 밤의 장막이 드리워지기가 무섭게 기숙사의 귀중한 인생을 찾아 뛰쳐나간다. 기숙사! 붉은 등이 빛나는 곳, 화재경보처럼 종이 울리는 곳, 교육의 밀실에 도달하려고 모두가 기어오르느라 발판이 닳아서 홈이 파진 곳.

  그리고 교사라는 것이 있다. 처음 며칠 동안은 나도 몇몇 교사들과 악수를 했고, 아치 밑에서 만나면 언제나 모자를 벗고 인사했다. 그러나 속을 터놓고 이야기를 나누거나, 어느 한적한 곳으로 가서 술잔을 기울이는 일은 전혀 없었다. 그런 것은 애당초 생각조차 할 수 없었다. 그들 대부분은 마치 서둘러 똥이라도 싸러 온 사람 같았다. 어쨌거나 나는 또 하나의 계급사회에 뛰어든 것이다. 교사들은 나 같은 사람과는 빈대 한 마리도 나누어 가지려 하지 않았다. 나는 그들의 얼굴만 보아도 비위가 뒤틀리기 때문에, 녀석들이 다가오는 것을 보면 속으로 저주를 퍼부었다. 멀리 기둥에 기대어 서서 입 가장자리에 담배를 물고 모자를 깊숙이 쓰고 있다가, 녀석들이 말을 걸 만한 거리까지 다가오면 입안 가득 머금고 있던 침을 퉤 뱉고 모자를 벗었다. 나는 일부러 입을 열어 날씨에 대한 인사를 나눌 생각조차 나지 않았다. 다만 가만히 내뱉어 주었다. "똥이나 처먹어라, 잭 녀석!" 이런 욕설을 퍼붓는 것이다.

  일주일이 지나자 나는 마치 평생 여기서 살아온 것 같은 생각이 들었다.

떨쳐 버릴 수 없는 무섭고도 언짢은 악몽을 꾸고 있는 듯했다. 그 생각을 하면 언제나 혼수상태에 빠졌다. 이곳에 오기 며칠 전부터 나는 이미 그러한 기분을 느꼈다. 밤이 오면 사람들은 몽롱한 불빛 밑을 지나 쥐새끼처럼 집으로 돌아간다. 나무들이 다이아몬드의 뾰족한 끝처럼 날카로운 악의를 드러내며 빛나고 있다. 나는 그러한 정경을 몇백 번이나 생각했다. 역에서 고등학교에 올 때까지, 그것은 단지 회랑을 가로지르는 큰 보도처럼 가장자리가 들쭉날쭉하고 갈라져서 신경을 곤두세게 했다. 수의를 입고 뒤엉켜 죽은 자의 뼈로 된 길. 정어리의 등뼈. 고등학교 자체가 눈 덮인 호수에서 솟아오른 것처럼 보였다. 물구나무를 선 산의 뾰족한 봉우리가, 언제나 술에 잔뜩 취해 보는 꿈일 뿐인 천국을 위해 신인지 악마인지가 턱시도를 입고 가루를 빻고 있는 지구 중심부를 향하고 있었다. 태양이 빛나고 있었는지 아닌지는 생각나지 않는다. 기억하는 것은 단지 푸른 언덕 사이로 철도가 뚫린 부근, 그 너머의 얼어붙은 늪에서 불어오는 싸늘하고 끈적거리는 안개뿐이다. 역 가까이에 수로(水路)가 있었다. 어쩌면 시냇물이었는지도 모른다. 그것은 노란 하늘 밑에 숨어 있었고, 점점 높아지는 둑 비탈에는 땅에 달라붙은 듯한 작은 오두막이 있었다. 어딘가에 군대 막사가 있었던 것 같기도 하다. 왜냐하면, 이따금 남부 베트남 출신의 누런 피부를 가진 사나이와 마주쳤기 때문이다—아편쟁이 얼굴을 한 작달막한 사나이가 대팻밥으로 싼 빛바랜 해골처럼 헐렁한 군복 밖으로 얼굴을 내밀고 있었다.

이 고장 전체에 감돌고 있는 중세적 풍속은 이상하게 파악하기 어렵고 제어할 수도 없었다. 나지막한 신음과 함께 앞뒤로 흔들리며 목뼈가 부러진 채 괴물 조각상 위에 걸려 있는 범죄자처럼, 처마 끝에서 언제 이쪽으로 덤벼들지 알 수 없는 것이다. 나는 쉴 새 없이 뒤를 돌아보며, 지저분한 포크에 찔린 게처럼 길을 걷고 있었다. 생미셸 교회 정면에 붙어 있는 기름진 작은 괴물들, 그 뒤판과 같은 인형들이 내 뒤를 따라 구불구불한 길을 걸어오는 것이다. 생미셸 교회의 앞면 전체가 한밤이 되면 그림첩을 펼친 듯한 경관을 나타내고, 문자가 인쇄된 책장을 사람들에게 들이댔다. 불이 꺼지면 그 인물들은 빛이 바래어, 문자처럼 평평해지고 생기를 잃는다. 그때 교회 앞면은 장엄해진다. 낡고 들쭉날쭉한 온갖 균열 속에서 얼빠진 밤바람이 노래하고, 싸늘하고 뻣뻣하게 굳은 레이스 장식과 같은 돌 위에 안개와 서리가 탁한 압

생트 슐과 같이 침을 흘렸다.
 그 교회가 서 있는 곳은 모든 안과 겉죽이 뒤바뀐 듯이 보였다. 교회 자체가 몇 세기에 걸친 비와 눈 때문에 토대에서 어긋나 버렸을 것이다. 교회는 에드가 키네 광장에 있는데, 죽은 노새처럼 바람을 맞으며 움츠리고 있었다. 모네 거리에서 바람이 백발을 곤두세우며 미친 듯이 불어닥쳤다. 합승 자동차와 스무 마리 말이 끄는 마차의 자유스러운 통행을 방해하는 흰 말뚝을 빙글 돌아 불어오는 것이다. 나는 이른 아침에 이 출구를 빠져나오면서 때때로 비틀거렸다. 탐욕스러운 수도승처럼 두건이 달린 승복으로 몸을 감싼 르노 씨가, 16세기 말로 나에게 다양한 서곡을 연주해 주었다. 나는 르노 씨와 보조를 맞추어 걸으면서—달은 찢어진 기구처럼 탁한 하늘에서 고개를 내밀고 있었다—곧 초월적인 영역으로 빠져들었다. 르노 씨의 언변은 정밀했고, 살구처럼 건조했으며, 브란덴부르크 사람처럼 목소리가 저음이었다. 지난해의 벼락처럼 이 광장 구석구석까지 울리는 묵직한 저음으로, 그는 항상 괴테나 피히테로부터 곧장 나를 향해 덤벼들었다. 유카탄 반도(멕시코 남동부)의 토인이여, 잔지바르의 토인이여, 티에라델푸에고 사람이여, 흰 가루를 뒤집어쓴 돼지 가죽으로부터 나를 구출해 다오!
 북국이 내 주위에 겹겹이 쌓이고 있다. 빙하가 만든 협만(峽灣), 창백한 밀고자의 등뼈, 미친 등불, 에트나 화산에서 에게 해까지 눈사태처럼 번져가는 외설적인 기독교도의 찬송가. 모든 것이 쇳조각처럼 얼어붙고, 사고(思考)는 눈과 얼음에 파묻혔으며, 지혜로운 굴뚝새의 우울한 재앙을 통해 이한테 물린 신자들의 숨 막히는 입가심 소리가 들린다. 나는 창백해져서 모직물로 몸을 둘둘 말고 무력해져 있다. 그러나 이것은 아무런 상관이 없다. 뼛속까지 창백해져 있으나, 싸늘한 알칼리 바탕이 있고 샛노란 색으로 물든 손가락이 있다. 창백하다. 그렇지만 학문과 형제도 없을 뿐만 아니라 가톨릭 마음도 가지고 있지 않다. 나 이전에 엘베 강을 항해했던 사람들처럼 창백하고 무자비하다. 나는 술을, 하늘을, 불가사의하지만 훨씬 친근한 것을 바라본다.
 발밑의 눈은 바람에 날려 질주하고, 떠오르고, 찌르고, 사각사각 소리를 내며, 높이 날아오르고, 툭 떨어지고, 부서지고, 비말이 되어 사방으로 흩어진다. 햇빛은 없다. 밀물이 들어오는 소리도 없다. 부서지는 파도 소리도 없다. 싸늘한 북풍은 가시 달린 뾰족한 화살이다. 그것은 얼음처럼 차갑고 악의를 품고 있다. 탐욕스럽고 섬광을 내뿜으며 마비시킨다. 거리는 꼬부라진 팔꿈치 위에서 고개를 돌린다. 뚜렷하고 험상궂은 눈빛에 무너진다. 격자무늬 세공을 따라 비틀거리며 교회 안팎을 한 바퀴 회전한다. 조각상을 무너뜨리고 기념비를 두들겨 부수며 나무를 뿌리째 뽑아 놓는다. 풀을 딱딱하게 만들고 대지로부터 향기를 빼앗아 간다. 나뭇잎은 시멘트처럼 우울해져서, 아무리 이슬을 받아도 두 번 다시 빛나지 않는다. 어떠한 달빛도, 생기를 잃은 그 모습을 은빛으로 되돌리지 못한다. 계절은 완전히 멈추어 머물러 있고, 나무들은 쪼그라들고 시든다. 수레는 비파처럼 부드럽고 둔탁한 소리를 내면서 운모(雲母)에 난 바퀴 자국을 더듬어 나간다. 얇게 눈이 덮인 언덕 사이의 움푹한 곳에서 으스스한 알맹이 없는 디종이 잠잔다. 쪽빛 격자를 향해 남쪽으로 걸어가는 불안한 영혼 말고는, 밤중에 깨어나 걸어다니는 사람은 아무도 없다. 그러나 나는 눈을 뜨고 방황하고 있다. 서성이는 유령, 이 도살장의 기하학적 냉기에 위협받은 한 백인. 나는 누구인가? 여기서 무엇을 하고 있는가?

　나는 인간이 지닌 악의의 차고 냉혹한 벽 속으로 떨어져 간다. 차디찬 호수 속으로 가라앉는 하얀 모습. 내 위에 솟아 있는 두개골의 산. 나는 한대 지방에 정착한다. 쪽빛으로 물든 백악(白堊)의 발자취. 그 암흑의 통로에 있는 대지는 내 발소리를 알고 있다. 떨리는 날개, 헐떡임, 전율. 내 귀에는 학문이 야유 받는 소리가 들린다. 몇몇 사람 그림자가 위로 떠오르고, 판자로 만든 노란 날개를 가진 박쥐의 끈끈한 분비물이 높이 날아올라 변화해 나간다. 열차가 충돌하고 쇠사슬이 울린다. 기관차가 연기를 토하고 콧소리를 내며 증기를 뿜어 올리는 소리가 들린다. 그 모든 것들은 맑은 안개를 뚫고 내게 오지만, 누런 숙취와 욕설과 자극이 되풀이되는 냄새를 동반한다. 디종의 훨씬 아래쪽, 북극권 훨씬 아래쪽의 중심부에 아이아스 신(그리스 신화에서, 트로이를 공격할 때 아킬레스에게 가담한 용사)이 서 있다. 그의 어깨는 연자매에 묶이고, 감람 열매는 으깨졌으며, 녹색 늪은 아우성치는 개구리로 넘쳐난다.

　서리와 눈, 한대지방, 무거운 학문, 연한 커피, 버터 없는 빵, 완두콩 수프, 걸쭉한 돼지고기 통조림 속에 든 강낭콩, 곰팡이가 슨 치즈, 질척한 음식, 값싼 포도주. 이것이 죄수들을 모두 변비에 걸리게 했다. 그리고 이들이 딱딱한 똥을 쌀 땐 화장실 배수관이 얼어붙어 있다. 똥은 개미둑처럼 층층이 쌓여 올라간다. 따라서 여기서는 마루에 싸야 한다. 똥은 그대로 굳고 얼어붙어 녹을 때를 기다린다. 일요일마다 꼽추가 손수레를 밀고 와서 딱딱하게 언 똥을 빗자루와 부삽으로 깨뜨려 싣고, 쪼그라든 한쪽 다리를 질질 끌면서 손수레를 다시 밀고 간다. 복도에는 화장실 종이가 너저분하게 흩어져 있으며, 파리를 잡는 끈끈이처럼 발에 쩔꺽 달라붙는다. 날씨가 따뜻해지면 악취가 코를 찌른다. 40마일이나 떨어진 윈체스터에서도 냄새를 맡을 수 있다. 아침에 그 푹 삭은 똥 위에서 칫솔을 들고 서 있으면, 냄새가 너무나 지독하여 머리가 빙빙 돈다. 우리는 빨간 플란넬 셔츠 차림으로 그 주위에서 원을 그리고 서서 구멍에 뱉어낼 때를 기다린다. 이것은 마치 베르디의 가극에 나오는 아리아를 노래하는 것과도 같다—도르래와 수동 펌프가 있는 쇳덩이의 합창이다. 나는 밤중에 도저히 참을 수 없을 때는 차고 바로 옆에 있는 교감 전용 변소로 달려간다. 내 변기는 언제나 피로 가득 차 있다. 교감의 화장실 역시 물은 흐르지 않으나, 그래도 쭈그리고 앉을 만한 쾌적함은 있다. 나는 존경의 표시로, 그를 위해 작은 덩어리를 남겨 두고 온다.

저녁 식사가 끝날 무렵이면 언제나 야간경비가 기운을 북돋아 주기 위해서 찾아온다. 내가 이 학교에서 친밀감을 느끼는 사람은 이 사나이뿐이다. 그는 하찮은 사나이다. 초롱을 들고 열쇠 꾸러미를 지니고 있다. 자동인형처럼 집요하게 밤을 새워 가면서 학교를 살핀다. 퀴퀴한 냄새가 나는 치즈가 배급되면 그는 포도주를 한 잔 얻어 마시러 온다. 한 손을 내밀고 서 있는 것이다. 머리칼은 마스티프 개처럼 빽빽하고 뻣뻣하다. 뺨은 새빨갛고 턱수염에는 눈이 달라붙어 희게 빛난다. 한두 마디 입속으로 중얼거리며 꼽추가 술병을 들고 나타난다. 그러면 두 다리에 단단히 힘을 주고 고개를 쳐들어 천천히 들이마신다. 나에게는 그 모습이 목구멍으로 홍옥(紅玉)을 흘려 넣는 것처럼 보였다. 그 동작은 내 머리털을 강하게 휘어잡았다. 마치 남아 있는 인간의 동정심을 모조리 들이켜고, 이 세상의 온갖 사랑과 연민을 단숨에 삼켜 버리는 것 같았다—마치 그것이 날마다 짜서 모을 수 있는 전부인 것처럼. 그는 사람들이 그를 위해 마련해 주는 토끼고기만도 못했다. 이렇게 보면 그는 청어를 절이는 소금물만큼의 가치도 없었다. 그는 단지 거름일 뿐이며, 스스로도 그 점을 잘 알고 있었다. 그가 술을 다 마시고 나서 주위를 둘러보고 우리에게 웃어 보일 때, 나는 세계가 산산이 무너져 내리는 것 같았다. 그것은 심연 너머에서 던져 오는 미소였다. 악취를 풍기는 모든 문명 세계가 구덩이 밑바닥에 진흙처럼 깔리고, 그 위에서 이 비틀거리는 미소가 신기루같이 너울거리는 것이다. 그것은 밤이 되어 내가 산책을 마치고 돌아왔을 때 맞이해 준 것과 같은 미소이다. 그러한 어느 날 밤의 일이 생각난다. 나는 입구에 서서, 이 노인의 순찰이 끝나기를 기다리고 있었다. 나는 영원히 기다려도 좋을 만큼 편한 기분이었다. 30분쯤 기다렸을 때 겨우 그가 문을 열어 주었다.

나는 느긋하고 여유로운 기분으로 주위를 둘러보고 모든 것을 이해했다. 학교 앞의 비틀린 그물 같은 가지가 달린 고목, 밤 사이에 색깔이 달라져 지금은 선명한 곡선을 그리고 있는 한길 너머의 집들, 시베리아 벌판을 달리는 열차 소리, 위트릴로(프랑스 화가)가 그린 철책, 하늘, 깊이 파인 짐수레 바퀴 자국. 갑자기 어디선가 두 연인이 나타났다. 그들은 두서너 야드 걸을 때마다 멈춰서 포옹했다. 나는 눈으로 그 모습을 볼 수 없게 되자 귀로 발소리를 쫓아갔다. 갑자기 멈춰서는 소리가 들리고, 이어서 천천히 걸어가는 발자국 소리가 들려왔다. 그들이 난간에 기대었을 때, 두 사람의 몸이 축 처지면서 털썩 주저앉는 소리가 들렸다. 그리고 포옹을 하느라 근육을 조이자 삐걱거리는 두 사람의 구두 소리가 들렸다. 그들은 시내를 향해 걸어갔다. 꼬불꼬불한 한길로 접어들어, 석탄처럼 검은 물이 흐르는 거울 같은 하수구 쪽으로 걸어갔다. 그들에게는 무언가 이상한 점이 있었다. 디종 전체를 찾아보아도 이들 같은 연인은 없을 것이다.

한편 노인은 순찰을 하고 있었다. 열쇠가 쩔그럭거리는 소리, 착실하고 기계처럼 일정한 발소리가 들려왔다. 마지막으로 차고 앞을 지나 앞쪽에 있는 거대한 아치문을 열려는 소리가 들렸다. 열쇠를 찾는 소리가 들렸다. 그의 손은 꽁꽁 얼고 사고는 마비되어 있었다. 문이 활짝 열렸을 때 그의 머리 위, 예배당 지붕 위로 찬란한 별자리가 보였다. 모든 문에 자물쇠가 채워지고, 방마다 빗장이 걸리고, 모든 책이 덮였다. 밤의 장막이 깊이 드리워졌다. 칼끝처럼 날카롭고 편집광처럼 주정하면서. 거기에 끝없는 공허가 있었다. 예배당 위에 주교의 관처럼 별자리가 걸려 있었다. 겨울 몇 달 동안, 밤마다 예배당 지붕 위에 낮게 드리워져 있었다. 찬란하게. 비수의 칼끝, 눈부시게 밝은 공허. 노인은 내 뒤를 따라 차고 모퉁이까지 왔다. 문이 소리도 없이 닫혔다. 그에게 잘 자라는 인사를 했을 때 그 필사적이고도 절망적인 미소를 나는 분명히 보았다. 매몰된 세계의 표면을 스치며 번쩍이는 유성 같은 미소였다. 그러자 나는 또다시 그가 식당에 서서 고개를 뒤로 젖히고 목구멍으로 홍옥을 흘려 넣는 것을 보았다. 지중해가 완전히 그의 속으로 매몰되는 것 같았다—오렌지 숲, 삼나무 숲, 날개가 달린 조각상, 목조 사원, 푸른 바다, 딱딱한 가면, 신비로운 숫자, 신화 속의 새, 벽옥 하늘, 독수리 새끼, 밝은 후미, 눈먼 거리 음악가, 수염을 기른 영웅들. 그 모든 것이 사라졌다. 북국의 눈사태에 묻혔다. 매몰되어 영원히 죽어 버렸다. 기억. 황량한 희망.

순간 나는 차도에서 망설였다. 수의, 관을 덮는 천, 말 못하는 것이 그 공허에 달라붙어 있었다. 이윽고 나는 자갈이 깔린 창가의 길을 서둘러 걸어 아치와 기둥과 철계단을 지나 안뜰에서 안뜰로 빠져나갔다. 모든 것이 굳게 잠겨 있었다. 겨울 내내 닫혀 있는 것이다. 기숙사로 이어지는 아치가 보였다. 음울하고 서리가 낀 창문을 통해 희미한 빛이 계단으로 새어나오고 있었다. 곳곳에 페인트가 벗겨져 있고, 돌은 울퉁불퉁했다. 난간은 삐걱거리고 돌바닥은 땀에 흠뻑 젖어 있었다. 그리고 이것들은 계단 위에서 흘러나오는 희미하고 불그스레한 빛을 받아 허옇고 멀건 기운을 내뿜고 있었다. 나는 땀을 흘리고 두려움을 느끼면서 작은 탑의 마지막 계단을 올라갔다. 새카만 어둠 속을 손으로 더듬거리며 인기척 없는 복도를 지나갔다. 방은 모두 텅 비어 있고 자물쇠가 잠겨 있었으며 썩어가고 있었다. 내 손은 벽을 더듬어 열쇠구멍을 찾았다. 문손잡이를 잡자 공포가 엄습해 왔다. 어떤 손이 내 뒤통수를 붙들고 자꾸만 뒤로 당기는 듯했다. 나는 방 안에 한 걸음 들어서자마자 곧바로 문을 걸어 잠갔다.

그것은 내가 밤마다 일으키는 기적이었다. 목이 졸려 죽지도 않고 도끼로 찍히지도 않으면서 방까지 들어가는 기적이다. 쥐들이 복도를 달려가거나 머리 위에서 들보를 갉아먹는 소리가 들렸다. 등불은 불타는 유황같이 빛나고, 전혀 바람이 통하지 않는 방 안은 속을 메스껍게 만드는 들치근한 냄새로 가득했다. 한쪽 구석에는 석탄 상자가 내가 놓아 둔 그대로 있었다. 난롯

불은 꺼져 있었다. 내 귀에는 정적이 나이아가라 폭포 소리처럼 짙었다.

고독, 너무도 공허한 동경과 공포가 있는 고독. 온 방 안이 사고의 대상이다. 나 자신과 내 사고와 공포 말고는 아무것도 존재하지 않는다. 아주 이상한 것을 생각할 수도 있다. 춤을 출 수도 있고, 침을 뱉을 수도 있고, 얼굴을 찌푸리고 저주하며 오열할 수도 있다—그러나 아무도 이것을 모른다. 아무도 들어 주지 않는다. 이러한 절대적 고독을 생각하기만 해도 나는 충분히 미칠 것 같았다. 그것은 깨끗한 출산과 마찬가지다.

모든 것을 잘라내는 것이다. 분리되고 벌거벗었으며 고독하다. 행복한 동시에 고통스럽다. 시간은 당신 손바닥 안에 있다. 1초 1초가 산처럼 무겁게 당신을 짓누른다. 당신은 그 속에서 허우적거린다. 사막, 바다, 호수, 대양. 시간은 고기를 자르는 도끼처럼 난도질한다. 무(無). 세계. 나인 동시에 내가 아니다. 우마하루무마. 모든 것에는 이름이 있어야 한다. 무엇이든 배우고 시험도 하며 경험해야 한다. "내 집처럼 생각하고 편안하게 지내세요, 내 사랑."

정적이 분화구 비탈면처럼 내려앉는다. 기관차는 저 멀리 황량한 언덕을 드넓은 야금(冶金) 지대를 향해 달려가면서 그 상품을 끌고 간다. 강철과 무쇠 침대 위를 지나간다. 땅바닥에 찌꺼기와 재와 보랏빛 광석을 뿌리면서. 화물차 안에는 켈프 재, 이음판, 압연철판, 굄목, 선재(線材), 판금, 박판, 합판, 박편, 흙손과 모르타르통, 조레스 광석 등이 실려 있다. U-80밀리미터 내지 그 이상인 바퀴. 앵글로 노르만 양식 건축의 멋진 전형, 통행인, 남색가, 용광로, 염기성 회전 용광로, 발전기, 변압기, 선철 주물, 구리 덩어리 등을 통과한다. 일반 대중, 보행자, 남색자(男色者), 금붕어, 유리실로 만든 종려나무, 울어대는 당나귀. 모든 것이 주사위의 다섯 눈 모양의 통로를 자유로이 순환한다. 브레질 광장에는 라벤더색 눈이 있다.

알고 지낸 여자들 생각이 머리를 스치고 지나간다. 그것은 스스로의 고통이 만들어낸 사슬과 닮았다. 모두 염주처럼 꿰어 있다. 따로 떨어져서 사는 불안, 태어나기를 기다리고 있는 공포. 자궁 입구에는 언제나 자물쇠가 잠겨 있다. 두려움과 절망, 핏속 깊숙한 곳에 있는 낙원의 손잡이. 피안(彼岸). 언제나 피안이다. 그것은 모두 배꼽에서 시작된 것이 틀림없다. 그들은 탯줄을 자르고 당신의 궁둥이를 철썩 때린다. 그리고는 정신 차려! 하고 소리지른다. 당신은 세계로 뛰쳐나온다. 표류해서 나온다. 키가 없는 배. 당신은 별을 쳐다보고, 자기 배꼽을 본다. 당신의 모든 곳에 눈이 생긴다—겨드랑이 밑에, 입술 사이에, 털구멍에, 발바닥에. 먼 것이 가까워지고 가까운 것이 멀어진다. 내부의 외부. 끝없는 유동, 껍질을 벗어 던진다. 안을 뒤집고 밖으로 나온다. 이리하여 당신은 해마다 표류하다가 마지막에 가장 중심부에서 자신을 발견한다. 그리고 거기서 당신은 서서히 썩어가고 조금씩 무너져 내리며 흩어진다. 나중에는 오직 당신의 이름만이 남는다.

봄이 되어, 나는 가까스로 감옥에서 탈출할 수 있었다. 뜻하지 않은 행운 덕분이었다. 어느 날 칼이 전보로 '위층'에 결원이 생겼다고 알려주며, 그 일자리를 맡을 생각이라면 돌아올 여비를 보내주겠다고 했다. 나는 회답 전보를 쳤다. 그리고 돈이 도착하자마자 역으로 달아나듯이 달려갔다. 교장이나 누구에게도 인사 한 마디 하지 않았다. 이른바 프랑스식 작별이라는 것이다.

이내 나는 다시금 칼이 묵고 있는 빌라 보르게제로 갔다. 그는 알몸으로 방에서 나왔다. 비번인 날 밤이어서, 언제나처럼 침대에 여자가 한 명 있었다. "저 여자는 신경 쓰지 말게." 그는 말했다. "잠들었어. 자네, 여자가 필요하면 저 여자하고 자도 되네. 제법 나쁘지 않아." 칼은 이불을 젖히고 여자의 몸매를 보여주었다. 그러나 나는 곧바로 여자와 자는 일 따위는 생각하지 않았다. 나는 너무나 신경이 곤두서 있었다. 마치 탈옥한 사나이 같았다. 온갖 것을 보고 듣고 싶을 뿐이었다. 역에서 이리로 올 때까지, 긴 꿈이라도 꾸고 있는 듯했다. 몇 년 동안이나 멀리 나가 있었던 것 같은 느낌이다.

의자에 앉아 방 안을 차분히 바라보고 있는 동안에, 겨우 다시 파리로 돌아왔음을 실감했다. 여기는 칼의 방이다. 틀림없다. 다람쥐 통과 변소가 하나로 합쳐진 듯한 방이다. 탁자 위에는 그가 사용하는 휴대용 타자기를 올려놓을 여유도 없을 정도였다. 칼은 여자와 함께 지내고 있든 그렇지 않든 언제나 이 모양이었다. 책 윗머리에 금박을 입힌 《파우스트》 위에는 언제나 사전이 펼쳐진 채로 놓여 있고, 담뱃갑과 베레모, 붉은 포도주병, 편지, 원고, 낡은 신문, 수채화 그림 도구, 찻잔, 더러운 양말, 이쑤시개, 크루셴 소금, 콘돔 따위가 언제나 사방에 흐트러져 있는 것이다. 세척기 속에는 귤 껍질과 햄샌드위치 찌꺼기가 들어 있었다.

"찬장에 먹을 게 있어." 칼은 말했다. "마음대로 찾아 먹게! 나는 마침

주사를 놓으려던 참이라서."

나는 칼이 말한 샌드위치와 먹다 남은 치즈 조각을 발견했다. 그가 침대 끄트머리에 걸터앉아 스스로 아르지롤(방부제) 주사를 놓고 있는 동안에, 포도주를 조금 마시며 샌드위치와 치즈를 먹었다.

"내게 보낸 자네 편지 속의 괴테론은 마음에 들었어." 칼은 더러운 팬티로 주삿바늘을 닦으면서 말했다. "그 회답을 지금부터 보여주지—그건 내 책에 쓰고 있는 중이거든. 자네의 문제점은, 자네가 독일인이 아니라는 거야. 독일인이 아니면 괴테를 이해할 수 없어. 제기랄, 지금 자네한테 설명하는 게 아닌데. 모두 책 속에 설명해 두었어⋯⋯ 그런데 나는 지금, 또 새로운 여자를 손에 넣었네—이 여자가 아냐, 이 여자는 좀 머저리거든. 적어도 며칠 전까지는 그랬어. 그녀가 되돌아올지 아닌지는 확실히 알 수 없지만. 자네가 그쪽에 가 있을 동안 그녀와 함께 지내고 있었다고. 그런데 지난번에 여자의 부모가 찾아와서 데려가 버렸어. 딸이 겨우 열다섯 살밖에 안 되었다고 지껄여대면서 말이야. 속여 먹을 작정이냐는 거야. 부모들도 나를 보고 깜짝 놀란 모양이었어⋯⋯."

나는 웃음을 터뜨렸다. 그런 소동에 스스로 뛰어들다니, 정말 칼이 할 법한 일이다.

"뭘 그렇게 웃나?" 그가 말했다. "자칫하면 나는 그 일 때문에 감옥에 들어갈지도 모른다고. 다행히 그녀를 임신시키지는 않았어. 이상한 얘기지만 말이야, 왜냐하면 그녀가 적절한 주의를 결코 하지 않았기 때문이야. 그런데 무엇이 나를 구해주었을 것 같은가? 적어도 나는 《파우스트》 덕분이라고 생각해. 아무렴! 그녀의 아버지가 우연히 책상 위에 파우스트가 놓여 있는 걸 보았어. 그리고 내게 독일어를 아느냐고 묻더군. 이것저것 이야기를 하다가 문득 돌아다보니, 그녀의 아버지가 내 책들을 모두 살펴보고 있지 뭔가. 다행히 나는 셰익스피어도 펼친 채로 놓아두었지. 이걸 보고 아버지가 아주 감동한 모양이야. '당신은 진지한 인물'이라고 말했다네."

"그 딸은? —아무 말도 하지 않았나?"

"딸은 겁에 질려 있었어. 실은 말이야, 그녀가 내게 왔을 때 작은 시계를 갖고 있었는데, 매우 흥분한 탓에 우리는 그 시계를 찾아낼 수가 없는 거야. 그러자 어머니가 시계를 찾아내지 못하면 경찰을 부르겠다고 떠들더군. 하지만 아무튼 보다시피 방이 엉망이 아닌가. 구석구석을 모조리 뒤져보았지만—그 빌어먹을 시계가 안 나오는 거야. 어머니는 길길이 날뛰며 불같이 화를 내더군. 그런저런 일들이 있었지만 나는 그 어머니가 좋아졌어. 딸보다 예뻤거든. 자—어머니에게 보내려고 쓰고 있는 편지를 보여주지. 나는 그녀에게 반했어…….”

"어머니에게 말인가?”

"그래, 안 되나? 어머니를 먼저 만났더라면, 딸은 거들떠보지도 않았을 거야. 그 딸이 겨우 열다섯 살이라는 걸 내가 무슨 수로 알겠나? 여자와 자기 전에 네 나이가 몇이냐고 묻는 녀석이 어디 있다고. 안 그래?”

"조, 이야기가 좀 이상한데, 설마 나를 놀리고 있는 건 아니겠지?”

"내가 자네를 놀린다고? 자—이걸 보라고." 칼은 딸이 그린 수채화를 내게 보여주었다—조금 귀여운 그림이다—나이프와 빵조각, 식탁, 찻잔, 그림 전체에 고심한 흔적이 보였다. "그녀는 내게 반해 있었어." 그는 말한다. "마치 어린애 같았지. 이를 닦는 일부터 모자 쓰는 법까지 하나하나 가르쳐 주어야 했다고. 여기—이 사탕 과자를 보게! 매일 사탕 과자를 사주었지—이걸 좋아했거든.”

"그래, 부모가 데리러 왔을 때 그녀는 어땠나? 한바탕 소란을 피웠나?”

"조금 울었지만, 그뿐이었어. 어쩔 도리가 없잖아? 아직 성년이 되지 않았으니까…… 나는 앞으로 두 번 다시 그녀를 만나지 않고, 편지도 보내지 않겠다고 약속해야 했어. 그래서 지금 이렇게 기다리고 있는 거야—그녀가 이대로 멀어져 갈 것인가, 아니면 되돌아올 것인가 하고. 그녀가 여기에 왔을 때는 처녀였거든. 그러니 문제는 앞으로 그녀가 사내와 자지 않고 얼마나 견딜 수 있겠느냐는 점이야. 여기 있을 때에도 그녀는 아직 만족하지 못했으니까. 나는 힘이 빠져 녹초가 되었었다고.”

이 무렵에는 이미 침대 위의 여자가 잠에서 깨어 눈을 비비고 있었다. 이 여자도 내게는 앳되고 사랑스럽게 보였다. 몸매는 나쁘지 않지만, 자세히 보니 아주 멍청해 보였다. 그녀는 곧바로 우리가 무슨 얘기를 하고 있는지를 알고 싶어 했다.

"이 여자는 이 호텔에 있어." 칼이 말했다. "3층이야. 이 여자 방에 가고 싶은가? 내가 이야기해 주지.”

가고 싶은지 어떤지 스스로도 알 수 없었지만, 칼이 또 그녀와 뒹구는 것을 보고 있다가 가보기로 마음먹었다. 나는 먼저 그녀에게 너무 피로하지 않느냐고 물어보았다. 하지만 쓸데없는 질문이었다. 매춘부가 다리 가랑이를 벌릴 수 없을 만큼 지치는 일은 절대로 없다. 개중에는 행위 중에 잠잘 수 있는 여자도 있다. 아무튼 우리는 그녀 방으로 내려가기로 했다. 그러면 나로서도, 그날 밤의 방값을 호텔 주인에게 지불하지 않아도 되는 것이다.

아침이 되자, 나는 작은 공원이 바라다보이는 방 하나를 빌렸다. 그 공원에는 샌드위치맨이 언제나 점심 도시락을 먹으러 찾아왔다. 정오에는 함께 아침 식사를 하려고 칼을 불렀다. 그와 반 노든은 내가 없는 동안에 새 습관을 들이고 있었다—매일 아침 식사를 하러 쿠폴로 가는 것이다. "왜 쿠폴로 가나?" 나는 물었다. "왜 쿠폴로 가느냐고?" 칼이 말한다. "그건 말이야, 쿠폴에선 언제나 죽이 나오거든. 죽을 먹으면 변비에 좋기 때문이지."— "아, 그렇군." 나는 말했다.

이리하여 다시금 옛날과 똑같은 일과가 시작되었다. 우리 세 사람은 함께 사무실을 오갔다. 사소한 말다툼이나 쓸데없는 불화도 있었다. 반 노든은 여전히 여자 때문에 복통을 일으키고, 배에서 불결한 것을 씻어내고 있었다. 다만 지금은 새로운 기분 전환법을 발견했는데, 그편이 자위를 하는 것보다는 언짢은 기분이 줄어든다고 한다. 그가 이렇게 말했을 때, 나는 놀라서 입을 다물지 못했다. 그에게 스스로 사정(射精)하는 쾌감이 있으리라고는 생각도 못했던 것이다.

반 노든이 그 방법을 설명했을 때는 더욱 아연했다. 그의 말에 의하면, 그 새로운 묘기(妙技)는 자기가 '발명'했다고 한다. "사과 씨를 파낸 다음, 그 속에 콜드크림을 바르는 거야. 너무 빨리 녹지 않을 정도로. 언제 한 번 시도해 보라구! 처음에는 머리가 이상해질 만큼 황홀할 거야…… 아무튼 싸구려 방식이고, 또 그다지 시간을 낭비하지 않아도 되니까."

"그런데" 반 노든은 갑자기 화제를 돌리며 말했다. "자네 친구인 필모어 말인데, 지금 입원해 있어. 그 녀석은 미쳐 버린 모양이야. 녀석의 여자가 그렇게 말했어. 녀석이 프랑스 여자와 지내고 있었다고. 자네가 없는 동안에 말이야. 언제나 사납게 싸워댔지. 그 여자라는 게 몸집이 크고 건장한—야수 같은 여자야. 나는 그녀에게 손을 댈 생각은 없지만, 자칫 잘못하면 그녀가 눈알이라도 도려내지 않을까 싶어 지레 겁이 날 정도라고. 필모어는 언제나 얼굴과 손에 할퀴어진 상처를 달고 돌아다녔지. 그녀도 때로는 걷어차이곤 했나봐—언제나 그랬는지도 모르지만, 프랑스 여자가 어떤지는 자네도 알지 않나—정욕에 미쳐 버리면 이성(理性)이고 나발이고 없다니까."

분명히 내가 없는 동안에 많은 일들이 일어나고 있었다. 필모어 이야기를 들으니 딱한 마음이 들었다. 내게는 아주 친절하게 대해준 사나이다. 반 노든과 헤어지자, 나는 버스를 타고 곧장 병원으로 달려갔다.

병원에서는 필모어가 완전한 정신 이상 상태인가의 여부를 아직 진단 내리지 못한 모양이었다. 왜냐하면 그는 2층 독방을 쓰면서, 여느 환자들과 마찬가지로 마음대로 지내고 있었기 때문이다. 내가 갔을 때 필모어는 마침 목욕을 끝낸 참이었다. 내 모습을 보자마자 그는 울음을 터뜨렸다. "모든 게 다 늦어 버렸어." 그는 이내 말했다.

"내가 미쳐 버렸다는 거야—그리고 매독에 걸린 것 같아. 과대망상증이라지 뭔가." 필모어는 침대에 쓰러지며 소리 없이 울었다. 잠깐 울고 나서 고개를 들고 싱긋 웃었다—꼭 잠에서 깨어난 '참새' 같았다. "왜 나를 이렇게 사치스런 방에 들여놓았을까?" 그는 말했다. "왜 나를 싸구려 병실에 들이지 않지? —아니면 정신병원이라든가. 이런 방의 비용은 치르기 벅차다고. 내 돈은 이제 5백 달러밖에 남지 않았단 말이야."

"그거야, 자네를 여기에 들여놓은 까닭은." 나는 말했다. "그 돈이 없어지면 바로 옮기겠지. 너무 걱정하지 말라고."

내 말을 듣자, 필모어의 마음이 움직인 모양이었다. 왜냐하면 내가 말을 끝내자마자, 그는 곧바로 줄이 딸린 시계와 지갑, 대학 동창회 기념 핀 따위를 내게 건네주었기 때문이다. "이걸 잘 간직하고 있게." 그는 말했다. "이곳의 개새끼들은 내 소지품을 모조리 빼앗아 가려고 한다고." 이렇게 말하고 느닷없이 웃었다. 기분 나쁘고 하나도 우스워 보이지 않는 웃음, 제정신을 갖고 있든 아니든 간에 미치광이라고 생각하지 않을 수 없는 웃음이었다.

"자네도 나를 미치광이라고 생각하지?" 필모어는 말했다. "나는 내가 한 짓을 속죄하고 싶은 거야. 나는 결혼하고 싶어. 알겠나? 나는 내가 임질에 걸렸다는 사실을 알지 못했어. 그래서 그 여자에게 임질을 옮기고, 임신까지 시켜 버렸지. 의사에게도 말했다고. 나는 어찌 되든 상관없으니, 우선 결혼부터 시켜 달라고 말이야. 의사는 좀더 좋아질 때까지 기다리라고 고집을 부리는 거야―하지만 나는 결코 좋아질 리 없다는 걸 알고 있어. 이제 끝장이야."

나는 필모어가 말하는 걸 들으면서, 마음속으로 웃지 않을 수 없었다. 나로선 그의 신상에 무슨 일이 일어났는지 이해할 수 없었지만, 아무튼 그 여자를 만나 사정을 설명해 주겠다고 그에게 약속했다. 필모어는 내가, 그녀 옆에 있으면서 위로해 주기를 바랐다. 나라면 믿을 수 있다는 말까지 했다. 나는 그의 마음을 가라앉히기 위해, 무슨 일이든 알았다고 말할 수밖에 없었다. 나는 필모어가 완전히 미쳐 버렸다고는 생각하지 않았다―다만 신경이 곤두서 있는 듯했다. 전형적인 앵글로 색슨적 위기이며, 도덕심의 분출이었다. 나는 그 여자를 몹시 만나보고 싶어졌다. 그리고 모든 일의 진상을 파악하고 싶었다.

이튿날 나는 그녀를 찾아갔다. 그녀는 카르티에라탱(라틴지구)에 살고 있었다. 내가 누구인가를 알자 매우 정중해졌다. 지네트라고 이름을 밝힌 그녀는 몸집이 크고 건장한 농부 같은 여자로, 앞니 하나가 반쯤 썩어 있었다. 활력이 넘치고, 눈동자에는 일종의 광기 어린 불꽃이 타오르고 있었다. 지네트는 먼저 울음부터 터뜨렸지만, 이윽고 내가 그녀의 조조―그녀는 필모어를 이렇게 불렀다―의 옛친구임을 알고는 아래층으로 내려가서 백포도주 두 병을 손에 들고 되돌아왔다. 나는 그대로 머물다가 지네트와 저녁 식사를 함께 하기로 하였다―그녀가 그러라고 끝까지 고집 부렸던 것이다. 술을 마시는 동안, 지네트는 들떠서 쾌활하게 떠들어대다가도 갑자기 울적해하곤 했다. 나는 아무것도 물어볼 필요가 없었다―자동으로 감기는 기계처럼 그녀가 혼자서 계속 이야기했기 때문이다. 지네트가 특히 걱정하고 있는 것은, 필모어가 퇴원하면 이전의 일자리에 근무할 수 있겠느냐는 점이었다. 지네트의 부모는 유복하지만, 그녀와는 사이가 좋지 않다고 한다. 부모는 딸의 방종한 생활을 용서할 수 없었던 것이다. 특히 필모어를 용서하지 않았다―그가 무뢰배이자 미국인이라는 이유로. 필모어가 이전의 일자리에 근무할 수 있다고 확실히 보증해 달라고 지네트가 애원했으므로, 나는 망설이지 않고 보증해 주었다. 그러자 이번에는 필모어의 말―그가 결혼을 결심하고 있다는 것―을 믿어도 좋을지 가르쳐 달라고 애원한다. 지금 배 속에 아기가 있는 데다 임질에 걸려 있잖아요. 그러니 도저히 프랑스 남자를 상대로 놀며 지낼 수는 없어요. 그야 당연하지 않소? 나는 지네트를 안심시켰다. 그건 나도 알 수 있었다—다만 이해할 수 없는 것은, 대체 왜 필모어가 지네트에게 빠져들었는가 하는 점이었다. 하지만 하나씩 차근차근 처리해 가야 한다. 지금은 지네트를 위로하는 게 내 책무인 것이다. 그래서 나는 생각나는 대로 적당히 거짓말을 해가면서, 모든 일이 잘 풀릴 것이며, 아기 이름은 내가 지어주겠다는 등의 이야기를 해주었다. 그런데 갑자기, 이 여자가 아이를 낳는다는 게—특히 장님 아이가 태어날 가능성이 있다는 게 조금 이상하다는 느낌이 들었다. 나는 이를 되도록 에둘러서 설명했다. "그렇게 말씀하셔도 어쩔 수 없어요." 지네트는 말했다. "나는 그 사람의 아이를 갖고 싶은걸요."
"그 아이가 장님이라도요?" 나는 물었다.
"어머, 잔인하셔라. 그런 말은 듣기 싫어요!" 그녀는 신음하듯이 말했다.
"그런 말은 하지 말아요!"
그러나 나는 그 말을 하는 게 내 책무라고 생각했다. 지네트는 흥분해서 바다코끼리처럼 꺼이꺼이 울더니, 또 술을 들이켰다. 그리고 이내 소란스레 웃어댔다. 자기들이 침대 속에서 언제나 맹렬하게 맞붙었던 것을 생각하니 우습다며 자지러지게 웃어대는 것이다. "그 사람은 말이에요, 내가 그이와 맞붙어 씨름을 하는 걸 좋아했어요." 지네트는 말했다. "그이는 짐승이에요."
내가 저녁을 먹고 있을 때 지네트의 친구가 훌쩍 들어왔다—복도의 맨 첫째 방에 살고 있는 몸집이 작고 젊은 여자이다. 지네트는 이내 내게 술을 사오게 했다. 술을 사서 돌아와 보니, 그녀들은 아주 재미있는 이야기를 하고 있던 모양이었다. 지네트의 친구인 이 이베트라는 여자는 경찰을 도와주고 있다고 한다. 일종의 미끼이리라고 나는 추측했다. 적어도 그녀는 내가 그렇게 믿도록 만들고 있었다. 이베트가 단순한 매춘부라는 사실은 거의 확실했다. 하지만 그녀는 경찰과 경찰이 하는 일에 대해 어떤 강박관념을 갖고 있었다. 저녁을 먹는 내내 두 사람은 내게 대중 무도장에 함께 가자고 졸라댔다. 쾌활하게 떠들어대고 싶어했다—조조가 입원해 있기 때문에 지네트는 쓸쓸해 견딜 수가 없는 것이다. 나는 일하러 가야 해서 오늘은 안 되지만, 비번인 날 밤에 두 사람을 만나러 오겠다고 말했다. 덧붙여, 당신들을 위해 쓸 돈은 한 푼도 갖고 있지 않다고 분명히 말해주었다. 이 말을 듣고 지네트는 벼락을 맞은 것처럼 놀란 모양이지만, 그런 것은 아무래도 상관없다는 듯한 얼굴을 보이고 있었다. 실제로 자신이 얼마나 호탕한 여자인가를 보여주고 싶은 마음에, 나를 회사까지 택시로 바래다주겠다며 고집을 부렸다. 내가 조조의 친구이자 자신의 친구이기도 하므로 그렇게 하겠다는 것이었다.

"그렇다면" 나는 마음속으로 말했다. "만일 당신의 조조에게 문제가 생기거든, 재빨리 내게로 달려오라고. 그러면 내가 어떤 친구가 될 수 있는지 알게 될 거야." 나는 지네트에게는 달콤한 파이처럼 부드러웠다. 실제로 회사 앞에서 택시를 내렸을 때는, 그녀들의 설득에 넘어가 마지막으로 한 번 더 페르노 술을 마시러 갔다. 이베트는 업무가 끝난 뒤에 나를 불러내도 괜찮겠느냐고 말했다. 은밀히 하고 싶은 이야기가 좀 있다는 것이다. 나는 그녀의 감정이 다치지 않도록 조심하며, 가까스로 거절했다. 그러나 불행히도, 방심하여 이베트에게 내 주소를 가르쳐주고 말았다.

불행히도라고 말했지만, 지금 돌이켜 보면 사실 그때 가르쳐 준 게 오히려 다행이었다. 왜냐하면 그 다음날부터 여러 가지 일들이 일어나기 시작했기 때문이다. 이튿날, 아직 내가 침대에서 일어나기도 전에 지네트와 이베트가 찾아왔다. 조조는 병원에서 다른 데로 보내졌다―병원에서는 파리에서 몇 마일 떨어진 곳에 있는 작은 별장에 그를 감금시켜 버린 것이다. 병원 직원은 별장이라고 얘기했지만, 그것은 '정신병원'을 부드럽게 돌려 말한 표현이었다. 두 사람은 나에게, 재빨리 채비하여 함께 가달라고 부탁했다. 그녀들은 몹시 당황해 있었다.

아마도 나는 혼자서라면 갔을지도 모른다―그러나 이 두 사람과 함께 가고 싶지는 않았다. 어떻게든 가지 않아도 되는 구실을 만들어낼 시간을 벌어야겠다고 생각하면서, 옷을 갈아입을 동안 아래층에서 기다려 달라고 두 사람에게 말했다. 그러나 두 사람은 방에서 꿈쩍도 하지 않았다. 자리에 앉아, 마치 일상적인 일인 것처럼 내가 세수를 하고 옷을 입는 모습을 바라보고 있었다. 이때 칼이 들어왔다. 나는 그에게 영어로 짤막하게 사정을 설명한 뒤, 둘이서 처리해야 할 어떤 중대한 용건이 생겼다는 구실을 만들어내었다. 그러나 상황을 원만하게 넘기기 위해 우리는 술을 마시고, 추잡한 화첩(畵帖)을 여자들에게 보여주며 대접했다. 이베트는 이미 별장에 가고 싶은 기분이 사라져 버린 듯했다. 그녀와 칼은 꽤 친밀해져 있었다. 드디어 출발할 때가 되자, 칼도 함께 별장으로 가겠다고 했다. 필모어가 수많은 미치광이들과 함께 걸어다니는 걸 보면 재미있겠다고 생각한 것이다. 정신병원이 어떤 곳인지 보고 싶어했다. 그래서 우리는 술을 마셔 더할 나위 없이 유쾌해진 기분으로 출발했다.

필모어가 별장에 있는 동안 나는 한 번도 그를 만나러 가지 않았다. 그럴 필요가 없었던 것이다. 왜냐하면 지네트가 규칙적으로 그를 문병하고, 소식을 자세히 전해주었기 때문이다. 병원에서는 몇 달만 지나면 그가 온전한 정신을 되찾으리라는 희망을 갖고 있다고, 그녀는 말했다.

병원에서는 알코올 중독으로 생각하고 있다고 한다—단지 그뿐이라고 한다. 물론 임질에도 걸려 있다—하지만 그것은 고치기 어려운 병이 아니다. 병원측에서 볼 때는, 매독은 아니라고 한다. 무척 다행이었다. 그래서 병원에서는 먼저 위 세척기를 사용해서 필모어의 기관을 꼼꼼하게 씻어냈다. 그는 얼마 동안 침대에서 일어날 수 없을 만큼 허약해졌다. 완전히 기력을 잃어서, 치료받고 싶지 않다—죽고 싶다고 무심결에 지껄였다. 이런 어리석은 소리를 끊임없이 집요하게 늘어놓자, 마침내 병원에서도 경계하기 시작했다. 그가 자살할 생각이었다면, 썩 좋은 방법이라고 권장할 수는 없을 것이다. 어쨌든 병원 측에서는 필모어에게 정신 요법을 시행했다. 그리고 그 사이에 이를 뽑아 버렸다. 두 개, 세 개씩…… 필모어가 이제 이가 한 개도 남아 있지 않다고 생각할 때까지 뽑았다. 그런 다음에는 상쾌한 기분이 들어야 할 텐데, 이상하게도 그는 전혀 상쾌함을 느끼지 못했다. 전보다 더욱 침울해졌다. 그러다가 이윽고 머리칼이 빠지기 시작했다. 끝내는 상태가 더욱 악화되어 정신 착란 기미까지 보였다—모든 일마다 병원 사람들을 책망하고, 무슨 권리로 자신을 억류하는가, 감금당할 만한 정당한 이유가 있는가, 내가 무슨 짓을 했는가 하고 비난했다. 한없이 우울하게 처져 있다가는 으레 느닷없이 맹렬하고 위태로운 기세로, 나를 석방하지 않으면 여기를 폭파시켜 버리겠다고 말하며 병원을 위협했다. 더욱 심각한 상황은, 지네트와 결혼하려던 생각을 그가 전혀 문제삼지 않게 된 점이다. 나는 너와 결혼할 생각이 전혀 없다, 네가 끝까지 아이를 낳으려는 정신 나간 생각을 갖고 있다면 너 혼자서 아이를 길러라—필모어는 이리저리 서성거리면서 솔직히 선언한 것이다.

의사들은 이를 좋은 징후라고 해석했다. 정신이 돌아오고 있다고 말했다. 지네트는 필모어의 정신 이상 상태가 더욱 악화되었다고 생각했지만, 그래도 그가 병원에서 나올 수 있기를 빌었다. 퇴원하면 조용하고 태평스런 시골로 그를 데려갈 수 있고, 거기서라면 온전한 정신을 되찾을 수 있으리라고 생각했던 것이다. 그러는 사이에 그녀의 부모가 일부러 파리까지 상황을 살펴보러 와서, 별장에 있는 미래의 사위를 문병하고 싶다고 말했다. 약삭빠르게 머리를 굴려본 결과, 딸이 평생 남편 없이 지내기보다는 미치광이 남편이라도 있는 게 낫다는 계산을 한 모양이다. 아버지는 필모어를 위해 농장에서 할 수 있는 일이라도 찾아봐 줄 수 있으리라고 생각했다. 필모어는 그다지 나쁜 사나이가 아니라고 말했는데, 지네트로부터 필모어의 부모가 부자라는 말을 듣자, 아버지는 마음이 더욱 후해져 우호적이 되었다.

사태는 저절로 호전되어 갔다. 지네트는 잠시 부모 곁에서 지내기 위해 시골로 돌아갔다. 이베트는 규칙적으로 칼을 만나러 호텔로 찾아왔다. 그녀는 그가 신문사 주필이라고 생각하고 있었다. 그리고 점점 더 그들은 마음을 털어놓고 이야기하는 사이가 되어갔다. 어느 날 기분 좋게 술에 취해 있을 때, 이베트는 우리에게 지네트는 단순한 매춘부일 뿐이며 사람의 피를 빨아먹는 탐욕스럽고 냉혹한 여자이다, 지네트는 한 번도 임신한 적이 없으며 지금도 임신하지 않았다고 털어놓았다. 우리, 칼과 나는 다른 비난에 대해서는 그다지 의심을 하지 않았지만, 지금도 임신하지 않았다는 말에는 고개를 갸웃거렸다. 그러나 확실한 보장은 없었다.

"그럼, 그 여자는 왜 그렇게 배가 불러 있지?" 칼이 물었다.

이베트는 웃었다. "자전거 펌프로 바람이라도 불어넣었나 보죠." 그녀는 말했다. "사실을 말하면, 그렇지 않아요. 배가 나온 건 술 때문이에요. 지네트는 술고래예요. 시골에서 돌아오면 살펴봐요. 배가 더 나와 있을 테니까. 그녀의 아버지도 못 말릴 술꾼이에요. 지네트도 그렇고. 임질에는 걸렸을지 몰라도, ─그래도 임신하지는 않았어요."

"그런데 왜 필모어와 결혼하고 싶어하는 걸까? 정말로 그를 사랑하고 있나?"

"사랑하느냐고요? 원, 지네트에게 애정 같은 것은 털끝만큼도 없어요. 누군가 자기를 돌보아줄 사내가 필요한 거예요. 프랑스인 가운데 그녀와 결혼하고 싶어하는 남자는 하나도 없어요—경찰의 요주의 딱지가 붙은 여자인 걸요. 지네트가 필모어와 결혼하고 싶어하는 이유는, 그가 꽤 멍청한 사람이어서 그녀 신변의 일을 알아채지 못하리라고 생각하기 때문이죠. 부모로부터는 이미 버림받았죠—집안의 수치인 걸요. 하지만 부자 미국인과 결혼할 수만 있다면, 그것으로 모든 일이 정리되겠죠…… 당신은 지네트가 그를 조금은 사랑하고 있으리라고 생각하는군요. 그렇죠? 그건 그녀를 알지 못하기 때문이에요. 그 두 사람이 호텔에서 함께 지내고 있을 무렵에, 필모어가 직장에 나가고 없을 때면 온갖 사내들이 지네트 방에 드나들었다고요. 필모어가 용돈을 듬뿍 주지 않기 때문이라고 말했었죠. 그는 노랑이였나봐요. 지네트가 입고 있던 모피 코트 말이에요—부모한테서 받은 것이라고 필모어에게 말했잖아요. 안 그래요? 모르는 게 약이죠! 나는 지네트가 남자를 데리고 호텔로 돌아오는 걸 보았어요. 그때 마침 필모어가 방에 있었죠. 그러자 그 남자를 아래층으로 데리고 갔어요. 내가 이 두 눈으로 똑똑히 보았어요. 그런데 그게 어떤 남자였는 줄 알아요? 아주 버림받은 듯한 할아범이었어요. 발기할 수도 없을 것 같은 늙은이였다고요!"

필모어가 퇴원해도 좋다는 허락을 받아 파리로 돌아오면, 나는 지네트에 대해 그에게 넌지시 경고를 해 주어야 할지도 모른다. 하지만 그는 아직 의사의 감시 아래 있었으므로, 이베트에게서 들은 온갖 비방을 전하여 그의 기분을 혼란스럽게 만드는 건 좋지 않다고 생각했다. 지금까지의 경위에 따라, 필모어는 별장에서 곧바로 지네트의 부모에게로 가 버렸다. 그리고 설득당하여 마지못해 약혼을 발표하기에 이르렀다. 혼인 광고가 지방 신문에 나가고, 친지들이 축하 연회에 초대되었다. 필모어는 이러한 상황을 이용하여 온갖 엉터리 짓을 다 했다. 자신이 무슨 짓을 하고 있는지 다 알고 있으면서, 아직 머리가 좀 돈 사람처럼 행동했다. 장인의 자동차를 몰고 혼자서 멋대로 부근을 돌아다니며 말썽을 부리곤 했다. 어디든 마음에 드는 동네라도 발견하면, 거기에 주저앉아 지네트가 찾으러 올 때까지 노닥거리고 있었다. 때로는 장인과 함께 나서기도 했다—아마 낚시 여행일 테지만—그리고 며칠 동안 두 사람은 행방을 감추었다. 필모어는 괘씸할 만큼 변덕스러워지고, 억지 생트집을 잡곤 했다. 아마도 얻을 수 있는 건 모조리 손에 넣어야겠다고 계산한 모양이다.

지네트를 데리고 파리로 돌아왔을 때, 필모어는 새로 맞춘 양복을 입고 주머니가 넘쳐나도록 많은 돈을 갖고 있었다. 무척 유쾌하고 건강해 보였다. 무두질한 가죽으로 지은 멋진 윗옷을 입고 있었다. 내 눈에는 싱싱한 과일처럼 건강해 보였다. 그런데 지네트가 자리를 비우자 그는 이내 본심을 털어놓았다. "나는 일자리를 잃고 돈도 다 써 버렸어. 한 달쯤 뒤에 우리는 결혼하게 되어 있어. 그동안 그녀의 부모가 돈을 보내주고 있지만, 일단 내가 그 장인의 손아귀에 합법적으로 꽉 쥐이면 나는 그들의 노예가 될 수밖에 없다고. 장인은 나를 위해 문방구 가게를 차려주려 하고 있어. 지네트가 손님을 맞으며 돈을 받고, 나는 가게 안쪽에 앉아서 글을 쓰라는 거야. 내가 앞으로 문방구 가게 안쪽에 앉아서 평생을 보내야 하다니 상상할 수 있겠나? 지네트는 멋진 제안이라고 생각하고 있어. 그녀는 돈 만지기를 좋아하거든. 그런 계획에 따를 바에야, 나는 차라리 별장으로 되돌아가는 게 낫겠어."

필모어는 물론 당장은 무슨 일이든 좋다는 태도를 보이고 있었다. 나는 그에게 미국으로 돌아가라고 설득했지만, 내 말에 통 귀를 기울이지 않았다. 무식한 농부들 때문에 프랑스에서 추방될 수는 없다는 것이었다. 당분간 모습을 감추고 그녀와 마주치지 않도록 어느 교외에라도 숨어 있으려는 생각을 갖고 있었지만, 우리는 이내 그것이 불가능한 일이라고 단정했다. 프랑스에서는 미국처럼 잘 숨어 있을 수 없었다.

"잠깐 벨기에에 가 있으면 어떤가?" 나도 제안했다.

"가더라도 어떻게 돈을 벌지?" 필모어는 곧바로 말했다. "그런 거지 같은 나라에서 일자리를 얻을 수 있겠어?"

"그럼 그녀와 결혼했다가 이혼하는 건 어떤가?" 내가 물었다.

"하지만 그녀가 곧 아이를 낳는데, 그 아이는 누가 돌보겠나?"

"그녀가 아이를 낳으리라는 걸 자네가 어떻게 알 수 있지?" 나는 지금이야말로 진상을 밝힐 때라고 결심하고 말했다.

"내가 어떻게 알 수 있냐니?" 필모어는 말했다. 내가 무엇을 말하려 하는지 잘 모르는 듯했다—

나는 이베트가 이야기한 것을 넌지시 암시해 주었다. 필모어는 무슨 말인지 통 알 수 없다는 표정으로 귀를 기울이고 있었다. 그러더니 마침내 내 말을 가로막았다. "그런 것을 아무리 얘기해도 소용없네. 나는 틀림없이 그녀가 임신한 사실을 알고 있어. 태아가 배 속에서 발길질하는 것을 손으로 만져본 적이 있다고. 이베트라는 계집은 더러운 년이야. 이봐, 자네에게는 이야기하고 싶지 않았지만, 사실 나는 병원에 들어가기 전까지 이베트에게도 돈을 주고 있었다고. 그 뒤로 내 처지가 엉망이 되어 버리는 바람에 더는 돈을 줄 수 없게 된 거야. 그녀들 두 명에게 나로서는 충분히 해주었어⋯⋯ 그래서 이번에는 내 몸을 돌보기로 결심한 거야. 그 점이 이베트를 화나게 만들었지. 그리고 내게 반드시 보복을 할 작정이라고 지네트에게 말한 거야 ⋯⋯ 나도 이베트가 한 말이 차라리 진실이었으면 좋겠어. 그렇다면 훨씬 쉽게 이 사태에서 벗어날 수 있을 테니까. 지금 나는 덫에 걸려 있는 거야. 지네트와 결혼하겠다고 약속해 버렸으니, 나는 그대로 따를 수밖에 없어. 그다음에는 나에게 어떤 일이 일어날지 짐작도 가지 않아. 지금은 그자들이 내 불알을 쥐고 있는 셈이야." 그는 이렇게 말을 끝냈다.

필모어는 나와 같은 호텔 방에 묵고 있었기 때문에, 내가 원하든 원치 않든 간에 어쩔 수 없이 계속 그들과 얼굴을 마주할 수밖에 없었다. 거의 매일 그들과 함께 저녁 식사를 했다. 식사하기 전에는 페르노 술을 한 잔 들이켰고, 식사하는 동안에는 내내 큰 소리로 말다툼을 벌였다. 시끄럽고 귀찮아 견딜 수가 없었다. 왜냐하면 어떤 때에는 한쪽 편을 들고, 다른 때에는 반대쪽 편을 들어주어야 했기 때문이다. 이를테면 어느 일요일 오후의 일인데, 함께 점심 식사를 마치고 우리는 에드가 키네 대로 모퉁이에 있는 카페로 나갔다. 이때는 다른 때보다 꽤 순조롭게 일이 풀리고 있었다. 우리는 작은 탁자 안쪽에 옆으로 나란히 걸터앉았다. 뒤에는 거울이 있었다. 지네트는 욕정에 싸여 있었던 모양이다. 갑자기 감상적인 기분에 빠져, 프랑스인이 자연스레 그러듯이, 모두가 보는 앞에서 필모어를 애무하며 키스했다. 두 사람이 오랫동안 포옹하다가 몸을 뗀 순간, 필모어가 지네트의 부모에 대해 뭐라고 말했다. 그녀는 이를 모욕당한 걸로 받아들였다. 대뜸 지네트의 볼이 노여움 때문에 불타올랐다. 우리는 오해라며 그녀를 달랬다.

그때 필모어가 살며시 영어로 내게 뭐라고 말했다―지네트의 비위를 좀 맞춰달라는 얘기였다. 이를 보고 그녀는 벌컥 화를 냈다. 우리가 자기를 웃음거리로 삼고 있다는 것이었다. 내가 지네트에게 뭔가 가시 돋친 말을 했는데, 이 말이 더욱더 그녀를 격분시켰다. 이윽고 필모어가 지네트를 달래려고 했다. "당신은 성질이 너무 급해" 하고 말하면서 그녀의 볼을 가볍게 치려고 했다. 그런데 지네트는 필모어가 자기 얼굴을 갈기려고 손을 쳐든 줄 알고, 농부 특유의 그 커다란 손으로 요란한 소리와 함께 그의 턱을 갈긴 것이다. 순간적으로 필모어는 눈앞이 아찔했다. 이렇게 일격을 당하리라고는 상상도 못했던 것이다. 게다가 몹시 아팠다. 필모어의 얼굴이 점점 더 창백해지더니, 다음 순간 그는 의자에서 일어서서, 지네트가 의자에서 굴러떨어질 뻔할 정도로 세차게 뺨을 후려쳤다. "알겠어! 이상한 짓을 하면, 이거야!" 그는 말했다―프랑스어로 더듬거리며. 순간 쥐죽은 듯이 조용해졌다. 이윽고 마치 폭풍우가 이는 것처럼 지네트는 자기 앞에 놓인 술잔을 집어들어 필모어에게 힘껏 내던졌다. 잔은 뒤쪽 거울에 맞아 산산이 부서졌다. 재빨리 필모어가 지네트의 팔을 잡았지만, 그녀는 자유로운 다른 쪽 손으로 커피잔을 움켜쥐고는 바닥에 내동댕이쳤다. 완전히 실성한 사람처럼 그녀는 마구 날뛰었다. 우리는 가까스로 그녀를 붙들고 있었다. 그러는 사이에 가게 주인이 달려와서 나가라고 명령했다. "불량배 녀석들!" 주인은 버럭 소리 질렀다. "그래요, 불량배예요, 맞아요." 지네트가 날카로운 목소리로 소리쳤다. "더러운 외국인들이에요! 악당! 깡패! 임신한 여자를 때리다니!" 우리의 처지는 매우 난감하기 이를 데 없었다. 연약한 프랑스 여성을 상대로, 건장한 미국인 사내 둘이서 소란을 피우고 있는 셈이다. 깡패라니. 나는 어떻게 하면 싸우지 않고 여기서 잘 달아날 수 있을까를 궁리하고 있었다. 필모어는 이미 대합처럼 입을 꽉 다물고 있었다. 지네트는 우리를 이미 대소동을 벌인 장본인으로 몰아넣고 출구로 달아나고 있었다. 나가면서 뒤를 돌아보며 주먹을 쳐들고 고래고래 소리를 질렀다. "반드시 되갚아줄 거야. 이 짐승 같은 놈아! 두고 보라고! 외국인 따위한테 버젓한 프랑스 여자가 이런 꼴을 당하고 있을 수는 없지! 절대 용서할 수 없어!"

이 말을 듣고 가게 주인은―이미 이때는 술값과 깨진 술잔 값을 치른 뒤였다―지네트와 같은 프랑스 모성의 훌륭한 본보기를 위해 의협심을 보이는 게 의무라고 느낀 모양이다. 그래서 더 이상 떠들지도 않고, 내 발께에 침을 탁 뱉고는 우리를 출구로 떠밀었다. 그러고는 "빌어먹을, 거지 같은 놈들, 더러운 불량배 녀석들!" 하면서 뭔가 불쾌한 말을 늘어놓았다.

한길로 나와 이제 아무도 뒤에서 돌을 던질 녀석도 없다고 생각하자, 이

소란의 재미있는 면이 보이기 시작했다. 모든 일이 법정에서 속속들이 드러
나다면, 이보다 좋은 수가 또 있을까 하고 나는 은근히 생각했다. 모든 일들
이! 이베트의 짤막한 이야기도 포함하여. 뭐니뭐니 해도 요컨대 프랑스인에
게는 유머 감각이 있으니까. 아마도 재판관은, 필모어 측의 이야기를 들으면
그의 결혼 책임을 면제해줄 것이다.

한편, 지네트는 한길 맞은편에 우뚝 서서 주먹을 휘두르며 고래고래 소리
를 지르고 있었다. 사람들이 멈춰서서 그 말을 듣고는, 거리에서 싸움이 벌
어지면 으레 그렇듯이 어느 한쪽 편을 들려고 기다리고 있었다. 필모어는 어
떻게 해야 좋을지 몰랐다—그녀를 피해 가야 할지, 곁으로 다가가 달래야
할지. 그는 양손을 내밀고 길 한복판에 우뚝 서서, 기회가 나면 소리를 지르
려 하고 있었다. 지네트는 여전히 외치고 있다. "깡패! 짐승이야! 두고 보
라고! 더러운 인간아!" 그 밖에도 욕설을 잔뜩 늘어놓았다. 마침내 필모어
가 그녀 쪽으로 걸어갔다. 그러자 지네트는 다시금 자신을 때리러 다가오는
줄 알고 재빨리 달아나 버렸다. 필모어는 내가 있는 데로 되돌아와 말했다.
"가세. 살며시 뒤쫓아가자고." 우리는 뒤쫓아갔다. 할 일 없는 사람들이 떼
를 지어 우리를 뒤따라왔다. 이따금 그녀는 우리를 뒤돌아보며 주먹을 흔들
어댔다. 우리는 지네트에게 달려들려는 게 아니라, 그녀가 어떻게 하는지 보
려고 천천히 뒤따라가고 있을 뿐이었다. 마침내 지네트가 발걸음을 늦추는
것을 보고 우리는 한길 반대쪽으로 건너갔다. 그녀는 이미 얌전해져 있었다.
우리는 지네트 쪽으로 걸으며 점차 거리를 좁혀 나갔다. 지금은 우리 뒤에
열 두세 명 정도밖에 붙어있지 않았다—나머지 사람들은 흥미를 잃고 흩어
져 버렸다. 모퉁이 가까이에 이르렀을 때 지네트는 갑자기 멈춰서 우리가
다가오기를 기다렸다. "내가 이야기하지." 필모어가 말했다. "저 여자를 다
루는 법을 알고 있으니까."

옆으로 다가가자, 지네트의 볼을 타고 눈물이 흘러내리고 있었다. 나는 그
녀가 어떻게 나올지 짐작도 가지 않았다. 그래서 필모어가 다가가 기가 막힌
다는 투로 이렇게 말했을 때, 나는 조금 놀랐다. "그런 짓을 하면 쓰나? 왜
그런 짓을 했어?" 그러자 지네트는 필모어의 목에 양손을 걸치고, 내 귀여운
사람, 내 사랑 하고 부르며 어린애처럼 울었다. 이윽고 호소하는 표정으로
나를 돌아다보았다. "이 사람이 나를 어떻게 때렸는지 당신도 보았죠?" 그

녀는 말했다. "어떻게 여자에게 그럴 수 있어요?" 그럴 수 있죠, 하고 내가 말할 뻔했을 때, 필모어가 지네트의 팔을 잡고 앞서서 걸음을 옮겼다. "그 얘기는 이제 하지 말라고. 당신이 또 시작하면, 이 길바닥에 당신을 내동댕이쳐줄 테니."

이 말 때문에 또 소동이 벌어지지 않을까 하고 나는 생각했다. 지네트의 눈동자가 번뜩 불타올랐다. 그러나 분명히 좀 겁을 먹었는지, 눈동자의 불꽃은 곧 사라졌다. 그래도 카페에서 자리를 잡고 앉았을 때 그녀는 조용하고 음울한 말투로, 그것을 금방 잊을 수 있으리라고 생각하면 곤란해요. 이따 뼈저리게 느끼도록 해주겠어요—오늘 밤에라도, 하고 말했다.

과연 지네트는 이 말을 분명히 지켰다. 이튿날 필모어를 만나자, 얼굴이며 손에 할퀸 자국 투성이였던 것이다. 게다가 지네트는 그가 잠들기를 기다렸다가 말 없이 옷장으로 가서, 그의 옷들을 바닥에 모조리 끌어낸 다음 하나하나 찢어 리본처럼 만들어 버린 모양이다. 이러한 일은 지금까지도 자주 있었고, 또 그녀가 나중에 그 옷들을 반드시 꿰매어 주었으므로 필모어는 그다지 불평조차 하지 않았다. 그러나 그러한 태도가 지네트를 더욱 화나게 만들었다. 필모어의 얼굴을 할퀴어주고 싶어졌고, 이를 그녀의 능력껏 실행한 것이다. 임신하고 있는 만큼, 그보다는 유리한 입장에 있는 셈이다.

가엾은 필모어! 하지만 웃고 넘길 일이 아니다. 그는 지네트로부터 완전히 협박당하고 있었다. 필모어가 달아나겠다고 위협하면, 지네트는 그를 죽이겠다고 협박했다. 정말로 죽일 작정인 것처럼 말하는 것이었다. "당신이 미국으로 가면 나도 뒤쫓아갈 거예요! 내게서 달아날 순 없어요. 프랑스 여자는 어떤 경우에나 복수할 방법을 알고 있다구요." 그러다가 다음 순간에는 '이성'을 찾으라느니 '현명'해지라느니 하며 그를 달랬다. 문방구 가게를 갖게 되면 틀림없이 즐거운 생활을 할 수 있을 거예요. 당신은 일할 필요도 없어요. 모든 일은 내가 다 할 테니까요. 가게 안쪽에 앉아서 글만 쓰면 돼요—아니면 뭐든 좋아하는 일을 하거나.

이러한 식으로 2, 3주일 동안은 오르락내리락하는 시소타기가 계속되었다. 나는 이러한 일이 역겹기만 했고, 두 사람을 만나기조차 싫어서 되도록 마주치지 않으려고 피해 다녔다. 그런데 어느 화창한 여름날, 마침 리용 은행 앞을 지나고 있을 때 필모어가 돌계단을 유유히 내려오는 게 아닌가. 나는 오랫동안 그를 피해 다닌 게 어쩐지 꺼림칙해서, 그에게 따스한 목소리로 인사를 건넸다. 단순한 호기심 이상으로 궁금한 생각이 들어, 그 뒤 어떻게 되었느냐고 그에게 물었다. 필모어는 어쩐지 애매한 태도로 대답했는데, 그 목소리에는 절망적인 기운이 어려 있었다.

"나는 겨우 은행에 다녀와도 좋다는 허락을 받았어." 필모어는 이상하고 애처로운 표정으로 말했다. "30분 정도밖에 여유가 없어. 늦으면 안 돼. 그녀가 나를 감금하고 있다고." 이렇게 말하고, 그는 마치 그 자리에서 황급히 나를 데리고 어디로 가려는 것처럼 내 팔을 꽉 잡았다.

우리는 리볼리 거리 쪽으로 걸어갔다. 따스하고 맑게 갠 쾌청한 날이었다—파리에서 가장 아름다운 계절의 하루이다. 콧구멍에서 그 탁한 악취를 알맞게 날려보내는 부드러운 미풍이 살랑거리고 있었다. 필모어는 모자를 쓰고 있지 않았다. 겉보기엔 아주 건강해 보였다—주머니 속의 동전을 짤랑짤랑 울려대며 구부정한 자세로 걸어가는 보통 미국인 관광객 같았다.

"나는 이제 어떻게 해야 좋을지 모르겠네." 필모어는 조용히 말했다. "제발 나를 좀 도와줘. 나는 어찌할 도리가 없다고. 나 자신을 알 수 없게 됐어. 아주 잠깐 동안이라도 그 여자에게서 달아날 수만 있다면, 분명히 알 수 있으리라 생각해. 그런데 지네트는 자신의 눈이 닿지 않는 곳에 나를 보내려 하지 않아. 은행에 오는 것도 겨우 허락받은 거야—돈을 찾아야 했거든. 잠깐 함께 걷자고. 그 다음에 서둘러 돌아가겠어—그녀가 점심 식사를 차려 놓고 기다리고 있으니까."

나는 조용히 필모어의 말에 귀를 기울이면서, 확실히 이 사내에게는 그가 빠져들고 있는 구멍으로부터 끌어올려줄 사람이 꼭 필요하겠다고 마음속으로 생각했다. 필모어는 완전히 기가 꺾여서 굴복하고 있었다. 마치 어린애 같았다—매일 얻어맞아서, 작게 웅크리고 있는 것 말고는 이제 어떻게 해야 좋을지 알지 못하는 어린애이다. 리볼리 거리 모퉁이를 돌아섰을 때, 필모어는 대뜸 프랑스에 대한 온갖 욕설을 퍼부어댔다. 프랑스인이 지긋지긋해진 것이다. "나는 곧잘 그들을 입에 침이 마르도록 칭찬하곤 했었지." 그는 말했다. "하지만 그건 다 문학에 관한 것이었어. 이제는 그들을 알아…… 프랑스인이 어떤 인간인가를 다 알게 되었다고. 그들은 잔혹하고 탐욕스러워. 처음에는 멋있어 보이지. 자유로움을 맛보게 되니까. 그러나 얼마 지나면 혐오감을 느끼게 돼. 마음속 깊은 곳에서는 모든 게 죽어 있거든. 아무런 감정도 없거니와 동정심도 없고, 우정도 없어. 그들은 뼛속까지 이기적이야. 이 세상에서 가장 이기적인 인종이지! 그들은 돈밖에 보지 않아. 오직 돈, 돈. 아주 훌륭해 보이는 그 소시민 근성은 또 어떤가! 구역질이 나. 나를 미치게 만든다고! 나는 그 여자가 내 셔츠를 깁고 있는 것을 보면 냅다 후려갈기고 싶어져. 언제나 깁고 고치면서 절약, 절약 하는 거야. 아껴 쓰지 않으면 안 돼요! 온종일 그 여자는 그따위 소리만 하고 있어. 어딜 가나 그 소리가 귓전을 떠나질 않아. 이성적으로 생각하세요! 여보! 이성적으로 생각하세요! 나는 이성적이거나 논리적으로 되고 싶지 않아. 그런 건 딱 질색이야. 되는 대로 지내고 싶다고. 스스로를 즐기고 싶은 거야. 나는 무엇인가를 하고 싶어. 카페에 앉아서 온종일 쓸데없는 소리나 지껄이고 있는 건 딱 질색이야. 그래, 우리에겐 결점이 있지—하지만 열의도 있다고. 아무 일도 하지 않으니 실패를 저지르는 편이 나아. 허울 좋은 이곳에 앉아 있으니, 미국에서 부랑자가 되는 편이 낫다고. 내가 양키라서 그럴 거야. 나는 뉴잉글랜드에서 태어났으니까, 누가 뭐래도 그곳 사람이겠지. 누구도 하룻밤만에 유럽 사람이 될 수는 없어. 핏속에 뭔가 다른 게 있거든. 풍토라든가—그 밖의 여러 가지가. 우리는 다른 눈으로 보고 있는 거야. 우리가 아무리 프랑스인을 찬양해도 자신을 개조할 수는 없어. 우리는 미국인이고, 언제까지나 미국인일 수밖에 없는 거야. 물론 나는 그 고향땅의 청교도 같은 녀석들을 증오해. 마음속 깊이 증오하고 있어. 하지만 나도 그러한 놈들 가운데 하나라고. 나는 이곳 인간이 아냐. 프랑스에는 이제 구역질이 날 것 같아."

아치 밑을 지나는 동안 필모어는 이런 말투로 떠들어댔다. 나는 한 마디도 하지 않았다. 그가 남김없이 토해내도록 내버려 두었다. 가슴속에 맺힌 응어리를 몽땅 토해내는 편이 그에게는 나은 것이다. 하지만 한편으로는 사람이 꽤 많이 변했다고 생각했다. 이 사나이가, 1년 전 같으면 고릴라처럼 가슴을 툭 치며 이렇게 말했으리라. "정말 좋은 날씨다! 정말 멋진 나라야. 참으로 멋있는 국민들 아닌가!" 그러한 때에 마침 미국인이 옆에 있다가 프랑스에 대한 험담을 한 마디라도 한다면, 필모어는 그의 코뼈를 갈겨 부러뜨려 버렸을 것이다. 그는 프랑스를 위해서라면 목숨까지 던졌을 것이다—1년 전이라면. 나는 한 나라에 이토록 미친 듯이 빠져들고, 이국 하늘 아래서 이토록 즐거워하는 인간을 이제껏 본 적이 없었다. 자연스러운 현상이 아니었던 것이다. 필모어가 말하는 프랑스는, 술과 여자와 지갑 속의 돈과 제멋대로인 자유를 뜻했다. 응석꾸러기가 되어 놀며 지내는 것을 의미했던 것이다.

그렇게 하고 싶은 대로 실컷 즐기다가, 천막 지붕이 날아가 허공을 샅샅이 내다볼 수 있게 되었을 때, 그의 눈에 들어온 것은 서커스도 아무것도 아니고 어디에나 있는 그저 텅 빈 땅이었다. 더욱이 지저분하고 더러운 빈터였다.

나는 필모어가 현란한 프랑스와, 자유와, 혹은 그 밖의 얼토당토않은 것들에 미쳐서 칭찬하는 말을 들을 때면, 이 말이 프랑스 노동자에게는 어떻게 들릴까 곧잘 생각해 보았다. 그들이 필모어의 말을 이해할 수 있을지가 궁금했던 것이다. 틀림없이 그들은 우리를 대책 없는 미치광이라고 생각할 것이다. 확실히 우리는 그들이 보기에는 미치광이다. 우리는 그저 어린애일 뿐이다. 멍텅구리에 지나지 않는다. 이른바 우리의 인생이라는 것은, 싸구려 잡화점과도 같은 지어낸 이야기이다. 가슴속 깊은 곳에 있는 그 열의—그것은 무엇인가? 평범한 유럽인이라면 누구나 구역질을 느끼는 그 값싼 낙천주의는 무엇인가? 그것은 환상이다. 아니, 환상이라는 말은 너무 과분하다. 환상에는 어떠한 의미가 있다. 틀리다, 환상이라고 해서는 안 된다—망상이다. 완벽한 망상이다. 그렇다. 우리는 눈가리개로 눈을 가린 사나운 말(馬) 떼나 다름없다. 미쳐 날뛰고 있다. 싸움에 져서 도망가고 있는 것이다. 낭떠러지 위를. 그렇다! 폭력과 혼란을 부추기는 것이면, 무엇이든 상관없다. 계속 내달려라! 어디든 상관없다. 쉬지 않고 입에 거품을 물며. 할렐루야를 외치며! 할렐루야! 어째선가? 신만이 아는 그것은 핏속에 숨어 있다. 그것이 풍토이며, 그 밖의 여러 가지이다. 종말이기도 하다. 우리는 온 세계를 뒤엎을 커다란 소동을 불러일으키려 하는 것이다. 어째선지 그 이유는 알 수 없다. 하지만 그것이 우리의 운명인 것이다. 그 밖의 일들은 뻔한 이야기이다……

팔레루아얄 극장에서 나는 한잔 하고 가자고 권했다. 필모어는 잠깐 망설였다. 지네트 때문에, 점심 식사 때문에, 그리고 나중에 벌어질 큰 싸움 때문에 걱정하고 있음을 알 수 있었다.

"부탁이야." 나는 말했다. "그녀의 일을 잠깐 잊어버려. 내가 술을 주문하지. 함께 마시자고. 걱정하지 말게. 내가 이 엉망진창인 상태에서 어떻게든 자네를 구해주겠어." 나는 위스키 두 잔을 주문했다.

위스키가 날라져 오는 것을 보자, 필모어는 다시금 어린애 같은 미소를 지으며 나를 바라보았다.

"쭉 들이켜게." 나는 말했다. "그리고 한 잔 더 마시자고. 마시는 편이 자네에게 좋아. 의사가 뭐라고 말하든 상관없어—이번에는 괜찮아. 자, 쭉 들이켜라고."

필모어는 남김없이 들이마셨다. 웨이터가 술을 더 가지러 간 사이에, 그는 마치 내가 이 세상에 마지막까지 남은 유일한 인간이라도 되는 것처럼, 눈을 깜박이며 내 얼굴을 바라보았다. 입 가장자리가 조금 일그러져 있었다.

뭔가 내게 하고 싶은 말이 있는데 그 말을 어떻게 꺼내야 좋을지 모르는 것이다. 나는 태평스런 얼굴로, 그 호소를 무시하는 것처럼 필모어를 바라보았다. 그리고 접시를 옆으로 밀어내고 팔꿈치를 세워 손으로 턱을 괴고는 진지하게 말했다. "이보게, 필모어, 자네가 정말 원하는 일이 뭔가? 내게 들려주지 않겠나?"

이 말을 듣고, 필모어는 떨리는 목소리로 눈물을 쏟아내며 말했다. "나는 고국의 가족 곁으로 돌아가고 싶어. 영어를 말하는 것을 듣고 싶은 거야." 눈물이 그의 볼을 타고 자꾸자꾸 흘러내렸다. 그걸 닦으려고도 하지 않았다. 그냥 모든 게 쏟아져 나오도록 내버려두었다. 나는 마음속으로 생각했다. 이처럼 모든 걸 해방해 버리면 틀림없이 기분이 좋겠지. 하다 못해 일생에 한번이라도 철저한 겁쟁이가 되는 것이 좋다. 이렇게 항복해 버려도 좋은 것이다. 대단한 일이다! 멋있는 일이다! 이처럼 그가 정신적으로 항복한 모습을 보는 것은 나에게 매우 효과가 있었다. 덕분에 아무리 어려운 문제라도 해결해 보이겠다는 마음이 들었다. 끝없이 용기가 솟아나고 단호한 결심을 하게 되었다. 내 머리에 일제히, 여러 가지 생각이 떠올랐다.

"이보게." 나는 필모어에게로 몸을 기울이며 말했다. "지금 자네가 말한 게 본심이라면, 왜 그렇게 하지 않나…… 왜 가지 않지? 만일 내가 자네 같은 처지에 놓여 있다면 어떻게 할 것 같은가? 나는 오늘에라도 갈 거야. 그래, 정말이야…… 그녀에게 작별인사도 하지 않고 이 길로 떠날 거라고. 사실 자네가 갈 수 있는 길은 그 방법밖에 없네—그녀는 절대로 자네에게 작별인사를 하지 못하게 할 테니까, 그건 알고 있겠지."

웨이터가 위스키를 가져왔다. 나는 진지한 표정으로 필모어가 뭔가를 깊이 생각하며 손을 뻗어 잔을 입으로 가져가는 것을 바라보았다. 그 눈동자에 희망이 번뜩였다—아주 먼 곳에서, 격렬히, 필사적으로. 아마도 그는 대서양을 헤엄쳐 건너는 자신의 모습을 보고 있었으리라. 내게는 그것이 통나무를 굴리는 것처럼 아주 손쉽고 간단한 일로 생각되었다. 내 머릿속에서는 곧바로 모든 일이 저절로 조립되어갔다. 하나하나의 순서를 어떻게 처리해야 할 것인가도 알고 있었다. 종소리처럼 아주 명확했던 것이다.

"은행의 그 돈은 누구 건가?" 나는 물었다. "그녀의 아버지 것인가, 자네 것인가?"

"내 돈이야!" 필모어는 외치듯이 말했다. "우리 어머니가 보내주신 거야. 그 여자의 거지 같은 돈 따위는 한 푼도 갖고 싶지 않아."

"그거 잘됐군!" 나는 말했다. "그럼 당장 택시를 타고 은행으로 되돌아가세. 한 푼도 남기지 말고 모두 찾으라고. 그리고 영국 영사관으로 가서 비자를 받는 거야. 자네는 오늘 오후 기차를 타고 런던으로 가는 거지. 그리고 런던에서 미국으로 떠나는 가장 빠른 배를 타면 돼. 내가 이런 말을 하는 까닭은, 지네트가 뒤쫓아올 걱정을 없애주기 위해서야. 그녀는 자네가 런던을 거쳐 갔으리라고는 꿈에도 생각하지 못할 거라고. 자네를 찾으려면, 당연히 제일 먼저 르아브르나 셰르부르로 갈 거야…… 그리고 또 한 가지—자네는 소지품을 가지러 되돌아가선 안 돼. 모두 고스란히 여기에 남겨두고 가는 거야. 지네트가 갖고 있도록 하는 거야. 그녀와 같은 프랑스인은, 가방이나 여행가방도 들지 않고 자네가 달아났으리라고는 꿈에도 생각하지 못할 거야. 믿어지지 않을 거라고. 프랑스 치들은, 그런 식으로 일을 처리하리라고는 상상도 하지 못할 걸세…… 자네와 마찬가지로 비참하게 억눌려 있는 인간이라면 또 모르지만 말이야."

"자네 말이 맞아!" 필모어는 외쳤다. "그런 생각은 통 하지 못하고 있었어. 그리고 나중에 자네가 내 소지품을 보내줄 수 있을지도 모르고—지네트가 자네에게 넘겨준다면 말이야! 하지만 지금은 그런 일쯤 어찌 되든 상관없어. 비록 모자 하나도 갖고 있지 않지만 말이야!"

"모자 따위가 왜 필요한가? 런던에 가면 필요한 건 무엇이든 살 수 있잖은가. 지금 자네에게 필요한 것은 서두르는 일이야. 몇 시에 기차가 떠나는

지 알아봐야 해."

"그래." 필모어는 지갑을 꺼내면서 말했다. "나는 자네에게 모든 걸 맡기겠네. 자, 이걸 받고 필요한 일은 모조리 해줘. 나는 몹시 쇠약해져서…… 현기증이 난다고."

나는 지갑을 받아들고는 그가 은행에서 방금 찾은 지폐를 모두 꺼냈다. 택시 한 대가 길 옆에 서 있었다. 우리는 올라탔다. 4시 무렵에 북역(北驛)을 떠나는 기차가 있었다. 나는 계산해 보았다—은행, 영사관, 아메리칸 익스프레스사, 역. 됐다! 시간에 맞출 수 있겠다.

"자, 기운을 내라고!" 나는 말했다. "허둥대면 안 돼! 제기랄! 몇 시간 뒤에 자네는 영국해협을 건너고 있을 거라고. 오늘 밤에는 런던을 돌아다니며 영어를 실컷 들을 수 있어. 내일이면 바다 위에 있을 거고—그러면 자네는 자유의 몸이야. 무슨 일이 일어나든 소란을 떨 필요가 없지. 뉴욕에 도착할 무렵이면, 이것도 하나의 악몽에 지나지 않게 될 거야."

이 말을 듣고 필모어는 몹시 흥분했다. 마치 택시 안에서 뛰어가려고 하는 것처럼 발을 계속 움직이고 있었다. 은행에서는 서명도 제대로 할 수 없을 정도로 손을 떨어댔다. 이것만은 아무리 나라도 거들어줄 수 없었다—그의 이름을 서명하는 일만은. 하지만 필요하다면 변소에 따라가 그의 궁둥이를 닦아줄 수도 있었을 것이다. 설령 그의 몸을 꼭꼭 접어 가방 속에 집어넣는 한이 있더라도, 그를 배에 태워줄 생각이 있었다.

영국 영사관에 도착하자, 마침 점심시간이어서 문이 닫혀 있었다. 2시까지 기다려야 했다. 시간을 보내기 위해 식사라도 하는 일 말고는 좋은 생각이 떠오르지 않았다. 물론 필모어는 배가 고프지 않았지만 샌드위치라면 먹겠다고 말했다. "그건 안 돼!" 나는 말했다. "인색하게 굴지 말고 번듯한 식사를 하라고. 자네가 여기서 배불리 먹을 수 있는 마지막 식사 아닌가—아마 앞으로 당분간은 먹을 수 없을 거야." 나는 그를 아담한 레스토랑으로 끌고 가서 괜찮은 식사를 주문했다. 값이나 취향과는 관계없이, 메뉴표에 있는 가장 좋은 포도주를 주문했다. 내 주머니에는 그의 돈이 모두 들어 있다—대단한 금액 같았다. 확실히 나는 한꺼번에 이렇게 많은 돈을 가져본 적이 한 번도 없었다. 천 프랑짜리 지폐를 아낌없이 쓸 수 있다니 기분 좋은 일이었다. 나는 우선 그것을 환한 데로 쳐들어 아름답게 비쳐 보이는 무늬를 바라보았다. 아름다운 지폐이다! 프랑스인이면 누구나 하는 몇 안 되는 일들 가운데 하나이다. 예술적이기까지 하다. 프랑스인은 기호(記號)에 대해서도 깊은 애정을 품고 있는 듯하다.

식사가 끝나자 카페로 갔다. 나는 커피와 함께 샤르트뢰즈 술도 주문했다. 무슨 문제가 있겠는가. 나는 다시금 지폐 한 장을 아낌없이 사용했다—이번에는 5백 프랑짜리 지폐이다. 깨끗하고 빳빳한 새것이었다. 이러한 지폐를 만지는 게 유쾌했다. 웨이터가 거스름돈으로, 더럽고 낡은 지폐들을 잔뜩 건네주었다. 고무풀을 먹인 기다란 종이쪼가리가 뒷면에 덧대어 있었다. 5프랑과 10프랑짜리 지폐가 많이 생겼다. 그리고 동전도 많이 들어왔다. 가운데 구멍이 뚫려 있는 중국식 동전이다. 이제 어느 주머니에 집어넣어야 좋을지 알 수 없게 되었다. 지폐와 동전이 가득 차 바지 주머니가 터질 것 같았다. 그 돈이 많은 사람들이 보고 있는 데서 쏟아져 나올 것 같아 살짝 마음이 놓이지 않았다. 2인조 강도로 보일까 싶어 불안했다.

아메리칸 익스프레스사에 도착했을 때는, 이미 시간이 얼마 남아 있지 않았다. 영국 영사관에서는 지쳐서 쓰러질 정도로 우리를 기다리게 했다. 그런데 이 회사에서는 모두가 바퀴 위에서 날아다녔다. 굉장히 빠르기 때문에, 모든 일을 두 번씩 해야만 했다. 겨우 모든 서류에 서명을 끝내고 그것들을 정리하여 작은 서류 집게로 고정했을 때, 필모어가 틀린 곳에 서명한 것을 알게 되었다. 한 번 더 처음부터 다시 시작하는 수밖에 없었다. 나는 그가 사인하는 걸 들여다보며, 시계와 그가 펜을 움직이는 것을 번갈아 지켜보았다. 돈을 건네주기가 괴로웠다. 다행히 전부는 아니었다—그래도 꽤 많이 빼앗겼다. 나는 대충 2천5백 프랑 정도를 주머니 속에 갖고 있었다. 대충이라고 말한 까닭은, 그때는 이미 1프랑씩 꼼꼼히 세지 않았기 때문이다. 100프랑, 2백 프랑이라는 식이다—그것조차 대수로운 액수로 여겨지지 않았던 것이다. 필모어는 처음부터 얼이 빠진 상태로 일을 해 나가고 있었다. 자신이 돈을 얼마나 갖고 있는지도 알지 못했다. 그는 단지 지네트에게 얼마를 떼어주어야 한다는 것 정도만 인식하고 있었다. 얼마를 남겨줄지는 아직 정하지 않았다—역으로 가는 길에 계산해볼 생각이었던 것이다.

너무 흥분한 나머지, 우리는 환전하는 걸 잊고 있었다. 그러나 이미 택시에 올라탄 뒤였고, 더는 꾸물거릴 시간이 없었다. 어쨌든 얼마나 남아 있는

지 알아보는 수밖에 없다. 우리는 황급히 주머니에서 돈을 꺼내어 나누어 보았다. 바닥과 의자에 굴러떨어지는 것을 줍느라 진땀을 뺐다. 프랑스와 미국, 영국, 세 가지 돈이 있는 데다 동전까지 세어야 했다. 나는 동전을 창밖으로 집어던지고 싶은 기분이었다―그러면 일이 간단해질 텐데. 가까스로 다 분류하여, 필모어는 영국과 미국 돈을 갖고 나는 프랑스 돈을 가졌다.

이제 지네트에 대한 일을 서둘러 정해야 한다―돈은 얼마를 주고, 뭐라고 얘기할 것인가를. 필모어는 내가 지네트에게 전해줄 이야기를 꾸며내려 했다―그녀를 상심하게 하고 싶지 않다는 것이다. 나는 그의 이야기를 끊을 수밖에 없었다. "그녀에게 뭐라고 이야기할 건가는 걱정하지 말게." 나는 말했다. "내게 맡겨두라고. 얼마를 줄 것인가, 그게 문제잖아. 그런데 왜 그녀에게 돈을 주려는 건가?"

이 말은 필모어의 엉덩이 밑에 폭탄을 장치한 것이나 다름없었다. 그는 와락 울음을 터뜨렸다. 눈물이 자꾸만 흘러내린다. 지난번보다 더 심하다. 금방이라도 그가 내 손안에서 녹아 버리는 줄 알았다. 잘 생각해 보지도 않고 나는 말했다.

"좋아, 그럼 이 프랑스 돈을 모조리 그녀에게 넘겨주자고. 이만큼 있으면 당분간 걱정 없을 거야."

"얼마나 되나?" 필모어는 기운 없는 목소리로 물었다.

"아마도―2천 프랑쯤 될 거야. 아무튼 그런 여자에게 주기에는 너무 많은 돈이야."

"아아, 그런 말 말게!" 필모어는 애원했다. "누가 뭐래도 나는 그녀에게 가혹한 짓을 하려 하고 있으니까. 그녀의 부모는 이제 절대로 그녀를 떠맡지 않을 거야. 아니, 그걸 모두 건네주게. 모두 다…… 괜찮아."

필모어는 손수건을 꺼내어 눈물을 닦았다. "눈물이 그치질 않는군." 그는 말했다. "너무 괴로워." 나는 아무 말도 하지 않았다. 갑자기 필모어가 온몸을 꿈틀거렸다―나는 발작이라도 일으키는 줄 알았다. 이윽고 그가 말했다. "아아, 나는 역시 그녀 곁으로 되돌아가야 할 것 같아. 돌아가서 곤욕을 당해야 해. 만일 지네트에게 무슨 일이 일어나기라도 하면, 나는 죽을 때까지 스스로를 용서할 수 없을 거야."

이 말을 듣고 나는 큰 충격을 받았다. "말도 안 돼!" 나는 외쳤다. "그럴

순 없네! 이제 와서 그런…… 이미 늦었어. 자네는 기차를 타는 거야. 그녀 일은 내가 떠맡겠어. 자네와 헤어지면 곧장 만나러 가지. 이봐, 자네도 참 순진한 벽창호로군. 자네가 그녀로부터 달아나려 했음을 알게 되면, 그녀는 자네를 죽일 거야. 그걸 모르겠나? 이제는 돌이킬 수 없다고. 다 끝났어."

그런데 뭔가 엉뚱한 일이라도 일어나진 않을까? 나는 스스로 반문했다. 지네트가 자살할까? 더 잘됐군.

역에 도착했을 때에는 아직 12분쯤 여유가 있었다. 나는 아직은 필모어와 결연히 작별인사를 하고 싶지 않았다. 그가 혼란한 상태인 만큼, 마지막 순간에 기차에서 뛰어내려 지네트에게로 달아나듯이 되돌아갈지도 모를 일이었다. 무엇이 계기가 되어 옆길로 빗나갈지 알 수 없었다. 아주 사소한 일 때문에. 그래서 나는 한길 맞은편에 있는 술집으로 끌고 가서 그에게 말했다. "자아, 페르노를 한 잔 하세—자네의 마지막 페르노야, 계산은 내가 하겠네—자네 돈으로 말이야."

이 말이 마음에 걸렸는지, 필모어는 나를 불안스레 바라보았다. 페르노를 입에 털어넣고는, 상처입은 개처럼 나를 돌아다보며 말했다. "역시 그 돈을 모두 자네에게 맡길 수는 없어. 하지만…… 하지만…… 아아, 아무렴 어때, 자네가 가장 좋다고 생각하는 방식대로 처리해줘. 나는 지네트를 자살하게 만들고 싶지는 않아. 그뿐이야."

"지네트가 자살한다고?" 나는 말했다. "그녀가 자살할 턱이 있나! 정말로 그렇게 믿는다면, 자네는 스스로를 깊이 돌이켜보아야 할 걸세. 이 돈 때문이라면, 나로선 이것을 그녀에게 주기가 정말 싫지만, 자네에게 약속하겠어. 곧바로 우체국으로 가서 전신환으로 그녀에게 보내주겠네. 나도 필요 이상으로 이런 것을 맡아 가지고 있기는 싫다고." 이렇게 말하면서 나는 회전 선반에 그림엽서 한 다발이 놓여 있는 것을 발견했다. 그중 한 장을 집어 들었다—에펠탑이 그려져 있는 엽서였다—그리고 필모어에게 편지를 쓰게 했다. "지네트에게 이제 배를 타러 간다고 엽서에 적으라고. 당신을 사랑하오. 미국에 도착하는 대로 그리로 부르겠소, 라고 말해주라고…… 우체국에 가면 속달로 부쳐 줄 테니. 그리고 오늘 밤에 그녀와 만나겠네. 두고 보라고, 모든 일이 다 잘될 테니."

그리고 우리는 길을 건너 역으로 갔다. 2분밖에 남지 않았다. 이제 안전하다는 느낌이 들었다. 입구에서 나는 필모어의 어깨를 한 번 세게 치면서 열차 쪽을 가리켰다. 악수는 하지 않았다—눈물로 축축해진 그의 손을 잡으면 내 손이 더러워질지도 모르기 때문이다. "빨리 가라고! 그녀가 곧 쫓아올지도 몰라" 하고 말했을 뿐이었다. 그리고 돌아서서 나는 빠른 걸음으로 떠나 버렸다. 필모어가 열차에 오르는 걸 확인하려고 뒤돌아보지도 않았다. 뒤돌아보기가 무서웠다.

실은 필모어를 몰아내듯이 떠나보내는 동안, 그에게서 벗어나면 무엇을 하겠다는 따위의 생각은 하지 않았다. 여러 가지 약속을 했지만, 그것은 단지 그의 마음을 가라앉히기 위해서였다. 지네트를 만나볼까 했지만, 나 역시 그와 마찬가지로 거의 용기가 나지 않았다. 스스로도 당황스러웠다. 모든 일이 너무 빨리 이루어졌기 때문에, 사태의 성질을 충분히 파악할 수가 없었다. 어쩐지 멍하고 상쾌한 기분으로 나는 역에서 걸어나왔다—그 그림엽서를 손에 들고. 나는 가로등 기둥에 기대어 그것을 다시 읽어보았다. 어쩐지 바보스럽게 여겨졌다. 나는 꿈을 꾸고 있는 게 아님을 확인하기 위해 한 번 더 읽어보고는, 엽서를 찢어 도랑 속에 던져 버렸다.
금방이라도 지네트가 큰 도끼를 손에 들고 뒤에서 쫓아오지 않을까 하는 생각이 들어, 불안에 떨며 주위를 둘러보았다. 뒤따라오는 이는 아무도 없었다. 천천히 라파예트 광장 쪽으로 걸었다. 처음에 느꼈던 것처럼 쾌적한 날이었다. 가볍고 연한 흰구름이 머리 위의 하늘을 바람따라 흘러가고 있었다. 차양이 펄럭거리고 있었다. 파리가 이토록 아름답게 보이다니 처음 있는 일이었다. 나는 그 불쌍한 사내를 떠나보낸 일이 안타깝기까지 했다. 라파예트 광장에 이르러, 교회를 마주보고 의자에 걸터앉아서 시계탑을 가만히 바라보았다. 건축물로서는 대단한 가치가 없지만 푸르스름한 문자판의 색조가 언제나 나를 황홀하게 만들었다. 오늘은 다른 때보다 더 푸른빛을 띠고 있었다. 나는 그 문자판에서 눈을 돌릴 수가 없었다.
필모어가 그녀에게 편지를 보내어 사정을 자세히 설명할 정도로 미치광이가 아닌 다음에야, 지네트는 사건의 내용을 알 필요가 조금도 없다. 또 그가 2천5백 프랑 정도를 남겨두고 간 것을 설령 알았다 하더라도, 그녀는 그 증거를 잡지 못할 것이다. 나는 필모어가 꾸며낸 얘기라고 언제든 말해 줄 수 있는 것이다. 모자조차도 쓰지 않고 달아날 만큼 머리가 이상한 녀석이라면, 2천5백 프랑이든 무엇이든 그 정도 이야기는 태연히 꾸며낼 수 있는 미치광이 녀석이라고 하면 된다. 그런데 얼마나 남아 있을까? 나는 궁금해졌다. 내 주머니는 돈 무게 때문에 축 쳐져 있었다. 돈을 꺼내어 꼼꼼히 계산해 보았다. 정확히 2,875프랑 35상팀이 남아 있다. 생각했던 것보다도 많다. 75프랑 35상팀은 써 버려야 한다. 정확히 나누어떨어지는 액수로 만들고 싶었다—2천8백 프랑으로 말이다. 마침 그때 택시가 보도 옆에 멈춰 섰다. 한 여자가 새하얀 푸들 한 마리를 껴안고 내려섰다. 개가 그녀의 비단옷에 오줌을 싸고 있었다. 개를 데리고 드라이브를 한다는 발상이 내 신경을 건드렸다. 나 역시 그 개만큼의 값어치는 있다고 생각하며, 나는 운전사에게 신호를 하며 불로뉴 숲으로 가자고 말했다. 장소를 분명히 말해달라고 운전사는 말했다. "어디든 좋아요." 나는 말했다.

"불로뉴 숲으로 가서, 그 근처를 몇 바퀴 돕시다—서두를 것 없소. 나는 조금도 급하지 않으니까." 나는 자리에 깊숙이 앉았다. 죽 늘어선 집들이 스쳐 지나가고, 삐죽빼죽한 지붕과 굴뚝 꼭대기에 있는 통풍관, 색색이 다른 울타리, 변소, 어지러운 네거리가 스쳐 지나갔다. 롱 푸앵을 지날 때 아래로 내려가 오줌을 눠야겠다고 생각했다. 그 지하에서 어떤 일이 일어나고 있는지 알 수 없다. 나는 운전사에게 기다리고 있으라고 말했다. 오줌을 누는 동안 택시를 대기시켜 두다니, 생전 처음 해 본 일이었다. 그래서 얼마나 낭비를 했느냐고? 대수롭지 않다. 주머니에 들어 있는 돈으로는 택시 두 대도 대기시켜 둘 수 있는 것이다.

나는 주위를 자세히 둘러보았지만 대수로운 것은 눈에 띄지 않았다. 지금 내가 원하는 것은 신선하고 아직 아무도 손대지 않은 이른바 새것이다—알래스카나 처녀 군도(群島)에서 온 여자이다. 자연의 향내를 머금고 있는 깨끗하고 신선한 피부이다. 말할 것도 없이, 그런 여자가 어슬렁거리고 있을 턱이 없었다. 그러나 나는 그다지 실망하지 않았다. 무언가를 발견하든 발견하지 않든 아무래도 좋았다. 초조해할 필요는 없었다. 무슨 일이든 때가 오면 저절로 이루어지는 것이다.

개선문을 통과했다. 몇몇 관광객이 이름 없는 용사의 무덤 근처를 어슬렁거리고 있었다. 차가 불로뉴 숲으로 들어서자, 돈 많은 여자들이 너나없이 고급 승용차를 몰고 있었다. 그녀들은 모두 가야 할 목적지라도 있는 것처럼 차를 빠르게 몰아대고 있었다. 틀림없이 자신을 대단한 존재처럼 보이기 위해 그런 짓을 하고 있는 것이다. 자신들의 롤스로이스나 이스파노 수이자가 얼마나 쾌적하게 달리는가를 세상 사람들에게 자랑해 보이는 것이다. 내 안에서는 많은 생각이 그 어떤 롤스로이스보다도 더 매끄럽게 내달렸다. 그것은 벨벳으로 꾸며진 안과 똑같았다. 벨벳 같은 피부, 벨벳 같은 등뼈. 그리고 벨벳 같은 윤활유. 어떤가! 멋있지 않은가, 30분 동안, 주머니 속의 돈을 술에 잔뜩 취한 수병(水兵)처럼 마구 써대는 것은! 마치 온 세계가 내 것이 된 기분이다. 더욱이 무엇보다도 멋진 것은, 그 돈을 어떻게 쓰면 좋을지 알지 못한다는 점이다. 택시를 타고 돌아다니며 미터기가 마구 올라가게 하는 일쯤은 할 수 있다. 머리칼을 바람에 날리게 하는 정도는 할 수 있다. 차를 세우고 한잔 할 수도 있다. 엄청난 팁을 줄 수도 있다. 이런 일은 일상다반사라는 듯이 거들먹거릴 수도 있다. 그러나 혁명을 일으킬 수는 없다. 뱃속의 더러운 것을 씻어낼 수는 없는 것이다.

포르트 도테이유에 이르자, 나는 운전사에게 센 강 쪽으로 가라고 일렀다. 세브르 다리에서 내려 오토이유 비디크를 향해 강을 따라 걸었다. 이 부근은 강폭이 실개천같이 좁고, 나무들이 강기슭에까지 자라고 있다. 물은 푸르고 거울과도 같다. 특히 맞은편 기슭 부근은. 이따금 거룻배가 분주히 지나갔다. 타이츠 차림으로 목욕하는 사람이 풀밭에 서서 햇볕을 쬐고 있었다. 모든 것이 친밀해 보이고, 강한 햇살 아래에서 약동하고 있었다.

비어가든을 지나가는 길에, 자전거를 타는 사람들이 식탁을 에워싸고 있는 게 보였다. 나는 그들 가까이에 자리를 잡고, 맥주를 큰 컵으로 주문했다. 그들이 속사포처럼 지껄이는 소리를 듣고 있으려니, 문득 지네트 생각이 났다. 그녀가 야수 같은 모습으로 방 안을 어슬렁어슬렁 돌아다니니, 머리칼을 쥐어뜯으며, 오열하고 고래고래 소리를 지르는 모습이 눈앞에 떠올랐다. 필모어의 모자가 모자 걸이에 걸려 있는 게 보였다. 그의 옷이 내게 맞을까 하고 생각했다. 그는 특히 내 마음에 드는 래글런 외투(어깨를 따로 달지 않고 깃에서 바로 소매로 이어지는 외투. 래글런 백작이 고안했다)를 갖고 있었다. 그렇다, 지금쯤 필모어는 자신의 길을 가고 있을 것이다. 조금 지나면 배를 타고 있을 것이다. 영어! 그는 영어로 말하는 소리를 듣고 싶어했다. 어떻게 그런 생각을!

가고 싶으면 나도 미국에 갈 수 있다는 생각이 갑자기 머리에 떠올랐다. 기회가 저절로 찾아온 것은 이번이 처음이었다. 나는 스스로에게 물었다— "미국에 가고 싶은가?" 대답은 없었다. 내 생각은 방황하고 있었다, 바다 쪽으로. 바다 건너의…… 마지막으로 되돌아보았을 때에 쉬지 않고 내리는 눈 속으로 사라져 버린 마천루가 있는 그쪽을 향해. 그것이 떠나왔을 때와 마찬가지로, 다시금 망령처럼 몽롱하게 떠오르는 것이 보였다. 그 갈비뼈 사이에서 등불이 새어나오는 게 보였다. 할렘부터 배터리공원에 이르기까지의 온 시내가 펼쳐지는 게 보였다. 개미들로 뒤덮인 거리, 흐릿한 고가 철도, 텅 빈 극장. 희미하게나마 아내는 어떻게 지내고 있을까 생각했다.

내 머릿속에서 온갖 생각이 조용히 제거되자 커다란 평화가 마음을 차지했다. 이곳에는, 조용한 바람이 언덕을 감싸며 넘어가는 이곳에는 너무 깊숙이 과거가 스며들어 있기 때문에, 아무리 먼 옛날을 그리워할지라도, 인간의 배경으로부터 떼어낼 수 없는 국토가 가로놓여 있는 것이다. 그렇다. 신경이 아주 날카로운 사람만이 고개를 돌리려고 꿈꿀 수 있는 강렬한 황금빛 평화가 눈앞에 번뜩였다. 센 강은 너무 조용히 흘러가서 그 존재마저 알아채지 못할 정도이다. 그것은 언제나 거기에 있다. 조용히, 남의 눈에 띄지 않게, 마치 대동맥이 인간의 몸속을 달리고 있는 것처럼. 마치 높은 산꼭대기에 올라 있는 듯한 불가사의한 평화가 내게 찾아왔다. 잠시 동안 나는 주위를 바라보며 풍경의 의미를 파악할 수 있었다.

인간은 기이한 동물이나 식물을 만든다. 멀리서 바라보면, 인간은 보잘것없는 존재로 보인다. 가까이 다가갈수록, 추악하고 악의에 찬 것으로 보인다. 무엇보다도 그들은 충분한 공간에 둘러싸여 있을 필요가 있다—시간보다도 공간이 필요한 것이다.

해가 기울고 있다. 나는 이 강물이 내 속으로 흘러드는 것을 느낀다—그 과거, 고대의 흙, 변천하는 풍토. 언덕이 부드럽게 그 주위를 에워싸고 있다. 그 자연의 운행은 변함이 없다.

Tropic of Capricorn
남회귀선

그녀에게

《나의 불행한 이야기(Historia Calamitatum)》 서문

  남녀를 불문하고 사람의 마음은 주로, 슬픔이 실례(實例)를 통해 누그러지듯이 단순한 말보다는 구체적인 사례를 통해 움직인다. 나 역시 실제로 슬픈 일을 겪은 사람과 이야기를 나누면서 다소나마 위안을 얻은 적이 있으므로, 지금 여기에 있진 않지만 언제나 나를 위로해 주는 사람에게 보여주기 위해, 나의 불행에서 비롯된 온갖 괴로움을 적어 나가고자 한다. 이렇게 하는 까닭은, 내 슬픔에 비하면 당신의 슬픔은 사실상 아무것도 아니거나 아주 사소한 것에 지나지 않음을 깨닫고, 그럼으로써 더욱 평온한 마음으로 슬픔을 참아낼 수 있으리라고 생각하기 때문이다.

—피에르 아벨라르

난소 열차 안에서

망상을 싹 다 던져 버리면 혼돈 한가운데 있다 해도 모든 것이 분명해지기 마련이다. 처음부터 혼돈 말고는 아무것도 없었다. 혼돈은 나를 둘러싸고 있는 액체였으며, 나는 그 속에서 아가미로 숨을 쉬었다.
 달빛이 한결같이 어슴푸레하게 흐르는 밑흙은 매끄럽고 풍요로웠지만, 그 위는 소음과 불협화음이 뒤덮고 있었다.
 나는 모든 것에서 부정과 모순, 진실과 허위, 풍자와 역설의 차이를 재빨리 발견했다. 나는 나 자신의 가장 형편없는 적이었다. 하지 않아도 되는 일 가운데 꼭 하고자 했던 일은 없었다. 무엇 하나 부족한 것이 없던 어린 시절에도 나는 죽고 싶었으며, 투쟁에서 아무런 의미도 찾아낼 수 없었기 때문에 한시바삐 항복하고 싶었다. 내가 요구하지도 않은 삶을 이어가 보았자 증명되고 구체화되고 가감될 어떠한 것도 느낄 수 없었다. 나를 둘러싼 사람들은 모두 실패자이거나 우스꽝스러운 사람들뿐이었다. 특히 성공한 사람은 눈물이 날 정도로 따분했다. 나는 결함에는 호의적이었으나, 동정심이 나를 그렇게 만든 것은 아니었다. 순전히 소극적인 성격, 인간의 불행을 단순히 목격함으로써 우러나는 연약함 때문이었다.
 나는 한 번도 보답을 바라고 누구를 도와준 적은 없다. 달리 어떻게 할 방도가 없었기에 도와준 것이었다. 사태를 바꾸고자 하는 것이 내게는 쓸데없는 일로 보였다. 마음이 바뀌지 않는 한 아무것도 바뀔 리가 없다고 나는 확신했다. 게다가 그 누가 인간의 마음을 바꿀 수 있겠는가? 때때로 친구들이 개종했다. 이것은 나를 구역질나게 만들었다. 나는 하느님이 나를 필요로 하는 만큼 하느님이 필요치 않았다. 만약 정말로 하느님이 있다면 나는 태연스레 그를 만나 얼굴에 침을 뱉어주겠다고, 종종 혼자 중얼거리곤 했다.
 가장 성가신 일은 사람들이 나를 처음에 언뜻 보고서, 착하고 친절하고 너그럽고 충직하고 성실한 사람으로 여긴다는 것이다. 어쩌면 내가 한때는 정말 그러한 미덕들을 지녔을 수도 있지만, 그것은 단지 내가 무관심했기 때문이다. 시기심에서 벗어난 뒤로 나는 착하고, 친절하고, 너그럽고, 충직한 사람이 될 수 있었던 것이다. 나는 한 번도 질투의 희생양이 된 적이 없다. 나는 그 무엇이나 그 누구도 질투해본 적이 없다. 반대로 나는 모든 것과 모든 사람에게 연민을 느꼈을 뿐이었다.

애당초 나는 어떤 것을 지나치게 바라지 않도록 나 자신을 단련해온 듯하다. 처음부터 나는 이상한 방향으로 독립한 것이다. 나는 자유로워지고 싶었기 때문에 누구의 도움도 필요로 하지 않았으며 기분 내키는 대로 일을 시작하거나 그만두곤 했다. 어떤 일이든 나에게 바라거나 요구하는 그 순간 나는 꼼짝하지 못하는 것이다. 나의 독립이란 이런 식이었다. 요컨대, 나는 시작부터 타락해 있었다. 마치 어머니가 독을 먹여서 나를 키운 것처럼. 어려서 젖을 떼었지만 독은 이미 나의 내장까지 침투해 버린 것이다.

심지어 어머니가 젖을 뗄 때에도 나는 완전히 무심했던 것 같다. 대부분의 아이들은 반항하거나 반항하는 척이라도 하지만 나는 전혀 그렇지 않았다. 나는 포대기에 싸여 있을 때 이미 철학자였다. 나는 원칙적으로 삶에 저항했다. 어떤 원칙이냐고? 시시껄렁한 원리 말이다. 내 주변의 모든 사람이 투쟁했지만, 나 자신은 끝내 버둥거리지도 않았다. 내가 어떤 노력을 하는 것처럼 보였다면 이는 순전히 누군가를 즐겁게 해 주기 위해서였으며, 속으로는 조금도 그렇지 않았다. 이렇게 된 이유를 누군가가 말해줄 수 있다 하더라도 나는 그 이유를 부인할 것이다. 왜냐하면 나는 타고난 고집쟁이라 이제 와서 바로잡을 수는 없기 때문이다. 내가 철이 든 뒤에 들은 이야기인데, 자궁 안에서 나를 끌어내는 데 아주 오랜 시간이 걸렸다고 한다. 나는 그 마음을 완전히 이해할 수 있다. 무엇 때문에 나오겠는가? 어째서 공짜로 모든 것을 갖다 주는 아늑하고 포근한 은신처에서 나올 필요가 있단 말인가?

내가 가지고 있는 가장 오래된 기억은 추위, 처마 홈통의 눈과 얼음, 창틀에 엉긴 서리, 부엌의 녹색 벽에 땀방울처럼 맺힌 냉기였다. 왜 사람들은 '온대'라고 잘못 이름 붙인 기이한 기후 속에서 살고 있을까? 사람들이 본디 바보스럽고, 굼뜨고, 겁이 많기 때문이다. 열 살이 될 때까지 나는 살기 위해 땀을 흘리거나 추위에 벌벌 떨면서 상쾌한 척하지 않아도 되는 '따뜻한'

나라들이 있다는 것을 전혀 깨닫지 못했다. 어디든 춥고, 사람들은 뼈 빠지게 일하며, 자식을 낳으면 한낱 타성적인 신조에 불과한 노동의 원리를 아이들에게 장려한다. 우리 민족이 순전히 북유럽인이었다는 것은 그들이 모두 멍청이들이라는 말이다. 지금까지 설명된 그릇된 사상들은 모두 그들에게서 나왔다. 청결을 원칙으로 한다는 것도 그 가운데 하나이며, 정의감 또한 그러하다. 그들은 측은할 정도로 깔끔하나 속으로는 악취를 풍긴다. 그들은 한 번도 영혼에 이르는 문을 연 적이 없으며 눈을 질끈 감고 어둠속으로 뛰어들어보겠다는 꿈도 꾸어보지 못했다. 저녁식사가 끝나면 그들은 곧장 접시를 깨끗이 씻어서 찬장 안에 들여놓았고, 신문을 다 보면 곱게 접어서 선반 위에 놓았다. 빨래한 옷들은 다리고 개서 옷장 속에 챙겨 넣었다. 모든 일이 내일을 위한 준비이지만 정작 내일은 한 번도 온 적이 없었다. 현재는 다리에 불과하며, 그들은 다리 위에서 온 세상이 으르렁거리듯 여전히 으르렁대고 있을 뿐, 그 다리째로 날려 버리려고 생각하는 멍청이는 하나도 없었다.

　괴로움 속에서 나는 종종 그들을 비난할 이유를 찾지만, 나 자신을 꾸짖는 편이 더 나았다. 나 역시 그들과 여러모로 다를 바 없기 때문이다. 오랫동안 나는 그들의 어리석음에서 벗어났다고 생각했다. 그러나 시간이 흐를수록 나는 내가 더 나은 것이 없으며, 심지어 그들보다도 못하다는 것을 깨달았다. 왜냐하면 나는 그들보다 더욱 또렷하게 보았음에도 여전히 내 삶을 변화시킬 힘이 없었기 때문이다. 지난 내 삶을 돌아보면 스스로의 의지로 일궈낸 일은 하나도 없고, 언제나 남의 압력에 밀려 살아온 것 같다.

　사람들은 종종 나를 모험적인 녀석이라고 생각하는데, 이보다 진실에서 벗어난 평가도 없다. 내 모험은 항상 우발적이고 강요된 것이었으며, 도전적이기보다 견뎌내야 하는 것들이었다. 나도 본질적으로는, 지구를 뒤적거리고 뒤엎으며 곳곳에 유물과 폐허를 흩뿌려 놓았지만 모험심이라고는 약에 쓰려 해도 없는 자랑스럽고 오만한 북유럽인인 것이다. 북유럽인들은 불안한 영혼의 소유자들이지, 모험적인 사람들은 아니다. 현대를 살아갈 능력이 없어 번뇌하는 영혼들이다. 나를 포함한 그들 모두가 수치스러운 비겁자들이다. 유일하게 위대한 모험이 하나 있긴 하지만 이는 자기 내면으로 향한 것이기에 시간과 공간, 심지어 업적과도 상관이 없기 때문이다.

　몇 년마다 한 번씩 나는 그와 같은 발견을 하기 직전까지 이르는 독특한 형태로 언제나 결론을 피해 버린다. 가장 그럴듯한 변명을 하자면 나는 환경, 내가 잘 알고 있는 거리와 그곳에 살고 있는 사람들을 탓할 수밖에 없다. 나를 자아 발견으로 이끌어 주는 미국 거리나, 그 거리에 살고 있는 사람들을 나는 상상할 수 없다. 나는 이 세상에 있는 많은 나라의 거리를 걸어 보았지만 미국 거리만큼 비천하고 굴욕감을 주는 곳은 없었다. 나는 미국의 거리들이 거대한 시궁창처럼 연결되어 모든 것을 빨아들이고 영원히 없어지지 않을 오물로 만들어 배출하는 영혼들의 시궁창이라 생각한다.

이 시궁창 위에서 노동정신이 마술 지팡이를 휘두르면, 궁전과 공장들이 줄지어 우뚝우뚝 솟아나고 군수공장·화학공장·제철소·요양소·교도소·정신병원이 나타난다. 북미 대륙 전체가 최다수의 최대 불행을 생산하는 악몽이다. 나도 그 최다수의 일원으로서 부와 행복(통계학적인 부, 통제학적인 행복)의 대향연에 낀 존재였으나, 한 번도 참으로 부유하고 행복한 사람을 만나본 적이 없다. 적어도 나는 내가 불행하고 가난하며, 주위와 어울리지 못하는 낙오자임을 알고 있었다. 그것이 나의 유일한 위안이자 기쁨이었다. 그러나 그것으로 만족할 수는 없다. 내 마음의 평화와 영혼의 안식을 위해서는, 차라리 노골적으로 반항심을 드러내고 그 때문에 감옥에서 썩다가 숨을 거두는 쪽이 나았을 것이다. 미치광이 촐고츠(매킨리 대통령을 암살한 무정부주의자)처럼, 누구에게도 해를 끼치지 않고 세상에 독도 약도 되지 않는 매킨리 대통령 같은 녀석들을 쏘아 죽였어야 했는지도 모른다. 내 마음 깊은 곳에는 살기가 숨어 있었기 때문이다. 나는 미국이 완전히 파괴되고 쑥대밭이 되는 것을 보고 싶었다. 소리를 지르지도 못하고, 증오와 반항과 정당한 피의 요구를 내세울 수도 없었던 나와 나 같은 녀석들에게 저지른 죄를 보상받기 위해, 오로지 복수의 일념에서 그것을 보고 싶었던 것이다.

나는 악의 땅에서 난 악의 산물이었다. 자아가 불멸하지 않다면, 지금 내가 쓰고 있는 '나'는 아마 오래전에 파괴되었을 것이다. 어떤 사람들에게는 이 글이 창작처럼 보일지 모르나, 내가 일어났다고 생각하는 일은 실제로 일어났던 일이다—적어도 나에게는. 내가 우리 동포의 역사에 아무런 역할도 하지 못했기 때문에, 역사는 이를 부인할지 모른다. 그러나 내 말이 모두 그릇되고, 편견적이고, 심술궂고 악의적이며 내가 거짓말쟁이에 독사 같은 인간이라 할지라도 이 기록은 의심할 여지없는 진실이며, 있는 그대로 받아들여야 할 것이다.

그럼 그 이야기를 해 보자······.

모든 일들은 어떠한 의미를 지니게 될 때 모순의 형태로 나타난다. 이 글을 바치는 여성이 나타날 때까지, 나는 이 세상 바깥 어딘가에 이른바 모든 인생 문제에 대한 해결책이 있다고 생각했다. 그녀를 만났을 때 나는 삶을 손안에 쥐고 있으며, 내가 잠식해 들어갈 수 있는 무엇을 꼭 붙잡았다고 생각했다. 한데 오히려 나는 삶을 완전히 놓치고 말았다. 나는 매달릴 것을 붙잡으려고 손을 뻗쳤으나 아무것도 거머쥘 수 없었다. 그러나 무언가를 붙잡기 위해(시대에 뒤처져서 덩그러니 외톨이로 남게 되었지만) 이를 악물고 손을 내밀다가 나는 이제껏 내가 추구하지 않았던 그 무엇—나 자신—을 발견했다. 나는 내 온 생애 동안 갈망했던 것은 사는 것—다른 사람들의 그것을 삶이라고 한다면—이 아니라 스스로를 보여주는 것임을 발견했다.

생각해 보면 나는 내 삶에 눈곱만큼의 흥미도 느낀 적이 없다. 다만 지금 내가 하고 있는 창작, 삶에 필적하며 삶의 일부인 동시에 삶의 너머에 있는 어떤 일에 흥미를 느낄 뿐이다. 진실은 물론 현실도 전혀 나의 관심을 끌지 못했다. 내가 상상 속에 그리던 것과, 살기 위해 매일같이 짓눌려온 가위에 흥미를 느꼈을 뿐이었다. 오늘이나 내일 죽는다는 문제는 내게 중요하지 않을뿐더러 이제껏 중요했던 적도 없었다. 그러나 수년간 노력을 기울인 오늘에 와서도 내가 무엇을 생각하고 느끼는가를 말할 수 없다는 점에 나는 괴롭고 가슴이 아프다. 어린시절부터 나는 아무런 즐거움도 느끼지 못하고 오직 그러한 본능과 능력만을 바라며 그 망령을 쫓아왔다. 그 밖의 모든 것은—이 노력과 상관없는 내 모든 행동은—거짓이다. 그리고 그 부분이 내 삶의 대부분을 차지하고 있다.

나는 이른바 본질적으로 모순덩어리였다. 사람들은 나를 진지하고 거만하다거나, 쾌활하고 무모하다거나, 정중하고 열성적이거나, 게으르며 경박하다고 보았다. 사실 나는 그 모든 면을 동시에 지니고 있었을 뿐만 아니라, 다른 사람들은 물론 나 자신도 전혀 깨닫지 못한 다른 면도 가지고 있었다.

여섯 살인가 일곱 살 때 나는 할아버지의 작업 의자에 앉아서 할아버지가 재봉 일을 하시는 동안 곧잘 책을 읽어드리곤 했다. 나는 할아버지가 외투 주름을 잡기 위해 두 손으로 다리미를 내리누르면서 창밖을 꿈꾸듯이 바라보던 그 모습을 뚜렷이 기억한다. 꿈꾸며 서 있는 할아버지의 표정이 내가 읽고 있던 책 내용과 우리가 주고받은 얘기, 거리에서 하던 놀이보다도 더 선명하게 남아 있다.

때때로 나는 할아버지가 무슨 꿈을 꾸고 있으며, 그의 넋을 빼앗아간 것이 무엇인지 궁금했다. 나는 아직 눈을 뜬 채 꿈꾸는 방법을 알지 못했다. 나는 언제나 정신이 맑았으며 일관된 성격을 나타냈다. 할아버지의 백일몽은 날 매료했다.

나는 할아버지가 자신이 하고 있는 일과 우리를 전혀 개의치 않으며, 그가 고독하고 고독하기 때문에 자유로워진다는 것을 알고 있었다. 나는 고독했던 적이 없으며, 특히 혼자 있을 때는 더욱 그랬다. 나는 늘 누군가와 같이 있는 것처럼 느꼈다. 나는 큰 치즈─거듭 생각할 필요도 없이, 당연히 세상을 말한다─에서 떨어져 나온 조그만 조각이었다. 나 혼자 사는 세상이 아님을 알고 있었고, 나 자신을 큰 치즈 덩어리라고 생각한 적도 없었다.

따라서 비참해지고 불평하며 울고 싶을 때에도 나는 공통된 세계적인 불행을 짊어지고 있다는 착각에 빠졌다. 내가 울면 온 세상이 운다고 생각한 것이다. 하지만 나는 별로 울지 않았다. 나는 대체로 행복했고 즐거웠으며 멋진 시절을 보냈다. 이야기했듯이 나는 어떤 일에도 전혀 신경을 쓰지 않았기 때문에 좋은 시절을 보낼 수 있었던 것이다. 나에게 나쁜 일이 일어나면 세상 곳곳에서 나쁜 일을 당하고 있다고 믿어 의심치 않았다. 그리고 무릇 모든 일은 너무 조심조심하면 일이 잘 풀리지 않는 법이다. 아주 어린 시절부터 나는 이런 생각에 젖어 있었던 것이다. 내 죽마고우인 잭 로슨을 예로 들어보자. 거의 일 년 열두 달 그는 침대 위에 누워서 극심한 고통을 당하고 있었다. 잭은 나의 가장 친한 친구였다. 어쨌든 사람들은 그렇게 말했던 것이다. 그래서 처음에는 그를 불쌍히 여기고 병 상태를 알아보기 위해 때때로 그의 집으로 찾아가기도 했다. 그러나 한두 달쯤 지나자 나는 점차 잭의 고통에 완전히 냉담해져 버렸다. 그가 죽어 마땅하며, 조금이라도 더 빨리 죽는 게 낫다고 생각했다. 그리고 그렇게 생각대로 행동했다. 나는 곧장 잭을 잊어 버렸으며 그가 죽을 때까지 그를 찾아가지 않았다.
 그때 나는 겨우 열두 살이었는데, 스스로의 결정을 자랑스럽게 느꼈던 일을 기억하고 있다. 잭의 장례식도 기억하고 있다—얼마나 창피한 광경이었는지 모른다. 관 주위에 잭의 친구들과 친지들이 모여서 병든 원숭이 떼처럼 끽끽거리며 울어댔다. 그 어머니는 내 볼기짝을 때리기도 했다. 그녀는 신앙심이 아주 돈독했으며, 틀림없이 크리스천 사이언스교 신도였을 것이다. 그녀는 병과 죽음을 믿지 않았지만 그리스도도 깜짝 놀라 무덤에서 벌떡 일어날 정도로 큰 소란을 일으켰다. 그러나 그녀의 사랑스러운 잭은 살아나지 못했다!
 그렇다, 잭은 얼음과 같이 싸늘해져서 관 속에 누워 있었으며 불러도 대답하지 못했다. 그는 죽었으며, 죽은 이는 말이 없는 것이다. 나는 죽음을 알고 있었으며 그 사실을 은근히 기뻐했다. 나는 눈물 한 방울 소모하지 않았다. '그'가 사라진 게 그에게 다행한 일인지는 알 수 없었다. 그러나 '그'는 떠나갔고, 그가 견디던 고통과, 그가 모르는 사이에 다른 사람에게 옮기던 괴로움도 더불어 사라졌다. 아멘! 나는 속으로 중얼거렸으며, 이로 좀 신경질적이 된 나는 관 옆에서 소리 내어 방귀마저 뀌었다.
 이와 같은 지나친 조심성은—내가 첫사랑에 빠지면서 싹트기 시작했다. 첫사랑에 빠져 있는 동안에도 나는 별로 조심을 하지 않았다. 내가 정말 조심을 하였더라면 여기서 한가하게 이런 글을 쓰지도 못했을 것이다. 사랑의 열병에 심장이 터져 죽거나 교수형을 당하고 말았을 것이다. 첫사랑은 좋지 못한 경험이었다. 나에게 거짓 삶을 사는 방법을 가르쳐 주었던 것이다. 웃고 싶지 않을 때 웃고, 노동의 가치를 믿지 않을 때 일하고, 살아갈 아무런 이유가 없을 때에도 살아가는 법을 가르쳐 주었다. 그녀를 까맣게 잊은 뒤에도 나는 스스로 이해할 수 없는 일을 척척 해내는 잔꾀만은 잊지 않았다.
 말했듯이, 실제로 처음부터 혼돈의 연속이었다. 그러나 때로 혼란의 중심, 혼돈의 핵에 지나치게 가까이 다가가기도 한 나에게는 그것이 내 주위에서 모조리 폭발하지 않은 것이 신기할 뿐이었다.
 모든 일을 전쟁 탓으로 돌리는 것은 습관이다. 전쟁은 나와 내 삶에 아무런 영향을 미치지 못했다. 다른 사람들이 편안한 직장에서 일하고 있을 때 나는 비참한 직장을 전전하며, 가까스로 끼니나 때우는 나날을 보냈다. 취직이 되자마자 바로 그 직장에서 쫓겨나는 일이 많았다. 나는 박학다식하나 남들에게 불신감을 불러일으키는 것이었다. 내가 가는 곳마다 불화가 생겼다. 내가 이상주의자였기 때문이 아니라 마치 탐조등처럼 모든 일의 우매함과 공허한 점들을 밝혀냈기 때문이었다. 게다가 나는 훌륭한 아첨꾼이 못 되었다. 그 때문에 더욱 눈에 띄는 것이다.

직업을 구하러 가도, 사람들은 내가 그 직업을 가지든 못 가지든 신경쓰지 않는다는 사실을 곧바로 간파했다. 그러면 대개 나는 그 직업을 얻지 못했다. 이윽고 이러한 구직활동은 하나의 일과, 소일거리로 변했다. 나는 아무 곳에나 들어가 일자리를 부탁하곤 했다. 그 덕에 심심하지 않았고—내가 볼 때는 직업 자체보다 더 나았다. 나 스스로 사장이 되어 나 자신의 시간을 가졌다. 다른 사장들과 달리 나 자신의 파멸과 파산을 짊어지기만 하면 되었다. 나는 회사도, 공증인도, 주정부도, 연방정부도, 국가도 아니었다—이른바 신과 같은 존재였다.

이러한 생활은 전쟁(제1차 세계대전) 중기부터 시작되었으며, 결국…… 내가 덫에 걸릴 때까지 계속되었다. 끝내 죽도록 기를 써서 직장을 얻어야 하는 그날이 오고 말았다. 무슨 일이 있어도 직업이 필요했다. 단 1분이라도 헛되게 쓰고 싶지 않아 나는 마지막으로 남은 심부름꾼이란 직업을 얻기로 했다. 나는 퇴근시간을 노려서 어떻게든 매달려볼 생각으로 북아메리카 코스모데모닉 전신회사의 고용사무소로 쳐들어갔다.

나는 공공 도서관에서 막 나온 참이어서 겨드랑이에 경제학과 형이상학에 관한 두꺼운 책을 몇 권 끼고 있었다. 그런데 놀랍게도 나는 거절당하고 말았다.

나를 물리친 녀석은 전화 교환대를 관리하는 조그만 꼬마였다. 내 이력서를 보면 내가 학교를 떠난 지 오래되었다는 사실이 명백하건만 그는 나를 대학생으로 본 모양이었다. 나는 심지어 이력서에 콜럼비아 대학에서 철학박사 학위를 받았다고 허풍까지 쳤던 것이다. 나를 거절한 꼬마는 그 사실을 간파했거나 의심스럽게 생각한 것 같았다. 나는 화가 머리끝까지 치솟았다. 이번만은 진지하게 직장을 얻고자 했기 때문에 더욱 화가 났다. 그뿐 아니라 나는 자존심까지 짓밟혔다—어떤 면에서는 이상할 정도로 큰 자존심이었다.

아내는 여느 때와 다름없이 눈을 흘기고 코웃음 쳤다. 내가 일자리를 찾는 시늉만 했을 뿐이라고 했다. 나는 잠자리에 누워서 그 일을 생각해 보았다. 여전히 속은 쓰렸으며 밤이 깊어갈수록 화가 더 끓어올랐다. 먹여 살려야 할 처자가 있다는 사실은 그다지 괴롭지 않았다—부양할 가족이 있다고 해서 다른 사람이 직장을 마련해 주진 않는다는 것쯤은 너무나 잘 알고 있었다. 그게 아니었다. 가슴을 에는 것은, 바로 능력 있고 뛰어난 인간인 나 헨리 밀러가 이 세상에서 가장 천한 직업을 얻으려고 했는데도 그들이 나를 거부했다는 사실이었다. 그 점이 날 부글부글 끓게 만들었다. 도저히 참을 수가 없었다.

　나는 새벽 일찍 일어나 면도를 하고 갖고 있는 옷 가운데 가장 좋은 옷을 입고 지하철역으로 걸음을 서둘렀다. 나는 곧장 전신회사의 본사로 들어가…… 25층이던가, 아무튼 사장실과 부사장실이 있는 작은 방으로 갔다. 나는 사장을 만나야겠다고 요구했다. 당연히 사장은 출타했거나 너무 바빠 나를 만나볼 수 없으니 부사장이나, 그의 비서를 만나겠느냐고 물었다. 나는 부사장의 비서를 만났다. 그는 머리가 좋고 신중해 보이는 사내였다. 나는 그에게 한바탕 설교를 늘어놓았다. 흥분을 가라앉히고, 내가 그렇게 쉽게 내쫓을 수 있는 사람이 아니라는 점을 이해시키려고 애쓰면서 빈틈없이 말을 이어 나갔다.

　이윽고 비서가 전화기를 들고 총무를 불렀을 때 나는 그가 나의 입을 틀어막으려 한다고 생각했다. 내가 진절머리날 때까지 이 사람 저 사람에게 가보라는 식으로 돌리며 일을 미루려 한다고 생각했던 것이다. 그러나 그의 이야기를 듣는 순간 나는 생각을 고쳐먹었다. 내가 주택지구에 있는 다른 빌딩의 총무부장실로 들어갔을 때 그들은 나를 기다리고 있었다. 나는 푹신한 가죽의자에 앉았고 커다란 엽궐련을 한 대 받았다. 총무부장은 이번 일에 매우 관심을 가지고 있는 듯했다. 그는 나에게 처음부터 끝까지 자세히 이야기해 달라고 했으며, 이야기가 끝날 때까지 자기 회사 안에서 일어나고 있는 '머릿속에서 자리를 잡아가고 있는 생각을 정당화하기 위한 조그만 정보'도 놓치지 않으려고 귀를 바짝 세웠다. 어찌된 우연인지, 나는 내가 그에게 참으로 도움이 되는 도구가 되었음을 깨달았다.

　나는 어느 쪽으로 바람이 부는가를 관찰하면서 총무부장이 어느 쪽으로든 끼워 맞출 수 있도록 이야기를 이끌어나갔다. 이야기가 계속될수록 나는 그가 내 얘기에 점점 더 빨려들어오는 것을 느꼈다.

마침내 나를 조금이나마 믿어주는 사람이 나타난 것이다! 이는 나에게 유리한 쪽으로 이야기를 풀어나가기에는 충분했다. 몇 년이나 직장을 찾아다닌 끝에 나는 달인이 되어 있었던 것이다. 나는 무엇을 말하지 말아야 하고, 무엇을 넌지시 비추고, 무엇을 비꼬아야 하는지도 알고 있었다. 곧 부총무가 불려와 내 이야기에 귀를 기울였다. 그제야 나는 사정이 어떻게 돌아가는가를 알게 되었다. 나는 하이미(유대인이 라는 뜻)—총무부장은 그를 '유대인 꼬마놈'이라고 불렀다—가 인사과 과장인 척했으나 아무런 자격이 없다는 것을 이내 알았다. 하이미가 그 특권을 남용한 것이다. 게다가 하이미는 유대인인데, 유대인은 총무부장과 그에게 가시와도 같은 존재인 부사장 트윌리거 씨에게 호감을 사지 못하고 있다는 점도 드러났다.

전보 배달원 가운데 유대인이 많았던 까닭은 틀림없이 이 하이미, '치사한 유대인 꼬마놈' 때문이었을 것이다. 그들이 해가 지는 곳이라고 부르는 인사과 사무실에서 실제로 채용 업무를 담당하던 사람은 하이미인 것 같았다. 보아하니 총무부장인 클랜시 씨에게는 이번 일이, 지난 30년간 인사과 과장으로 일했으며 요즘들어 자꾸 업무에 태만해지는 번스 씨를 끌어내릴 더없이 좋은 기회였다.

회의는 몇 시간이나 계속되었다. 회의가 끝나기 전에 클랜시 씨는 나를 한쪽 구석으로 데리고 가서는 나를 인사과 책임자로 앉힐 생각이라고 말했다. 다만 그 일을 시작하기 전에, 앞으로 크게 도움이 될 테니 일종의 수습기간이라고 생각하고 먼저 특별 배달원으로 일해 달라며 나의 양해를 구했다. 그러면서 인사과 과장의 월급을 받게 되지만 분할 지급된다고 말했다. 요컨대 나는 이 사무실 저 사무실로 돌아다니면서 전체적인 운영 상태를 관찰하고 이따금 각 사무실의 상황을 간단히 보고하면 된다.

그리고 한 번씩 클랜시 씨의 집으로 몰래 찾아가서 뉴욕 시에 백한 곳이나 있는 코스모데모닉 전신회사 지점의 상황을 알려주어야 했다. 다시 말하면 몇 달 동안 스파이 노릇을 한 뒤 인사과 업무를 맡게 되는 것이었다. 그리고 언젠가는 총무부장이나 부사장 자리에 오를 수도 있다고 했다. 말똥으로 뒤범벅된 자리이긴 했지만 솔깃한 제안이었다. 나는 좋다고 대답했다.

몇 달 동안 나는 '해가 지는 곳'에 앉아서 악마처럼 사람들을 고용하고 해

고했다. 정말 도살장과 같은 곳이었다. 일은 밑바닥에서부터 엉망진창이었다. 사람과 물자와 노력의 낭비였다. 땀과 고통을 배경으로 한 끔찍한 익살극이었다. 그러나 나는 앞서 스파이가 되겠다고 수락했듯이 고용과 해고에 관한 모든 일을 받아들였다. 나는 무슨 일이든 시키면 네, 하고 대답했다. 부사장이 절름발이를 고용해서는 안 된다고 하면 나는 절름발이를 고용하지 않았다. 45세 이상의 배달원을 예고 없이 해고하라고 하면 나는 그대로 예고 없이 그들을 해고했다. 그들이 지시한 모든 일을 나는 거침없이, 그러나 언젠가는 대가를 치러야 하도록 수행했다. 파업이 일어나면 나는 팔짱을 끼고 잠잠해지기를 기다렸다. 그러나 그 전에 먼저, 한 푼이라도 회사에 부담이 가도록 만들었다.

　회사 조직 전체가 부패하고 비인도적이고 엉망이며 손댈 수 없이 타락하고 복잡하게 얽혀 있었으므로, 그 안에서 양식과 질서를 바로 세우려면 엄청난 천재성이 필요할 것이다. 인정이나 배려는 바랄 수도 없었다. 양쪽 끄트머리에서부터 썩어들어가는 미국의 노동구조에 나는 정면으로 맞섰던 것이다. 말하자면 나는 예비 바퀴에 지나지 않았다. 어느 쪽에서도 나를 이용할 때 말고는 전혀 필요로 하지 않았다. 사실 이용당하는 것은 누구나 마찬가지였다. 사장과 그의 패거리들은 보이지 않는 세력자들에게, 피고용자들은 그들의 사무직원들에게, 누군가는 또 다른 누군가에게, 사회 전체에서 순서대로 누군가에게 착취당하고 있었다. 나는 '해 지는 곳'에 있는 작은 횃대에 올라앉아 온 미국 사회를 굽어볼 수 있었다. 마치 전화부의 한쪽을 바라보는 것 같았다. 알파벳 순으로, 숫자로, 통계적으로 볼 때는 이치에 맞는 사회였다. 그러나 가까이에서 관찰하거나 한 장이나 부분만 따로 관찰하면, 한 개인을 따로 떼어서 그를 형성하고 있는 요소를 조사하고 그가 들이마시는 공기 및 그가 영위하는 삶, 그가 목숨을 건 기회들을 검토하면, 그렇게 더럽고 비열하고 천박하고 비참하고 절망적이며 무의미하지 않을 수 없다. 분화구 안을 들여다보는 것보다 더 끔찍했다. 미국식 생활의 전모를 경제적, 정치적, 도덕적, 정신적, 예술적, 통계적, 병리학적으로 볼 수 있기 때문이다. 그것은 닳아빠진 페니스에 마구 퍼진 굳은 궤양(매독균의 침입으로 음부에 생기는 피부병)과 비슷했다. 아니, 이제는 페니스 비슷한 모양조차 남지 않았으므로 더욱 지독했다. 지난 날에는 그것도 생명을 지니고, 무언가 생산해 냈으며, 적어도 순간적인 쾌락과 흥분을 안겨주었을 것이다. 그러나 내가 앉아 있는 곳에서 보면 미국은 벌레가 파먹을 대로 파먹은 치즈보다도 더 부패해 있었다. 놀라운 것은 그 악취에 그들이 정신을 잃지 않았다는 것이다…… 나는 여태껏 과거시제를 써왔지만, 미국 사회의 실상은 지금도 마찬가지며 오히려 더욱 악화되었을지도 모른다. 적어도 지금은 그 악취가 참을 수 없을 만큼 가득 차 있다.

내가 몇 군단이나 되는 배달원을 고용하던 무렵에 발레스카가 내 앞에 나타났다. '해가 지는 곳'에 있는 내 사무실은 뚜껑 열린 시궁창과 같은 악취를 풍기고 있었다. 나는 이른바 최전선의 참호 안에 몸을 숨겼지만, 그 순간 사방팔방에서 쏟아지는 공격을 받아야만 했다.

내가 들어가는 바람에 쫓겨난 사내가, 내가 취임한 지 몇 주일이 못 되어 심장마비로 죽고 말았다. 그는 내가 뛰어들 때까지 줄곧 버텨오다가 한 발 먼저 가 버린 것이다. 내가 죄의식을 가질 틈도 없을 정도로 일들이 너무 빨리 일어났다.

내가 사무실에 도착하는 순간부터 그곳은 시끌벅적한 북새통으로 변했다. 나는 매일 지각했으므로 내가 도착하기 한 시간 전부터 사무실은 응모자들로 발 디딜 틈이 없었다. 나는 팔꿈치로 밀면서 층계를 올라가, 책상까지 가말 그대로 죽을힘을 다해 길을 틔워야 했다. 그러고는 모자를 벗기도 전에 열 통이 넘는 전화를 받아야 했다. 책상 위에는 전화기가 세 대 놓여 있었는데 이 전화기들이 모두 한꺼번에 울려대는 것이었다. 내가 자리에 앉기도 전부터 오줌을 찔끔거릴 정도로 따르릉거렸다. 똥을 누러 갈 시간조차 없었다─오후 5시나 6시까지는. 하이미는 교환대에 매달려 있느라 나보다도 더욱 바빴다. 그는 명단을 뒤적거리면서 아침 8시부터 저녁 6시까지 자리에 앉아 있었다. 한 사무실에서 다른 사무실로 한나절이나 반나절 빌려준 배달원 명단이었다. 백한 곳이나 되는 사무실 가운데 직원이 꽉 찬 사무실은 한 군데도 없었다. 따라서 내가 빈자리를 메우기 위해 미친 듯이 일할 때 하이미는 옆에서 명단을 보면서 장기말을 움직여야 했다.

기적적으로 어느 날 빈자리를 모두 메우는 데 성공했다 하더라도 이튿날에는 똑같은 상태─또는 더욱 악화된 상태가 기다리고 있었다. 아마도 20% 정도의 배달원들만이 고정적이었으며 나머지는 떠돌이였다. 그 오랫동안 일한 배달원들이 새로 온 이들을 쫓아냈다. 일주일에 40~50달러를 벌었으며,

때로는 60~75달러, 어떤 때는 100달러도 벌었다. 곧 사무직에 있는 사람들은 꿈도 못 꿀 금액이며, 종종 그들의 부장보다도 많이 번다는 말이다. 신입 배달원은 1주일에 10달러를 벌기도 힘들었다. 한 시간을 일하고는 전보 뭉치를 쓰레기통이나 하수구에 던져 버리고 그만두는 이들도 있었다. 그들은 그만둘 때마다 임금을 바로 지급해 줄 것을 요구하지만, 그것은 불가능했다. 회사의 경리체계가 복잡하여, 적어도 열흘은 지나야 그 배달원이 얼마를 벌었는가를 알 수 있기 때문이었다.

처음에 나는 지망자들을 곁에 앉히고 목이 쉬도록 모든 일을 자세히 설명해 주었다. 그러나 곧 나는 기운을 아껴두었다가 매섭게 닦달하는 데에 써야 한다는 점을 배웠다. 첫째로, 이놈이나 저놈이나 사기꾼까지는 아니라도 타고난 거짓말쟁이였다. 몇 번씩이나 거듭 채용되고 해고되었던 자들이 대부분이었다. 어떤 사람들은 다른 직장을 얻기 위한 디딤돌 정도로밖에 여기지 않는다. 전보를 배달하다 보면 그들이 평소에는 발을 들일 엄두도 못 내던 사무실에 드나들 수 있기 때문이었다.

다행히도 신청용지를 나눠주는, 오랜 문지기 맥고번이 정밀한 관찰력을 지니고 있었다. 그리고 내 등 뒤에는 커다란 옛 장부가 있는데, 여기에 한 번이라도 고생을 겪은 사람들의 모든 기록이 남아 있었다. 이 장부는 경찰기록과 비슷해서, 이런저런 비행을 뜻하는 붉은 잉크로 된 표시가 가득했다. 이 증거 서류로 보자면, 나는 엄청난 곳에 발을 들인 것 같았다. 너 나 할 것 없이 이름 아래에 도적, 사기꾼, 언쟁을 벌이기 좋아하는 사람, 날치기와 변태, 바보라는 꼬리표가 달려 있었다.

"조심하라…… 아무개는 간질병 환자다."
"이 사람을 고용하지 마라…… 그는 깜둥이다!"
"경계할 것. 이자는 단네모라 혹은 싱싱형무소에서 복역한 일이 있음."

만약 내가 예의를 철저히 지키는 사람이었다면 한 사람도 고용하지 못했을 것이다. 나는 그 기록이나 주변 사람들의 말에서가 아니라 경험으로 재빨리 배워야 했다. 지망자들을 판단하는 많은 세부사항이 있었는데 나는 그 내용들을 대번에, 그리고 빨리 소화시켜야 했다. 왜냐하면 아무리 재빠른 사람이라 하더라도 짧은 하루 안에 그 많은 사람들을 다 고용할 수는 없기 때문이었다. 그리고 내가 아무리 많은 사람들을 고용해 보았자 언제나 충분하지 못했다. 다음날에는 다시 처음부터 똑같은 일을 되풀이해야 했다. 어떤 사람들이 하루만 일하려는 속셈이 뻔히 보여도 나 역시 그를 하루만 고용하려고 채용하기도 했다. 구조 자체가 처음부터 끝까지 잘못되어 있으나 나는 그것을 왈가왈부할 수 있는 처지가 아니었다.

고용하고 해고하는 것만이 나의 역할이었다. 나는 아무것도 붙어 있지 못할 정도로 빨리 회전하는 원반 한복판에 자리하고 있었다. 정작 필요한 것은 기계공이었으나 상부층의 논리에 따르면, 이 회사 체계에는 아무 결함이 없으며 이따금 잔고장이 생기는 것 말고는 모든 일이 순조롭고 멋지게 돌아간다고 한다. 그리고 일시적인 잔고장이 간질, 절도, 파괴적인 기질, 타락, 흑인, 유대인, 창부라는 형태로 나타나고—때로는 파업과 폐쇄를 초래한다는 것이다. 따라서 이와 같은 논리대로라면 커다란 빗자루를 들고 깨끗이 쓸어내거나 곤봉과 총을 휘두르며, 모든 일이 근본적으로 잘못되어 있다는 환상에 빠져 있는 불쌍한 머저리들에게 의식을 두들겨 넣어야 했다.

이따금 하느님에 대해 이야기하거나 조그만 친목회를 허용하는 것도 효과적이다. 이따금, 말로는 수습할 수 없는 사태가 빚어졌을 때 보너스는 훌륭한 조처였다. 그러나 중요한 일은 끊임없이 고용하고 해고하는 것이었다. 병력과 총알이 있는 한 우리는 적의 잔당을 해치우며 계속 나아갈 운명이었다.

그동안 하이미는 계속 설사약을 먹었는데 그 양은 그에게 궁둥이가 있었다면 그것을 날려보내 버릴 양이었다. 그러나 그는 다만 변기에 앉아 똥을 싼다고 상상할 뿐이었다. 불쌍한 하이미는 환상에 빠져 있었다.

돌보아야 할 사무실이 백한 군데나 되었고, 각 사무실마다 유령 배달원을 두고 있었다. 그들이 형태가 있든 없든 하이미는 내가 빈자리를 메우고 있는 동안 아침부터 저녁까지 배달원들을 이리저리 보내야 했다. 그러나 이 역시 허황된 일에 불과했다. 왜냐하면 보충 인원을 사무실로 파견해 보았자, 그들이 오늘 도착할 지 내일 도착할 지, 또는 영원히 도달할 수 없을지 그 누구도 알 수 없었기 때문이었다.

지하철에서 증발해 버리는 치도 있고 고층건물 사이의 미로 속으로 사라져 버리는 녀석도 있었다. 어떤 사람들은 제복을 입고 있으면 무임승차를 할 수 있기 때문인지, 아니면 한 번도 온종일 즐겨본 적이 없었기 때문인지 하루 내내 고가전철만 타고 오락가락했다. 그런가 하면 스태튼 섬으로 간 이가 카나시까지 가 버리거나 곤드레만드레 취하여 경찰이 데려오기도 했다. 자기가 사는 집도 잊어버리고 완전히 사라지는 이도 있었다. 뉴욕 지부 배달원으로 채용했는데 한 달 뒤 필라델피아 지부에 아무렇지도 않은 얼굴로 불쑥 나타나기도 했다. 어떤 이는 목적지로 가던 도중에 신문팔이가 차라리 낫다고 결심하고는 잡혀올 때까지 우리가 준 제복을 입고 신문팔이를 하기도 했다. 또 어떤 치들은 야릇한 자기보호 본능에 휩싸여 곧장 감시 병동으로 달려가기도 했다.

하이미는 아침에 출근하자마자 가장 먼저 연필부터 깎았다. 아무리 많은 전화가 와도 상관하지 않고 정성껏 깎았다. 나중에 설명해 준 바로는, 가장 먼저 연필을 깎아놓지 않으면 온종일 깎을 짬이 없다는 것이다. 연필을 깎고 난 뒤에는 창밖을 살피며 날씨가 어떤가를 보았다. 그런 뒤 새로 뾰족하게 깎은 연필을 들고 언제나 곁에 놓아두는 석판 위쪽에 조그만 칸을 만들어, 그 안에 날씨를 썼다. 이 역시 그가 말해준 것인데, 날씨를 써두면 종종 알리바이를 만드는 데 도움이 된다는 것이다. 만약 1피트 정도 눈이 오거나 진눈깨비로 땅이 덮이게 되면 어떤 악당이라도 보충 인원을 재빨리 돌리지 못한 일을 용서받을 수 있을 것이며, 인사과 부장도 그와 같은 날씨에는 결원을 채우지 못해도 용서를 받을 수 있지 않겠느냐는 것이었다.

그러나 하이미가 연필을 깎자마자 교환대에 플러그를 꽂는 대신 왜 똥을 싸고 오지 않는지 나는 알 수 없었다. 그 까닭 또한 그가 나중에 설명해 주었다. 어찌 되었든 하루 일과는 어김없이 혼란, 불평, 변비, 그리고 결원으로 시작된다. 또한 시끄럽고 구린 방귀, 탁한 공기, 지쳐 버린 신경, 간질, 뇌막염, 많지도 않은데 연체된 임금, 닳아빠진 신발, 티눈과 엄지발가락의 염증, 평발과 갈라진 발뒤꿈치, 사라진 지갑과 잃어버리지 않았으면 도둑맞았을 만년필, 하수구에 떠다니는 전보지, 부사장의 위협과 부장들의 충고, 언쟁과 논쟁, 폭우와 망가진 전신, 효율적인 새 수법과 폐지된 옛 수법, 보다 나은 시절에 대한 희망과 한 번도 받아보지 못한 보너스에 대한 바람으로 시작되니 마찬가지라는 것이었다. 새로 온 배달원은 참호에서 뛰어나와 기관총에 스러지지만 고참 배달원은 치즈에 달려든 쥐새끼처럼 자꾸만 몸을 도사렸다. 만족하는 사람이 아무도 없었다. 특히 시민들의 불만은 말도 못했다. 남들 앞에서 만족하는 사람은 한 명도 없었다. 샌프란시스코까지 십 분도 안 걸리는 전보가 수신자에게 도착하기까지는 일 년이 걸릴 수도 있고—영원히 닿지 않을 수도 있었다.

미국에서 일하는 소년들의 도덕심을 향상시키는 데 주력하는 기독교 청년 연합회(YMCA)에서 점심시간에 모임을 여는데, 윌리엄 카네기 애스터빌트 2세가 5분 정도 강연하는 데에 회사의 말쑥한 소년 몇 명을 보내달라고 청해 왔다. 사회복지연맹의 맬로리 씨는 전보배달이든 무엇이든 가리지 않으며 일단 일하고 싶어하는 가석방 중인 모범수들에 대해 이야기하고 싶으니 시간을 몇 분 내줄 수 없느냐고 물어오기도 했다. 유대교 자선협회의 구겐호퍼 부인은, 가족 모두가 몸이 허약하거나 불구자 또는 폐인이 된 탓에 파탄이 나기 직전인 가정이 있는데 그들을 돕는 일을 거들어준다면 매우 고맙겠다고 말했다. 가출 소년의 집을 운영하는 해거티 씨는 일할 기회만 준다면 더없이 도움이 될 반듯한 젊은이들이 있다고 단언했다. 그들 모두 의붓아버지와 의붓어머니들의 학대를 견디다 못해 가출한 것이라고 덧붙였다.

뉴욕 시장까지도 자기가 완벽하게 보증하니, 이 소개장을 지닌 이를 잘 부탁한다고 말했다. 그러나 그렇다면 왜 시장이 스스로 그 사람에게 일자리를 주지 않는지 의문이 아닐 수 없다. 한 사내가 나에게 허리를 구부리고 종이를 한 장 건네주었는데 그 내용은 다음과 같았다.

"나는 다 이해하지만 귀가 안 들림."

쪽지를 건네준 사람 옆에 루터 위니프레드가 서 있었다. 그는 자기가 7분의 2는 순수한 인디언이며, 7분의 5는 독일계 미국인이라고 했다. 그는 거의 누더기가 된 외투를 입고 있었는데 안전핀으로 외투가 벌어지지 않도록 붙잡아 놓고 있었다.

인디언 쪽으로 보면 루터는 몬태나 주에 있는 크로우족이었다. 여기 오기 전에는 창문에 차양을 다는 일을 했는데, 볼기짝이 형편없어 부인 앞에서 사다리에 오르기가 민망스러워 그만두었다는 것이다. 그는 얼마 전에 병원에서 나왔기 때문에 아직도 몸이 회복되진 않았지만 전보를 배달하지 못할 정도로 약하진 않다고 말했다.

그리고 그 뒤 페르디난드 미쉬가 있었다. 그를 어떻게 잊을 수 있으랴. 그는 나에게 한 마디를 들으려고 오전 내내 줄을 서서 기다리고 있었다. 나는 페르디난드가 보내온 수많은 편지에 한 번도 답장을 한 적이 없었다. 그는 나에게 부드러운 어조로 그것이 잘한 일이냐고 물었다. 물론 잘한 일은 아니었다. 페르디난드가 보조 수의사로 일하고 있던 그랜드 콩코스 지방의 가축 병원에서 보내온 마지막 편지를 나는 아직도 어렴풋하게 기억하고 있다. 그는 그전 직장을 그만둔 것을 후회한다고 말했다.

"그러나 그건 아버지 때문이었습니다. 아버지는 나에게 너무나 엄격했으며 어떤 오락이나 밖에서 노는 것을 허락하지 않았습니다…… 나도 이제 스물다섯 살입니다……."

그는 계속해서 다음과 같이 썼다.

"따라서 이제는 아버지와 함께 자야 한다고 생각하지 않습니다. 그렇지 않습니까? 나는 당신이 매우 훌륭한 신사분이라고 들었으며, 이제 독립을 했으니 이렇게 부탁을 드립니다……."

충직한 문지기 맥고번은 페르디난드 곁에 서서 내 신호를 기다리고 있었다. 그는 힘으로 페르디난드를 몰아낼 생각이었던 것이다. 5년 전 페르디난드가 본관 앞 보도에 제복 차림으로 쓰러져서는 간질 발작을 일으켰던 사실을 맥고번은 기억하고 있었다. 아냐, 제기랄! 나는 페르디난드를 쫓아낼 수 없었다. 저 불쌍한 녀석에게 한 번 더 기회를 줄 작정이었다. 중국인 거리는 비교적 조용하니까 그곳으로 보내자. 페르디난드가 뒷방에서 제복으로 갈아입는 동안 나는 한 고아 소년이 큰 소리로 떠들어대는 것을 들어야 했다.

"난 이 회사가 성공할 수 있도록 돕고 싶소."

일할 기회만 준다면 일요일에 예배를 드릴 때마다 나를 위해 기도를 올리겠다고도 했다—아직 가석방 중이라 담당 경관에게 보고하러 가는 날은 빼고. 그는 딱히 나쁜 짓을 저지르진 않았던 모양이다. 동료를 슬쩍 밀었을 뿐인데, 그놈이 그만 엎어지면서 머리가 깨져 죽고 말았던 것이다.

그 다음에는 지브롤터의 전 영사라는 사람이었다. 그의 글씨체는 매우 아름다웠다. 나는 그에게 퇴근 무렵에 다시 오라고 말하고 돌려보냈다—아무래도 수상했던 것이다. 그때 페르디난드는 옷을 갈아입다가 발작을 일으켰다. 천만다행이었다! 만일 그가 지하철에서 번호가 달린 모자를 쓴 채 발작을 일으켰다면 나는 회사에서 쫓겨났을 것이다. 다음은 팔이 하나뿐인 남자인데 맥고번이 나가라는 암시를 했기 때문에 길길이 날뛰고 있었다.

"도대체 뭐가 문제야! 나는 힘도 좋고 건강한데, 보라고!"

외팔이는 소리 지르면서 건장하다는 것을 증명해 보이기 위해 의자를 쳐들더니 냅다 후려쳐서 산산조각을 냈다. 내 자리로 되돌아가니 책상 위에 내 앞으로 전보가 와 있었다. 나는 전보를 뜯었다. 남서지부 전 배달원 2459번, 조지 블라시니에게서 온 것이었다.

"너무나 일찍 그만두게 되어 죄송합니다. 이 직업은 게으른 제 성격에는 맞지 않는가 봅니다. 저도 노동과 검약을 고귀하게 생각하지만, 제 개인적인 자존심을 억누르거나 가라앉힐 수 없을 때가 너무나 많습니다."

빌어먹을!

처음에 나는 윗사람들의 꾸짖음과 아랫사람들의 압력 사이에서도 열성을 다해 일했다. 내가 가진 아이디어를 부사장이 좋아하든 좋아하지 않든 간에 소신껏 밀고 나아갔다. 열흘에 한 번은 위에 불려가 야단을 맞았으며 "배짱이 너무 크다"는 설교를 들었다. 내 주머니는 텅 비어 있었지만 다른 사람들의 돈은 마음대로 썼다. 부장 자리에 앉아 있는 한 돈은 얼마든지 끌어 쓸 수 있었다. 나는 아무에게나 돈을 쥐여주었다. 옷이며 책, 남아 있는 모든 것들을 남에게 퍼주었다. 만약 나에게 그럴 만한 힘이 있었다면 성가시게 달려드는 불쌍한 녀석들에게 이 회사를 통째로 넘겨주었으리라. 나는 10센트를 구걸하는 거지에게 50센트를, 1달러를 달라고 하면 5달러를 주곤 했다. 얼마를 주든 한 번도 신경 쓰지 않았다. 불쌍한 녀석들의 동냥을 거절하기보다는 빌려서 주는 것이 더 수월했던 것이다. 아무튼 나는 살면서 그토록 비참한 집단을 본 적이 없다. 두 번 다시 보고 싶지 않다.

사람들은 어디서나 가난했다—옛날부터 항상 가난했고 지금도 다를 바 없다. 그런데 그 끔찍한 가난의 밑바닥에는 불꽃이 타오르고 있었다. 평소에는 거의 보이지 않을 정도로 연약할 뿐이지만, 숨결을 불어넣을 용기만 있다면 큰 불꽃으로 타오를 것이다. 나는 항상 관대하지 말고, 감상에 치우치지 말고, 너무 인정을 많이 갖지도 말라는 충고를 들어왔다. 굳세라! 단호해져라! 그들은 나에게 경고했다. 흥, 됐수다! 하고 중얼대며 나는 속으로 관대하고, 유연하고, 너그럽고, 아량이 있어야 한다고 생각했다.

맨 처음에 나는 모든 사람들의 말을 끝까지 들어주었다. 일자리를 줄 수 없으면 돈을 주었고, 돈도 없으면 담배를 주거나 격려를 해 주었다. 어쨌든 무언가를 주었다! 그 효과는 눈이 부실 지경이었다. 그 누구도 착한 일과 인정 어린 말 한 마디의 결과를 헤아리지 못하리라. 나는 감사, 축복, 초대, 가슴이 뭉클해지는 소박한 선물 등으로 정신을 차릴 수가 없었다. 만약 내가 사륜마차의 예비 바퀴가 아니고 진짜 세력을 가진 사람이었다면 이루지 못하는 일이 없었을 것이다. 나는 온 인류를 하느님 앞으로 인도하는 전초기지로 북미 코스모데모닉 전신회사를 이용할 수 있었을 것이며 북미와 남미뿐만 아니라 캐나다까지도 변화시킬 수 있었을 것이다.

나는 그 비결을 알고 있었다—너그럽고 친절하며 인내심이 있어야 한다는 것이었다. 나는 다섯 사람 몫의 일을 해냈으며, 삼 년 동안 잠도 거의 제대로 자지 못했다. 나는 번듯한 셔츠 한 장 없었으며, 출근할 차비를 아내에게 빌린다거나 애들 저금통에서 슬쩍하기가 부끄러워, 지하철 역에서 신문을 파는 맹인에게 야바위짓을 하곤 했다. 나는 이십 년을 일해도 다 갚지 못할 정도로 주위 사람들에게 많은 빚을 졌다. 나는 돈을 가지고 있는 사람들에게서 얻어내어 그것을 필요로 하는 사람들에게 주었다. 이 행동은 올바른 일이었고, 다시 같은 입장이 된다면 몇 번이든 그렇게 할 것이다.

나는 그 누구도 감히 바라지 못하던, 배달원을 미친 듯 보충하고 이동시키는 일을 멈추는 기적을 이룩했다. 그러나 회사에서는 나의 노력을 지지해 주기는커녕 오히려 방해했다. 윗사람들 논리에 의하면, 임금이 너무 높기 때문에 배달원이 일을 그만두지 않는다는 것이었다. 그리하여 그들은 임금을 깎았다. 이는 내 노력을 송두리째 뒤엎는 일이었다. 조직 전체가 흔들렸고 내 손에서 붕괴되었다.

그러자 윗사람들은 아무 일 없었다는 듯이 당장 빈자리를 메우라고 말했다. 타격을 조금 줄이기 위해서 유대인의 수를 늘려보라든가, 일만 할 수 있다면 가끔은 불구자들을 채용해도 된다고 내게 넌지시 암시했다. 그들은 나에게 이렇게 해 보고 저렇게도 해 보라며 지금까지 지켜오던 규약과는 어긋나는 지시를 내렸다. 나는 누구든 가리지 않고 무조건 고용해야 한다는 데 울화가 치밀었다. 전보를 배달하는 데에 필요한 약간의 지식을 주입시킬 수만 있다면, 나는 야생마와 고릴라도 고용했을 것이다.

며칠 전까지는 퇴근 무렵의 결원이 대여섯 명에 지나지 않았다. 그런데 이제 삼백 명이 되었고, 사백 명, 오백 명이 되었다—마치 모래알처럼 빠져나가고 있었다. 놀라울 정도였다. 나는 창구에 앉아서 질문 하나 없이 무더기로 채용했다. 흑인, 유대인, 중풍환자, 불구자, 전과자, 매춘부, 미치광이, 성도착자, 백치. 두 발로 서서 전보를 손에 쥘 수만 있다면 아무리 경칠 녀석이라도 채용한 것이다. 백한 곳이나 되는 지점의 소장들은 거품을 물었다. 나는 웃었다. 엄청난 대혼란을 일으키고 있다고 생각하니 온종일 웃음이 그치지 않았다. 온 시내에서 불평이 쏟아졌다. 전보배달 업무는 마비되고 정체되었으며, 교살당했다. 내가 마구간에 몰아넣은 머저리들보다는 차라리 노새가 더 빨랐을 것이다.

새로운 체제로 돌아선 뒤 가장 좋은 일은 여배달원을 채용한 것이었다. 덕분에 회사 분위기가 완전히 바뀌었다. 하이미에게는 특히 뜻밖의 행운이었다. 그는 배달원을 이리저리 배치하면서 나를 볼 수 있도록 교환대 방향을 바꾸었다. 일이 늘었는데도 하이미는 언제나 활발했다. 그는 웃으면서 출근하고 온종일 웃으면서 일했다. 그는 천국에 있는 기분이었다. 퇴근 무렵이면 내 손에는 언제나 꾀어 볼 만한 여자 대여섯 명의 이름이 들려 있었다. 수법은 그녀들에게 직장을 보장해 주는 대신 먼저 공짜로 한바탕 기분을 내야 한다고 잘 구슬리는 것이었다. 밤중에 여자들을 사무실로 불러들여 탈의실의 함석 탁자 위에 눕히기 위해서는 대개 먹이를 조금만 던져주면 되는 것이었다. 그녀들이 아늑한 아파트라도 갖고 있으면 우리는 그곳까지 출장을 갔다. 그리고 침대 위에서 성교를 즐기곤 했다.

여자들이 술을 좋아하면 하이미는 술병을 끼고 갔다. 그리고 그녀들이 마음에 들고 정말로 사정이 궁핍하다면 하이미는 보란 듯이 지폐뭉치를 꺼내서는 경우에 따라 5달러나 10달러씩 내어주었다.

하이미가 늘 가지고 다니는 돈뭉치를 생각하면 나는 침을 삼켰다. 그는 사무실에서 가장 봉급이 낮은 사람이기 때문에 그 많은 돈이 어디서 났는지 나는 상상도 할 수 없었다. 아무튼 그는 돈뭉치를 항상 지니고 다녔으며 부탁만 하면 얼마든지 빌려주었다. 한번은 뜻하지 않게 보너스가 나왔기에 나는 하이미에게 빌렸던 돈을 한 푼도 남기지 않고 깨끗이 갚아주었다. 그는 감탄하며 그날 밤 나를 델모니코에 데려가서 크게 한턱을 내는 것이었다. 그뿐만 아니라 이튿날 하이미는 나에게 모자와 셔츠와 장갑을 사주겠다고 고집을 피웠다. 심지어 그는 자기 안사람의 난소에 약간 문제가 있긴 하지만 내가 좋다면 집에 와서 그녀와 자도 좋다고까지 말했다.

나는 하이미와 맥고번 말고도 아름다운 금발미녀 둘을 조수로 데리고 있었다—우리는 종종 그녀들을 데리고 나가 저녁을 같이 먹었다. 그리고 얼마 전에 필리핀에서 돌아온 나의 옛 친구 오마라. 나는 그를 나의 수석 조수로 삼았다. 그리고 스티브 로메로가 있는데, 내가 곤란한 처지에 놓일 때 달고 다니는 덩치가 황소만 한 사내였다. 퇴근 무렵에 나에게 신고하고 야간작업에 들어가는 회사의 사설탐정 오루크, 끝으로 크론스키라는 젊은 의학도가 있었다. 고용부에서 질리도록 볼 수 있는 병리학적 사례에 그는 광적인 흥미를 갖고 있었다. 우리는 기회만 있으면 이 회사에 한 방 먹이려는 욕망으로 똘똘 뭉친 명랑한 패거리였다. 회사를 손안에 넣고 주무르면서, 오루크를 뺀 우리는 눈에 띄는 여자와 닥치는 대로 떡을 쳤다. 오루크는 조금이나마 위엄을 유지해야 했고, 더욱이 전립선에 문제가 있었기 때문에 떡을 치는 데에 흥미가 없었다. 오루크는 인품이 뛰어난 남자였으며 아주 너그러웠다. 우리에게 종종 저녁 대접을 하는 사람이 오루크였으며, 문제가 생겼을 때 우리가 찾아가는 사람 또한 오루크였다.

2년 정도 지난 뒤의 '해 지는 곳' 풍경은 대강 그러했다. 나는 다양한 사람들과 온갖 경험에 구역질이 날 것 같았다. 나는 마음이 가라앉을 때마다 이 경험을 서술할 기회가 오면 쓰려고 비망록을 만들어 두었다. 나는 숨을 돌릴 기회를 기다리고 있었다. 그러던 어느 날 우연히 부사장에게 사소한 태만으로 불려가 잔소리를 들을 때 그가 슬쩍 비춘 한 마디가 나의 머리를 쳤다. 부사장은 전보 배달원을 소재로 누군가가 허레이쇼 앨저 (소년을 위한 입신출세담을 많이 쓴 19세기 미국작가) 같은 책을 쓰는 사람이 있으면 좋겠는데 어쩌면 내가 적격일지도 모른다고 말했다. 나는 그의 머저리 같은 발상에 성이 났지만 한편으로 기뻤다. 속으로는 이 소재를 털어놓고 싶어 좀이 쑤셨기 때문이었다. 나는 생각했다—이 멍청하고 늙은 호색한아! 너는 내가 속에 있는 것을 털어놓을 때까지 기다리고만 있어⋯⋯ 허레이쇼 앨저 종류의 책을 읽게 해 주마⋯⋯ 기다리고만 있어! 부사장실을 나오는데 머리가 어질어질했다. 지금껏 내 손을 거쳐간 수많은 남자와 여자, 어린애들의 모습이 눈앞에 떠올랐다. 그들이 울고, 빌고, 탄원하고, 애원하고, 저주하고, 침을 뱉고, 씩씩거리고, 위협하는 모습이 보였다. 그들이 간선도로에 남겨두고 간 발자취와 철로에 늘어선 화물차,

누더기를 걸치고 있는 부모님, 빈 석탄상자, 넘쳐흐르는 하수구, 땀방울을 내쏟는 듯한 벽, 습기 때문에 생겨난 차가운 성에 사이로 미친 듯 달려가는 바퀴벌레를 보았다. 그들이 일그러진 요정들처럼 절뚝거리며 걷거나, 간질병 발작을 일으켜 뒤로 벌렁 넘어져서는 입이 비뚤어져 침을 질질 흘리며 손발을 비비 꼬는 것을 보았다. 벽이 무너지고 흑사병이 거센 액체처럼 쏟아지는데도, 잘난 사내들은 철판을 두른 이론을 내세운 채 커다란 시가를 입에 지그시 물고 발을 책상 위에 얹어놓고서, 폭풍이 지나가고 모든 일이 원만하게 수습되기를 기다리고만 있다. 지금은 일시적으로 사태가 미쳐 날뛰고 있는 것뿐이라며, 혼자 만족스럽게 기다리고 있다.

나는 병든 미국사회의 허상인 허레이쇼 앨저의 작중인물이, 전보배달원에서 시작하여 전화교환원 감독 주임 부장 부사장 사장으로 차근차근 출세하여, 이윽고 산업계의 거물로 성장하여 맥주왕이 되고 온 미국의 군주, 돈의 신, 신 중의 신, 인간 중의 인간, 지고한 무(無), 앞뒤로 9만 7천의 소수를 거느린 영(0)이 되어 가는 것을 보았다. 똥이나 처먹어라! 나는 그런 하찮은 열두 사람, 소수도 숫자도 아무것도 없는 시시콜콜한 영(0)과 다름없는 인간들, 너의 그 썩어빠진 회사의 토대를 파먹고 있는, 밟아도 짓이길 수 없는 벌레들의 생생한 모습들을 보여주마 하고 속으로 중얼거렸다. 온갖 악취가 깨끗이 사라진 요한 묵시록 다음 날의 허레이쇼 앨저를 보여 주겠노라.

이 지구 곳곳에서 그들은 도움을 받고자 나를 찾아왔다. 미개민족을 빼면 배달원이 되지 않은 민족은 거의 없었다. 아이누, 마오리, 파푸안, 베다, 랍프, 줄루, 파타고니아, 이고로트, 호텐톳, 투아렉, 그리고 이미 멸종된 타스마니아, 그리말디, 아틀란티스 족을 제외하고 태양 아래의 거의 모든 인종들을 대표하는 사람들이 다 모여 있었다. 나는 여전히 태양 숭배자인 두 형제와 옛 아시리아에서 온 네스토리우스교도 두 명을 데리고 있었다. 그리고 말타에서 온 말타 족 쌍둥이 형제와 유카탄 반도에서 온 마야 족의 후예도 있었다. 필리핀 사람과 아비시니아의 에티오피아에서 온 갈색 피부에 몸집이 작은 형제들도 몇 명 있었다. 아르헨티나 대초원에서 온 사람과 몬태나 주에서 밥줄이 끊긴 카우보이도 있었다. 그리스, 레트, 폴란드, 크로아티아, 슬로베니아, 루테니아, 체코, 에스파냐, 웨일스, 핀란드, 스웨덴, 러시아, 덴마크, 멕시코, 푸에르토리코, 쿠바, 우루과이, 브라질, 호주, 페르시아, 일본, 중국, 자바 섬, 이집트 사람, 황금해안과 상아해안에서 온 아프리카 사람, 힌두교 신자, 아르메니아, 터키, 아라비아, 독일, 아일랜드, 영국, 캐나다 사람—그리고 많은 이탈리아인과 유대인을 데리고 있었다. 내가 기억하는 프랑스 사람은 딱 한 명이었는데 그는 겨우 세 시간 일하고 말았다. 대부분 체로키 족이었지만 아메리칸 인디언도 몇 명 있었으나 티베트와 에스키모 사람들만은 고용해보지 못했다.

나는 상상해본 적도 없는 신기한 이름들과 쐐기문자부터 중국인의 세련되고 말할 수 없이 아름다운 한자에 이르기까지 다양한 필적을 보았다. 이집트 학자를 비롯해 식물학자, 외과의사, 채금업자, 동양어 교수, 음악가, 기술자, 내과의사, 천문학자, 인류학자, 화학자, 수학자, 시장 및 주지사, 간수, 카우보이, 벌목꾼, 뱃사람, 굴 도둑, 부두일꾼, 리벳공(工), 치과의사, 화가, 조각가, 배관공, 건축가, 마약밀매업자, 낙태 시술자, 백인 매춘부 알선업자, 잠수부, 공사장 인부, 농부, 양복 외판원, 사냥꾼, 등대지기, 매음굴 주인, 시회의원, 상원의원에 이르는 수많은 직업을 가진 사람들이 제발 일을 달라고 울면서 매달렸다. 그들은 매달리며 제발 직장을, 담배를, 차비를, 기회를, 아아 하느님, 부디 다시 한 번 더 기회를 달라고 사정했다. 이 세상에 성인(聖人)이 있다면 나는 성인들을 보았고, 사귀게 되었다. 술에 취해 해롱거리거나 제대로 먹지도 못하는 대학자들을 보았고, 그들과 이야기를 나누었다. 나는 가슴에 성스러운 불꽃을 지닌 사람들, 코스모데모닉 회사 부사장의 것은 갖지 못해도 다른 기회를 가질 자격이 있다고 전능하신 하느님을 확신시킬 수 있는 사람들의 말에 귀를 기울이기도 했다.

나는 책상에 꼼짝 않고 앉아서 번개 같은 속도로 온 세상을 여행하였으며, 세상은 어디나 똑같다는 점을 배웠다. 세상 어디에서나 기아, 굴종, 무지, 사악, 탐욕, 착취, 책략, 고문, 독재와 인간이 같은 인간에게 품는 잔혹한 마음, 속박, 이용, 고삐, 구속, 채찍, 선동이 판치고 있는 것이다. 뛰어난 인간일수록 비참했다. 사람들은—멸시당하는 사람들, 하층민 중에서도 가장 천한 그들은—불결하고 천박한 옷차림으로 뉴욕 거리를 돌아다니고 있었다. 바다오리, 펭귄, 훈련받은 물개, 참을성 깊은 당나귀, 덩치만 큰 수탕나귀, 미쳐 날뛰는 고릴라, 눈앞에 내민 먹이를 갉아먹고 있는 얌전한 미치광이, 왈츠를 추는 쥐, 모르모트, 다람쥐, 토끼들처럼 서성거리고 있었다. 이 많은 사람들은 세계를 지배하고 여태껏 쓰인 책들 가운데 가장 위대한 책을 쓸 수 있는 인물들이었다. 내가 알고 있는 페르시아인, 힌두 그리고 아랍 사람들을 생각하고, 그들의 성격 행실 상냥함 지성 그리고 특히 그들의 고결성을 돌이켜 볼 때면, 나는 이 세상의 백인 정복자들인 타락한 영국인과 완고한 독일인, 독선적인데다 자아도취에 빠진 프랑스인들에게 침을 뱉고 싶었다.

지구는 지각력이 있는 하나의 크나큰 실체이고 사람들이 우글거리는 별, 멈칫거리고 더듬거리더라도 스스로의 뜻을 나타낼 줄 아는 살아 있는 혹성이다. 백인종이나 흑인종, 황인종 또는 사라진 남색 인종의 집이 아니라 '인간'의 집이며, 모든 인간은 하느님 앞에 평등하다. 지금이 아니라도 백만 년 뒤에는 저마다 살아갈 기회를 갖게 될 것이다. 필리핀에서 온 작은 구릿빛 형제들도 언젠가 다시 꽃을 피우고, 남북 아메리카에서 살해된 인디언들도 언젠가 다시 살아나서 지금은 대도시가 불길과 역병을 뿜어내고 있는, 대평원에서 말을 타고 달릴 것이다. 누가 마지막 발언권을 가질 것인가? '인간'이다!

지구는 인간의 것이다. 왜냐하면 인간이 바로 지구이며 불, 물, 공기, 광물과 식물, 불멸하는 우주적 정신, 인간과 무한한 징후 및 상징 그리고 끝없는 명백한 현상을 통해 스스로 모습을 바꿔가는 모든 별들의 정신이다. 기다려라. 코스모데모닉 전신회사의 개똥들아, 배관 공사가 끝나기를 기다리고 있는 천상의 악귀들아! 기다려라, 말굽과 너희들 도구와 무기와 병균으로 지구를 더럽힌 비열한 백인 정복자들아! 기다려라. 호화로운 집에 앉아 돈을 세느라 바쁜 모든 자들아, 아직은 끝나지 않았도다! 종말이 오기 전에 마지막 한 사람까지 변명을 하게 하리라. 지각 있는 마지막 분자에 이르기까지 정의는 반드시 이루어져야 하며—꼭 이루어질 것이다! 그 누구도 빠져나갈 수 없다. 적어도 북미 코스모데모닉의 염병할 녀석들은 단 한 명도 빠져나가지 못하리라.

내가 휴가를 보낼 차례가 되었을 때—삼 년간 한 번도 휴가를 가지 않을 정도로 나는 회사의 번영을 위해 열성을 다 바쳤었다—통상적인 2주가 아니라 3주간의 휴가를 얻게 되었다. 그리하여 나는 시시한 열두 명의 인간에 대한 책을 썼다. 하루에 5천, 7천, 때로는 8천 개의 단어를 갈겨댔다. 무릇 작가가 되고자 하는 사람은 적어도 하루에 5천 개 단어는 써야 한다고 생각했기 때문이다. 나는 작가가 단번에—한 권의 책 안에—모든 것을 토해내고는 지쳐 나가떨어져야 한다고 생각했던 것이다. 나는 글을 쓰는 것에 대해 전혀 아는 바가 없었다. 똥줄이 당길 정도로 두려웠다.

그러나 나는 북미 의식에서 허레이쇼 앨저를 말살하리라고 결심했다. 그것이 이 세상에 나온 책들 가운데 가장 졸작이라고 생각하기 때문이다.

내 책은 아주 두껍고, 처음부터 끝까지 결점투성이였다. 그러나 나의 처녀작이었고, 나는 그 책에 애착심을 느꼈다. 지드만큼 돈을 가졌더라면 나는 자비로 책을 펴냈을 것이다. 휘트먼처럼 용기가 있었더라면 나는 이집 저집 찾아다니며 책을 팔았을 것이다. 내가 책을 보여준 사람들은 모두 그 책을 엉망이라고 혹평했다. 글 쓸 생각을 접으라는 말까지 들었다. 나는 자기 이름으로 책을 내려면 그 전에 발자크처럼 원고 몇십 권은 써야 한다는 것을 배워야 했다. 무릇 작가란 모든 것을 포기하고 쓰는 일 말고는 아무것도 하지 말아야 하며, 이 세상 사람들이 모두 반대하고 믿어주는 사람이 한 명도 없다 해도 오로지 쓰고 또 써야 한다는 것을 배워야 했으며, 머지않아 배우게 되었다. 어쩌면 아무도 믿어주는 사람이 없어서 글을 쓰는지도 모른다. 사실은 세상 사람들을 믿게 하기 위해서 쓰는지도 모른다. 그들이 내 책을 불충분하고 결점투성이며 졸렬하고 끔찍하다고 비평한 것은 당연했다. 나는 소질을 타고난 사람이 맨 마지막에나 쓸법한 글을 처음부터 시도했다. 마지막 한 마디를 가장 처음에 말하고 싶었던 것이다. 어리석고 딱한 시도였다. 결국 무참한 패배를 맛보았으나 그 노력은 나의 등뼈에 무쇠를 주입하고 핏속에 유황을 흘려 넣었다. 적어도 나는 실패가 무엇인가를 알았다. 나는 큰일을 시도한다는 것이 어떤 것인지를 알았다.

오늘날, 내가 그 책을 쓸 무렵의 환경과 형태를 만들고자 노력했던 어마어마한 자료, 발칙했던 의도를 생각하면 나는 나 자신에게 잘했다고 등을 두드려주고 싶다. 나는 그 참담한 실패를 자랑스럽게 생각한다. 만일 그때 내가 성공했다면 나는 괴물이라는 뜻이 된다. 때로 낡은 노트를 둘러보다가 그때 쓰고자 했던 사람들 이름을 발견하면 나는 현기증을 일으키곤 한다. 그 한 사람 한 사람이 저마다의 세계를 짊어지고 나를 찾아와서는 내 책상 위에 던져 놓고 갔다—내가 그 세계를 집어서 들쳐업기를 바랐다. 그 때문에 나는 나 자신의 세계를 창조할 여유가 없었다. 나는 아틀라스(Atlas)처럼 계속 버티고 있어야 했다. 두 발로 코끼리 등을 밟고, 코끼리는 거북의 등을 딛고. 그 거북이 딛고 있는 것이 무엇이냐고 묻는다면 아마 미쳐 버릴 것이다.

그 무렵 나는 '사실' 말고는 일부러 아무것도 생각하지 않았다. 그러나 사실의 심층부에 도달하려면 먼저 예술가가 되어야 했고, 예술가는 하룻밤 사이에 만들어지는 것이 아니었다. 우선 자신이 짓이겨져야 하고 서로 맞부딪치는 관점을 버려야 한다. 다시 한 개인으로 태어나려면 인간적인 것을 말살해야 한다. 자아라는 최종적인 공통분모에서 빠져나오려면 스스로를 탄화하고 광물화해야 한다.

자신의 본질이 서 있는 바탕으로부터 느끼려면 동정을 초월해야 한다. '사실'로써 새로운 천지를 창조할 수는 없다. 이 세상에 '사실'이란 없다―오직 이 세상 곳곳에 있는 모든 사람들이 하나같이 정해진 길로 나아가고 있다는 사실뿐이다. 어떤 사람은 먼 길을 택하고, 어떤 사람은 가까운 길을 고른다. 모두 저마다 자기 길 위에서 운명을 개척하고 있으며, 인자하고 너그럽고 끈기가 있지 않고서는 그 누구도 도움이 될 수 없다.

지금 보면 분명한 일도, 몹시 열중해 있던 그 당시에는 조금도 이해가 되지 않았다. 예로써, 내가 작품에 등장시키려고 생각했던 열두 명 가운데 하나인 카나한. 그는 이른바 모범적인 배달원이었다. 명문대학 출신이며 건전한 지식과 훌륭한 인격의 소유자였다. 그는 하루에 열여덟 시간에서 스무 시간을 일했고, 어느 배달원보다도 임금을 많이 받았다. 고객들은 카나한을 극구 칭찬하는 편지를 보내왔고, 그도 좋은 자리를 주겠다는 제의를 여러 번 받았으나 이런저런 이유를 붙여 거절했다. 그는 다른 도시에 살고 있는 아내와 아이들에게 임금의 대부분을 부쳐주고 자신은 소박하게 살았다. 하지만 카나한은 나쁜 버릇이 두 가지 있었는데 하나는 술을 좋아하는 것이고, 다른 하나는 출세욕이 강하다는 점이었다. 그는 일 년 동안 술을 입에 대지 않을 수는 있으나 한 방울이라도 댔다 하면 나가떨어지도록 퍼마셨다. 카나한은 월가에서 두 번이나 대박을 터뜨렸지만 내 밑에서 일하기 전에는 어느 조그만 고을에 있는 교회 머슴으로 전락해 있었다. 그런데 성찬용 포도주를 훔쳐 마시고 밤새도록 종을 쳐댄 탓에 교회에서 쫓겨나고 말았다. 카나한은 정직하고 성실했으며 열성적이었다. 나는 그를 전적으로 신임하였고, 그런 나의 믿음은 흠 잡을 데 없는 그의 근무기록을 통해 입증되었다.

그럼에도 카나한은 냉혹하게 자기 아내와 아이들을 쏘고 스스로에게도 방아쇠를 당겼다. 다행히 그들 중 아무도 죽지 않았다. 그들은 나란히 병원으로 옮겨졌고, 모두 완쾌했다. 나는 카나한이 교도소로 이감된 뒤 도움을 청하러 그의 부인을 찾아갔다. 그녀는 도움을 단호히 거부하였다. 카나한을 두 발 짐승 가운데 가장 천박하고 잔인한 후레자식이라며—그가 교수형을 당하는 꼴을 보고 싶다고 했다. 나는 이틀 동안 그녀를 찾아다니며 부탁을 해보았으나 그녀는 철석 같았다.

나는 교도소로 찾아가 쇠창살 너머로 카나한과 이야기했다. 나는 그가 이미 교도관들에게 평판이 좋으며 몇 가지 특전도 누리고 있다는 것을 알았다. 그는 전혀 풀이 죽지 않았다. 반대로 교도소에 있는 기간을 훌륭하게 활용하여 판매술을 '배울' 생각이라며, 장래에 대한 기대에 부풀어 있었다. 카나한은 석방되고 나면 미국에서 가장 훌륭한 외판원이 될 작정이라고 한다. 참으로 행복해 보이기까지 했다. 그는 걱정하지 말라고, 잘 지낼 것이라고 말했다. 다들 자기에게 잘해주고 불편한 점도 없다고 말했다. 나는 좀 얼떨떨한 기분으로 그와 헤어졌다.

나는 가까운 해변으로 나가 한바탕 헤엄을 치기로 했다. 모든 것이 새롭게 보였다. 나는 그 친구 생각에 빠져 집으로 돌아가는 것조차 잊고 있었다.

카나한에게 일어난 일은 가장 좋은 결과를 낳은 게 아닐까? 그는 외판원이 아니라 어엿한 복음 전도사가 되어 교도소에서 나올지도 모르는 노릇이었다. 아무도 그의 행동을 예측할 수 없다. 누구도 그를 도와줄 수조차 없다—카나한은 자기만의 방법으로 운명을 헤쳐나가고 있기 때문이다.

그리고 또 한 사람, 힌두인 굽탈이라는 친구가 있었다. 그는 단정한 품행에 모범이 되는 사람일 뿐만 아니라—진짜 성인이었다. 그는 플루트에 빠져서, 작고 누추한 하숙방에 틀어박혀 플루트 불기에만 정열을 쏟았다. 어느 날 굽탈은 벌거벗은 시체로 발견되었는데, 목이 왼쪽 귀에서 오른쪽 귀까지 완전히 찢어져 있었다. 옆에 있는 침대 위에는 플루트가 놓여 있었다. 장례식 때는 그의 열두 명이나 되는 부인들이 서럽게 울었다. 그녀들 가운데에는 그를 살해한 수위의 부인도 있었다. 나는 이 굽탈이라는 젊은이에 대한 이야기로 책 한 권도 쓸 수 있다. 그는 내가 만난 사람 가운데 가장 점잖고 신앙심 깊은 인간이었다. 한 번도 남에게 성가시게 군 적이 없으며, 그 누구한테서 물건을 훔친 적도 없었다. 다만 평화와 사랑을 전하기 위해 미국으로 건너왔다는 실수를 저질렀을 뿐이다.

데이브 올린스키라는 성실하고 근면한 배달원도 있었다. 그는 일밖에 모르는 사람이었지만, 치명적인 약점이 하나 있었다—말이 너무나 많다는 것이었다. 데이브가 나를 찾아왔을 때는 이미 지구를 몇 바퀴 돌아다닌 뒤였으며, 그가 살기 위해 손대지 않은 일이 없다는 이야기는 할 가치가 없으리라. 데이브는 12개 국어를 할 줄 알았으며, 자신의 어학 재능을 대단히 자부했다. 그는 무슨 일이건 가리지 않고 열심히 해서 스스로 파멸을 초래하는 사람들 가운데 하나였다. 데이브는 모든 사람들을 도와주려고 했으며 모든 사람들에게 성공 방법을 가르쳐주고 싶어했다. 그는 우리가 나눠주는 양보다 더 많은 일을 요구했다. 일에 미친 사람이었다.

데이브를 이스트 사이드 지부로 보낼 때 보통 험한 곳이 아니니 조심하라고 미리 일러주었어야 했는지도 모른다. 그러나 그는 매우 잘 아는 척하였으며, 어학적 재능이 있으니 더더욱 그와 같은 곳에서 일해야 한다고 고집을 부렸다. 그래서 나 역시 아무 말도 하지 않았다. 나는 가보면 바로 알게 되겠지 하고 속으로만 생각했다.

아니나 다를까, 데이브는 불과 며칠 만에 사고를 냈다. 어느 날 가까운 곳에 사는 덩치 큰 유대인 소년이 사무실로 들어와 전보용지를 달라고 하였다. 데이브는 접수대에 있었다. 그는 그 젊은이의 말하는 태도가 못마땅했다. 데이브는 젊은이에게 좀더 예의바르게 행동하라고 주의를 주었다가 귀싸대기를 얻어맞고 말았다. 그런데도 그는 더욱 혀를 나불거렸고, 그것이 재앙의 시작이었다. 데이브는 이빨이 빠져 목구멍에 박히고 턱뼈에 세 군데나 금이 갈 정도로 주먹질을 당했는데도 입을 다물어야 한다는 점을 깨닫지 못했다. 바보 멍청이처럼 그는 파출소로 가서 신고를 한 것이다. 일주일 뒤 데이브가 벤치에 앉아 졸고 있을 때 깡패들이 달려들어 그를 축 늘어지도록 두들겨 패버렸다. 머리가 깨져 골수가 오믈렛처럼 흘러나왔다. 깡패들은 덤으로 금고를 털고, 금고를 뒤엎어 놓았다. 데이브는 병원으로 옮기는 도중에 죽고 말았다. 그의 양말 안에서는 그가 감춰두었던 500달러가 발견되었다.

클라우센과 그의 아내 레나도 있었다. 그가 지원했을 때 그들은 함께 왔다. 레나는 젖먹이를 안고 있었고, 클라우센은 두 어린애의 손을 잡고 있었다. 그들은 어떤 구호소에서 보낸 사람들이었다. 나는 고정급을 받을 수 있도록 클라우센을 야간 배달원으로 배치하였다.

며칠 뒤 나는 클라우센에게서 이상한 편지를 받았다. 그의 가석방 담당 경관에게 보고를 해야 하기 때문에 출근하지 못하는 것을 용서하라는 내용이었다. 그런 뒤 다시 편지가 왔다. 아내가 아이를 더 낳기 싫다며 동침을 거부하는데 모쪼록 찾아오셔서 자기와 함께 자도록 레나를 설득해 달라는 것이었다. 나는 그의 집으로 가보았다. 이탈리아인 거리에 있는 어느 지하실이었다. 보기에 정신병원 같은 곳이었다. 레나는 또 임신해서 이미 7개월 가량 되었으며 미치기 일보 직전이었다. 지하실이 너무나 덥고, 또 남편이 자기 몸에 손을 대는 것조차 싫어서 그녀는 옥상에서 잠을 자고 있었다. 내가 이제 와서는 달라질 것도 없다고 말해주자 레나는 나를 바라보며 씩 웃기만 했다.

클라우센은 제1차 세계대전에 참전했다가 독가스 때문에 머리가 좀 이상해진 것 같았다. 아무튼 그는 입에 거품을 머금고 있었다. 클라우센은 레나가 옥상에서 내려와 자지 않으면 그녀의 골통을 부수어 버리겠다고 이를 갈았다. 그는 그녀가 더그매에 살고 있는 광부와 놀아나기 위해서 옥상으로 올라간다고 비꼬았다. 레나는 그 말에 또다시 두꺼비 같은 음침한 미소를 보였다. 클라우센은 화를 이기지 못하고 느닷없이 그녀의 엉덩이를 걷어찼다. 레나는 발끈하여 자식들을 데리고 나갔다. 클라우센은 두 번 다시 돌아올 생각 말라고 소리 지르고는 서랍을 열어 큼직한 콜트 권총을 꺼냈다. 언젠가 필요할 때를 위해서 간직해 둔 것이라 말했다. 그리고 나이프 몇 자루와 직접 만든 곤봉도 나에게 보여주었다. 그러고는 하염없이 울기 시작했다. 아내가 자기를 속였다고 했다. 이웃의 모든 남자들과 자고 다니는 여자를 위해 일하는 것이 역겹다고 했다. 자기가 아무리 바란들 이제는 아이를 만들 수 없으므로 아이들도 자기 자식이 아니라고 말했다.

이튿날 레나가 장 보러 나간 틈을 타 클라우센은 아이들을 옥상으로 데리고 가서 곤봉으로 골수가 나오도록 머리를 두들겨 깨 버렸다. 그러고는 그도 거꾸로 옥상에서 뛰어내렸다. 집에 돌아온 레나는 그 광경을 보고 그만 미쳐 버렸다. 경관들은 그녀에게 정신병자들이 입는 구속복을 입히고, 구급차를 불러야 했다.

그리고 자기가 저지르지도 않은 죄로 교도소에서 이십 년이나 썩다 나온 슐디그라는 녀석이 있었다. 죽도록 얻어맞다가 어쩔 수 없이 자백한 것이었다. 그 뒤에는 독방 생활, 굶주림, 고문, 남색, 아편이 이어졌다. 풀려났을 때에는 그는 이미 인간이 아니었다. 슐디그는 어느 날 밤, 교도소에서 보낸 마지막 30일 동안 석방을 기다리면서 맛본 고통의 절정을 나에게 설명해 주었다. 상상도 할 수 없는 이야기였다. 나는 그러한 괴로움 속에서 사람이 살아남을 수 있으리라고 생각할 수 없었다. 석방이 된 뒤에도 슐디그는 죄를 저지를 수밖에 없는 함정에 빠져 다시 교도소로 되돌아가게 되진 않을까 하는 두려움에 사로잡혀 있었다. 그는 미행당하고 감시받으며 한평생 추적을 당하고 있다며 우는소리를 했다. '그들'이 자기를 부추겨, 하고 싶지도 않은 일을 시키려 한다고 말했다. '그들'이란 슐디그의 뒤를 밟으며 그를 교도소로 되돌려보내기 위해 월급을 받고 있는 형사들이라고 한다. 그가 잠들지 못하는 밤에 그들이 와서 귓전에 대고 속삭인다고 했다. 처음부터 최면에 걸려 있는 슐디그는 그들과 맞설 힘이 없다. 그들은 때로 그의 베개 밑에 마약을 넣어두거나 마약과 함께 권총이나 나이프를 넣어두었다. 그리고 이번에야말로 그를 검거할 확증을 얻기 위해 그가 어떤 죄 없는 사람을 살해하길 바라고 있다는 것이다. 슐디그의 망상은 점점 더 심해졌다.

어느 날 밤, 슐디그는 전보뭉치를 주머니에 넣은 채 몇 시간 동안 돌아다닌 끝에 어느 경찰에게 다가가 구금해 달라고 부탁했다. 그는 자기 이름도, 주소도, 일하는 사무실도 기억할 수 없었다. 슐디그는 정체성을 완전히 상실하고 말았다. 그는 이렇게 중얼거리기만 했다.

"나는 결백하다…… 나는 결백하다."

경찰은 또다시 슐디그를 고문했다. 그러자 그는 벌떡 일어나서 미친 사람처럼 부르짖었다.

"자백하겠습니다…… 모조리 털어놓을게요."

그리고 그는 잇따라 죄를 늘어놓았다. 꼬박 세 시간 동안 입을 다물지 않았다. 처참하게 자백을 하던 중 별안간 말을 멈추고 정신이 되돌아온 사람처럼 사방을 둘러보더니, 미친 사람만이 낼 수 있는 재빠름과 힘으로 방을 가로질러 달려가서 대리석 벽에 머리를 세차게 박았다.

나는 이 사건들을 지금 마음속에 떠오르는 대로 짧막하게 서술하였다. 내 기억은 이와 같은 수천 가지 사건, 무수한 얼굴, 몸짓, 이야기와 고백들로 가득 채워져 있다. 이 모든 것들은 아찔할 정도로 거대한 힌두교 사원의 겉모양처럼—돌이 아니라 살아 있는 인간의 체험으로 만들어진 사원, 오로지 현실을 기초로 세워졌으되 현실 자체는 아닌, 인간의 신비를 담은 그릇인 거대한 꿈의 전당처럼—얽히고설켜 있다. 내 마음은 무지와 호의에서 몇몇 젊은이들을 치료받으라고 데려다 준 진료소를 헤맸다. 살아 있는 신경을 뽑는 치과의사 같은 마술사를 미치광이 구출자로 묘사한 히에로니무스 보스(네덜란드 화가)의 그림보다 그 진료소 분위기를 생생하게 전달하는 것은 없다.

겉만 번지르르하고 엉터리 치료만 해대는 우리나라의 과학적인 개업의는 법의 전적인 협력과 묵인으로 이러한 병원을 경영하고 있으며 서글서글한 가학성 변태성욕자가 되어 신격화되었다. 그는 바보 모자만 쓰지 않았을 뿐 칼리가리 박사와 똑같았다. 분비샘의 은밀한 조절 방법을 알고 있는 척하면서 중세 왕조 같은 권력을 부여받고, 환자에게 주는 고통은 아랑곳하지 않고, 의학적 지식 말고는 아는 것이라곤 하나도 없으면서, 땅 밑 하수관 수리하는 배관공처럼 인간이라는 유기체를 주물럭거렸다. 게다가 환자의 몸 안에 독을 집어넣으면서, 필요하면 주먹이나 무릎까지 사용했다. 무슨 일이든 당연한 '반응'이라고 정당화했다.

환자가 무기력하면 그는 고함을 지르고, 따귀를 갈기며, 팔을 꼬집고 때리고 발로 찼다. 반대로 환자가 너무 활발하면 그는 똑같은 수법을 두 배로 힘을 주어 사용했다. 환자의 기분 따위는 전혀 중요하지 않았다. 어떤 반응이 나오든 그것은 단지 내분비샘 기능을 조절하는 법칙의 증명이나 표시에 불과했다. 그의 치료 목적은 환자를 다시 사회에 적응시키는 것이었다. 그러나 그가 아무리 빨리 환자를 처리하고, 성과를 올리든 올리지 못하든 관계없이 사회는 점점 부적응자를 만들어냈다. 어떤 환자들은 그가 증명된 반응을 얻기 위해 그들의 볼때기를 세차게 후려쳤을 때 주먹을 날리거나 급소를 걷어차는 등의 반응을 보일 정도로 손쓸 도리가 없기도 했다.

대부분의 환자들은 그의 진단대로 초기적 범죄자였다. 미국 대륙 전체가 기울어지고 있었으며—지금도 기울어지고 있다. 따라서 분비선만이 아니라 관절, 방호기관, 골격, 대뇌, 소뇌, 꼬리뼈, 후두, 췌장, 간장, 소장, 대장, 심장, 위장, 신장, 고환, 자궁, 나팔관, 그 밖의 온갖 자질구레한 내장들을 모조리 조정할 필요가 있었다. 미국 전체가 무질서하고 야만적이며 폭발을 코앞에 둔 광란의 도가니였다. 이것이 바람에, 풍토에, 웅장한 경치에, 지평선 위의 바위 숲에, 바위를 깨물며 내달리는 계곡이 거센 물살에, 까마득히 먼 경치와 메말라 버린 황무지에, 푸른 농작물에, 큼직한 과일에, 돈키호테 기질이 섞인 혈통에, 종파와 분파와 신앙의 우호단체에, 법률과 언어의 대립에, 기질과 주의와 요구와 필요의 모순성에도 고루 스며 있었다. 이 대륙에는 피로 얼룩진 폭력, 태곳적 괴물과 멸종된 인간의 뼈, 불운에 휩싸인 신비들로 가득 차 있다. 대기에는 때로 영혼이 육체에서 튀어나와 미쳐 날뛸 정도로 격렬한 전류가 흐른다. 비와 같이 만물은 양동이로 들이붓듯이 쏟아지거나 전혀 쏟아지지 않았다.

미대륙 전체가 부분적으로 몽환이고 공포이며 절망인 움직이는 전경에 의하여 분화구가 이따금 숨는 대화산이다. 알래스카에서 유카탄 반도에 이르기까지 똑같은 상황인 것이다. 자연이 지배하고 있으며 승리하고 있다. 곳곳에서 똑같이 욕구를 충족하고 경쟁하도록 근본적으로 촉구되고 있다. 겉보기는 번듯하고 나무랄 데 없어 보이는 사람들—건강하고 낙관적이며 용감해 보인다. 그러나 안에는 구더기로 가득 차 있다. 아주 조그만 불똥 하나에도 그들은 사라질 것이다.

러시아에서처럼 종종 남자가 뚱한 얼굴로 들어오기도 했다. 마치 계절풍에 놀란 것처럼 느닷없이 눈 뜨는 것이다. 십중팔구 그는 착하고 모든 사람이 좋아할 만한 녀석이었다. 그러나 한번 화를 내면 걷잡을 수 없었다. 그는 어지럼증에 걸린 말과 같아서 그 자리에서 쏘아 죽이는 수밖에 없다. 이러한 일들은 차분한 사람들에게 더욱 자주 일어난다. 어느 날 갑자기 미쳐 날뛰는 것이다. 미국에서는 사람들이 항상 미쳐 날뛰고 있다. 그들이 필요로 하는 것은 정력과 피의 욕망을 쏟아낼 수 있는 배출구이다. 유럽은 전쟁을 통해 정기적으로 피를 흘렸다. 평화주의적인 미국은 서로가 서로를 잡아먹어 왔다. 겉으로 볼 때 미국은 모든 수벌들이 득시글득시글 모여 열심히 일하고 있는 아름다운 벌집 같다. 그러나 그 속은 도살장이다. 이웃끼리 서로를 죽여 없애고 뼛속 골수까지 빨아먹고 있다. 겉으로 보기에 미국은 힘차고 남성적인 세계 같다. 그러나 실제로는 토착민 후손을 뚜쟁이로 내세우고 몸을 파는 피범벅된 외국인을 데리고 있는 여인들에 의해 운영되는 매음굴이다. 그 누구도 엉덩이를 진득하게 붙이고 앉아 만족스러워할 줄 모른다. 이는 모든 것이, 심지어 지옥의 화염까지도 허위로 만들어진 영화에서나 일어나는 일이다. 대륙 전체가 깊이 잠들어 있으며, 그 잠속에서 엄청난 악몽이 펼쳐지고 있었다.

이와 같은 악몽 속에서 나만큼 깊이 잠들어 있는 사람은 아무도 없을 것이다. 이윽고 시작된 전쟁도 내 귀에는 희미하게 윙윙거리며 울리는 소리에 지나지 않았다. 내 동포들처럼 나 역시 평화애호가였으며 야만적이었던 것이다. 대량 학살에 투입된 수백만의 사람들은 아즈텍 사람과 잉카족 그리고 미국인디언과 물소가 사라지듯 구름 속으로 흩어졌다. 사람들은 깊이 감동을 받은 척하고 있었지만 실제로는 그렇지 않았다. 단지 잠자리에서 한 번씩 몸을 뒤척거렸을 뿐이었다. 식욕을 잃거나 자다가 일어나 화재경보를 울린 사람은 한 명도 없었다.

전쟁이 있었다는 사실을 내가 처음으로 깨달은 것은 전쟁이 끝나고 6개월쯤 지난 어느 날이었다. 14번가를 가로지르는 전차 안에서였다. 가슴에 훈장을 주렁주렁 단 텍사스 출신의 젊은 병사가 우연히 포장도로를 걷고 있는 장교를 보았다. 장교를 보자 그는 불같이 화를 냈다. 젊은이는 중사였는데, 뭔가 장교에게 화를 낼 이유가 있었던 모양이다. 아무튼 그는 장교를 본 순간 화를 벌컥 내며 전차 자리에서 일어나더니 정부, 군대, 시민, 차 안의 승객들 할 것 없이 마구잡이로 모든 사람과 모든 것에 대고 큰 소리로 욕설을 퍼부었다. 그는 다시 전쟁이 일어난다면, 그들이 노새 스무 마리가 끄는 마차를 동원하더라도 자기를 전쟁터로 끌어내지 못할 것이라고 했다. 세상의 모든 개새끼들이 모조리 사살되는 것을 보기 전에는 죽어도 전쟁에 나가지 않겠다고 말했다. 그들이 달아준 훈장 따위가 무슨 소용이 있냐고 하면서 말뿐이 아님을 증명하기 위해 훈장들을 떼어 내어 창 밖으로 던져 버렸다. 그리고 다음에 장교와 한 참호 안에 같이 있게 된다면 더러운 개를 쏘아 죽이듯 장교의 뒤통수에다 총탄을 퍼부을 것이며, 퍼싱 장군(제1차 세계대전시 미 원정군 사령관)이든 누구든 가리지 않을 것이라고 말했다.

그러고도 그 중사는 전쟁터에 나가 있는 동안 배운 이상야릇한 욕을 한참 해댔지만, 아무도 입을 열어 반박하지 않았다. 이윽고 그가 욕을 끝냈을 때 나는 비로소 전쟁이 정말로 일어났었으며 욕을 하던 그 사람이 참전했었다는 것을 처음으로 느꼈다. 그는 용감한 사람이었지만 전쟁이 그를 비겁자로 만들었으며, 앞으로 사람을 죽일 때는 정신이 또렷한 상태에서 냉혹하게 방아쇠를 당기리라는 것, 그리고 그를 전기의자에 앉힐 배짱을 가진 사람은 아무도 없으리라고 생각했다. 왜냐하면 그는 겨레에 대한 의무를 다했기 때문이며, 자신의 신성한 본능을 부인해야만 이룰 수 있는 일이었기 때문이다. 죄악은 하느님과 국가 및 인도애 그리고 모든 사람들이 누리는 평화의 이름 아래 스스로를 지켜낼 수 있기 때문에, 어떠한 수단을 쓰건 그의 모든 행동은 정당하고 훌륭한 것이다.

두 번째로 내가 전쟁의 현실성을 느낀 것은, 야간 배달원이며 예비역 하사인 그리스울드가 어느 날 화가 나서 기차역에 있는 사무실을 산산조각 냈을 때였다. 회사 측에서는 그를 해고할 생각으로 내게 보냈지만 나는 그를 자를 용기가 없었다. 너무나도 완벽하게 파괴해 버렸기 때문에 나는 그리스울드를 껴안고 힘차게 악수하고 싶었기 때문이다. 나는 다만 속으로 그가 몇 층인지 어딘지 모르지만 사장실과 부사장실이 있는 층으로 올라가서 그 천벌 받을 놈들을 깡그리 쓸어주면 좋겠다고 생각했다.

그러나 규율이라는 이름 아래, 그리고 아무리 지독한 익살극일지라도 이 일을 계속하기 위해서는 그리스울드를 벌하든지 아니면 내가 책임을 지든지 무슨 수를 써야 했다. 그리하여 나는 달리 좋은 생각도 떠오르지 않았으므로 그를 능률급제 배달원에서 고정급을 받는 배달원으로 돌렸다. 내가 자기편인지 아닌지를 깨닫지 못한 그는 이 처우에 분개하며 곧바로 나에게 편지를 보냈다.

하루 이틀 안에 내 가죽을 벗겨놓으러 갈 참이니 조심하는 게 좋을 것이라며, 퇴근하고 사무실로 찾아갈 것이니 겁나면 건장한 사람 몇이라도 곁에 두고 있으라는 내용이었다. 그리스울드는 실없는 소리를 할 사내가 아니었으므로, 편지를 다 읽고 내려놓자 온몸이 와들와들 떨렸다. 그러나 도움을 청하면 더욱 비겁하게 보일 터라 나는 혼자서 그를 기다렸다. 아주 야릇한 경험이었다. 그리스울드는 나를 처음 본 순간, 편지에 썼던 대로 내가 개새끼이고 거짓말쟁이에 썩은 내 나는 위선자임을 알아챘을 것이다. 내가 그 모양이었던 것은, 그도 별반 다르지 않은 인간이었기 때문이다. 그리스울드는 곧 우리가 같은 배를 타고 있으며, 그 고물 배조차 물이 새고 있다는 사실을 깨달았을 것이다.

　나는 내 쪽으로 뚜벅뚜벅 걸어 들어오고 있는 그리스울드에게서 그러한 내적 변화를 읽어낼 수 있었다. 그는 겉으로는 화가 잔뜩 난 것처럼 입에 거품을 물고 있었지만 가슴속은 모든 화가 가라앉아 솜털처럼 부드러워져 있었다. 나 또한 그가 들어오는 순간 두려움이 사라졌다. 홀로 조용히 그리스울드가 찾아오기를 기다리고 있었던 점, 그보다 힘도 약하고 스스로를 방어할 능력이 없다는 점이, 오히려 그의 기선을 제압하는 결과를 낳았다. 기선 다툼을 할 의도도 없었지만 우연히 그렇게 되었고, 나는 자연스레 그 덕을 보게 되었다. 자리에 앉는 순간 그리스울드는 촛농처럼 물렁해졌다. 그는 이제 어른이 아니라 덩치만 큰 아이에 불과했다.

　그와 같이 덩치만 큰 아이가 전장에도 수백만 명이나 있었을 것이다. 그들은 손에 기관총을 들고서 눈 한번 깜박이지 않고 온 연대병력을 해치울 수 있지만, 무기도 없고 눈에 보이는 적도 없는 후방에서는 마치 개미처럼 무력하다. 모든 것은 음식 문제와 관련되어 있다. 먹을 것과 잠잘 곳—싸워서 얻어내야 하는 것은 이것뿐이다. 그러나 싸우려고 해도 방법이, 눈에 보이는 분명한 방법이 없다. 이는 눈에 띄는 적은 모조리 쓸어 버릴 수 있는 강력하고 장비도 좋은 부대가 작전상 이유로 진지, 무기, 탄약, 식량, 수면, 사기를 잃고 끝내는 목숨까지 잃을 것을 알면서도 명령에 따라 후퇴를 거듭하는 것과 같다. 음식과 방세를 위해 싸우는 사람은 어디서나 작전상 이유로 안개와 어둠을 헤치며 후퇴를 계속하고 있었다. 이 점이 그리스울드의 마음을 푹푹 썩게 했다.

　싸우는 일은 수월했으나 음식과 방세를 위한 투쟁은 유령을 상대로 싸우는 것 같았다. 후퇴밖에 방법이 없다. 후퇴를 하는 동안에도 형제들이 안개와 어둠 속에서 차례로 소리 없이 픽픽 나자빠졌다. 그것을 바라보면서도 어떻게 해볼 도리가 없는 것이다.

　그리스울드는 혼란스럽고 당황스러워서 쩔쩔 매다가, 절망하여 축 늘어져서는 두 팔로 머리를 감싸며 내 책상에 엎드려 울었다. 이때 전화벨이 울렸다. 부사장실—그는 언제나 직원을 시키지 스스로 거는 법이 없었다—에서 온 전화였고, 그리스울드를 당장 해고하라는 내용이었다. 나는 알겠습니다, 라고 대답하고 전화를 끊었다.

나는 그리스울드에게는 아무 말도 하지 않고, 그와 함께 그의 집으로 가서 그의 아내와 아이들과 저녁식사를 같이했다. 그리스울드와 작별할 때, 나는 이 친구를 해고해야 한다면 그 누군가에게 반드시 보복을 해주겠다고 다짐했다. 아무튼 먼저 그 명령을 누가 내렸으며, 이유가 무엇인지부터 알아내야 했다.

이튿날 아침 나는 화가 나서 부루퉁한 얼굴로 곧장 부사장실로 쳐들어갔다. 부사장에게 직접 면담을 요구하고, 그리스울드를 해고하라는 명령은 누가 내린 것이며 그 이유는 무엇이냐고 다짜고짜 따져 물었다. 나는 부사장에게 부인할 기회나 설명할 틈도 주지 않고, 그가 좋아할 리도 없고 받아들일 가능성도 없는 공격을 거침없이 퍼부었다―윌 트윌딜리거 씨, 그렇게 못마땅하면 당신이 직접 하시오. 내 일은 물론 그리스울드의 일까지 다 말이오. 그리고 당신의 그 궁둥이로 그들을 모조리 밀어내 버리란 말이오. 나는 이렇게 퍼부어주고 휘적휘적 걸어 그곳을 나와 버렸다.

나는 다시 처형장으로 내려와 평소처럼 일을 처리했다. 해가 지기 전에 모가지가 날아갈 것이라고 각오하고 있었다. 그런데 그런 낌새조차 보이지 않았다. 오히려 놀랍게도 총무부장으로부터 너무 화내지 말라는 전화가 걸려왔다. 일단 머리부터 식히고 진정해라, 성급하게 굴지 말고, 이 문제는 자기네들이 논의해 보겠다는 등의 내용이었다. 아마도 그들은 아직도 알아보는 중인가 보다. 그리스울드는 여전히 계속 일하고 있었기 때문이다―그뿐만 아니라 사무원으로 승진까지 시켰다. 치사한 수법이었다. 사무직 월급은 배달원으로 일하면서 버는 돈보다 적었지만 이와 같은 조처는 그리스울드의 체면을 세워주었고, 이로 인해 그의 분노도 어느 정도 잦아들었기 때문이다.

그러나 이것은 꿈속에서만 영웅일 뿐인 사내에게 일어난 일이다. 그 악몽이 잠을 깨울 만큼 강렬하지 않다면, 우리는 후퇴를 계속하다가 끝내는 벤치만 지키게 되거나 아니면 부사장이 되거나 둘 중 하나이다. 어느 쪽이 되건 결국 똑같으며, 처음부터 끝까지 뒤죽박죽된 엉터리 광대극이자 참담한 실패인 것이다. 나는 그것이 무엇인지 알고 있었다―중간에 잠에서 깨어났기 때문이다. 나는 눈을 뜨고 그곳에서 빠져나왔다. 걸어 들어갔던 그 문으로 다시 나온 것이다―떠나겠다는 말도 없이!

순간적으로 일어나는 일도, 그 전에 기나긴 과정을 거쳐 온 것이다. 어떤 일이 일어났을 때 우리가 알게 되는 것은 오직 폭발과 폭발이 있기 전의 불꽃뿐이다. 그러나 모든 일은 법칙에 따라 일어나며―아울러 우주 전체의 충분한 동의와 협력으로 일어난다. 내가 멈춰 서서 폭발하기 전에는, 알맞은 폭탄을 장치하고 도화선에 불을 붙여야만 했다. 높으신 녀석들을 위하여 일을 말끔하게 끝낸 뒤 나는 권위 있는 자리에서 끌어내려질 것이며, 축구공처럼 이리저리 차이고 밟히고 짜부라지며 수모를 겪고, 손발에 족쇄가 채워지고, 굴레가 씌워져서 해파리처럼 거죽만 남게 되어야 했다.

이제껏 나는 친구가 부족하다고 느낀 적은 없었지만, 이 무렵에는 마치 버섯처럼 내 주위에 친구들이 잔뜩 나타났다. 나는 내 시간이 전혀 없었다. 조금 쉬어야겠다고 생각하고 밤에 집으로 돌아오면 꼭 누군가가 나를 만나려고 기다리고 있는 것이다. 때로는 손님들이 집 주위를 에워싸고 있었으며, 그들에게는 내가 집에 돌아오든 아니든 별 차이가 없는 모양이었다.

내 친구들은 패거리끼리 서로 다른 패거리를 무시했다. 스탠리는 나의 모든 친구들을 멸시했고, 울릭 역시 다른 사람들에게 야유적이었다. 울릭은 몇 년 동안 유럽에 가 있다가 얼마 전에 돌아왔다. 소년시절 이후에는 그와 만날 기회도 거의 없었는데 어느 날 우연히 거리에서 딱 맞닥뜨린 것이다. 그 날은 나에게 중요한 날이 되었다―왜냐하면 그 일을 계기로, 계속 꿈꾸어 오긴 했지만 정말로 볼 수 있으리라고는 생각지 못했던 새로운 세계가 내 앞에 펼쳐졌기 때문이다. 날이 어둑어둑해질 무렵에 맨해튼 6번가와 49번가가 교차하는 모퉁이에 우리 두 사람이 서 있던 광경을 나는 지금도 생생하게 기억한다. 에트나 산, 베수비오 산, 카프리, 폼페이, 모로코, 파리 등에 관한 이야기에 귀를 기울이고 있는 상황이 주변모습과 전혀 어울리지 않았기 때문이다. 자기 앞에 무엇이 기다리고 있는지는 모르지만 이 나라로 돌아온 것이 얼마나 큰 잘못인가를 어렴풋이 깨달은 것처럼, 울릭이 말을 하면서도 계속 주변을 둘러보던 모습을 나는 잊을 수 없다. 그의 두 눈은 줄곧 이렇게 말하고 있는 것 같았다―이런 거리에는 아무 가치가 없어, 눈곱만큼의 가치도 없다고. 그러나 소리 내어 말하지는 않고, 단지 이 말만 되풀이하였다. "그곳은 자네 마음에 꼭 들 걸세. 바로 자네를 위해 준비된 곳이라고 확신해."

울릭이 떠나고 나자 나는 어안이 벙벙했다. 다음에 그를 만나기까지 몸이 달아서 참을 수 없었다. 울릭의 이야기를 처음부터 다시 자세하게 듣고 싶었던 것이다. 내가 이제껏 유럽에 대해 책으로 읽은 지식은 친구의 입에서 나온 눈부신 설명 앞에서 색채를 잃고 말았다. 그와 내가 같은 환경에서 자랐다고는 도저히 믿을 수 없었다. 울릭에게는 부자 친구가 있었기 때문에 여행도 할 수 있었던 것이다. 또한 그는 돈을 모으는 방법도 알고 있었다. 그러나 나는 돈 많은 사람이나 외국에 다녀온 사람, 은행에 돈을 저금하는 사람을 한 번도 사귀어 본 적이 없었다. 내 친구들은 모두 나처럼 앞날 따위는 전혀 생각하지 않고 하루하루를 살아가는 녀석들뿐이었다. 하기야 오마라는 여행도 다니고 이 세상을 거의 다 돌아다녔지만, 그것은 떠돌이 여행이거나 아니면 군인으로서 파병된 것이었다. 군대에 들어가는 것은 떠돌이 여행보다 더욱 탐탁지 않았다. 아무튼 울릭은 내 친구 가운데 처음으로 진짜 여행을 했다고 말할 수 있는 녀석이었다. 게다가 그는 자기가 겪은 바를 능란하게 말하는 재주도 있었다.

우리는 거리에서 우연히 만난 뒤 몇 달 동안 자주 만나게 되었다. 울릭은 저녁을 먹은 뒤 곧잘 나를 찾아왔고, 우리는 나란히 근처 공원을 거닐었다. 그 얼마나 목말라 했던가! 바다 건너 세계의 시시콜콜한 일까지 나를 황홀케 했다. 수십 년이란 세월이 흘러 파리를 내 손바닥 보듯 훤히 꿰고 있는 지금까지도 울릭이 그려준 파리 모습은 여전히 생생하고 뚜렷하게 남아 있다. 이따금 택시를 타고 비가 걷힌 거리를 달릴 때면 그가 묘사해준 파리 모습이 눈앞을 스쳐가기도 했다. 튈르리 궁전 앞을 지나는 듯한 광경이 스치거나 언뜻 몽마르트가 보이고, 라피트 거리를 지나면서 저녁노을에 물든 아름다운 사크레쾨르 대성당도 보였다.

"나는 브루클린의 애송이에 지나지 않으니까!" 때때로 울릭은 보다 충분히 표현하지 못하는 것을 부끄럽게 여기며 이렇게 말했다. 나는 브루클린의 애송이에 지나지 않았다, 이 말은 가장 천하고 하찮은 인간이라는 뜻이다. 그러나 나는 이 세상과 밀접한 관계를 유지하며 두루 돌아다녀 보았지만, 울릭처럼 보고 느낀 것을 아름답고 열성적으로 묘사할 수 있는 사람을 거의 만나보지 못했다.

옛 친구 울릭과 프로스펙트 공원을 거닐던 몇 날 밤은 오늘날의 나를 만드는 데에 그 무엇보다도 크게 공헌했다. 나는 아직도 그가 묘사해준 대부분의 고장들을 보지 못했고, 어떤 고장들은 아마 영원히 보지 못할 수도 있다. 그러나 그곳들은, 공원을 산책하며 울릭이 그려 보인 모습 그대로 선명하게 내 마음속에 살아 있다.

별세계 유럽을 그린 이러한 이야기에는 로렌스 작품에 대한 토론이 얼기설기 얽혀 있었다. 공원에서 사람 그림자 하나 찾아볼 수 없을 때에도 우리는 벤치에 앉아 로렌스 이념의 본질에 대해 토의하곤 했다. 지금 그 무렵의 토의를 돌이켜보면 로렌스의 어휘가 지닌 참된 뜻을 내가 얼마나 혼동하고 있었으며 얼마나 무지했었는지를 알 수 있다. 내가 정말로 이해하고 있었다면 내 인생은 지금과 다른 길을 밟았을 것이다. 대체로 우리는 대부분의 삶을 물속에 담근 채 살고 있다. 나 자신만 보아도 미국에서 벗어나기 전에는 수면 위로 떠오르지 못했다고 할 수 있다. 미국은 그것과는 아무 관계도 없었는지도 모르지만, 내가 파리에 도착한 뒤에야 비로소 눈을 크고 분명하게 떴다는 사실은 부정할 수 없다. 어쩌면 내가 미국을 버리고 과거를 청산했기 때문에 표면으로 떠오른 것인지도 모른다.

친구 크론스키는 내 '황홀경'을 종종 놀림거리로 삼았다. 내가 유난히 들떠 있을 때는, 내일이면 우울해하는 꼴이 볼만하겠다며 밉살맞은 소리를 했다. 그 말은 사실이었다. 내 감정은 언제나 올라갔다가 내려오기를 되풀이하고 있었다. 오랫동안 우울함에 빠져 있다가도 다음날 느닷없이 유쾌한 감정이 폭발하여 즐거워 어쩔 줄을 모르는 것이다. 나는 자연 그대로의 상태였던 적이 한 번도 없다. 이상하게 들릴지 모르지만 나는 있는 그대로의 나 자신이었던 적이 한 번도 없었다. 나는 어디의 누군지도 모르는 아무개이거나, 아니면 이름이 자자한 헨리 밀러라는 인물이었다. 예로서, 후자의 기분에 취해 있을 때 나는 시내 전차를 타고 가는 동안 하이미에게 책 한 권을 고스란히 풀이해 줄 수도 있었다. 나를 유능한 인사과장이라고만 생각하는 하이미에게 말이다. 어느 날 밤 내가 그 '황홀경'에 빠져 있을 때 나를 바라보던 하이미의 얼빠진 눈동자를 나는 아직도 잊을 수 없다. 그날 밤 우리는 매춘부들이 기다리고 있는 그린포인트의 아파트로 가기 위해 브루클린 다리에서 전차를 탔었다. 하이미는 평소대로 자기 아내의 난소 이야기를 꺼냈다. 사실 그는 난소가 무엇인지 정확하게 모르고 있었다. 그래서 나는 적나라하고도

남회귀선 347

단순하게 그것을 설명해 주었다. 그런데 설명을 하다가 문득 하이미가 난소에 대해서 전혀 모르는 것이 말할 수 없이 비극적이고 우스꽝스럽게 보이면서, 마치 위스키를 병째로 배 속에 들이부은 것처럼 알딸딸한 기분이 되었다. 병든 난소라는 생각에서 번갯불같이 번쩍하고, 온갖 너저분한 잡동사니를 그러모아 붙인 열대성 식물 같은 것이 자라기 시작한 것이다. 그리고 그 속에 안전하게 틀어박혀 집요하게 들러붙어 있는 것은 단테와 셰익스피어였다. 동시에 나는 브루클린 다리 한가운데에서 시작되어 '난소'라는 낱말에 의해 느닷없이 산산조각이 나 버린 일련의 은밀한 사고를 떠올렸다. 나는 하이미가 '난소'라고 말하기 전에 했던 말이 전부 모래알처럼 내 안에서 흘러 나가는 것을 깨달았다. 내가 브루클린 다리 한가운데서 생각하기 시작한 것은, 오래 전에 아버지가 가게로 걸어가면서 수없이 생각하던 것이었으며, 몽환경에 빠진 것처럼 매일 거듭 생각하던 것이었다. 요컨대 내가 생각하던 것은 근무 시간에 관한 책, 눈 돌아가는 일상생활 속에 놓인 지루하고 단조로운 내 삶을 그린 책이었다. 델란시 거리에서 머레이 힐을 매일 오가며 마음속에 써 오던 이 책을 나는 몇 년 동안 까맣게 잊고 있었다.

그런데 지금, 해가 서쪽으로 기울고 있고 마천루 숲이 인광을 뿜는 시체처럼 우뚝 서 있는 모습을 바라보면서 브루클린 다리를 건너다가 과거의 기억이 되살아났다…… 이 다리 위를 지나 죽음인 일터로 갔다가 시체안치소인 집으로 돌아가고, 공동묘지를 내려다보며《파우스트》대사를 읊조리고, 고가 전철 창밖으로 공동묘지에 침을 뱉던 기억. 매일 아침 플랫폼에 서 있던 바보 같은 역무원, 신문을 읽고 있는 머저리 같은 승객들, 우뚝우뚝 치솟는 새로운 마천루들, 그 안에서 일하고 그 안에서 죽어갈 새로운 무덤, 아래로 지나가는 배들, 폴 리버 기선회사와 올버니 데이 기선회사, 나는 왜 일을 하러 가는가? 오늘밤 나는 무엇을 할 것인가? 내 옆에 누워 있는 포근한 음부(陰部), 나는 그녀의 은밀한 곳에 주먹을 쑤셔 넣을 수 있을까? 도망쳐서 카우보이가 될까? 알래스카에 가 보자, 노다지를 캐는 거야, 전철에서 내려 되돌아가야지, 아직 죽으면 안 된다, 하루 더 기다려 보자, 행운이 찾아올지도 모르지 않은가, 강물아, 내 목숨을 빼앗아라, 떨어진다, 떨어진다, 코르크따개처럼 나선 모양으로, 머리와 어깨는 진흙 속에 처박히고, 두 다리만이 자유다, 물고기들이 몰려와 입질을 하겠지, 내일은 새로운 삶의 시작이다, 그런데 어디서? 어디든 상관없다, 왜 다시 시작하는 거지? 어딜 가든 마찬가지이다, 죽음, 죽음이 해결해준다, 그러나 아직 죽지 말고 뒷날을 기다려라, 행운이 찾아온다, 새로운 얼굴, 새로운 친구, 수많은 기회, 너는 아직 젊다, 너는 우울한 것뿐이다, 아직 죽으면 안 된다, 뒷날을 기다려라, 운이 트일 것이다, 아무튼 여자와 뒹굴어라, 그리고 다리를 건너 유리로 된 헛간으로 들어가라, 모든 사람들이 찰싹 달라붙어서, 구더기나 개미 떼처럼, 죽은 나무에서 엉금엉금 기어 나오고, 사고도 똑같이 기어 나올 것이다⋯⋯.

어쩌면 두 기슭 사이의 높은 곳에 자리를 잡고, 오가는 배와 자동차를 굽어보며, 삶과 죽음을 초월하고, 양쪽 기슭에 있는 커다란 무덤은 식어가는 저녁햇살에 불타고, 강물은 무심하게, 마치 시간이 흐르듯 흐르고 있었기 때문인지도 모른다. 그래서인지 내가 매번 이 다리를 지날 때면 언제나 무언가가 나를 잡아당기며, 이것을 분명하게 보고, 너의 이름을 드높이라고 부추긴다. 아무튼 이 높은 다리를 지날 때마다 나는 참으로 외로웠고 그때마다 자연스레 책을 쓰게 되어, 내가 한 번도 말하지 않은 일들, 한 번도 뱉어내지 않은 생각들, 한 번도 나누지 않은 대화, 한 번도 품어보지 못한 희망과 꿈과 망상을 비명 지르듯 토해냈다.

만약 그것이 참된 자아의 표현이라면 자아는 더할 나위 없이 멋진 것이었다. 게다가 그것은 전혀 달라질 낌새도 없이 언제나 마지막 도착점에서 출발한다. 내가 아직 어릴 때 처음으로 혼자서 거리로 나가 도랑의 더러운 물과 함께 얼어붙어 있는 고양이 사체를 보면서, 처음으로 죽음을 바라보고 죽음의 뜻을 이해했을 때 맞닥뜨렸던 광맥과 똑같은 광맥을 따라가는 것 같았다. 그 순간부터 나는 고독이 무엇인가를 알았던 것이다―모든 물체, 모든 살아 있는 것과 죽는 것은 저마다 독자적으로 존재하고 있다는 것을. 나의 생각 역시 독립되어 존재하고 있다는 것을.

나는 하이미를 바라보며, 이제는 내가 아는 그 어떤 낱말보다도 이상야릇한 말이 되어 버린 '난소'라는 낱말을 생각해 보았다. 그러다가 갑자기 이 차가운 고독감에 사로잡혀, 내 옆에 앉아 있는 하이미가 오로지 식용 개구리일 뿐 그 이상은 절대 아니라는 생각이 들었다. 나는 브루클린 다리 위에서 완전히 거꾸로 뛰어내려 태고의 진흙 속에 머리를 처박고 다리만 버둥거리면서 물고기에게 먹히기만을 기다리고 있는 느낌이었다—천국에서 뛰어내려 단단한 땅껍질을 뚫고 지구의 중심에, 새카맣고 뜨겁게 불타는 지옥의 구멍에 거꾸로 곤두박질친 사탄처럼.

 나는 모하비 사막을 걷고 있었다. 같이 가는 사내는 나를 덮쳐 죽이기 위해 사방이 어둠으로 덮이기를 기다리고 있었다.

 나는 아직 꿈속을 걷고 있었다. 내 머리 위에서는 한 사내가 줄타기를 하고 있었고, 그 사내 위에서는 비행기에 탄 다른 사내가 하늘에 연기로 글씨를 쓰고 있었다. 내 팔에 매달린 여자는 임산부였으며, 육칠 년 뒤에는 그녀의 배 속에 들어 있는 아이가 저 하늘에 쓰인 글자를 읽을 수 있게 되고, 남자애인지 여자애인지는 모르지만 아무튼 그 글자가 담배 광고임을 알게 될 것이며, 머지않아 그 담배를 하루에 한 갑 정도는 피우게 될 것이다.

 자궁 안에서는 모든 손가락과 발가락 끝에 손톱과 발톱이 자라고 있었다. 당신은 바로 거기서, 세상에서 가장 작은 발톱 단계에서 머무를 수도 있었고, 이것이 무엇일까 하고 머리를 쥐어짤 수도 있었다. 원장(元帳) 한쪽에는 이제까지 사람들이 써온, 지혜와 실없는 말과 진실과 거짓이 뒤범벅된 책들이 기록되어 있는데, 워낙 뒤죽박죽 얽혀 있어서 므두셀라(고대 유대 족장)와 같이 오래 산 사람도 도저히 풀어낼 수 없을 것이다. 다른 한쪽에는 발톱, 머리털, 이빨, 피, 난소와 같은 것들이 다른 잉크, 읽을 수도 없고 어림짐작도 할 수 없는 저마다 다른 글씨체로 수없이 많이 쓰여 있다.

 식용 개구리의 두 눈은 차가운 비곗덩어리에 박힌 두 개의 옷깃 단추처럼 계속 나에게 못 박혀 있다. 질척하게 새어나오는 차가운 태고의 늪지에 박혀 있는 눈이었다. 옷깃 단추는 모두 아교풀이 벗어진 난소이며, 깊은 사색에는 아무 짝에도 쓸모없는 사전에서 꺼낸 도해였다. 눈알의 차갑고도 노란 비곗살에 박혀 흐릿하게 빛나는 난소는 땅속의 냉기를—사람들이 얼음 속에 거꾸로 처박힌 채 두 다리를 버둥거리며 물어뜯기기를 기다리고 있는 지옥의 스케이트장에서 나오는 냉기를 뿜어내고 있었다. 그곳에서는 자기 환상의 무게에 짓눌린 단테가 홀로, 그의 작품 속에서 불멸의 지위를 차지할 수 있도록 차츰차츰 천국을 향해 끝없는 원을 그리며 올라가고 있었다. 또한 이마가 시원스럽게 벗어진 셰익스피어가 우아한 4절판 책과 풍자시로 떠오르기 위해 끝없는 감동의 몽상으로 뛰어들었다. 알 수 없는 청록색 안개는 폭소의 질풍에 깨끗이 날려가 버렸다.

식용 개구리의 눈 한복판에서는, 주석을 달거나 분류할 수 없고 헤아리거나 정의할 수 없는 새하얗고 환한 빛살이 쏟아져 나와, 만화경 같은 변화를 보이면서 눈에 보이지 않는 회전을 계속하고 있었다. 식용 개구리 하이미는 두 기슭 사이에 걸려 있는 높다란 통로에서 싹을 틔운 난소 모양의 감자였다.

그러나 그를 위해 고층 건물이 세워지고, 황무지가 개척되고, 인디언들은 학살당했으며, 들소들은 씨가 말랐다. 그를 위해 두 도시가 브루클린 다리로 연결되고, 수중 공사를 하던 잠함(潛函)이 물속으로 가라앉았으며 탑에서 탑으로 전선이 이어졌다. 그를 위해 사람들이 공중에 거꾸로 매달려 불과 연기로 광고 글을 쓰고 있다. 그를 위해 마취제가 발명되고 눈에 보이지 않는 것들을 파괴할 수 있는 족집게와 큰 대포를 만들어냈다. 그를 위해 분자는 파괴되고 원자는 실체가 없다는 사실이 드러났다. 그를 위해 밤마다 별을 망원경으로 샅샅이 관찰하고, 탄생 단계에 있는 우주를 사진으로 찍을 수 있게 되었다. 그를 위해 시간과 공간의 장벽은 사라졌고, 새의 날갯짓이든 천체의 운행이든, 모든 운동은 자유로운 우주의 고위 성직자들에 의해 반박과 논의의 여지도 없이 해설되었다.

이처럼 다리 한복판에 있을 때나 산책하는 중, 책을 읽거나 이야기를 하거나 사랑을 나누던 도중 등 언제나 무언가를 하고 있을 때 나는 문득 내가 바라던 일을 아무 것도 이루지 못했음을 깨닫고 가슴이 먹먹해졌다. 그리고 바라던 일을 하지 않았기 때문에 내 마음속에서는 망상의 식물이 싹을 틔우고 산호처럼 자라난다. 그 식물은 생명을 포함한 모든 것을 빨아들였으며, 마침내는 생명 자체가, 부정당하면서도 언제나 존재를 주장하고 삶과 죽음을 동시에 되풀이하는 것이 되었다.

나는 시체에서 머리칼이 자라나듯 죽은 뒤에도 삶이 계속되는 것을 볼 수 있었다. 사람들은 '죽음'이라고 말하지만 머리칼은 그것이 살아 있음을 여전히 증명하고 있다. 그리고 끝내 살아 있는 머리칼과 손톱의 생명 외에 죽음은 없으며, 몸뚱이가 썩고 영혼이 흩어진 뒤에도 죽음 속에서는 여전히 무언가가 살아남아서, 공간을 차지하고 시간을 움직이며 무한한 운동을 만들어 내는 것이다. 이와 같은 현상은 사랑과 슬픔 속에서도, 또는 절름발이로 태어난 인간에게서도 일어날 수 있다. 원인은 문제가 아니다. 결과가 전부인 것이다. '태초에 말씀이 있었으니······' 이 '말씀'이 질병이든 창조든 간에 여전히 제멋대로 마구 뻗쳐나가고 있다. 그것은 달리고 또 달려서 시간과 공간을 뛰어넘고, 천사들보다 오래 살 것이며 하느님을 밀어내고 우주를 발가벗겨 놓을 것이다.

어떤 낱말이든 모든 낱말을 내포하고 있었다—사랑과 슬픔, 그 밖의 어떠한 원인이 있건 고립된 것에게는. 모든 낱말의 흐름은, 이미 잃어버려서 두 번 다시 찾을 수 없는 원천으로 거슬러 올라가고 있었다—애당초 처음과 끝은 없으며, 단지 처음과 끝이라고 표현되던 것이 있을 뿐이기 때문이다.

따라서 난소로 향하는 전차를 탄 인간과 식용 개구리의 여행이 계속되고 있었다. 둘 다 똑같은 요소로 구성되어 있으며, 단테에 비해 뛰어나지도 열등하지도 않지만 단테와는 전혀 달랐다. 한쪽은 모든 사물의 뜻을 전혀 모르는데 다른 한쪽은 어떠한 사물의 뜻도 정확히 다 알고 있었다. 그래서 그들은 처음부터 끝까지 당황스러워 어쩔 줄을 모르며 그린포인트의 자바 거리나 인디아 거리를 헤매다가, 마침내 민달팽이처럼 꿈틀거리는 난소를 가진 두 명의 싸구려 매춘부에 의해 겨우 이른바 생명의 흐름 속으로 되돌아오게 되었다.

시대 흐름에 대한 내 적응성 또는 부적응성을 가장 여실히 나타내는 증거는, 세상 사람들이 글로 쓰거나 이야기한 것 가운데 흥미로운 것이 하나도 없었다는 사실이다. 구체적인 사물만이—분리되고 고립된 시시한 '물건'만이—내 마음을 사로잡았다. 그것은 사람 몸의 한 부분일 수도 있고, 익살극 공연장의 계단일 수도 있고, 굴뚝이나 시궁창에서 발견한 단추일 수도 있었다. 그것이 무엇이든 물건은 나에게 속을 열어보이게 하고, 몸을 기대게 하고, 서명을 하게 하였다. 내 주위의 삶과 내가 알고 있는 세상을 이루고 있는 사람들에게는, 나는 아무래도 익숙해질 수가 없었다. 식인종이 문명사회의 테두리 밖에 있듯이, 나는 분명히 그들의 세계 밖에 있었다. 나는 사물 자체에 대한 일그러진 사랑으로 가득 차 있었다. 관념적인 애정이 아니라 정열적인, 불타오를 듯이 정열적인 굶주림이었다. 마치 모든 사람들이 경멸하며 폐기한 쓸모없는 '물건' 속에 나 자신 재생의 비밀이 숨겨져 있는 것처럼.

사방을 둘러보아도 온통 새로운 것으로 가득한 이 세상 한복판에서 나는 낡은 것에 애착을 가졌다. 모든 사물 속에는 유난히 내 눈길을 끄는 아주 작은 부분이 있었다. 나는 현미경 같은 눈으로 결함과 추악한 부분을 찾아다녔다—바로 그것이 나에게는 그 물체에서 유일하게 아름다운 부분이었기 때문이다. 그 사물을 해체하거나 쓸모없게 만들고, 시대에 뒤떨어진 것으로 만드는 것이라면 무엇이든 매력적이고 사랑스럽게 보였다. 괴팍스러워 보이겠지만, 어차피 주변 세상과는 인연이 없는 나에게는 건전한 상태였던 것이다. 나 역시 곧 내가 숭상하는 이러한 사물들처럼 고립되고 사회에 쓸모없는 존재가 될 것이었다.

나는 시대에 뒤처진 사람이었다. 그 점은 틀림없다. 그래도 나는 아직 사람들을 웃게 하고 그들을 가르치고 돌볼 수 있었다. 그러나 순수하게 내가 받아들여진 적은 없었다. 원하고 갈망한다면 나는 사회 어느 계층에서든 마음대로 한 사람을 뽑아서 내 말에 귀를 기울이게 할 수 있었다. 마음만 먹으면 그 사람을 꼼짝 못하게 사로잡을 수 있었으나, 마술사나 마법사처럼 내가 신이 났을 동안에만 그랬다.

나는 마음속으로 다른 사람들이 지닌 불신과 불안, 적대감을 느낄 수 있었다. 본능적인 감정이었기 때문에 달리 손쓸 수도 없었다. 차라리 나는 광대가 되었어야 했다. 그러면 내가 하고 싶은 대로 자유롭게 표현할 수 있었을 것이다. 그러나 나는 광대를 천하게 보고 있었다. 내가 광대나 희극 배우가 되었더라면 내 이름은 온 세계를 뒤흔들었을 것이다. 도저히 이해할 수 없는 인간이라며, 세상 사람들도 나를 인정해 주었을 것이다. 어쨌든 나란 사람은 이해하려고 애써봐야 헛일이라는 점을 깨달았을 것이다. 그러면 적어도 마음만은 편했을 텐데.

사람들이 내 이야기를 들을 때면 왜 그렇게 쉽게 짜증을 내는지, 나는 언제나 그 점이 신기했다. 스스로는 온 힘을 다해 집중해서 말한다고 생각하는데, 아마도 내 말솜씨에는 조금 엉뚱한 데가 있는 모양이었다. 살짝 에두른 표현, 적절하지 않은 형용사 선택, 쉽게 툭 내뱉는 버릇, 금기시되는 사건 언급—이 모든 것들이 나를 무법자로 만들고 사회의 적으로 내몰았다. 처음에는 아무리 순조롭게 출발해도 머지않아 그들은 내 정체를 눈치챘다. 예를 들어 점잖고 겸손하게 행동하려고 마음먹으면 너무 점잖고 너무 겸손하게 굴었다. 즐겁고 자연스럽게, 대담하고 거침없이 행동하려고 하면 너무 거리낌 없이 지나친 자유를 즐기는 것이었다. 나는 우연히 대화를 나누게 된 상대에게 적절한 대응을 해본 적이 한 번도 없었다.

그것이 삶과 죽음에 대한 의문—그 무렵 나에게는 모든 것이 삶과 죽음에 대한 문제였다—이 아니라, 친지의 집에서 즐겁게 저녁 시간을 보내면서 받은 단순한 질문일 때도 사정은 똑같았다. 나에게서 나오는 어떤 울림이, 목소리가 높건 낮건 상관없이 주변 분위기를 불쾌하게 만들어 버리는 것이다. 손님들은 저녁 내내 나의 이야기에 즐거워하고 배꼽이 빠지도록 웃어댔으므로 모든 일이 순조롭게 굴러가는 듯이 보인다. 그러나 파티가 끝나기 전에 무슨 일이든 반드시 벌어지고 말 것이다. 이것은 운명처럼 확실하다. 제어할 수 없는 진동이 샹들리에를 시끄럽게 흔들거나, 신경이 날카로운 사람에게 침대 밑의 변기를 떠올리게 만들어 버리는 것이다. 웃음소리가 채 사그라지기도 전에 원망 어린 공기가 감돌기 시작한다. "다음에 또 뵐 수 있으면 좋겠군요"라고 말은 하지만, 그들의 축축하고 축 늘어진 손은 그 말이 거짓임을 나타냈다.

'환영받지 못하는 사람!' 지금의 나에게는 참으로 사무치게 와 닿는 말이다. 선택은 불가능하다. 나는 주어진 것을 받아들이고 그것을 좋아하도록 애써야 했다. 나는 쓰레기 같은 인간과 사는 법을 배우고, 시궁쥐처럼 헤엄치거나 빠져 죽는 법을 익혀야 했다. 스스로 사람들 틈에 끼어들기로 결심한다면 면역을 얻을 수 있을 것이다. 그러나 사람들에게 받아들여지고 인정받기 위해서는 스스로를 파괴하고 무리 안에서 모나지 않도록 조심해야 한다. 무리와 같은 꿈을 꾼다면 꿈을 꿀 수도 있으리라. 그러나 다른 꿈을 꾼다면 그곳은 이제 미국이 아니며, 미국에 있는 미국 사람이 아니라 아프리카의 호텐토트족이나 칼무크사람 또는 침팬지가 되고 만다. '다른' 생각을 품은 순간부터 더는 미국인이 아니다. 다른 존재가 된 그 순간부터 알래스카나 이스터 섬이나 아이슬란드에 있는 자신을 발견할 수 있으리라.

나는 원한과 질투, 적대감 때문에 이러한 말을 하고 있는 것일까? 어쩌면. 어쩌면 나는 미국인이 되지 못한 것을 유감스럽게 생각하는지도 모른다. 어쩌면 말이다. 지금 나는 열의에 차서—이것 자체가 이미 미국적이지만—거대한 건축물, 마천루를 세우려 한다. 그것은 다른 마천루들이 모두 사라진 뒤에도 오래도록 남을 것이며, 그것을 세운 이가 자취를 감출 때 같이 사라질 것이다. 미국적인 모든 것은 언젠가, 그리스와 로마와 이집트가 그랬던 것보다 훨씬 완벽하게 사라질 것이다. 이런 생각이, 들소인 미국인이 한가롭게 풀을 뜯던 따뜻하고 쾌적한 혈류 밖으로 나를 밀어낸 원인 가운데 하나였다. 어떤 영속적인 것에 속하지 않는다는 점이 결정적인 고뇌였기 때문에, 이런 생각은 나를 아주 슬프게 했다. 그러나 나는 들소가 아닐뿐더러 들소가 되고 싶지도 않았고, 정신적인 들소도 아니었다. 나는 더욱 낡은 의식의 흐름에 합류하기 위해, 들소 떼보다도 더 오래되었으며 들소 떼보다 더 오래 살아남을 종족과 결합하기 위해 이미 이 땅을 몰래 떠났기 때문이다.

모든 것, 생물이건 무생물이건 이단적인 것은 모두 뿌리 깊은 특성으로 거미줄처럼 둘러싸여 있다. 나라는 사람을 구성하는 것은 이단적이기 때문에 뿌리째 뽑아 버릴 수 없다. 그것이 곧 아까 말한 마천루인데, 흔해빠진 미국의 마천루와는 서로 다른 것이다. 이 마천루에는 승강기가 없고, 뛰어내리기 딱 좋은 73층에는 창문도 없다. 올라가다가 지친다면 더럽게 운이 나쁜 것이다. 현관 로비에는 안내표시도 없다. 누군가를 찾으려면 구석구석 모조리 뒤져야 한다. 마실 것이 필요하면 밖에 나가서 스스로 구해야 한다. 이 건물 안에는 소다수를 파는 매점도, 담배 가게도, 공중전화도 없다.

다른 마천루에는 필요한 것이 모두 갖추어져 있을 것이다. 그러나 여기에는 내가 원하고 내가 좋아하는 것밖에 없다. 그리고 이 마천루 어딘가에 발레스카가 있어서, 생각이 날 때마다 우리는 그녀에게 갈 것이다. 당분간 발레스카에게 이변은 없을 것이다—그녀는 이미 장례를 치르고 땅속 6피트 아래에 묻혀 있으며, 지금쯤 구더기에 깨끗이 먹혀 버렸을 것이기 때문이다. 발레스카는 살아 있을 때도, 자기들과 살색과 체취가 다른 이는 조금도 존중할 줄 모르는 사람 모양을 한 구더기들에게 완전히 잠식당했었다.

안타깝게도 발레스카에게는 검둥이 피가 섞여 있었다. 이 사실이 그녀 주위의 모든 사람을 실망시켰다. 그녀는 다른 사람이 원하건 원하지 않건 간에 그 사실을 의식하도록 만들었다. 검둥이 핏줄을 타고났다는 것과 어머니가 매춘부라는 사실을. 물론 어머니는 백인이었다. 발레스카의 아버지가 누구인지 아는 사람은 아무도 없었으며, 발레스카 본인조차 몰랐다.

부사장실에서 온 참견하기 좋아하는 유대인놈이 어느 날 발레스카에 관한 것을 우연히 알아차리기 전까지는 모든 일이 순조로웠다. 검둥이를 비서로 두신 걸 알았을 때는 깜짝 놀랐습니다, 하고 그는 나에게 살짝 말했다. 마치 발레스카가 배달원들에게 병균이라도 옮긴다는 듯한 말투였다. 이튿날 나는 불려 올라가 혼쭐이 났다. 그들은 나를 신성모독죄라도 지은 범죄자처럼 대했다. 물론 나는 발레스카가 아주 총명하고 유능하다는 점 말고는 우리와 특별히 다른 점을 찾을 수 없다고 딱 잡아뗐다. 끝내 사장이 직접 끼어들었다. 그는 발레스카와 짧은 면담을 나누고, 그녀에게 하바나 지점에 지금보다 좋은 자리를 줄 테니 그곳으로 파견근무를 나가는 것이 어떠냐고 교묘하게 제의했다. 그녀의 핏줄에 대해서는 한 마디도 꺼내지 않았다. 단지 그녀의 근무 성적이 좋으니 승진시키고 싶다는 투였다—하바나로.

발레스카는 노발대발하며 사무실로 돌아왔다. 화를 내는 그녀의 모습은 매우 아름다웠다. 그녀는 한 발짝도 나갈 수 없다고 단호하게 말했다. 마침 스티브 로메로와 하이미도 그 자리에 있었으므로, 우리는 다 함께 저녁을 먹으러 나갔다. 저녁을 먹을 때부터 술기운이 점점 올라왔다. 발레스카의 혀는 쉬지 않고 움직였다. 집으로 돌아오는 길에 그녀는 회사와 한 판 붙어볼 작정이라고 말하면서, 그 때문에 내 지위가 위태로워지진 않겠느냐고 물었다. 나는 당신이 해고당한다면 나도 그만두겠다고 차분하게 말해 주었다. 발레스카는 처음에 믿을 수 없다는 시늉을 했다. 나는 정말이라고, 어떻게 되든 상관없다고 말했다. 그녀는 아주 감동한 모양이었다. 두 손으로 내 손을 매우 부드럽게 감싸고서 눈물을 줄줄 흘렸다.

이것이 모든 일들의 발단이었다. 내가 발레스카에게 반했다는 쪽지를 건네준 것은 아마도 그 이튿날이었다. 그녀는 내 맞은편에 앉아서 쪽지를 읽었다. 다 읽고 나서는 내 얼굴을 똑바로 쳐다보며, 도저히 믿을 수 없다고 말했다. 우리는 그날도 같이 저녁을 먹으러 나가서 전날 밤보다 술도 더 많이 마시고 춤도 추었다. 춤을 추면서 발레스카는 나에게 도발적으로 몸을 비벼 댔다. 내 아내가 또다시 낙태수술을 받기로 한 무렵이었다. 나는 춤을 추면서 발레스카에게 낙태수술 이야기를 했다. 집으로 돌아가면서 그녀가 느닷없이 말을 꺼냈다.

"백 달러쯤 빌려줄 수 있는데, 괜찮아요?"

이튿날 밤 나는 발레스카를 저녁식사에 초대해서, 그녀가 직접 아내에게

백 달러를 건네주도록 했다. 나는 두 여자가 매우 사이좋아진 것을 보고 놀랐다. 그리고 그날 밤이 가기 전에, 아내가 수술하는 날에 발레스카가 우리 집으로 와서 아이를 돌보아주기로 합의까지 보았다.

그날이 되었다. 나는 발레스카에게 오후 근무를 빼주었다. 그녀가 나간 지 한 시간쯤 지나자 갑자기 나도 조퇴를 해야겠다는 생각이 들었다. 나는 14가에 있는 저속한 극장으로 걸음을 옮겼다. 그런데 극장에서 한 구역쯤 떨어진 곳에 이르자 갑자기 마음이 바뀌었다. 무슨 일이라도 생긴다면—내 여편네가 죽기라도 한다면—스트립쇼나 보고 있었다는 사실이 별로 유쾌하지 않을 것 같았다. 나는 상점가를 들락거리며 근처에서 조금 서성거리다가 집으로 걸음을 옮겼다.

일이 흘러가는 과정은 매우 야릇했다. 어린 딸을 달래려다가 문득 어릴 때 할아버지가 가르쳐 준 놀이가 떠올랐다. 도미노(domino) 패를 높이 쌓아서 군함을 몇 척 만들고, 군함이 떠 있는 식탁보를 가만가만 잡아당기다가 군함이 탁자 끄트머리에 이르면 보를 확 낚아챈다. 그러면 도미노가 바닥으로 와르르 떨어지는 놀이였다. 우리 세 사람은 이 놀이를 몇 번이나 되풀이했다. 그러다가 딸아이는 졸음이 쏟아져서 옆방으로 아장아장 걸어 들어가더니 곧장 잠이 들어 버렸다. 도미노 패들이 바닥에 흩어져 있었고, 식탁보도 바닥에 있었다. 갑자기 발레스카가 탁자에 기대더니, 그녀의 혀가 내 목구멍까지 들어왔고 내 손은 그녀의 사타구니 사이로 비집고 들어갔다. 발레스카를 탁자 위에 눕히자 그녀는 두 다리로 나를 휘감았다. 발밑에서 도미노 패 한 짝이 밟히는 것을 느꼈다. 수도 없이 만들었다가 허물어뜨린 군함의 일부였다.

나는 작업대에 걸터앉아 어린애에게 책을 너무 많이 읽히면 안 된다고 어머니를 꾸짖으시던 할아버지의 모습을 떠올렸다. 축축하게 적신 외투 솔기를 뜨거운 다리미로 누르고 있던 할아버지의 두 눈에는 깊은 시름이 서려 있었다. 그리고 언제나 작업대 옆에서 읽던 산후안 언덕을 공격하는 의용기병대에 관한 커다란 책과, 의용군 선두에 서서 돌격했던 테디를 그린 그림을 떠올리고, 창문에 쇠창살을 단 조그만 방에 놓인 내 침대 위에 떠오른 군함 메인 호, 듀이 제독(아메리카·에스파냐전쟁 때 에스파냐함대 격파)과 슐레이 제독과 샘슨 제독 등의 이름, 끝내 가지 못했던 해군 조선소 등을 생각했다. 해군 조선소로 가다 말고 아버지는 갑자기 그날 오후에 나를 병원에 데려가기로 약속한 사실이 떠오른 것이었다. 병원에서 나왔을 때 나는 편도선과 인간에 대한 믿음을 완전히 잃고 말았다……

우리가 일을 거의 끝냈을 무렵, 현관 종이 울리며 아내가 도살장에서 돌아왔다. 문을 열기 위해 복도를 가로지르면서도 나는 바지 단추를 채우고 있었다. 아내의 얼굴빛은 종잇장처럼 창백했다. 더는 낙태수술을 받지 못하겠다는 얼굴이었다. 우리는 그녀를 침대에 눕히고 도미노 패를 주워담고, 식탁보를 탁자 위에 다시 깔았다. 얼마 전에 작은 술집에서 술을 마시다가 화장실에 가려고 일어섰을 때 나는 우연히 도미노 놀이를 하고 있는 두 노인의 곁을 지나게 되었다. 나는 무심코 걸음을 멈추고 패를 한 짝 집어 들었다. 그 감촉은 곧바로 그 군함과, 군함이 와르르 쏟아지던 소리를 떠올리게 했다. 그리고 편도선과 함께 잃어버린 인간에 대한 믿음을.

그 뒤로 브루클린 다리를 지나며 해군 조선소 쪽을 내려다볼 때마다 나는 창자가 밖으로 튀어나오는 듯한 느낌을 받았다. 두 기슭 사이에 걸려 있는 그 높은 다리 위에 서 있으면, 언제나 허공에 매달려 있는 것만 같았다. 그 높이에서 바라보면 이제껏 나에게 일어났던 모든 일들이 비현실적, 아니, 비현실적이라기보다는 불필요한 것처럼 느껴졌다. 다리는 나를 삶과 인간 그리고 인간들의 활동에 결합시키기는커녕 온갖 유대를 산산조각 내 버리는 것 같았다. 저쪽으로 건너든 이쪽으로 건너든 아무 차이도 없었다. 양쪽 다 지옥이 아가리를 벌리고 있었다. 나는 인간의 손과 지성이 창조한 세상과 나와의 유대를 어떻게든 잘라내려고 했다. 할아버지의 말씀이 옳았다—역시 나는 책을 너무 많이 읽은 탓에 꽃을 피우기도 전에 시들어 버리고 말았다. 그러나 책에 사로잡혀 있던 시절은 이미 먼 옛날이다. 그동안 오래도록 책은 쥐어보지도 않았던 것이다. 그러나 그 버릇만큼은 몸에 배어 있었다. 지금은 사람들이 나의 책이다. 나는 그들을 처음부터 끝까지 훑어보고, 다 본 것은 구석에 던져 놓는다. 나는 그들을 차례차례 탐독한다. 그리고 읽으면 읽을수록 나는 점점 더 탐욕스러워진다. 사람들을 읽는 데는 제한이 없다. 끝이 있을 까닭도 없고, 실제로도 그런 것은 없다. 이윽고 내 속에서는, 어릴 때 떨어져 나온 인생의 흐름에 나를 다시 비틀어 매는 다리가 만들어지기 시작했다.

무서운 고독감. 나는 수년간 고독감에 휘말려 있었다. 만약 점성술을 믿었다면, 나는 완벽하게 토성의 영향을 받아 까다롭게 태어났다고 생각했을 것이다. 나에게 일어났던 모든 일들은 때를 맞추지 못하고 너무 늦게 일어나는 바람에 아무런 의미도 지니지 못했다. 심지어 나의 출생까지도 그러했다. 크리스마스에 태어날 예정이었는데 30분 정도 늦고 말았던 것이다.

나는 12월 25일 태어났다는 영광을 누리며 그 영광에 어울리는 인물이 될 것이라고 운명이 정해져 있었다는 생각을 머리에서 지울 수 없었다. 듀이 제독이 바로 그날 태어났고, 그리스도도 마찬가지이며⋯⋯ 크리슈나무르티도 아마 그날 태어났을 것이다. 아무튼 나는 그런 사람이 될 예정이었다.

그러나 어머니의 자궁이 단단해서 마치 문어처럼 나를 꽉 움켜쥐고 놓아주지 않았던 탓에 나는 다른 별 아래에서—요컨대 나쁜 운을 타고 태어난 것이다. 그들—점성술사들 말로는, 내 형편이 앞으로 차차 펴질 것이며 참으로 휘황찬란한 장래가 기다리고 있다고 말했다. 그런데 장래가 무슨 소용이란 말인가? 차라리 어머니가 12월 25일 아침에 계단에서 발을 헛디며 목이라도 부러뜨렸다면 더 좋았을 것이다. 그러면 나는 보다 훌륭하게 출발할 수 있었을 텐데! 아무튼 도대체 어디서부터 내 인생이 어그러지기 시작했는가를 살펴보면, 그 원인은 계속 거슬러 올라가서 결국 태어난 시간이 늦어진 점에 이르고 만다.

신랄한 말을 잘 하는 어머니도 어느 정도 그 점을 알아차린 듯했다.

"너는 쇠꼬리처럼 언제나 뒤에서 졸졸 쫓아오는구나."

이것이 나에 대한 어머니의 평가였다. 하지만 어머니가 예정 시간이 지나도록 나를 태내에 가둬두고 있던 것이 내 잘못이란 말인가? 운명은 나를 이러이러한 사람으로 만들 준비를 하고 있었고, 별도 올바른 자리에 있었다. 나는 별과 함께 움직이며 나오려고 발길질을 해댔다. 그러나 내게는 나를 낳아줄 어머니를 고를 권리가 없었다. 모든 상황들을 따져 보면 그래도 내가 백치로 태어나지 않은 것이 그나마 다행인지도 모른다.

그런데 한 가지 분명한 사실은—결국 25일로 인한 부작용인데—내가 십자가 수난 콤플렉스를 지니고 태어났다는 점이다. 더 정확히 말하면, 내가 타고난 광신도라는 것이다. 광신도! 어릴 때부터 이 말을 얼마나 많이 들어왔는지 모른다. 특히 부모님으로부터. 무릇 광신도란 무엇인가? 열광적으로 믿고, 자신의 신념에 따라 앞뒤 가리지 않고 행동하는 사람을 말한다.

나는 언제나 무언가를 믿었고, 그것 때문에 말썽을 일으켰다. 회초리를 얻어맞으면 맞을수록 더욱 굳게 믿었다. 나는 믿었고—세상의 나머지 사람들은 믿지 않았다! 벌을 참기만 하면 되는 문제라면 죽을 때까지 계속 믿을 수도 있었을 것이다. 그러나 세상 사람들의 수법은 그보다 훨씬 더 교활했다. 벌을 주는 대신 발치를 파내고 구멍을 만들어 발밑의 땅을 빼앗아 버렸던 것이다.

내가 느낀 것은 배신감이 아니다. 배신이라면 이해할 수도 있고, 맞서 싸울 수도 있다. 그러나 이것은 배신보다 더 고약하고 지독한 것이다. 무리하게 까치발을 들어 휘청거리게 만드는 부정론이다. 그 결과 우리는 균형을 잡는 데에 끊임없이 온 정력을 쏟아야만 한다. 일종의 정신적인 어지럼증에 시달리며 위험한 벼랑 끝에서 비틀거리게 되고, 두려움에 머리칼이 곤두서는데도 우리는 발밑에 끝없는 심연이 가로놓여 있음을 믿지 못한다. 이 모든 것은 지나친 열성, 많은 사람들을 끌어안고 그들에게 자신의 사랑을 보여주려는 열광적인 의욕 때문에 일어난 것이다. 세상을 향해 손을 내밀면 내밀수록 세상은 뒷걸음질친다. 아무도 진실한 사랑과 진실한 증오를 원하지 않는다. 당신의 손이 그의 성스러운 내장 속으로 들어오는 것을 원하는 사람은 한 명도 없다—그것은 제물을 바치는 사제에게만 허락된 행위이다. 숨이 붙어 있고, 피가 아직 뜨끈뜨끈한 동안에는 살가죽 밑에 피와 뼈 같은 것은 없다는 듯이 시치미를 떼야 한다. '잔디밭에 들어가지 마시오!' 이것이 세상 사람들의 생활신조이다.

심연 가장자리에서 오랫동안 균형을 잡다보면 점점 더 능숙해져서, 아무리 밀어붙여도 언제나 자세를 바로잡을 수 있게 된다. 늘 균형을 잃지 않으면 나중에는 어마어마한 즐거움, 부자연스러운 즐거움이 몸에 배게 된다. 오늘날 세상에서 이 말뜻을 이해할 수 있는 민족은 겨우 둘, 유대인과 중국인밖에 없다. 나머지 사람들은 야릇한 어려움에 처하게 된다. 웃으면 안 되는 순간에 웃어서 헐뜯기고, 실제로는 강인하고 참을성이 많을 뿐인데 잔인하고 매정하다는 소리를 듣는다. 그러나 다른 사람들이 웃을 때 따라 웃고 울 때 따라 운다면, 언젠가는 그들과 똑같이 살다가 죽을 것을 각오해야 한다. 이것은 곧 올바르게 있는 동시에 최악의 결과를 끌어내는 것을 말한다. 살아 있으면서 죽고, 죽고 나서 비로소 사는 것이다. 세상이 가장 이상한 상태일 때에도, 이러한 사회는 가장 정상적인 양상을 띠고 있다. 옳고 그른 것도 없고, 단지 생각이 그렇게 만들 뿐이다. 당신은 더 이상 현실을 믿지 못하고, 다만 생각만을 믿게 된다. 당신이 막다른 곳으로 몰리면, 당신의 생각도 당신과 함께 밀리게 되어 아무 쓸모가 없다.

어떤 면에서, 깊게 생각해보면, 그리스도는 절대로 막다른 곳으로 몰리지 않았다. 그가 마치 반동에 휩쓸린 것처럼 비틀거리고 휘청거렸던 순간, 그 부정적인 역류는 그의 죽음을 휘감아 멈추게 했다. 모든 인류애의 부정적인 충동은 똘똘 뭉쳐서 인간 완전체, 분해될 수 없는 한 인물을 창조하기 위해 거대하고도 무기력한 덩어리로 바뀌는 것 같았다. 사람은 언제나 자기 운명을 부인하려 한다는 사실을 우리가 받아들이지 않는 한 부활이라는 것도 설명할 수 없게 된다. 지구는 돌고 별들도 돌지만, 세상을 이루는 거대한 몸뚱어리인 인간은 이 유일하고 절대적인 영상으로 붙들어 매어야 한다.

그리스도처럼 십자가에 못 박히지 않고, 그대로 살아남아 절망과 허무감을 뛰어넘고 살아간다면 거기서도 또 이상한 일이 일어난다. 정말 죽었다가 다시 살아난 느낌을 맛보고, 중국인들처럼 비범한 삶을 영위하게 되는 것이다. 즉, 이상하게 쾌활하고, 이상하게 건강하고, 이상하게 냉담해진다. 비극적인 감정은 사라지고, 꽃과 바위와 나무처럼 자연과 조화하는 동시에 자연에 위배되는 삶을 살게 된다. 가장 친한 친구가 죽어도 그 장례식에 가지 않고, 눈앞에서 사람이 차에 깔려도 아무 일 없었다는 듯이 계속 걸어가고, 전쟁이 터져 친구를 최전선에 보내면서도 자신은 도살에 관심을 갖지 않는 삶인 것이다. 이처럼 삶은 웅장한 화폭으로 변하고, 만약 당신에게 미술적 재능이 있다면 그 변해 가는 과정을 기록할 수도 있을 것이다.

고독은 완전히 사라진다. 자기 자신을 포함한 모든 가치가 파괴되기 때문이다. 연민만은 버젓이 떠돌고 있으나 그 또한 인간적인 동정, 제한된 동정이 아니라—흉측하고 사악한 것이다. 당신은 그 누구나 그 어떤 것을 위해 당신 자신을 스스럼없이 희생할 수 있을 정도로 관심을 가지는 경우가 거의 없다. 동시에 당신의 흥미와 호기심은 무시무시한 속도로 발달한다. 이것 역시 의심해 봐야 하는데, 우리를 하나의 이념에 붙들어 매는 동시에, 옷깃 단추에 집착하게 만들 수도 있기 때문이다. 사물과 사물 사이에 근본적이고도 영원한 구별은 없어졌다. 모든 것은 변화하고 소멸할 수 있다. 우리의 표면은 끊임없이 무너지고 있지만, 내면은 다이아몬드처럼 단단해지고 있다. 그리고 당신 내면에 자리한 이 딱딱하고 자기를 띤 응어리가, 싫든 좋든 간에 다른 사람의 주의를 당신에게로 끌어 붙이는 것인지도 모른다. 다만 확실한 점은, 당신이 죽었다가 살아난다면 당신은 이 지구에 속하게 되고, 지구가 가진 모든 것은 틀림없이 당신 것이 된다는 사실이다. 당신은 자연의 변칙적인 존재, 그림자 없는 존재가 될 것이다. 당신은 두 번 다시 죽지 않으며, 주변의 자연현상처럼 사라질 뿐이다.

내가 커다란 변화에 휘말려 있던 그 무렵에는 지금 쓰고 있는 사실들을 나는 하나도 알지 못했다. 내가 견디던 것은 모두, 내가 일을 그만둔 어느 날 저녁에 지금까지의 사생활을 청산하고 사무실에서 걸어 나와, 죽음과도 같은 생활에서 나를 해방시켜 줄 여인을 찾아 나선 그때를 위한 이른바 사전 준비였다. 이와 같이 생각하며, 지금 나는 밤마다 뉴욕 거리를 헤매던 날을 떠올리고 신기루를 보듯 바라보았던 하얀 눈 덮인 밤을 돌이켜 보며 내가 태어난 도시를 황홀한 기분으로 누비고 다녔다. 나는 주로 회사 탐정인 오루크와 함께 조용한 거리를 걸었다. 길바닥에는 대체로 눈이 쌓여 있었고, 공기는 살을 에듯 차가웠으며, 서리가 내리기도 했다. 오루크는 지루하게 도적, 살인, 사랑, 인간의 본성, 황금시대에 대해서 끊임없이 주절거렸다. 그는 화제가 궤도에 오르면 느닷없이 거리 한복판에서 갑자기 걸음을 멈추고 내가 꼼짝하지 못하도록 그 거대한 발을 내 두 발 사이에 밀어 넣는 버릇이 있었다. 그러고는 내 외투 깃을 움켜잡고 얼굴을 바짝 들이밀면서 한 마디 한 마디를, 도래송곳으로 구멍이라도 뚫을 기세로 내 눈알에다 대고 또박또박 말하는 것이었다. 새벽 네 시에 바람이 세차게 불고 눈발이 흩날리는 거리 한복판에 서 있는 우리 두 사람의 모습, 가슴속에서 쏟아내지 않고는 배길 수 없는 이야기 말고는 무엇이든 잊어먹는 오라크의 모습이 지금도 눈에 선하다. 그가 말하고 있는 동안 나는 언제나 곁눈질로 주위를 둘러보았다. 그가 하는 말은 귓등으로 흘리면서, 요크빌이나 앨런 가 혹은 브로드웨이에 서 있는 우리 두 사람의 모습만을 의식하고 있었다. 인간이 이제껏 쌓아 올린 가장 복잡한 건축물 한복판에서 흔해 빠진 살인자 이야기에 열을 올리는 모습이 나에게는 언제나 조금 정신 나간 것처럼 보였다. 오루크가 지문에 대해 이야기를 하는 동안 나는 그의 검은 모자 바로 위로 보이는 조그만 붉은 벽돌 건물 꼭대기나 처마 장식을 자세히 뜯어보곤 했다. 그리고 처마를 올리던 날을 생각한다…… 저것을 고안한 사람은 어디의 누구일까? 왜 저렇게 흉측하게 만들었을까? 그 처마는 이스트사이드에서 할렘으로 가는 동안 보는 처마들, 더 멀리 가자면, 할렘을 지나고 뉴욕을 지나고 미시시피 강을 지나고 그랜드캐니언을 지나고 모하비 사막을 건너, 미국 전역의 남녀를 위해 세워진 건물 어디에나 있는 처마처럼 초라하고 불결한 것이었다.

  그건 그렇고 평생 하루하루를 가만히 앉아서 가난과 걱정, 사랑과 죽음, 갈망과 환멸 같은 다른 사람들의 쌔고 쌘 고민거리를 들어야 한다는 것은 아무리 봐도 미친 짓 같았다. 여태껏 그랬던 것처럼 만일 매일 적어도 오십 명 정도가 나를 찾아와 제각기 슬픈 사연을 털어놓고 나는 한결같이 묵묵히 '듣고만' 있어야 한다면, 당연히 머지않아 귀를 틀어막고 마음을 모질게 먹어야 할 것이다. 그런 이야기는 아무리 작은 조각이라도 나에게는 충분했다. 그 작은 조각조차 나는 소화하는 데에 몇 날 몇 주일이 걸렸다. 하지만 나는 그곳에 얌전히 앉아서 배가 터지도록 이야기를 욱여넣어야 했고, 밤이면 또 사무실 밖에서 더 많은 푸념을 들어야 했으며, 자면서도 꿈을 꾸면서도 귀를 기울여야 했다. 그들은 세계 곳곳과 사회 각 계층에서 흘러들어와, 서로 다른 언어를 말하고 온갖 다양한 신을 숭배했으며, 저마다의 법과 풍습을 지키고 있었다. 그들 가운데 가장 가난한 사내의 이야기만으로도 두툼한 책을 한 권 써낼 수 있지만, 그들 이야기를 글로 자세하게 옮겨 보면 결국 모두 십계명 정도의 길이로 압축할 수 있으므로, 주기도문처럼 우표 뒤쪽에 써넣을 수도 있을 것이다.

  매일 나는 늘어나고 또 늘어나서 내 살가죽만으로 온 세상을 뒤덮을 수 있을 것 같았다. 그리고 혼자라 누구의 이야기에도 귀를 기울일 필요가 없을 때면 나는 핀 대가리만 하게 쪼그라들었다. 좀처럼 맛볼 수 없긴 하지만 나의 가장 큰 즐거움은 홀로 거리를 산책하는 것…… 아무도 없는 밤거리를 걸으며 나를 둘러싼 고요를 음미하는 것이었다. 수백만 명의 사람들이 죽은 듯이 입을 쩍 벌린 채 대자로 뻗어 있고, 그 입에서는 코 고는 소리밖에 흘러나오지 않는다. 일찍이 만들어진 것 가운데 가장 멍청한 건축물 사이를 걸으면서 나는, 왜, 어째서, 이 초라한 움막 또는 화려한 궁전이 비참한 이야기를 끌러 놓지 못해 안달이 난 사람들로 매일같이 넘쳐나는 것인지 도저히 그 이유를 알 수 없었다.
 일 년 동안 나는 줄잡아 2만 5천 편이나 되는 갖가지 신세타령을 들었다. 이 년이면 오만이 되고, 사 년이면 십만 편, 십 년이면 나는 완전히 미쳐 버릴 것이다. 나는 이미 작은 도시 하나는 가득 채울 수 있을 만큼 많은 사람들을 알고 있었다. 그들을 한곳에 모아놓는다면 어떤 도시가 만들어질까! 그들은 마천루를 원할까? 박물관과 도서관을 필요로 할까? 그들도 하수도와 다리와 철도, 공장들을 세우려 할까? 배터리 공원에서 골든만(灣)에 이르기까지 끝없이 이어져 있는 하나같이 똑같은 양철 처마를 그들도 만들어 얹을까? 나는 의문스럽다. 굶주림의 채찍만이 그들을 움직이게 할 수 있을 것이다. 텅 빈 창자, 매서운 눈빛, 공포, 지금보다 나빠질 수 있다는 두려움만이 그들을 몰아세울 수 있다. 너나 할 것 없이 절망으로 내몰리고 굶주림의 채찍과 몽둥이에 못 이겨, 무시무시하게 높은 마천루를 세우고 가공할 대형 전함을 건조하고, 순도 높은 강철과 아주 얇은 레이스와 정교하기 그지없는 유리제품들을 계속 만들어댈 것이다.
 오루크와 나란히 걸으면서 도둑질, 방화, 강간, 살인 등에 대한 이야기만 듣고 있으면 대교향곡에서 작은 주제만 골라서 듣는 것 같았다. 바흐의 곡을 휘파람으로 흥얼거리면서 머릿속으로는 한번 자보고 싶은 여인을 떠올릴 수 있는 것처럼, 오루크의 이야기를 들으면서 나는 그가 얼마나 지나야 하던 이야기를 멈추고, "무엇을 좀 먹을까?" 하고 물어올 것인지를 기다리고 있었다. 아주 무시무시한 살인 이야기를 듣던 도중에도 나는 이 길을 계속 따라가면 나오는 식당에서 사 먹게 될 연한 돼지고기를 생각했다. 그리고 그 돼지고기에 어떤 채소가 곁들여져 나올까, 후식으로는 파이를 먹을까 커스터드 푸딩을 먹을까 같은 생각까지 할 수 있었다. 딴생각을 하는 것은 때때로 아내와 잠자리를 할 때도 마찬가지였다. 아내가 신음을 내며 똑똑치 않은 발음으로 엉뚱한 말을 지껄일 때 나는 그녀가 커피 주전자의 찌꺼기를 비웠는지 궁금해 했다. 그녀는 일들을—중요한 일들을—내버려두는 나쁜 버릇이 있었다. 갓 내린 커피, 그리고 계란과 함께 구운 신선한 베이컨은 나에게 아주 중요한 것이었다. 아내가 다시 임신이라도 했다가는 골치 아픈데다가 아주 심각한 문제였지만, 그보다 더욱 중요한 것이 신선한 커피, 향긋한 베이컨과 계란이었다. 나는 비통과 낙태와 실연은 참을 수 있어도 배 속에 무언가를 채워 넣지 않으면 도저히 견딜 수 없었으며, 되도록이면 영양가 있고 맛 좋은 것을 먹고 싶었다.

나는 그리스도가 십자가에서 죽지 못하고 다시 내려졌다면 느꼈을 것과 똑같은 마음을 느꼈다. 나는 십자가에 못 박힌 충격이 너무도 엄청난 나머지 틀림없이 그리스도도 박애에 대한 모든 관심을 완전히 잃어 버렸을 것이라고 믿어 의심치 않는다. 그는 상처가 다 낫고 나면 인류의 고난 따위에 더는 관심조차 두지 않을 것이며, 새로 내린 커피 한 잔과 갓 구운 토스트가 내는 가장 위대한 맛에 완전히 빠지고 말았을 것이다.

너무나 위대하고 기괴한 사랑 때문에 비참하게 죽는 사람은 누구든 다시 이 세상에 태어날 땐, 사랑도 증오도 모르고 오로지 향락만 추구하게 될 것이다. 그리고 이러한 삶의 즐거움은 부자연스럽게 얻어진 것이기에 이윽고 온 세계를 망치는 독이 될 것이다. 인간이 견딜 수 있는 고통의 정상적인 범위 밖에서 창조된 것은 무엇이든 부메랑처럼 돌아와 파멸로 이끌어간다.

뉴욕의 밤거리는 그리스도의 십자가와 죽음을 나타냈다. 바닥에 눈이 쌓여 더할 나위 없는 침묵이 거리를 감쌀 때면 뉴욕의 추악한 건물에서 몸서리나는 침울한 절망과 파멸의 음악이 흘러나왔다. 사랑과 존경을 담아 쌓아 올린 돌도, 춤과 기쁨을 위해 만들어진 거리도 없었다. 배를 채우기 위해 닥치는 대로 미친 듯이 쌓기만 해서, 거리에는 텅 빈 배 속과 가득 찬 배 속, 그리고 반쯤 채워진 배 속에서 나는 냄새가 진동하고 있었다. 거리의 허기진 배 속에서 풍기는 냄새는 사랑으로 어떻게 해볼 방법이 없다. 거리는 만족을 모르는 배와 애초에 텅 비도록 만들어진 배에서 흘러나오는 냄새로 가득 차 있는 것이다.

이와 같이 텅 빈, 이 완전한 무에서 나는 샌드위치나 옷깃 단추를 즐기는 법을 배웠다. 사람들의 고통스런 이야기를 듣는 척하면서 나는 큰 호기심을 갖고서 건물 처마와 갓돌을 바라볼 수 있었다. 나는 어떤 빌딩이 세워진 날짜와 설계한 건축가의 이름을 아직도 기억하고 있다. 어느 모퉁이에 서서 느꼈던 기온과 바람 속도까지 떠올릴 수 있지만, 정작 그때 들었던 이야기는 사라져 버렸다. 그때 나는 무언가 다른 일을 떠올리려 하고 있었으며, 그것이 무엇인지도 이야기할 수 있다. 그러나 지금 와서 그게 무슨 소용이 있겠는가? 내 안에는 이미 죽어 버린 한 사내가 있었고, 지금은 그 기억들이 남아 있을 뿐이었다. 그러나 아직 살아 있는 또 다른 사내도 있었다. 나 자신이라고 생각되는 그는 나무나 바위 혹은 황야의 야수로 살아 있을 뿐이었다. 이 도시 자체가 사람들이 제대로 된 죽음을 얻기 위해 그 안에서 아등바등 투쟁하는 커다란 무덤이 되어 버린 것처럼, 나 자신의 삶도 내 죽음을 재료로 만들어지는 무덤과 점점 비슷해져 갔다. 나는 화석 숲 한복판을 돌아다녔다. 숲 한가운데는 혼돈이었다. 때로는 그 죽음의 숲 한복판, 혼란의 중심에서 나는 머리가 멍해지도록 춤을 추거나 술을 마시고, 사랑을 하고, 누군가를 도와주거나 새 삶을 설계했다. 그러나 그 모든 것이 혼돈이었고, 돌덩이였으며, 날 절망하고 당황스럽게 할 뿐이었다. 나를 그 정신 나간 바위 숲 밖으로 와락 끌어낼 힘과 맞닥뜨리기 전에는, 나는 제대로 살 수 없을 뿐만 아니라 뜻있는 글을 한 장도 쓸 수 없었다.

지금 이 글을 읽고 있는 누군가는 내가 여전히 혼란 속에 있다는 인상을 받을지도 모른다. 그러나 이 글을 쓰는 나는 생의 한복판에 있으며, 혼돈은 이제 나와는 관계가 없는 세계의 아주 말초적인 찌꺼기일 뿐이다. 불과 몇 달 전에 나는 뉴욕 거리에 서서 몇 년 전에 하던 것과 똑같이 주변을 둘러보았다. 또다시 건축물을 바라보며 망막에 뒤죽박죽으로 비치는 자질구레한 부분을 찬찬히 관찰했다.

그런데 이번에는 내가 화성인처럼 느껴졌다. 대체 이 사람들은 무슨 종족일까? 나는 스스로에게 물어보았다. 이것이 뜻하는 바는 무엇인가? 이곳에는 고뇌의 그림자도, 시궁창 속에서 스러져간 생명의 흔적도 없었다. 내가 바라보고 있는 것은 오직 기이하고 이해할 수 없는 세상, 내가 혹시 다른 별에서 온 게 아닐까 하는 의문이 들 정도로 나와 동떨어진 세상이었다. 어느 날 밤 엠파이어스테이트 빌딩 꼭대기에 서서 내가 언제나 아래쪽에서 보던 그 도시를 내려다보았다. 그러자 나와 함께 기어 다니던 인간 개미들, 내가 맞서서 싸웠던 인간 이들이 그곳에 그대로 다 있었다. 그들은 달팽이처럼 느릿느릿 움직이며 하나같이 자신들의 소우주적인 운명을 뒤쫓고 있었다. 부질없는 절망감에 빠져 그들은 장엄하고 자랑스러운 어마어마한 건축물을 세웠다. 그리고 이 거대한 건축물의 가장 높은 천장에 그들은 유폐된 카나리아가 무의미한 노래를 부르고 있는 새장들을 줄줄이 달아놓았다. 그들 야심의 최고봉에서 좋은 시절을 노래하는 작은 새들이 갇힌 새장을.

나는, 그들이 백 년만 지나면 새 세상이 도래하리라고 노래하는 정신 나간 우스꽝스러운 인간을 새장 속에 가둘지도 모른다고 혼자 조용히 생각했다. 혹은 다른 사람들이 일하고 있는 동안 노래를 불러줄 노래 전문 종족을 만들어 낼지도 모른다. 그리고 새장마다 시인과 음악가가 같이게 될 것이다. 그 아래의 삶이, 돌과 숲의 삶이, 요란스럽게 삐걱거리는 의미 없고 공허한 혼돈의 삶이 방해받지 않고 계속 흐를 수 있도록.

  천 년 뒤에는 노동자와 시인을 포함한 그들 모두가 정신착란을 일으켜, 이제껏 수없이 되풀이되어온 것처럼 모든 것이 폐허로 무너져 내릴 것이다. 그리고 또 천 년 뒤, 오천 년 뒤, 만 년 뒤에는 지금 내가 서서 주변 광경을 바라보고 있는 바로 이곳에서 어린 소년이 우리가 들어본 적도 없는 말로 쓰인 책을 펼치고 있을지도 모른다. 그 책은 추론된 형식과 리듬 및 시작과 끝을 가진, 글쓴이가 한 번도 경험하지 못한 지금 우리의 삶에 관한 것이다. 책을 다 읽은 소년은 미국인이 위대한 민족이었으며 그가 살고 있는 이 대륙에 한때 멋진 삶이 꽃피었었다고 생각할지도 모른다. 그러나 아마도 눈먼 시인 무리를 제외한 미래의 어떤 민족도, 미래의 역사가 만들어진 지금의 끓어오르는 혼돈을 도저히 상상조차 할 수 없을 것이다.

  혼돈! 정신없이 소용돌이치는 혼돈! 특별한 날을 골라 볼 필요도 없다. 돌이켜 보면 내 삶 가운데 하루라도 편안한 날이 없었다. 모든 날들, 보잘것없고 소우주적인 내 삶의 나날이 외부의 혼돈을 반영하고 있었다. 그때를 한 번 돌이켜 보자……

  아침 7시 반이면 자명종이 울렸지만 나는 침대에서 벌떡 일어나진 않는다. 나는 조금 더 자려고 8시 반까지는 누워 있다. 잠―그러나 내가 어떻게 잠을 잘 수 있겠는가? 마음속에는 이미 도착해 있어야 할 사무실 모습이 떠올라 찰싹 달라붙어 있었다. 8시에 딱 맞춰 나타나는 하이미, 구원해 달라고 벌써부터 시끄럽게 울어대는 전화교환대, 널찍한 나무 층계를 올라오는 구직자들, 의상실에서 풍기는 독한 소독약 냄새 등을 나는 정말 보고 느낄 수 있었다. 어째서 나는 일어나자마자 어제와 같은 하찮은 일들을 되풀이해야 할까? 내가 고용하는 순간 그들은 그만큼 떨어져 나갔다. 등골이 빠지도록 일해도 입을 만한 깨끗한 셔츠 한 장도 없었다.

  월요일마다 나는 아내한테서 용돈으로 차비와 점심값을 받았다. 나는 일 년 내내 아내에게 빚을 지고 있으며 아내는 잡화상, 푸줏간, 집주인 등에게 빚을 지고 있었다. 수염 따위는 신경 쓰지도 못했다. 깎을 시간이 없는 것이다. 나는 다 해어진 와이셔츠를 걸치고 아침밥을 허겁지겁 먹어치운 다음 지하철 표 값으로 5센트 한 닢을 빌렸다. 아내가 기분이 좋지 않을 때에는 지하철역에서 신문팔이의 동전을 실례해야 했다.

제 시간보다 한 시간이나 늦게 나는 숨이 턱에 닿아 사무실에 도착했다. 지원자를 만나보기 전에 나는 열 몇 군데나 전화를 걸어야 했다. 하지만 한 곳에 전화를 거는 동안에 다른 전화가 두서너 통은 걸려 왔다. 나는 전화기 두 대를 동시에 사용한다. 교환대는 끊임없이 울려댄다.

하이미는 전화가 걸려오는 순간에도 열심히 연필들을 깎고 있었다. 문지기 맥고번은 지원자들 가운데 어쩌면 깡패일지도 모르며 위조한 이름으로 몰래 취직을 하려는 사람에 대해 귀뜸을 해 주기 위해서 내 곁에 서서 기다리고 있었다. 내 등 뒤에는 카드와 기계에서 통과된, 지금까지 이곳을 거쳐 간 모든 지원자들의 이름을 빠짐없이 기록한 카드와 장부가 놓여 있었다. 실격된 이들의 이름에는 붉은 잉크로 별표를 해놓았다. 그중에는 본디 이름 말고도 가명을 여섯 개나 가지고 있는 이도 있었다.

이 무렵이면 사무실 안은 벌통처럼 소란스러워지며 땀 냄새, 발 냄새, 닳아진 제복, 장뇌, 리졸, 입구린내 같은 악취로 가득 찬다. 몰려오는 사람들의 반은 되돌려 보내야 했다. 회사에 일손이 넉넉해서가 아니라 아무리 일손이 부족하더라도 도저히 쓸 수 없는 사람들이었기 때문이다. 중풍에 걸린 두 손과 침침한 눈을 가지고 내 책상 앞 가로장에 기대어 선 노인은 전(前) 뉴욕 시 시장이다. 나이는 일흔이지만 무슨 일이든 기꺼이 하겠다고 말하며 훌륭한 추천장도 몇 통이나 가지고 왔으나, 우리는 사십오 세가 넘는 사람은 채용하지 못하게 되어 있었다. 뉴욕에서는 사십오 세가 마지막 한계였다.

또다시 전화벨이 울린다. 기독교청년연합회(YMCA)의 사근사근한 비서에게서 온 것이다. 일 년쯤 감화원에 있던 소년이 지금 막 자기네 사무실로 찾아왔는데 그 소년만 특별히 봐줄 수 없겠느냐는 내용이었다. 그가 무슨 짓을 저질렀습니까? 소년은 자기 누나를 겁탈하려고 했다고 한다. 설명할 것도 없이 이탈리아인이었다.

내 조수 오마라는 한 지원자를 고문하고 있었다. 그 지원자가 간질병 환자라고 의심한 것이었다. 끝내 오마라의 작전은 성공했고, 그 지원자는 사무실 안에서 훌륭하게 발작을 일으켜 보였다.

기절하는 여인도 있었다. 멋진 털목도리를 두른 젊고 아름다운 여인이었는데, 자기를 채용해 달라고 나를 설득하던 중이었다. 그녀는 매춘부였으므로, 만약 그녀를 고용한다면 나는 심한 꾸중을 받게 될 것이 뻔했다. 그녀는 주택가에 있는 건물에서 일하기를 원했다. 그곳이 자기 집과 가깝기 때문이라는 것이었다.

점심때가 가까워지면 친구들이 몇 명 찾아온다. 그들은 내 주위에 앉아서 촌극이라도 보듯 내가 일하는 모습을 구경했다. 의대생인 크론스키도 와서, 방금 내가 고용한 소년이 파킨슨병(뇌질환 후유증의 마비)을 앓고 있다고 알려주었다. 나는 너무나 바빠서 화장실에 갈 틈도 없었다. 오루크 말로는 모든 통신기자와 부장들이 치질을 앓고 있다고 한다. 그 역시 2년 정도 전기마사지를 받고 있지만 효과가 없다고 말했다.

점심시간이 되면 우리 여섯 명은 식탁에 둘러앉는다. 여느 때처럼 내 점심값은 다른 누군가가 내 줄 것이다. 우리는 허겁지겁 먹어치우고 자리로 돌아온다. 또다시 여기저기에 전화를 걸고 몰려든 지원자들을 만나보아야 했다. 부사장은 우리가 배달원 수를 제대로 확보하지 못했다는 이유로 화가 잔뜩 나 있다. 뉴욕 시내는 물론 주변 이십 마일 이내에서 발행되는 모든 신문에 우리 회사의 구인광고가 기다랗게 실려 있었고, 이미 모든 학교마다 다니며 시간제 배달원을 권유하고 있었다. 모든 자선단체와 구제협회에도 사람을 보내 달라고 청탁을 했다. 배달원들은 파리 떼처럼 떨어져 나갔다. 어떤 사람들은 한 시간도 견디지 못했다. 말 그대로 인간 제분소인 것이다. 그리고 가장 슬픈 점은 이 모든 일이 전적으로 부질없다는 사실이었다. 그러나 그 문제는 내가 관여할 바가 아니다. 키플링(인도 태생의 영국시인)의 말을 빌리자면, 나는 일하든가 죽는 수밖에 없었다.

나는 끈질기게 희생자를 차례로 지워나갔다. 전화벨은 미친 듯이 울어댔고, 사무실은 점점 더 고약한 냄새로 가득 차고 뚫린 구멍은 자꾸만 커졌다. 모두들 하나같이 빵 한 조각을 구하러 온 사람들이었다. 나는 그들의 키, 몸무게, 피부색, 종교, 학력, 경력 등을 모조리 알아낸다. 모든 자료들은 장부로 옮겨져 알파벳순과 연대순으로 정리된다. 이름과 날짜, 시간이 있다면 지문까지도 찍는다.

무엇을 위해서? 미국 국민이 세상에서 가장 빠른 통신수단을 누리고, 그들이 제품을 더욱 빨리 팔고, 만일 당신이 거리에서 쓰러져 죽었을 때 당신 친지에게 곧바로 그 소식을 알리기 위해서이다. 물론 전보를 맡은 배달원이 한 시간 만에 일을 포기하고서 전보뭉치를 몽땅 쓰레기통에 처넣지만 않는다면 말이다.

전보뭉치 속에는 코스모데모닉 전신회사의 이사들과 사장, 그리고 부사장 등이 성탄과 새해를 축복하며 보내는 이천 장의 크리스마스카드가 들어 있을지도 모르고, '어머니가 위독하니 빨리 오라'는 글이 적힌 전보가 끼어 있을지도 모른다. 그러나 직원이 너무 바빠서 이를 보지 못한 경우 정신적인 손해에 대한 배상을 요구당할 수도 있겠으나, 회사에는 그와 같은 비상사태에 대비하여 특별히 훈련된 법률부서가 있으므로 실제로는 전혀 문제가 발생하지 않는다. 당신은 어머니가 위독하다는 사실을 확신할 수 있고, 성탄과 새해 축하인사도 받게 될 것이다.

물론 그 직원은 해고될 것이고, 한 달쯤 지나면 배달원이 되기 위해 찾아올 것이며, 그를 알아볼 사람이 하나도 없는 부두 근처의 지부에 야간 근무자로 배정될 것이다. 그러면 그의 아내는 애새끼들을 데리고 총무나 부사장을 직접 찾아다니며 회사의 친절과 배려에 감사의 뜻을 표시할 것이다. 그러다가 어느 날 그 배달원이 회사 돈을 훔쳐 달아났다는 말에 모두가 얼이 빠지고 만다. 오루크는 만 달러가 들더라도 놈을 꼭 잡아오라는 명령을 받고, 그의 뒤를 쫓아 클리블랜드나 디트로이트 행 밤기차를 타고 떠나야 할 처지에 놓이게 된다. 그런 일이 있고 나면 부사장은 앞으로 다시는 유대인을 고용하지 말라는 명령을 내릴 것이다. 그러나 유대인 말고는 배달원이 되고자 하는 사람이 없기 때문에 사나흘 정도 지나면 부사장도 점점 양보를 하게 된다.

아무튼 사태가 급박해지고 일손이 유난히 부족해졌을 때는 서커스단에서 왔다는 난쟁이를 고용해야 할 고비에 놓인 적도 있었다. 난쟁이가 울면서 사실은 남자가 아니라 여자라고 실토하지만 않았더라면 나는 그를 고용했을 것이다. 게다가 발레스카가 '그'를 감싸고 돌면서 그날 밤 '그'를 집으로 데려가, 동정하는 척하면서 오른손 집게손가락으로 질을 탐색하는 짓까지 포함하여 '그'를 철저하게 검사하는 바람에 일은 더욱 악화되었다. 결국 그 난쟁이는 호색적으로 변한 끝에 질투심에 불타는 여인이 되었다.

그날은 괴로운 하루였다. 집으로 가는 길에 친구의 누이와 우연히 마주쳤다. 그녀는 같이 저녁식사를 하자고 졸랐다. 식사를 하고 나서 우리는 영화관으로 갔으며, 어둠 속에서 서로 상대방 것을 손으로 만지며 농탕을 쳤다. 그러다가 결국 영화관에서 나와서 내 사무실로 돌아가기로 합의했다. 나는 그녀를 탈의실의 함석 탁자 위에 눕히고 깔아뭉갰다. 자정을 넘겨 집으로 돌아가니 발레스카에게서 전화가 왔다. 아주 급하고 중요한 일이 있으니 지금 당장 지하철을 타고 자기 집으로 와달라는 것이었다. 지하철로 1시간이나 걸리는 거리였고 나는 기진맥진해서 꼼짝도 하기 싫었지만, 급한 일이라고 하니 나설 수밖에 도리가 없었다.

그녀 집에 가보니 발레스카는 사촌동생이라는 젊고 제법 매력적인 아가씨를 소개해 주었다. 그 아가씨 말에 따르면, 처녀로 있는 것에 염증을 느끼고 조금 전에 낯선 사내와 정을 통하고 오는 길이라고 했다. 그런데 어째서 그렇게 호들갑을 떤단 말인가? 그녀는 너무 열중한 나머지 조심해야 한다는 사실을 그만 깜빡 잊었다는 것이다. 어쩌면 이미 아기를 잉태하고 있을지 모르니, 그렇게 되면 어떻게 하느냐는 것이었다. 그녀들이 내게 어떻게 하면 좋을지 물었고, 나는 간단히 대답했다.

"아무 일도 없어!"

그 뒤 발레스카는 나를 한쪽 구석으로 끌고 가서 그녀의 사촌 여동생과 같이 자주지 않겠느냐고 물었다. 그녀를 훈련시켜서 다시는 그와 같은 일이 반복되지 않도록 하자는 것이었다.

모든 일이 미쳐서 돌아가는 것 같았다. 우리는 신경질적으로 웃어대다가 술을 마셨다. 발레스카 집에는 퀴멜 술뿐이었으므로 우리는 곧바로 얼근하게 취하고 말았다. 그 뒤로 분위기는 더욱 이상야릇해졌다. 그녀들이 내 몸에 손을 대면서, 서로 상대방은 나에게 아무 짓도 하지 못하도록 신경전을 벌였기 때문이다. 결국 나는 두 여인을 발가벗겨 침대로 밀어 넣었고, 그녀들은 서로 얼싸안은 채 잠이 들었다.

새벽 5시가 다 되어서야 겨우 그곳에서 나왔다. 주머니에 동전 한 닢 없다는 것을 알고 택시 운전사로부터 5센트를 뜯어내려고 했으나 먹혀들지 않았다. 결국 안쪽에 모피를 댄 외투를 그에게 벗어주고 동전 한 푼을 얻어낼 수 있었다.

집에 도착하니 아내는 깨어 있었으며, 내가 너무 오래 나가 있었다고 골이 잔뜩 나 있었다. 우리는 심하게 말다툼을 했고, 그러다가 끝내 화를 누르지 못한 내가 아내를 후려치자 아내는 바닥에 엎어져서 엉엉 울었다. 자고 있던 딸아이까지 깨어나, 엄마가 울부짖는 소리에 겁을 먹었는지 목청껏 울어댔다. 2층에 사는 젊은 처녀도 무슨 일인가 싶어 달려 내려왔다. 그녀는 잠옷 차림이었고 풀어헤친 머리칼이 등 뒤로 드리워져 있었다. 긴장한 나머지 그녀는 내 옆에 바짝 붙어 섰고, 그 때문에 우리 두 사람은 서로에게 마음이 있었던 것도 아닌데 일이 야릇하게 벌어지고 말았다.

우리는 찬물에 수건을 적셔 아내의 이마에 얹고, 그녀를 침대에 편안히 눕혔다. 2층 처녀가 아내에게 몸을 구부리고 있는 동안 나는 그녀의 등 뒤에 서서 그녀와의 엉뚱한 관계를 머릿속으로 그려보았다. 그러나 그녀는 나의 속마음과는 달리 계속 그 자리에 서서 바보스럽고 쓸데없는 위로의 말을 한참 동안 지껄여댔다.

결국 나는 침대 위로 기어올라 아내와 나란히 누웠다. 그런데 정말 예상도 못했던 놀라운 일이 일어났다. 아내가 나에게 몸을 바짝 붙이는 것이었다. 우리는 말 한 마디 없이 한 덩어리가 되어 날이 샐 때까지 부둥켜안고 있었다. 하지만 그러면서도 나는 2층 처녀에 대한 환상을 버릴 수가 없었다.

나는 지쳐 곯아떨어질 것이라고 생각했으나 오히려 정신이 말똥말똥해졌다. 나는 아내 곁에 누워서, 오늘은 회사를 하루 쉬고 전에 면접을 보았던 털목도리를 두른 아름다운 매춘부를 찾아가야겠다고 계획을 세우고 있었다. 매춘부 다음에는 또 다른 여자—내가 항상 무관심하다고 꼬집는 친구의 부인을 생각했다. 그 뒤에도 이런 저런 이유로 관계를 가질 수 없었던 여인들을 한 명씩 차례로 떠올리다가 이윽고 깊은 잠에 빠지고 말았다. 그러다가 실수로 몽정을 하고 말았다.

7시 반, 평소처럼 자명종이 울렸고, 나는 평소처럼 의자에 걸려 있는 낡아 빠진 셔츠를 바라보았다. 바보 같다고 중얼거리면서 돌아누웠다. 8시에 전화벨이 울렸다. 하이미였다. 또다시 파업이 일어났으니 빨리 나오라는 이야기였다.

　매일 이런 식으로 의미 없는 나날이 되풀이되었다. 미국 전체가 미쳐 버린 것이 가장 큰 이유였다. 내가 이야기한 똑같은 일이 크고 작은 규모의 차이는 있지만 어디서나 벌어지고 있었기 때문이다. 모두 혼돈스럽고 무의미했다.

　이런 식으로 나날을 보낸 지 꼬박 오 년이란 세월이 흘렀다. 대륙 자체가 끊임없는 선풍과 회오리바람, 해일, 홍수, 가뭄, 눈보라, 무더위, 질병, 파업, 총기강도, 암살, 자살…… 계속되는 열병, 고뇌, 폭발, 소용돌이에 휘둘리고 있었다.

　나는 등대지기나 마찬가지였다. 내 발밑에는 거센 파도와 바위들, 암초, 난파선의 파편 더미들이 깔려 있었다. 나는 위험신호를 보낼 수는 있지만 천재지변을 막을 힘은 없었다. 나는 위험과 재난의 냄새를 맡았다. 때로 그런 낌새는 너무도 강렬해서 내 콧구멍에서 불길처럼 뿜어져 나오기도 했다. 나는 그 모든 것으로부터 자유로워지기를 바랐지만 저항해 볼 여지도 없이 끌려왔다. 나는 난폭한 동시에 무기력했다.

　나는 등대 그 자체 같았다―사납게 날뛰는 바다 한복판에 안전하게 서 있었다. 내 발밑에는 마천루를 받치고 있는 암반과 똑같이 견고한 바위가 있었다. 내 토대는 땅속 깊숙이 뻗쳐 있고 내 몸뚱어리의 보강재는 튼튼한 나사못으로 고정시킨 강철로 이루어져 있다. 무엇보다도 나는 하나의 눈동자였다. 멀리 그리고 드넓게 쉬지 않고 샅샅이 뒤지는 거대한 탐조등이었다. 이 눈은 나의 다른 기능이 모조리 잠들어 버린 것처럼 보일 정도로 빈틈이 없었다. 내가 가진 모든 힘은 오직 이 세상의 극적인 사건을 보고 담기 위해 사용되었다.

　만일 내가 파괴를 원했다면 그 까닭은 이 눈을 꺼 버리고 싶었기 때문일 게다. 나는 이 등대를 바닷속으로 처박아 버릴 지진을, 천지개벽을 기다리고 있었다. 나는 변화를, 물고기나 거대한 바다괴물이나 파괴자로 변신하기를 바랐다. 나는 땅덩어리가 쩍 갈라져서 모든 것을 한입에 꿀꺽 집어삼키기를 소원했다. 이 도시가 바다 한복판에 깊숙이 파묻히는 것을 보고 싶었다. 동굴 안에 앉아서 촛불 아래 글을 읽고 싶었다. 나 자신의 몸과 욕망을 알 수 있도록 그 눈이 사라지기를 바랐다. 나는 이제껏 내가 보고 들은 바를 떠올리기 위하여―그리고 잊기 위해서―천 년 정도 혼자 있고 싶었다. 나는 사람 손이 닿지 않은 땅 위의 어떤 것, 이미 싫증이 나기 시작한 인간과 완전히 떨어진 것을 찾고 있었다.

순전히 이 세상의 것이지만 지상적인 의미가 완전히 사라진 것을 원했다. 설령 죽음에 이르더라도 나는 이 혈관 속에 피가 거꾸로 흐르는 것을 느끼고 싶었다. 나는 내 몸에서 돌덩이와 빛을 떨쳐내고 싶었다. 대자연의 신비로운 생산력을, 자궁의 깊은 우물을, 침묵을―아니면 벼랑을 씻어내는 새카만 죽음의 강을 찾고 있었다. 나는 그 무자비한 눈이 빛을 밝힌 그날 밤, 수없는 작은 별들과 꼬리별로 뒤덮인 밤이 되고 싶었다.

쥐 죽은 듯이 고요하고 아주 불가사의한 동시에 웅변적인 밤이 되고 싶었던 것이다. 이제는 말하고 듣고 생각할 필요도 없었다. 지금은 단지 파묻히고 둘러싸이는 한편 둘러싸고 감싸 안기만 하면 된다. 더 동정할 필요도 없고, 걱정할 필요도 없었다. 풀과 벌레와 개천처럼 그저 이 세상에서 숨 쉬고 살아갈 뿐인 인간이 되는 것이다. 모습을 그대로 드러낸 빛과 돌, 분자처럼 다양하고 원자처럼 영속적이며 지구처럼 무정하게 분해되는 것이다.

내가 마라를 만난 것은 발레스카가 자살하기 꼭 일주일 전이었다. 그 사건이 있기 한두 주 전부터 갖가지 악몽을 꾸었다. 갑작스러운 죽음과 여인들과의 기이한 만남이 잇따랐다. 맨 처음 꿈에 나타난 사람은 집도 친구도 의지할 곳도 없는 16, 7세의 귀여운 유대인 아가씨 폴린 야노브스키였다. 그녀는 일자리를 얻으려고 사무실로 찾아왔었다.

일과가 끝날 무렵이었으나 나는 폴린을 냉정하게 되돌려 보낼 만큼 차가운 심장을 가지지 못했다. 어째선지 그녀를 집으로 데리고 가 저녁을 먹이고, 할 수만 있다면 그녀를 잠시 집에 머물게 하자고 아내를 설득해 보자는 생각이 들었다. 발자크에 대한 폴린의 정열에 마음이 끌린 것이었다. 집으로 돌아가는 동안 폴린은 줄곧 《잃어버린 환상》에 대해 이야기했다. 차 안이 너무나 복잡하여 우리는 옴짝달싹도 못하고 꼭 붙어 있었다. 우리는 둘 다 똑같은 한 가지 일만 생각하고 있었기 때문에 무엇을 이야기하건 아무 차이는 없었다.

물론 아내는 한 아름다운 소녀를 데리고 들어오는 나를 보고 깜짝 놀랐다.

그녀는 특유의 냉담한 태도로 예의를 지켰으나, 나는 소녀를 집에 머물게 하자고 부탁해 보아야 부질없는 노릇이란 것을 이내 알아차렸다. 우리와 저녁 식사를 같이하는 것이 아내가 할 수 있는 전부였다. 식사가 끝나자마자 아내는 실례한다고 말하고선 영화를 보러 가 버렸다. 소녀는 울음을 터뜨렸다. 우리는 여전히 접시도 치우지 않은 식탁 앞에 앉아 있었다. 나는 폴린 곁으로 다가가 두 팔을 둘러 껴안았다. 나는 그녀에게 정말로 미안해서 어떻게 해야 좋을지 몰라 당황스러웠다.

갑자기 폴린은 내 목을 끌어안고 뜨거운 키스를 퍼부었다. 우리는 얼싸안은 채 한참동안 그곳에 서 있었다. 이윽고 나는 마음속으로, 안 된다, 이건 죄악이라고 중얼거렸다. 더구나 아내가 영화구경을 가지 않았을 수도 있고, 지금 당장이라도 불쑥 돌아올지 모른다고 생각했다. 나는 소녀에게 정신을 차리라고 말한 뒤 전차를 타고 어디든 가자고 했다. 나는 딸아이의 저금통이 벽난로 선반 위에 놓여 있는 것을 보고는 화장실로 가져가서 소리가 나지 않도록 몰래 저금통을 비웠다. 저금통에는 겨우 75센트 정도밖에 없었다. 우리는 전차를 타고 바닷가로 갔다.

우리는 가까스로 외딴 곳을 찾아 모래밭 위에 누웠다. 폴린은 몹시 정열적이었으며, 우리가 할 일은 그 짓밖에 없었다. 나는 일이 끝난 뒤에 폴린이 나를 비난하리라 생각했다. 그러나 그녀는 그러지 않았다.

우리는 한동안 모래밭에 그대로 누워 있었고, 폴린은 다시 발자크 이야기를 꺼냈다. 그녀는 작가가 되겠다는 야심을 품고 있는 것 같았다. 나는 폴린에게 앞으로 어떻게 할 생각이냐고 물었다. 그녀는 전혀 생각해 보지 않았다고 말했다. 마침내 그곳을 떠나려고 일어섰을 때 폴린은 나에게 고속도로까지 바래다달라고 했다. 클리블랜드나 다른 곳으로 갈 작정이라고 말했다.

주유소 앞에 서 있는 폴린과 헤어졌을 때는 이미 자정이 지나 있었다. 그녀의 주머니에는 35센트 정도밖에 들어 있지 않았다. 나는 집으로 돌아가면서 매정한 아내를 천한 쌍년이라고 욕했다. 갈 곳 없이 고속도로 가에 서 있는 여자가 내 아내면 좋겠다고 그리스도에게 빌었다. 내가 돌아가도 아내는 그 소녀의 이름조차 입에 담지 않을 것이다.

집에 오니 아내가 자지도 않고 나를 기다리고 있었다. 또다시 한바탕 난리를 치려는가 보다고 생각했는데 그렇지 않았다. 오루크가 보낸 중요한 전갈 때문에 기다렸던 것이다. 집에 도착하는 대로 전화해 달라는 전갈이었다. 하지만 나는 그러지 않기로 결심했다. 옷을 벗고 바로 잠자리에 들 작정이었다. 그런데 내가 막 잠자리에 누워 한숨을 돌리는 순간 전화벨이 울렸다. 오루크였다. 사무실에 내 앞으로 전보가 와 있는데, 자기가 뜯어서 읽어주어도 괜찮겠느냐고 말했다. 나는 괜찮다고 했다.

전보를 보낸 사람은 모니카였으며 버팔로에서 보낸 것이었다. 그녀가 어머니의 유해와 함께 내일 아침 그랜드 센트럴 역에 도착한다는 내용이었다. 나는 오루크에게 고맙다고 말하고 잠자리에 들었다. 아내는 아무것도 묻지 않았다. 나는 누운 채 어떻게 할 것인가를 생각했다. 만약 내가 모니카의 요청을 받아들인다면 옛 관계를 다시 헤집는 꼴이 된다. 나는 모니카를 떨쳐버릴 수 있었던 것을 운명의 별에 감사했을 정도였다. 그런데 그녀가 지금 어머니 유해와 함께 돌아오고 있다. 눈물과 화해? 아니다. 그것만은 사양하고 싶다. 내가 마중 가지 않는다면? 그 다음엔 어떻게 될까? 유해를 돌볼 사람은 주위에 언제나 있기 마련이었다. 특히 유족이 반짝이는 파란 눈동자를 가진 매력적인 젊은 금발 미녀일 때에는 더욱.

모니카는 다시 그 식당 일을 하게 될까? 만약 모니카가 그리스어와 라틴어를 몰랐다면 나는 그녀와 그토록 깊게 얽혀들지도 않았을 것이다. 그러나 나는 호기심을 억누를 수 없었다. 게다가 모니카가 매우 가난하다는 점도 내 마음을 움직였다. 그녀 손에서 기름 냄새가 진동하지만 않았더라면 회상하기가 그렇게 나쁘지는 않았을 것이다. 기름에 찌든 손이 옥에 티였다.

나는 모니카와 처음 만난 날 밤 함께 공원을 산책했던 것을 기억하고 있다. 그녀는 아주 매력적인 미인이었지만 빈틈이 없고 지성적이었다. 그 무렵에는 짧은 치마가 유행했었는데, 모니카에게는 그것이 유난히 잘 어울렸다. 나는 밤마다 그 식당으로 가서, 그녀가 이리저리 왔다 갔다 하면서 주문을 받으려고 허리를 구부리거나 포크를 집으려고 몸을 굽히는 모습을 바라보고 있었다. 아름다운 다리와 황홀한 눈동자는 호메로스의 작품에서나 볼 수 있는 훌륭한 시(詩)였다. 돼지고기와 양배추절임을 든 그녀의 모습은 사포(고대 그리스의 여류시인)의 운문이고, 라틴어의 활용형이며, 핀다로스(고대 그리스의 서정시인)의 시가였다. 후식에는 아마도 《루바이야트(페르시아어 4행 시집)》나 《시나라(Cynara : 어니스트 다우슨의 시)》를 곁들여 내 올 것이다.

그러나 기름투성이의 손과 시장 맞은편에 있는 하숙집의 곰팡내 나는 추레한 침대는—웩! 나는 그것만은 도저히 참을 수 없었다. 내가 모니카를 피하면 피할수록 그녀는 점점 더 나에게 매달렸다. 《차라투스트라는 이렇게 말했다》에 실린 주석과 함께 열 장이 넘는 사랑 편지를 보내왔다. 그러다가 갑자기 소식이 끊겼기 때문에 나는 그제야 마음을 쓸어내렸던 것이다.

아니다. 역시 그랜드 센트럴 역에 나갈 마음은 들지 않았다. 나는 뒤척이다가 깊은 잠에 빠졌다. 아침이면 나는 아내에게 사무실에 전화를 걸어서 내가 아프다고 말하라고 시킬 작정이었다. 나는 벌써 일주일이 넘도록 병을 앓지 않았다. 이제 슬슬 내 차례가 온 것이다.

점심때 크론스키가 사무실 밖에서 나를 기다리고 있다가, 자기와 함께 점심을 먹으러 가자고 말했다. 나에게 소개해 주고 싶은 이집트 여자가 있다는 것이었다. 그 여자는 유대인으로 밝혀졌지만 어쨌든 태어난 곳은 이집트이며, 보기에도 이집트인 같았다. 성적 매력이 철철 넘치는 여자로, 우리 두 사람은 동시에 그녀를 구워삶았다. 다들 내가 아픈 줄로 알고 있기 때문에 나는 사무실로 돌아가지 않기로 마음먹고 이스트사이드 근처나 어슬렁거리기로 했다. 크론스키는 내 뒤치다꺼리를 하기 위해 돌아가기로 했다. 우리는 여자와 악수하고 서로 다른 방향으로 헤어졌다. 나는 헤어지자마자 곧 그녀를 잊고 시원한 강가로 걸음을 옮겼다.

나는 잔교 난간 끄트머리에 앉아 늘어뜨린 두 다리를 흔들어 보았다. 커다란 거룻배 한 척이 붉은 벽돌을 가득 싣고 지나갔다. 갑자기 모니카 생각이 떠올랐다. 유해와 함께 그랜드 센트럴 역에 도착했을 것이다. 뉴욕까지 시체를 옮겨 오다니! 너무나 엉뚱하고 우스꽝스러워서 큰 소리로 웃음을 터뜨리고 말았다. 모니카는 시체를 어떻게 했을까? 시체에 화물표를 달았을까, 아니면 안치소에 보관했을까? 그녀는 틀림없이 나에게 욕을 퍼붓고 있을 것이다. 잔교 난간에 앉아서 두 다리를 건들거리고 있는 내 모습을 상상할 수 있다면, 모니카는 어떻게 생각할까?

미풍에 강물이 일렁이고 있었지만 날씨는 후덥지근했다. 나는 꾸벅꾸벅 졸았다. 정신이 아득해지면서 폴린이 마음속에 떠올랐다. 손을 든 채 고속도로를 따라 걷고 있는 그녀를 그려보았다. 폴린이 용감한 아가씨라는 점은 의심할 여지가 없다. 임신할 수 있다는 걱정을 조금도 하지 않는 것이 이상했다. 어쩌면 그마저 신경 쓰지 않을 정도로 절망해 있는지도 몰랐다. 그리고 발자크! 너무나 뜬금없었다. 어째서 발자크일까? 하기야 그건 내가 참견할 일이 아니다. 아무튼 폴린은 다른 녀석을 만날 때까지 충분히 즐겼으리라. 그런 어린 아가씨가 작가가 되겠다고 꿈꾸다니! 아니다, 그럴 수도 있다. 누구나 꿈 한두 가지는 갖고 있는 법이다. 모니카도 작가가 되고 싶어 했다. 모두가 다 작가가 되고 싶어 했다. 작가라! 허 참, 이 얼마나 허망해 보이는 일인가?

한참을 꾸벅거리다 깨어보니 내 물건이 꼿꼿이 서 있었다. 이글이글 타오르는 해가 내 바지 단춧구멍이 있는 곳으로 똑바로 들어오고 있었다. 나는 몸을 일으켰다. 수돗가로 가서 세수를 했다. 여전히 뜨겁고 후덥지근했다. 아스팔트는 옥수수죽처럼 말랑말랑했고 파리 떼가 시끄럽게 윙윙거렸으며 시궁창에서는 음식쓰레기가 썩고 있었다. 나는 오가는 손수레 사이를 거닐며 얼빠진 눈으로 주위를 바라보았다. 묵직한 무언가가 계속 마음을 짓누르고 있었지만 왜 그런지는 딱히 떠오르지 않았다. 2번가로 돌아왔을 때 문득 점심때 만난 이집트에서 온 유대인 소녀가 머리에 떠올랐다. 그녀가 12번가에서 가까운 러시아 식당 건너에 살고 있다고 말한 것도 기억해냈다.

나는 아직 어떻게 하겠다는 분명한 생각을 갖고 있지 않았다. 단지 이리저리 어슬렁거리며 시간을 보내고 있었다. 어쨌든 나는 발길 따라 북쪽으로, 14가로 향하고 있었다. 러시아 식당 앞까지 오자 나는 잠깐 걸음을 멈추었다가 층계를 한꺼번에 세 계단씩 뛰어올랐다. 현관문은 열려 있었다. 나는 각 방의 문패들을 훑어가면서 두어 층 올라갔다. 그녀는 맨 위층에 살고 있었고, 그녀 이름 아래에는 남자 이름도 적혀 있었다. 나는 가볍게 문을 두드렸다. 대답이 없었다. 조금 더 세게 다시 두드렸다. 이번에는 안에서 움직이는 기척이 났다. 이윽고 문 바로 뒤에서 누구냐고 묻는 소리가 들리면서 손잡이가 돌아갔다. 나는 문을 밀어젖히고 어두운 방 안으로 비틀거리며 들어섰다.

비틀거리며 곧장 그녀 품으로 뛰어들었기 때문에, 그녀가 반쯤 풀어헤친 기모노 아래에 아무것도 입지 않은 것을 알았다. 그녀는 곤히 자다가 일어났는지, 자기를 안고 있는 사람이 누군지도 거의 알지 못하는 것 같았다. 그 사람이 나라는 걸 깨닫자 놀라서 빠져나가려고 했지만, 그때는 이미 내가 꼭 껴안고 놓아주지 않았다. 나는 뜨거운 키스를 하며 그녀를 창가의 긴 의자 쪽으로 슬슬 밀어붙였다.

그녀는 문이 열려 있다고 중얼거렸으나 나는 그런 구실로 빠져나가게 해줄 생각이 전혀 없었다. 그래서 나는 약간 돌아서서 그녀를 문 쪽으로 조금씩 밀어서 그녀가 엉덩이로 문을 닫게 했다. 나는 한손을 빼내어 문을 잠그고 그녀를 방 한복판으로 데리고 왔다. 그러고는 바지 단추를 끄르고 내 물건을 꺼내어 마땅히 있어야 할 곳으로 밀어 넣었다. 그녀는 여전히 잠에 취해 있어서 마치 기계인형을 안고 있는 느낌이었다. 하지만 그녀도 반쯤 잠든 상황에서 하는 것을 은근히 즐기는 것 같았다.

한 가지 확실했던 점은, 내가 푹 찔러 넣을 때마다 그녀가 차츰 정신을 되찾았다는 것이다. 그리고 정신이 들수록 그녀는 점점 더 겁을 먹었다. 어떻게 하면 그녀를 기쁘게 해주는 동시에 또다시 잠들게 할 수 있을지 알 수 없었다. 아무튼 그녀를 방바닥에 떨어지지 않도록 긴 의자에 내려놓자, 그녀는 뜨겁게 달아올라 뱀장어처럼 몸을 뒤틀어댔다. 내가 그녀를 거칠게 다루기 시작한 순간부터 그녀는 한 번도 눈을 뜨지 않은 것 같았다. 나는 마음속으로 "이집트 방식이야…… 이집트 방식이야……"라고 중얼거리며 지금 상태를 오래 유지하기 위해, 모니카가 그랜드 센트럴 역까지 끌고 온 시체와 고속도로에서 폴린이 가지고 있던 35센트 등을 천천히 떠올렸다. 그때 쾅, 쾅! 문을 세차게 두드리는 소리가 들렸다. 그녀는 눈을 크게 뜨고 겁에 질린 표정으로 나를 쳐다보았다. 나는 그녀에게서 재빨리 떨어지려고 했으나 놀랍게도 그녀가 나를 힘주어 끌어안았다. "가만 계세요." 그녀가 내 귓가에 속삭였다. "기다려 봐요!"

또다시 문을 난폭하게 두드리는 소리와 함께 크론스키의 목소리가 들렸다. "나야, 델마…… 나, 이지라고."

나는 하마터면 소리 내어 웃을 뻔했다. 우리는 다시 본래의 자세로 되돌아갔다. 델마가 조용히 눈을 감자, 나는 그녀의 꿈을 깨우지 않도록 부드럽게 그녀의 몸 안을 음경으로 슬슬 문질러 주었다. 내가 이제껏 누렸던 성희 가운데 가장 황홀했던 것으로 꼽을 만했다. 나는 이 상태가 영원히 계속될 것만 같았다. 사정할 것 같을 때마다 나는 움직임을 멈추고 다른 생각을 했다.

휴가를 얻는다면 어디로 갈 것인지, 옷장 서랍에 들어 있는 셔츠라든지, 침대 발밑에 깐 천을 덧댄 양탄자 나부랭이를 생각해 보았다.
　크론스키는 아직 문 앞에 서 있었다. 그가 어슬렁거리는 기척이 들려왔다. 그가 거기 있다는 것을 깨달을 때마다 나는 덤으로 델마의 몸통 속을 가볍게 찔러댔다. 그러자 반쯤 잠들어 있던 그녀도 내 뜻을 이해했다는 듯이 재치 있게 응수해 왔다. 델마가 무슨 생각을 하고 있는지는 일부러 생각하지 않기로 했다. 그렇지 않으면 금방이라도 사정해 버릴 것 같았기 때문이다. 이따금 아슬아슬하게 쏟아내기 직전까지 가기도 했지만, 그때마다 모니카와 그랜드 센트럴 역에 있을 시체를 생각하며 가까스로 참았다. 그 생각을 하면 어쩐지 우스꽝스러워서 마치 찬물을 끼얹은 효과가 있었던 것이다.
　이윽고 모든 일을 마치자 델마는 지금 처음으로 내가 누군지 알아챈 것처럼 눈을 크게 뜨고 나를 쳐다보았다. 무슨 말을 해야 할지 알 수 없었다. 다만 되도록 빨리 여기서 빠져나가야겠다는 생각밖에 없었다. 우리가 몸을 다 씻었을 때 나는 문 근처 바닥에 쪽지가 놓여 있는 것을 보았다. 크론스키가 남기고 간 쪽지였다. 그의 부인이 입원을 했으니 병원으로 자기를 보러 와달라는 내용이었다. 나는 가슴을 쓸어내렸다. 이로써 구차한 변명을 하지 않고도 빠져나갈 수 있는 구실이 생긴 것이다.
　이튿날 크론스키에게서 전화가 걸려왔다. 그의 아내가 수술대 위에서 숨을 거두었다고 했다. 그날 저녁 집으로 돌아가 가족들과 함께 식사를 하고 있는데 초인종이 울렸다. 문을 열자 크론스키가 풀이 팍 죽은 모습으로 서 있었다. 나는 옛날부터 애도의 말을 건네는 것이 언제나 어려웠는데 하물며 크론스키를 상대로는 도저히 입이 떨어지지 않았다. 아내가 케케묵은 동정의 말을 쏟아내고 있는 것을 듣고 있자니 여느 때보다 더욱 그녀에게 넌더리가 났다. "나가세!" 나는 말했다.
　우리는 한동안 묵묵히 걷기만 했다. 공원에 이르자 우리는 안으로 들어가 잔디밭으로 향했다. 안개가 짙게 끼어 있어서 1미터 앞도 보이지 않았다. 안개 속을 헤엄쳐 나가다가 갑자기 크론스키가 흐느껴 울었다. 나는 걸음을 멈추고 반대쪽으로 고개를 돌렸다. 그가 다 운 것을 확인하고 다시 고개를 돌렸더니 그는 야릇한 미소를 띠고 나를 물끄러미 바라보고 있었다. "정말 우스워……. 죽음을 받아들이기가 이렇게 어렵다니." 크론스키는 말했다. 나도 미소 지으며 그의 어깨에 손을 얹었다. "계속하게, 머리와 가슴속에 쌓인 것을 모조리 털어내 버리게나."

우리는 다시 묵묵히 걸었다. 기복이 있는 잔디밭은 마치 바다 밑을 거니는 느낌이었다. 크론스키의 얼굴조차 겨우 알아볼 수 있을 정도로 안개가 짙어졌다. 그는 차분하지만 흥분한 말투로 이야기했다. "이렇게 될 줄은 알고 있었어. 그렇게 아름다운 일이 오래 계속될 리 없지." 아내가 병들기 전날 밤에 그는 꿈을 꾸었다고 한다. 자기가 누구인지 모르는 꿈이었다.

"나는 내 이름을 부르며 어둠 속에서 헤맸다네. 그러다가 어느 다리에 이르러 강물을 굽어보자 나 자신이 빠져 허우적거리는 게 보이는 거야. 아직도 그 기억이 생생하네. 나는 다리 위에서 머리부터 거꾸로 뛰어내렸어. 그리고 강물 위로 다시 떠올랐을 때는 아내 예타가 다리 밑에 둥둥 떠 있었지. 그녀는 죽었더군." 그러고는 뜬금없이 이런 말을 덧붙였다. "어제 내가 문을 두드렸을 때 자네는 그곳에 있었지? 나는 자네가 그곳에 있다는 것을 알고 떠날 수 없었네. 예타가 죽어가고 있다는 것도 알고 있었고, 옆에 있어주고 싶은 마음도 굴뚝같았지만 혼자 가기가 두려웠어."

내가 아무 말도 하지 않자 크론스키는 끝없이 이야기를 늘어놓았다. "내가 처음으로 사랑했던 소녀도 똑같은 병으로 죽었다네. 그때는 아직 어렸던 탓에 도저히 슬픔을 극복할 수가 없었지. 나는 매일 밤 묘지로 찾아가 그녀의 무덤 앞에 앉아 있었네. 사람들은 내가 실성했다고 했지. 어쩌면 정말로 미쳤었는지도 몰라. 어제 그 문 앞에 서 있었을 때 갑자기 그 일이 생각났어. 나는 트렌턴으로 되돌아가 무덤 앞에 있었어. 옆에는 내가 사랑했던 소녀의 여동생이 앉아 있었지. 언제까지나 이러고 있으면 안 된다, 이러다가는 정말 미치고 말 것이라고 여동생이 말하기에, 나는 어차피 이미 미쳐 버렸으니 그것을 증명해 보이기 위해 뭐든 정신 나간 짓을 해야겠다고 결심했네. 그래서 나는 내가 정말로 사랑한 사람은 죽은 언니가 아니라 바로 너였다고 말하고 여동생을 와락 끌어안았지. 그대로 뒹굴며 서로 키스를 하다가 끝내 나는 그녀와 끝까지 가 버렸어. 무덤 바로 앞에서 말이야. 그 뒤로 다시는 무덤을 찾아가지 않았고 그녀 생각도 하지 않았기 때문에 나는 이제 내가 제정신으로 돌아왔다고 생각했지—어제 그 방 밖에 서 있기 전까지는 말이야. 만일 어제 자네를 붙잡았다면 나는 자네를 목 졸라 죽였을 것이네. 어째서 그런 생각이 들었는지 모르지만 자네가 무덤을 파고, 내가 사랑했던 소녀의 시체를 강간하고 있는 것처럼 느껴졌네. 미쳤다고 하겠지, 안 그런가? 그러면 오늘 밤 나는 왜 자네를 찾아왔을까? 자네가 나에게 아주 무관심하기 때문인지도 모르고…… 자네가 유대인이 아니고, 편하게 이야기할 수 있기 때문이거나…… 자네가 세상일에 조금도 개의치 않을 뿐만 아니라 언제나 옳기 때문인지도 모르지……. 자네는 아나톨 프랑스(프랑스 작가)의 《천사들의 반란》을 읽어보았나?"

우리는 공원 둘레에 만들어진 자전거 전용도로에 이르렀다. 가로등이 안개 속에서 흐느적거리듯 깜빡이고 있었다. 나는 크론스키를, 그의 표정을 살펴보았다. 무언가에 홀린 듯한 표정이었다. 나는 그를 웃길 수 있을지 궁금했다. 그러나 한번 웃기 시작하면 그칠 줄을 모르는 그인지라 걱정스럽기도 했다. 그래서 나는 일단 아나톨 프랑스와 다른 작가들에 대해서 닥치는 대로 주워섬겼다. 그러나 그가 흥미를 느끼지 않는다는 사실을 깨닫고, 나는 갑자기 이볼긴 장군 이야기로 화제를 돌렸다. 그제야 크론스키는 웃었다. 하지만 평범한 웃음이 아니라, 마치 목이 잘리기 직전의 수탉이 꽥꽥거리는 것처럼 소름이 끼치는 소리였다. 게다가 너무 웃어대느라 걸음을 멈추고 배를 움켜쥐어야 할 정도였다. 크론스키의 눈에서 눈물이 좍좍 흘러내렸으며, 숨넘어갈 듯이 끅끅거리는 웃음소리 사이로 소름끼치고 비통한 흐느낌이 새어 나왔다. "자네라면 기운을 북돋워줄 줄 알았다니까." 겨우 마지막 격정이 가라앉자 그가 불쑥 말했다.

"전부터 자네를 미친 개새끼라고 말했지…… 자네는 틀림없이 유대놈이야. 스스로 깨닫지 못하고 있을 뿐이지. 그런데 어제 일은 어땠나, 이 빌어먹을 친구야? 자네 욕심은 채웠나? 내 말대로 맛깔스런 여자지? 참, 델마와 같이 사는 사람이 누구인지 아는가? 자네가 붙잡히지 않은 게 천만다행이야. 남편은 러시아 시인인데 자네도 아는 녀석이야. 언젠가 내가 카페 로얄에서 자네에게 소개해준 적이 있지. 아무튼 그가 눈치채지 못하게 해야 할 거야. 자네 골통을 때려부수는 것쯤은 일도 아닐 테니…… 그러고는 그 광경을 아름다운 시로 써서 장미꽃다발과 함께 델마에게 보내줄걸. 나는 그를 무정부주의자들이 자주 드나드는 스텔턴에 있을 무렵부터 알고 있었네. 그녀석 아비는 허무주의자였어. 온 가족이 미치광이들이었지. 어쨌든 조심하는 게 좋을 거야. 전부터 말해줘야겠다고 생각했지만 자네 손이 이토록 빠를 줄은 몰랐어. 실은 델마는 매독에 걸려 있는지도 모른다네. 자네를 겁주려고 하는 소리가 아닐세. 다 자네를 위해서 하는 말이야……"

이와 같이 하고 싶은 말을 모조리 쏟아내자 크론스키는 한결 진정되는 것 같았다. 그리고 이번에는 유대인 특유의 에두른 표현으로, 자기가 나를 좋아한다는 것을 알려주려고 했다. 그러기 위해서 먼저 내 주위를 둘러싸고 있는 모든 것—아내, 일, 친구들, 그가 '검둥이 매춘부'라고 부르는 발레스카 등을 깎아내려야 했다.

"나는 자네가 언젠가는 위대한 작가가 될 거라고 생각하네." 그리고 짓궂게 덧붙였다. "하지만…… 그러기 위해서는 먼저 고통을 좀 더 겪어야지. 진짜 고통 말일세. 자네는 아직 고통이 뭔지 모르거든. 자네는 단지 고통을 겪었다고 생각하고 있을 뿐이야. 그러려면 먼저 사랑을 해야 해. 참, 그 검둥이 매춘부 말인데…… 설마 그녀에게 진심으로 빠진 건 아니겠지? 그 여자 궁둥이를 자세히 본 적이 있나? 그 어마어마하게 푹 퍼져 있는 것을 말이야. 5년만 지나면 그녀는 지마이머 아줌마처럼 될 거네. 새카만 애새끼들을 금붕어 똥처럼 꽁무니에 줄줄 달고 큰길을 뒤뚱뒤뚱 걷고 싶다면 더할 나위 없이 좋은 여자지. 맙소사, 차라리 유대인 여자와 결혼하는 게 낫겠네. 자네가 유대인 여자를 달갑게 여길 리는 없지만 그래도 그녀들은 헌신적이야. 자네에게는 마음을 안정시킬 뭔가가 필요해. 자네는 정력을 여기저기 흩뿌려 버리고 있어. 대체 자네는 어째서 그런 머저리들을 끌어안고 아등바등하는가? 자네는 쓸모없는 사람들을 끌어들이는 데에 천재적인 소질이 있는 것 같네. 그보다는 더 유익한 일에 스스로를 던지는 게 어떻겠나? 자네는 그런 일을 할 사람이 아니야. 자네는 더 큰 인물이 될 사람이야. 노동운동 지도자라든가…… 구체적인 것은 나도 모르지만, 그러나 먼저 자네의 그 여우 같이 생긴 여편네부터 쫓아내야 해. 으웩! 그녀를 볼 때마다 침을 뱉고 싶을 정도야. 자네 같은 사람이 왜 그런 암캐를 아내로 맞아들였는지 모르겠어. 어디가 그리 좋던가? 김이 모락모락 나는 난소뿐이지 않은가? 잘 듣게. 그게 바로 자네의 약점이야. 자네 머릿속에는 계집과 자는 생각밖에 없지……. 아, 이건 농담일세. 자네에게는 이성도 있고 정열과 열성도 있지…… 그런데도 자네는 자네가 하는 일과 자네에게 일어나는 일들에는 전혀 신경을 쓰지 않는 것 같아. 자네가 그토록 낭만적인 친구가 아니었다면 아마 난 자네가 유대인이라고 맹세라도 했을 걸세. 자네와는 달리…… 나는 미래의 목표를 가져본 적이 없네. 그러나 자네는 자네 속에 무언가 견고한 것을 품고 있어…… 다만 게을러서 그것을 꺼내지 않을 뿐이야. 자네가 하는 이야기를 들을 때마다 나는 저 녀석이 저 말을 글로 쓰기만 한다면 엄청난 일이 벌어질 거라고 생각한단 말이야. 암, 그렇고말고. 자네라면 드라이저(⁽아메리카의 비극⁾의 작가) 같은 놈들의 코를 납작 눌러 버릴 책을 쓸 수 있어. 자네는 내가 알고 있는 미국 사람들과는 달라. 어딘가 조금 어긋난 데가 있는데 그게 바로 자네의 좋은 점이란 말이야. 그리고 자네는 머리가 조금 돌긴 했어. 본인도 잘 알겠지만. 그러나 좋은 쪽으로 돌았어. 들어보게, 조금 전만 해도 다른 사람이 나한테 그런 식으로 입을 놀렸다면 나는 그를 죽여 버렸을 거야. 자네는 나를 조금도 동정하지 않았어. 나는 그 점이 좋은 거야. 나 역시 자네에게서 동정을 기대할 정도로 어리석지는 않으니까. 만약 오늘밤 자네가 한 마디라도 마음에 없는 소리를 했다면 나는 정말 미쳐 버리고 말았을 것이네. 벼랑 끄트머리에 아슬아슬하게 걸려 있는 상황이었거든. 자네가 이볼긴 장군 얘기를 꺼냈을 때는 순간 모든 것이 끝났다고 생각했네. 그런데 그 이야기를 듣고 자네가 예삿놈이 아니란 걸 알았지…… 그 얘긴 진짜 교활했어! 그러니 이제는 내가 자네에게 한 마디 하겠네. 지금부터 정신을 바짝 차리지 않으면 자네는 정말로 머리가 돌아 버릴 걸세. 자네 안에 있는 것이 자네를 먹어 치우려 하고 있으니 말이야. 그게 뭔지는 나도 몰라. 내가 알아낼 수 있다고 생각하면 오산이지. 아무튼 나는 자네를 낱낱이 꿰뚫고 있네. 자네를 단단히 움켜쥐고 놓아주지 않는 무언가가 있을 거야. 그것은 자네의 아내도 아니고, 직업도 아니며, 자네가 사랑한다고 생각하는 검둥이 매춘부도 아닐세. 때로 나는 자네가 시대를 잘못 타고났다고 생각해. 자네를 우상으로 보는 것은 아니지만 내가 한 말에도 일리가 있을 거야…… 만약 자네가 조금만 더 스스로에 대한 확신을 가진다면 오늘날 이 세상에서 가장 큰 인물이 될 것이네. 굳이 작가가 될 필요는 없어. 어쩌면 현대의 예수 그리스도가 될지도 모르지. 웃지 말게―난 진심으로 하는 말이야. 자네는 자네의 가능성이 얼마나 큰지 전혀 몰라…… 욕망밖에 모르고 다른 일에는 장님이나 마찬가지야. 본인이 무엇을 원하고 있는지도 몰라. 차분히 앉아 생각해보지 않으니까 모르는 거야. 그리고 사람들이 자네를 마음대로 이용하도록 내 버려두고 있어. 자네는 대책 없는 멍청이에 백치야. 만약 자네가 가진 것 가운데 십분의 일이라도 내가 갖고 있다면 나는 세상을 발칵 뒤집어놓았을 거야. 미친 소리라고 생각하겠지? 응? 자, 귀를 기울여 보게…… 나는 평생 오늘보다 정신이 맑았던 날이 없어. 오늘 밤 자네를 보러 왔을 때 나는 과감하게 자살할 생각이었어. 자살하든 하지 않든 큰 차이는 없지만, 어쨌든 이제 와서 자살한들 무슨 소용이 있겠나? 내가 죽는다고 그녀가 다시 돌아오는 것도 아닌데. 나는 태어날 때부터 불행했네. 어디를 가든 재난이 따라오는 것 같았어. 그러나 아직 죽고 싶지는 않아…… 죽기 전에 먼저 이 세상에 도움이 되는 일을 하고 싶네. 자네에게는 허튼소리로 들릴지 모르지만 난 진심이야. 남을 위해서 무언가 하고 싶네……."

크론스키는 갑자기 말을 멈추고 그 이상야릇한 미소를 띠면서 또다시 나를 쳐다보았다. 절망에 빠진 유대인의 얼굴이었다. 삶의 본능이 너무 강한 나머지, 희망을 주는 것이 완전히 사라진 뒤에도 자기 목숨을 끊지 못하는 유대인의 전형적인 표정이었다. 그러한 절망은 나에게 아주 생소했다. 나는 속으로 차라리 그와 성격을 바꿀 수만 있다면 좋겠다고 생각했다. 왜냐하면 나는 아무리 하찮은 일로도 자살할 수 있기 때문이다!

그리고 무엇보다 유감스러웠던 것은 크론스키가 장례식을 즐길 기미를 조금도 보이지 않는 점이었다—다름 아닌 자기 아내의 장례식이건만! 내가 아는 장례식은 분명 슬픔으로 가득 차 있지만, 식이 끝나고 난 뒤에는 으레 술과 음식이 나오며 음탕한 농담과 배꼽이 빠지도록 우스운 얘기가 따르게 마련이었다. 아니면 내가 너무 어려서 어른들이 울부짖는 것을 직접 보고도 그 슬픔을 이해하지 못했을 수도 있다. 그러나 나에게는 어른들의 울부짖음이 전혀 와 닿지 않았다—장례식을 치른 다음에는 언제나 다 같이 묘지 옆의 맥줏집에 앉아서 맥주를 마셨는데, 그 모습은 검은 상복과 축면사 그리고 화환들이 있는 데도 항상 꽤 즐거워 보였기 때문이다.

그때 아직 어린애였던 나는 어른들이 그렇게 해서 죽은 사람과 어떤 영적 교감을 가지려고 하는 것처럼 보였다. 지금 돌이켜 보면 고대 이집트 사람이나 할 법한 풍습처럼 보인다.

옛날 나는 그들이 위선자 무리라고 생각했다. 그러나 그것은 내 착각이었다. 그들은 다만 삶에 대한 욕망이 넘치는, 우둔하고 건강한 독일인들이었을 뿐이다. 그들의 말만 듣고 있으면, 죽음이 그들 사고의 대부분을 차지하고 있는 것처럼 보였으나, 이상하게도 사실 죽음은 그들의 시야 밖에 있었다. 그들은 죽음을 전혀 이해하지 못했다.

그들이 죽음을 파악하는 방식은 유대인의 그것과는 전혀 달랐다. 그들은 내세의 삶에 대해 말하고 있었지만 결코 그것을 믿은 적은 없었다. 그래서 누가 가족을 잃고 초췌한 모습으로 나타나면 그들은 마치 정신이상자를 보듯 의심스러운 눈길로 그를 바라보았다.

즐거움이 한정되어 있는 것처럼 슬픔도 한계가 있다—이것이 그들에게서 받은 인상이었다. 그리고 그 한계 너머에는 언제나, 양고기를 다져 넣은 샌드위치와 맥주 및 퀴멜 술, 칠면조 다리로 가득 차기를 기다리는 위장이 있었다. 그들은 맥주를 마시며 어린애들처럼 울먹거렸다. 그런가 하면 또 다음 순간에는 죽은 사람의 성격과 이상한 버릇 같은 것을 이야기하며 자지러지게 웃었다. 그들이 과거형으로 이야기하는 것도 너무나 이상했다. 땅속에 묻힌 지 한 시간밖에 지나지 않은 고인을 보고, 마치 천 년 전에 죽은 사람이거나 역사 속의 인물, 또는 《니벨룽겐의 노래》(13세기 독일 대서사시)에 나오는 인물을 이야기하는 투로 "그는 정말 훌륭한 사람이었어"라고 이야기하는 것이었다.

요컨대 사람이 죽으면 원래 죽었던 사람으로 치고 나머지 산 사람들은 앞으로 영원히 고인과 떨어져 산다. 그들은 오늘도 내일도 빨래를 하고 저녁을 준비하며 계속 살아나가야 하고, 이윽고 또 다음 사람이 죽으면 관을 고르고 유산 문제로 말다툼을 벌이는 것이다. 그러나 그런 일들은 판에 박힌 습관이나 다름없으며, 비탄과 슬픔에 잠기느라 쓸데없이 시간을 낭비하는 것은 죄악이다. 왜냐하면 하느님이—하느님이 있다면—그 사람의 운명을 그렇게 정한 것이므로 땅 위에 사는 우리가 이러쿵저러쿵 말할 문제가 아니기 때문이다. 정해진 기쁨과 슬픔의 한계를 넘어서는 것은 죄악이다. 광기를 띠는 것은 큰 죄악이었다.

그들은 뛰어난 동물적인 적응력을 갖고 있었다. 그것이 진짜 동물적인 것이라면 감탄을 금할 수 없지만, 실은 둔한 게르만 민족의 무감각과 무지에 지나지 않음을 깨닫고 나면 소름이 끼친다. 하지만 그래도 나는 유대인의 히드라처럼 끈질긴 비탄보다 독일인의 왕성한 식욕을 더 좋아했다. 나는 진심으로 크론스키를 딱하게 느낄 수 없었다. 그를 동정하려면 온 유대 민족을 동정해야 마땅할 것이다. 그의 아내가 죽었다는 사실은 그의 수난 역사 가운데 하나의 보잘것없는 항목에 지나지 않았다. 그 자신이 말한 것처럼 그는 불행의 별을 짊어지고 태어난 것이다.

크론스키는 모든 일들이 꼬이고 엉키는 것을 보려고 태어난 것이다. 왜냐하면 오천 년 동안 유대 민족의 피 속에서 사태가 뒤틀려왔기 때문이다. 그들은 절망에 빠진 눈빛을 갖고 이 세상에 태어났다가 여전히 똑같은 눈빛으로 이 세상을 떠나가리라. 떠나간 자리에 독과 구역질나는 슬픔이란 악취를 남겨둔 채. 그들이 이 세상에서 없애려고 하는 악취는 바로 그들 자신이 이 세상에 가져온 것이다.

나는 크론스키의 이야기를 들으면서 이 모든 것을 재빨리 생각해 보았다. 그와 헤어졌을 때에는 마음이 너무 맑고 개운하여, 옆길로 꺾자마자 휘파람을 불고 콧노래를 흥얼거렸다. 그러다가 목이 너무 말라서 아일랜드 사투리로—그렇지, 어디 한잔 걸쳐 볼까—하고 혼자 중얼거리면서 허름한 선술집으로 비틀거리며 들어가, 거품이 이는 맥주 한 잔과 양파를 잔뜩 넣은 큼직한 햄버거 샌드위치를 시켰다.

맥주를 한 잔 더 마시고 브랜디를 조금 들이켜면서 나는 내 특유의 뻔뻔스럽기 그지없는 방향으로 생각을 굴렸다—멍청한 크론스키 녀석이 자기 아내 장례식을 즐길 만한 능력도 없다면야 어쩔 수 있나, 내가 대신 축하해 줘야지. 이렇게 생각을 하면 할수록 나는 더욱 즐거워졌다. 만약 내가 조금이라도 슬퍼하거나 부러워했다면 단지 내가 죽은 유대인 여자와 처지를 바꿀 수 없다는 사실 때문이었다. 왜냐하면 죽음은 나 같은 보잘것없는 이교도가 이해하고 파악할 수 없는 것이었지만, 그렇다고 그것을 일부러 죽음에 관해 이미 모든 것을 알고 있으면서도 전혀 필요로 하지 않는 그들에게 쓸데없이 퍼주기에는 아까웠기 때문이었다.

죽음이라는 관념에 흠뻑 빠진 나는 술에 돌아서 알딸딸해지자, 하느님이여 오늘 밤 나를 불러 달라, 죽여 달라, 죽음이란 대체 무엇인가를 알려 달라고 하늘을 향해 중얼거렸다. 돌아가지 않는 머리를 억지로 쥐어짜며 죽음이 무엇인가를 상상해 보았으나 다 부질없었다. 겨우 임종 때 숨넘어가는 소리는 흉내 낼 수 있었으나, 그러다가 정말로 숨이 콱 막히자 너무 놀라서 자칫하면 바지에 똥을 지릴 뻔했다. 이것은 결코 죽음이 아니었다. 그냥 숨이 막힌 것이었다.

  죽음은 우리 두 사람이 말없이 안개 낀 공원을 가로지르던 상황과 비슷했다. 나무나 덤불에 부닥치면서 둘이서 한 마디도 하지 않고 나란히 밤안개 속을 걷는 상태. 죽음은 그 이름보다도 공허하고, 공평하고 평화로우며 말하자면 고귀한 것이었다. 죽음은 삶의 연장이 아니라, 되돌아올 가능성이라고는 티끌만큼도 없는 어둠으로의 도약이다. 그래서 죽음이 정당하고 아름다운 것이라고 나는 혼자 중얼거렸다. 그도 그럴 것이, 대체 누가 돌아오고 싶어 하겠는가. 생명이든 죽음이든 한번 맛을 보면 영원히 맛보게 되는 것이다. 어느 한쪽에 걸지 않은 한 어느 쪽이 나오든 마찬가지이다.

  물론 자신의 목을 조르는 것은 괴롭고 그 어느 것보다 불쾌한 일이다. 그리고 사람이 언제나 목을 매고 죽지는 않는다. 어떤 사람은 잠자다가 순한 양처럼 평화롭게 숨을 거두기도 한다. 흔히들 말하듯이 주님께서 오셔서 그의 우리 안에 넣어 주시는 것이다. 어쨌든 숨이 멈추는 것은 사실이다. 그런데 사람은 어째서 영원히 숨을 쉬고 싶어하는 걸까? 무슨 일이건 끝도 없이 계속해야만 한다면 그것은 고문인 것이다. 우리 어리석은 인간들은 누군가가 탈출구를 찾아준 것을 당연히 기뻐해야 하는지도 모른다.

  우리는 잠자는 일에는 구구한 변명을 늘어놓지 않는다. 우리는 인생의 삼분의 일을 술에 취한 쥐새끼들처럼 잠을 자며 보낸다. 잠을 잔다는 것은 무엇일까? 비극이 아닐까? 그렇다면 삼분의 이를 자 버리면 어떤가? 제기랄, 조금이라도 지각이 있다면 거기까지 생각이 미친 순간 기뻐서 춤을 출 것이다. 우리에게 허락된 이 구제책을 이용할 분별력만 있다면 누구나 고통과 괴로움을 느끼는 일 없이 내일 당장이라도 침대 위에서 죽을 수 있는 것이다. 그러나 우리가 죽기 싫어한다는 것이 문제이다. 그래서 우리의 멍청한 머리통 속에 하느님과 전쟁 생각이 꽉 들어차게 된 것이다.

  이볼긴 장군! 그 이야기를 하자 크론스키는 요란스럽게 웃다가…… 쉰 목소리로 흐느껴 울었다. 차라리 림버거 치즈(벨기에 치즈) 이야기를 할 걸 그랬다. 그러나 이볼긴 장군은 크론스키에게는 어떤 의미가—아주 엄청난 의미가 있었다. 림버거 치즈 이야기는 너무 진지해서 재미가 없을 것이다. 그러나 그 불쌍한 주정뱅이 이볼긴 장군을 포함한 모든 것이 림버거 치즈이다. 애당초 이볼긴 장군은 도스토옙스키의 림버거 치즈에서 만들어진, 도스토옙스키 특유의 제품이다. 일종의 독특한 풍미를 가지고 있으며 특별한 상표를 달고 있기 때문이다. 따라서 그 냄새를 맡고 맛을 보면 곧바로 그것임을 알게 된다. 그런데 무엇이 이볼긴 장군을 림버거 치즈로 만들어 버렸단 말인가? 아니, 무엇이 림버거 치즈로 만들었건 그것은 X이므로 이해할 수 없다. 그래서 어떻다는 말인가? 그래서 아무것도 없다는 뜻이다. 종지부를 찍든가, 아니면 캄캄한 어둠 속으로 뛰어들어 두 번 다시 돌아오지 않든가 둘 중 하나이다.

바지를 벗으며 나는 갑자기 크론스키 녀석이 한 말을 떠올렸다. 나는 내 물건을 꺼내어 꼼꼼히 살펴보았으나 그놈은 평소와 다름없이 순진무구했다. "매독에 걸리지는 말아다오." 혼자 중얼거리면서, 고름 같은 것이 나오진 않나 하고 나는 그놈을 꽉 잡고 쭉 짜보았다. 아니, 내가 매독에 걸릴 가능성은 생각할 수 없었다. 나는 그런 운을 타고난 사람이 아니었다. 임질이라면 충분히 가능했다. 임질이라면 누구나 언젠가 한 번은 걸리게 된다. 그러나 매독만은 아니다! 고통이 무엇인가를 알기 위해 내가 매독에 걸리기를 크론스키가 바라고 있다는 것은 나도 알고 있었다. 그러나 그렇게 쉽게 녀석의 바람을 들어줄 수는 없는 노릇이다. 나는 얼간이지만 악운만은 강하게 타고났기 때문이다.

나는 하품을 했다. 아무튼 모두가 빌어먹을 림버거 치즈였으며, 매독이든 아니든 간에 델마만 괜찮다면 또 한입 얻어먹고 끝을 내야겠다고 생각했다. 그러나 델마는 그럴 생각이 없는 것 같았다. 내 쪽으로 엉덩이를 돌리고 있었다. 그래서 나는 누운 채로 그녀의 엉덩이에 빳빳해진 그 녀석을 갖다 붙이고, 텔레파시로 들어가고 싶다는 뜻을 전했다. 그러자 깊이 잠들어 있던 델마가 내 전갈을 받았는지, 나는 아무런 어려움 없이 뒷문을 통해 안으로 들어갈 수 있었다. 게다가 이 자세에서는 상대의 얼굴을 보지 않아도 되므로 더욱 좋았다. 나는 마지막으로 결정타를 날리면서 속으로 중얼거렸다. "이 녀석아, 림버거 치즈를 먹었으니 이제 얌전히 곯아떨어져라……."

섹스와 죽음의 성가는 영원히 계속될 것 같았다. 이튿날 오후, 아내한테서 사무실로 전화가 걸려왔다. 그녀의 친구인 알린이 조금 전 정신병원으로 보내졌다는 내용이었다. 그녀들은 캐나다의 수녀원 부속학교에 다닐 때부터 친구였으며, 학교에서 함께 음악과 자위 기술을 공부한 사이였다. 나는 안톨리나 수녀를 비롯하여 그녀 동창생 모두를 만나보았다. 안톨리나 수녀는 탈장대를 두르고 있었으며, 자위예찬교의 고위여사제가 틀림없었다. 그녀들은 모두 안톨리나 수녀에게 한 번은 홀딱 반한 적이 있었다. 그리고 그 동창생들 가운데 정신병원에 간 사람은 달콤한 초콜릿 케이크 같은 얼굴을 한 알린만이 아니었다. 나는 그녀들을 정신병원으로 보낸 것은 자위행위 탓이 아니라 수녀원 분위기 때문이라고 생각한다. 그녀들은 모두 계란인 채로 썩어 버린 것이다.

오후 업무가 끝나기 전에 옛 친구 맥그리거가 찾아왔다. 그는 평소와 다름없이 침울한 얼굴로 들어섰으며, 겨우 서른을 넘긴 주제에 벌써 나이는 어쩔 수 없다고 불평했다. 내가 알린 이야기를 들려주자 그도 조금이나마 기운이 나는 모양이었다. 맥그리거는 그녀가 전부터 어딘가 이상했다고 말했다. 왜? 실은 어느 날 밤 알린에게 강제로 올라타려고 했을 때 그녀가 손도 댈 수 없을 만큼 신경질적으로 울더라는 것이었다. 울기만 했다면 그나마 다행인데, 문제는 알린이 내뱉은 말이었다. 그녀는 성령을 더럽히는 죄를 지었기 때문에 금욕생활을 보내야 한다고 말했던 것이다. 맥그리거는 그 사건을 떠올리면서 평소처럼 음침하게 웃었다.

"나는 알린에게, 원하지 않는다면 억지로 할 필요는 없으니…… 그냥 이 녀석을 손으로 꼭 쥐고만 있으라고 했지. 허 참, 그런데 내가 그 말을 하자마자 알린이 완전히 돌아 버린 줄 알았다니까. 내가 자기 순결을 더럽히려 한다는 식으로 말하더니 내 그놈을 있는 힘껏 움켜쥐는데, 나는 아주 까무러치는 줄 알았네. 그러는 중에도 알린은 흐느끼며 여전히 성령이 어쩌고 '순결'이 어쩌고 하는 말을 지껄여댔어. 그때 마침 언젠가 자네가 했던 말이 떠올라서 그녀의 턱을 세차게 후려쳤지. 그것 참 요술처럼 효과가 좋더군. 조금 있으니 알린이 잠잠해지기에 나는 그녀의 몸속으로 아주 편하게 미끄러져 들어갈 수 있었네. 그런데 그때부터가 아주 걸작이야. 이보게, 자네는 정신이 나간 여자와 해본 적이 있나? 그건 정말 해보지 않은 사람은 몰라. 내가 삽입한 순간부터 알린은 무지 빠르게 재잘대기 시작했어. 잘 설명할 수는 없지만 마치 그녀는 나의 그것이 자기 몸속을 마구 휘젓고 있는 것을 모르는 듯했어. 그러니까, 자네가 한창 그 짓을 하고 있을 때 끙끙대면서도 사과를 먹는 여자를 겪어본 적이 있는지 모르겠네만…… 어쨌든 대충 그 느낌은 상상할 수 있을 걸세. 그런데 이것은 그보다 몇 배 더 형편없어. 나는 스스로도 머리가 도는 게 아닌가 걱정스러울 만큼 신경이 곤두서더군……. 그런데 아주 볼 만한 건 그 다음부터야. 자네는 믿을 수 없겠지만 다 사실이라네. 그 짓이 끝나자 알린이 무슨 짓을 했는지 짐작하겠는가? 그녀는 내 목을 얼싸안고 고맙다고 했네……. 아니, 그게 다가 아니야. 침대에서 내려가더니 무릎을 꿇고 앉아서 내 영혼을 위해 기도를 올리는 거야. 제길, 아직도 생생하네. '맥이 보다 훌륭한 기독교인이 되게 해 주시옵소서'라더군. 참 어처구니없는 일이었어. 축 늘어진 녀석을 달고 자면서 그런 소리를 들어보게. 아주 악몽이 따로 없어. '맥이 보다 훌륭한 기독교인이 되게 해 주시옵소서!' 자네는 견딜 재간이 있겠나? 그런데 오늘 밤에는 무얼 할 텐가?"

이야기가 끝났는지 맥그리거는 명랑한 어조로 나에게 물었다.

"딱히 할 일은 없네."

"그럼 나를 따라오게. 자네에게 소개해줄 여자가 있어…… 폴라라고, 며칠 전 밤에 로즈랜드에서 찾아냈지. 그녀는 미치진 않았지만 색광이야. 자네가 그녀와 춤추는 것을 보고 싶거든. 아주 볼 만할 거야…… 자네 모습만 보고 있어도 말일세. 정말이지, 폴라가 허리를 흔들어도 자네가 바지에 사정을 하지 않는다면 나보고 후레자식이라고 해도 좋아. 자, 빨리 문을 닫게. 이런 곳에서 비비고 있어봐야 무슨 소용이 있겠는가?"

로즈랜드에 가기까지는 아직 시간이 많이 남아 있었으므로 우리는 7번가 근처의 작은 선술집으로 들어갔다. 전쟁이 일어나기 전에는 프랑스 사람이 경영하는 비밀 술집이었으나 지금은 이민을 온 이탈리아 놈 몇 명이 경영하는 선술집으로 바뀌었다. 문 옆에는 조그만 계산대가 있고, 안쪽에는 바닥에 톱밥을 깔고 자동전축기를 놓은 조그만 방이 있었다.

우리는 이곳에서 술을 두세 잔 걸치고 간단하게 식사를 할 생각이었다. 그러나 이것은 어디까지나 '생각'일 뿐이었다. 나는 맥그리거가 어떤 녀석인지 잘 알고 있었으므로 과연 정말로 로즈랜드에 갈 수 있을지 확신이 서지 않았다. 맥그리거의 마음에 드는 여자가 나타나기만 하면―그녀가 예쁘지 않아도, 장님이나 절름발이여도 상관없었다―그는 나를 내버려두고 홀연히 떠나 버릴 것이기 때문이다. 맥그리거와 자리를 같이할 때 나의 유일한 관심사는 그에게 우리가 주문한 술과 음식 값을 지불할 돈이 있는가를 미리 알아두는 일이었다. 그리고 그가 술값을 치를 때까지 그에게서 한시도 눈을 떼지 않았다.

술을 한두 잔 들이켜고 나면 맥그리거는 언제나 옛날 얘기에 푹 빠져 버렸다. 그의 회고담을 듣고 있으면 옛날 그에게서 듣고 도저히 잊을 수 없었던 한 이야기가 생각났다. 임종을 맞은 한 스코틀랜드 사람에 대한 이야기였다. 마침내 숨을 거두려는 때에 그가 무슨 말을 하려고 애쓰는 것을 본 그의 아내는 몸을 기울이고 부드러운 어조로 물었다. "왜 그래요? 조크, 무슨 말이 하고 싶은 거예요?" 그러자 조크는 마지막 안간힘을 짜내어 겨우 몸을 일으키고 말했다. "음부를…… 음부…… 음부를."

맥그리거는 언제나 이 이야기로 시작해서 이 이야기로 끝을 맺었다. 그 나름대로 인생의 허무함을 나타내는 이야기였던 것이다. 그리고 그 중심 사상은 질병이었다. 그는 여자와 자고 난 뒤에는 언제나 머리가 터질 정도로 끙끙댔고, 페니스가 잘못되었을까 봐 걱정스러워 잠도 제대로 자지 못했다. 잠들기 직전에 맥그리거는 언제나 이렇게 부탁했다. "잠깐 올라와 내 물건을 좀 봐 주지 않겠나?" 그것을 꺼내서 살피고 또 살피며, 하루에도 열두 번은 더 씻고 문질러대니 페니스가 일 년 내내 빨갛게 부풀어 올라 있는 것도 당연했다. 이따금 의사를 찾아가 검진을 받기도 했다. 의사도 상황을 눈치채고는 그를 안심시키기 위해 조그만 연고를 한 통 주며 술을 너무 마시지 말라고 주의를 준다. 그러나 이 일이 또 끝없는 논쟁을 불러일으켰다. 왜냐하면 그가 나에게 곧잘 물었듯이 도저히 답을 알 수 없었기 때문이다. "이 연고가 효과가 있다면 왜 술을 마시지 못하게 하겠는가?" "내가 술을 딱 끊으면 이 연고는 바르지 않아도 된단 말인가?"

물론 내가 아무리 말해도 맥그리거는 한 귀로 듣고 한 귀로 흘려 버렸다. 그는 일 년 내내 무언가 걱정을 하지 않으면 배기지 못하는 성미였고, 그 점으로 볼 때 페니스 문제는 확실히 좋은 걱정거리였다. 때로 그는 자기 두피를 걱정했다. 비듬이 있다는 것이었다. 비듬 정도는 대부분의 사람들이 다 가지고 있건만, 페니스 상태가 좋을 때는 그 걱정을 잊어버리고 두피나 가슴을 걱정했다. 가슴에 생각이 미치는 순간 맥그리거는 기침을 한다. 그 기침 소리가 어찌나 지독한지! 마치 말기에 접어든 폐병환자 저리가라였다. 그리고 여자 궁둥이를 쫓아다닐 때는 고양이처럼 신경질적이고 성미가 급해졌다. 아무리 잽싸게 노리고 있던 여자를 손에 넣어도 여전히 뭔가 부족한 모양이었다. 그리고 그녀를 손아귀에 넣으면 그 순간부터 그는 그녀를 떼어 버릴 궁리를 했다. 여자는 누구나 한두 가지 결점을 가지고 있고, 그 대부분이 아주 하잘것없는 것이었으나 그는 그것 때문에 식욕마저 잃는 것이었다.

침침한 술집 안쪽에 앉아 있는 내내 맥그리거는 그런 이야기들을 자세히 떠벌렸다. 두어 잔 들이켜자 그는 늘 하던 대로 몸을 일으켜서 화장실로 갔다. 가면서 그는 주크박스에 동전을 넣었다. 기계가 요란스러운 소리를 내자 그는 으쓱해져서는 잔을 가리키며 말했다. "한 잔씩 더 주문해주게."
 시원스레 오줌통을 비워서 그런지 아니면 복도에서 여자와 맞닥뜨려서 그런지 알 수 없지만 맥그리거는 아주 만족스런 표정으로 화장실에서 돌아왔다. 아무튼 그는 자리로 돌아오자 다른 얘기를 시작했다. 이번에는 마치 철학자처럼 매우 차분하고 진지했다.
 "이보게, 헨리, 우리도 이제 슬슬 나이를 생각해야지. 자네나 나나 이렇게 멍하니 시간만 보내서는 안 되네. 앞으로 뭔가 이루고자 한다면 지금부터라도 본격적으로 준비를 시작해야지……." 나는 이 말을 몇 년째 귀에 딱지가 앉도록 들어왔다. 그 결론까지도 알고 있었다. 이는 맥그리거가 천천히 실내를 돌아보면서 가장 고주망태가 아닌 여자를 찾는 동안의 조그만 삽입구에 지나지 않았다. 우리 삶의 참담한 패배에 대해 강연을 하면서도 그의 두 발은 춤을 추었고, 그의 두 눈은 점점 빛나기 시작하는 것이었다.
 "예를 들면, 우드러프 녀석을 보란 말이야. 녀석은 영원히 출세하지 못해. 왜냐하면 그는 천성이 천박하고 빌어먹는 개새끼니까……." 맥그리거가 이렇게 말하면 언제나 그렇듯이 우리 탁자 곁을 지나가는 얼근하게 취한 여자가 그의 주의를 끌었다. 그러면 그는 지금까지 늘어놓던 말들을 단박에 중단하고서 이렇게 부르는 것이었다. "이봐, 아가씨! 이리 와서 우리랑 같이 한잔하는 게 어때?"
 그러면 이런 술집에서 곤드레만드레 취해 있는 여자는 절대 혼자 오지 않고 반드시 여자 친구들끼리 짝을 지어 오므로, 좋은 봉이 나타났다고 생각하고 즉각 반응을 보인다. "좋아요. 내 친구들도 데려와도 괜찮나요?"

그러면 맥그리거는 자기가 이 세상에서 가장 호방한 사내인 양 대답한다. "그럼, 괜찮고말고. 친구 이름은 뭐지?" 그리고 그는 내 소맷자락을 잡아끌며 귓가에 속삭이는 것이다. "혼자 달아나지 말게. 그들에게 한잔 사주고 나면 바로 떼어 버릴 테니까. 알겠지?"

하지만 늘 그렇듯이 한 잔 술이 두 잔이 되고, 치러야 할 술값이 점점 늘어나면 이런 주정뱅이 여자들에게 돈을 낭비하는 것이 점점 한심하게 느껴지며, 결국 일은 이렇게 끝난다. 헨리, 약이라도 사러 가는 척하면서 먼저 나가게나. 나도 곧 뒤따라 나감세…… 꼭 기다려야 하네. 지난번처럼 나 혼자 내버려두고 가면 안 돼—.

그러나 나는 밖으로 빠져나오면 늘 줄행랑을 치듯이 재빨리 자리를 뜬다. 이처럼 수월하게 맥그리거에게서 빠져나오게 된 것을 행운의 별에게 감사하며 혼자 싱글거렸다. 허리띠 아래로 연료를 가득 채웠기 때문에 나는 두 발이 나를 어디로 끌고 가든 상관하지 않았다. 브로드웨이는 여전히 불이 휘황찬란하게 켜져 있었으며, 사람들은 당밀처럼 찐득하게 움직였다. 그 무리들 속에 자기 자신을 한 마리 개미처럼 던져 저절로 밀려 나아가도록 하는 것이다. 분명한 목적이 있는 이도, 아무런 목적 없는 이도 모두가 그 흐름에 몸을 맡겼다. 이렇게 밀고 움직이며 흘러가는 것이 행동과 성공과 전진을 뜻하는 것이다. 이따금 걸음을 멈추고 구두와 특이한 무늬의 셔츠와 최신 가을 외투, 하나에 98센트짜리 결혼반지를 구경한다. 그리고 식료품점은 한 가게 건너 꼴로 있었다.

저녁 식사 시간 전에 이렇게 빠져나오는 데 성공할 때마다 나는 열렬한 기대에 사로잡히곤 했다. 브로드웨이는 타임즈 광장에서 15가까지 쭉 뻗어 있는 길로 몇 구역 되지 않았다. 브로드웨이라는 이름은 근사하게 들리지만 사실은 그게 전부이며, 양계장처럼 초라한 거리일 뿐이었다. 그러나 저녁 7시쯤 되어 사람들이 저녁 식탁으로 몰려들 때면 이곳의 공기는 전기불꽃이 이는 것처럼 파지직거리며, 머리털은 안테나처럼 곤두서고, 감수성이 예민하다면 섬광과 불꽃을 모조리 포착할 수 있을 것이다. 그뿐만 아니라 통계상의 갈망, 상호작용과 갈라진 틈의 대상, 육체의 외형질적인 양자가 은하를 이루고 있는 별들처럼 우주에서 밀고 밀리는 것까지 알 수 있을 것이다. 하기야 이곳은 은하 못지않은 불야성이다. 여기보다 높은 지붕은 없으며, 밑으로 발이 빠져 비난을 살 갈라진 틈이나 구멍도 이곳에는 없다. 이 거리의 완전한 비인격화는 사람들을 눈먼 말처럼 앞으로 달려가게 하고 환각을 듣기 위해 귀를 쫑긋거리는 황홀의 절정으로 데려다 준다. 모든 사람이 다 자아를 잃었기 때문에 그들은 자동적으로 온 인류의 화신이 되어서 수많은 손과 악수하고, 수없이 다른 언어를 꽥꽥거리고, 저주하고, 칭찬하고, 휘파람 불고, 읊고, 독백하고, 웅변을 토하고, 몸짓하고, 오줌을 누고, 생식하고, 사탕발림을 하고, 부추기고, 흐느끼고, 물건을 교환하고, 뚜쟁이 짓을 하고, 고양이처럼 서로 으르렁거리기를 되풀이하는 것이다. 그들은 모두 한때는 모세의 십계명에 따라 살던 사내들이며, 모자나 새장 또는 쥐덫을 사던 여인들이다. 당신들은 14캐럿 금반지처럼 진열창 안에서 얌전히 기다릴 수도 있고, 또는 인간파리처럼 건물 벽을 기어오를 수도 있다. 그러나 번개 같은 속도로 나는 전투기나 굴 양식장으로 조용히 나아가는 두 겹의 바다코끼리 떼가 와도 그 행진을 막을 수는 없다.

지금 내가 보고 있고 지난 25년 동안 보아온 브로드웨이는 성 토마스 아퀴나스가 아직 자궁 속에 있을 때 구상된 비탈길이다. 이는 근본적으로 뱀과 도마뱀, 두꺼비와 붉은 왜가리들이 사용하기 위한 것이었다. 그러나 에스파냐 무적함대가 침몰했을 때 범선 두 척에서 살려고 도망쳐 나온 사람들이 사악하고도 비열한 우유부단함으로 인해, 남쪽의 배터리만에서 구더기가 들끓는 불모의 땅 맨해튼 섬의 중심부를 거쳐 북쪽의 골프장까지 이어지는, 여자의 음부 같은 틈바구니를 만들었던 것이다.

이리하여 성 토마스 아퀴나스가 그의 '대작'에 깜빡 잊고 넣지 않은 모든 것이 타임즈 광장에서 15가 사이에 줄지어 채워졌다. 예를 들어 햄버거 샌드위치, 옷깃 단추, 푸들, 자동판매기, 잿빛 중산모, 타자기 리본, 매니큐어 바르는 막대기, 무료 공중화장실, 생리대, 박하사탕, 당구공, 잘게 썬 양파, 구겨진 장식 냅킨, 맨홀, 껌, 사이드카와 알사탕, 셀로판, 코듀로이 머리장식, 자기발전기, 말 연고, 기침약, 설사약, 그리고 잘린 산탄총을 사타구니에 달고 소다수 판매점으로 몰려오는 거세된 신경질적인 사내의 아둔함. 저녁 식사 전의 분위기, 파촐리(인도산 차조기과의 식물) 향유와 따뜻한 역청 우라늄 광, 냉각된 전기, 들치근한 땅, 가루가 된 오줌 혼합물이 사람을 열광적인 기대로 몰고 가는 것이다.

그리스도는 이 세상에 두 번 다시 강림하지 않을 것이고, 어떤 입법자도 다시 나타나지 않을 것이며, 살인과 절도와 강간도 영영 사라지지 않을 것이다. 하지만…… 하지만 사람은 무언가를 기대한다. 엄청나게 훌륭하고 불합리한 무언가를. 그것은 마요네즈만 곁들인 차가운 왕새우일 수도 있고, 전깃불과 텔레비전 같은 발명품일 수도 있다.

이러한 발명품은 정적과 공허를 산산조각 낼 수 있는, 가공할 만큼 파괴적인 것이다. 그러나 이것은 죽어 있는 정적과 공허가 아니라 수도승들이 꿈꾸는 살아 있는 것, 히말라야와 티베트, 라호르, 알류샨 열도, 폴리네시아, 이스터 섬 등에서 아직도 꿈꾸고 있는 정적과 공허이다. 노아 홍수 이전의 사람들과 문자가 발명되기 전의 사람들, 혈거인(穴居人)과 식인종, 자웅동체이고 짧은 꼬리가 달린 동물들, 미치광이라 불리며 미치지 않은 이들보다 그 숫자가 적기 때문에 스스로를 지킬 방법이 없는 사람들이 꿈꾼 발명이다.

교활한 짐승들의 손에 잡혔다가 폭발하는 로켓처럼 튀어나오는 차가운 에너지. 때로는 빛, 때로는 동력, 때로는 운동 때문에 힘과 속도를 착각하게 만들며 복잡하게 얽혀서 돌아가는 바퀴. 미치광이들의 입에서 나와, 의치처럼 꽉 박혀 있으며, 나병환자처럼 꺼림칙한 말. 쾌락, 물물교환, 범죄, 성교를 추구하며 벽과 벽 사이를 수직·수평·고리 모양으로 오락가락하는 아부를 잘하고 부드럽고 교활하며 부조리한 행동. 몰개성적으로 수태되고 분만하고 목 졸린 음부 같은 갈라진 틈을 구석구석까지 미치는 빛과 운동과 힘은 야만인과 시골뜨기 그리고 이방인들을 현혹시키고 겁주기 위한 것이었으나, 거기에 현혹되고 겁을 집어먹은 사람은 아무도 없었다. 굶주린 사람이나 색에 빠진 사람이나 다들 하나같이 똑같았다. 그들도 잡동사니, 고물, 사상의 물거품, 마음의 톱밥을 제외하면 야만인과 시골뜨기와 이방인들과 다를 바가 없었다.

그 음부의 갈라진 틈에 사로잡히고 현혹되지 않았던 수백만 명이 내 앞을 지나갔다. 그들 가운데 한 사람인 블레즈 상드라르(프랑스의 시인·소설가)는 나중에 달까지 날아갔다가 다시 지구로 되돌아와서 미치광이 흉내를 내며 오리노코 산을 올랐다. 하지만 실제로는 몸과 마음 모두 건강 그 자체였으므로 더는 공격을 받지도 않고 죽지도 않으며, 불면증의 섬에 바쳐진 화려한 시가 되었다. 열병에 걸린 사람들 가운데에는 부화하는 사람이 적었다. 나 자신도 부화하기 전이었지만, 껍질을 통해 바깥 세계의 독소에 오염되면서 조용하고 격렬하고 끊임없이 표류의 권태를 맛보고 있었다. 저녁식사 전에는 가느다란 줄무늬가 그려진 하늘이 가로막혀 있는 잿빛 천장으로 부드럽게 스며들어 반짝이고, 푸른 달걀의 세포핵을 밑씨로 삼은 변덕스러운 지구의 반쪽은 응고되고 분열되어 한 바구니에서는 왕새우가 되고, 다른 바구니에서는 방부처리를 거쳐 개성을 갖고 절대화된 세상의 새싹이 된다.

맨홀 안에서는, 지하 생활로 창백해진 얼굴에 오물 범벅을 한 미래세계 사람들이 나타난다. 얼어붙은 전기가 쥐새끼들처럼 그들을 갉아먹으며, 해가 저물면 차갑고도 상쾌한 하수구 그늘처럼 어둠이 찾아든다. 과열된 음부에서 미끄러져 나오는 물렁한 음경처럼. 아직 부화하지 못한 나는 몇 번씩 공허한 몸부림을 쳐 본다. 나는 아직 죽어서 축 늘어지기 전이거나, 정액을 모조리 짜내고 별에 이르기까지 계속 올라가고 있는 중이다. 왜냐하면 아직 저녁식사 때가 아니며, 결장 윗부분과 하복부, 배꼽, 솔방울샘 후엽부가 미친 듯이 꿈틀거렸기 때문이다. 삶은 왕새우들이 살아서 얼음 속에서 헤엄치고, 방향에 대한 질문과 대답 없이 단순히 얼음같이 차가운 죽음의 권태 속에서 가만히 숨을 죽이고 꼼짝도 않는다. 삶은 고독에 휩싸인 진열창 밖으로 흘러가고, 비탄의 괴혈병은 포토마인이란 독소에 침식되었으며, 얼어붙은 창문 유리는 잭나이프처럼 깨끗하게 남김없이 깨졌다.

진열창 밖을 지나가는 삶…… 나 역시 왕새우, 14캐럿 반지, 말 연고와 똑같이 삶의 일부분이지만 사실을 입증하기에는 매우 어려웠다. 왜냐하면 삶은 선화증권이 첨부된 상품이고, 내가 먹고자 하는 것은 나보다 더 가치가 있으며, 서로 먹고 먹히는 관계이므로 먹는 행위가 지배자가 되기 때문이다. 먹는다는 이 행위에서 숙주는 무시되고 정의는 일시적으로 패배한다. 접시와 거기에 담겨 있던 것은 내장 기관의 약탈적 힘에 의해 관심을 끌고, 먼저 최면술을 건 다음에 천천히 입에 넣고 씹어 흡수함으로써 정신을 통일한다. 생명의 정신적인 부분은 거품처럼 사라지면서 아무런 증거나 흔적조차 남기지 않는다. 수학적으로 말하자면, 우주에 있는 한 점보다 완벽하게 사라지는 것이다. 내일도 덮쳐올 지 모르는 열병은 온도계의 수은주가 열에 반응하는 것과 똑같은 관계를, 삶에 대해 나타낸다.

열병은 삶을 따뜻하게 하지 않는다. 그것은 이미 증명되었어야 하며, 그 결과 고기 완자와 스파게티가 성스러운 것으로 구별되는 것이다. 수천 수만의 사람들과 함께 씹는 행위, 살인이나 다름없는 그 씹는 행위는 필연적인 사회 형태를 낳고, 사람들은 창문을 통해 인류 또한 정의를 위해 학살되고 불구가 되고 굶어 죽고 고문당할 수 있음을 알게 된다. 왜냐하면, 씹고 있는 동안 옷을 입고 의자에 앉아서 냅킨으로 입술을 닦는다는 보잘것없는 우월성이, 가장 훌륭한 현자들조차 이해하지 못한 점, 곧 그것 말고는 살아갈 길이 없다는 점을 깨닫게 해 주기 때문이다. 현자들은 종종 의자와 옷과 냅킨 사용을 멸시한다.

그래서 사람들은 매일 같은 시간에 이런저런 것을 찾아 브로드웨이라는 음부의 갈라진 틈과 닮은 거리를 종종걸음으로 달리고 있으며, 수학자와 논리학자, 물리학자, 천문학자 같은 이들과 똑같은 수법으로 온갖 가설을 입증하려고 애쓴다. 그 증거는 바로 사실이지만, 그 사실이라는 것은, 그러한 사실을 입증하는 이들이 부여한 의미 말고는 어떠한 의미도 갖지 못한다.

고기 완자를 게걸스럽게 퍼먹고 종이 냅킨을 바닥에 조심스럽게 던져 버린 뒤 실없는 농담을 내뱉으며, 나는 어디로 무엇을 하러 가는지도 모르는 채 24캐럿의 광채 속으로 걸음을 옮겨 극장 거리로 들어섰다. 이번에는 아코디언을 켜는 장님의 뒤를 따르며 뒷거리를 서성거렸다. 때로는 현관문 앞에 앉아 아리아에 귀를 기울였다. 오페라 극장에서 들으면 아무런 감동도 없는데, 이처럼 거리에서 듣는 음악은 그 장소에 어울리는 미치광이 같은 울림으로 강하게 심장을 때린다. 장님과 함께 있는 여인은 손에 양철 깡통을 들고 있다. 이 장님 역시 양철 깡통과 베르디 음악과 메트로폴리탄 오페라하우스와 마찬가지로 삶의 한 부분인 거다.

모든 사람들과 모든 것들이 삶의 일부지만, 그것들을 모두 한데 합쳐놓으면 그것은 어째선지 삶이 아니었다. 나는 스스로에게 물어 보았다. '그것은 대체 언제 삶이 되며, 지금은 왜 삶이 아닌 것일까?' 장님은 계속 서성거리고 있고, 나는 여전히 현관 계단에 앉아 있었다. 고기완자는 썩고 커피는 형편없었으며 버터에서는 썩은 냄새가 코를 찔렀다. 내가 바라보고 있는 모든 것이 상하고 맛이 변했으며 썩은 냄새를 풍겼다. 거리에도 입냄새 비슷한 고약한 악취가 어려 있었다. 다음 거리도, 그 다음 거리, 또 그 다음 거리도 마찬가지다. 모퉁이에서 장님은 걸음을 멈추고 '고향 산'이란 노래를 연주했다. 나는 주머니에 들어 있던 껌을 꺼내 씹었다. 단순히 씹기 위해 씹었다. 무언가 중대한 결심을 내려야 한다면 모르지만 그것은 불가능하니 껌이라도 씹어야 했다. 돌계단은 편안했으며, 아무도 나를 방해하지 않았다. 나는 이른바 세상의, 삶의 한 부분이며, 그것에 속하면서도 거기에서 벗어나 있었다.

　나는 계단에 한 시간쯤 앉아서 멍하니 생각에 잠겨 있었다. 잠깐이라도 혼자 생각에 잠길 때면 나는 언제나 같은 결론에 도달했다. 당장 집으로 돌아가서 글을 쓰자는 것도, 이곳을 떠나 새로운 삶을 시작하자는 것도 아니었다. 책을 쓴다는 생각은 나를 두렵게 했다. 쓰고 싶은 말이 너무 많다보니 어디서부터 어떻게 시작해야 할지 몰랐기 때문이다. 어딘가로 도망쳐서 처음부터 새로 시작하는 것도 무섭기는 매한가지였다. 어떻게든 먹고 살기 위해서는 흑인처럼 아등바등 일해야 하기 때문이다. 나 같은 기질의 사람은 세상이 달라지지 않는 한 희망이나 해결의 여지가 없었다. 내가 만일 쓰고 싶은 책을 쓸 수 있다고 하더라도 그 책을 받아줄 사람은 아무도 없을 것이다. 나는 내 동포들을 너무나 잘 알았다. 새로운 삶을 시작해도 아무런 소용이 없을 것이다. 왜냐하면 나는 애당초 일하고 싶은 욕구가 없을 뿐더러 이 사회에 쓸모 있는 일원이 되고 싶은 욕망 또한 없기 때문이다.
　나는 그저 그곳에 가만히 앉아 길 건너에 있는 집을 바라보았다. 그 집은 이 거리의 다른 집들처럼 추악하고 한심해 보였다. 게다가 가만히 보고 있자니 갑자기 우스꽝스러워졌다. 비이슬을 피하는 장소를 굳이 저런 식으로 만들다니, 나에게는 그저 정신 나간 짓으로밖에 보이지 않았다. 이 도시 자체가 정신 이상의 절정인 것 같았다. 이 도시의 모든 것, 시궁창, 고가철도, 자동판매기, 신문, 전화, 경찰, 문손잡이, 싸구려 여인숙, 영사막, 화장실 휴지 등 온갖 것이 말이다. 어느 것이든 모두 차라리 존재하지 않는 편이 더 좋았다. 그것이 없어도 아무도 손해를 보지 않으며, 오히려 그쪽이 온 우주를 위하는 길일 것이다.
　나는 내 곁을 지나가는 사람들 가운데 내 생각에 동의할 사람이 없을까 하고 바라보았다. 아무나 한 사람을 붙들고 단순하게 물어본다고 가정하자. 느닷없이 이렇게 물어보면 어떨까. "당신은 어째서 지금까지 살아온 방식을 고수하시오?"

　그 사람은 아마 경찰을 부를 것이다. 나는 스스로에게 물었다—나처럼 자기 자신에게 물어보는 사람이 나 말고도 있을까? 아니면 나는 혹시 어딘가가 잘못된 것일까? 내가 이끌어낸 유일한 결론은 '내가 남들과는 다르다'는 것이었다. 세상은 어떻게 볼지 모르지만, 나에게는 아주 중요한 결론이었다.

　나는 돌계단에서 천천히 몸을 일으키며 기지개를 켜고 바지의 먼지를 털었다. 그리고 껌을 퉤 뱉으면서 스스로에게 말했다. 헨리, 너는 아직 젊다. 햇병아리에 지나지 않는다. 하지만 그들에게 휘둘린다면 한심한 머저리다. 너는 그들 가운데 그 누구보다도 뛰어난 인물이지 않은가. 다만 너는 그 그릇된 인도주의를 버려야 한다. 잘 들어라 헨리, 네가 상대하는 이들은 하나같이 살인귀이며 식인종이다. 말끔하게 옷을 입고 수염을 깎고 향수를 뿌렸지만 그들은 단지 살인귀이며 식인종일 뿐이다. 지금 네가 해야 할 가장 유익한 일은, 헨리여, 그곳에서 떠나 초콜릿 아이스크림을 사러 가는 것이다. 소다수 가게에 자리를 잡았으면 눈을 크게 뜨고, 인간의 운명에 대해서는 잊어 버려라. 왜냐하면 지금이라도 멋진 여자가 나타날지 모르며, 좋은 음부가 얻어걸리면 너의 볼 베어링을 깨끗이 닦아낼 수 있으며 입맛도 살아날 테지만, 이대로 있다가는 소화불량 비듬 구취 뇌염 따위나 생길 것이다.

　이렇게 스스로를 위로하고 있을 때 한 녀석이 다가와 10센트를 구걸했다. 나는 그에게 25센트를 선선히 내주고 나서 속으로 후회했다. 나도 참 바보로군, 25센트면 싸구려 고기완자대신 질 좋은 돼지고기 스테이크를 먹을 수 있었는데. 하지만 아무렴 어떤가. 어차피 입으로 들어가면 다 똑같은 음식인 것을. 음식은 에너지를 만드는 재료일 뿐이고, 세상을 움직이게 하는 것은 그 에너지이다. 결국 초콜릿 아이스크림을 포기하고 그대로 계속 걷다가 전부터 와보고 싶었던 로즈랜드 댄스홀 매표소 앞까지 와 버렸다.

　나는 자신에게 속삭였다. 헨리, 재수가 좋으면 너의 오랜 친구 맥그리거가 와 있을 거야. 먼저 뺑소니쳤다고 똥을 지릴 만큼 호통을 치겠지만, 그러고 나서 5달러를 빌려줄 지도 몰라. 아무튼 계단을 올라가는 동안 숨죽이고 있기만 하면 너도 색정광 여자를 만날 테고 무미건조한 성교를 하게 되겠지. 자, 헨리, 조용히 들어가자, 방심하지 말고! 나는 그 지시대로 살금살금 안으로 들어가 모자를 맡기고 당연한 듯이 오줌을 눈다. 그런 다음 천천히 내려오면 매춘부들이 눈에 띈다. 살이 비치는 가운을 걸치고 짙은 화장에 향수를 뿌려 보기엔 신선하고 활기차 보이나, 실은 지칠 대로 지쳐 다리를 들어 올릴 기운도 없다. 나는 매춘부들을 하나하나 훑어보면서 그녀들과 상상 속의 성교를 마구 해댔다. 이 댄스홀은 온통 성교와 광란으로 뒤덮여 있었다. 그렇기 때문에 맥그리거 녀석도 와 있을 것이라고 생각한 것이다. 나는 세상 형편 따위는 까맣게 잊고 말았다. 침이 줄줄 흐르는 여자의 볼기짝에 얼이 빠져 있는 사이에 순간적으로 그 병이 다시 도진 것이다. 하마터면 또다시 황홀경에 빠질 뻔했다. 허 참, 여기까지 와서도 나는, 이런 곳에 틀어박혀 있지 말고 어서 집으로 돌아가 글을 써야 한다는 생각을 버리지 못한 것이다. 등줄기가 오싹해졌다.

한번은 저녁 내내 의자에 앉아 있으면서 아무것도 듣지 못하고 아무것도 보지 못했던 적이 있었다. 정신을 차리기 전까지는, 두꺼운 책을 한 권 쓸 수도 있었을 것이다. 차라리 앉지 않는 게 좋아. 계속 맴돌고 있는 쪽이 더 나을 거야. 헨리, 언젠가는 주머니를 두둑하게 채워 와서 돈의 위력을 실감해 보라. 백 달러나 이백 달러를 들고 와 물 쓰듯 펑펑 쓰면서 여자들이 해달라는 대로 다 해주는 거야. 예를 들어 저 거만한 얼굴을 한 날씬한 여자에게 두둑하게 찔러줘 보라. 그러면 그녀 역시 뱀장어처럼 몸을 비비 꼬아댈 것이다. 그녀가 20달러라고 말한다. 너는 '그래, 좋아' 하고 대답할 것이다! 그리고 이렇게 말하겠지. 이봐, 지금 밑에 차를 대기시켜 놓았는데…… 애틀랜틱 시에 가서 며칠 묵고 오지 않겠나? 어이, 헨리, 차도 없고 20달러도 없는 주제에 무슨 헛소리를 주절대고 있나. 앉지 말게……계속 움직여.

플로어를 나누는 난간 옆에 서서 나는 춤추는 그녀들을 바라보았다. 춤은 해롭지 않은 오락이 아니라…… 진지한 일이었다. 플로어 양끝마다 이런 글귀가 적혀 있었다. "음란한 춤 금지!"

옳은 말씀이다. 플로어 양끝마다 표시를 해놓았다고 해서 나쁠 것은 없다. 폼페이였다면 남근이라도 매달아 놓았을 테지만, 이것이 미국식이다. 비록 뜻은 같지만. 아니다, 폼페이 생각 따위는 해선 안 된다. 그러면 또다시 앉아서 책을 쓰기 시작할 것이다. 계속 움직여라. 헨리, 음악에 정신을 쏟아라. 나는 표를 한 묶음 살 돈만 있다면 얼마나 근사한 시간을 보낼 수 있을까 하고 애써 상상해 보았지만, 애를 쓰면 쓸수록 자꾸만 멀어져갔다.

끝내 나는 흐르는 용암이 무릎까지 차오르고, 가스에 숨이 막혀 죽을 것 같은 나를 상상하고 말았다. 폼페이 사람들을 죽인 것은 용암이 아니라 폭발을 촉진시킨 독가스였다. 그래서 폼페이 사람들은 바지를 벗은 망측한 자세로 용암 속에 갇혀 버린 것이다. 만약 용암이 그런 식으로 뉴욕을 덮친다면 얼마나 멋진 박물관이 만들어질까! 세면대에 서서 페니스를 박박 씻고 있는 내 친구 맥그리거…… 피 묻은 손 그대로 휘말린 이스트사이드의 낙태 시술자들…… 침대에 누워서 서로 자위행위를 해주는 수녀들…… 자명종시계를 손에 든 경매인…… 교환대에 앉은 처녀들…… 변기에 걸터앉아 점잖게 똥구멍을 닦는 J.P. 모가나나…… 고무호스를 잡고 모진 고문을 하는 형사들…… 마지막 한 겹을 벗어 던지려 하며 사내들의 애를 태우는 스트리퍼들.

용암에 무릎까지 빠진 상태에서 내 두 눈은 정액에 가 박혔다. J.P. 모가나나가 점잖게 똥구멍을 씻고 있을 때 교환원 아가씨들은 교환대의 플러그를 꽂고, 형사들은 고무호스로 고문하고, 내 친구 맥그리거는 페니스에서 병균을 씻고 털어내어 현미경으로 검사를 한다. 아무도 바지를 입지 않았다. 턱수염도 콧수염도 달지 않고, 다만 슬쩍슬쩍 보이는 작은 음부를 감싸는 조그만 천 조각만 대고 있는 스트리퍼까지 포함하여. 안톨리나 수녀는 탈장대를 차고 수녀원 침대에 누운 채 두 손을 허리에 갖다 대고 끊임없이 예수의 부활과 탈장, 성교, 죄악 없는 삶을 기다리고 있었다. 동시에 동물모양 과자와 피멘토 고추와 올리브, 소 또는 돼지의 머리 고기를 고아 치즈같이 만든 것을 우물거리고 있다. 이스트사이드와 할렘, 브롱스, 캐나시, 브롱스빌 등의 유대인들은 창문을 열었다 닫았다 하면서 팔다리를 내밀고 소시지 만드는 기계를 돌린다. 돈을 벌기 위해 하수도가 막히도록 미친 듯이 일하지만, 조금이라도 트집을 잡으려고 하면 곧바로 고개를 돌려 버린다.

백 장, 천 장의 표를 주머니에 넣고 롤스로이스 차를 거리에 세워 둘 수 있는 형편이라면 나는 어마어마한 즐거움을 가질 수 있다. 나이와 성별, 인종, 종교, 국적, 출신, 가정환경을 가리지 않고 손에 잡히는 대로 여자들과 성교를 즐길 수 있을 것이다. 지금과 같은 나, 지금과 같은 세상에서는 내가 손쓸 수 있는 방법이 없다. 세상은 세 부분으로 나뉘어 있는데, 그 가운데 두 부분은 고기 완자와 스파게티이고 나머지 한 부분은 매독으로 인한 커다란 궤양이다. 몸매가 늘씬하고 거만한 얼굴을 한 여자는 금박은박으로 온통 치장한 창녀로, 아마 맛도 무미건조할 것이다.

절망과 환상 너머에는 언제나 더욱 악화된 사태의 결여와 권태라는 보수가 기다리고 있다. 기계 시대의 기계적인 눈에 어울리는 휘황찬란한 환락 한가운데보다 쓸쓸하고 초라한 것은 없다. 삶은 검은 상자 안에서 썩어가고, 음란한 영화는 산에 녹아 순간적인 무(無)의 환영을 비춘다. 이처럼 순간적인 무의 가장 바깥쪽에 내 친구 맥그리거가 도착하여 내 곁에 섰다. 전에 말하던 색정광 폴라도 함께 있었다. 그녀는 색정광이라는 이름에 걸맞게 나른하고 쾌활한 몸놀림을 보였다. 폴라의 모든 움직임은 샅에서 시작되었다. 언제나 균형을 이루며, 언제나 휘감고 비틀고 꽉 붙들 태세를 갖추고 있다. 눈동자는 시계추처럼 움직이고 발가락도 바지런히 움직이며, 근육은 산들바람에 호수의 잔물결이 일듯이 물결쳤다. 그야말로 성적 환상의 구현이며, 미치광이의 팔에 안겨 바동거리는 바다 요정이었다.

나는 그들이 발작이라도 일으킨 것 같은 모습으로 플로어에서 조금씩 멀어져가는 것을 지켜보고 있다. 마치 문어가 발정하여 꿈틀거리는 것 같았다. 축 늘어진 촉수 사이로 음악이 반짝이며 흐른다. 그것이 정액과 장미향수의 폭포가 되어 떨어지는 것 같더니, 다시 기름 분수가 되어 아무런 버팀대도 없이 우뚝 선 기둥이 되었다가 초크처럼 허물어진다. 그러고는 인광을 내뿜는 다리 윗부분만을 남기고, 한쪽 다리는 줄무늬가 그려져 있고 다른 쪽 다리는 용해되어 황금빛 마시멜로 웅덩이에 서 있는 얼룩말 모습이 되었다.

고무로 된 관절과 용해된 발굽을 가진 황금빛 마시멜로 문어는 성욕을 다 채우지 못하고 옹이처럼 딱딱하게 굳어 있다. 바다 밑바닥에는 파상풍에 걸린 굴과 무릎관절이 이중으로 된 굴들이 무도병에 걸린 것처럼 춤을 추고 있다. 음악은 쥐약과 방울뱀의 맹독, 치자나무의 고약한 냄새, 성스러운 수달의 침, 사향고양이의 고환에서 나온 땀, 피부병의 달콤한 향수(鄕愁)로 뒤범벅되어 있었다. 음악은 설사이며 바퀴벌레와 썩은 말 오줌이 그득한 가솔린 호수이다. 허튼 소리들은 간질환자의 거품과 침이며, 유대인에게 속아 간통한 흑인 여자들이 정을 통한 밤에 흘린 땀이다.

지금은 온 미국이 트롬본 소리에 오염되고 포인트로마, 포터킷, 해터러스 곶, 래브라도, 캐나시 등지에 사는 괴저에 걸린 바다소들의 연약하고 갈라진 울음소리에 더럽혀져 있다. 문어는 고무 페니스처럼 스파이튼 듀이빌이 작곡한 미발표 룸바춤을 추고 있다. 색정광 로라도 성기를 드러내고 쇠꼬리처럼 몸을 꼬면서 룸바를 추었다. 트롬본 옆구리에는 미국의 영혼이 깃들어 있으며, 만족스럽게 방귀를 뀌어 내보내고 있다. 무엇 하나 허투루 나가는 것은 없었다―아주 작은 방귀조차도. 행복이라는 황금빛 마시멜로의 꿈과, 썩은 오줌과 가솔린에 푹 절은 춤 속에서 미 대륙의 위대한 영혼이 돛을 활짝 펼치고 승강구를 닫고 발전기처럼 엔진을 윙윙거리며 문어처럼 질주하고 있다. 물고기처럼 피가 차갑고 점액질처럼 미끈거리며 카메라 눈의 순간적인 깜빡거림에 발정하는 위대하고 힘찬 영혼, 열망으로 두 눈에 핏발이 서고 욕정에 시달리며 바다 밑에서 다른 종족과 혼교를 계속하는 사람들의 영혼.

　토요일 밤의 춤은 쓰레기통 안에서 썩고 있는 멜론의 춤, 녹색 콧물과 부드러운 국부에 바르는 끈적끈적한 연고의 춤이다. 자동판매기와 그것을 발명한 괴물들의 춤이다. 권총과 그것을 사용하는 민달팽이들의 춤이다. 가죽을 두른 곤봉과 뇌가 곤죽이 되도록 두들겨 패는 머저리들의 춤이다. 자석발전기 세계, 타오르지 않는 불꽃, 완벽한 기계장치가 웅웅 돌아가는 부드러운 소리, 회전반 위의 경주, 액면가 달러, 말라비틀어지고 잘려나간 숲의 춤이다. 영혼의 공허한 춤이 계속되는 토요일 밤에는, 뛰며 지그춤을 추는 사람들 하나하나가 전염성 피부병의 꿈속에서 춤추는 무도병의 유기적 단위가 된다.

　색정광인 로라는 장미 꽃잎 같은 사랑스런 입술을 볼 베어링으로 움직이는 클러치에 물린 채, 둥글게 만들어 꽂는 구멍을 낸 엉덩이와 음부를 내두르고 있다. 일 인치씩, 일 밀리미터씩 그들은 다니면서 교미하고 있는 시체들을 밀어내고 있다. 그런 다음 콰당! 스위치를 내린 듯 음악은 뚝 끊기고, 그와 동시에 춤추던 사람들의 몸이 떨어지면서 팔과 다리도 찻잔 바닥에 가라앉는 찻잎처럼 뿔뿔이 흩어진다. 그리고 공기는 음란한 말로 가득 차서, 석쇠 위에서 천천히 익어가는 생선 같은 소리를 낸다. 나무 꼭대기에서 법석거리는 원숭이 울음소리와 닮은 공허한 영혼의 웅성거림이다. 음란한 말로 추잡해진 공기는 환기창을 통해 흘러나갔다가, 곤히 잠든 채 물결 모양의 통풍구와 굴뚝을 통해 되돌아온다. 영양처럼 날개를 달고 얼룩말 같은 무늬를 띠고서 연체동물처럼 조용히 누워 있는 것 같다가도 불꽃을 날름거린다.

색정광 로라는 온몸을 잠식당하고 머리칼은 음악에 맞추어 미친 듯이 출렁거리면서 조각상처럼 차갑게 서 있다. 까무룩 잠이 들 것 같은 로라는 입을 다물고 일어섰고, 그녀의 말은 꽃가루처럼 안개 속으로 흩날려 사라진다. 시인 페트라르카가 묘사한 로라는 택시 안에 앉아 있다. 베로니카의 한 마디 한 마디가 금전등록기를 통해 종소리처럼 울려 퍼지다가, 이윽고 살균되고 불에 지져진다. 온몸이 석면으로 만들어진 바실리스크(전설에 나오는 상상속의 뱀)인 로라는 껌을 한 입 가득 털어 넣고 화형대로 걸어간다. 아주 좋아, 그녀의 입술이 말한다. 로라의 입술은 깊게 주름이 잡힌 바다의 가리비, 잃어버린 비너스 여신의 사랑의 입술이다. 모든 것이 비탈진 안개 속으로 그림자를 향해 흘러간다. 조가비 같은 입술에서 흘러나온 마지막 중얼거림의 찌꺼기는 래브라도 해안을 미끄러져 진흙의 조수에 쓸려 동쪽으로 흘러가, 요오드 표류물에 실려 별세계로 천천히 나아가고 있다. 페트라르카 일파의 마지막 여자, 방황하는 로라는 조금씩 잠의 심연으로 사라지고 있다. 세상은 잿빛은 아니지만 거슴츠레하다. 빛의 대나무는 둥근 의자 등받이에 기댄 채 순결한 잠을 자고 있다.

그리고 그 꿈은 방심한 구멍으로 보이는 검고 격앙된 허무 속에 포화된 음울한 낙담을, 죽음이 주는 삶과의 절묘한 단절이라는 속편한 어린애들의 변덕스럽고 표면적인 환멸감을 남기고 간다. 거꾸로 뒤집힌 황홀감의 뾰족한 끄트머리에서 삶은 단조로운 마천루 꼭대기로 다시 올라갈 것이다. 끝없는 공허의 기쁨에 취한 내 머리칼과 이빨을 붙잡고 나를 끌고 갈 것이며, 아직 태어나지 못한 죽음의 구더기들의 생기 넘치는 태아들은 내가 시들고 썩기를 기다리고 있다.

일요일 아침, 전화벨 소리에 나는 잠에서 깨어났다. 친구 맥시 슈나딕이 또 다른 친구인 루크 랄스톤의 죽음을 알리는 전화였다. 맥시의 슬픔에 가득 찬 말투에 나는 진절머리가 났다. 그는 루크만큼 훌륭한 사내는 없다고 했다. 하지만 이 또한 나는 이해할 수 없었다. 생전의 루크는 그저 그런 친구였지 딱히 훌륭한 사내는 아니었기 때문이다. 루크는 태어날 때부터 동성애자였으며, 내가 그와 친해졌을 때부터 그는 아주 골칫거리였다. 전화로 맥시에게 그 사실을 말해 주었다. 대답하는 투로 미루어 보건대 맥시는 기분이 조금 상한 것 같았다. 그는 루크가 언제나 나의 좋은 친구였다고 말했다. 물론 그 점은 틀림없는 사실이나 우정이라는 한 마디로 모든 것을 설명할 수는 없었다. 사실 나는 루크가 적절한 순간에 뻗어 버려서 기쁘기 그지없었다. 이로써 그에게 빌린 150달러는 잊어도 되는 것이다.

솔직히 나는 수화기를 내려놓자 기뻐서 어깨춤이 절로 나왔다. 그 돈을 갚지 않아도 된다니 말할 수 없이 다행스런 일이었다. 루크의 죽음 자체는 나에게 어떤 영향도 주지 않았다. 오히려 그가 죽은 덕분에 그의 누이인 로티를 찾아갈 구실까지 생겼다. 나는 전부터 로티를 한번 따먹고 싶었지만 이런저런 이유로 뜻을 이루지 못하고 있었다.

대낮부터 로티를 찾아가서 그녀에게 심심한 조의를 표하고 있는 광경이 눈앞에 생생하게 그려졌다. 로티의 남편은 일하러 갔으므로 방해할 사람은 아무도 없다. 나는 먼저 그녀의 허리에 슬그머니 손을 올려 그녀를 위로할 것이다. 슬픔에 잠겨 있는 여자만큼 손쉬운 상대는 없다. 내 품에 안겨 긴 의자로 갈 때 동그랗게 뜬 눈망울이 보이는 듯하다. 아름답고 커다란 잿빛 눈을 가진 여자다. 로티는 음악이나 그런 비슷한 이야기를 나누는 척하면서 몸을 내맡기는 여자였다. 즉 그녀는 분명하고 노골적인 것은 좋아하지 않았다. 동시에 긴 의자를 더럽히지 않도록 볼기짝 밑에 수건을 까는 냉철함도 가지고 있었다. 나는 로티를 하나부터 열까지 샅샅이 알고 있었다. 아무튼 로티를 손에 넣으려면 지금이 가장 좋은 기회이다. 소중한 오라비—사실 그를 그토록 아끼지는 않았지만—를 잃고 얼이 빠져 있는 지금이 아니면 다시는 기회가 없다는 점을 나는 알고 있었다.

그런데 불행히도 그날은 일요일이라 남편도 집에 있을 게 틀림이 없었다. 나는 침대에 도로 누워서 루크와 그가 나에게 해준 온갖 일들, 그리고 로티에 대해 생각했다. 로티 소머스가 그녀의 이름인데 나는 언제나 그 이름이 아름답다고 생각했다. 로티에게 참 잘 어울리는 이름이었다. 루크는 뼈가 도드라진 얼굴에 부지깽이처럼 딱딱하고 융통성 없으며 말로 다 표현할 수 없을 정도로 고지식한 사람이었다. 그러나 로티는 정반대였다. 부드럽고도 둥글둥글하며 말투는 어루만지듯 느릿느릿하고, 몸놀림이 나른하고, 눈으로 많은 뜻을 전달하는 여인이었다. 그들은 도저히 남매로 보이지 않았다.

나는 로티에 대한 생각에 골몰해 있다가 너무 흥분한 나머지 아내에게 달려들었다. 그러나 청교도적 강박관념으로 똘똘 뭉친 불쌍한 여편네는 깜짝 놀란 것처럼 몸을 움츠려 버렸다.

아내는 루크를 좋아했던 것이다. 그러나 스스로 꼴불견이라고 생각했는지, 그를 훌륭한 사내라고는 말하지 않고, 단지 루크가 성실하고 충직하며 참된 친구라는 말만 거듭 되풀이했다. 나는 성실하고 충직하고 참된 친구라면 발에 채일 정도로 많았지만 하나같이 아무짝에도 쓸모가 없었다. 끝내 우리는 루크 때문에 말다툼을 벌였고, 아내는 복받치는 신경질에 울음을 터뜨렸다. 그것도 침대 위에서.

그러자 나는 갑자기 배가 고팠다. 아침 식사 전에 눈물을 보이다니 정말 꽤씸하기 짝이 없었다. 나는 아래층으로 내려가서 내 손으로 아침상을 푸짐하게 차렸다. 그리고 그것을 먹어치우면서 루크와 그가 덜컥 죽는 바람에 공중에 뜬 150달러와 로티에 대해 생각했다. 그리고 결정적인 순간에 로티가 나를 어떤 눈으로 볼 것인가를 상상하면서 혼자 히죽거렸다…… 그리고 마지막으로 한심하게도 맥시를 생각했다. 루크의 절친한 친구인 맥시 슈나딕이 커다란 화환을 들고 무덤가에 서 있다가 관이 구덩이 안으로 내려지자 흙을 한줌 집어 그 위에 뿌리는 모습이 떠올랐다. 그 모습이 왜 우스꽝스럽게 보였는지는 모르지만 아무튼 내 느낌은 그랬다.

맥시는 얼간이였다. 내가 그를 너그럽게 봐 준 것은 때때로 그에게서 돈을 뜯어낼 수 있었기 때문이다. 그리고 그의 누이 리타에게도 눈독을 들이고 있었다. 나는 머리가 돈 맥시의 동생에게 관심이 있는 척하면서 가끔 그의 집으로 찾아가기도 했다. 가면 언제나 맛있는 식사를 내주었으며, 머리가 모자란 동생도 제법 흥미로웠다. 얼굴이 침팬지를 꼭 닮았는데 말하는 투도 침팬지와 비슷했다. 단순한 맥시는 내가 그저 재미삼아 찾아오는 줄은 꿈에도 모르고, 동생을 진심으로 걱정해서 오는 줄로만 착각하고 있었다.

아주 쾌청한 일요일이었지만, 내 주머니에는 평소처럼 25센트밖에 들어 있지 않았다. 나는 누구에게서 돈을 뜯어낼지를 궁리하면서 걸음을 옮겼다. 약간의 돈을 긁어모으는 일은 어렵지 않았다. 다만 돈을 손에 넣은 뒤 얼마나 재빨리 빠져나올 수 있느냐가 문제였다. 나는 불평 한 마디 없이 돈을 내어줄 친구들이 이 근처에만도 열 명이 넘었지만, 빌리고 나면 예술이니 종교니 정치니 하고 한참동안 씨부렁대야 했다. 그리고 또 다른 방법은 종종 발

등에 불이 떨어졌을 때 써먹던 방법인데, 조사차 몸소 찾아온 척하며 회사의 각 지점을 찾아가서 돌아오는 길에 내일까지 회사 금고에서 1, 2달러 정도 빌려 달라고 부탁하는 것이다. 그러나 이 방법은 시간이 너무 많이 걸리는데다가 더 지루한 이야기도 각오해야 했다.

냉정하게 판단하고 이해타산을 따져 본 결과 나는 할렘가에 사는 꼬마친구 컬리를 찾아가기로 했다. 컬리는 돈이 없으면 어머니 지갑을 털어서라도 마련해 주었다. 그가 믿을 만한 녀석이라는 점은 알고 있었다. 컬리는 나를 따라오려고 하겠지만 나는 저녁이 다 가기 전에 그를 떼 버리는 방법을 언제나 찾아낼 수 있었다. 무엇보다 컬리는 아직 어린애였으므로 그다지 골머리를 앓을 필요도 없었다.

내가 컬리를 좋아하는 까닭은 그가 이제 겨우 열일곱 살인데도 도덕심, 거리낌, 부끄러움이 전혀 없기 때문이다. 그는 열네 살 때 배달원이 되겠다고 나를 찾아왔다. 그 무렵 남아메리카에 살던 컬리의 부모는 컬리를 뉴욕에 살고 있는 이모에게 맡겼는데, 도착하자마자 이모가 그를 유혹했다고 한다. 부모가 일 년 내내 떠돌아다녔기 때문에 컬리는 학교에 다닌 적이 없었다. 그의 말에 따르면 부모는 '신출내기 풍각쟁이'로 벌어먹고 사는 순회공연단이었다. 아버지는 몇 번이나 교도소를 들락날락한 사람이지만 그의 친아버지는 아니었다.

아무튼 컬리는 도움이 필요하고, 무엇보다도 친구가 필요한 열네 살의 철없는 어린아이 때 나를 찾아온 것이다. 처음에 나는 컬리를 위해 뭐든 도와주어야겠다고 생각했다. 모두가 첫눈에 그를 좋아했으며, 특히 여자들이 귀여워했다. 컬리는 곧 사무실의 귀염둥이가 되었다. 그런데 얼마 지나지 않아 나는 그가 구제불능인 것을 알았다. 아무리 잘 봐줘야 지능적인 범죄자였다. 그래도 나는 컬리를 좋아했으며 계속 그를 보살펴주었지만, 내 눈에서 벗어난 그를 믿은 적은 한 번도 없었다. 특별히 마음에 들었던 점은 아마도 그가 전혀 염치가 없다는 사실이었을 것이다. 컬리는 나를 위해 어떤 일도 마다하지 않았지만 동시에 나를 태연스럽게 배반할 수도 있었다. 나는 그렇다고 그를 나무랄 마음은 없었다…… 그런 점은 오히려 나를 즐겁게 했다. 주눅 드는 일도 없었기 때문에 더욱 흥미로웠던 것이다.

컬리는 달리 방법이 없었기 때문에 그렇게 했을 뿐이다. 소피 이모와의 문제만 봐도 그렇다. 그는 이모가 자기를 유혹했다고 했다. 틀림없는 사실이겠으나, 두 사람이 함께 성경을 읽고 있을 때 유혹에 넘어갔다고 하니 참 이상 야릇한 이야기이다. 컬리는 어린 나이에도 소피 이모가 그런 면에서 자기를 필요로 하고 있다는 사실을 충분히 알고 있었던 모양이다. 컬리의 말에 따르면 이모의 유혹에 몸을 맡겼을 뿐이지만, 나와 알게 된 지 얼마 뒤 그는 나에게 소피 이모를 양보하겠다고 말했다. 심지어 그는 이모를 협박하기까지 했다. 돈이 필요하면 이모에게 찾아가 둘 사이의 관계를 폭로하겠다는 협박을 섞어가며 그녀를 슬슬 구슬려 돈을 후려내는 것이다. 틀림없이 벌레 한 마리 못 죽이는 천진한 얼굴을 하고 있었겠지. 컬리는 감탄스러울 정도로 천사를 쏙 빼닮았다. 크고 촉촉한 눈동자는 솔직하고 성실해 보였다. 충직한 개처럼, 무슨 일이든 기꺼이 해줄 듯이 보였다. 그러나 그는 매우 교활했다. 일단 상대방의 호감을 사고 나면 그를 교묘하게 조종해서 사소한 잘못은 관대하게 용서하도록 만들었다. 또한 아주 영리했다. 음흉한 여우의 잔꾀와 자칼의 무자비함을 동시에 갖추고 있었다.

따라서 그날 오후 컬리가 발레스카와 몰래 만났다는 사실을 알고도 나는 전혀 놀라지 않았다. 발레스카 다음에는, 이미 순결을 잃고 기댈 만한 남자를 찾고 있던 발레스카의 사촌동생에게 달라붙었다. 그 뒤에는 발레스카의 집에 살고 있는 그 어린 소녀에게까지 결국 손을 대고 말았다. 꼬마 아가씨 주제에 어엿한 음부를 가지고 있는 점이 그의 흥미를 끌었다.
컬리의 변명을 들어보면, 발레스카가 더러운 동성애자이기 때문에 특별히 무슨 짓을 할 생각은 없었는데, 어느 날 그녀가 목욕을 하고 있는 데에 우연히 찾아들어가는 바람에 결국 끝까지 가고 말았다는 것이었다. 게다가 세 여자가 끈질기게 들러붙어 몸이 남아나지 않는다고 고백했다.
컬리는 세 여자 가운데 사촌동생을 가장 좋아했다. 그녀는 돈을 조금 가지고 있는데다가, 그것을 아낌없이 선선히 내줄 것 같았기 때문이다. 발레스카는 너무나 빈틈이 없을뿐더러 체취가 좀 고약했다. 요컨대 컬리는 여자들에게 질리기 시작한 것이다. 그리고 이렇게 된 것도 소피 이모의 잘못이라고 했다. 이모가 처음부터 자기를 잘못 이끌었다는 것이다.
이와 같은 넋두리를 늘어놓으면서 컬리는 책상서랍을 부산하게 뒤지고 있었다. 그러나 바로 눈에 띄는 것이 없자 그는 아버지가 목을 매달아 죽어 마땅한 개새끼라고 욕을 했다. 그리고 손잡이 부분에 진주를 박은 권총을 보여 주며 말했다. 이건 팔면 얼마나 나올까요? 빌어먹을 아버지에게 쓰기엔 너무 아깝죠…… 그런 놈은 다이너마이트로 날려 버려야 해요. 나는 컬리가 아버지를 그토록 미워하는 까닭을 찾아본 결과, 이 녀석이 자기 어머니에게 아주 깊이 빠져 있다는 사실을 알아냈다. 컬리는 그 늙은이가 자기 어머니와 한 이불을 덮고 잔다는 생각을 도저히 견딜 수 없었던 것이다. 나는 설마 아버지를 질투하는 건 아니겠지, 하고 물어보았다. 그는 질투한다고 대답했다. 솔직히 말하면 자기 어머니와 함께 잘 수도 있다고 했다. 안 될 이유가 어디 있겠는가? 그렇기 때문에 그는 소피 이모의 유혹에도 넘어간 것이었다…… 이모와 하는 내내 컬리는 줄곧 자기 어머니를 떠올리고 있었다. 그러면 어머니의 가방을 뒤져 돈을 훔치거나 하면 마음이 무겁지 않느냐고 물었다. 컬리는 웃었다. 돈은 어머니의 것이 아니라 자기 것이라고 했다. 그리고 부모가 자기를 위해 해준 것이 무어냐고 되묻기도 했다. 부모는 언제나 컬리를 다른 곳에 맡겨두기만 했고, 그가 부모에게서 가장 먼저 배운 것은 어떻게 남을 속이느냐 하는 것이었다. 어린애를 키우는 데 있어 가장 지랄 같은 방법이라고 하겠다……

집 안에는 동전 한 닢 없었다. 컬리는 생각 끝에 자기가 일하고 있는 지점으로 같이 가자고 했다. 내가 그곳 부장과 이야기를 나누고 있는 사이에 옷장에서 잔돈을 모조리 훔쳐내겠다는 것이었다. 아니면 내가 운에 맡기는 것을 두려워하지 않는다면 자기가 금고를 털겠다고 했다. 그는 우리가 의심받는 일은 절대 없을 것이라고 말했다. 나는 컬리에게 전에도 해본 적이 있느냐고 물었다. 물론…… 부장 코앞에서 열두 번도 더 도적질을 했다고 그는 대답했다. 그런데도 아무 문제가 없었나? 당연히 있었죠…… 직원 몇 명이 잘려나갔어요. 나는 소피 이모에게 얼마쯤 빌리는 게 어떻겠느냐고 말을 돌렸다.

그야 식은 죽 먹기죠. 하지만 그러려면 그녀와 한바탕 해 줘야 하는데, 나는 더는 그 여자와 자고 싶지 않아요. 소피 이모는 냄새가 나거든요. 냄새가 난다니, 무슨 뜻이지? 몸 냄새가 지독해요. 꼬박꼬박 목욕을 하지 않아서. 왜 그렇지? 그냥 종교상의 이유예요. 그리고 자꾸 비곗살만 늘면서 뚱뚱해져요. 그래도 이모님은 해 주길 바라고 계시지 않을까? 바라는 정도가 아니에요. 얼마나 끈덕진데요. 아주 지긋지긋해요. 꼭 암퇘지를 끌어안고 있는 것 같다니까요.

네 어머니는 이모에 대해 어떻게 생각하고 계시지? 어머니요? 어머니는 이모가 아버지를 유혹하려 한다고 생각하세요. 그 여자라면 하고도 남죠! 하지만 그 늙은이한테는 다른 여자가 있어요. 언젠가 밤에 영화관 안에서 젊은 여자와 뒹굴고 있는 현장을 목격했지요. 애스터 호텔의 손톱관리사였어요. 틀림없이 그 여자한테서 돈이나 조금 뜯어내 볼 생각이었을 거예요. 그 늙은이가 여자를 낚는 유일한 이유가 바로 돈 때문이거든요. 더럽고 치사한 개새끼, 그런 놈은 전기의자에 앉혀 버려야 해요.

그러는 자네야말로 깝죽거리다가 전기의자에 앉는 수가 있어. 누가, 내가요? 에이, 설마요! 나는 그보다는 영리한걸요. 응, 영리하긴 하지만 입이 너무 가볍지. 내가 자네라면 좀더 신중하게 입을 놀릴 거야. 그리고 나는 컬리에게 조금 겁을 주려고 이렇게 덧붙였다. 실은 오루크가 너를 주시하고 있는 것 같아. 오루크한테 들키는 날에는 자네도 끝장이라고……. 흥, 그렇게 잘난 놈이면 나한테 뭐라고 한마디라도 하지 않았겠어요? 그런 얘기는 믿을 수 없네요.

그래서 나는 오루크가 되도록 다른 사람과 마찰을 일으키지 않으려는, 요즘 세상에서 보기 드문 기특한 사람 가운데 하나라고 장황하게 설명해 주었다. 오루크는 자기 주위에서 어떤 일이 일어나고 있는지 알고 싶어하는 점에서만 탐정의 재능을 발휘하는 사람이다. 그의 머릿속에는 수많은 사람들의 성격이 완벽하게 정리된 채 영원히 분류되어 있다—마치 군대 지휘관의 머리에 적군의 지형이 단단히 새겨져 있는 것처럼. 다른 사람들은 오루크가 여기저기 냄새 맡고 염탐하고 다니며 회사를 위해 비열한 짓을 하면서 즐거워한다고 생각하지만, 사실은 그렇지 않아. 오루크는 인간 본성을 연구하는 학도의 자질을 갖추고 태어난 사람이지. 그는 세상을 바라보는 특유의 날카로운 눈 덕분에 아무런 노력 없이도 남의 비밀을 캐낼 수 있어. 자네 문제 말인데…… 나는 오루크가 자네에 관해서 하나부터 열까지 모조리 알고 있을 거라고 믿어 의심치 않아. 직접 물어보진 않았지만 그가 이따금 던지는 질문을 보면 충분히 알 수 있지.

아마도 지금은 그냥 자넬 풀어두고 있는 거야. 그러다가 어느 날 갑자기 거리에서 우연히 마주친 척하면서 저녁이나 먹으러 가자고 하겠지. 그리고 느닷없이 그물을 던질 거야. 컬리, 자네가 SA지부에 있을 때 유대인 사무원이 회사 돈을 빼돌렸다는 이유로 해고된 것을 기억하지? 그날 밤 자네도 야근하고 있었을 거야, 그렇지? 참 흥미로운 사건이었어. 자네도 알다시피, 그 직원이 돈을 훔쳤는가의 여부는 끝내 알아내지 못했어. 회사로서는 업무 태만이라는 이유로 그를 자를 수밖에 없었지만, 그가 정말로 돈을 훔쳤다고 단정할 순 없거든. 나는 꽤 오래 전부터 그 사건을 생각해 보고 있는데, 돈을 훔친 게 누구인지 짐작은 가지만 아직 확신하는 건 아니야……

이렇게 말하면서 오루크는 자네를 빤히 쳐다보다가 갑자기 화제를 다른 내용으로 바꾸어 버릴 거야. 아마도 잘난 머리 하나만 믿고 자기는 절대 실수 따위는 하지 않는다고 우쭐해 있는 어느 도둑 얘기를 꺼내겠지. 그는 자네가 조마조마해서 견딜 수 없을 정도로 길게 그 이야기를 늘어놓을 거야. 그러는 동안 자네는 달아나고 싶어서 온몸이 근질근질하지만 막상 자리에서 일어나려고 하면 갑자기 다른 재미있는 사건이 떠올랐으니 좀더 들어보라며 새로운 후식을 주문하겠지.

오루크는 그런 식으로 자네를 서너 시간씩 붙잡고 놓아주지 않으면서도 어떤 명백한 암시는 한 마디도 꺼내지 않은 채 줄곧 얼굴만 빤히 들여다볼 거야. 그리고 마침내 이제 풀려났다고 생각하고 악수하며 안도의 한숨을 내쉬자마자, 그는 자네 앞을 우뚝 가로막고 서서 자네 두 발 사이에 그 큼직한 발을 밀어 넣고 멱살을 움켜잡고는 똑바로 자네를 쳐다볼 걸세. 그러고는 아주 부드럽고 쾌활한 음성으로 말하겠지―이것 봐, 꼬마. 이제 그만 솔직하게 털어놓는 게 낫지 않겠어?

그런데도 여전히 오루크가 단순히 겁주려고 그런 말을 한다고 믿고, 계속 시침을 떼면 위기를 넘길 수 있다고 생각했다간 자네는 커다란 잘못을 저지르는 셈이야. 왜냐하면 그가 자네에게 솔직히 털어놓으라고 말할 때는 더 이상의 헛소리는 용납하지 않겠다는 뜻이거든. 오루크는 거기까지 가서 뒤로 물러설 사내가 아니야. 그 순간이 오면 자네는 모든 걸 다 털어놓는 게 좋아. 오루크는 나에게 자네를 해고하라고 하지도 않을 것이며 교도소에 집어넣겠다며 자네를 위협하지도 않을 거야. 다만 매주 급여에서 돈을 조금씩 떼어서 자기에게 건네 달라고 조용히 말하겠지. 누구에게도 말하지 않을 거고, 심지어 나에게조차 입도 벙긋하지 않을 거야. 그래, 오루크는 그런 일에는 아주 신중한 사내거든.

"그렇다면 만일에 말입니다…… 내가 어려움에 처한 당신을 도와주려고 그 돈을 훔쳤다고 말하면 그때는 어떻게 될까요?" 컬리가 느닷없이 입을 열더니 신경질적으로 웃었다.

"오루크가 그 말을 믿을 거라고 생각하진 않아." 나는 차분하게 되받아쳤다.

"만약 자네의 죄를 씻는 데 도움이 된다고 생각한다면 상관없으니 그렇게 말해 봐. 그러나 그랬다가는 오히려 역효과가 날 거야. 오루크는 나란 사람을 잘 알고 있기 때문에…… 내가 자네에게 그런 일을 시킬 리 없다는 사실도 잘 알 테니까."

"그러나 정말로 나에게 그러도록 시키지 않았습니까?" 컬리가 반박했다.

"자네에게 그런 짓을 하라고 말한 적은 없어. 자네는 그 일을 내 뒤에서 저질렀단 말일세. 이는 문제가 전혀 다르지. 그리고 내가 자네한테서 돈을 받았다는 증거라도 있나? 자네를 도와주고 친구가 되어주고 일자리까지 준 나를 그런 식으로 몰아세우는 것은 좀 부자연스럽지 않은가? 과연 누가 그 얘기를 믿겠나? 오루크는 아니야. 뭐 어떤가, 오루크가 아직 자네에게 올가미를 씌운 것도 아닌데 왜 미리 걱정부터 하고 있지? 그가 자네 꼬리를 밟기 전에 자네가 먼저 이름을 숨기고 조금씩 돈을 되돌려 줄 수도 있는 문제인걸."

그러자 컬리는 잠잠해졌다. 마침 찬장에 그의 아버지가 놔둔 네덜란드 진이 약간 남아 있었다. 나는 기분도 풀 겸 조금만 마시자고 제안했다. 둘이서 진을 마시고 있는데 갑자기 맥시가 조의를 표하러 루크의 집에 가 있겠다고 한 말이 떠올랐다. 맥시에게 들러붙기 딱 좋은 기회였다. 그는 매우 감상적인 기분에 푹 빠져 있을 테니까, 아무리 수상쩍은 변명을 들이대도 의심받지 않을 것이다. 예를 들어, 아까 쌀쌀한 말투로 전화를 받았던 이유는 꼭 필요한 10달러를 누구한테서 빌리나 하고 골치를 앓고 있었기 때문이라고 말하면 된다. 어쩌면 로티에게서 데이트 약속을 받을 수 있을지도 모른다.

나는 이런 생각을 하면서 혼자 히죽거렸다. 내가 어떤 친구였는지 루크가

남회귀선 413

알았더라면 죽어서도 눈을 감지 못했을 것이다. 가장 어려운 고비는 관 앞으로 가서 슬퍼 죽겠다는 얼굴을 하고 루크를 바라보는 일이었다. 웃으면 안 되는데!

나는 컬리에게 이 계획을 말해 주었다. 그는 눈물을 찔끔거리며 자지러지게 웃었다. 그 모습을 보자 나는 내가 돈을 빌리는 동안 컬리는 아래층에 남겨 놓는 게 안전하겠다고 판단했다. 어쨌든 그렇게 결정되었다.

할 수 있는 한 가장 슬픈 얼굴을 하고 루크의 집으로 들어섰을 때 그들은 자리에 앉아 막 저녁식사를 하려던 참이었다. 맥시도 와 있었는데, 내가 갑자기 나타나서 깜짝 놀란 모양이었다. 로티는 이미 돌아가고 없었다. 덕분에 좀더 편하게 슬픈 얼굴을 지을 수 있었다. 나는 루크와 단둘이 있게 해 달라고 했으나 맥시가 자기도 함께 있겠다고 고집을 피웠다. 다른 사람들은 오후 내내 문상객들을 상대한 터라 안도의 한숨을 내쉬는 것 같았다. 게다가 그들은 선량한 독일인답게 식사가 중단되는 것을 싫어했다.

관 속에 누운 루크를 바라볼 때도 나는 여전히 슬픈 표정을 짓느라 애쓰고 있었다. 맥시가 의혹에 찬 눈빛으로 바라보는 것을 느낄 수 있었다. 내가 고개를 들고 평소처럼 싱긋 웃자 그는 아주 당혹스러운 듯했다. "여보게, 맥시. 여기라면 듣는 사람이 아무도 없겠지?" 내가 물었다. 그는 더더욱 의아하고 침통한 표정을 지으면서도 괜찮다며 고개를 끄덕여 보였다.

"사실은 말이야. 맥시…… 나는 자네를 만나러 여기까지 왔네…… 돈을 좀 빌릴 수 없을까 해서 말이야. 아주 야멸찬 녀석이라고 생각하겠지만 이렇게까지 해야 하는 내 절박한 사정도 좀 헤아려 주게나." 내가 이런 말을 내뱉는 동안 맥시는 엄숙한 얼굴로 고개를 가로저으며, 마치 악령이라도 쫓아 버릴 듯이 입을 크게 벌렸다.

"들어 보게, 맥시……." 나는 나직하고 슬픈 어조로 재빨리 말을 이었다. "설교는 나중에 해도 좋으니 날 도와줄 마음이 있으면 지금 당장 10달러만 빌려주게…… 내가 루크를 보고 있을 동안 지금 여기서 조용히 건네주게나. 자네도 알겠지만 나는 루크를 정말 좋아했어. 아침에는 전화로 마음에도 없는 말을 지껄이고 말았지만. 시기가 안 좋을 때 자네가 전화를 건 셈이었어. 마침 여편네가 머리칼을 다 쥐어뜯으면서 신경질을 부리고 있을 때였거든. 대판 싸웠지. 그래서 자네에게 도움을 좀 청해 볼까 하고 왔네, 맥시. 괜찮다면 잠깐 밖으로 나가세. 내 다 얘기해 줄 테니……."

그러나 예상대로 맥시는 밖으로 나올 수 없었다. 이런 상황에서 루크네 집 사람들을 그냥 내버려두고 나갈 수는 없기 때문이다.

"그럼 지금 당장 나에게 주게." 나는 거의 협박하는 투로 말했다. "자세한 사정은 내일 말해 줌세. 시내에서 점심이라도 같이 하지."

"이것 보게, 헨리……." 맥시는 지폐뭉치가 통째로 튀어나올까 봐 당황하면서 주머니 안을 뒤적거리며 말했다. "잘 듣게. 자네에게 돈을 빌려주는 것은 상관이 없지만 굳이 이런 곳까지 찾아오지 않아도 되지 않나? 루크 앞이라서가 아니라…… 사실은……." 그는 무슨 말을 해야 좋을지 몰라서 헛기침만 연신 해댔다.

"너무 그러지 말게." 나는 다른 사람이 불쑥 다가오더라도 내가 무슨 말을 하고 있는지 알아듣지 못하도록 루크 쪽으로 몸을 더 기울이며 중얼거리듯 말했다. "제발 부탁이니 지금은 그 문제로 따지지 말자고…… 얼른 주고 끝내세. 나는 지금 될 대로 되라는 심정이야. 내 말 알지?"

맥시는 주머니에서 지폐 한 장 꺼내는 데에도 돈뭉치가 통째로 딸려 나올 정도로 혼란스럽고 당황스러워했다. 나는 루크의 관 위로 경건하게 몸을 기울이면서 맥시의 주머니 밖으로 비죽 나와 있는 돈 뭉치에서 한 장을 슬쩍 뽑아냈다. 그것이 1달러인지 10달러인지도 알 수 없었다. 확인하지도 않고 재빨리 주머니에 쑤셔 넣은 뒤 몸을 일으켰다. 그리고 맥시의 팔을 잡고 식구들이 엄숙하지만 열심히 식사를 하고 있는 부엌으로 돌아왔다. 그들은 나에게도 한 입 거들고 가라고 권했다. 거절하려니 마음이 무거웠지만 나는 되도록 정중하게 사양하고, 터져 나오는 웃음을 꾹 눌러 참으며 한달음에 달려 나왔다.

가로등 옆 모퉁이에서 컬리가 나를 기다리고 있었다. 이쯤 되자 더는 웃음을 참을 수가 없었다. 나는 컬리의 팔을 낚아채듯 붙잡고 거리 쪽으로 달려 내려가면서 웃음을 터뜨렸다. 이렇게 웃어본 적은 태어나서 처음이었다. 웃음이 영원히 멈추지 않을 것만 같았다. 입을 열고 아까의 일을 설명하려고 할 때마다 자꾸만 웃음이 터져 나왔다. 오히려 덜컥 겁이 날 지경이었다. 웃다가 죽는 게 아닐까 걱정이 되었다. 겨우 웃음이 좀 가라앉자 오랜 침묵을 깨고 컬리가 불쑥 물었다. "돈은 구했나요?"

그 순간 아까보다 더욱 격렬한 웃음이 터져 나왔다. 끝내 난간에 기대어 배를 움켜쥐고 미친 듯이 웃어댔다. 창자가 끊어질 듯이 아팠으나 그것은 기분 좋은 고통이었다.

멈추지 않는 웃음에서 나를 구원한 것은 맥시의 돈뭉치에서 뽑아 온 지폐의 액면이었다. 20달러였던 것이다! 그것을 보자마자 정신이 번쩍 들었다. 동시에 화도 조금 났다. 그런 머저리의 주머니 속에 20달러 10달러 5달러가 여전히 그득하게 들어 있다고 생각하니 배알이 꼴린 것이다.

만약 맥시가 나를 따라 밖으로 나왔더라면 나는 좀더 분명히 그 돈뭉치를 볼 수 있었을 테고, 그를 협박하다시피해도 양심의 가책을 느끼지 않았을 것이다. 왜 그런 생각이 들었는지는 모르지만 화가 끓어올라서 참을 수 없었다.

어쨌든 당장 컬리부터 떼어내고—5달러쯤 쥐여주면 말을 들을 것이다—한바탕 즐기러 가야겠다. 지금 내게 가장 필요한 것은 점잔 빼지 않으며, 닳고 닳은 천박한 매춘부였다. 어디로 가면 찾을 수 있을까…… 그런 계집을? 그러나 먼저 컬리를 쫓아 보내야 한다. 물론 컬리는 실쭉했다. 그는 나에게 붙어 다닐 작정이었던 것이다. 그는 5달러를 원하지 않는 척했다. 그러나 내가 필요 없으면 돌려달라는 태도를 보이자 재빨리 주머니에 쑤셔 넣었다.

다시 밤이 찾아들었다. 평화도 대피소도 친밀함도 없는, 헤아릴 수 없이 삭막하고 춥고 기계적인 뉴욕의 밤이었다. 끝없고 얼어붙은 고독에 찬 수백 명의 군중, 차갑고 쓸모없는 전광판 불빛, 전적으로 무의미한 여인의 완벽함만이 있을 뿐이었다. 여인은 완벽함을 통해 성(性)의 변경을 가로지르고, 마이너스 부호가 되어 전기처럼, 남자의 중성적인 에너지처럼, 성좌에 속하지 않은 혹성처럼, 평화계획서처럼, 라디오에서 흘러나오는 사랑노래처럼 빨갛게 변해가는 것이다. 공정하고 중립적인 에너지 한복판에서 주머니에 돈을 찔러 넣고 밝게 빛나는 하얗게 칠해진 거리를 목적 없이 풀이 죽은 채 어슬렁거리는 것, 실성하기 직전의 고독에 휩싸인 채 소리 내어 사색하는 것, 도시, 대도시의 일부가 된다는 것, 이 세상에서 가장 큰 도시에서 시간의 마지막 순간에 존재하면서도 그 사실을 깨닫지 못하는 것, 그것은 자신이 도시가 되고, 죽음의 바위, 쓸모없는 빛, 이해할 수 없는 운동, 헤아릴 수 없고 따질 수 없는, 모든 것이 마이너스인 만물의 은밀하면서도 완벽한 세상이 되는 것이다. 돈을 두르고, 돈에 보호받고, 돈에 선동되고, 돈에 눈이 먼 채 혼잡한 밤거리를 걸어간다. 혼잡함 자체가 돈이고, 호흡도 돈이며, 어느 한 구석에 있는 아주 작은 것조차 돈 아닌 것이 없다. 어딜 가든 돈 돈 돈으로 가득하며, 그래도 충분한 줄을 모른다. 돈이 전혀 없다든지, 조금 있다든지, 조금밖에 없다든지, 아주 많다든지 종류는 다양하지만 어쨌든 어딜 가든 돈, 돈이다. 돈을 지니고 있든 한 푼도 없든 중요한 것은 돈이며, 돈이 돈을 만든다. 그런데 대체 무엇이 돈으로 하여금 돈을 만들게 한단 말인가?

다시 댄스홀을 보자. 돈이 연주하는 곡조, 라디오에서 흘러나오는 사랑타령, 날개 없는 군중의 비인격적인 촉감. 구두 밑창까지 스며드는 절망과 권태와 자포자기. 고도로 기계화된 완벽함 속에서 기쁘지도 않으면서 춤을 추고, 절망스러운 고독에 빠지며, 인간이기 때문에 비인간적으로 될 수밖에 없는 이들. 만약 달세계에 생물이 산다고 해도, 여기보다 더 쓸쓸한 생활을 한다는 증거가 있을까? 만약 태양에서 멀어지는 것이 달세계의 차갑고 허무한 상태가 된다는 뜻이라면 우리는 이미 그 목표를 이룬 셈이다. 우리의 생활은 태양빛을 반사하는 달의 차가운 백열광일 뿐이다. 원자의 동굴 속에서 추는 얼음과 같이 차가운 생명의 춤이며, 춤을 추면 출수록 우리는 더욱 싸늘하게 식어간다.

그리하여 우리는 얼음같이 차갑게 얼어붙은 광란의 리듬에 맞추어, 장파와 단파의 리듬에 따라 텅 빈 그릇 속에서 계속 춤을 추고 있다. 욕망의 한 조각이 달러와 센트로 채워진다. 우리는 공격하기 쉬운 약점을 찾아 한 완벽한 여인에게서 다른 여인으로 옮겨가지만, 여인들은 모두 달처럼 완벽한 절조 속에 틀어박혀 뚫고 들어갈 틈을 주지 않는다. 이것이 바로 사랑 논리의 차갑고 새하얀 처녀막이자 썰물의 그물이며, 완전한 무(無)의 가장자리인 것이다. 그리고 이 순결무구한 논리적 완전함의 가장자리에서 나는 하얀 절망에 빠진 영혼의 춤을 추고 있다. 나는 마지막 감정의 방아쇠를 당기는 마지막 백인이며, 하얀 장갑을 낀 손으로 자기 가슴을 두드리는 절망에 빠진 고릴라이다.

나는 날개가 돋아나기 시작한 고릴라이며, 공단과 같은 공허의 한복판에 서서 어지럼증을 느끼는 고릴라이다. 밤에도 전기를 먹는 식물처럼 자라나며, 벨벳과 같은 캄캄한 어둠으로 뒤덮인 우주에 하얗고 뜨거운 싹을 틔우고 있다. 나는 그 새싹들이 번뇌하며 움트는 칠흑 같은 밤의 우주이며, 얼어붙은 달의 이슬방울 위에서 헤엄치는 불가사리이다. 나는 새로 발광한 병원균이고, 명료한 언어로 치장한 변종이며 영혼의 중추에 가시처럼 박힌 흐느낌이다. 나는 천사 같은 고릴라의 건전하고 사랑스러운 춤을 계속 춘다. 머리가 돌았고 천사 같지 않은 사람은 모두 내 형제자매들이다. 우리는 무(無)의 그릇 안에서 춤을 춘다. 우리는 피를 나눈 동포이건만 저마다 별처럼 멀리 떨어져 있다.

지금 내게는 모든 것이 분명했다. 이 도시 자체가 최고조에 달한 광기의 형태이며, 조직적이든 비조직적이든 상관없이 모든 조각이 다 똑같이 이 광기를 나타내는 것이라면 이 논리는 도저히 구제할 수 없다. 나는 내가 과대망상에 빠져서가 아니라 인간의 한 밑씨, 터지기 직전까지 부풀어 오른 생명의 죽은 해면으로서, 아주 엄청나게 겸허하고 위대하다고 느꼈다.

나는 이미 내 품에 안긴 여인의 눈동자를 들여다보지 않게 되었으며, 머리와 팔 그리고 다리도 그저 흐름에 내맡겼다. 동공 뒤쪽에는 개척되지 않은 지역, 미래 세계가 펼쳐져 있다. 그곳에는 어떠한 논리도 없으며, 밤과 낮 그리고 어제와 내일에도 깨지지 않은 정지된 사건들이 조용히 싹트고 있다. 공간의 점을 바라보는 데에 익숙해진 눈은 이제 시간의 점을 보고 있으며, 그 눈은 앞과 뒤를 마음대로 볼 수 있다. 지금까지 '나'였던 눈은 이제 존재하지 않는다.

이 자아 없는 눈은 들추어내지도 설명하지도 않는다. 지도 없이 수평선을 따라 방황하며 한시도 쉬지 못하는 항해사인 것이다. 잃어버린 몸뚱어리를 되찾으려고 나는 도시 같은 논리를 키워 완전성이라는 해부학적 구조의 한 분자가 되었다. 나는 내 죽음을 뛰어넘어 성장했으며, 정신적인 견고함과 광채를 손에 넣었다. 나는 무한한 어제와 무한한 내일로 갈라졌으며 다만 사건의 끄트머리에서, 집 자체는 이미 사라지고 많은 창문만 남은 벽에 기대어 쉬고 있었다. 만약 현재로 되돌아오려면 나는 잃어 버린 몸뚱어리의 마지막 껍질인 이 벽과 창문을 산산조각 내야 한다. 그렇기 때문에 나는 눈 안을 들여다보거나 꿰뚫어 보지 않는다. 머리도 팔도 다리도, 다만 의지의 눈속임으로 눈 안을 헤엄쳐나가 구부러진 시야를 조사하려는 것이다. 나를 낳아준 어머니가 일찍이 시간을 구석구석 돌아보았듯이 나는 내 주변을 둘러보았다. 내가 이 세상에 태어남으로써 생긴 벽을 모조리 부수고 나자, 수평선의 항로는 탯줄처럼 끊어지지 않고 둥글게 이어져 있다. 거기에는 어떠한 형태도, 영상도, 건축물도 없이 오직 순수한 광란의 비행이 있을 뿐이다. 나는 꿈의 실체에서 쏘아 보낸 화살이다. 나는 날아오름으로써 그 점을 입증하고, 땅에 떨어짐으로써 무(無)로 돌아간다.

그러한 순간들은, 내가 모든 것을 알았을 때 공간이 없는 시간의 참된 순간은 날아가고, 모든 것을 알게 됨으로써 나는 자아가 없는 꿈의 창궁 아래서 붕괴한다.

이와 같은 순간과 순간의 사이, 꿈의 틈바구니에서 생명은 되살아나려고 헛되이 발버둥치지만, 도시의 미친 논리 구조는 조금도 버팀목이 되어 주지 못한다. 피와 살이 없는 도시를 만들기 위해—그 완전함은 온갖 논리의 총합이며 꿈의 죽음을 뜻하는 것이지만—피와 살을 가진 인간인 나는 매일같이 휘둘리고 있다. 나는 나의 죽음이 한낱 증발해 버리는 물 한 방울에 지나지 않는 광대한 죽음에 맞서 투쟁하고 있다. 내 개인의 삶을 이 꺼져가는 죽음의 바다에서 일 인치의 몇 분의 일에 지나지 않는 높이만큼이라도 끌어올리려면, 나는 그리스도보다 더 큰 믿음과 가장 위대한 예지자보다 더 깊은 지혜를 가져야만 한다. 우리 시대의 언어에 포함되지 않는 그 무엇을 명료하게 설명할 수 있을 만큼의 능력과 인내심을 가져야 한다. 현재 이해할 수 있는 것은 모두 무의미하기 때문이다. 내 눈 또한 이미 알려진 영상만을 비추기 때문에 아무런 쓸모가 없다. 내 몸뚱어리 전체가 일관된 불빛이 되어 절대 포착되지 않고 뒤돌아보지 않고 줄어드는 일 없이, 맹렬한 속도로 끊임없이 날아야 한다. 이 도시는 암세포처럼 자라난다. 나는 태양처럼 부풀어 올라야 한다. 도시는 점차 붉은 살까지 깊이 파먹어 들어간다. 도시는 굶주림에 허덕이다 죽게 되는 하얀 이(蝨)처럼 탐욕스럽다. 나는 나를 파먹고 있는 이 하얀 이를 굶겨 죽일 작정이다. 사람으로 다시 태어나기 위해 나는 이 도시가 되어 죽을 것이다. 따라서 눈을 감고 귀를 막고 입을 다물 것이다.

다시 사람으로 완전히 태어날 때까지, 나는 사람들이 찾아와서 잠깐 숨을 돌리고 여가를 보내는 자연공원으로서 살아갈 것이다. 사람들이 무엇을 말하고 무엇을 하든 전혀 개의치 않을 것이다. 왜냐하면 그들은 피로와 권태와 실망만을 가져올 것이기 때문이다. 요컨대 나는 이와 적혈구 사이의 완충물이다. 완전할 수 없는 것들을 완전하게 만들려는 노력 속에 축적된 독소를 배출하는 통풍기관인 것이다. 자연계에 존재하고 꿈속에 투영되는 법과 질서가 될 것이다. 완전함이라는 악몽 한복판에 있는 자연공원, 열광적인 활동 한가운데에 자리한 조용하고 흔들림 없는 꿈, 하얀 논리적 당구대 위의 역설이 될 것이다. 나는 울지도, 항의할 줄도 모르면서, 언제나 묵묵히 받아들이고 회복시키는 일을 계속할 것이다. 인간으로서 다시 태어나기 전에는 아무런 말도 하지 않을 것이다. 보존하려는 노력도 부수려는 노력도 하지 않고, 판단도 비평도 하지 않을 것이다.

충분히 가진 사람들은 반성하고 숙고하기 위해 나를 찾아올 것이고, 충분히 갖지 못한 사람들은 살아 있을 때와 마찬가지로 무질서와 절망과 구원의 진실에 대한 무지 속에서 죽어갈 것이다. 누군가가 나에게 믿음이 부족하다는 말을 해도 나는 대답하지 않을 것이다. 괜찮은 여자가 기다리고 있으니 서두르라고 말해도 나는 대꾸하지 않으리라. 혁명이 일어나려 한다고 해도 나는 대답지 않을 것이다. 혁명과 괜찮은 여자는 모퉁이만 돌아서면 언제나 바로 찾을 수 있기 때문이다. 그러나 나를 낳아주신 어머니는 아무리 모퉁이를 돌고 돌아도 대답하지 않다가 결국 마지막에 자신의 내면을 모조리 드러냈다—바로 내가 그 대답이었던 것이다.

완전함에 대한 집념에 이토록 맹렬하게 사로잡혀 있는 사람 가운데, 자연공원의 진화를 기대하는 사람은 아무도 없을 것이다. 심지어 나 자신도 기대하지 않았다. 그러나 어차피 죽음을 기다려야 한다면 자비와 자연의 매력에 빠져 사는 쪽이 그나마 나았다. 삶이 죽음의 완전함으로 나아가고 있을 때 가끔 숨을 돌릴 조촐한 쉼터, 풀밭과 신선한 공기와 연못이 되는 쪽이 훨씬 나은 것이다. 그리하여 사람들을 받아들이고 감싸 안고 싶었다. 왜냐하면 그들이 모퉁이를 돌려고 안달하고 있을 때는 어떠한 대답도 소용이 없기 때문이다.

나는 지금 아주 옛날 어느 여름철 오후에 벌였던 돌싸움을 떠올리고 있다. 그 무렵 나는 헬게이트 부근에 살던 캐롤라인 이모 집에 머물고 있었다. 어느 날 사촌인 진과 공원에서 놀고 있을 때 동네 악동들의 싸움에 휘말리게 되었다. 우리는 우리가 어느 쪽에 붙어서 싸우는지도 모른 채 강가에 쌓여 있는 돌무더기 위에서 죽을힘을 다해 싸웠다. 우리는 다른 아이들에게 계집애 같다는 놀림을 받고 있었기 때문에 다른 소년들보다 더욱 용감하다는 것을 보여주어야 했다. 그러다가 어떻게 된 노릇인지 모르지만 우리는 상대편 소년 하나를 죽이고 말았다. 그들이 일제히 돌격해오자 사촌 진이 적군의 대장 격인 아이에게 주먹만 한 돌을 던졌는데 그것이 그 아이의 배에 명중한 것이다. 거의 동시에 내가 던진 돌은 그의 관자놀이를 때렸다.

녀석은 그 자리에 푹 고꾸라져서 신음조차 내지 않았다. 몇 분 뒤 경찰이 달려왔을 때에는 이미 죽어 있었다. 여덟아홉 살 정도의 우리 또래였다. 만약 그때 경찰에게 붙잡혔다면 어떻게 되었을지 나는 상상도 할 수 없다. 아무튼 우리는 의심을 받기 전에 재빨리 집으로 돌아갔다. 돌아가면서 우리는 옷에 묻은 먼지를 털고 머리에 빗질도 했다. 그리고 집을 나섰을 때와 다름없는 깔끔한 차림새로 집 안으로 들어갔다.

캐롤라인 이모는 평소처럼 신선한 버터를 듬뿍 바르고 설탕을 친 큼직한 호밀빵 두 조각을 간식으로 내어 주었다. 우리는 부엌 식탁 앞에 앉아 천사 같은 미소를 지으며 이모의 이야기에 귀를 기울였다.

지독히 무더운 날이어서 우리는 이모가 시키는 대로, 차일을 친 커다란 거실에서 이웃집 꼬마 조이 카셀범과 구슬치기를 하고 놀기로 했다. 조이는 머리가 좀 모자라기로 유명했기 때문에 평소라면 손쉽게 이길 수 있지만, 그날은 일종의 암묵적 동의에 따라 진과 나는 조이에게 가진 것을 다 털어 주었다. 조이는 너무나 기뻐서 구슬치기가 끝난 뒤 우리를 자기 집 지하실로 데리고 갔다. 그러고는 누이로 하여금 치마를 걷어 올리게 하여 그 속에 있는 것을 우리에게 보여주었다.

위지라는 이름의 소녀였는데, 나한테 한눈에 반한 것 같았다. 나는 뉴욕시 반대편에서 왔을 뿐인데 그들에게는 아주 먼 세계처럼 여겨졌는지 나를 마치 외국에서 온 손님처럼 대우해 주었다. 심지어 그들은 내가 다른 나라 말을 쓴다고 생각하는 듯했다. 다른 꼬마들은 구경값을 내지 않으면 위지의 치마 밑을 들여다볼 수 없었는데, 우리에게는 친절을 베풀어 공짜로 보여 준 것이다. 잠시 뒤 우리는 위지를 설득하여 다른 남자애들 앞에서 다시는 그런 짓을 하지 않겠다는 다짐을 받아냈다. 우리의 연인이 되었으니 정조를 지켜 주기를 바란 것이다.

그해 여름이 끝날 무렵에 사촌 진과 헤어진 뒤 거의 이십 년 동안 그를 만나지 못했다. 다시 만났을 때는, 진이 아무 잘못도 없다는 듯한—돌싸움을 벌였던 그날과 똑같이 순수한 표정을 짓고 있는 것을 보고 깜짝 놀랐다. 게다가 내가 그날의 싸움에 대한 이야기를 꺼냈을 때 그 소년을 죽인 사람이 우리란 사실을 까마득히 잊고 있는 것을 보고 더욱 기가 찼다. 진은 그 소년의 죽음은 기억하고 있었으나 우리는 그 일과 아무 관계가 없었다는 투로 말했다. 내가 위지의 이름을 들먹여도 그는 전혀 기억하지 못했다. 이웃집 지하실에서 있었던 일과 조이 카셀범도 기억나지 않느냐고 묻자 그제야 진의 얼굴에 희미한 미소가 번졌다. 그런 사소한 일들까지 기억하고 있다니 대단하다는 뜻이었다. 진은 이미 결혼하고 아버지가 되어 있었으며, 화려한 담뱃갑을 만드는 공장에서 일하고 있었다. 그 옛날 일을 아직까지 기억하고 있다는 것이 그에게는 아주 뜻밖의 일이었던 것이다.

그날 저녁 진과 헤어진 뒤 나는 아주 우울해지고 말았다. 그가 자신도 연관되어 있는 내 삶의 값진 부분을 송두리째 뽑아 버리려는 것만 같았다. 진은 멋진 추억보다 지금 수집하는 열대어에 더욱 애착을 가지는 듯했다. 그러나 나는 모든 일을, 그해 여름에 있었던 모든 일, 특히 돌싸움을 벌인 날의 추억을 잊을 수 없다. 사실 그날 오후 진의 어머니가 준 두툼한 호밀빵 맛이 지금 먹고 있는 음식보다 입 안에서 훨씬 더 선명하게 느껴질 때도 있다. 그리고 그때 본 위지의 앙증맞은 봉오리가 지금 실제로 만지고 있는 그것보다도 몇 배는 더 내 마음을 자극했다. 우리가 던진 돌에 맞아 쓰러진 소년의 모습은 세계대전보다 훨씬 더 강렬한 인상을 남겼다. 그 길었던 여름의 기억은 마치 아서 왕 이야기 속의 전원시 같았다. 나는 그 여름이 왜 이토록 기억에 선명히 새겨져 있는가 의아하게 여길 때가 많다. 잠시 쉬려고 눈을 감기만 하면 그 하루하루의 광경이 되살아나는 것이다.

그 소년의 죽음은 나를 조금도 괴롭히지 않았다. 일주일도 채 지나기 전에 잊어버렸기 때문이다. 위지가 어두컴컴한 지하실에서 치마를 걷어 올리던 모습도 쉽게 지워졌다. 그런데 정말 이상하게도 캐롤라인 이모가 매일 주던 두툼한 호밀빵만은 그 여름의 다른 어떤 기억보다도 강렬한 힘을 갖고 있는 듯했다. 나는 그 까닭을 생각해 보았다…… 생각하고 또 생각해 보았다. 아마도 이모가 빵을 줄 때마다 보여주던 부드러움과 연민의 정이, 이제까지 내가 한 번도 받아보지 못하던 것이었기 때문이리라.

캐롤라인 이모는 매우 못생겼었다. 얼굴은 마마로 얽은 자국투성이였지만 목소리는 아주 인자하고 정다웠다. 나에게 말할 때는 자기 아들을 대할 때보다도 더 많은 관심과 배려를 기울이는 것 같았다. 나는 평생 이모 집에서 살고 싶었다. 할 수만 있다면 캐롤라인 이모를 내 친어머니로 삼고 싶을 정도였다.

어머니가 들렀다가 내가 새 생활에 아주 만족하는 것을 보고 얼마나 섭섭해했는지를 지금도 뚜렷이 기억한다. 어머니는 내가 감사할 줄 모른다는 말까지 했다. 나는 그 한 마디를 평생 잊지 못할 것이다. 왜냐하면 나는 감사할 줄 모르는 것이 제법 괜찮고 필요하다고 그때 처음으로 깨달았기 때문이다. 지금도 눈을 감고 그때 일을 돌아보며 두툼한 호밀빵을 생각하고 있으면, 이모 집에 있던 동안에는 혼난다는 것이 무엇인지 전혀 모르고 지냈다는 사실이 떠오른다. 만약 이모에게 골목대장 소년을 죽인 일을 털어놓고 사건의 전말을 말씀드렸다면 캐롤라인 이모는 틀림없이 나를 꼭 끌어안고 그 자리에서 용서해 주셨을 것이다. 그래서 그 여름이 내게 이토록 값진 보물로 남게 된 것이라고 생각한다.

암묵적으로 완전히 면제받은 여름이었다. 내가 위지를 잊지 못하는 것도 그 때문이다. 위지는 마음씨가 아주 착했고 나를 사랑했으며 결코 나를 비난하지 않았다. 그녀는 내가 '다르다'는 점을 처음으로 칭찬해준 여자였다. 위지 다음부터 상황은 정반대였다. 나는 사랑은 받았으나 동시에 나라는 존재로 인해 미움도 받았다. 위지는 이해하려고 노력했다. 내가 낯선 땅에서 왔다는 점과 다른 언어를 쓴다는 점 때문에 그녀는 나에게 끌렸다. 자기 소꿉친구들에게 나를 소개할 때 반짝이던 위지의 눈동자를 나는 평생 잊지 못할 것이다. 위지의 눈동자에는 사랑과 찬탄의 빛이 타오르고 있었다. 때로 위지와 진과 나는 저녁에 강둑을 걷다가 둑에 앉아 어른들이 없을 때 애들이 흔히 하는 이야기를 주고받기도 했다. 지금 돌이켜보면 더욱 분명히 알 수 있는데, 우리는 우리 부모님들보다 더 진지하고 심오한 이야기를 나누었다.

우리에게 매일 두툼한 빵을 주기 위해 부모님들은 엄벌을 받아야 했다. 그 가운데 가장 무거운 벌은 우리 아이들에게서 멀어지는 것이다. 왜냐하면 우리에게 빵을 한 조각 먹일 때마다 우리는 그만큼 부모에게 무관심해질 뿐 아니라 점점 그들보다 우월해지기 때문이다. 은혜에 감사할 줄 모르는 것이 바로 우리의 힘이요, 아름다움인 것이다. 깊이 사랑하는 대상이 없기 때문에 우리는 온갖 죄에서도 결백했다. 우리 눈앞에서 푹 고꾸라져서 신음이나 울음소리 한 번 내지 않고 죽어 버린 소년…… 나는 그 소년을 살해한 것조차 순결하고 건전한 행위였다고 생각한다. 그러나 빵을 얻기 위한 투쟁은 천박하고 비열한 짓으로 보였으며, 부모 곁에 서면 그들의 불결함에 구역질이 나서 절대 그들을 용서할 수 없다고 느꼈다. 매일 오후마다 먹었던 두툼한 빵은 스스로 벌어서 얻은 것이 아니기 때문에 맛있었던 것이다. 이제 다시는 그런 빵 맛을 볼 수 없으리라. 앞으로 두 번 다시 그러한 빵을 받을 일은 없을 것이다. 소년을 죽인 날의 빵 맛은 유난히 좋았다. 그 뒤로 맛볼 기회가 없었던 두려움이라는 양념을 곁들여 먹었기 때문이다. 그리고 그것은 캐롤라인 이모가 아무 말은 없었지만 죄를 완전히 사한다는 뜻으로 주었던 것이다.

그 호밀빵에는 내가 어떻게든 밝혀내고자 골몰하고 있는 무엇—어딘가 즐겁고 무서우며 해방감을 주는 것, 어린 시절의 발견들과 연관된 무언가가 있었다. 나는 그때보다 더 어렸던 무렵, 친구 스탠리와 함께 종종 냉장고를 털어서 먹었던 다른 호밀빵을 떠올렸다. 그것은 훔친 빵이었기 때문에 사랑을 담아 내준 빵보다 훨씬 더 맛있었다. 그런데 길에서 호밀빵을 손에 들고 먹으면서 이야기를 나누던 때 이른바 하늘의 계시를 받았다. 그것은 자비의 상태, 완전한 무지와 자기희생의 상태였다. 그와 같은 짧은 순간에 내게 전해진 것을 나는 그 뒤로도 마음속에 소중히 보존해 왔다. 앞으로도 그때 얻은 지식을 잃어버리는 일은 결코 없을 것이다. 우리가 일반적으로 생각하는 지식과는 다른 것이기 때문일까? 말하자면 진리를 깨달은 느낌이었다. 하기야 진리라고 단언하기에는 성급한 감도 있지만. 호밀빵에 대한 이야기에서 가장 중요한 점은, 그것이 언제나 가족에게서 멀리 떨어진 곳에서 이루어졌으며, 두려워하긴 해도 존경한 적은 한 번도 없었던 부모님의 눈길이 닿지 않는 곳에서 이루어졌다는 것이다. 아이들끼리만 있으면 우리의 상상력은 끝이 없었다. 우리에게 사실은 거의 중요하지 않다. 우리는 어떤 것이든 상관없이 발전할 수 있는 기회를 얻고 싶었다.

돌이켜 볼 때 가장 놀라운 점은, 우리가 서로를 잘 이해했고 젊거나 늙거나 할 것 없이 모든 사람들의 본성을 날카롭게 꿰뚫어 보았다는 사실이다. 저런 녀석은 언젠가 교도소에서 목숨을 잃을 것이고, 누구는 가난한 노동자로 평생을 살 것이고, 다른 누구는 아무짝에도 못쓴다는 등, 일곱 살밖에 안 된 우리는 정확하게 알아볼 수 있었다. 우리가 내린 분석은 한 치도 틀리지 않았으며 우리 부모나 선생들, 세상의 모든 심리학자들의 판단보다도 더 정확했다. 알피 베차는 손쓸 수 없는 술망나니가 되었고, 조니 게르하르트는 교도소에 수감되었으며, 밥 쿤스트는 마차에 매인 말처럼 일만 했다. 예상은 어긋나지 않았다. 우리가 학교에서 배운 학문은 우리의 통찰력을 모호하게 흐리기만 했다. 학교에 발을 들인 순간부터 우리는 아무것도 배우지 못했다. 우리는 무뎌지고, 말과 추상적인 안개에 휩싸여 버렸다.

호밀빵을 통해 이 세상의 본질적인 모습을 알게 되었다. 마법이 지배하는 원시적인 세상, 공포가 가장 중요한 역할을 하는 세상이 기다리고 있었다. 가장 많은 두려움을 안겨주는 소년만이 지도자가 되고 그가 스스로 그 힘을 유지하는 동안은 존경을 받았다. 반항하는 소년들도 있었다. 그러나 그들은 흠모를 받기는 해도 지도자가 될 수는 없었다. 나머지 대다수는 두려움 없는 이들이 주무르는 대로 놀아나는 찰흙덩이나 다름없었다.

그 가운데 몇몇은 의지가 되었지만 대부분은 그렇지 못했다. 공기 속에 팽팽한 긴장감이 감돌았고, 한 치 앞도 예측할 수 없었다. 이와 같은 원시사회의 느슨한 핵심에서 날카로운 욕구와 정서와 호기심이 만들어졌다. 당연하게 받아들여지는 것은 아무것도 없으며, 매일매일 새로운 능력을 시험하고, 새로운 힘과 새로운 좌절의 분별을 요구했다. 그리하여 아홉 살 혹은 열 살이 될 때까지 우리는 인생의 참맛을 맛보았다. 운 좋게 부모에 의해 망가지지 않고 마음대로 밤거리를 쏘다니며 자기 눈으로 온갖 것들을 발견할 수 있었던 우리는 독립적인 존재였다.

지금 나는 그토록 철저하게 제한된 유년시절이야말로 무한한 우주이며, 뒤이어 누리는 어른의 삶은 끊임없이 수축되는 영역이라는 점을, 어느 정도의 후회와 갈망과 더불어 뼈저리게 느끼고 있다. 학교에 들어가는 순간부터 우리는 나아갈 길을 잃고 목에 고삐가 채워지는 것을 느끼게 된다. 삶의 맛이 사라진 것처럼 빵 맛도 사라져 버린다. 빵을 손에 넣는 것이 먹는 것보다 더욱 중요한 문제로 떠오른다. 모든 일에서 이해를 따지고 모든 것에 가격이 붙는다.

사촌 진은 완전히 하찮은 인간이 되었고, 스탠리는 가장 참담한 실패자가 되고 말았다. 어릴 때 내가 가장 좋아했던 이 두 녀석 말고 또 다른 친구 조이가 있는데, 그는 편지배달부가 되었다. 나는 그들의 삶을 생각할 때마다 울고 싶어진다. 소년시절 그들은 완벽했다—충동적인 면이 있는 스탠리는 조금 뒤떨어졌지만. 스탠리는 이따금 마구잡이로 화를 내곤 했는데 그날그날의 기분을 맞춰주기가 쉬운 일이 아니었다. 그러나 조이와 진은 본디 나무랄 데 없이 착했다. 그들은 전통적인 의미 그대로의 친구였다. 나는 시골에 갈 때마다 곧잘 조이를 떠올렸다. 조이는 말 그대로 시골 소년이었던 것이다. 말하자면 그는 내가 알고 있는 다른 어떤 녀석들보다도 충직하고 진지하며 다정했다는 뜻이다.

나는 맞이하기 위해 달려 나오는 조이의 모습이 지금도 눈에 선하다. 그는 언제나 나를 끌어안을 듯이 팔을 활짝 벌리고 달려왔다. 나를 포함해 우리가 다 같이 벌일 모험 계획에는 언제나 흥분해서 콧김을 내뿜고, 내가 오면 주려고 따로 모아둔 선물들을 두 손에 잔뜩 들고서.

조이는 마치 옛날 왕이 귀빈을 맞듯이 나를 맞이해주었다. 내가 바라본 물건은 모두 내 것이 되었다. 우리는 이루 헤아릴 수 없이 많은 이야기를 주고받았으며, 지루함과 싫증을 느낀 적은 단 한 번도 없었다. 그러나 우리가 사는 세상은 멀리 떨어져 있었다. 나 역시 뉴욕 사람이었지만 그래도 사촌인 진을 찾아올 때에는 그보다 훨씬 더 큰 도시, 내가 자랑하는 세련된 도시적인 모습 따위는 문제도 되지 않는 뉴욕시의 참모습을 보는 것만 같았다.

스탠리는 자기 집 근처를 벗어난 적이 한 번도 없었지만, 그가 태어난 곳은 바다 건너 머나먼 나라인 폴란드였으므로, 우리는 언제나 여행 이야기를 나누었다. 외국어를 할 수 있다는 점도 우리의 존경을 모으는 요소가 되었다. 이처럼 우리는 저마다 독특한 기운을 풍기고 있었으며, 침범할 수 없는 독자적인 개성을 지니고 있었다. 그러나 세상으로 나오자 그런 개인의 특성은 점차 사라지고, 모두 어슷비슷해져서 본디의 자신과는 전혀 딴판인 사람이 되어 버렸다.

　이와 같은 특이성의 소멸과, 어쩌면 하찮을지 몰라도 개성의 상실이, 나를 슬프게 하고 호밀빵을 더욱 두드러져 보이게 했다. 그 맛있는 호밀빵은 우리 개인의 자아 형성에 도움을 주었다. 호밀빵은 요컨대 누구나 분배에 참여할 수는 있으나, 제각기 은총을 입은 사람밖에 받을 수 없는 성찬과 같은 것이다. 지금 우리는 같은 빵을 먹고 있지만 그 빵에는 이미 영적인 교섭도 은총도 없다. 우리는 오직 배를 채우기 위해 먹으며, 우리의 마음은 차갑고 공허하다. 우리는 따로 떨어져 있으나 개성은 어디에서도 찾을 수 없다.

　호밀빵에 대해 또 한 가지 잊을 수 없는 사실이 있는데, 우리가 종종 생양파와 함께 빵을 먹었다는 점이다. 어느 어스름한 저녁 우리 집 건너편에 있는 수의사 집 앞에서 스탠리와 함께 손에 샌드위치를 들고 서 있던 일이 아직도 눈에 선하다. 수의사인 맥키니 선생님은 어째선지 언제나 해질 무렵에만 종마의 거세수술을 하는 것이었다. 수술은 공개적으로 이루어졌기 때문에 언제나 구경꾼들이 몇 명씩 몰려들곤 했다. 나는 불에 달군 쇠 냄새와 부들부들 떨리는 말의 다리, 맥키니 선생님의 염소수염, 생양파 맛, 우리 바로 뒤에서 가스관 설치 공사를 하는 고약한 냄새를 아직도 생생하게 기억한다. 그것은 처음부터 끝까지 고약한 냄새가 나는 작업으로, 아벨라르의 적절한 표현을 빌리자면 '실제로 아무런 고통도 없는' 것이었다. 우리는 그 수술이 무엇인지도 모르면서 수술이 끝난 뒤에 오랫동안 토론을 벌이곤 했다. 그리고 그 토론은 언제나 말다툼으로 끝나기 일쑤였다.

　맥키니 선생님을 좋아하는 사람은 아무도 없었다. 그에게선 요오드포름 냄새와 썩은 말 오줌 냄새가 났기 때문이다. 때로 그의 집 앞 도랑은 붉은 피로 가득 찼으며, 겨울에는 그 피가 얼어붙어 보도를 이상야릇하게 만들었다. 그리고 이따금 코가 썩을 듯한 악취를 풍기면서 바퀴가 두 개 달린 커다란 수레가 와서 죽은 말을 싣고 갔다. 싣는다기보다는, 닻을 내릴 때처럼 쩔그렁거리는 소리를 내는 기다란 쇠사슬로 끌어올리는 것이다. 썩어서 부풀어 오른 말 사체의 악취는 구역질이 날 만큼 지독했고, 우리가 살고 있는 거리는 그런 고약한 냄새로 진동했다.

　모퉁이에 있는 폴 사우어의 가게에는, 갓 벗긴 생가죽과 털을 깎은 가죽들이 거리 쪽에 높다랗게 쌓여 악취를 풍기고 있었다. 그리고 그 가게 뒤에 있는 깡통공장에서는 시큼하고 매캐한 냄새—현대문명의 진보적인 냄새가 풍겼다. 참을 수 없는 죽은 말 냄새도 화학약품이 타는 냄새에 비하면 몇천 배 더 나았다. 관자놀이에 탄알구멍이 뻥 뚫린 말이 피 웅덩이 속에 머리를 처박고 단말마로 인한 배설로 항문이 쩍 벌어진 채 죽어 있는 모습이, 푸른 앞치마를 두른 남자들이 갓 만든 깡통들을 손수레에 가득 싣고 공장의 둥근 문으로 걸어나오는 모습보다는 나았다.

그러나 다행히도 깡통공장 맞은편에는 빵집이 있었다. 그 뒷문 쪽으로 가면 열심히 빵과 과자를 굽는 모습을 보고, 기막히게 향긋한 냄새를 맡을 수 있었다. 아까 말했던 것처럼 가스관 설치 공사가 진행되고 있긴 했지만, 그 밖에도 온갖 이상한 냄새가 뒤섞여 떠돌고 있었다. 파서 뒤엎어 놓은 땅 냄새, 부식한 쇠파이프 냄새, 하수구에 어려 있는 가스 냄새, 파헤쳐놓은 흙더미에 몸을 기댄 채 이탈리아 노동자들이 먹고 있는 양파 샌드위치의 냄새 등이었다.

그 밖에도 온갖 고약한 냄새들이 떠돌았지만 그다지 강렬하지는 않았다. 예를 들면 실버스타인 양복점에서 나는 냄새. 이 양복점에서는 온종일 산더미같이 쌓인 옷을 다림질하고 있었으므로 뜨겁고도 고약한 냄새가 물씬하게 풍겼다. 그러나 그 냄새가, 깡마른 유대인 실버스타인의 몸에서 풍기는 고약한 냄새도 냄새려니와, 온갖 오물을 다 묻혀 와서 세탁해 달라고 맡긴 손님들 바지에서 나는 냄새보다는 한결 나을 것이라는 생각이 들었다.

그 옆에서는 신앙심은 깊지만 머리가 조금 모자라는 두 노부인이, 사탕과 문구류를 파는 가게를 꾸려가고 있었다. 이 가게에서는 사탕과 에스파냐산 땅콩, 구취제거 사탕, 프랑스산 싸구려 살담배 등이 속이 느글거릴 정도로 달콤한 냄새를 풍기고 있었다. 문방구를 파는 쪽은 항상 서늘하고 호기심을 자극하는 물건들로 그득한 아름다운 동굴 같았다. 이 가게에서 파는 소다수 역시 독특한 냄새를 풍겼다. 두꺼운 대리석을 깐 카운터에서는 여름철이면 새콤한 냄새가 났다. 그러나 그 새콤한 냄새는 자극적이고도 씁쓸한 탄산수를 아이스크림 위에 부을 때 나는 냄새와 아주 잘 어울렸다.

사춘기에 접어들어 점점 성숙하면서 그러한 냄새도 차츰 엷어졌다. 그 대신 유난히 기분 좋고 절대 잊을 수 없는 유일한 냄새를 맡을 수 있게 되었다. 바로 여자의 비밀스런 곳에서 나는 냄새였다. 특히 여자와 한바탕 즐긴 뒤 손가락에 감도는 아련한 향기. 지금껏 맡아보지 못했다가 어느 날 문득 그 냄새를 느꼈을 때는 이미 과거의 향기가 서려 있었기 때문인지, 음부 자체의 냄새보다도 훨씬 더 기분 좋은 냄새를 풍겼다. 그러나 사춘기에 맡은 이런 냄새도 어린 시절에 맡은 냄새에 비하면 아주 약했다. 그 냄새는 현실에서와 마찬가지로 상상 속에서도 아주 빨리 증발해 버리기 때문이다.

사람은 사랑했던 여자에 대해서는 많은 것을 기억하지만 그녀의 깊숙한 곳에서 풍기는 냄새만은 좀처럼 분명히 기억하지 못한다. 반면, 젖은 머리칼, 여인의 젖은 머리칼 냄새는 보다 강렬하게 남아 기억에서 지워지지 않는다―그 이유는 나도 모르지만. 거의 40년이 지난 지금도 나는 틸리 이모가 머리를 감고 난 뒤에 풍기던 냄새를 기억하고 있다. 이모는 언제나 숨이 턱 막힐 정도로 후텁지근한 부엌에서, 대개 무도회에 나가기 위해 토요일 오후 늦게 머리를 감곤 했다. 그러고 나면 아름다운 줄무늬 옷을 차려입은 기마대의 상사가 찾아오는 이상한 일이 일어나는 것이었다. 내 눈에도 그는 좀 멍청한 틸리 이모에게는 과분할 만큼 멋지고 남성다우며 총명해 보였다. 아무튼 이모는 머리를 감고 나서 부엌 식탁 옆에 있는 작은 의자에 앉아서 수건으로 머리칼을 말렸다. 그 옆에는 검게 그은 램프가 놓여 있고, 램프 곁에는 보기만 해도 오싹해지는 헤어아이론이 놓여 있었다.

이모는 대체로 식탁 위에 조그만 거울을 세워두고 자기 모습을 비춰보곤 했다. 나는 지금도 그녀가 콧잔등에 난 여드름을 짜면서 얼굴을 찡그리던 모습이 눈에 선하다. 그녀는 비쩍 마르고 못생기고 저능한 피조물이었다. 그리고 커다란 두 대문니를 가지고 있어서 그녀가 입술을 오므리고 웃을 때마다 얼굴이 말상처럼 되었다. 게다가 목욕을 하고 난 뒤에도 땀 냄새가 지독했다.

한데 그녀의 머리칼 냄새만은 영원히 잊을 수 없다. 그 냄새에는 이모에 대한 나의 증오와 멸시가 뒤섞여 있었기 때문이다. 머리가 다 말라갈 때의 그 냄새는 마치 늪 밑바닥에서 나는 냄새 같았다. 거기에는 두 가지 냄새가 섞여 있었다―젖은 머리칼 냄새와, 이모가 머리칼을 화로에 집어넣어 불에 화르륵 타오를 때의 냄새였다. 이모의 빗에는 언제나 머리칼이 뒤엉켜 있었고, 기름때와 먼지로 진득진득하게 엉긴 비듬과 땀이 들러붙어 있었다. 나는 곧잘 이모 곁에 서서 그녀를 지켜보곤 했는데, 그때마다 그녀가 어떤 무도회에 가며 그곳에서 어떻게 행동할까 궁금히 여겼다. 치장이 다 끝나면 이모는 늘 나에게 자기가 예쁘지 않느냐고, 사랑스럽지 않느냐고 물었다.

물론 그때마다 나는 그렇다고 대답했다. 그러나 잠시 뒤 부엌 옆에 있는 변소에 앉아서 창틀에 놓인 촛불이 어른거리는 모습을 바라보며 그녀가 제정신이 아니라고 혼자 중얼거렸다. 이모가 집을 나서면 나는 헤어아이론을 손에 쥐고 냄새를 맡거나 있는 힘껏 꾹 쥐어보곤 했다. 그것은 거미처럼 꺼림칙하면서도 매력적인 물건이었다.

이 부엌의 모든 것이 내게는 매력적이었다. 나는 부엌의 모든 것에 익숙했지만 한 번도 정복해본 적은 없었다. 그곳은 아주 개방적인 동시에 너무도 비밀스런 곳이었다. 나는 토요일마다 부엌에 커다란 양철 대야를 가져다 놓고 목욕을 했다. 세 자매들도 부엌에서 목욕하고 화장했다. 할아버지는 세면대 앞에 서서 웃통을 벗고 씻었으며, 그 뒤 내게 신발을 말리라고 내주곤 했다. 겨울이면 부엌 창가에 서서 눈이 내리는 모습을 멍하니 바라보았다. 마치 자궁 안에 있을 때 어머니가 변기에 앉아 물 내리는 소리에 귀를 기울였던 것처럼.

그리고 이 부엌은 비밀 이야기를 하는 곳으로 쓰이기도 했다. 무섭고 사위스러운 의논이라도 했는지, 사람들은 언제나 울어서 퉁퉁 부은 눈과 심각한 표정으로 그곳에서 나오곤 했다. 어째서 그들이 부엌으로 가서 쑥덕거리는지 나는 알 수 없다. 그런데 그들이 유산 문제로 옥신각신하거나 가난한 친척에게는 어떻게 나누어 주어야 한다느니 하는 비밀스러운 이야기를 하고 있을 때, 종종 부엌문이 벌컥 열리면서 손님이 찾아와 집 안 분위기는 갑자기 확 달라질 때도 있었다. 마치 방문객이 찾아옴으로써 길었던 비밀회의에서 벗어나 안도한 것처럼 분위기가 백팔십도로 바뀌는 것이다.

그렇게 문이 열리면서 예기치 못한 손님이 고개를 들이밀면 나는 너무 기뻐서 가슴이 쿵쾅거렸다. 얼마 뒤 나는 커다란 유리 주전자를 받아들고 모퉁이에 있는 술집으로 한달음에 달려간다. 술집으로 가면 종업원이 다니는 입구의 조그만 창구로 주전자를 들이밀고, 주전자에 거품이 이는 맥주가 가득 채워져서 나오기를 기다렸다.

이렇게 모퉁이까지 맥주를 사러 갈 때마다 놀라운 모험이 나를 기다리고 있었다. 먼저 우리 집 바로 아래에는 스탠리 아버지의 이발소가 있었다. 나는 심부름을 하러 뛰어 나갈 때마다 스탠리가 아버지에게 면도칼 가는 가죽으로 두들겨 맞는 광경을 몇 번이나 목격했다. 그 광경을 보면 나는 온몸의 피가 끓어오르는 것 같았다. 스탠리는 나의 가장 친한 친구였고, 그의 아버지는 술주정뱅이 폴란드인일 뿐이었기 때문이다.

그러던 어느 날 밤 역시 유리 주전자를 들고 달려가다가 나는 다른 폴란드인이 면도칼을 손에 들고 스탠리 아버지를 뒤쫓아 가는, 기막히게 후련한 광경을 보게 되었다. 스탠리의 아버지는 목에서 피를 흘리며 백지장처럼 창백해진 얼굴로 뒷걸음질하며 문밖으로 나왔다. 그리고 가게 앞 보도에 쓰러져서는 몸을 비틀며 신음을 내뱉었다. 나는 1, 2분쯤 그를 내려다보다가 매우 흡족하고 행복한 마음으로 걸음을 서둘렀다. 스탠리는 이발소에서 난투를 벌이는 동안 이미 밖으로 빠져나왔으며 나와 함께 술집까지 같이 갔었다. 조금 놀라기는 했으나 그도 기분이 좋은 듯했다. 우리가 되돌아왔을 때는 문앞에 구급차가 와 있었고, 사람들이 얼굴과 목에 하얀 덮개를 씌운 스탠리의 아버지를 들것에 실어서 들어 올리고 있었다.

때로는 내가 주전자를 들고 막 달려 나갈 때 캐럴 신부가 총애하는 성가대 소년이 집 앞을 어슬렁거릴 때도 있었다. 이는 매우 중요한 사건이었다. 그 소년은 우리들 가운데 가장 나이가 많았지만 계집애같이 생겨먹은 동성애자였다. 그가 산책만 해도 우리는 불같이 화가 났다. 따라서 그가 나타나기만 하면 그 소식은 곧장 온 동네에 퍼졌고, 그가 모퉁이를 돌기도 전에 나이 어린 소년들이 그를 에워싸고 조롱했으며, 울음을 터뜨릴 때까지 그의 흉내를 내며 모욕했다. 그가 울음을 터뜨리면 우리는 이리 떼처럼 그에게 와락 달려들어 땅바닥에 쓰러뜨리고는 입고 있는 옷을 찢어발겼다. 낯부끄러운 행동이었지만 우리는 그로 인해 기쁨을 맛보았다. 물론 아무도 동성연애자가 뭔지 몰랐으나 우리는 그것이 무엇이건 좋지 않게 생각했다.

마찬가지로 우리는 중국 사람에게도 반감을 가지고 있었다. 큰길에서 조금 떨어진 곳에 있는 세탁소에 중국 사람이 한 명 살고 있었는데, 그 아이도 이따금 우리 집 앞을 지나가곤 했으므로, 캐럴 신부 성가대의 그 겁쟁이처럼 우리에게 호된 조롱을 당했다. 그는 교과서에서 본 쿨리의 모습 그대로였다. 실로 꼰 단춧구멍이 달린 검은 알파카 외투를 입고 있었고, 뒤축이 없는 슬리퍼를 끌고 다녔으며, 변발을 길게 늘어뜨리고 있었다. 그리고 언제나 두 손을 소맷자락 속에 집어넣고 걸어 다녔다. 내가 특히 잘 기억하고 있는 것은 그의 걸음걸이였다. 느릿하고 점잔을 빼는, 여자 같은 걸음걸이였는데 그것이 우리에게는 아주 이질적이고 위협적인 것으로 보였다. 그는 우리가 아무리 놀려대도 전혀 관심을 보이지 않았으므로 어쩐지 불쾌한 데다 얄밉기도 했다. 우리는 그가 놀림 받는 줄도 모를 정도로 멍청한 놈일지도 모른다고 생각해 보기도 했다.

그런데 어느 날 우리가 그 세탁소까지 찾아갔을 때 그 중국인은 우리를 몹시 놀라게 했다. 그는 먼저 우리에게 세탁물 보따리를 내준 뒤 카운터 아래에 있는 커다란 가방 안에서 리치 열매를 한 움큼 집어주었다. 그리고 싱글싱글 웃으면서 카운터 뒤에서 걸어 나와 문을 열었다. 그는 여전히 싱글거리면서 알피 베차를 붙잡고 귀를 잡아당겼다. 차례로 우리의 귀를 잡아당길 때도 그는 여전히 미소를 짓고 있었다. 그러다가 갑자기 아주 사나운 표정을 짓더니 고양이처럼 재빨리 카운터 뒤로 달려가, 길고 흉측하게 생긴 칼을 집어 들어 우리에게 휘둘러댔다. 우리는 엎어지고 자빠지면서 그곳을 빠져 나왔다. 가까스로 모퉁이까지 달아나서 뒤를 돌아보니 그는 다리미를 손에 들고 아무 일도 없었다는 얼굴로 문 앞에 서 있었다. 이 사건이 있은 뒤로는 겁이 나 아무도 세탁소에 가지 못했다. 우리는 매주 세탁물을 찾아달라고 루이 피로사에게 5센트씩 주어야 했다.

루이의 아버지는 길모퉁이에서 과일 노점상을 하고 있었다. 그는 우정의 표시로 우리에게 곧잘 상한 바나나를 주곤 했다. 스탠리는 그의 이모가 멍든 바나나를 튀겨 주곤 했기 때문에 유난히 그것을 좋아했다. 스탠리네 집에서는 튀긴 바나나를 아주 맛있는 음식으로 여기고 있었다.

언젠가 스탠리의 생일날에 동네 꼬마들을 모조리 초대하여 파티를 연 적이 있었다. 튀긴 바나나가 나오기 전까지 파티는 아주 흥겨웠다. 그러나 아무도 그 바나나를 건드리지 않았다. 그런 요리는 스탠리의 부모 같은 폴란드 사람들이나 먹는 것이라고 알고 있었던 것이다. 우리는 바나나를 튀겨 먹는 것이 역겨운 일이라고 생각했다. 분위기가 어색해지자 한 재치 있는 녀석이 이 바나나를 멍청이 윌리 메인에게 주는 게 어떻겠냐고 말했다.

윌리 메인은 우리 가운데 나이가 가장 많았으나 "비욕, 비욕"이라는 말밖에 하지 못했다. 그는 모든 것을 보고 "비욕, 비욕"이라고 말했다. 바나나

접시를 건넸을 때도 그는 "비욕"이라고 말하면서 두 손을 내밀었다. 그런데 그의 동생 조지가 바보 형에게 썩은 바나나를 떠넘기는 것을 모욕으로 받아들이고 싸움을 일으켰다. 자기 동생이 위험에 처한 것을 본 윌리도 "비욕, 비욕" 하고 날카롭게 부르짖으며 덩달아 날뛰었다. 그는 남자애들뿐만 아니라 여자애들에게까지 달려들었으므로, 파티는 수라장이 되고 말았다.

마침내 소동을 알아챈 스탠리의 아버지가 면도칼 가는 가죽을 들고 가게에서 달려왔다. 그는 윌리의 목덜미를 잡고 가죽 끈으로 모질게 후려쳤다. 그동안 동생 조지는 달려 나가 자기 아버지를 불러왔다. 알코올중독 기미가 있는 메인 씨는 윗옷도 걸치지 않은 채 허겁지겁 달려와서, 불쌍한 윌리가 주정뱅이 이발사에게 얻어맞고 있는 것을 보고 그에게 달려들어 무자비하게 두들겨 팼다. 겨우 풀려난 윌리는 그 난장판 속에서도 무릎을 꿇고 바닥에 떨어진 튀긴 바나나를 우걱우걱 집어먹었다. 마치 숫염소처럼 바나나가 보이는 대로 마구 입에 집어 처넣었다. 마침내 아들이 염소처럼 튀긴 바나나를 주워 먹고 있는 것을 본 메인 씨는 불같이 화를 내며 가죽 끈을 집어 들고 윌리를 뒤쫓으며 인정사정없이 매질을 해댔다.

윌리는 "비욕! 비욕!" 하고 비명을 지르며 달아났고, 너무도 황당한 광경에 아이들은 웃음을 터뜨리고 말았다. 웃음소리에 맥이 빠진 메인 씨는 매질을 멈추었다. 그가 주저앉자 스탠리의 이모가 포도주를 내왔다.

소동을 듣고 이웃사람들이 무슨 일인가 하고 찾아오자 스탠리의 이모는 더 많은 포도주와 맥주 그리고 네덜란드 진을 내왔고, 곧 모두들 행복해져서 노래를 부르고 휘파람을 불어댔다. 어린애들까지 술에 취했고, 윌리 역시 술에 취해서 또다시 숫염소처럼 네 발로 바닥을 기어 다니며 "비욕! 비욕!" 하고 외쳐댔다. 이때 여덟 살밖에 되지 않은 주제에 술에 얼근하게 취한 알피 베차가 바보 윌리의 엉덩이를 깨물었다. 윌리 역시 가만히 있지 않고 그를 깨물었다. 그것이 불씨가 되어 우리는 다 같이 엉겨서 서로가 서로를 물어댔다. 부모들도 우리가 노는 모습을 기쁜 마음으로 구경하며 웃고 떠들어댔으며 파티는 점점 더 흥이 올랐다. 또다시 바나나를 잔뜩 튀겨 내오자, 이번에는 모두들 앞다투어 그 바나나를 먹었다. 축하의 말과 축배를 나누었으며, 바보 윌리는 우리를 위해 노래하려고 했으나 여전히 "비욕! 비욕!"이라는 소리밖에 내지 못했다.

정말 생일파티치고는 엄청난 성공이었다. 일주일 내내 사람들은 오로지 파티와, 스탠리 가족이 폴란드 사람인데도 얼마나 착한가에 대한 이야기밖에 하지 않았다. 튀긴 바나나 역시 인기가 대단해져서, 루이 피로사 영감의 가게에서는 한동안 상한 바나나를 구하기가 거의 불가능할 지경이었다. 그것을 사러 오는 사람들이 끊임없이 몰려들었기 때문이었다.

그런데 그 뒤 이웃끼리의 정을 시들게 하는 사건이 터지고 말았다. 조 게르하르트가 조이 실버스타인에게 묵사발이 된 것이었다. 조이 실버스타인은 양복점 아들로 나이는 열대여섯 살 정도였다. 얌전하고 모범생처럼 보이는 소년이었지만 유대인이라는 이유로 다른 아이들에게 따돌림을 당하고 있었다.

어느 날 실버스타인이 완성된 바지를 들고 필모어 플레이스로 배달을 나갔는데, 그와 또래이며 평소 스스로 매우 잘났다고 건방 떨던 조 게르하르트가 시비를 걸었다. 몇 마디 말을 주고받은 뒤 게르하르트는 실버스타인에게서 바지를 빼앗아 하수도에 처넣어 버렸다. 모두들 실버스타인이 감히 덤비지 못할 거라고 생각했다. 그런데 실버스타인이 두 주먹을 불끈 쥐고 게르하르트의 턱에 거침없이 한 방 먹이자, 모두들 깜짝 놀라고 말았다. 그 가운데 가장 놀란 사람은 조 게르하르트 자신이었다.

싸움은 20분이나 이어졌고, 마침내 게르하르트는 도로에 뻗은 채 일어나지 못했다. 그 모습을 보자 실버스타인은 바지를 주워들고 침착하고도 의기양양한 태도로 자기 아버지 가게로 돌아갔다. 아무도 그에게 말을 걸지 않았다. 모두들 이 사건을 엄청난 재앙으로 여겼다. 여러 사람이 보는 앞에서 유대인이 기독교도를 흠씬 두들겨 팼다는 이야기는 일찍이 들어본 적이 없었기 때문이다. 상상조차 할 수 없는 일이 눈앞에서 실제로 일어난 것이다. 우리는 밤마다 갓돌 위에 앉아 이 사태를 여러 모로 논의해 보았지만 아무런 해결책도 찾을 수 없었다.

끝내 조 게르하르트의 동생인 조니가 더는 참지 못하고 자기 손으로 이 문제를 해결하겠다고 나섰다. 조니는 형보다 몸집도 작고 나이도 어렸지만 젊은 퓨마처럼 거칠고 손쓸 도리가 없는 소년이었다. 그는 이 근처에 사는 아일랜드계 빈민의 전형이었다. 조니가 생각한 복수는, 숨어서 실버스타인을 기다리고 있다가 저녁 때 그가 가게에서 나오면 발을 걸어 쓰러뜨린다는 것이다. 그날 저녁 조니는 실버스타인을 쓰러뜨린 뒤 바닥에 나뒹군 그에게 달려들어, 미리 준비해 온 주먹만 한 돌 두 개를 한 손에 하나씩 쥐고 실버스타인의 관자놀이를 힘껏 내려쳤다.

그런데 놀랍게도 실버스타인은 조금도 반항하지 않았다. 조니가 일어나 실버스타인에게 일어설 기회를 주었음에도 실버스타인은 꿈쩍도 하지 않았다. 조니는 깜짝 놀라서 그 길로 줄행랑을 놓고 말았다. 그는 완전히 겁을 집어먹은 듯 다시는 나타나지 않았다. 그 뒤로 소식이 끊겼지만, 나중에 들려온 소문으로는 조니가 서부 어딘가에서 경찰에 잡혀 감화원에 수용되었다고 한다. 조니의 어머니는 몸가짐이 헤프고 쾌활한 아일랜드 암캐였는데, 그 소식을 듣고는 조니가 마땅히 받아야 할 벌을 받은 것이며, 두 번 다시 그의 얼굴은 쳐다보기도 싫다고 딱 잘라 말했다.

머지않아 실버스타인의 상처는 회복되었으나 그는 전과는 전혀 다른 사람이 되었다. 사람들은 아마도 그가 돌에 맞아 뇌를 다쳐서 머리가 조금 돈 것 같다고 숙덕거렸다.

한편 조 게르하르트는 다시 인기를 되찾았다. 듣자 하니 그는 실버스타인이 병석에 누워 있을 때 그를 찾아가서 심심한 사과를 했다는 것이었다. 이 또한 전례 없는 일이었다. 참으로 기특하고 쉽지 않은 일이라며, 사람들은 조 게르하르트를 마치 수행 중인 중세 기사 보듯 했다. 조니를 두둔하는 사람은 아무도 없었지만, 그렇다고 해서 실버스타인을 찾아가 사과해야 한다고 생각한 사람 역시 아무도 없었다. 그 일은 말할 수 없이 우아하고 온정 어린 행위였으므로, 모두들 조를 진짜 신사—동네에서 처음으로 난 유일한 신사로 보게 되었다. 우리가 여태껏 한 번도 사용하지 않았던 신사라는 말이 지금은 누구의 입에나 오르내리는 말이 되었으며 모두들 신사가 되는 것을 아주 큰 영광으로 여기게 되었다.

싸움에 진 조 게르하르트가 신사로 탈바꿈한 이 갑작스런 변화는 나에게 깊은 인상을 주었다. 몇 년 뒤 다른 동네로 이사를 가서 프랑스 소년인 클로드 드 로렌을 만났을 때 나는 이미 '신사'를 이해하고 받아들일 준비가 되어 있었다.

클로드는 옛날 같았으면 내가 눈길조차 주지 않았을 소년이었다. 옛날에 살던 동네였다면 클로드는 계집애 같은 녀석이라고 놀림거리가 되었을 것이다. 좋게 말하면 그는 말을 아주 잘했고 정확하고도 예의 발랐다. 그러나 나쁘게 말하면 지나치게 신중하고 점잖았으며 여자애들에게 친절했다.

게다가 함께 놀고 있을 때 클로드의 아버지나 어머니가 다가오면 그는 갑자기 프랑스 말로 지껄였는데, 그것이 또 우리에게는 충격적이었다. 독일어는 전에도 들어본 적이 있으니 용납할 수 있었지만, 세상에, 프랑스어라니! 왜 프랑스 말을 해야 하는지 그 까닭을 알 수 없었으며, 알았다고 하더라도 아주 이국적이고 귀족적이고 점잖으며 퇴폐적으로 느껴졌다. 클로드는 우리 친구였고 모든 면에서 우리와 크게 다를 바 없었다. 아쉽지만 솔직히 말하면 우리보다는 훨씬 나은 녀석이었다. 그러나 그에게는 결점이 한 가지 있었다. 바로 프랑스어를 쓴다는 결점이다!

프랑스어는 우리에게 적대감을 일으켰다. 클로드에게는 우리 동네에 살 권리는 물론, 그렇게 유능하고 사내다워질 권리도 없었다. 클로드의 어머니가 그를 부르러 오면 우리는 그와 작별인사를 하고 나서 빈터에 모여 로렌 가족의 과거와 미래에 대해 이야기를 나누곤 했다. 예를 들어, 우리는 그들이 어떤 음식을 먹는지 궁금히 여겼다. 프랑스 사람이면 우리와 풍속이 다를 테니 먹는 것도 다를 것이라고 생각했기 때문이었다. 게다가 우리 가운데 그 집 식탁에 앉아본 사람이 아무도 없었다. 이 점 또한 수상하고 비위에 거슬리는 사실이었다. 왜? 그들은 무언가를 숨기고 있는 게 아닐까?

하지만 거리에서 마주칠 때면 클로드네 사람들은 언제나 상냥했고, 언제나 미소를 띠고 있었으며, 언제나 영어로—가장 훌륭한 영어로 말을 걸어왔다. 아무튼 그들은 우리보다 몇 배나 우월한 사람들이었으므로, 우리는 그들 앞에 서면 주눅이 들어 견딜 수 없었다. 그리고 또 한 가지 당혹스러운 점이 있었다. 다른 소년들은 솔직하게 물으면 솔직하게 대답해주지만, 클로드 드 로렌에게서는 그런 솔직한 대답을 기대할 수 없었다. 그는 언제나 대답을 하기 전에 먼저 매력적인 미소를 지으면서 쌀쌀맞고 냉정하게 우리를 비웃고 조롱하는 투로 대답했다. 클로드 드 로렌은 눈엣가시였다. 그가 마침내 다른 동네로 이사를 가고 나서야 우리는 안도의 한숨을 내쉴 수 있었다.

나는 그로부터 10년, 또는 15년이라는 세월이 흐른 뒤에야 클로드의 기이하고도 우아한 행동을 다시금 떠올려 볼 수 있었다. 그리고 그때 나는 비로소 내가 엄청난 과오를 저질렀음을 깨달았다. 언제였는지는 잘 모르지만, 나와 친하게 지내고 싶어서 찾아온 클로드 드 로렌에게 내가 거만하게 대했던 일이 갑자기 떠올랐던 것이다. 그 일을 떠올리고 나자 어쩌면 클로드 드 로렌이 내 안에 있는 어떤 독특한 점을 보고 우정의 손길을 내밂으로써 내게 경의의 뜻을 나타내려 했던 것일 수도 있다는 생각이 문득 머리를 스쳤다. 그러나 그 무렵 나는 나름대로 신의를 지킬 줄 알았으며, 함께 놀던 패거리를 모른 척할 수는 없었다. 클로드 드 로렌과 친구가 되려면 다른 녀석들을 배신해야 했던 것이다. 클로드와 우정을 나눔으로써 아무리 큰 이득이 있다 하더라도 나에게는 아무런 상관이 없었다. 나는 동네 패거리의 일원이며, 클로드 드 로렌과 같은 녀석을 멀리하는 것이 나의 의무였다.

　사실 나는 오랜 세월이 흐른 뒤 그 사건을 한 번 더 떠올리게 되었다. 내가 프랑스에 온 몇 달 뒤의 일로, '합리적'이라는 낱말이 전적으로 새로운 뜻을 지니기 시작했을 무렵이었다. 어느 날 갑자기 그 낱말을 듣자마자 나는 클로드가 그의 집 앞에서 친구가 되자고 말했던 때의 일을 떠올렸다. 나는 그가 '합리적'이어야 한다고 말했던 것을 선명하게 기억한다. 클로드는 나에게 '합리적'이어야 한다고 요구했지만 내 사전에는 필요 없는 말이었으며, 감히 내가 쓸 수 있는 말이 아니었다. 요컨대 그 낱말은 '신사'라는 말처럼 쉽게 내뱉을 수 없는 말이며, 실제로 사용할 때는 아주 큰 신중과 주의를 기울여야 했다. 함부로 내뱉었다가는 비웃음을 사기 십상이었다. 이와 같은 말은 그 밖에도 아주 많았다. '참으로'라는 말도 이 경우에 해당된다. 내가 알기로는 잭 로슨이 이사 오기 전까지 '참으로'라는 말을 사용한 사람은 아무도 없었다. 그가 이 말을 쓴 까닭은 부모가 영국 사람이었기 때문이며, 우리는 그러한 그를 놀리기는 했지만 너그러이 이해했다.

　'참으로'라는 단어는 옛날 같은 동네에 살던 꼬마 칼 라그너에 대한 기억을 곧장 떠올리게 했다. 칼 라그너는 필모어 플레이스라는 고급주택가에 사는 정치가의 외동아들이었다. 그는 그 거리에서 조금 벗어난 곳에 있는 아담한 붉은 벽돌집에 살았는데 그 집은 언제나 아름답게 가꾸어져 있었다. 나는 그 집을 잘 기억하고 있다. 등굣길에 항상 그 집 앞을 지나다녔는데, 현관문 구리 손잡이가 늘 깨끗이 닦여 있는 것을 보고 아름답다고 감탄한 적이 한두 번이 아니었기 때문이다. 사실 현관에 구리 손잡이를 달아놓은 곳은 오직 그 집밖에 없었다. 어쨌든 칼 라그너는 동네 꾸러기들과 어울려 놀아도 된다는 허락을 받지 못한 녀석 가운데 하나였다.
　실제로 칼은 좀처럼 모습을 나타내지 않았다. 일요일에나 그가 자기 아버지와 함께 걷고 있는 모습을 먼발치에서 보았을 뿐이었다. 그의 아버지가 지역 유지가 아니었다면 칼은 아마도 돌에 맞아 죽었을 것이다. 칼이 일요일 나들이옷을 차려입은 모습은 정말 꼴불견이었다. 긴 바지에 에나멜구두를 신었을 뿐만 아니라 중산모를 쓰고 지팡이까지 들었다. 우리는 여섯 살이나 되었는데도 차려입히는 대로 얌전히 입는 것을 보면 아마도 머저리가 틀림없다고 입을 모았다. 그중에는 칼이 병에 걸렸다고 말하는 녀석도 있었다. 그 한 마디로 그의 이상야릇한 차림새를 설명할 수 있다는 듯이.
　특이한 일은 칼이 말하는 것을 내가 한 번도 들어본 적이 없다는 사실이었다. 어쩌면 그는 너무나 우아하고 세련된 꼬마 신사여서 대중에게 말을 거는 것이 도리에 어긋난다고 생각했는지도 모른다. 아무튼 나는 일요일 아침마다 칼이 그의 아버지와 나란히 지나가는 것을 보려고 숨어서 기다렸다. 소방수들이 소방서에서 엔진을 청소하는 모습을 볼 때처럼 엄청난 호기심을 불태우며 그에게서 눈을 떼지 않았다. 수업을 마치고 집으로 돌아가는 길에 칼은 이따금 작은 아이스크림 상자를 들고 가곤 했다. 가게에서 파는 것 가운데 가장 작은 상자였지만 그가 혼자 먹을 디저트로는 충분한 양이었다.
　이 디저트라는 말 또한 어째선지 우리에게 친숙해진 단어였다. 우리는 그 말을 칼 라그너나 그의 가족 같은 사람들을 험담할 때 곧잘 사용하곤 했다. 우리는 그러한 사람들이 '디저트'로 무엇을 먹나 하고 몇 시간씩 토론하며 시간을 보낼 때도 있었다. 우리는 라그너 집안에서 밖으로 퍼져 나왔음이 분명한 이 '디저트'라는 새로운 낱말을 서로 주고받는 것이 말할 수 없이 재미있었다.
　비행기 탐험가 산투스 두몽이 유명해진 것도 마침 그 무렵이었을 것이다. 산투스 두몽이라는 이름은 어딘가 좀 이상야릇하게 들렸다. 그의 탐험에 대해서는 별로 관심이 없었지만, 우리는 그의 이름에 끌렸다. 대부분의 우리에게 그 이름은 사탕, 쿠바의 농원, 귀퉁이에 별이 달린 쿠바 국기—각국의 국기나 유명 여배우 및 권투선수의 사진이 인쇄된 싸구려 살담배에 붙은 조그마한 카드를 모으는 녀석들 사이에서 언제나 높이 평가받는—냄새가 났다.

따라서 산투스 두몽이라는 이름에는 중국인 세탁소나 귀하신 클로드 드 로렌 가족과 같은 흔해빠진 외국인과는 전혀 다른, 어딘가 사람의 마음을 흐뭇하게 하는 이국 분위기가 어려 있었다. 산투스 두몽은 아름답게 늘어진 수염과 멕시코 모자 그리고 박차를 암시하는 마력의 단어였으며, 어쩐지 섬세하고 우아하며 재치 있고 저돌적인 멋을 풍겼다. 그 이름은 커피 원두와 밀짚 돗자리 향기를 풍기기도 했으며, 때때로 철저하게 이국적이고 저돌적이라 남아프리카 호텐토트 미개인의 생활에 대한 토론을 이끌어내기도 했다. 우리 패거리 가운데에는 슬슬 책을 읽기 시작한 좀 나이가 많은 녀석들도 있어서, 《아이샤》 또는 위다의 《두 깃발 아래서》 같은 책에서 주워온 환상적인 이야기를 우리에게 몇 시간씩이나 들려주곤 했기 때문이다. 참된 지식의 향기는 내 마음속에서, 열 살 때 새로 이사 간 동네 공터 한구석과 단단히 연결되어 있었다.

가을이 되면 우리는 그 빈터에서 모닥불을 둘러싸고 서서 가져온 깡통에 감자를 구우며 새로운 형태의 토의를 했다. 새로운 형태의 토의는 모두 책과 관련된 것이어서 우리가 지금껏 하던 토론과 성격이 달랐다. 누군가가 모험소설이나 과학책을 읽고 나오면 지금까지 몰랐던 지식이 곧바로 소개되어 이내 온 거리가 그 이야기로 활기를 띠었다. 예컨대 누가 쿠로시오해류라는 것이 있다는 사실을 알아내면 그는 우리 모두에게 그 쿠로시오해류가 어떻게 생겨났으며 어떤 목적을 가지고 있는가를 설명해주는 것이었다. 우리는 이런 식으로 감자를 굽는 동안 담장에 기대어 온갖 지식을 익혔다. 이렇게 얻은 지식의 조각들은 우리 마음속에 깊이 뿌리를 내렸다. 사실 너무 깊게 자리 잡은 탓에, 뒷날 보다 정확한 학문과 마주했을 때 이 옛 지식을 몰아내는 일이 여간 어렵지 않았다. 어느 날 우리보다 나이가 좀 많은 소년에게서 이집트 사람은 혈액 순환에 대해 알고 있었다는 이야기를 들은 뒤로, 우리는 나중에 피의 순환은 영국인 하비가 발견했다는 사실을 쉽게 받아들일 수가 없었다.

게다가 그 무렵 우리가 대부분 중국이나 페루, 이집트, 아프리카, 아이슬란드, 그린란드 같은 머나먼 나라들에 대해 이야기를 나누었다는 점도 지금 생각해 보면 전혀 이상하지 않다. 우리는 유령, 하느님, 영혼의 환생, 지옥, 천문학, 전설 속의 새와 물고기, 보석의 형성, 고무 농장, 고문 방법, 아즈텍족과 잉카족, 바다 생물, 화산과 지진, 세계 각지의 장례풍속과 결혼식, 각 나라의 언어, 아메리카인디언의 기원, 멸종 위기의 물소, 알 수 없는 질병, 식인풍습, 마술, 달 탐험과 달세계의 모습, 살인과 강도, 성서에 적혀 있는 기적, 도기제조법 등을 비롯하여 가정과 학교에서는 배울 기회가 전혀 없지만 우리에게는 매우 중요한 수많은 화제를 이야깃거리로 삼았다. 그러한 주제들은 모두 우리 생활에 활력을 주었다. 왜냐하면 우리는 지식에 굶주려 있었고, 세상은 희한하고 신비한 일들로 가득 차 있었기 때문이었다. 우리는 빈터에서 추위에 벌벌 떨며 진지하게 토론할 때에만 흐뭇함과 전율이 뒤섞인 지식 교환의 필요성을 느낄 수 있었다.

삶의 경이와 신비—그것은 사회를 책임지는 구성원이 되었을 때 우리를 질식시킨다! 일터로 끌려나가기 전까지 세상은 아주 좁았고, 우리는 세상의 끄트머리, 말하자면 알지 못하는 세계의 가장자리에서 살아온 것이다. 좁은 그리스 세계만 하더라도 온갖 변화와 모험과 사색이 가능할 정도로 충분히 깊었다. 또한 그렇게 좁다고도 할 수 없었다. 무한한 가능성을 담뿍 지니고 있었기 때문이다. 나는 내 세계를 넓혀서 얻은 게 하나도 없었다. 오히려 잃은 것이 더 많았다. 나는 점점 더 어린애가 되고 싶었고, 유년시절 너머에 있는 정반대 방향으로 되돌아가고 싶었다. 정상적인 성장 방향을 거슬러 유아기 영역으로 돌아가고 싶었던 것이다. 그곳도 광란과 혼돈의 도가니겠지만, 지금 나를 둘러싼 이 세상만큼 어지럽고 미쳐 날뛰지는 않을 것이다.

나는 어른이 되었고 아버지가 되었으며 사회를 책임지는 구성원이 되어 버렸다. 나는 돈을 벌어서 생계를 유지했다. 나는 한 번도 내 것이었던 적이 없는 세상에 스스로를 적응시켰다. 나는 넓어진 이 세상을 깨뜨리고, 이 창백하고 일방적인 세상을 어둠 속으로 던져 버릴 미지의 세상 가장자리에 서고 싶다. 아비로서의 책임에서 벗어나, 강요당하지 않고, 감언이설에 놀아나지 않고, 매수당하지 않고 손가락질 받지 않는 무정부주의자의 무책임 속에 잠기고 싶다. 검은 날개를 펼치고 과거의 아름다움과 두려움을 모조리 쓸어 버리는 가면 쓴 기사 오베론을 안내인으로 데리고 가고 싶다. 자책과 후회와 참회의 여지도 없을 만큼 재빠르고 가혹하게 영원한 새벽을 향해 달아나고 싶다. 내가 가장 힘센 날개를 갖고 있다 하더라도 건널 수 없는 깊은 심연 앞에 다시 서기 위해, 지구에 재앙밖에 불러일으키지 않는 창의력이 풍부한 사내를 앞지르고 싶은 것이다. 비록 게으른 몽상가들만 사는 황량한 자연 그대로의 공원으로 변하더라도, 내가 책임감 있는 어른의 생활이라는 어리석은 질서 속에 머무르는 일은 절대로 없을 것이다. 내게 약속된 삶과는 비교할 수 없을 정도로 좋은 삶을 기념하기 위해, 굴복해 버린 사람들의 합의 아래 목 졸려 죽은 아이들의 삶을 기억하기 위해 나는 반드시 행동으로 옮길 것이다.

 부모와 조상이 만들어 낸 모든 것과 나는 아무 관계가 없다! 나는 고대 그리스의 세상보다 더 좁은 세상으로 돌아갈 것이다. 팔을 뻗으면 언제나 만질 수 있는 세상, 눈을 들어 바라보면 바로 알아볼 수 있는 세상으로 되돌아갈 것이다. 그 밖의 세계에는 아무 흥미도 없으며, 적대감으로 가득 찬 이질적인 것에 불과하다. 그러나 어린 시절에 살았던 최초의 밝은 세상으로 다시 돌아가더라도 나는 그곳에 안주하지 않고, 그 이전의 더욱 밝은 세상으로 젖먹던 힘을 다해 되돌아갈 것이다. 어떠한 세상인지는 나도 모른다. 그러한 세상을 찾을 수 있을지 없을지도 확신할 수 없다. 그러나 그것이 바로 내 세상이며 다른 어떤 것도 내 눈을 가릴 수 없을 것이다.

 나는 로이 해밀턴을 만남으로써 비로소 이 밝고 새로운 세상을 처음으로 보고 실감할 수 있었다. 내가 스물한 살 때였으며, 정말 내 온 생애를 통틀어 가장 불운했던 해였다. 절망의 구렁텅이에 빠져 있던 나는 집을 나가기로 결심했다. 새로운 생활을 꾸리기 위해 캘리포니아로 갈 작정이었던 나는 생각하는 것도 말하는 것도 모두 캘리포니아에 대한 것뿐이었다. 그 새로운 약속의 땅에 대한 꿈이 너무 컸던 나머지, 실제로 캘리포니아에 다녀온 뒤에도 눈으로 직접 본 캘리포니아를 거의 기억하지 못하고, 다만 꿈속에서 그렸던 그곳만을 떠올리며 사람들에게 이야기했을 정도였다.

 내가 로이를 만난 것은 서부로 떠나기 바로 전이었다. 그는 내 오랜 친구 맥그리거와 의붓형제라고 했지만, 확실치는 않았다. 그 두 사람은 최근에야 겨우 서로를 알게 되었다. 대부분의 삶을 캘리포니아에서 보낸 로이는 전부터 그의 친아버지는 해밀턴이지 맥그리거가 아니라고 믿고 있었기 때문이다. 실제로 로이는 자기 출생에 얽힌 의문을 풀기 위해 동부로 온 것이었다. 그러나 맥그리거 집안 사람들과 함께 살면서 알아보아도 의문은 전혀 풀리지 않았다.

오히려 자기의 진짜 아버지가 틀림없다고 믿고 있는 사람과 알게 된 뒤로는 더욱더 혼란스러운 것 같았다. 나중에 내게 털어놓았는데, 그는 해밀턴 씨는 물론 맥그리거 씨도 자기가 생각한 자기 모습과 조금도 닮지 않아 당황했다고 한다. 어느 한쪽을 아버지로 인정해야 하는 이 괴로운 문제가 아마도 로이의 성격 형성에 커다란 영향을 끼쳤을 것이다. 내가 이런 이야기를 꺼내는 이유는, 처음 그와 인사를 나눈 순간 나는 이제껏 한 번도 접해 보지 못한 부류의 인간과 마주하고 있음을 느꼈기 때문이다. 물론 맥그리거에게서 그에 대한 이야기를 미리 듣고 '이상한' 사람을 만날 마음의 준비를 하고 있었다. 맥그리거가 말하는 '이상하다'는 머리가 좀 돌았다는 뜻이었다.

그런데 직접 만나보니 확실히 좀 이상한 데가 있기는 했지만 분별력이 아주 뛰어난 사람이라 나는 로이를 보자마자 아주 깊은 감명을 받았다. 나는 태어나서 처음으로 말 속에 숨은 뜻을 이해하고 사물의 본질을 들여다볼 수 있는 사람과 대화를 나눈 것이다. 나는 철학자와 이야기하는 것 같았다. 책을 통해 보아온 철학자가 아니라, 끊임없이 철학적으로 사색하고 그가 탐구한 철학 속에서 살아가는 사람이었다.

다시 말하면 로이는 어떤 이론을 가지고 있는 게 아니라 사물의 본질을 꿰뚫어 보고, 그가 발견한 진리들과 실제 행동 사이에 거의 차이가 없을 정도로 일치된 삶을 살려는 새로운 계시의 빛 속에 살고 있었다. 그래서 그의 행동이 주위 사람들에게는 이상하게 보였던 것이다. 그러나 로이가 스스로도 말했듯이 그는 이 서해안에서 타고난 천성대로 살아온 사람이었다. 그리고 그곳에 살며 로이를 잘 알고 있는 사람들은 그를 전혀 이상하게 보지 않았다. 그들은 로이를 우월한 인간으로 보았으며, 그의 말에 가장 큰 존경과 두려움을 느끼며 귀를 기울였던 것이다.

우리가 처음 만났을 때 로이는 내가 몇 년 뒤에야 겨우 깨달았던 괴로움의 한복판에 있었다. 그 무렵 나는 그가 왜 그토록 자기 아버지를 찾아내는 일에 집착하는지 깨닫지 못했다. 실제로 아버지와 어머니의 역할 따위는 내게 아무 의미가 없었으므로 나는 그 문제로 로이를 놀려대기까지 했었다. 요컨대 로이 해밀턴은 이미 스스로를 해방했으면서 아무 쓸모도 없는 견고한 혈연관계를 세우기 위해 안달한다고 생각했던 것이다. 진짜 아버지를 찾은 이 험난한 여정은 역설적으로, 로이로 하여금 가장 훌륭한 아버지가 되게 했다.

그는 스승이며 모범이었다. 로이가 입을 뻥긋하기만 해도 나는 지금까지 내가 '지혜'라고 생각해왔던 어떠한 것과도 다른 지혜를 들을 수 있다고 생각했다.

로이를 신비주의자로 단정하기는 어려운 일이 아니었다. 왜냐하면 그는 의심할 여지 없이 신비주의자였기 때문이다. 그러나 로이는 내가 만난 사람들 가운데 처음으로, 두 발로 땅을 꽉 딛고 설 줄을 아는 신비주의자였다. 그는 실용적인 물건들을 만들어낼 줄 아는 신비주의자였으며, 그 발명품 가운데는 석유공업에 없어서는 안 될 천공기 등도 있었고 그로 인해 나중에 한 밑천 잡게 되었다. 그러나 발명 당시에는 로이의 이상한 형이상학적인 말씨 때문에 아무도 그의 매우 실용적인 이 발명품에 주의를 기울이지 않았다. 천공기 역시 그의 정신 나간 생각에서 나온 물건일 뿐이라고 여겼던 것이다.

로이는 계속해서 자기 자신에 대해 말하고, 주변 세계와 자기의 관계에 대해 이야기했다. 그러한 특성은 그가 뻔뻔스러운 이기주의자에 지나지 않는다는 그릇된 편견을 낳았다.

그뿐만 아니라 로이가 아버지 맥그리거 씨보다 맥그리거 씨가 아버지가 맞는지의 여부에 더 관심을 기울이는 것 같다는 평도 있었다. 소문만 놓고 보면 정말 그랬다. 떠도는 말에 의하면, 그가 새로 찾은 아버지에 대한 진실한 사랑은 없고 다만 그와 같은 사실을 발견했다는 개인적인 만족감을 느꼈을 뿐이며, 평소처럼 자아발전의 수단으로 아버지를 이용했을 뿐이라는 것이었다.

하기야 소문은 틀림없는 사실이었다. 왜냐하면 살아 있는 맥그리거 씨는 잃어버린 아버지를 상징하는 맥그리거 씨보다 훨씬 못났기 때문이다. 그러나 맥그리거 집안 사람들이 상징의 가치를 알 리 없고, 아무리 설명해 주어도 결코 이해하지 못했을 것이다. 그들은 오랫동안 행방을 알 수 없었던 아들을 포옹하는 동시에 '오랫동안 행방을 알 수 없었던' 아들이 아니라 그저 평범한 아들의 위치로 로이를 끌어내리려고 모순된 노력을 계속했다. 그러나 그들의 아들이 평범한 아들이 아니라 이미 완전히 단절된 것을 혈육으로 받아들이기 위해 용감하게 애쓰는 일종의 정신적인 아버지, 말하자면 그리스도였다는 점은 아무리 어리석은 사람이 보아도 명확한 사실이었다.

그렇기 때문에 나는 내가 진심 어린 감탄의 눈길로 바라보았던 이 독특한 사람이 허물 없는 친구로 날 골라서 놀랍고도 흐뭇했다. 로이와 견주어 보면 나는 너무나 고루하고 지적이며 나쁜 방향으로 세속적이었다. 그러나 나는 곧 이러한 성격을 내던져 버렸으며, 온갖 사물에 대한 로이의 심오하고 자연스러운 직관이 만들어낸 따뜻하고도 직접적인 빛을 쬐는 데 열중했다. 로이의 앞에 서면 나는 발가벗겨지거나 투시당하는 느낌이 들었다. 그는 이야기 상대에게 발가벗는 것보다 더한 것을 요구했기 때문이다. 나와 대화할 때 로이는 내가 어슴푸레하게만 그 존재를 느끼고 있던 또 하나의 나에게 말을 걸어왔다. 예를 들면, 책을 읽다가 문득 꿈을 꾸고 있다는 것을 깨달았을 때 나타나는 나에게 말을 거는 것이었다.

나를 황홀경에—저도 모르는 사이에 심오한 결단을 내리게 하는 그 명료한 황홀경에 빠뜨린 책은 거의 없었다. 로이 해밀턴의 말은 바로 그러한 힘을 지니고 있었다. 그의 말은 나를 전에 없이 이상하게 긴장시키면서도 동시에 꿈의 구성을 찌그러뜨리지 않았다. 다시 말해 로이는 자아의 밑씨에, 머지않아 벌거벗은 개성과 종합적인 인격을 꿰뚫고 나를 참된 고독 속으로 내던져 나 자신의 올바른 운명을 개척하게 하는 존재에게 호소한 것이다.

우리의 대화는 비밀스러운 암호를 주고받는 것 같아서, 다른 사람들이 중간에 곯아떨어지거나 유령처럼 어디론가 사라져 버리기 일쑤였다. 그 때문에 내 친구 맥그리거는 언제나 투덜거리고 불안해했다. 누구보다도 나를 잘 알고 있는데, 내가 지금 로이에게 내보이기 시작한 성격과 같은 것을 내 안에서 한 번도 보질 못했다는 것이다. 맥그리거는 로이 해밀턴이 나쁜 영향을 끼친다고 말했다. 이는 사실이었다. 그의 이복형제와 우연히 만나게 된 것이 우리 사이가 서먹해진 가장 큰 원인이기 때문이다. 그러나 로이는 나로 하여금 눈을 뜨게 했으며, 내게 새로운 가치를 주었다. 몇 년 뒤 나는 로이가 내게 남겨준 통찰력을 잃기는 했으나, 그래도 나는 이 세상과 친구들을 두 번 다시 그가 나타나기 전과 똑같은 눈으로 보지 못하게 되었다. 로이는 아주 진귀한 책과 인격 그리고 경험이 한 사람을 변화시키듯이 나를 철저하게 바꾸어 놓았다.

나는 태어나서 처음으로 참된 우정을 경험하는 한편, 그 경험의 노예로 속박되지 않고 사는 비결을 깨달았다. 로이와 헤어진 뒤에도 나는 그가 실제로 내 앞에 나타나기를 바란 적이 한 번도 없었다. 로이는 그 자신을 송두리째 내맡겼고, 나는 그에게 얽매이지 않고 그를 소유했기 때문이다. 이는 처음 맛보는 뚜렷하고 완벽한 우정 체험이었으며, 다른 어느 친구와도 끝내 되풀이할 수 없었다. 로이는 친구라기보다는 우정 그 자체였다. 그는 인격을 갖춘 우정의 상징이었으며, 따라서 완전한 만족을 주었기 때문에 나는 더 이상 그 자신이 필요하지 않았다. 로이 스스로도 이 점을 충분히 이해하고 있었다.

아마도 아버지가 없다는 사실이 로이를 자아의 발견으로 내몰았을 것이다. 그러나 이 자아 발견이야말로 자신과 세상을 동일시하는 마지막 과정이며, 그것은 곧 혈연이라는 유대의 무익함을 인식하는 것으로 이어진다. 물론 자아실현을 이룬 로이는 이제 아무에게도 볼일이 없었으며, 특히 맥그리거 씨한테서 헛되이 찾아 헤매던 피를 나눈 아버지라는 존재도 더는 필요하지 않았다. 로이가 친아버지를 찾아서 동부로 온 것은 아마도 마지막 시험이나 마찬가지였을 것이다. 왜냐하면 맥그리거 씨와 해밀턴 씨를 모두 단념하고 그들에게 작별을 고했을 때, 그는 모든 불순물을 깨끗이 씻어낸 사람처럼 보였기 때문이다.

이렇게 작별인사를 하는 로이 해밀턴만큼, 고독하지만 활력이 넘치고 미래에 대한 자신감으로 가득 찬 사람을 나는 일찍이 본 적이 없었다. 또한 그가 떠나면서 맥그리거 가족에게 남긴 엄청난 혼란과 오해도 태어나서 처음 보는 것이었다. 마치 로이가 맥그리거 가족의 눈앞에서 숨을 거두었다가 다시 살아나서, 아주 새로운 처음 보는 사람이 되어 떠나가려는 것처럼 보였다. 가족이 문가에 서서 어찌할 바를 몰라 멍하니 손을 흔들며, 끝내 자신들이 소유할 수 없었던 것을 빼앗겼다는 사실 말고는 이유도 모른 채 울먹이던 모습이 지금도 눈에 선하다. 나는 이런 식으로 생각하고 싶다.

그들은 당혹스러워하며 쓸쓸하게 뒤에 남겨졌지만, 무언가 대단한 기회를 얻고도 그것을 붙잡을 힘과 상상력이 없어 놓쳐 버리고 말았음을 어렴풋이, 아주 어렴풋이 느끼고 있었다. 멍하니 기운 없이 손을 흔드는 모습이 그 증거였다. 그 보기에도 안쓰러운 몸짓은 달리 해석할 길이 없었다. 나는 진실을 마주할 때 밀려오는 막막한 무력함을 느꼈다. 그리고 정신적으로 뒷받침되지 않은 혈연과 사랑의 어리석음도 깨달았다.

나는 재빨리 옛일을 되돌아보고, 캘리포니아에 있던 무렵의 나를 떠올려

보았다. 나는 혼자였으며, 출라 비스타에 있는 오렌지 농장에서 노예처럼 일하고 있었다. 나는 나 자신을 찾은 것일까? 그렇지 않다. 나는 매우 천박하고 고독하고 비참한 인간이었다. 나는 모든 것을 잃어버린 것만 같았다. 실제로 나는 거의 인간이라고 할 수 없을 지경이었다. 오히려 짐승에 가까웠다. 나는 온종일 서 있거나 짐수레를 끄는 두 당나귀의 뒤를 쫓아 걷고 있었다. 나는 생각도, 꿈도, 욕망도 없었다. 나는 아주 건강했지만 속은 텅 비어 있었다. 나는 있으나마나 한 쓰레기였다. 나는 캘리포니아의 과일나무에 매달려 있는 향긋하고 겉보기만 그럴듯한 과일처럼 매우 팔팔했으며 건강했다. 조금만 더 햇볕을 쬐면 틀림없이 썩고 말리라. '익은 뒤 썩는 것이다.'

이 캘리포니아의 눈부신 햇살 아래 썩어가던 것이 과연 나였을까? 지금 이 순간까지 나였던 모든 것은 흔적도 없이 사라져 버린 것일까? 좀 더 생각해 보자…… 그렇다, 그곳은 애리조나였다. 내가 애리조나 땅을 처음 밟았을 때는 이미 해가 저물어 있었다. 땅거미 속으로 숨어드는 언덕이 어슴푸레하게 흔적만 남아 있을 정도로 어둑어둑했다. 이름은 기억나지 않지만, 나는 어느 작은 마을의 번화가를 걷고 있었다. 이 마을, 이 거리에서 나는 무엇을 찾았던 것일까? 아니, 나는 애리조나를 사랑하고 있었다. 내 두 눈으로 허망하게 찾아 헤매던 마음속의 애리조나를. 기차 안에서도 나는 뉴욕에서 가지고 온 애리조나의 모습을 여전히 간직하고 있었으며, 주 경계선을 넘어섰을 때도 마찬가지였다.

계곡에 가로놓인 다리를 보고서야 몽상 속에서 퍼뜩 정신을 차린 것이 아니었을까? 일찍이 본 적도 없는 다리—수천 수만 년 전 지각변동으로 만들어진 자연의 다리였다. 그리고 그 다리 위를 한 사내가 건너고 있었다. 인디언 같았으며, 말 위에 걸터앉아 있었고, 등자 옆에는 기다란 가죽 주머니가 매달려 있었다. 맑은 대기 속으로 저물어가는 석양빛을 받은 이 오래된 자연의 다리는 가장 젊고 가장 최근에 세워진 다리처럼 보였다. 그리고 그토록 튼튼하고 끄떡없는 다리 위로 지나가는 것은 한 인간과 말뿐이었다. 그것이 바로 애리조나였다. 애리조나는 결코 상상이 만들어낸 허구가 아니라, 말과 인디언의 모습으로 나타난 상상 그 자체였다. 상상 이상이었다고도 할 수 있다. 왜냐하면 거기에는 모호한 그림자가 조금도 없이, 단지 꿈과 말 위에 걸터앉아 꿈을 꾸는 사람으로 이루어진 하나의 도안이 날카롭고 선명하게 분리되어 있었기 때문이다.

 이윽고 기차가 멈추고, 나는 꿈속에 깊은 발자국을 찍으며 내려섰다. 나는 애리조나로 온 것이다. 그러나 그곳은 단지 기차 시간표에 적혀 있는 마을일 뿐이며, 돈만 있다면 누구나 찾아올 수 있는 지리학상의 애리조나에 지나지 않았다. 여행 가방을 들고 번화가를 걸어가자, 햄버그 샌드위치와 부동산 소개소 등이 눈에 와서 박혔다. 나는 완전히 속았다는 생각에 눈물이 났다. 이미 날은 저물어 있었다. 나는 사막이 시작되는 거리 끝에 서서 바보처럼 울어댔다. 이렇게 울고 있는 것이 나일까? 물론 그것은 브루클린에서 싹트기 시작한 작고 새로운 나였으며, 지금 드넓은 사막 한복판에서 죽어가고 있는 나였다.

 로이 해밀턴, 나는 당신이 필요하다! 아주 잠깐, 아주 짧은 순간이라도 좋으니 내가 와르르 무너져 내리는 동안 옆에 있어 주길 바란다. 지금까지 내가 해 온 것을 해낼 힘이 없는 나에게는 당신이 있어야 한다. 당신은, 이런 여행을 할 필요는 없지만 꼭 가야겠다면 가보라고 내게 말하지 않았던가! 어째서 가지 말라고 나를 설득하지 않았지? 아아, 그러나 설득할 그가 아니었고, 나 역시 남의 조언을 들을 사람이 아니었다. 그래서 나는 사막 한가운데에 무일푼으로 서 있고, 현실의 다리는 등 뒤에, 비현실의 다리는 내 앞에 가로놓여 있었다. 비교할 수 없는 혼란과 당혹감의 구렁텅이에 빠져 있던 나는, 이대로 땅속으로 꺼져서 사라져 버릴 수만 있다면 기꺼이 그러고 싶은 기분이었다.

 또다시 기억의 책장을 넘겨보자. 가족들 품에 안겨 조용히 마지막 날을 기다리는 또 한 사람—내 아버지가 보인다. 먼 옛날의 마우저, 콘셀리, 훔볼트 같은 거리…… 특히 훔볼트 거리를 떠올려 보면 아버지에게 어떤 일이 일어났는가를 보다 잘 이해할 수 있다. 이 거리들은 우리가 살던 곳에서 그다지 멀지 않았지만, 우리 동네와 달리 보다 매력적이고 신비로웠다. 나는 어릴 때 딱 한 번 훔볼트 거리에 간 적이 있는데, 무슨 일로 갔었는지는 기억나지 않는다. 독일인 병원에 입원해 있는 친척을 병문안하러 갔던 것일 수도 있는데, 아무튼 이유는 몰라도 거리 자체는 내 기억 속에 선명하게 남아 있다.

 그 거리는 내가 본 거리 가운데 가장 신비롭고 가장 희망에 찬 거리였다.

어쩌면 어머니가 외출하기 전에 평소와 다름없이 얌전히 따라오면 나중에 멋진 선물을 주겠다고 약속했었기 때문인지도 모른다. 나는 일 년 내내 온갖 약속을 들었지만 지켜진 적은 한 번도 없었다. 그때도 훔볼트 거리에 도착하여 이 새로운 세상을 감탄하여 바라보는 사이에 나오기 전에 한 약속은 깡그리 잊어버리고, 이 거리 자체가 선물이 되었을 것이다. 거리는 아주 넓었고, 길 양쪽의 집에는 한 번도 본 적 없는 높다란 계단이 딸려 있었다. 그리고 그 야릇한 집들 가운데 한 채에는 1층에 양장점이 있었다. 그곳 진열창에 줄자를 목에 두른 여인의 반신상이 있었는데, 나는 그것을 보고 매우 감동했었다.

땅바닥에는 아직 눈이 쌓여 있었지만 햇살은 쨍쨍했고, 얼음 속에 묻혀 있는 것 같은 쓰레기통 둘레에만 눈이 녹아 작은 웅덩이를 만들고 있는 모습이 지금도 눈앞에 생생하게 떠오른다. 거리 전체가 눈부신 겨울의 햇살에 녹고 있는 것처럼 보였다. 높다란 계단 난간 위에 아름다운 하얀 솜모자를 씌우던 눈이 녹아서 무너져 내리면서, 그 무렵 크게 유행했던 붉은 벽돌의 우중충한 면이 점점 드러났다. 창문 한 구석에 놓인 치과와 내과·소아과라고 쓴 조그만 유리 간판이 대낮의 따사로운 햇살을 받아 반짝반짝 빛나는 것을 보고, 어쩌면 저 병원들은 내가 아는 고문실과는 다를 것이라고 처음으로 생각했다. 어린 마음에 나는 이 동네, 이 거리에 사는 사람들은 다른 사람들보다 더 친절하고 마음이 넓고 돈도 훨씬 많을 거라고 상상했다.

태어나서 처음으로 전혀 무섭지 않은 거리를 본 나는 꼬마였지만 마음이 한껏 부풀어 오르는 것을 느꼈다. 널찍하고 화려하고, 눈이 녹으면서 반짝반짝 빛나는 거리였다. 뒷날 도스토옙스키의 작품을 읽을 때 나는 상트페테르부르크를 상상하면서 이 거리를 떠올렸다. 심지어 이곳은 교회 건축양식조차 다른 곳과 달랐다. 어딘가 동양적이고 웅장하며 포근했기 때문에, 나는 놀라면서도 마음을 빼앗겼다. 널찍한 이 거리의 집들은 보도와 많이 떨어진 깊숙한 곳에 조용하고도 위엄 있는 자태로 늘어서 있었다. 가게와 공장과 가축병원 마구간 따위로 더럽혀지지도 않았다. 오로지 주택들로만 이루어진 거리를 보고 나는 두려움과 부러움을 느꼈다.

이러한 모든 것을 나는 지금도 생생하게 기억하고 있으며, 그것이 내게 아주 큰 영향을 미쳤다는 사실도 의심할 여지가 없다. 그러나 그 어느 것도 훔볼트라는 이름을 들을 때마다 내 가슴속에 되살아나는 신비로운 기운과 매력을 설명하기에는 충분하지 않다. 몇 년 뒤 나는 어느 날 밤에 그 거리로 다시 가 본 적이 있는데, 처음 그 거리를 보았을 때보다 더 큰 감동을 느꼈다. 당연히 거리 모습은 변해 버렸지만 그때는 아직 한밤중이었고, 보통 밤은 낮만큼 잔인하지 않다.

나는 또다시 그 널찍한 거리와 화려한 풍경에 알 수 없는 감동을 느꼈다. 예전의 화려함은 어느 정도 빛을 잃었지만, 그래도 한때 녹은 눈 밑에서 붉은 벽돌 난간이 고개를 내밀었던 것처럼 곳곳에서 옛날과 다름없는 향기를 내뿜으며 자신들의 존재를 주장했다. 그러나 무엇보다도 강렬했던 것은, 무언가를 발견하기 직전의 관능적인 흥분이었다. 다시금 어머니의 모습이 선하게 떠오르면서, 어머니 털외투의 넓적한 소맷자락과 몇 년 전 이 거리에서 나를 질질 끌듯이 걸어가던 어머니의 분주한 발걸음, 그리고 신기하고 새로운 것을 차근차근 바라보며 좀처럼 걸을 생각이 없었던 내 모습이 되살아났다.

이 두 번의 방문으로 나는 어린 시절 친하게 지내던 또 다른 인물을 어렴풋이 떠올렸다. 키킹 아줌마란 이상한 이름으로 불리던 늙은 가정부였다. 키킹 아줌마가 병으로 쓰러진 내막은 기억나지 않지만, 위중한 상태로 병원에 입원해 있는 그녀를 병문안 갔던 사실과 그 병원이 훔볼트 거리 가까이에 있었던 점, 그때 거리에는 죽음의 그림자가 깔려 있기는커녕 한낮의 겨울 햇살을 받으며 눈부시게 빛나고 있었던 것을 기억해 냈다.

그런데 그때 어머니는 내게 무슨 약속을 하면서 데리고 나가셨을까? 그 뒤의 일은 전혀 생각이 나지 않는다. 어머니는 무슨 일에든 약속을 잘 하는 사람이었으니 그날도 다른 일에 정신이 팔려 있는 틈을 노려, 쉽게 속는 어린애조차 믿지 않을 터무니없는 약속을 했을 것이 틀림없다. 어머니가 달을 따다 주겠다고 약속하면 나는 말도 안 되는 일인 줄 알면서도 애써 그 말을 믿었을 것이다. 나는 어머니가 약속한 것은 무엇이든 철저하게 요구했다. 그것이 불가능한 것임을 깨달았다 하더라도 나는 어떻게든 그 약속을 이룰 수단을 찾으려고 애써 보았다. 지킬 마음이 눈곱만큼도 없으면서 헛된 약속을 하는 사람이 있다고는 상상도 할 수 없었다. 가장 비참하게 속았을 때에도 나는 여전히 믿으려고 했다. 그 사람이 자기 힘으로는 손쓸 방도가 없는 어떤 이상한 일에 휘말려 어쩔 수 없이 약속을 지키지 못하는 것이라고 믿었던 것이다.
　이 믿음의 문제―결국 한 번도 이루어지지 않았던 옛 약속과 함께 떠오르는 사람은 가장 도움이 필요한 순간에 버림받은 아버지였다. 아버지가 병에 걸리기 전까지는, 아버지는 물론 어머니 역시 어떤 종교적인 경향을 드러낸 적이 없었다. 다른 사람들에게는 교회에 나가라고 권하면서도 자기들은 결혼한 뒤로 한 번도 교회에 발을 들인 적이 없었다.
　매주 열심히 교회에 나가는 사람들을 보고는 머리가 좀 돌았다고 여겼다. "아무개 씨는 독실한 신자니까"라고 말하는 부모님의 말투에 이미 그러한 사람들에 대한 경멸이나 연민이 배어 있었다. 이따금 어린 우리들을 위해 목사가 예고 없이 찾아오거나 하면 일단은 남들만큼 예의를 갖추어 정중하게 맞아들였지만, 자기들과는 아무 관계도 없는 바보와 협잡꾼을 보는 듯한 수상쩍어하는 눈길을 보냈다. 우리에게는 목사가 '훌륭한 사람'이라고 말하면서, 친구들끼리 모여 뒷말을 숙덕거릴 때는 완전히 딴판인 소리를 하며 목사를 비웃고 심술궂게 성대모사를 하곤 했다.
　내 아버지는 너무나 갑작스럽게 술을 끊은 탓에 병으로 쓰러지고 말았다. 그는 평생을 재미있고 서글서글한 사람으로 살아왔다. 그런 성격에 걸맞게 뱃집이 두둑하고 볼은 통통하면서 사탕무처럼 불그레했으며, 구김살 없고 느긋한 성품으로 보아 호두처럼 건강하고 원만한 노년을 맞이할 것이라고 모두들 생각했다. 그러나 그처럼 무사태평하고 쾌활한 겉모습 뒷면은 결코 평온하지 않았다. 사업은 기울고 빚은 늘어만 갔으며 옛 친구들마저도 아버지에게서 하나 둘 등을 돌렸다. 특히 어머니의 태도가 아버지를 가장 심하게 괴롭혔다. 어머니는 모든 일을 나쁜 쪽으로만 풀이했으며, 그러한 태도를 숨기지 않았다. 때때로 신경질을 부리며 바가지를 긁었고 가장 더러운 말로 욕설을 퍼부었으며, 접시들을 깨고 집을 나가겠다며 아버지를 협박했다.
　어머니와 옥신각신 다툰 끝에 아버지는 어느 날 아침 일어나자마자 앞으로는 술을 한 방울도 마시지 않겠다고 선언했다. 그 말을 진지하게 믿은 사람은 아무도 없었다. 친척 가운데 금주를 선언한 사람이 몇 명 있었지만 그들은 모두 며칠 술을 참다가 머지않아 그 맹세를 깨뜨려 버렸기 때문이다. 모두들 한 번은 금주를 다짐하면서도 완전히 성공한 사람은 가족 가운데 한 사람도 없었다.
 그러나 아버지는 달랐다. 그만한 결심을 지켜나갈 힘을 어디서 어떻게 얻었는지 도무지 상상이 가지 않는다. 나 같으면 술을 진탕 퍼마시다가 술독에 빠져 죽었을 것이기 때문에 도저히 믿을 수가 없었다. 그러나 아버지는 그렇지 않았다. 아버지가 어떤 일에 결의를 다진 적은 살면서 그때가 처음이었다. 깜짝 놀란 어머니는 근본이 어리석은 사람이라 아버지를 놀려댔다. 평생 강단이라고는 약에 쓰려도 없던 사람이 주제도 모르고 나댄다며 아버지를 빈정거리며 비웃었다. 그러나 아버지는 맹세를 굳게 지켜나갔다. 술친구들이 차례차례 그의 곁을 떠나갔다. 머지않아 아버지는 거의 외톨이가 되어 버렸다. 그 점이 아버지의 건강을 극도로 악화시킨 듯했다. 몇 주 지나지 않아 아버지는 병석에 드러누웠고 의사가 다녀가는 소동이 벌어졌다.
 아버지는 침대에서 일어나 걸을 정도로 회복되긴 했으나 여전히 중환자였다. 병의 원인을 정확히 아는 사람이 없었으나 아마도 위궤양을 앓고 있다고 생각했다. 아무튼 그토록 갑자기 술을 끊은 것이 잘못이었다는 점을 모든 사람이 알고 있었다. 그러나 예전 생활로 되돌아가기에는 이미 너무 늦었다. 한 잔 술도 받아들이지 못할 정도로 위가 약해져 버린 것이다. 두어 달 만에 아버지는 피골이 상접할 정도로 야위었고, 폭삭 늙어 버렸다. 꼭 무덤 속에서 일어난 라자로 같았다.
 어느 날 어머니는 나를 한쪽으로 부르더니 눈물을 글썽이며, 주치의에게 가서 아버지의 병이 얼마나 심한지 알아오라고 했다. 라우쉬 박사는 수년간 우리 집 주치의였다. 그는 시대에 뒤떨어진 전형적인 '독일사람'으로, 오랫동안 의료업에 종사하여 지금은 아주 넌더리를 내고 있으나 그래도 환자들에게서 완전히 손을 떼지 못하고 있었다. 라우쉬 박사는 특유의 우직한 게르만족 방식대로, 심각하지 않은 환자들을 쫓아내며 그들을 설득해 실은 건강하다고 억지로 믿게 했다. 환자가 진료실을 찾아와도 그는 쳐다보지도 않았으며, 하던 일을 계속하거나 신랄하고 모욕적인 태도로 질문을 툭툭 던지곤 했다. 그 말투가 너무나 거칠고 무례하여, 이상하게 들리겠지만 그는 찾아오는 환자에게 증세만 가지고 오지 말고 그 증세를 증명할 증거도 같이 가져오라고 요구하는 것만 같았다.
 라우쉬 박사는 환자들로 하여금 몸에 이상이 있을 뿐만 아니라 어쩌면 머리까지 잘못된 게 아닐까 하고 느끼게 했다. "기분 탓이야." 이 말이 그의 입버릇이었으며, 아주 심술궂게 비아냥거리듯이 내뱉곤 했다. 그러한 성격을 알고 있는 만큼 나는 그를 싫어했다. 따라서 나는 검사할 아버지의 대변까지 확실히 준비해서 갔다. 그럼에도 증거가 부족하다고 말할 때를 대비해 외투 주머니에 아버지의 소변도 넣어 갔다.

내가 어렸을 적에는 라우쉬 박사도 나를 귀여워했다. 그러나 내가 가벼운 임질에 걸려 찾아갔던 날부터 나는 그에게 신뢰를 잃었으며, 내가 문으로 머리를 내밀 때마다 그는 인상을 찌푸리곤 했다. '그 아버지에 그 아들'이라는 것이 라우쉬 박사 생활신조다 보니, 그가 내게 필요한 진단 결과를 알려주는 대신 나와 아버지를 싸잡아서 헨리 집안의 생활태도에 대해 설교를 죽 늘어놓아도 나는 조금도 놀라지 않았다.

"자연을 거스르면서 살 수는 없다." 라우쉬 박사는 찡그린 얼굴로 엄숙히 말했다. 그러나 그러면서도 대장에 쓸데없는 기호를 적을 뿐 나를 쳐다보지도 않았다.

나는 조용히 책상 곁으로 다가서서 잠시 아무 말도 하지 않고 서 있었다. 그리고 그가 평소처럼 사람을 짓누르는 듯한 신경질적인 표정으로 나를 쳐다보았을 때를 놓치지 않고 입을 열었다. "나는 설교를 들으러 온 게 아닙니다…… 아버지의 증세를 말씀해 주세요."

그러자 라우쉬 박사는 벌떡 일어나더니 무시무시한 얼굴로 나를 노려보면서 무뚝뚝하고 거친 독일인 특유의 기질을 고스란히 드러내며 내뱉었다. "네 아버지는 회복할 가망이 없어. 반년도 못 버티다 죽고 말 거야."

"고맙습니다. 그게 바로 제가 알고자 하던 겁니다." 나는 이렇게 말하고 문 쪽으로 걸음을 옮겼다. 순간 큰 실수를 저질렀다는 사실을 알아차린 라우쉬 박사는 급히 내 뒤를 쫓아와 내 어깨에 손을 얹으며, 아버지가 꼭 죽는다는 뜻으로 그런 말을 한 게 아니라는 등 우물거리며 구구한 변명을 늘어놓으려 했다. 그러나 나는 문을 벌컥 열고 대기실에서 기다리고 있는 환자들이 듣도록 목청껏 고함쳤다. "당신 같이 늙어빠진 돌팔이 의사는 어서 빨리 뒈져 버려야 해요. 안녕히 계세요."

집으로 돌아온 나는, 병이 무겁기는 하지만 아버지가 스스로 몸을 잘 돌본다면 틀림없이 이겨낼 수 있을 거라는 식으로 의사의 말을 조금 고쳐서 들려

주었다. 아버지는 그 말에 제법 기운이 나는 듯했다. 스스로 식이요법을 시작해서 우유와 비스킷으로 식사를 했다. 그것이 가장 좋은 식단인지 아닌지는 알 수 없지만, 그에게 해롭지 않을 것만은 분명했다. 거의 일 년 동안 아버지는 반 환자로 살았지만 시간이 흐를수록 마음의 안정을 되찾았고, 앞으로는 무슨 일이 벌어져도, 가령 천지가 뒤집히더라도 마음의 평화를 깨뜨리지 않겠다고 굳게 결심한 듯 보였다.

체력이 돌아오자 아버지는 근처에 있는 공동묘지로 매일 산책을 나갔다. 벤치에 앉아서 햇볕을 쬐기도 하고 무덤 주위를 서성대는 노인들을 바라보기도 했다. 무덤 가까이에 있는 것이 우울하기는커녕 오히려 즐거운 듯했다. 지금까지는 똑바로 바라보기를 거부해온 궁극적인 죽음이라는 개념까지도 받아들일 준비가 된 것 같았다. 아버지는 공동묘지에서 꺾은 꽃들을 들고, 차분한 기쁨이 어린 밝은 얼굴로 돌아왔다. 그리고 때로는 안락의자에 앉아, 가끔 공동묘지를 찾아오는 다른 환자들과 오전에 나눈 이야기 내용을 자세히 들려주기도 했다.

머지않아 아버지가 이러한 은둔생활을 진심으로 즐기고 있거나, 어머니의 지식으로는 도저히 헤아릴 수 없는 방법으로 이 경험에서 많은 것을 배우고 있음이 분명해졌다. 어머니는 아버지가 노망이 났다고 말했다. 때로는 집게손가락으로 자기 머리를 두드려 보이며 더 심한 표현을 쓰기도 했다. 그러나 지능이 조금 모자란 내 누이를 생각해선지 아주 노골적으로 말하지는 않았다.

그러던 어느 날 매일 빠짐없이 아들의 무덤을 찾는, 어머니가 말하는 '독실한' 늙은 과부의 호의로 아버지는 근처 교회의 목사를 소개받았다. 이는 아버지의 삶 가운데 기념비적인 사건이었다. 갑자기 그는 활달해졌으며, 영양결핍으로 작게 쪼그라들었던 영혼의 해면이 못 알아볼 정도로 크게 부풀어 올랐다.

아버지의 마음에 이토록 엄청난 파장을 일으킨 장본인은 결코 특별한 사람이 아니었다. 그는 우리 동네 옆의 작은 교구에 배속된 조합교회의 목사였다. 그 목사의 장점은 그가 믿는 종교를 내세우지 않는 것이었다. 아버지는 곧 소년처럼 우상 숭배에 사로잡히고 말았다. 그는 자나 깨나 절친한 사이가 된 목사에 대한 이야기만 입에 달고 다녔다. 여태껏 성경은 물론 책이라곤 한 번도 들춰본 적 없던 아버지가 식사 전에 기도문을 외우다니 여간 놀라운 일이 아니었다. 게다가 이 조촐한 의식을 치르는 방식 또한, 예를 들면 강장제를 복용하는 것처럼 아주 색달랐다. 나에게도 성서의 한 구절을 읽어보라고 권고하는 것까지는 좋은데, 그 뒤에 아주 진지한 얼굴로 한 마디 덧붙이는 것이었다. "네게도 약이 될 거다."

말 그대로 아버지가 발견한 새로운 약이었다. 모든 병을 다 고친다는 황당한 약, 어차피 독이 될 걱정은 없으니 아프지 않은 사람이 복용해도 전혀 상관없는 약이었다. 아버지는 그 교회에서 열리는 모든 예배와 행사에 참석했고, 일이 없을 때는 산책을 나갔다가 목사의 집에 들러서 잠깐이라도 이야기를 나누곤 했다. 목사가 지금의 대통령은 훌륭한 사람이라 반드시 재선되어야 한다고 말하면, 아버지는 그 말을 앵무새처럼 똑같이 되풀이하며 사람들에게 대통령이 재선에 성공하도록 투표해 달라고 부탁하고 다녔다. 목사가 하는 말은 무엇이든 다 옳았으며, 아무도 거기에 반박하지 못했다.

이것이 아버지를 교육으로 이끈 점은 의심할 여지가 없었다. 목사가 설교를 하다가 피라미드 이야기를 하면 아버지는 곧장 피라미드에 대해 공부했다. 그리고 사람이라면 누구나 그 문제에 대해 당연히 알고 있어야 한다는 듯이, 자랑스럽게 피라미드에 대한 강의를 하는 것이었다. 피라미드가 인류의 끝없는 영광 가운데 하나이며, 따라서 피라미드를 모르는 것은 무식한 것이며 부끄러운 죄악에 가깝다고 목사가 말했기 때문이다. 다행히도 목사는 죄악에 대해 길게 설교하지는 않았다. 그는 신도들의 양심에 호소하기보다 그들의 호기심을 자극하여 설득하는 현대적인 설교자였다. 그 목사의 설교는 야간학교의 특별 강좌와 비슷했으므로 아버지와 같은 신자들에게는 더할 나위 없는 자극과 재미를 선사했다.

게다가 목사는 남자 신도들을 초대해 조촐한 연회를 열기도 했다. 훌륭한 목사도 보통 사람과 똑같으며, 때로는 배불리 먹고 맥주를 들이켜기도 한다는 사실을 그들에게 증명하기 위해서였다. 게다가 연회에서 목사님은 노래까지 부르신다고 한다. 그것도 성가가 아닌 흥겨운 유행가를. 이런저런 이야기를 종합해 보고 그 쾌활한 행동거지로 미루어 보아, 그는 때때로 오입도 즐기는 것 같았다—물론 적절히 자제하면서.

아버지의 상처 받은 영혼을 진정시킨 것이 바로 이 '적절'이라는 단어였다. 마치 황도(黃道)에서 새로운 별을 발견한 것과 같았다. 아버지의 건강은 여전히 좋지 않아서 적절한 생활로 되돌아갈 수는 없었지만 그래도 이 말은 그의 영혼에 위안을 주었다.

그리하여 일 년 내내 금주를 하겠다고 맹세하고는 늘 깨뜨려 버리는 네드 숙부가 어느 날 저녁에 잠깐 들르자 아버지는 그를 붙잡고 절제, 즉 중용의 덕에 대해 설교를 늘어놓았다. 네드 숙부는 마침 그때도 금주를 하고 있던 중이었는데, 아버지가 자기가 한 말에 스스로 감동받아 갑자기 찬장에서 포도주를 꺼내 오는 바람에 모두들 깜짝 놀라고 말았다. 네드 숙부가 금주를 선언한 동안 그에게 술을 권한 사람은 이제껏 아무도 없었다. 그러한 짓은 믿음을 배신하는 행위였기 때문이다. 그러나 아버지가 너무도 자신감에 차 있었기 때문에 아무도 화조차 낼 수 없었다. 결국 네드 숙부는 술을 딱 한 잔 들이켰으며, 그날 밤에는 집으로 돌아가다가 컬컬한 목을 축인답시고 술집에 들르지 않고 곧장 집으로 향했다.

이는 엄청난 사건이었으며, 모두들 며칠 내내 그 이야기만 했다. 실제로 그날 뒤로 네드 숙부에게 좀 이상한 버릇이 생겼다. 이튿날 숙부는 술집에서 셰리주 한 병을 사와서 식사용 포도주 병에 옮겨 담았다. 그리고 아버지가 하던 것과 똑같이 술병을 찬장 안에 넣어 두고서, 단번에 병을 비우는 일 없이 '손톱만큼만' 들겠다며 한 잔씩 따라 마시곤 했다. 완전히 달라진 그의 모습에 숙모는 자기 눈을 믿지 못하고 어느 날 우리 집으로 찾아와 아버지와 오랫동안 이야기를 나누었다. 이야기 끝에 숙모는 언젠가 목사를 저녁식사에 초대해 네드 숙부도 그의 가르침을 받을 수 있도록 도와달라며 아버지에게 부탁했다.

그리하여 네드 숙부도 곧 교회에 나가게 되었으며 아버지처럼 교회생활을 만끽하는 것 같았다. 야유회를 가기 전까지는 모든 일이 순조로웠다. 불행하게도 그날은 유난히 날씨가 더운 데다 온갖 놀이와 흥분 그리고 흥겨운 소동이 계속되는 바람에 네드 숙부는 목이 말라 도저히 참을 수 없었다. 그가 얼마나 자주 맥주통으로 달려가는지를 누군가가 알아차렸을 때는, 이미 숙부가 곤드레만드레 취한 뒤였다. 이미 손쓸 방법이 없었다. 취한 뒤에는 아무도 그를 걷잡을 수 없었다. 목사도 손을 놓아 버렸다. 숙부는 야유회에서 슬그머니 빠져나가 꼬박 사흘 밤낮 동안 주사를 부렸다.

부두에서 주먹다짐을 벌이다가 의식을 잃고 쓰러져 있는 것을 경찰이 발견하지 못했더라면 아마 그는 몇 날 며칠이고 주사를 부려댔을 것이다. 숙부는 뇌진탕으로 병원에 실려 갔으며 끝내 영영 눈을 뜨지 못했다. 장례식에서 돌아온 아버지는 메마른 눈으로 이렇게 말했다. "네드는 적절한 것이 뭔지 모른단 말이야. 자업자득이지. 어쨌든 이제 그도 편안하게 잘 있겠지……."

아버지는 자신은 네드 숙부와 같지 않다는 점을 목사에게 증명이라도 하듯 교회 일에 더욱 열심이었다. 그는 이미 '장로'가 되었으며, 그 사실을 더없는 영광으로 여겼다. 장로가 된 아버지는 일요일 예배 동안 헌금을 모으는 일을 맡게 되었다. 아버지가 헌금 상자를 들고 교회 통로를 걷는 모습이나, 목사가 신도들에게 축복을 내리는 동안 헌금 상자를 들고 성단 앞에 경건하게 서 있는 꼴을 떠올려 보려고 했지만, 도무지 상상이 가지 않을 뿐 아니라 기가 막혀서 말조차 나오지 않았다.

그보다는 어릴 때 토요일 오후에 나루터에서 보았던 아버지의 모습을 떠올리고 싶다. 그 무렵 나루터에는 대기실을 둘러싸고 술집이 세 군데 있었는데, 토요일 정오가 되면 간단히 끼니를 때우거나 맥주를 들이켜는 사람들로 세 집이 다 가득 차곤 했다. 건강하고 붙임성 좋으며 누구에게나 웃음과 유쾌한 농담을 건네는 삼십대의 아버지가 지금도 눈앞에 선하게 떠오른다. 아버지는 카운터에 한쪽 팔을 괴고 밀짚모자를 뒤로 젖혀 쓰고 거품이 이는 맥주를 시원하게 들이켰다. 그 시절 내 눈높이는 아버지의 조끼 주머니에 걸려 있는 묵직한 금 시곗줄까지밖에 닿지 않았다. 나는 아버지가 한여름에 입던 희고 검은 바둑판무늬 양복을 똑똑히 기억한다. 양복쟁이로 태어나는 행운을 누리지 못한 다른 아저씨들 틈에 섞여 카운터에 기대 서 있는 아버지의 모습은 한층 더 이질적으로 두드러졌다. 아버지는 카운터 위에 놓인 커다란 유리그릇에 손을 집어넣고 내게 과자를 한 줌 집어주면서 근처의 '브루클린 타임즈'사 창문에 내걸린 야구속보를 보고 오라고 하기도 했다.

어느 팀이 이기는지 보려고 술집에서 달려 나오면, 자전거를 탄 사람들이 자전거 전용으로 깔아놓은 좁은 아스팔트길을 갓돌에 스칠락 말락 아슬아슬하게 붙어서 지나가는 광경을 곧잘 보곤 했다. 그런가 하면 마침 나룻배가 부두에 닿아 제복 입은 사내들이 쇠사슬 감긴 커다란 나무 타륜을 푸는 모습을 지켜보기도 했다. 문이 열리고 널빤지가 가로놓이면 사람들이 우르르 몰려나와서 선착장 건물로 들어갔다가 다시 길가의 술집으로 뿔뿔이 흩어졌다.

그때는 아버지가 '절제'란 말뜻을 이해하고 정말로 목이 마를 때만 한 잔씩 마시던 시절이었는데, 나루터 옆에서 맥주를 큰 잔으로 들이켜는 것은 남자의 특권이기도 했다. 멜빌이 그토록 멋있게 묘사한 그대로였다. "모든 것들에게 저마다 적합한 음식을 먹이라, 그 음식을 구할 수 있다면. 영혼의 양식은 빛과 공간이다. 그러니 영혼에는 빛과 공간을 공급하라. 그러나 육체의 양식은 샴페인과 굴이다. 그러니 육체에는 샴페인과 굴을 주라. 그리하여 만약 소생이 가능하다면 영혼은 즐거운 소생을 하게 되리라."

그렇다. 그 무렵 아버지의 영혼은 아직 시들지 않은 채 끝없는 빛과 공간에 감싸여 있었고, 소생에 무관심한 그의 육체는 샴페인과 굴까진 아니더라도 좋은 맥주와 과자안주 같은, 그가 구할 수 있는 적합한 음식을 닥치는 대로 먹었다. 그때 아버지의 육체는 물론 삶의 방식, 결여된 신념도 아직 비난의 도마 위에 오르기 전이었다. 또한 그때는 대머리독수리처럼 탐욕스러운 무리가 아닌 선량한 동료들에게 둘러싸여 있었다. 높지도 낮지도 않게 똑바로 앞만 바라보며 눈은 언제나 수평선에 고정되어 있었고, 아버지와 마찬가지로 그 풍경에 만족하는 아주 평범한 사람들에게 둘러싸여 있었던 것이다.

그런데 지금은 짜부라진 패배자 같은 모습으로 교회의 장로가 되어, 새로운 볼링장 건설을 위한 헌금에 목사가 축복을 내리는 동안 맥 빠진 구부정한 자세로 반백의 머리를 푹 숙이고 성단 앞에 서 있는 것이다. 어쩌면 아버지에게는 영혼의 탄생을 경험하고, 조합교회가 마련해 준 빛과 공간에서 이 해면과도 같은 생물체를 키우는 일이 필요했는지도 모른다. 하지만 육체가 갈망하는 양식이 주는 즐거움을 알면서도 양심의 가책 없이 사악하지만 신비롭게 반짝이는 빛과 공간으로 해면 같은 그의 영혼을 밀어 넣다니, 이 얼마나 불쌍한 변화인가. 나는 굵은 금 시곗줄과 좋은 짝을 이루던 불뚝 튀어나온 장구통 배를 떠올리며, 그 배의 소멸과 함께 아버지의 육체도 사라져서 이른바 그 부속물인 영혼의 해면만이 남았음을 깨달았다.

아버지를 집어삼켜 버린 목사는 해면을 먹고 사는 괴물이며, 영혼의 머리 가죽을 벗겨 천막 안에 매달아 놓은 사악한 악귀였다. 그 뒤로 일어난 일은 말하자면 해면의 비극이었다. 목사는 빛과 공간을 약속했지만, 그가 아버지의 삶에서 손을 놓자마자 그 드높던 공중누각은 순식간에 허물어져 내리고 말았다.

　모든 일은 아주 평범한 일상생활처럼 일어났다. 어느 날 저녁 아버지는 정기임원모임을 마치고서 침울한 얼굴로 집에 돌아왔다. 그날 모임에서 목사가 다른 곳으로 떠나겠다는 뜻을 확고히 밝힌 것이다. 목사는 뉴로셸이라는 마을의 교회로부터 지금보다 나은 자리를 줄 테니 와달라는 제의를 받았으며, 신도들을 버려두고 떠나려니 마음이 아프지만 그 제의를 받아들이기로 했다고 말했다. 생각하고 또 생각한 끝에 내린 결론이며, 그것이 자기의 의무라고 생각한다는 것이었다. 물론 수입이 나아지는 것은 사실이나, 자기가 앞으로 짊어질 중대한 책임에 비하면 그것은 아무것도 아니라고 했다. 뉴로셸 사람들이 자기를 필요로 하고 있으며, 자기는 양심의 소리에 따를 뿐이라는 것이다.

　아버지는 이러한 내막을 목사에게서 들은 그대로, 자못 감동스러운 말투로 이야기했다. 그러나 아버지가 상처를 입었다는 사실을 금방 알 수 있었다. 그는 뉴로셸 사람들이 어째서 다른 목사를 찾지 않는지 이해할 수 없던 것이다. 많은 봉급으로 목사를 유혹하는 것은 잘못이라고 아버지는 말했다. "우리한테는 그 목사가 꼭 필요한데." 원망스러운 듯이 말하는 아버지의 너무도 서글픈 말투에 나까지 눈물이 날 정도였다. 그리고 아버지는 목사를 만나 허심탄회하게 이야기를 해보겠다고 했으며, 목사를 설득할 수 있는 사람은 오직 자기밖에 없다고 덧붙였다.

　그 뒤 며칠 동안 아버지는 할 수 있는 모든 노력을 쏟았지만, 목사를 당황하게 할 뿐 아무 성과도 얻지 못했다. 목사를 만나고 온 아버지의 맥 빠진 얼굴을 보자 마음이 편치 않았다. 그는 물에 빠져 지푸라기라도 잡는 사람과도 같은 표정을 하고 있었다. 목사는 물론 끝까지 뜻을 굽히지 않았다. 쓸 수 있는 모든 수단이 바닥난 아버지가 그 앞에 무릎을 꿇고 눈물을 흘려도 목사는 한번 정한 마음을 절대로 바꾸지 않았다. 이것이 아버지의 전환점이었다.

　그때부터 아버지는 전혀 딴 사람이 되었다. 날이 갈수록 기분이 언짢아 보였고, 툭하면 신경질을 부렸다. 더는 식탁에서 기도를 올리지 않았으며 교회에도 나가지 않았다. 그리고 다시 전처럼 공동묘지로 가서 벤치에 앉아 시간을 보냈다. 아버지는 갈수록 침울해지고 예민해졌으며, 끝내 환멸과 절망과 허무가 뒤섞인 서글픈 표정이 그의 얼굴을 완전히 뒤덮고 말았다. 목사의 이름과 교회 그리고 한때 친하게 지내던 장로들에 대한 얘기도 다시는 입에 담지 않았다. 가끔 길에서 그들과 마주쳐도 인사만 건넬 뿐 걸음을 멈추고 악수를 나누거나 하지는 않았다.

그리고 신문을 열심히 읽었다. 가슴에 뻥 뚫린 커다란 구멍을 그것으로 메우려는 듯 처음부터 끝까지 토씨 하나 빠뜨리지 않고 광고까지 다 읽었다. 나는 아버지의 웃음소리를 다시 들을 수 없었다. 고작해야 가끔 실망에 찬 일그러진 미소를 지어 보일 뿐이었다. 그 미소조차 금세 사라져 버리고 소모된 삶의 흔적만이 무기력하게 남았다. 아버지는 분화구처럼 죽어 있었으며, 더는 소생할 가능성이 없는 주검이었다. 아무리 새로운 위와 튼튼한 장을 달아준들 아버지를 되살릴 길은 없었다. 그는 샴페인과 굴의 유혹이 닿지 않는, 빛과 공간조차 소용없는 머나먼 저편으로 떠나 버린 것이다. 아버지는 마치 모래 속에 머리를 처박고 똥구멍으로 피리 소리를 내는 도도새 같았다.

등받이 각도를 조절할 수 있는 안락의자에서 잠이 들 때면 아버지의 턱은 느슨해진 돌쩌귀처럼 아래로 축 늘어졌다. 옛날부터 코를 잘 골기는 했지만 요즘은 더욱 요란해져서 도무지 사람이 내는 소리라고 믿을 수가 없었다. 아버지의 코 고는 소리는 거리의 땅콩장수가 부는 피리 소리처럼 이따금 끊어졌다가 길게 이어지는 바람소리를 빼면, 숨을 거두기 전에 그르렁거리는 소리와 꼭 닮아 있었다. 코를 골 때의 아버지는, 그의 뒤를 잇는 우리가 한평생 쓸 수 있는 땔감을 만들어 두기 위해 우주 전체를 도끼질하고 있는 사람 같았다.

아무튼 그보다 섬뜩하고 매력적인 소리는 여태껏 들어본 적이 없었다. 크고 높고 기괴하기 이를 데 없는 소리였다. 때로는 망가진 손풍금 같은 소리를 내고, 어떤 때는 연못에서 꽥꽥거리는 개구리 소리 같기도 했다. 길게 기적 소리를 내뿜은 뒤에는 금방이라도 숨이 넘어갈 사람처럼 무섭게 숨을 헐떡이기도 했다. 그런 뒤에는 다시 일정한 높낮이를 되찾고, 이 세상의 온갖 잡동사니가 쌓이고 쌓인 엄청나게 큰 더미 앞에서 웃통을 벗어젖히고 도끼를 손에 쥐고는 차분하고도 빈틈없이 도끼질하는 소리를 내는 것이었다.

이와 같은 코 고는 소리가 섬뜩하게 들리는 이유는 미라 같은 아버지의 얼굴표정 때문이었다. 아버지의 얼굴에서는 두툼한 입술만이 생기를 띠고 있었는데, 그 입술은 잔잔한 바다의 수면 위에서 선잠을 자는 상어 아가미 같았다. 꿈이나 바람에 방해받거나 변덕이나 채울 수 없는 욕망 때문에 애를 끓이는 일도 없이 바다의 넉넉한 품에 안겨, 아버지는 편안하게 코를 골고 있었다. 눈을 감고 한번 잠에 빠지면 세상의 모든 빛이 사라지면서 아버지는 홀로 태어나기 전의 세계, 산산이 부서지고 있는 우주에 속한 사람이 되었다.

아버지는 고래 뱃속에 앉아 있는 요나처럼 안락의자에 앉아 마지막 도피처인 시커먼 구멍 속으로 몸을 숨겼다. 아무것도 기대하지 않고 바라지 않았으며 죽지 못하고 산채로 묻혔다. 상처 하나 없이 그대로 삼켜져서, 공허한 하얀 입김을 들이마시고 내쉴 때마다 두툼한 그 입술만이 느릿느릿 움직였다. 아버지는 카인과 아벨을 찾으며 노드를 헤맸지만 그 누구와도, 그 어떤 말과 계시와도 맞닥뜨릴 수 없었다. 그는 고래와 함께 얼음장 같은 캄캄한 바다 밑바닥을 스치며 나아갔다. 심해동물의 너울거리는 갈기의 안내를 받으며 끝없는 거리를 전속력으로 내달렸다.

아버지는 굴뚝 위로 구불구불 솟아오르는 연기, 달을 가리는 두꺼운 구름층이었으며, 깊은 바다에 미끈미끈한 깔개를 까는 진흙이었다. 텅 빈 상태로 살아 있었기 때문에 죽은 이보다 더욱 죽음에 가까웠고, 빛과 공간의 한계 너머에 있는 무(無)의 캄캄한 동굴 속에 틀어박혀 있으니 소생할 가능성이 전혀 없었다. 사람들은 아버지를 불쌍히 여기기보다는 부러워해야 한다. 왜냐하면 그의 잠은 일시적인 휴식이나 멈춤이 아니라 깊은 바다와 같은 잠 자체이므로, 따라서 점점 깊어지는 잠, 자면서 더욱 깊고 깊게 파고드는 잠, 완전히 잠든 깊은 바다 밑바닥보다도 깊은 잠에 빠진 깊은 심연의 잠, 달콤한 잠 가운데 가장 깊고 달콤한 잠이었기 때문이다. 아버지는 잠들어 있었다. 지금도 잠들어 있으며, 앞으로도 계속 잠잘 것이다. 잠들라, 아버지여, 제발 잠들라. 깨어 있는 우리가 공포에 질려 있는 동안……

공허한 코 고는 소리의 마지막 나래를 타고 세상이 훨훨 날아가자 문이 열리면서 그로버 워트로스가 뒤틀린 발을 질질 끌고 들어오면서 말했다. "그리스도와 함께 하기를!"

그도 이제 어엿하게 성장해서 하느님을 발견한 것이었다. 하느님은 단 한

분이고, 그로버 워트로스가 하느님을 발견했기 때문에 그에 대해 더 할 말은 없다. 이제는 그로버 워트로스의 새로운 하느님의 말씀을 통해 모든 것을 새로이 정립하기만 하면 되는 것이다. 그로버를 위해 하느님이 특별히 만드신 밝고 새로운 말씀은 나의 흥미를 크게 자극했다. 왜냐하면 첫째로 나는 전부터 그를 언제나 가망 없는 저능아로 생각해왔고, 둘째는 그의 민첩한 손가락에 담뱃진으로 누레진 자국이 사라진 사실을 발견했기 때문이다.

어릴 때 그로버는 우리 옆집에 살았었다. 그는 은밀한 이야기를 나누려고 종종 나를 찾아오곤 했다. 그는 겨우 열네댓 살이었으나 못 말릴 골초였다. 그로버는 천재였기 때문에 그의 어머니는 아들이 담배를 피워도 뭐라고 하지 못했다. 천재가 어느 정도 자유를 누리는 것은 당연한 일이었기 때문이다. 특히 다리가 돌아갔다는 불행을 짊어지고 태어났기 때문에 더욱 그러했다. 그로버는 더러운 것을 즐기는 천재였다. 손가락 끝에는 니코틴 얼룩이 배어 있을 뿐 아니라 더럽고 새카맣게 때가 낀 손톱을 도무지 깎을 줄 몰랐다. 몇 시간씩 피아노를 치다 보면 손톱이 곧잘 부러지곤 했는데, 그러면 그 손톱을 이빨로 뜯어내곤 했다. 그러고는 뜯어낸 손톱 조각을, 이빨 사이에 낀 담배 찌꺼기와 함께 내뱉는 것이었다.

그 모습은 호기심을 자극했으며 아주 유쾌했다. 담배 때문에 피아노에는 불에 탄 자국이 생겼고, 어머니가 늘 불평했듯이 건반 색깔까지 누렇게 변해 버렸다. 그로버가 돌아간 뒤의 손님방에서는 마치 장의사네 골방 같은 지독한 악취가 풍겼다. 담배꽁초와 땀과 더러운 속옷 냄새 말고도 그로버가 남기고 간 온갖 욕설과 웨버, 베를리오즈, 리스트 등에 대한 독특한 연구로 인한 메마른 열기가 코로 확 밀려들어왔다. 그로버의 귀에서 나는 고름과 충치 냄새와 더불어, 어리광을 받아주는 그의 어머니의 콧소리에서도 악취가 났다. 그로버의 집은 그에게 꼭 맞는 마구간이었지만, 우리 집 손님방은 장의실의 대기실처럼 깔끔했다. 하지만 예의범절이라고는 약에 쓰려도 없는 그로버는 신발바닥도 닦지 않고 집으로 쳐들어오곤 했다.

겨울이면 그로버의 콧구멍은 시궁창처럼 콧물을 흘려댔지만, 음악에 그토록 열중한 그는 그것을 닦아낼 생각조차 하지 못했다. 그러다가 차가운 콧물이 슬슬 입술까지 내려오면 깜짝 놀랄 만큼 길고 하얀 혀로 느닷없이 싹 훑아 버리는 것이었다.

콧물은 웨버와 베를리오즈, 리스트의 음악에 톡 쏘는 감칠맛을 더하여, 속 빈 작자들의 음악을 향기롭게 했다. 그로버의 입에서는 한 마디 걸러 욕설이 튀어나왔다. 그가 입에 달고 사는 말은 이랬다. "이런 젠장, 빌어먹을!"

때로는 화가 나서 미친 사람처럼 피아노를 주먹으로 쾅쾅 두들기기도 했다. 그의 천재성이 잘못된 방향으로 드러난 것이다. 실제로 그로버의 어머니는 아들의 그런 분노한 주먹을 아주 좋게 보았다. 아들이 천재인 증거라고 믿었기 때문이다.

그러나 다른 사람들은 그로버가 단지 구제불능일 뿐이라며 쌀쌀한 반응을 보였다. 하지만 그는 다리가 불편했으므로 대부분의 일은 눈감아 주었다. 교활한 그로버는 그 불편한 다리를 최대한 이용해 먹었다. 꼭 갖고 싶은 것이라도 생기면 그 다리가 순식간에 아파오는 것이다. 오직 피아노만이 그의 장애에 존경심을 나타내지 않는 것 같았다. 따라서 피아노는 욕을 먹고, 발에 채이고, 혼이 쏙 빠지게 두들겨 맞아야 했다.

반대로 기분이 좋으면 그로버는 몇 시간이고 피아노 앞에 앉아 있었으며, 어지간한 일로는 움직이지도 않았다. 그럴 때면 그의 어머니는 집 앞 잔디밭에 서서 지나가는 이웃사람들을 붙잡아 자기 아들을 칭찬하는 말을 들으려고 기다렸다. 그녀는 아들의 '거룩한' 연주에 넋이 빠져 저녁 짓는 일도 잊어먹을 정도였다.

하수도 공사장에서 막일을 하는 그로버의 아버지는 언제나 지쳐서 축 늘어진 채 집으로 돌아왔다. 때로는 곧장 2층 객실로 올라가 아들을 피아노 의자에서 끌어내곤 했다. 그의 아버지도 욕설만큼은 누구에게도 지지 않았으므로 한번 퍼부어대기 시작하면 아무리 천재인 그로버도 찍소리조차 하지 못했다. 그 아버지의 눈에는 그로버가 쓸데없이 소음만 일으키는 게으른 자식일 뿐이었다. 때로는 그 지랄 같은 피아노와 그로버를 창밖으로 내던져 버리겠다고 위협하기까지 했다. 중간에 아내가 끼어들기라도 하면 그는 다짜고짜 그녀의 따귀를 올려붙이며 어딜 감히 끼어드느냐고 고함을 버럭버럭 질렀다.

그러나 당연히 그도 기분이 누그러질 때가 있었다. 그럴 때면 아들에게, 지금 요란스럽게 꿍꽝거리고 있는 게 대체 뭐냐고 물었다. 그로버가 "소나타 파테티크예요" 하고 대답하면, 그 무식한 아버지는 이렇게 말했다. "그게 무슨 소리야? 등신 같은 놈, 왜 평범한 영어로 말하지 않는 건데?" 그로버는 아버지의 불같은 성격보다 그 무식함이 더 참고 견디기 어려웠다. 그는 정말로 아버지를 부끄러워했으며, 아버지가 없는 자리에서는 그를 무자비하게 조롱하곤 했다.

좀 더 나이를 먹자 그로버는 자기 아버지가 그토록 천한 사람이 아니었다면 자기도 다리병신으로 태어나지 않았을 거라고 비꼬기 시작했다. 그는 임신한 어머니의 배를 아버지가 걷어찼던 게 틀림없다고 말했다. 그로버의 이러한 주장이 그 자신에게 많은 영향을 미쳤던 것 같다. 앞에서 말했듯이, 어엿한 청년이 되자 그는 갑자기 하느님에게 귀의했던 것이다. 얼마나 열성적으로 믿는지, 하느님에게 허락을 받기 전에는 그 앞에서 코도 못 풀 정도였다.

그로버가 종교에 귀의한 것은 그의 아버지의 경제 사정이 악화된 바로 다음의 일이었다. 몇 년 동안 아무도 워트로스 가족을 보지 못했는데, 어느 날 갑자기 섬뜩한 코 고는 소리가 울려 퍼지는 가운데 그로버가 나타난 것이다. 곳곳에 축복을 뿌리고 하느님의 은총을 기원하며 우리 가족을 악으로부터 구원하기 위해 두 팔을 걷어붙였다. 무엇보다 완전히 달라진 그로버의 용모가 눈길을 끌었다. 그는 어린양의 피로써 깨끗이 씻겨 있었다. 죄의 추악함을 모르는 그로버의 몸에서는 향기가 풍기는 것만 같았다. 말투도 단정했다. 옛날의 거친 욕설 대신 축복과 기원으로만 이루어져 있었다. 우리에게 하는 그의 말은 대화가 아니라 그의 혼잣말이었으며, 무엇을 물어볼 때에도 물어본 그 자신이 직접 대답하는 것이었다. 우리가 권한 의자에 앉자마자 그로버는, 하느님은 우리가 영원한 삶을 누릴 수 있도록 하나뿐인 사랑하는 아들을 우리에게 보내셨다고 산토끼처럼 재빨리 지껄여댔다.

그런데 우리는 과연 그 영원한 삶을 바라는가, 아니면 오직 육체적인 기쁨에 취해 구원을 모르는 채 죽기를 바라는가? 이미 살만큼 산 노부부에게, 더욱이 그중 한 사람은 크게 코를 골며 자고 있는데 '육체적 쾌락'을 들먹이는 것은 걸맞지 않다는 걸 본인은 모르고 있었다. 하느님의 자비로운 은총에 처음으로 발을 담그고 그 기쁨에 취해 있던 그로버는 내 누이가 지능이 조금 모자라다는 사실조차 까맣게 잊어버린 듯했다. 그는 어떻게 지내냐는 인사도 한 마디 하지 않고 그녀에게 이 새로 발견한 영적인 교류에 대해 열변을 토했던 것이다. 그러나 누이는 전혀 반응을 보이지 않았다. 누이는 머리의 나사가 몇 개 빠진 사람이었으므로, 그녀에게는 하느님에 대한 이야기도 시금치를 다듬는 이야기와 전혀 다를 바가 없었다.

'육체적 쾌락'이란 말도 누이에게는 빨간 양산을 쓰고 외출하는 화창한 날이라는 뜻이었다. 의자 끄트머리에 걸터앉아 끊임없이 고개를 끄덕여대는 모습을 보니, 누이는 그로버가 숨 돌릴 때만을 기다리고 있다는 것을 알 수 있었다. 그가 말을 멈추기만 하면 곧바로 끼어들어서, 목사—자기네 감리교파 목사—가 얼마 전에 유럽에서 돌아왔기 때문에 다 함께 교회 지하실을 빌려서 자선 바자회를 열기로 했으며, 자기도 싸구려 가게에서 산 장식 냅킨으로 꾸민 조그만 진열대에서 물건을 팔 거라고 말할 생각인 것이다.

아니나 다를까, 그로버가 잠깐 말을 멈추자마자 누이는 실 풀어내듯 베니스의 수로, 알프스의 눈, 브뤼셀의 개가 끄는 수레, 뮌헨의 간소시지 등에 대해 거침없이 늘어놓았다. 그녀는 신앙이 두터울 뿐 아니라 머리가 조금 모자란 사람이었다. 마침 그로버가 새로운 하늘과 새로운 땅을 보았다고 말하던 때였다…… 그로버는 최초의 하늘과 땅은 이미 사라져 버렸기 때문이라고 신경질적으로 쏟아내듯 중얼거렸었다. 하느님이 땅 위에 세우신 새로운 예루살렘과, 한때 욕설을 입에 달고 살고 장애 때문에 뒤틀려 있던 그로버 워트로스가 정의의 평화와 고요함을 발견한 내막을 설명하며 하느님의 말씀을 설교할 생각이었던 것이다.

"다시는 죽음이 없으리니……"라고 그로버가 목소리를 높인 순간, 누이는 몸을 앞으로 내밀며 목사가 교회 지하실에 멋진 새 볼링장을 만들었으니 와 보라면서, 목사는 좋은 사람이라 가난한 사람에게도 친절하니까 그를 만나면 틀림없이 즐거울 거라고 아주 순진하게 말했다. 하지만 그로버는 구기운동을 즐기는 것이 죄악이며, 교회에는 신이 없기 때문에 자기는 어느 교회에도 속하지 않는다고 말했다. 그리고 보다 높은 사명을 이루기 위해 하느님이 자기를 필요로 하므로 피아노를 치는 것조차 그만두었다고 했다.

"그는 극복하여 모든 것을 이어받을지니. 나는 그의 하느님이 될 것이고, 그는 나의 아들이 될 것이니라." 그로버는 하얀 손수건으로 코를 풀기 위해 다시 한 번 말을 멈췄다. 누이는 기다렸다는 듯이 그에게, 옛날에는 항상 코를 흘리고 다녔지만 한 번도 닦지 않았지요, 하고 말했다. 그로버는 아주 진지한 얼굴로 누이의 말에 귀를 기울이다가, 하느님이 자기의 많은 나쁜 습성을 고쳐주셨다고 대답했다. 그때 아버지가 잠에서 깨어나, 자기 바로 옆에 그로버가 앉아 있는 걸 보고 매우 놀라워했다. 잠깐 아버지는 자기가 기분 나쁜 악몽이나 환상을 보고 있는 건 아닌지 확신이 서지 않는 것 같았지만, 이윽고 새하얀 손수건을 보고 정신을 번쩍 차렸다.
"아, 자넨가! 워트로스네 아들이구먼, 그렇지? 그런데 여긴 어떻게 왔나?"
"지성소의 이름으로 찾아왔습니다." 그로버는 쑥스러운 기색도 없이 말했다. "저는 갈보리 언덕의 죽음으로써 죄를 씻었습니다. 당신께서 구원을 받으시어 빛과 전능하신 힘과 영광 속을 걸을 수 있도록 예수 그리스도의 인자하신 이름으로 찾아왔습니다."
아버지는 어안이 벙벙해졌다. "아니, 이보게, 자네한테 무슨 일이 있었는가?" 아버지는 위로하는 듯한 희미한 미소를 지으며 그로버에게 물었다. 어머니가 마침 부엌에서 나와 그로버의 의자 뒤에 섰다. 어머니는 입술을 삐쭉거리며 그로버의 머리가 돌았다는 것을 아버지에게 알리려고 했다. 모자란 누이마저도 그가 좀 이상해졌다는 걸 깨달은 것 같았다. 특히 그로버 같은 젊은 사람들을 위해 그녀가 존경하는 목사가 일부러 만들어 준 새 볼링장에 가지 않겠다고 했을 때 머리가 돌았다고 생각한 것이다.
그렇다면 정말로 그로버가 미친 것일까? 아니다. 그는 단지 성도 예루살렘의 거대한 성벽 다섯 번째 초석에 두 발을 단단히 내딛고 있었을 뿐이다. 다섯 번째 초석은 붉은 줄무늬 마노로 만들어졌으며, 그 위에 서 있는 그로버는 하느님의 옥좌로부터 흘러나오는 생명의 물로 이루어진 맑은 강을 바라볼 수 있었다. 이 생명의 강을 바라보면서 그로버는 수많은 벼룩이 아랫배를 물어뜯는 것 같은 통증을 느꼈다. 적어도 지구를 일곱 바퀴 돌지 않고선 그는 차분히 앉아서 세상 사람들의 무지와 무관심을 냉정한 눈으로 바라볼 수가 없었던 것이다.
그로버는 때를 벗어내자 활력이 넘쳤다. 머리는 정상이라도 나태하고 방탕한 인간들의 눈에는 그가 '미친놈'으로 보이겠지만 내게는 전보다 지금 그의 모습이 몇 배나 나아 보였다. 그로버는 사람에게 무해한 해충이었다. 그의 이야기를 가만히 듣고 있으면, 이해는 할 수 없더라도 어쩐지 마음이 깨끗해지는 기분이었다. 그로버의 밝고 신선한 말은 언제나 내 가슴을 뭉클하게 만들었으며, 그의 엄청난 웃음소리는 나의 나태한 정신이 쌓아 올린 찌꺼기들을 말끔히 씻어냈다.

그로버는 탐험가 폰세 데 레온이 꿈꾸었던 삶, 이제껏 겨우 몇 사람만이 누릴 수 있었던 삶을 살고 있었다. 어마어마한 활기에 넘치는 그로버는 누군가가 코앞에서 그를 비웃거나, 얼마 안 되는 그의 소지품을 훔쳐도 조금도 신경 쓰지 않았다. 생동감 넘치면서도 마음에 거리낌이 없는 그로버는 너무나도 신성에 가까운 탓에 미친 사람으로 보이는 것이다.

새 예루살렘의 거대한 성벽에 두 발을 단단히 디디고 있는 그로버는, 평범한 사람은 결코 깨우칠 수 없는 기쁨을 알고 있었다. 어쩌면, 그가 절름발이로 태어나지 않았더라면 이처럼 상상도 못할 기쁨을 맛볼 수 없었을 것이다. 그렇다면 그로버가 자궁 속에 있을 때 그의 아버지가 어머니 배를 걷어찬 것이 오히려 잘된 일인지도 모른다. 그 발길질이 그로버를 위로 높이 뛰어오르게 하고, 잠을 자는 동안에도 하느님의 복음을 전하도록 눈뜨게 했으며, 활기차게 만들었을 것이기 때문이다. 고된 일을 하면 할수록 그로버는 피로를 잊었다. 그에게서는 이제 근심도 원한도 가슴을 후벼 파는 추억도 없었다. 하느님에 대한 것 말고는 아무런 의무도, 책임도 지지 않았다.

그러면 하느님은 그로버에게 무엇을 바라셨을까? 하느님은 오직 자신을 찬양하는 일 말고는 아무것도 기대하지 않았다. 하느님은 그로버 워트로스에게 이승에서 그 자신을 생생하게 드러낼 것을 부탁했을 뿐이다. 그리하여 생기에 넘치는 그로버는 하나의 소리가 되었고, 그 소리는 모든 죽은 것을 혼돈으로 쓸어내는 홍수가 되었으며, 그 혼돈은 또다시 세상의 입구가 되었고, 그 입구 한가운데에 동사 'to be'가 있었다. '태초에 말씀이 계시니라. 말씀이 하느님과 함께 계시니 말씀은 하느님이시라.' 그렇다면 하느님은 존재하는 모든 것인 이 기이하고도 조그만 부정사가 아닌가. 그것으로 충분하지 않은가?

그로버에게는 그것으로 충분하고도 남았다. 그것만 있으면 되었던 것이다. 이 동사에서 출발하기만 하면 어느 길로 향하든 무엇이 다르랴? 이 동사에서 멀어지는 것은 중앙으로부터 벗어나 바벨탑을 세우는 것이었다. 어쩌면 하느님은 그로버를 그 중심에, 그 동사에 묶어 두기 위해 절름발이로 만들었는지도 모른다. 하느님은 보이지 않는 끈으로 그로버 워트로스를 세상의 중심을 꿰뚫는 그의 말뚝에 붙들어 맸으며, 그로버는 매일같이 황금알을 낳는 통통한 거위가 된 것이다.

무엇 때문에 나는 그로버에 대해서 썼을까? 나는 지금까지 수많은 사람들을 만나보았지만 그로버처럼 생기가 넘치는 사람은 아무도 없었기 때문이다. 그들은 대부분 그로버보다 머리가 좋고 재주가 많았다. 그들 가운데에는 저명인사도 끼어 있었지만 그 누구도 그로버만큼 생생하면서도 무심한 사람은 없었다. 그로버는 굉장히 많은 것을 지니고 있었다. 마치 산속 깊은 곳에 묻혀 있어도 에너지를 내뿜는 힘을 잃지 않는 라듐 조각 같았다.

이른바 '정력적'인 사람들이라면 지겨울 만큼 많이 봐왔다—미국은 나라 전체가 그러한 사람들로 가득 차 있지 않은가? 그러나 인간의 모습을 한 에너지 저장통은 본 적이 없다.

무엇이 이처럼 끝없는 에너지원을 만들어낸 것일까? 하늘의 계시일까? 그렇다. 중요한 것은 무엇이든 다 그런 것처럼, 눈 깜짝할 사이에 만들어진 것이다. 하룻밤 만에 그로버의 가치체계가 완전히 뒤집혔다. 아주 순식간에 그는 다른 사람들과 같이 움직이기를 멈춰 버렸다. 제동장치를 풀고 원동기만을 끊임없이 돌아가게 한 것이다.

한번쯤은 다른 사람들처럼 어딘가 목적지에 도착해야 하지 않을까 하고 생각해 본 적도 있었겠지만, 지금은 그 어디가 바로 이곳이므로 굳이 움직일 필요가 없음을 깨달았을 것이다. 차를 세우고 엔진만 돌아가게 두면 되는 것이다. 그러는 동안에도 지구는 돌아가고 있으며, 지구의 회전과 함께 자기도 돌아가고 있다는 것을 그로버는 깨달았다. 그러면 지구는 어디로 가는 것일까?

그로버는 스스로 질문을 해보고 지구가 어디로도 가지 않는다는 답을 이끌어냈을 것이다. 그렇다면 우리가 반드시 어디론가 가야 한다고 말한 사람은 누구인가? 그로버는 지나가는 사람을 아무나 붙잡고, 당신들은 어디를 향해 가고 있느냐고 물어 보았다. 그러자 이상하게도 그들은 모두 저마다 다른 목적지를 향해 가고 있으면서도, 그 누구도 피할 수 없는 목적지는 바로 무덤이라는 점을 아무도 생각하지 않는다는 사실을 알게 되었다.

그로버는 도저히 알 수 없었다. 왜냐하면 죽음이 불확실하다는 논지로 그를 설득한 사람은 아무도 없었음에도, 모두가 다른 곳을 향하고 있으며 자신의 목적이 아닌 것은 모두 불확실하다고 그를 설득할 수 있다고 생각하기 때문이다. 죽음의 절대적인 확실성을 믿은 그로버는 갑자기 엄청나게 팔팔해졌다. 난생 처음으로 그는 참된 삶을 살게 되었으며, 그와 더불어 뒤틀린 다리가 의식에서 완전히 사라져 버렸다.

생각해 보면 이것 또한 이상한 일이다. 뒤틀린 다리 역시 죽음과 다름없이 피할 수 없는 사실이기 때문이다. 그러나 어쨌든 뒤틀린 다리는 물론 그 다리와 관련된 모든 것이 그의 마음에서 떨어져 나가 버렸다. 마찬가지로 죽음을 받아들인 순간 죽음은 그로버의 마음에서 떨어져 나갔다. 죽음이라는 유일한 확실성을 파악함으로써 모든 불확실한 것이 사라진 것이다. 이제는 세상 사람들이 모두 뒤틀린 다리로 불안에 떨며 절뚝거리고 있는데, 오로지 그로버 혼자 아무런 방해도 받지 않고 자유롭게 돌아다니고 있다.

그로버 워트로스는 확신의 화신이었다. 그 생각이 틀렸다 하더라도 그는 확신하고 있었다. 그러나 설령 올바른 신념을 가지고 있다 한들, 구부러진 다리를 끌면서 절룩거려야 한다면 무슨 이득이 있을까? 오직 몇몇 사람들만이 이 진실을 깨달았으며, 그들의 위대한 이름은 널리 알려졌다. 그로버 워트로스의 이름이 후세에 남을 일은 없지만 그렇다고 해서 그의 위대함이 줄어드는 것은 아니다. 아무도 그를 인정해주지 않더라도 나는 그로버가 위대함을 손에 넣었다는 사실을 인정할 정도의 식견은 갖추고 있다. 바로 이 점이 내가 그에 대한 글을 쓰는 까닭일 것이다.

그 무렵에는 나도 그로버가 남에게 해를 입히지 않는 광신도라고 생각했다. 사실 어머니가 넌지시 비쳤듯이 약간 '머리가 돈' 사람으로 여겼을 뿐이었다. 그러나 확실성이라는 진리를 거머쥔 사람은 보통 누구나 머리가 조금 돌았으며, 바로 그런 사람들이 세상을 위해 무언가를 이룩해온 것이다. 그 밖의 사람들, 다른 위대한 사람들도 이곳저곳을 어느 정도 부수어오기는 했지만, 그로버 워트로스를 포함한 아주 극소수의 사람들은 진리를 살리기 위해 모든 것을 파괴할 수 있다.

그러한 사람들은 대부분 절름발이처럼 장애를 가지고 태어났는데, 이상하게도 세상 사람들은 그 구부러진 다리밖에 기억하지 못한다. 그로버 같은 사람이 자신의 다리에 무관심해지면 세상 사람들은 그가 무언가에 '홀렸다'고 입을 모아 말한다. 바로 이것이 불확실성의 논리이며, 거기서는 비탄밖에 생겨나지 않는다. 그로버는 내가 평생 만난 사람들 가운데 유일하게 참으로 명랑한 사람이었다. 그렇기 때문에 이 글은 그를 추모하고 그의 명랑한 확신을 기리기 위해 내가 세우는 조그만 기념비인 것이다. 그로버가 그리스도를 목발로 사용했다는 점은 안타까운 일이다. 그렇지만 진리를 단단히 움켜쥐고 그것을 통해 살아간다면, 그 진리에 어떻게 이르렀는지 따위가 무슨 상관이 있겠는가?

간주곡

혼란은 아직 이해하지 못한 질서를 부르기 위해 만들어진 낱말일 뿐이다. 나는 온갖 사물이 형태를 갖춰가는 도중인 이 혼란기에 대해 생각하기를 좋아한다. 이 시기의 질서가 해명된다면 반드시 눈부신 것으로 변할 것이기 때문이다. 가장 먼저 떠오르는 것은 식용 개구리 하이미와, 꽤 오래 전부터 썩어가고 있는 그의 부인의 난소이다. 하이미는 자기 아내의 썩어가는 난소에 완전히 사로잡혀 있었다. 매일 그것에 대한 얘기만 하다 보니 이제는 그녀의 난소가 변비약이나 백태 낀 혓바닥보다 더 중요한 이야깃거리가 되었다. 하이미는 '성적인 농담거리'로 말을 꺼냈을 뿐이라고 말하지만, 그가 하는 말은 무엇이든 난소로 시작해서 난소로 끝났다. 이러쿵저러쿵 하면서도 하이미는 여전히 아내와 잘 지내고 있었다. 오랜 시간동안 뱀처럼 서로 뒤엉켜서 담배까지 한두 대 피워가면서 하는 지구전이었다. 그는 썩어가는 난소에서 흘러나오는 고름이 얼마나 아내를 뜨겁게 달구는가를 내게 설명하려고 무진 애를 썼다. 안 그래도 같이 자는 맛이 있는 여자였는데 지금은 전보다 더욱 훌륭하다는 것이다. 일단 난소를 제거하고 나면 그녀가 성교를 어떻게 받아들일지 짐작조차 할 수 없었다. 아내도 그 점이 걱정스러운지 할 수 있을 때 잔뜩 해 두려는 것이었다. 그래서 매일 밤 설거지가 끝나면 그들은 새둥지같이 옹색한 아파트에서 옷을 벗고 한 쌍의 뱀처럼 뒤엉킨 채 침대 위를 뒹굴어댔다.

하이미는 아내가 어떻게 반응하는지에 대해 내게 수도 없이 설명하려고 했다. 그 안은 마치 부드러운 이빨을 가진 굴 같아서, 그를 잘금잘금 깨물어댄다고 한다. 또한 솜털처럼 폭신하고 보드라워서 때로는 자궁 안에까지 들어가 있는 느낌이 난다. 그 부드러운 이빨에 잘금잘금 씹히면서 그는 황홀경에 빠진다. 두 사람은 가위처럼 딱 달라붙어서 천장을 바라본다. 그리고 하이미는 금방 식어 버리지 않도록 사무실과, 창자를 뒤틀리게 하는 걱정스러운 일을 생각한다. 오르가슴이 한 번 지날 때마다 그는 다른 여자를 생각한다. 아내가 다시 움직일 때 아주 새로운 음부와 처음으로 교합하는 듯한 느낌을 느끼기 위해서이다. 하이미는 행위를 하는 동안 창밖을 내다볼 수 있도록 자리를 잡는 데도 신경을 쓴다. 점점 익숙해지자 그는 창밖으로 지나가는 여자를 홀딱 벗겨서 침대로 데리고 올 수도 있었다. 뿐만 아니라 자세를 풀지 않고도 그 여자와 부인을 바꿔치기할 수도 있었다. 때로는 그런 식으로 두 시간도 넘게 관계를 하면서 한 번도 사정을 하지 않고 끝내는 때도 있다고 한다. 쓸데없이 낭비할 필요는 없다는 것이었다.

한편 스티브 로메로는 사정을 하지 않기 위해 무진 애를 먹었다. 몸집이 황소 같은 스티브는 아무 데나 씨를 뿌리고 다녔다. 우리는 이따금 사무실 근처에 있는 싸구려 중국음식점에 틀어박혀 많은 이야기를 나누었다. 분위기는 야릇했다. 술이 없어서 그랬는지 모른다. 아니면 이상하고 조그만 검은 버섯 요리만 먹어서 그럴 수도 있겠다. 아무튼 어렵지 않게 그와 같은 화제가 튀어나오곤 했다. 이윽고 스티브가 나타난다. 그는 이미 한바탕 뒹굴고 목욕에 마사지까지 마친 뒤였다. 안팎이 말쑥해져 완벽한 남자의 견본 같았다. 그다지 머리가 좋은 사람은 아니었으나 친구로서는 나무랄 데 없는 녀석이었다.

그에 비하면 하이미는 두꺼비 같았다. 온종일 늪에서 진창 속을 뒹굴다가 곧장 식당으로 달려온 꼬락서니였다. 입가에는 오물이 벌꿀처럼 끈적하게 들러붙어 있었다. 하지만 사실 하이미의 경우에는 그걸 오물이라고 부를 수 없었다. 왜냐하면 세상에는 그것과 견주어 볼 수 있는 성분이 전혀 없기 때문이다. 그것은 전부 성교할 때 나오는 미끈미끈하고 끈적끈적한 점액질 액체였다. 음식도 하이미의 눈에는 오직 정액의 원료일 뿐이었다. 날씨가 따뜻하면 그는 고환을 말리기에 좋은 날이라고 인사를 건넨다. 또한 전차를 타면 그 율동적인 진동이 정욕을 자극하여, 그의 말마따나 조금씩 '개인적'인 경직이 일어난다는 것을 전차가 움직이기 전부터 알 수 있다고 한다. 어째서 '개인적'인지는 미처 듣지 못했지만 아무튼 그의 표현은 그러했다.

하이미는 우리와 함께 나가는 것을 좋아했다. 우리와 붙어 있으면 언제나 괜찮은 상대가 걸려들었기 때문이다. 그 혼자서는 만족스러운 성과를 내지 못했다. 우리 틈에 끼어 있으면 다른 맛의 고기를 맛볼 수 있었다. 하이미는 이교도 여자를 저렇게 표현했다. 그는 비유대교 여자를 좋아했다. 유대 여자보다 더 달콤하기 때문이란다. 더 잘 웃으며, 때로는 한창 하는 도중에도 웃음을 터뜨리곤 한다는 것이다. 하이미가 유일하게 참지 못하는 것은 검은 살덩어리였다. 그는 내가 발레스카와 돌아다니는 것을 보면 기가 찬다는 듯 오만상을 찌푸렸다. 언젠가 한번은 나에게, 발레스카한테서 지독한 냄새가 나지 않느냐고 물었다. 나는 그런 점을 좋아한다고 했다. 육즙이 담뿍 배어 있는 강렬하고 독한 몸내를 좋아한다고 했더니 그는 부끄러워서 얼굴을 붉혔다.

하이미는 어떤 것에는 매우 민감하게 반응했다. 예를 들어 음식이 그렇다. 그는 자기가 먹는 음식에는 아주 까다로웠다. 아마도 종족적인 특성인 것 같았다. 게다가 병적일 정도로 깔끔을 떨었다. 새하얀 소맷부리에 얼룩 하나만 묻어도 참지 못했다. 끊임없이 옷의 먼지를 털어대고, 아무 때나 손거울을 꺼내 이빨 사이에 음식 찌꺼기가 끼지 않았나 들여다보았다. 빵 쪼가리 하나라도 끼어 있으면 냅킨으로 얼굴을 가리고 진주 장식이 달린 이쑤시개로 끄집어냈다. 그러나 난소만은 들여다보지 못했다. 냄새조차 맡을 수 없었다. 그의 아내 역시 결벽증이 있는 여자였던 것이다. 그녀는 매일 밤의 합궁을 위해 온종일 몸을 씻었다. 그녀가 난소를 애지중지하는 모습은 비극적이기까지 했다.

병원에 입원하는 그날까지 그녀는 오로지 성교에 열성을 보였다. 다시는 밤일을 하지 못할 수도 있다는 두려움에 제정신이 아니었던 것이다. 하이미는 육체관계가 있건 없건 자기 마음은 달라지지 않을 것이라고 말했다. 그러면서 그녀에게 뱀처럼 엉겨 붙어 담배를 입에 문 채, 창밖으로 지나가는 여인의 옷을 벗기는 것이다. 그는 더 이상 성애를 즐기지 못하는 여인이란 상상도 할 수 없었다. 수술도 성공할 것이라고 믿어 의심치 않았다. 성공적— 곧 아내가 전보다 더 밤일에 능란해진다는 뜻이었다. 하이미는 평소에 천장을 바라보고 똑바로 누워 아내에게 곧잘 말했었다. "당신을 사랑해, 영원히. 이리 더 가까이 와…… 그래, 바로 거기야. 무슨 말을 하다 말았더라? 아,

그래, 그렇지…… 당신은 왜 그런 쓸데없는 걱정을 하고 그러나? 내가 당신을 버릴 리 없잖아. 여보, 조금만 옆으로 가 봐…… 응, 그만큼. 됐어."

하이미는 중국음식점에서 그런 일들을 시시콜콜 이야기해 주었다. 스티브는 배꼽을 쥐고 웃었다. 그는 하이미 같은 짓은 도저히 하지 못했다. 스티브는 너무나 솔직했고, 특히 여인들에게 더욱 그랬다. 그가 여자 복이 나쁜 것도 그 때문이었다. 꼬마 컬리—스티브는 컬리를 싫어했다—는 그가 찜한 여자는 반드시 손에 넣고 말았다……. 컬리는 타고난 거짓말쟁이에 사기꾼이었다. 하이미 역시 컬리를 좋아하지 않았다. 그는 컬리가 정직하지 않다고 말했다. 물론 금전적인 면을 두고 한 말이었다. 하이미는 그런 점에서는 꼼꼼했다. 컬리가 그는 자기 이모에 대해 이야기하는 태도를 참을 수 없었다. 어머니의 동생과 잠자리를 같이하는 것 자체가 이미 파렴치한 짓이건만, 한 술 더 떠서 그 이모를 썩은 치즈덩어리처럼 욕하다니 도저히 용서할 수 없다는 것이었다. 매춘부라면 몰라도 여염집 여인에게는 조금이나마 존경심을 가져야 한다. 매춘부라면 문제가 다르다. 매춘부는 여자가 아니라 그냥 매춘부일 뿐이기 때문이다. 이것이 하이미의 의견이었다.

그런데 하이미가 컬리를 미워하는 진짜 이유는 따로 있었다. 컬리와 함께 나가면 언제나 컬리가 더 좋은 여자를 차지했기 때문이다. 게다가 컬리는 거의 늘 하이미의 돈으로 재미를 보았던 것이다. 컬리가 돈을 조르는 태도도 하이미를 화나게 했다. 착취당하는 느낌이었기 때문이다. 그리고 어느 정도는 그 책임이 나에게 있으며, 내가 컬리에게 너무 너그럽기 때문이라고 하이미는 생각했다.

"컬리는 도덕심이라고는 눈곱만큼도 없어요." 하이미의 입버릇이었다.

"그러는 자네의 도덕심은 어떤가?" 내가 되받아친다.

"나 말이오? 집어치우시오. 나 같은 늙은이에게 도덕심 운운하기에는 이미 늦었소. 하지만 컬리는 아직 어린애잖소."

"자네는 질투하고 있군." 스티브가 말했다.

"뭐, 내가? 내가 그 어린놈을 질투한다고?" 하이미는 코웃음을 치며 그런 생각을 무마하려고 했다. 그러나 정곡을 찔려 조금 움츠러들었다.

"생각해 봐요. 내가 언제 당신을 질투한 적이 있습디까?" 하이미는 한 마디 거들어주기를 바라며 나에게 말했다. "당신이 말만 하면 나는 언제든 계집을 넘겨주었지 않소? SU지부에 근무하던 빨강머리 계집애…… 기억할 거요…… 젖꼭지가 큰 계집애 말이오. 아무리 친구 사이라도 양보하기 아까운 여자 아니었소? 그래도 나는 넘겨주었지요. 당신이 커다란 젖꼭지가 좋다고 해서 말이오. 그러나 나는 컬리한테는 그렇게 해 줄 수 없소. 그놈은 악당이거든. 제멋대로 설치고 다니게 내버려 두면 그만이오."

말하지 않아도 컬리는 매우 열심히 여자의 샘을 파고 있었다. 추측건대, 한번에 대여섯 명 정도는 만나고 다니는 게 분명했다. 그중 하나가 발레스카였다. 컬리는 발레스카에게 매우 정력적으로 대했다. 그녀는 아무 편견 없이 자기를 안아 주는 남자를 찾아내어 아주 기뻤던 모양인지, 나중에는 자기 사촌동생까지 끼워서 같이 잤으며 덩달아 그 난쟁이 여자까지 불러들였다. 그래도 컬리는 아무 불만도 나타내지 않았다.

발레스카가 가장 좋아하는 것은 컬리와 함께 목욕을 하면서 하는 것이라고 한다. 난쟁이 여자에게 그 광경을 들키기 전까지는 아주 좋았다고 한다. 곧 대판 싸움이 벌어졌고, 결국 응접실 바닥에서 화해공작이 이루어졌다.

컬리의 이야기에 의하면, 샹들리에에 기어오르는 일 말고는 그가 하지 않은 짓이 없다는 것이었다. 게다가 컬리는 언제나 용돈을 듬뿍 받고 있었다. 발레스카는 인심이 후하나 그녀의 사촌은 인색했다. 발레스카는 단단해진 물건을 한번 보여주기만 하면 금방 흐느적거리며 녹아내렸다. 바지 단추를 풀기만 해도 정신이 아득해지는 여자였다. 컬리가 그녀에게 시킨 짓거리들은 정말로 파렴치하기 그지없는 것이었다. 그는 발레스카를 천박하게 만드는 데 희열을 느끼고 있었다.

그러나 나는 컬리를 나무랄 생각이 없었다. 발레스카는 밖에 나와서는 아주 얌전을 빼는 새침데기 여인이었던 것이다. 거리를 가로질러 걸어가는 모습을 보면 그녀에게도 음부가 있다는 생각조차 들지 않을 정도였다. 하지만 발레스카와 단둘이 있을 때면 컬리는 그녀에게 고상한 척한 대가를 치르도록 했다. 아주 잔혹하고 무정한 방식으로.

"꺼내!" 컬리는 바지 단추를 조금만 풀고 명령했다. "혀로 꺼내도록 해!" (그는 이 짓을 세 여자 모두에게 시켰다. 그의 말에 따르면 세 여자 모두 혀로 하는 것을 남몰래 즐기고 있었기 때문이라고 한다.) 아무튼 한번 그 맛을 입으로 느끼게 해주고 나면 그 뒤로는 여자를 마음대로 주무를 수 있다고 한다. 때로는 여자에게 두 손을 바닥에 대라고 하고 손수레 밀듯 온 방 안을 밀고 돌아다닐 수도 있다는 것이다. 또는 개처럼 엎드리게 하고 여자가 오르가슴에 이르러 몸부림치면 시치미를 뚝 떼고 담배에 불을 붙여 가랑이 사이로 연기를 내뿜기도 했다. 한번은 그 자세로 아주 짓궂은 장난을 치기도 했다. 여자가 한창 절정에 이르러 있을 무렵 그는 열을 좀 식혀야겠다고 말하며 물건을 빼고는 굵고 긴 당근을 천천히 밀어넣어 버렸다.

"어때 그놈의 맛이! 나머지는 이놈이 나 대신 해 줄 거야." 컬리는 이렇게 말하고는 재빨리 옆으로 비켜서서 바지를 입었다. 사촌동생인 애버크롬비는 갑자기 들이닥친 딱딱하고 차가운 불청객 때문에 소스라치게 놀라 방귀를 뿌웅 뀌며 당근을 날려 버리고 말았다.

적어도 컬리에게서 들은 이야기는 그랬다. 그는 엄청난 거짓말쟁이기 때문에 전부 다 꾸며낸 이야기일 수도 있지만 그러한 장난에 사족을 못 쓴다는 점은 부정할 수 없었다. 고결한 동부 사람인 척하는 애버크롬비 양도 그런 특이한 음부를 가지고 있으니 그렇게 놀랄 일이 아닐지도 모른다.

이에 비하면 하이미는 순수했다. 그러나 하이미 자신과 할례를 받은 그의 굵직한 페니스는 서로 다른 것이었다. 그가 말하는 '개인적'인 발기가 시작되면 사실 그로서는 손쓸 도리가 없었다. 곧 자연이 자기주장을 시작하는 것이다—그의, 하이미 라웁셔의 할례 받은 굵은 페니스를 통해. 그의 아내가 지닌 음문도 마찬가지였다. 그것은 그녀가 사타구니에 장식처럼 착용하고 있는 것, 즉 라웁셔 부인의 일부이긴 하지만 부인과는 무관한 것이었다.

이런 내용들을 주절주절 써내려온 까닭은 그 무렵 만연했던 문란한 성생활에 대해 말하고 싶었기 때문이다. 마치 '성교의 나라'에라도 살고 있는 것 같았다. 가령 2층에 사는 아가씨는, 아내가 음악회에 가거나 하면 종종 아래로 내려와 애를 봐 주었다. 딱 봐도 숙맥이어서, 나도 처음에는 그녀에게 눈길도 주지 않았다. 하지만 그녀도 다른 사람들처럼 여자로서의 부분을, 무의식적으로 의식하고 있는 일종의 비인간적인 인간적 음부를 가지고 있었다. 아래로 내려오는 횟수가 많아질수록 그녀도 점차 무의식으로 의식이 싹텄다.

어느 날 밤 그녀가 욕실에 들어가더니 아무리 기다려도 나오지 않았다. 이상하게 여긴 나는 온갖 생각 끝에 직접 욕실 상황을 살펴보기 위해 열쇠구멍으로 안을 들여다보았다. 그러자 그녀가 거울 앞에 서서 조그맣고 귀여운 그곳을 어루만지고 있는 게 아닌가! 마치 자기 음부와 이야기를 나누고 있는 듯했다.

처음에 나는 너무 당황해서 어떻게 해야 할지 몰랐다. 나는 거실로 돌아와 불을 모조리 끄고 소파에 누워서 그녀가 나오기를 기다렸다. 누워 있으니 부드러운 털에 소복이 싸인 그녀의 음부와, 악기를 켜듯 그곳을 어루만지고 있는 손가락이 눈앞에 어른거렸다. 나는 바지 단추를 끌러서 서늘한 어둠 속에 내 물건을 내놓았다. 나는 소파 위에서 그녀를, 적어도 내 분신으로 그녀를 매료시킬 작정이었다.

"자, 이리 와. 이리로 와서 그 음부를 내 위에 벌려봐." 나는 계속 혼자 중얼거렸다. 그녀는 곧바로 내 전갈을 받았는지, 득달같이 문을 열고 나와 두 손으로 어둠 속을 더듬으며 소파가 있는 곳으로 찾아왔다. 나는 아무 말도 하지 않았고 움직이지도 않았다. 오직 어둠 속에서 게처럼 소리도 없이 다가오는 그녀의 음부에만 정신을 집중했다. 마침내 그녀가 소파 바로 옆까지 왔다. 그녀 역시 아무 말도 하지 않았다. 그녀는 말없이 서 있었지만, 내가 그녀의 허벅지 사이로 손을 넣어 쓸어 올리자 한쪽 발을 조금 움직여 가랑이를 더 벌렸다.

나는 여태껏 그토록 촉촉한 골짜기를 만져본 적이 없었다. 마치 풀이 양쪽 허벅지를 타고 주르륵 흘러내리는 듯하여, 만약 곁에 광고게시판이라도 있었다면 광고지를 열 몇 장은 너끈히 붙일 수 있을 것 같았다.

이윽고 그녀는 풀을 뜯는 소가 목을 늘어뜨리듯이 자연스럽게 수그리고 앉아 내 분신을 입에 넣었다. 나는 네 손가락을 전부 그녀 안에 넣고 거품이 생길 정도로 마구 주물럭거렸다. 끈적한 액체가 그녀의 다리를 타고 흘러내렸다. 우리는 아무 말도 하지 않았다. 우리는 무덤 파는 일꾼처럼 어둠 속에서 묵묵히 일만 하는 한 쌍의 미치광이였다. 말 그대로 성교의 천국이었으며, 나는 필요하다면 머리가 돌아 버릴 때까지 하고 하고 또 할 생각이었다. 아마도 그녀는 내가 같이 잤던 여자들 가운데 최고의 짝이었던 것 같다. 그녀는 끝까지 한 번도 입을 떼지 않았다. 그날 밤은 물론 그 다음날 밤, 또 그 다음날 밤에도.

그녀는 내가 혼자 있다는 냄새를 맡기가 무섭게 발소리를 죽이고 살그머니 내려와서 내 온몸에 자기 음부를 문질러댔다. 돌이켜 보면 정말 거대한 음부였다. 소파와 아늑한 구석과 세정기와 부드러운 둥지와 솜털이불과 뽕나무 이파리가 있는 어두운 지하의 미궁. 나는 외톨이가 된 벌레처럼 그곳으로 기어들어가 고요하고 조그만 틈새에 나 자신을 파묻었다. 그곳은 부드럽고 평안하여 마치 굴 양식장에 있는 돌고래가 된 기분이었다. 조금만 몸을 움직이면 나는 특급 침대 열차에 앉아 신문을 보고 있거나, 혹은 이끼가 낀 조약돌과 저절로 열렸다 닫히는 작은 등나무 문이 있는 막다른 골목에 부딪쳤다. 때로는 워터슬라이드를 타는 것처럼 경사면을 단숨에 미끄러져 내려오며 물보라를 뒤집어쓴다. 물가의 갈대들이 미친 듯이 흔들리고, 조그만 물고기들이 악기의 현을 누르듯 나를 훑고 지나간다. 커다란 암흑의 동굴 속에서는 비단과 비누의 오르간이 단조롭고 음침한 음악을 연주하고 있다.

그녀가 흥분이 고조되어 액즙을 마구 쏟아놓을 때, 그 액즙은 청자색을, 해질 무렵과 같은 짙은 자주색을, 난쟁이들과 백치들이 달거리를 할 때 보고 기뻐하는 복화술적인 땅거미색을 띤다. 그것은 나에게 꽃을 씹어 먹는 식인종과 미친 듯 날뛰는 남아프리카의 반투족, 그리고 철쭉꽃밭에서 교미하는 우악스런 일각수를 떠올리게 했다. 모든 것이 이름 없는 평범한 부부이고 공식화되지 않은 것들이었다. 우리의 머리 위에는 가스탱크가 있고 아래로는 바다 생활이 있었다. 내가 말한 대로 그녀의 허리 윗부분은 확실히 비정상이었다. 자유롭게 돌아다니고 있지만 완전히 바보천치였다. 그래서 그녀의 그것이 그토록 훌륭하고 비인간적이었는지도 모를 일이었다. 백만 명 가운데 하나 날 정도로 일품이었으며, 딕 오즈번이 조셉 콘래드의 작품을 읽을 때 발견한 앤틸리스제도의 진주와 견줄 만한 것이었다. 그녀는 광활한 성교의 바다에 드러누워 인간 말미잘과 인간 불가사리와 인간 산호 등으로 둘러싸인, 은색으로 빛나는 산호초였다. 그녀를 찾아낼 수 있는 사람은 오직 여음의 정확한 위도와 경도를 알고 있는 오즈번 같은 이밖에 없을 것이다.

대낮에 그녀가 시나브로 미쳐가는 모습을 보고 있으면, 꼭 해가 진 다음에 덫으로 족제비를 잡는 것과 똑같다는 생각이 들었다. 어둠 속에 누워 바지단추를 풀고 기다리기만 하면 되었기 때문이다. 그녀는 아프리카 카피르족 사이에 느닷없이 부활한 오필리아였다. 어느 나라의 말이든 한 마디도 기억하지 못했으며, 특히 영어는 더 심했다. 그녀는 기억을 잃은 벙어리였으며,

기억과 더불어 냉장고와 헤어아이론과 족집게와 핸드백도 잃어버리고 말았다. 그녀는 사타구니의 음모 말고는 아무것도 갖지 않은 벌거숭이였다. 물고기보다도 더 마끈미끈했다. 물고기 비늘이라도 갖고 있지만 그녀에게는 그것조차 없었기 때문이다.

이따금 내가 그녀 안에 있는지 그녀가 내 안에 있는지 알 수 없을 때도 있었다. 그것은 공공연한 전쟁이며 저마다 자신의 꼬리를 물어뜯는 최신식 격투기였다. 도롱뇽들의 사랑이며 막혀 있던 부분은 크게 열렸다. 성별도 소독약도 없는 사랑이었다. 나뭇가지 위에서 오소리들이 나누는 명상적인 사랑이었다. 한쪽에는 대서양, 다른 한쪽에는 멕시코 만이 있었다. 그리고 아무도 분명하게 소리 내어 말하지는 않았지만 우리 옆에는 언제나 킹콩이 있었다. 킹콩은 난파한 타이타닉호 안에서 인광을 내뿜는 백만장자들의 해골 및 칠성장어와 함께 잠들어 있었다. 어떤 논리를 들이대도 킹콩을 쫓아낼 수는 없었다. 그는 영혼의 덧없는 고뇌를 지탱해 주는 거대한 탈장대(脫腸帶)였다. 털이 북슬북슬한 다리와 길이가 1마일이나 되는 팔을 가진 결혼식케이크였다. 그는 새로운 소식들이 차례차례 나타났다 사라지는 회전 영사막이었다. 또한 발사된 적 없는 권총의 총구였으며, 짧게 잘린 임균(淋菌)이라는 총신을 잘라낸 산탄총으로 무장한 문둥이였다.

나는 탈장의 공허 속에서 음경을 통해 모든 차분한 생각을 해보았다. 가장 먼저 언제나 내 머리를 어지럽히는 이항정리(이항식의 거듭제곱을 전개하는 법을 보이는 공식)가 떠올랐다. 나는 그것을 확대경 밑에 놓고 X에서 Z까지 꼼꼼히 살펴보았다. 그 다음에 떠오른 것은 로고스였다. 어째선지 나는 그것을 호흡과 동일시하고 있었지만, 반대로 그것은 일종의 강박관념적인 울혈이며, 곡물창고가 가득 차서 유대인들이 이집트에서 쫓겨난 뒤에도 계속 곡식을 가는 기계임을 알 수 있었다. 그리고 내가 가진 어휘 가운데 가장 매력적인 낱말인 뷰세팔루스(알렉산더 대왕의 애마(愛馬)). 나는 어려운 지경에 빠질 때마다 그 말을 달리게 했다. 당연히 알렉산더 대왕과 고위보좌관들까지 모두 이끌고 말이다. 얼마나 멋진 말인가! 인도양, 그 혈통을 잇는 마지막 후손으로서 인도양에서 태어났으며, 메소포타미아 원정 때 아마존 여왕과 관계를 나눈 것 말고는 한 번도 교미한 적이 없는 명마였다.

그리고 '스코틀랜드의 첫수(Gambit)'라는 말이 있다! 놀라운 표현이지만 체스와는 아무 관계도 없는 말이다. 이 낱말을 볼 때마다 펑크와 워그널이 지은 《영어대사전》 2498쪽에 있는, 죽마를 탄 사람을 떠올렸다. 이 낱말은 기계장치를 단 발로 어둠 속을 뛰어다니는 것을 뜻했다. 아무런 목적도 없는 도약이기에 그와 같은 단어가 된 것이다. 일단 깨우치기만 하면 아주 명확하고 단순한 것이다. 그 밖에도 안드로메다, 고르곤 메두사, 신의 아들로 태어나 영원히 천상의 별자리가 된 신화 속의 쌍둥이 카스토르와 폴리데우케스라는 말이 있다. 그런가 하면 lucubration(명상)이라는 낱말이 있다. 이 말은 성적인 냄새를 물씬 풍기지만 아주 지적인 뜻을 갖고 있어 나를 불안하게 만든다. 언제나 '한밤중의 명상'이라는 식으로 쓰이는데, 이 한밤중이라는 말이 불길한 의미를 지니고 있다. 그리고 '아라스 천'이란 단어가 있다. 누가 언제 그랬는지는 모르지만 아라스 천을 뒤집어쓰고 칼에 찔려 죽은 녀석이 있었다. 석면으로 만들어진 제단포를 본 적도 있는데, 거기에는 카이사르가 만든 듯한 참혹한 균열이 있었다.

아무튼 아주 조용한, 틀림없이 구석기시대 사람들이 맛보았을 조용한 사색이었다. 불합리한 것이 없는 대신 쉽게 설명할 수 있는 것도 없었다. 이를테면 싫증나면 두 발로 밀어 버리면 그만인 그림 맞추기 놀이와 같은 것이었다. 어떤 것이라도, 심지어 히말라야 산맥이라도 손쉽게 내팽개칠 수 있었다. 마호메트와는 정반대인 사고였다. 오랜 성교를 통해 쌓아올린 웅장한 누각도 순식간에 와르르 무너져내릴 수 있었다. 중요한 것은 성교이지, 건설작업이 아니기 때문이다. 말하자면 대홍수가 일어난 동안 나사돌리개에 이르기까지 필요한 물건이 모조리 갖추어져 있는 방주에서 사는 것과 같았다. 그저 시간을 보낼 소일거리만 있으면 되는데 누가 살인과 강간과 근친상간을 좋다고 하겠는가?

비, 비, 비가 쉬지 않고 내리지만 방주 안에는 모든 것이 보송보송하고, 온갖 동물이 한 쌍씩 모여 있으며, 식료품 창고에는 고급 웨스트팔리아 햄과 신선한 계란, 올리브, 양파절임, 우스터소스와 다른 음식들이 가득 채워져 있다. 하느님은 새로운 하늘과 새로운 땅을 세우기 위해 나, 노아를 선택하셨다. 하느님은 나에게 모든 판자 이음매를 뱃밥으로 틀어막은, 잘 마르고 튼튼한 배를 내리셨다. 그분은 또한 나에게 폭풍우 치는 바다를 헤쳐나가는 방법을 가르쳐 주셨다. 이윽고 비가 그치면 그 밖의 다른 지식도 가르쳐주시겠지만 지금은 항해술만으로 충분하다.

　나머지는 2번가의 로열 카페에서 체스나 두면 되는데, 비가 그칠 때까지 계속 체스를 둘 수 있는 총명한 유대인을 찾아내는 일이 문제이다. 그러나 앞에서도 말했듯이, 나는 지루함을 느낄 여유가 없었다. 나의 옛 친구인 로고스와 뷰세팔루스, 아라스 천, 명상 등이 있었기 때문이다. 그런 내가 왜 굳이 체스를 두어야 한단 말인가?

　이렇게 몇 날 며칠 동안 틀어박혀 있는 동안 나는 생각이란 것이 자위적이지 않는 한, 정신을 가라앉히고 치유하고 즐겁게 해 준다는 사실을 깨달았다. 아무 데도 가지 않는 생각이 우리를 어디로든 데려가 준다. 그 밖의 모든 생각은 깔려 있는 궤도를 따라 달리며, 그 거리가 아무리 멀더라도 마지막에는 반드시 정거장이나 차고에 도착한다. 맨 끝에는 언제나 붉은 등이 기다리고 있다가 '멈추라'고 명령한다. 그러나 음경이 생각을 하기 시작하면 정지선은 물론 장애물도 없다. 그것은 끝없이 이어지는 휴일이며 새로운 미끼에 물고기들이 항상 입질을 해대는 것과 같은 상황이다.

　그래서 또 다른 음부를 떠올린다. 베로니카 뭐라는 여자였는데, 그녀 덕분에 내 생각은 언제나 터무니없는 곳으로 향했다. 베로니카와는 늘 문간방에서 관계를 가졌었다. 무도장에서는 자궁까지 영원히 내줄 것처럼 굴었으면서 밖으로 나오면 곧바로 다른 생각을 한다. 모자나 가방에 대한 것, 잠들지 않고 기다리고 있는 이모, 꺼내놓기만 하고 잊어버린 우편물, 잃게 될지도 모르는 직장, 당장의 문제와는 아무 관계도 없는 온갖 쓸모없는 걱정을 하고 또 하는 것이다. 마치 머리의 스위치를 느닷없이 질—아주 빈틈없고 야무진 질—쪽으로 돌려놓는 것 같았다. 말하자면 형이상학적인 질이었다. 온갖 문제를 생각할 수 있을 뿐만 아니라 메트로놈의 박자에 맞추어 특이한 생각을 하는 음부였다.

　이와 같이 위치가 바뀌고 운율적인 한밤중의 명상에는 특별히 침침한 등불이 필요했다. 박쥐가 날아다닐 정도로 어둡고, 동시에 바지 단추가 떨어져 현관 바닥으로 굴러갔을 때에는 그것을 찾을 수 있을 만한 불빛이 있어야 한다. 내 말이 무슨 뜻인지 여러분은 알 것이다. 모호하지만 세심한 정확성과 방심상태를 가장한 엄격한 의식. 동시에 퍼덕이고 흔들거려서 물고기인지 새인지 구별이 되지 않는다.

내가 지금 붙잡고 있는 것이 무엇일까? 좋은 것인가, 아주 좋은 것인가? 대답은 언제나 간단했다. 베로니카는 가슴을 움켜잡으면 앵무새처럼 캑캑거렸고, 옷 아래로 손을 밀어 넣으면 뱀장어처럼 몸을 꿈틀거렸다. 너무 세게 끌어안으면 족제비처럼 꽉 깨물었다. 베로니카는 시간을 끌고 또 끌었다. 어째서일까? 그녀가 바란 것은 무엇이었을까? 한 시간이나 두 시간이면 그녀가 굴복할까? 그럴 가능성은 전혀 없었다. 베로니카는 무쇠 덫에 걸린 채 날아오르려고 애쓰는 비둘기와 같았다. 그녀는 다리가 없는 척했지만, 그녀를 자유롭게 놓아주려는 낌새를 보이면 깃털을 뽑아놓고 교묘하게 달아나 버릴지도 몰랐다.

베로니카는 훌륭한 볼기짝을 가지고 있었고, 그 볼기에 다가가기가 쉽지 않았기 때문에 나는 언제나 그녀를 당나귀 다리(橋)라고 불렀다. 당나귀 다리는 장님에게 끌려가는 두 마리 하얀 당나귀 말고는 아무도 건너지 못한다는 것을 초등학생도 알고 있다. 어째서 그런지는 모르지만 유클리드 영감이 그런 규칙을 만들어 버린 것이다. 그 영감은 아주 박식했기 때문에 어느 날 단순히 자기 혼자 재밌자고, 살아 있는 사람은 절대 지나갈 수 없는 다리를 만든 것이다. 하얗고 잘 생긴 당나귀를 두 마리 갖고 있던 유클리드는 그것을 당나귀 다리라고 불렀다. 당나귀를 정말 좋아했던 영감은 무슨 일이 있어도 그 당나귀를 남의 손에 넘기지 않았다. 유클리드는 언젠가 장님이 된 자신이 당나귀들을 데리고 이 다리를 건너 당나귀 낙원으로 들어가는 꿈을 그리고 있었다.

그런데 베로니카도 유클리드 영감과 다를 바 없었다. 자기의 아름답고 하얀 궁둥이를 아주 마음에 들어 해서 남에게 넘겨줄 마음이 절대 없었다. 이윽고 때가 되면 천국으로까지 가져갈 작정이었던 것이다. 그녀는 자기의 음부에 대해서는 한 마디도 하지 않았는데, 결국 그것은 가지고 다니기 위한 액세서리일 뿐이었다. 침침한 문간방에서 베로니카는 자기의 두 가지 문제를 분명하게 언급하지 않으면서도 상대에게 그 점을 의식하게 하여 마음을 거북하게 만들었다. 그녀는 마술사처럼 교묘했다. 슬쩍 보거나 만지게 해 준 것 같지만, 결국 끝에 가면 속았다는 것을 알게 된다. 실은 조금도 보거나 만지지 못했던 것이다.

그것은 아주 미묘한 성(性)의 대수학이었다. 다음 날 A나 B학점을 얻게 할 뿐 그 이상은 아무것도 아닌 한밤중의 명상이었다. 시험에 합격하여 졸업증서를 받고 나면 남은 것은 학교에서 쫓겨나는 일뿐이다. 그러는 사이에 엉덩이는 그저 의자에 앉기 위해서만 사용되고, 음부는 오줌을 누는 데나 쓰일 뿐이다. 교과서와 화장실 사이에는 '성교'라는 팻말이 붙어서 영영 들어갈 수 없는 중간 지대가 있다. 자위를 하거나 오줌을 누는 일은 자유지만 성교만은 금지인 것이다. 불빛은 완전히 차단되지 않았지만 햇볕도 들지 않았다. 겨우 박쥐의 모습이나 분간할 정도의 불빛 또는 어둠밖에 없었다. 그리고 기분 나쁘게 흔들리는 그 흐릿한 불빛이 끊임없이 마음의 눈을 뜨게 하여, 가방과 연필과 단추와 열쇠 등에 경계를 늦추지 않게 하는 것이다. 마음이 이미 다른 곳에 쏠려 있어서 참된 생각은 할 수 없었다. 자리 주인이 오페라 모자를 남겨두고 간 극장의 빈 좌석처럼, 마음은 늘 예약된 채로 있었다.

앞에서도 말했듯이, 베로니카는 수다스런 음부를 가지고 있었다. 쉬지 않고 지껄여대면서 상대를 성교에서 떨어져나가게 하는 기능밖에 갖지 못한 음부로, 그것에는 나도 두 손 들었다. 그러나 에블린은 잘 웃는 음부를 가지고 있었다. 그녀도 2층에 살고 있었다. 다만 다른 집 2층이었다. 에블린은 점심때가 되면 새로운 농담을 가르쳐주려고 스스럼없이 우리 집을 찾아오곤 했다. 그녀는 일급 희극여배우였으며, 내가 평생 만났던 여자들 가운데 유일하게 진짜 재미있는 여자였다. 모든 일에 우스개를 부렸으며, 성교도 마찬가지였다. 에블린은 빳빳하게 선 페니스조차 웃게 만들 수 있었으니, 정말 재주가 대단했다. 흔히들 빳빳해진 페니스는 양심이 없다고 하는데, 웃는 빳빳한 페니스 역시 놀라운 일이 아닐 수 없다. 유일하게 내가 묘사할 수 있는 것은, 흥분하여 화끈 달아오르면 에블린은 자기 음부로 복화술을 선보였다. 이윽고 슬그머니 삽입하려고 하면 별안간 에블린 가랑이 사이의 것이 깔깔 웃어젖히는 것이다. 동시에 이쪽으로 뻗어 와서 장난스럽게 잡아당기고 조인다. 그 살아 있는 음부는 노래를 부를 수도 있었다. 훈련받은 물개 못지않은 재주를 부릴 줄 알았던 것이다.

서커스를 하면서 성교하는 것보다 더 어려운 일은 없을 것이다. 줄곧 훈련된 물개처럼 재주를 선보이는 에블린은 무쇠 탈장대를 두른 사람보다 다가가기 어려웠다. 세상에서 가장 '개인적'으로 이루어지는 발기까지도 무력화할 수 있기 때문이다. 웃음으로 흐물흐물하게 만들어 버리는 것이다. 그러나 상상만큼 굴욕감을 주지는 않았다. 이 음부의 웃음에는 어떤 공감이 가는 것이 깃들어 있었다. 온 세상이 발기불능이라는 비극적인 주제를 가진 에로영화처럼 펼쳐지는 것 같았다. 개나 족제비나 토끼가 된 자신의 모습까지 선명하게 볼 수 있었다.

말하자면 사랑은 부수적인 것으로, 한 접시의 캐비아나 빛나는 헬리오트로프 꽃에 지나지 않았다. 캐비아나 헬리오트로프 꽃 이야기를 하는 복화술사를 내 안에서 찾아낼 때도 있었지만, 진짜 나는 족제비나 하얀 토끼였다. 에블린은 언제나 양배추 밭에 두 다리를 벌리고 누워서 처음 온 사람에게 싱싱한 녹색 잎을 주려고 기다렸다. 그러나 그 잎사귀를 물어뜯으려는 움직임을 보이기만 하면 양배추 밭 전체가 웃음을 터뜨리는 것이다. 그 맑고 상쾌한 질의 웃음을, 예수 그리스도나 철학자 칸트는 상상도 해보지 못했을 것이다. 그들이 그러한 웃음을 알고 있었다면 세상이 지금과는 많이 다른 모습을 하고 있을 것이며, 무엇보다 칸트나 전능하신 그리스도께서도 나타나지 않았을 것이기 때문이다.

잘 웃지 않는 여자일수록 한번 웃으면 화산이 폭발하는 듯한 웃음을 터뜨린다. 여자들이 웃기 시작하면 남자들은 회오리바람을 피해 땅굴이라도 파고 도망가는 게 상책이다. 그러한 질의 떠들썩한 웃음에는 아무것도, 심지어 철근 콘크리트조차 견뎌내지 못한다. 여자의 웃음보가 한번 터지면 하이에나든 자칼이든 살쾡이든 모조리 나가떨어지고 만다. 때때로 말벌에서 그러한 웃음을 들을 수 있다. 이는 곧 본성을 드러내고 온갖 활약이 시작된다는 뜻이다. 에블린은 스스로 양식을 찾아 헤매며—우리의 고환이 잘려나가지 않도록 쉬지 않고 살펴본다. 바깥에서 적이 침입하면 제일 먼저 에블린이 뛰쳐나간다. 생가죽도 벗겨낼 법한 거대한 갈고리를 들고. 그 말인즉, 그녀가 톰과 딕과 해리뿐 아니라 콜레라나 뇌막염, 그리고 나병과도 정을 통한다는 뜻이다. 발정 난 암말처럼 제단에 누워서 성령을 포함하여 찾아오는 모든 이들을 받아들이는 것이다. 가엾은 수컷이 대수적인 교활함으로 오천 년, 만 년, 이만 년 걸려 겨우 세운 것을 에블린은 하룻밤 만에 허물어뜨리는 것이다.

에블린은 그것을 무너뜨리고 그 위에 오줌을 눈다. 그러나 에블린이 신이

나서 웃음을 터뜨렸다 하면 멈추게 할 사람은 아무도 없었다. 내가 아까 베로니카의 웃음은 가장 '개인적인' 발기까지도 흐물흐물하게 만든다고 한 것은 조금도 과장이 아니다. 베로니카는 '개인적'인 발기를 축 처지게 만들고는 새빨갛게 달군 쇠꼬챙이처럼 비인간적인 것을 되돌려준다. 베로니카와는 언제까지나 원만하게 지낼 수 없지만, 그녀가 주는 것과는 틀림없이 잘 지낼 수 있었다. 베로니카의 목소리가 들리는 거리까지 다가가면 이내 최음약을 지나치게 복용한 것처럼 큰 일이 벌어진다. 땅 위의 어떠한 존재도 커다란 망치 없이 그것을 쓰러뜨릴 수는 없다.

내가 한 말이 모두 거짓이라 하더라도 이러한 상태가 줄곧 이어져온 것이다. 그것은 비개인적인 세상에서 떠나는 개인적인 여행이었으며, 조그만 모종삽을 들고 지구 반대편으로 나오려고 열심히 땅굴을 파는 것이었다. 땅굴을 파서 육체 밀월여행의 종착점인 쿨레브라 수로로 나오려는 심산이었던 것이다. 물론 이 땅굴 파기는 끝나지 않았다. 기껏해야 지구 한가운데까지 갔다가 더 나아가지 못하고, 압력이 가장 세고 가장 고른 그 중심에 영원히 틀어박히고 만다. 불의 수레바퀴에 매달린 익시온 왕 못지않은 고통을 받겠지만, 그것도 일종의 구원이므로 함부로 가벼이 보아 넘길 수 없었다. 한편 본능적인 형이상학자였던 나는 설사 지구 한복판에 있다 하더라도 움직이지 않고 가만히 틀어박혀 있기란 불가능한 일이었다. 아무튼 나는 무슨 일이 있어도 형이상학적인 성교를 찾고 즐겨야 했다. 그러려면 나는 아주 새로운 언덕—매와 독수리들이 자유롭게 날아다니고 달콤한 자주개자리가 자라며 반들반들하게 닦인 돌기둥이 늘어선 고원으로 빠져나가야 했다.

이따금 종잇조각과 빵부스러기가 흩어져 있는 어둑한 공원에 앉아 있으면 마치 티베트로 가는 것처럼 보이는 여자가 지나가는 것을 곧잘 볼 수 있다. 그러면 나는 그녀가 느닷없이 날아오르기를 바라면서 눈을 크게 뜨고 그 뒤를 따라간다. 그녀가 날아오른다면 나도 날 수 있을 것이며, 그러면 땅굴을 파고 괴로움에 몸부림치는 생활에도 종지부를 찍을 수 있기 때문이다. 때로는 땅거미나 다른 방해물 때문에 모퉁이를 돌아가는 여자가 정말로 날아오른 것처럼 보일 때도 있다. 짐을 너무 많이 실은 비행기처럼 갑자기 몇 피트 상공으로 떠오른 듯 보이는 것이다. 그러나 그것이 현실이든 환각이든 상관없이 그 생각지 못한 갑작스런 비상 자체가 나에게 희망을 주었으며, 휘둥그렇게 뜬 눈을 그 자리에 고정시킬 수 있는 용기를 주었다.

내 안에는 수많은 확성기가 있어서, 그것이 "가라, 계속 가라, 끝까지 버텨라"고 무의미하게 고함을 질러댄다. 하지만 왜, 무슨 목적으로? 어디로? 어디에서?

나는 시간이 되면 일어나 움직이기 위해 자명종 시계를 맞춰놓는다. 그런데 어째서 일어나 움직여야 하지? 애당초 왜 일어나야 한단 말인가? 나는 그 조그만 삽을 들고 노예선의 노예처럼 일했지만 보수를 받을 가망은 전혀 없었다. 이대로 계속 파 내려가면 지금껏 아무도 파지 못했을 정도로 깊은 구멍을 팔 수 있었을 것이다. 하지만 내가 정말로 지구 반대편으로 나가고 싶다면 삽 따위는 던져 버리고 중국으로 가는 비행기를 타는 쪽이 훨씬 더 수월하지 않겠는가?

그러나 몸뚱어리는 언제나 마음 다음에 온다. 육체적으로 가장 간단한 일이 반드시 마음에도 쉽지는 않다. 그리고 뜻밖에도 가장 성가시고 처치하기 어려울 때는 육체와 마음이 정반대로 치닫는 순간이다.

삽을 쓰는 노동은 즐거웠다. 마음이 완전한 자유를 얻었음에도 마음과 육체가 떨어져나갈 위험은 전혀 없었기 때문이다. 여자라는 동물이 난데없이 기쁨의 신음을 낼 때…… 여자라는 동물이 느닷없이 희열에 찬 발작을 일으키며 턱을 헌 구두끈처럼 흔들고, 가슴이 부풀어 올라 갈빗대까지 우두둑거릴 때…… 여자라는 짐승이 환희와 지나친 흥분으로 갑자기 맥이 탁 풀려 바닥에 축 늘어질 때…… 바로 그때 한 치의 어김도 없이 약속된 고원이 안개 속에서 모습을 드러내는 배처럼 눈앞에 떠오른다. 남은 일은 그저 그곳에 성조기를 꼽고 합중국과 성스러운 모든 것의 이름으로 점령하기만 하면 된다.

이러한 불행이 너무도 자주 일어나기 때문에 '성교'라고 불리는 영토가 정말로 존재함을 믿지 않을 수 없었다. 달리 마땅한 이름이 없어 그렇게 불리지만 실제로는 성교보다 더한 것이며, 성교를 통해 그곳에 다가갈 수 있을 뿐이다. 누구나 언젠가 한 번은 이 영토에 깃발을 꽂았지만 영원한 주권을 주장할 수 있는 사람은 아무도 없다. 하룻밤 사이, 또는 눈 깜짝할 사이에 사라져 버리기 때문이다. 그곳은 '사람이 살지 않는 땅'이며 보이지 않는 수많은 죽음의 냄새로 가득 차 있다. 휴전을 선포하면 두 사람은 그 땅에서 만나 악수를 나누고 같이 담배를 필 수도 있었다. 그러나 휴전은 결코 오래 계속되지 않았다. 영원해 보이는 것은 오로지 '공동지대'라는 개념뿐이었다. 그곳에는 총알이 날아다니고 시체가 겹겹이 쌓였다. 그러다가 이윽고 우기가 찾아오며 끝에는 시체 썩는 냄새만 남게 된다.

지금까지는 모두 입에 담을 수 없는 것을 비유적인 방법으로 설명한 것이다. 입에 담을 수 없는 것은 순수한 성교와 순수한 음부를 말하는데, 이것은 호화한정판에서나 언급할 수 있을 것이다. 그렇지 않으면 세상은 기절초풍해서 뿔뿔이 흩어져 버릴 것이다. 내가 쓴 경험을 통해 배운 내용대로라면, 이 세상을 하나로 묶고 있는 것은 성교이다. 그러나 진짜 성행위와 진짜 음부에는 니트로글리세린보다 훨씬 위험하며 아직 확인되지 않은 요소가 포함되어 있는 것 같다. 무엇을 진짜라고 하는지 알고 싶으면 영국국교회에서 공인한 시어스 로벅사(社)의 카탈로그를 참조해야 한다. 23쪽에 프리아포스가 코르크따개를 그의 남근 끝에 대고 곡예를 부리는 그림이 실려 있다. 프리아포스는 실수로 파르테논 신전 그늘에 서 있으며, 특히 이날을 위해 오리건 주(州)와 서스캐처원 주(州)의 광신도들에게서 빌린 국부보호대만 걸치고는 발가벗고 있다. 장거리 전화를 걸어서 공매를 해야 하는지를 묻는다. 프리아포스는 맘대로 하라고 소리치고는 전화를 끊어 버린다.

그 뒤쪽에서는 렘브란트가 예수 그리스도의 해부도를 꼼꼼히 살펴보고 있다. 다 알겠지만, 그리스도는 유대인에 의해 십자가에 못 박힌 뒤 아비시니아에서 강철 고리와 다른 고문도구로 두들겨 맞았다. 날씨는 평소와 다름없이 화창하고 따뜻하지만, 이오니아 바다에서 흐릿하게 안개가 피어오르고 있다. 이 안개는 먼 옛날의 수도승이나 아니면 오순절의 흑사병을 틈타 마니교도들이 일으킨 것인지도 모르지만, 아무튼 거세된 넵튠의 고환에서 흐른 땀이었다. 말리기 위해 길게 잘라낸 말고기가 수없이 걸려 있고, 곳곳에 파리 떼가 날아다니고 있다. 옛날 호메로스가 묘사한 광경 그대로이다. 바로 옆에는 맥코믹사(社)의 탈곡기가 있다. 36마력의 엔진을 장착했으며 배기판이 없는 자동수확기이다. 수확이 끝나자 일꾼들이 멀리 있는 밭에서 품삯을 헤아리고 있다.

이것이 바로 고대 그리스 세계에서 성교가 이루어진 첫날의 눈부신 새벽 모습이며, 자이스 형제들을 비롯한 근면한 산업인력들이 우리 앞에 총천연

색으로 충실하게 재현해준 것이다. 그러나 호메로스 시대에 실제로 살았던 사람들 눈에 비친 것과는 다르다. 남근 끝에 코르크따개를 올리는 굴욕적인 곡예를 해야 했을 때 프리아포스 신이 어떤 표정을 짓고 있었는지 지금은 아무도 모른다. 파르테논 신전의 그늘 속에 서 있던 그는 틀림없이 멀리 떨어져 있는 여음을 꿈꾸고 있었을 것이다. 코르크따개나 자동탈곡기 따위는 까맣게 잊어 버렸을 게 분명했다. 그리고 마음이 차분하게 가라앉아서, 마지막에는 꿈을 꾸고 싶은 욕망조차 사라졌을 것이다.

어디까지나 내 추측일 뿐이니 잘못이 있다면 기꺼이 고치겠지만, 피어오르는 안개 속에 서 있는 프리아포스의 귀에 문득 삼종기도의 종소리가 들렸을 것이다. 그러자 놀랍게도, 그의 눈앞에 눈부시게 푸르른 늪지대가 나타나면서 촉토족이 나바호족과 시시덕거리고 있는 게 아닌가. 하늘에는 목에 금잔화로 만든 꽃목걸이를 두른 하얀 콘도르가 날고 있었다. 커다란 석판도 있었는데, 거기에는 그리스도와 압살롬의 유해와 육욕이라는 악덕이 새겨져 있었다. 또한 프리아포스는 개구리의 피로 젖은 해면과, 아우구스티누스가 스스로의 살갗에 기워 넣은 눈과 우리의 죄악을 가리기에는 너무 작은 조끼도 보았다.

프리아포스는 이 모든 것을 나바호족이 촉토족과 즐겁게 어울리던 먼 옛날에 잠깐 보았다. 몹시 놀란 프리아포스의 두 다리 사이에서, 그가 꿈속에 깜빡하고 두고 온 생각하는 긴 갈대를 통해 갑자기 어떤 목소리가 울려 퍼졌다. 일찍이 나락 밑바닥에서 솟아오른 목소리 가운데 가장 영감이 풍부하고 가장 높고 날카로우며, 가장 명랑하고 난폭하게 깔깔대는 웃음소리였다. 프리아포스는 그 기다란 남근을 통해 아주 우아하고 아름다운 선율을 연주했다. 그러자 하얀 콘도르들도 하늘에서 내려와 푸르른 늪지대 곳곳에 자주색 알을 낳았다.

우리의 주이신 그리스도도 돌침대에서 일어나 상처입어 너덜너덜해진 몸으로 산양처럼 춤추었다. 농민들은 쇠사슬에 묶인 채 이집트에서 빠져나와 이곳으로 모여들었으며, 그 뒤를 이어 호전적인 이고로트족과 달팽이를 먹는 잔지바르 섬의 원주민이 따라왔다.

고대 그리스 세계에서 성교가 이루어진 첫째 날의 모습은 대충 이러했다. 그러나 그 뒤로 상황은 크게 달라졌다. 남근으로 노래하는 것은 예의에 어긋나는 짓이었으며, 콘도르들이 곳곳에 자주색 알을 낳는 것도 용납되지 않았다. 이러한 것은 모두 분변학적이고 말세론적이며 초교파적이다. 따라서 금지되었다. 당국에 의한 금지인 것이다. 그리하여 '성교'의 나라는 더욱더 멀어져서 이미 신화적인 것이 되어 버렸다. 그러므로 나 역시 신화적으로 말해야 한다. 나는 병자 성사와 귀중한 연고를 통해 말한다. 나는 소란스러운 심벌즈나 튜바, 하얀 금잔화, 협죽도, 철쭉 따위에는 관심이 없다. 가시나무와 수갑을 파내라! 그리스도는 죽었으며 무쇠 고리에 갈가리 찢겼다. 농민들은 쇠사슬에 묶인 채 이집트 사막에서 햇볕에 말라가고 있다. 독수리들은 썩은 살 조각을 남김없이 먹어치웠다. 사방이 고요한 가운데 수많은 황금빛 쥐들이 보이지 않는 치즈를 갉아먹고 있었다. 달이 떠오르고, 나일강은 기슭을 끊임없이 좀먹고 있다. 땅덩이는 몰래 트림을 올리고, 별들은 심각한 표정으로 흐느껴 울고, 강물은 둑 사이로 미끄러지듯 흘러갔다. 바로 이와 같았다……

웃음을 터뜨리는 음부가 있는가 하면 말하는 국부도 있다. 오카리나 모양을 하고 신경질을 내는 정신 나간 음부도 있고, 체액이 오르내리는 것을 기록하는 지진계와 같은 국부도 있다. 고래처럼 입을 쩍 벌리고 상대를 한입에 집어삼키는 식인종 같은 음부도 있다. 그런가 하면 딱딱한 껍질을 두르고 있으며 안에는 진주 한두 알쯤 품고 있으면서 굴처럼 껍질을 닫아 버리는 피학성애적인 음부도 있다. 또한 음경이 가까이 다가오기만 해도 춤을 추며 황홀감에 흠뻑 젖는 열광적인 음부도 있고, 빳빳한 가시털을 바짝 곤두세우고 크리스마스 때에 조그만 깃발을 흔드는 호저 같은 국부도 있으며, 모스 부호를 치는 전보 같은 국부도 있다. 이념이 투철하여 달거리 폐지조차 거부하는 정치적인 음부도 있다. 뿌리부터 뽑아주지 않으면 어떤 반응도 보이지 않는 식물 같은 음부도 있다. 제7일 예수 재림파처럼 악취를 풍기며 묵주와 지렁이와 대합과 염소 똥과, 때로는 말라비틀어진 빵부스러기로 가득 찬 종교적인 음부도 있다. 수달 가죽으로 안을 대고 오랜 겨울 동안 겨울잠을 자는 포유동물 같은 음부도 있다. 요트처럼 출범 준비를 마치고 있어서 독신자나 신경질환자에게 안성맞춤인 음부도 있다. 별똥별을 떨어뜨려도 눈도 꿈쩍 않는 빙하 같은 음부도 있다. 평생 한 번밖에 보지 못하지만 그럼에도 영원히 사라지지 않는 낙인을 찍는, 분류할 수도 설명할 수도 없는 다면적인 음부도 있다. 또한 이름도 내력도 없지만 순수한 기쁨만으로 이루어진 음부도 있으며, 음부 가운데에서는 그것이 으뜸이다. 그런데 그것들은 모두 어디로 사라져 버린 것일까?

그리고 마지막으로 그것 자체가 곧 전부라는 유일한 음부가 있는데, 그것을 초음부라고 부르겠다. 그것은 이 세상 것이 아니라 아주 오래전부터 우리가 날아가고 싶어 하던 빛나는 나라에 속한 것이다. 그곳에는 언제나 이슬이 반짝이고, 기다란 갈대가 바람에 흔들리고 있다. 간음의 위대한 아버지 아피스(고대 이집트신화에 나오는 신성한 소)가 사는 곳이 바로 그곳이다. 예지력을 지닌 이 소는 뿔을 휘두르며 하늘로 올라가 거세된 선악의 신들을 왕좌에서 끌어내렸다.

이 아피스로부터 일각수 종족이 태어났다. 학자 같은 이마가 길게 늘어나 눈부시게 빛나는 남근으로 변한, 고문서에 기록되어 있는 기괴한 동물이다. 그 일각수로부터 단계적으로 오스발트 슈펭글러가 말한 현대도시인이 태어났다. 그리고 이 불쌍한 표본인간의 죽은 남근에서 고속엘리베이터와 전망대를 갖춘 거대한 마천루가 생겨났다.

우리들은 성적 계산의 마지막 소수점이며, 세상은 밀짚을 가득 채운 바구니 속에서 굴러다니는 썩은 달걀이다. 아, 내가 원했던 것은 알루미늄 날개였다. 그 날개를 달고 저 머나먼 나라, 간음의 아버지 아피스가 사는 빛나는 나라로 훨훨 날아가고 싶었다.

모든 것이 기름칠을 한 시계처럼 나아가고 있다. 문자판에 그려진 한 금마다 시간의 껍질을 소리도 없이 벗겨내는 무수한 시계가 있다. 우리는 계산기보다 빠르게, 별빛보다 빠르게, 그리고 마술사가 상상도 못할 정도로 빠르게 여행을 하고 있다.

일 초 일 초가 시간의 우주이며, 그 시간의 우주 하나하나는 속도의 우주 진화 속에서는 한순간의 선잠에 지나지 않는다.

속도가 극에 달할 때 우리도 그곳에 이르러 있을 것이다. 평소와 다름없이 정해진 시각에 맞추어, 그러나 다행스럽게도 언제라고는 정해져 있지 않은 시각에. 우리는 날개와 시계 그리고 기댈 수 있는 벽난로 선반을 내다 버린다. 그리고 피 기둥처럼 가뿐하게 기쁨을 느끼며 일어선다. 이제는 우리를 다시는 밑으로 끌어내릴 기억조차 없다. 이 시간을 나는 초음부의 영역이라고 부른다. 왜냐하면 속도와 계산과 심상까지도 초월해 있기 때문이다. 남근 자체도 보통의 크기나 무게를 지니지 않게 되며, 오직 지속적인 성교 감각만이 있을 뿐이다. 그것은 전속력으로 달아나는 도망자, 조용히 시가를 피우는 악몽이다. 이름도 없는 한 땅딸보는 7일째 발기해 있는 페니스와 관대한 부인에게서 물려받은 훌륭한 푸른 고환을 달고 어슬렁거리고 있다. 일요일 아침에 에버그린 공동묘지에서 모퉁이를 돌아섰을 때의 일이다.

일요일 아침, 나는 속세의 온갖 근심거리는 말끔하게 잊고 철근콘크리트 침대에 있었다. 거리 모퉁이를 돌면 공동묘지—곧 '성교의 세계'가 있다. 계속되는 성행위에 내 고환은 고통을 느끼고 있다. 그러자 성행위는 나의 창문 아래서, 하이미가 성교의 보금자리로 꾸며놓은 한길에서 이루어지고 있다. 나는 오직 한 여인을 생각하고 있으며, 나머지는 모두 흐릿하게 안개가 껴 있다. 한 여인만을 생각하고 있다고 말했지만 사실 나는 별과 같은 죽음을 맞이하려 한 것이었다. 나는 죽어가는 별처럼 가만히 누워서 빛이 사라지기를 기다리고 있었다.

몇 년 전 나는 여전히 이 침대에 누워서 탄생의 순간을 손꼽아 기다리고 있었다. 그러나 아무 일도 일어나지 않았다. 단지 어머니가 루터교도 특유의 발작을 일으키며 양동이의 물을 나에게 끼얹었을 뿐이었다. 어머니는 불쌍한 머저리였는데 나를 게으르다고 생각했다. 어머니는 내가 별의 흐름에 휩쓸려 있는 것은 물론, 머나먼 우주 저편의 암흑 속에서 먼지처럼 산산이 부서지고 있다는 것도 이해하지 못했다.

어머니는 내가 침대에 매여 있는 이유는 오직 단순한 게으름 때문이라고 생각했다. 어머니는 내 머리에 물을 한 양동이나 끼얹었다. 나는 조금 바르작거리며 몸을 부르르 떨었지만 여전히 철근콘크리트 침대에 누워 있었다. 나는 움직이지 않았다. 나는 직녀성 근처 어딘가에서 떠다니고 있는 다 타버린 유성이었다.

나는 지금도 같은 침대에 누워 있으며 내 안의 불은 꺼지기를 단호하게 거부하고 있다. 세상의 남자와 여자들은 공동묘지에서 시시덕거리고 있다. 운 좋게도 그들은 성교를 즐기고 있다. 그런데 나는 성교의 나라에서 홀로 고독을 씹고 있다. 내 귀에 커다란 기계의 묵직한 울림이, 성교 탈수기에서 흘러나오는 자동주식기의 팔찌 소리가 들리는 것 같았다. 하이미와 그의 음란한 아내는 강 건너에 있다는 차이는 있지만 나와 같은 높이에서 자고 있다. 그

강은 죽음이라고 불리며, 그 물은 쓰다. 나는 허리까지 잠겨가며 몇 번이나 그 강을 건넜지만, 어찌 된 노릇인지 돌로 변하지도 않았고 영원불멸을 얻지도 못했다. 나는 겉으로는 혹성처럼 죽어 있지만 안에서는 여전히 활활 타오르고 있다.

나는 침대에서 일어나 춤을 추었다. 한 번이 아니라 수백 번 수천 번 춤을 추었다. 춤이 끝날 때마다 나는 '불모의 땅'에서 해골춤을 추고 난 느낌이었기 때문이다. 나는 고통에 내 본질을 너무도 많이 낭비해 버렸는지도 모른다. 인류 최초로 야금술로 만든 쇳덩이가 되겠다는 정신 나간 생각을 갖고 있었던 것 같다.

고릴라보다 못한 동시에 신보다 뛰어나다는 관념에 사로잡혀 있었는지도 모른다. 철근콘크리트의 침대 위에서 온갖 일을 떠올리고, 모든 것은 수정과 같은 결정으로 응고되었다. 거기에는 동물이라곤 한 마리도 없고, 오직 수천 수만의 인간들이 일제히 떠들어대고 있다. 그들이 뱉어내는 한 마디 한 마디에 나는 곧바로 대답할 수 있도록 준비했으며, 때로는 말이 그들의 입에서 떨어지기도 전에 대답을 준비해두었다. 살인사건도 수없이 일어났으나 피는 흐르지 않았다.

살인은 언제나 깨끗하고 말없이 이루어졌다. 그러나 사람들을 모조리 살해한다 할지라도 대화는 여전히 남을 것이며, 복잡하게 얽히고설켜 있지만 이해하기 쉬워질 것이다. 그 대화를 만들어내는 이는 바로 나이기 때문이다! 그 사실을 알고 있었기 때문에 나는 제정신을 유지할 수 있었다. 지금으로부터 20년 뒤, 마땅한 때가 되어서 이른바 내가 만들어낸 바로 그 사람과 만났을 때 처음으로 나누게 될 대화를 나는 이미 알고 있었다. 이 대화는 모두 매트리스처럼 내 침대에 딸려 있는 빈터에서 이루어질 것이다. 한때 나는 그 빈터에, 이 '불모의 땅'에 이름을 붙여야겠다고 생각하고 우비구치(Ubiguchi)라고 불러 보았다. 그러나 그 이름은 너무나 알기 쉬운 데다 너무 많은 뜻을 담고 있어서 조금도 마음에 차지 않았다. 차라리 그냥 '불모의 땅'이라고 그대로 남겨두는 게 나아 보였으며, 그렇게 할 생각이다.

사람들은 공허가 아무것도 없는 상태라고 생각하지만 그렇지 않다. 공허는 부조화로 가득 차 있고 혼백이 떠돌아다니느라 북적거리는 영적 세계이다. 어릴 때 나는 구두만 신은 채 발가벗고 서 있는 활기찬 혼백처럼 혼자 빈터에 서 있었다. 나는 육체가 별로 필요치 않았기 때문에 육체는 이미 나에게서 떨어져나가 있었다. 그 무렵 나는 육체가 있든 없든 존재할 수 있었다. 새를 잡아서 불에 구워 먹은 적도 있지만, 배가 고파서 그런 것이 아니라 팀북투나 티에라 델 푸에고에 대해 알고 싶었기 때문이다.

앞으로 언젠가 홀로 살게 될 빛나는 나라와 향수에 젖은 사람들에 대한 동경을 북돋우기 위하여 나는 반드시 빈터에 서서 잡은 새를 먹어야 했다. 나는 빈터에서 궁극적인 것을 얻고 싶었지만 그 기대는 비참하게 꺾여 버렸다. 나는 되도록 완전한 죽음의 상태로 다가가 보았는데, 거기서는 하나의 법칙에 의해—창조의 법칙이 틀림없었겠지만—느닷없이 타올랐고, 불멸의 빛을 내뿜는 별처럼 소멸하지 않는 삶이 시작되었다. 이리하여 나에게는 정말 중요한 진짜 식인종 같은 편력이 시작된 것이다. 마침내 모닥불 속에서 꺼낸 죽은 참새가 아니라 살아 있는 부드럽고 촉촉한 인육을, 피가 뚝뚝 떨어지는 신선한 간과 같은 음부를, 얼음 속에 보관해 온 부풀어 오른 종양 같은 비밀을 먹어치운 것이다. 나는 내 먹이가 죽기를 기다리지 않고 먹이가 나에게 말을 걸고 있는 동안 야금야금 먹어치우는 것을 배웠다. 종종 먹다 남기고 자리에서 일어나면 그 먹이가 팔이나 다리를 잃은 옛 친구임을 깨달았다. 때로는 악취가 코를 찌르는 장기들로 꽉 찬 몸통을 그 자리에 세워두고 떠나기도 했다.

이 세상에서 유일한 도시일 뿐 아니라, 브로드웨이와 같은 곳은 어디서도 찾아 볼 수 없었으므로 나는 언제나 이 거리를 바라보며, 밝은 조명 아래 놓인 햄이나 다른 음식들을 하염없이 바라보고 있었다. 나는 머리끝부터 발끝까지 완전한 정신분열증 환자였다. 나는 라틴어에만 있는 동사상(狀) 형용사에만 전념하며 살았다. 《검은 책》(로렌스 더 릴 지음)에서 그녀에 대해 알기 훨씬 전부터 나는 내 꿈속의 커다란 꽃양배추인 힐다와 동거하고 있었다. 우리는 귀천상혼(貴賤相婚)의 병폐를 세밀히 고찰하고, 권위에 의한 몇 가지 질병에 대해서도 토론했다. 우리는 본능의 시체 안에서 자고 신경절의 기억을 먹으며 살았다. 거기에는 단 하나의 우주도 존재한 적이 없다. 수백만, 수억의 우주가 있었지만 그 모두를 합해도 핀대가리 하나보다 작았다.

그것은 마음의 황야에서 자는 식물성 잠이었다. 그것은 영원을 내포하는 유일한 것, 바로 과거였다. 꿈속에 나타나는 동물군상에 둘러싸이면서 나는 곧잘 장거리전화 벨소리를 듣곤 했다. 장애인과 신경증환자의 전언이 내 책상 위에 쌓인다. 이따금 한스 카스토르프에게서 전화가 걸려왔으며, 우리는 실없는 장난을 치곤 했다. 또한 꽁꽁 얼어붙는 맑은 날에는 보헤미아의 켐니츠에서 들여온 경주자전거를 타고 경기장을 한 바퀴 돌곤 했다.

그러나 가장 좋은 것은 해골 춤이었다. 먼저 싱크대에서 온몸을 구석구석 깨끗이 씻고 속옷을 갈아입고 면도를 한다. 얼굴에 분을 바르고 머리를 빗은 뒤 댄스슈즈를 신는다. 몸과 마음이 무척 가벼워진 것을 느끼면서 나는 한동안 사람들 틈으로 들어갔다 나왔다 한다. 인간 고유의 리듬과 육체의 무게와 실체를 터득하기 위해서이다. 그리고 나서 무도장을 향해 똑바로 나아간다. 아찔한 살덩이를 움켜잡고 가을의 피루엣(한쪽 발로 서서 빠르게 도는 것)을 시작한다.

어느 날 밤 털이 북슬북슬한 녀석이 있는 무도장에 뛰어 들어가 그 여자와 만나게 된 것도 시작은 그랬다. 그녀는 진한 남빛이고 분필처럼 하얬으며 나이를 가늠할 수 없었다. 감정의 교류를 나눌 상황이 아니었다―성마른 육욕의 급류에 가차 없이 휩쓸렸기 때문이다. 변덕스러운 여자였지만 동시에 기분 좋은 묵직함을 가지고 있었다. 그녀는 용암에 푹 빠진 목신의 대리석같이 차가운 눈으로 가만히 나를 바라보았다. 가장자리에서 슬슬 돌아갈 때가 되었다고 생각했다. 나는 가운데를 향해 움직였지만, 발밑에서 지면이 멀어지고 있음을 알아차렸을 뿐이었다.

당황한 내 발밑에서 지면이 순식간에 미끄러져 나갔다. 나는 지구의 벨트에서 다시 나왔다. 그랬더니 이게 웬일인가! 내 두 손이 유성의 꽃들로 가득했다. 나는 불타는 두 손으로 그녀를 붙잡으려 했으나 그녀는 모래보다도 붙잡기 힘들었다. 나는 요즘 자주 꾸는 악몽을 떠올려 보았지만, 그녀는 나로 하여금 땀을 흘리고 횡설수설하게 만드는 악몽과도 전혀 달랐다. 착란상태에 빠진 나는 말처럼 뛰어다니며 울어댔다. 개구리를 사서 두꺼비와 짝지어 주기도 했다.

이 세상에서 가장 하기 쉬운 일은 죽는 것이라고 생각했으나 실제로는 아무것도 하지 않았다. 얼마나 치유적이고 분별 있는 행동인가! 발정 난 하이에나처럼 창자 깊숙한 곳에서부터 웃음을 끌어냈다. 어쩌면 이대로 로제타석이 되지 않을까 생각할 정도였다. 나는 가만히 서서 기다렸다.

봄이 오고 가을이 오고 겨울이 왔다. 나는 기계적으로 생명보험을 갱신했다. 나는 풀과 낙엽수 뿌리를 먹었다. 며칠째 꼼짝 않고 앉아서 똑같은 영화를 보았다. 이따금 양치질도 했다. 나에게 자동권총을 쏘아댔지만 총알들은 나를 빗나가 벽에 가서 박혔다.

한번은 어두운 거리에서 괴한을 만났는데, 나는 칼이 내 몸을 거침없이 꿰뚫어 버리는 것을 느꼈다. 마치 탄산수로 목욕을 하는 느낌과 비슷했다. 하지만 이상하게도 칼은 내 살갗에 구멍을 내지 못했다. 그 경험이 너무나 신기해서 나는 집으로 돌아가자마자 칼로 온몸을 찔러 보았다. 또다시 바늘로 목욕을 하는 느낌만 났다. 나는 주저앉아서 칼들을 뽑았지만, 역시 핏자국도 상처도 그리고 아픔도 없어서 깜짝 놀랐다. 차라리 한쪽 팔을 깨물어보면 어떨까 생각할 때 전화벨이 울렸다. 장거리 전화였다. 누가 걸었는지 알 수 없었다. 아무 목소리도 들리지 않았던 것이다. 아무튼 그 해골 춤은……

삶은 상품진열창 밖에서 흘러간다. 나는 환한 전기조명을 받고 있는 햄처럼 누워 도끼로 내려찍히기를 기다리고 있다. 사실 두려워할 것은 없다. 모두 반듯하고 얇게 썰려서 셀로판 종이에 싸여 있었기 때문이다. 별안간 도시의 모든 불빛이 일제히 꺼지고 사이렌이 울려 퍼졌다. 도시는 독가스에 침식되고 폭탄이 터지며 산산조각이 난 사람 몸이 날아다닌다. 곳곳에 긴장이 감돌고 피와 파편이 튀고 확성기들이 고래고래 소리를 지른다.

하늘을 나는 사람들은 기쁨에 차 있지만, 땅 위에 있는 사람들은 비명과 신음에 파묻혀 있다. 독가스와 화염이 육체를 완전히 집어삼켜 버렸을 때 해골 춤이 시작된다. 나는 불빛이 꺼진 진열창 안에서 가만히 바라본다. 파괴할 것들이 많으니 로마의 약탈보다 훨씬 더 볼만하다.

해골들의 춤이 왜 이다지도 황홀할까? 세상의 종말을 축하하고 있기 때문일까? 이제껏 종종 예고되었던 죽음의 춤이 이것일까? 도시가 무너져내리고 있을 때 수백의 해골들이 눈 위에서 춤을 추고 있는 모습은 보기만 해도 소름이 끼친다. 앞으로 무언가가 다시 자라게 될까? 아기가 자궁에서 나올 수 있을까? 음식과 술이 생길까?

하늘에는 아직 사람들이 있다. 머지않아 그들은 약탈하러 땅 위로 내려올 것이다. 그러나 콜레라와 이질이 돌아, 하늘에서 의기양양하게 뽐내던 이들도 땅 위의 사람들처럼 멸망할 것이다. 나는 모든 것이 끝났을 때 진열창에서 나와 조용히 폐허 속을 걸을 것이다. 나는 세상을 독차지하는 것이다.

장거리 전화벨이 울렸다! 내가 아주 혼자가 아님을 알려주는 것이었다. 그렇다면 모든 게 다 파괴된 것은 아니란 말인가? 맥 빠지는 일이다. 인간은 자신을 파괴할 수조차 없다. 다만 다른 것들을 파멸시킬 뿐이다. 나는 인간이라면 구역질이 난다. 얼마나 악독한 불구자들인가! 얼마나 잔인한 망상인가? 나 말고도 사람이 아직 남아 있으며, 잔해를 치우고 처음부터 다시 시작할 것이다. 하느님은 또다시 인간의 모습을 하고 강림하여 죄를 짊어질 것이다. 그리고 사람들은 음악을 만들고 돌로 집을 짓고, 조그만 책에 그 모든 것을 기록할 것이다. 쳇! 이 얼마나 맹목적인 집념이며 꼴사나운 야심인가!

나는 침대에 다시 누웠다. 고대 그리스 세계, 성교의 새벽―그리고 하이미! 하이미 라웁셔는 언제나 같은 높이에 누워서, 강 건너 가로수 길을 내려다보고 있다. 그의 결혼 피로연이 잠시 중단되고, 조갯살 튀김이 날라져 왔다. "좀더 가까이 와, 조금만…… 그래, 거기, 바로 그곳이야." 하이미는 말했다. 창문 밖의 늪에서 개구리들이 개골거리는 소리가 들린다. 송장을 먹고 통통하게 살이 오른 커다란 공동묘지의 개구리들이다. 모두가 얼기설기 얽혀서 교미를 하고 있다. 성적인 환희에 개골개골 우는 것이다.

나는 하이미가 어떻게 잉태되었으며 어떻게 태어났는지를 이제야 깨달았다. 하이미는 식용 개구리이다. 그의 어머니는 개구리 무리 가운데 가장 아래에 있었으며, 그 무렵 아직 태아였던 하이미는 어머니의 자루 안에 숨겨져 있었다. 아직 성교 초기였으므로, 그것을 방해할 퀸즈베리 규칙도 없었다. 성교를 하거나 당하거나―곧 먼저 하는 사람이 이기는 시대였다. 그리스 시대부터 계속 그런 상태였다. 진흙탕 속에서 닥치는 대로 관계를 갖고, 곧이어 알을 낳고서 죽는 것이었다. 성교를 하는 수준은 다르지만 장소는 언제나 질퍽한 늪지대이며, 한 배의 새끼들은 언제나 종말을 고하게 되어 있다. 집이 무너져도 우주적인 성의 제단인 침대만은 덩그러니 남아 있었다.

나는 그 침대를 온갖 꿈으로 더럽혔다. 철근콘크리트 위에 긴장한 채 누워 있으면 내 영혼은 육체를 빠져나가 백화점에서 사용하는 조그만 손수레를 타고 이곳저곳을 돌아다녔다. 나는 이념의 변화를 추구하며 답사를 계속했다. 나는 뇌수 영역을 배회하는 부랑아였다. 나에게는 모든 것이 아주 뚜렷하게 보였다. 어느 것이든 투명한 수정 속에 들어 있었기 때문이다. 그리고 모든 출구마다 커다란 글자로 '절멸'이라고 적혀 있었다. 멸망의 공포는 나를 경직시켰다. 몸 자체가 철근콘크리트 덩어리로 변했다. 그것은 가장 훌륭한 영구 발기로 장식되었다. 나는 어느 밀교의 광신도들이 열렬히 갈구하는 무아경에 이미 닿아 있었다. 나는 더 이상 존재하지 않았다. 이제는 개인적인 발기조차 할 수 없었다.

내가 삼손 래카와나라는 익명으로 약탈을 시작한 것이 바로 그 무렵이었다. 내 안에 숨어 있는 범죄본능을 더는 억누를 수 없었던 것이다. 지금까지 나는 방랑하는 영혼이랄까, 일종의 이교도적 원귀에 지나지 않았지만, 지금은 육체를 갖춘 유령이 된 것이다. 나는 내 마음에 드는 가짜 이름을 짓고 본능이 시키는 대로 움직이기만 하면 그만이었다. 예를 들어 홍콩에서는 책 판매원이라고 나를 소개했다. 멕시코 달러를 가득 채운 가죽지갑을 품 안에 넣고, 아직도 더 많은 교육을 필요로 하는 중국인들을 열심히 찾아다녔다. 호텔에서는 위스키와 소다를 시키듯 종을 울려 여자를 주문했다. 라사를 여행하기 위해 매일 아침 티베트어도 배웠다. 나는 이미 이디시어를 유창하게 말할 줄 알았으며, 히브리어도 마찬가지였다. 두 자릿수 계산쯤은 식은 죽 먹기였다. 중국 사람들에게서 돈을 우려내기는 너무 쉬웠으므로 싫증이 나자 마닐라로 돌아갔다. 마닐라에서 나는 리코라는 사내를 고용해, 판매수수료를 받지 않고 책을 파는 기술을 가르쳐주었다. 해상운임에서 수익을 내는 방법이었는데, 아무튼 장사를 계속하는 동안은 호사스러운 생활을 즐길 수 있었다.

숨결은 이미 호흡과 마찬가지로 요령이 필요한 기술이 되었다. 사물은 단순히 이중적이 아니라 다각적이었다. 나는 무(無)를 비추는 다면거울 상자였다. 그러나 무를 단단히 붙들어 매기만 하면 나는 마음이 편안해졌고, 창조라 불리는 것은 단지 구멍을 메우는 작업에 지나지 않았다. 손수레는 편리하게 나를 이곳저곳으로 데려다 주었으며, 나는 절멸이라는 관념을 지워 버리기 위해 거대한 허공의 조그만 옆주머니마다 시(詩)를 한 톨씩 던져 넣었다. 내 앞에는 언제나 끝없는 경치가 펼쳐져 있었다. 나는 커다란 망원경 렌즈에 붙어 있는 아주 작은 먼지처럼 그 경치 속에서 살았다. 더는 쉴 밤이 없었다. 죽은 혹성의 바짝 마른 표면이 끊임없이 별빛을 받아 빛나고 있었기 때문이다. 때때로 대리석처럼 검은 호수가 나타나, 찬란한 천체의 빛 사이를 가로지르며 걷고 있는 내 모습을 비추어 주었다. 별은 너무 낮게 떠 있어서 그 눈부신 광채에 우주가 곧 불타 버릴 것처럼 보였다. 그 모습이 더욱 강렬해 보인 까닭은 내가 외로웠기 때문이다. 짐승과 나무, 그리고 다른 생물은 커녕 풀 한 포기와 말라비틀어진 나무뿌리 하나 없었다.

그림자 하나 없는 그 강렬한 남색 백열광 속에서는 움직임 자체가 없는 것 같았다. 마치 하느님이 되겠다는 순순한 의식의 불덩이였다. 그리고 하느님은 내가 기억하는 한 처음으로 깔끔하게 면도를 하고 있었다. 나도 깨끗이 수염을 깎고 때 한 점 없었으며 신중 그 자체였다. 대리석처럼 새카만 호수에 비친 내 모습을 보았는데, 그 영상은 마름모꼴 무늬의 무수한 작은 별들로 꾸며져 있었다. 별, 별……마치 미간을 얻어맞은 것처럼 모든 기억이 갑자기 사라졌다. 나는 삼손이고 래카와나이며, 지금 의식으로 충만한 황홀경에 빠지면서 죽어가고 있었다.

그리고 지금 나는 조그만 카누를 타고 강을 내려가고 있다. 여러분이 바라는 대로 나는 무슨 일이건 기꺼이 해보일 것이다—그것도 공짜로. 여기는 '성교의 나라'다. 여기에는 동물도 나무도 별도 아무 문제도 없다. 여기서는 정자가 최고의 지배자다. 미리 결정된 것은 전혀 없으며, 미래는 전적으로 불확실하고 과거도 존재하지 않는다. 태어나는 백만 명 가운데 999,999명은 죽어서 다시 태어나지 않을 운명을 짊어지고 있다. 그러나 홈런을 친 한 사람에게는 영원한 삶이 보장되어 있다. 삶은 압축된 하나의 씨앗이며 그것의 이름은 영혼이다. 모든 것에는 영혼이 깃들어 있다. 광물, 객물, 호수, 산, 바위 등 모든 것, 심지어 의식의 가장 낮은 단계에 자리한 것에도.

이 사실을 한번 깨달으면 다시는 절망을 느낄 수 없다. 정자 같은 가장 미천한 존재에도 지고한 하느님과 똑같은 행복이 있다. 하느님은 완전한 의식에 이른 모든 정자들의 총합에 지나지 않는다. 맨 밑바닥과 꼭대기 사이의 단계에는 중간역이 없다. 강물은 어느 산골짜기에서 출발하여 바다로 흘러간다. 하느님에게로 향하는 이 강물에서는 카누가 대전함 못지않은 역할을 한다. 이 여행은 애당초 출발부터 고향으로 향하고 있는 것이다.

배를 저어 강을 내려간다…… 십이지장충처럼 천천히. 그러나 이 작은 배는 어떠한 물굽이도 손쉽게 빠져나간다. 게다가 이 배는 뱀장어처럼 매끄럽다. 네 이름은 뭐지? 누가 외친다. 내 이름 말인가? 그냥 하느님이라고 부르게—하느님의 밑씨라고 말이야. 나는 계속 저어 내려간다.

누가 나에게 모자를 사주겠다고 했다. 거기 얼간이, 네 머리 크기가 어떻게 되지? 그가 외친다. 무슨 크기? 크기는 X야! (그런데 그들이 왜 언제나 나에게 고함을 지를까? 내가 귀머거리라고 생각한 것일까?) 모자는 다음 폭포를 지나면서 잃어버렸다. 모자한테는 안타까운 일이다. 하느님에게도 모자가 필요할까? 하느님에게는 하느님이, 더욱더 하느님답게 되는 일이 필요할 뿐이다. 이러한 카누 여행, 이러한 함정, 흘러가는 시간, 풍경, 그리고 풍경 앞에 선 인간, 인간이라 불리는 수억 수조의 겨자씨 같은 것들. 밑씨 상태에서도 하느님은 기억을 갖지 않는다. 의식의 배경은 아주 미세한 신경절과 양털처럼 부드러운 머리칼로 만들어져 있다.

산양은 히말라야 산 한복판에 홀로 서 있다. 그는 봉우리 위에 어떻게 올라왔는지 자문하지 않는다. 풍경 한복판에서 조용히 풀을 뜯고 있다. 때가 오면 산양은 다시 어슬렁어슬렁 산을 내려간다. 땅바닥에 주둥이를 처박고 산봉우리가 주는 얼마 안 되는 영양분을 찾아 헤맨다. 밑씨 과정인 이 야릇한 산양자리적 상태에서, 숫양인 신은 둔중한 축복을 되새기며 산봉우리에서서 되새김질을 계속한다. 높은 표고는 고독의 씨눈을 배양한다. 그러면 씨눈은 언젠가 그를 인간의 영혼으로부터 완전히 분리시켜, 상상할 수도 없는 공허 속에 홀로 영원히 사는 고독한, 암반 같은 아버지로 키워낼 것이다. 그러나 지금은 먼저 귀천상혼(貴賤相婚)적 병폐에 대해 이야기해야 한다.

이 세상에는 고칠 수 없는 비참한 상태가 있다—그 원인을 흐릿한 의식 속에서 잃어버렸기 때문이다. 예로 들어 블루밍데일 백화점이 이러한 상태를 초래할 수 있다. 모든 백화점이 병과 공허를 상징하지만, 블루밍데일은 나에게 특별한 병이며 고칠 수 없는 더러운 질환이다. 블루밍데일의 혼돈 속에는 한 가지 질서가 있는데, 아주 정신 나간 질서였다. 이를 현미경으로 들여다본다면 핀대가리에서조차 발견할 수 있는 질서였다. 잇따라 우연히 일어난 사고가 우연히 잉태한 질서인 것이다. 이 질서에는 어떤 독특한 냄새가 있는데, 나를 공포로 밀어 넣는 것은 그 블루밍데일의 냄새였다.

블루밍데일 백화점에 들어서기만 해도 나는 완전히 산산조각나고 말았다. 창자와 뼈와 연골로 만들어진 비참한 덩어리가 되어 바닥 위로 우수수 떨어졌다. 거기에 떠도는 것은 분해의 냄새가 아니라 부적절한 결합으로 인한 악취였다. 인간이라는 불쌍한 연금술사는 아무런 공통점도 없는 물질과 본질을 수많은 형태와 양식으로 용접하려고 시도했다. 인간의 마음속에는 지치지도 않고 그의 살을 먹어치우는 종양이 있기 때문이다. 그를 강 아래로 실어준 작은 카누는, 누구나 탈 수 있는 보다 크고 안전한 배를 만들도록 이미 버렸다. 힘든 노동에 정신이 팔려 왜 카누를 버렸는지 그 까닭조차 까맣게 잊어버렸다.

방주는 잡동사니로 가득 차서, 리놀륨 냄새가 코를 찌르는 지하철 위에 선 움직이지 않는 건조물이 되어 버렸다. 블루밍데일의 사이질조직 같은 잡동사니 속에 숨어 있는 온갖 중요한 것들을 그러모아 그것을 핀대가리 위에 올려 보아라. 그러면 엄청나게 많은 별자리들이 전혀 충돌할 위험 없이 운동하고 있는 이 우주에서 벗어나게 될 것이다. 나에게 이 귀천상혼적 질환을 안겨준 것이 바로 이 미세한 혼돈이다. 나는 거리로 나와서 닥치는 대로 말들을 찌르든가 우편함을 찾으려고 여기저기서 치마를 들추고, 입과 눈과 질에 우표를 더덕더덕 붙이고 돌아다녔다. 그런가 하면 갑자기 파리처럼 높은 건물로 기어올라야겠다고 결심하고, 일단 지붕 꼭대기까지 올라간 뒤 진짜 날개를 펴고 날아오른다. 날고 날아서 위호컨, 호보컨, 핵컨색, 캐나시, 버겐비치 같은 도시들을 눈 깜짝할 사이에 돌아본다. 한번 진짜 정신분열증 환자가 되고 나면 하늘을 나는 일 따위는 식은 죽 먹기다. 그 비결은 에테르 같은 몸으로 나는 것이며, 뼈니 창자니 피니 연골 따위가 든 자루는 블루밍데일 백화점에 남겨 두고 오는 것이다. 아주 잠깐이라도 멈춰 서서 생각해보려면 언제나 날개를 받치고 있는 불변의 자아만으로 날아야 한다.

이와 같이 밝은 대낮에 날면, 누구나 날아다니는 야간비행보다 유리한 점이 몇 가지 있다. 브레이크를 밟는 것처럼 재빠르고 정확하게 언제든 비행을 그만둘 수 있으며, 게다가 다른 자아를 발견하기도 어렵지 않기 때문이다. 멈춘 순간 당신은 또 다른 자아, 곧 완전한 자아로 돌아갈 수 있는 것이다. 다만 블루밍데일의 경험으로 알 수 있듯이, 이 완전한 자아라는 것은 지금까지 수없이 자만의 씨앗이 되어 왔음에도 아주 쉽게 부서져 버린다. 리놀륨 냄새를 맡으면 나는 언제나 산산이 부서져서 바닥에 나가떨어진다. 그것은 내 내부의 풀에 엉겨 붙은, 이른바 올바르지 않은 동의에 의해 뭉친 온갖 부자연스러운 것의 냄새이다.

세 번째 식사가 끝난 뒤에야 비로소 조상들의 엉터리 동맹이 남긴 아침 선물이 한 방울씩 떨어져나가, 자아의 참된 암석이자 행복한 암석이 영혼의 쓰레기 속에서 모습을 드러낸다. 땅거미와 더불어 핀 대가리만 한 우주가 팽창한다. 광물이나 성단이 만들어질 때처럼 아주 작은 핵 조각으로부터 유기적으로 확대되는 것이다. 그리고 가게의 치즈를 파먹는 쥐처럼 주위의 혼돈을 파먹어 들어간다. 모든 혼돈을 핀 대가리 끝에 모을 수도 있지만, 아주 미세한 크기에서 출발한 자아는 공간의 어느 한 점에서도 우주를 향해 뻗어갈 수 있는 것이다.

그러나 이 자아는 수많은 책에 쓰인 자아가 아니라 몇천 년 전부터 이름과 날짜를 정해 사람들에게 빌려준 시대를 초월한 자아이며, 벌레로 시작하여 벌레로 끝나는 자아, 세계라는 치즈에 깃들어 사는 벌레 그 자체인 자아이다. 가녀린 실바람이 울창한 숲을 흔들듯이, 끝없는 내부의 충동에 의해 암석과 같은 자아가 자라나며, 한번 자라기 시작하면 어느 것도 그 성장을 방해할 수 없다. 온 세계라는 하나의 창문에 동장군이 맹위를 떨치는 것과 같다. 노력한 흔적도 보이지 않거니와 소리도, 투쟁도, 안식도 없다. 혹독하고 가차 없이 끈질기게 자아는 계속 성장해 간다. 목록에 적혀 있는 것은 오직 두 가지—자아와 비(非)자아뿐이다. 그리고 그것을 이룩하는 곳은 영원이다.

시간이나 공간과 아무런 상관이 없는 영원 속에는 해빙기가 시작되는 것과 같은 막간이 몇 개씩 있다. 자아의 형태는 녹아서 사라지지만 자아는 기후처럼 남는다. 밤이 되면 자아의 비결정질은 가장 바뀌기 쉬운 형태를 띤다. 과오는 창구로 스며들고 방랑자는 문에 걸린 빗장을 푼다. 육체에 달린 그 문은 세계를 향해 열려 있지만 동시에 절멸로 이어진다. 그것은 마술사가 나타나는 온갖 우화에 나오는 문이다. 마술사가 같은 문을 통해 집으로 돌아왔다는 이야기를 읽어본 사람은 아무도 없을 것이다. 만약 그 문을 안쪽으로 열면 들창처럼 생긴 무수한 문이 있는데 지평선도, 항공로도, 강물도, 지도도, 표도 보이지 않는다. 모든 침대는 오 분이든 만 년이든 그 하룻밤만 쉬도록 되어 있다. 문에는 손잡이가 없으므로 낡아서 고장 날 걱정도 없다. 가장 주의해야 할 점은 끝이 보이지 않는다는 것이다. 이러한 밤의 휴식은 말하자면 모두 신화의 덧없는 탐구와 같다. 무릇 사람은 자기 나름대로 더듬어 살피고, 위치를 확인하며, 우연한 현상을 관찰하고, 쾌적함을 느끼기도 한다.

그러나 거기에 뿌리를 내릴 수는 없다. '정착했다'고 느낀 순간 대지가 꺼지고 발밑의 흙이 공중으로 떠오르며, 별자리도 뿔뿔이 흩어져 제멋대로 떠돈다. 그뿐만 아니라 불멸의 자아를 포함한 온 우주가 소리 없이 불길하게, 오싹해지도록 잔잔하고 태연하게 미지의 보이지 않는 목적지를 향해 움직여 나아가는 것이다.

모든 문들이 한꺼번에 열릴 것처럼 생각되며, 그 거센 압력에 내부파열이 일어나고 급격한 함몰에 뼈가 사방으로 흩어진다. 지옥에 발을 들인 단테가 경험한 것 역시 아마도 그와 같은 엄청난 붕괴였을 것이다. 단테가 다루었던 것은 밑바닥이 아니라 시간이 낱낱이 헤아려지는 핵이며 절대적인 중심이었다. 이곳에서 희극이 시작되며, 이곳에서 바라볼 때 희극은 성스럽게 보인다.

이러한 내용을 적은 이유는, 12년인가 14년 전의 어느 날 밤 아마릴로 무도장의 회전문을 지나는 순간 일어난 커다란 사건을 설명하고 싶었기 때문이다. 내가 '성교의 나라'로 생각하고 있는, 공간이라기보다 시간의 영역인 이 막간극은 나에게는 단테가 자세히 묘사한 연옥과 맞먹는 것이었다. 아마릴로 무도장을 떠나려고 회전문 손잡이에 손을 댔을 때 지금까지의 나와 그 순간의 나와 그 이후의 내가 한꺼번에 무너져 내렸다. 비현실적인 것은 전혀 없었다. 내가 태어났던 순간 자체가 보다 세찬 흐름에 휘말려 흘러가 버린 것이다. 옛날 자궁 안에서 내팽개쳐진 것처럼 지금 나는 성장 과정이 멈추어 버린 끝없는 매개체 속으로 내던져졌다. 나는 효과의 세상으로 들어왔다. 두려움은 없었으며 오직 운명을 피할 수 없다는 느낌뿐이었다. 내 척추는 마디로 이어져 있고, 나는 무정한 새로운 세계의 꼬리뼈와 직면하고 있었다. 뛰어들었을 때 뼈는 산산이 흩어지고 그 자리에는 납작하게 눌린 이처럼 무력하고 변하지 않는 자아만이 남았다.

내가 이 시점에서 이야기를 시작하지 않는 까닭은, 애당초 거기에 출발점이 없기 때문이다. 내가 지금 당장 빛나는 나라로 날아가지 않는 이유는 날개가 아무 소용도 없기 때문이다. 지금이야말로 결정적인 순간이며, 달은 하늘 밑바닥에 숨어 있다……

어째서 맥시를 떠올렸는지 나도 이유를 알 수가 없다. 아마도 도스토옙스키 때문일 것이다. 태어나서 처음으로 도스토옙스키 작품을 읽었던 밤은 나의 삶에서 아주 중대한 사건이었으며, 첫사랑보다 더 중요한 경험이었다. 나에게 의미 있는 최초의 신중하고 의식적인 행위였으며, 그로 인해 세상의 모습은 완전히 달라져 버렸다. 단숨에 들이키듯 처음으로 그의 작품을 끝까지 읽고 고개를 든 순간, 정말로 시계까지 멈추어 버렸는지 아닌지 지금은 기억나지 않는다. 그러나 그 순간 세상이 멈춘 것만은 기억한다. 내가 인간의 영혼 깊은 곳을 들여다본 적은 그때가 처음이었다. 아니면 도스토옙스키가 자신의 영혼을 드러내 보여준 첫 번째 사람이었다고 말할 수 있다.

그전에도 나는 스스로는 깨닫지 못했지만 조금 이상한 사람이었던 모양이다. 그런데 도스토옙스키에게 빠져든 순간부터 나는 뚜렷하게, 기꺼이 이상한 사람이 되었다. 일상적이고 깨어 있으며 무미건조한 세상은 내게서 사라져 버렸다. 책을 쓰고자 했던 야심이나 소망도 그 뒤 오랫동안 완전히 사라지고 말았다. 오랫동안 기다렸던 상황이기도 했다. 나는 너무나 오랫동안 참호 속에 숨어서 총탄 사이를 헤쳐 온 병사와 같았다. 보통 사람의 괴로움, 보통 사람의 질투, 보통 사람의 야심은 나에게는 똥덩어리와 다름없었다.

맥시와 그의 누이인 리타와의 관계를 돌이켜 봄으로써 나는 그 무렵의 내 상태를 가장 선명하게 떠올릴 수 있다. 그 시절 나는 맥시와 함께 곧잘 수영하러 다녔던 일을 지금도 분명하게 기억하고 있다. 종종 해수욕장에서 하룻밤을 꼬박 지새우기도 했다. 맥시의 누이는 한 번인가 두 번밖에 보지 못했다. 내가 리타 얘기를 꺼내기만 하면 맥시는 기를 쓰고 화제를 돌리곤 했다.

그 때문에 나는 화가 났다. 맥시와 어울리는 것이 지긋지긋해졌기 때문이다. 다만 그가 선선히 돈을 빌려 주는데다가 내가 갖고 싶은 물건들을 곧잘 사주었기 때문에 꾹 참고 같이 놀아주었을 뿐이었다. 매번 바닷가로 갈 적마다 나는 그의 누이가 불쑥 나타나주기를 바랐다. 그러나 웬걸, 맥시는 언제나 리타가 나와 마주치지 않도록 교묘하게 머리를 굴렸다. 그런데 어느 날 탈의실에서 옷을 벗고 있을 때, 녀석은 나에게 자기 음낭을 뽐내며 단단하고 모양이 잘 잡혀 있다고 자랑해 보였다. 나는 느닷없이 맥시에게 말했다. "그래, 맥시. 자네 음낭은 훌륭하고 멋져. 그런 걸 달고 다니면 세상에 걱정이라곤 없겠지. 그런데 도대체 리타는 어디에 숨겨 놓은 거야? 한 번쯤 데리고 와서 나에게 그녀의 외음부(quim)…… 그래, 외음부를 좀 보여줘도 되잖아? 무슨 말인지 알지?"

오데사에서 태어난 유대인인 맥시는 외음부(quim)라는 낱말을 한 번도 들어본 적이 없었다. 그는 나의 말에 소스라치게 놀랐지만, 한편으로 그 새 낱말에 흥미를 보였다. 맥시는 좀 얼빠진 사람처럼 말했다. "맙소사. 헨리, 나에게 그런 말을 쓰다니 너무하는군!"

"왜지? 자네 누이도 틀림없이 음부를 가지고 있을 것 아닌가?"

이렇게 되받아치고 몇 마디 더 붙이려 했을 때 맥시가 느닷없이 왈칵 웃음을 터뜨렸다. 그 웃음으로 상황은 일단락되었지만, 맥시는 내가 그런 생각을 가지고 있는 것을 좋아하지 않았다. 그 이야기는 두 번 다시 꺼내지 않았지만 온종일 그 일로 속을 앓은 것 같았다. 그날은 온종일 뚱하게 입을 다물고 있었다. 맥시가 생각해 낸 유일한 복수는 안전수역 너머까지 헤엄치자고 말하는 것이었다. 운이 좋으면 내가 지쳐서 물에 빠져 죽을 수도 있겠다고 생각한 것이다. 그러나 녀석의 속셈이 훤히 들여다보였으므로 나는 열 사람의 기운으로 대비했다. 녀석의 누이가 세상의 다른 모든 여인들과 마찬가지로 우연히 음부를 갖고 있다고 해서 내가 빠져 죽는다는 것은 엿이나 먹을 일이었다.

이 추억의 무대는 파 로커웨이였다. 옷을 입고 식사를 끝내자 나는 갑자기 혼자 있고 싶어졌다. 그래서 나는 거리 모퉁이에서 맥시에게 불쑥 악수를 하고 잘 가라고 말했다. 그리고 나는 그곳에 서 있었다! 나는 곧바로 이 세상에서 나 혼자뿐이라고 느꼈다. 극단적인 고뇌를 느끼는 사람만이 알 수 있는 고독감이었다. 이 고독감이 어뢰처럼 나를 사로잡았을 때 나는 멍하니 이를 쑤시고 있었던 듯하다. 나는 거리 모퉁이에 서서 혹시 무언가가 나를 습격하지 않았나 온몸을 살펴보았다. 설명할 수 없이 야릇한 동시에 강력한 강장제라도 마신 듯 매우 유쾌하고 들뜬 기분이었다. 내가 파 로커웨이에 있었다는 것은 지구의 끝인 크산토스에 서 있었다는 뜻이다. 물론 그런 곳이 있을 때의 이야기지만, 아무튼 아무 곳도 아닌 곳을 가리키는 지명이 당연히 있을 것 같은 느낌이 든다.

그때 리타가 맞은편에서 걸어왔다고 하더라도 나는 그녀를 알아보지 못했을 것이다. 나는 동포들에게 둘러싸여 서 있었지만 완전히 낯선 사람이었다.

그들은 새로이 햇볕에 그을린 얼굴에 플란넬 바지를 입고 기계로 짠 양말을 신고 있었다. 동포인데도 그들은 미친 사람처럼 보였다. 그들도 나처럼 즐겁고 상쾌한 오락이라고 믿으며 해수욕을 했으며, 충분한 일광욕과 음식을 즐기고 조금은 피곤해 보였다.

이 고독감이 덮치기 전까지 나 역시 조금 지쳐 있었다. 그러나 갑자기 세상과 완전히 단절된 순간 나는 문득 깨달았다. 너무나 큰 충격에 무서워서 움직일 수도 없었다. 황소처럼 들이받거나 건물 벽을 기어오르거나 괴성을 지르며 춤을 춰댈 것 같았다. 그 이유도 별안간 분명해졌다. 내가 도스토옙스키와 친형제이기 때문이며, 그가 그러한 책을 쓴 참뜻을 알고 있는 사람은 온 미국에서 오직 나뿐이기 때문이다.

뿐만 아니라 내가 언젠가 쓰게 될 책들이 나의 내부에서 싹트고 있는 것을 느꼈다. 다 자란 고치처럼 내 속에서 터질 것 같았다. 이제까지의 나는 있는 일 없는 일을 나불거리며 긴 편지만 써대고 있었으므로, 언젠가 본격적으로 쓸 때가 오리라고는, 첫 한 낱말, 최초의 참된 한 마디를 쓸 때가 오리라고는 쉬이 믿을 수 없었다. 그런데 그 시기가 지금 찾아온 것이다. 내 마음속에서 그러한 실감이 끓어올랐다.

나는 조금 전 크산토스란 낱말을 썼다. 그러한 곳이 정말로 있는지 없는지 나는 모른다. 사실 어느 쪽이든 아무 상관없는 일이다. 그러나 지상 어딘가에, 아마도 그리스 섬들 어딘가에 세상의 끝과 같은 곳이 있을 것이다. 우리는 그곳에서 철저하게 고독하지만 두려워하지 않고 기쁨에 넘쳐 있을 것이다. 왜냐하면 그곳에서 우리는 영원히 젊고 새로우며 비옥한 옛 조상의 세계를 직접 느낄 수 있기 때문이다. 그곳이 어디든 간에 우리는 막 껍질을 깨고 나온 햇병아리처럼 그 세상의 곁에 서리라. 그곳이 바로 크산토스이며, 나의 경우에는 파 로커웨이였던 것이다.

나는 그곳에 서 있었다! 날은 어둑어둑해지고 바람이 일었으며 사람들의 발자취가 뜸해지더니, 이윽고 억수 같은 비가 쏟아졌다. 그 비가 나에게 결정타를 날렸다! 비가 쏟아지면서 하늘을 올려다보는 내 얼굴을 내리쳤을 때 나는 별안간 너무 기뻐서 큰 소리로 울부짖었다. 나는 실성한 사람처럼 웃고 또 웃었다. 무엇이 그리 재미있는지 나도 알 수 없었다. 나는 아무 생각도 없었다. 그저 희열에 압도되어, 완전히 혼자가 되었다는 기쁨에 머리가 돌아

버릴 것 같았다. 설령 그때 세차게 껴안고 싶을 정도로 촉촉한 음부를 큰 접시에 올려 내온다고 해도, 온 세계의 음부를 죽 늘어놓고 맘에 드는 것을 고르라고 하더라도 나는 눈썹 하나 까딱하지 않았을 것이다. 나는 어떤 음부도 줄 수 없는 것을 이미 손에 넣었기 때문이다.

그런데 비에 흠뻑 젖었지만 여전히 우쭐해 있던 바로 그 순간 나는 세상에서 가장 당치 않은 일—차비를 생각했다! 제기랄, 맥시란 놈이 나에게 한 푼도 주지 않고 돌아가 버린 것이었다. 나는 멋지게 싹트기 시작한 고대 세상을 손에 쥐고 있었지만 주머니에는 땡전 한 푼 없었다.

도스토옙스키 2세는 이제 10센트짜리 동전 하나를 빌리기 위해 우호적인 얼굴과 냉담한 얼굴들을 힐끔거리며 이리저리 돌아다녀야 할 처지였다. 2세는 파 로커웨이 끝에서 반대쪽 끝까지 걸어 보았지만, 이런 빗속에서 일부러 걸음을 멈추고 차비를 베풀어 줄 만큼 기특한 사람은 아무도 없었다. 나는 거지들의 전매특허인 묵직한 동물적 무감각에 젖어 발걸음을 옮기며 진열창 장식가인 맥시에 대해 생각했다. 그가 진열창 안에서 마네킹에 옷을 입히는 것을 처음 보았던 때를 떠올렸다. 그러나 몇 분 지나자 또다시 도스토옙스키에게로 생각이 옮아갔고, 세상은 이내 완전히 멈추었다. 이어서 밤의 어둠 사이로 꽃피는 커다란 장미 같은 리타의 따뜻하고 부드러운 살결이 눈앞에 떠올랐다.

그런데 도저히 이해가 가지 않지만…… 리타와 그녀의 은밀하고도 특별한 음부를 생각한 지 몇 분이 되지 않아 나는 뉴욕으로 가는 기차를 타고 있었으며 아주 나른하게 발기한 채 꾸벅꾸벅 졸고 있었다. 더욱 이상한 노릇은 내가 기차에서 내려 한두 구역 걸어가 모퉁이를 돌자마자 딱 마주친 사람이 바로 리타, 내가 바라던 그녀였다는 점이다. 게다가 리타는 마치 영감으로 내 머릿속을 읽어낸 사람처럼 몸 아래쪽이 화끈 달아올라 있었다.

우리 두 사람은 곧 싸구려 중국집 안으로 들어가 좁은 칸막이 자리에 앉자마자 발정 난 한 쌍의 토끼처럼 행위에 열중했다. 무도장에서도 우리는 거의 움직이지 않았다. 다른 사람들 틈에 꼭 끼어서 밀리고 치이면서 서 있었다. 그 무렵 나는 혼자 살고 있었으므로 리타를 우리 집으로 데리고 갈 수도 있었다. 그러나 그녀 집으로 가서 현관 안쪽에 세운 채 맥시의 코앞에서 한 번 해야겠다고 생각하고, 실제로 그렇게 했다.

성교 중간에 나는 또다시 진열창 안의 마네킹과, 그날 오후 내가 음부라고 말했을 때 맥시가 웃던 모습을 떠올렸다. 나는 엉겁결에 크게 웃음을 터뜨릴 뻔했는데 그때 갑자기 리타가 절정에 달했다는 것을 깨달았다. 유대 여인들과 할 때 이따금 느끼는, 아주 긴 오르가슴이었다. 나는 두 손을 리타의 볼기짝 아래로 가져가 손가락을 그녀의 국부 안쪽으로 들이밀었다. 리타가 몸을 바르르 떠는 것을 확인하고 나는 그녀를 안아 올려 내 물건을 축으로 천천히 올렸다 내렸다 했다. 너무 격렬하게 몸부림치는 바람에 나는 그녀가 정말로 미쳐 버리는 게 아닌지 걱정스러웠을 정도였다.

리타는 내가 바닥에 내려줄 때까지 허공에서 너덧 번은 오르가슴을 느꼈을 것이 틀림없다. 나는 한 방울도 남기지 않고 그것을 뽑아내고는 리타를 현관에 눕혔다. 그녀의 모자는 한쪽 구석으로 굴러가 있었고, 핸드백은 주둥이를 벌리고 있었으며 동전 몇 닢이 흩어져 있었다.

그런 사소한 것까지 기억하고 있는 까닭은, 내가 리타에게 극락을 맛보여 주기 전에 동전 몇 푼을 차비로 받아가야겠다고 마음먹었기 때문이다.

아무튼 바닷가의 탈의실에서 맥시에게 누이의 음부를 한번 보게 해 달라는 말을 한 지 불과 몇 시간 뒤에 그 여자와 나란히 눕게 되다니 정말 뜻밖의 일이었다. 리타가 과거에 성관계를 가졌다 해도 그 경험이 만족스럽지는 않았다는 것을 확실히 느낄 수 있었다. 게다가 나 역시 맥시의 코앞인 현관 입구에 누워 그의 누이 리타의 은밀하고 성스러운 음부를 찔러대고 있는 이 시간만큼 냉정하고 침착하며 과학적인 기분을 느껴 본 적이 없었다.

계속 하려고 마음만 먹으면 끝없이 지속할 수 있을 것 같았다―나는 믿을 수 없을 정도로 초연해 있었지만, 리타가 보이는 작은 움직임이나 전율은 놓치지 않고 의식하고 있었다. 그러나 내가 10센트를 동냥하기 위해 하염없이 빗속을 걷게 만든 책임은 누군가가 져야 했다. 아직 쓰이지 않은 작품의 새싹으로 인해 내 마음속에서 자라난 황홀감에 대해서도 누군가는 보상을 해야 했다. 나를 몇 주일, 몇 달 동안 애태우게 만들었던 은밀하게 감추어진 음부의 확실성에 대해서도 누군가가 입증해야 했다.

그 점에서, 누가 나보다 자격을 갖추었겠는가? 오르가슴 사이사이에 열심히 생각하느라 내 물건이 1, 2인치는 더 커졌을 것이다. 끝내 나는 이 짓을 끝내야겠다고 생각하고 리타를 엎어놓고서 뒤에서 마지막으로 힘껏 자극을 했다. 처음 리타는 좀 언짢은 듯했으나 내가 그녀의 몸 안에서 빠져나오는 것을 느끼자 미칠 것처럼 안달했다. "오, 그래요. 좋아요. 그거예요!"

리타가 횡설수설하자 나까지 완전히 흥분해 버렸다. 척추 끄트머리에서부터 용솟음치는 듯한, 오랫동안 애써 참아온 것을 터뜨렸을 때는 거의 그것을 그녀의 몸 안으로 밀어 넣을 수 없을 정도였다. 너무 깊숙이 찔러 넣은 탓에 중간에 무언가가 꺾인 듯한 느낌이었다. 우리는 지쳐서 나가떨어지고 말았으며, 둘 다 오뉴월 개처럼 숨을 헐떡였다. 그래도 나는 손에 잡히는 대로 동전을 주워 모을 정도의 여유는 있었다.

동전이 꼭 필요해서 그런 것은 아니었다. 리타는 이미 나에게 몇 달러 빌려주었던 것이다. 다만 파 로커웨이에서 지니지 못했던 차비에 대한 보상을 받았을 뿐이었다. 그런데 놀랍게도 상황은 아직 끝난 것이 아니었다.

얼마 지나지 않아 리타가 끊임없이 나를 만지작거렸다. 처음에는 손으로, 그리고 입으로. 내 물건은 아직 반쯤 서 있는 상태였다. 리타는 그것을 입에 물고 혀로 애무했다. 나는 눈앞이 아찔해졌다. 정신을 차려 보니 리타의 두 다리가 내 목을 감싸고 있고, 내 혀는 그녀의 음부에 박혀 있었다. 결국 나는 다시 한 번 리타 위에 올라타고 마무리를 지을 수밖에 없었다. 그녀는 뱀장어처럼 몸을 뒤틀어댔다. 그리고 또다시 환상에 사로잡힌 듯 횡설수설하며 길게 이어진 절정으로 올랐다. 끝내 나는 무기를 접고 리타에게 항복을 선언하기에 이르렀다. 이 얼마나 엄청난 음부인가! 나는 단지 한 번 보여달라고 부탁했을 뿐인데!

오데사에 대한 맥시의 이야기는 잊고 있던 내 어린 시절의 추억 한 조각을 되살아나게 했다. 오데사의 풍경을 아주 선명하게 떠올리진 않았지만, 그 분위기는 더없이 그리운 곳인데도 너무나 일찍 떠나야 했던 브루클린의 조그만 거리를 생각나게 했다.

원근법을 사용하지 않고 그린 이탈리아의 그림을 볼 때마다 나는 그 거리의 분위기를 생생히 떠올리곤 한다. 예컨대, 장례식을 그린 그림은 내 어릴 적 경험과 똑같아서 강렬한 직접화법으로 호소해왔다. 거리를 그린 그림이라면 여인들은 바로 길 위 창가에 앉아 있었으며, 그 위쪽이나 거리에서 떨어져 있지도 않았다. 마치 원시 사회에서처럼 모든 사건은 곧장 모든 사람들에게 알려진다. 살인은 알려지기 마련이고 우연이 모든 것을 다스리게 된다.

이탈리아 르네상스 이전의 회화에 이 원근법이 결여되어 있듯이, 내가 어린 시절에 쫓겨난 조그만 동네 한 모퉁이에도 이처럼 평행한 수직면이 있어서 온갖 사건이 그 위에서 일어났으며, 또한 마치 삼투작용처럼 모든 것이 그 각 층을 통해 교류하고 있었다. 각각의 경계는 분명하고 명확하게 그어져 있으나 빠져나갈 수 없는 것은 아니었다.

그 무렵 어린 시절의 나는 북쪽과 남쪽을 구분하는 경계선 근처에 살았다. 북쪽으로 조금 치우친 곳이었는데, 북2로라는 넓은 도로가 나에게는 남북을 가르는 진짜 경계선이었다. 거기서 몇 걸음 북쪽으로 가면 우리 집이 있었다. 정식 경계선은 브로드웨이 페리로 이어지는 그랜드 거리였지만, 이 거리는 당시 이미 유대인들이 꽉 들어차 있다는 사실 말고는 나에게 아무런 의미도 없었다. 하지만 북2로는 신비한 거리였으며, 두 세계를 나누는 경계선이었다.

따라서 나는 하나는 현실이고 하나는 가공인 두 경계선 사이에서 살고 있었다. 사실 나는 평생을 그렇게 살았다. 그랜드 거리와 북2로 사이에는 한 구역 정도의 필모어 플레이스라 불리는 조그만 거리가 있었다. 이 작은 거리는 우리가 살던 할아버지네 집과 대각선으로 마주 보고 있었다. 나는 살아온 내내 그보다 매혹적인 거리를 본 적이 없었다.

이 거리는 소년, 연인, 미치광이, 주정뱅이, 깡패, 호색가, 살인청부업자, 천문학자, 음악가, 시인, 양복재단사, 구두수선공, 정치가 등에게 가장 이상적인 거리였다. 실제로 이 거리는 그러한 인류의 대표자들이 살고 있었으며, 저마다 자신의 세계를 형성하고 있었다. 사이가 좋았다가 나빴다가 하면서도 모두 함께 견고한 공동체를 만들어, 거리 자체가 사라지지 않는 한 절대 해체되지 않는 견고한 포자처럼 생활하고 있었다.

적어도 그렇게 보였다. 그런데 윌리엄스버그 다리가 개통되자마자 뉴욕 델런시 거리에서 유대인들이 한꺼번에 몰려들었다. 그리하여 우리의 조그만 세계이자 필모어 플레이스라고 불리는 작은 거리, 이름 그대로 가치와 존엄과 빛과 경이로 가득 찬 거리가 해체되고 말았다.

유대인들이 몰려왔다. 그들은 좀벌레처럼 우리의 생활 구조를 파먹어 들어갔으며, 나중에는 그들이 어디나 가지고 다니는 좀 같은 존재밖에 남지 않았다. 머지않아 거리에서는 악취가 풍겼고, 원래 살던 주민들은 이사를 가 버렸으며, 집들은 누추해지고 현관 계단은 그림처럼 내려앉고 말았다. 거리는 곧 모든 앞니가 우수수 빠진 지저분한 입처럼 되었고, 보기 흉하게 거뭇해진 이뿌리가 군데군데 드러났다. 입술은 썩어 문드러지고, 위턱도 떨어져 나갔다.

그런가 하면 하수도에는 부엌쓰레기가 무릎 높이까지 차오르고 비상구는 부풀어 오른 짚단과 바퀴벌레로 가득하고, 말라붙은 핏자국으로 얼룩졌다. 가게의 진열창에는 유대율법에 따라 처리되었음을 뜻하는 '적법식품'이라는 표시가 나붙고, 어딜 보아도 온통 날짐승 고기와 훈제연어와 시큼한 피클, 무식하게 큰 빵밖에 없었다. 또한 모든 골목과 현관, 안뜰과 가게 앞에 유모차가 나타났다.

그리고 거리의 변화와 더불어 영어도 자취를 감추고, 어딜 가든 침을 바가지로 튀기며 가래 끓는 소리를 내는 이디시어밖에 들리지 않았다. 이디시어를 듣고 있으면 하느님이라는 말도 썩은 채소처럼 들리며 뜻도 비슷해 보였다.

우리는 유대인의 침공에 모든 것을 포기하고 가장 먼저 이사를 간 집들 가운데 하나였다. 나는 일 년에 두세 번, 내 생일이나 성탄절 또는 감사절에 이 그리운 옛 동네를 찾아가곤 했다. 그러나 매번 찾아갈 때마다 나는 내가 사랑하고 몹시 아끼던 무언가가 사라져 버린 것을 깨달았다. 마치 지독한 악몽을 꾸는 것 같았다. 게다가 상황은 점점 더 나빠지기만 했다. 내 친척들이 계속 살고 있는 집들은 무너지기 직전인 낡은 성채와 같았다. 친척들은 성채 구석으로 몰려 웅크린 채 절망적인 고도의 삶을 살면서 점점 빙충맞고 쫓기며 타락해가고 있었다. 심지어 그들은 이웃 유대인들 가운데 누구누구는 인간적이고, 점잖고, 깨끗하고, 상냥하고, 인정이 많다는 식으로 구분까지 했다. 가슴이 찢어지는 일이었다. 나는 기관총이라도 구해 와서 유대인이든 아니든 구별 없이 이 동네에 사는 사람들을 하나도 남김없이 쓸어 버리고 싶은 기분이었다.

이 유대인 침공이 있던 무렵 시 정부는 북2로를 메트로폴리탄 대로로 이름을 바꿀 것을 결정했다. 유대인이 아닌 사람들에게 공동묘지로 이어지는 길이었던 이 고속도로도 지금은 이른바 교통의 대동맥으로서, 두 유대인 거주 지역을 잇는 요긴한 길목이 되었다. 뉴욕 쪽 강변지대에는 고층건물이 차례로 들어섬으로써 순식간에 모습을 바꾸어가고 있었다. 우리가 사는 브루클린 쪽에는 창고가 즐비하게 들어섰고, 다리로 이어지는 도로가 새로이 정비되었다. 그와 더불어 광장과 공중변소, 당구장, 문방구점, 빙과점, 식당, 옷가게, 전당포 등이 생겨났다. 요컨대 모든 것이 나쁜 쪽으로 대도시화한 것이다.

이 낡은 동네에서 살던 내내, 우리는 메트로폴리탄이란 이름을 한 번도 사용하지 않았다. 정부에서 이름을 어떻게 바꾸든 그곳은 언제나 북2로였다. 그로부터 8년 내지 10년쯤 지났을까. 어느 겨울날 강을 끼고 있는 이 거리의 한 모퉁이에 서서 처음으로 하늘을 찌를 듯이 높은 메트로폴리탄 생명보험회사 건물을 올려다보면서, 나는 북2로가 더는 존재하지 않음을 실감했다.

내 세계의 상상 속 경계선은 완전히 달라지고 말았다. 내 시선은 이제 멀리 공동묘지를 넘고 강을 넘고 뉴욕시와 뉴욕 주를 넘었으며, 미국 전체까지도 훌쩍 넘어서 버렸다. 캘리포니아의 포인트 로마 곶에서 드넓은 태평양을 바라보았을 때, 나는 무언가가 내 얼굴을 영원히 다른 방향으로 자꾸만 돌리려 하는 것을 느꼈었다.

어느 날 밤, 나는 군에서 갓 전역한 옛 친구 스탠리와 함께 옛 동네를 다시 찾아온 적이 있었다. 우리는 슬픔에 잠겨 거리를 걸었다. 유럽 사람들은 이런 기분을 도저히 이해하지 못할 것이다. 유럽에서는 마을이 통째로 현대화되어도 여전히 옛 자취가 남아 있다. 그러나 미국에서는 운 좋게 옛 자취가 남아 있어도 새로운 것에 의해 지워지고, 의식 밖으로 밀려나 짓밟히고 말살되고 폐기된다.

새로운 것은 나날이 삶의 구조를 갉아먹어 마지막에는 커다란 구멍만 덩그렇게 남겨놓는 좀과 같다. 스탠리와 나는 이와 같이 끔찍한 구멍 속을 걷고 있었다. 전쟁조차도 이처럼 황폐와 파괴를 야기하지는 않을 것이다. 전쟁이 한 고을을 잿더미로 만들고 주민들을 몰살시켜 버릴 수는 있다. 그러나 그 뒤에 다시 자라나는 것은 예전 것과 비슷한 것이다.

죽음은 땅과 마찬가지로 정신도 비옥하게 해 준다. 그러나 미국에서는 철저한 파괴로 인해 모든 것을 몰살시켜 버린다. 거기에 재생은 없다. 오직 암덩이의 증식만이 있을 뿐이며, 점차 더욱 추악한 새로운 독성조직이 층층이 쌓여 갈 뿐이다.

앞에서 말했듯이 우리는 그 커다란 구멍 안을 걷고 있었다. 공기가 맑고 별까지 얼어붙을 정도로 추운 겨울밤이었다. 마을 남쪽을 가로질러 경계선 쪽으로 향하는 동안 우리는 낡은 유적이랄까, 한때 그곳을 지켰던 건물 흔적과 우리 삶의 일부였던 모든 것에 인사를 건넸다. 북2로에 거의 다 갔을 때, 우리는 필모어 플레이스와 북2로 사이―거리래야 고작 몇 미터밖에 떨어져 있지 않았지만 아주 풍족하고 충실한 지역이었다―에 있는 오멜리오 부인의 오두막집 앞에서 걸음을 멈추고 서서, 일찍이 참으로 존재한다는 뜻을 가르쳐 주었던 그 집을 쳐다보았다. 경계선 너머에 있는 세상도, 나에게는 그토록 신비하고 두려울 정도로 크며 분명한 경계까지 지니고 있던 세상도, 지금은 모두 작게 줄어든 것처럼 보였다.

그곳에 멍하니 서 있는 사이에, 그동안 수없이 되풀이하여 꾸어왔고 지금도 이따금 꾸며 앞으로도 살아 있는 동안은 계속 꾸고 싶은 꿈이 별안간 떠올랐다. 그것은 경계선을 넘어가는 꿈이었다. 모든 꿈이 그렇듯 이 꿈도 선명한 현실감, 꿈을 꾸고 있는 것이 아니라 현실 세계에 있는 듯한 생생한 느낌이 특징이었다. 경계선을 한 걸음 넘어서면 나는 이름도 모르는 완전한 외톨이가 되었다. 언어마저도 달랐던 것이다.

사실 나는 언제나 이방인, 외국인 취급을 받았다. 나에게는 끝없는 시간이 있었으며, 나는 거리를 어슬렁거리는 일에 아주 만족하고 있었다.

내가 살았던 거리에서 이어지는 거리는 하나밖에 없었다. 나는 겨우 철도 주차장 위로 걸려 있는 철교까지 왔다. 이곳은 경계선에서 아주 가까웠지만 내가 여기까지 올 무렵이면 언제나 땅거미가 지고 있었다. 이 철교에서 나는 거미줄처럼 쳐져 있는 철로와 화물역, 감시인, 창고 등을 내려다보았다.

이상하게 털거덕거리며 움직이는 그 물체들을 보고 있으면 마치 꿈이라도 꾸는 것처럼 어떤 변화 작용이 일어나는 것이었다. 그와 더불어 이것이 지금껏 몇 번이나 보아온 오래 된 꿈이라는 느낌이 든다. 나는 금방이라도 꿈에서 깰까 봐 두려움을 느낀다. 그리고 넓고 탁 트인 공간에서 나에게는 무엇보다도 중요한 무언가를 지니고 있는 집으로 들어서려는 순간 그 꿈에서 깨어난다는 사실을 나는 알고 있다. 그 집으로 발걸음을 옮기려 하면 내가 서 있는 땅은 가장자리부터 흐릿해지면서 녹아서 사라진다. 공간은 융단처럼 나를 똘똘 말아서는 내가 들어가지 못한 집과 함께 꿀꺽 삼켜 버리는 것이다.

내가 알고 있는 가장 유쾌한 꿈에서 《창조적 진화》라는 책의 핵심으로의 이행은 전혀 있을 수 없는 일이다. 앙리 베르그송이 쓴 이 책에서 나는 다시금 완전한 외톨이가 되고, 이방인이 되며, 철교 위에 서서 안팎의 이상한 변형을 지켜보는 나이를 짐작할 수 없는 남자가 된다. 만약 이 책이 그때 내 손에 들어오지 않았더라면 나는 아마 미쳐 버렸을 것이다. 다른 거대한 세계가 내 손아귀에서 부스러져가던 순간에 마침 그 책이 손에 들어온 것이다. 비록 내가 이 책에 적힌 내용을 전혀 이해하지 못했다 하더라도 '창조적'이라는 딱 한 낱말만 마음에 새겨두는 것으로 충분했다. 이 낱말은 내 부적이었다. 그 한 마디를 무기로 나는 온 세계와, 특히 내 친구들을 상대로 싸울 수가 있었다.

우정의 뜻을 알기 위해서 친구들과 절교를 해야 할 때가 더러 있다. 이상하게 들릴 수도 있지만, 내게는 이 책을 찾아낸 것이 무기를 발견한 것이나 마찬가지였다. 나를 둘러싸고 있지만 더는 아무런 의미가 없는 친구들을 날려 버리기에 더없이 좋은 도구였던 것이다. 이 책은 나에게 친구들이 필요 없다는 사실을 가르쳐 주었기 때문에 내 친구가 되었다. 책은 나에게 홀로 설 수 있는 용기를 북돋아 주고, 고독을 사랑하는 방법을 가르쳐 주었다.

나는 책의 내용을 끝내 이해하지 못했다. 이따금 이해하기 직전까지 갔다고 생각한 적은 있지만 결국 실제로는 알아내지 못하고 끝났다. 그러나 나에게는 모르는 것이 더 중요했다. 그 책을 들고 친구들에게 큰 소리로 읽어주면서 질문이나 설명을 하는 사이에, 나는 친구가 없으며 이 세상에서 나 혼자라는 사실을 뼈저리게 느낄 수 있었다. 왜냐하면 나나 내 친구들이나 그 책에 쓰인 구절의 뜻을 이해하지 못함으로써 한 가지 사실이 아주 분명해졌기 때문이다. 곧, 이해하지 못하는 데도 다양한 차이가 있으며, 한 사람의 몰이해와 다른 사람의 몰이해의 차이가 이해의 차이보다도 더욱 딱딱한 육지를 낳는다는 것이다.

이제껏 내가 이해했다고 믿고 있던 것들이 모두 와르르 무너지고 나는 백지 상태가 되었다. 그러나 친구들은 반대로 자기들이 판 조그만 이해의 참호 속에 보다 견고하게 틀어박혔다. 그들은 이 세상에 유익한 시민이 되기 위해 이해의 보잘것없는 침대에서 편안히 죽어 버린 것이다. 나는 그들을 불쌍히 여겼으며 아무런 후회 없이 그들과 차례로 헤어졌다.

그렇다면 그토록 중대한 의미를 가지면서도 여전히 내용을 파악하기 어려웠던 그 책에는 대체 무엇이 있었을까? 나는 또다시 '창조'라는 낱말로 되돌아간다. 모든 비밀의 열쇠는 바로 이 낱말의 뜻을 파악하는 데에 있다고 굳게 믿고 있기 때문이다. 지금 그 책과 그 책을 이해하려고 했던 내 노력을 생각해 보면, 나는 입문 의식을 받고 있는 한 남자의 모습이 떠오른다. 어떠한 신비든 그 입문으로 인한 기존 가치의 붕괴와 새로운 방향 설정은, 우리가 얻을 수 있는 경험 가운데 가장 멋진 경험이다. 일생을 바쳐 이해하고 분류하고 종합해 온 것이 깡그리 분해되고 재편성된다. 영혼이 움직이는 날인 것이다!

게다가 그 움직임은 하루에 끝나지 않으며 몇 주일, 몇 달 동안 계속된다. 몇 주일이나 만나지 못했던 친구를 거리에서 우연히 만났지만, 그 친구는 전혀 낯선 사람이 되어 버렸다. 나는 새로운 위치에서 그에게 두세 번 신호를 보내 본다. 그가 그 신호에 답하지 않는다면 그런 친구는 재빨리 버리는 게 좋다—영원히. 마치 전쟁에서 적을 소탕하는 것과 같다. 가망 없는 부상을 입고 괴로워하는 사람은 단숨에 처리해 버려야 한다. 그리고 또다시 새로운 전쟁터로, 새로운 승리나 패배를 향해 나아가야 한다. 무조건 전진하는 것이다! 우리가 움직이기만 하면 세상은 무서울 정도로 정확하게 당신을 따라 돌기 마련이다.

우리는 새로운 작전을 펼칠 곳과 새로운 인간 표본을 찾아다니며 그들을 끈기 있게 교화하고 새로운 상징을 부여한다. 때로는 이제껏 한 번도 보지 못했던 상대를 선택하기도 한다. 그들이 계시를 모른다면 손이 닿는 범위 안에 있는 모든 사람과 모든 일들을 시험해 보아야 한다.

나는 어느 사이엔지 아버지의 작업실에 앉아 거기서 일하는 유대인들에게 책을 읽어주게 되었다. 바오로가 제자들에게 이야기하듯이, 이 새로운 성서를 읽어준 것이다. 그런데 그 불쌍한 유대인들은 영어를 전혀 읽지 못했다.

나는 주로 유대 율법학자 같은 느낌이 나는 재단사 분첵에게 이야기했다. 책을 펼치고 눈에 띄는 한 구절을 뽑아 중국인들의 서툰 영어처럼 쉬운 말들로 바꾸어 읽어 주었다. 읽고 난 뒤에는 그들이 잘 알고 있는 것들을 인용해

가면서 설명해주었다. 그들은 어찌나 잘 이해하는지, 대학교수나 문학도, 지식인들도 따라갈 수 없을 정도였다.

물론 그들이 베르그송의 저서를 한 권의 책으로 이해한 것은 아니다. 그러나 책의 목적은 오히려 그러한 점이 아니겠는가? 책의 의의란 그 책 자체는 시야에서 사라지며 산채로 씹히고 소화되어 피와 살로 조직에 흡수되고, 그 흡수된 것이 다시 새로운 정신을 창조하고 세계를 재구성하는 데 있다고 나는 생각한다.

이 책을 읽음으로써 우리는 이른바 위대한 성찬식에 참석한 것이다. 이 책 가운데에서도 특히 훌륭했던 부분은 무질서에 관한 장으로, 그것은 내 마음속 깊은 곳까지 스며들어 믿을 수 없을 정도의 질서를 부여했다. 그리하여 비록 혜성이 별안간 지구와 충돌하여 온갖 것들을 흔들고 뒤엎어놓는다 하여도 나는 눈 깜짝할 사이에 새로운 질서에 순응할 수 있었을 것이다. 죽음에 대해서 그렇듯, 나는 무질서에 대해서도 더는 어떠한 공포나 환상도 품지 않았다. 나에게는 미궁조차 즐거운 사냥터였으며, 안으로 깊이 들어갈수록 내가 가야 할 길은 더욱 선명하게 보였다.

하루 일과가 끝나면 나는 《창조적 진화》를 옆구리에 낀 채 브루클린 다리에서 고가열차를 타고 공동묘지를 향해 귀로에 올랐다. 때로는 혼잡한 사람들 사이를 열심히 걸어서 유대인 거주구역의 중심부인 델런시 거리에서 차를 타기도 했다. 나는 창자를 헤집고 다니는 회충처럼 지하역에서 열차를 탄다. 플랫폼에 뒤엉켜 있는 군중들 틈에 섞여 때마다 나는 내가 그 안에서 가장 개성적인 사람이라고 생각했다. 그리고 나는 다른 혹성에서 온 구경꾼처럼 주변에서 일어나는 모든 일들을 바라보았다. 나의 언어와 나의 세계는 내 겨드랑이 밑에 끼어 있다. 나는 커다란 비밀의 수호자다. 내가 만약 입을 열고 말을 하면 교통이 마비되어 버릴 것이다.

내가 말하고 싶어서 좀이 쑤시는 말, 매일 이어지는 회사에서 집까지의 왕복, 가슴속에 고이 묻어 두고 있는 것—그것은 다이너마이트였다. 그러나 나는 아직 그 다이너마이트를 던질 각오가 서지 않았다. 나는 명상에 잠겨 되짚어보고 자신을 설득하려는 듯이 그 다이너마이트를 조금씩 갉아먹었다. 5년이나 10년쯤 지나면 나는 이 사람들을 하나도 남김없이 날려 버릴 것이다. 열차가 커브를 돌면서 크게 기울어지면 나는 마음속으로 중얼거린다. 그렇지, 그거야! 탈선해 버려. 녀석들을 남김없이 죽여 버려!

열차가 정말로 탈선하면 내 목숨도 위험하지만 그런 문제는 조금도 생각나지 않는다. 우리는 깡통에 든 정어리처럼 꽉꽉 눌려 담겨 있었으며, 내 몸을 누르고 있는 다른 따듯한 육체가 내 생각을 다른 쪽으로 돌려 버린다. 문득 정신을 차려 보니 한 쌍의 다리가 나를 양쪽에서 감싸고 있었다. 나는 내 앞에 앉아 있는 젊은 처녀를 내려다보았다. 그녀의 눈을 지그시 쳐다보면서 두 무릎을 그녀의 가랑이 사이로 더욱 꽉 밀어 넣었다.

그녀는 무슨 짓을 당할지 몰라 불안해하며 앉은 채 안절부절못하더니, 끝내 옆에 앉은 다른 처녀에게 내가 망측한 짓을 하고 있다고 말했다. 주위 사람들도 나를 적의에 찬 눈으로 노려보았다. 나는 멍하니 창밖을 내다보며 아무 말도 못 들은 척 시치미를 뗐다. 다리를 빼내고 싶어도 움직일 곳이 없었다. 그러나 처녀는 힘껏 밀어내고 비비 틀면서 뒤엉켜 있던 다리를 조금씩 떼어내는 데 성공했다. 그런데 이번에는 그녀가 불평을 쏟아내던 옆자리 처녀와 거의 같은 처지에 놓이게 되었다. 거의 동시에 나는 그녀에게서 공감을 느꼈다. 게다가 놀랍게도 나는 그녀가 내 앞에 앉아 있는 처녀에게 그것은 내 잘못이 아니라 승객을 양 떼처럼 밀어 넣는 열차회사의 잘못이라고 말하는 소리를 들었다. 다시금 나는 처녀의 떨리는 다리가 악수라도 하듯 따뜻하고 인간적인 느낌으로 와 닿는 것을 느꼈다.

나는 비어 있는 다른 손으로 겨우 책을 펼쳤다. 목적은 두 가지였다. 첫째는 내가 읽고 있는 책을 그녀에게 보여주기 위해서였고, 둘째는 다른 사람들의 주목을 받지 않고 다리의 대화를 계속하고 싶었기 때문이었다. 작전은 멋지게 성공했다. 자리가 나자 나는 그녀 옆에 앉아 그녀와 책에 대한 이야기를 나눌 수 있었다.

그녀는 크고 촉촉한 눈동자와 육욕에서 비롯된 솔직한 태도를 가진 육감적인 유대 여인이었다. 열차에서 내리자 우리는 팔짱을 끼고 그녀의 집을 향해 걸었다. 내가 옛날에 살았던 그리운 옛 동네 근처였다. 모든 것이 그리운 동시에 화가 날 만큼 생소하기도 했다. 나는 이 거리를 몇 년 동안 걸어보지 못했다. 그러나 지금 나는 유대인 거주지에 사는 유대인 처녀, 유대인식 발음이 강하게 남아 있는 아름다운 처녀와 함께 그 거리를 걷고 있는 것이다. 그녀와 나란히 걷다가 나는 아무래도 엉뚱한 곳에 발을 들인 느낌을 지울 수 없었다. 뒤에서 우리를 바라보는 눈길 때문에 등이 따끔거렸다. 나는 침입자였다. 잘 익은 음부를 따먹기 위해 유대인 거리에 침입한 이방인인 것이다.

반대로 그녀는 그녀의 전리품을 뽐내며 의기양양하고 있었다. 친구들에게 나를 자랑하고 있는 것이다. 이 사람은 내가 열차에서 주운 교양 있고 세련된 이방인이야! 그녀의 속마음이 정말로 들리는 것 같았다. 천천히 걸으면서 나는 상황을 점검했다. 저녁 식사 뒤 그녀를 불러낼 것인지를 결정할 구체적인 사실들을 따져보았다.

그녀를 저녁에 초대할 생각은 없었다. 문제는 언제 어디서 만나 어떻게 그 짓을 하느냐 하는 것이다. 왜냐하면 집 앞에 도착하기 얼마 전에 문득 그녀의 입에서 튀어나온 말에 따르면, 그녀에게는 외판원 남편이 있어서 들키지 않도록 조심해야 한다고 했기 때문이다. 나는 나중에 다시 찾아와서 모퉁이에 있는 사탕 가게 앞에서 만나기로 동의했다. 내가 친구를 데리고 오면 그녀도 자기 친구를 부르겠다고 했다. 나는 친구가 없다고 했으며, 우리는 단둘이 만나기로 약속했다. 그녀는 내 손을 꼬옥 쥐고는 초라한 현관 안으로 달려 들어갔다. 나는 서둘러 고가철도 역으로 되돌아갔고, 집으로 달려가서 허둥지둥 밥을 떠 넣었다.

여름철 어느 밤이었으며, 모든 것이 활짝 열어젖혀 있었다. 그녀를 만나러 가는 길에 과거의 모든 일들이 만화경처럼 머리에 떠올랐다. 이번에는 책은 집에 두고 왔다. 지금 내게 필요한 것은 여자의 음부였으며, 책 같은 것은 머리에 떠오르지도 않았다. 나는 다시 경계선 안쪽으로 돌아갔으며, 역이 하나 둘씩 뒤로 멀어져갈 때마다 내 세계도 점차 작아졌다. 목적지에 도착할 무렵에는 이미 조그만 어린애가 되어 있었다. 나는 지금 막 일어난 변화에 떨고 있는 어린애였다. 유대 여자의 음부를 찾아 이 역에서 뛰어내리다니, 14구(區)에 사는 나에게 대체 무슨 일이 일어난 것인가? 그녀를 즐겁게 해준들 그게 어쨌다는 것인가? 그런 여자에게 무슨 할 말이 있겠는가? 내가 원하는 것은 사랑인데, 성행위만 한다고 해서 무엇을 얻는단 말인가? 그렇다, 그 순간 갑자기 추억이 어뢰처럼 나를 엄습해왔다…… 내가 사랑했던 소녀 유나, 그녀는 바로 이 구역에 살고 있었다.

크고 파란 눈동자와 황금빛 머리칼을 가진 유나는 그 얼굴을 쳐다보기만 해도 나를 전율케 했다. 입을 맞추거나 심지어 손을 잡을 수도 없었던 유나.

유나는 어디에 있지? 그렇다. 갑자기 그러한 의문이 불길처럼 치솟았다. 유나는 어디에 있지?

곧바로 나는 더없이 끔찍한 고뇌와 절망에 기력을 완전히 빼앗기고 말았다. 어쩌다가 유나를 놓아 버렸을까? 왜? 무슨 일이 있었지? 언제 그랬지? 나는 밤과 낮을 가리지 않고 해를 넘겨 가면서 미치광이처럼 유나를 생각했다. 그러다가 나도 모르는 사이에 바지 주머니에 난 구멍으로 기척도 없이 사라지는 동전처럼 그녀는 내 마음속에서 툭 빠져나가 버렸다.

믿을 수 없었고, 요상했으며 미칠 것 같았다. 나는 다만 유나에게 결혼하자고 손을 내밀기만 하면 되었던 것이다. 그녀는 당장에 승낙했을 것이다. 유나는 나를 사랑했다, 오직 나만을. 그렇다. 마지막으로 만나던 날 그녀가 지은 표정을 나는 지금도 뚜렷하게 기억한다. 나는 그날 밤 새로운 생활을 시작하기 위해 모두와 헤어져서 캘리포니아로 떠날 것이라고 말하며 작별인사를 하고 있었다. 그러나 나는 새 생활을 시작할 마음은 조금도 없었다.

나는 유나에게 결혼하자고 할 작정이었다. 그러나 내가 꾸민 이야기가 너무도 자연스럽게 흘러나오는 바람에 그만 나까지 그 이야기에 빠져서 안녕이란 한 마디를 남기고 나와 버렸다. 유나는 현관 앞에 서서 나를 바라보고 있었다. 나는 나를 꿰뚫을 듯한 그녀의 눈길을 느끼고, 찢어지는 마음속의 울부짖음을 들었다.

그러나 나는 기계인형처럼 계속 걸음을 옮겼고, 모퉁이를 돌면서 모든 것이 끝나고 말았다. 안녕! 그것으로 끝이었다. 마치 꿈결 같았다. 아아, 그러나 나는 이렇게 말하고 싶었던 것이다. 자, 이리 와요, 내 가슴으로. 나는 당신 없이는 이제 살아갈 수 없다오!

나는 완전히 허탈함에 빠져서 다리가 후들거리는 바람에 고가철도의 계단도 내려올 수 없을 정도였다. 무슨 일이 일어났었는지 이미 나는 알고 있었다―나는 마침내 경계선을 넘은 것이다! 이제까지 내가 가지고 다니던 성서는 나를 교화하여 새로운 삶을 살도록 이끌어줄 터였다. 지금까지 내가 알던 세계는 이제 존재하지 않았다. 그 세계는 죽어서 소멸되었다. 옛날의 나 자신도 그와 더불어 완전히 사라지고 말았다.

나는 새로운 생명을 불어넣어 주어야 하는 시체였다. 새로운 발견들에 열광하며 밝고 눈부시게 빛나고 있었다. 그러나 그 중심부는 여전히 활기가 없는 겁쟁이 그대로였다. 나는 고가철도 계단에서 울음을 터뜨리고 말았다. 어린애처럼 엉엉 소리 내어 울었다.

이제 한 가지 사실을 분명히 깨달았다. 너는 이 세상에서 외톨이다! 너는 외톨이…… 외톨이…… 외톨이인 것이다. 혼자 있는 것은 괴로운 일이었다 …… 괴롭고, 괴롭고, 괴로운 일이었다. 그 고통에는 끝이 없어서, 깊이를 헤아릴 수도 없었다. 그것이 이 땅 위에 사는 모든 사람들의 운명이며, 특히 나의 운명이었다…… 바로 나의.

또다시 변화가 일어난다. 다시금 모든 것이 흔들리고 기울어졌다. 나는 다시 꿈속으로 빠져들었다. 고통스럽고 환각이 보이며 흐뭇한, 경계선 너머에 대한 미칠 것 같은 꿈이었다. 나는 빈터 한복판에 서 있었지만 우리 집은 보이지 않았다. 내 집은 없는 것이다. 꿈은 신기루일 뿐이었다. 이 빈터 한복판에는 애당초 집이 없었다. 그렇기 때문에 나는 집으로 들어갈 수 없었던 것이다.

나의 집은 이 세상에도 없고 다음 세상에도 없다. 나는 친구도, 집도, 아내도 없는 사람이다. 나는 아직 존재하지 않는 현실에 속하는 괴물이다. 아, 그러나 그 현실은 이미 실제로 존재하며 앞으로도 존재할 것이다.

나는 고개를 숙이고 혼잣말을 중얼거리며 발걸음을 재촉했다. 유대 여자와의 약속 따위는 까맣게 잊고 있었으므로 그녀와 스쳐 지나쳤는지조차 알 수 없었다. 아마도 그녀를 지나쳐 왔을 것이다. 그녀의 얼굴을 똑바로 쳐다보고도 그녀인 줄 알아보지 못했을 것이다. 어쩌면 그녀도 나를 알아보지 못했을 수 있다. 나는 정신이 나가 있었다. 고통과 번민 때문에 미쳐 있었다. 절망에 빠져 있었다. 그러나 어찌할 바를 모르진 않았다.

내가 속한 현실은 아직 분명히 존재하고 있었기 때문이다. 그러나 멀리, 아주 멀리 있었다. 지금부터 마지막 심판일까지 아무리 고개를 숙이고 걸어도 영영 찾아내지 못할 수도 있다. 그러나 그것이 존재한다는 사실만은 틀림이 없다. 나는 사람들을 잡아 죽일 듯한 눈으로 바라본다. 만약 폭탄을 던져 이 지역 일대를 산산이 박살낼 수만 있다면 나는 기꺼이 그렇게 했을 것이다. 그들이 공중으로 튀어 오르고, 짓이겨지고 갈기갈기 찢겨서 비명을 질러대며 절멸하는 것을 바라보면 참으로 행복할 것이다.

차라리 이 지구 전체를 멸망시키고 싶다. 나는 그 지구의 일부가 아니다.

이 지구는 처음부터 끝까지 광란의 연속이다. 모든 것이 다 속에 구더기가 득시글거리는, 썩은 커다란 치즈 덩어리이다. 엿이나 먹어라! 그딴 것은 폭파시켜 지옥으로 날려 버려라! 죽여라, 죽여, 죽여 버려라. 이놈이고 저놈이고 다 죽여 버려라. 유대인이든 비유대인이든, 젊었든 늙었든, 착한 사람이든 악당이든 남김없이……

내 몸은 점점 깃털처럼 가벼워졌다. 그와 더불어 발걸음도 점차 안정되고 차분하며 규칙적으로 바뀌었다. 얼마나 아름다운 밤인가! 별들은 끝없이 밝고 평온하게, 아득한 곳에서 반짝이고 있다. 나를 비웃는 것이 아니라, 모든 것들의 허망함을 나에게 가르쳐주려 한다. 젊은이여, 지구에 대해 말하고 모든 것을 산산이 부숴 버리겠다고 큰소리치는 너는 누구인가? 젊은이여, 우리는 수백만 년, 수십억 년이나 이곳에 매달려 있다. 우리는 모든 것, 모든 일을 보아왔지만 여전히 매일 밤 평화롭게 반짝이며 길을 비추고 사람의 마음을 어루만져 주고 있다. 주위를 돌아보라, 젊은이여. 모든 것이 얼마나 아름답고 조용한지 네 눈으로 직접 보아라. 시궁창에 쌓여 있는 음식 쓰레기도 이 빛 속에서는 아름다워 보이지 않는가? 조그만 양배추 잎을 주워서 손으로 살짝 쥐어 보라.

나는 허리를 굽혀 시궁창 속에 떨어져 있는 양배추 잎을 주워들었다. 그것은 아주 새롭게 보였고, 그것 자체가 온 우주인 것 같았다. 나는 그 조각을 조그맣게 찢어내어 유심히 살펴보았다. 거기에도 역시 하나의 우주가 있었다. 여전히 말할 수 없이 아름답고 신비로웠다. 양배추 잎을 다시 시궁창에 던져 버리기가 망설여질 정도였다. 나는 몸을 숙여 다른 쓰레기 옆에 양배추 잎을 가만히 내려놓았다. 나는 아주 사려 깊고, 매우 차분해졌다. 나는 온 세상 사람들을 사랑하기 시작했다. 이 순간 세상 어딘가에 나를 기다리고 있는 여인이 있으며, 내가 아주 차분하고 점잖게 천천히 나아가기만 하면 그 여인과 만날 수 있다는 사실도 나는 알고 있었다. 어쩌면 그녀는 아직도 길모퉁이에 서 있어서 내가 나타나자마자 한눈에 알아볼지도 모른다. 나는 그렇게 믿고 있었다. 그러니 하느님이시여, 저를 도와주소서!

모든 일이 정당하게 정해져 있음을 나는 믿는다. 내 집이 어디 있느냐구? 이 세상—온 세상이 내 집이다! 내가 어디에 있건 그곳이 내 집이었다. 다만 이제껏 그 사실을 몰랐을 뿐이다. 그러나 지금은 분명히 알고 있다. 이제는 경계선도 없다. 애당초 그런 것은 있지도 않았으며, 내가 멋대로 만들어 낸 것이었다. 나는 행복감에 젖어 천천히 거리를 걸었다. 사랑스런 거리들. 누구나 오가며, 모두들 겉으로 드러내지 않는 괴로움을 껴안고 있다.

 담뱃불을 붙이기 위해 걸음을 멈추고 가로등에 기대섰을 때는 가로등까지 다정하게 느껴졌다. 가로등은 단순히 쇳덩이로 만들어진 것이 아니라 사람의 마음이 만들어 낸 창조물이다. 그것은 사람이 손으로 비틀고 구부려서 모양을 만들고, 사람이 숨결을 불어넣고, 사람의 손과 발에 의해 세워진 것이다.

 나는 가로등 주위를 돌며 기둥 표면을 손으로 쓸어보았다. 가로등은 금방이라도 나에게 말을 걸어올 것 같았다. 인간 가로등인 것이다. 양배추 잎사귀와 구멍 난 양말짝, 매트리스 그리고 부엌 싱크대처럼 가로등도 속해 있는 세계가 있다. 우리의 마음이 하느님과 연결되어 있는 것처럼 모든 것은 일정한 장소에 일정한 형태로 속해 있다. 눈으로 보고 손으로 만질 수 있는 실체를 가진 이 세계는 우리 사랑의 지도이다. 하느님이 아니라 삶이 사랑인 것이다. 사랑, 사랑, 사랑. 그리고 그 사랑의 한복판에 이 젊은이, 곧 고트리프 레베레히트 밀러와 다름없는 내가 걷고 있다.

 고트리프 레베레히트 밀러! 자기 정체성을 잃어버린 사람의 이름이다. 그가 누구이고 어디서 왔으며 어떤 과거를 안고 있는지 아는 사람은 아무도 없었다. 나는 영화 속에서 처음으로 밀러를 알게 되었는데 그는 전쟁으로 부상을 입은 상태였다. 그런데 한 번도 전쟁터에 나가본 적 없는 자신의 모습을 영사막 위에서 발견한 나는, 이 영화의 원작자가 내 정체를 폭로하지 않기 위해 이 사소한 이야기를 만들어냈음을 깨달았다. 하지만 나는 어느 쪽이 진짜 나인지도 곧잘 잊어버리곤 했다. 나는 종종 꿈속에서 이른바 망각의 잔을 기울이며 내 것인 육체와 이름을 찾아 고독과 절망 속을 헤매기도 했다.

 때로는 꿈과 현실 사이에 종이 한 장의 차이밖에 없었다. 어떤 때는 다른 사람이 나에게 말을 걸고 있는 도중에 문득 육체에서 빠져나와, 급류에 휘말린 부평초처럼 뿌리 없는 자아의 항해를 시작하기도 했다. 이와 같은 상태에서도 온갖 일상적인 일만큼은 충분히 해나갈 수 있었다. 아내를 맞이하고,

아비가 되고, 가족을 부양하고, 친구들을 초대하고, 책을 읽고, 세금을 내고, 병역을 마치는 등 온갖 의무를 다 해나갔다. 이러한 상태에서 나는 가정을 지키고 나라를 구하기 위해서 필요하다면 냉혹하게 살인도 할 수 있었을 것이다. 나는 한 이름으로 불리고, 여권에 하나의 번호가 적혀 있는 아주 평범하고 틀에 갇힌 시민일 뿐이었다. 내 운명에 전적으로 무책임한 인간이었던 것이다.

그러던 어느 날 나는 느닷없이 깨어나 주위를 둘러보았다. 나는 내 주변에서 무슨 일이 일어나고 있는지 도저히 알 수가 없었다. 나 자신은 물론 이웃 사람들의 행동도 이해할 수 없거니와, 각 나라의 정부가 왜 전쟁을 일으키거나 평화를 유지하고 있는지 그 이유에 대해서도 전혀 아는 바가 없었다. 바로 그때 나는 새로이 태어나고, 고트리프 레베레히트 뮐러라는 내 정식 이름으로 세례를 받는다! 정식 이름으로 내가 하는 일은 모두 미치광이 짓으로 받아들여진다.

사람들은 등 뒤에서 몰래 손가락질을 하고, 때로는 앞에서도 그런다. 나는 친구들과 가족 그리고 사랑하는 이들과 관계를 끊을 수밖에 없게 된다. 텐트를 걷어야 하는 것이다. 그리하여 나는 꿈속을 헤매듯이 아주 자연스럽게 급류를 타고 떠내려가는 나 자신을, 보통은 저물어가는 저녁놀을 바라보며 국도를 걸어가는 나를 발견하게 된다. 이제는 내 모든 기능이 날카롭게 곤두서 있다. 나는 더없이 온화하고 나긋나긋하며 영악한 짐승인 동시에 성자라는 이름에 걸맞은 인간이 된다.

나는 내 힘으로 살아가는 방법을 알고 있다. 어떻게 노동에서 벗어나고, 성가신 인간관계와 동정, 허식 등의 모든 함정을 피하는가를 빠짐없이 알고 있다. 내가 필요한 것을 손에 넣을 때까지는 일정한 장소나 사람 곁에 머물지만 용건이 끝나면 재빨리 자리를 털고 일어선다. 나에게는 종착점이 없다. 끝없는 방랑 자체로 충분한 것이다. 나는 새처럼 자유롭고, 곡예사처럼 확신에 차 있다. 만나(Manna : 이집트를 탈출한 이스라엘 백성이 광야를 방랑할 때 하느님이 내려 주었다는 양식)는 하늘에서 떨어진다. 나는 두 손을 벌려 받기만 하면 된다.

그리고 나는 떠나온 모든 곳에 아주 즐거운 느낌을 남긴다. 마치 소나기처럼 떨어지는 선물을 받음으로써 다른 사람들에게 참된 은혜를 베풀고 있는 것처럼. 더러워진 속옷까지도 애정 어린 손길이 빨아준다. 모든 사람들은 진정으로 살아가는 사람을 사랑하지 않고는 못 배기기 때문이다. 고트리프! 얼마나 아름다운 이름인가! 고트리프! 나는 수없이 되풀이해서 그 이름을 불러본다. 고트리프 레베레히트 뮐러!

이와 같은 상황에서 나는 언제나 도적들과 강도들 그리고 살인자들과 어울렸고, 그들은 나에게 참으로 친절하고 상냥했다! 그들은 나의 형제들과 같았다. 정말 친형제였던 건 아닐까? 나 또한 온갖 범죄를 저지르고 그 때문에 괴로워하지 않았던가? 그러한 죄를 지었기 때문에 내 동료들과 그토록 밀접한 유대를 가질 수 있었던 게 아닐까? 상대의 눈에서 나를 인정하는 빛을 볼 때마다 나는 그 은밀한 유대를 의식한다. 행실 반듯한 선량한 사람만이 눈을 빛내지 않았다. 그들은 인간적인 동지애의 비밀을 전혀 모른다. 인간에 대한 범죄를 꾸준히 저지르고 있는 것은 그러한 선량한 사람들이며, 그들이야말로 진짜 괴물이다. 그들은 우리의 지문을 요구하고, 우리가 살아서 그들 앞에 서 있는데도 이미 죽었다고 증명해 보인다. 우리에게 제멋대로 날조된 이름을 붙이고, 호적에 거짓된 날짜를 기입하여 우리를 산 채로 묻어 버리는 것도 그 선량한 사람들이다. 나는 그러한 녀석들보다는 차라리 도둑과 강도 그리고 살인자들을 택하겠다—나와 같은 재능, 나와 같은 자격을 갖춘 인간을 찾기 전에는.

그러나 그러한 사람은 끝내 한 명도 찾아내지 못했다! 나처럼 너그럽고, 관대하고, 아량이 넓고, 소탈하고, 무모하고, 마음이 깨끗한 사람은 어디에도 없었다. 나는 내가 지은 어떠한 죄도 스스로 용서한다. 인본주의에 입각하여 용서하는 것이다. 인간적이란 것은 무엇을 뜻하는가, 나는 그 장점과 단점을 아울러 알고 있다. 나는 그 지식 때문에 괴로워하는 한편, 그것을 즐기기도 한다. 비록 하느님이 될 기회를 준다고 해도 나는 사양할 것이다. 별이 될 기회를 준다고 해도 나는 거절할 것이다. 삶이 줄 수 있는 가장 멋진 기회는 인간답게 있는 것이다. 그것은 온 우주를 포함하며, 하느님도 갖지 못하는 죽음에 대한 지식까지 포괄한다.

이 책의 배경이 된 시절의 나는 자신에게 새로운 세례를 내렸었다. 그 뒤로 오랜 세월이 흐르면서 많은 일들이 있었기 때문에, 이제 와서 그때로 되돌아가 고트리프 레베레히트 뮐러의 발길을 되짚어보기는 어렵다. 그러나 지금의 나라는 사람이 상처에서 태어났다고 말한다면 대강 단서는 잡을 수 있을 것이다. 그 상처는 심장에까지 이르렀었다. 인간이 만든 섭리에 따른다면 나는 벌써 죽었어야 했다. 사실 친구나 친지들에게 나는 이미 죽은 사람이었다. 나는 그들 사이에서 유령처럼 서성거렸다. 그들은 나에 대해 말할 때면 과거시제를 썼으며, 나를 동정하며 더욱 깊은 땅속으로 나를 묻었다.

그래도 나는 지금처럼 웃으며, 다른 여인들에게 수작을 걸고 음식을 즐기며 부드러운 침대에 귀신처럼 매달려 있었다. 무언가가 나를 죽였지만 나는 살아 있었다. 살아 있었지만 기억도 없고 이름도 잊어버렸다. 나는 후회와 자책감에서 떨어져 나온 것처럼 희망으로부터도 멀어졌다. 나에게는 과거가 없었으며, 아마 미래도 없었을 것이다. 나는 나에게 타격을 준 상처라는 허공 속에 산 채로 매장되었다. 나는 상처 자체였던 것이다.

친구 가운데 골고다의 기적에 대해 종종 이야기해 주던 녀석이 있었는데, 나는 도무지 이해할 수가 없었다. 그러나 나 역시 내가 입은 기적 같은 상처, 세상의 눈으로부터 나를 말살하고 그 속에서 내가 새로이 태어나 세례를 받은 상처에 대해서는 어느 정도 알고 있었다. 내가 살았으며 나의 죽음과 더불어 아문 그 상처의 기적에 대해서는 조금쯤 알고 있었다. 나는 마치 아주 오래전에 일어난 일처럼 이야기하고 있지만, 그것은 언제나 나와 함께 있다. 모든 것은 멀리 물러가 영원히 수평선 너머로 가라앉아 버린 별자리처럼 언뜻 눈앞에서 사라진 것처럼 보일 뿐이다.

내 마음을 사로잡은 것은, 나처럼 죽어 묻힌 사람이 다시 소생할 수 있다는 점, 그것도 한 번이 아니라 헤아릴 수 없을 만큼 많이 소생할 수 있다는 사실이었다. 그뿐만 아니라 이 세상에서 소멸할 때마다 나는 점점 더 깊은 공허 속으로 빨려 들어갔으며, 따라서 매번 소생할 때마다 기적은 더욱 위대해졌다. 그리고 한 번도 성흔이 나타난 적이 없었다! 새로 태어난 인간은 언제나 같은 사람이며, 다시 탄생할 때마다 더욱더 고유한 인격을 띠게 된다.

요컨대 그는 그때마다 허물을 한 꺼풀씩 벗을 뿐이며, 그 허물과 함께 죄악도 벗는다. 하느님이 사랑하시는 인간은 정말로 올바르게 살아가는 사람이다. 하느님이 사랑하시는 인간은 수백만 장의 껍질을 가진 양파이다. 맨 처음 껍질을 벗을 때는 말할 수 없이 고통스럽다. 그러나 갈수록 고통이 줄면서 고통은 즐거움으로 변하고, 즐거움은 점점 커져 희열을 느끼고 황홀하기까지 하다. 그러면 이제 고통도 즐거움도 사라지고 오직 빛 앞에 무릎 꿇는 어둠이 찾아온다. 어둠이 걷히면 숨어 있던 상처가 드러난다. 인간이 곧 상처이고, 인간의 사랑인 이 상처는 빛으로 가득 채워진다. 잃어버린 신원을 되찾고, 사람은 그 벌어진 상처, 오래도록 짊어지고 다녔던 무덤으로부터 걸어 나간다.

지금 나는 내 기억의 무덤 속에, 그 무엇보다도 사랑했던 여자—세상보다도, 하느님보다도, 나 자신보다도 사랑했던 여자가 묻혀 있는 것을 본다. 사랑이라는 피투성이 상처 속에서 그녀가 곪아서 문드러지는 것을 본다. 너무도 나와 가까이 있었던 탓에, 나는 이제껏 그녀와 상처를 구분할 수 없었던 것이다. 그녀는 어떻게든 벗어나려고, 사랑의 고통에서 해방되려고 발버둥쳤다. 그리고 발버둥치면 칠수록 그녀는 진흙범벅이 되고 숨이 끊어지며 피 바다에서 허우적거리다가 또다시 상처 속으로 떨어진다. 나는 그녀의 눈동자에서 두려움과, 말없는 비참한 번뇌와 덫에 걸린 짐승의 표정을 본다. 그녀는 풀려나고자 두 다리를 벌리고 발버둥치며 오르가슴에 이를 때마다 고통스런 신음을 내뱉는다.

주위의 벽이 무너지는 소리가 들린다. 벽은 우리들 위로 무너져 내리고 집은 불길에 휩싸여 타오른다. 거리에서 우리를 부르는 소리가 들린다. 우리를 일터와 군대로 꾀어내는 소리이다. 그러나 우리는 바닥에 딱 달라붙은 채 쥐가 우리 몸을 갉아먹도록 내버려둔다. 무덤과 사랑의 자궁이 우리를 묻고, 밤은 우리의 창자를 채우며, 별들은 바다 없는 새카만 호수 위에서 깜빡인다. 나는 낱말에 대한 기억을 잃고, 편집광처럼 지껄여대던 그녀의 이름마저 잊어버렸다. 그녀의 얼굴 생김새와, 피부 감촉과, 체취와, 성교의 느낌도 잊어버린 채 끝없는 동굴의 밤 속으로 깊이 가라앉는다. 나는 그녀의 뒤를 따라 그녀 내면의 가장 깊숙한 곳과 그녀 영혼의 납골당 그리고 그녀 입술에서 아직도 새어나오지 않은 호흡 속으로 들어간다. 나는 아직 어디에도 이름을 올리지 않은 그녀를 샅샅이 찾아다녔으며 끝내는 제단으로까지 쳐들어갔으나 아무것도 찾아내지 못했다. 나는 이 공허한 무(無)의 껍질 둘레를, 뱀이 단단히 똬리를 틀듯 내 몸으로 휘감은 채 6세기 동안 숨을 죽이고 있었다. 그 사이에 세상의 일들은 땅바닥으로 떨어지고, 미끈미끈한 점액질 층을 만들었다.

우주의 천정에 뚫린 커다란 구멍 근처에서 성운이 맴돌고 있었다. 머나먼 혹성들과 나를 구원해 줄 검은 별도 보였다. 나는 용이 계율과 업보에서 풀려 나오려고 몸부림치는 것을 보았고, 새로운 인류가 미래의 노른자위 속에서 바르작거리는 것도 보았다. 마지막 심판의 기호와 상징까지도 꿰뚫어보았다. 그러나 그녀의 얼굴만은 도저히 읽어낼 수 없었다. 내 눈에는 그저 깜빡거리며 빛나는 그녀의 두 눈동자와 크고 투실투실한 빛나는 유방밖에 보이지 않았다. 마치 백열을 내뿜는 그녀 눈의 자기소(磁氣素)를 쬐면서 유방 뒤에서 헤엄치는 느낌이었다.

어쩌다가 그녀는 의식으로 포착할 수 없을 만큼 그토록 팽창해 버렸을까? 어떤 엄청난 법칙에 의해서 그녀는 그와 같이 세상 표면을 뒤덮으며, 모든 것을 들추어내면서도 그녀 자신은 감추고 있을까? 그녀는 월식 때의 달처럼 태양 뒤에 숨어 있었다. 그녀는 수은이 다 벗겨진 거울, 영상과 공포를 동시에 비추는 거울이었다. 그녀의 눈동자 뒤쪽과 질척하고 반투명한 육체를 들여다봄으로써 나는 대뇌 구조의 모든 형성과 관계 그리고 덧없음을 보았다. 나는 뇌 속의 뇌—끝없이 돌아가는 끝없는 기계, '희망'이란 낱말이 꼬챙이에 꽂혀 구워지면서 기름을 떨어뜨리며, 구멍이 뻥 뚫린 제3의 눈 안에서 끊임없이 돌아가고 있는 것을 보았다.

나는 그녀가 잃어버린 말로 중얼거리는 꿈, 미세한 틈으로 새어나오는 억누른 비명, 할딱이는 소리, 신음, 기쁨의 탄식, 허공을 가르는 채찍 소리를 들었다. 나도 아직 불러보지 못한 내 이름을 부르는 그녀의 목소리를 듣고, 저주와 분노에 찬 그녀의 날카로운 고함을 들었다. 풍금 속에 갇힌 난쟁이처럼 모든 소리가 천 배로 확대되어 들렸다. 소리의 네거리에 고정된 것처럼 나는 세상의 짓눌린 숨소리를 들을 수 있었다.

그리하여 우리는 '사랑'으로 결합되고 '죽음'으로 갈라서는 샴쌍둥이처럼 함께 먹고 자고 걸었다.

우리들은 손을 마주 잡고 병의 잘록한 목 부분을 물구나무서서 걸었다. 그녀는 이따금 군데군데 자주색 헝겊을 댄 것을 빼면 거의 검은색 옷만 입었다. 속옷은 입지 않았으며, 사악한 향수를 듬뿍 뿌린 간소한 검은 벨벳 옷을 입었다. 우리는 새벽에 잠자리에 들고 땅거미가 질 때 일어났다. 우리는 커튼을 드리운 컴컴한 움막에 살았으며 검은 접시에 밥을 먹고 검은 책을 읽었다. 우리는 우리가 사는 검은 구멍에서 세계의 검은 구멍을 엿보기도 했다. 우리들의 끊이지 않는 피투성이 싸움을 도와주려는 듯 태양도 영원히 빛을 잃고 말았다. 우리는 해 대신 화성을, 달 대신 토성을 가졌다. 우리는 언제나 지하세계의 천장에서 살았다. 지구는 자전을 멈추었고, 머리 위에 난 하늘의 구멍에서는 한 번도 반짝인 적이 없는 검은 별이 매달려 있었다.

때때로 우리는 온 이웃을 두려움에 떨게 하는 광기 어린 양서류 같은 웃음을 미친 듯이 터뜨리곤 했다. 또한 이따금 우리는 음정도 맞지 않는 떨리는 음성으로 열에 들뜬 것처럼 야릇한 노래도 불렀다. 우리는 영혼의 길고도 캄캄한 밤이 이어지는 한 계속 갇혀 있었다—월식처럼 시작해서 월식처럼 끝나는, 비할 바 없이 길고 캄캄한 밤이었다. 우리는 환상의 위성처럼 자신의 자아 둘레를 빙빙 돌았다. 서로의 눈동자를 들여다보면서 거기에 비친 자신의 모습에 도취되었다. 우리는 다른 사람들의 눈에는 어떻게 비쳤을까? 풀이 바라보는 짐승, 짐승이 바라보는 별과 같을 것이다. 혹은 악마에게서 날개를 받은 인간의 눈에 비친 하느님 같았을 것이다.

그리고 끝없는 밤의 숨 막히는 정체된 친밀감 속에서 그녀는 눈부신 환희에 빛나고 있다. 미트라 신의 황소에서 끝없이 흘러나오는 정액처럼 칠흑 같은 환희가 그녀에게서 용솟음친다. 그녀는 엽총처럼 이중으로 된 몸을 갖고 있으며 자궁에 아세틸렌 가스등을 켠 암소였다. 발정이 오면 그녀는 눈을 까뒤집고 입에서 침을 질질 흘리며 커다란 우주의 분화구에 초점을 맞추었다. 출구 없는 성교의 구멍 안에서 그녀는 뱀처럼 아래턱을 축 늘어뜨리고 피부는 닭껍질처럼 소름이 오스스 돋은 상태로 훈련받은 쥐처럼 왈츠를 추었다. 그녀는 일각수처럼 지칠 줄 모르는 욕정, 이집트 사람까지도 나가떨어지게 할 정도로 열렬한 욕망을 가지고 있었다. 희끄무레한 별빛이 새어나오는 하늘의 구멍까지도 그녀의 불타오르는 욕정 앞에서는 빛을 잃고 말았다.

우리는 천장에 붙어살았다. 일상생활의 뜨겁고 물큰한 악취가 피어올라 숨도 제대로 쉴 수 없었다. 우리는 대리석처럼 차갑게 살았지만, 아래서 피어오르는 사람들의 열기가 뱀처럼 똬리를 튼 우리를 따뜻하게 데웠다. 우리는 피부에서 세속적인 정욕의 잿빛 연기를 내뿜으며 지옥 밑바닥에 못 박혀 살고 있었다. 사형집행자의 창끝에 찍혀 옮겨지는 두 머리처럼 우리는 아래쪽 세상 사람들의 머리와 어깨 위를 천천히 꼼꼼하게 맴돌았다. 머리가 잘리고 성기를 통해 영원히 결합한 우리들에게 딱딱한 땅 위에서의 삶이 무슨 의미가 있겠는가? 우리는 평온하게 발정하고 혼돈 자체처럼 냉정한, 낙원에 사는 쌍둥이 뱀이었다. 삶은 불면증이라는 고정된 기둥 둘레에서 끊임없이 이루어지는 음울한 성교이며 전갈좌와 화성, 수성, 금성, 토성, 명왕성, 천왕성, 수은, 아편팅크, 라듐, 창연의 결합이다. 위대한 결합은 토요일마다 이루어지며, 남매의 집에서 사자자리와 용자리가 밀통했다. 큰 불운은 커튼 사이로 살짝 스며드는 한 줄기 햇살이었다. 위대한 저주는 물고기들의 왕인 주피터이며, 그가 자애의 눈을 번득일지도 모른다는 점이었다.

너무나 많은 것을 기억하고 있다 보니 이야기하기가 여간 어렵지 않다. 나는 온갖 것을 기억하고 있었지만 복화술사의 무릎에 앉아 있는 꼭두각시나 다름없었다. 길게 이어진 결혼생활의 종말을 통해 나는 그녀의 무릎 위에 앉아서(그녀가 서 있을 때조차) 그녀가 가르쳐 준 대로 입술을 움직이고만 있었던 것 같다. 그녀가 하느님의 우두머리 배관공에게 명령하여 하늘의 구멍에서 검은 별이 반짝이도록 수리를 한 것이 틀림없다. 그리고 끊임없이 밤의 장막을 치게 하고, 동시에 어둠 속에 기척도 없이 기어 다니는 고통을, 사람의 마음을 송곳으로 바꾸고 음울한 무(無)로 미친 듯이 뛰어들게 하는 고통을 주라고 명령했음이 틀림없다. 그녀가 쉬지 않고 지껄인다고 생각한 것은 내 착각일까? 아니면 내가 훌륭하게 훈련된 꼭두각시로 변한 탓에 그녀가 생각을 입으로 옮기기도 전에 먼저 알아채 버렸던 것일까?

그녀의 입술은 살짝 벌어져 있고 시커먼 피로 축축하게 젖어 있었다. 독사 같은 증오를 뱉어내려는 것일까, 산비둘기의 달콤한 속삭임을 흘려보내려는 것일까? 나는 그 입술이 열렸다 닫히는 것을 넋 나간 듯이 지켜보았다. 입술은 영화의 스틸사진처럼 항상 클로즈업되어 있었으므로, 나는 주름과 털구멍 하나하나까지 분명하게 보았다. 그리고 발작적으로 침을 흘렸을 때는, 나이아가라 폭포 아래서 흔들의자에 앉아 있는 기분으로 침에서 김과 거품이 솟아나는 것을 지켜보았다.

나는 그녀 몸의 일부가 된 것처럼 어떻게 움직여야 할지 빠짐없이 알고 있었다. 끈을 와락 잡아당기지 않아도 움직일 줄 알았기 때문에 복화술사의 꼭두각시보다는 나았다. 때때로 나는 즉흥적으로 움직이기도 했는데 뜻밖에도 그녀는 매우 기꺼워했다. 그녀는 그와 같은 돌발행동을 모르는 척했지만, 나는 그녀의 만족스러운 태도를 보고 언제든지 그녀의 기쁨을 읽어낼 수 있었다.

그녀는 탈바꿈하는 재주가 있었으며, 그 재빠르고 능숙함은 악마도 울고 갈 정도였다. 표범이나 재규어 다음으로 그녀는 새 흉내를 잘 냈다. 예를 들면 발정 난 왜가리, 따오기, 홍학, 백로 등이다. 먹기 좋은 시체를 발견한 듯이 느닷없이 내려와 염통과 간, 난소 등 맛있는 부분을 먹어치우곤 또다시 눈 깜짝할 사이에 날아가 버리는 것이다. 누군가의 눈에 뜨이면 그녀는 나무뿌리에 바위처럼 숨죽이고 엎드려서 눈만 가늘게 뜬 채 전설의 뱀 바실리스크처럼 꼼짝 않고 노려보고만 있다. 막대기로 찔러보면 그녀는 곧바로 장미로 변했다. 가장 고운 꽃잎과 저항할 수 없는 향기로 무장한 새카만 장미였다.

나는 내가 생각해도 내 역할을 아주 잘 알고 있었다. 그녀가 얼마나 잽싸게 변신하든 나는 언제나 그녀의 무릎 위— 새, 짐승, 뱀의 무릎 위에 앉아 있었다. 신경 쓸 것은 없었다. 무릎의 무릎, 입술의 입술, 코에는 코, 날개에는 날개, 달걀 속의 노른자, 굴 속의 진주, 암세포의 손아귀, 정액과 칸타리스 팅크.

삶은 전갈자리와 화성 금성 토성 천왕성 등의 결합이며, 사랑은 새 부리의 결막염, 이것도 집고 저것도 집고 닥치는 대로 마구 집어 올리는 욕정 만다라(曼陀羅)의 새 부리 같은 포착인 것이다. 식사 시간이 되기가 무섭게 그녀가 달걀 껍데기를 벗기는 소리가 들렸다. 달걀 안에서는 다음 식사를 알리는 축복이 삐악삐악 울렸다. 나는 편집광처럼 정신없이 먹었다—세 번이나 단식을 어긴 사내가 끝없는 꿈결 속에 잠겨 있는 것처럼 탐욕스럽게 먹었다. 내가 먹고 있는 동안 그녀는 목젖을 울리며 가르릉거렸다. 자기 자식을 잡아먹는 악마가 일정하게 으르렁거리며 할딱이는 소리였다. 얼마나 축복받는 사랑의 밤인가? 침, 정액, 악마의 성교, 괄약근염증을 모두 한 덩이로 뭉친 밤, 말 그대로 캘커타의 조그만 감방에서 벌어진 결혼 향연이었다.

하늘 한가운데에 검은 별이 매달려 있는 그곳에는, 바람 한 점 없는 동굴 세계처럼 범 회교도적인 침묵만이 감돈다. 나중에 생각해 보면, 거기에는 광기어린 섬뜩한 정적이 있었고, 몇 세기에 걸친 끊임없는 살육에 지친 사람들이 숨죽이고 있었다. 또한 온갖 활동이 이루어지는 장소를, 하늘의 빛을 피로 지워 버린 미치광이와 정신병자들의 영웅적 세계를 피로 범벅된 점막이 둘러싸고 있었다. 어둠 속에서 이루어지는 우리의 비둘기와 독수리의 소박한 생활은 얼마나 평화로웠던가! 이빨이나 음경을 처넣을 살덩이, 향긋한 살덩이가 풍족했다. 칼이나 가위의 흔적도 없었고, 파편에 의한 상처도 없었으며, 겨자만 한 덴 자국도, 까맣게 탄 허파도 없었다. 천장에 난 환상적인 구멍만 아니면 거의 완벽한 자궁 생활이었다. 그러나 방광의 갈라진 틈새처럼 거기에는 구멍이 있었다. 어떠한 충전물로도 그 틈을 영원히 막을 수 없으며, 웃으며 오줌을 누는 일도 없었다.

물론 오줌은 얼마든지 자유롭게 눌 수 있다. 그러나 종루에 생긴 균열과 어색한 침묵, '또 다른 세상'에 닥쳐온 위험 공포 파멸을 어떻게 잊을 수 있겠는가? 배불리 먹는 게 좋다. 내일도, 배가 터지도록, 그 내일, 또 그 내일도. 하지만 끝내 어떻게 될까? 끝내? '끝내'라니, 그게 무슨 말인가? 복화술사의 교체, 무릎 교체, 지축의 변화, 천개(天蓋)에 나타난 새로운 틈새…… 그래서? 그래서 어떻단 말인가? 분명히 말하지만, 그녀의 무릎에 앉아서 검은 별의 두 줄기 빛에 돌같이 단단해지고, 우리의 상호작용하는 세찬 움직임으로 일어나는 정신감응과 예민함에 의해 간섭받고 제어당하며 이어질 뿐 아니라 머리에 구멍이 난 나는 아무 생각도 전혀 하지 않았다. 심지어 하얀 식탁보 위에 떨어진 빵부스러기에 대해서조차도.

나는 아메바처럼 아무 쓸모없는 우리 삶의 담장 안의 것만 생각했다. 우유부단한 임마누엘 칸트 같은 사람들에게서 배웠으며 복화술사의 꼭두각시만이 재현할 수 있는 순수한 사고였다. 나는 온갖 과학과 예술 이론 그리고 온갖 비뚤어진 교리 안에 포함된 진리 한 조각을 생각해 보았다. 엿새 동안의 경기가 끝날 때쯤 주정뱅이가 다 써 버린 경마 환급금처럼, 나는 모든 것을 아주 정확하게 그리고 영묘한 지혜를 모조리 짜내어 계산했다. 그러나 모든 것은 누군가가 언젠가(아마도) 살게 될 다른 삶을 위해 계산된 것이었다. 우리, 나와 그녀는 말하자면 병 목 부분에 있었으나 그 목은 이미 깨어져 나갔으며 병 자체도 허구일 뿐이었다.

그녀와 두 번째로 만났을 때의 일을 나는 지금도 기억한다. 그녀는 두 번 다시 나를 만날 수 있으리라고는 생각지 못했다고 말했다. 그리고 그 다음에 만났을 때는 내가 마약쟁이인 줄 알았다고 말했다. 그 다음에는 나를 신이라 불렀고, 그 뒤에 자살을 기도했다. 나도 자살을 기도했으며, 이어서 그녀도 두 번째 자살에 실패했다. 그러나 우리를 더욱 가깝게 이어준 점 말고는 아무 일도 일어나지 않았다. 우리는 너무 친밀해진 탓에 서로에게 깊숙이 스며들어 성격과 이름, 신원, 종교, 부모형제까지 서로 교환하게 되었다.

심지어 그녀의 육체까지도 한 번이 아니라 여러 차례에 걸쳐 급격하게 달라졌다. 처음에 그녀는 재규어처럼 크고 피부가 반들반들했으며, 웅크리고 뛰어오르고 덤벼드는 모양새까지 말 그대로 고양잇과 동물다운 부드러움과 예상치 못한 힘을 보여주었다. 그러나 머지않아 그녀는 수척해지더니 수레국화처럼 여리고 가냘파졌다. 그 뒤 변신을 거듭할 때마다 피부, 근육, 윤기, 자세, 체취, 걸음걸이, 몸놀림 등에 미묘한 변화가 나타났다.

마치 카멜레온 같았다. 변화를 일으킬 때마다 완전히 달라졌으므로 그녀의 본디 모습은 아무도 알지 못했다. 이윽고 그녀 자신도 자기의 진짜 얼굴을 잊어버리고 말았다. 나중에 알았지만, 그녀는 나를 만나기 전부터 그와 같은 변이 과정을 이미 밟아가고 있었다. 자신이 못났다고 생각하는 많은 여자들이 언제나 그러하듯 그녀 역시 아름다워지고 싶다, 눈부시도록 아름다워지고 싶다고 바랐던 것이다. 그러기 위해서 그녀는 먼저 자신의 이름을 버리고, 이어서 가족과 친구들 그리고 그녀를 과거와 연결시키는 모든 것을 버렸다.

본디 뛰어난 미모를 타고났지만 그렇지 않다고 철석같이 믿고, 가지고 있는 지혜와 힘을 모조리 쏟아 부어 아름다움과 매력을 가꾸는 데 전념했다. 그녀는 매일같이 거울 앞에 붙어서 살았으며, 크고 작은 행동거지 하나하나부터 살짝 찡그린 표정까지 연구하느라 온 정성을 쏟았다. 말투와 어법, 억양, 말씨, 표현까지 완전히 바꾸었다. 아주 능란하게 행동했기 때문에 그 각각의 근원을 물어볼 수도 없었다. 그녀는 끊임없이 자기 자신을 살폈으며, 잠자리에 들어서도 경계를 늦추지 않았다. 그리고 훌륭한 장군처럼 가장 좋은 수비는 공격이라는 점을 재빠르게 알아챘다. 그녀가 점령하지 못한 진지는 한 군데도 없으며 그녀의 전초부대, 정찰병, 보초들이 곳곳에 주둔하고 있었다. 그녀의 마음은 한시도 꺼지지 않고 돌아가는 탐조등이었다.

정체성은 말할 것도 없고 자신의 아름다움과 매력과 개성에 무지했던 그녀는, 남자든 여자든 아무도 저항하지 못하는 매력을 지닌 헬렌이나 주노 같은 신화 속 미인을 만들어내는 데에 온 힘을 쏟았다. 전설에 대한 지식이라고는 조금도 없었지만 그녀는 자동적으로 조금씩 본체론적인 배경과, 의식적인 탄생에 앞선 일련의 신화적인 사건을 만들어냈다. 그녀는 자기의 거짓말과 허구들을 기억할 필요가 없었다—자신의 역할을 마음속에 새겨두기만 하면 되었던 것이다. 그녀에게는 차마 입에 담지 못할 엄청난 거짓말 같은 것이라곤 없었다. 스스로 선택한 역할에 대해서 어디까지나 충실할 뿐이었다. 과거를 '날조'할 필요도 없었다. 자기에게 속한 과거를 '기억'하고 있었기 때문이다.

날카로운 질문에 허를 찔리는 일도 없었다. 적 앞에서는 간접적으로만 자신을 드러냈기 때문이다. 멈추지 않고 회전하는 컷글라스처럼 끊임없이 돌아가는 현란한 빛의 프리즘만을 상대에게 보였던 것이다. 그녀는 한숨 돌리는 모습을 들키는 생물이 아니라, 그녀가 만들어낸 신화를 비추는 수없이 많은 거울을 사정없이 돌려대는 기계였다. 그녀는 쉬지 않았다. 그녀는 자아라는 진공 상태의 무수한 인격 위에 영원히 매달려 있었다. 자신을 전설적인 존재로 만들 생각은 없었으며, 다만 자기의 아름다움을 인정해 주길 바랐을 뿐이었다.

그러나 아름다움을 추구하다가 그녀는 곧 본디 목적을 깡그리 잊어버리고, 스스로 만들어낸 창조물의 희생양이 되었다. 너무 아름다워진 그녀는 때로 무서울 정도였으며, 때로는 세상에서 가장 못난 여인보다 더 추악해 보였다. 특히 그녀의 매력을 가장 크게 발휘할 때는 공포와 혐오를 불러일으켰다. 마치 맹목적이며 제어할 수 없는 의지가 창조물을 뚫고 빛나면서 본디의 괴물 같은 모습을 드러내는 것 같았다.

어둠 속에서, 세상과 적과 경쟁자에게서 멀리 떨어져 검은 구멍 속에 갇혀 있는 사이에 의지의 현란한 약동도 속도를 조금 늦추고 그녀에게 벌겋게 녹은 구리의 광택을 부여했다. 그녀의 입에서는 말이 용암과 같이 흘러나오고, 그녀의 육체는 무언가 단단하고 실체가 있는 기댈 것을, 다시 자신을 추스르고 잠시 쉬어갈 수 있는 의자를 미친 듯이 원했다. 이는 장거리전화로 알려오는 다급한 통보, 난파선에서 보내오는 구조신호와 같았다.

처음에 나는 그것을 육체와 육체가 서로 마찰함으로써 생긴 정열이요 황홀이라고 오해했다. 나는 활화산, 여자 베수비오화산을 발견했다고 착각하고 있었다. 인간이라는 배가 절망의 바다, 불능의 사르가소바다에 가라앉고 있다고는 생각도 하지 못했다. 나는 지금 천장 구멍을 통해 반짝이는 저 검은 별을, 우리 부부방 위에 걸려 있는 절대자보다도 훨씬 고정적이고 멀리 떨어져 있는 저 항성을 떠올려 본다. 그러자 나는 그것이 그녀임을 알았다. 본질을 완전히 빼앗겨 버린 그녀, 얼굴 없는 사멸한 검은 태양이었음을 알았다.

우리는 철창 너머로 그 짓을 하려고 하는 두 미치광이처럼 '사랑하다'라는 동사를 활용하고 있었다. 어둠 속에서 미친 듯 엉켜 있을 때 이따금 그녀의 이름과 모습, 그녀의 정체까지도 잊는다고 말했는데, 그것은 사실이었다. 나는 어둠 속에서 억지로 애써 보았다. 나는 육체의 철창에서 빠져나와 끝없는 성교의 공간으로 빠져들었다. 많은 사람들이 설치한 궤도로 올라탄 것이었다. 예를 들면 눈 깜짝할 사이에 끝난 조지아나, 이집트 창녀 델마, 칼로타, 엘레나, 유나, 모나, 마그다 등 예닐곱 명의 여자들이 있다. 떠돌이, 사람을 홀리는 존재들, 얼굴, 육체, 허벅지, 지하철에서의 만남, 꿈, 기억, 욕망, 열망.

일요일 오후 화물역 부근에서 같이 농탕을 치던 조지아나부터—그녀의 물방울무늬 옷, 흔들거리는 볼기짝, 달차근한 남부 사투리, 음탕한 입술, 달아오른 젖가슴부터 이야기할 수도 있었다. 많은 가지를 가진 섹스의 촛대 조지아나부터 이야기를 시작하여 끝없는 성교 세계로 이어진 음부를 통해 바깥으로 또는 위로 작용하면서 들어갈 수도 있었다.

조지아나는 성(性)이라는 미완성된 괴물의 조그만 귓속 고막과 같은 여자였다. 그녀는 투명하게 살았으며, 한길 어느 짧은 오후의 기억이란 빛 속에서 숨 쉬고 있었다. 우리가 사는 이 세상처럼 그 자체로 무한하고 정의가 닿지 않는 성교의 세계, 그 세계의 냄새와 실체를 처음으로 직접 느끼게 해 준 사람이 조지아나였다. 성교의 세계 전체는 우리가 성이라고 부르는 짐승의 점점 두꺼워지는 피막과 같으며, 전혀 다른 생물처럼 우리 몸속에서 자라나 점차 그 몸을 대신하게 된다. 그렇기 때문에 언젠가 인간세계는 스스로 자신을 낳는 이런 것을 포함하여, 모든 것을 생식하는 새로운 존재의 흐릿한 기억에 불과해질 것이다.

바로 이 어둠 속에서 뱀 같은 교미, 이중관절적 또는 이중총신적 교합이

나에게 의심, 질투, 두려움, 고독이라는 구속복을 입혔다. 내가 조지아나와, 수많은 가지를 가진 성교의 촛대와 가장자리를 장식하기 시작한 것은 그녀 역시 피막, 귀, 눈, 발가락, 두개골 및 다른 여러 가지를 만들기 시작했다는 믿음이 있었기 때문이다. 내 이야기의 진실성을 인정하면서 그녀는 자기를 강간한 괴물과 시작하려고 했다. 아무튼 조지아나도 평행선상의 어딘가에서 출발하여 이 다양하고 아직 창조되지 않은 존재, 그곳을 벗어나 우리 두 사람이 서로 교합하려고 열심히 애쓰던 존재 속에서 위로, 밖으로 나아가고 있었다.

나는 조지아나의 삶의 단편을 알고 있을 뿐이고, 거짓말 허구 상상 강박관념, 환상의 자루를 가지고 있으며, 코카인중독자의 꿈과 공상과 완성하지 못한 글귀와 뒤범벅 된 잠꼬대, 신경질적인 헛소리, 숨기지 못한 환상, 병적인 욕망 같은 잡동사니만 그러모으고, 때로는 형체를 갖춘 이름을 만나 대화의 일부분을 엿듣고 은밀히 나누는 눈빛과 미적지근한 몸짓을 관찰할 뿐이다. 그러나 조지아나가 은밀하게 정을 통한 그녀의 신들, 너무도 생생하게 피와 살을 갖춘 신들, 그날 오후나 어쩌면 한 시간쯤 전에 만난 남자들을 소유하고 있으며, 아까의 성교로 음부가 정자로 꽉 차 있을 것이라는 사실을 충분히 믿을 수 있었다.

유순해질수록 조지아나는 더욱 정열적으로 움직였으며, 그녀가 몸을 완전히 내맡기려는 눈치를 보일수록 나는 점점 확신을 잃어갔다. 애당초 거기에는 시작이 없었으며, 각자 개인적인 출발점도 없었다. 우리는 승자와 패자의 혼령들로 가득 찬 결투장에 들어선 숙련된 검사처럼 상대했다. 우리는 훈련을 쌓은 용사처럼 빈틈이 없었고 아주 조그만 공격에도 재빠르게 대응했다.

우리는 어둠을 틈타 각자의 군대를 이끌고 나와 양쪽에서 성채의 문을 격파했다. 아무도 우리의 피비린내 나는 공격을 막아내지 못했다. 우리는 목숨을 구걸하지 않았고, 적에게도 자비를 베풀지 않았다. 우리는 피바다를 헤엄쳐서, 하늘의 구멍 위에 전리품처럼 내걸린 부동의 검은 별 말고는 별빛 하나 없는 새카만 어둠 속에서 청록색으로 피투성이가 된 몸으로 다시 만났다.

코카인에 흠뻑 취해 있을 때면 조지아나는 예언자처럼 오늘 겪었던 일, 어제, 그제, 작년 심지어는 그녀가 세상에 태어난 날까지의 일을 모조리 게워냈다. 하지만 한 마디도 진실하지 않았다. 조지아나는 한 순간도 멈추지 않았다. 만약 멈추었다면 그녀가 날아다니며 만든 진공이 온 세상을 침몰시킬 정도의 폭발을 일으킬 수 있었기 때문이다. 그녀는 소우주의 세계적인 거짓말 기계이며, 인간들로 하여금 살인 장치를 만드는 데 온 힘을 쏟도록 하는 끝없고 파괴적인 두려움과 뒤얽혀 있었다. 옆에서 보면 조지아나는 겁이 없는 용기의 화신으로 보였으며, 사실 바로 그랬다. 중간에 되돌아가도록 강요받지만 않는다면.

조지아나의 뒤에는 현실이라는 차분한 사실이 버티고 있었으며, 그 거인은 그녀가 가는 곳마다 따라붙었다. 이 커다란 현실은 나날이 새롭게 부풀어 올랐으며, 나날이 무시무시해졌고, 나날이 사람을 두려움에 떨게 하는 힘을 키워갔다. 날이 갈수록 조지아나는 보다 빠른 날개와 날카로운 부리, 그리고 보다 깊숙이 찌르는 최면의 눈을 키워야 했다. 이는 세상의 가장 바깥쪽으로 치닫는 경주이며 처음부터 진 경주였지만 그 누구도 말리지 않았다. 진공의 끄트머리에는 '진실'이 서 있으며, 빼앗긴 땅을 번개같이 단숨에 되찾기 위해 기회를 엿보고 있었다.

모든 것은 조지아나를 미치게 만들 정도로 단순하고 명쾌했다. 천 명이나 되는 군대를 거느리고, 가장 큰 대포를 모으고, 가장 위대한 사람들을 기만하며 가장 먼 길을 돌아갔지만, 패배는 이미 정해져 있었다. 마지막 전투에서는 전략과 기술, 힘 등 모든 것이 박살날 운명이었다. 조지아나는 끝없이 넓은 바다의 기슭에 떨어져 있는 한 톨의 모래알일 뿐만 아니라, 바닷가에 쌓여 있는 다른 모래알들과 구분할 수도 없을 것이다. 그리고 마지막 순간까지 그녀는 자기의 독특한 자아가 어디에나 굴러다니는 흔한 것임을 지켜보아야 할 것이다.

이 무슨 운명의 장난이란 말인가! 독특한 개성이 평범함 속에 묻혀 버리다니! 자신의 힘이 수동성의 극점으로 환원되어 버리다니! 그야말로 미치고 환장할 노릇이었다. 도저히 있을 수 없는 일이라고 생각했다! 그런 일이 있어서는 안 되는 것이다! 앞으로 나아가라, 암흑의 군단처럼! 오직 앞으로 나아가라! 끝없이 넓어지는 원의 모든 계단을 돌파하라! 영혼의 마지막 실질적인 미립자가 끝없이 뻗어나갈 때까지 자아를 버리고 계속 전진하라. 겁에 질려 도망가는 조지아나는 온 세계를 자궁 안에 넣어 옮기는 것 같았다. 우리는 우주의 범위 안에서 쫓겨나 어떠한 계기판에도 잡히지 않는 성운을 향해 나아가고 있었다. 우리는 죽음조차 미친 마녀의 연회처럼 보일 정도로 끝없이 조용하고 긴 휴지(休止)를 향해 발걸음을 서두르고 있었던 것이다.
　아침마다 나는 조지아나 얼굴의 핏기 없는 분화구를 바라보았다. 힘줄, 주름, 기미 하나 없었다. 조물주 품에 안긴 천사의 표정이다. 누가 울새를 죽였니? (영국 동요의 한 구절) 누가 이로쿼이족을 학살했니? 나는 아니야, 내 사랑스러운 천사가 대답한다. 오! 저 순결무구한 얼굴을 보고 누가 그녀의 대답을 부정할 수 있겠는가? 천진하게 잠든 저 얼굴에서 누가 저 얼굴의 반은 하느님에게 속하고 나머지 반은 악마에게 속한다는 것을 알아보겠는가? 그 가면은 죽음처럼 매끄럽고 차갑고 부드러우며 산들바람에 살며시 벌어진 꽃잎처럼 함치르르하다. 고혹적으로 차분하고 순수하여 누구나 그 속으로 빠져들고 싶은 욕망을 느끼며, 잠수부처럼 몸도 마음도 가라앉아 다시는 올라오고 싶지 않을 정도였다.
　세상을 향해 눈을 뜰 때까지 조지아나는 달처럼 자신의 빛을 철저히 지우고 반사된 빛만으로 반짝이면서 계속 누워 있었다. 죽음과 같은 무심한 황홀감에 빠진 그녀는 더욱 매력적이었으며, 그녀의 죄악은 모두 털구멍을 통해 녹아 흘러내렸다. 땅에 못 박힌 채 잠든 뱀처럼 조지아나는 똬리를 틀고 누워 있었다. 단단하고 유연한 근육질의 몸뚱어리는 범상치 않은 무게를 지니고 있는 것 같았다. 인간 이상의 무게, 말하자면 뜨뜻미지근한 시체의 무게를 가지고 있었던 것이다. 마치 미라가 된 아름다운 네페티티(Nefertiti) 여왕의 천 년 뒤의 모습이 바로 그럴 것 같았으며, 말 그대로 유체보존기술의 놀라움, 죽음의 부패로부터 벗어난 육체의 꿈이라고 말할 수 있었다. 조지아나는 신성한 과거의 유물처럼 스스로 만든 진공 속에 안치된 채, 텅 빈 피라미드 바닥에 몸을 말고 누워 있다. 숨마저 멎은 듯 보일 만큼 그녀는 깊이 잠들었다. 이제 그녀는 인간, 짐승, 심지어는 식물 영역 이하로 떨어졌으며, 생기가 죽음보다 눈곱만큼 더 높은 광물계 수준까지 떨어져 버렸다. 조지아나는 속임수의 명수였으므로 꿈에서조차 그녀의 정체를 파헤칠 수는 없었다. 조지아나는 꿈을 꾸지 않는 방법을 터득한 상태였으므로, 몸을 동그랗게 말고 잠이 들면 자동적으로 전류를 꺼 버렸던 것이다.
　그와 같은 때에 조지아나를 붙잡고 그녀의 머릿속을 열어본다면 그 안이 텅 비어 있는 것을 볼 수 있을 게다. 조지아나는 골치 아픈 비밀을 전혀 갖고 있지 않았다. 그녀는 사람의 힘으로 죽일 수 있는 것은 하나도 남김없이 없애 버렸다. 조지아나는 달처럼, 죽은 혹성처럼 무한히 살면서 잠을 부르는 빛을 내뿜고, 격정의 조류를 만들어 내고, 세계를 광기로 감싸고, 그 자기를 띤 금속적인 광선으로 지구상의 모든 물질을 퇴색시켜 버릴 것이다. 그녀는 자신의 죽음을 유포하면서 주변의 모든 사람들을 열광의 도가니로 몰아세웠다.

그리고 잠의 끔찍한 고요 속에서 조지아나는 생명 없는 혹성 세계의 차가운 마그마와 교합함으로써 스스로의 자기를 띤 죽음을 부활시켰다. 그녀는 마술처럼 전혀 다치지 않았다. 그녀의 눈길은 꿰뚫어 보듯 가만히 상대를 바라보았다. 마치 죽은 생명의 용이 차가운 불꽃을 토해내는 달의 눈빛이었다. 한 눈동자는 가을 낙엽처럼 따사로운 갈색이었고, 다른 한 눈동자는 나침반 바늘처럼 흔들거리며 자기를 띤 남갈색 눈이었다. 한창 자고 있을 때에도 이 눈만은 여전히 눈꺼풀 아래서 번뜩이고 있었다. 조지아나가 살아 있다는 유일하고도 분명한 증거였다.

조지아나는 눈을 뜬 순간 활짝 깨어났다. 마치 이 세상의 풍경과 그곳에 사는 사람들이라는 부속품에 충격을 받은 듯이 화들짝 놀란 눈으로 깨어났다. 눈을 뜨자마자 그녀는 온몸으로 활동을 시작하며 커다란 비단구렁이처럼 몸부림치며 괴로워했다. 조지아나를 괴롭힌 것은 빛이었다! 그녀는 깨어나자마자 해와 현실의 눈부신 빛을 저주했다. 방 안을 어둡게 하고 촛불을 켜며, 거리의 소음이 새어 들어오지 않도록 창문이란 창문을 모조리 꼭 닫아야 했다.

조지아나는 입에 담배를 물고 벌거벗은 채 돌아다녔다. 그녀는 몸단장 하는 데만도 보통 수고롭지 않았다. 실내복을 한 장 걸치는 데에도 그 전에 밟아야 하는 자잘한 순서들이 산더미처럼 있었다. 큰 경기를 앞둔 운동선수 저리가라였다. 머리칼 뿌리에서부터 발톱의 모양과 길이에 이르기까지 온몸을 구석구석 세심하게 살피고 난 뒤에야 겨우 아침 밥상 앞에 앉았다.

운동선수 못지않다고 말했는데, 사실은 시험비행을 앞두고 비행기를 분해해서 정비하는 정비사 같다고 말하는 쪽이 더 적절할 것이다. 겨우 옷을 다 입으면 마침내 하루 일과—아마도 이르쿠츠크나 테헤란으로 비행에 나선다. 먼저 식탁에 앉아서 모든 행정을 날아가는 데 필요한 연료를 듬뿍 보급한다.

남회귀선 535

이 아침밥이 제법 긴 시간을 잡아먹었다. 아침밥은 하루에 한 번씩 조지아나가 천천히 시간을 들여 거행하는 그날의 의식이었다. 정말 짜증스러울 정도로 긴 의식이었다. 정말로 이륙할 생각이 있는 것일까, 매일 하겠다고 맹세했던 커다란 사명을 잊어버린 것은 아닐까 걱정스러울 정도였다. 어쩌면 조지아나는 그날의 비행계획을 꿈꾸고 있었을 것이다. 아니면 꿈 따위는 전혀 꾸지 않고, 오로지 날아오른 뒤에는 다시 날아 돌아오지 않도록 그녀의 뛰어난 비행기를 점검하는 데에 공을 들이고 있었는지도 모른다. 아무튼 이 시각의 조지아나는 매우 침착했으며 자신감에 차 있었다. 그녀는 험한 바위산 위에 앉아 꿈꾸듯 세상을 굽어보는 커다란 새와 같았다.

그러나 조지아나는 아침을 먹다가 느닷없이 먹이를 낚아채지는 않았다. 먼저 이른 아침 횃대에서 느릿하고도 당당하게, 모든 움직임을 엔진 고동소리에 맞추면서 날아오르는 것이다. 모든 공간이 그녀 앞에 펼쳐졌으며, 기분에 따라 방향을 결정했다. 토성과 같은 몸무게와 비정상적으로 커다란 날개만 없었더라면 그녀는 자유의 표상으로서 불러도 손색이 없었을 것이다. 그러나 아무리 침착한 척해도 조지아나는 매일 되풀이되는 비행에 대한 공포, 특히 이륙에 대한 공포를 감출 수 없었다. 그녀는 스스로의 운명에 고분고분 따르면서도 동시에 그것을 극복하려고 무진 애를 썼다.

매일 아침 조지아나는 히말라야 꼭대기에서 날아오르듯 횃대를 박차고 하늘 높이 솟구쳐 올랐다. 방향은 언제나 지도에 없는 곳이었으므로, 일만 순조롭게 풀리면 그곳으로 영원히 사라져 버릴 것만 같았다. 매일 아침 조지아나는 이와 같은 필사적인 마지막 희망을 안고 하늘로 날아오르는 듯이 보였다. 그녀는 무덤으로 들어가려는 사람처럼 침착하고 의젓하게 땅과 멀어졌다.

조지아나는 한 번도 비행장 주위를 맴돈 적이 없었으며, 땅 위에 버려둔 사람들을 돌아본 적도 결코 없었다. 또한 그녀는 날아오른 뒤에는 자기 인격한 조각도 남겨두지 않았다. 조지아나는 자기가 존재했다는 사실을 증명하는 것이라면 종잇조각 하나도 남기지 않고 모조리 싸들고 갔다. 한숨이나 발톱 한 조각도 남기지 않았다. 정말로 눈부신 탈출이었다. 마치 악마가 어떤 이유로 달아날 때처럼 흔적도 없이 사라지는 것 같았다. 뒤에 남겨진 이의 손에는 커다란 공허밖에 남지 않았다. 나는 버림받았다. 버림받았을 뿐만 아니라 배신당한 것이다. 조지아나는 피도 눈물도 없이 나를 배신했다. 그러나 그녀를 붙잡거나 다시 불러들이고 싶은 마음은 들지 않았다. 다만 저주의 말을 읊조리면서 온 하루를 침울하게 하는 시커먼 증오와 함께 남겨졌을 뿐이다.

얼마 뒤 나는 굼벵이 기어가듯 천천히 시내를 돌아다니면서 그녀의 눈부신 비행에 대한 소문을 모으기 시작한다. 조지아나가 어느 지점을 맴돌고 있다든가…… 어디어디서 뜻 모를 급강하를 했다든가…… 다른 곳에서는 빙글빙글 돌면서 내려앉았다든가…… 혜성처럼 하늘을 스치며 지나갔다든가…… 하늘에 연기로 글씨를 썼다든가 했다는 소문이었다.

조지아나가 한 행동은 모두 수수께끼 같았고 화가 날 노릇이었다. 어딜 봐도 목적이라곤 없어 보였다. 말하자면 인간생활을, 개미 같은 존재인 인간의 행동을 다른 차원에서 바라보는 것처럼 상징적이며 야유 섞인 해석이었다.

조지아나가 날아갔다가 다시 돌아올 때까지 나는 완전히 정신분열증 환자 같은 생활을 보냈다. 그동안 지나간 것은 영원이 아니었다. 왜냐하면 영원은 평화와 승리로 이어지는 것이며, 인위적으로 만들어지고 획득된 것이기 때문이다. 하지만 내가 경험한 것은 머리털이 뿌리까지 하얗게 세어 버리고 피부가 온통 근질거리고 따끔따끔하다가 마침내는 온몸이 고름이 흘러나오는 부스럼덩어리로 변해 버리는 막간극이었다.

어둠 속에서 나는 책상 앞에 앉아 있는 내 모습을 본다. 내 손발이 갑자기 상피병에 걸린 것처럼 흉측하고 커다랗게 부풀어 오른다. 피가 머리로 쏠리면서 히말라야 악마들이 큰 망치를 들고 두들겨대는 것처럼 고막이 꽝꽝 울렸다. 조지아나가 이르쿠츠크에서 커다란 날개로 푸드득거리는 소리가 여기까지 들려왔다. 그녀가 더욱더 멀리, 점점 더 손이 닿지 않는 머나먼 저편으로 힘차게 나아가고 있음을 알 수 있었다.

방 안이 너무나 조용하고 무서울 정도로 공허한 느낌에, 나는 아주 작은 인기척이라도 내 보고자 비명을 지르고 고함을 쳐 보았다. 어떻게든 책상 앞에서 일어나 보려고 했으나 발이 너무나 무거웠고 손도 뭉툭한 코뿔소 발처럼 변해 있었다. 내 몸뚱어리가 무거워지면 무거워질수록 방 공기는 가벼워졌다. 나는 점점 더 부풀어 올라서 끝내는 딱딱한 젤리덩어리가 되어 방 안을 가득 채울 것 같았다. 마지막에는 벽의 갈라진 틈바구니조차 메워 버릴 것이다. 아니면 기생하는 식물처럼 벽을 뚫고도 계속 자라서 집 전체를 고깃덩어리와 머리카락과 발톱으로 이루어진 형언할 수 없는 덩어리로 만들어 버릴 것이 틀림없다.

그것이 죽음이란 것을 알고 있지만, 나는 그 지식이나 지식의 주인을 죽일 만한 힘이 없다. 내 아주 작은 일부분만이 살아 있으며, 티끌 같은 의식만이 활동하고 있다. 그리고 활동을 멈춘 죽은 몸뚱어리가 팽창할수록 내 생명의 불은 점점 더 밝게 빛났으며, 내 몸속에서 보석의 차가운 불꽃처럼 타올랐다. 그 빛이 걸쭉한 고깃덩이 전체를 비추자, 나는 죽은 바다 괴물의 몸속으로 횃불을 들고 들어간 잠수부가 된 것 같았다.

보이지 않는 가느다란 실오라기에 의해 나는 바다 위의 삶과 아직도 연결되어 있지만, 바다 위 세계는 너무나 멀고 시체는 너무나 무거웠기 때문에 비록 가능하다 하더라도 바다 위로 오르려면 몇 년은 걸릴 것이다.

나는 내 죽은 몸뚱어리 속을 걸어 다니며 그 거대하고 흉측한 덩어리를 구석구석 모조리 조사한다. 그 조사는 끝이 없다. 왜냐하면 끊임없는 팽창과 더불어 지구의 뜨거운 용암처럼 이리저리 흘러내리는 사이에 지형까지 완전히 달라져 버리기 때문이다. 한순간이라도 단단한 육지가 나타나는 적이 없으며, 형체를 구분할 수 있도록 잠시라도 그대로 멈추어 있는 사물도 없다. 그것은 경계표가 없는 성장이며, 아주 조그만 움직임이나 전율에도 목적지가 달라지는 항해였다. 그 끝없는 공간을 메움으로써 공간과 시간에 대한 모든 지각조차 말살해 버리는 것이다. 몸뚱어리가 팽창할수록 세계는 더욱더 작아졌으며, 끝내는 모든 것이 핀 대가리 끝에 집약되는 것 같았다.

내가 변한 모습이 이 커다란 주검 덩어리가 몸부림치는데도 그것을 받쳐 주는 것, 그것이 태어난 본디 세계는 핀 대가리만큼 작아 보였다. 오염의 한복판, 요컨대 죽음의 창자 안에서 나는 밑씨이자 세상의 균형을 유지하고 있는 기적적인 작은 지레가 있음을 깨달았다. 나는 당밀처럼 세상을 뒤덮고 있지만 그 덧없음은 무서울 정도다. 그러나 이제 와서 밑씨를 제거할 수는 없다. 밑씨는 이미 차가운 불꽃의 작은 마디가 되어 죽은 몸뚱어리의 커다란 구멍 안에서 태양처럼 불타오르고 있기 때문이다.

약탈적인 커다란 새가 날다 지쳐 돌아올 때 조지아나는, 불멸의 정신분열증 환자이며 시체의 심장에 숨어서 맹렬히 타오르는 밑씨인 내가 나 자신의 무(無) 한복판에 있는 것을 발견할 것이다. 조지아나는 매일 새로운 생활 수단을 찾으려고 하지만 그런 것은 있을 까닭이 없다. 오직 내가 날마다 죽음으로써 그녀를 위해 재발견하는 이 영원한 빛의 밑씨가 있을 뿐이었다.

오, 탐욕스러운 새여! 날아라! 우주 끝까지 날지어다! 그대가 만들어낸 메슥거리는 공허 속에 그대의 자양분이 자라고 있다! 그대는 시커먼 동굴 속에서 죽기 위해 다시 돌아올 것이다. 세상 밖으로 데려다 줄 날개를 갖지 못한 그대는 한 번이 아니라 수없이 거듭 돌아올 것이다. 그대가 살 수 있는 곳은 오직 이 세계, 어둠이 지배하는 뱀의 무덤뿐이다.

나는 조지아나가 옛 둥우리로 돌아올 것이라고 생각하다가 문득 아무 이유도 없이 옛날 공동묘지 근처의 낡은 집에서 보낸 일요일 아침을 떠올렸다. 잠옷 바람으로 피아노 앞에 앉은 나는 맨발로 페달을 밟고 있었다. 옆방에서는 식구들이 아직 침대 속에 따끈하게 파묻혀 있었다. 그 방은 다른 방과 마주 보고 있었으며, 오래된 미국의 간이아파트처럼 포개어진 형태였다.

일요일 아침이면 모두들 행복감에 젖어 소리라도 지르고 싶어질 정도로 침대에 파묻혀 있었다. 11시쯤 되면 식구들이 내 방 벽을 쿵쿵 두드린다. 이쪽으로 와서 모두를 위해 연주해 달라는 뜻이었다. 그러면 나는 프라텔리니 형제처럼 춤을 추면서 그들의 방으로 달려간다. 불꽃과 깃털로 감싸인 나는 기중기에 들려 하늘나라의 나뭇가지 꼭대기에 걸려 있는 느낌이었다.

어떤 일이든 간에 나는 너끈하게 해치울 수 있었다. 이중관절을 가지고 있었기 때문이다. 아버지는 내가 건강하고 힘차 보인다며 '쾌활한 짐'이라고 불렀다. 먼저 나는 침대 앞에 깔린 융단 위에서 두세 번 공중제비를 선보인 뒤 복화술사의 인형을 흉내 내며 꾸민 목소리로 노래를 불러 보았다. 그리고 바람이 부는 방향을 알려주는 가볍고 환상적인 춤을 조금 춘 뒤 느닷없이 휭! 바람처럼 피아노 의자에 앉아 빠르게 치는 연습을 했다.

나는 손을 풀기 위해 언제나 체르니부터 쳤다. 아버지는 체르니를 싫어했으며 나도 마찬가지였지만, 그 무렵 체르니는 식단표에 나와 있는 특별요리였으므로, 손가락 관절이 고무처럼 유연해질 때까지 꼭 쳐야 했다.

이유는 모르지만 나는 체르니를 칠 때마다 그 뒤에 나를 덮쳐오는 커다란 공허감을 떠올렸다. 나는 피아노의자에 꼼짝 않고 앉아서 엄청난 속도로 건반을 쳐댔다. 마치 강장제 한 병을 단숨에 들이켠 다음에 누군가에게 실컷 얻어맞고 침대 위에 뻗는 것 같은 기분이었다.

연습곡을 98곡쯤 치고 나자 나는 즉흥곡을 쳐보고 싶었다. 대체로 언제나 열 손가락으로 화음을 잡으며 건반을 이쪽 끝에서 저쪽 끝까지 쾅쾅 친 다음 분위기를 바꾸어, 《불타는 로마》나 《벤허의 전차 경주》처럼 쉬워서 누구나 좋아하는 곡을 연주한다.

비트겐슈타인의 《논리철학논고》를 읽기 훨씬 전부터 나는 이 책에 어울리는 음악을 피아노로 작곡하였다. 그 무렵 나는 과학, 철학, 종교사, 귀납논리학, 연역논리학, 점성학, 두개골의 형태 및 중량, 약전, 야금술 등 끝까지 다 배우기도 전에 소화불량과 우울증에 걸릴 것 같은 온갖 무익한 분야의 학문을 머릿속에 잔뜩 집어넣고 있었다. 그리고 이 학문의 잡동사니들로 인한 구역질이 일주일 내내 창자 속에서 부글부글 끓다가 일요일에 음악으로 튀어나오기를 기다리고 있었다. 《한밤중의 화재경보》와 《군대행진곡》 사이에서 나는 곧잘 영감을 얻었다. 그것은 이미 있는 온갖 화음을 파괴하고 나 자신의 불협화음을 만드는 일이었다.

화성, 수성, 달, 목성, 금성에 완전히 모습을 일치시킨 천왕성은 도저히 상상할 수 없을 것이다. 왜냐하면 천왕성은 불완전할 때, 말하자면 '고뇌하고 있을 때' 그 기능을 가장 잘 발휘하기 때문이다. 그러나 내가 일요일 아침마다 연주한 음악, 행복과 영양분으로 가득한 절망의 음악은 일곱 번째 집에 단단히 닻을 내리고 있으며, 불합리하게도 모습이 일치된 천왕성에서 태어난 것이었다.

그때는 그 사실을 몰랐으며 천왕성의 존재조차 몰랐지만 나의 무지는 행운이었다. 그러나 지금의 나는 그 사실을 잘 알고 있다. 왜냐하면 그것은 요행의 기쁨이며 가짜 행복이며 파괴적 성격을 지닌 불꽃의 창조물이었기 때문이다. 내 도취감이 커질수록 식구들의 숨을 죽였다. 심지어 머리가 돈 누이까지도 냉정하고 차분해 보였다.

이웃 사람들은 곧잘 창 밖에 서서 귀를 기울였으며, 때때로 박수소리가 터져 나오기도 했다. 그러면 휘잉, 꽝! 말 그대로 로켓처럼 나의 뜨거운 연주가 또다시 시작되었다. 빨리 치기 연습곡 947-2. 우연히 벽을 기어가는 바퀴벌레라도 발견하면 나는 기분이 날아갈 듯 좋았다. 그 덕에 나는 아무런 어려움 없이 울툭불툭하게 패인 클라비코드(11세기부터 쓰인 타현악기)의 명곡으로 옮겨갈 수 있었기 때문이다.

어느 일요일, 평소처럼 나는 세상에서 가장 아름다운 스케르초(해학곡)—머릿니에게 바치는—를 작곡했다. 마침 봄철이어서 우리는 유황치료법을 받고 있었다. 나는 그 일주일 동안 계속 단테의 《지옥편》을 탐독하고 있었다. 일요일이 눈 녹듯 찾아들었고, 새들은 갑작스런 열기에 정신이 나갔는지 음악에는 눈길도 주지 않고 창문을 통해 들어왔다가 나가기를 되풀이했다.

그때 우리 집에는 함부르크인지 브레멘인지 모르지만 독일에서 사는 친척이 와 있었다. 남장여자 같은 얼굴의 노처녀 숙모인데, 곁에 오기만 해도 욕지기가 치미는 여자였다.

숙모는 곧잘 내 머리를 쓰다듬으며, 내가 모차르트처럼 될 것이라고 말했다. 그러나 나는 모차르트를 아주 싫어했다. 지금도 싫어하지만. 아무튼 숙모에게 복수를 하기 위해 일부러 피아노를 엉망으로 쳐댔고, 내가 알고 있는 소음은 모조리 내 주었다.

그때 마침 아까 말한 이가 튀어나왔다. 내 겨울 내의 안에 숨어 있던 진짜 이였다. 나는 그놈을 집어서 검은 건반 위에 올려놓았다. 그리고 오른손으로 그놈 주위에서 가벼운 무도곡을 쳤다. 이에게는 귀가 멀 정도의 소음이었을 것이다. 이윽고 이는 나의 불꽃처럼 재빠른 연주를 듣고 최면에 걸려 잠들어 버렸다.

황홀한 듯이 꼼짝도 않고 있는 이를 보자 나는 결국 신경질이 나고 말았다. 나는 반음계를 선보여 주기로 작정하고 약손가락에 있는 힘을 실어 건반을 두드렸다. 손가락은 노린 대로 이를 찍어 눌렀지만, 힘을 너무 많이 주는 바람에 손가락 끝에 들러붙고 말았다. 그 순간 나는 무도병에 걸리고 만 것이다.

그리하여 스케르초가 시작되었다. 그것은 잊어버린 가락을 쓸어 모은 것으로, 침향(沈香)과 호저의 분비액 향신료를 첨가하고 때로는 한번에 서로 다른 세 개의 가락을 연주하여 왈츠를 추는 생쥐처럼 순결한 개념 둘레를 빙글빙글 돌았다.

나중에 프로코피에프의 연주를 들으러 갔을 때 나는 그 작곡가에게 무슨 일이 일어나고 있는가를 알 수 있었다. 나는 화이트헤드, 러셀, 장, 에딩턴, 루돌프 오이켄, 프로베니우스, 그리고 링크 길레스피도 모두 이해했다. 이항

정리가 존재하지 않더라도 어차피 사람들은 그것을 발명했을 텐데, 그 이유도 나는 알 수 있었다. 나는 탄산온천과 화산니 찜질은 물론, 전기와 압축공기에 대해서도 알았다. 사람의 핏속에 죽은 이가 있으며, 누구든 교향곡을 연주하거나 벽화를 그리거나 고성능 폭약을 터뜨리게 되면 기존 식단에 포함되지 않은 구토 반응을 나타낸다는 사실도 분명하게 이해할 수 있었다. 또한 내가 능력이 있음에도 음악가가 되지 못한 이유도 알았다.

내가 머릿속에서 만든 모든 노래, 내가 용납한 모든 개인적이고 예술적인 오디션들은 성 힐데가르데나 성 브리지트, 십자가의 요한 덕분이거나 아니면 누구 덕분인지 모르지만 모두 다음에 올 시대를 위해, 지금보다 악기 수가 적고 더 강력한 안테나와 강력한 고막을 가진 시대를 위해 준비된 것이다. 이러한 음악을 이해하기 위해서는 지금과는 전혀 다른 고뇌를 경험해야 한다.

베토벤은 새로운 영토를 개척했다. 그가 불꽃을 토해 내거나 스스로의 정적 한가운데서 정신없이 울 때 우리는 그 영토를 의식한다. 그것은 새로운 진동의 영역이었지만 우리들에게는 희뿌연 성운에 지나지 않는다. 왜냐하면 우리는 여전히 고통에 대한 스스로의 개념을 극복하지 못했기 때문이다. 우리는 이 어슴푸레한 세계와 진통 및 방위측정을 이제부터 섭취해야 한다. 나는 주변의 슬픔에는 무관심한 채 배를 깔고 엎드려서 믿을 수 없는 음악을 들을 수 있었다. 나는 새로운 세계의 임신과 세찬 강물 소리, 삐걱대며 서로 부닥치는 별의 소리, 빛나는 보석으로 응고된 분수 소리를 들었다.

모든 음악은 여전히 옛 천문학의 지배를 받는 온실 속의 화초이며, '세계고(世界苦)'(Weltschmerz)를 치료하는 만병통치약이다. 음악은 지금도 이름 없는 이들의 해독제이나, 그것으로는 아직 '음악'이라고 할 수 없다. 음악은 타오르는 혹성의 불꽃이며, 그것 자체로 충분하여 소멸할 수 없는 것이다. 석판에 새겨진 신들의 기록이며, 굴대가 빠져 버린 탓에 지식인이나 무식꾼이나 똑같이 실수하는 주문이다. 내장으로 눈을 돌려 보라, 달랠 길 없는 불가피한 것으로! 결정된 것은 아무것도 없으며, 결말이 나고 해결된 것도 전혀 없다. 지금 이루어지고 있는 모든 것, 모든 음악, 모든 건축, 모든 법률, 모든 정부, 모든 발명, 모든 발견—이 모든 것들은 어둠 속에서 하는 빨리치기 연습이며, 미친 백마를 타고 점액질의 병 속을 뛰어다니며 대문자 Z를 지닌 체르니이다.

 이 빌어먹을 음악과 아무리 씨름해도 전혀 결말이 나지 않았던 이유 가운데 하나는 그것이 언제나 성교와 뒤얽혀 있었기 때문이다. 가곡을 조금 연주할 수 있게 되자마자 성교의 대상인 여인들이 파리 떼처럼 내 주위로 몰려들었다. 애당초 그것은 대체로 롤라의 잘못이었다. 롤라는 내 첫 번째 피아노 선생이었다. 롤라 니셴이라는 이름이었다. 그 무렵 우리가 살던 곳에서는 전형적인, 괴상한 이름이었다. 마치 구린내 나는 훈제 정어리나 벌레 먹은 음부처럼 들렸다.

 솔직히 말해서 롤라가 아름답지는 않았다. 혈색이 나쁘고 칙칙한 눈매를 한 그녀는 어쩐지 칼무크(Kalmuk) 사람이나 치누크족처럼 보였다. 입가에 옅게 수염이 나 있었고, 사마귀나 혹 같은 것도 몇 개 달고 있었다.

 하지만 나는 롤라의 텁수룩한 체모에 끌렸다. 그녀는 길고 아름다운 검은 머리칼을 가지고 있었으며, 몽고인 같이 생긴 머리통에 위아래로 나누어 틀어 올리고 목덜미에서는 뱀 똬리처럼 둘둘 말고 있었다. 성실하고 아둔한 롤라는 언제나 약속 시간보다 늦게 왔는데, 그녀가 도착할 무렵이면 나는 늘 자위를 하느라 어느 정도 축 늘어져 있었다.

 그러나 롤라가 내 옆에 있는 의자에 앉자마자 나는 그녀의 겨드랑이 밑에 잔뜩 뿌린 향수 냄새에 이끌려 다시 흥분했다. 여름이면 소매통이 넓은 옷을 입었기 때문에 북슬북슬한 겨드랑이털이 언뜻언뜻 보였다. 그것을 보면 나는 갑자기 화르르 타올랐다. 틀림없이 이 여자는 온몸이 털투성이라 배꼽 속에까지 털이 나 있을 것만 같았다.

 나는 그 무성한 털 속으로 달려들고 싶었다. 만약 조금이라도 살이 붙어 있으면 롤라의 털을 산해진미라도 되는 양 먹을 수 있을 것 같았다. 아무튼 털이 아주 많은 여자였다는 점을 말하고 싶었다. 이 고릴라 못지않은 털 때문에 내 마음은 음악에서 완전히 떠나 그녀의 음부로 집중되었다. 그곳을 한 번 보고 싶어서 견딜 수 없었던 나는 끝내 어느 날 그녀의 어린 남동생을 매수하여, 목욕하는 롤라를 엿볼 수 있는 기회를 얻었다.

 그 모양은 내가 상상했던 것보다 훨씬 멋있었다. 배꼽부터 가랑이까지 새카맣게 덮여 있었는데 마치 모피로 만든 주머니 같았고, 손으로 짠 깔개보다 더 풍성하고 텁수룩한 수풀이었다. 롤라가 그곳을 분첩으로 어루더듬는 것을 보았을 때는 하마터면 기절할 뻔했다.

다음번에 롤라가 피아노를 가르치러 왔을 때 나는 일부러 바지 앞단추를 두 개 끌러 놓았다. 그녀는 전혀 눈치채지 못한 것 같았다. 그 다음에는 앞단추를 몽땅 끌러 놓았다. 이번에는 롤라도 알아채고 한마디 했다. "헨리, 무언가 깜빡한 것 같구나."

나는 사탕무처럼 얼굴이 빨개진 롤라를 쳐다보면서 시치미를 떼고 되물었다. "무얼 말이에요?" 그녀는 왼손으로 내 남대문을 가리키면서 얼굴을 돌렸다. 그런데 롤라의 손이 너무나 가까이 있었기 때문에 나는 참지 못하고 그만 그녀의 손을 잡아 바지 속으로 밀어 넣고 말았다. 롤라는 너무 놀라 하얗게 질린 얼굴로 튕겨 오르듯 벌떡 일어났다.

그때 이미 나의 고추는 바지 밖으로 튀어나와 기쁨에 떨고 있었다. 나는 롤라에게 가까이 다가가 열쇠구멍으로 보았던 그 손으로 짠 깔개를 더듬기 위해 치마 속으로 손을 밀어 넣었다. 별안간 한쪽 눈에서 불이 번쩍 났고, 곧이어 한 번 더 불똥이 튀었다. 롤라는 내 귀를 잡고 방구석으로 데리고 가더니 얼굴을 벽 쪽으로 밀면서 말했다. "이제 바지 단추를 잠그시지, 이 망나니 녀석!"

몇 분 뒤 우리는 다시 피아노 앞으로 돌아가 체르니로 빨리 치는 연습을 했다. 올림표와 내림표가 눈에 들어오지도 않았지만 롤라가 어머니에게 고자질할 것이 무서워서 계속 연습했다. 하지만 다행스럽게도 어머니에게 쉽사리 이를 수 있는 이야기는 아니었다.

이 사건은 거북하긴 했지만 우리 관계를 바꾸는 결정적인 계기가 되었다. 다음에 올 때는 롤라가 나를 엄하게 다룰 것이라 생각했다. 그러나 그와 반대로 그녀는 한껏 멋을 부리고 향수도 전보다 더 많이 뿌렸으며, 조금 들뜬 모양새로 왔다. 평소 침울하고 수줍어하는 성격이던 롤라에게는 범상한 일이 아니었다.

나 역시 감히 앞단추를 다시 푸는 짓은 못했지만 수업을 받는 내내 그놈은 발기된 채로 꼿꼿이 서 있었다. 자꾸만 그쪽으로 곁눈질 하는 모양새로 볼 때 롤라도 그 상황을 제법 즐겼던 것 같다. 그때 내 나이는 아직 열다섯이었으며, 롤라는 아무리 봐도 스물대여섯은 되어 보였다. 어떻게 해야 좋을지 나는 도저히 알 수 없었다. 머지않아 어머니가 외출할 때를 노렸다가 그녀를 침대에 눕혀야겠다는 생각밖에 떠오르지 않았다.

한동안 나는 롤라가 밤에 혼자 나갈 때마다 그 뒤를 밟곤 했다. 그녀는 저녁에 홀로 멀리까지 산책하는 습관이 있었다. 나는 그 뒤를 밟으면서 그녀가 사람들의 발길이 드문 공동묘지 근처까지 가주기만 하면 단호하게 거친 방법을 써야겠다고 생각했다. 이따금 나는 롤라도 내가 뒤를 밟는 것을 알고 있으면서 즐기고 있다는 느낌이 들었다. 내가 갑자기 덮쳐주길 기다리고 있으며 바라고 있다고 생각했다.

어쨌든 어느 날 밤 나는 철도선로 옆 풀밭에 누워 있었다. 찌는 듯이 무더운 여름밤이어서 곳곳에 사람들이 누워서 개처럼 헐떡거리고 있었다. 나는 딱히 롤라를 생각하고 있었던 것은 아니다. 너무나 무더워 아무 생각도 할 수 없었기 때문에 그저 멍하니 누워 있었다.

문득 나는 석탄재가 깔린 오솔길로 한 여인이 걸어오는 것을 보았다. 나는 둑 위에 팔다리를 쭉 뻗고 누워 있었으며, 내 가까이에는 아무도 없었다. 여인은 꿈이라도 꾸는 것처럼 고개를 숙인 채 천천히 걸어오고 있었다. 그녀가 가까이 이르렀을 때에야 누군지 알아볼 수 있었다.

"롤라, 롤라!" 나는 불렀다.

롤라는 내가 거기 있는 것을 보고 정말 놀란 것 같았다.

"이런 곳에서 무얼 하고 있지?" 그녀는 물어보면서 내 곁에 앉았다. 나는 대답도 하지 않았고, 아무 말도 하지 않았다. 그저 그녀 위로 타고 올라가 내리눌렀다.

"제발 여기서 이러지 마." 롤라는 사정했지만 나는 막무가내였다. 나는 손을 집어넣어 모피 주머니 같은 빽빽한 수풀을 마구 더듬었다. 벌써부터 침을 뚝뚝 흘리는 말처럼 흥건하게 젖어 있었다. 솔직히 그것이 첫 경험이었는데, 마침 기차가 지나가면서 뜨거운 불꽃을 튀겼다.

롤라는 떨고 있었다. 그녀도 처음인 것 같았다. 그녀는 나보다도 더 하고 싶었던 것 같았지만, 불꽃이 쏟아진 순간 일어나려고 몸부림쳤다. 마치 날뛰는 말을 붙잡으려는 것만 같았다. 아무리 움켜잡으려고 해도 도저히 억누를 수가 없었다. 롤라는 몸을 일으키자, 옷매무새를 가다듬고 목덜미의 머리모양을 바로잡았다.

"그만 집으로 가렴." 그녀는 말했다.

"난 가지 않겠어." 나는 롤라의 팔을 잡고 걸었다. 우리는 아무 말 없이 한동안 걷기만 했다. 어디로 가고 있는지 둘 다 신경 쓰지 않았다. 끝내 우리는 국도가 지나는 곳까지 나왔다. 위쪽에는 저수지가 있고, 저수지 근처에는 작은 연못이 있었다. 나는 본능적으로 연못을 향해 걸음을 옮겼다.

연못이 가까워질수록 우리는 나직하게 가지를 드리운 나무 아래를 지나가야 했다. 롤라를 부축하면서 그 밑을 지나려는데 갑자기 그녀가 내 손을 잡은 채 쭉 미끄러지고 말았다. 그런데 롤라는 일어나지 않았을 뿐만 아니라 나를 자기 쪽으로 끌어당겼다. 게다가 더욱 놀랍게도 그녀가 자기 손을 내 바짓가랑이 속으로 집어넣는 것이 아닌가.

그리고 아주 황홀한 손놀림으로 애무해 주었기 때문에 나는 롤라의 손 안에다 사정하고 말았다. 그러자 그녀는 내 손을 잡고 자기 가랑이 사이로 이끌고 갔다. 그러고는 온몸의 힘을 빼고 똑바로 누워서 두 다리를 크게 벌렸다.

나는 엎드려서 롤라의 음부를 감싸고 있는 털 한 올 한 올마다 입을 맞췄다. 배꼽에도 혓바닥을 넣고 깨끗하게 핥아댔다. 그리고 가랑이 사이에 얼굴을 파묻고 흘러넘치는 꿀을 모조리 핥아먹었다. 롤라는 신음을 내면서 두 손으로 온 힘을 다해 나를 움켜쥐었다. 머리칼은 이미 완전히 풀어져 드러난 배 위로 흐트러졌다. 요컨대 나는 한 번 더 그녀 안으로 파고든 것이다. 이번에는 나도 오래 버텼으며, 롤라의 기쁨도 더욱 커졌다. 몇 번이나 절정에 이르렀는지 셀 수 없을 정도였다. 마치 상자에 가득 담긴 폭죽이 차례차례 터지는 느낌이었고, 그녀는 그때마다 내 몸을 깨물고 입술에 상처를 내고 손톱으로 마구 할퀴며 셔츠를 찢는 등 온갖 난폭한 짓을 다 했다. 집으로 돌아와 거울을 보니 마치 거세된 소처럼 온몸이 상처투성이였다.

그 짓이 계속되는 동안에는 정말 즐거웠으나 오래 가지는 않았다. 한 달 뒤 니셴 가족은 다른 도시로 이사를 가 버렸으며, 그 뒤로 롤라를 다시 만나지 못했다. 그러나 나는 그녀의 모피 주머니를 침대 위에 걸어놓고 매일 밤 그걸 향해 기도를 올렸다. 그리고 체르니를 칠 때마다 풀밭에 누운 롤라, 그녀의 길고 검은 머리카락, 기쁨의 신음과 쏟아지는 꿀을 떠올리며 발기했다.

피아노를 치는 것이 나에게는 길고 긴 성교 대신이었던 것이다. 그 뒤 다시 진짜 성교를 하게 될 때까지 2년이나 기다렸건만, 기다린 것치고는 그렇게 좋지 못했다. 멋지게 병을 얻었을 뿐만 아니라, 장소도 풀밭이 아니었고 계절도 여름이 아니었다. 지저분하고 좁은 호텔방에서 1달러를 주고 산, 열 기라고는 없는 차갑고 기계적인 행위에 지나지 않았다. 그 망할 계집애는 끊임없이 절정에 이른 흉내를 내고 있었지만, 크리스마스가 까마득하게 남은 것처럼 절정 근처에도 이르지 못했다.

어쩌면 나에게 성병을 옮긴 사람은 그녀가 아니라 옆방에서 내 친구인 시몬스와 하고 있던 이 여자의 친구일지도 모른다. 어떻게 된 일이냐면, 나는 기계적인 행위를 재빨리 끝내고 나자 시몬스는 어떻게 하고 있는지 엿보고 싶었던 것이다.

놀랍게도 그들은 아직도 그 짓을 하고 있었으며 아주 뜨거웠다. 친구의 상대는 체코 사람이며 머리가 조금 돈 여자였다. 아직 창녀 일을 시작한 지 얼마 되지 않은 모양인지 무심코 생각 없이 진심으로 즐겨 버리는 것 같았다. 그녀가 부리는 기술을 보다가 시몬스가 끝나면 나도 그녀와 한판 놀아야겠다고 작정했고, 실제로 그렇게 했다. 그 뒤로 그 주일도 지나기 전부터 나는 고름을 싸기 시작했고, 임질이나 매독에 걸렸다고 생각했다.

일 년쯤 지나자 이제는 내가 피아노를 가르치게 되었다. 그런데 얼마나 다행인지 내가 가르치는 소녀의 어머니가 추잡하고 음탕한 매춘부 같은 여자였다. 나중에 알았지만 그녀는 검둥이와 함께 살고 있었다. 분명 그녀를 만족시킬 수 있을 만큼 큰 남근을 만나보지 못했기 때문일 것이다.

아무튼 돌아갈 때가 되면 그녀는 늘 현관 앞에서 나를 끌어안고 몸을 비벼댔다. 그녀가 매독에 걸렸다는 소문을 이미 들은 뒤라 아무리 나라도 처음에는 관계를 맺기가 꺼려졌다. 그러나 뜨겁게 달아오른 암캐 같은 여자가 아랫도리를 바싹 붙이고 혀를 목구멍 안쪽까지 밀어 넣자 될 대로 되라는 기분이었다.

나는 언제나 현관 앞에 선 채로 일을 치렀다. 그녀는 몸이 아주 가벼워서 인형처럼 두 손으로 들어 올릴 수 있었으므로 선 채로도 그렇게 어렵지 않았다. 그러던 어느 날 저녁, 평소처럼 그녀를 안고 있는데 갑자기 현관 구멍에 열쇠를 집어넣는 소리가 들렸다. 그녀도 그 소리를 듣고 놀라 몸이 굳고 말았다. 도망칠 곳은 없었다. 다행히 문간에 걸린 커튼이 드리워져 있었으므로 나는 그 뒤로 몸을 숨겼다.

이윽고 어느 시커먼 놈팽이가 그녀에게 키스하면서 "나 왔어" 하고 말하는 소리가 들렸다. 그녀는 잠도 자지 않고 기다렸다면서 더는 기다릴 수 없으니 빨리 2층으로 올라가자고 콧소리를 했다. 계단이 삐꺽거리는 소리가 멎기를 기다렸다가 나는 몰래 문을 열고 밖으로 나왔다. 나오고 나자 무서워서 어쩔 줄을 몰랐다. 저 검둥이 남편에게 현장을 들켰더라면 틀림없이 목이 날아갔을 것이기 때문이다.

그래서 그 집에서 피아노 가르치는 것을 그만두었는데, 나중에 그녀의 딸―겨우 열여섯 살이었다―이 쫓아 나와 자기 친구 집에서 피아노를 가르쳐주지 않겠느냐고 말했다. 거기서 우리는 체르니 연습과 불놀이를 처음부터 다시 시작했다. 처음 맡아보는 신선한 음부의 냄새였는데, 갓 벤 건초처럼 아주 훌륭했다.

우리는 교습을 할 때마다 관계를 가졌으며, 교습 사이사이에도 임시 보강을 했다. 그런데 어느 날 가슴 아픈 사태가 벌어졌다. 그녀가 임신을 한 것이었다.

어떻게 해야 좋단 말인가? 나는 문제를 해결하기 위해 젊은 유대 사내를 고용할 수밖에 없었다. 그는 수술비로 25달러를 요구했다. 나는 그런 큰돈은 구경해 본 적도 없었다. 게다가 그녀는 아직 미성년이었고, 어쩌면 패혈증에 걸릴지도 몰랐다. 나는 그에게 선금으로 5달러를 주고 애디론댁 산으로 2주 정도 피신해 있었다. 그런데 교습을 받고 싶어 안달이 난 여교사가 애디론댁에 나타나는 바람에, 또다시 콘돔과 관련된 문제를 산처럼 끌어안게 되었다. 아무래도 나는 피아노를 칠 때마다 여자의 음부를 느슨하게 만드는 것 같았다.

파티라도 있으면 나는 성행위의 악보를 가지고 갔다. 페니스를 손수건에 싸서 겨드랑이 밑에 끼우고 있는 셈이었다. 휴가 때 농장이나 여관 등 언제나 여자들이 우글거리는 곳에서는 이 음악이 눈부신 효과를 발휘했다.

일 년 내내 나는 목이 빠지게 휴가를 기다린다. 떡을 칠 여자들이 많아서가 아니라 일을 하지 않아도 되기 때문이었다. 일단 일의 고삐에서 풀려나면 나는 어릿광대보다 한 술 더 떴다. 온몸에 정기가 넘쳐흘러서 껍질을 벗어던지고 펄쩍펄쩍 뛰어오르고 싶은 기분이었다.

어느 해 여름에 캣스킬스에서 프랜시라는 소녀를 만난 일을 기억하고 있다. 탱탱한 젖꼭지와 눈부시도록 하얗고 가지런한 이빨을 가진 도발적인 미인이었다. 사랑은 우리가 강에서 헤엄치던 때부터 시작되었다. 우리는 둘 다 보트에 매달려 있었는데 문득 보니 프랜시의 한쪽 젖무덤이 수영복 밖으로 빠져나와 있었다. 나는 다른 한쪽도 마저 끄집어내고 내친 김에 그녀의 어깨끈도 풀러 주었다. 프랜시는 부끄러워하며 물속으로 잠수했고, 나는 그녀 뒤를 쫓았다. 프랜시가 숨을 쉬기 위해 물 밖으로 나왔을 때는 그 거치적거리는 수영복을 모조리 벗겨 버렸다. 프랜시는 탱탱하고 커다란 가슴을 부풀어 오른 코르크마개처럼 물 위에 둥둥 띄운 채 인어처럼 떠 있었다. 나도 수영복을 벗어던지고, 보트 뱃전에서 돌고래처럼 그녀와 장난을 쳤다.

　잠시 뒤 프랜시의 친구가 카누를 타고 왔다. 마노색 눈동자를 가졌으며, 머리털은 붉고 얼굴에는 주근깨가 가득한 살집 좋은 여자였다. 우리가 홀딱 벗은 것을 보고 깜짝 놀란 모양이었지만, 우리는 곧 카누를 뒤엎고는 그녀까지 발가벗겨 버렸다. 그리고 셋이서 물속 숨바꼭질을 했다. 그녀들은 뱀장어처럼 매끄러워 좀처럼 잡히지 않았다. 놀다가 지친 우리는 버려진 방범초소처럼 강가에 오도카니 서 있는 작은 탈의실로 달려갔다. 셋 다 옷은 가지고 왔으므로, 이 오두막에서 같이 옷을 입기로 했다.

　날씨는 매우 무더웠으며, 당장이라도 폭우를 쏟아낼 듯한 짙은 먹구름이 끼어 있었다. 아그네스—프랜시의 친구—는 황급히 옷을 주워 입었다. 우리들 앞에서 알몸으로 서 있는 게 부끄러워진 것이다. 프랜시는 반대로 매우 편안한 듯했다. 그녀는 다리를 꼬고 긴 의자에 앉아 담배를 피우고 있었다.

　아그네스가 슈미즈를 입으려고 했을 때 번갯불이 번쩍 일면서 무시무시한 천둥소리가 바로 뒤이어 들려왔다. 아그네스는 비명을 지르며 슈미즈를 바닥에 떨어뜨렸다. 몇 초 뒤 또다시 번갯불이 번쩍하더니 천둥소리가 잇따라 울려 퍼졌다. 이번에는 눈이 휘둥그레질 만큼 가까웠다.

　공기가 온통 파래지고 등에가 달려들기 시작하자 우리는 가만히 있을 수 없을 정도로 몸이 근질거리고 좀 움츠러들었다. 아그네스는 특히 번개를 무서워했으며, 우리 세 사람이 발가벗은 채 죽어 있는 꼴을 사람들에게 보일까봐 더욱 두려워했다. 그녀는 당장이라도 옷을 주워 입고 집으로 달려가고 싶다고 말했다.

　그런데 그 말이 채 끝나기도 전에 억수같은 비가 쏟아져 내렸다. 잠깐만 기다리면 그칠 것이라고 생각한 우리는 발가벗은 그대로 오두막 안에 서서, 반쯤 열린 문으로 김이 피어오르는 강물을 바라보고 있었다. 비는 좀처럼 그칠 것 같지 않았고 번개도 사방에서 번쩍이고 있었다.

이쯤 되자 우리 셋은 완전히 겁에 질려 어쩔 줄 몰랐다. 아그네스는 손을 마주잡고 큰 소리로 기도를 올리고 있었다. 마치 조지 그로스가 그린 백치와 똑같아 보였다. 목에 묵주를 걸고 누렇게 황달까지 들었으며 납작하게 눌려 찌부러진 것처럼 보였다.

나는 아그네스가 금방이라도 우리들 앞에서 정신을 잃고 쓰러지는 게 아닌가 생각했다. 갑자기 나는 이 빗속에서 출진의 춤을 추어야겠다는 기막힌 생각을 해냈다. 그녀들의 긴장을 풀어주기 위해서였다. 그런데 마침 기세 좋게 달려 나간 순간 한 줄기 번개가 번쩍 하늘을 가르면서 그다지 멀지 않은 곳에 서 있던 나무를 두 조각으로 갈라 버리고 말았다. 나는 너무 놀라서 머리가 돌아 버리는 줄 알았다. 평소에도 나는 무서우면 웃는 버릇이 있었다. 이때도 나는 여자들이 비명을 지를 정도로 무시무시하고 소름끼치는 웃음을 터뜨렸다.

그녀들의 비명소리를 듣자 나는 어째선지 모르지만 피아노의 빨리 치기 연습을 떠올리면서 동시에 허공 속에 서 있는 자신을 느꼈다. 주위는 온통 퍼렇고 침침했으며 빗방울은 내 살결 위로 뜨겁고 차가운 리듬을 만들며 떨어졌다. 나의 모든 감성은 피부 표면에 모였고, 그 가장 바깥층 아래에서 나는 텅 비어 깃털이나 공기, 연기, 활석 가루, 마그네슘보다도 가벼워져 있었다.

순식간에 나는 치페와 사람(북미 최대의 원주민)이 되고, 사사프라스조(調) 음악이 되어, 여자들이 비명을 지르건 정신을 잃건 팬티에 똥을 지리건 전혀 신경 쓰지 않았다. 어차피 그녀들은 팬티 같은 건 입고 있지도 않았지만. 아그네스는 목에 묵주를 걸고 커다란 배통까지 두려움 때문에 시퍼래져서 미친 듯 날뛰고 있었다. 그 모습을 바라보다가 신성모독의 춤을 춰야겠다는 생각이 들어, 나는 한 손으로 고환을 받쳐 들고 다른 한 손으로 천둥과 번개에 콧물을 뿌리는 시늉을 했다.

비는 뜨겁고도 차가웠으며 풀은 잠자리로 가득 차 있는 듯했다. 나는 캥거루처럼 껑충껑충 뛰면서 목청껏 소리 높여 외쳤다. "오, 하느님! 벌레 먹은 팔푼이 같은 하느님이여! 이 빌어먹을 번개를 빨리 거두어 가시오. 그러지 않으면 아그네스는 영영 당신을 믿지 않을 것이외다! 내 말이 들리시오? 구름 위에 있는 망할 영감탱이, 이런 개떡 같은 장난은 이제 그만 하시오…… 아그네스가 미치는 꼴을 보고 싶소? 이봐요, 귀가 먹었소, 이 늙은 변태 놈아?"

나는 그런 말도 안 되는 욕설을 끊임없이 내뱉으면서 탈의실을 빙글빙글 돌며 춤을 추었다. 영양처럼 통통 뛰고 달리면서 생각나는 욕설은 모조리 퍼부어댔다. 번개가 번쩍 빛나면 나는 더욱 높이 뛰어 올랐으며, 천둥이 치면 사자처럼 울부짖고 공중제비를 넘고, 여우새끼처럼 풀밭을 뒹굴다가 풀을 뜯어 여자들에게 뱉었으며 고릴라처럼 가슴을 쾅쾅 두드렸다. 그러는 동안 줄곧 피아노 위에 놓인 체르니 연습 악보가 눈앞에 나타났으며, 그 하얀 악보는 올림표와 내림표로 가득 채워져 있었다. 빌어먹을 체르니는 잘 조율된 클라비코드를 완벽하게 연주해내려면 그 방법밖에 없다고 생각한 모양이다.

문득 나는 지금쯤 체르니가 하늘나라에서 나를 내려다보고 있을지도 모른다고 생각하고, 하늘을 향해 할 수 있는 한 가장 높이 침을 뱉었으며 또다시 천둥이 치자 젖 먹던 힘까지 모조리 짜내어 부르짖었다.

"체르니, 이 빌어먹을 새끼야. 거기 숨어 있어도 이 번개가 네놈의 고환을 비틀어 떼어 버릴 것이다…… 네 비뚤어진 꼬리를 집어삼키다가 목이나 콱 막혀 버려라…… 알아들었느냐, 이 미친 개새끼야?"

그러나 나의 세심한 노력에도 불구하고 아그네스는 점점 더 광란 상태로 빠져들었다. 우직한 아일랜드 가톨릭 신자인 그녀는 이제껏 하느님을 그토록 욕하는 말을 한 번도 들어 본 적이 없었다. 내가 아직 탈의실 뒤쪽에서 춤추고 있을 때 갑자기 아그네스는 강 쪽으로 달려갔다. 프랜시의 고함소리가 들렸다. "아그네스를 데려와요! 빠져 죽을 지도 몰라요! 어서 데려와요!"

갈퀴를 퍼붓듯 쏟아지는 장대비를 뚫고 나는 아그네스의 뒤를 쫓아 달렸다. 돌아오라고 소리 질렀지만 그녀는 귀신 들린 사람처럼 무작정 앞으로 달려 나갔다. 강가에 이르자 아그네스는 망설임 없이 물로 뛰어들어 보트가 있는 곳으로 헤엄쳐 갔다. 나도 그녀의 뒤를 따랐다. 뱃전에 이르자 나는 보트가 뒤집히지 않도록 한손으로 아그네스의 허리를 껴안고 어린애 달래듯 부드럽고 차분하게 말했다.

"가까이 오지 말아요. 당신은 무신론자잖아요!" 아그네스가 외쳤다. 그 말을 듣고 나는 깃털로 얻어맞은 것처럼 깜짝 놀라고 말았다. 그랬던가? 내가 전능하신 하느님을 모독한 것이 그녀가 히스테리를 일으킨 원인이었단 말인가? 나는 아그네스가 정신이 번쩍 들도록 미간에 주먹을 한 방 날리고 싶은 마음이었다. 그러나 둘 다 물 위로 머리만 내놓고 있는 상황이었으며, 자칫 잘못 다뤘다간 그녀가 머리 위로 보트를 뒤엎어 버릴지도 몰랐다.

그래서 나는 아주 미안한 척하며, 하느님을 비방할 생각은 털끝만큼도 없었다, 단지 죽을 만큼 겁이 나서 그랬노라고 구차한 변명을 늘어놓았다. 부드럽게 달래듯이 말하면서 나는 허리에 둘렀던 손을 슬그머니 아래로 내려뜨려 아그네스의 볼기를 가볍게 어루만졌다. 그녀도 그걸 원하고 있었다.

아그네스는 훌쩍거리면서 자기가 얼마나 독실한 기독교 신자이며, 지금까지 죄를 짓지 않기 위해 얼마나 애를 써 왔는가를 이야기했다. 그녀는 자기 말에 너무 열중해서 내가 무슨 짓을 하고 있는지 깨닫지 못하는 것 같았다. 그래도 내가 그녀의 가랑이 사이에 손을 밀어 넣고 하느님이니 사랑이니 예배니 고해니 하며 닥치는 대로 입 발린 말을 주절거렸을 때는 틀림없이 무언가를 느꼈을 것이다. 왜냐하면 나는 세 손가락을 그녀의 몸 안에 집어넣고 빙글빙글 돌려댔기 때문이었다.

"두 팔을 나에게 둘러 봐요, 아그네스." 나는 다정스레 말하면서 손을 슬그머니 빼내 나의 두 다리가 아그네스의 다리 사이로 들어갈 수 있도록 그녀를 끌어 당겼다. "그래요. 바로 그렇게…… 이제 진정해요…… 곧 멈출 테니까." 그리고 그 뒤에도 나는 여전히 교회와 고해, 하느님, 사랑 등에 대해 지껄여 대면서 겨우 그것을 그녀의 몸 안으로 집어넣는 데에 성공했다.

"당신은 정말 좋은 분이군요." 아그네스는 내가 자기 몸속에 들어가 있는 것을 전혀 모르는 듯 말했다. "미안해요, 아까는 내가 너무 바보같이 굴었어요." "괜찮아요. 아그네스, 신경 쓰지 말아요…… 나를 좀더 꼭 안아요…… 바로 그거요." "보트가 뒤집힐 것만 같아요." 그러면서 아그네스는 오른손으로 물을 가르며 엉덩이를 좀더 좋은 위치에 갖다놓기 위해 애를 썼다.

"그렇군요. 기슭으로 돌아갑시다." 나는 아그네스에게서 몸을 빼려 했다. "가지 말아요." 그녀는 더욱 힘껏 나에게 달라붙었다. "내 곁에서 떠나지 말아요. 물에 빠질 것 같아요." 그때 프랜시가 물가로 달려 나왔다. "빨리요, 빨리…… 물에 빠지겠어요." 아그네스가 말했다.

　프랜시는 제법 괜찮은 여자였다. 그녀는 가톨릭 신자가 아니었고, 도덕심이 있다고 해도 그것은 파충류의 질서 같은 것이었다. 프랜시는 성교를 하기 위해 태어난 여자였다. 이렇다 할 목표도 야심도 없고 질투나 불평도 하지 않았다. 언제나 명랑했으며 머리도 나쁜 편은 아니었다.

　해가 지면 우리는 캄캄한 현관 앞에 앉아 다른 피서객들과 이야기를 나누었는데, 그럴 때면 프랜시는 살며시 다가와 내 무릎 위에 앉았다. 치마 안에는 아무 것도 입지 않았으므로, 프랜시가 다른 녀석들과 웃고 떠드는 동안 나는 내 물건을 그녀 몸 안으로 집어넣곤 했다. 교황 앞이라도 기회만 있다면 그녀는 아무렇지 않게 그 짓을 할 것이다.

　시내로 돌아와서 그녀 집을 찾아갔을 때에도 프랜시는 어머니 코앞에서 그와 같은 묘기를 선보였다. 다행히 프랜시의 어머니는 눈이 침침했다. 함께 춤추러 가서 몸 안이 화끈 달아오르면 프랜시는 나를 공중전화부스로 끌고 갔다. 그러고는 정말로 다른 누군가와, 예를 들어 아그네스와 통화를 하면서 그 기술을 선보였다. 참으로 알 수 없는 여자였다.

　프랜시는 남 앞에서 그 짓을 하는 것을 매우 즐기는 듯했다. 너무 어렵게 생각하지 말고 하는 게 더 재미있다는 것이었다. 가령 바닷가에서 만원전철을 타고 집으로 돌아오는 길에 프랜시는 치마 트임이 가운데로 오도록 돌려 입고는 내 손을 잡고 자기 음부로 가져갔다. 차 안이 꼼짝도 못할 만큼 붐비면서 운 좋게 모퉁이로 밀려나면 그녀는 바지 앞으로 내 물건을 꺼내어 작은 새를 감싸듯 두 손으로 꼭 쥐었다. 때로는 조금도 위험하지 않음을 증명해 보이려는 것처럼 장난삼아 자기 손가방을 그곳에 걸기도 했다.

　게다가 프랜시는 진지하게 사귀는 상대가 나 하나밖에 없다는 척을 하지 않았다. 있는 그대로 모조리 말했는지는 모를 일이지만, 프랜시는 아주 많은 남자친구들이 있다는 이야기를 했다. 내 위에 올라타 있을 때, 나와 하나가 되었을 때, 또는 내가 절정에 달하려는 순간에 그녀는 웃으면서 자기가 했던 정사에 대해 이야기했다. 저마다 어떤 방식으로 한다든가, 사내들 물건의 크기, 흥분했을 때 그들이 내뱉는 말에 이르기까지, 마치 내게 교본이라도 쓰게 할 생각인 것처럼 온갖 사실을 자세하게 설명해 주었다. 프랜시는 자신의 몸과 감정 등 그녀와 관련된 어떤 것조차도 신성시하려는 마음이 전혀 없어 보였다.

"프랜시, 당신은 지독한 색골이야. 당신한테는 조개의 도덕밖에 없어." 이렇게 말하면 그녀는 곧바로 대답했다. "하지만 그래서 나를 좋아하잖아요? 남자들이 좋아하는 성교는 여자들도 좋아해요. 누구를 해치는 일도 아니고, 몸을 섞는다고 해서 그 상대를 모조리 사랑해야 하는 법도 없잖아요? 연애 따위는 딱 질색이에요. 일 년 내내 한 남자하고만 해야 한다니 생각만 해도 몸서리가 나요. 안 그래요? 당신도 계속 나하고만 한다면 금방 질리지 않겠어요? 때로는 전혀 모르는 사람과 해 보는 것도 좋아요. 그럼요. 나는 그것이 가장 멋지다고 생각해요."

프랜시는 잠시 짬을 두었다가 다시 말을 이었다. "성가신 말썽도, 전화번호도, 연애편지도, 아무 것도 없어요. 들어봐요, 이런 건 나쁜 짓이라고 생각해요? 언젠가 나는 한번 남동생에게 해달라고 한 적이 있어요. 알다시피 그 애는 계집애 같아서 모두의 골칫거리예요. 자세한 부분은 기억나지 않지만 아무튼 그날은 남동생과 단둘이 집에 있었고, 나는 아주 흥분해 있었어요. 그 애는 무슨 부탁할 게 있어서 내 방에 들어왔어요. 나는 옷을 걷어 올리고 누워 있었죠. 그 짓밖에 머리에 떠오르지 않아서 도저히 참을 수 없는 지경이었어요. 그 애가 들어오는 것을 본 순간 동생이든 누구든 전혀 상관없다는 마음에, 한 남자로만 본 거예요. 나는 치마를 걷어 올리고 누운 채로 기분이 좋지 않고 속이 거북하다고 말했어요. 그랬더니 그 애는 당장 달려나가서 약인가 뭔가를 가져 오려고 하지 뭐예요. 그래서 나는 그럴 필요는 없다면서 배를 조금만 쓸어 주면 나을 거라고 말하고는, 허리춤을 풀고 동생에게 마사지를 해달라고 했어요. 그랬더니 그런 바보가 또 어디 있겠어요? 고개를 돌려 벽만 바라본 채 나를 통나무 문지르듯 주물러대는 거예요. 나는 '멍청아, 거기가 아니라 좀더 아래쪽이야, 뭘 그렇게 두려워하니?' 하고 말하며 괴로운 척했죠. 끝내 동생의 손이 우연히 내가 바라는 곳에 닿았어요. '그래, 거기야, 거길 만져 줘! 아주 기분이 좋아!' 나는 소리쳤어요. 그랬더니 그 바보 녀석은 그게 연기인 줄도 모르고 5분이나 진짜로 마사지하는 게 아니겠어요. 나는 화가 치밀어서 그에게 됐으니까 그냥 꺼지라고 했죠. 그리고 '이 고자야' 하고 말해줬어요. 하지만 머리가 나쁘다보니 고자라는 말의 뜻도 모르는 것 같더라고요."

프랜시는 자기 남동생이 멍청이라고 생각하면서 웃었다. 그녀는 동생이 아직도 동정일 것이라고 말했다. 그에 대해 나는 어떻게 생각했을까? 엄청나게 나쁜 짓이었을까? 물론 프랜시는 내가 그렇게 생각하지 않는다는 것을 알고 있었다. 나는 그녀에게 물었다. "프랜시, 지금 사귀고 있는 순경에게도 그 이야기를 들려준 적이 있소?" 프랜시는 아마 안 했을 것이라고 대답했다.

"그랬겠지. 그런 황당한 이야기를 들었다면 당신을 죽도록 두들겨 팼을걸." 나는 말했다. "이미 얻어맞았는걸요." 프랜시는 거침없이 대답했다. "뭐라고? 그가 매질하도록 가만히 내버려 두었단 말이오?"

"내가 부탁한 건 아니에요. 하지만 당신도 알다시피 그는 성질이 아주 급하잖아요? 다른 사람이라면 그렇게 쉽게 때리지 못하게 하는데, 어째선지 그 사람이 때리는 건 아무렇지 않아요. 때로는 오히려 기분이 후련해지기까지 한다니까요……. 잘은 모르겠지만, 여자는 가끔 한 번씩 얻어맞아야 하는가 봐요. 그를 정말로 좋아한다면 별로 자존심 상하는 일도 아니에요. 게다가 그이는 때리고 난 뒤에는 아주 잘 해줘서, 오히려 내가 부끄러워질 정도예요……."

이와 같은 일을 태연하게 인정하는 여자를 만나기란 결코 쉬운 일이 아니다—물론 지능이 모자라는 여자가 아니라 평범한 여자 가운데에서 말이다. 예로서 트릭스 미란다와 그녀의 언니인 코스텔로 부인을 들 수 있다.

트릭스는 나의 친구 맥그리거와 사귀고 있었는데, 함께 살고 있는 그녀의 언니에게조차 맥그리거와 육체관계가 없는 것처럼 시치미를 뗐다. 또한 그녀의 언니는 자기가 불감증이며, '그곳이 아주 작아서' 설령 자기가 원하더라도 남자와 관계를 맺을 수 없다고 아무한테나 내색하고 다녔다.

그런데 내 친구 맥그리거는 그 자매를 모두 꿰차고 있었으며, 그녀들도 저마다 그 사실을 알고 있으면서 서로 거짓말을 하고 있었던 것이다. 왜냐고? 그건 나도 알 수 없었다. 코스텔로 부인은 신경질적인 여자였다. 그녀는 맥그리거의 잠자리 배분이 공평치 않다고 느끼면 언제나 거짓으로 간질 발작을 일으켰다. 그러면 다들 수건을 대주고, 손목을 두드리고, 가슴팍을 풀어주고 다리를 비벼주며, 마지막에는 2층의 침실로 옮겨주어야 했다. 그리고 내 친구 맥그리거는 동생을 재우고 난 뒤 곧바로 언니에게 달려가서 그녀가 원하는 대로 듬뿍 해주어야 했다.

때로 그녀들은 한 침대에 나란히 누워 낮잠을 자기도 했다. 마침 맥그리거가 그 자리에 있으면 그는 2층으로 올라가 두 사람 사이로 파고든다. 그가 웃으면서 설명해 준 바에 따르면, 그도 일부러 잠자는 척을 한다는 것이었다. 먼저 깊게 숨을 쉬고 누워서 이쪽저쪽 눈을 떠가며 어느 쪽이 정말로 잠들었는가를 살핀다. 그녀들 가운데 한쪽이 진짜 잠들었다는 확신이 서면 그는 곧바로 다른 한쪽과 일을 치르려는 속셈이었다. 그럴 때면 맥그리거는 신경질적인 코스텔로 부인을 선호한다고 한다. 코스텔로 부인의 남편은 6개월에 한 번씩 돌아올 뿐이었는데, 무릅써야 할 위험이 크면 클수록 긴장감도 커진다는 것이었다.

이른바 그가 사귀는 사람인 트릭스를 상대할 때에는 이런 상황을 언니한테 들키면 큰일 난다는 식으로 행동해야 했다. 하지만 맥그리거는 코스텔로 부인이 깨어나서 현장을 목격해주기를 언제나 속으로 바랐다고 나에게 시인한 바 있다.

그러나 '그곳이 너무나 작다'는 말을 입버릇처럼 달고 다니는 그 결혼한 언니는 제법 교활한 여자였으며, 자기 여동생에게 양심의 가책을 느끼고 있었다. 비록 그 짓을 하는 현장을 동생에게 들키더라도 코스텔로 부인은 아마 발작을 일으키며 자기가 무슨 짓을 하고 있는지 전혀 모르는 척할 것이다. 남자와 성교를 하는 즐거움에 몸을 맡기고 있었다고는 하늘이 무너져도 인정하지 않을 것이다.

나는 코스텔로 부인에게 한동안 피아노를 가르친 적이 있으므로 그녀에 대해서는 잘 알고 있었다. 그리고 그녀의 음부가 정상이며, 이따금 사용하기만 하면 멋진 경험을 할 수 있다는 점을 알려주려고 온갖 애를 다 썼다. 음란한 이야기도 부지런히 들려주었는데, 사실 그 이야기들은 코스텔로 부인이 실제로 하고 있는 짓에 살을 조금 보탠 것일 뿐이었다. 하지만 그녀의 완고함은 누그러들지 않았다.

마침내 어느 날 나는 각고의 노력 끝에 가까스로—이것만으로도 아주 놀라운 일이었다—코스텔로 부인의 몸 안에 손가락을 집어넣는 단계에 이르렀다. 나는 이로써 모든 문제가 해결되었다고 생각했다. 메마르고 조금 끼는 느낌은 있었으나 그것은 히스테리 때문이라고 생각했다. 그런데 이건 또 무슨 일이란 말인가. 그토록 음란한 짓까지 하게 했으면서 느닷없이 치맛자락을 확 끌어내리며 정색을 하고 대드는 것이 아닌가. "봐요, 내가 말했잖아요. 나는 정상이 아니에요!"

"전혀 그렇지 않아요. 내가 어쩌면 좋겠소? 현미경이라도 들이대고 살펴보길 바라오?" 나도 조금 성이 났다.

"됐어요." 코스텔로 부인은 거만한 태도로 말했다. "나한테 어떻게 그런 식으로 말할 수 있죠?"

"당신도 그게 사실이 아님을 잘 알지 않소. 어째서 그런 거짓말을 하는 거요? 사람이 적당한 시기에 적당한 성생활을 하는 것은 당연한 일이라고 생각지 않소? 그것이 당신의 몸에서 말라 버리는 꼴을 보고 싶은 게요?"

"어떻게 그런 말을!" 그녀는 아랫입술을 깨물며 얼굴을 홍당무처럼 붉혔다. "당신은 신사라고 생각했어요!"

"흥, 그러는 당신도 숙녀는 아니지." 나도 되받아쳤다. "숙녀도 때로는 육체관계를 인정하는데다가, 숙녀라면 손가락을 집어넣어 얼마나 작은지 살펴봐 달라고 신사에게 부탁하지도 않소."

"난 만져봐 달라고 부탁하지 않았어요. 당신 같은 사람에게 내 소중한 곳을 만지게 하다니 상상도 못할 일이에요!"

"그럼 당신은 내가 귀 청소라도 해줄 줄 알았소?"

"그때는 당신을 의사처럼 생각한 거예요. 단지 그뿐이라고요." 코스텔로 부인은 나를 안절부절못하게 하려고 쌀쌀하게 말했다.

나는 거칠게 그 말을 받았다.

"들어봐요." 나는 되든 안 되든 한번 찔러 보자는 생각으로 말했다. "지금까지의 일은 모두 실수였고, 아무 일도 일어나지 않았다고 해둡시다. 나는 당신을 너무나 잘 알고 있고, 그런 당신을 모욕할 생각은 눈곱만큼도 없소. 당신에게 그런 짓을 할 생각은 조금도 없었소. 정말이오. 나는 다만 당신이 한 말이 틀릴 수도 있으며, 걱정할 만큼 작진 않을 수도 있다고 생각했을 뿐이라오. 당신도 알다시피 눈 깜짝할 새에 지나간 일이라 어떤 느낌이었는지도 기억나지 않고…… 어쩌면 손가락이 들어가지 않았는지도 몰라요. 바깥쪽만 만져 본 게 다였다고 생각해요. 자, 그러니 여기 이 의자에 앉아 봐요.

우리 그만 화해하도록 합시다!"

나는 코스텔로 부인의 손을 끌어당겨 옆에 앉혔다. 그녀가 누그러지는 모습이 눈에 역력했다. 나는 더욱 부드럽게 달래는 시늉을 하면서 한손으로 그녀의 허리를 껴안았다.

"전부터 줄곧 그런 모양이었소?" 나는 천진스레 물었다. 내가 생각해도 너무나 얼간이 같은 소리라 웃음이 터져 나올 것 같았다. 코스텔로 부인은 마치 입에 올릴 수 없는 비극이라도 언급하는 것처럼 부끄러워하며 고개를 끄덕였다.

"내 무릎 위에 앉지 않겠소?" 나는 그녀를 부드럽게 들어 올려 내 무릎 위에 앉히고, 동시에 손을 치마 밑으로 살며시 밀어 넣어 가만히 그녀의 무릎 위에 얹었다. "이러고 조금 앉아 있으면 틀림없이 기분이 나아질 거요…… 그렇지, 그렇게 내 팔에 몸을 바로 기대고…… 어때요, 좀 낫소?"

코스텔로 부인은 대답하지 않았지만 반항도 하지 않았다. 몸에 힘을 빼고 나에게 기대어 눈을 감았다. 나는 낮은 목소리로 어르듯이 얘기하면서 조금씩, 점잖고도 매끄럽게 손을 허벅지 쪽으로 쓸어 올렸다.

마침내 손가락이 그녀의 사타구니에 닿았고, 조그만 입술을 살짝 벌려보자 그곳은 마치 행주처럼 축축해져 있었다. 나는 부드럽게 애무하면서 그 부분을 조금씩 벌려갔다. 그러면서 여성들은 자칫 자신에 대해 잘못 생각하기 쉽다는 둥 실제로는 정상이라도 스스로 작다고 생각하기 마련이라는 둥 그녀의 마음에 들 만한 말을 속삭였는데, 계속 하면 할수록 그녀는 점점 더 축축해졌고 더욱더 크게 입을 벌렸다.

나는 이미 네 손가락을 다 집어넣었는데, 손가락만 있다면 몇 개는 더 넣을 수 있을 만큼 여유가 있었다. 코스텔로 부인은 엄청나게 큰 음부를 가지고 있었으며 또 도구로 구멍이 충분히 넓혀져 있는 상태였다. 나는 그녀가 아직도 눈을 감고 있는지 궁금해서 그녀를 바라보았다. 그녀는 입을 벌리고 가쁜 숨을 몰아쉬고 있었지만 마치 이 모든 게 꿈이라고 암시를 거는 것처럼 눈을 꼭 감고 있었다.

그렇다면 조금 거칠게 나가도 문제없었다. 적어도 저항할 걱정은 없는 것이다. 짓궂은 방법이었지만, 나는 코스텔로 부인이 제정신을 찾을지 어떨지 확인하고자 그녀를 일없이 거칠게 밀어젖혀 보았다. 그녀는 깃털 베개처럼 휘주근해졌으며, 머리가 소파 팔걸이에 부딪쳤는데도 화를 내려는 낌새조차 보이지 않았다.

마치 그녀가 호의적인 성교를 위해 스스로를 마취시킨 것 같았다. 나는 그녀의 옷을 모조리 벗겨서 바닥에 던져 버렸다. 그런 뒤 소파 위에서 살짝 간만 보고 그것을 뽑아서는 그녀를 바닥의 옷 위에 눕혔다. 그리고 다시금 내 물건을 밀어 넣자 코스텔로 부인은 혼수상태를 가장하고 있으면서도 흡입판을 자유자재로 다루며 내 물건을 단단히 부여잡았다.

나는 음악이 언제나 성교로 바뀌는 것이 무척 이상했다. 밤에 홀로 산책을 나오면 나는 어김없이 여자를 낚아챌 수 있었다—간호사, 댄스홀에서 나오는 아가씨, 직장여성 등 치마만 두르고 있으면 아무나 상관없었다. 맥그리거와 함께 그의 차를 타고 그의 말처럼 해변이나 한 바퀴 둘러보러 나가면, 대체로 한밤중에는 어느 수상한 거리의 이상한 매음굴에서 여자를 무릎에 앉히고 앉아 있었다. 맥그리거는 나보다 더 계집을 가리지 않았으므로 그의 무릎 위에는 대체로 별 볼일 없는 여자들이 올라앉아 있었다.

맥그리거의 차에 올라탈 때마다 나는 곧잘 이렇게 말했다. "이보게, 오늘 밤은 계집들 없이 보내는 게 어때?" 그러면 그는 흔쾌히 대답한다. "암, 좋고말고. 나도 계집이라면 이제 지긋지긋해…… 그럼 어디 가서 바람이나 쐬고 오자고…… 십스헤드만(灣)이 좋겠군. 어떤가?"

그러나 1마일도 채 못 가서 맥그리거는 차를 길가에 세우고 나를 들볶는다. "이봐, 저기 좀 보게나." 그는 보도 위로 걸어가는 여인을 가리키며 말한다. "히야, 저 각선미를 좀 보라구!" 또는 다음과 같이 제의한다. "저 여자를 꾀어 보는 게 어떻겠나? 어쩌면 친구를 하나 더 찾아내 줄지 누가 알겠나, 안 그래?"

그러고는 내가 무어라고 말하기도 전에 여자를 불러 세우고 늘 하던 대로 수작을 붙이는 것이었다. 어느 여자에게나 똑같은 말을 건네지만, 여자들은 십중팔구 따라왔다. 그리고 다시 차를 몰자마자 그는 비어 있는 한 손으로 여자를 주물러대며 우리와 같이 놀 만한 친구가 없느냐고 대뜸 물어보았다. 이때 여자가 소란을 떨며 다짜고짜 주물러대는 것을 거부하면, "좋아. 그렇다면 꺼져…… 너 따위에게 낭비할 시간은 없어!" 하고 말하며 차를 세우고 여자를 밖으로 밀어내 버린다.

"저런 계집애 때문에 기분을 잡칠 수야 없지. 그렇지 않은가, 헨리?" 맥그리거는 킥킥 웃으며 나에게 말한다. "기다리게. 오늘 밤이 지나기 전에 근사한 짝을 찾아 줄 테니. 나만 믿으라고."

내가 오늘밤은 하루 쉬기로 하지 않았느냐고 물으면 그는 이렇게 대답했다. "그랬지, 그럼 자네 좋을 대로 하세…… 나는 다만 그러면 자네가 좀더 즐거워할 줄 알았지."

그러나 말을 끝내기가 무섭게 갑자기 브레이크를 밟아 차를 덜컥 세우고는 어둠 속에 흐릿하게 윤곽만 보이는 여인에게 외쳐대는 것이다. "안녕하시오, 아가씨? 산책하는 중이시오?"

그런데 오늘밤은 일이 재미있어질 것 같았다. 보아하니 상대는 치마를 들추고 그것을 내주는 것 말고는 재주가 없는 음란한 여자였던 것이다. 어쩌면 그녀에게 술 한잔 사줄 필요도 없으며, 어딘가 길모퉁이에 차를 세우고 차 안에서 번갈아가며 일을 치를 수도 있을 것 같았다. 대다수의 여자들이 그렇듯이 만약 그녀가 골이 빈 멍청한 계집이라면 맥그리거는 그녀를 집까지 바래다주지도 않았다.

"우리는 그 길로 가지 않으니 여기서 내리게." 그 후레자식은 이렇게 말하고 차문을 열어 그녀를 내리게 했다. 여자를 쫓아내고 난 뒤 맥그리거는 그녀가 성병을 가지고 있는지 여부에 생각이 미친다. 그 불안감은 집에 돌아갈 때까지 그를 들들 볶는다.

"너무 경솔했어. 저런 여자와 하고 나면 뒷일이 어떻게 될지 알 수가 없으니 말이야. 그 왜 지난번에 길에서 차에 태운 계집 말이야. 그 여자와 한 뒤로 도무지 근질거려서 참을 수가 없네. 기분 탓인지도 모르지만…… 줄곧 그 생각이 머리에서 떠나지 않으니까 말이야. 그런데 말이야, 남자는 왜 한 여자로는 만족하지 못하는 걸까, 헨리? 트릭스만 봐도 그래. 자네도 알다시피 그녀는 제법 괜찮은 여자야. 나도 그녀는 아주 마음에 들어. 그런데…… 제기랄, 이 얘기는 그만 하지. 말한들 무슨 소용이 있다고. 자네도 알다시피 나는 대식가야. 그런데 그게 점점 더 심해지고 있어. 요즘에는 여자와 데이트를 하러 가는 도중에도—그것도 꼭 한번 같이 자야겠다고 평소 생각하던 여자인데다가 이미 밥상도 다 차려놓은 상태인데도 말이야—차를 몰고 가다가 문득 지나가는 여자의 다리가 눈에 들어오기만 하면 나도 모르는 사이에 이미 그 계집애를 차에 태운 뒤라네. 그리고 만나기로 한 여자는 깡그리 잊어버리고 마는 거야. 나는 틀림없이 지독한 오입쟁이인가 봐…… 자네는 어떻게 생각하나? 아니, 괜찮아, 말할 것 없네." 맥그리거는 황급히 말을 끊는다. "자네라면 틀림없이 그렇다고 할 테니까."

그리고 그는 잠시 쉬었다가 다시 말했다. "자네는 재미있는 친구야. 그거 아나? 나는 자네가 상대를 거절하는 것을 한 번도 보지 못했네만, 그런데도 자네는 그런 문제로 전혀 고민하지 않더군. 어찌 되든 상관없다고 포기한 사람 같아. 그런 주제에 한 여자에게 제법 정성을 기울이는 면도 있고—마치 일부일처주의자처럼 말이야. 어쩌면 그렇게 오랫동안 한 여자와 사귈 수 있는지 아주 감탄스러울 정도야. 자네는 싫증도 나지 않는가? 제기랄, 여자들이 지껄이는 말이라고는 뻔해. 때로 나는 이렇게 말해주고 싶어서 입이 근질거린다네…… 그녀들 말을 가로막고 이렇게 말하는 거야—이봐, 이러쿵저러쿵 쫑알거리지 말고 잽싸게 가랑이를 벌리고 그곳이나 내놓도록 해."

맥그리거는 통쾌하게 웃었다. "내가 그렇게 말하면 트릭스가 어떤 표정을 지을지 상상할 수 있겠나? 실은 전에 한 번, 조금만 더하면 그렇게 말할 수도 있었어. 모자와 외투를 걸친 채로 하려고 했었지. 그녀가 어찌나 화를 내던지! 외투를 입고 있는 것은 상관없지만 모자만은 참을 수 없다고 하지 뭔가! 난 웃풍이 세서 그랬다고 말했지. 물론 웃풍 같은 건 있지도 않았지만. 사실대로 말하자면 재빨리 해치우고 싶은 마음에, 모자를 쓰고 있으면 좀더 빨리 끝날 거라고 생각한 게야. 한데 곧 나오기는커녕 오히려 밤새도록 트릭스에게 붙잡혀 있었네. 하도 난리를 피우는 바람에 도통 달랠 수가 있어야 말이지……. 하지만 그런 것은 아무것도 아니었네. 한번은 술 취한 아일랜드 여자를 낚았는데 이 계집이 또 묘한 생버릇을 갖고 있었네. 첫째로, 그녀는 침대 위에서는 절대 그 짓을 하지 않겠다고 하지 뭔가. 그래서 언제나 탁자 위에서 했어. 어쩌다 한번 정도는 괜찮지만 매번 탁자 위에서 그 짓을 하자니 진저리가 나더군. 그래서 어느 날 밤—나도 좀 취해 있었던 것 같아—트릭스에게 딱 잘라 말했지. '말대답하지 마, 이 주정뱅이야. 잔말 말고 오늘 밤은 나와 침대에서 자는 거야. 난 침대에서 제대로 즐기고 싶어.' 꼬박

한 시간을 씨부렁댄 끝에 겨우 함께 침대에서 자도록 설득했는데, 다만 내가 모자를 써야 한다는 조건이었어. 이보게, 자네는 내가 모자를 쓰고 그 멍청한 여자 위에 올라타 있는 꼴을 상상할 수 있겠나? 발가벗은 채로 말일세! 나는 그녀에게 어째서 모자를 써야 하느냐고 물었지. 그랬더니 뭐라고 대답한 줄 아나? 모자를 써야 더 점잖아 보이기 때문이라는 거야. 정신 수준이 어느 정돈지 짐작하고도 남겠지? 이런 계집과 자야 한다고 생각하니 나 자신이 정말 싫어지더군. 맨정신으로는 트릭스 집에 찾아가지 않은 것도 그 때문이었어. 우선 술을 잔뜩 들이부어서 눈앞이 부예질 정도로 곤드레만드레 취하지 않으면 발길이 떨어지지 않아—자네도 알지, 내가 이따금……"

맥그리거가 때때로 어떤 상태였는지 나는 잘 알고 있었다. 그는 나의 가장 오래된 친구 가운데 하나인 동시에, 내가 아는 사람들 가운데 가장 심술궂은 후레자식이었다. 완고하다는 말로는 이루 설명할 수 없었다. 마치 노새 같은—옹고집쟁이 스코틀랜드 사람이었다. 그의 아버지는 그보다 한술 더 떴다. 두 사람이 싸우는 모습은 참으로 볼 만한 구경거리였다. 먼저 그의 아버지가 화를 못 이겨 춤을 추듯 펄쩍펄쩍 뛰었다. 그의 어머니는 그들 사이에 끼어들었다가 눈가에 시퍼런 멍이 들기 일쑤였다. 맥그리거의 부모는 그를 정기적으로 집에서 쫓아냈다. 그러면 그는 자기 물건을 모조리 챙겨서 뒤도 돌아보지 않고 나온다. 가구부터 피아노까지 몰래 가지고 나오는 것이다. 그러나 한 달쯤 지나면 또다시 불쑥 돌아왔다. 집으로 돌아오면 그의 부모는 앞으로는 말썽 피우지 않을 것이라고 생각하고 언제나 반갑게 맞아 주었기 때문이다.

그러나 어느 날 밤에 맥그리거가 술에 취해서 어디서 주운 계집애를 데리고 집으로 돌아오면 또다시 소동이 되풀이되는 것이다. 그의 부모는 아들이 여자를 데리고 와서 밤새도록 끼고 자는 것에는 별로 반대하지 않았으나, 여자와 자고 있는 침대로 어머니에게 아침밥을 가져다 달라고 하는 그의 뻔뻔스러운 태도에는 불같이 화를 냈다. 어머니가 호통을 치며 쫓아내려고 하면 맥그리거는 비장의 수단을 써서 어머니를 꼼짝 못하게 만들었다. "나한테 큰소리 칠 자격이 있수? 애를 배지 않았더라면 아직까지 결혼은 꿈도 못 꿨을 주제에!"

그의 어머니는 너무 분해서 두 손을 쥐어짜며 외친다. "저게 아들이라니!

맙소사! 하느님, 제가 전생에 무슨 죄를 지었기에 이런 곤욕을 당해야 합니까?" 그러면 맥그리거는 이렇게 받아친다. "흥! 그만 두시오! 요컨대 어머니가 못나서 그런 것이니!"

종종 그의 누이가 들어와 사태를 무마해보려고 하기도 했다. "윌리 오빠. 오빠가 무슨 일을 하건 내가 상관할 바 아니지만, 어머니께 얘기할 때는 좀 더 공손하게 말할 수 없어?"

그러면 맥그리거는 누이를 침대 가에 앉히고 아침밥을 갖다 달라고 슬슬 구슬린다. 대체로 그는 함께 잔 여자를 누이에게 소개하기 위해 먼저 여자에게 이름을 물어봐야 했다.

"이 애는 나쁜 애가 아니야." 맥그리거는 자기 누이를 가리키며 치켜세웠다. "우리 집에서 유일하게 제대로 된 사람이지. 그런데 동생아, 먹을 것 좀 갖다 주지 않겠니? 베이컨과 달걀 같은 것 말이야. 그건 그렇고 아버지는 집에 계시니? 기분은 어때 보여? 몇 달러를 좀 빌렸으면 하는데 네가 가서 좀 얻어다 주지 않겠니? 이번 크리스마스 때 근사한 선물 사줄게." 이렇게 말하고는 모든 문제가 해결되었다는 듯이 이불을 잡아당겨 옆에서 자고 있는 여자의 몸이 드러나도록 했다.

"이 여자를 좀 봐. 예쁘지? 저 다리를 보라구. 너도 빨리 좋은 남자를 찾아야지…… 넌 너무 말랐어. 여기 이 팻시는 아쉬운 얼굴을 하지 않아도 얼마든지 상대를 찾을 수 있을 거야. 그렇지, 팻시?" 그러면서 맥그리거는 팻시의 엉덩이를 찰싹 때렸다. "자, 어서 가 봐. 난 커피를 마시고 싶어…… 베이컨을 바삭바삭하게 굽는 것도 잊지 말고! 근처 아무데서나 파는 싸구려 베이컨은 사지 마…… 아주 좋은 놈으로 부탁해. 빨리!"

나는 그의 약한 면을 좋아했다. 굳은 의지력을 가진 모든 사람들이 그렇듯이 맥그리거도 속으로는 매우 연약했다. 그는 그 연약함 때문에 어떤 궂은 일도 마다하지 않았다. 그는 언제나 눈코 뜰 새 없이 바빴으나 진심으로 한 일은 하나도 없었다. 그러면서도 늘 어떤 일에 매달려 있었으며, 정신을 향상시키고자 애썼다.

예를 들면, 맥그리거는 아주 두꺼운 대사전을 구해 와서는 매일 한 장씩 찢어 내어 출퇴근길에 기를 쓰며 외우곤 했다. 참으로 다양한 사실들을 입수했으며, 그 내용이 터무니없고 엉뚱한 것일수록 그가 얻는 즐거움도 더욱 컸다. 삶이란 어차피 익살극이라 노력할 가치도 없으며, 어차피 무슨 일을 하건 한 가지로 이득을 보면 다른 데에서 손해를 보게 되어 있다고 세상 모든 사람들에게 증명하고자 애쓰는 것 같았다. 맥그리거는 내가 어린 시절을 보낸 마을에서 그다지 멀지 않은 북쪽 지구에서 자랐다. 그는 자못 북쪽 태생다웠으며, 그 점이 내가 그를 좋아하게 된 이유 가운데 하나였다.

입가를 일그러뜨리고 내뱉는 말투, 순경에게 말할 때의 건방진 태도, 거칠게 침을 탁 뱉는 모습, 그 특유의 욕지거리, 감상주의, 좁은 시야, 당구나 도박에 대한 정열, 밤을 새워가며 나누는 이야기, 부자들에 대한 멸시, 정치가들과 잘 어울리는 친근성, 시시껄렁한 일에 대한 호기심, 학문에 대한 존경심, 무도장과 술집과 저속한 익살극에 대한 사랑, 드넓은 세상을 보고 온 듯이 말하지만 실은 시내에서 한 걸음도 나간 적이 없는 그의 허풍, '위풍당당'한 사람이면 누구든 우상시하는 경향……그 밖에도 헤아릴 수 없는 특징과 기이한 버릇이 나를 맥그리거에게 이끌리게 했다. 내가 어릴 때 사귀던 녀석들은 바로 이러한 특징으로 정의할 수 있었기 때문이다.

동네 전체가 말하자면 사랑스러운 실패자들로 이루어져 있었다. 어른들은 누구나 어린애처럼 행동했고, 애들 역시 제멋대로여서 손댈 수가 없었다. 이웃사람들보다 두드러지거나 뛰어나면 안 되었다. 마을에서 따돌림을 당할 수 있기 때문이다. 누군가가 의사나 변호사가 되는 것은 눈이 휘둥그레질 일이었다. 여기에서는 비록 의사나 변호사가 되었다 하더라도 동네 사람들과 친하게 어울려야 하고 모두와 같은 말투를 쓰는 척하며 민주당에 투표해야 하는 것이다.

맥그리거가 플라톤이나 니체에 대해 친구들에게 설명하는 모습은 정말 잊을 수 없는 광경이었다. 먼저, 친구들 앞에서 플라톤이나 니체에 대한 이야기를 꺼낼 수 있도록 허락을 받기 위해서 그는 이러한 이름이 튀어나온 것이 정말 우연이었다는 시늉을 해야 했다. 아니면 어젯밤 술집에서 재미있는 주정뱅이 하나를 만났는데, 그 녀석이 니체니 플라톤이니 하는 놈들 이야기를 하더라며 말을 꺼내는 것이었다. 심지어 그들 이름의 정확한 발음조차 모르는 척하며 세심하게 주의를 기울였다. 맥그리거는 플라톤이 그렇게 멍청한 녀석은 아니었다고 변명하듯 말했다. 머리에 한두 가지쯤은 괜찮은 생각을 가지고 있었어. 나는 워싱턴의 아둔한 정치가들이 플라톤 같은 녀석과 논쟁하는 모습을 꼭 한번 보고 싶다니까.

이처럼 맥그리거는 표현을 빙빙 돌려가면서 플라톤이 그 시대에 얼마나 총명한 천재였으며, 뒷날 다른 사람들과 얼마나 화려한 논쟁을 벌였는가를 같이 도박하는 친구들에게 설명했다. 물론 그는 플라톤이 고자일지도 모른다고 한 마디 덧붙임으로써 그의 유식함에 찬물을 끼얹는 것도 잊지 않았다. 그 무렵 철학자 같은 위대하신 분들은 갖은 유혹에서 벗어나기 위해 불알을 떼 버리는 일이 많았으니까 말이야, 진짜라고—맥그리거는 이처럼 재치 있게 덧붙이곤 했다.

다른 한 사람인 니체는 말할 가치도 없는 환자, 정신병원에 갇혀 있어야 할 환자였어. 자기 누이와 잠자리를 함께 한다는 소문이 있지. 과민증이었던 모양이야. 그는 특별한 기후를 가진 곳에서만 살 수 있었는데, 아마도 니스였을 거야. 나는 대체로 독일 사람에게는 관심이 없지만 니체만은 달라. 사실은 이 니체도 독일 사람을 싫어했어. 그래서 그는 자기를 폴란드나 그쪽에 가까운 사람이라고 말하고 다녔지. 그러나 니체는 독일 사람들을 정확하게 간파하고 있었어. 그는 독일 사람들이 우둔하고 야비하다고 했는데, 정말 제대로 알고 있었지.

아무튼 니체는 독일인들의 본성을 폭로한 거야. 말하자면 똥으로 가득 찬 인종이라고 말한 셈인데, 정말 일리가 있다고 생각지 않나? 녀석들이 제 손으로 만든 약을 먹을 때가 되자 꽁지를 말고 줄행랑치는 모습을 본 적이 있는가?

"나는 아르곤 지방에서 독일군 부대를 전멸시킨 친구를 알고 있는데, 그놈들은 너무 천박해서 똥물을 뒤집어씌울 마음도 들지 않더라고 말하더라고. 그놈들한테는 총알도 아까워서 곤봉으로 대갈통을 후려갈겼다는군. 그 친구의 이름은 까먹었지만 전쟁터를 전전한 몇 달 동안 경험만은 충분히 쌓아왔던 모양이야. 그가 말하길, 이 빌어먹을 전쟁을 치르는 동안 가장 재미있었던 일은 자기 상관인 소령을 쏘아 죽인 일이란 거야. 그 상관에게 특별히 불만이 있었던 것은 아니고, 그냥 그놈의 꼬락서니가 보기 싫었다는 거야. 소령이 명령을 내리는 태도가 못마땅했던 거지. 전사한 장교들 대부분이 아군의 총에 맞은 것이라고 그는 말했어. 꼴좋다, 이 후레자식아, 하고 욕지거리까지 내뱉더군. 그는 북쪽 지역 출신의 평범한 애송이였는데 지금은 아마 월어바우트 시장 근처에서 당구장을 하고 있을 거야. 쓸데없는 말은 하지 않는 조용한 사내인데, 전쟁 이야기만 나오면 걷잡을 수가 없어. 그는 미국 정부가 또다시 전쟁을 일으킨다면 대통령을 암살할 것이라고 펄펄 뛴다니까. 그래. 사실 그러면 정말 할지도 몰라……. 그런데 제기랄, 내가 플라톤에 대해 무슨 얘기를 하려고 했더라? 아, 그렇지……"

이윽고 다른 사람들이 다 가 버리면 맥그리거는 갑자기 태도를 바꾸고 말했다. "자넨 아까 같은 말투에 불만이 있는 것 같은데, 그렇지?" 나는 그렇다고 시인했다.

"그건 자네가 잘못 생각한 거야." 그는 계속해서 말했다. "사람들과는 친하게 어울려 둬야 해. 언제 어느 때에 그 친구들이 필요해질지 모르니 말이야. 자네는 스스로 자유롭고 독립적으로 살아갈 수 있다는 가정 아래 행동하지! 마치 그 사람들보다 우월하다는 태도로. 그런데 그게 큰 잘못이야. 5년, 아니 고작 여섯 달 뒤 자네가 어떤 상황에 놓여 있을지 과연 누가 알겠나? 장님이 될 수도 있고, 트럭에 깔릴지도 모르고, 정신병원에 가 있을지도 모르지. 앞으로 일이 어떻게 될지는 아무도 모르는 거야. 말하자면 자네는 갓난애처럼 무력하단 말이지……"

"그래서 어떻다는 말인가?" 나는 되물었다.

"그러니까, 자네는 친구가 필요할 때 그 친구가 옆에 있으면 멋지다고 생각지 않는가? 자네가 길을 건널 때 누군가가 손을 잡고 이끌어준다면 얼마나 기쁘겠나. 자네는 저 친구들이 쓸모없는 치들이라고 생각하지. 내가 저 녀석들과 어울리는 것을 시간 낭비라고 여기는 것처럼 보이네. 하지만 잘 듣게, 사람은 언제 어느 때에 다른 사람의 신세를 지게 될지 모르는 거야. 이 세상에 독불장군은 없는 법이야……"

맥그리거는 그가 무관심이라고 부르는 나의 독립심을 크게 걱정했다. 내가 부득이하여 그에게 돈을 빌려달라고 하면 그는 아주 기뻐했다. 우정에 대해 한바탕 설교를 늘어놓을 좋은 기회였기 때문이다 "그러니까 자네도 돈이 필요하다, 이거지?" 맥그리거는 얼굴 가득 만족스런 미소를 띠면서 말했다.

"시인도 먹어야 산다는 거지? 그래, 알았어, 알았어…… 나를 찾아온 것은 참 잘한 일이야. 헨리, 이 친구야. 뭐니 뭐니 해도 난 자네를 잘 알고 있고, 자네 같은 매정한 녀석한테도 관대하니까 말이야. 그래, 얼마나 필요한

가? 나 역시 그리 넉넉하지는 않지만 조금쯤은 나눠줄 수 있어. 그만하면 충분하겠지? 아니면 설마 가진 돈을 몽땅 털어서 자네에게 주고, 난 다른 데서 빌리면 된다고 생각하는 건 아니겠지? 틀림없이 거하게 한 상 차려놓고 먹고 싶어진 게로군, 그렇지? 햄과 달걀로는 만족하지 못하는 것 아닌가? 내가 식당까지 차로 모셔다 드리길 바라고 있을지도 모르겠군, 응? 들어 봐, 잠깐만 자리에서 일어나 봐—자네 볼기짝 밑에 방석을 깔아줄 테니. 그래, 그래…… 결국 빈털터리가 된 건가! 아니지, 자네는 언제나 빈털터리지. 난 자네가 주머니에 돈을 넣고 다니는 것을 한 번도 본 적이 없네. 그런데 자네는 전혀 부끄럽지 않은가? 자네는 내가 어울려 다니는 놈팡이들을 욕하지만…… 잘 듣게, 그 녀석들은 자네처럼 날 찾아와서 돈을 요구한 적이 한 번도 없네. 그들에게는 자존심이 있거든—차라리 훔쳤으면 훔쳤지 머리를 숙이고 돈을 빌리러 오진 않아. 그런데 자네는 어떤가? 터무니없는 생각에 사로잡혀서, 세상을 바로잡겠다느니 어쩌니 하는 일에만 빠져서는 돈을 벌 생각은 눈곱만큼도 하지 않아. 그렇지 않나? 자네는 그런 놈이야…… 누군가가 은접시에 담아서 자, 드시지요 하고 가져오기를 기다리고 있는 거야. 하! 나처럼 자네를 잘 이해해주는 친구가 있다는 게 얼마나 다행인가. 자네는 좀더 자신을 들여다볼 줄 알아야 하네, 헨리. 자넨 꿈을 꾸고 있는 거야. 사람은 누구나 먹어야 산다는 것 정도는 알고 있겠지? 세상 사람들 대부분이 먹고 살자고 뼈 빠지게 일하고 있는 거야—자네처럼 온종일 침대에서 뒹굴뒹굴하다가 배고프다며 바지를 주워 입고 가까이 있는 친구에게 달려오지는 않아. 만일 내가 여기 없었더라면 어쩔 셈이었는가? 아니, 대답하지 않아도 되네. 자네가 무어라고 할지는 안 들어도 뻔하니까. 하지만 잘 듣게. 자네도 언제까지나 이런 식으로 살 수는 없네. 물론 자네는 언변이야 훌륭하지—자네 이야기를 듣고 있으면 정말 즐거워. 자네만큼 훌륭한 말상대는 어디에도 없지만, 그래서 그걸로 뭐가 되겠는가? 머지않아 자네는 부랑죄로 잡혀 들어갈 거네. 자네는 부랑자에 지나지 않아. 모르겠나? 자네는 자네가 늘 흉보는 부랑자들보다도 못해. 가령 내가 어려움에 처하면 자네는 어디 있겠나? 아무리 찾아도 나오지 않을 테지. 편지를 써도 답장이 없고 전화를 걸어도 받지 않고, 만나러 가면 종적을 감춰 버릴 수도 있어. 괜찮아—변명할 것 없네. 그야 자네도 계속 내 이야기만 듣고 있으려니 죽을 지경이겠지. 하지만 말이야, 때로는 자네에게 꼭 말을 해야 할 때도 있는 법이야. 자네한테야 아무래도 상관없는 일이겠지. 자네는 비바람을 피하고 주린 배를 채울 밥 한 끼만 있으면 충분할 테니. 자네는 자네가 다급해지기 전에는 친구들을 생각하지도 않아. 그건 너무하지 않은가, 안 그래? 그렇다고 말하게. 그럼 1달러 주지. 제기랄, 헨리, 내 유일한 친구인 자네가 빌어먹을 개새끼라니 참을 수가 없네. 자네는 개새끼로 타고 났어. 몸을 움직여서 뭐든 유익한 일을 하느니 차라리 굶어 죽겠다는 놈이니 말해 무엇 하겠나……"

당연한 듯이 나는 웃으며 그가 약속한 1달러를 달라고 손을 내밀었다. 그게 또 맥그리거의 비위에 거슬렸나 보다. "약속한 돈만 받을 수 있다면 무슨 말이든 할 수 있다는 거지? 자네는 도대체 어떻게 생겨먹은 겐가? 그러면서 도덕을 논하다니—자네는 방울뱀 정도의 도덕의식밖에 지니지 못했어. 아니, 아직 돈은 못 주겠네, 절대로. 그 전에 좀더 괴롭혀 주겠어. 할 수 있다면 이 돈만큼 자네에게 일을 시켜야겠어. 내 구두를 닦아보는 건 어떤가? 한번 해 보겠나? 지금 자네에게 닦아달라고 하지 않으면 영원히 번쩍거릴 일은 없을 테니 말이야."

나는 맥그리거의 구두를 주워들며 솔을 달라고 했다. 그의 구두를 닦는 것 정도는 아무렇지도 않았으며, 조금도 괴롭지 않았다.

"이봐, 정말로 닦을 생각인가? 이것 참 놀랍군. 기가 막혀서 말도 나오지 않네그려. 이보게, 자네의 자존심은 어디로 갔나? 자존심을 가져 본 적은 있었나? 자네처럼 모든 일을 알고 있는 사람이, 허 참, 놀라워, 아주 놀라워. 모든 것을 다 알고 있는 탓에 친구의 구두를 닦아서 끼니를 때워야 한다는 말인가? 무슨 이런 일이 다 있나! 자, 여기 솔이 있네. 기왕 하는 김에 다른 신도 닦아 주게."

잠시 시간이 흘렀다. 맥그리거는 개수대에서 콧노래를 흥얼거리며 세수를 하고 있었다. 갑자기 그는 밝고 유쾌한 어조로 입을 열었다. "오늘 날씨는 어떤가, 헨리? 쾌청한가? 자네한테 딱 맞는 가게가 생각났네. 가리비와 베이컨에 타르타르소스를 조금 곁들인 것 어떤가? 만(灣) 근처에 있는 조그만 가게인데 오늘 같은 날에는 가리비와 베이컨이 제격이거든. 어때, 헨리? 다른 볼일이 있다고는 말하지 말게…… 내가 자네를 가게로 끌고 가면 자넨 잠깐 나와 시간을 보내기만 하면 돼. 알고 있지? 제기, 나도 자네 같은 성격이라면 좋았을걸. 평생 바람 부는 대로 흘러가며 살아보고 싶단 말이야. 이따금, 자네가 고약한 후레자식이고 배신자에 날강도라도 세상사람 눈에는 누구보다도 훌륭한 사람으로 보이는 게 아닐까 하는 생각이 든단 말이야. 자네와 함께 있으면 하루가 꿈처럼 흘러가 버려. 가끔씩 자네를 만나지 않으면 참을 수 없다고 한 말을 이해할 수 있겠지? 계속 혼자 있으면 지루해서 머리가 돌 지경이라네. 어째서 나는 자꾸 계집들 궁둥이만 쫓아다니는 걸까? 어째서 밤새도록 카드놀이만 하는 걸까? 어째서 나는 노스포인트의 부랑자들과 어울려 다니는 걸까? 결국 누구든 좋으니 말상대가 필요한 걸세."

잠시 뒤 우리는 만으로 나갔고, 물가의 식당에서 해산물요리가 나오길 기다리는 동안 맥그리거는 위스키를 홀짝이며 이야기를 계속했다. "하고 싶은 대로 하면서 살 수 있다면 인생도 그다지 나쁘진 않을 거야. 그렇지, 헨리? 나는 돈이 좀 모이면 세계 일주를 할 참이라네. 자네도 데려가 주지. 물론 자네는 그만한 대접을 받을 자격이 없지만 언젠가는 내 자네를 위해 한번 멋지게 돈을 써볼 참이라네. 내키는 대로 살아보라고 하면 자네가 어떻게 할지 궁금하거든. 나는 그 돈은 자네에게 줄 생각이야. 알겠나? 빌려주는 시늉은 하고 싶지 않아. 주머니에 돈이 좀 생기면 자네의 훌륭한 사상이 어떻게 달라지는지 한번 두고 보자고. 참, 내가 며칠 전 플라톤 이야기를 꺼냈을 때 자네에게 물어보고 싶은 것이 있었어. 아틀란티스에 관한 플라톤의 저서를 읽어본 적이 있는가? 읽었다고? 그럼 자네는 그 이야기를 어떻게 생각하나? 그냥 꾸며낸 이야기라고 생각하나, 아니면 옛날에 정말 그런 섬이 있었다고 생각하나?"

나는 과거나 미래를 통틀어 우리가 그 존재를 꿈에도 생각지 못하는 수백 수천의 대륙들이 있을 수 있다고 생각했지만, 굳이 솔직하게 말하고 싶지는 않았다. 그래서 아틀란티스와 같은 곳이 예전에 있었을 가능성은 있다고 간단히 대답했다.

"뭐, 어느 쪽이든 별로 상관은 없지만." 맥그리거는 말을 계속했다. "아무튼 나는 이렇게 생각해. 일찍이 그런 시대가, 지금과는 다른 인간이 살았던 시대가 틀림없이 있었다고 생각하네. 나는 인간이 처음부터, 아니, 수천 년 동안 계속 그랬던 것처럼 돼지 같은 존재였다고는 믿을 수 없네. 인간이란 자고로 어떻게 살아야 하는가를 알고 있던 시대, 여유롭게 삶을 즐기는 방법을 알고 있던 시대가 있었을 것이라고 생각해. 내가 가장 참을 수 없는 게 뭔지 아나? 바로 내 아버지를 보는 일이야. 퇴직한 뒤로 아버지는 온종일 난로 앞에 맥 빠진 꼬락서니로 우울하게 앉아 있네. 축 늘어진 고릴라처럼 앉아만 있어. 그게 한평생 노예처럼 아등바등 일한 끝에 아버지가 손에 넣은 전부야. 젠장맞을, 나도 그 꼴이 된다면 지금 당장 머리통에 구멍을 내고 싶은 심정이야. 주위를 둘러보게…… 우리가 알고 있는 녀석들을 살펴보게…… 살아갈 값어치가 있는 녀석이 한 놈이라도 있는가? 그런데도 어째서 다들 저 난리를 치는지 궁금하단 말이지. 우리는 살아가야 한다고 거창하게 말들 하는데, 왜냐고 물어보고 싶어. 이놈이나 저놈이나 다들 차라리 죽어 버리는 쪽이 훨씬 나아. 텃밭의 두엄으로나 쓰면 딱 맞지. 전쟁이 터졌을 때 그들이 전선으로 떠나는 것을 보면서 나는 속으로 생각했어. 이제 되었다, 그들도 이제 어느 정도는 이성을 찾아서 돌아올 것이라고 말이야. 물론 많은 사람들이 돌아오지 못했네. 그런데 돌아온 놈들은 어땠는가! 떠나기 전보다 인간적이고 사려 깊은 사람이 되어 돌아왔다고 생각하나? 천만의 말씀! 놈들은 다 바탕은 살인자야. 그런데도 조금만 궁지에 몰리면 꽥꽥 비명을 질러대지. 그 머저리들을 보고 있으면 속이 뒤틀린다고. 나는 매일 그들을 보석으로 풀어주면서 상태를 살피고 있네. 말하자면 울타리 양끝에서 바라보는 것이지. 그런데 울타리 저편에서 나는 냄새는 더욱 고약하더군. 그 불쌍한 머저리들에게 유죄판결을 내리는 판사놈들에 대해 내가 아는 바를 이야기해 주면 분명 자네도 그놈들을 때려죽이고 싶어질 걸세. 그들의 얼굴을 보면 어떤 놈들인지 알 수 있다네. 아무튼, 헨리. 나는 세상이 지금과는 전혀 달랐던 시대가 일찍이 있었다고 믿고 싶은 거야. 우리는 참된 삶을 보지 못했으며, 앞으로도 볼 기회는 없을 걸세. 내가 알 수 있는 문제는 아니지만, 이런 세상이 앞으로 수천 년은 계속될 테니까 말이야. 자네는 나를 자린고비라고 생각하지? 돈 버는 데 눈이 먼 얼간이라고 생각하잖아, 그렇지? 맞아, 솔직히 말하면 나는 돈을 벌고 싶네. 이 쓰레기통에서 발을 뺄 수 있도록. 지금 이 환경에서 벗어날 수만 있다면 검둥이 계집애와 사랑의 도피라도 할 수 있을 것 같아. 이 자리에 오기까지—물론 그다지 멀리 온 건 아니지만—나는 몸이 바수어지도록 일을 했네. 나도 자네와 마찬가지로 노동 자체를 믿는 건 아니야—다만 일하도록 길들여졌을 뿐이야. 만약 내가 어울려 다니는 그 빌어먹을 놈들을 속여서 한밑천 후려낼 수만 있다면 나는 아무런 양심의 가책도 없이 그 짓을 했을 걸세. 다만 내가 법률에 대해 아는 게 좀 많거든. 그래서 탈이야. 하지만 두고 보게. 머지않아 그놈들의 뒤통수를 후려칠 테니까. 한번 하기로 마음먹으면 나는 판을 크게 벌리거든."

　음식이 나오자 맥그리거는 위스키를 한 잔 더 털어 마시고 말을 시작했다. "내가 아까 여행갈 때 자네를 데리고 가겠다고 한 말은 진심이야. 나는 진지하게 생각해보고 있네. 자네는 처자식을 버려두고 갈 수는 없다고 말하겠지. 이보게, 도대체 자네는 그 바가지만 긁는 여자와 언제 헤어질 작정인가? 그런 여자와는 연을 끊어야 해." 맥그리거는 나직이 웃었다. "하하하! 생각해보니 그녀를 자네한테 붙여준 사람이 바로 나였군! 하지만 설마 자네가 그런 여자와 결혼할 정도로 멍청한 줄은 몰랐어. 나는 그저 근사한 잠자리 상대를 소개해 주었을 뿐이었는데 어처구니없게도 이 멍청한 친구가 덜컥 결혼을 해 버렸어. 하하하! 이 사람아, 헨리, 그래도 자네에게 아직 조금이라도 이성이 남아 있을 때에 들어두게. 바가지만 긁어대는 그런 여자 때문에 평생을 낭비하지 말게. 알아듣겠나? 자네가 무슨 일을 하든, 어디로 가든 나는 상관하지 않네. 그야 자네가 뉴욕을 떠난다고 생각하면 괴롭지만…… 솔직히 말해 쓸쓸하네. 하지만 비록 아프리카까지 가야만 한다면 과감하게 가 버리게. 그 여자와는 연을 끊어. 자네한테는 아무 도움도 되지 않는 여자야. 나는 이따금 괜찮은 계집이 손에 걸리면 바로 자네에게 딱 맞는 계집이라고 생각한다네. 그런데 꼭 소개해 줘야겠다고 생각하면서도, 늘 그렇듯 어느 틈에 잊어버리고 말지. 하지만 말이야, 이 세상에는 자네에게 딱 맞는 여자가 셀 수 없이 많다네. 그런데 하고많은 여자 중에 하필이면 그런 천한 암캐를 고르다니……. 베이컨을 더 시킬까? 지금 먹을 수 있을 때 먹어두는 게 나을 거야. 어차피 나중에는 또 빈털터리가 될 테니까. 한 잔 더 마시겠나? 이봐, 잘 듣게. 혹시 오늘 내게서 도망치려고 한다면 앞으로는 자네에게 한 푼도 빌려주지 않을 걸세……. 보자, 어디까지 이야기했더라? 그렇지. 자네가 결혼한 그 정신 나간 계집에 대해 얘기하고 있었지. 그래, 자네는 어떤가? 정말로 그녀와 헤어질 생각은 있는 건가? 자네는 내 얼굴을 볼 때마다 이번에야말로 헤어진다느니 달아난다느니 말하면서도 전혀 행동으로는 옮기지 않잖아? 설마 그녀를 자네가 먹여 살린다고 생각하는 건 아니겠지? 그렇지? 그녀는 자네를 필요로 하지 않아. 자네가 아무리 아둔해도 그 정도는 알겠지? 그녀는 단지 자네를 괴롭히려는 것뿐이야. 자식이 있다고……? 흥, 나 같으면 일찌감치 하수구에라도 처박아 버렸을 거야. 이렇게 말하면 짐승만도 못한 냉혈한으로 보이겠지만 내가 하려는 말이 무슨 뜻인지 자네는 알지? 자네는 아버지가 될 만한 사람이 아냐. 그럼 뭐냐고 물어도 대답할 순 없지만…… 아무튼 자네 같은 인재가 처자식 때문에 일생을 낭비하는 꼴은 차마 볼 수 없네. 이보게, 자네는 어엿하게 성공해볼 생각이 전혀 없는 겐가? 자네는 아직 젊고 겉보기도 번듯해. 어디든 먼 곳으로 떠나서 처음부터 다시 시작해 보게. 어느 정도의 돈은 내가 마련해 줌세. 밑 빠진 독에 물 붓는 꼴이란 건 나도 아네만, 그 점은 각오하고 해 주겠다는 거야. 사실대로 말하면 말이야, 헨리, 나는 자네가 좋아서 견딜 수가 없네. 나는 세상의 다른 누구보다도 자네에게서 많은 것을 배웠어. 같은 고향친구다 보니 여러 모로 공통점이 많아서 그렇겠지. 그 시절부터 친하지 않았다는 게 오히려 이상할 정도야. 젠장, 얘기가 우울해졌군……."

그날은 그렇게 저물어갔다. 배 터지게 먹고 마시고, 눈부신 태양 아래를 자동차로 달리고, 담배를 피워 물고, 바닷가에서 가볍게 낮잠을 자고, 지나가는 여자들을 품평하고, 떠들고 웃고 노래도 불렀다. 맥그리거와 보낸 수많은 나날 가운데 하루였다. 그런 날은 시간의 바퀴를 딱 멈추게 한 것 같았다. 겉으로는 매우 즐겁고 낙천적이었으며, 시간은 끈적끈적한 꿈처럼 흘러갔다. 그러나 그 내면은 숙명적이고 불길한 예감에 사로잡혀 있었으며, 이튿날이 되면 나는 울적해서 도저히 가만히 있을 수 없었다.

언젠가는 이러한 생활에서 벗어나야 하며, 내가 하릴없이 세월을 낭비하고 있을 뿐이라는 사실도 잘 알고 있었다. 그러나 동시에 지금 당장으로서는 어떻게 할 수 없다는 점도 잘 알고 있었다. 어떤 엄청난 일이, 나를 송두리째 휩쓸어 버릴 어떤 큼직한 사건이 일어날 필요가 있었다. 살짝 밀어주기만 하면 되는 것이다. 그러나 그 힘이 내 세계의 바깥에 있으면서 올바른 방향으로 밀어주어야 한다는 점도 틀림없었다. 나는 비탄에 잠겨 훌쩍거릴 성격도 아니었다. 결과적으로 보자면 이제껏 모든 일이 원만하게 이루어져 왔다. 아등바등 애쓰는 것은 나에게 맞지 않았다. 모든 일은 어느 정도 신의 섭리에 맡겨야 하지만, 내 경우는 오롯이 맡겨 버린 것이다. 겉으로는 불행과 실패의 연속으로 보이지만, 나는 내가 은수저를 입에 물고 왕관까지 쓴 채 태어난 사실을 알고 있었다.

겉으로 보이는 상황은 분명 좋지 않았지만, 나는 그보다는 내면적인 상황 때문에 고민했다. 나는 나 자신, 내 욕망, 호기심, 유연성, 침투성, 순응성, 붙임성, 적응성이 진정 두려웠다. 어떠한 상황도 그 자체로 나를 불안하게 할 수는 없었다. 어째선지 나는 늘, 말하자면 미나리아재비꽃 안에 편안하게 앉아서 꿀을 빨고 있었다. 심지어 교도소에 갇힌다 하더라도 나는 그 안에서의 생활을 즐길 수 있을 것 같았다.

아마도 내가 저항을 하지 않기 때문일 것이다. 다른 사람들은 발버둥치고 반항하며 점점 지쳐갔지만, 내 작전은 강물의 흐름에 몸을 맡기고 떠다니는 것이었다. 세상 사람들이 나에게 한 짓은, 그들이 다른 사람이나 그들 자신에게 한 짓보다도 나를 괴롭히지 못했다. 나는 내면적으로 너무나 풍족한 탓에 세상의 문제와 씨름해야 했기 때문이다. 내가 늘 혼란 상태에 있었던 것도 그 때문이다.

나는 내 운명과 발걸음이 맞지 않았던 것이다. 나는 세상의 운명을 극복하고자 했다. 가령 저녁에 집으로 돌아갔을 때 집 안에 애들이 먹을 음식조차 없으면 나는 곧장 발길을 돌려 먹을거리를 찾으러 나선다. 그런데 이 부분이 스스로도 이해가 가지 않지만, 일단 밖으로 나와서 먹을거리를 찾기 시작하는 순간 나는 또다시 세계관적 사색에 잠겨 버리는 것이다. 나는 우리가 먹을 음식에 대해서만 생각하는 것이 아니라 음식 전체에 대해, 지금 세계 각지에 있는 음식의 모든 단계에 대해 생각한다. 그것을 어떻게 손에 넣고 어떻게 조리하는가, 그리고 먹을 것을 구하지 못한 사람들은 어떻게 되는가, 먹고 싶으면 누구든 먹을거리를 구할 수 있어서 더는 이런 한심한 문제로 시간을 낭비하지 않아도 되는 방법이 있지 않을까—이런 생각까지 해 버리는 것이다.

물론 나도 처자식이 불쌍하다고는 생각하지만, 동시에 기아에 허덕이는 벨기에 사람과 터키 사람, 아르메니아 사람은 말할 것도 없고 호텐토트족이나 오스트레일리아 선주민들까지 불쌍해서 견딜 수가 없었다. 그리고 인류와 인간의 아둔함과 부족한 상상력에 동정을 금할 수 없었다.

먹을거리가 없다는 사실 자체는 그다지 두렵지 않았다. 나를 언짢게 하는 것은 거리의 소름끼치는 공허였다. 모두 비슷비슷하게 생긴 텅 빈 음침한 집들. 발아래의 보기 좋은 보도와 거리 한복판을 뒤덮고 있는 아스팔트, 그리고 자못 밉살스럽게 아름다움을 뽐내고 있는 사암(砂巖) 계단…… 그러나 이런 값비싼 자재 위를 온종일 걸어 다니며 빵 한 조각을 찾아 헤매는 사람도 있는 것이다. 내가 참을 수 없는 것은 바로 그 부조화였다.

식사를 알리는 종이 울리면 밖으로 달려 나가 이렇게 외칠 수만 있다면 얼마나 좋으랴. "여러분, 들어보시오. 나는 배가 고프외다. 어디 구두를 닦을 사람 없소? 쓰레기를 치워야 하는 사람은? 하수구를 청소해야 하는 사람은 없소이까?"

거리로 뛰쳐나가 이렇게 큰 소리로 말할 수만 있다면 얼마나 좋겠는가? 그러나 그럴 수 없다. 도저히 입을 뗄 수가 없는 것이다. 거리로 나가서 아무나 붙잡고 배가 고프다는 말을 해 보라. 상대는 거품을 물고 똥줄이 빠져라 달아날 것이다. 나는 그 점을 이해할 수 없었다. 지금도 이해하지 못하고 있다.

모든 일은 아주 간단하다. 누군가가 곁으로 다가오면 그저 네, 하고 대답하기만 하면 되는 것이다. 만약 네, 라고 대답할 수 없으면 그의 팔을 잡고 다른 사람에게 도와달라고 부탁하면 된다. 빵 한 조각 얻자고 왜 군복을 입고 전혀 알지도 못하는 사람들을 죽여야 하는지, 나는 도저히 이해할 수 없다.

내가 생각하는 것은 그러한 문제였지, 누구 입에 그 빵이 들어가며 값이 얼마나 나가는가 하는 문제가 아니었다. 어떤 물건의 가격이 얼마나 하는지 내가 왜 알아야 한단 말인가? 나는 돈 계산을 하기 위해서가 아니라 살아가기 위해 태어났다. 그런데 세상의 머저리들은 살고자 열망하지 않는다! 그들은 우리가 숫자를 계산하느라 일생을 허비하길 바란다. 그들에게는 그쪽이 더 이해하기 쉽기 때문이다. 그쪽이 합리적이고 지성적이라는 것이다.

내가 만약 지배권을 쥐고 있었다면 질서정연하지는 않더라도 틀림없이 지금보다는 세상이 유쾌했을 것이다! 시답잖은 일 때문에 바지에 똥을 지릴 정도로 고민하는 일도 없을 것이다. 어쩌면 포장도로와 유선형 자동차들, 확성기, 온갖 수많은 기계장치들이 사라지고, 심지어 창문에 유리도 없으며 모두들 땅바닥에서 잠을 잘 것이다. 프랑스와 이탈리아 그리고 중국 요리도 사라질지 모른다. 참다못한 사람들은 서로 죽고 죽이지만 교도소도 경찰도 판사도 없기 때문에 말리는 사람조차 없다. 복종하거나 거역해야 할 법도 없기 때문에 내각이나 입법기관 따위도 없으며, 한곳에서 다른 곳으로 여행을 하는 데 몇 달 또는 몇 년이 걸리더라도 입국 사증이나 '신분증' 같은 것도 필요하지 않게 될 것이다. 어디에도 등록할 필요가 없고, 번호를 달고 다니지 않아도 되기 때문에 이름을 바꾸고 싶으면 일주일마다 바꿀 수도 있다. 왜냐하면 모두들 몸에 지니고 있는 물건 말고는 아무것도 소유하지 않고 무엇이든 원하는 대로 가질 수 있다면 아무도 물건을 차지하고자 생각지 않으며, 따라서 이름 역시 있어도 그만 없어도 그만이기 때문이다.

여기저기 가게를 옮겨 다니고, 직장을 전전하고, 친구를 갈아치우고, 먹을 것을 찾아 이리저리 떠돌아다니던 그 시절, 그래도 나는 살그머니 닻을 내릴 수 있는 날 위한 조촐한 항구를 마련해 두려고 애썼다. 그것은 마치 물살이 세찬 해협 한가운데에 떠 있는 구명부표와 같았다. 내 주위 1마일 안에 들어서면 커다란 종소리가 비통하게 울려 퍼졌다. 그러나 그 누구도 내 정박지를 볼 수 없었다—바다 밑 깊숙한 곳에 가라앉아 있었기 때문이다. 사람들 눈에는 내가 수면 위로 떠올랐다 가라앉기를 되풀이하면서 때로는 옆으로 천천히 흔들리거나 앞뒤로 거칠게 흔들리는 모습만 보였다.

나를 안전하게 붙잡아 준 것은 내가 객실에 놓아둔 서랍이 달린 커다란 책상이었다. 이 책상은 지난 50년 동안 아버지의 양복점에 놓여 있던 것으로, 이 책상이 수많은 청구서와 번민에 찬 탄성의 진원지였으며, 서랍에는 온갖 기이한 기념품이 가득 차 있었다. 그런데 아버지가 병석에 누우면서 더는 가게에 나갈 수 없게 되자 내가 가져온 것이다.

이리하여 그 책상은 이제 브루클린에서 가장 고상한 지역의 한복판에 있는, 우아한 붉은 벽돌집의 3층에 있는 음침한 객실 한가운데에 자리를 잡게 되었다. 책상을 객실까지 옮기려면 악전고투를 각오해야 했지만 나는 무슨 일이 있어도 그 책상을 집 가운데에 가져다 놓고 싶었다. 마치 치과의사의 진료실에 마스토돈(신생대 제3기에 번성했던 코끼리 비슷하게 생긴 동물)을 놓아두는 것과 마찬가지였다.

그러나 아내에게는 찾아오는 친구가 없고, 내 친구들은 책상이 샹들리에에 매달려 있어도 전혀 신경 쓰지 않는 녀석들뿐이었다. 그래서 나는 책상을 객실에 두고 집 안에 남아도는 의자를 모조리 가져와 책상 주위에 원을 그리듯 늘어놓았다. 그러고는 편안히 앉아서 발을 책상 위에 걸치고, 작가가 되면 무슨 이야기를 쓸지 생각하며 몽상에 잠겼다.

　책상 옆에는 역시 아버지의 양복점에서 가져온 커다란 놋쇠 타구가 있었는데, 그것이 옆에 있다는 사실을 잊지 않기 위해 나는 이따금 그 안에 침을 뱉곤 했다. 책장과 서랍에는 아무것도 들어 있지 않았다. 책상 위에나 안에도 하얀 종이 한 장밖에 없었으며, 나는 그 종이에 글자 한 자 적지 못하고 있는 실정이었다.

　내 안에서 부글부글 끓고 있는 뜨거운 용암을 분출하기 위해 쏟은 초인적인 노력, 깔때기를 바로 놓고 한 마디 한 낱말이라도 잡아내려고 수천 번씩 되풀이했던 노력—그 노력을 생각할 때마다 나는 늘 구석기시대 사람들을 떠올렸다. 구석기라는 개념에 이르기까지 십만, 이십만, 삼십만 년이란 세월이 걸렸으리라. 구석기라는 것을 상상도 못했던 그들로서는 꿈같은 발악이었으리라. 그것이 아무런 어려움 없이 순식간에 생겨난 것이다. 이 세상에 일어나는 일은 모두 기적 같다고 말하지만, 바로 그것이야말로 하나의 기적이었다. 모든 일은 일어나거나 일어나지 않거나 이 두 가지 경우밖에 없다. 땀과 노력으로 이루어낼 수 있는 일 같은 것은 하나도 없다. 우리가 삶이라고 부르는 거의 모든 일은 불면증 때문에, 잠자는 습관이 어그러진 탓에 생기는 고뇌에 지나지 않는다. 우리는 일이 흘러가도록 내버려두지 못한다. 우리는 용수철이 달린 도깨비상자의 인형과 같아서, 몸부림치면 칠수록 상자 안으로 다시 들어가지 못하게 된다.

　만약 내가 미쳐 있었더라면 객실 한복판에 이런 네안데르탈인의 유물 같은 것을 들고 와서 내 정박지를 강화할 생각은 하지 못했을 것이다. 두 발을 책상 위에 올리고 폭신한 가죽 쿠션에 등을 푹 파묻고 편안하게 기대 있으면, 나는 내 주위를 빙글빙글 돌고 있는 잡동사니들과 이상적인 관계를 맺을 수 있었다. 미친 듯이 소용돌이치고 흐름의 일부이기 때문에 친구들은 그 잡동사니가 바로 삶이라고 가르치려 했다.

　나는 내 발을 통해 현실과 처음으로 접촉한 때를 지금도 분명히 기억한다. 이제까지 내가 쓴 수백만 개의 낱말이 매우 조리 있게 연결되어 있다 하더라도 나에게는 아무것도 아니었다—구석기시대의 조잡한 상형문자일 뿐이었다. 왜냐하면 현실과는 머리로 접촉했을 뿐이고, 머리는 우리가 수로 한복판에서 진흙 속에 깊숙이 닻을 내리지 않는 한 아무 쓸모없는 부속물에 지나지 않았기 때문이다.

지금까지 내가 쓴 글은 모두 박물관의 진열품 같은 것이었으며, 지금 내가 쓰는 것 역시 박물관으로 갈 만한 것인데, 그렇기에 그것은 불타오르지 못하고 세상에 불을 지피지도 못하는 것이다. 나는 나를 통해 이야기하는 조상의 대변자일 뿐이었다. 내 꿈조차 진짜가 아니었으며, 진짜 헨리 밀러의 꿈이 아니었다.

가만히 앉아서 내 속에서—구명부표에서 떠오르는 한 가지 생각에 정신을 집중하기란 아주 어려운 작업이었다. 나는 생각과 어휘와 표현력은 부족하지 않았지만 그보다 중요한 것—체액의 흐름을 막는 지레가 빠져 있었다. 나라는 빌어먹을 기계는 난처하게도 도저히 멈추지 않았다. 나는 급류의 한복판에 있을 뿐 아니라 지금은 급류가 나를 통과하고 있었다. 그리고 내게는 급류를 조절할 방법이 어디에도 없었다.

나는 그 기계를 완전히 멈추게 한 날을 기억한다. 그리고 그날 또 하나의 기계, 내 이름의 머리글자가 새겨져 있고 내 손과 피로 만들어낸 기구가 천천히 활동을 시작했다. 근처에 있는 소극장에 희극을 보러 갔을 때의 일이다. 낮에 하는 공연이었으며, 나는 2층 자리표를 가지고 있었다. 대기실에서 줄 서 있을 때부터 나는 이미 신비로운 밀도를 느끼고 있었다. 마치 나 자신이 응고되어 단단한 젤리 덩어리가 되어 가는 느낌이었다. 상처가 나아가는 마지막 단계와도 비슷했다. 나는 지극히 정상이었지만 그것이 나에게는 아주 비정상적인 상태였다. 콜레라가 다가와서 내 입안에 사악한 입김을 불어넣는다고 해도 나는 동요하지 않았을 것이다. 허리를 굽히고 나병환자의 손에 난 부스럼 위에 입을 맞춘대도 나에게는 아무런 화가 미치지 않았을 것이다.

건강과 병 사이의 이 영원한 싸움의 (대부분의 사람들이 바라는) 균형뿐 아니라, 내 핏속에는 완전한 정수까지 들어와 있었다. 이것은 적어도 얼마 동안은 병이 완전히 근절되었다는 뜻이다. 이처럼 순식간에 뿌리를 내릴 수 있는 지혜를 가지고 있으면, 우리는 두 번 다시 병에 걸리지 않고 불행해지지도 않고 심지어 죽지도 않을 것이다. 그러나 이와 같은 결론으로 건너뛰는 것은 구석기시대보다 훨씬 먼 옛날로 거슬러 올라가는 것을 뜻한다. 그 순간 나는 뿌리를 내리리라고는 꿈에도 생각하지 않았다. 나는 태어나서 처음으로 기적을 경험하고 있었다. 나 자신의 톱니바퀴가 맞물리는 소리를 듣고 크게 감탄한 나는 그 굉장한 체험에 아주 만족하여 그 자리에서 당장 죽어도 여한이 없을 것 같았다.

요컨대 이런 일이 일어난 것이다…… 내가 반으로 잘린 표를 들고 문지기 곁을 지나는 순간 마침 불빛이 꺼지고 막이 올라갔다. 갑자기 캄캄해진 탓에 나는 조금 어쩔하여 잠시 서 있었다. 막이 천천히 올라갔다. 어느 시대의 사람이든, 연극이 시작되기 전인 이 한 순간의 신비로운 느낌에 틀림없이 숨을 죽이고 마른 침을 삼켰으리라.

나는 '사람의 내부에서' 막이 올라가는 것을 느낄 수 있었다. 동시에 이것은 잠들어 있는 사람에게 끊임없이 나타나는 상징이며, 그가 깨어 있으면 배우들은 절대 무대 위로 오르지 않으며 대신 사람이 무대가 될 것이라는 점도 바로 깨달았다. 나는 이러한 사실을 생각한 것이 아니라 깨달았으며, 너무나도 단순명료하여 기계도 순식간에 움직임을 멈추었다. 그리고 나는 빛나는 현실의 빛에 휩싸인 나 자신과 마주하고 있었다.

나는 무대에서 눈길을 떼고 2층 좌석으로 가기 위해 밟아야 할 대리석 계단을 바라보았다. 한 사내가 난간을 잡고 천천히 계단을 올라가고 있었다. 그 사내는 나 자신이었을 수도 있고, 태어난 뒤로 계속 꿈속에서 놀고 있는 옛 자아였을 수도 있다. 계단 전체가 다 보이진 않았다. 다만 사내가 이미 다 올라갔거나 내가 눈을 돌렸을 때 오르고 있던 계단이 눈에 들어왔을 뿐이었다.

그는 결국 계단을 끝까지 오르지 못했고 대리석 난간에서 영영 손을 떼지 못했다. 막이 내려오는 것을 느낀 나는 잠시 뒤 무대 뒤쪽으로 가서 장치 사이를 걷고 있었다. 갑자기 선잠에서 깨어나 아직도 꿈을 꾸고 있는 것인지, 아니면 무대 위에서 펼쳐지고 있는 꿈을 바라보고 있는 것인지 확신이 서지 않는 소품담당이 된 것 같았다.

샴쌍둥이로 태어난 비덴덴의 자매가 서로 엉덩이를 붙이고 산 긴 일생동안 매일같이 보아왔던 빵과 치즈의 나라처럼 신선하고 아름다웠으며 야릇하게 새로웠다. 나는 생기가 넘치는 것만 보았다! 그 밖의 것은 모두 그늘 속으로 사라졌다. 이 세상을 생생한 상태로 보존해두기 위해 나는 연극도 보지 않고 집으로 달려가서 그 불멸의 계단 일부를 묘사하기 위해 책상 앞에 앉았다.

마침 그 무렵에 다다이즘이 한 세상을 풍미하고 곧이어 초현실주의가 고개를 쳐들었다. 그러나 내가 그 두 사상의 이름을 들은 것은 그로부터 10년이나 지난 뒤였다. 프랑스 책은 한 권도 읽지 않았으며 프랑스적 사고에도 관심이 없었기 때문이다. 아마도 내가 미국에서 가장 특이한 다다이스트였을 것이나 나는 그 점을 알지 못했다. 외부 세계와 밀접하게 접촉하면서도 나는 아마존 정글 속에서 살아온 셈이었다. 내가 무엇을 쓰고 있으며, 왜 그렇게 쓰는지 알아주는 사람은 아무도 없었다. 너무나도 진지했기 때문에 미치광이라는 말까지 들었다. 나는 새로운 세계를 묘사하고 있었는데 안타깝게도 아직은 때가 너무 일렀던 모양이다. 새로운 세계는 아직 발견되지 않았고, 어느 누구도 그 존재를 믿으려 하지 않았기 때문이다.

새로운 세계는 나팔관 속에 숨어 있는 난소의 세계였던 것이다. 당연히 분명하게 형체를 이루고 있는 것은 아무것도 없었다. 등뼈 같은 것이 어렴풋이 보일 뿐, 팔도 없고 다리도 머리카락도 손톱도 이빨도 없었다. 성별은 짐작도 할 수 없었다. 그곳은 크로노스와 그 난소 속 자손의 세계였다. 미분자 하나하나가 없어서는 안 되고 놀랍도록 논리적이며 절대로 예측할 수 없는 작은 세계였다. '사물'이라 부를 만한 것도 없었다. '사물'이라는 개념 자체가 존재하지 않았기 때문이다.

나는 새로운 세계를 묘사하고자 했다고 말했는데, 콜럼버스가 발견한 신세계처럼 우리가 알고 있는 어떠한 세계보다도 오래된 세계임을 알 수 있었다. 나는 피부나 뼈 같은 표면적인 특징 아래에, 인간이 언제나 내면에 끌어안고 있는 불멸의 세계를 보았다. 그것은 오래되지도 새롭지도 않으며 시시각각으로 변화하는 영원한 진실의 세계였다. 내가 본 것은 모두 거듭 덮어쓴 양피지 같은 것이었지만, 해독할 수 없을 정도로 어려운 글자는 없었다.

밤이 되어 친구들이 돌아가면 나는 대개 책상 앞에 앉아서 내 친구들인 오스트레일리아의 개척자, 미시시피 계곡의 인디언, 필리핀의 이고로트족에게 편지를 썼다. 영어밖에 할 줄 모르는 나는 당연히 영어로 편지를 썼지만, 내가 쓰는 말과 내 소중한 친구들이 쓰는 전신부호 같은 말 사이에는 아주 큰 차이가 있었다. 그러나 어느 원시인이든, 아무리 고대 사람이든 나를 잘 이해해 주었다. 다만 내 주위에 있는 녀석들, 곧 북미대륙에 우글거리는 일억의 사람들만이 내 말을 이해할 수 없었던 것이다.

그들도 이해할 수 있도록 쓰려면 먼저 무언가를 억누르고, 다음으로 시간을 붙들어 매야 했다. 그러나 나는 삶이 불멸하다는 점, 시간이란 없으며 다만 현재가 있을 뿐이라는 점을 이제 막 깨달은 참이었다. 그들은 내가 반평생을 바치고야 겨우 윤곽을 잡을 수 있었던 진리를 내가 부정하길 바라는 것일까? 확실히 그러했다. 그들은 삶이 불멸하다는 말을 듣고 싶어하지 않았다. 그들의 값진 새 세상은 순결의 파괴, 강간, 약탈, 고문, 유린 위에 세워진 것이 아니었던가? 두 대륙은 모두 짓밟히고 발가벗겨졌으며 물질 면에서 약탈당했다. 아즈텍족의 마지막 황제 몬테수마만큼 지독한 굴욕을 받은 사람은 없다. 아메리카인디언만큼 잔인하게 말살된 인종도 없으며, 노다지 캐러 달려든 사람들에게 누더기가 된 캘리포니아만큼 비참하고 처절하게 유린당한 땅도 없었다.

우리 조상을 생각할 때마다 나는 얼굴이 붉어진다—우리의 손은 피와 죄악으로 물들어 있다. 그리고 이 나라를 방방곡곡 여행하며 내 두 눈으로 직접 확인한 바, 이 학살과 약탈은 그칠 줄을 모른다. 가장 친한 친구들까지 포함하여, 궁극적으로 모든 인간은 잠재적인 살인자였다. 대체로 총, 올가미, 인두를 꺼낼 필요도 없었다—그들은 더욱 교묘하고 악질적으로 자기 동료들을 고문하고 죽이는 방법을 알고 있었다.

내가 가장 견디기 힘든 일은 말이 입에서 나오기도 전에 쓰레기통으로 처박히는 것이었다. 쓰디쓴 경험 끝에 나는 아예 혀를 묶어두는 방법을 배웠다. 분통이 터져서 오장육부가 뒤틀릴 것 같아도 가만히 앉아서 환한 미소까지 띨 줄 알게 되었다. 나는 피를 빨아먹기 위해 내가 나동그라지기만을 기다리며 순진한 얼굴을 가장하고 있는 마귀들과 악수를 하고 인사를 건네는 법을 배웠다.

객실에 가져다놓은 선사시대 유물인 책상 앞에 앉은 내가 어떻게 강간과 살인을 위한 암호문을 사용할 수 있겠는가? 이 폭력으로 물든 커다란 반구에서 나는 고립무원이었지만, 인류 전체를 살펴보면 나는 혼자가 아니었다.

나는 다만 잔학행위라는 인광에 비춰진 물질세계 한가운데에서 고독했던 것이다. 나는 죽음과 무(無)에 봉사할 때 말고는 분출할 수 없는 정력 때문에 돌아 버릴 것만 같았다. 완전한 진술을 처음부터 다시 시작할 수도 없었다—구속복을 입거나 전기의자에 앉게 될 것이기 때문이다. 나는 오랫동안 토굴 감옥에 감금된 사람과 같았다—고꾸라지거나 짓밟히지 않도록 비틀거리더라도 손으로 더듬어 가면서 천천히 걸어가야 했다. 자유에 따르는 온갖 형벌에 조금씩 익숙해져야 했다. 나는 하늘에서 번쩍거리며 타오르는 빛으로부터 몸을 지키기 위해 새로운 가죽을 둘러야 했다.

난소의 세계는 생활 리듬의 소산이다. 어린애는 태어난 순간부터 삶의 리듬뿐만 아니라 죽음의 리듬으로도 가득 차 있는 세상의 일부가 된다. 어떻게든 살겠다는 필사적인 욕망은 우리 속에 있는 삶의 리듬이 아니라 죽음의 리듬에서 비롯된 것이다. 무슨 일이 있어도 살아남고자 애쓸 필요는 없을 뿐만 아니라, 만약 삶이 바람직하지 않다면 그러한 욕망은 완전히 잘못된 것이다. 죽음을 물리치겠다는 맹목적인 충동에서 나온 이 삶에 대한 집착 자체가 죽음의 씨앗을 뿌리는 수단인 것이다.

삶을 완전히 받아들이지 못하고 삶을 증대하고자 노력하지 않는 이는 모두 이 세상을 죽음으로 채우는 데에 힘을 보태고 있는 것이다. 한손으로 아주 간단한 손짓을 하는 것만으로 삶의 궁극적인 의의를 전달할 수 있으며, 진심 어린 말이라면 단 한 마디로도 생명을 부여할 수 있다. 행동은 자체만으로는 아무 뜻이 없다—오히려 그것은 종종 죽음을 상징한다. 단순한 외부 압력, 환경과 비슷한 예, 또는 행동이 낳는 풍조에 의해서도 사람은 미국과 같이 끔찍한 죽음의 기구가 될 수 있다.

발전기가 삶과 평화와 현실에 대해 무엇을 알고 있단 말인가? 지혜와 에너지, 또는 누더기를 걸치고 나무 아래 앉아 명상에 잠긴 거지의 풍요롭고 영원한 생명에 대해 미국의 발전기 인간이 얼마나 알고 있겠는가? '에너지'는 무엇이며 '삶'은 무엇인가? 과학책과 철학책에 쓰인 허튼소리를 한 번이라도 읽어보면 그 정력적인 미국인의 지혜라는 것이 얼마나 어리석은 소리인지를 깨닫게 될 것이다.

그런데 그 정신 나간 정력적인 마귀들은 나를 쉬지 않고 달려가게 만들었다. 그들의 미친 듯한 리듬, 죽음의 리듬을 깨뜨리기 위해 나는 음식물로 든

든하게 배를 채울 때까지는 적어도 그들이 만든 리듬을 무력화하는 파장에 의지해야 했다.

물론 나는 객실에 놓아 둔 괴괴하고 성가시며 예스러운 책상이 필요하진 않았다. 책상 둘레에 반원을 그리며 늘어놓은 열두 개의 의자도 필요 없었다. 나에게 필요한 것은 다만 글을 쓸 수 있을 만큼의 여유와, 나를 그들이 사용하는 황도12궁에서 데리고 나가 낙원 너머의 낙원에 앉혀 줄 열세 번째 의자였다.

그러나 미치기 직전까지 내몰린 사람이 스스로도 놀랄 만큼 아직 얼마간의 저항력, 그 자신의 힘이 아직 남아 있다는 것을 깨달으면, 그는 원시인과 매우 비슷한 행동을 보인다. 고집스러워질 뿐 아니라 미신적이 되어서 마술을 믿고 마술을 부리는 사람이 된다. 이러한 사람은 종교를 초월하며—오히려 종교심 때문에 고뇌한다. 이윽고 그는 편집광이 되어 한 가지 일, 바로 자기에게 걸린 저주를 푸는 일에만 전념한다. 이러한 사람은 폭탄을 던지거나 반란을 일으키지 않는다. 무기력한 사람이거나 난폭한 사람이거나, 그는 전혀 반항하지 않는다.

지구상의 모든 인간들 가운데 그 사람이야말로 스스로의 행위가 삶의 구현이기를 바라고 있다. 만약 그가 그 어마어마한 소원을 이루고자 유감스럽게 행동하고 비사회적이 되어 혼자 웅얼거리고 생활비조차 벌지 못할 만큼 부적응자가 된다면, 그것이 바로 그가 자궁으로, 생명의 근원으로 돌아가는 길을 발견했다는 증거이다. 지금까지 비웃음의 표적이었던 그가 내일이면 어엿한 한 인간으로서 일어설 것이며, 이제는 세상의 어떤 권능으로도 그에게 대적할 수 없게 된다.

선사시대의 책상 앞에 앉은 그가 온 세계의 고대인과 통신할 때 사용하는 조잡한 부호로부터, 폭풍우를 꿰뚫는 무선전화처럼 현대의 죽은 언어를 갈기갈기 찢는 새로운 언어가 생겨난다. 자궁에 아무런 마술도 없는 것처럼 이 파장에도 마술은 없다. 사람들은 그들이 만든 발명품이 모두 하나같이 죽음을 얘기하기 때문에 외로우며, 서로 의사를 소통하지 못한다. 죽음은 행동의 세계를 지배하는 자동장치이다. 죽음은 입이 없기 때문에 침묵한다. 죽음은 이제껏 한 번도 어떤 것을 표현한 적이 없다. 또한 죽음은 훌륭한 것이다—삶을 마친 뒤에는.

그러나 나처럼 입을 크게 벌리고 네, 네, 네 하고 말해온 사람만이 아무런 두려움도 느끼지 않으며 죽음을 향해 크게 두 팔을 벌릴 수 있다. 보상으로서의 죽음—그렇다! 소원을 달성한 결과로서의 죽음—그렇다! 왕관과 방패를 위한 죽음—역시 그렇다! 하지만 인간들을 고립시키고, 괴로움과 두려움과 외로움으로 내몰아 쓸데없는 활력을 불어넣고, 단지 '아니오' 라는 말밖에 하지 못하는 의지로 가득 찬 근원적인 죽음만은 사양한다!

자기를 발견하고, 생명의 리듬인 자신의 리듬을 찾아냈을 때 모든 사람이 쓰는 첫 한 마디는 '네'일 것이다. 그 뒤 그가 쓰는 내용도 모두 네, 네, 네—백만 번의 '네'이다. 아무리 거대한 발전기—죽은 1억의 영혼들로 만들어진 발전기—라 할지라도 계속 네 라고 하는 한 사람에게는 맞서지 못한다!

때마침 전쟁이 터져서 백만, 이백만, 오백만, 천만, 이천만, 끝내는 일억, 십억에 이르는 사람들이 도살당했다. 남녀노소를 불문하고 마지막 한 사람까지 죽음을 당했다. '안 돼!' 하고 그들은 부르짖었다. '안 돼! 죽이면 안 돼!' 그러나 모조리 죽어나갔다. 된다고 외치든 안 된다고 외치든 모두가 차례차례 모습을 감추어 버렸다. 이 정신의 파괴적인 삼투의 자랑스러운 시위 한복판에서, 나는 그 책상에 발을 올리고 아틀란티스의 아버지 제우스 및 그의 잃어버린 자손들과 교신을 하려고 했다. 나는 아폴리네르가 휴전 전날 육군병원에서 죽은 것도, 그가 '새로운 작품' 속에 다음과 같은 불멸의 시를 남겨놓은 것도 전혀 몰랐다.

    우리를 완벽한 질서였던 그들과 견줄 때
    그대는 관용을 베풀지어다.
    어디서나 모험을 찾는 우리는
    우리는 그대의 적이 아니로다.
    우리는 그대에게 드넓은 미지의 영토를 주리니—
    그곳에 그대가 꺾을 신비가 꽃피어 있노라.

또한 그가 같은 시에서 아래와 같이 쓴 것도 몰랐다.

    끝없는 미래의 변경에서

계속 싸우고 있는 우리를
불쌍히 여길지어다.
우리의 잘못, 우리의 죄악을 불쌍히 여길지어다.

또한 그 무렵 나는 블레즈 상드라르, 자크 바셰, 루이 아라공, 트리스탕 차라, 르네 크르벨, 앙리 드 몽테를랑, 앙드레 브르통, 막스 에른스트, 게오르게 그로스 같은 이상한 이름을 가진 녀석들이 있었다는 사실도 몰랐다. 또한 1916년 7월 14일에 취리히의 잘 와그에서 최초의 다다이스트 선언인 〈안티피린에 의한 선언〉이 발표된 것도 몰랐고, 이 특이한 문서에 다음과 같은 대목이 있는 줄도 몰랐다. "다다는 낙오나 평행이 없는 삶이다…… 규율과 도덕이 없는 가혹한 필요성이며, 우리는 인도주의에 침을 뱉는다."

그리고 1918년의 다다 선언에는 이러한 내용도 있었지만, 나는 몰랐다. "나는 선언문을 쓰고 있지만 아무것도 원하지 않는다. 몇 가지 문제를 논하는 바이나, 모든 주의(主義)에 반대하는 것처럼 주의로서의 선언에는 반대한다……. 나는 사람이 숨을 들이마시고 내뱉는 사이에 온갖 상반된 행동을 할 수 있다는 점을 증명하기 위해 이 선언문을 쓰는 바이다. 나는 행동을 반대했다. 그러나 계속되는 모순, 긍정적인 논거에는 찬성하지도 않고 반대하지도 않는다. 분별력을 키우기 때문에 설명조차 하지 않겠다……. 탐욕적인 대중의 손이 닿지 않는 문학이 있다. 바로 작가의 참된 필요성에서 생겨나 작가 자신을 위해 존재하는 창조자의 작품이다. 별빛이 사라지는 곳에서 태어나는 숭고한 자부심……. 매 장마다 끝없는 심오함과 무거움, 소용돌이와 어지럼증, 새로움, 영원성, 압도적인 짓궂음, 원리를 향한 열성 또는 활판인쇄술로 부풀어 터질 것 같아야 한다. 한편으로는 덧없는 세상을 비틀거리게 하고, 지긋지긋한 표현과 결합해야 하며, 다른 한편으로 새로운 존재들을……"

그로부터 32년이 지난 지금까지도 나는 여전히 "네"라고 말한다. 그렇소, 트리스탕 부스타노비 차라 선생! 그렇소, 막스 에른스트 게부르트 선생! 그렇소, 르네 크르벨 선생, 당신은 자살했지. 그래, 세상이 미쳐 있으니 당신이 옳았던 거요. 그렇소, 블레즈 상드라르 선생, 당신이 죽인 것은 잘한 일이요. 당신이 《나는 죽였다》라는 소책자를 출판한 것은 휴전한 날이 아니었소? 그렇소, "젊은이여, 유지하라, 인간성을……" 그렇소, 자크 바셰, 당신이 옳소—"예술은 재미있으면서 좀 지루해야 하오." 그렇소, 지금은 고인이 된 친애하는 바셰 씨, 당신의 말은 참으로 옳고 재미있고 따분하고 감동적이며 온화하고 진실합니다. "상징적인 것은 상징의 본질이다." 이 말을 저승에서 한 번 더 말씀해 주시오. 그곳에 확성기는 없소? 전쟁 통에 날아간 팔과 다리는 모두 찾았소이까? 본디대로 다시 붙일 수 있겠소?

당신은 1918년 낭트에서 앙드레 브르통과 만났을 때를 기억하오? 둘이서 히스테리의 탄생을 축하했습니까? 브르통은 말했지요—오직 경탄할 만한 것만 있고 그 밖에는 아무것도 없으며, 경탄할 만한 것은 언제나 경탄스럽다고. 당신의 귀가 이제는 들리지 않는다 해도 그 이야기를 다시 들을 수 있다면 얼마나 좋겠소. 이야기를 계속하기 전에 여기서 나는 에밀 부비에가 그린 당신의 초상화를 소개하겠소. 그때는 나를 알아보지 못했지만 지금은 알아보리라 확신하는 내 브루클린 친구들을 위해……

"……그는 완전히 미치지 않았으며, 필요하면 자기 행위를 설명할 수도 있었다. 하지만 그래도 그의 행동은 자리(프랑스의 극작가이자 시인. 기이한 행동과 불규칙한 생활로 유명)의 가장 심한 기행(奇行) 못지않게 종잡을 수 없었다. 예를 들면, 그는 병원에서 퇴원하기가 무섭게 곧바로 항만노무자로 취직해 매일 오후 내내 루아르 강가의 부두에서 석탄을 날랐다. 그러나 저녁이 되면 최신 유행 옷을 멋지게 차려입고 카페와 영화관을 전전했다. 또한 전쟁 중에는 때로 경기병 중위 제복, 때로는 영국 사관, 비행사나 군의관 제복을 입고 으스대며 거리를 활보했다. 일상생활은 매우 자유롭고 안일하게 보냈다. 브르통을 앙드레 살몽이란 이름으로 세상에 소개하는 일 정도는 예사였으며, 한편으로는 가장 멋진 칭호와 모험을 한몸에 모았으나 본인은 조금도 거들먹거리지 않았다. 그는 전혀 인사할 줄을 몰랐으며, 돈을 부쳐달라고 한 뒤 어머니에게서 오는 것 말고는 어떠한 편지도 거들떠보지 않았다. 어떤 때에는 가장 친한 친구의 얼굴조차 알아보지 못했다……"

그런데 자네들은 나를 알아보겠는가? 주니 구역의 머리칼이 붉고 피부가 창백한 녀석들과 어울리던 한 브루클린 소년을. 두 발을 책상 위에 올리고, 죽은 친구들이 보증했던 '영원히 이해할 수 없는 강렬한 작품'을 쓰려고 준비하고 있는 나를 알아볼 수 있겠는가? 이 '강렬한 작품'을 자네들은 보자마자 인식할 수 있겠는가? 전쟁터에서 사라진 수백만의 목숨들 가운데 '강렬한 작품'을 낳기 위해 필요했던 죽음은 하나도 없었다는 사실을 자네들은 알고 있을까?

'새로운 존재들', 그렇다! 우리는 여전히 새로운 존재들을 필요로 한다. 전화, 자동차, 고성능 폭격기가 없어도 우리는 훌륭하게 살아갈 수 있다—그러나 새로운 존재가 없으면 아무것도 할 수 없다. 아틀란티스가 바다 밑으로 가라앉고 스핑크스와 피라미드가 영원한 수수께끼로 남아 있는 것은 새로운 존재가 더는 태어나지 않았기 때문이다.

잠깐 기계를 멈추고 필름을 되돌려라! 카이저가 말을 타고 있는 1914년으로 돌아가자. 말라빠진 팔로 고삐를 잡고 있는 카이저를 잠깐 그대로 말 위에 앉혀두라. 그의 수염을 보라! 그의 자존심과 오만불손한 태도를 보라! 한 치의 흐트러짐 없이 가지런히 선 병졸들이 명령이 떨어지기를, 포탄에 날아가고 창자가 끊어지고 석탄처럼 새카맣게 타들어가기를 이제나저제나 기다리고 있는 광경을 보라.

그 상태로 눈을 돌려 반대쪽을 보자. 전쟁을 끝내기 위해 전쟁을 벌이려 하는, 우리의 위대하고 눈부신 문명의 파수꾼들을 보라. 그들의 옷을 바꾸고, 제복을 바꾸고, 말과 깃발을 바꾸고, 진영을 바꾸어 보라.

맙소사, 백마를 타고 있는 사람이 카이저인가? 저들이 그 무서운 독일군이란 말인가? 그들의 장거리포는 어디에 있는가? 아, 그렇군—나는 또 노트르담을 겨누고 있는 줄 알았지. 인도주의, 이보게, 인도주의는 언제나 선두에 서서 행진해야 하네⋯⋯. 그런데 아까 얘기하던 강렬한 작품은 어디 있는가? 웨스턴 유니온 전신회사에 연락해서 당장 발 빠른 배달원 하나를 보내 달라고 하라—절름발이나 꼬부랑 늙은이가 아니라 팔팔한 놈으로!

그에게 그 위대한 작품을 찾아내어 이리 가져오라고 이르라. 우리에게는 그 작품이 꼭 필요하다. 우리는 그 작품을 보관하기 위해 색상코드와 듀이 십진법 분류체계까지 갖춘 새 박물관까지 지어 두었다. 우리에게 필요한 것은 작가의 이름뿐이다. 무명작가의 작품이든 작자불명의 작품이든 우리는 물리치지 않을 것이다. 설령 그 작품 속에 겨자가스가 좀 섞여 있다 한들 상관하지 않으리라. 생사를 불문하고 무조건 가지고 오게 하라—그것을 가져오는 사람에게는 2만 5천 달러의 상금을 주겠다.

이러한 일들은 모두 일어날 수밖에 없었으며 다른 방법이 없었다, 프랑스와 독일은 저마다 최선을 다했다, 라이베리아와 에콰도르 및 다른 모든 동맹국들도 최선을 다했다, 전쟁이 터진 뒤로 모든 사람들이 사태를 수습하거나 잊기 위해 최선을 다했다고 말하는 사람이 있으면 이렇게 되받아쳐주자. 너희들이 말하는 최선은 안 봐도 뻔하다, "최선을 다한다"는 허울뿐인 말은 더 듣고 싶지 않다, 불리한 거래에서 최선을 다하고 싶지 않으며, 무엇보다 좋든 나쁘든 거래는 믿지 않으며 전쟁 기념비도 믿지 않는다고. 애당초 우리는 사건의 논리 따위는 물론, 어떠한 논리도 듣고 싶지 않다.
　"Je ne parle pas logique, je parle générosité." 몽테를랑은 말했다. 프랑스 말이라 잘 알아듣기 힘들 테니 여왕폐하께서 사용하시는 영어로 바꾸어 보겠다. "I'm not talking logic, I'm talking generosity(나는 논리를 말하는 것이 아니라 너그러움을 이야기하고 있다)." 여왕폐하나 쓸 법한 멋없는 영어지만 뜻은 분명하다.
　너그러움—알아듣겠는가? 평화로울 때든 전쟁을 하고 있을 때든 당신들은 이 너그러움을 실천하지 않는다. 당신들은 이 낱말의 뜻을 이해하지 못하는 것이다. 당신들은 이기는 쪽에 총과 화약을 공급하는 것이 너그러움이라 생각한다. 최전선으로 적십자 간호사들을 보내거나 구세군을 보내는 것이 너그러움이라고 생각한다. 20년이나 늦게 지급되는 보너스가 너그러움이라고 생각한다. 쥐꼬리만 한 연금과 휠체어가 너그러움이라고 생각한다. 누군가를 복직시켜 주는 것이 너그러움이라 생각한다. 당신들은 이 낱말의 참뜻을 전혀 모른다!
　너그러움이란 상대가 아직 입을 열기도 전에 네 하고 대답하는 것이다. 네라고 대답하려면 먼저 초현실주의자나 다다이스트가 되어야 한다. 왜냐하면 아니오가 무엇을 뜻하는지 이미 당신들도 알고 있기 때문이다. 기대 이상의 일을 한다면 네와 아니오를 동시에 말할 수 있다. 낮에는 항만노무자가 되고 밤에는 멋쟁이가 되라. 자기 것이 아니라면 어떤 제복이든 입으라. 어머니에게 편지를 쓸 때에는 뒤를 닦을 깨끗한 휴지를 살 수 있도록 조금이라도 돈을 뜯어내라.
　이웃집 사내가 손에 식칼을 들고 아내를 쫓아다니는 모습을 보더라도 당황하지 말라. 그에게는 쫓아다닐 만한 충분한 이유가 있을 것이다. 설령 아나를 진짜로 죽이더라도 그는 죽인 이유를 알고 있으며, 충분히 만족하고 있을 것이기 때문이다. 마음을 향상하려고 애쓰는 중이라면 지금 당장 그만두라! 마음은 향상할 수 있는 것이 아니다. 그보다는 심장과 위장이나 걱정하라—뇌는 심장 안에 있기 때문이다.

그렇다. 만약 그때 상드라르와 바세, 그로스, 에른스트, 아폴리네르 같은 사람들이 살고 있다는 사실을 알았더라면—그들이 그들 나름의 방법으로 나와 똑같은 것을 생각했다는 사실을 알았더라면—나는 아마 폭탄처럼 터져서 산산조각이 나고 말았으리라.

그러나 나는 그 사실을 몰랐다. 약 50년 전에 남미에서 한 미친 유대인이 '베르무트 술 같은 입술을 가진 수상한 애인'이라든가 '나는 무화과가 당나귀를 먹는 것을 보았다' 같은 의표를 찌르는 멋진 말을 만들어낸 사실도 몰랐다. 또한 그 무렵 한 프랑스 소년이 '의자인 꽃을 찾아내라' '나의 허기증은 시커먼 밤하늘의 조각이다'…… '호박색의 용감한 그의 심장'이라고 말한 것도 몰랐다. 아마도 그와 같은 시기이거나 그 전후에 자리는 '나방 소리를 물고 늘어지다'라고 말했으며, 그 뒤를 이어 아폴리네르는 '자신을 집어삼킨 신사 옆에서'라고 표현했고, 브르통은 '밤의 페달은 끊임없이 움직인다'고 작게 중얼거렸다.

아마도 이 외로운 유대인이 남십자성 아래에서 찾아낸 '아름답고 새카만 공기 속에서', 이제까지 고독한 망명자였던 또 다른 스페인계 사내가 다음과 같이 기념하는 말을 종이에 쓰려고 준비하고 있었을 것이다. "나는 나의 추방, 영원으로부터의 추방, 스스로 곧잘 천계탈락이라고 부르는 그 지상이탈을, 스스로 위로하고자 가장 애를 쓴다……. 지금 이 소설을 쓰는 가장 좋은 방법은, 그것이 어떻게 쓰여야 하는가를 설명하는 것이라고 생각한다. 그것은 소설 중의 소설이며, 창작 중의 창작이다. 또는 하느님 가운데 하느님, 신 가운데 신이라고 할 수 있다."

그 뒤에 그가 다음과 같이 쓸 것을 알았더라면 나는 틀림없이 폭탄처럼 터지고 말았을 것이다…… "광기란 이성을 상실한 상태라고 알려져 있다. 그렇다, 이성의 상실은 맞지만 진리의 상실은 아니다. 왜냐하면 다른 사람들이 침묵을 지키고 있을 때 진리를 말하는 미치광이도 있기 때문이다……"

이러한 내용 및 전쟁과 전사자에 대한 말을 꺼냈으니, 그로부터 약 20년 뒤 어느 프랑스 사람이 프랑스말로 쓴 다음과 같은 구절도 말해야겠다. 아, 기적 중의 기적이었다! "나는 말해야겠다—그곳에는 눈곱만 한 존경심도 일으키지 못하는 시체들이 즐비하게 널려 있었다." 그렇다, 거듭 그렇다고 말할 수밖에 없다! 아, 무분별한 짓을 저질러 보자—순수한 즐거움만을 위해서! 무언가 생동감 넘치고 의미 있는, 파괴적인 일이라도 해 보자꾸나! 실성한 구두장이가 이렇게 말했다. "모든 것은 위대한 신비에서 싹트고, 계단을 따라 차례로 나아간다. 계단을 따라 나아가는 것이라면 그 무엇이라도 혐오감을 느끼지 않는다."

모든 시대의 모든 곳에서, 같은 난소의 세계가 이름을 알리고 있었다. 그리고 그러한 이름 발표와 예언, 산부인과적인 선언과 더불어, 병행적이자 동시다발적으로 새로운 토템 기둥과 새로운 금기, 새로운 전승 기념 춤이 시작되었다. 새카맣고 아름다운 하늘을 향해 인간의 형제들이, 시인들이, 미래의 발굴자들이 그 마술 같은 시 구절을 토해내고 있는 한쪽에서—아아, 심오하고 안타까운 삶의 수수께끼여! —이렇게 권유하는 사람들도 있었다. "우리 탄약 공장에서 일하지 않겠나? 가장 많은 봉급과 가장 건강하고 위생학적인 환경을 약속하겠네. 어린애들도 할 수 있을 만큼 수월한 일일세."

그리고 누이나 처, 어머니, 이모들이 있는 사람에게는, 그녀들이 두 손을 쓸 수 있고 나쁜 버릇이 없다는 것만 증명할 수 있다면 그녀들을 공장으로 데리고 와달라고 청한다. 손을 더럽힐까봐 망설이고 있으면 그들은 점잖고 명랑한 말로, 이 정교한 기계장치들이 어떻게 작동되고, 기계가 폭발하면 어떻게 대처하며, 왜 부스러기 하나도 낭비해서는 안 되는지를, 많은 것들 중에서 사실만을 들어 설명해 줄 것이다.

매일 직장을 찾아 돌아다니면서 가장 인상 깊었던 점은, 그들이 나에게 매일같이 구역질을 나게 한(토해낼 만한 것을 배 속에 집어넣고 있었을 때의 이야기지만) 것보다, 품행이 바른가, 성실한가, 주정꾼은 아닌가, 일을 해본 적은 있는가, 없으면 왜 없는가 하는 점들만 알고 싶어 한다는 것이었다. 나는 전에 시에서 고용하는 쓰레기청소부 일을 한 적이 있는데, 그 살인자들에게는 쓰레기조차도 값진 것이었다.

쓰레기 더미에 무릎까지 파묻혀서 더는 추락할 수 없을 정도로 가장 천하고 고생스럽고 집 없는 생활을 하면서도, 나는 여전히 죽음의 뒷거래에 한몫

가담하고 있었다. 저녁이면 나는 단테의 《지옥편》을 읽어보려고 했지만, 공교롭게도 그 책은 영어로 번역된 것이다. 영어는 가톨릭적인 작품에 걸맞지 않은 언어였다.

"스스로 자아 속으로, 곧 자신의 욕망 속으로 들어가는 것은 모두……" 욕망! 나에게도 주문으로 쓸 수 있는 말이 있었다면 얼마나 편안한 마음으로 쓰레기를 주우러 나섰겠는가? 단테에게 닿지 못하고, 두 손에서 진흙과 오물 냄새를 풍기는 밤에 네덜란드 말로는 '색욕', 라틴어로는 '루비툼', 곧 '성스러운 신의 의지'를 뜻하는 이 낱말에 빠져 있으면 얼마나 달콤했던지!

어느 날 나는 쓰레기 더미에 무릎까지 묻고는 옛날 마이스터 에크하르트가 말했다고 전해지는 말을 입에 담아 보았다. "나에게는 분명 하느님이 필요하다, 그러나 하느님에게도 내가 필요하다."

도살장에서 내장을 분류하는 편한 직업이 나를 기다리고 있었지만, 시카고까지 갈 차비를 마련할 수 없었다. 결국 나는 브루클린에, 나 자신의 내장으로 이루어진 궁전에 남아 미로 속을 빙글빙글 돌고 돌았다.

나는 집에 남아 '난핵(卵核)', '바다 밑 용궁', '성스러운 마음', '1제곱인치의 밭', '1제곱피트의 집', '어두운 길', '지난날의 낙원'을 추구했다. 문짝의 신 포르쿨루스, 돌쩌귀의 신 카르데아, 문지방의 신 리멘티우스의 죄수로서 감금되어 있었던 것이다. 말상대는 이 신들의 자매인 공포, 전율, 열병뿐이었다.

나는 성 어거스틴이 가졌거나 가졌다고 상상했던 '아시아적 사치'는 보지 못했다. 또한 '거의 동시에 태어나 두 번째 애가 첫 번째 애의 뒤꿈치를 잡고 나온 쌍둥이'도 보지 못했다. 그러나 나는 보로홀에서 프레시폰드 길까지 이어져 있는 머틀 대로라는 거리를 보았다. 이 거리는 성인이 걸어간 적도 없고(그랬더라면 거리는 예전에 무너져 내려앉았으리라) 기적이 일어난 일도, 시인이나 어떠한 천재들도 지나간 적이 없었다. 또한 어떠한 꽃도 피지 않았고 햇살도 비쳐들지 않았으며 빗물에 씻긴 적도 없었다.

진짜 지옥을 보기까지는 그 뒤로 20년이나 더 기다려야 했으므로, 당장은 공허한 미국의 심장부로 이어지는 무수한 승마길의 하나이자 무쇠 괴물들에게 짓밟힌 이 머틀 대로가 나에게는 지옥이었다. 에센, 맨체스터, 시카고, 르발로아 페레, 글래스고, 호보컨, 캐나시, 바욘 같은 마을밖에 본 적이 없는 이는 진보와 개화의 엄청난 공허를 아직 그림자도 보지 못했다는 말이다.

독자들이여, 단테가 얼마나 먼 뒷날까지 내다보았는가를 깨닫기 위해서라도 죽기 전에 꼭 한 번 머틀 대로를 보아야 할 것이다. 이 길에는 양쪽으로 늘어선 집에도, 보도에 깔린 조약돌에도, 짝을 이룬 고층건물에도, 저마다 이름을 갖고 여기서 살아가는 사람들에게도, 도살되기 위해 또는 이미 도살당하여 그 길을 지나가는 짐승과 새와 곤충에도 '열망'과 '승화' 혹은 '혐오'의 가망성이 전혀 없었다. 이 거리는 슬픔의 길이 아니다. 슬픔은 인간적이고, 인지할 수 있는 것이기 때문이다. 이 거리는 순수한 공허의 거리였다. 차갑게 식은 사화산, 진공, 신앙을 갖지 않은 이의 입에서 흘러나오는 하느님이라는 낱말보다도 공허했다.

그 무렵 나는 프랑스말을 한 마디도 하지 못한다고 말했으며, 틀림없는 사실이었다. 그러나 그즈음 나는 위대한 발견을 하기 직전이었다. 머틀 대로와 온 미국대륙의 공허를 메우고도 남을 발견이었다. 나는 엘리 포르라는 이름으로 알려진 프랑스 바닷가 근처까지 와 있었다. 그 바다는 프랑스사람들도 거의 항해하지 않았으며, 더욱이 그들은 그곳을 내해라고 믿고 있는 것 같았다. 현대 영어처럼 생기 없는 언어로 읽고도, 나는 인류의 영광을 소맷부리에 기록한 이 사내야말로 일찍이 내가 찾던 아틀란티스의 아버지 제우스임을 알 수 있었다.

나는 그를 바다라 불렀지만 그는 세계적인 교향곡이기도 했다. 그는 프랑스가 낳은 최초의 음악가였다. 숭고하고 냉정한 기인, 프랑스의 베토벤, 영혼의 위대한 구원자, 거대한 피뢰침이었다. 그는 또한 해를 따라 돌아가는 해바라기이며, 언제나 빛을 들이마시고, 눈부신 빛을 힘차게 내뿜고 있었다.

바다가 자비롭거나 심술궂다고 잘라 말할 수 없듯이, 그 역시 낙천주의자도 비관주의자도 아니었다. 그는 인류의 신봉자였다. 인류의 존엄성과 힘과 창조 욕구를 되살림으로써 인류에 힘을 보태주었던 것이다. 그는 모든 것을 창조, 태양의 즐거움으로 보았다. 그리고 그것을 질서정연한 상태가 아니라 음악적으로 기록했다. 그는 프랑스 사람들이 음치라는 사실에도 개의치 않고 온 세계를 위해 관현악을 작곡했다.

몇 년 뒤 나는 프랑스에 가 보고, 그를 위한 기념비나 그의 이름을 딴 거리조차 없다는 사실을 발견하고 깜짝 놀랐다. 더 고약한 것은 꼬박 8년을 프랑스에서 보냈으나 그를 언급하는 프랑스 사람이 하나도 없다는 점이었다. 그는 프랑스의 신들을 모신 판테온에 모셔지기 위해 죽어야 했다. 신으로 모셔진 그의 동시대 사람들도 이 눈부신 태양 앞에서는 얼마나 평범하게 보였는지 모른다!

다행히 의사로서 생계를 꾸려나갈 수 있었으니 망정이지, 그렇지 않았다면 얼마나 비참한 생활이 그를 기다리고 있었을지 모른다! 어쩌면 유능한 청소부가 또 하나 탄생했을 것이다. 이집트의 프레스코벽화를 그 불타는 듯한 색채 속에 되살린 그라도 일자리가 없어 굶어 죽었을지도 모른다. 그러나 그는 바다였고, 비평가와 편집자와 출판업자와 일반 대중들도 모두 이 바다에 빠져 죽었다. 그런 그가 말라서 완전히 증발하기까지는 아마도 영겁의 시간이 걸릴 것이다. 프랑스 사람들이 음악적인 귀를 갖기까지도 역시 그와 똑같은 만큼의 시간이 필요할 것이다.

만약 음악이 없었다면 나 역시 니진스키(러시아의 무용가)처럼 정신병원에 갇혔을 것이다. (바로 이 무렵 사람들은 니진스키가 미쳤다는 것을 알았다. 그가 가난한 사람들에게 돈을 나누어 주는 사실을 알아낸 것이다. 이것은 언제나 좋지 못한 증세였다.) 내 마음은 멋진 보석들로 가득 차고 내 취미는 날카롭고 빈틈이 없었으며, 내 근육은 누구보다도 탄탄했다. 식욕은 왕성했으며, 숨결도 평온했다.

나는 스스로를 향상하는 일 말고는 아무것도 할 일이 없었으므로 날마다 나를 끌어올리는 데에 열중했다. 나에게 맞는 직장이 있어도 그 일을 받아들일 수 없었다. 내게 필요한 것은 직업이 아니라 보다 풍요로운 삶이었기 때문이다. 나는 교사나 변호사, 의사, 정치가 등 그 무엇이건 사회에서 제공하는 직업을 위해 시간을 낭비하는 일은 참을 수 없었다.

그보다는 차라리 천한 직업이 마음을 속박하지 않아 받아들이기 쉬웠다. 나는 쓰레기차 일에서 잘린 뒤 나를 유독 신임하는 것 같은 복음 전도사에게 고용되었다. 나는 이른바 교회 안내원이자 헌금 걷는 사람인 동시에 개인 비서였다. 그는 나에게 인도 철학의 드넓은 세계를 보여 주었다. 한가한 저녁이면 브루클린의 상류 주택가에 있는 에드 바우리스의 집에서 친구들과 만나곤 했다. 에드 바우리스는 악보를 읽지 못하는 이상한 피아니스트였다. 그는 절친한 친구인 조지 뉴밀러와 종종 이중주를 쳤다. 에드 바우리스의 집에 모이는 열두세 명의 친구들은 거의 모두 피아노를 칠 줄 알았다. 그 무렵 우리는 겨우 스물한 살에서 스물다섯 살까지의 젊은이들이었다. 여자는 절대 데려오지 않았으며, 여자 이야기가 나오는 일도 거의 없었다.

우리는 맥주를 실컷 마실 수 있었으며 커다란 저택 안에서 마음대로 행동할 수 있었다. 마침 여름이어서 에드의 가족들은 모두 피서지로 떠나고 없었기 때문이었다. 이곳 말고도 이와 같이 저택을 열 몇 채 정도 드나들었지만 내가 콕 집어 에드 바우리스의 집을 언급한 까닭은, 세계 어디에서도 본 적이 없는 어떤 것이 갖추어져 있었기 때문이었다.

에드 바리우스나 그의 친구들은 그 무렵 내가 어떤 책을 읽고 어떤 일에 마음을 빼앗기고 있었는지에 대해 전혀 몰랐다. 나는 불쑥 고개를 내밀 때마다 어릿광대로서 뜨거운 환영을 받았다. 내가 끼면 좌흥이 돋았기 때문이다.

널따란 저택에는 이곳저곳에 피아노가 네 대 있었다. 그 밖에 첼레스타(피아노 비슷한 소형 건반악기), 오르간, 기타, 만돌린, 바이올린 같은 악기도 있었다. 에드 바우리스는 괴짜인데도 매우 상냥하고 손이 크고 너그러운 사람이었다. 샌드위치는 언제나 최고급이었고 맥주가 떨어지지 않았으며, 자고 가는 친구에게는 언제나 눈부시게 깨끗한 잠자리를 마련해 주었다.

이 거리를—이 세상 것 같지 않게 아주 넓고 큰, 꿈속에 잠긴 화려한 거리를 걸어오면, 아래층의 커다란 객실에서 피아노 소리가 들려온다. 창문이 활짝 열려 있어서, 집에 가까워질수록 알 버거나 코니 그림이 커다란 맥주잔을 손에 든 채 커다란 안락의자에 앉아 거만하게 창틀에 발을 올리고 있는 모습이 눈에 들어왔다.

조지 뉴밀러는 소매 단추를 풀고 입에 시가를 물고서 피아노 앞에 앉아 즉흥곡을 치고 있을 것이다. 도입부를 어떻게 할지 생각하면서 끝도 없이 건반을 두드리고 있는 동안 다른 친구들은 웃고 떠드느라 여념이 없다. 이윽고 주제가 떠오르면 조지는 에드를 부른다. 에드는 그의 옆에 앉아 어설픈 손놀림으로 건반을 두드려 보다가 앙갚음이라도 하듯 느닷없이 건반을 쾅 두드린다.

내가 들어서면 대체로 누군가가 옆방에서 물구나무서기를 하고 있었다. 아래층에는 커다란 방 세 개가 줄줄이 이어져 있었으며 그 뒤쪽에는 뜰이 있었다. 엄청나게 큰 뜰이라 갖가지 꽃과 나무, 포도나무, 조각상, 분수 등 없는 것이 없었다.

　날씨가 무더운 저녁에는 이따금 첼레스타나 작은 오르간을 뜰로 옮겼다. 물론 맥주통도 옮겼다. 그리고 어둠 속에 빙 둘러앉아 옆집에서 항의가 들어올 때까지 웃고 떠들고 노래했다. 때로 집안 곳곳에서 한꺼번에 음악이 울려 퍼질 때도 있었다. 그렇게 되면 손쓸 수 없을 만큼 난장판이 되었는데, 만약 옆에 여성이 있었다면 그만큼 분위기가 달아오르진 않았을 것이다.

　어떤 때는 인내심 대결이라도 하는 것 같았다. 그랜드피아노 앞에 앉은 에드와 조지는 서로 상대방을 지쳐 나가떨어지게 하려고, 쉴 새 없이 자리를 바꾸고 손을 교차하면서 한 손가락으로 단조로운 선율을 치다가 전기 오르간 같은 화려한 음색을 만들어냈다.

　그리고 언제 어느 때나 웃음거리가 끊이지 않았다. 무슨 일을 하고 무슨 생각을 하는지는 아무도 묻지 않았다. 에드 바우리스의 집에 오면 다들 자기 인식표를 벗어 버렸다. 누가 어떤 모자를 쓰고 왔으며 그게 얼마짜리인지는 아무도 신경 쓰지 않았다. 아무튼 처음부터 환대를 받았으며, 샌드위치도 술도 모두 공짜였다.

　이윽고 흥이 올라 서너 대의 피아노가 일제히 울려 퍼지고, 첼레스타와 오르간과 만돌린과 기타와 맥주가 이 방에서 저 방으로 옮겨 다닌다. 난로 선반에 샌드위치와 시가가 높다랗게 쌓이고, 뜰에서 산들바람이 불어오면 조지 뉴밀러는 웃통을 벗어젖히고 악마 같은 억양으로 노래를 부른다. 내가 본 어떤 쇼보다도 재미있었으며 게다가 공짜였다. 그뿐만 아니라 몇 번씩 옷을 입었다 벗었다 하는 동안 언제나 여분의 잔돈과 주머니 가득 들어 있는 고급 시가를 선물로 받을 수 있었다. 이러한 모임자리가 아니면 나는 그들 누구와도 만나본 적이 없었다. 우리가 얼굴을 마주하는 때는 에드가 저택 문을 활짝 여는 여름날의 월요일 저녁뿐이었다.

　뜰에 서서 집 안의 소음에 귀를 기울이고 있노라면 같은 도시에 이런 곳이 있었던가 하고 여겨질 정도였다. 내가 입을 벌려 배 속의 것을 모조리 드러내면 모든 것이 끝났을 것이다. 그 친구들 가운데 세간의 평가가 높은 사람은 아무도 없었다. 그들은 그저 좋은 친구들이었으며, 음악을 좋아하고 웃고 떠들기를 좋아하는 어린애들이었다.

　그러나 흥청거리며 노는 것을 너무 좋아하다보니 이따금 구급차를 불러야 할 때도 있었다. 알 버거가 묘기를 부리다가 무릎을 다친 날 밤이 그러했다. 모두들 취해서 신나게 뛰어다니고 있었기 때문에, 그가 정말 다쳤다는 것을 모두에게 깨닫게 하는 데는 한 시간이나 걸렸다. 결국 다 같이 알을 들쳐 업고 병원으로 데려가기로 했으나 병원이 너무 멀었다. 우리는 장난질이 지나쳐서 때때로 그를 바닥에 팽개치곤 했다. 그때마다 알은 미친 듯이 비명을 질러댔다. 끝내 우리는 파출소에 전화를 걸어 도움을 요청해야 했고, 구급차와 순찰차가 동시에 달려왔다. 알은 병원으로, 우리는 유치장으로 끌려갔다. 호송되는 도중에도 우리는 목청껏 노래를 불렀다. 보석으로 석방된 뒤에도 우리는 여전히 기분이 좋았고, 경찰들도 싱글벙글해 보였으므로 우리는 삐걱거리는 피아노가 있는 지하실로 가서 또다시 노래 부르며 야단법석을 떨었다.

마치 아득한 기원전에 있었던 일 같다. 마침내 그러한 좋은 시절도 끝을 맞이하게 되었다. 전쟁이 일어났기 때문이 아니라, 에드 바우리스의 집 같은 곳도 주위에서 스며드는 독에 면역이 없었기 때문이었다. 모든 길이 머틀 대로처럼 되고, 대서양에서 태평양에 이르는 온 미국대륙이 공허함으로 가득 메워졌기 때문이다. 이윽고 시간이 흐를수록 미국 어느 집에서도 물구나무를 선 채 노래하는 사람을 볼 수 없게 되었다.

이제 그와 같은 짓을 하는 바보는 아무도 없다는 뜻이었다. 어딜 가건 피아노 두 대가 한꺼번에 연주되는 일은 없었고, 한밤중에 장난치며 피아노를 두들겨대는 두 사내도 볼 수 없었다. 에드 바우리스와 조지 뉴밀러 같은 뛰어난 연주가는 라디오나 영화에 고용되었다. 그들은 가진 재주를 조금밖에 사용하지 못했으며 나머지는 모두 쓰레기통 속에 처박아 버리고 말았다. 세간의 일반적인 눈으로 볼 때 이 위대한 미대륙에서 어떤 재주가 먹혀들지 판단할 수 있는 사람은 아무도 없는 것 같았다.

나중에 내가 종종 틴 팬 앨리(미국의 대중음악 출판계의 중심거리)에 있는 집들 입구에 앉아 심심풀이 삼아 직업 음악인들의 화려한 연주를 들었던 것도 그 때문이었다. 전문가인 만큼 그들의 연주는 훌륭했지만 어딘가 달랐다. 연주에 흥이라고는 눈곱만큼도 찾아볼 수 없었으며, 다만 달러를 벌기 위해 끊임없이 연습을 되풀이하고 있을 뿐이었다.

미국에서는 반 푼어치라도 유머가 있는 사람은 그것을 출세의 발판으로 삼고자 했다. 그들 가운데에는 이름을 남기지는 못했지만 도저히 잊을 수 없는, 미국이 낳은 가장 훌륭한 사람들도 있었다. 나는 키스 순회극장에 있던 이름 없는 배우를 기억하고 있다. 아마도 그는 미국에서 가장 재미있는 배우였을 것이다—일주일에 고작 오백 달러 정도밖에 받지 못했을 테지만. 그는 하루에 세 번씩 휴일도 없이 무대에 올라서서 관중을 사로잡았다. 특별히 정해진 것은 없었고 모두 즉흥적으로 해냈다.

그는 한 번 사용한 재담이나 한 번 보인 재주를 결코 되풀이하지 않았다. 재주를 아낌없이 선보였지만 마약중독자는 아닌 것 같았다. 그는 단지 가난한 남부 백인이었으며, 태어날 때부터 넘치는 정력과 희열을 주체할 수 없는 사람 가운데 하나였다. 그는 어떤 악기도 다룰 줄 알았고, 어떤 춤도 출 줄 알았으며, 즉석에서 이야기를 꾸며내 종이 울릴 때까지 얼마든지 그 이야기를 끌어갈 수 있었다.

그는 비단 자기 연기에만 만족하지 않고 다른 사람들의 연기도 곧잘 도와주었다. 무대 옆에 서 있다가 동료의 연기에 끼어들 순간을 참으로 절묘하게 잡아냈다. 쇼 전체를 그가 이끌어가는 셈이었으며, 그 연극은 현대과학의 성과를 모두 더한 것보다 치유력이 좋았다. 이런 사람에게는 미국 대통령이 받는 봉급을 지불해야 할 것이다. 미국 대통령과 대심원을 쫓아내고 그와 같은 사람을 지배자로 추대해야 함이 마땅하다. 그러면 어떠한 질병도 고칠 수 있었을 것이다. 게다가 그는 부탁만 하면 공짜로 치료해줄 사람이었다.

이런 사람에게 걸리면 정신병원은 텅 비게 될 것이다. 그러나 그는 치료를 하려는 것이 아니라 모든 사람들을 미치게 하려고 했다. 이런 해결책과 문명이라는 영원한 전쟁 상태 사이에 빠져나갈 길은 하나밖에 없다. 그러나 다른 길은 모두 좌절로 이어지므로 우리는 결국 그 출구로 나아갈 수밖에 없다.

이 유일한 길을 상징하는 사람은 머리에 여섯 개의 얼굴과 여덟 개의 눈이 달려 있으며, 머리는 등대처럼 회전한다. 정수리에는 당연히 있어야 할 교황관 대신 조그만 뇌에 바람을 넣어 줄 구멍이 하나 뚫려 있었다. 뇌수가 아주 조금밖에 차 있지 않은 까닭은, 들고 다닐 짐이 아주 적고 완전히 깨어난 상태로 살아 있기 위해 회백질이 빛으로 소멸해 버렸기 때문이다. 이런 사람이 희극배우 위에 앉을 수 있는 유일한 사람이다. 고뇌를 초월한 그는 울지도 않고 웃지도 않는다.

그러나 그는 우리와 너무 가까이, 아니, 피부 바로 밑에 있기 때문에 우리는 아직 그의 존재를 깨닫지 못한다. 희극배우가 우리의 배꼽을 뺄 때 그는 (굳이 이름을 붙이자면 하느님이라고 부를 수 있다) 느닷없이 소리를 낸다. 온 인류가 배꼽 빠지게 웃고 있을 때, 곧 괴로울 정도로 자지러지게 웃을 때 실은 모든 사람이 그 길에 발을 들여놓은 것이다.

그 순간에는 누구든 하느님이 될 수 있다. 그 한순간 우리는 머리 꼭대기에서 죽은 회백질 층을 붙잡고 있는, 이중 삼중 사중으로 뒤얽혀 있는 복합의식을 말살할 수 있다. 바로 그때 우리는 정수리에 뚫린 구멍을 진심으로 깨닫고, 한때는 거기에 눈이 박혀 있었다는 것과 그 눈은 동시에 모든 것을 볼 수 있었다는 점을 알게 된다. 그 눈은 이제 없지만, 그래도 눈물이 흐르고 배꼽이 빠지도록 웃을 때 뇌에 신선한 바람을 보낸다.

그때만큼은 아무도 우리 손에 총을 쥐어 주며 누구를 죽이라고 시킬 수 없다. 이 세상의 형이상학적인 진리를 담고 있는 두꺼운 책을 펼치고 억지로 읽으라고 강요할 수 없다. 자유—상대적 자유가 아닌 절대적 자유—가 무엇인지를 아는 사람은 바로 이와 같은 상태가 그 자유에 가장 가깝다는 것을 알 것이다.

만약 내가 이 세상의 상태에 반대한다면, 그 까닭은 내가 도덕주의자라서가 아니라 더욱 웃고 싶기 때문이다. 하느님이 커다란 웃음거리라고 말하려는 것이 아니다. 하느님에게 다가가려면 실컷 웃어야 한다는 게 내 생각이다. 내 삶의 모든 목표는 하느님에게 가까이 가는 것, 곧 나 자신에게 더욱 가까이 다가가는 것이다. 그렇기 때문에 나는 어떤 길을 택하든 아무 상관이 없었다.

그러나 음악만은 매우 중요했다. 음악은 솔방울샘의 자극제이다. 음악은 바흐도 베토벤도 아니다. 음악은 영혼의 병따개이다. 음악은 우리의 마음을 매우 차분하게 해 주며 우리 몸뚱어리 위를 덮고 있는 지붕의 존재를 일깨워 준다.

삶에서 가장 고통스러운 공포는 재난이나 참사에 있지 않다. 왜냐하면 천재지변은 사람을 일깨워주고, 머지않아 사람은 그 재앙에 익숙해져서 그것을 길들여 버리기 때문이다. 오히려 공포란 밥 한 끼 먹을 돈밖에 없는데도 호보컨에 있는 호텔에 묵는 것이다. 다시는 들르지 않을 도시에 와서 하룻밤을 호텔방에서 묵어야 되는데, 그 방에 묵으려면 가지고 있는 모든 용기와 배짱을 쥐어짜야 한다.

어째서 어느 특정한 도시나 장소가 그러한 혐오감과 공포감을 불러일으키는가, 거기에는 충분한 이유가 있다. 그러한 곳에서는 끊임없이 살인이 벌어지고 있기 때문인지도 모른다. 그곳에 사는 사람들은 우리와 똑같은 사람이다. 모두와 마찬가지로 열심히 일하고, 여느 곳보다 뛰어나지도 뒤지지도 않는 집을 짓고, 같은 교육제도 아래에 있으며 같은 돈을 쓰고 같은 신문을 읽는다―그러나 그들은 우리가 알고 있는 다른 사람들과는 전혀 다르다. 분위기 전체가 다르고, 리듬과 긴장감이 다르다. 마치 다른 모습으로 변신한 자기 자신을 바라보는 느낌이다.

삶을 지배하는 것은 돈도, 정치도, 종교도, 인종도, 언어도, 풍속과 습관도 아니다. 그것이 아닌 다른 것, 우리가 끊임없이 목 졸라 죽이려고 하지만 도리어 우리의 숨통을 조이고 있는 그 무엇임을 누구나 뼈저리게 알고 있다. 그렇지 않다면 갑자기 깜짝 놀라거나 어떻게 하면 달아날 수 있을까 하고 궁리하지도 않을 것이다.

어떤 도시는 하룻밤을 지내기는커녕 고작 한두 시간 머무르는 것만으로도 우리의 간담을 서늘하게 만든다. 내게는 바욘이 그런 곳이었다. 나는 어느 날 밤 찾아보기로 한 몇몇 사람의 주소를 가지고 그 도시에 도착했다. 옆구리에는 《브리태니커 대백과사전》 광고지가 든 가방을 끼고 있었다. 요컨대 나는 어둠을 틈타 숨어들어서 정신생활을 향상하고 싶어 하는 불쌍한 사람들에게 그 되먹지도 않은 백과사전을 팔아야 했던 것이다.

그러나 나는 설령 헬싱키에 내렸더라도 이 바욘의 거리를 걸을 때만큼의 불안감을 느끼진 않았을 것이다. 아무튼 이곳은 미국의 도시 같지 않았다. 도시라기보다는 마치 어둠 속에서 꿈틀거리는 커다란 문어 같았다. 처음 찾아갔던 집은 너무나도 다가가기 어려워 보여서 나는 문도 두드려보지 못하고 달아나 버렸다. 어떻게든 문을 두드릴 용기를 짜내기까지는 몇 집이나 더 그냥 지나쳐야 했다.

처음 마주한 얼굴을 보고 나는 오줌을 지릴 뻔했다. 주눅이 들었다든가 수치스러웠던 것이 아니다―나는 무서웠던 것이다. 집에서 나온 것은, 얼굴에 침을 뱉기보다는 차라리 단번에 도끼로 찍어 죽이고 싶은 무식한 아일랜드

계 노동자의 얼굴이었다. 나는 주소를 잘못 찾아온 척하고 재빨리 다른 주소의 집을 찾아갔다.

그러나 문이 열릴 때마다 매번 괴물이 얼굴을 내밀었다. 그러다가 겨우 자기 향상을 꾀하는 불쌍한 머저리를 만났지만, 거기서 나는 맥이 푹 꺾이고 말았다. 나는 나 자신과 내 나라, 나와 같은 인종, 나의 시대가 부끄러워서 견딜 수 없었다.

결국 나는 그에게 이런 한심한 백과사전은 사지 말라고 설득하는 데 진땀을 뺐다. 그렇다면 어째서 굳이 여기까지 찾아왔소? —그는 순진하게 물었다. 나는 순간적으로 엄청난 거짓말을 하고 말았다. 뒷날 사실로 실현된 거짓말을. 나는 많은 사람들을 만나 그들의 이야기를 소설로 쓰기 위해 백과사전을 파는 척하면서 돌아다니고 있다고 말했다.

그는 백과사전보다 이 대답을 더욱 마음에 들어 했다. 괜찮으면 자기에 대해 어떻게 쓸 것인지 이야기해 달라고 했다. 그 질문에 대답하는 데에 20년이란 세월이 걸렸지만, 지금 겨우 대답할 준비가 되었다.

바욘 시에 살고 있는 아무개 씨, 아직도 대답을 듣고 싶으시다면 말해 드리지요……. 나는 당신에게 많은 빚을 졌소. 당신의 집을 나서자마자 나는 브리태니커사에서 받아온 광고지를 찢어서 하수구에 던져 버렸소. 그리고 비록 성경을 나누어주는 일이라 하더라도 다시는 거짓 구실로 남에게 접근하지 않겠다고 결심했소. 굶어죽는 한이 있더라도 두 번 다시 외판원 노릇을 하지 않겠으며, 당장 집으로 돌아가 책상 앞에 앉아 온갖 인간상을 진지하게 쓰겠다고 생각했습니다.

그리고 누군가가 내 집으로 무언가를 팔러 오면 그를 안으로 불러들여 '왜 외판원 노릇을 하느냐'고 물어볼 것이오. 그가 먹고 살기 위해서라고 대답하면 가진 돈을 몽땅 그에게 꺼내 주면서, 자기가 하고 있는 일을 다시 한 번 생각해 보라고 못을 박을 것이오. 나는 되도록 많은 사람들이 먹고 살기 위해 이것도 해야 하고 저것도 해야 한다고 핑계 대지 못하게 막으려 하오. 그런 변명은 거짓이기 때문이외다.

사람은 굶어 죽을 수도 있지만—차라리 그쪽이 훨씬 낫소. 스스로 굶어 죽는 길을 선택한 사람은 자동기계공정의 톱니바퀴를 하나 망가뜨린 것입니다. 나는 먹고 살 돈을 벌어야 한다는 핑계를 대며 자동기계에 몸을 맡기느니 차라리 빵 한 조각을 얻기 위해 총을 꺼내 이웃을 쏴 죽이는 사람이 더 좋소. 아무개 씨, 내가 하고 싶었던 말은 바로 이것이었소.

재난과 참사의 가혹한 공포가 아니라 무의식적인 역행, 영혼의 격세유전적인 투쟁의 선명한 파노라마에 대해 이야기를 계속하겠다. 테네시 주(州)와 인접한 노스캐롤라이나 주의 다리 위였다. 푸르른 담배밭에서 빠져나오니 곳곳에 나지막한 통나무집이 흩어져 있고, 생나무 타는 냄새가 코를 찔렀다.

하루는 물결치는 푸른 호수 속에서 지나갔다. 사람 그림자 하나도 보이지 않았다. 갑자기 눈앞이 탁 트이면서 나는 흔들거리는 나무다리가 하나 걸려 있는 커다란 협곡으로 나왔다. 이곳은 세상의 끝이었다! 대체 어떻게 여기까지 왔는지, 왜 여기에 있는지 스스로도 알 수 없었다. 앞으로 어떻게 먹고 살지?

아무리 성대한 식사를 했다 하더라도 여전히 슬픔은, 엄청난 슬픔은 지울 수 없었을 것이다. 이제 어디로 가야 할지도 몰랐다. 이 다리가 끝이었다. 나의 끝, 내가 알고 있는 세상의 끝이었다. 이 다리는 미쳤다―이런 곳에 걸려 있어야 할 이유도, 사람들이 꼭 이 다리를 건너야 할 이유도 없었다. 나는 한 발짝도 내딛기를 거부하고, 이 어이없는 다리 앞에서 뒷걸음질쳤다.

다리 곁에 있는 야트막한 암벽에 기대어 서서 앞으로 어떻게 할 것이며 어디로 가야 할지를 생각했다. 이윽고 나는 내가 얼마나 문명화된 인간인가를 깨달았다. 사랑, 대화, 책, 극장, 음악, 카페, 술집 등 온갖 것에 대한 욕구를 느꼈던 것이다.

문명화된다는 것은 무서운 일이었다. 세상 끝까지 왔을 때 무서운 고독감을 지탱해 줄 것이 아무것도 없기 때문이다. 문명인이 된다는 것은 복합적인 욕구를 가진다는 뜻이다. 따라서 완전히 성숙한 인간은 어떤 욕구도 가져서는 안 된다.

나는 온종일 담배밭 두렁을 걸으며 점점 더 불안감에 휩싸였다. 이 담배들이 나와 무슨 상관이란 말인가? 나는 대체 어디로 가려는 것일까? 사람들은 곳곳에서 다른 사람들을 위해 곡식이나 제품을 생산하고 있다―그런데 나는 유령처럼 이런 이해하기 힘든 활동 사이를 미끄러져 나가고 있는 것이다. 나는 일거리를 찾고 싶은 마음은 있었지만 이러한 활동의 일부, 끔찍한 자동기계공정의 일부는 되고 싶지 않았다.

　어느 마을을 지나면서 나는 그 마을과 주변에서 일어난 사건들을 알려주는 신문을 보았다. 나에게는 어떤 일도 일어나지 않았고 시계도 이미 멈추어 버린 것 같았지만, 이 마을의 불쌍한 녀석들은 그 사실을 깨닫지 못했다. 게다가 나는 이 마을의 공기에 살인의 낌새가 어려 있음을 분명히 직감할 수 있었다. 나는 그 냄새를 맡을 수 있었다.

　며칠 전 나는 북부와 남부를 가르는 가상의 경계선을 넘었다. 맞은편에서 짐마차를 타고 온 흑인과 엇갈리기 전까지 나는 그를 의식하지 못했다. 그런데 그 흑인은 내 옆을 스쳐 지나가면서 마부석에서 일어나 나에게 깍듯이 모자를 벗어 보이는 것이었다. 머리칼은 눈처럼 새하얗고 의젓한 얼굴을 한 사내였다.

　나는 깜짝 놀랐다―아직도 노예가 있다는 사실을 깨달았기 때문이다. 그가 나에게 모자를 벗어 인사한 까닭은 내가 백인이었기 때문이다. 그러나 오히려 내가 그에게 인사를 해야 옳았다! 백인이 흑인에게 저지른 온갖 비열한 고문에서 살아남은 그에게 내가 절을 해야 마땅했다. 내가 먼저 모자를 벗어서 나는 그러한 제도와 한패가 아니며, 너무도 무지하고 무정한 나머지 솔직하고 분명한 태도를 취하지 못하는 모든 백인 형제들을 대신해 용서를 빈다는 점을 그에게 알려주고 싶었다.

　오늘날도 나는 늘 그들의 눈길을 느낀다. 그들은 나무 뒤에서, 문 뒤에서 나를 가만히 주시하고 있다. 겉으로는 모두 온순하고 평온했다. 검둥이는 아무 말도 하지 않는다. 검둥이는 콧노래만 부른다. 백인들은 검둥이들이 분수를 알고 있다고 생각한다. 그러나 그렇지 않다. 그들은 기다리고 있다. 검둥이는 백인들이 하는 짓을 모두 지켜보고 있다. 검둥이는 말이 없다. 한 마디도 하지 않는다. 그러나 동시에 검둥이는 백인을 말살하고 있다. 백인을 볼 때마다 비수를 찌르고 있다. 남부를 무너뜨리고 있는 것은 무더위도 아니고, 십이지장충도 아니며, 빈약한 곡물도 아니다―바로 검둥이다! 의도했든 아니든 검둥이는 독을 내뿜고 있다. 남부는 검둥이의 독에 마비되고 중독되어 가고 있다.

　계속 나아가자……. 제임스 강가에 있는 이발소 앞에서 나는 지친 다리를 쉬기 위해 10분쯤 앉아 쉬기로 했다. 맞은편에는 호텔과 가게들이 몇 채 있었지만, 처음과 마찬가지로 건물들은 아무 이유 없이 갑자기 뚝 끊겨 있었다. 나는 이런 곳에서 태어나 죽어가는 불쌍한 녀석들을 진심으로 동정했다. 이런 마을이 존재할 이유는 눈곱만큼도 없다. 어느 누구든 이런 거리를 가로질러 수염을 다듬고 머리를 깎고 고기를 사러 가야 할 이유는 전혀 없다. 인간들이여, 권총을 사서 서로를 죽이고 죽여라! 내 마음속에서—한 푼어치의 가치도 없는—이 거리를 말살해 다오.

같은 날 해가 진 뒤였다. 나는 남부 깊숙한 곳으로 계속 걸었다. 간선도로로 이어지는 오솔길을 따라 어느 조그만 마을을 벗어나려 하고 있었다. 갑자기 등 뒤에서 발소리가 들리더니 곧 한 젊은이가 숨을 헐떡거리며 온갖 욕설을 퍼부어대면서 내 곁을 스쳐 달려갔다. 나는 무슨 일인지 궁금해서 잠시 걸음을 멈추었다.

그때 또다시 뒤에서 달려오는 발소리가 들렸다. 그는 제법 나이가 있었으며 총을 들고 있었다. 그는 숨소리도 거칠지 않았고 욕지거리도 내뱉지 않았다. 그가 내 옆에까지 왔을 때 마침 구름에 가렸던 달이 고개를 내밀면서 나는 그 사람의 얼굴을 똑똑히 볼 수 있었다. 그는 범인을 쫓는 경찰이었다. 그 뒤로도 몇 명이 더 달려왔으므로 나는 길옆으로 물러섰다. 나는 무서워서 온몸이 와들와들 떨렸다. 경찰들이 하는 말을 들어보니 방금 쫓아간 사람은 보안관이며 그 젊은이를 잡으러 가는 중이었다. 소름이 끼쳤다.

나는 간선도로 쪽으로 걸음을 옮기며 모든 것이 끝났음을 알리는 총소리가 들려오기를 이제나저제나 기다렸다. 그러나 아무 소리도 들리지 않았다—젊은이의 헐떡이는 숨소리와 보안관의 뒤를 따라 달리는 구경꾼들의 힘찬 발소리만이 귓가를 맴돌고 있었다. 막 간선도로에 이르렀을 때 으슥한 곳에서 한 사내가 불쑥 튀어나오더니 발소리를 죽이고 다가왔다.

"이보게, 젊은이, 어디를 가지?" 그는 매우 차분하면서도 부드러운 말투로 물었다. 나는 더듬거리며 옆 마을로 간다고 말했다. "이곳에 있는 게 좋을 걸세." 그는 여전히 담담하게 말했다.

나는 아무 말도 하지 않고 그가 이끄는 대로 순순히 마을로 돌아와 도적처럼 끌려갔다. 나는 오십 명쯤 되는 다른 녀석들과 함께 바닥에서 잠을 잤다. 그리고 마지막에 단두대 위에서 끝나는 멋진 성적인 꿈을 꾸었다.

나는 계속 걸었다…… 뒤로 돌아가기는 앞으로 나아가는 것만큼 힘들었다. 나는 미국 시민이라는 생각은 조금도 하지 않았다. 내가 태어났던 미국의 일부분, 내가 얼마간의 권리를 가지고 자유를 누렸던 땅은 기억이 희미해질 정도로 아득하게 느껴졌다. 줄곧 누군가가 등 뒤에서 총구를 들이대고 있는 느낌이었다. 내 귀에는 계속 걸으란 말밖에 들리지 않았다.

모르는 사람이 말을 걸어오면 나는 무지렁이처럼 보이려고 애썼다. 농작물과 기후와 선거 등에 큰 관심이 있는 체했다. 무심코 걸음을 멈추면 흑인이고 백인이고 모두 먹음직스런 고기라도 보듯 내 얼굴을 뚫어지게 바라보았다. 나는 대단한 목적이라도 있는 사람처럼, 확실한 목적지를 향하고 있는 사람처럼 천 마일은 더 걸어야 했다. 게다가 아직 아무도 나를 때려죽이고 싶어 하지 않는 점을 감사하게 여긴다는 표정까지 지어야 했다. 그 때문에 우울하긴 했지만 한편으로는 아주 유쾌했다. 주의해야 할 인물이었지만, 아무도 나에게 방아쇠를 당길 생각이 없는 것이다. 아무 방해도 하지 않고, 나 스스로 몸을 던질 수 있는 멕시코 만까지 가도록 보내준 것이다.

그렇다. 나는 멕시코 만에 도착해, 곧장 바다 속으로 뛰어들어 빠져 죽었다. 공짜로 죽을 수 있었던 것이다. 그런데 그들은 시체를 끌어올렸을 때 브루클린 머틀 대로로 보내라는 본선인도 표시가 되어 있는 것을 보고 내 몸뚱어리를 착불로 보내 버렸다.

나중에 왜 자살을 했느냐는 질문을 받았을 때 나는 '우주에 전기를 가설하려고 그랬다'는 대답밖에 떠오르지 않았다. 뜻은 아주 단순했다—델라웨어, 래커워너, 서부지방 그리고 시보드 항공까지 전기가 가설되었지만 인간의 영혼만은 아직도 역마차 시대에 머물러 있었기 때문이다. 나는 문명 한복판에서 태어났으며, 아주 당연한 듯이 문명을 받아들였다. 달리 무슨 수가 있었겠는가?

그러나 이상하게도 나 말고는 아무도 그 점을 진지하게 생각하지 않았다. 나는 이 사회에서 참으로 문명화된 유일한 사람이었다. 아직은 그 사회에 내가 발을 들일 여지가 없었다. 그러나 내가 읽은 책과 들은 음악은 이 세상에 나와 비슷한 사람이 있다는 사실을 확신시켜 주었다. 이 유사 문명생활을 계속할 구실을 찾기 위해서도 나는 멕시코 만에 몸을 던져야 했다. 말하자면, 내 영적 육체로부터 나 자신을 쫓아내야 했던 것이다.

세상의 구조상 나 따위는 티끌만 한 가치도 없다는 사실을 깨달았을 때 나는 정말로 행복했다. 나는 곧장 모든 책임감을 내버리고 말았다. 친구들이 나에게 돈을 빌려주는 데에 지쳐 버리지만 않았다면 나는 언제까지나 시간만 허비하고 있었을 것이다.

나에게 세상은 박물관과 같았다. 과거 사람들이 우리 손에 툭 떨어뜨려 놓고 간 이 훌륭한 초콜릿 케이크를 먹어치우는 것 말고는 할 일이 전혀 없었다. 내가 내키는 대로 살아가는 것을 보면 누구나 애를 태웠다. 예술은 아주 멋지고 훌륭한 것이지만 사람은 먹고살기 위해 일을 해야 하고, 일단 일을 시작하면 지쳐서 예술 따위는 생각도 나지 않는다는 것이 그들의 논리였다. 그러나 그들이 진심으로 물고 늘어진 것은, 내가 그 맛좋은 초콜릿 케이크에 내 돈으로 한 겹 두 겹 초콜릿을 덧씌우려고 했을 때였다.

그것이 결정타였다. 그것으로 나는 완전한 미치광이가 되었다. 처음에는 사회의 쓸모없는 구성원으로 여겨졌다. 그런 뒤 한동안 엄청난 식욕을 가진 무모하고 낙천적인 사람으로 통했으며, 마지막으로 미치광이가 된 것이다. (야, 이 자식아, 어서 빨리 일이나 구해…… 우리는 너한테서 손을 뗐어!)

어떤 점에서는 이와 같이 바뀐 것이 후련하기도 했다. 복도로 바람이 빠져나가는 느낌이었다. 적어도 '우리들'은 이제 서로 가만히 두고 볼 수 있는 사이가 아니었다. 전쟁이 시작되었다. 송장이나 다름없는 나에게도 아직은 투지를 조금 불태울 기력은 남아 있었다.

전쟁은 사람들의 기력을 북돋운다. 전쟁은 피를 끓어오르게 한다. 까맣게 잊고 있었지만 이런 마음의 변화가 일어난 것은 세계대전이 한창일 때였다. 어떻게 되든 신경 쓰지 않는다는 대범함을 온 세상에 내보이기 위해 나는 하룻밤 만에 결혼해 버렸다. 세간의 눈으로 볼 때 결혼은 좋은 것이었기 때문이다. 나는 결혼하겠다고 선언함으로써 그 자리에서 5달러를 거둬들인 것을 기억하고 있다.

친구 맥그리거가 결혼식 및 수속비용을 모조리 내주었다. 결혼식에 말끔한 모습으로 오라며 면도와 이발하는 돈까지 대 주었다. 그는 수염도 깎지 않고 가다니 있을 수 없는 일이라고 했다. 수염을 밀고 머리를 깎지 않으면 결혼할 수 없는지 도저히 이해할 수 없었지만 어차피 내 돈 드는 일이 아니었으므로 얌전히 친구가 시키는 대로 따랐다. 우리 부부가 어떻게든 살아갈 수 있도록 모두가 여러모로 애쓰는 모습을 보고 있노라니 퍽 재미있었다.

내가 아주 조금의 분별을 보인 것만으로 모두들 우리 주위로 우르르 몰려들어—이렇게 해줄까, 저렇게 해줄까 하고 성가시게 떠들어댔다. 물론 이것으로 헨리도 성실하게 일할 것이며, 삶을 진지하게 바라볼 것이라는 가정에서였다. 그들은 내가 마누라를 시켜 나 대신 돈을 벌어오게 하리라고는 꿈에도 생각지 못하는 것 같았다.

결혼 초기에는 나도 아내에게 아주 자상했다. 나는 절대 노예나 부리는 사람이 아니었다. 내가 요구한 것은 단지 가짜 일자리를 찾으러 가기 위한 차비와 담배, 영화 등에 쓸 몇 푼 안 되는 용돈뿐이었다. 책이나 레코드판, 축음기, 고급 비프스테이크 같은 비싼 물건들은 가족을 거느린 덕분에 외상으로 살 수 있었다.

할부 판매는 나와 같은 사람들을 위해 특별히 만들어진 제도이다. 첫 할부금만 내고 나머지는 하늘에 맡겨 버리면 되는 것이었다. 먹고는 살아야지, 그들은 입버릇처럼 말했다. 흥, 이놈들아, 나도 똑같이 말해 주겠어—나도 먹고는 살아야지! 일단은 살아야 한다. 돈을 갚는 것은 그 다음 문제다.

마음에 드는 외투를 발견하면 나는 안으로 들어가 샀다. 그것도 진지한 손님이라는 점을 보여주기 위해 언제나 계절보다 조금 일찍 샀다. 제기랄, 나는 먹여 살릴 마누라가 있는 몸이야, 곧 아버지가 될지도 모르지. 그렇다면 적어도 겨울 외투 하나쯤 가져도 되는 것 아냐, 안 그래? 그리하여 외투를 손에 넣고 나자 이번에는 외투와 어울리는 튼튼한 구두 한 켤레를 갖고 싶었다. 갖고 싶어서 평생 침만 흘리다가 끝내 사지 못했던 말가죽 구두가 생각나는 것이었다.

날씨가 확 추워지면서, 직장을 구하러 돌아다니다가 배가 고프면—비나 눈이 내리고 바람이 불거나 우박이 쏟아지는 날 매일같이 시내를 돌아다니는 것은 건강에도 좋았다—때때로 아늑한 선술집으로 가서 양파와 감자튀김을 곁들인 먹음직한 비프스테이크를 주문하곤 했다.

또한 생명보험과 상해보험에도 가입했다. 결혼하면 그런 것들이 꼭 필요하다고 들었기 때문이다. 혹시 어느 날 갑자기 당신이 덜컥 저승으로 가 버리면 어떻게 하시겠습니까? 보험설계사는 담판을 지으려고 그렇게 말했다. 나는 이미 계약서에 서명을 하겠다고 말했건만 아마도 잊어버린 모양이었다. 나는 습관적으로 바로 네, 하고 대답했는데 상대는 그 말을 못 들었거나, 아니면 권유의 말을 끝까지 읊어대기도 전에 서명하게 하는 것이 규칙에 어긋나기 때문인지도 몰랐다.

어쨌든 이 보험을 담보로 돈을 빌리려면 얼마나 기다려야 하는지 물어보려고 했을 때 보험설계사가 그 질문을 한 것이다—어느 날 갑자기 당신이 덜컥 저승으로 가 버리면 어떻게 하시겠습니까? 그 말에 내가 웃음을 터뜨리는 것을 보고 그는 내가 조금 돌았다고 생각한 것 같았다. 나는 눈물을 뚝뚝 떨어뜨리며 미친 듯이 웃어댔다.

이윽고 보험설계사가 말했다. "제가 무슨 이상한 말이라도 했습니까?" 나는 조금 진지한 얼굴로 말했다. "글쎄, 내 얼굴을 똑바로 쳐다보시오. 어때요? 내가 죽은 뒤의 일까지 걱정할 사람으로 보입니까?"

그러자 그는 깜짝 놀랐는지 다음과 같이 대답했다. "그와 같은 태도는 도저히 윤리적이라고 말씀드릴 수 없군요, 밀러 씨. 아무리 당신이라도 부인이……" 나는 그 말이 끝나기도 전에 불쑥 입을 열었다. "들어보시오. 만약 내가 죽은 뒤에 안사람이 어떻게 되든 조금도 신경 쓰지 않는다고 말한다면 당신은 어떻게 하시겠소?" 이 말이 그의 윤리적 감수성을 더욱 해친 것 같았기에 나는 더욱 심한 말을 했다.

"나는 죽은 뒤 보험금을 받지 못해도 상관없소. 어차피 당신을 기분 좋게 해주기 위해 계약을 하려는 것뿐이니 말이오. 말하자면 착한 일을 하고 있는 거요. 당신도 먹고는 살아야 않소? 그러니 당신 입에 빵이라도 한 조각 넣어 주려는 거요. 이것 말고도 팔 게 있으면 얼른 내놓으시오. 괜찮아 보이면 뭐든 사 주겠소. 나는 사는 사람이지 파는 사람이 아니외다. 나는 사람들이 기뻐하는 모습을 보는 걸 좋아하거든—그래서 뭐든지 사 버린다오. 그런데 아까 그 보험 말인데, 일주일에 얼마라고 했지? 57센트? 좋소. 57센트가 뭐 대수겠소? 저기 보이는 피아노는 일주일에 39센트쯤 나갈 게요. 주위를 둘러보시오…… 당신 눈앞에 있는 모든 물건이 그만한 값은 나갑니다. 당신은 내가 덜컥 죽어 버리면 어떻게 할 생각이냐고 물었지요? 당신은 내가 그들보다 먼저 죽을 것이라고 생각합니까? 실없는 소리! 나는 차라리 그들을 불러서 물건들을 다시 가져가라고 하겠소—할부금을 갚을 수 없다면 말이오."

보험설계사는 안절부절못했으며 눈빛도 점점 흐려지는 것 같았다. 나는 화제를 바꾸어 불쑥 물었다. "그런데 같이 술이나 한잔 하지 않겠소—보험 체결을 축하하는 뜻에서?"

그는 괜찮다고 사양했지만 나는 끈질기게 권했다. 게다가 아직 서류에 서명도 하지 않았고, 소변검사니 이상 없다느니 수수료, 도장 등 귀찮은 절차—나는 그것들을 모두 외우고 있었다—가 남아 있었다. 그래서 그 전에 한잔 걸쳐서 엄숙한 사무를 길게 끌 생각이었던 것이다. 왜냐하면 솔직히 말해, 보험이든 무엇이든 사는 일은 나에게 아주 큰 즐거움이었으며, 이것으로 나도 다른 시민들 못지않은 사람, 원숭이가 아니라 어엿한 '인간'이 된 기분을 느낄 수 있었기 때문이다. 그래서 나는 셰리주 병을 꺼내(우리 집에는 그것밖에 없었다) 그의 잔에 가득 따라 주었다. 이 셰리주를 다 마시면 누군가가 더 좋은 술을 가져오겠거니 생각하면서.

"나도 한때는 보험 권유를 하러 다닌 적이 있었소." 나는 술잔을 입으로 가져가면서 말했다. "나는 무엇이든 팔 수 있지요. 다만 문제는 내가 게으르다는 거요. 오늘 같은 날을 예로 들자면 말이오, 이런 날은 집에서 책을 읽거나 음악을 듣는 게 훨씬 낫지 않겠소? 왜 밖으로 나가 보험회사를 위해 발바닥에 불이 나도록 돌아다녀야 하느냔 말이오. 만약 내가 오늘 일을 하러 나갔더라면 당신도 이렇게 나를 만나지 못했을 거요. 그렇지 않소? 그러니까 역시 아등바등할 것 없이 나를 찾아오는 사람들이나 도와주는 게 낫다고 봐요…… 당신 같은 사람을 말이오. 물건을 파는 것보다는 사는 쪽이 훨씬 재미있소. 정말로. 물론 돈이 있어야 하겠지만! 우리 집은 크게 돈이 필요 없소. 아까도 말했듯이 피아노는 일주일에 39센트밖에 안 들고 또……"

"말씀 중에 죄송합니다만, 밀러 씨, 이제 슬슬 서류에 서명을 해 주시겠습니까?" 보험설계사가 내 말을 가로챘다.

"암, 물론이지." 나는 흔쾌히 대답했다. "서류는 다 가져왔소? 어느 것부터 서명을 할까요? 그런데 말이오, 나에게 팔 만한 만년필이라도 있으면 내사 주리다."

"이곳에 서명하십시오." 그는 내 말을 못 들은 척했다. "그리고 여기에도. 이제 되었습니다. 그럼 밀러 씨, 저는 이제 그만 가보겠습니다만, 며칠 안으로 회사에서 연락이 올 겁니다."

"되도록 빠르면 좋겠소." 나는 그를 배웅하며 말했다. "어쩌면 마음이 바

꾀어 자살할지도 모르니까 말이오."

"네, 물론입니다. 밀러 씨, 곧 연락을 드리겠습니다. 안녕히 계십시오."

그러나 아무리 나처럼 성실한 구매자가 있다 하더라도 할부판매는 결국 파탄 날 운명이었다. 나는 미국의 제조업자와 광고업자들이 번영하도록 온 힘을 다해 최대한 애썼지만 업자들은 나에게 실망을 한 것 같았다. 모든 사람이 내게 실망했다.

그중에서도 특히 더 나에게 실망을 한 사람이 있었다. 그는 친구로서 어떻게든 나를 도와주려고 무진 애를 썼지만 나는 그를 실망하게만 한 것이다. 나는 그가 나를 조수로—아주 선선하고 관대하게—고용해 준 일이 생각난다. 뒷날 내가 마치 42구경 연발권총이라도 쏘아대듯이 사람들을 고용했다가 해고하는 입장에 서자 진저리나도록 배신을 당해야 했기 때문이다. 하기야 그 무렵에는 나도 완전히 만성이 되어 눈곱만큼도 신경 쓰지 않았지만. 그러나 그 사람은 일부러 성의를 다해 나를 믿는다는 점을 보여주었던 것이다.

그는 큰 통신판매회사의 상품목록책자 편집장이었다. 책자는 거짓말로 뒤덮인 방대한 설명서로, 일 년에 한 번씩 발행되며 편집하는 데에 꼬박 일 년이 걸렸다. 그 일이 어떤 일인지, 어째서 그날 그의 사무실로 찾아갔는지 나는 전혀 알 수 없었다. 어쩌면 부둣가에서 조사원 같은 변변찮은 일자리라도 있나 싶어 온종일 돌아다니다가 너무 추워서 몸을 녹이려고 들어갔는지도 모른다.

편집장의 사무실은 따뜻하고 아늑했다. 나는 언 몸을 녹이기 위해 그에게 한바탕 연설을 늘어놓았다. 어떤 일을 하고 싶은지도 몰랐으므로 그저 일을 하고 싶다고 말했다. 그는 눈치가 빠르고 매우 인정이 많은 사람이었다. 나를 작가나 작가지망생일 것이라고 짐작하고 곧 나에게 무슨 책을 즐겨 읽느냐, 이 저자의 그 작품을 어떻게 생각하느냐고 물었다. 때마침 나는 공공 도서관에서 찾아볼 책 목록을 주머니에 갖고 있었으므로, 그것을 꺼내어 그에게 보여주었다.

"이런! 참으로 놀랍구려! 정말로 이러한 책들을 읽으시오?" 편집장은 깜짝 놀라며 외쳤다.

나는 겸손하게 고개를 끄덕였다. 그리고 그런 한심스런 질문을 받을 때마다 늘 그랬듯이, 그 무렵 읽고 있던 함순의 《신비》에 대해 이야기했다. 이렇게 되면 상대는 이미 내 손바닥 안에 들어온 셈이다. 자기 조수로 일해 주지 않겠느냐고 물었을 때에도 나 같은 사람에게 이런 하찮은 자리를 부탁하는 게 실례인 줄은 안다고 사과까지 할 정도였다. 당신한테는 어린애 장난 같은 일이겠지만 그래도 천천히 자세한 업무를 익혀달라고 그는 말했다.

그리고 월급이 나올 때까지 자기가 돈을 좀 빌려 주고 싶은데 괜찮겠느냐고 물었다. 내가 무어라고 대답하기도 전에 편집장은 재빨리 20달러짜리 지폐를 꺼내 내 손에 쥐어주었다. 당연히 나는 크게 감동했다. 그를 위해서라면 개처럼 일하겠다고 생각했다. 부편집장—이름도 아주 그럴싸했다, 특히 이웃의 채무자들에게는.

그 뒤로 얼마 동안 로스트비프와 닭고기, 돼지안심살을 먹을 수 있다는 기쁨에 나는 그 일이 아주 마음에 든다는 시늉을 했다. 그러나 실제로는 꾸벅꾸벅 졸지 않고 맨정신을 유지하기가 쉬운 일이 아니었다. 내가 배워야 할 일은 일주일도 되기 전에 모조리 익혔다. 그리고 그 뒤에는? 그 뒤에는 마치 무기징역형을 살고 있는 것 같았다. 나는 어떻게든 시간을 때워보려고 소설이나 수필을 쓰거나 친구들에게 긴 편지를 써 보내기도 했다.

꽤 오랫동안 그런 나에게 아무도 의심스런 눈초리를 던지지 않았던 것을 보면, 사무실 사람들은 아마도 내가 회사를 위해 무언가 새로운 계획을 짜내고 있다고 생각한 모양이었다. 참으로 멋진 직장이라고 생각했다. 나는 회사 일을 한 시간 만에 끝내 버리는 비결을 터득했으므로, 남은 시간은 거의 온종일 나와 내 작품을 위해 쓸 수 있었다.

결국 내 개인적인 일에 너무 열중한 나머지, 나는 부하직원들에게 정해진 시간이 아니면 나를 방해하지 말라고 명령을 내렸다. 회사는 꼬박꼬박 월급을 주었고, 노예 몰이꾼들은 내가 기획한 대로 착실히 직무를 수행했다.

그야말로 순풍에 돛 단 듯 마음 내키는 대로 해 나가던 어느 날이었다. '반그리스도론'이라는 제목의 중요한 논문을 한참 쓰고 있는데, 이제껏 한 번도 보지 못했던 사내가 내 책상 앞으로 다가왔다. 그는 내 어깨 너머로 들여다보며 빈정대는 말투로 내가 방금 써놓은 글을 큰 소리로 읽었.

그가 누구이며 무슨 일로 왔는지 물어볼 것도 없었다. 그저 내 머릿속에 떠오른 유일한 생각은—그리고 나는 그 생각을 미친 듯이 되풀이했다—과연 일주일치의 해고수당을 받을 수 있느냐 하는 것이었다. 이윽고 내 은인에게 작별인사를 해야 할 때가 오자 나는 스스로가 너무나 부끄러웠다. 특히 그가 대뜸 이렇게 말했을 때는 도저히 견딜 수 없었다.

"해고수당을 받을 수 있도록 애써 보았지만 회사에서 도무지 들어주질 않는구려. 어떻게든 힘이 되어주고 싶었는데—당신도 알다시피 당신은 스스로 본인의 앞길을 가로막고 있으니 말이오. 솔직히 말하면 나는 아직도 당신을 전적으로 믿고 있소. 하지만 앞으로 한동안은 당신도 온갖 시련을 겪을 것 같구려. 당신은 틀 속에 갇혀 있을 사람이 아니거든. 그래도 언젠가는 위대한 작가가 되리라 믿소. 그럼, 이만 실례하겠소." 편집장은 내 손을 따뜻하게 감싸 쥐며 말했다. "사장님을 만나러 가야 하거든. 행운이 있기를 비오."

이 사건 때문에 나는 조금 가슴이 아팠다. 그의 믿음이 옳다는 것을 그 자리에서 증명해 보일 수 없다는 점이 슬펐다. 온 세상을 향해 내 말과 행동이 옳다는 것을 알릴 수 없다는 점이 서글펐다. 사람들이 내가 인정머리 없는 인간쓰레기가 아니라는 점을 알아주기만 한다면 브루클린 다리에서 뛰어내릴 수도 있었다. 머지않아 증명해 보였듯이 나는 고래만큼 커다란 마음을 가지고 있었지만 아무도 그 마음을 조사하려고 하지 않았다.

모두가 나에게 크게 실망했다—할부회사뿐만 아니라 집주인, 고깃간 주인, 빵가게 주인, 가스회사, 수도회사, 전기회사 등 모든 사람들이. 내가 그 업무에 대한 믿음만 가지고 있었더라면 내 삶을 구할 수 있었을 것이나 나는 도저히 그럴 수 없었다. 나는 단지 세상 사람들이 달리 손쓸 방법도 없이 뼈가 빠지도록 일하고 있다는 것만을 알 수 있었다.

나는 그 일자리를 얻는 계기가 되었던 그때의 열변을 생각해 보았다. 어떤 면에서 나는 나겔(함순의 소설 주인공) 씨와 똑 닮았다. 내가 무엇을 할 생각인지, 그때마다 달라져서 도저히 예측할 수 없었다. 내가 악마인지 성자인지도 분간할 수 없었다. 우리 시대의 훌륭한 많은 사람들이 그렇듯 나겔 씨도 앞뒤 가리지 않는 사람이었다. 그리고 그를 이토록 매력적인 사람으로 보이게 하는 것은 바로 이 저돌적인 성격이었다.

작가인 함순은 그 인물을 제대로 이해하지 못했지만, 그래도 그런 인물이 존재하며 단순히 익살스럽거나 독자의 눈앞을 흐리게 하는 사람이 아니라 그 이상의 무언가를 갖춘 인물이라는 점은 알고 있었다. 나는 작가 스스로도 그가 창조한 어떤 인물들보다 이 나겔 씨를 좋아했다고 생각한다. 왜 그럴까? 그 까닭은 나겔 씨가 모든 예술가들과 마찬가지로 세상에 알려지지 않은 성자이기 때문이다—그가 제시하는 해답이 참으로 심오하지만 세상 사람들 눈에는 너무도 단순해 보였기 때문이다. 스스로 예술가가 되고자 하는 사람은 아무도 없다. 세상 사람들이 그의 정당한 통솔력을 인정하지 않기 때문에 어쩔 수 없이 예술가로 전락하는 것이다.

일은 나에게 아무런 뜻도 없었다. 왜냐하면 그 덕분에 해야 할 진짜 일을 회피할 수 있었기 때문이다. 사람들은 내가 게으르고 무능하다고 생각했지만, 사실 나는 아주 활동적인 사람이었다. 가령 여자 뒤꽁무니를 쫓아다니는 일만 보아도, 단추를 만들거나 빚 독촉을 하러 다니거나 맹장수술을 하는 것에 비하면 충분히 보람찬 일이었다. 그런데도 그들은 내가 직업을 구하러 가면 왜 그렇게 선선히 받아주는 것일까? 어째서 나를 재미있는 사람이라고 생각하는 걸까? 바로 내가 언제나 시간을 유익하게 써 왔기 때문이다.

나는 그들에게 온갖 선물을 안겨주었다. 공공도서관에서 오랫동안 독서를 하면서, 거리를 산책하면서, 여인들과 친밀하게 정을 통하면서, 오후 내내 풍자시를 읽으면서, 박물관과 미술관을 견학하면서 얻은 것을 그들에게 주었다. 내가 쓸모없는 인간이고, 한 주일에 몇 푼 하는 수당을 받기 위해 등골이 휘도록 일만 하는 불쌍하고 고지식한 사람이었다면 그들 역시 나에게 일자리를 내주지 않았을 것이다. 시가를 권하거나 점심을 사주거나 돈을 빌려주지도 않았을 것이다.

나에게는 그들에게 줄 만한 무언가가 있었으며, 그들은 무의식적으로 그것을 단순한 힘이나 기술적 능력보다도 높이 사주었던 것이 틀림없다. 나는 자랑도 하지 않았고, 허영과 질투심도 없었기 때문에 그것이 무엇인지는 스스로도 알 수 없었다. 커다란 문제는 명쾌하게 내다볼 수 있었지만 인생의 자잘한 문제에 부딪치면 나는 당황했다. 이번 해고에서도 나는 그 뜻을 파악하기 전까지는 이 당혹감을 실컷 맛봐야 했다.

보통 사람들은 실제적인 상황을 파악하는 데 훨씬 재빠를 것이다. 그들의 자아는 주변의 요구와 맞물려 있고, 이 세상도 그들의 상상과 크게 다르지 않기 때문이다. 그러나 세상과 보조를 맞추지 못하는 사람은 그 자아의 무지막지한 확장에 괴로워하거나, 거의 존재하지 않을 정도로 매몰되어 버린 자아 때문에 고민하게 된다.

나겔 씨는 참된 자아를 찾기 위해 단호한 행동에 나서야 했다. 그의 존재는 그 자신에게나 다른 사람들에게나 수수께끼였던 것이다. 그러나 나는 그런 식으로 일을 어중간하게 방치해 둘 수 없었다. 수수께끼가 내 흥미를 크게 불러일으켰기 때문이다. 만나는 사람마다 붙잡고 고양이처럼 몸을 비벼대며 아양을 떨어야 하더라도 나는 그 수수께끼를 끝까지 파헤칠 생각이었다. 힘을 실어서 충분히 비벼대면 이윽고 불꽃이 번쩍 튀리라!

동물들의 겨울잠, 하등동물들에게 나타나는 생명의 일시적인 정지 상태, 벽지 뒤에 끈질기게 숨어서 기다리고 있는 빈대의 놀라운 생명력, 요가 수도자의 황홀경, 병리학적 환자의 강경증(强硬症), 신비주의자와 우주의 결합, 세포적 삶의 불멸성 등 이 모든 것들을 예술가는 적당한 때가 오면 세상 사람들을 눈뜨게 하기 위해서 배운다.

예술가는 인종의 엑스(X) 축에 속한다. 그들은 말하자면 정신적인 미생물이며 인종의 한 축에서 다른 축으로 옮겨간다. 물질적이고 종족적인 체계의 일부가 아니기 때문에 불행에 짓눌려 버릴 걱정도 없다. 그의 출현은 언제나 파국과 붕괴와 동조한다. 그는 주전원(周轉圓) 안에 살고 있는 순환하는 생물이다.

예술가가 얻은 경험은 결코 개인적인 목적에 사용되지 않는다. 경험은 그가 이루어야 할 보다 큰 목적을 위해 바쳐진다. 아무리 사소한 것이라도 그에게는 무엇 하나 쓸모없지 않다. 책을 읽다가 25년 동안 손에서 놓더라도 그는 아무 일 없었다는 듯이 다시 읽다 만 곳부터 이어서 읽을 수 있다. 그에게는 그 사이에 일어난 일들이 모두—다른 사람들에게는 바로 그것이 '삶'이지만—전진운동의 단순한 중단에 지나지 않는다. 그가 자신을 나타낼 때 그 작품의 영원성은 자동적인 삶의 반영일 뿐이다. 여기에서 그는 태어날 순간을 알리는 신호를 기다리며 깊은 잠에 빠져 있다.

이것은 커다란 문제이며, 내가 그것을 부정할 때에도 언제나 명백한 사실이었다. 한 낱말에서 다른 낱말로, 한 창조에서 다른 창조로 몰아대는 불만은 단순히 무익한 자연에 대한 항의인 것이다. 예술가적인 미생물로서 눈을 뜨면 뜰수록 어떠한 일을 할 의욕이 사라진다. 완전히 깨어나면 모든 것이 정당해져서 황홀경에서 빠져나올 필요조차 없어진다.

예술작품을 창조하는 데에 나타난 행동은 단지 죽음이라는 자동적인 원리에 대한 양보이다. 멕시코 만에서 몸을 던짐으로써, 나는 다시 태어날 시기가 무르익을 때까지 참된 자아를 동면해 두는 적극적인 삶에 참여할 수 있었다.

내 행동은 맹목적이고 혼란스러웠지만 나는 그 점만은 완전히 이해하고 있었다. 나는 다시금 인간 활동의 격류로 헤엄쳐 들어가 마침내 온갖 행동의 원천에 도달했으며, 전신회사의 인사부장이라는 직함을 가지고 억지로 끼어들어가 인도주의의 거센 물결이 내 위에서 하얀 물보라를 일으키며 크게 파도치도록 내버려 두었다.

절망의 마지막 행동 앞 단계인 이 적극적인 삶은 나에게 더 큰 의혹만 불러 일으켰으며, 위대한 문명의 흔적에 질식된 대륙처럼 바다 밑으로 가라앉은 참된 자아를 찾기가 더욱 어려워지고 말았다. 거대한 자아는 바닷속으로 잠겼고, 그 뒤에는 영혼의 잠망경이 바다 위를 미친 듯이 움직이며 목표를 찾아 헤매고 있었다.

만약 내가 다시 떠올라 파도를 탄다면 사정거리 안에 들어오는 것은 모조리 파괴되어야 할 것이다. 이따금 떠올라 목표물에 치명상을 입히고 다시 물속으로 들어가 끊임없이 방황과 약탈을 계속하는 이 괴물도 이윽고 때가 오면 방주로서 그 모습을 나타낼 것이다. 그리고 모든 생물을 한 쌍씩 태워, 이윽고 홍수가 물러가면 높은 산꼭대기에 자리를 잡고 문을 활짝 열어 파멸로부터 살아남은 것들을 세상으로 돌려보낼 것이다.

나 자신의 적극적인 삶을 뒤돌아보면서 때때로 몸서리를 치거나 악몽에 시달린다면 그것은 아마도 꿈속에서 내가 약탈하고 죽인 사람들이 생각나기 때문일 것이다. 나는 내 천성이 시키는 일이라면 가리지 않고 다했다. 사람의 천성은 끊임없이 우리 귀에 속삭인다—"살고 싶다면 다른 사람을 죽여라!" 인간이라면 짐승 같은 살해 방법이 아니라 기계적인 방법을 생각해내야 한다. 그 결과 살해 방법은 교묘하게 위장되고 무수한 갈래로 갈라진다. 따라서 깊이 생각해보지 않으며, 죽일 필요가 없는데도 죽이는 구조가 완성되었다.

가장 존경받는 인간들이 가장 훌륭한 살인자이다. 그들은 자기들이 동포를 위해 봉사하고 있다고 믿는다. 진심으로 그렇게 믿어 의심치 않지만 실제로는 피도 눈물도 없는 무자비한 살인자들이다. 그렇기 때문에 문득 정신이 들면 그들은 스스로의 죄를 깨닫고 속죄하기 위해 돈키호테처럼 열광적으로 자선을 베풀고자 하는 것이다.

인간의 선(善)은 마찬가지로 인간의 마음에 숨어 있는 악(惡)보다도 구린 내를 풍긴다. 선은 아직 인정받지 못해서 의식적인 자아에 대한 확증이 될 수 없기 때문이다. 낭떠러지로 몰려 떨어지기 직전에 가지고 있던 물건들을 모조리 내던지고, 뒤로 돌아 남은 사람들에게 마지막 포옹의 손길을 뻗기란 쉽다. 이 맹목적인 돌진을 멈추려면 어떻게 해야 하는가? 서로가 서로를 밀어서 떨어뜨리려고 하는 이 기계적인 돌진을 어떻게 하면 막을 수 있을까?

'이곳에 들어오는 사람은 희망을 버리지 말라!'라고 쓴 책상 앞에 그렇다, 아니다, 그렇다, 아니다 하고 중얼거리면서 앉았을 때, 나는 내가 사회가 쥐여주는 대로 기관총을 들고 있는 꼭두각시라는 것을 깨달았다. 그 절망감은 이윽고 광분으로 바뀌었다.

아무리 좋은 일을 하더라도 궁극적으로는 나쁜 짓을 저지른 것과 다를 바가 없었다. 요컨대 나는 인류의 대수(代數)적 집단이 지나쳐가는 등호였다. 전쟁 때의 장군처럼 조금 중요하고 적극적인 등호였지만, 내가 아무리 유능하게 활약해도 결코 덧셈이나 나눗셈 부호는 될 수 없었다. 나뿐 아니라 다른 모든 이들도 그랬다.

우리의 모든 삶은 이 등식의 원리에 입각해 세워졌다. 정수는 죽음의 이익을 위해 여기저기서 활동하는 기호로 모두 바뀌어 버렸다. 동정, 절망, 정열, 희망, 용기—이러한 것들은 등식을 다양한 각도로 바라보면서 생긴 일시적인 굴절작용에 지나지 않았다. 등식에 등을 돌리거나 정면으로 바라보면서 그것을 기술함으로써 끝없는 속임수에 종지부를 찍으려 해도 지금까지는 아무 소용이 없었다.

어차피 거울이 가득한 방에서는 스스로에게 등을 돌릴 방법이 없다. '나는 그런 짓은 하지 않는다. 나는 다른 일을 할 것이다!' 매우 좋은 이야기다. 하지만 정말로 아무것도 하지 않는 것이 가능할까? 아무것도 하지 않는다고 생각하는 것을 멈출 수 있을까? 행동을 완전히 멈추고 잡념을 버리고 자기가 가진 진리를 사방에 퍼뜨리는 게 가능할까?

바로 이와 같은 생각이 내 머릿속에 달라붙어서 활활 타올랐다. 내 포옹력이 가장 커지고 활기차고, 가장 동정적이고 자발적이며, 협력을 아끼지 않고 겉과 속이 같으며 선의에 가득 차 있었을 때, 내 마음을 비춘 것은 이러한 생각이었으며, 나는 기계적으로 이렇게 중얼거렸다. "아니에요, 괜찮습니다…… 정말 별 일 아닌 걸요…… 실례라뇨, 천만에요. 당치도 않아요."

하루에 몇백 번이나 총을 쏴서 나는 아마도 폭음에 전혀 신경을 쓰지 못하게 된 모양이었다. 아마도 나는 비둘기장을 열어 우윳빛 새들로 하늘을 가득 채우고 싶었던 것 같다. 독자들은 영화에서 사람이 만든 괴물, 사람과 똑같이 피와 살을 가진 프랑켄슈타인을 본 적이 있는가? 프랑켄슈타인은 전설 속의 인물이 아니다. 프랑켄슈타인은 한 감성적인 사람의 개인적인 경험에서 태어난 아주 현실적인 창조물이다.

괴물은 피와 살이 없을 때 언제나 보다 진실에 가까워 보인다. 영사막 위의 괴물은 상상 속의 괴물에 비하면 아무것도 아니다. 경찰서로 몰려오는 현실 속의 병리학적 괴물들 역시, 병리학자를 둘러싼 무서운 현실의 연약한 예증에 지나지 않는다. 그러나 괴물인 동시에 병리학자인 것—이것은 잠이 불면증보다 훨씬 더 위험하다는 것을 누구보다 잘 알고 있는, 예술가로 분장한 사람들에게만 허락된 것이다.

잠들지 않기 위해, '삶'이라는 그 불면증에 걸려들지 않기 위해 그들은 끊임없이 말을 엮어내는 마약에 의지하고 있다. 그들은 이것이 결코 기계적인 작용이 아니라고 말한다. 왜냐하면 원하면 언제든지 그만둘 수 있다는 환상에 늘 젖어 있기 때문이다.

그러나 실제로는 그만둘 수 없다. 그들은 환상을 만들어내는 데에 성공했을 뿐이다. 미약하나마 성과를 이루긴 했지만, 완전히 깨어나려면 한참 멀기 때문에 적극적이라거나 소극적이라고 말하기 어려웠다. '나는 삶을 절대적으로 받아들일 수 있도록 삶에 대해 이야기하거나 글을 쓰지 않고 완전히 깨어 있고 싶다.'

내가 종종 연락하고 있는 세상의 끄트머리에 사는 원시인들에 대해 앞에서 언급한 바가 있다. 나는 어째서 그 '야만인'들이 내 주위에 있는 사람들보다 나를 더 잘 이해한다고 생각했을까? 그렇게 믿다니 정신이 돌았던 것일까? 나는 조금도 그렇게 생각하지 않는다. 이 '야만인'들은 우리보다 확고하게 현실을 파악하고 있었을 고대 민족의 퇴화된 후손이다. 민족의 불멸성이,

시들어 버린 영광 속을 헤매는 이 과거의 사람들 안에 깃들어 언제나 우리 눈앞에 나타나는 것이다.

나는 인류가 불멸이냐 아니냐 하는 문제에는 관심이 없다. 그러나 민족의 생명력에는 크게 흥미가 있었고, 그 생명력이 활발한지 잠들어 있는지에 대해서는 더욱 큰 관심이 쏠렸다. 새로운 민족의 생명력이 쇠퇴할수록 옛 민족들의 생명력은 깨어나고 있는 마음에 더욱더 큰 의미를 가지고 다가왔다.

옛 민족들의 생명력이 죽음 속에서도 살아가는 한편, 죽음의 위기에 빠진 새로운 민족의 생명력은 이미 소멸해 버린 것 같았다. 벌통 가득 든 꿀벌을 죽이기 위해 벌통을 강으로 가지고 가는 한 사내⋯⋯. 내 마음속에는 언제나 이러한 풍경이 펼쳐져 있다. 내가 벌이 아니라 그 사내라면 얼마나 좋겠는가! 나는 막연하고 설명할 수 없는 이유에서, 내가 그 사내이며 다른 사람들처럼 벌통 안에서 물에 빠져 죽을 필요는 없다는 것을 알고 있었다.

단체로 움직일 때에도 나는 옛날부터 언제나 너는 떨어져 있으라는 지시를 받았다. 이 세상에 태어난 뒤부터 나는 그러한 혜택을 입어왔으며, 어떠한 시련을 겪더라도 나는 그 시련이 치명적이거나 영원하지 않다는 것을 알고 있었다.

또한 어디어디로 오라고 부름을 받을 때마다 내 마음속에서는 이상한 일이 일어났다. 나는 나를 부르는 사람보다 내가 우월하다는 것을 알았던 것이다! 내가 보인 예사롭지 않은 겸손은 위선이 아니라, 그 자리의 운명적인 성격을 깨달음으로써 생긴 하나의 현상일 뿐이었다.

나는 어릴 때부터 내가 지니고 있는 지성이 두려웠다. 그것은 '야만인'의 지성이었으며, 급박한 상황에 처했을 때 훨씬 더 적절하게 대응할 수 있다는 점에서 문명인의 지성보다 언제나 우월했다. 그것은 '삶'의 지성이었다—비록 삶 자체는 그러한 상황을 무시하는 듯했지만. 나는 다른 사람들이 아직 아무도 그 완전한 리듬을 익히지 못한 삶의 영역으로 던져진 느낌이었다. 만약 다른 영역으로 쫓겨 가기를 거부하고 그대로 그들과 함께 남는다면 제자리걸음을 해야만 했다.

그러나 한편 나는 여러 면에서 주위 사람들보다 열등했다. 완전히 정화되기 전에 지옥의 불길 속에서 빠져나온 느낌이었다. 나는 여전히 꼬리와 두 개의 뿔을 달고 있었다. 그리고 정열이 솟구칠 때마다 내 입에서는 모든 것을 멸망시키는 지옥의 맹독이 뿜어져 나왔다. 나는 언제나 '운 좋은 악마'라고 불렸다. 내게 일어난 좋은 일은 모두 '행운'이었고, 좋지 않은 일은 모두 내 결점에서 비롯된 당연한 결과였다. 아니면 나의 무분별함이 낳은 산물이라고도 했다.

그러나 내 속에서 악을 발견한 사람은 거의 아무도 없었다! 나는 그러한 점에서 악마 못지않게 빈틈이 없었던 것이다. 그러나 내가 종종 분별을 잃는다는 것은 모두가 알아채고 있었다. 그럴 때면 나는 정말로 악마처럼 따돌림을 당하고 홀로 남게 되었다. 그러면 나는 이 세상을 떠나 내 발로 지옥의 화염을 찾아 되돌아갔다.

이처럼 이 세상과 지옥을 왔다 갔다 하는 것은 나에게 아주 당연했으며, 그 사이에 일어난 어떤 사건보다 훨씬 더 현실적이었다. 나를 안다고 생각하는 친구들도 진짜 나에 대해서는 아무것도 몰랐다—진짜 나는 헤아릴 수 없을 정도로 임자를 바꾸었기 때문이다. 나에게 고맙다고 한 사람이나 욕을 한 사람도 그들이 누구를 상대하고 있는지 몰랐다. 내가 끊임없이 나의 인격을 폐기했기 때문에 나와 대등한 자격으로 얽히는 사람은 아무도 없었다. 나는 '개성'이라는 것을 정해지지 않은 상태 그대로 두고, 이윽고 그것이 응고되어 마땅한 인간적 리듬이 생길 때까지 기다렸다. 세상과 발걸음을 맞출 수 있을 때까지 나는 얼굴을 숨기고 있었던 것이다.

물론 이런 것들은 모두 실수였다. 제자리걸음을 하고 있는 동안에도 예술가의 역할 정도는 해도 좋았던 것이다. 무익한 활동으로 끝난다 하더라도 행동은 중요한 것이다. 아무리 높고 높은 자리에 앉았다 하더라도 사람은 네, 아니오, 네, 아니오 하는 말만 되풀이해선 안 된다. 아무리 지배자가 되기 위해서라도 인간의 큰 파도에 휘말려서는 안 된다. 사람은 무슨 일이 있어도 저마다의 리듬에 맞추어 고동쳐야 한다. 나는 겨우 몇 년 사이에 수천 년의 경험을 쌓았지만, 그것을 필요로 하지 않았기 때문에 아까운 경험을 낭비해 버렸다. 나는 이미 십자가에 못 박혀서 십자가를 짊어지고 있었기 때문이다. 나는 괴로워할 필요가 없는 사람으로 태어났을 터인데, 낡은 극을 되풀이하는 것 말고는 앞으로 나아갈 방법을 몰랐다.

나의 지성은 괴로움을 당한다는 것은 무익한 일이라고 거듭 충고해 주었지만 나는 자진해서 고통을 겪었다. 괴로움은 나에게 아무것도 가르쳐 주지 않았다. 다른 사람들에게는 아직 괴로움이 필요할지 모르나 나에게는 단지 정신적인 부적응성의 수학적인 증명에 지나지 않았다. 오늘날 사람들이 고통으로 연기하는 모든 극은 나에게는 없는 것이나 마찬가지였으며, 실제로 이제껏 존재한 적이 없다. 나의 모든 수난은 기억 속에서 사라지려 하는 진짜 죄인들을 위해 지옥불을 활활 지피는 거짓 비극, 장밋빛 십자가형의 비극이었다.

또 한 가지…… 나의 행동을 둘러싼 신비는 내가 인척들에게 가까이 다가갈수록 더욱 깊어졌다. 나를 낳은 어머니는 나와는 전혀 상관없는 남이었다. 어머니는 나를 낳은 뒤 누이동생을 낳았는데 나는 이 누이가 꼭 남동생 같다는 생각을 떨쳐 버릴 수 없었다. 누이는 일종의 해롭지 않은 괴물이며, 백치의 몸뚱어리를 가진 천사였다. 평생을 정신적인 꼬마둥이로 살 운명을 진 누이와 어깨를 나란히 하고 커 간다는 것이 어린 마음에도 좀 이상하게 느껴졌다.

격세유전 때문인지 투실투실 살이 찐 덩치 큰 그녀를 '누이'로 보기란 도저히 불가능했고, 또 그녀의 오라비가 되는 일도 쉽지는 않았다. 호주 원주민들 사이에서라면 누이도 어엿한 여자로서 대우받았을 것이다. 그뿐만 아니라 권력과 명성까지도 원하는 대로 얻을 수 있었을 것이다. 누이는 선량함으로만 똘똘 뭉쳐서 눈곱만큼의 더러움도 몰랐기 때문이다.

그러나 문명사회에서 살아가기에는 아주 무력했다. 남을 죽이려는 의욕은 물론 다른 사람을 밟고 올라서려는 의지도 전혀 없었기 때문이다. 그녀는 일하는 데에도 무능력했다. 왜냐하면 그녀에게 고성능폭탄의 뇌관을 만드는 기술을 가르친다 하더라도, 집으로 돌아오는 길에 넋 놓고 있다가 급여를 강물 속으로 던지거나 거리의 거지들에게 던져 주기 일쑤였기 때문이다.

이른바 방심상태에서 인정 어린 행동을 했다는 이유로 내 앞에서 개처럼 두들겨 맞는 일도 종종 있었다. 이유 없이 선행을 베푸는 것보다 나쁜 짓은 없다는 사실을 나는 어릴 때부터 배운 것이다. 처음에는 나도 누이와 같은 벌을 받았다. 나 역시 남에게 물건을 줘 버리는 버릇이 있었으며, 특히 막 누군가에게서 받은 새 것을 자꾸만 가져다주었기 때문이었다.

다섯 살 때는 어머니에게 손가락에 난 사마귀를 잘라 버리라고 충고를 했다가 생각하기도 싫을 만큼 지독한 꼴을 당했다. 어느 날 어머니가 사마귀를 어떻게 하면 좋겠느냐고 묻기에 나는 의학지식도 없이 가위로 잘라 버리라고 대답했다. 그리고 어처구니없게도 어머니는 정말 그렇게 한 것이다. 며칠 뒤 어머니는 패혈증에 걸렸다.

어머니는 나를 붙잡고 호통쳤다. "네가 자르라고 했잖아, 그렇지?" 그러고는 내 뺨을 있는 힘껏 갈겼다. 그 일이 있은 뒤로 나는 좋지 못한 집안에 태어났음을 깨달았다. 그때부터 나는 온갖 일을 번개처럼 재빨리 배웠다. 이보다 뛰어난 적응력이 어디 있으랴! 그리하여 열 살 무렵에는 이미 모든 진화론을 실천해 버렸다. 그러나 동물적 생활의 모든 단계를 지나 이 자리에 이르렀지만, 나는 여전히 '누이'라는 생물, 아흔 살이 되어도 알파벳조차 깨우치지 못할 이 원시 생물에 얽매여 있었다.

굵직하고 튼튼한 나무처럼 자라는 대신에 나는 중력 법칙에 공공연히 반항하면서 한쪽으로 기울어갔다. 가지와 잎사귀를 뻗는 대신 나는 창문과 작은 탑을 만들었다. 이윽고 자랄수록 몸 전체가 돌로 바뀌어, 더욱더 높이 자랄수록 나는 점점 더 중력 법칙을 무시했다. 나는 풍경 한복판에 자리하는 특이현상이었지만 사람들의 눈길을 끌고 갈채를 이끌어 냈다. 우리를 낳아주신 어머니가 한 번 더 출산의 고통을 참아냈더라면 아마도 훌륭한 하얀 들소를 낳았을 것이고, 우리들 세 사람은 영원히 박물관에 보존되어 평생 보호받았을 것이다.

피사의 사탑과 태형기둥과 코 고는 기계, 그리고 인간 모습을 한 익룡 사이의 대화는 아무리 좋게 보아도 좀 이상했다. 무엇이건 이야깃거리가 되었다—'누이'가 식탁보를 솔질하다 빠뜨린 빵부스러기부터, 양복쟁이 아버지의 판단으로는 당연히 더블코트나 모닝코트 또는 프록코트로 만들어야 할 화려한 승마복까지.

꽁꽁 언 연못에서 오후 내내 얼음을 지치다가 돌아오면, 중요한 문제는 공짜로 신선한 공기를 마셨다거나 근육을 튼튼히 했다는 점이 아니라 스케이트의 날에 생기는 작은 녹이었다. 재빨리 닦아 없애지 않으면 스케이트 자체를 못 쓰게 되어, 나처럼 낭비적인 사고를 지닌 사람은 도저히 이해할 수 없는 실용적 가치 저하를 불러왔던 것이다.

시시한 예지만, 이 작은 녹은 아주 무시무시한 환각을 일으킬 수도 있었다. 어쩌면 '누이'가 등유 깡통을 찾다가 뭉글하게 삶고 있던 자두 냄비를 뒤엎어, 이튿날 식사 때 섭취해야 할 칼로리를 우리들로부터 빼앗음으로써 우리의 목숨을 위태롭게 할지도 모를 일이었다. 누이는 호되게 얻어맞을 것이다. 화를 내면 소화불량에 걸릴 테니까 홧김에가 아니라 말없이 능률적으로, 마치 화학자가 대수롭지 않은 분석을 하기 위해 달걀흰자를 거품 내듯이 때릴 것이다.

하지만 누이는 이 처벌의 예방의학적 성격을 이해하지 못하고 피가 얼어붙을 듯이 소름 끼치는 비명을 내지른다. 그러면 당황한 아버지는 밖으로 나갔다가 두세 시간 뒤 술에 떡이 되어 돌아오는데, 그보다 심한 문제는 갈지자로 비틀거리다가 회전문의 페인트칠을 긁어 버리는 것이었다. 이 떨어져 나온 페인트가 또 대혼전을 일으켜 나의 꿈속 생활에 아주 나쁜 영향을 끼쳤다. 왜냐하면 꿈속 생활 속에서 나는 종종 누이와 처지를 바꾸어 그녀가 받는 형벌을 내 일처럼 받아들이고 나의 아주 감상적인 두뇌로 그 형벌들을 품어 키웠기 때문이다.

나는 유리가 깨지는 소리, 비명, 저주, 신음, 흐느끼는 소리로 늘 뒤범벅된 이 꿈속에서 고대 이교도의 비밀 수행법과 입회의식, 영혼의 환생 등에 대한 비공식적인 지식을 얻었다. 때로는 현실 생활의 한 장면에서 비롯되기도 했다─누이는 부엌에 있는 칠판 곁에 서 있고, 어머니가 자를 들고 누이를 내려다보듯이 서서 둘에 둘을 보태면 얼마냐고 묻는다. 누이는 다섯, 하고 빽 소리친다. 철썩! 아냐, 일곱. 철썩! 그럼, 십삼, 십팔, 이십!

나는 이런 광경이 계속되는 동안 현실 생활에서와 똑같이 책상 앞에 앉아 공부를 계속했다. 그러다가 자가 누이의 얼굴로 떨어지는 것을 본 순간 나는 몸을 조금 비비 꼬거나 비틀어서 곧장 키카푸족이나 레니레나피족(두 부족 모두 아메리카인디언)처럼 유리가 뭔지 모르는 먼 나라로 가 버렸다.

내 주위에 있는 얼굴들은 모두 익숙했다─모두가 친인척이었는데, 어째선지 그들은 이 새로운 환경에 둘러싸인 내가 누구인지 알아보지 못하는 것 같았다. 그들은 모두 검은 옷을 입고 있었고, 피부색도 티베트의 마귀 같은 회색이었다. 저마다 칼과 다른 고문 도구들을 갖고 있었다. 그들은 산 제물을 잡는 백정 계급에 속했던 것이다.

언뜻 보면 나는 절대적인 자유를 누리고 신의 권위를 갖고 있는 것 같았다. 그러나 어떤 변덕스러운 사태 변화 때문에 끝내는 산 제물로 제단 위에 눕게 되었고, 아름다운 한 친척이 번쩍이는 칼을 들고 내 심장을 도려내고자 내 위로 몸을 구부리고 있는 결과가 되었다.

심장을 더듬고 있는 칼날을 느끼면서 나는 땀과 두려움에 뒤범벅되어, 날카로운 비명에 가까운 목소리로 '나의 숙제'를 점점 더 빠르게 외웠다. 이 더하기 이는 사, 오 더하기 오는 십, 땅, 물, 불, 바람, 월요일, 화요일, 수요일, 산소, 수소, 질소, 마이오세(중신세(中新世), 신생대 제3기의 네 번째 시대), 플라이오세(선신세(鮮新世), 신생대 제3기의 마지막 시대), 에오세(시신세(始新世), 신생대 제3기의 두 번째 시대), 성부, 성자, 성령, 아시아, 아프리카, 유럽, 호주, 빨간색, 파란색, 노란색, 괭이밥, 감, 파파야, 개오동나무...... 점점 더 빨리...... 오딘, 보탄(게르만 신화의 최고신), 파르시팔(아서 왕 전설에서est기), 앨프레드 대왕, 프레데릭 대왕, 한자동맹, 헤이스팅스 전투, 테르모필레, 1492년, 1776년, 1812년, 패러것 제독, 피켓 장군의 진격, 경기병 여단, 오늘 우리 이 자리에 모여, 주님은 나의 목자시니, 나는 하지 않으리라, 불과분의 것, 아니다, 16, 아니, 17, 살려줘! 살인이다! 경찰!

이렇게 소리를 드높여 점점 더 빨리 부르짖다가 나는 팽 돌아 버리는 것이다. 그리고 그들이 내 온몸을 칼로 가차 없이 찔러대도 더는 아픔과 두려움을 느끼지 않는다. 갑자기 나는 완전히 평온해지고, 그들이 여전히 신나게 쑤셔대고 있는 제단 위에 놓인 몸뚱어리 역시 아무것도 느끼지 않게 된다. 그 소유자인 내가 이미 몸뚱어리에서 빠져나와 버렸기 때문이다. 나는 이 광경을 위에서 굽어보는 돌탑이 되어 과학적인 흥미를 갖고 지켜보고 있다.

중력 법칙에 굴복하기만 하면 그들 위로 무너져 내려 그들을 말살할 수도 있을 것이다. 그러나 그 어마어마한 공포에 매료된 나는 중력 법칙에 굴복할 수 없었다. 사실 두려움의 포로가 되어 버린 나는 창문 수를 점점 늘려가기만 했다. 그러나 돌로 변한 내 안으로 빛이 쏟아져 들어오면 들어올수록 땅속 깊이 뻗어 있는 나의 뿌리가 살아있음을 느꼈고, 언젠가는 나를 옭아매고 있는 이 마비상태로부터 자유롭게 벗어날 수 있을 것만 같았다.

옴짝달싹 못할 만큼 뿌리를 깊이 내려 버린 꿈 얘기는 이제 이쯤 해 두겠다. 실제 생활에서 친한 친척이 찾아오면 나는 새처럼 거리낌 없이 날아다니고 자석처럼 왼쪽에서 오른쪽으로 정신없이 튀어 다녔다. 그들이 한 가지를 물으면 나는 다섯 가지나 되는 근사한 대답을 했다. 왈츠를 쳐 달라고 주문하면 나는 왼손을 위한 피아노 협주곡을 쳤다. 닭다리를 하나 더 먹으라고 말하면 나는 양념까지 싹싹 핥아 먹었다. 밖에 나가서 놀다 오라고 하면 곧장 문을 박차고 달려 나가 정신없이 놀다가 사촌 머리에 깡통으로 상처를 냈다. 나를 매질하겠다고 을러대면, 할 테면 해 봐라, 누가 겁낼 줄 알고, 하고 말하며 패악을 떨었다. 학교에서 공부를 잘 한다고 머리를 쓰다듬으며 칭찬해주면, 공부는 이제부터가 시작이라는 뜻으로 바닥에 침을 퉤 뱉었다.

나는 그들이 나에게 원하는 것은 무엇이든 다 해 주었다. 입 다물고 가만히 있으라고 말하면 바위처럼 잠자코 있었다―말을 걸어도 듣지 못하고, 만져도 움직이지 않았고, 꼬집혀도 소리 지르지 않았으며, 밀어도 꿈쩍하지 않았다. 그들이 날 보고 고집쟁이라고 불평하면 나는 이내 고무처럼 유연해졌다. 기운이 넘쳐나서 너무 나대지 않도록 조금 지치면 좋겠다고 말하면, 나는 일을 끝도 없이 떠맡아 끝내는 밀가루 포대처럼 바닥에 축 늘어질 정도로 일을 완벽하게 해치웠다. 좀 이성적이 되라고 하면 철저하게 이성적이 되어서 그들을 미치게 만들었다. 말을 좀 들으라고 하면 나는 말 그대로 한없이 순종하여 끝내 혼란을 일으켰다.

이 모든 것은 결국 오라비와 누이의 분자적 삶과 우리에게 할당된 원자량이 균형을 이루지 못했기 때문에 나온 문제이다. 누이가 전혀 자라지 않았기 때문에 나는 버섯처럼 자랐다. 누이가 인격을 갖추지 못했기 때문에 나는 서른두 갈래로 갈라진 악의 촛대가 되었다. 누이가 아무것도 요구하지 않았기 때문에 나는 모든 것을 요구했다. 누이가 곳곳에서 비웃음을 샀기 때문에 나는 두려움과 존경심을 불러일으켰다. 누이가 창피를 당하고 고통을 당했기 때문에 나는 친구든 적이든 가리지 않고 모든 사람들에게 앙갚음을 했다. 누이가 무력했기 때문에 나는 전능해야 했다.

내 거인증은 말하자면 가족용 스케이트 신에 생긴 작은 녹을 지우려고 애쓴 결과에 지나지 않았다. 칼날에 생긴 그 조그만 녹은 나를 스케이트 일인자로 만들었다. 덕분에 나는 아주 빠르고 맹렬한 기세로 얼음을 지칠 수 있었고, 얼음이 녹아 버린 뒤에도 진흙 속과 아스팔트와 개울과 강과 멜론밭과 경제이론을 뚫고 미끄러져 나갔다. 나는 지옥도 지칠 수 있을 만큼 빠르고 날쌨다.

그러나 이처럼 훌륭하게 얼음을 지쳐도 아무런 소용이 없었다―범 미국의 노아인 콕스콕스 신부가 끊임없이 나를 방주로 돌아오라고 불러댔기 때문이다. 내가 스케이트를 그만둘 때마다 대홍수가 일어나―땅이 갈라지면서 나를 집어삼켰다. 나는 모든 사람들과 형제가 되는 동시에 나 자신의 반역자가 되었다. 나는 그들이 아무런 가치도 없다는 사실을 깨닫기 위해서 말할 수 없는 희생을 치렀다. 그들이 기대하는 사람이 되고 싶은 생각도 없으면서 그러한 사람이 될 수 있다고 증명해 보인들 무슨 소용이 있단 말인가?

자신에게 요구되는 것의 한계에 이를 때마다 사람은 이와 같은 문제—어떻게 자기 자신이 될 것인가 하는 문제에 부닥친다! 그리고 그 방향으로 한 걸음을 내디디는 순간 우리는 그것이 좋지도 나쁘지도 않다는 것을 깨닫는다. 그리하여 스케이트를 버리고 헤엄을 치기 시작한다. 안전을 위협하는 것이 전혀 없기 때문에 조금도 괴롭지 않다. 심지어 남에게 도움이 되겠다는 욕망도 사라지는데, 이는 스스로 획득해야 할 특권을 다른 사람들로부터 강탈할 이유가 없기 때문이다.

삶은 시시각각 끝없이 아득한 저편으로 뻗어나간다. 우리가 상상으로 그려낼 수 있는 것보다 더 현실적인 것은 어디에도 없다. 우주가 어떤 것이라고 생각하든, 당신이 당신이고 내가 나인 한 우주는 지금과 같은 그대로이며 그 이상도 그 이하도 아니다. 우리는 스스로의 행동 결과 속에서 살고, 그 행동은 우리 사상의 수확이다. 사상과 행동은 하나인 바, 헤엄치는 우리는 그 안에 있고, 그 일부이며, 그것이 바로 에누리 없이 우리가 바라는 모든 것이기 때문이다.

물살을 가르는 손짓 하나하나가 영원한 가치를 지니고 있다. 냉난방 모두 하나의 동일한 장치이며, 북회귀선은 오직 상상 속의 선에 의해 남회귀선과 나뉘어져 있다. 우리는 열광할 것도 없고 극심한 비탄에 잠길 것도 없다. 비를 내려달라고 기도하지 않아도 되며, 경쾌한 춤곡에 맞춰 춤을 출 필요도 없다. 그저 바다 한복판에 있는 행복한 바위처럼 살아가야 한다. 주위에 있는 모든 것이 사납게 움직이고 있지만 우리만은 잠잠하다. 그 무엇도 움직이지 않은 것은 없으며, 가장 행복하고 가장 큰 바위라도 언젠가는 완전히 허물어져서 그것을 낳은 바다처럼 흘러가 버린다는 사상을 허용하는 현실 속에 우리는 고정되어 있는 것이다.

이것이 바로 우리가 바깥에서 안으로 이어지는 모든 현관과 복도를 향해 먼저 스케이트를 신고 미친 사람처럼 접근하려고 했던 음악적 삶이었다. 그러나 아무리 발버둥치고 미친 듯이 돌아다니고 인류와 친밀하게 접촉해 보아도 도저히 그 곁으로 다가갈 수 없었다. 원둘레가 아무리 확대되더라도 어차피 내 노력은 옛 영역과 평행상태로 머물러 있으며, 원을 그리며 벡터에서 벡터로 움직일 뿐이었다.

운명의 수레바퀴는 언제 어느 때라도 초월할 수 있다. 그 수레바퀴는 표면에 있는 모든 점으로 현실 세계와 맞닿아 있으며, 스케이트 타는 사람을 수영하는 사람으로 바꾸고 수영하는 사람을 바위로 바꾸는 기적을 일으키기 위해서는 오로지 계몽의 불꽃이 한 번만 번쩍이면 되기 때문이다. 바위는 수레바퀴의 헛된 회전을 멈추고 인간을 완전한 의식 상태로 만드는 행위의 단순한 표상이다. 완전한 의식이란 해와 달에 몸을 맡기는 동시에 해와 달을 '포함'하는 끝없는 바다와 같은 것이다. 이 세상에 존재하는 것은 모두 무한한 빛의 바다에서 생겨났으며—밤도 마찬가지다.

이따금 바퀴의 끊임없는 회전 속에서 나는 반드시 이루어져야 할 도약의 본성을 힐끗 보았다. 시계장치로부터 깨끗하게 뛰어나오는 것—그것은 말 그대로 해방된 사고였다. 지구상에서 가장 총명한 미치광이마저도 뛰어넘는 어떤 색다른 것이 되어야 한다!

땅 위의 인간들 이야기는 이제 지긋지긋했다. 정복이야기도, 설령 악의 정복이라 할지라도 짜증이 났다. 선(善)을 전파하는 것은 훌륭한 일이다. 그것이 힘을 북돋워주고, 자극하고, 활력을 불어넣어주기 때문이다. 그러나 그저 '존재한다'는 것은 그보다 더욱 훌륭하다. 왜냐하면 그것은 끝이 없으며 어떠한 실증도 필요로 하지 않기 때문이다. 존재한다는 것은 음악이고, 침묵을 위한 침묵의 모독이며, 따라서 선악을 초월한다.

음악은 활동 없는 행동의 표시이다. 음악은 그 자체의 수면을 헤엄치는 순수한 창조행위이다. 음악은 부추기지도 옹호하지도 않으며, 탐색과 설명도 하지 않는다. 음악은 의식의 바다를 헤엄치는 사람이 만들어 낸 시끄럽지 않은 소리이다. 오직 자기 자신에 의해서만 얻을 수 있는 보상이다. 더는 하느님에 대해 생각하지 않음으로써 스스로 신이 된 사람의 선물이다. 또한 지금 '존재'하는 모든 것이 이윽고 상상을 초월한 '존재가 될' 때 모든 사람이 그렇게 될 신의 예언자이다.

종곡

얼마 전에 나는 뉴욕 거리를 걷고 있었다. 그리운 옛 브로드웨이 거리는 어둠에 감싸여 있었다. 하늘은 바빌론 거리의 파고다 극장에서 영사기가 철컥철컥 돌아갈 때 금색 천장이 파랗게 물들 때처럼 동양적인 푸른빛을 띠고 있었다. 나는 마침 우리가 처음 만났던 곳 바로 아래를 지나가고 있었다. 나는 잠깐 걸음을 멈추고 창문에 켜진 붉은 등불을 바라보았다. 옛날과 다름없이 음악이 가볍고 뜨겁고 매혹적으로 울려 퍼지고 있었다. 나는 혼자였으며, 내 주위에는 수백만의 사람들이 왁시글거리고 있었다.

그 자리에 서 있다가 나는 그녀를 더는 떠올리지 않고 있다는 사실을 문득 깨달았다. 내 머릿속에는 지금 쓰고 있는 이 책 생각밖에 없었으며, 나에게 이 책은 그녀 자신은 물론 그녀와 나 사이에 있었던 어떤 일보다도 더욱 중요한 자리를 차지했다. 신이시여, 이 책이 진실을, 완벽한 진실, 오직 진실만을 전할 수 있도록 도와주소서! 다시 인파 속으로 뛰어들면서 나는 이 '진실'에 대한 의문과 씨름했다. 몇 년 전부터 나는 이 이야기를 쓰려고 시도했으나 언제나 진실이라는 문제가 악몽처럼 나를 짓눌렀다. 나는 이제껏 수없이 우리 삶의 구체적인 내용을 사람들에게 이야기해 왔는데, 언제나 진실만을 이야기했다. 그러나 진실은 거짓일 수도 있다. 진실만으로는 충분치 않다. 진실은 끝없이 넓은 전체의 핵심일 뿐이기 때문이다.

우리가 처음으로 헤어졌을 때 이 전체라는 개념이 내 머리채를 휘어잡았던 것을 기억한다. 내 곁을 떠날 때 그녀는 헤어지는 것이 두 사람의 행복을 위해 필요한 일인 척했다. 어쩌면 정말로 그렇게 믿었는지도 모른다. 그녀가 나에게서 벗어나려고 하는 것을 마음 깊은 곳에서는 알고 있었지만 비겁한 나는 스스로 그 사실을 인정할 수 없었다. 그러나 비록 짧은 시간이라 할지라도 그녀가 나 없이 살 수 있다는 사실을 깨닫자, 이제껏 어떻게든 감추려 했던 사실이 놀라운 속도로 자라났다. 일찍이 내가 겪었던 어떠한 일보다 고통스러운 경험이었으나 그렇기 때문에 마음이 치유될 수 있었다. 마음이 완전히 텅 비고, 외로움이 더는 날카로워질 수 없을 정도까지 이르렀을 때 문득 깨달았다. 살아가기 위해서는 개인적인 불행의 테두리보다 훨씬 더 큰 어떤 것 속에 이 참기 힘든 진실을 끼워 넣어야 한다는 점을. 나는 스스로도 눈치채지 못한 사이에 다른 영역으로, 훨씬 더 무서운 사실조차 파괴할 수 없는 더욱 단단하고 탄력 있는 영역으로 들어와 버렸음을 느꼈다.

나는 책상 앞에 앉아서 그녀에게 보낼 편지를 썼다. 그녀를 잃은 슬픔이 너무 큰 나머지 그녀에 관한 책을, 그녀의 이름을 불멸로 만들 책을 쓰기로 결심했다는 내용의 편지였다. 나는 일찍이 아무도 읽어본 적이 없는 책이 될 것이라고 썼다. 이어서 술 취한 사람처럼 쓸데없는 이야기들을 줄줄이 적어 내려갔는데, 그러다가 문득 펜을 놓고 나는 왜 이토록 기쁜 것일까 하고 스스로 물어 보았다.

무도장 바로 아래를 지나가면서 다시금 이 책을 떠올렸을 때 나는 느닷없이 우리 삶이 이미 종말에 이르렀음을 느꼈다. 내가 계획하고 있는 책이 그녀를―그리고 그녀의 소유였던 나 자신을―파묻을 무덤에 지나지 않는다는 사실을 깨달은 것이다. 그것도 이미 제법 오래전의 일이다. 그 뒤로 나는 이 책을 쓰고자 애쓰고 있다. 그런데 왜 그토록 어려울까? 왜? 그 이유는 바로 '종말'이란 개념을 견딜 수 없었기 때문이었다.

진실은 잔인하고 무자비한 종말의 인식에 있었다. 우리가 할 수 있는 일은 진실을 알고 받아들이든가, 아니면 진실을 인식하길 거부하고 죽음과 환생도 바라지 말아야 한다. 이렇게 하면 영원히 살아갈 수도 있다―원자처럼 단단하고 완전하거나 아니면 원자처럼 흩어지고 조각난 소극적인 삶을. 그리고 이 길을 따라 충분히 멀리까지 추구해 나간다면 이 원자적인 영원성도 무(無)에 돌아가 우주 자체가 박살날 것이다.

이미 몇 년 동안 나는 이 이야기를 하려고 했었다. 그러나 매번 쓰기 시작할 때마다 나는 다른 길을 선택해 버렸다. 나는 마치 세계 일주를 떠나면서 나침반조차 가져갈 필요가 없다고 생각하는 탐험가와 똑같았다. 더욱이 너무도 오랜 세월 동안 꿈꾸어 온 탓에, 이야기 자체가 어느 틈에 요새화된 큰 도시와 비슷해지고 말았다. 수없이 꿈꾸어 온 나는 도시 밖에서 한낱 방랑자로 있었으며, 각 성문까지 다다르기는 해도 너무 지쳐서 안으로 들어갈 수가 없었다. 그리고 방랑자에게 그러한 것과 마찬가지로 내 이야기의 배경이 되는 이 도시는 나를 끊임없이 회피하기만 했다. 언제나 눈앞에 서 있지만 구름 위에 떠 있는 환상의 성채처럼 손이 닿질 않는 것이다.

이윽고 총구멍이 뚫린 드높은 성벽에서 크고 흰 거위 떼가 쐐기 모양으로 가지런히 줄서서 내려왔다. 새들은 파리한 날개 끝으로 내 눈을 흐리는 꿈을 쫓아 버렸다. 내 발은 어지러이 얽혔고, 겨우 디딜 곳을 찾았다고 생각한 순간 이내 또다시 발판을 잃어버리고 말았다. 나는 내 삶을 한눈에 내려다볼 수 있는 단단하고 흔들리지 않는 발판을 찾고자 무작정 걸었다. 그러나 내 등 뒤에는 머리가 막 잘려나간 닭이 되는 대로 아무렇게나 달려나간 흔적처럼 어지럽게 뒤엉킨 발자국만이 남아 있을 뿐이었다.

내 삶이 더듬어 온 독특한 양식을 자기 자신에게 설명하려고 할 때, 말하자면 첫 번째 원인으로 거슬러 올라가고자 할 때, 나는 늘 내가 처음으로 사랑했던 소녀를 떠올렸다. 나는 모든 일이 결실을 맺지 못하고 끝난 첫사랑에서 비롯된 것 같았다. 이상하고 가학적인 사랑이었지만 동시에 우스꽝스럽고 비극적이기도 했다. 나는 그녀와 두세 번쯤 입을 맞추었는데, 여신을 위해 소중히 아껴둔 듯한 키스를 선사했다. 그녀와 단둘이 만난 일도 몇 번밖에 없었다. 물론 그녀는 내가 창가에 나타난 그녀의 모습을 혹시라도 볼 수 있을까 싶어 일 년이 넘도록 매일 밤 그녀 집 앞을 지나갔다는 사실은 꿈에도 몰랐을 것이다. 매일 저녁 식사가 끝나면 나는 식탁에서 일어나 그녀 집으로 이어진 머나먼 길을 산책했다. 내가 그녀 집 앞을 지날 때 그녀가 창가에 있었던 적은 한 번도 없었다. 나는 집 앞에서 기다릴 용기도 없어서 단지 몇 번씩 지나갔다 지나오기만 되풀이했는데, 끝내 그녀 모습은 그림자도 보지 못했다.

왜 그녀에게 편지를 쓰지 않았을까? 왜 전화를 걸지 않았을까? 딱 한 번, 용기를 있는 대로 짜내어 그녀에게 연극을 보러 가자고 한 적이 있었다. 나는 오랑캐꽃다발을 들고 그녀 집으로 갔다. 여인에게 주려고 꽃을 샀던 적은 그때가 처음이자 마지막이었다. 극장에서 나올 때 오랑캐꽃다발이 그녀의 가슴께에서 떨어졌고, 나는 당황한 나머지 그 꽃을 밟고 말았다. 나는 그냥 버리고 가자고 말했으나 그녀는 고집스럽게 그 꽃송이들을 주웠다. 나는 내가 저지른 얼간이 같은 실수로 머리가 터질 것 같았다―그녀가 오랑캐꽃들을 주우려고 몸을 구부리면서 보여준 미소는 오랜 세월이 흐른 뒤에야 겨우 기억해 냈다.

나는 완전히 망치고 말았다. 그리고 끝내는 도망쳐 버렸다. 사실대로 말하면 또 다른 여자를 피해 달아난 것이었는데, 나는 도시를 떠나기 전에 그녀를 한 번 더 만나야겠다고 결심했었다. 오후가 절반 정도 지났을 때였는데, 그녀는 나와 이야기하기 위해 거리로 나와 주었다. 우리는 담장으로 가로막힌 골목길에서 이야기를 나누었다. 그녀는 이미 다른 남자와 약혼한 몸이었다. 그녀는 행복한 척했지만, 아무리 눈치 없는 나라도 그녀가 보이는 것만큼 행복하지 않다는 사실을 금세 알 수 있었다.

내가 한 마디만 분명하게 했다면 그녀는 약혼자를 차 버렸을 것이다. 어쩌면 나와 사랑의 도피를 했을지도 모른다. 그러나 나는 스스로를 벌하기로 결심했다. 나는 아주 쌀쌀하게 작별 인사를 하고 죽은 사람처럼 거리를 내려갔다. 이튿날 나는 새로운 삶을 시작하기로 작정하고 태평양 연안을 향해 출발했다.

하지만 이 새로운 삶도 대실패였다. 출라 비스타의 목장으로 흘러든 나는 이 세상 어느 누구도 비할 수 없을 정도로 비참했다. 나에게는 첫사랑인 그 소녀와, 깊은 연민만을 느꼈던 또 다른 여인이 있었다. 그 여인과는 2년 쯤 동거생활을 했는데 그 기간이 나에게는 한평생처럼 길었다. 나는 스물하나였고 그녀는 자기 입으로 서른여섯 살이라고 말했다. 그녀를 바라볼 때마다 나는, 내가 서른이면 그녀는 마흔다섯, 내가 쉰 살이면 그녀는 예순다섯이 된다고 속으로 중얼거렸다.

그녀의 눈가에는 자잘한 주름살이 져 있었다. 웃을 때 생기는 주름이지만 주름살임에는 틀림이 없었다. 키스할 때면 그 주름이 열두 배나 확대되어 보였다. 잘 웃는 여자였지만 눈동자는 늘 지독하게 서글픈 빛을 띠고 있었다. 참으로 미국인 같은 눈이었다. 머리칼은 한때 붉은색이었으나 지금은 과산화수소로 탈색해서 금발이었다. 그 점을 제외하면 제법 괜찮은 여자였다. 비너스 같은 육체와 영혼을 가졌고, 충실하고 사랑스러우며 감사할 줄 아는, 여자로서 바람직한 장점은 모두 지니고 있었다. 나보다 15년이나 연상이란 점만 빼면.

15년이란 차이가 나를 미치게 만들었다. 그녀와 나들이를 할 때마다 나를 사로잡는 생각은 딱 한 가지—10년 뒤에는 어떻게 될까 하는 것뿐이었다. 또는 지금 이 여자는 몇 살로 보일까? 내가 그녀에게 어울릴 만큼 늙어 보이는 것일까? 하지만 일단 집으로 돌아가면 그런 생각은 싹 사라졌다.

층계를 오르면서 나는 곧잘 손가락을 그녀의 사타구니로 밀어 넣곤 했는데 그러면 그녀는 말처럼 히힝거렸다. 나와 또래인 그녀의 아들이 침대에서 자고 있으면 우리는 부엌으로 가서 문을 닫아걸었다. 그녀가 좁은 식탁 위에 누우면 나는 허물을 벗듯 그녀 안으로 스르륵 미끄러져 들어갔다. 그 기분은 말할 수 없이 훌륭했다. 그리고 그 짓을 할 때마다 이렇게 혼잣말하면 더욱 끝내줬다―이번이 마지막이야…… 내일이야말로 헤어지자!

일이 끝나면 나는 아파트 관리인인 그녀를 대신해 지하실로 내려가 쓰레기통을 밖으로 내놨다. 날이 밝아 그녀의 아들이 일하러 나가면 나는 지붕 위로 올라가 침구를 말렸다. 그녀와 그녀 아들은 결핵 환자였던 것이다……. 그 때문에 때로는 식탁 위에서의 일과를 멈추어야 할 때도 있었다. 또 어떤 때는 이처럼 앞날이 보이지 않는 관계에 숨이 콱콱 막혀서, 옷을 대충 걸치고 산책을 나가기도 했다. 이따금 돌아가는 것을 잊기도 했다.

그러나 그녀가 크고 서글퍼 보이는 눈망울을 하고서 나를 기다리고 있다는 것을 알고 있었기 때문에 기분은 더욱 비참해질 따름이었다. 나는 신성한 임무를 수행하는 사람처럼 그녀에게로 되돌아갔다. 그리고 침대에 누워서 그녀가 애무하는 대로 가만히 몸을 맡긴 채 그녀 눈가의 주름살과 이미 붉은 색이 올라오기 시작한 그녀의 머리칼 뿌리를 바라보았다. 그러면서 나는 종종 첫사랑 소녀를 떠올렸고, 그녀도 역시 누워서 이런 짓을 하고 있을까 생각했다.

일 년 365일 동안 매일 되풀이되었던 그 기나긴 산책!―다른 여자 곁에 누워서도 나는 마음속으로 그날의 산책을 떠올렸다. 그 뒤로 몇 번이나 그 산책을 되풀이했는지 모른다! 인간이 만든 것 가운데 가장 황량하고 음침하고 추악한 거리. 나는 고뇌하면서 그와 같은 산책과 거리 그리고 산산이 박살난 맨 처음의 희망을 되새겨 보았다. 창문은 있었으나 멜리장드(오페라 〈펠레아스와 멜리장드〉에 나오는 아리따운 소녀)의 모습은 보이지 않았다. 화원도 있었지만 눈부신 황금빛은 없었다.

나는 지나가고 또 지나가보건만 창가에 사람 그림자는 나타나지 않았다. 저녁 별이 나직이 떠 있었다. 트리스탄이 나타나고 피델리오와 오베론이 나타났다. 히드라처럼 머리가 아홉인 개가 아홉 개의 입으로 일제히 짖어대고, 늪이 없는데도 여기저기서 개구리 우는 소리가 들려왔다. 똑같은 집과 똑같은 찻길, 똑같은 모든 것들. 그녀는 커튼 뒤에 숨어 내가 지나가기를 기다리며 이런저런 일을 하고 있다…… 그러나 그녀는 그곳에 없었다, 절대, 절대로.

이것은 그랜드오페라인가, 아니면 허디거디(손잡이를 돌려 연주하는 현악기)를 연주하는 소린가? 그것은 아마토(이탈리아의 오페라 가수, 1879~1942)가 황금 폐를 터뜨리는 소리이고, 《루바이야트(페르시아어 4행 시집)》이며, 에베레스트 산이다. 달이 뜨지 않은 밤, 새벽녘의 흐느낌, 거짓말을 하는 소년, 장화 신은 고양이, 모나 로아, 여우나 새끼양의 모피, 사물과 시간을 초월한 것, 심장 속에서, 목구멍 속에서, 발바닥에서 수없이 되풀이되는 영원한 것이다. 부디 한 번만, 딱 한 번이라도 좋다. 그림자나 커튼의 흔들거림이나 유리창에 부옇게 번지는 입김이라도, 정말 무엇이라도 좋으니 한 번만, 거짓이라도 상관없다. 이 아픔을 가시게 하고 이 끝없는 방황을 멈추게 해줄 수만 있다면, 제발 나타나 다오……. 집으로 향했다. 똑같은 집들, 똑같은 가로등, 모든 것이 똑같았다.

나는 내 집을 지나치고 공동묘지를 지나쳤다. 가스탱크와 열차 차고, 그리고 저수지를 지나 탁 트인 들로 나왔다. 나는 길가에 앉아 두 손에 얼굴을 파묻고 흐느껴 울었다. 나 같은 불쌍한 놈은 심장을 쪼그라뜨려서 핏줄이 터지게 만들지도 못했다. 나는 슬픔에 짓눌려 질식해 죽고 싶었지만 그 대신 돌멩이에 생명을 주고 말았다.

그동안에도 다른 여자는 내가 돌아오기를 기다리고 있다. 야트막한 현관 돌계단에 앉아 나를 기다리고 있는 그녀의 모습이 내 눈에는 보인다. 슬픔이 가득한 눈동자를 크게 뜨고 있고, 창백한 얼굴은 기대감에 바들바들 떨리고 있었다. 연민—나는 내 발길을 되돌린 것은 연민이라고 늘 생각했다. 그러나 지금 그녀에게 되돌아가 그 눈의 표정을 직접 보자 스스로도 내 마음이 어떤지 알 수가 없었다. 확실한 것은 이제 집 안으로 들어가 함께 누울 것이라는 사실뿐이었다. 이윽고 그녀는 반쯤 울먹이고 반쯤 웃으면서 잠에서 일어날 것이다. 그리고 말없이 나를 가만히 바라보며 내가 돌아다니는 모습을 지켜본다. 그러나 내가 무엇 때문에 괴로워하는지는 절대, 절대 묻지 않는다. 왜냐하면 그것이 바로 그녀가 두려워하는 것이고 알고 싶어 하지 않았던 것이었기 때문이다.

나는 너를 사랑하지 않아! 그녀는 내가 비명 지르듯 외치는 소리를 듣지 못하는 것일까? 나는 너를 사랑하지 않아! 나는 입술을 꾹 다물고 미움과 절망과 손댈 수 없는 분노를 담아 있는 힘껏 수없이 외쳤다. 그러나 그 말은 내 입술 밖으로 흘러나오지 않았다. 그녀의 얼굴을 보기만 하면 혀가 굳어 버리는 것이다. 나는 말할 수 없었다…… 시간, 시간, 우리 손바닥 위에는 끝없이 남아도는 시간이 놓여 있었으며, 오직 거짓으로만 그것을 메울 수 있었다.

나는 운명의 순간에 이르기까지의 내 온 삶을 여기서 모조리 읊고 싶지는 않다. 너무나 길고 고통스럽기 때문이다. 게다가 내 삶이 그러한 절정에 이른 적이 있었을까? 의심스럽기 그지없다. 지금 생각해보면 다시 시작할 기회는 얼마든지 있었지만 나에게는 힘과 믿음이 없었다. 드디어 문제의 그날 저녁, 나는 깊이 생각한 끝에 나 자신을 버렸다. 단단히 작심하고 낡은 생활에서 빠져나와 새 생활로 뛰어든 것이다. 조금도 어렵지 않았다. 내 나이 서른이었다. 딸린 처자식이 있었고 '책임 있는' 지위도 갖고 있었다. 그것은 사실이었지만, 사실 같은 것은 아무 소용이 없었다. 실상은 내 욕망이 너무 커서 마침내 그것이 현실이 된 것이었다.

그러한 순간에 어떤 사람이 무엇을 '할' 것인지는 별로 중요하지 않다. 중요한 것은 그가 '어떤' 사람이냐 하는 것이다. 그런 순간에는 사람이 천사가 될 수도 있다. 나에게 일어났던 일도 바로 그것이었다—나는 천사가 된 것이다. 천사의 존엄성은 그 순결함이 아니라 하늘을 날 수 있다는 사실에 있다. 천사는 언제 어디서나 틀을 깨고 자기의 천국을 찾을 수 있기 때문이다. 천사는 가장 천박한 것으로 전락할 수 있고, 그 속에서 마음대로 빠져나올 수도 있다.

문제의 그날 저녁, 나는 그 사실을 완전히 이해했다. 나는 인간의 속성을 버림으로써 초연하고 순결한 존재가 되었으며, 지금은 날개를 달고 있었다. 과거는 깡그리 버렸으며, 미래에 대해서도 전혀 걱정하지 않았다. 나는 환희조차 미치지 못하는 경지에 있었다. 사무실을 나설 때 나는 날개를 접어 외투 안에 숨겼다.

그 무도장은 내가 일자리 찾는다는 핑계로 집에서 나와 대낮부터 들락거리던 극장의 옆문과 마주보고 있었다. 그곳은 극장거리로, 나는 터무니없는 꿈을 꾸면서 몇 시간이나 객석에 죽치고 앉아 있었다. 뉴욕의 연극계 전체가 그 거리 하나에 집약되어 있는 것 같았다. 그 거리가 브로드웨이이며, 성공과 명성, 화려함, 석면으로 만들어진 막과 그 막에 난 구멍이었다. 극장 계단에 앉아서 나는 곧잘 맞은편에 있는 무도장과 여름철 오후에도 켜놓는 붉은 등불들을 바라보았다. 창문마다 윙윙 돌아가는 환풍기가 달려 있었는데, 그곳을 통해 무도장 안의 음악소리가 거리로 흘러나왔다. 그리고 흘러나온 음악은 지나다니는 자동차 소음에 산산이 흩어지고 말았다.

무도장 반대쪽 맞은편에는 공중변소가 있었는데, 나는 여자를 만나거나 돈이라도 좀 뜯어내 볼 생각으로 그곳에도 곧잘 가서 앉아 있었다. 공중변소 위쪽, 거리와 거의 비슷한 높이에 외국 신문과 잡지를 파는 매점이 있었다. 그런 신문과 인쇄된 기이한 글자들을 보는 것만으로 나는 온종일을 똥씹은 기분으로 보내야 했다.

아무런 생각도 없이 나는 벌떡 일어나 무도장 계단을 올라가, 닉이라는 그리스인이 표를 한 묶음 들고 앉아 있는 매표소의 조그만 창구 앞으로 걸어갔다. 아래에 있는 변소나 극장 계단과 마찬가지로, 지금 내 회상 속에서 이 그리스인의 손은 그것만 따로 떨어져 나온 독립된 물체 같았다. 마치 잔인한 북유럽 동화에 나오는 도깨비처럼 털이 부숭부숭 난 커다란 손이었다. 그 손이 나에게 말을 걸었다. "마라 양은 오늘 밤은 나오지 않아요." 혹은, "마라 양은 오늘 밤엔 늦게 나올 겁니다."

나는 어릴 때 창문을 닫아건 침실에서 잠을 자다가 꿈을 꾸다가도 그 손을 보았다. 열에 들뜬 듯한 꿈속에서 갑자기 창문이 환해지면서 문고리를 움켜잡고 있는 도깨비의 모습이 드러났다. 그 털북숭이 괴물은 밤마다 나를 찾아왔으며, 문고리를 붙잡고 이를 가는 것이었다. 나는 식은땀에 흠뻑 젖어서 잠에서 깨어나지만 집 안은 어둠 속에 싸여 있고, 방에는 쥐죽은 듯한 정적만이 감돌고 있었다.

무대 끄트머리에 서 있던 나는 그녀가 내 쪽으로 다가오는 것을 알아차렸다. 그녀는 돛을 펼치고 다가왔다. 크고 보동보동한 얼굴은 길쭉하고 둥그런 목 위에 아름답게 올라앉아 있었다. 열여덟 살로 보이기도 하고 서른 살로도 보이는 여자였다. 짙은 남빛 머리칼에 크고 하얀 얼굴. 그 하얗고 복스러운 얼굴에 눈이 반짝반짝 빛나고 있었다. 그녀는 몸에 꼭 맞는 푸른 셔츠를 입고 있었다. 나는 그녀의 풍만한 육체와 남자처럼 한쪽으로 갈라서 넘긴 가늘고 꼿꼿한 머리칼을 지금도 분명히 기억하고 있다. 나에게 보여준 미소도 잊을 수 없다. 갑자기 훅 불어오는 바람처럼 신비롭고 덧없으며 의미심장한 미소였다.

그녀의 모든 존재가 그 얼굴에 집약되어 있었다. 그 머리만 잘라내어 집으로 가져갈 수 있을 것 같았다. 밤이면 그 머리를 내 옆의 베개 위에 눕혀 사랑을 속삭일 수도 있을 것 같았다. 눈을 뜨고 입을 열면 그녀의 모든 존재가 빛나기 시작한다. 어떤 알지 못하는 원천으로부터, 땅속 깊숙이 숨어 있는 중심으로부터 뿜어져 나오는 빛이었다. 나는 단지 그 얼굴과 자궁 같은 성질을 지닌 이상한 미소와, 모든 것을 집어삼킬 듯한 직접성밖에 생각할 수 없었다. 고통스러울 정도로 재빠르게 나타났다 사라지는 미소는 마치 번뜩이는 칼날에 서리는 빛 같았다. 이 미소와 얼굴이 길고 하얀 목 위에, 튼튼한 백조 같은 영매(靈媒)의 목 위에, 길을 잘못 들어 지옥으로 떨어진 이의 목 위에 올려져 있었던 것이다.

나는 붉은 가로등이 켜진 길모퉁이에 서서 그녀가 내려오기를 기다렸다. 새벽 2시 무렵으로, 그녀는 집에 돌아갈 채비를 하고 있었다. 나는 단춧구멍에 꽃을 꽂고 개운함과 고독감을 느끼며 브로드웨이에 서 있었다. 우리는 거의 밤새도록 스트린드베리와 앙리에트라는 그의 작중인물에 대해 이야기했다. 나는 황홀경에 빠질 정도로 신경을 곤두세워 귀를 기울였다. 꼭 첫 마디를 신호로 우리는 서로 반대 방향을 향해 경주를 시작한 것 같았다. 앙리에트! 그 이름이 나온 순간 앙리에트를 손에서 놓지 않으면서도 자기 자신에 대해 이야기하기 시작했다. 앙리에트는 보이지 않는 긴 실로 그녀와 이어져 있었으며, 그녀는 손가락 하나로 그 실을 남몰래 움직이고 있었다. 마치 거리 행상인이 보도에 펼쳐놓은 검은 천에서 조금 멀찍이 서서, 천 위에서 움직이는 조그만 기계장치에 무관심한 척 딴청을 피우고 있는데도, 검은 실이 묶여 있는 새끼손가락을 발작적으로 움직이는 바람에 속내를 들키고 마는 것과 같았다.

앙리에트가 바로 자기이며 자신의 참된 자아라고 그녀는 말하는 것 같았다. 그녀는 나에게 앙리에트가 악의 화신이라고 믿게 하려고 했다. 그것도 인간 이하의 솔직함을 내세우며 아주 자연스럽고 천진하게 말하는 것이었다. 그것이 과연 그녀의 본심이라고 내 어찌 믿을 수 있겠는가? 나는 그저 이해했다는 뜻으로 살짝 미소를 지어 보이는 수밖에 없었다.

문득 그녀가 다가오는 기척을 느꼈다. 나는 고개를 돌렸다. 그녀는 돛을 활짝 펴고 눈을 반짝이며 전속력으로 다가왔다. 나는 처음으로 그녀의 흠잡을 데 없는 몸놀림을 알게 되었다. 그녀는 새처럼, 보드라운 털에 감싸인 새 인간처럼 다가왔다. 엔진은 전속력으로 돌아가고 있었다. 나는 소리치고 싶었다. 온 세계가 귀를 쫑긋 세울 정도로 크게 외치고 싶었다. 저 걸음걸이를 보라! 걷는다기보다는 미끄러져 오는 것 같다. 키가 크고 당당하고 침착한 그녀는 바빌론 창부의 여왕처럼 담배 연기와 재즈와 붉은 등불을 뚫고 나왔다.

브로드웨이 거리의 모퉁이인 공중변소 맞은편에서 이런 일이 일어나고 있었던 것이다. 브로드웨이는 그녀의 왕국이었다. 바로 이곳이 브로드웨이이고, 뉴욕이고, 미국이었다. 그녀는 날개를 달고 성별을 갖춘 도보의 미국이었다. 그녀는 윤활유이고 증오해야 할 것이며 승화물이었다—염산, 니트로글리세린, 아편팅크, 마노 가루를 조금씩 섞은 것이 그녀였다. 그녀는 풍요로움과 웅장함을 갖추고 있었다. 좋든 나쁘든 그것이 미국이었으며 양쪽 끝에 바다를 끼고 있는 대륙이었다.

나는 태어나서 처음으로 이 대륙에 있는 미간을 힘껏 얻어맞았다. 들소가 있든 없든 간에 이것이 미국이며, 희망과 환멸의 회전식 금강사숫돌인 미국이다. 무엇인지 모르지만 미국을 만든 것이 그녀를 만들었다—그녀의 뼈와 피와 근육, 동공, 걸음걸이, 리듬, 자세, 확신, 뻔뻔함, 그리고 허세를 만들었다. 그녀는 거의 내 위로 덮치듯이 서 있었고, 보동보동한 얼굴은 칼슘처럼 빛나고 있었다. 그녀의 크고 부드러운 털목도리가 어깨에서 떨어질 것 같았지만 그녀는 알아채지 못했다. 그녀는 입고 있는 옷이 모조리 벗겨진다 하더라도 신경 쓰지 않았을 것이다. 그녀는 어느 것에도 관심을 기울이지 않았다.

정말로 미친 듯한 히스테리로 가득 찬 유리 창고를 향해 번개처럼 나아가는 미국 그 자체였다. 털목도리가 있든 없든, 신발을 신었든 맨발이든 이것이 바로 '미국'인 것이다. 미국은 현금 지불이다. 이놈들아, 두들겨 패기 전에 썩 꺼져 버려라! 나는 무서워서 부들부들 떨었다. 무엇인가가 덮쳐오는데 나는 몸을 피할 수가 없었다. 그녀가 유리창을 뚫고 정면으로 달려들었다. 단 1초만이라도 멈추어 준다면, 아주 잠깐이라도 나를 가만 내버려두면 좋으련만. 그러나 그녀는 그러지 않았다. 그녀는 한 치의 여유도 나에게 허용하지 않았다. 재빠르고 잔혹하며 오만한 운명의 여신처럼 그녀는 나에게 달려들어 칼로 나를 발라낸다……

그녀는 내 손을 잡고 단단히 힘을 주었다. 나는 두려움도 없이 그녀와 나란히 걸었다. 내 안에서는 별이 반짝거렸다. 조금 전만 하더라도 미친 듯이 엔진이 돌아가던 내 안에서 끝없이 넓고 푸른 하늘이 펼쳐졌다.

사람이라면 이와 같은 순간이 찾아오기를 평생 기다린들 후회는 없을 것이다. 만날 수 있으리라고는 생각도 못했던 여인이 지금 눈앞에 앉아서, 꿈속에 그리던 사람과 똑같은 얼굴과 똑같은 말투로 이야기를 하고 있다. 그러나 무엇보다 이상한 것은 지금 이 순간까지 그녀를 꿈에서 보아왔다는 사실을 깨닫지 못했다는 점이다. 모든 과거는 꿈이 없다면 이미 오래전에 기억 속에서 사라져 버렸을 기나긴 잠과 같다. 그리고 그 꿈 역시 기억이 없다면 잊어버렸을지도 모른다. 그러나 기억은 핏속에 흐르고, 피는 바다와 같다. 그 바다는 삶보다 새롭고 실질적인 '현실'만을 남기고 모든 것을 씻어내 버린다.

우리는 길 건너편에 있는 중국식당의 조그만 칸막이 안에 자리를 잡았다. 나는 곁눈질로 전광판 글자들이 하늘로 오르락내리락하는 것을 보았다. 그녀는 여전히 앙리에트에 대해 이야기하고 있었다. 어쩌면 그녀 자신에 대한 이야기였는지도 모른다. 그녀의 조그맣고 검은 모자와 가방 그리고 털목도리는 그녀의 의자 위에 놓여 있었다. 그녀는 몇 분 간격으로 새 담배에 불을 붙였지만 담배는 모두 그녀가 이야기하는 사이에 재가 되고 말았다. 그녀의 이야기에는 시작도 끝도 없었다. 그저 불꽃처럼 뿜어내며 가까이 있는 것들을 모조리 태워 버렸다. 어디서부터 어떻게 시작되었는지도 아는 바가 없었다.

문득 정신을 차려보면 느닷없이 긴 이야기의 한복판에 들어와 있었다. 이제까지와는 전혀 다른 이야기였지만 상황은 언제나 다 비슷했다. 그녀의 이야기는 꿈처럼 종잡을 수 없었고, 맥락도 없거니와 벽, 출구, 종지부도 없었다. 듣고 있던 나는 마치 말의 그물에 걸려 어떻게든 빠져나오려고 정신없이 버둥거리는 듯한 느낌이 들었다. 그래서 나는 그녀의 눈동자를 들여다보며 그녀의 말이 가진 중요성이 그 속에 얼마나 반영되어 있는가를 알아보려 했지만 아무 것도 찾아낼 수 없었다. 거기에는 바닥 없는 우물 속에 흔들리고 있는 나 자신의 그림자밖에 없었다.

그녀는 오로지 자기 얘기밖에 하지 않았지만 나는 그녀라는 사람을 조금도 잡아낼 수 없었다. 그녀는 팔꿈치로 탁자를 짚고 몸을 앞으로 내민 채 이야기했다. 그 말은 나를 흠뻑 적시고 파도가 되어 끊임없이 밀려왔지만 내 마음속에는 아무것도 남기지 않았다. 내 마음으로 포착할 수 있는 것은 없었다. 그녀는 자기 아버지와, 태어난 셔우드 숲 끄트머리에서 가족들과 보냈던 기이한 생활에 대해 이야기하고 있었다…… 적어도 조금 전까지는 틀림없이 그런 이야기를 하고 있었는데, 어느 틈에 또다시 앙리에트 이야기로 되돌아가 있었다. 아니, 어쩌면 도스토옙스키에 대한 얘기였을 수도 있는데, 나도 모르겠다.

아무튼 문득 정신을 차려보면 그녀는 이미 그와 같은 이야기는 제쳐 두고, 어느 날 밤 그녀를 집까지 데려다주었던 어떤 사내 얘기를 하고 있었다. 현관에서 작별인사를 나누고 있는데, 남자가 느닷없이 손을 뻗어 그녀의 치마를 걷어 올렸다는 것이었다. 그녀는 바로 이 얘기가 하고 싶었다고 강조하는 것처럼 잠시 뜸을 들였다.

나는 당황하여 그녀를 바라보았다. 대체 무슨 이야기를 하다가 그런 얘기가 나왔는지 짐작도 할 수 없었다. 어떤 사내였을까? 그는 그녀에게 무슨 말을 했을까? 기다리면 또 얘기하리라 생각하고 나는 그녀가 말하는 대로 내버려두었다. 그런데 그녀는 또다시 나를 앞질렀다. 이야기하는 투로 보건대 그 남자는 이미 죽은 것 같았다. 자살이었으며, 그 죽음으로 그녀가 얼마나 큰 충격을 받았는지를 나에게 이해시키려고 애썼다. 그러나 속으로는 한 남자를 자살로까지 몰아넣었다고 자랑하고 싶은 것 같았다. 나는 그 남자를 죽은 사람으로 상상할 수 없었다. 현관 앞에 서서 그녀의 치맛자락을 들추는 남자, 허리를 구부리고 그녀의 옷자락을 걷어 올리는 동작을 영원히 취하고 있는 남자로밖에 생각되지 않았다.

그리고 그녀의 아버지 모습도 떠오른다. 훈련 중인 경주마들과 함께 있거나, 때로 빈 근교의 작은 여관에 묵고 있는 그를 생각했다. 그러나 여관 지붕 위에서 심심풀이로 연을 날리는 그의 모습이 훨씬 더 잘 떠오른다. 아무튼 그녀 아버지와 그녀가 한눈에 반했던 그 남자를 나는 떼어놓고 상상할 수 없었다. 그 남자에 대해서는 그녀도 별로 얘기하고 싶어 하지 않았지만 그래도 이야기는 어김없이 그 남자에 대한 것으로 되돌아왔다. 그녀의 치마를 걷어 올린 사람이 그 남자가 아니라는 확신도 가질 수 없었고, 자살한 사람은 그가 아니라고 잘라 말할 수도 없었다.

우리가 밥을 먹으려고 자리에 앉았을 때 그녀가 이야기했던 사람은 아마도 그 남자였을 것이다. 우리가 자리에 앉자마자, 지금 막 카페테리아에 들어가는 남자를 보았다고 그녀가 흥분해서 이야기했던 것을 떠올렸다. 그 남자의 이름까지 들먹였지만 나는 금방 잊어버리고 말았다. 그러나 그 남자와 동거한 적이 있는데, 그가 그녀 마음에 들지 않는 짓을 하는 바람에—무슨 일이었는지는 말하지 않았다—한 마디 설명도 없이 바로 헤어졌다고 말한 것은 기억하고 있다.

그리고 우리가 중국식당에 들어서려는 순간 그와 딱 마주쳐 버렸다고 한다. 나와 조그만 칸막이 안에 앉았을 때에도 그녀는 여전히 그 일이 되살아나서 온몸을 떨고 있었다……. 나는 한동안 불안한 마음을 떨칠 수 없었다. 그녀가 했던 이야기는 전부 거짓이었을 것이다! 그것도 평범한 거짓말이 아니라 훨씬 더 악질적인 거짓말, 도저히 설명할 수 없는 거짓말일지도 몰랐다. 그러나 아주 가끔씩 진실이 튀어나오기도 한다. 특히 다시는 만나지 않으리라고 생각한 사람에게는. 가장 친한 친구에게도 털어놓을 수 없었던 사연을 생판 남에게는 이야기할 수도 있는 것이다.

마치 파티가 한창일 때 잠들어 버리는 것과 같다. 자기 자신에 대한 관심이 커져서 잠들어 버리는 것이다. 그리고 깊이 잠들면 꿈속에서 누군가에게 이야기한다—처음부터 줄곧 같은 방을 써왔기 때문에 비록 이야기를 중간부터 시작하더라도 말하고자 하는 바를 완전히 이해해 주는 누군가에게. 어쩌면 그 친구도 다시 잠들어 버릴 수도 있다. 아니, 처음부터 계속 잠들어 있었는지도 모른다. 그렇기 때문에 그와는 쉽게 만날 수 있는 것이다. 만약 그가 방해될 아무 말도 하지 않는다면 우리는 우리가 하고 있는 얘기가 진실이고 사실임을 알고, 자신이 완전히 깨어 있으며, 완전히 깬 상태에서 잠들어 있다는 상태 말고는 달리 진실을 찾을 수 없다는 것을 알게 된다.

이제껏 나는 이토록 완벽하게 잠에서 깬 상태로 동시에 이토록 깊이 잠든 적이 없었다. 만약 꿈속의 도깨비가 정말로 빗장을 밀어젖히고 내 손을 움켜잡았다면 나는 너무 무서워서 죽고 말았을 것이다. 따라서 지금도 죽은 상태였을 것이다. 말하자면 영원히 잠들어 있기 때문에 늘 자유로우며, 비록 실제로 일어난 일이 일어나지 않는다고 해도 전혀 신기할 것이 없으며 거짓이라고 느끼지 않았을 것이다. 지금까지 일어났던 일들은 아득한 옛날 밤중에 일어난 일이었을 것이다. 그리고 지금 일어나고 있는 일들 역시 먼 옛날 밤중에 일어났던 일이다. 또한 그것은 도깨비와 절대 열리지 않는 창문 꿈과 마찬가지로 진실하지 않지만, 지금은 그 창문이 부서져 내가 두려워하던 도깨비가 내 손을 움켜잡고 있다. 이제는 내가 무서워하던 것과 실제로 존재하는 것 사이의 구별이 사라진 것이다. 왜냐하면, 나는 그때 잠들어 있었지만 지금은 완전히 깨어난 상태에서 자고 있으므로, 더는 두려울 것도 바랄 것도 기대할 것도 없으며 단지 실제로 존재하고 끝을 모르는 것들이 있을 뿐이기 때문이다.

그녀는 밖으로 나가자고 했다. 걷기 시작했다……. 다시 그녀의 엉덩이가 무도장에서 나와 나에게 다가왔을 때처럼 슬슬 미끄러져 갔다. 그리고 다시 그 말들이 되돌아왔다……"갑자기 아무 말도 없이 내 치맛자락을 들추지 뭐예요." 그녀는 털목도리를 목에 둘렀다. 조그맣고 검은 모자가 그녀의 얼굴을 조각상처럼 도드라져 보이게 했다. 슬라브 민족의 광대뼈를 가진 둥글고 보동보동한 얼굴. 한 번도 본 적이 없는데 어떻게 이 얼굴을 꿈에서 볼 수 있었을까? 목련꽃처럼 하얗게 핀 그녀가 이토록 가까이서 이토록 풍만한 모습으로 내 앞에 서 있다고 상상이나 할 수 있었을까?

그녀의 통통한 허벅지에 닿자 나는 몸을 떨었다. 실제로는 그렇지 않은데도 나보다 키가 훨씬 큰 듯이 느껴졌다. 그녀가 턱을 잡아당기고 있어서 그렇게 느껴지는 것이다. 그녀는 어디로 가는지 조금도 신경 쓰지 않는 것 같았다. 두 눈을 크게 뜨고 허공을 바라보며 무엇이든 뛰어넘어 지나간다. 과거도 없고 미래도 없었다. 현재조차 의심스러웠다. 자아도 그녀를 버렸으며, 몸뚱어리만이 거침없이 나아가고 있었다. 얼굴만큼 희고 풍만하며 굵고 튼튼한 목. 그녀는 나직하고도 목쉰 소리로 이야기를 계속했다. 그 이야기에는 시작도 끝도 없었다. 나는 시간도, 시간이 흐르는 것도 알지 못하고, 다만 시간이 없다는 것만 느끼고 있었다.

그녀는 골반 안에 있는 큰 자궁과 이어진 조그만 자궁을 목구멍에 갖고 있었다. 택시가 길가에 서 있었지만 그녀는 여전히 외적 자아의 우주론적인 잡동사니를 씹고 있었다. 나는 그녀의 두 자궁을 전화선으로 이어주었다. 여보세요. 당신인가요? 나가죠! 자, 쉬지 말고 가요—택시, 배, 기차, 증기기관선을 타고. 해변, 빈대, 고속도로, 샛길, 폐허. 유적, 구세계, 신세계, 부두, 제방. 집게, 그네, 수로, 삼각주, 악어, 그리고 언제까지나 끝도 없이 이어지는 이야기. 그리고 다시 도로, 눈에 띄는 먼지, 무지개, 장대비, 식사, 크림, 로션.

마침내 모든 길을 다 걸어서 우리들의 정신없는 발자국이 남긴 먼지만 남는다고 해도, 당신의 하얗고 토실토실한 얼굴과 촉촉한 입술을 벌린 큰 입과 하나하나가 완전한 새하얀 치아에 대한 기억만은 남을 것이다. 그리고 이 기억은 당신의 새하얀 치아처럼 완벽하기 때문에 어느 것 하나도 절대 바뀌지 않을 것이다…….

일요일이었다. 나의 새로운 삶의 첫 일요일이었다. 나는 당신이 목에 채워준 개목걸이를 두르고 있다. 새로운 삶이 내 앞에 펼쳐져 있다. 먼저 안식일로부터 시작된다. 나는 널따란 푸른 잎사귀 위에 누워서, 당신의 자궁 안에서 불타오르는 해를 보고 있다. 얼마나 섬뜩한 광경인가! 이 모든 것이 다 나를 위한 것이다. 당신 안에 해가 무수히 많다면 좋으련만! 이곳에 누워서 영원히 하늘의 불꽃을 즐길 수 있다면 얼마나 좋을까!

나는 달 표면에 매달려 있다. 세상은 자궁 같은 황홀에 빠져 있어서 안팎의 자아는 평형상태를 유지한다. 당신과 수없는 약속을 한 나는 이곳에서 영영 나가지 못한대도 상관없다. 내가 성교의 시커먼 자궁에서 잠이 든 지 정확히 25,960년이 흘렀다. 아무래도 365년이란 너무 오랜 잠을 잔 것 같다. 어쨌건 나는 지금 훌륭한 물건들에 둘러싸여 바라던 집에 살고 있고, 뒤에 있는 것도 앞에 있는 것도 모두 좋은 것들뿐이다. 당신은 비너스를 가장하고 오지만 나는 당신의 정체가 마녀 릴리스임을 안다.

나의 모든 삶은 지금 균형을 이루고 있다. 단 하루라도 나는 이 사치를 즐길 것이다. 내일이면 저울을 한쪽으로 기울일 것이다. 내일 이 균형은 깨질 것이다. 또다시 균형을 발견하는 일이 있다 하더라도 뱃속에서 찾아내게 될 것이지, 별에서 찾을 수는 없을 것이다. 당신이 나에게 많은 것을 약속하는 게 좋다. 이제껏 너무 오래 해의 그림자 속에서 살아온 나는 약속에 굶주려 있기 때문이다. 나는 빛과 순결을 원하며 태양의 불덩이를 배 속에 지니고 싶다. 천상의 삼각형자리를 완성하여, 지구를 떠나 끝없이 공간을 날아다니지 않아도 되도록 배신당하고 환멸을 느끼고 싶다. 나는 당신이 하는 말을 모두 믿지만, 그것이 언젠가 다른 결과를 가져오리라는 것도 알고 있다. 나는 당신을 별과 덫이라 생각하고, 저울을 기울게 하는 돌이라 생각하고, 눈을 가린 재판관, 함정, 산책로, 석궁과 화살이라고 생각한다.

지금까지 나는 해의 반대 방향으로 여행했다. 이제부터 나는 해와 달로서 두 방향으로 여행할 것이다. 이제부터 두 성(性), 두 반구, 두 하늘, 그 밖에도 무엇이건 짝을 이룬 것을 선택할 것이다. 이제부터 나는 이중관절과 양성을 지니게 될 것이다. 모든 일들도 두 번씩 일어날 것이다. 나는 지구 방문자로서 지상의 축복을 나누어 가지고, 지구의 선물을 가져 갈 것이다. 나는 시중을 들지도 받지도 않을 것이며, 내 안에서 목적을 추구할 것이다.

나는 또다시 태양을 바라보았다—처음으로 똑바로 본 것이다. 해는 피처럼 붉고, 사람들은 지붕 위를 걸어 다니고 있었다. 지평선 위의 모든 것이 똑똑히 보였다. 마치 부활절 같았다. 죽음과 탄생은 모두 내 뒤로 사라졌다. 나는 이제 삶의 질병 속에서 살 생각이다. 피그미족의 영적 삶을, 원시림에 사는 난쟁이의 은밀한 삶을 살 것이다. 안과 밖은 어느 틈에 자리를 바꾸었다. 균형은 이제 마지막 목표가 아니며—저울은 반드시 부서져야 했다. 당신이 몸속에 담고 있는 해처럼 눈부신 것을 모두 나에게 주겠다고 다시 한 번 약속해 다오. 내가 집 밖에서 쉬고 있는 동안 해가 좋은 소식을 가져온다고 하루라도 좋으니 믿게 해다오. 해가 당신의 자궁 안에서 작열하는 동안 나를 빛으로 감싸 부식시켜다오. 나는 당신의 거짓말을 모두 믿는다. 당신은 악의 화신이고, 영혼의 파괴자이며, 밤의 왕비이다. 당신을 기억할 수 있도록 그 자궁을 내 방 벽에 붙여다오. 이제 우리는 가야 한다. 내일, 내일은…….

1938년 9월
파리, 빌라 쇠라에서.

헨리 밀러의 생애와 문학

헨리 밀러의 생애와 문학

1. 헨리 밀러의 생애

　헨리 밀러(Henry Miller)는 1891년 12월 26일, 뉴욕주 요크빌에서 태어나 브루클린으로 이사했다. 할아버지 대부터 가업으로 재단사 일을 했으며 부모는 독일계 미국인으로, 그도 초등학교에 들어가기 전까지는 거의 독일어만 썼다고 한다.

　밀러가 어린 시절을 보낸 브루클린구 윌리엄스버그의 14지구라 불리는 빈민가는 다양한 나라에서 이민 온 사람들이 모여 살았던 지역으로, 하루 먹을 양식조차 구하지 못하는 사람들이 많았다. 저마다 모국어를 사용했으며 입고 있는 옷이나 생활양식도 가지각색이었다. 에스파냐어로 고래고래 싸우는 부부 집 창문 아래로 늙은 주정뱅이가 이탈리아어로 콧노래를 흥얼거리며 지나가는, 말 그대로 인종 전시장이었다. 이러한 환경은 감수성 풍부한 소년의 마음에 큰 영향을 끼쳤다. 밀러의 천성적인 세계주의와 방랑벽이 바로 이곳에서 싹틔워졌던 것이다. 그 시절의 생활에 대해서는 단편집 《검은 봄》의 〈14지구〉, 〈재단사〉 등에 자세히 그려져 있다.

　밀러는 어릴 때부터 책을 아주 많이 읽었다. 재단사 집안에서 문학적 욕구를 채울 수 없었던 그는 마을 공공도서관을 제집처럼 드나들며 월터 스콧, 디킨스, 뒤마, 위고를 비롯하여 미국 작가로는 마크 트웨인·앰브로즈 비어스·프랭크 노리스·시어도어 드라이저·셔우드 앤더슨·벤 헥트 등의 작품을 닥치는 대로 읽었다. 또한 라블레·구르몽·라포르그·메테를링크·로티부터 그리스 비극, 왕정복고기의 극작가, 18세기 유럽의 극작가들, 힌두문학, 중국 시인, 철학자, 세계 각국의 동요까지 가리지 않았다. 청소년기에는 도스토옙스키·토마스 만·크누트 함순·프루스트 같은 작가들로부터 많은 영향을 받았고, 그 뒤에는 앨런 와츠의 《선(禪)의 정신》과 헤르만 헤세의 《싯다르타》를 즐겨 읽었다.

　영국의 아동문학가 G.A. 헨티의 역사로맨스소설이나 라이더 해거드·마리 코렐리·에드워드 불위 리튼·위젠 쉬·쿠퍼·시엔키에비치 등의 작품도 애독했다. 특히 해거드의 《솔로몬 왕의 금광》·《그 여자》·《아이샤》 등에 깊은 감명을 받아 뒷날 '해거드는 내 영혼을 사로잡은 작가 중 한 사람이다. 헨티의 《북방의 사자》도 그랬지만, 《그 여자》를 읽고 아이샤라는 신비로운 여인과 만났을 때의 압도적인 감동을 나는 지금도 잊을 수 없다'고 썼을 정도였다.

　'나에게 큰 영향을 준 1백 권의 책'이라는 밀러가 만든 목록을 보면 그가 어떤 책들을 읽으며 자랐는지 잘 알 수 있다. 그 목록에는 그리스신화부터 노자, 불교의 선(禪)사상까지 아주 다양한 분야의 책들이 두루 실려 있다. 밀러가 20세기 작가 가운데 보기 드문 다독가이며 범상치 않은 독서 세계를 가진 작가임을 알 수 있는 부분이다.

　밀러는 브루클린의 동부지구 고등학교에 다니면서 열여섯 살에 첫사랑을 경험한다. 상대는 같은 학교 학생인 코라 슈어드로, 밀러보다 한두 살 많은 소녀였다. 열렬한 사랑에 빠져 밤에 몰래 그녀 집 주위를 맴돌곤 했는데, 이 첫사랑이 어떻게 결실을 맺었는지는 알려지지 않았다. 밀러는 그녀와의 관계를 "순수하게 플라토닉한 관계였다"고 말했다.

　열여섯 살 때 뉴욕시립대학에 입학했지만 어처구니없는 학교 분위기와 교과 과정을 견디지 못하고 두 달 만에 중퇴한다. 규칙과 제도에 반발하고 자유를 추구하는 성향이 이미 그 무렵부터 꽃을 피우고 있었던 것이다. 그 뒤 뉴욕 금융가에 있는 아틀라스 포틀랜드 시멘트회사에 취직했는데, 회사에서 첫 급여를 받은 직후부터 밀러의 맹렬한 성적 편력이 시작된다. 거리의 창녀들, 매장 점원, 간호사, 무용수, 극장 매표원, 안내원 등 여자라면 가리지 않았다. 자기 어머니 나이와 비슷한 연인 폴린 차토와 동거생활을 시작한 것도 그 무렵이었다. 코넬 대학교에 보낼 생각이었던 아버지가 준 학비도 동거생활비로 모조리 털어 넣어 버렸다. "성의 노예로 전락하여 구원받을 희망이 전혀 없는 지옥에 떨어진 것 같았다(《내 인생의 책들》)"고 그는 회고했다.

　그러나 성이 전부인 생활이 언제까지나 계속될 리 만무했다. 이윽고 밀러는 그러한 생활에 질리자 뉴욕을 버리고 서부로 여행을 떠난다. 임시노동직을 전전하면서 서부를 방랑하다가 샌디에이고에서 무정부주의자 엠마 골드먼을 만나 유럽 문화에 눈을 뜬다. 러시아 문학, 특히 도스토옙스키에게 집착하게 된 것도 그녀의 영향이었다. "물속으로 잠기듯 나는 도스토옙스키의 세계로 빠져 들어갔다 《내 인생의 책들》"—이리하여 밀러는 인생의 큰 전환점을 맞이했다.

이듬해에는 뉴욕으로 돌아와 아버지의 재단사 일을 도왔으며, 그때 프랭크 해리스를 만났다. 두 사람은 술집과 공원, 거리를 돌아다니면서 문학 애기보다는 여자 얘기에 더욱 열을 올렸다.

헨리 밀러(1891~1980)
밀러를 만나 본 사람들은 모두 그의 막힘없는 이야기의 매력에 푹 빠졌다고 한다.

그러나 탐욕스러운 지적 호기심을 지닌 스물세 살의 헨리 밀러에게 그 《나의 생애와 애인들》의 작가가 아무 영향도 끼치지 않았다고 보기는 어렵다.

스물여섯 살 때 피아니스트인 베아트리스 실바스 위킨스와 결혼한다. 그녀는 《섹서스》에 등장하는 '모드'라는 여인의 모델이다. 밀러가 베아트리스를 정말로 사랑했는지는 알 수 없다. 단지 그녀의 육체가 목적이었으리라 의심되는 점이 적지 않기 때문이다. 적어도 베아트리스는 그렇게 생각했다. 어쨌든 그 이듬해에 딸 바바라 실바스가 태어난다(딸은 그로부터 30년 뒤인 1955년에 바바라 샌포드라는 이름으로 아버지 헨리 밀러와 재회한다).

1917년, 미국이 제1차 세계대전에 참전하자, 그는 워싱턴으로 가 국방성에 근무하면서 한편으로는 어느 신문사 통신원으로 일한다. 그 뒤 한동안 경제조사국에서 일하다가, 다음에는 찰스 윌리엄 백화점에서 상품안내서를 편집하는 일을 했다. 백화점에서 해고된 뒤에는 접시닦이, 버스 차장, 신문팔이,

문서배달원, 무덤 파는 인부, 전단지 배포, 호텔 보이, 체육교사 등 임시직을 전전했다.

1920년, 스물아홉의 밀러는 뉴욕 시의 웨스턴 유니온 전신회사에 취직한 뒤로 조금이나마 생활 안정을 찾는다. 문서배달원으로 입사하여 몇 달 일한 뒤 4년 반 동안 인사부장으로 지냈는데, 그 시절의 생활이 《남회귀선》의 무대가 된다.

'뉴욕 전체를 마치 손바닥 보듯 훤히 꿰고 있었다. 매일 아침 8시에는 회사에 도착해야 했다…… 대기실에는 수많은 사람들이 일자리를 구하기 위해 나를 기다리고 있었다. 늘 새벽 두 시를 넘겨 잠자리에 들었다. 때로는 3시나 4시에야 겨우 자리에 누웠다. 그 무렵의 나는 적어도 세 사람 몫의 일을 했었다.' 《내 생애의 나날》

밀러는 그 회사에서 약 10만 명의 구직자들과 면담을 했다고 한다. 10만이라는 숫자는 과장이겠지만, 인사부장으로서 다양한 사람들과 만난 경험은, 뒷날 문학의 폭을 넓히고 사람을 보는 정확한 눈을 기르게 해 주었다. 소수민족, 이민자, 하층민을 바라보는 그의 따뜻한 눈길도 주로 이 시기에 길러졌을 것이다. 배달원이라는 일은 학력과 경험이 크게 필요없기 때문에 이제 막 미국 땅을 밟아 영어도 자유로이 말하지 못하는 이민자들, 생계가 막막한 이들, 흑인 등 이른바 사회 최하층 사람들이 일자리를 구하러 찾아왔기 때문이다. 밀러는 인사부서 일을 아주 싫어했지만 업무에서는 탁월한 능력을 보였다.

1922년, 밀러는 휴가를 이용해 처녀작 《부러진 날개》를 집필하고 친구를 통해 어느 잡지사에 가져가지만 단박에 거절당한다. 《섹서스》에는 그때 편집자가 "자네에게는 재능이 눈곱만큼도 없네. 자넨 작가가 될 수 없어"라고 말했다고 나와 있다.

1923년에는 브로드웨이 무도장에서 준 이디스 스미스를 만난다. 준은 직업무용수로, 밀러의 작품에 등장하는 '마라' 또는 '모나'의 모델이다. 준은 머리가 좋고 아름다웠지만 엄청난 거짓말쟁이에 낭비벽이 심하고 성격이 특이하며 성적으로 문란했다. 《내 친구 헨리 밀러》의 저자 페를레스는 준을 "프랑스 소설에 곧잘 나오는 요부 같은 여자"라고 표현했다. 그러나 밀러는 그녀의 결점을 알면서도 이듬해 아내 베아트리스와 이혼하고 준과 결혼한다. 그리고 창작에 전념하기 위해 웨스턴 유니온 전신회사를 그만둔다.

준도 처음에는 밀러를 작가로 성공시키기 위해 무던히 애를 썼다. 그러나 그녀는 가난을 견딜 수 없었다. 그녀는 돈이 떨어지면 아무렇지 않게 자기 몸을 이용했다. 준이 후원자들에게서 받아온 돈 덕분에, 밀러는 산문시집을 팔러 다니거나 그리니치빌리지에서 무허가 술집을 운영하고, 때로는 거리에서

밀러의 두 번째 아내 준
밀러의 자전적 소설에 마라 또는 모나라는 이름으로 등장하는 이중적이고 요염한 미녀가 바로 준이다.

구걸을 하면서도 미친 듯이 원고를 쓰며 생활해 나갈 수 있었다.

1928년에 밀러가 준과 함께 1년 동안 유럽을 여행한 비용도 그녀의 후원자들이 준 돈이었다. 준은 한없이 착한 면과 손쓸 수 없이 방탕한 면을 동시에 지닌 여자였다. 그 때문에 밀러는 괴로웠다. 그들 사이는 격렬한 충돌과 화해의 연속이었다. 그러나 준과의 만남이 밀러의 삶에 결정적인 영향을 끼친 것만은 틀림없는 사실이다. 로렌스 더럴에게 쓴 밀러의 편지에는 "준과의 사이에서 일어난 비극을 경험하지 못했더라면 나는 과연 작가가 될 수 있었을지 의심스럽다"고 적혀 있다.

밀러는 유럽 여행에서 돌아오자마자 소설 《몰록》을 집필한다. 그리고 1930년 밀러는 혼자 유럽으로 떠나는데, 1924년부터 1930년까지의 7년은 그에게 가난과 절망과 고뇌의 시절이었다. "그 무렵 나는 끊임없이 죽음을 생각했다"《넥서스》고 작가가 말했듯이, 밀러는 말 그대로 '정신 시베리아'에서 살고 있었다. 칼바람을 맞으며 눈 속에 파묻혀 있는 시베리아의 동토지대였다.

아내가 아닌 여자들과도 수없이 많은 성관계를 가졌는데, 아마도 자기가 살아 있다는 증거를 찾기 위한 처절한 몸부림이었을 것이다. 그는 친구들 사이에서 '우스꽝스럽고 재미있는 친구'로 통했으며 실제로도 사람들을 곧

잘 웃겼다. 하지만 그 가면 뒤에는 서글픈 어릿광대의 눈물이 흐르고 있었다. "자살도 살인도 할 수 없을 때 사람은 어릿광대가 된다."《사다리 아래의 미소》 죽음과 절망에서 기인한 광대놀음이 바로 "영혼이 얼어붙는 무시무시한 희극"이 아니겠는가.

그러나 절망과 외로움의 구렁텅이에서도 밀러는 죽음을 선택하지 않았다. 그는 글을 쓰는 일이 곧 살아가는 일임을 깨달았다. 그리하여 밀러는 망설임 없이 아내 준과 미국을 버리고 유럽으로 건너간다. 그때 그의 주머니에 든 돈은 친구들에게 빌린 10달러뿐이었다.

밀러는 런던에서 짧게 머물다가 파리로 건너갔고, 그로써 1936년까지 이어진 그의 파리 생활의 막을 올리게 된다. 《북회귀선》의 배경이 되는 시기이다.

그렇게 자유는 얻었지만 돈이 없었다. 하지만 밀러는 처세의 달인이었고 친구 사귀기의 귀재였다. 늘 누군가가 그에게 먹을 것과 잘 곳을 제공해 주었다. 밀러는 곧바로 뉴욕시티은행 파리 지점에 근무하는 리처드 오스본이라는 젊은 미국인과 친구가 되었고, 그의 소개로 아나이스 닌을 알게 된다. 6개 국어를 자유자재로 구사하며 초현실주의적인 전위작가로 이미 유명했던 이 여류작가는 공책에 갈겨쓴 밀러의 짤막한 원고를 읽고 그 자리에서 그의 작가적 소질을 알아본다. 밀러는 아나이스 닌과의 교류를 통해 20세기의 위대한 발견인 무의식 세계에 대한 지식을 익히고 초현실주의의 본질을 자기 안에서 소화시켜, 미국의 문학적 전통을 토대로 새로운 소설을 창작하는 독자적인 방법을 만들어 낸다.

알프레드 페를레스를 만난 것도 이 무렵이었다. 밀러는 〈시카고 트리뷴〉파리판 편집부에서 일하고, 겨울 동안 디종에 있는 카르노 고등학교에서 영어교사로 일하다가 생활이 어려워지자 친구 아파트에 얹혀 살면서 《북회귀선》을 집필한다. 이 작품은 1934년 6월에 아나이스 닌이 써 준 서문과 함께 오벨리스크 프레스사에서 출판되었고, 마침 밀러가 빌라 쇠라에 방을 얻어 이사한 날이어서 출판인 자크 카헤인이 갓 나온 책을 들고 빌라 쇠라로 찾아온다. 그는 1939년에 세상을 떠날 때까지 언제나 밀러의 좋은 이해자였다.

책이 나온 지 얼마 안 되어 블레즈 상드라르가 밀러의 아파트로 찾아온다. 밀러는 미국에 있을 때부터 방랑생활과 기이한 행동으로 유명한 이 전위

작가를 흠모하고 있었다. 상드라르도 밀러의 재능을 높이 평가하여 〈궤도〉지에 《북회귀선》에 대한 호의적인 비평을 써서 밀러를 감동시켰다. 뒷날 그는 《내 인생의 상드라르》에서 책들에 대해 "……밀러는 '삶' 지상주의자다. 그의 Life는 언제나 대문자 L이다. 그것이 상드라르다. ……그를 떠올릴 때마다 나는 감사의 마음을 억누를 수 없다. 상드라르만큼 나를 인정해 준 작가는 어디에도 없었다"고 썼다.

《북회귀선》을 가장 먼저 인정한 사람은 에드먼드 윌슨과 조지 오웰이었으며 그

여류작가 아나이스 닌
밀러의 애인이자 후원자 겸 문학적 조언자. 밀러와의 정교를 묘사한 그녀의 《일기》(1980)는 20세기를 대표하는 작품의 하나이다.

뒤 엘리엇·허버트 리드·헉슬리·도스 패소스·에즈라 파운드 등도 호의적인 서평을 발표하여 이 새로운 재주꾼의 등장을 환영했다. 그러나 비난도 많았다. 내용이 외설적이라는 비난 말고도 이것은 소설이 아니라는 부정적인 의견이 압도적으로 많았다. 무엇보다 플롯이 없다는 것이었다.

밀러의 작품에 플롯이 없으며 소설 형태에서 벗어나 있다는 점은 사실이다. 어느 때 어느 장소에서 일어난 사건이나 일화가 무질서하게 나열되어 있으며, 등장인물들도 한두 번 얼굴을 잠깐 내밀다가 자취를 감추어, 주인공의 주관에 그림자만 남길 뿐 작품 전체의 구성과 유기적으로 잘 연결되지 않는다. 그리고 사건과 일화 사이마다 주인공의 독백 형식으로 인생관과 우주관과 예술관이 마치 솟아나오는 샘처럼 아무런 제한 없이 펼쳐진다.

밀러에게는 이른바 '소설'이나 '픽션'을 구성하려는 의도가 전혀 없어 보인다. 그는 처음부터 작품을 '소설적으로' 완성하려는 노력이나 시도를 과감히

던져 버렸다. 그의 문학은 '소설'이라는 기존 형식을 파괴하는 데에서 출발하는 것이다. 《넥서스》에서 한 친구가 "자네는 소설만은 쓰지 말게. 자네에게는 플롯 관념이 전혀 없으니까"라고 말하자 주인공이 "소설에 플롯이 필요한가?" 하고 반문하는 대목이 있는데, 이것이 밀러의 대답이라고 생각하면 될 것이다. 형식에 얽매이지 않고 문학의 본질적인 정수만을 순수하게 드러내는 것이 바로 밀러식 방법이다. 상드라르는 "밀러의 작품은 소설이라고 할 수 없을지도 모른다. 그러나 그것은 틀림없이 훌륭한 문학이다"라고 《북회귀선》의 서평에서 말했다.

같은 해 밀러는 대리인을 세워 멕시코시티에서 준과 이혼했다. 그리고 1935년 《뉴욕 왕복》, 1936년 《검은 봄》, 1938년 《맥스와 백혈구》, 1939년 《남회귀선》을 모두 오벨리스크 프레스사에서 출판한다.

《알렉산드리아 사중주》의 작가 로렌스 더럴과 처음 만난 것은 1937년, 밀러가 46세 때였다. 그리스의 코르푸섬에 살고 있던 인도 출신의 이 영국시인이 《북회귀선》을 읽고 감격하여, 젊은 부인 낸시를 데리고 어느 날 갑자기 빌라 쇠라를 찾아온 것이다. 그 뒤 두 사람은 친구가 되었고, 그들의 우정에 대해서는 《밀러, 더럴 왕복서간집》에 자세히 나와 있다.

1939년 여름, 그리스 여행을 결심한 밀러는 먼저 코르푸섬에 있는 더럴의 집을 찾아간다. 그리고 그곳을 중심으로 아테네와 그리스 섬들과 펠로폰네소스를 돌아보고, 더럴의 소개로 그리스의 소설가와 시인, 화가들과 만나면서 자유와 해방감을 만끽한다. 그러나 그해 말 아테네의 미국영사관에서 귀국명령이 내려오자 뉴욕으로 돌아온다. 밀러는 버지니아주 볼링그린에 있는 카레스 크로스비의 집에 머물며 그리스 기행 《마루시의 거상(居像)》, 《성의 세계》, 《클리시에서의 조용한 나날》을 집필하고, 이어서 1940년 10월부터 1년에 걸쳐 미국을 여행한다. 그 여행은 《냉방장치의 악몽》과 《생각해내기 위해 기억해 두라》로 발표되었다.

1942년 어느 독지가가 로스앤젤레스의 비벌리글렌에 있는 집을 내주어서 마거릿 닐먼·길버트 닐먼과 함께 44년까지 거기서 살았다. 그동안 많은 에세이와 평론을 썼으며, 3부작 《장밋빛 십자가》 1부를 집필하는 한편 종종 수채화 개인전을 열며 정력적으로 창작에 몰두한다.

1944년 12월에는 콜로라도주 덴버에서 재니나 렙스카와 결혼한다. 전(前)

영화 〈내가 사랑한 남자와 여자, 헨리와 준〉
필립 카우프만 감독 작품. 밀러와 그의 애인 아나이스 닌, 닌과 밀러의 아내 준 사이의 야릇한 관계를 그린 작품. 1990년, 미국 영화.

카멜 시장 키스 에반스가 마련해 준 캘리포니아주 파팅턴 리지의 오두막에서 세 번째 부인과 함께 살며 《섹서스》를 탈고한다. 밀러는 여전히 가난했기 때문에 돈을 마련하기 위해 종종 버클리나 샌프란시스코로 나가야 했다.

1947년, 돈은 언제 주어도 좋다는 조건으로 파팅턴 리지에 있는 진 워튼의 별장을 구한다. 이듬해 친구 페르난 레제를 위해 《사다리 아래의 미소》를 써서 뉴욕의 듀엘 슬론 앤드 피어스사에서 출판한다. 같은 해 아들 토니가 태어난다. 그러나 렙스카와의 사이는 토니가 태어난 뒤로 급격히 악화되어 1951년에 별거, 1952년에 정식으로 이혼한다. 그해 12월 말, 이브 맥클루어와 함께 유럽여행을 떠나서 12월 31일에 파리에 도착한다.

1953년, 파리에 머무는 동안 《플렉서스》가 올랭피아 프레스사에서 출판되었다. 이 출판사는 밀러의 좋은 이해자이자 후원자였던 오벨리스크 프레스사 사장 카헤인의 아들 모리스 지로디아스가 창립한 회사로, 10번째로 간행한 책이 이 《플렉서스》였다. 그해에는 거의 1년 동안 몬테카를로·제네바·로잔·브뤼셀·바르셀로나·그라나다·코르도바·마드리드·세고비아를 여행했으며, 페를레스 부부가 있는 영국의 웨일즈로도 걸음을 옮겼다.

2. 헨리 밀러의 문학

헨리 밀러가 어떤 작가인지는 그의 작품에 가장 잘 나타나 있다.

'내가 글을 쓰는 까닭은 보다 위대한 현실을 확립하기 위해서이다. 나는 현실주의자도 아니고 자연주의자도 아니다. 나는 삶의 편에 서는 사람이며, 문학에서 삶은 오직 꿈과 상징을 구사함으로써 얻을 수 있다. 나는 마음속으로는 형이상학적인 작가이다.' 《자전적 노트》

'나는 작품이란 그것을 쓴 사람 자체라고 생각한다. 따라서 내 작품은 나라는 인간이다. 멍하고 무책임하고 무모하고 정열적이고 외설스럽고 어수선하고 사색적이고 거짓말쟁이에 겁쟁이며 악마처럼 성실한 사람이다. 나는 나를 하나의 작품이나 기록으로 여기지 않는다. 나는 스스로를 하나의 현대사, 아니 모든 시대의 역사라고 생각한다.' 《검은 봄》

'내 글이 완전히 진실한 울림만을 전할 수 있을 때 인간인 나와 문학가인 나는 똑같은 선율을 연주할 것이다…… 이것이 사람이 품을 수 있는 가장 큰 이상이다.' 《성의 세계》

글을 쓴다는 것은 내적인 집필 동기와 살고 있는 사회 및 시대 상황과 밀접하게 관련된 근본적인 문제이다. 새로운 현실이 출현하여 가치관과 세계관이 달라지는 시대에는 그 새로운 현실을 포착하는 새로운 관점이 필요하며, 통렬한 현실에 직면한 개인의 절실한 감정체험을 더욱 선명하고 더욱 여운이 남도록 전하는 방법 탐구는 작가가 풀어야 할 평생의 과제이다.

헨리 밀러는 파토스(일시적인 격정이나 열정, 또는 예술적 주관적·감정적 요소)를 전하기 위한 혁명적인 방법을 탐구했다. 그는 1930년대에 파리에서 살면서 가장 왕성한 집필활동을 했다. 그 무렵의 파리는 사회적 모순이 두드러지고, 사람들은 이미 일어난 전쟁의 기억과 다가올 전쟁에 대한 공포에 떨었으며, 현실적인 것보다 쉽게 구할 수 있는 환영을 우선적으로 추구했다. 복제할 수 있고 되풀이해서 재생할 수 있는 영화나 음악이 대량생산되면서, 현실적인 것을 포착하는 방법이 크게 달라진 것이다. 이러한 시대에 방법을 탐구하기 위해서는, 기존의 집필 대상이었던 현실 대신 새로운 표현과 형식에 따른 새로운 현실을 작가 자신이 직접 만들어 내야 했다.

소설은 근대사회의 성립과 함께 태어나 발전해 온 문학 장르로, 일반적으로 표현형식이 자유롭다고 알려져 있다. 그러나 소설은 사물을 경험적·분석적으로 파악하는 근대과학에 입각한 것이다. 밀러는 이 근대과학에 기초한 소설수법을 거부하고, 기존 가치관을 파괴함으로써 자기만의 문학을 구축했다. 이러한 밀러의 방법추구에 대한 집념과 열정이 작품으로 결실을 맺을 수 있었던 데에는 파리라는 도시가 가진 독특한 공간성도 크게 한몫했다.

문학사에서 작가의 위치는, 그 작가가 누구의 영향을 받았고 누구에게 영향을 주었는지에 따라 정해진다. 밀러는 정통적인 미국 문학이 아니라는 이유로 묵살되는 경우가 많았는데, 아마도 밀러가 1930년대를 파리에서 보냈고, 밀러 스스로 자기는 주로 유럽과 아시아의 영향을 받았다고 말한 탓일 것이다.

그러나 밀러의 작품을 자세히 살펴보면, 미국문학의 모범 또는 대표로 여겨지는 작가의 영향을 받았음을 알 수 있다. 밀러의 작품에는 앤 브래드스트리트·에드워드 테일러·조나단 에드워즈·랄프 왈도 에머슨·마거릿 풀러·에밀리 디킨슨 같은 작가들처럼 종교적인 것에 대한 관심과, 마크 트웨인 등으로 대표되는 악한(惡漢)소설이라는 두 가지 미국문학의 전통이 나타나 있다. 이 두 전통은 서로 배타적인 관계지만 밀러의 작품에서는 종종 동시에 나타난다. 밀러의 경우 종교적인 것에 대한 관심은 독특한 에로티시즘이나 종교적 우주론으로 나타나며, 해학적인 등장인물 묘사에서는 해학가로 유명한 트웨인식의 익살을 찾아볼 수 있다, 또한 19세기 낭만주의 작가인 휘트먼과 에머슨의 영향도 많이 받았다. 휘트먼의 특징인 자화자찬과 제도를 거부하는 태도, 목록처럼 나열하는 말의 중층적인 사용, 감각에 호소하는 친근한 언어 등은 밀러 문학에서도 그대로 찾아볼 수 있다.

그러나 미국에서는 일부 호의적인 연구자들 말고는 대다수의 사람들이 밀러가 소설에 사용한 말―외설적인 비속어, 전문용어 등―을 논의의 중심으로 삼았다. 그리고 작품의 일관성 없음과 주제의 부재, 플롯 결여 등을 공격하며, 기존 수사법과 소설작법을 완전히 무시했다는 이유로 밀러를 변두리로 몰아냈다.

　인간의 영혼이 죄악으로 물든 지옥에서 회개와 정화가 이루어지는 연옥을 거쳐 영원한 천국으로 나아가는 과정을 그린 단테의 《신곡》처럼, 밀러의 소설에도 어머니가 있는 지옥 밑바닥에서 속죄와 정화의 연옥을 거쳐, 마지막에는 완전해진 영혼이 천국으로 올라가는 종교적 우주론에 근거한 나선 구조가 있다. 이 구조는 밀러 소설의 독자적인 특징이다. 밀러는 자신의 소설을 통렬한 비탄, 악몽 같은 판타지, 노골적인 성 묘사, 단편적인 회상 등 수사학의 관습을 깨부수는 요소로 채웠으며, 기존 소설 작법인 플롯을 무시하고 대신 콜라주 기법으로 배열한 수많은 일화들을 과장하여 묘사하였다.
　밀러는 '현실(reality)'을 어떻게 파악했는가. 이 문제는 그의 문학을 살펴보는 데 중요한 열쇠가 된다. 왜냐하면 밀러는 정말로 현실적인 것을 가장 그리고 싶어했으며, 이 그리고 싶은 것의 본질에 따라 작가의 문학 기법이 달라지기 때문이다.
　밀러에게 '현실'이란 단순히 시간 순서에 따라 대상을 보이는 그대로 묘사하는 것이 아니라, 물리적 시간의 틀을 뛰어넘어 각각 다른 상황에서 다른 사건을 동시에 떠올려 겹겹이 쌓아가는 것이다. 현실에 일어난 사건의 기억을 쌓아올리다 보면, 상황과 인물이 서로 다른데도 몇 가지 공통점이 나타난다. 따라서 지나간 사건과 일에 어떠한 의미를 부여하고 해석할 수 있게 된다. 과거의 환영에 나타난 현실적인 것을 파악할 수 있게 된다는 말이다. 이것이 현실의 심화이며, 심층적인 현실인 초현실에 도달하는 방법이다. 직접적인 경험세계인 현실과 이어진 초현실의 세계가, 자기를 드러내고픈 욕망에 사로잡힌 밀러의 작중인물이 살아가는 진짜 세계인 것이다.
　밀러는 가장 깊고 강렬한 현실, 곧 초현실을 그리는 방법을 탐구했다. 그리고 초현실주의 방법인 무의식 탐구와 꿈의 기록 등을 통해 밀러는 자기 안에 잠들어 있던 초현실주의와 공명하여 독자적인 기법을 만들어 냈다. 밀러의 작품은 종종 성생활까지 포함한 작가 자신의 진짜 삶을 기록한 자전소설이라고 여겨지곤 하지만, 그의 작품은 사실 그대로를 기록한 자서전이나 일기가 아니다. 그 가장 큰 증거로, 밀러의 문학에는 물리적인 시간 개념이 없다.

예술을 시간예술과 공간예술로 나눌 때, 문학은 보통 시간예술로 여겨진다. 그러나 밀러의 소설은 절대적인 공간예술이다. 밀러는 평생 2천 점이 넘는 수채화를 그렸다. 밀러 문학을 살펴볼 때 이 작가가 공간예술인 회화를 아주 사랑했다는 사실을 잊으면 안 된다. 다시 말하면, 헨리 밀러는 회화적·공간적·직감적으로 대상을 파악할 줄 아는 작가였다. 밀러는 시간예술로서의 소설을 부정하고 새로운 공간예술로서의 소설을 생각해 냈다. 시간이 사고의 중심

네 번째 아내 이브, 자녀들과 함께 유럽 여행
1959년 4개월간 유럽 여행을 마치고 뉴욕 공항 도착, 캘리포니아 빅서에 있는 자택으로 가는 비행기에 오르고 있는 밀러 가족.

을 차지하는 기존 소설관을 깨고, 섬세한 색채감각을 살려 시간에 공간성을 도입한 것이다. 순간적으로 포착하는 인물의 전체 모습, 풍경의 분위기와 정서 등을 색채어로 표현하고 나선방식이라는 독자적인 이야기 구조를 사용하여 새로운 형식과 표현을 갖춘 소설을 완성한 것이다.

20세기 초, 프로이트의 정신분석학 창설은, 개인에 대한 끝없는 탐구와 자기발견의 시대 개막을 나타내는 상징적인 사건이었다. 사람들은 불안에서 벗어나기 위해 어둡고 아득한 정신세계를 과학적으로 해석함으로써 불안을 해소하고자 애썼다. 모든 것은 밝은 곳에서 해명되어야 했다. 모든 질환에는 원인과 결과가 있다고 믿으며, 열심히 원인을 규명하고자 한 것이다.

그렇다면 불안은 어디에서 오는가? 크리슈나무르티(철학자, 1895~1986)는 어떠한 사람이 되고 싶다는 욕망과 이미 알고 있는 것에 대한 집착에서 불안과 공포가

생긴다고 말했다. 사람들의 가치관이 다양하고 복잡해질수록 미지의 사건과 몸, 성에 뿌리를 둔 불안이 드러나게 되었다. 이러한 불안이 20세기를 살았던 밀러의 문학에도 밑바탕에 깔려 있다. 그리고 그 불안은 무언가에 먹히는 공포, 철학적인 명상, 방종한 성행위, 신에 대한 반항 등의 형태로 작품 곳곳에서 나타난다.

작가는 무언가의 결여를 뼈저리게 느끼며 자기 안에 보존되어 있던 감정이 갑자기 뛰쳐나올 때 집필 의욕을 느낀다. 밀러의 경우 지적장애를 가진 여동생을 어머니가 냉혹하고 엄격하게 다루는 모습을 수없이 목격한 경험과, 불안에 사로잡힌 두 번째 아내에게서 상처받은 경험 등을 들 수 있는데, 모두 사랑의 결여에서 비롯된 원망이 집필의욕에 불을 지폈다고 할 수 있다. 밀러가 만들어 낸 문학기법은 외적으로는 시대정신과 사회상황에 영향받았지만, 내적으로는 자기에게 결여된 사랑을 되찾는 과정을 그리기 위해 필요한 방법이었다.

동서양을 불문하고 20세기 작가 가운데 밀러만큼 평가가 극단적으로 나뉘며, 대부분의 문학사와 비평가들, 대학 교단에서 고의적으로 무시당한 작가는 별로 없다. 적나라한 성 묘사 때문에 '20세기 가장 위험한 거인'이라 불렸던 밀러 작품의 가장 큰 매력은 독자를 그 안으로 끌어들여서 감싸안은 채 거센 물살을 타고 흘러가는 강렬한 문체이다. 미문(美文)도 명문(名文)도 아니지만 빼어난 설득력을 지닌 그의 따뜻한 글에 한번 몸을 맡기면, 작가가 의도하는 대로 휘둘리며 기슭까지 단숨에 떠내려가게 된다.

"나 또한 흘러가는 것을 사랑한다. 강·하수도·용암·정액·피·쓸개즙·언어·문장을…… 이리저리 떠도는 모든 것을 사랑한다. 시간을 품고 성장하는 것, 결코 끝나지 않는 출발점으로 우리를 되돌리는 것을 사랑한다. 예언자의 부조리. 희열이라는 이름의 외설…… 녹고 섞이고 분해되는 온갖 액체…… 죽음과 소멸을 향해 위대하게 순환하는 모든 것을."

《북회귀선》에서 인용한 것이다. 독자들도 낱말 하나하나의 해석에 집착하지 않고 신성함과 외설스러움이 동시에 흐르는 격류에 자연스럽게 몸을 맡기면 밀러 문학의 본질에 더욱 가까이 다가갈 수 있을 것이다.

생생하게 묘사된 다채로운 인간상과 작가 스스로 '미국에서 이어받은 유일한 자원'이라고 말한 낙천적인 유머도 놓칠 수 없는 밀러 문학의 매력이다. 그러나 그 웃음 뒤에는 언제나 비애와 눈물이 어려 있다. 밀러에게 눈물은 어울리지 않을 것 같지만, 그의 모든 작품에는 낙천적이고 호방해 보이는 묘사 뒤에 따뜻한 작가의 인간미와 눈물이 쓸쓸함과 뒤섞여 숨어 있다. 밀러의 작품에는 남자들이 사람들 앞에서도 거리낌 없이 얼싸안고 눈물을 흘리는 장면이 곧잘 나온다. 파리에서 사귄 밀러의 친구는 그에 대해 이렇게 말한다.

"그의 눈에는 눈물이 그렁그렁했다. 그는 부끄러운 기색도 없이 곧잘 울음을 터뜨린다. 나는 그가 감동하는 모습을 보는 것이 좋다. 그의 눈물은 일반적인 미국인이 흔히 내세우는 허세로부터의 해방이다."

다섯 번째 아내 호키
밀러와 재즈 피아니스트 호키 도쿠다와의 결혼 피로연은 1967년 9월 베벌리힐스에서 열렸다. 신랑은 76세, 신부는 28세였다. 밀러는 호키를 위한 수채화를 많이 그렸다.

밀러의 작품에 나타난 이중적인 여성성

이원론적 형이상학 이론에 바탕을 둔 서유럽 사회에서, 남성중심주의적 견지에 따르면, 남녀의 사랑을 보통 사랑과 성욕으로 이분할 수 있다. 그래서 서구 남성의 전형적인 여성관이 존경과 사랑의 대상인 성녀와 욕정의 대상인 창부로 나뉘는 것이다.

그러나 현대사회에서는 이처럼 단순하게 여성을 구분할 수 없으며, 이분화의 밑바탕에 있는 문제―남성과 어머니와의 관계―에 대해서도 살펴보아야 한다. 일반적으로 남성은 사랑받고 보호받는 행복과 지배받고 구속당하는 굴욕감을 자아 성장단계에서 어머니에게 느낀다고 한다. 그리고 자주 독립 시기의 남성은 어머니와의 관계에서 생기는 정서적 중압감에서 벗어나고 싶어한다. 어머니에 대한 이러한 양면적 감정은 남성이 어머니 이외의 여성을 찾아가는 원동력이 된다.

집단이 아닌 개인의 여성관은, 이처럼 그 개인이 성장한 가정과 사회의 환경, 문화, 그리고 성장기에 접한 어머니의 태도 같은 아주 개인적인 요소를 통해 형성된다.

헨리 밀러의 작품에 등장하는 수많은 여성은 성욕의 대상인 여성과 성욕의 대상이 아닌 여성으로 크게 나눌 수 있다.

자아를 형성하는 두 요소—편의상 남성성과 여성성이라고 한다—에는 각각 창조·발전·사랑·삶에 관한 긍정적 측면과 파괴·정체·증오·죽음에 관한 부정적 측면이 있다. 자아에는 긍정적 여성성, 부정적 여성성, 긍정적 남성성, 부정적 남성성이 있다는 말이다. 긍정적 여성성과 남성성, 부정적 여성성과 남성성은 서로 짝을 이루며, 서로를 강하게 끌어들이는 성질이 있다. 다시 말하면, 의식에 나타난 긍정적 여성성을 지원하는 것은 의식 바탕에 있는 긍정적 남성성이며, 부정적 여성성을 뒷받침하는 것은 부정적 남성성이다.

먼저 밀러의 자아를 구성하는 남성성과 여성성에 주목하며 성욕의 대상이 아니었던 여성을 두 부류로 나누어 살펴보겠다. 바로 밀러에게 두려움과 경멸감을 일으키는 여성과 밀러의 나르시시즘을 부추기는 여성이다.

일반적으로 남성이 가장 먼저 접하는 여성은 어머니이다. 밀러에게 어머니는 여성에 대한 공포심과 경멸감을 일으키는 부정적 여성성의 구현이며, 밀러의 무의식에 잠재해 있는 부정적 여성성의 이미지를 처음으로 만들어낸 인물이다.

밀러는 자라면서 어머니의 따뜻한 애정을 느끼지 못했다. 밀러와 어머니의 관계가 험악해진 결정적인 이유는 앞서 말한 지적장애를 가진 두 살 어린 누이에게 어머니가 냉혹하게 대했기 때문이다. 밀러에게 어머니는 어리석고 두려운 존재였으며, 밀러가 성장할수록 혐오와 경멸의 대상이 되었다.

밀러의 어머니는 지적장애자인 딸을 받아들이지 못했다. 요한복음을 보면 제자들이 예수에게 눈먼 사람을 가리키며, "누가 죄를 지었기에 저이가 눈먼 사람으로 태어났습니까? 저 사람입니까, 그의 부모입니까?"(요한복음 서9:2) 하고 묻는다. 밀러의 어머니 역시 그리스도교 문화권에 속한 사람답게 자식이 온전치

밀러의 수채화 〈남쪽 섬〉 따뜻한 남유럽이나 지중해를 연상시키는 바다·배·야자수 등은 그가 특히 사랑하던 모티프였다.

못한 것을 자신의 불행으로 여겼고, 자신의 죄에 대한 벌이라고 생각했다. 그리고 그러한 죄악감은 아들 밀러에게 고스란히 이어진다.

밀러가 연상의 여인에게 매력을 느낀 까닭은 어머니에게서 평범하게 사랑받지 못한 것을 부끄럽게 여기며 그 열등감을 채우고자 했기 때문이다. 동거했던 열다섯 살 연상의 미망인 폴린은 말하자면 이상적인 어머니의 대리였던 것이다.

《남회귀선》에서 밀러는 폴린의 아름다움을 비너스에 비유하여 찬미하지만, 그것은 기만이었다. 밀러는 폴린을 진심으로 사랑한 것이 아니라 자신에게 부족한 부분을 채우기 위해 이용한 것이다. 독일계인 밀러의 어머니는 전형적인 게르만 기질을 가진 인물로, 감정의 기복이 심하고 엄하며 융통성이 없는 사람이었다. 또한 지배하고 구속하며 언제나 아들을 정서적으로 짓누르는 존재였다. 밀러는 그러한 어머니에게서 달아나기 위해 여성적인 장점을 갖춘 폴린이 필요했던 것이다.

그러나 결국 밀러는 폴린에게서도 달아나고 만다. 폴린과의 연애를 어머니가 맹렬하게 반대했기 때문이다. 폴린의 상냥함, 아름다움, 수용성 같은 여성의 긍정적인 측면을 사랑하면서도 밀러가 달아나 버린 것은, 당시 그의 연약한 긍정적 남성성이 어머니의 강력한 부정적 여성성을 뛰어넘지 못했기 때문이다. 그리하여 어머니의 반대를 물리치고 폴린과 결혼하는 대신, 밀러의 아이를 임신(결국 사산함)한 폴린을 버리는 행동으로 표면화된 것이다.

밀러의 나르시시즘을 부추기는 여성은 그의 첫사랑 소녀 코라 슈어드이다. 그녀는 유나라는 이름으로 《남회귀선》에 등장한다. 그녀는 성욕의 대상이 아니라, "크고 파란 눈동자와 황금빛 머리칼을 가진" 이상적인 여성으로 묘사된다. 만년에 쓴 밀러의 회상록에 따르면 코라는 밀러에게 평생 잊을 수 없는 영원한 여성이며, '변화하는 긍정적 여성성의 구현'이다.

밀러와 코라의 관계는 성적인 요소가 없는 순전히 정신적인 것이었다. 코라는 밀러가 동경하는 여성의 구현인 동시에 애정결핍이라는 결코 풀 수 없는 문제를 밀러에게 제시하는 성모마리아 같은 여성이다. 코라는 밀러의 의식 아래에 잠재해 있는 긍정적 남성성을 의식 위로 끌어올리는 힘이 되었고, 마르지 않는 창조성의 원천이 되었다.

밀러의 거의 모든 장편소설에는 모나 또는 마라라는 이름의 여성이 등장한다. 바로 밀러의 두 번째 아내 준 이디스 스미스이다. 준은 밀러 문학의 중심으로, 가장 중요한 예술표현의 구동력이었다. 밀러의 장편소설은 모두 저마다 모습이 다른 준을 표현한 것이라 해도 과언이 아니다. "나에게는 여성이 바로 현실이었다"고 밀러가 고백했듯이, 이 모나 또는 마라는 만질 수 없는 차갑고 관념적인 여성이 아니라, 모든 결점과 '현실'의 특질을 갖춘 여성이자 경험을 통해 변모하는 우상파괴적인 존재이다. 성녀로 그려진 코라와는 대조적으로, 준은 "바빌론 창부의 여왕"으로 묘사되어 있다.

《남회귀선》에서 준은 마라라는 이름으로 나온다. 마라는 부정적 여성성을 나타내는 악몽 또는 마녀와 관련이 있는 이름이다. 산스크리트어로는 환영과 환상을 뜻한다. 뉴욕과 파리를 각각 부정적 여성성과 긍정적 여성성의 표상으로 구분한 《남회귀선》에서 마라를 뉴욕과 연관시킨 것은, 마라를 부정적 여성성의 구현으로 보았기 때문이다.

《북회귀선》에서 밀러는 그녀를 다음과 같이 묘사했다. 여기서는 모나라는 이름으로 나온다.

 '그리고 잠시 뒤에 돔 앞을 어슬렁거리며 지나가는데, 뜻밖에도 지친 듯한 창백한 얼굴과 불타오르는 듯한 눈과, 내가 언제나 사랑해 마지않았던 작은 비로드 슈트가 눈에 들어왔다―그 안쪽에는 언제나 따스한 유방, 대리석과도 같은 다리, 차갑게 긴장된 근육이 있기 때문에 내가 사랑해 마지않았던 슈트이다. 그녀는 얼굴들의 바닷속에서 떠올라와 나를 포옹했다. 정열적으로 포옹하며―수많은 눈과 코, 손가락, 다리, 술병, 창문, 지갑, 커피 잔 등이 우리를 노려보고 있는 가운데, 우리는 서로의 팔 속에서 황홀해져 있었다. 내가 그녀 옆에 걸터앉자 그녀가 이야기를 시작했다―우르르 넘쳐 나오는 말의 홍수이다. 히스테리와 도착증과 문둥병의 광폭한 소모성의 징후. 나는 한 마디도 듣지 않았다. 그녀는 아름답고, 내가 그녀를 사랑하고, 그리고 지금 나는 행복해서 죽어도 좋다고 생각하고 있었기 때문이다.'

 모나는 '얼굴들의 바다'―보편적인 여성성을 암시한다―에서 떠오른다. 이를 보면 코라와 마찬가지로 준도 긍정적 여성성의 구현으로 보인다. 그러나 준은 무시무시한 괴물로도 묘사되어 있다. 디종과 대조되는 파리는 긍정적 여성성의 표상인데, 모나가 이 파리에 불만을 나타내는 것은 밀러가 모나를 긍정적 여성성의 구현으로만 보지 않았다는 뜻이다. '얼굴들의 바다'에서 떠오른 모나는 바다에서 태어난 아프로디테이다. 주인공은 모나의 존재 자체에 매료되고 그 아름다움에 취한다. 모나가 주인공의 자아 안에 숨어 있는 긍정적 남성성을 뒷받침하는 긍정적 여성성을 구현하고 있기 때문이다. 주인공이 죽어도 좋다고 생각한 것은, 모나가 주인공의 나르시시즘을 그만큼 자극했기 때문이다. 그러나 그 뒤에는 이런 묘사가 있다.

 '나는 깊은 잠에서 깨어나 모나를 바라보았다. 창백한 빛이 스며들고 있었다. 그녀의 아름답게 흐트러진 머리카락을 지켜보았다. 무엇이 목에 엉겨 붙는 느낌이 들어, 한 번 더 가까이서 모나를 보았다. 그렇다. 그녀의 머리칼이 살아 있는 것이다! 나는 이불을 젖혔다―그리고 머리카락

을 더 많이 끌어내었다. 머리카락이 베개 위로 펼쳐졌다.'

모나의 머리칼이 마치 살아 있는 생물처럼 묘사되어 있다. 흐릿한 불빛 아래 그 모습은 부정적 여성성의 보편적인 상징 가운데 하나인 고르곤(그리스 신화에 나오는 괴물 세 자매)의 머리털 같다. 욕정의 대상인 모나는 코라처럼 의식적으로 느끼는 긍정적 여성성뿐 아니라 무의식에 잠재하는 부정적 여성성도 동시에 지니고 있다.

첫사랑 소녀 코라는 밀러에게 평생 동안, 자아와 무의식의 분리·독립 문제와 종교적인 것에 대한 동경의 감정을 자아냈다. 코라가 관념적 여성이라면, 폴린과 준은 그 반대인 현실적 여성이다. 그녀들은 온화함과 난폭함, 포용과 배척, 창조와 파괴 같은 양면적 가치를 지닌다. 성 묘사를 포함한 밀러의 여성묘사는 킹슬리 위드머가 혹평한 만큼 형편없지 않고, 케이트 밀레트 같은 페미니스트가 밀러의 외설성을 문제삼으며 여성의 몰개성화라고 공격한 것처럼 여성 멸시적이지도 않다. 그 속에는 종교적인 것에 대한 존경과 희구가 숨어 있다. 종교적인 것에 대한 동경이 있기 때문에 밀러 문학에서 육체가 자연스러운 인간의 일부로서 정당한 가치를 지니게 된다. 밀러에게 종교와 예술의 관계는 아주 직접적으로 영향을 주고받으면서도 서로 융화될 수 없는 적대 관계—성모 마리아와 비너스의 관계로, 양쪽 모두 밀러의 문학에 없어서는 안 되는 것이다.

《북회귀선》

밀러의 대표작인《북회귀선 *Tropic of Cancer*》은 프랑스에서 간행된 지 27년 뒤인 1961년에 겨우 미국에서 출판될 수 있었다. 그러나 그나마도 곧 외설 문제로 발매금지 되어 3년 뒤인 1964년에 해금된다. 발매금지가 풀리자마자《북회귀선》은 그해에만 150만 부가 팔려나가 베스트셀러가 되었다. 밀러의 작품이 미국 독서계에 끼친 충격은 어마어마했다. 그것은 청교도주의에 얽매어 있는 미국 사회에 밀러가 던진 작은 폭탄이자, 기존의 도덕관과 인습을 한꺼번에 몰아내는 설사약이었다.

《북회귀선》은 한 번에 파악하기 어려운 작품이다. 평범한 현실이 그려지다가 갑자기 꿈이나 환상이 등장하고, 성교에 대한 기술이 단숨에 철학적인 명상으로 넘어간다. 격앙과 침잠, 절망과 평화, 감상과 냉혹함, 감정과 지성이 어지러이 교차한다. "나는 생각할 수 있는 모든 표현수단을 탐구한다"《검은 봄》)고 밀러가 말했듯이, 그는 여기서 기초적인 문법만 지키고 온갖 약속과 습관적인 수사법은 무시하며, 일상적인 구어·문어·비어·은어·학술용어, 그가 만든 신조어까지 자유자재로 구사한다. 비약적인 초현실주의와 명료하고 솔직한 현실주의가 기묘하게 맞물려 있으며, 다다이즘·무정부주의·상징주의·표현주의 등—파리를 중심으로 소용돌이쳤던 온갖 사고와 표현 형식이 혼돈

《북회귀선》 초판본
1934년 9월에 파리에서 출판. 표지 그림은 벌거벗은 여인에게 달려드는 게. 표지 아래에 '영국 또는 미국으로 수출 불가'라고 적혀 있다.

속에서 은빛 비늘처럼 반짝인다. 그리고 그것들은 은밀한 '내적 응집력'으로 단단히 결속되어 있다.

《북회귀선》은 소설이 아니라고 혹평한 비평가가 있는데, 확실히 이 작품은 소설인지 수필인지 자서전인지 구별이 명확하지 않다. 현실 체험이 중시되어 있으며, 소설적인 서술을 보이면서도 작가 자신의 생생한 감상과 사상이 곳곳에서 고개를 든다. 문학 장르의 고전적 약속 따위에는 조금도 관심이 없다. 전체의 주축을 이루고 있는 것은 '나'라는 주인공의 '생활과 생각'이며, 이 인물은 가공의 인물이 아니라 작가 자신으로 보인다.

그러나 《북회귀선》은 틀림없는 소설이다. 영어로 쓰였으며 작가의 특정 시기의 생활 및 생각을 주로 서술하고 있다는 점 말고는 어떠한 형태적인 규범도 없는 이 자유분방한 작품의 배후에는, 외적·일상적·자연적인 질서 대신에 어떠한 내적인 질서를 확립하고자 하는 태도, 곧 자기 자신으로 돌아가고자 하는 의지가 작용하고 있으며, 그것이 작품의 골자를 이루고 있기 때문이다.

'너 자신으로 돌아가라.' 이것이 오래 전부터 밀러의 근원적인 주제였다. 더욱 절실하고 육체적이며 자신과 뗄 수 없는 것, 긍정적으로 나아가고자

하는 그의 자세였다. 그래서 그는 자기가 아닌 존재에서 자기를 되찾기 위해 어릴 때부터 가정에 반항하고 환경에 반발했다. 그리고 미국의 집단적, 기계적, 몰개성적 문명을 저주하며 파리로 도피했다. 글을 쓸 때도 자기를 제한하고 속박하고 자기를 자기로 환원하는 데 방해가 되는 모든 형식과 관습을 파괴하려 했다. 밀러에게 글을 쓰는 것은 자기의 근원적인 욕구에서 나온 행위이자 그 자신으로 돌아가기 위한 수단이었으므로, 필연적으로 기존의 형식 및 습관의 타파를 수반했다. 말하자면 모든 형식을 부수는 것 자체가 그에게는 하나의, 그리고 유일한 형식인 것이다.

'자기 자신으로 돌아간다'는 것은, 말하자면 스스로의 행동을 의식적으로 규정하지 않고 오히려 의식을 행동이 이끄는 대로 내버려두는 것이다. 왜냐하면 의식은 늘 자기가 아닌 다른 무언가를 섬기기 때문이다. 따라서 행동을 의식으로 규정하면 의식은 어떠한 의미에서 남의 명령에 따르는 것이고, 자연히 행동도 남에 의해 규정되게 된다. 스스로 발견한 것이 아니라 본인보다 앞서 존재하는 어떠한 이념 또한 '남'이다. 따라서 밀러는 반주지주의적 태도를 취했고, 개념이나 추상보다도 개개의 체험을 중시하게 된다.

그는 "무엇보다 삶이 우선"이라고 외친다. 그리고 예지와 창조의 근원인 체험을 얻기 위해 자아를 삶의 혼돈 속에 풀어 놓는다. 행동을 의식과, 의식을 통해 다가오는 갖가지 이념·윤리·관습의 굴레로부터 떼어내어 생명력의 디오니소스적 난무에 내맡기는 것이다. 행동이 의식에서 멀어지면 멀어질수록 그 궤적은 순수체험이 되어 개념 및 추상과 정반대가 된다.

그러나 의식의 대상이 되는 자아가 순수하게 개성적이며, 개념이나 추상에서 완전히 벗어나는 것은 아니다. 행동이 그 난무에 지쳐서 자연스럽게 회전속도를 늦추면 그곳에 평소와 다르게 의식이 숨어든다. 체험이 이념으로, 곧 '자기 자신으로 있는 것'이 '자기 자신으로 있고자 하는 것'으로 바뀐다. 사람이 순수하게 자아 자체일 때는 일종의 망아(忘我) 상태와 같다. 자아를 의식했다고 느끼거나 의식하고자 마음먹는 것은 이미 자신 속에 자아가 아닌 다른 것이 섞여 있다는 뜻이다.

"글을 쓰는 것은 죽음의 행위이다"라는 발자크의 말을 작품 속에 인용한 밀러가 이러한 점에 무관심했을 리 없다. 글을 쓰는 행위는 인간의 필연적 조건에서 유래하는 진실한 삶과 진실한 행위의 보충이며 대용품이다. 밀러는 살아가는 것에 글을 쓰는 것을 더할 때 비로소 완전히 자기 자신이 된다고 느낀 것 같다.

소설가에게는 관찰도 삶의 일부이다. 작가 본인이 관찰 대상이 되면, 그의 생활에는 보는 그와 관찰당하는 그가 번갈아 나타나게 된다. 그러한 그가 '그 자신으로 돌아가고자' 한다면 어떻게 되겠는가? 《북회귀선》이 초현실주의적인 자동기술법을 포함하는 것과 일종의 신변소설적인 분위기를 띠는 것은 모두 이러한 점과 관계가 있다.

자동기술법은 위에서 설명한 의식과 행동이라는 대립 대신에 의식과 무의식을 대립시켜 의식의 개입을 적극 거부한 '글쓰기'로 실제행위를 대신하고자 하는 방식이다. 자동기술법을 사용하면 작가가 책상 앞에 앉아 자기 존재 방식을 처음부터 끝까지 살펴볼 수 있다는 말이다. 요컨대 글쓰기로 삶을 대체하는 방식이며, 따라서 그러한 글은 그 일상성과 비일상성을 통해 어떤 총체로서의 인상을 독자에게 줄 수 있는 것이다.

자기 자신으로 돌아가고자 하는 그와 그것을 지켜보는 그의 교차는 자칫하면 현실의 삶이, 그 삶을 그린 작품을 만들고자 하는 의욕 쪽으로 기울기 쉽다. 예술을 모방하는 삶을 예술이 다시 모방하게 되는 것이다. 현실에서 픽션으로의 이행이 연속적이며 경계가 없는 점은 신변소설과 유사하다. 그러나 주의해야 할 점은, 신변소설에서 현실과 픽션의 무차별 및 혼동은 미학의 결여 때문이라고 여겨질 수 있는 반면, 밀러의 격렬한 자아중심주의는 기존의 미학을 완전히 파괴하고자 한 데서 유래했다는 것이다.

또한 예술과 생활의 이러한 관계는 예술의 수도 파리의 근본적인 분위기였으며, 파리로 몰려든 세계 각지의 예술가 및 예술가 지망생들의 마음속 도식이기도 했다. 《북회귀선》이 "파리의 개인적인 이상을 훌륭하게 표현한 작품"(블레즈 상드라르), "전후 프랑스로 건너 온 세대를 위한 비명(碑銘)"(에드먼 드 윌슨) 등의 찬사를 받은 것은 파리나 '잃어버린 세대'의 등장 때문이 아니라 바로 이러한 내면적 관계 때문이다.

조지 오웰은 "헨리 밀러라는 작가는 피투성이가 된 비열한 현대 세계에서 '고래 배 속'으로 도피했다, 그는 외부세계에 관심을 완전히 끊음으로써 자기 자신을 유지하고자 했다"라고 썼다. 자기보존을 위해 외부세계에서 도피하는 것은 밀러의 전반생에 걸친 방랑 주제였으며, 그의 사상의 한 발로였다.

외부의 이데올로기와 필연성과 규격성에 기대지 않고 자기 주위에 목적 없이 자유로운 영역을 지님으로써 자신을 유지하고자 했던 밀러는 현대사회의 현대성을 잠깐이나마 사고의 바깥에 두고자 했다. '온갖' 이데올로기나 정치상의 목적과 수단의 대립 문제에 밀러는 직접 손을 대지 않았다. 어쩔 수 없이 대결해야 할 때에는 거의 완전한 부정으로 응했다. 정치와 집단 및 기계가 사람보다 우월하고 비인간적인 이념 밑에 인간의 피가 흐르는 현대사회는 그의 눈에 '거대한 붕괴'로 비쳤다. 인간을 그 자신에게서 분리시킨 문명의 비극적인 말로였다. "나는 문명세계 전체가 앞으로 백년 안에 완전히 사라지길 바라며, 그렇게 되리라고 믿는다"고 그는 공언했다.

그러나 밀러는 이러한 반문명적이고 무정부주의적인 태도를 적극적인 무정부주의로 승화시키지는 않았다. 그는 현대 문제를 현대적 척도로 해결하려 하지 않고 오히려 그 문제 자체를 초시대적인 척도로 해소하고자 했다. 그의 태도는 이러한 면에서 적극적이었다. 현대세계는 역사적·시간적 나열 속에서 얻은 의미를 박탈당하고, 우주의 공간적인 총체 속에서 단순한 조각이 된다. 그것은 결코 원시주의가 아니다. 아나이스 닌은 밀러가, "우리 세계에서 신성시되고 금기시되는 모든 것을 무의미하다고 생각하는 파타고니아 사람의 눈으로" 만물을 본다고 말했다.

헨리 밀러가 작품에 성적인 내용을 다루는 까닭은 그의 사상 및 주장에 본질적으로 필요하기 때문이다. 똑같이 성을 다룬 작가인 D.H. 로렌스와 마찬가지로 밀러 역시 단순한 호색작가가 아니다. 《북회귀선》을 호색문학이라고 하는 사람은 그 자신이 음란한 마음을 가지고 있기 때문이라고 에드윈 콜은 말했다.

그러나 성 문제를 다루는 밀러의 방향은 로렌스와는 매우 다르다. 로렌스는 순수성 존중과 비밀 고수가 사회 전체를 마비시킨다고 생각하고, 그러한 사회와 개인으로부터 성을 해방하기 위해 작품에 성 묘사를 도입했다. 로렌스는 억압되고 은폐된 성을 폭로함으로써 인간을 해방하고자 한 것이다.

그러나 밀러는 성을 삶의 한 요소로 보고, '깨달음과 현실감을 위해' 성 묘사를 선택했다. 성 묘사는 '깨달음의 전 과정'을 그려내는 데에 반드시 필요한 한 과정일 뿐, 결코 감각을 자극하기 위한 것이 아니었다. 노골적이고

영화 〈헨리 밀러의 북회귀선〉
조셉 스트릭 감독. 1971년, 미국 영화. 오프브로드웨이 출신의 배우가 밀러의 자유분방한 모습을 잘 연기했다.

 강렬한 성 묘사는 때로는 성애적인 것을 초월한 경지로 사람들을 이끌어 비록 짧은 시간이나마 만물을 꿰뚫는 신의 눈에서 벗어날 수 있다는 착각을 준다고 생각하고, 개인적이고 절대적인 자유의 필요성을 느껴 성 묘사를 이용한 것이다. 밀러에게 자유란 기계론적 자연관에 기초한 기계적 인간의 죽음을 뜻하며, 《북회귀선》에서 작가의 관심사는 성과 종교 문제가 아니라 바로 자기해방이었다.

 밀러에게 대담한 성 묘사는 기존 개념에 사로잡히지 않으며 사물이나 체험의 진실성을 추구하기 위한 방식이지만, 한편으로는 그 대담함이 주는 충격적인 효과를 노리기도 했다. 기존 윤리, 습관, 감정, 질서를 동요시킴으로써 독자의 눈을 일상적인 세계에서 다른 가능한 세계로 돌리려 했다. 또한 일부러 비속어를 써서 서술함으로써 성적인 카타르시스를 노렸고, 반대로 그러한 서술을 통해 지나친 사변에서의 해방을 의도하기도 했다.

 성에 대한 밀러의 태도는 로렌스보다 더욱 자연스러웠으며, 이 점이 두 사람의 가장 큰 차이이다. 로렌스는 성적 감정을 신성한 것으로 보고, 사람이 사람답게 살기 위해 필요한 자극이라고 했다. 따라서 성적 흥분이 그 감정을 비밀스럽고 모멸적이고 부끄러운 것으로 타락시키면 신성한 성은 호색하고 외설적인 것으로 돌변한다. 로렌스의 이러한 견해는 성과 배설의 구별로 명확히 나타난다. 로렌스는 성의 창조적인 흐름과 배설의 분해·파괴의 흐름은 별개의 것이지만 저속한 호색가에게는 그 구분이 없다고 보았다. 호색가의 성적 교류는 인간적인 교류가 아니라 자기의 은밀함과 욕망을 충족시키기 위한 배설이라는 것이다. 그러나 이러한 구별 때문에 로렌스는 청교도 정신의 잔재에서 벗어날 수 없었다. 성을 도덕성에 귀속시킨 결과 점점 더 독자를 청교도주의에 묶어 버린 것이다.

반면 밀러의 《북회귀선》에는 성과 배설의 구별이 없다. 밀러는 성스러운 성과 어리석고 덧없는 성을 구분하지 않았다. 밀러는 성의 양면성을 인정했을 뿐만 아니라, 로렌스가 외설이라고 여긴 배설에도 양면성이 있다고 보았다. 로렌스가 생각하는 성과 배설은 매혹과 혐오의 관계지만, 밀러의 경우 그 둘의 구별이 애매하다. 밀러는 찬란한 별빛 속이 아니라 시궁창 속에 매혹적인 왕국이 숨어있으며, 구정물에 범벅된 사람들의 삶이 성스러운 삶이라고 생각했다. 로렌스처럼 인물을 영웅화하지도 않았다. 성뿐만 아니라 모든 생활면에서 밀러의 작중인물들은(작가 자신도 포함하여) 가장 더러운 시궁창 속으로도 아무렇지 않게 내려간다. 말하자면 그들은 영웅들이 긍지를 지키느라 하지 않는 행위까지도 마다않는 역설적인 영웅들이며, 쾌락주의의 밑바닥까지 내려가는 향락주의자인 것이다.

밀러는 외설적인 것에서 신성한 것을 발견하고, 성을 인간 삶의 일부로 거침없이 묘사하여 성애소설을 문학예술로 끌어올리고자 했다. 밀러가 작품을 통해 독자에게 전달하고자 한 것은 성적인 것에 대한 이해였다.

사람이 자기 내면에 있는 욕망을 있는 그대로 드러내며 산다면 외설은 존재하지 않을 것이라고 밀러는 생각했다. 자기가 드러내기를 거부하며 억압하고 의식 속에 가두어 온 것이 말이나 행동으로 표현될 때 사람은 불안을 느낀다. 미지의 것뿐 아니라 이미 알고 있는 것도 불안의 대상이 되며, 자기의 무의식 영역이 침범당할까 봐 두려워한다. 그렇다면 인간이 가장 큰 공포와 불안을 느끼는 사람은 자기를 있는 그대로 표현하는 사람일 것이다. 밀러는 사랑이 없는 사회에 인간적인 사랑이 다시 꽃피기를 바라며 파괴적인 작용을 가지는 노골적인 성 묘사를 작품에 도입했다. 퇴폐한 성의 극점을 감지하지 않고는 새로운 가치관 창조란 있을 수 없었던 것이다.

사람의 정신을 일깨우는 것은 언제나 강렬하다. 밀러의 문학에 상스러운 말과 비속어가 난무하는 까닭은, 이미 퇴폐한 말기 증상을 보이는 성에 강렬하고 사악한 면을 부여함으로써 성에 대한 기존 관념을 타파하고, 필요한 대립을 새로이 회복시키기 위해서이다. 바로 이것이 밀러가 작품에 성 묘사를 도입한 이유이다.

문명사회를 사는 현대인 특유의 불안은 바로 삶에 대한 불안이며, 그것은 죽음의 공포와 밀접하게 관련되어 있다. 죽음의 공포는 신이 없는 현대사회에서 내세에 약속된 행복을 더는 믿지 못하는 사람들의 신앙 약화 때문에 생긴다. 밀러는 인간의 영원한 종교적인 측면, 즉 신앙을 지닌 영혼을 발견하기 위해 다시 한 번 생명의 원천을 향해 거슬러 올라갈 필요가 있다고 생각한다.

밀러는 도시의 '미로'에 사로잡혀 평생 파리와 뉴욕이라는, 세계를 대표하는 대도시에 살았다. 밀러는 도시를 "범죄와 광기의 화신"으로 보고, "범죄에서 생겨난 진실"을 추구하는 점에서 도시 사람들의 공통성을 발견했다. 그의 삶은 "다섯 살부터 열 살까지가 가장 중요한 시기였는데, 거리에서 살며 전형적인 미국인 무뢰한 기질을 익힌" 곳이 바로 뉴욕의 브루클린 14지구였다. 그리고 밀러를 과거와 연결시키는 가장 강력한 고리가 바로 브루클린 다리이다. 밀러는 수필에서 브루클린 다리에 대해 이렇게 썼다.

'다리 위에서 나는 몇 번이나 자살했다. 그러나 그 때마다 나는 똑같은 물음과 싸우면서 이 세상으로 돌아왔다. 사실 정말로 죽었는지 아닌지는 중요하지 않다. 결국에는 삶으로 돌아와서 마지막 1초까지 충실하게 살아야 한다. 다리가 철근과 콘크리트의 산물이 아니라 상징으로 구체화되었을 때 비로소 이 점을 이해할 수 있게 되었다.'

브루클린 다리는 "(로렌스의) 무지개보다도 훨씬 안정적이고 내구성이 있으며 동시에 희망과 동경을 파괴하는 힘"을 지니고 있었다. 앨런 트라첸버의 저술에 따르면, 브루클린 다리는 "새로운 문명을 형성하는 기계의 힘과 감정의 힘을 구체적으로 표현"했으며, 그 강력한 이미지는 "구제 또는 파멸의 가능성"을 나타내는 사실에서 생겨났다. 다시 말하면, "다리가 병을 고치는 힘을 갖고 있거나 아니면 병 자체였다"는 사실에서 생겨난 것이다. 병 자체이자 병을 고치는 힘이기도 한 다리는, 그것을 보는 사람에게 혐오와 매력이라는 양면적인 감정을 불러일으키는 애매함의 상징이다.

밀러는 브루클린 다리 위에서 몇 번이나 정신적 죽음을 경험한다. 모든 것에서 떨어져 나와 자기가 이 세상에서 혼자라는 사실을 깨닫고 적막한 고독감을 맛본다. 다리는 "죽음의 하프, 기묘한 날개를 가진 눈이 없는 생물"이며, 두 기슭 사이에서 몇 번이나 밀러를 공중에 매단다. 다리는 단지 강을 공간적으로 가로지르는 사물이 아니다. 다리를 바라보는 사람이, 둘로 나뉜 무언가를 다리가 연결한다고 생각하는 것이다. 따라서 다리에는 분할을 극복하는 상징적인 의미가 있다. 결과적으로 이 거대한 쇳덩이는 미국의 고도 문명의 상징인 동시에, 다리를 바라보는 사람의 의식을 미국인의 숙명이라고 여기게 하며, 과거와 미래를 잇는 현재를 가차 없이 떠올리게 하는 것이다.

《미친 수탉》역시 작가의 실생활과 관련이 깊은 작품이다. 주인공 토니 브링은 아내와 그녀의 동성 연인과의 기묘한 동거생활을 더는 참지 못하고 어느 날 오후 갑자기 집을 뛰쳐나간다. 택시를 타고 브루클린 다리로 가서 배터리 공원에서 다리까지의 풍경을 바라보는데, "뉴욕 한복판에 있으면서도 마음속으로는 조금도 기쁨과 자부심을 느끼지 못한다." 황홀한 불빛에 흔들리는 거리와 반대로 토니는 노여움에 부들부들 떤다. 그 분노가 뒷날 《북회귀선》에서 폭발한다.

'그럼 이것은 무엇인가? 이건 소설이 아니다. 이것은 욕하고 비방하고 인격을 훼손하는 일이다. 이것은 일반적인 의미에서의 소설이 아니다. 그렇다, 이것은 길게 잡아 늘인 모욕이고, '예술'의 얼굴에 내뱉은 침덩어리이며, 신(神)이나 인간, 운명, 시간, 사랑, 아름다움 따위를 모두 걷어차고 거절하는 일이다.'

밀러는 미국에서 젊은 시절을 보내면서 성이 어떻게 자신을 지배하는가를 통감했고, 파리로 건너간 초기에는 자신을 사회적 패배자로 생각하며 의기소침해 있었다. 그러나 파리 거리를 들짐승처럼 방황하며 가족과 사회의 중압감, 사회라는 틀에 갇혀 살아가는 개인에게 드리워진 의무와 책임, 속박, 노동 같은 관념에서 자유로워진 자신을 만끽하자 과거에 받은 마음의 상처도 서서히 아물어간다. 그러자 그는 보잘것없는 사회 낙오자인 자신을 내세워 사회에 결연하게 도전장을 내민다.

사람의 본능, 지금까지 아무도 손대지 않았던 부분을 거침없이 써 내려가는 것이 밀러의 문학신념이다. 성의 본능을 받아들여 삶을 창조하고 그것을 하나의 힘으로 바꿀 수 있다고 보았다. 성이 소설을 위한 문학적 지평을 제공하며, 참된 소설은 사회를 멀리하더라도 쓸 수 있다고 생각한 것이다. 《북회귀선》에 나타난 밀러의 문학정신을 살펴보자.

'후벼 파인 매춘부의 음부를 들여다보면, 나는 내 배 밑에 있는 온 세계를 느낀다. 비틀거리며 무너져 내리고 있는 세계, 더는 쓸모없으며 문둥병 환자의 머리처럼 반들거리는 세계. 이 세계에 대해 생각하고 있는 것을 모조리 털어놓을 수 있는 사나이가 있다면, 그에게는 자기가 서 있을 1제곱피트의 땅도 남지 않을 것이다. 사나이가 출현하면 세계는 그에게 덤벼들어 등뼈를 부러뜨린다. 어느 시대에나 지나치게 많은 기둥이 선 채로 썩어가고 있으며, 인간이 번영하기에는 곪아 버린 인간성이 너무 많은 것이다. 상부 구조는 거짓이고, 토대는 부들부들 떠는 거대한 불안이다. 만약 세기(世紀)가 바뀔 때 굶주림으로 인해 필사적인 표정이 눈에 어려 있는 사나이가 나타난다면—새로운 인종을 창조하기 위해 세계를 뒤엎는 사나이가 출현한다면, 그가 세계에 베푸는 사랑은 분노로 변하고, 그는 채찍이 될 것이다.'

밀러는 매춘부의 성기에서 죽음의 세계를 보았다. 《북회귀선》에서 밀러가 근거로 삼은 것은 여자의 음부이다. 소설의 묘사는 모두 작가가 선택하여 결정한 것이다. 성행위를 노골적으로 묘사하겠다는 창작상의 선택은 자기 기량에 대한 도전이다. 작품이 예술작품이 아니라 음란물로 전락하는 것을 어떻게 막느냐, 성행위라는 제한적이고 비밀스러운 내용을 어떻게 그려내느냐 하는 점은 밀러가 자신에게 부여한 커다란 과제였다. 소설의 곳곳에 보이는 성 묘사가 밀러 문학을 특징짓는 중요한 요소인 것이다.

밀러는 관례적, 관습적인 묘사에서 벗어나기 위해 여성 성기를 특히 비유적으로 묘사하는 방법을 택했다. 밀러는 여성 성기를 왜곡하고 과장하고 추상화하여 여성적인 것을 표현했다. 사람들이 이미 관념적인 지식으로 가지고 있는 것을 강렬한 이미지로 만들어 성에 대한 기존 관념을 허물어뜨리고 재구축한 것이다. 바로 이러한 성 묘사에서 밀러의 창조성을 엿볼 수 있다. 앞에 인용한 매춘부의 음부는 "비틀거리며 무너져 내리고 있는 세계, 더는 쓸모없으며 문둥병 환자의 머리처럼 반들거리는 세계"로 표현되었다. 작가가 보고 있는 것은 매춘부의 성기이자, 죽어가는 세계인 것이다.

밀러는 허무하고 퇴폐적인 가치밖에 지니지 못한 성을 극명하게 묘사함으로써 유기적인 하나의 세계를 창조하고 병든 현대를 표현했다. 그리고 인간을 그리려면 성 문제는 피할 수 없으며, 성을 넓고 깊게 파악할수록 우주의 많은 것을 표현할 수 있다고 생각했다. 유대계 미국인 반 노든은 《북회귀선》에서 다음과 같은 여성관을 펼친다.

'사실—여자는 다 거기서 거기야. 옷을 입고 있는 여자를 보면 온갖 상상을 하지. 개성이 있다고 누구나 생각하지만, 당연히 그런 건 있지도 않아. 다리 사이에 째진 데가 있을 뿐이라고. 거기에 남자들은 모두 미치지—그런데 아무도 그것을 자세히 들여다보지 않아. 그게 거기에 있다는 걸 알고, 단지 그 속에 '총대'를 찔러 넣으려는 생각뿐이야. 마치 페니스가 대신 생각해 주는 격이지. 그런 건 환상이야! 무(無)를 향해 열을 올리고 있는 거라고…… 풀로 뒤덮인 또는 풀이 없는 째진 곳에 미쳐 있는 거야. 내가 그것을 들여다보는 게 그토록 좋았던 것도, 그것이 절대로 무의미하기 때문이야.'

반 노든의 여성관은 당시의 미국인을 대표한다. 성은 '신비'가 아니라 '무(無)'이며, 그것에는 아무런 인간적 교류도 사랑도 없다. 이러한 성에 대한 환상은 인간 불신과 회의에서 비롯된다. 허무하고 퇴폐적인 가치밖에 지니지 못한 성이나 순간적이고 제멋대로인 성은 인간 영혼의 성장을 가로막는다. 밀러는 이러한 반 노든을 "싸움터에서 돌아온 용사와도 같았다. 꿈의 현실 밖에서 살아가는 불쌍한 불구자"라고 비판하고, 이처럼 기계적이고 무미건조한 성의 원인을 다음과 같이 추측했다.

'그의 단 하나뿐인 두려움은 고독하게 남겨지는 것이다. 이 두려움이 너무 뿌리 깊고 집요하기 때문에, 그는 여자 위에 올라타 있을 때나, 삽입하고 있을 때조차 스스로 만들어 낸 이 감옥에서 벗어날 수 없는 것이다.'

반 노든은 성을 허무하고 퇴폐적인 것으로만 보았는데, 그는 정신적으로 고차원의 단계로 이끌어 주는 여성을 만나지 못했기 때문에 이러한 여성관을 갖게 되었다고 말한다. 반 노든은 사상을 가진 여성이 나타나기를 간절히 바랐다. 향락적이고 말초적인 자극만을 추구하는 반 노든도 속으로는 여성과의 정신적 교류를 강하게 바라고 있었다. 자신이 놓인 상황에 굴복하거나 학살을 되풀이하는 것을 전쟁이라 한다면, 반 노든이 여성과 성교하는 상황이 바로 전쟁상태였다. 그리고 이러한 반 노든의 자기 소외감에서 나온 불안은 현대를 살아가는 사람들의 공통적인 불안이다.

《북회귀선》이 쓰인 시기는 1, 2차 세계대전 사이이며, 그 시기의 보편적인 특징은 행복감의 상실이었다. 문명이 진보하려면 반드시 살육과 약탈이 뒤따르고, 인류는 스스로 저지른 죄 때문에 점점 더 살육과 약탈을 저지르게 되었다. 밀러는 이러한 전쟁과 전쟁 사이에 생겨나는 불안을 '삶의 불안', '자아에서 생겨나는 불안'이라고 말했다. 자아는 어떤 사람이 되려 하거나 되지 않도록 의식적으로 노력하며 과거에 축적된 기억 속을 헤집는다. 어떤 사람이 되고자 하는 관념이나 욕망은 삶의 불안을 느끼는 사람들에게 생기고, 그러한 사람들은 자신의 내면이 공허함을 의식할수록 점점 더 다양한 정치적, 종교적, 민족적 신념에 맞추어 행동하려고 한다.

정신의 밑바탕에는 신념 및 안전을 도모하고자 하는 욕구와 충동, 지식, 기억의 축적이 있다. 그러한 정신의 사고는 과거에 근거하여 과거나 미래 한 쪽으로 진행된다. 그러한 사고에서 현실적인 것은 알 수 없다. 사고를 상징화시킨 것이 관념이라면, 그 관념에 따라 행동할 때는 모순밖에 생기지 않는다.

관념은 욕망과 단단히 연결되어 있다. 욕망은 감정이 수반되는 일종의 상징이다. 그림·인간·말·이름·이미지 등의 상징에 뒤따르는 감정에는 복종과 저항이 있다. 어느 특정한 욕망의 상징을 따르는 것에는 유혹과 실패와 실망에 대한 불안이 잠재해 있다. 그때 정신은 감정과 기억의 기계적인 도구가 된다. 생명의 핵심을 잃은 성능 나쁜 컴퓨터와 다름없다. 인간이 추구하는 대상은 상징이라는 형태로 정신이 투영한 것이며, 정신은 이 상징에서 감정을 끌어낸다. 정신이 기계적으로 과거를 투영하기만 한다면 정신은 과거라는 정체된 웅덩이일 뿐이다. 현세에서든 내세에서든 어떠한 사람이 되고 싶다는 끊임없는 욕망은 자기기만의 근본적인 요인이다. 지식과 모방으로 진리를 발견하고자 하는 욕망의 종착점은 우상숭배일 것이다. 인간을 멸종으로 몰아넣는 것은 바로 멸종이라는 관념이다.

　작가의 불안은 과거에서 비롯된 것이다. 사람들의 무의식 속에는 생명, 예술, 신앙을 위한 재료, 겹겹이 쌓인 민족의 경험, 승리와 패배, 피비린내 나는 전쟁의 뿌리 깊은 기억이 있다. '이렇게 되고 싶다', '이렇게 되면 안 된다'며 과거의 그릇인 무의식에서 미래를 사고하고 관념화하는 과정이야말로 "죽음이라는 감옥을 향해 행진해" 가는 것이며, 자아를 해방하지 않고 감옥에 가두어 버리는 것이다. 과거의 해방과 정화가 반드시 필요하다는 밀러의 위기감은 세계대전 사이라는 시대배경을 통해 생겨난 것이다.

　밀러와 성관계를 나누는 여성 가운데 작품 속에 가장 많이 등장하는 사람은 준이다. 밀러가 준에게 끌린 까닭은 그녀의 눈부신 아름다움 때문도 있지만, 배우지망생인 준이 행동과 사고의 중심을 갖지 못하고 거짓으로 삶을 채우고 있었기 때문이다. 준은 남이 써 준 각본대로 연기하는 여성이었다. 밀러는 중심이 없는 준에게 이끌리면서 자기 자신에게 결여되어 있는 것을 직감한다. 예술가의 길을 모색하기 시작한 밀러에게 준은 그의 문제를 깊이 생각하는 계기가 되었다. 사고와 관념과 행동의 불일치, 환상으로 인생을 채우려는 강박관념 등은 준 고유의 것이 아니라 밀러 자신과 나아가 미국이라는 나라 자체가 지닌 요소였기 때문이다.

　고독한 채로 있으려면 강한 신념과 신앙이 필요하다. 반 노든의 퇴폐적인 여성관은 '혼자 남겨진다'는 '불안'에서 생긴 것이다. 밀러의 경우 이러한 '불안'의 뿌리깊은 원인은 어머니였다. 밀러는 어머니에 대한 혐오감으로 처음 여성과 관계를 맺기 시작하여, 코라에게 정신적인 사랑을 바치고, 폴린과는 육욕에 눈먼 관계를 맺으며, 베아트리스와는 사랑 없는 표면적인 결혼생활을 꾸려 나간다. 그러나 준과는 정신과 육체를 동시에 탐닉하는 관계였다. 준에 대한 사랑과 고뇌를 묘사하여 밀러는 사랑에 고뇌하는 자아의 영원화를 꾀한 것이다. 여성에게 '버림받을' 걱정도 없었다. 중심 없이 시시각각 달라지는 준의 생활방식은 밀러 자신의 모습이며, 매일을 거짓과 기만으로 채우고 스스로의 거짓말과 속임수로 세상을 만들어 가는 현대인의 모습인 것이다.

《남회귀선》—성과 영혼의 정화

1939년에 출판된 《남회귀선》은 《북회귀선》에서 10년쯤 거슬러 올라간 1920년부터 1924년까지의 브루클린 시절 이야기이다. 원제인 Tropic of Capricorn의 Capricorn은 본디 '염소 뿔'을 뜻하는 라틴어로, '염소'는 영어로 '호색한' 및 '대역, 희생'을 뜻한다. 점성술에서는 Cancer(게자리)와 정반대 자리에 있는 '염소자리'를 가리키는데, 이 별자리는 종교적인 의미를 지니며 죽음을 통한 재생을 상징한다.

배경인 1920년은 워싱턴에서 군비축소회의가 열리고 이탈리아에서는 파시스트정권이 수립됐으며, 독일에서는 나치가 고개를 들고 중국에서는 중국공산당이 결성되는 등 온 세계가 불안스레 술렁거리면서 제1차 세계대전 뒤의 짧은 평화가 무너지려고 하는 시기였다. 그러나 《남회귀선》의 주인공들은 온갖 이데올로기의 충돌이나 국가 사이의 분쟁 및 과학적 진보와는 전혀 관계가 없는 것처럼 오로지 '자궁과 난소와 내적 회귀'로만 향한다. 확고한 정치적 목적을 가지고 글을 썼던 조지 오웰을 비롯한 일부 비평가들은 밀러 문학의 탈사회성 또는 몰사회성을 비난했고, 많은 독자들도 등을 돌렸다. 그러나 밀러만큼 추악한 현실의 아주 작은 조각까지 눈 한 번 깜빡하지 않으며 고스란히 기록하고, 현실사회의 모순과 허위 그리고 인간성에 대한 배신을 집요하게 고발한 작가는 어디에도 없었다.

월리스 파울리는 밀러에 관한 수필에서, "작품 속의 예술가 헨리 밀러는 언제나 혼돈에서 질서로 옮겨가며, 현대 예술가의 특징은 몽상가와 용사의 혼합이다"라고 말했다. 파울리가 말하는 혼돈이란, 디오니소스적 정열과 아폴론적 지혜, 육체와 정신, 지구와 태양, 여성원리와 남성원리 등의 대립 요소가 하나가 된 상태를 뜻한다. 또한 윌리엄 A. 고든은 《남회귀선》을 "예술가의 탄생을 주제로 한 작품"이라고 해설했다.

《남회귀선》은 자기를 표현하는 데에 집착하는 한 예술가가 신과 같은 존재—그리스도교의 삼위일체에서 3위인 성령—로까지 자기를 높여가는 과정을 기록한 이야기이다. 자기를 높인다는 것은, 과거의 집대성으로 이루어진 자아를 깡그리 버리고 집단적 무의식 속으로 융화한다는 뜻이다. 밀러는 발자크를 논하면서 "진정한 예술가가 되기 위해서는 먼저 의지를 꺾어야 한다. 예술가 자신의 굴복 또는 자기를 버리는 것이 자기해방의 길을 여는 첫 걸음이다"라고 서술했다. 기억으로 이루어진 낡은 자기를 부수고 새로운 자기를 형성하는 앞 단계가 자기포기라면, 《남회귀선》은 새로운 자기를 구축하기까지의 과정 기록이다. 뒷날 밀러는 《남회귀선》은 "천국의 녹음실에서 직접적으로 들려온 '목소리'를 쓴 작품이다"라고 말했다. 괴로워하며 쓴 《북회귀선》과는 집필 자세가 크게 다르다는 점이 주목할 만하다.

밀러는 자신의 인생을 그리스도의 생애와 관련시켜 생각했다. 작중 화자는 12월 26일에 태어났다는 이유로 어머니를 원망하고, 자신을 늦게 온 그리스도라고 생각한다. 유대인 친구 크론스키는 "시대를 잘못 타고났다"든가 "어쩌면 현대의 예수 그리스도가 될 지도 모르지"라는 말을 통해 화자의 내면에 깃든 신성을 시사했다. "네 이름은 뭐지?"라는 물음에는 "내 이름말인가? 그냥 하느님이라고 부르게—하느님의 밑씨라고 말이야" 하고 대답했다.

그는 아내와 자식을 위해 코스모데모닉(우주 악마) 전신회사에서, 히에로니무스 보스의 그림에서 튀어나온 듯한 12명의 부하직원을 거느리고, 위선과 기만으로 가득 찬 속세에 전보를 보내는 단조로운 '전도사' 일을 한다. 막달라 마리아 같은 창부와 유다 같은 배신자에 둘러싸여 해마다 2만 5천 명에 이르는 구직자들에게 축복을 내리고 그들을 인도한다. 그 회사에서 알게 된 12명의 배달부에 대해 쓴 《부러진 날개》에는 이 열두 배달부가 타락천사로 그려져 있는데, 그들은 마치 그리스도의 열두 제자와 같다.

집에 돌아오면 열세 개의 의자를 둘러놓은 커다란 책상 앞에 앉아 소설을 집필한다. 그의 나이 서른셋, 그리스도가 십자가에 내걸린 나이가 되자 그는 작가로서, 그리고 새로운 구세주로서 부활을 꿈꾸며 전신회사를 그만둔다.

사실 사람끼리의 의사소통, 정신적 교류가 거의 단절되어 있는 현대 대도시에서 '전도사' 일을 한다는 것 자체가 아주 우스운 상황이라고 할 수 있다. "나 자신과 내 나라, 나와 같은 인종, 나의 시대가 부끄러워서 견딜 수 없는"

나는 '해가 지는 곳'에 있는 사무실에 앉아 싸늘한 눈으로 미국을 바라본다.

'겉으로 보기에 미국은 힘차고 남성적인 세계 같다. 그러나 실제로는 토착민 후손을 뚜쟁이로 내세우고 몸을 파는 피범벅된 외국인을 데리고 있는 여인들에 의해 운영되는 매음굴이다. 그 누구도 엉덩이를 진득하게 붙이고 앉아 만족스러워할 줄 모른다.

이 '매음굴'에 우글거리는 사람들의 패배자 같은 처량한 행색을 보라! 천재 피아니스트의 운명을 짊어지고 태어나 광신도가 된 절름발이 그로버 워트로스. 모자를 쓰고 겉옷을 입은 채 여자와 성교하는 맥그리거. 유일한 삶의 보람인 술을 끊고 "고래 배 속에 앉아 있는 요나처럼 안락의자에 앉아…… 아무것도 기대하지 않고 바라지 않았으며 죽지 못하고 산채로 묻혔다. 상처 하나 없이 그대로 삼켜져서…… 빛과 공간의 한계 너머에 있는 무(無)의 캄캄한 동굴 속에 틀어박혀" 버린 아버지.

밀러는 이러한 패배자 군상을 시적으로 묘사하고 그 사이사이에 행복한 소년 시절에 대한 장송곡을 틀었다. 해군조선소에 가기로 했다가 병원으로 끌려가 편도선과 인간에 대한 믿음을 한꺼번에 잃어버린 어린 밀러. 악동들의 싸움에 휘말렸다가 무심코 던진 돌로 상대 소년을 죽여 버린 여름날 오후. 그 돌싸움 뒤에 먹은 이모가 준 두툼한 호밀빵. 어두운 지하실에서 치마를 걷어 올리고 공짜로 음부를 보여 준 위지. "비욕, 비욕" 하고 외치며 상한 바나나 튀김을 주워 먹는 저능아 윌리. 틸리 이모의 젖은 머리칼 냄새와 수의사 집 앞의 시궁창 냄새, "파서 뒤엎어 놓은 땅 냄새…… 파헤쳐 놓은 흙더미에 몸을 기댄 채 이탈리아 노동자들이 먹고 있는 양파 샌드위치의 냄새…… 양복점에서 나는 냄새……", 사탕과 문구를 파는 가게에서 풍기는 속이 느글거릴 정도로 달콤한 냄새, 소다수의 새콤한 냄새에 이르기까지 숨이 막힐 듯한 청춘의 냄새와 뒤범벅되어 진하게 남아 있다.

《남회귀선》의 많은 부분은, 베아트리체의 사랑에 이끌려 지옥에서 천국을 여행하는 이야기인 단테의 《신곡》과 관련이 깊다. 《신곡》에서 신의 사랑에 의한 인간의 참된 구원을 추구한 단테는 올바른 종교에 의한 문학 구제를 목표했다. 밀러도 단테처럼 그리스도교 세계관에 입각한 종교적인 상상력이 풍부한 작품을 쓰고자 했다. 단테가 일상적인 말로 자신의 신앙을 고백한 것처럼, 밀러는 브루클린에서 익힌 영어로 그 무렵 자신이 갇혀 있던 지옥을 묘사한 것이다.

파리로 오기까지 밀러는 브루클린과 맨해튼이라는 두 지역을 지옥이라고 생각했다. 브루클린의 머틀 대로에 대해서는 단테의 신곡과 연관시켜, "진짜 지옥을 보기까지는…… 당장은 공허한 미국의 심장부로 이어지는 무수한 승마길의 하나이자 무쇠 괴물들에게 짓밟힌 이 머틀 대로가 나에게는 지옥이었다"고 말했다. 머틀 대로는 '공허한 심장부로 이어지는' 곳으로, 이 세상에 있는 '진짜 지옥'이었다. 《남회귀선》 마지막 부분에서, 첫사랑 소녀의 집 앞을 지나기 위해 걸었던 길에 대해 밀러는 "히드라처럼 머리 아홉 달린 개가 아홉 입으로 일제히 짖어대고, 늪이 없는데도 여기저기서 개구리 우는 소리가 들려왔다"고 했다. 이 머리 아홉 달린 개는 단테의 제3지옥 입구를 지키는 케르베로스에서 이미지를 따 온 것이다. 케르베로스는 머리가 세 개이고 꼬리는 뱀인 괴물이다. 브루클린의 곳곳—베아트리스와 결혼생활을 꾸리던 장소도 포함하여—이 지옥이었음을 나타내는 대목이다.

맨해튼에 있는 '코스모데모닉 전신회사'에서 인사부장으로 일하던 날들 또한 지옥이었다. "내가 사무실에 도착하는 순간부터 그곳은 시끌벅적한 북새통으로 변했다"라고 했는데, 그 북새통 같은 지옥은 밀턴의 《실낙원》을 떠올리게 한다. 밀턴의 '지옥'은 땅 밑에 있는 것이 아니라 혼돈의 가장 바깥에 있는 벽으로 둘러싸인 구덩이로, 그 문은 '죄'와 '죽음'이 지키고 있다. 밀러는 자신의 직장에 '죄'와 '죽음'이 가득 차 있음을 느낀 것이다.

그리고 이 맨해튼과 브루클린이라는 두 지옥을 잇는 브루클린 다리를 통근열차를 타고 수없이 오간다. 그리고 그 '난소 열차 안에서' 화자는 동료 하이미와 함께 하이미 아내의 '병든 난소'에 대해 토론한다. 그때 병든 난소를 생각하던 화자의 머릿속에 갑자기 "번갯불같이 번쩍하고, 온갖 너저분한 잡동사니를 그러모아 붙인 열대성 식물 같은 것이 자라기 시작"하면서, 화자는 '난소라는 생각의 전차'를 타고, 인간 실존의 기원을 찾아 태어나기 전이라 아직 형체도 갖추지 못한 혼돈세계로 들어간다.

밀러에게 브루클린과 맨해튼은 모두 '힘'을 신봉하는 사람들로 넘쳐나는 거리이며, 사회적 역할에 사로잡힌 사람들이 사는 병든 곳이었다. 화자는 그러한 '힘'에 포함되기를 거부한다. 내 안에서 "어릴 때 떨어져 나온 인생의 흐름에 나를 다시 비틀어 매는 다리가 만들어지기"까지는 다리를 지날 때마다 "무서운 고독감"을 느꼈다. 다리는 '힘'의 가치를 긍정하는 사회통념을 깨부수고, 사회와 가족, 친구들로부터 밀러를 떼어놓는 고독과 소외의 상징이다.

밀러가《남회귀선》의 머리글에 인용한 아벨라르의 글은, 도리에 어긋난 사랑이라 포기해야 했던 연인 엘로이즈에게 보낸 편지의 일부이다.《신곡》제2 지옥에서 단테가 만난 프란체스카와 파올로 그리고 아벨라르와 엘로이즈는 양쪽 다 슬픈 사랑으로 연민을 자아내는 연인 사이이다. 사람을 신 앞에 다가서게 하는 승화된 사랑의 예로 아벨라르와 엘로이즈의 이야기를 제시함으로써 밀러는 성적 묘사로 가득한《남회귀선》의 참된 목적을 드러내고자 한 것이다. 아벨라르의《나의 불행한 이야기》를 인용한 것은 엘로이즈와의 관계에 대한 아벨라르의 고백을 머리말로 사용하고, 이어서 밀러 자신의 고백을 풀어 내려는 의도였다.《남회귀선》의 성 묘사는 사람들을 성적으로 자극하기 위해서가 아니라, 아이들의 저금통에서 돈을 훔치거나 아내에게 손찌검을 하던 당시의 밀러가 마지막에는 신과 같은 존재로 승화하는 그 변천 과정을 이야기하기 위한 도구이다.

작가 헨리 밀러는 자기를 드러내고픈 욕망에 사로잡혀 있다. 예술이 인간의 삶을 표현하고 이 삶을 구성하는 중요한 요소가 경이라면, 밀러는 언제나 여성에게 경이를 느꼈다. 삶의 한 요소인 경이는 예술의 본질 밑바탕에 있다. 숭배한 여성, 증오하고 경멸하는 여성, 성애의 대상인 여성 등 작품에 등장하는 여성들은 모두 밀러가 자기인식에 이르는 과정에서 중요한 역할을 한다.

밀러가 1920년대 전반에 뉴욕의 웨스턴 유니온 전신회사에서 인사부장으로 있을 때 비서로 고용했던 흑인 혼혈 여성이 있다. 작중에는 발레스카라는 이름으로 등장한다.《남회귀선》에는 발레스카가 흑인 혼혈이라는 사실을 밀고하는 동료가 나온다. 또한 다른 곳에서도 몸 냄새가 구리다는 등 흑인에 대한 차별적 발언이 등장한다. 작가는 혼혈인 발레스카에게 관용적인 태도를 보이지만, 그녀와의 관계에서 정신적인 존경이나 사랑의 감정은 찾아볼 수 없다. 주인공과 발레스카의 관계는 단지 동물적인 결합일 뿐이다.

'갑자기 발레스카가 탁자에 기대더니, 그녀의 혀가 내 목구멍까지 들어왔고 내 손은 그녀의 사타구니 사이로 비집고 들어갔다. 발레스카를 탁자 위에 눕히자 그녀는 두 다리로 나를 휘감았다.'

이것은 화자의 아내가 낙태수술을 받으러 간 사이에 일어난 일이다. 아버지로서의 윤리관 결여와 낙태수술에 대한 냉담하고 무책임한 화자의 태도를 엿볼 수 있다.

매춘부와의 성행위에 대한 주인공의 감상을 살펴보겠다.

'앞에서도 말했듯이, 베로니카는 수다스런 음부를 가지고 있다. 쉬지 않고 지껄여 대면서 상대를 성교에서 떨어져 나가게 하는 기능밖에 갖지 못한 음부로, 그것에는 나도 두 손 들었다. 그러나 에블린은 잘 웃는 음부를 가지고 있었다.'

밀러는 페니스로 사색한다. 페니스와 음부에 인격을 부여한 것이다. 이 과장된 표현은 대상을 극적으로 묘사하려는 한 방법이다. 이러한 개인적인 경험의 축적, 특히 성적인 경험의 축적에는 행동을 온갖 사회적 목적에서 분리하려는 의도가 담겨있다. 목적에는 반드시 욕망이 뒤따르므로, 행동이 목적과 결합하면 그 행동에서 순수성이 사라져 버린다. 따라서 목적 없는 행동은 인생을 의무수행이 아니라 모험으로 만든다. 성적인 경험을 쌓는 것은 자기확대와 자기창조의 모험을 도모하고, 자기 이기주의 확대로 여성에 대한 우월성을 얻으려는 의미가 있다. 밀러의 성 묘사에서 나타나는 공격성은 상처받기 쉬운 자아를 보호하고자 하는 작가의 무의식적 방어기제에서 비롯되었다. 공격적으로 나옴으로써 죄의식에 괴로워하고 벌을 두려워하는 자기를 멀리하고자 한 것이다.

《남회귀선》에서 화자가 경험한 최고의 성행위는 화자의 아파트 2층에 하숙하는 여성과의 경험이었다. 이름도 없는 그 여성은 "자유롭게 돌아다니고

있지만 완전히 바보천치였다. 그래서 그녀의 그것이 그토록 훌륭하고 비인간
적이었는지도 모를 일이었다. 백만 명 가운데 하나 날 정도로 일품"이었다고
표현되어 있다.

'그녀는 말없이 서 있었지만, 내가 그녀의 허벅지 사이로 손을 넣어
쓸어 올리자 한 쪽 발을 조금 움직여 가랑이를 더 벌렸다. 나는 여태껏
그토록 촉촉한 골짜기를 만져본 적이 없었다. 마치 풀이 양쪽 허벅지를
타고 주르륵 흘러내리는 듯하여, 만약 곁에 광고게시판이라도 있었다면
광고지를 열 몇 장은 너끈히 붙일 수 있을 것 같았다.'

밀러는《북회귀선》에서 음부를 통해 죽음의 세계를 표현했는데, 여기에는
"백만 명 가운데 하나 날 정도로 일품"인 음부가 그려져 있다. 이 음부는 '비
개인적'이며 "기억을 잃은 벙어리"의 음부이다. 통찰과 해명을 상징하는 맹
인이 비극에 중요한 등장인물—오이디푸스처럼—이라면, 소통과 오해 등
을 상징하는 벙어리는 희극의 등장인물이다. 벙어리는 극단적인 도덕적·감정
적 상태를 나타내며, 과장된 윤리적 갈등과 이원론적인 고민을 불러일으킨
다. 벙어리는 팬터마임의 세계—신체언어 세계에 등장하는 주인공이다. 밀
러는 '일품'의 음부를 지닌 여성에게 기억을 잃은 벙어리라는 사회적 약자를
가리키는 최고의 지표를 부여함으로써, 이른바 인간적이라는 것과 기존의
도덕관 및 윤리관을 가차 없이 파괴하고자 했다.
　두 사람은 한 마디도 나누지 않고 행위에 빠져 있다. 짐승 냄새가 물씬 나
는 이 장면은 페니스가 하는 최고의 사색으로 묘사되어 있으며, 사랑이 결
여된 성행위의 극을 보여 준다. 밀러는 희극의 등장인물을 통해 말 없는 성
행위를 그려냄으로써 자기 내면에 있는 성에 얽힌 온갖 기억을 날려 버리고,
시간의 흐름에 따라 쌓인 기억을 정화하고자 한 것이다.

《남회귀선》은 준에게 바치는 작품이며, 준을 영원히 묻어 버리기 위한 무
덤으로 쓴 작품이다. 작중에 나타난 준의 묘사를 살펴보자.

'그녀는 월식 때의 달처럼 태양 뒤에 숨어 있었다. 그녀는 수은이 다

벗겨진 거울, 영상과 공포를 동시에 비추는 거울이었다.'

특히 그녀의 매력을 최고조로 발휘할 때는 공포와 혐오를 불러일으켰다. 마치 맹목적이며 제어할 수 없는 의지가 창조물을 뚫고 빛나면서 본디의 괴물 같은 모습을 드러내는 것 같았다.

여기서 거울은 자기 모습을 비춘다는 뜻으로 쓰인 비유이다. 준은 화자의 모습을 비추는 거울로, 화자의 모습과 그의 공포를 비추어 내고 있다. 말하자면 준이 화자이며, 준의 공포가 바로 화자의 공포인 것이다. 화자는 준에게 공포와 혐오를 느끼면서도 한편으로는 남몰래 꿈꾸고 있던 사람과 똑같다고 말한다. 꿈이 과거의 집대성이라면, 준은 비너스의 육체와 영혼을 가진 미망인 폴린, 정신적인 사랑을 바쳤던 성모 마리아 같은 코라, 지옥의 가장 깊은 곳에서 벌의 공포를 안겨 주는 어머니 등 온갖 여성의 집대성이다. 또한 다양한 거짓말로 자기의 모자란 부분을 채우고, 스스로 다양한 여성을 연기하는 데에서 삶의 의미를 찾는 여성이다. 밀러는 준에게서 상반된 두 요소가 충돌하는 것을 본다. 바로 성스럽고 매혹적인 아름다움과, 외견의 아름다움 속에 깃든 기괴한 추악함의 충돌이다. 준의 개성은 그녀의 얼굴에 모두 집약되어 있다.

'눈을 뜨고 입을 열면 그녀의 모든 존재가 빛나기 시작한다. 어떤 알지 못하는 원천으로부터, 땅속 깊숙이 숨어 있는 중심으로부터 뿜어져 나오는 빛이었다. 나는 단지 그 얼굴과 자궁 같은 성질을 지닌 이상한 미소와, 모든 것을 집어삼킬 듯한 직접성밖에 생각할 수 없었다. 고통스러울 정도로 재빠르게 나타났다 사라지는 미소는 마치 번뜩이는 칼날에 서리는 빛 같았다. 이 미소와 얼굴이 길고 하얀 목 위에, 튼튼한 백조 같은 영매(靈媒)의 목 위에, 길을 잘못 들어 지옥으로 떨어진 이의 목 위에 올려져 있었던 것이다.'

밀러는 온몸에서 뿜어져 나오는 생명력의 빛과 자궁을 연상시키는 신비롭고 심오한 미소를 지닌 준의 아름다움에 넋을 잃는다. 그리고 준이 비참하게 고뇌하는 모습에서, 강박적인 거짓말로 자기를 꾸미는 것에서, 순간을 잡아내는 감성에 의거하는 표현의 직접성에서, 밀러는 파괴 에너지와 사랑의 부재를 직감하고 거기서 자기 예술의 본질을 본 것이다.

밀러의 나르시시즘은 자신을 과시하려는 야심에서, 다른 사람 안에 자신의 전능성을 투영하기 딱 좋은 인물을 찾아내어 그 인물을 찬미하는 형태로 나타난다. 그렇다면 준은 밀러의 내면에 있는 여성성이 표면화되어 나타난 것이라 할 수 있다.

'그녀는 날개를 달고 성별을 갖춘 도보의 미국이었다. 그녀는 윤활유이고 증오해야 할 것이며 승화물이었다……들소가 있든 없든 간에 이것이 미국이며, 희망과 환멸의 회전식 금강사숫돌인 미국이다.'

준을 '도보의 미국'이라고 표현했는데, 사실 밀러는 미국인으로서의 자신을 칭찬하고 있는 것이다.

청교도 교의는 사회질서를 뒤흔들 파괴력을 지닌 쾌락충동을 엄격히 금지하고 억압해 왔다. 그래서 고전적 정신분석에서는 인간을 문명화의 압력에 대한 굴복과 반항적인 투쟁과 갈등에 휩싸인 존재라고 보았다. 문명은 억압에서 시작되었다고 분석한 프로이트는, 쾌락충동과 싸우는 사람은 자기의 죄 많음을 고뇌하는 사람이라고 했다.

아나이스 닌은 이러한 갈등으로 괴로워하는 사람을 신경증 환자라 불렀으며, 그들은 자궁으로 돌아가고 싶어한다고 서술했다. 신경증 환자가 느끼는 유일한 평화는 죽음이며, 자궁으로 가라앉음으로서 현실세계의 갈등이 소멸하여 안락을 느끼기 때문이다. 《남회귀선》의 첫머리에 쓰인 '난소 열차를 타고'라는 말은 이 작품이 자궁세계로의 회귀를 지향한다는 점을 잘 나타내고 있다.

그러나 밀러는 아나이스 닌처럼 신경증 환자의 피난처로서 자궁세계로의 신경증적 후퇴를 바라지 않았다. 어디까지나 정신분열증적으로 자기를 확대하여 자궁세계로 나아간 것이다. 삶에 대한 밀러의 기본자세는 "영향을 받지 않고, 위대하고, 신과 같이"이며, 대도시 뉴욕에서 다시 사람이 되기 위해, 거리와 마찬가지로 죽음을 통해 자기를 정화하고 재생하고자 결심한 것이다. 밀러에게 자궁은 생명력과 조형력을 갖춘 천국이며, 영원히 도달할 수 없는 신성하고 이상적인 낙원이었다. 밀러는 작품을 통해 자궁세계를 탐구하는 과정에서 자아의 변모와 변화를 경험한다.

원시남성에게 출산하는 여성은 경이와 근원적인 전율을 일으키는 대상이었다. 스스로 만들어 내는 존재, 자기충족적이며 창조하는 존재인 여성에게 남성은 신비와 불안감을 동시에 느꼈다. 그로 인해 의식을 나타내는 여성의 '눈'은, 남성에게는 자기의 존재 자체를 무(無)로 돌려 버리는 일종의 파괴력을 지니게 되었다. 밀러가 코라에게 사랑을 고백할 수 없었던 까닭은 그 눈이 너무도 성스러운 빛을 띠어서 감히 범접할 수 없었기 때문이며, 열다섯 살 연상의 폴린에게서 달아난 것은 폴린이 원시적인 '미국인의 눈'을 하고 있었기 때문이었다. 자기 자신을 신성화하는 과정은, 기계처럼 반응하는 여성들—숭배했던 코라, 무자비한 어머니, 자기와 닮은꼴인 준을 극복해 가는 과정이다. 또한 자기의 기억에 쌓인, 자존심에 상처를 낸 경험에서 출발하는 공포심을 극복해 가는 과정이다. 《남회귀선》은 기억의 바다에서 과거에 지은 죄를 끌어올려 스스로의 영혼을 정화하는 '연옥'이다.

헨리 밀러 연보

1891년	12월 26일 뉴욕 맨해튼 요크빌에서 독일계 미국인의 부모 사이에서 태어남. 이듬해 브루클린으로 이사.
1892~1900년(1~9세)	14지구라 불리는 브루클린의 윌리엄즈버그에서 생활.
1901년(10세)	브루클린 부시윅에 있는 '첫 고뇌의 거리(디케이터 거리)'로 이사.
1907년(16세)	브루클린 동부지구 고등학교에서 첫사랑 코라 슈어드를 만남.
1909년(18세)	뉴욕시립대학에 입학하였으나 교육방침에 반감을 갖고 2달 만에 중퇴. 뉴욕 아틀라스 포틀랜드 시멘트회사에 취직.
1910년(19세)	열다섯 살 연상의 여인 폴린 차토와 동거 생활함.
1913년(22세)	서부 여행. 농장에서 일함. 샌디에이고에서 유명한 무정부주의자인 엠마 골드먼을 만나 인생의 전환점을 맞이함.
1914년(23세)	뉴욕으로 돌아와 아버지의 양복점 일을 도움. 아버지의 고객인 대작가 프랭크 해리스와 만남.
1915년(24세)	브루클린의 피아니스트인 베아트리스 실바스 위킨스와 만남.
1917년(26세)	국방성 경제조사국에 근무. 징병유예를 받기 위해 베아트리스와 결혼.
1919년(28세)	딸 바바라 실바스 태어남.
1920년(29세)	뉴욕의 웨스턴 유니온 전신회사에 문서배달원으로 입사하여 몇 달 뒤 인사부장이 됨.
1922년(31세)	웨스턴 유니온에서 3주 휴가를 받아 처녀작 《부러진 날개 *Clipped Wings*》 집필.
1923년(32세)	무용수 준 이디스 스미스와 사랑에 빠짐.
1924년(33세)	작가가 되기 위해 웨스턴 유니온을 퇴사. 전업작가가 되기로 결심함. 첫 아내와 이혼하고 준 스미스와 결혼.

1925년(34세)	지독한 가난과 싸우며 창작에 몰두. 산문시를 팔러 다님.
1926년(35세)	〈뉴 리퍼블릭〉지에 짤막한 글을 게재함.
1927년(36세)	아내 준과 함께 그리니치빌리지에서 무허가 술집을 운영. 퀸즈 지구의 공원과(課)에서 일하면서 앞으로 집필할 자전적 대하소설을 구상함. 수채화 개인전을 엶.
1928년(37세)	준이 받은 후원금으로 준과 함께 1년 동안 유럽 여행.
1929년(38세)	뉴욕으로 돌아와 소설 《몰록 Moloch : This Gentile World》 완성.
1930년(39세)	《몰록》 원고를 들고 유럽으로 혼자 건너갔지만, 편집자가 원고를 잃어버림. 에스파냐로 갈 예정이었지만 경제상의 이유로 런던에 잠깐 머물다가 파리에 정착. 알프레드 페를레스와 친교를 맺음. 브라사이·마이클 프랭클과 알게 됨.
1931년(40세)	봄에 미국시인 월터 로웬펠스와 만남. 봄부터 여름까지 바사 슈랭크와 격렬한 사랑에 빠짐. 가을에 여류작가 아나이스 닌을 만남. 〈뉴 리뷰〉 가을호에 〈클로드 아가씨〉 게재.
1932년(41세)	《북회귀선 Tropic of Cancer》을 쓰기 시작. 〈시카고 트리뷴〉지 파리판 편집자로 일함. 겨울 동안 디종에 있는 카르노 고등학교에서 영어를 가르침.
1933년(42세)	알프레드 페를레스와 클리시에 아파트를 구함. 그리고 그와 함께 룩셈부르크 여행. 《검은 봄 Black Spring》 집필. D.H. 로렌스론을 쓰기 시작. 아내 준이 찾아와 이혼을 요구.
1934년(43세)	빌라 쇠라로 이사. 오벨리스크 프레스사에서 《북회귀선》 출판. 로렌스론(論) 집필을 단념함. 《검은 봄》 탈고. 대리인을 통해 준과 멕시코시티에서 이혼. 뉴욕 방문. 《남회귀선》 쓰기 시작함.
1935년(44세)	《뉴욕 왕복 Aller Retour New York》(오벨리스크 프레스사) 출판.
1936년(45세)	두 달 정도 뉴욕에 머묾. 정신분석을 연구함. 카이절링(Keyserling)과 서신교환을 시작. 《검은 봄 Black Spring》(오벨리스크 프레스사) 출판.
1937년(46세)	로렌스 더럴과 만남. 에이브러햄 라트너의 일러스트가 담긴 《시나리오》 출판. 페를레스와 〈부스터〉지의 편집 시작함. 《피

	닉스》의 유럽 편집원, 프랑스 평론지 《볼론테》의 기고편집원으로 일함.
1938년(47세)	W.T. 시몬스·T.S. 엘리엇·딜런 토머스와 사귐. 파리에서 《맥스와 백혈구 Max and the White Phagocytes》(오벨리스크 프레스사) 출판.
1939년(48세)	《남회귀선 Tropic of Capricorn》(오벨리스크 프레스사)이 출판됨. 6월, 빌라 쇠라를 나와 남프랑스를 여행한 뒤 더럴의 초대를 받아 그리스로 감. 아테네를 중심으로 그리스를 돌아봄. 그 사이에 제2차 세계대전 발발. 선전포고 다음날 오벨리스크 프레스사 사장 카헤인의 부고에 충격을 받음. 미국에서 처음으로 밀러의 작품 《우주적인 눈 The Cosmological Eye》(뉴 디렉션사) 출판.
1940년(49세)	뉴욕으로 돌아와 셔우드 앤더슨과 존 도스 파소스를 만남. 《마루시의 거상 The Colossus of Maroussi》, 《성의 세계 The World of Sex》, 《클리시에서의 조용한 나날 Quiet Days in Clichy》를 씀. 《장밋빛 십자가 The Rosy Crucifixion》 착수. 10월 20일부터 약 1년 동안 화가 에이브러햄 라트너와 미국 각지를 여행함.
1941년(50세)	미시시피에 있을 때 아버지 사망 소식을 듣고 서둘러 뉴욕으로 돌아옴. 6월에 캘리포니아로 떠나 로스앤젤레스의 비벌리글렌에서 1944년까지 산다. 《냉방장치의 악몽 The Air-Conditioned Nightmare》 집필 착수.
1943년(52세)	300여 점의 수채화를 그려 할리우드의 현대화랑에서 개인전을 열고 호평받음.
1944년(53세)	산타바바라 미술관과 런던에서 수채화 전시. 10월, 어머니의 병 때문에 브루클린으로 불려옴. 12월, 콜로라도주 덴버에서 재니나 렙스카와 결혼. 그의 첫 번째 집이라고 할 수 있는 빅서(Big Sur)로 이사. 《전후의 일요일 Sunday after the War》(뉴 디렉션사) 출판.
1945년(54세)	파팅턴 리지의 오두막에서 《섹서스 Sexus》 탈고. 랭보의 《지옥의 계절》 번역에 착수했으나 완성하지 못함. 둘째 딸 발렌타인 태어남. 《냉방장치의 악몽》(뉴 디렉션사) 출판.

1946년(55세)   앤더슨 크릭의 판잣집으로 이사.《암살자의 시 The Time of the Assassins》를 쓰기 시작.《남회귀선》프랑스어판이 나옴.

1947년(56세)   《플렉서스 Plexus》를 쓰기 시작.《생각해 내기 위해 기억해두라 Remember to Remember》(뉴 디렉션사) 출판.

1948년(57세)   영국시인 스티븐 스펜더, 사진작가 카르티에 브레송이 찾아옴. 《사다리 아래의 미소 The Smile at the Foot of the Ladder》출판. 아들 토니 태어남.

1949년(58세)   《플렉서스》탈고.《내 인생의 책들 The Books in My Life》을 쓰기 시작함.《섹서스》(오벨리스크 프레스사) 출판.

1950년(59세)   《섹서스》폐기처분됨.

1951년(60세)   아내 렙스카와 별거. 아이들은 로스앤젤레스에서 그녀와 살게 함.《내 인생의 책들》완성.

1952년(61년)   4월 1일, 이브 맥클루어와 함께 살기 시작함.《넥서스 Nexus》를 쓰기 시작. 렙스카와 이혼. 12월 29일, 이브와 유럽으로 여행을 떠남.《프렉서스》프랑스어판 파리 출판.

1953년(62세)   유럽 곳곳을 여행하며 옛 친구들을 만나고 8월 말에 빅서로 돌아옴. 12월 29일, 이브 맥클루어와 결혼.

1954년(63세)   《내 친구 헨리 My Friend Henry Miller》를 쓰기 위해 알프레드 페를레스가 찾아옴. 일본에서 수채화 순회전.《빅서와 히에로니무스 보스의 오렌지 Big Sur and the Oranges of Hieronymus Bosch》를 쓰기 시작함.

1955년(64세)   큰딸 바바라 샌포드가 찾아와서 30년 만에 만남.《빅서와 히에로니무스 보스의 오렌지》를 사각본으로 출판.

1956년(65세)   1월에 임종을 앞둔 어머니를 보러 이브와 함께 브루클린으로 떠남. 3월, 어머니가 숨을 거두자 누이 로레타를 데리고 빅서로 돌아옴.《암살자의 시》(뉴 디렉션사) 출판.

1957년(66세)   15년 동안 행방을 알 수 없었던《클리시에서의 조용한 나날》원고를 찾아 다시 씀. 런던의 갤러리 원에서 수채화 전시.《성의 세계》개정판을 파리의 올랭피아 프레스사에서 출판. 런던, 예루살렘, 텔아비브에서 수채화 전시.《빅서와 히에로니무

	스 보스의 오렌지》 출판. 오슬로 재판소에 《섹서스》 재판에 대한 항의 성명을 보냄. 미국예술원 회원이 됨.
1958년(67세)	《넥서스 Nexus》를 쓰기 시작함.
1959년(68세)	오슬로 재판소에 '독서의 자유 옹호'라는 제목의 항의편지를 다시 보냄. 4월 초에 《넥서스》 탈고. 이브와 아이들을 데리고 유럽으로 떠남. 오페라 〈사다리 아래의 미소〉 8월 중순에 상영됨. 8월 중순에 빅서로 돌아옴.
1960년(69세)	《넥서스》(전편)이 오벨리스크 프레스사에서 출판됨. 칸 영화제 심사위원으로 초대받음. 파리에서 몇 달 지낸 뒤 독일과 이탈리아 여행.
1961년(70세)	독일·오스트리아·스위스·이탈리아·포르투갈·에스파냐를 여행함. 오랫동안 수입이 금지되었던 《북회귀선》과 《남회귀선》이 뉴욕의 글로브 프레스사에서 출판되었으나, 지방 사법당국의 고소로 발매가 금지됨. 뉴욕에서 준과 다시 만남.
1962년(71세)	《넥서스》 후편을 쓰기 시작함. 페를레스 부부와 아일랜드 여행. 아나이스 닌과 다시 만남. 6월, 이브와 이혼. 《북회귀선》과 《남회귀선》이 이탈리아어로 스위스에서 출판됨. 《북회귀선》이 핀란드어로 출판되지만 곧바로 발매 금지됨. 헤브라이어판 《북회귀선》도 나옴. 로렌스 더럴과의 《왕복서간집》이 더튼사에서 출판됨. 《북회귀선》 영화화 계약 성립. 《벌새처럼 멈추어라 Stand Still Like the Hummingbird》(뉴 디렉션사) 출판.
1963년(72세)	첫 희곡 작품 《해리에게 빠지다 Just Wild about Harry》가 출판되고 상연됨. 퍼시픽 팰러세이즈로 이사.
1964년(73세)	《북회귀선》은 외설문학이 아니라는 미국연방대법원 판결.
1965년(74세)	로스앤젤레스에서 수채화 개인전을 연다. 세 번째 부인인 이브가 죽음. 독일 함부르크에서 오페라 《사다리 아래의 미소》가 상연되어 큰 성공을 거둠. 뉴욕의 G.P. 퍼트넘사에서 《아나이스 닌에게 보내는 편지 Letters to Anais Nin》이 출판됨.
1966년(75세)	일본의 재즈 피아니스트 호키 도쿠다를 만남.
1967년(76세)	로버트 슈나이더 감독의 영화 〈헨리 밀러 오디세이〉 촬영이

	시작됨. 9월 10일, 베벌리힐스에서 호키 도쿠다와 결혼하고 파리로 신혼여행을 떠남. 파리에서 수채화 전시. 오페라《사다리 아래의 미소》가 프랑스와 이탈리아에서 상연됨.
1968년(77세)	3월, 퍼시픽 팰러세이즈로 로렌스 더럴이 찾아옴. 일본 곳곳에서 수채화 전시회를 엶.
1969년(78세)	영화 〈헨리 밀러 오디세이〉가 완성되어 캘리포니아 대학교 로스앤젤레스 캠퍼스의 로이스홀에서 특별시사회가 열림. 6월, 영화 〈북회귀선〉의 진행상황을 보러 유럽으로 건너감.
1970년(79세)	영화 〈북회귀선〉과 〈클리시에서의 조용한 나날〉이 미국에서 개봉됨.《불면증 또는 날뛰는 악마 Insomnia or The Devil at Large》 출판.
1971년(80세)	시각적 자서전《내 생애의 나날 My Life and Times》을 플레이보이 프레스사에서 출판. 〈해리에게 빠지다〉가 파리에서 상연됨.
1974년(84세)	프랑스 최고훈장인 레지옹도뇌르 훈장받음.
1978년(87세)	호키 도쿠다와 이혼.
1980년(89세)	6월 7일, 심부전으로 세상을 떠남.
1982년	수채화집 간행.
1989년	《에밀에게 보내는 편지 Letters to Emil》가 뉴 디렉션사에서 간행됨.
1990년	《멋진 일 뿐 Nothing but the Marvellous》이 카프라 프레스 사에서 간행됨.
1991년	《미친 수탉 Crazy Cock》이 간행됨.

오정환(吳正煥)
미국 인디아나대학 수학. 동아일보 외신부장·동화통신 편집국장·미국번역문학학회 총무 역임. 옮긴책 서로이언《인간희극》윌리엄 포크너《음향과 분노》《8월의 빛》《압살롬 압살롬》마크 트웨인《허클베리핀의 모험》《인간이란 무엇인가》《톰소여의 모험》카슨 매컬러스《마음은 외로운 사냥꾼·슬픈 카페의 노래》등이 있다.

World Book 159
Henry Valentine Miller
TROPIC OF CANCER
TROPIC OF CAPRICORN
북회귀선/남회귀선
헨리 밀러/오정환 옮김
1판 1쇄 발행/1987. 7. 1
2판 1쇄 발행/2011. 5. 1
3판 1쇄 발행/2021. 3. 1
발행인 고정일
발행처 동서문화사
창업 1956. 12. 12. 등록 16-3799
서울 중구 마른내로 144(쌍림동)
☎ 546-0331~6 Fax. 545-0331
www.dongsuhbook.com
잘못 만들어진 책은 바꾸어 드립니다.

*
이 책의 출판권은 동서문화사가 소유합니다.
의장권 제호권 편집권은 저작권 법에 의해 보호를 받는 출판물이므로 무단전재와 무단복제를 금합니다
사업자등록번호 211-87-75330
ISBN 978-89-497-0746-4 04080
ISBN 978-89-497-0382-4 (세트)